AF625888

EIN VERTRAG MIT GOTT

MIETSHAUSGESCHICHTEN

Will Eisner bei Carlsen

Ein Vertrag mit Gott – Mietshausgeschichten

New York – Großstadtgeschichten

Lebensbilder – Autobiografische Geschichten

Comics als erzählende Kunst – Grundlagen und Prinzipien

Will Eisner bei Salleck Publications

Will Eisners Spirit Archive

The Spirit: Die besten Geschichten

Will Eisner bei Egmont

Ich bin Fagin

EIN VERTRAG MIT GOTT

MIETSHAUSGESCHICHTEN

Will Eisner

CARLSEN

Veröffentlicht im Carlsen Verlag GmbH
Februar 2017

Aus dem Amerikanischen von Carl Weissner und Matthias Wieland
THE CONTRACT WITH GOD TRILOGY

Benutzung der deutschen Übersetzung von Carl Weissner und des Letterings von Dieter Kerl mit freundlicher Genehmigung von Zweitausendeins, Postfach, D-60381 Frankfurt am Main. www.zweitausendeins.de

Redaktion: Sabine Witkowski und Michael Groenewald
Textbearbeitung *Lebenskraft* und *Dropsie Avenue*: Heike Drescher
Übersetzung des Vorworts: Andreas C. Knigge
Lettering: Dieter Kerl und Hartmut Klotzbücher
Satz und Bildbearbeitung: Minou Zaribaf
Herstellung: Bettina Oguamanam
Dank an Franziska Leuchtenberger und Frank Giese

ISBN 978-3-551-71382-7

Für Ann

Inhalt

Biografische Notiz

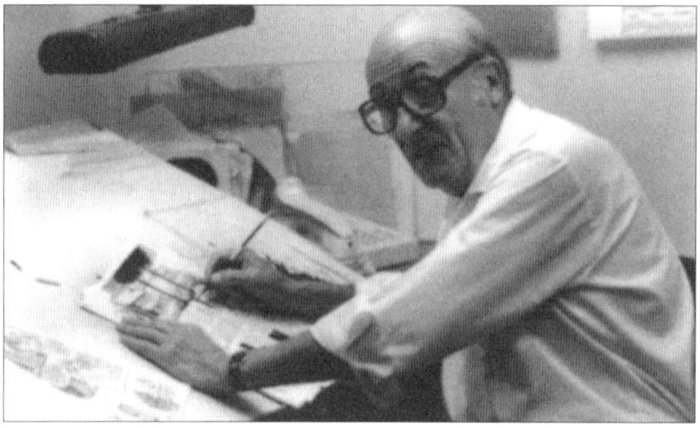

Foto mit freundlicher Genehmigung des Will Eisner Estate

Will Eisner (1917 – 2005) war der »große alte Mann« des Comics. Er zeichnete schon, als in den 1930er-Jahren in den USA die Comic-Hefte aufkamen, für die er Serien wie *Blackhawk* und *Sheena, Queen of the Jungle* schuf. 1940 folgte *The Spirit*, dessen Abenteuer zwölf Jahre lang als Titelserie einer ebenso innovativen wie einmaligen Zeitungsbeilage mit einer wöchentlichen Auflage von fünf Millionen Exemplaren erschienen. Bis heute wird dieser Meilenstein der Comic-Historie immer wieder nachgedruckt, zuletzt als 26-bändige Werkausgabe. Während des Zweiten Weltkriegs entwickelte Eisner Comics für die U.S. Army, die Verhaltensvorschriften für Soldaten und Bedienungsanleitungen für Gerätschaften illustrieren, und die er, neben didaktischen Comics für Schulen oder Firmen wie General Motors, bis in die 1970er-Jahre produzierte.

1978 legte Eisner mit *Ein Vertrag mit Gott* die erste erfolgreiche Graphic Novel vor und begründete damit ein gänzlich neues literarisches Genre. Im Verlauf der nächsten Jahre folgten nahezu zwanzig weitere Titel, darunter die autobiografisch inspirierten Werke *The Dreamer* und *Zum Herzen des Sturms* sowie zuletzt 2005 *Das Komplott. Die wahre Geschichte der Protokolle der Weisen von Zion*. Aus seiner Lehrtätigkeit an der School of Visual Arts in New York gingen zudem die beiden Bücher *Comics & Sequential Art* und *Graphic Storytelling* hervor. Seit 1988 wird alljährlich der »Eisner Award« verliehen, die wichtigste Auszeichnung der US-amerikanischen Comic-Branche.

Eisner erhielt mehrere internationale Preise, darunter, ironischerweise, auch etliche »Eisner Awards« sowie mit dem »Grand Prix Alfred« die bedeutendste europäische Comic-Auszeichnung und 2002 den »Lifetime Achievement Award« der National Foundation for Jewish Culture. Michael Chabons mit dem Pulitzerpreis ausgezeichneter Roman *Die unglaublichen Abenteuer von Kavalier & Clay* ist zu großen Teilen von Eisners Biografie inspiriert.

Verzeichnis der exklusiven Illustrationen

Die folgenden zwölf Zeichnungen wurden von Will Eisner eigens für die vorliegende Ausgabe angefertigt oder überarbeitet.

Vorwort

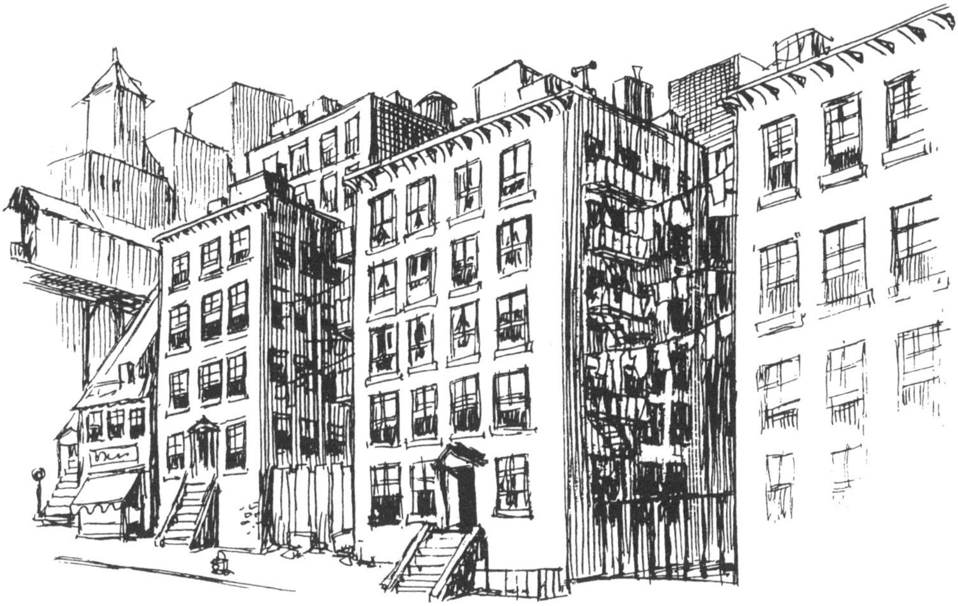

Die in diesem Band versammelten Erzählungen sind dem endlosen Strom von Alltagsereignissen entsprungen, wie sie für das Leben im Gewimmel einer Großstadt typisch sind. Einige haben sich tatsächlich so zugetragen. Andere hingegen hätten sich zumindest so zutragen können, wie ich sie aufgezeichnet habe.

Als jemand, der in New York City zur Welt gekommen und aufgewachsen ist, der hier seine Kämpfe ausgefochten und überstanden hat, stecke ich voller Erinnerungen, sowohl schmerzlicher wie angenehmer, die lange in einer verschlossenen Truhe auf dem Grunde meines Herzens schlummerten. Bis ich, wie ein Seefahrer aus alten Tagen nach einer endlos erscheinenden Reise, den Drang verspürte, den Schatz meiner Erfahrungen und Erlebnisse zu teilen. Sehen Sie mich als zeichnenden Zeitzeugen, als zufälligen Beobachter, der vom Leben erzählt und vom Tod, der von tragischen Vorfällen berichtet und von der niemals endenden Mühsal, sich zu behaupten ... oder zumindest nicht unterzugehen.

Inspiriert durch die Grafiker Otto Nückel, Frans Masereel und Lynd Ward, die in den 1930er-Jahren ernsthafte Erzählungen in Bildern vorgelegt haben, und zwar ohne jeden Text, beschloss ich 1978, mich an ein ähnliches Werk zu wagen. In der letztlich vergeblichen Hoffnung, einen belletristischen Verlag für die Idee zu gewinnen, nannte ich das Projekt *graphic novel* – grafischer Roman. Es handelte sich um vier Kurzgeschichten, die auf meinen Erinnerungen beruhen und die dadurch miteinander verbunden sind, dass sie in dem gleichen Mietshaus in der Bronx angesiedelt sind. Die erste Geschichte, *Ein Vertrag mit Gott* (A Contract with God), gab dem Buch seinen Titel. Obwohl sich damals kein größerer Verlag finden ließ, wurde das Buch während der vergangenen siebenundzwanzig Jahre ständig nachgedruckt und in elf Sprachen übersetzt. Diesem ersten Versuch folgten weitere, ambitioniertere Graphic Novels. Zwei von ihnen, die ebenfalls von den Alltagskämpfen in der Großstadt erzählen, bilden zusammen mit *Ein Vertrag mit Gott* die vorliegende Trilogie. Sie alle spielen in derselben Straße in der New Yorker Bronx. Ich habe sie Dropsie Avenue genannt, aber sie ist kein Hirngespinst, sondern das Abbild einer Straße, die in meinen Erinnerungen äußerst lebendig ist.

Hier, in der Dropsie Avenue 55, hadert Frimme Hersh mit Gott; hier vermasselt der Straßensänger die große Chance seines Lebens. In der Dropsie Avenue stolpert der mürrische Hausmeister über eine freche Versuchung, und hier verbringt Willie seine Jugendjahre. In der Dropsie Avenue stellt sich Jacob Shtarkah die Frage nach dem Sinn des Lebens – und schlussendlich dokumentiere ich auch den Lebensweg der Straße selbst, wie sie sich im Verlauf der Zeiten wandelt, die wechselhafte Geschichte des Mietshauses mit der Hausnummer 55 und des ethnischen und sozialen Mosaiks seiner Bewohner.

Mietshäuser wie die in der Dropsie Avenue wurden in New York ab 1839 errichtet – im schottischen Edinburgh waren derartige Wohnhäuser mit zehn oder elf (und in einem Fall sogar vierzehn) Stockwerken schon im 15. Jahrhundert aufgekommen – und bestimmten bald das Bild ganzer Stadtteile.

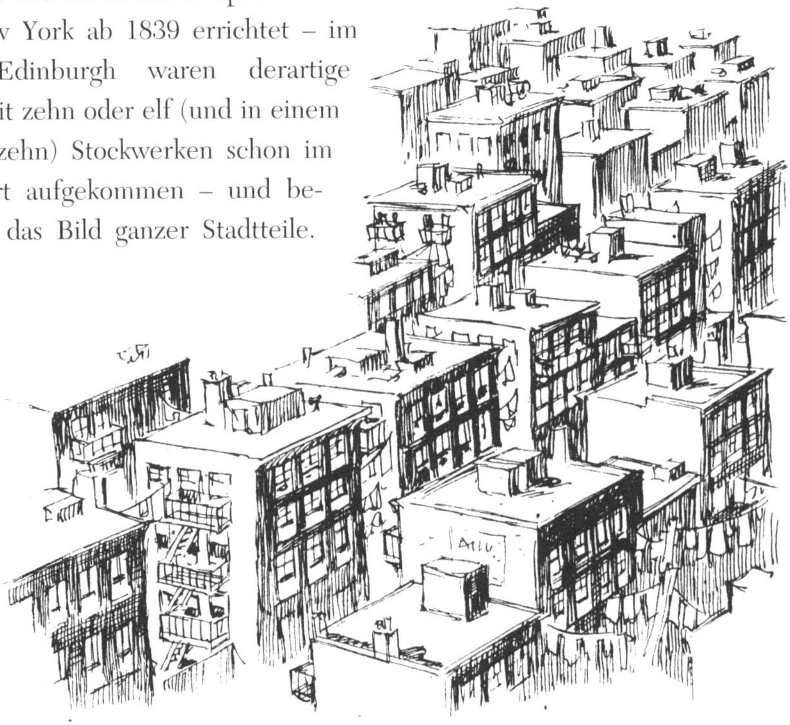

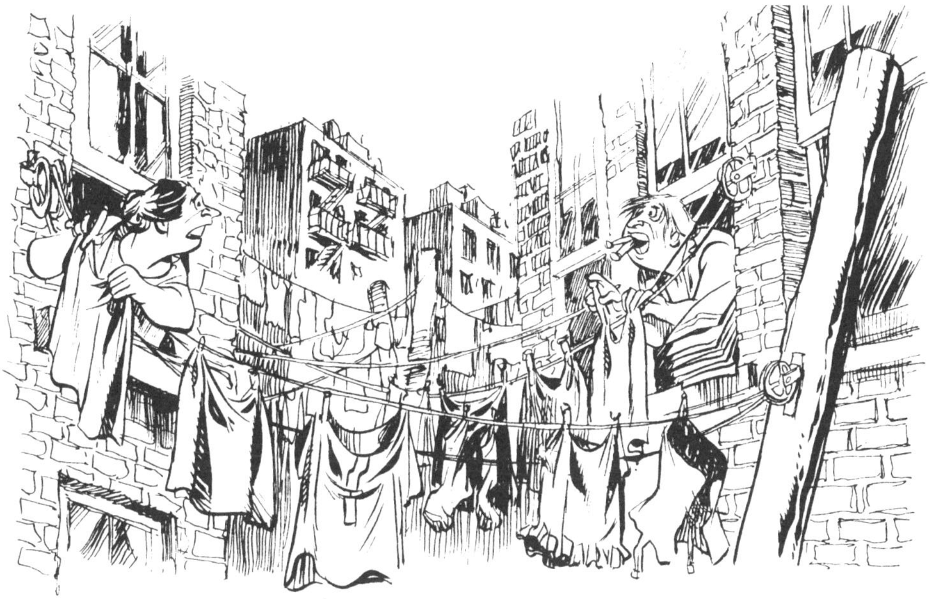

Auf mich wirkten sie stets wie Dampfer, die in einem Ozean aus Zement treiben, und deren Passagiere sich auf der Reise durch ihr Leben befinden. Das Haus mit der Nummer 55 steht an einer Ecke der Dropsie Avenue, ganz in der Nähe der Hochbahn. Es hat sich als Fundgrube für Geschichten entpuppt, wie ich sie aus jenen Tagen in Erinnerung habe, als ich in einer solchen Mietskaserne aufwuchs. Geschichten, die erzählt werden mussten, bevor sie für immer im Strom der Zeit zu verblassen drohten. In seinen Etagenwohnungen, aneinandergereiht wie die Waggons eines Zuges, lebten kleine Angestellte mit niedrigem Einkommen und Arbeiter mit ihren stimmgewaltigen Familien. Die meisten von ihnen waren Immigranten, von denen sich jeder nach Kräften mühte, sich in der Neuen Welt seinen Platz zu erkämpfen. Sie waren damit beschäftigt, Kinder aufzuziehen und von einem besseren Leben zu träumen – weitab, in den reicheren Vierteln, die sie nur vom Hörensagen kannten. Durch die Hausflure quollen die dichten Schwaden der Essensgerüche aus den Kochtöpfen, die Wortschwalle lautstarker Streitereien und das dünne Jammern der Grammophone. Gemeinschaftsgefühl speiste sich vor allem aus der gemeinhin üblichen Auflehnung gegen den Hauseigentümer oder den von ihm eingesetzten Hauswart. Durch die Launen des Schicksals bedingt, herrschte unter den Mietern ein ständiges Kommen und Gehen. Doch nicht wenige blieben auch ihr Leben lang, von der Armut oder durch das Alter an ihre Umgebung gefesselt. In den Mietshäusern ereigneten sich wahre Tragödien. Es gab keine wirkliche Privatsphäre, keine Anonymität, ein jeder wusste alles über jeden. Um die menschlichen Dramen, gute wie schlechte, scharten sich sofort die Zeugen, so wie ein heruntergefallener Brotkrumen einen Schwarm Ameisen anlockt. Von Fenster zu

Fenster oder auf dem Treppenabsatz eine Etage tiefer wurde über jeden Vorfall getratscht, man ergriff Partei oder verurteilte, nur um am Schluss schulterzuckend zu der Feststellung zu gelangen, dass einen das alles schließlich gar nichts anginge.

Ein Vertrag mit Gott, die erste Geschichte in diesem Buch, untersucht die Beziehung des Menschen zu seinem Gott. In dieser essenziellen Frage tritt das menschliche Urbedürfnis, zu überleben, vielleicht am deutlichsten zu Tage. Schon Kindern wird erzählt, dass Gott uns entweder straft oder belohnt, je nachdem, wie wir uns auf der Grundlage unserer Übereinkunft verhalten. Die Geistlichkeit ist zuständig für die Bedingungen, die Regeln und Auflagen, und unsere Eltern verschaffen diesem Abkommen seine Geltung.

Dies ist auch die Geschichte eines Martyriums, das ich selbst durchlitten habe. Acht Jahre vor Erscheinen von *Ein Vertrag mit Gott* war meine einzige Tochter Alice an Leukämie gestorben. Meine Trauer war noch immer unverarbeitet. Mein Herz blutete immer noch. Ich war nicht einmal in der Lage, über meinen Verlust zu sprechen. Frimme Hershs Tochter ist nicht sein eigenes Kind, aber seine Qualen waren die meinen. Und ebenso sein Zwist mit Gott. Ich musste mir meinen Zorn auf einen Gott austreiben, der mein Vertrauen in ihn in meinen Augen verraten und meine geliebte sechzehnjährige Tochter aus dem Leben gerissen und sie um ihre Zukunft gebracht hatte. Dies ist heute das erste Mal, dass ich das nach vierunddreißig Jahren offen bekenne.

Der Straßensänger (The Streetsinger), die zweite Geschichte aus *Ein Vertrag mit Gott*, ist einer in den Jahren der Großen Depression häufig anzutreffenden Gestalt gewidmet. Die Wirtschaftskrise mit ihren Folgen war eine von Verzweiflung geprägte Zeit, in der es längst keine Schande mehr war, sondern vielmehr eine ganz gewöhnliche Erscheinung des Alltags, nicht für seinen Lebensunterhalt sorgen zu können. Die Straßensänger waren Männer, die in den engen Hinterhöfen der Mietshäuser auftauchten und aus dem Stegreif musizierten. Als kleiner Junge habe ich oft dem Mann, der in regelmäßigen Abständen in dem dunklen Schacht zwischen unserem und dem nächsten Haus erschien und mit weinseliger Stimme populäre Lieder sang oder schräge, opernhafte Arien von sich gab, aus dem Fenster unserer Wohnung einen Penny hinunter geworfen. Mütter schienen von dem heruntergekommenen Troubadour stets ergriffen zu sein. Die Väter waren überzeugt davon, dass er im Auftrag von Einbrechern die Gegend auskundschaftete, und herzlose Kinder warfen manchmal einen in Papier eingewickelten Knopf hinab, um ihren Spaß daran zu haben, wie der Mann sich ärgerte, wenn er die vermeintliche Münze auswickelte. Für mich hingegen brachte er so etwas wie einen theatralischen Zauber in unsere trostlose Straße. Die Frage, wer er wohl gewesen sein mag, ist mir zeitlebens nicht aus dem Sinn gegangen. In meinem Buch über den Lebensalltag in den Mietskasernen konnte ich seine Geschichte nun endlich erzählen.

Der Super (The Super) handelt von dem geheimnisvollen aber unheimlichen Verwalter des Hauses in der Bronx, in dem ich als kleiner Junge wohnte. Da wir den Hauseigentümer nie zu Gesicht bekamen, ja noch nicht einmal wussten, wem das Haus eigentlich gehörte, war der Hauswart – der Superintendent – derjenige, mit dem wir sämtliche Angelegenheiten, die unsere Wohnung betrafen, zu klären hatten. Er lebte unten im Keller des Hauses, war nicht verheiratet und sah immerzu griesgrämig drein, vermutlich, weil ihm die Mieter mit ihren ständigen Beschwerden und Reparaturgesuchen – vor allem im Winter, wenn die Heizung nie warm genug war –, auf die Nerven gingen. Der Hauswart wurde gemeinhin gefürchtet, am liebsten ging man ihm aus dem Weg. Und natürlich gab man ihm die Schuld an allem, was nicht funktionierte oder einen wurmte, ganz gleich, ob es tatsächlich so war oder man es sich bloß einbildete.

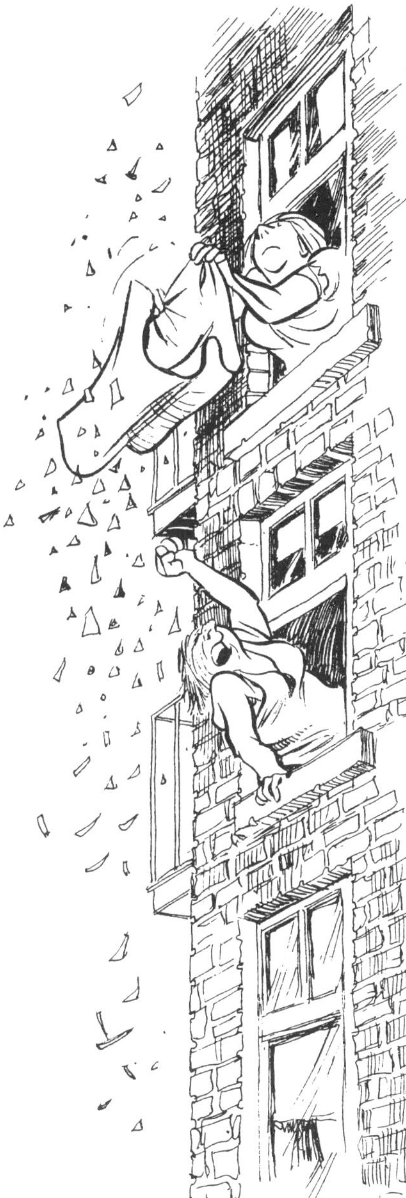

Die letzte Geschichte des ersten Buches schließlich, *Cookalein*, verdankt ihren Titel der amerikanisierten Form des jiddischen Wortes für »alleine kochen«. Es bezeichnet einen ländlichen Hof, auf dem man die Sommerferien verbrachte und sein eigenes Essen kochte. In den Catskill Mountains, knapp zweihundertfünfzig Kilometer nördlich von New York City und nicht weit entfernt von den exklusiveren Orten, an denen die Zugehörigen der Mittelklasse ihren Urlaub verbrachten, verdienten sich die Farmer ein paar Dollar dazu, indem sie während der Ferien Unterkünfte auf ihrem

Hof vermieteten. Viele Farmer errichteten zu diesem Zweck kleine »Bungalows«, Vorläufer der sich in den 1940er-Jahren ausbreitenden Motels. Die Mütter konnten in der Küche des »Haupthauses« für ihre Familien kochen. Die Miete war ausgesprochen niedrig. Es gab keinerlei Service oder Verpflegung und man musste seine Bettwäsche selbst mitbringen. Diese Ausflüge aufs Land waren sehr beliebt, vor allem bei den Kindern, die hier die Möglichkeit hatten, bei der Farmarbeit zu helfen, die Aufzucht der Tiere zu beobachten, frische Milch direkt aus den Eutern der Kühe zu trinken sowie, und das war das Wichtigste, eine kurze Zeit im Freien, jenseits des gefängnisartigen Lebens in der Stadt, zu verbringen. In der ländlichen Umgebung waren die Jungs nicht der ständigen Beobachtung ihrer Eltern ausgesetzt, und man hatte seine erste Liebelei oder machte erste erotische Erfahrungen – ein himmlischer Moment – in der freien Natur und der frischen Luft eines Gehöfts in den Bergen. Der Glanz und die Exotik, die aus den großen Hotels nur wenige Meilen entfernt herüberwehte, sorgten für zusätzlichen Kitzel und ließen die Sommerferien zu einem unvergesslichen Erlebnis werden. In *Cookalein* verschmilzt die Fiktion mit meiner Erinnerung; die Geschichte ist ein Spiegelbild der glücklicheren Momente meiner tristen Jugendzeit.

1983, fünf Jahre nach dem Erscheinen meiner ersten Graphic Novel, begann ich mit *Lebenskraft* (A Life Force) und wählte den gleichen Schauplatz wie schon in *Ein Vertrag mit Gott*. Die Diskussionen um Darwinismus und Kreationismus sind über die Jahrzehnte hinweg nicht leiser geworden, doch die Bedeutung des Lebens lässt sich wissenschaftlich nicht ergründen. Die Frage, *woher* wir kommen, ist eine Sache, die Frage, *warum* wir hier sind, eine ganz andere. Ich habe mit der Arbeit kurz nach meinem fünfundsechzigsten Geburtstag begonnen, eine Wegmarke, vor der ich meinem Eindruck nach viel zu früh angelangt war. Für jemanden, der zeitlebens das Gefühl gehabt hat, in einem ständigen Wettlauf mit der Zeit zu sein und einen ganzen Berg nicht in Angriff genommener Projekte noch vor sich zu haben, war das eine ernüchternde Situation. Mit einem Mal erschienen mir manifeste Erinnerungen, die sich auf der Halde meines Lebens angehäuft hatten, sehr viel vergänglicher.

Wir messen die Zeit am Maßstab der Jahre, die wir bereits gelebt haben. Natürlich erscheint einem die Zeit mit fünfundsechzig um ein Vielfaches flüchtiger: Ein Jahr ist nun ein Fünfundsechzigstel des bislang gelebten Lebens. Je mehr ich darüber nachsann, desto weniger ließen sich meine Sorgen angesichts dieses Umstands verdrängen. Der einzige Weg, mit diesem Gedanken umzugehen, war für mich, mich ihm zu stellen. Und das bedeutete, über das Altern zu schreiben, eine Erfahrung, die früher oder später jedem bevorsteht. In den frühen 1980er-Jahren war dies ein

Gegenstand, der für eine grafische Erzählung noch höchst ungewöhnlich war. Aber Bilder sind eine Sprache, die auch für ein solch ernstes Thema visuelle Metaphern finden kann. Und demjenigen, der sich zu jung für diese Erzählung fühlt, kann ich versprechen, dass diese Geschichte, wenn er eines Tages fünfundsechzig ist, auf ihn warten wird.

Da ich eine Thematik angehen wollte, die mich persönlich betraf, machte ich mit Jacob Shtarkah jemanden zum Protagonisten, hinter dem ich mich – nur notdürftig getarnt – selbst verberge, eine Figur, die es mir erlaubte, mich durch die Erzählung zu bewegen. Und obwohl nichts von dem, was sich in Jacobs Leben ereignet, auch mir geschehen ist, könnte ich für jedes Ereignis doch viele Beispiele anführen, die sich in meiner Umgebung tatsächlich zugetragen haben. Während der Jahre, die mich als Jugendlicher am stärksten geprägt haben, zog meine Familie von einem Viertel der Stadt ins nächste, und jedes Mal lebten wir inmitten einer anderen ethnischen Gruppe. Um einen möglichst wahrheitsgetreuen Rahmen für meine Erzählung zu schaffen, habe ich das Geschehen in der Zeit während der Großen Depression angesiedelt – eine Epoche, in der das Leben weit unsicherer und gefährlicher war als heute und eine Antwort auf die Frage nach seinem Sinn noch weniger fassbar zu sein schien als ohnehin schon. Und während Jacob eine erfundene Schablone für mich selbst ist, ist Willie – wie auch dessen Gegenstück in *Cookalein* – mein unmittelbares Abbild als Jugendlicher: In beiden Fällen ist Willies Weg eine authentische, eine autobiografische Schilderung.

1995 schließlich konnte ich nicht anders und kehrte mit *Dropsie Avenue*, dem dritten Teil dieses Bandes, abermals zurück in meine Straße in der Bronx. Für jeden, der inmitten einer Großstadt aufwächst, wird das Viertel, in dem er zu Hause ist, automatisch zu seiner Welt. Für ein Kind ist die Straße, in der es wohnt, ein ähnliches Identifikationsmerkmal wie seine Nationalität. Und Straßen haben einen Status. Sie entwickeln sich, kommen in die Jahre und verändern ihren Charakter. In den Großstädten an der Küste wird das Bild eines Viertels oft von Einwanderern geprägt und wandelt sich mit den Menschen, die neu zureisen, eine Weile bleiben, sich anpassen und dann weiterziehen. Straßen scheint ein Leben innezuwohnen, das man deutlich spüren kann. Einigen ist eine prunkvolle Geburt vergönnt, und dann verfallen sie langsam zu Slums, während andere einen ärmlichen und verrufenen Charakter haben und plötzlich durch eine Entwicklung, die Stadtplaner Gentrifizierung nennen, großtuerische Pracht zur Schau stellen. Die Dropsie Avenue, diese fiktive Bühne, auf der meine Vergangenheit und meine Fantasie aufeinandertreffen, hat eine Geschichte, wie sie beispielhaft für viele Straßen in der Bronx ist. Wie ihre Bewohner hat sie ein stürmisches Leben geführt, doch war ihr immer auch jener unauslöschbare Instinkt eigen, sich zu behaupten und nicht unterzugehen. *Dropsie Avenue* ist eine Geschichte über das Leben, das Sterben und das Auferstehen. Ich habe eine lange Zeit meines Lebens, die sich über acht Jahrzehnte erstreckt, damit zugebracht, Geschichten in Worten und Bildern zu erzählen. Mit meinen frühen Arbeiten für die Comic-Hefte und die Tageszeitungen konnte ich Millionen von Lesern unterhalten, aber immer hatte ich dabei das Gefühl, nach mehr streben zu wollen. Über drei Kriege hinweg habe ich Verhaltensvorschriften für amerikanische Soldaten und Bedienungsanleitungen für Gerätschaften gezeichnet und später Comics für den Unterricht in Grundschulklassen. In beiden Fällen war ich mir meiner großen Verantwortung bewusst und habe sie stets sehr ernst genommen. Aber ich hatte noch immer das Gefühl, nicht bei dem angelangt zu sein, was ich dem Medium tatsächlich abgewinnen wollte. In einem Alter, in dem ich mich hätte »zur Ruhe setzen« können, beschloss ich deshalb, mich an eine neue Form von Comic-*Literatur* zu wagen und entschied mich für den scheinbar widersprüchlichen Begriff *graphic novel* als Gattungsbezeichnung. Es sind viele Jahre verstrichen, bis meine Auffassung von den Möglichkeiten der Bilderzählung wahrgenommen wurde und langsam Früchte zu tragen begann – aber ich habe es noch erleben dürfen. Für mich war es die größte Freude, zu sehen, wie die Graphic Novel plötzlich als eine neue Form des Erzählens vom Kulturbetrieb wahrgenommen wurde, und dass viele der außergewöhnlichen Künstler, die sich dieser Erzählform inzwischen angenommen haben, heute Anerkennung in der literarischen Welt finden. Vor einem Vierteljahrhundert war es mir nicht gelungen, einen belletristischen Verlag für *Ein Vertrag mit Gott* zu interessieren, und heute ist die Graphic Novel das am auffälligsten wachsende Segment der amerikanischen Buchbranche.

Die vorliegende Trilogie vereint drei zentrale Werke meines Schaffens. Das Wissen, dass sie heute von einer neuen Generation von Lesern entdeckt werden, erfüllt mich mit tiefer Zufriedenheit.

Will Eisner

Tamarac, Florida
Dezember 2004

Aus dem Amerikanischen von Andreas C. Knigge

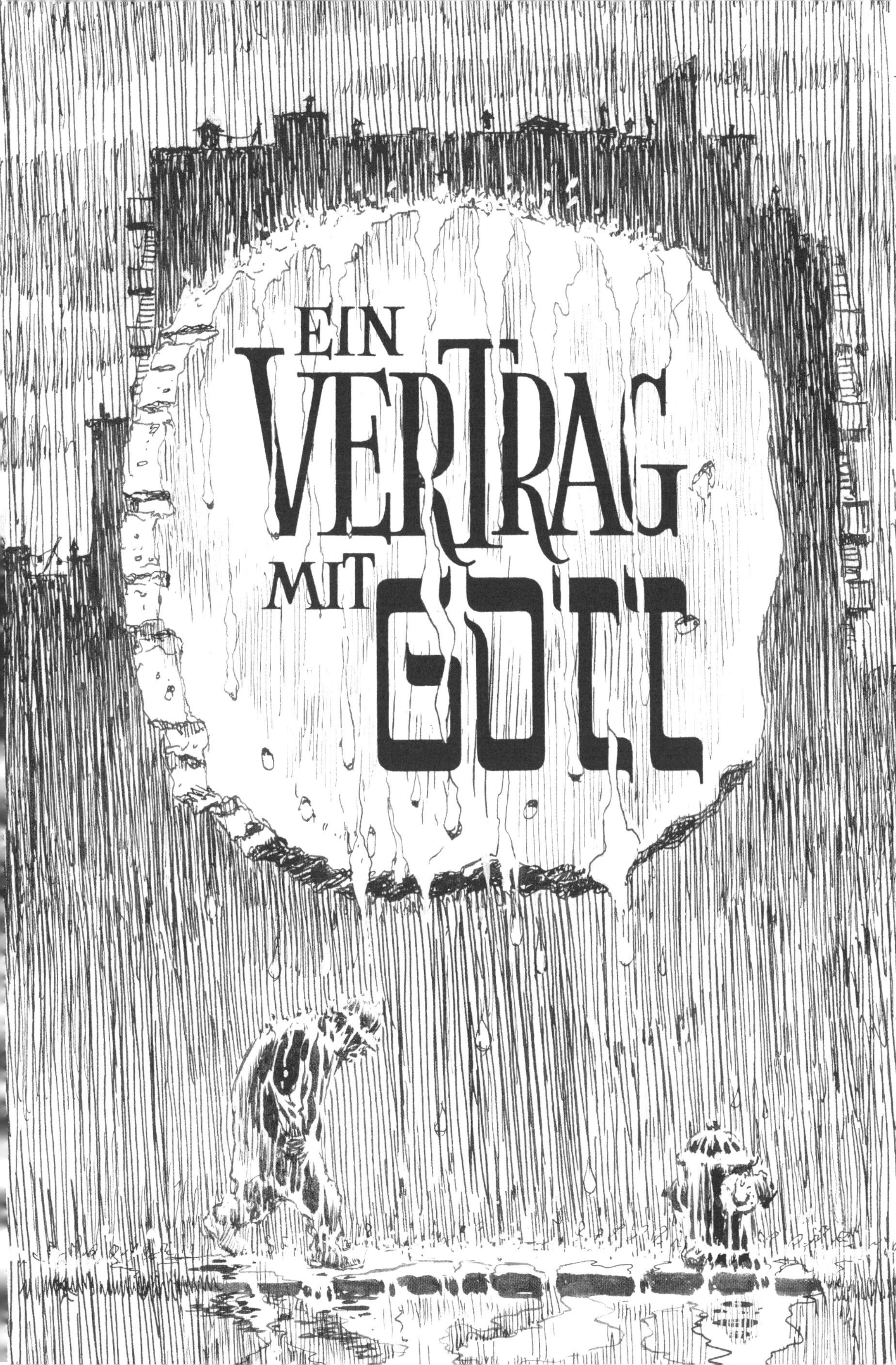
EIN
VERTRAG
MIT
GOTT

EIN VERTRAG MIT GOTT

AUS DEM AMERIKANISCHEN VON CARL WEISSNER

LETTERING VON DIETER KERL

1

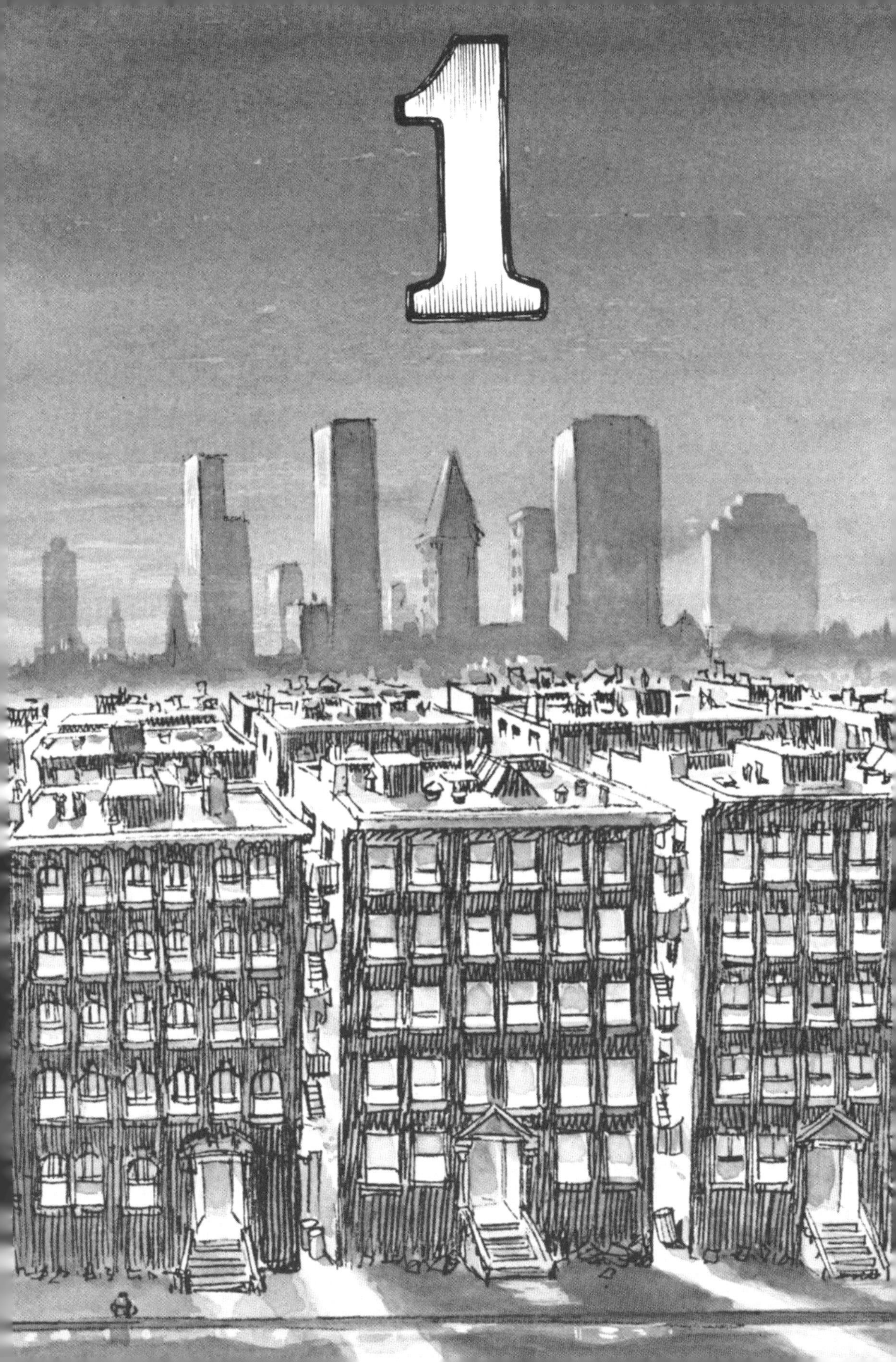

Den ganzen Tag fiel strömender Regen gnadenlos auf die Bronx

Die Gullys konnten die Fluten nicht mehr fassen, und das Wasser stieg bis über die Bordsteine.

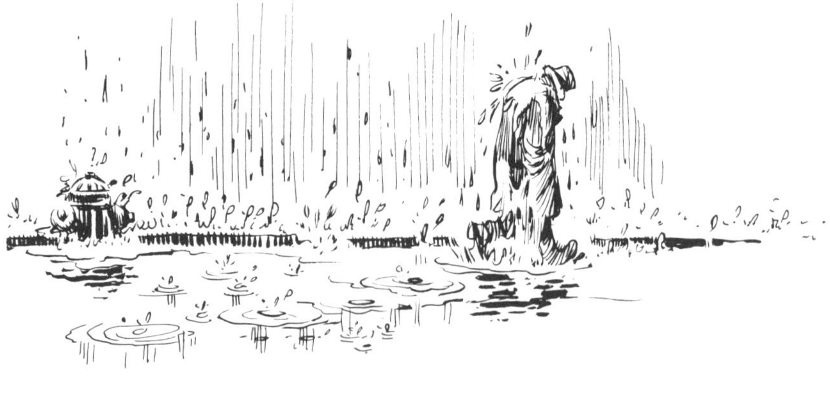

Das Haus in der Dropsie Avenue Nr. 55 schien sich von seinen Grundfesten zu lösen, als wolle es in der rauschenden Flut davonschwimmen. „Wie die Arche Noah", dachte Frimme Hersh, während er heimwärts schlurfte.

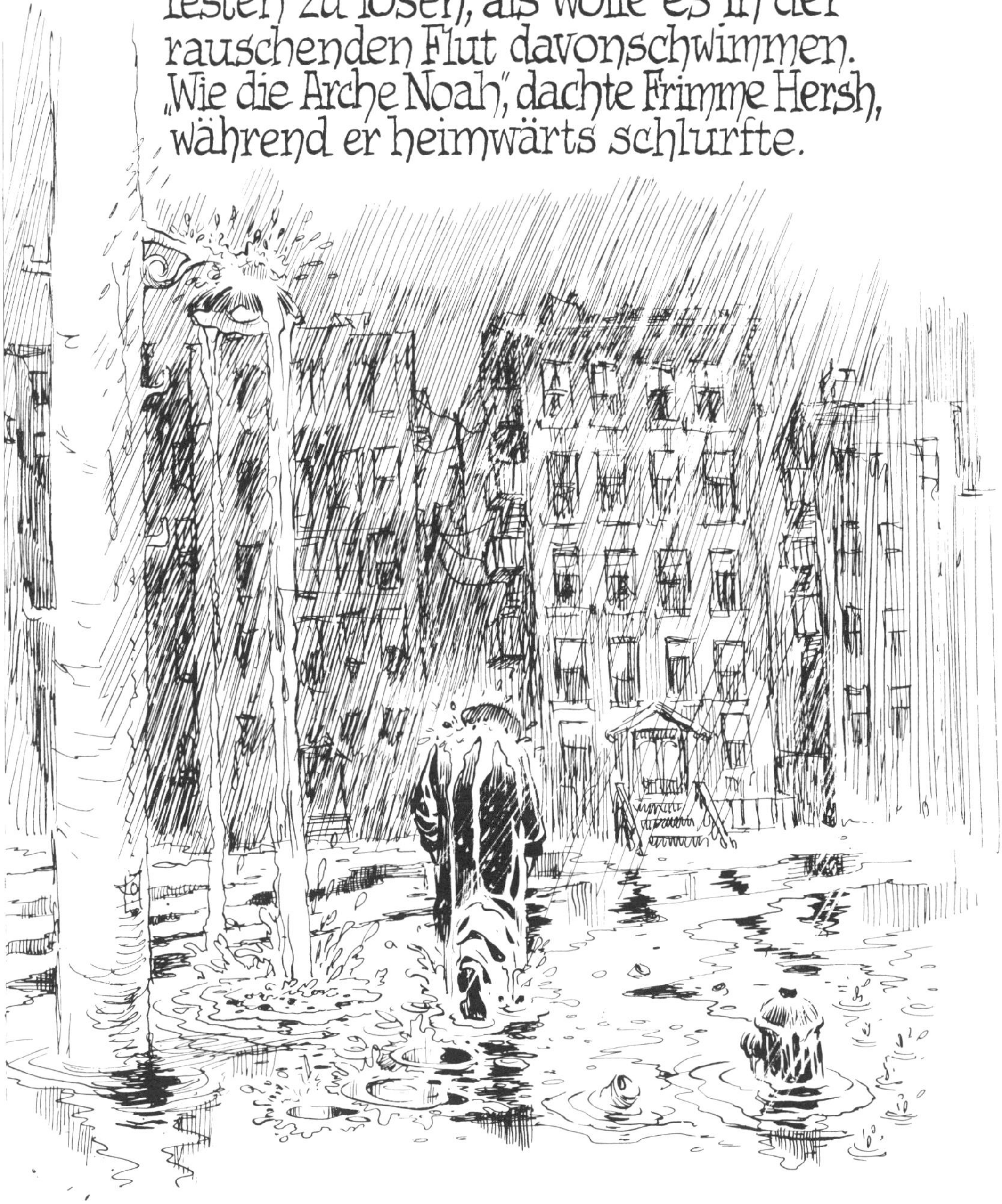

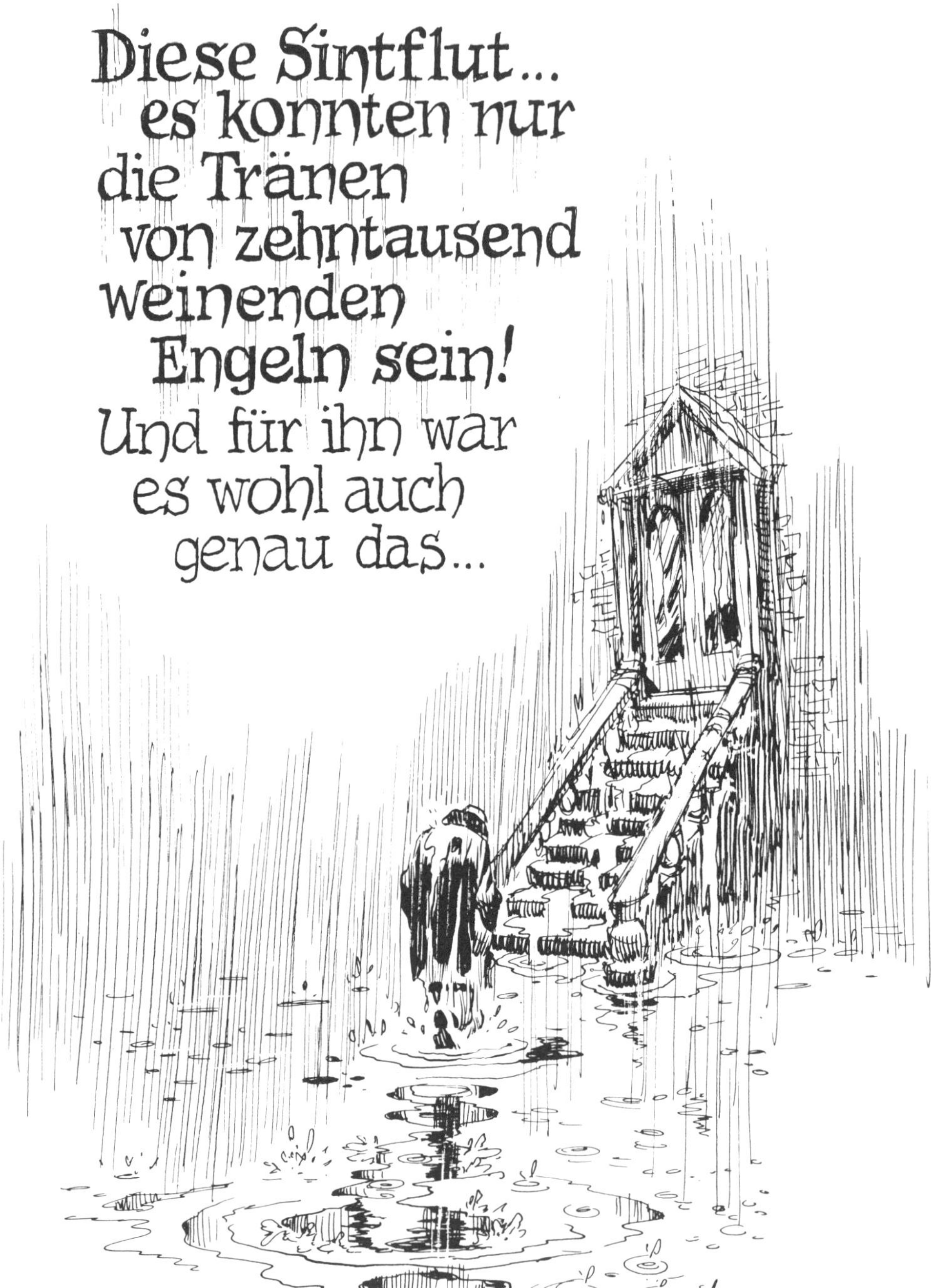
Diese Sintflut...
es konnten nur
die Tränen
von zehntausend
weinenden
Engeln sein!
Und für ihn war
es wohl auch
genau das...

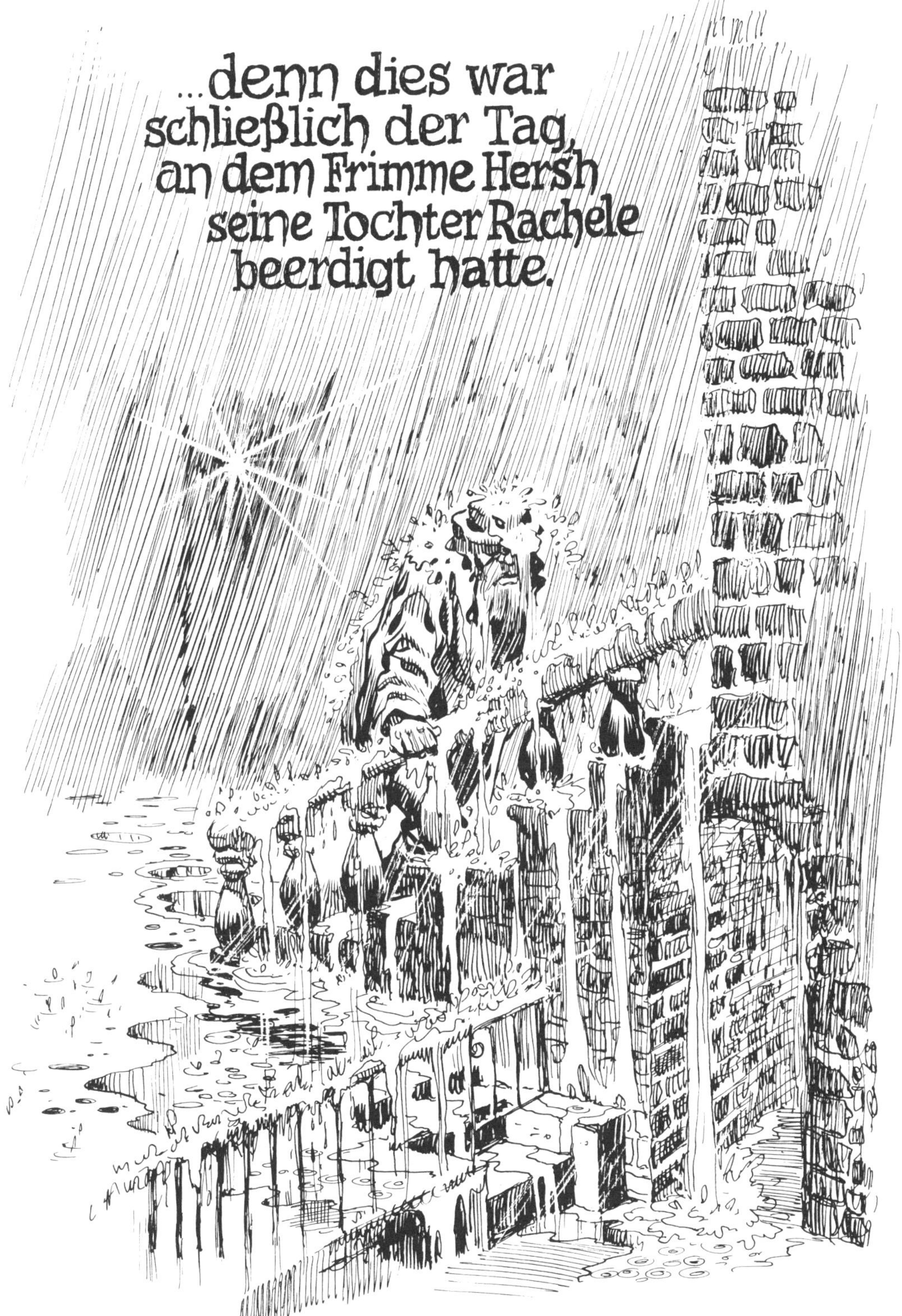
...denn dies war schließlich der Tag, an dem Frimme Hersh seine Tochter Rachele beerdigt hatte.

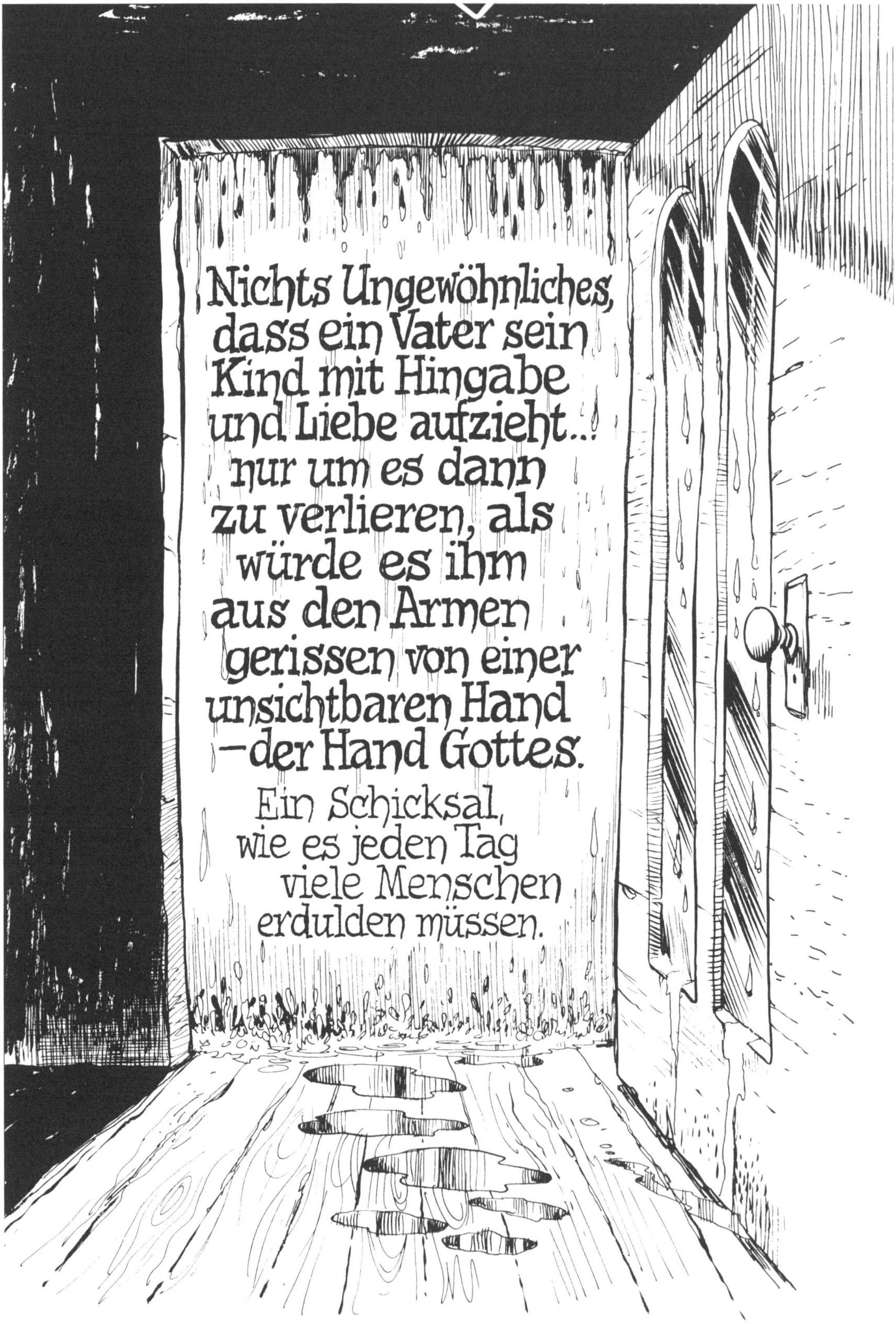
Nichts Ungewöhnliches, dass ein Vater sein Kind mit Hingabe und Liebe aufzieht …
… nur um es dann zu verlieren, als würde es ihm aus den Armen gerissen von einer unsichtbaren Hand – der Hand Gottes.
Ein Schicksal, wie es jeden Tag viele Menschen erdulden müssen.

Nun gut, für andere mochte es so sein...

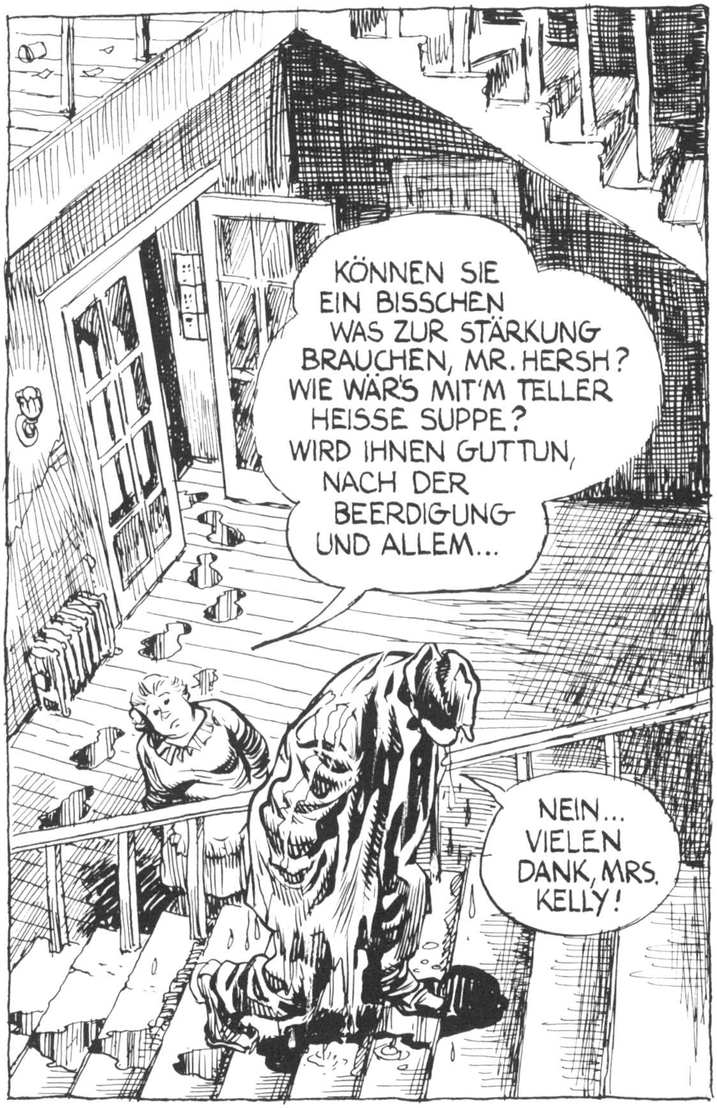

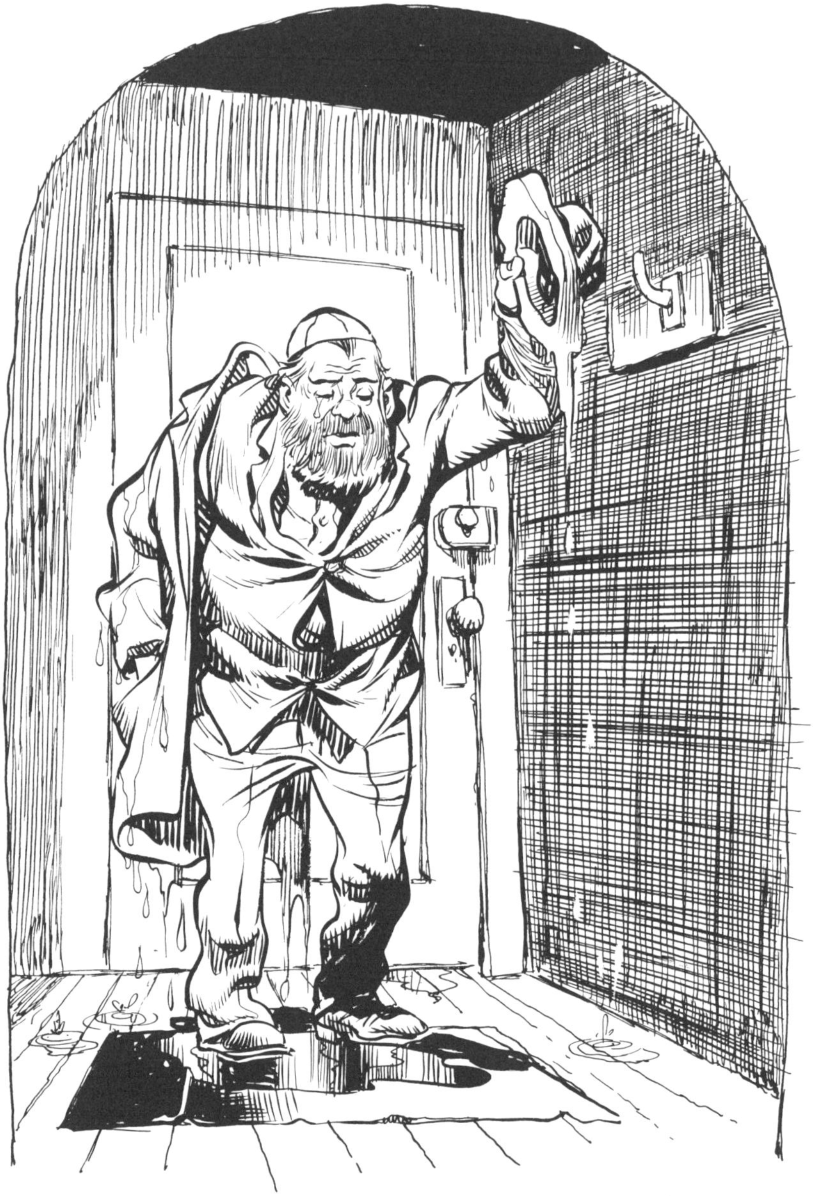

…aber nicht für Frimme Hersh.

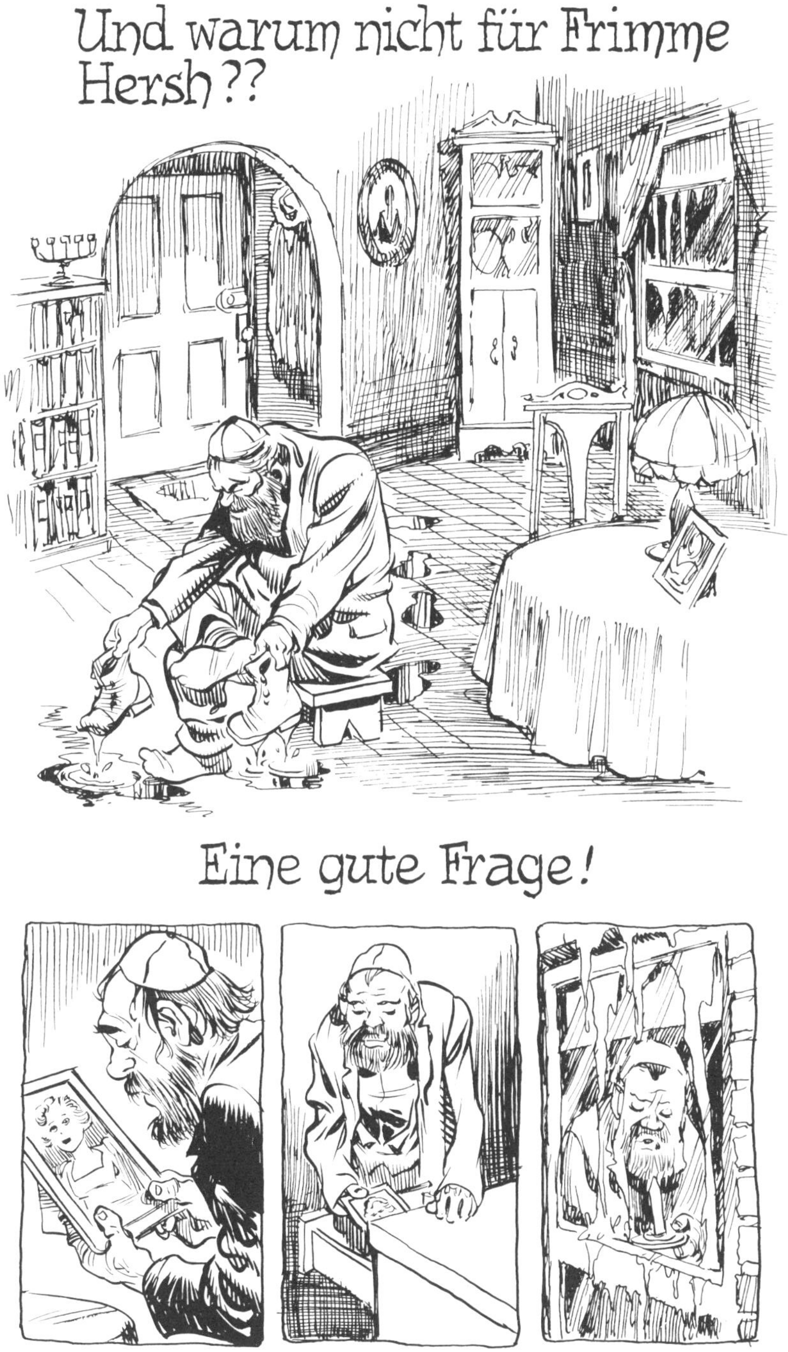
Und warum nicht für Frimme Hersh??
Eine gute Frage!

Es hätte Frimme Hersh nicht passieren dürfen

DENN FRIMME HERSH HATTE EINEN VERTRAG MIT GOTT!

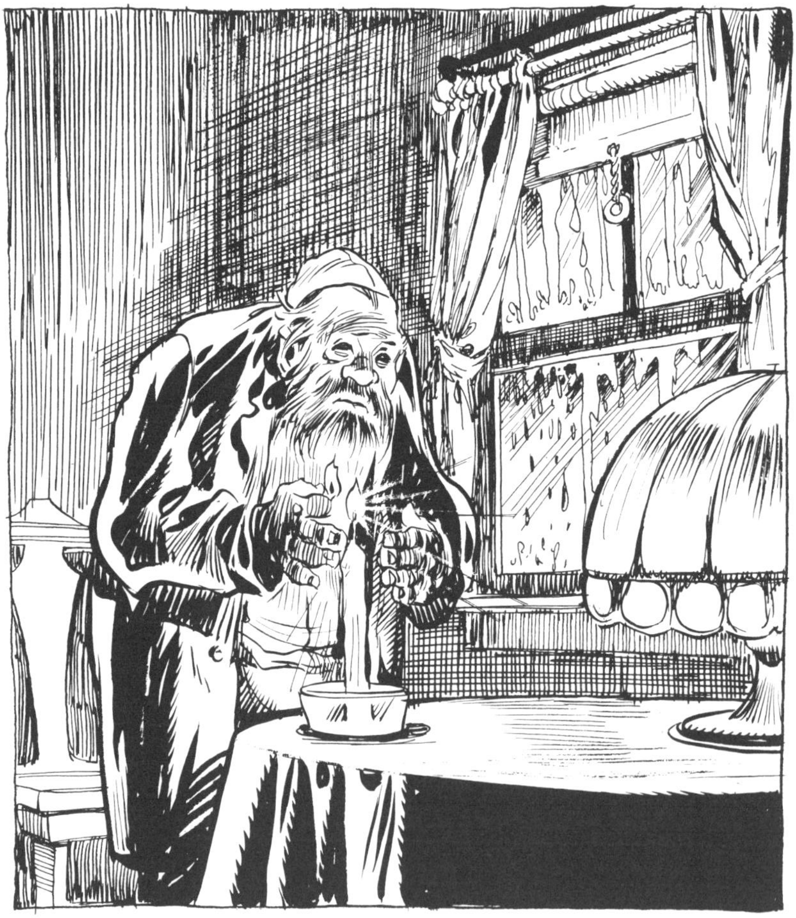

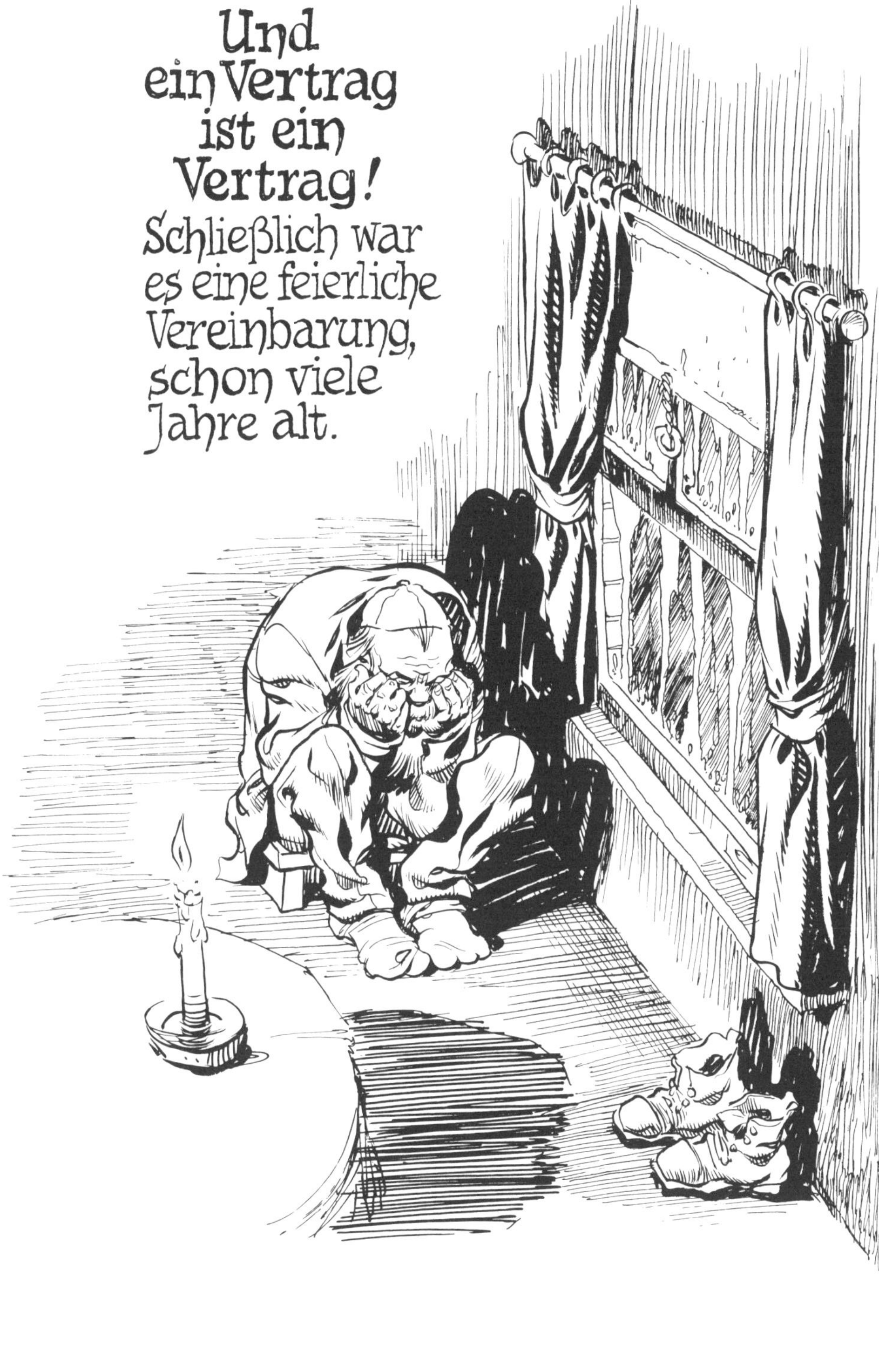
Und ein Vertrag ist ein Vertrag!
Schließlich war es eine feierliche Vereinbarung, schon viele Jahre alt.

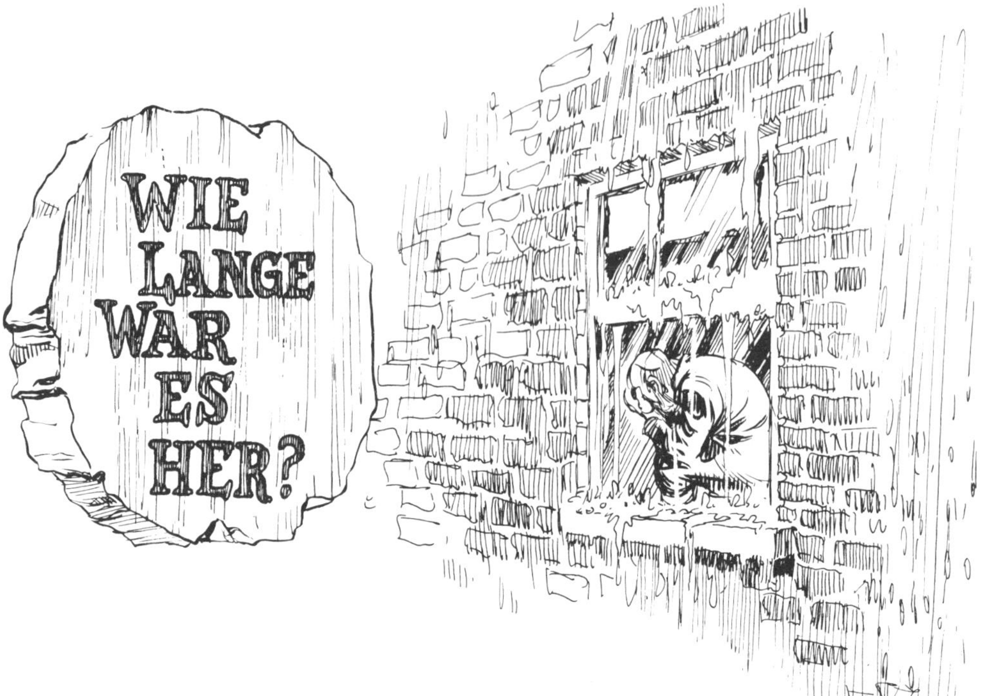

Im Jahr 1881 wurde Zar Alexander II. von Russland ermordet, und eine Welle schrecklicher Judenverfolgungen überzog das Land.

Dies war auch das Jahr, in dem Frimme Hersh geboren wurde – in Piske, einem kleinen Dorf in der Nähe von Tiflis.

Irgendwie überlebten seine Angehörigen das Massaker, und Frimmele – wie er zärtlich genannt wurde – wuchs heran.

Als er zehn war, konnte man bereits sehen, dass dieser Junge etwas Besonderes war. Er war blitzgescheit und schien sein Wissen einfach so aus der Luft aufzuschnappen. Woher auch sonst – in einem kleinen Schtetl wie Piske, wo sich fast alles um das nackte Überleben drehte …

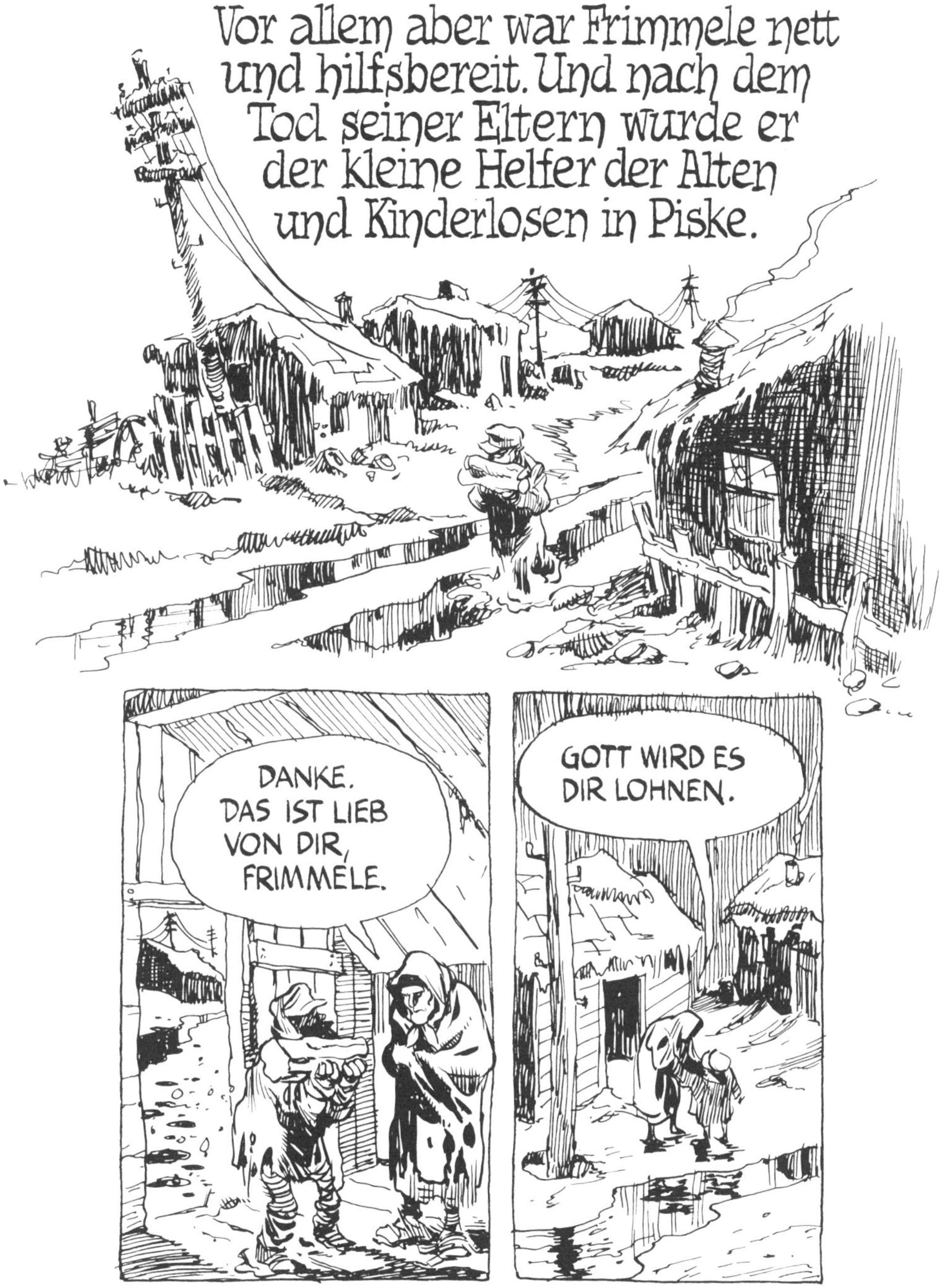
Vor allem aber war Frimmele nett und hilfsbereit. Und nach dem Tod seiner Eltern wurde er der kleine Helfer der Alten und Kinderlosen in Piske.
DANKE. DAS IST LIEB VON DIR, FRIMMELE.
GOTT WIRD ES DIR LOHNEN.

Das sagte man in jenen Jahren oft zu ihm, denn er vollbrachte viele, viele gute Taten.

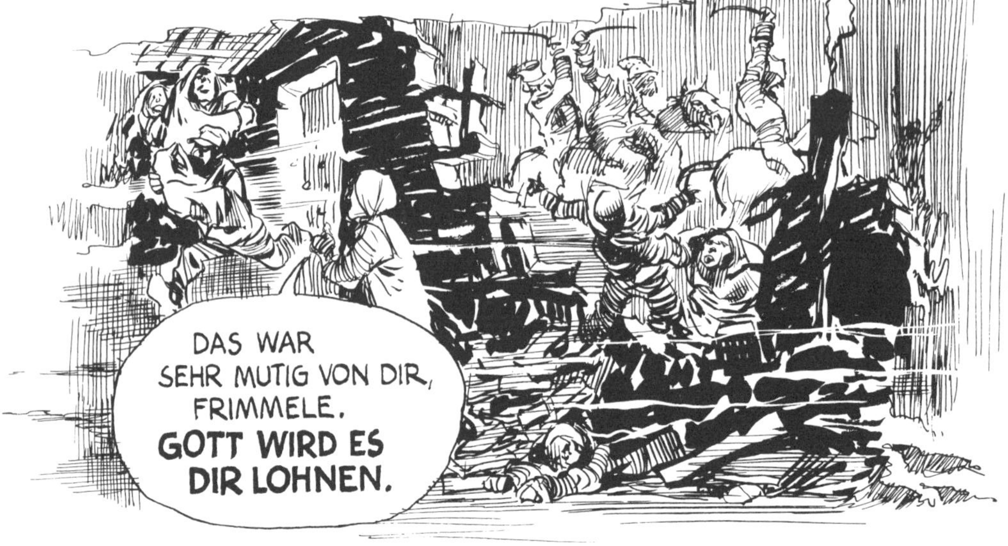

Eines Tages, nach einem schrecklichen Gemetzel, riefen ihn die überlebenden Dorfältesten zu sich.

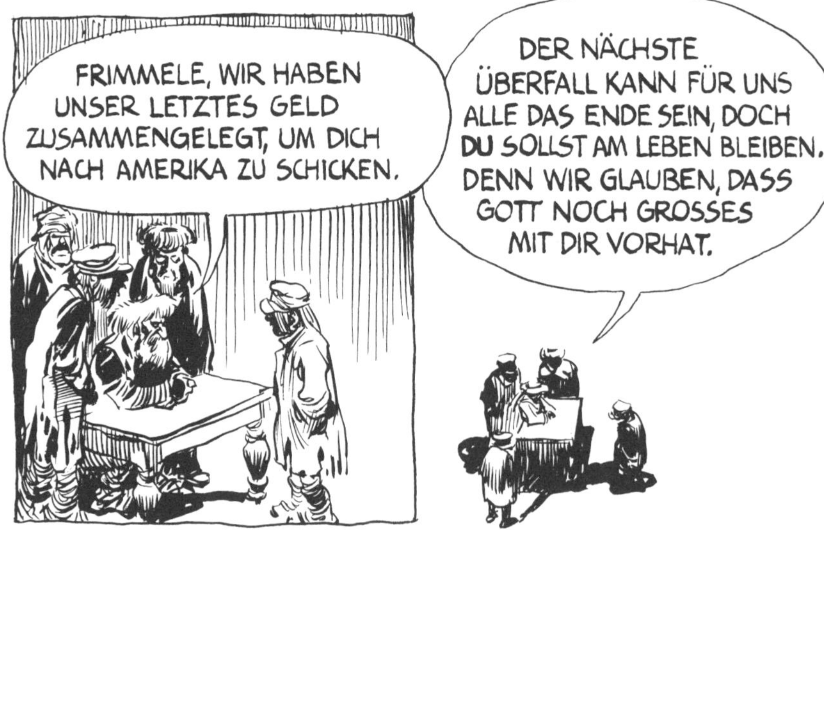

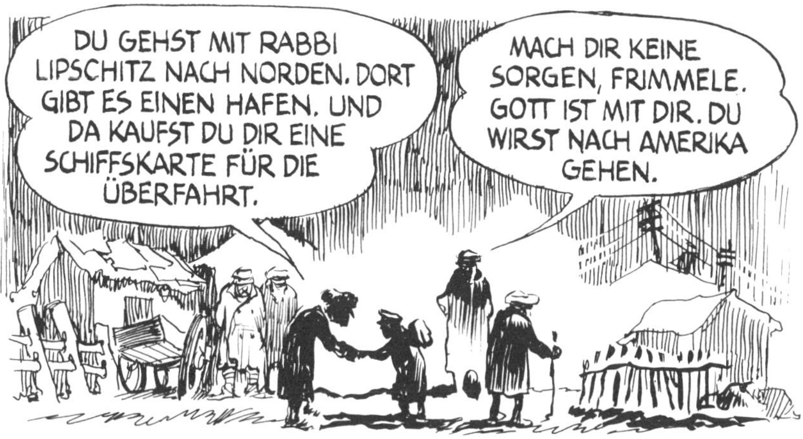

Und Hersh gehorchte. Zwei Nächte später, irgendwo in den Wäldern...

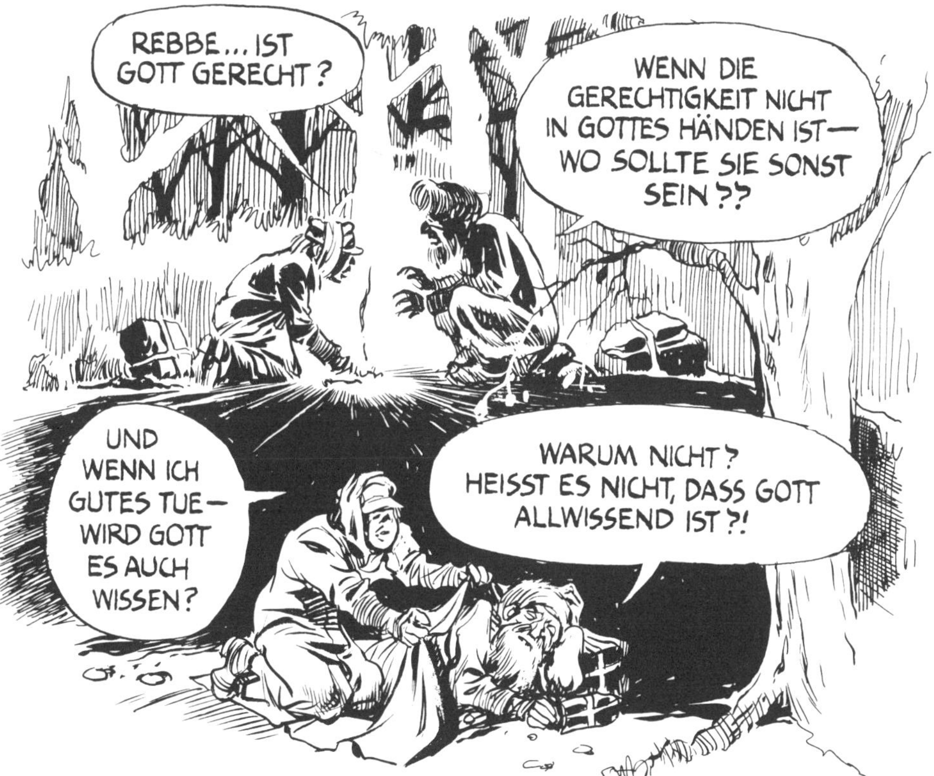

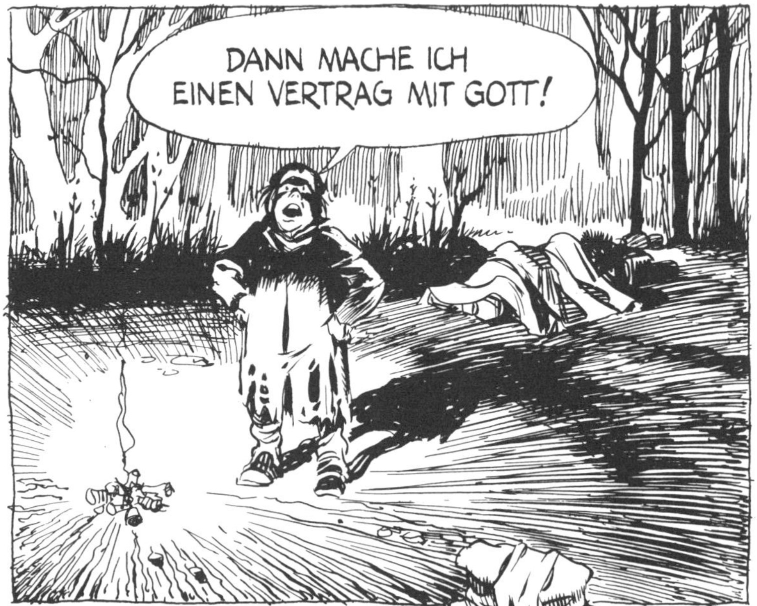
DANN MACHE ICH EINEN VERTRAG MIT GOTT!

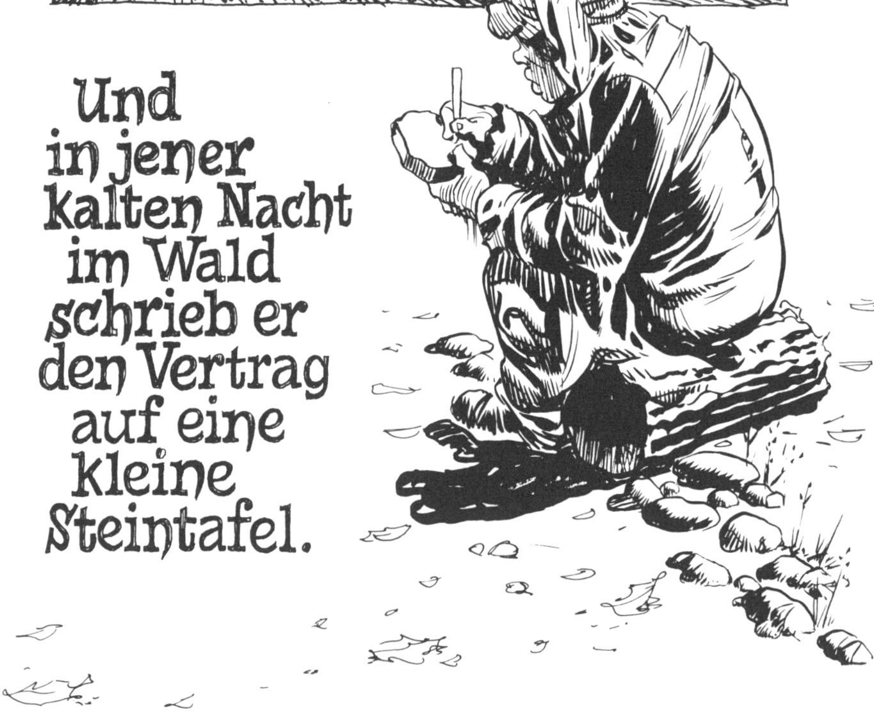
Und in jener kalten Nacht im Wald schrieb er den Vertrag auf eine kleine Steintafel.

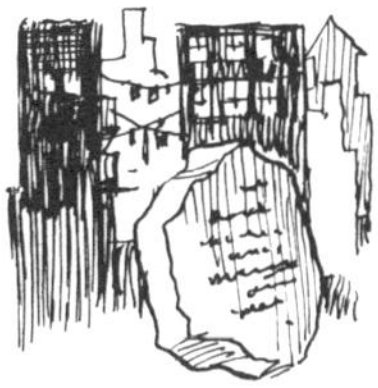

Und mit der kleinen Steintafel in der Tasche gelangte Frimme Hersh nach New York, wo er von der chassidischen Gemeinde aufgenommen wurde. Dort ließ er sich im Glauben unterweisen und widmete sich guten Taten.

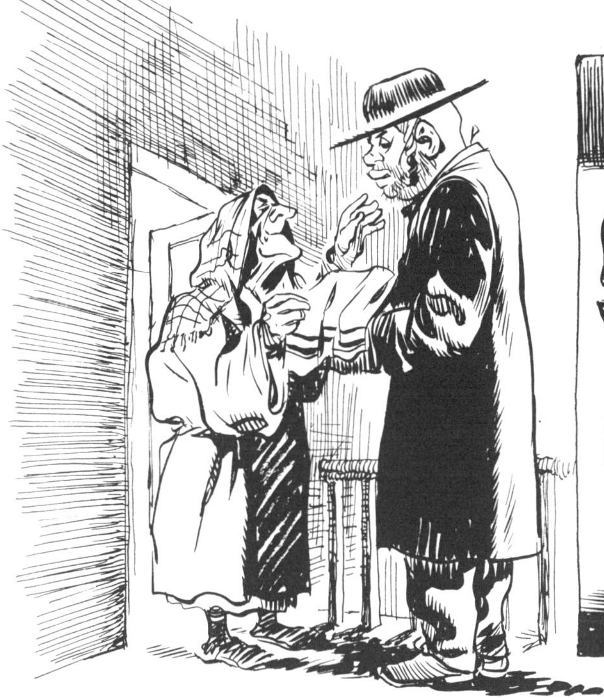

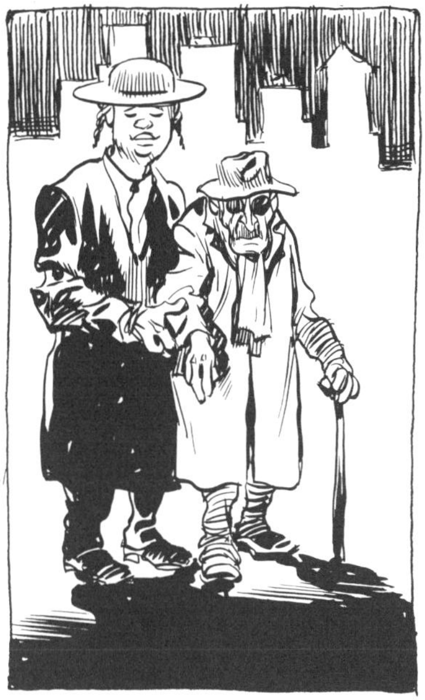

Getreulich und fromm befolgte er seinen Vertrag mit Gott.

Mit der Zeit wurde er ein angesehenes Mitglied der Gemeinde, und die Synagoge betraute ihn mit der Verwaltung ihres Geldes und anderen weltlichen Dingen. So war es auch nicht überraschend, dass eine unbekannte Mutter eines Tages ihr kleines Kind auf Hershs Türschwelle aussetzte. Für Frimme war klar: Auch hier ging es um seinen Pakt mit Gott.

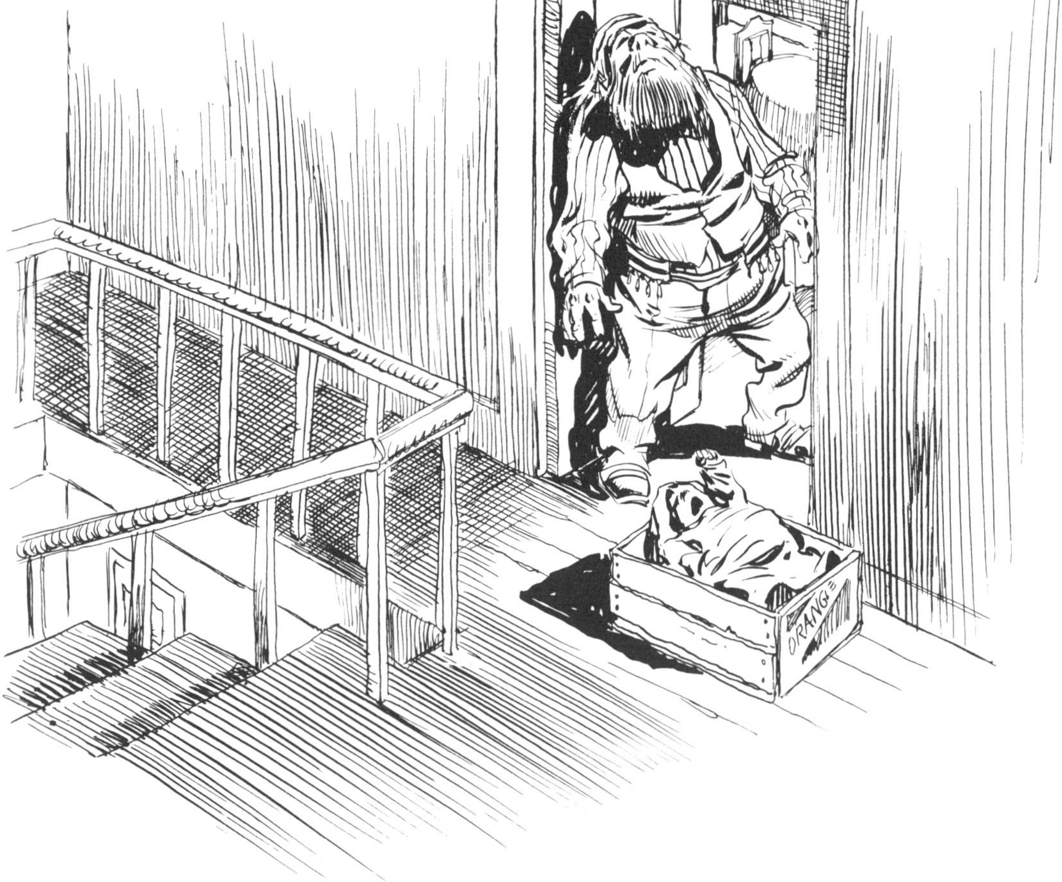

Da niemand ein Kind wollte, dessen Eltern man nicht kannte, nahm Frimme Hersh das Baby an Kindes statt an.
Nach seiner Mutter nannte er das Mädchen Rachele und sorgte für es mit all seiner Liebe.

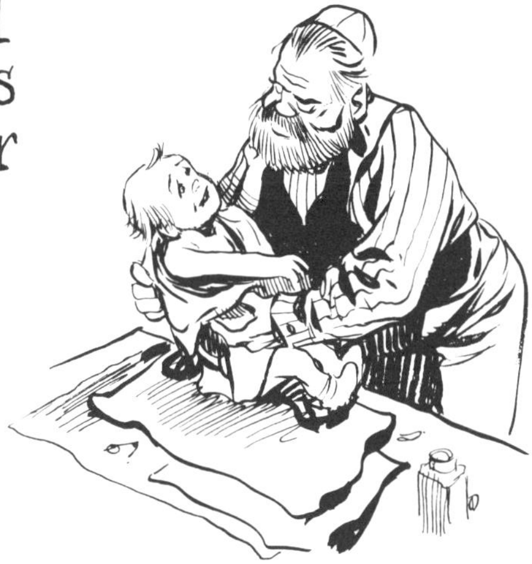

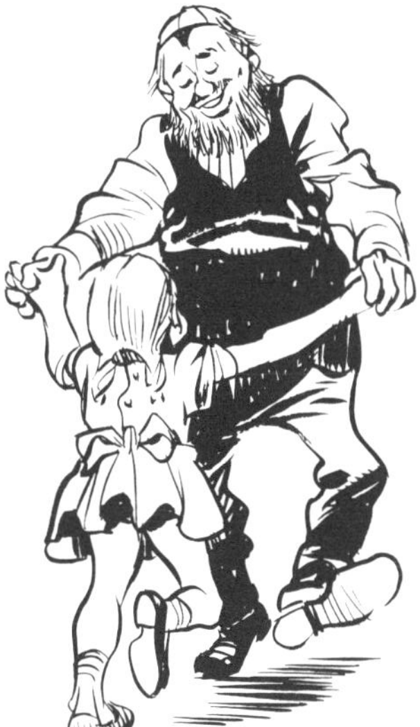

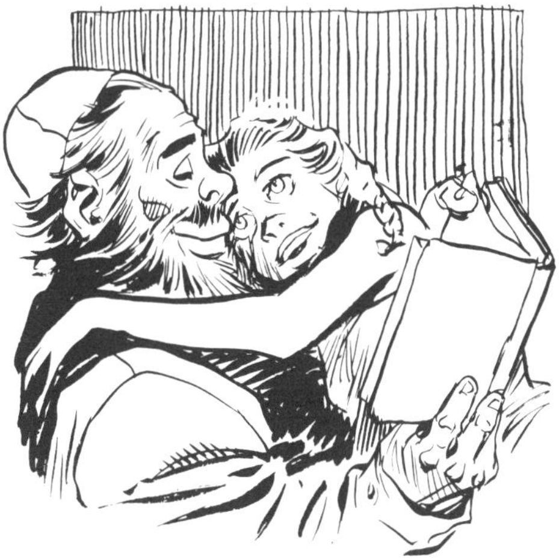

So wuchs Rachele heran und erblühte in der Wärme und Zuneigung des frommen und gutherzigen Frimme. Sie war wie sein eigenes Kind, und sie war die Freude seines Lebens. Dann, eines Tages, in der Blüte ihrer jungen Jahre, wurde Rachele plötzlich von einer schweren Krankheit dahingerafft.

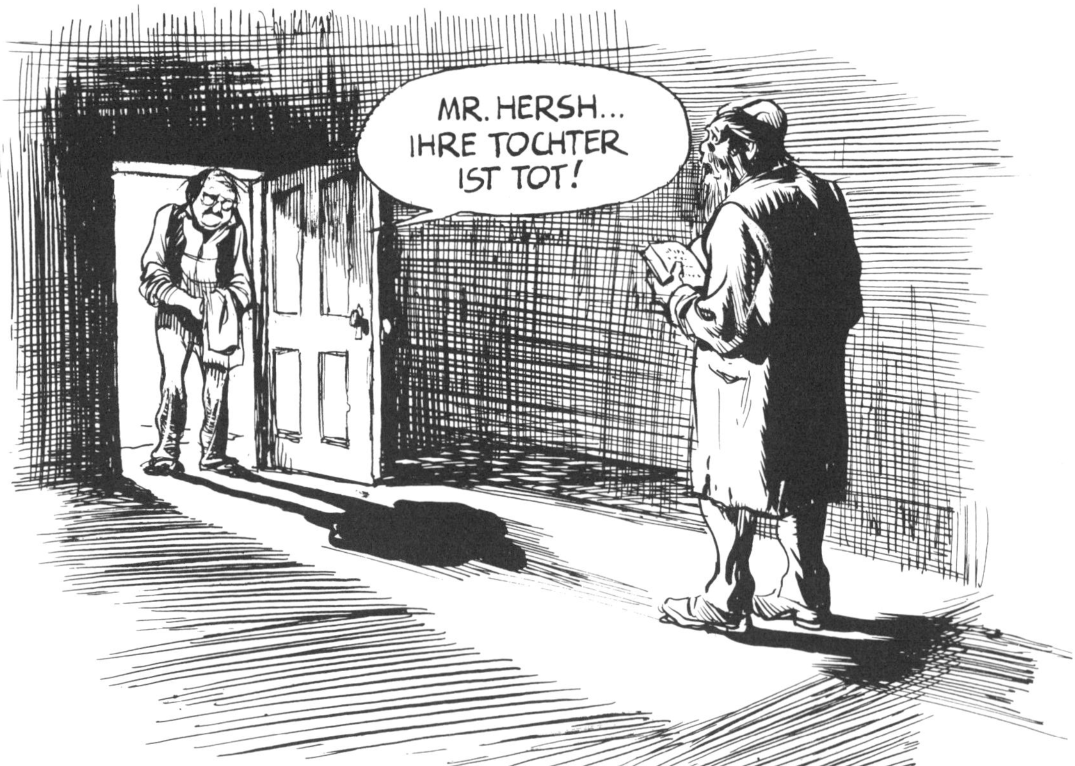

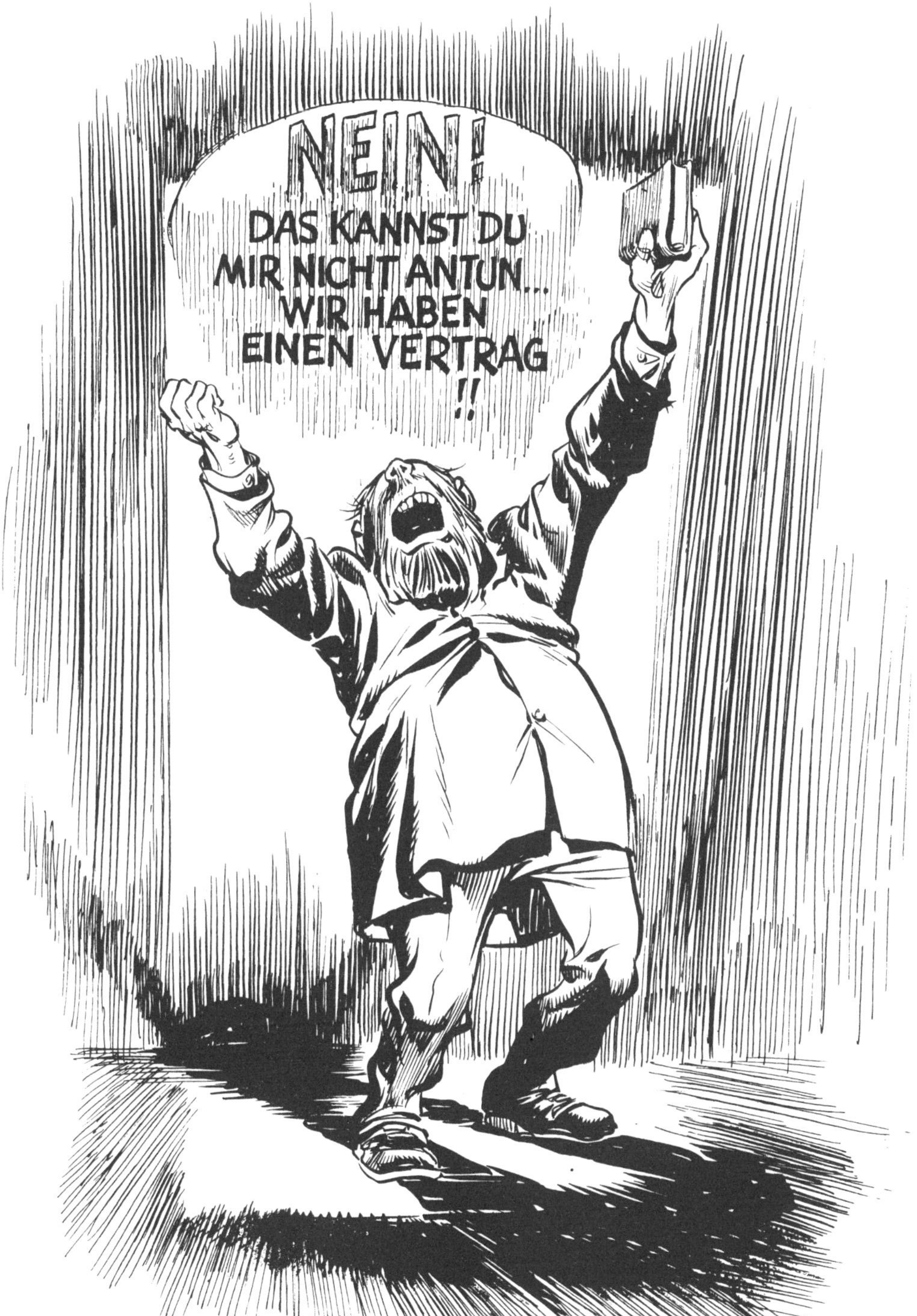
NEIN!
DAS KANNST DU MIR NICHT ANTUN... WIR HABEN EINEN VERTRAG !!

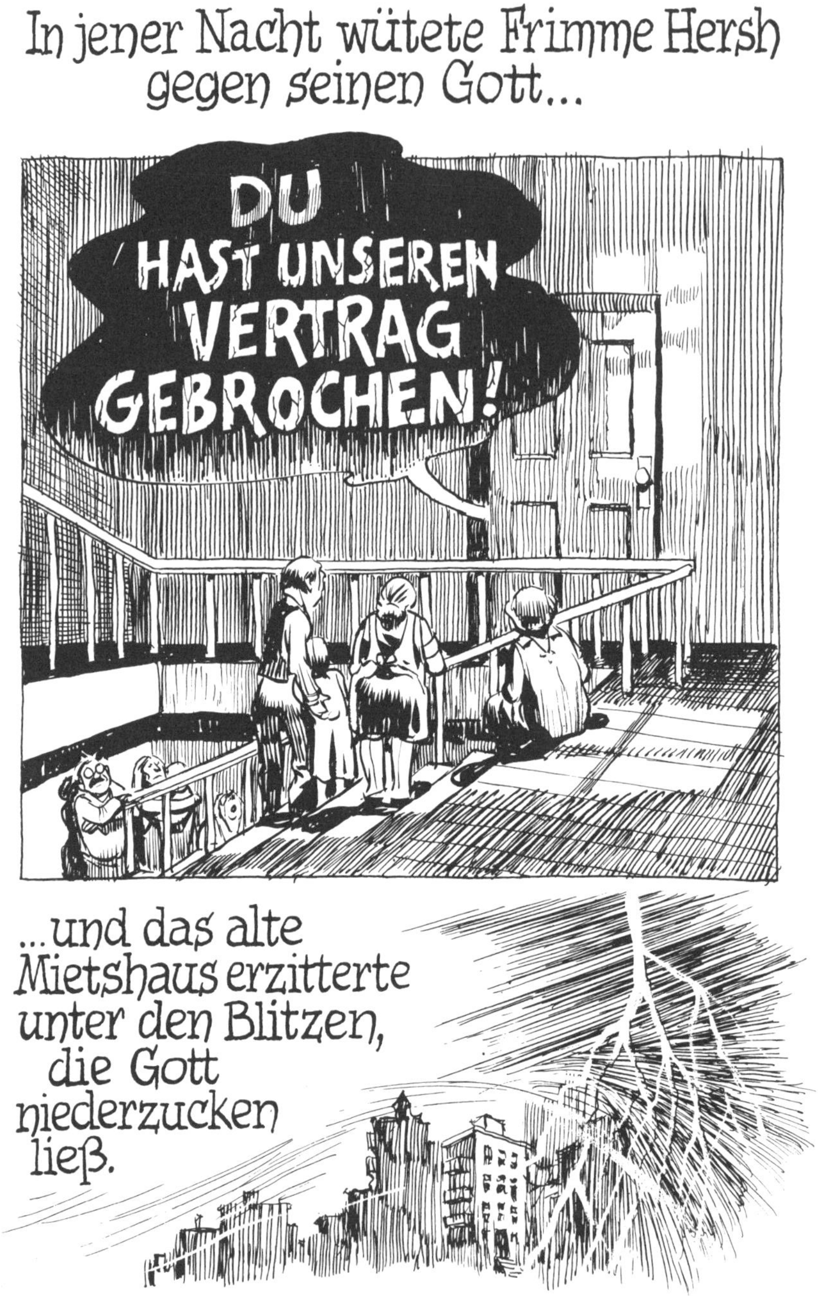
In jener Nacht wütete Frimme Hersh gegen seinen Gott...
DU HAST UNSEREN VERTRAG GEBROCHEN!
...und das alte Mietshaus erzitterte unter den Blitzen, die Gott niederzucken ließ.

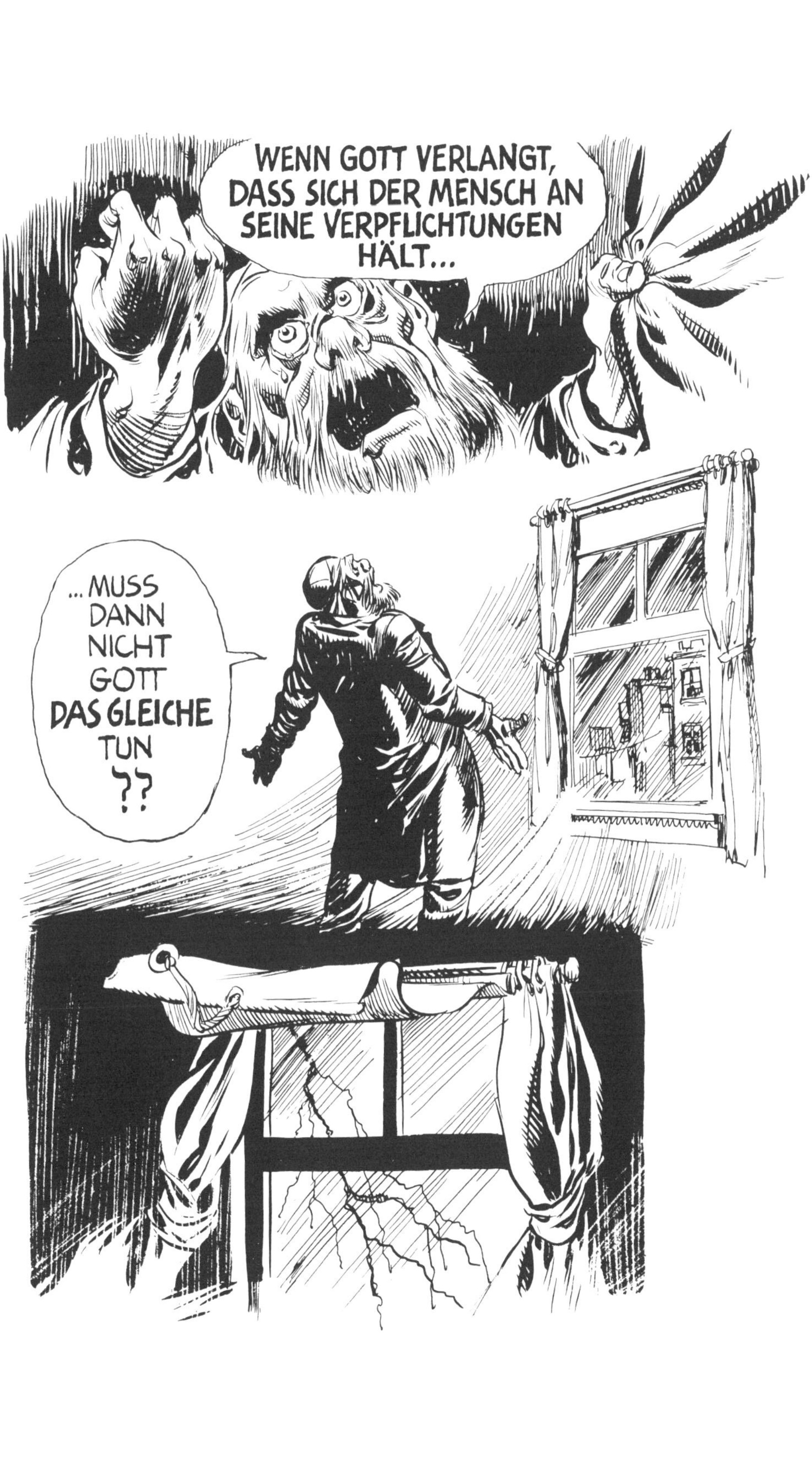
WENN GOTT VERLANGT, DASS SICH DER MENSCH AN SEINE VERPFLICHTUNGEN HÄLT...
...MUSS DANN NICHT GOTT DAS GLEICHE TUN ??

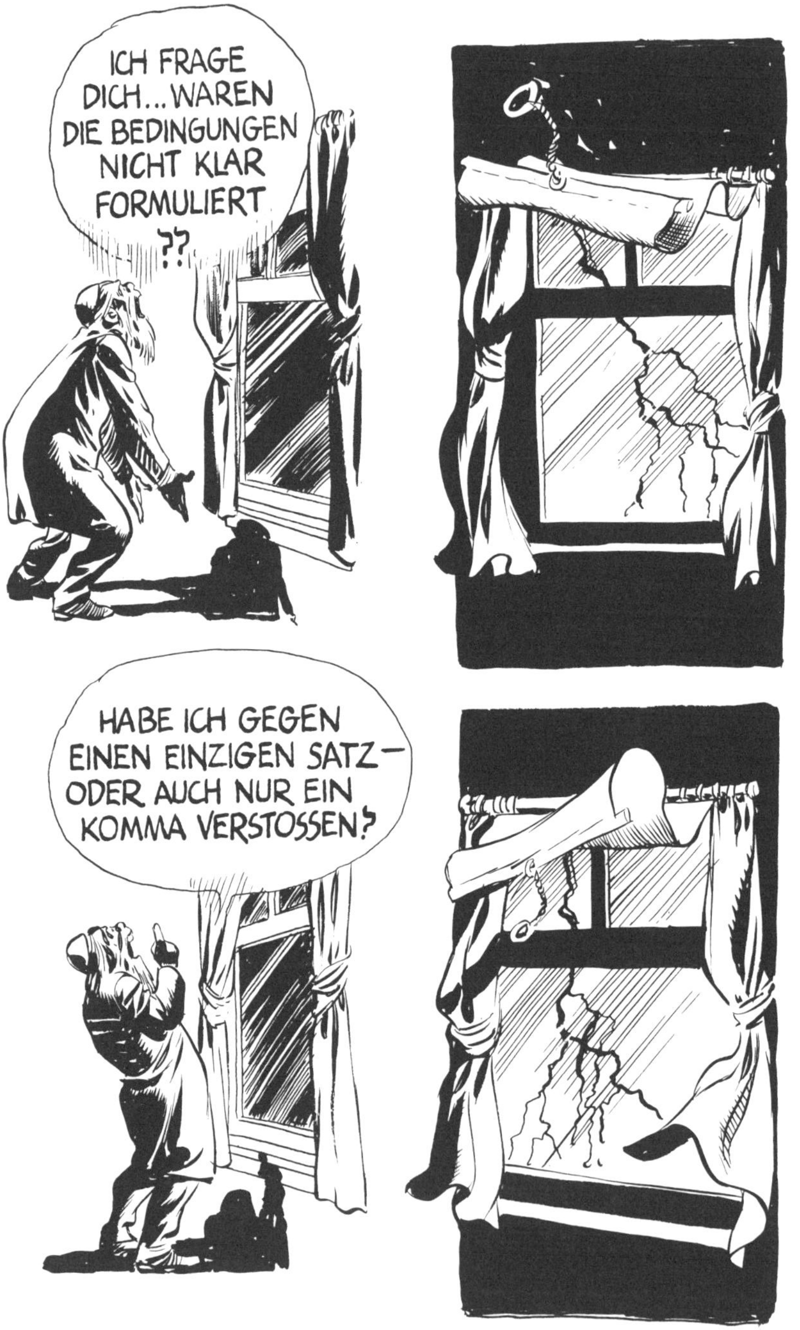
ICH FRAGE DICH... WAREN DIE BEDINGUNGEN NICHT KLAR FORMULIERT ??
HABE ICH GEGEN EINEN EINZIGEN SATZ— ODER AUCH NUR EIN KOMMA VERSTOSSEN?

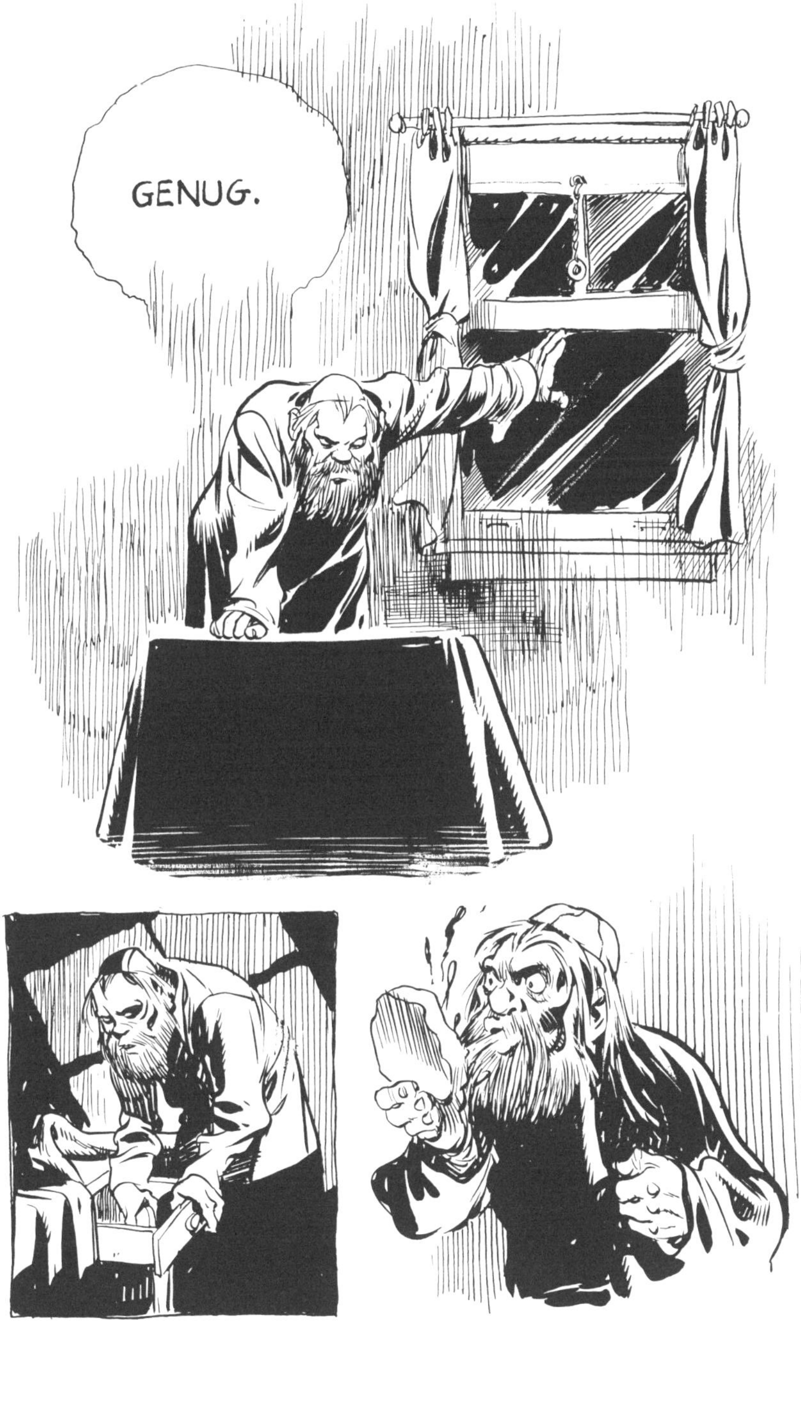
GENUG.

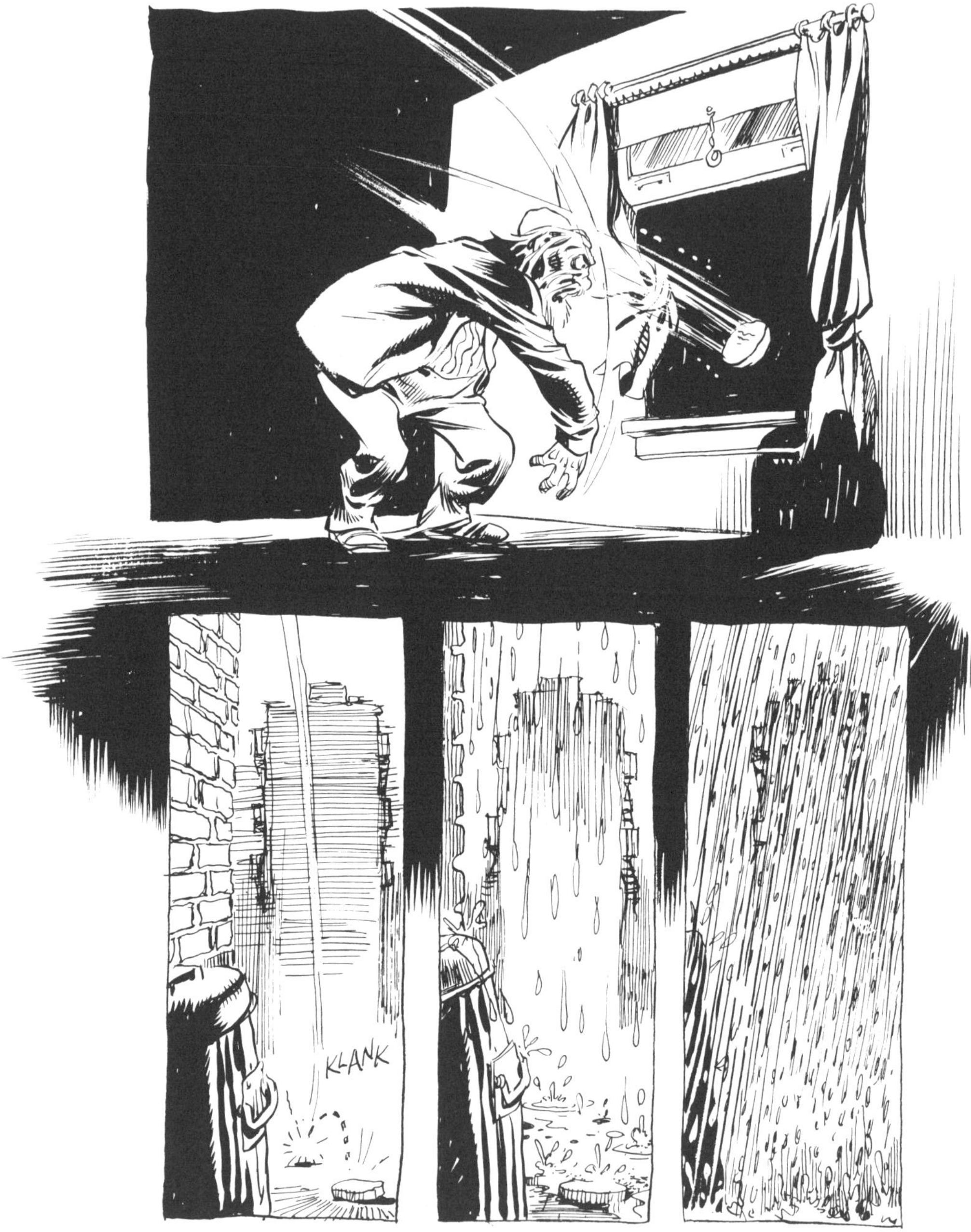
KLANK

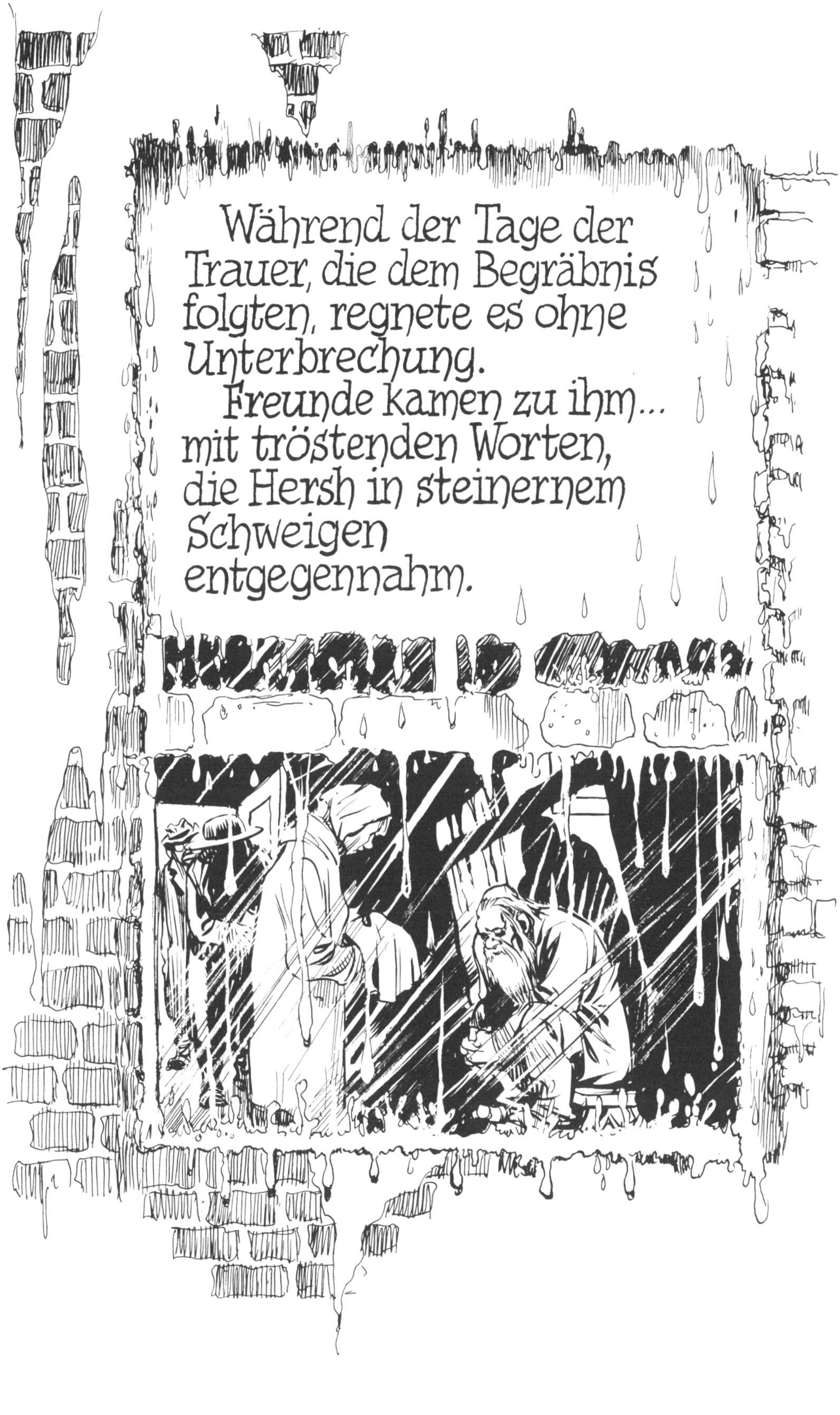
Während der Tage der Trauer, die dem Begräbnis folgten, regnete es ohne Unterbrechung.
Freunde kamen zu ihm… mit tröstenden Worten, die Hersh in steinernem Schweigen entgegennahm.

Am Morgen des achten Tages, nach dem Ende der Trauerzeit, ging die Sonne an einem klaren Himmel auf, und Frimme Hersh sprach sein Morgengebet … zum letzten Mal.

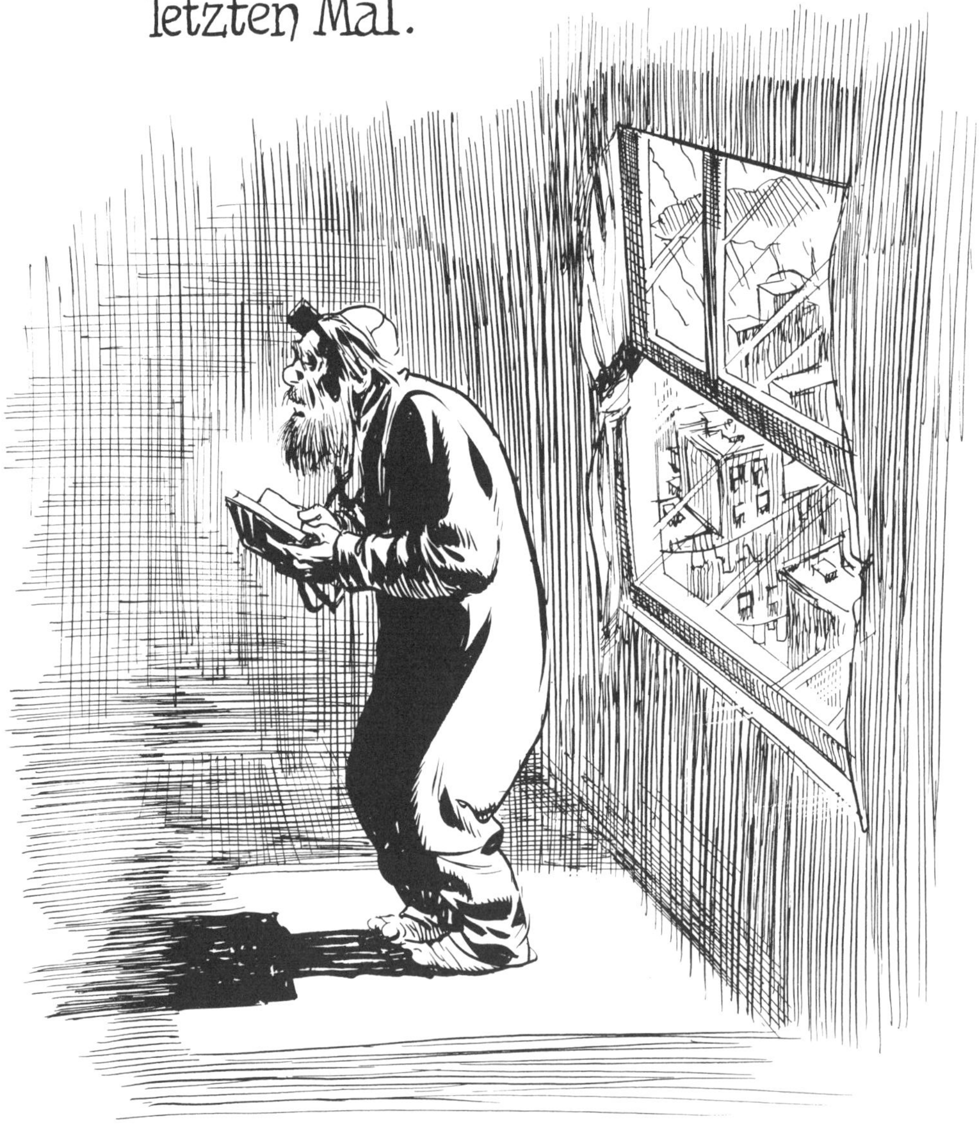

Dann rasierte er sich kurz entschlossen seinen Bart ab...

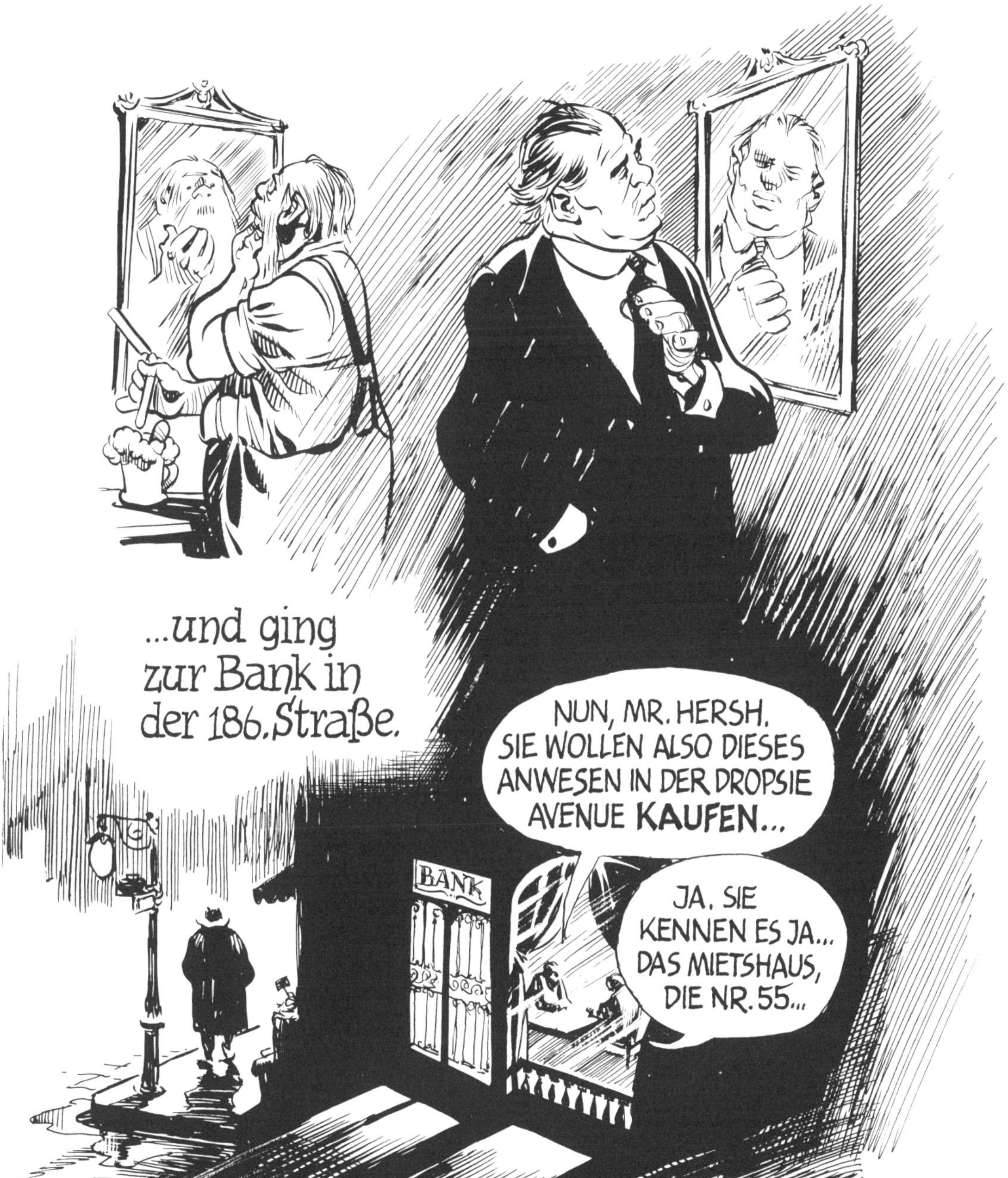

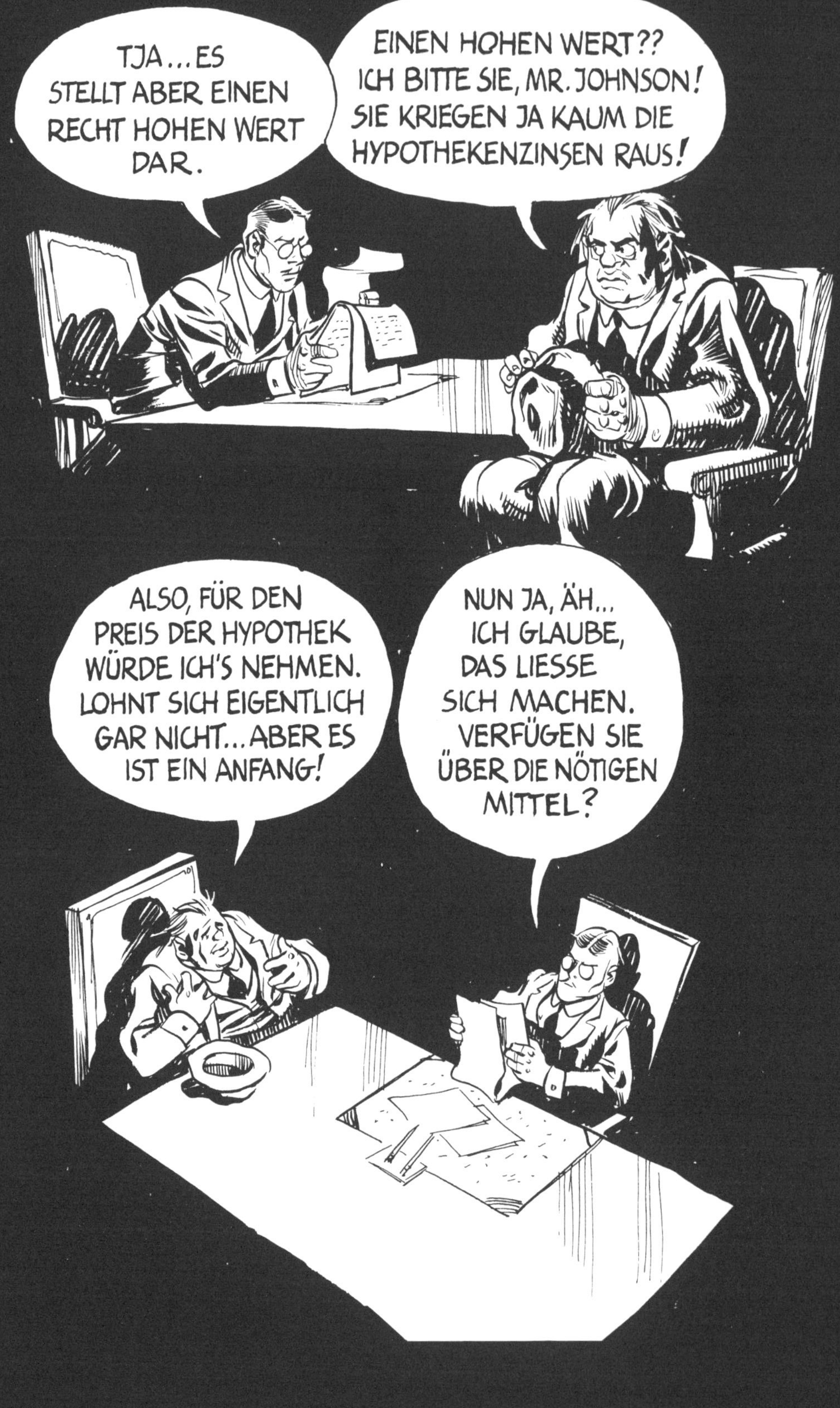
TJA ... ES STELLT ABER EINEN RECHT HOHEN WERT DAR.
EINEN HOHEN WERT?? ICH BITTE SIE, MR. JOHNSON! SIE KRIEGEN JA KAUM DIE HYPOTHEKENZINSEN RAUS!
ALSO, FÜR DEN PREIS DER HYPOTHEK WÜRDE ICH'S NEHMEN. LOHNT SICH EIGENTLICH GAR NICHT ... ABER ES IST EIN ANFANG!
NUN JA, ÄH ... ICH GLAUBE, DAS LIESSE SICH MACHEN. VERFÜGEN SIE ÜBER DIE NÖTIGEN MITTEL?

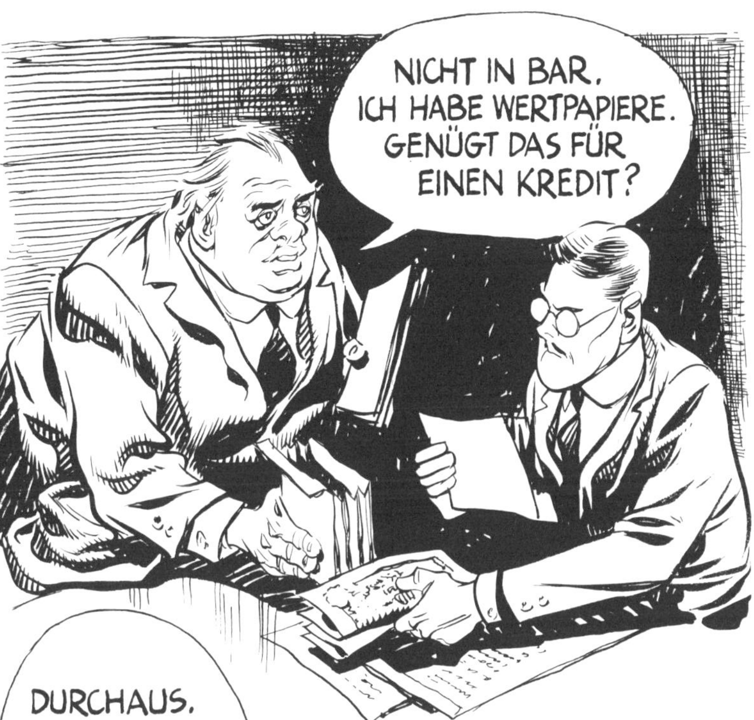
NICHT IN BAR.
ICH HABE WERTPAPIERE.
GENÜGT DAS FÜR
EINEN KREDIT?

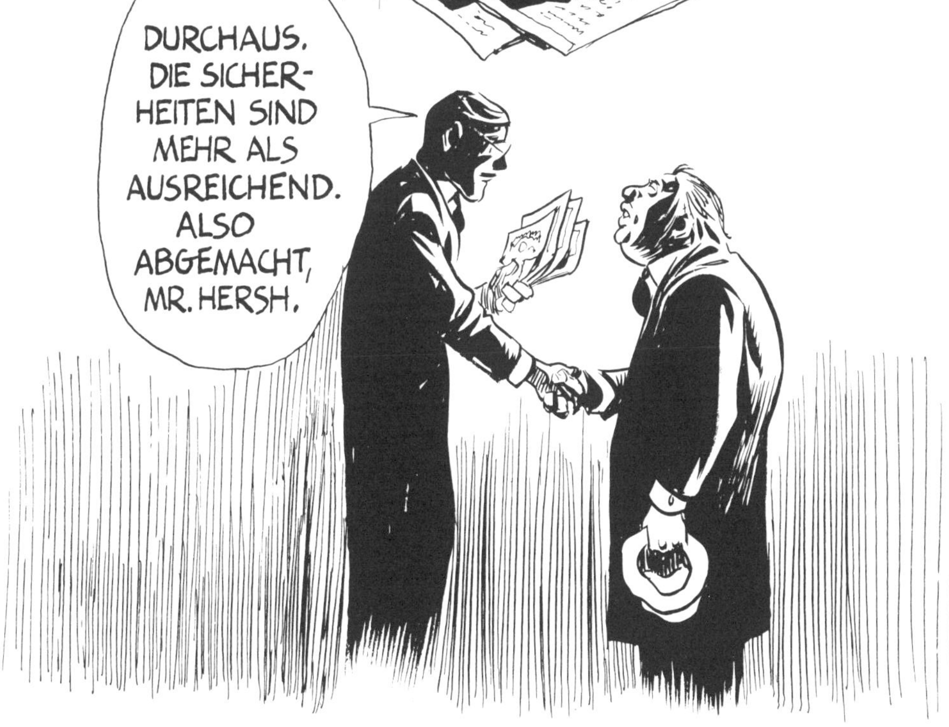
DURCHAUS.
DIE SICHER-
HEITEN SIND
MEHR ALS
AUSREICHEND.
ALSO
ABGEMACHT,
MR. HERSH.

Zum ersten Mal hatte Frimme Hersh gelogen.
Zum ersten Mal hatte er etwas getan, was bis dahin undenkbar gewesen war.
Die Wertpapiere gehörten nicht ihm — sie waren ihm von der Synagoge nur zur Aufbewahrung anvertraut worden.

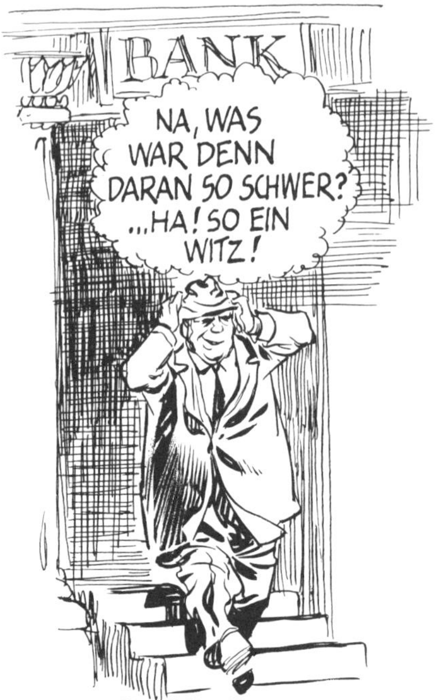

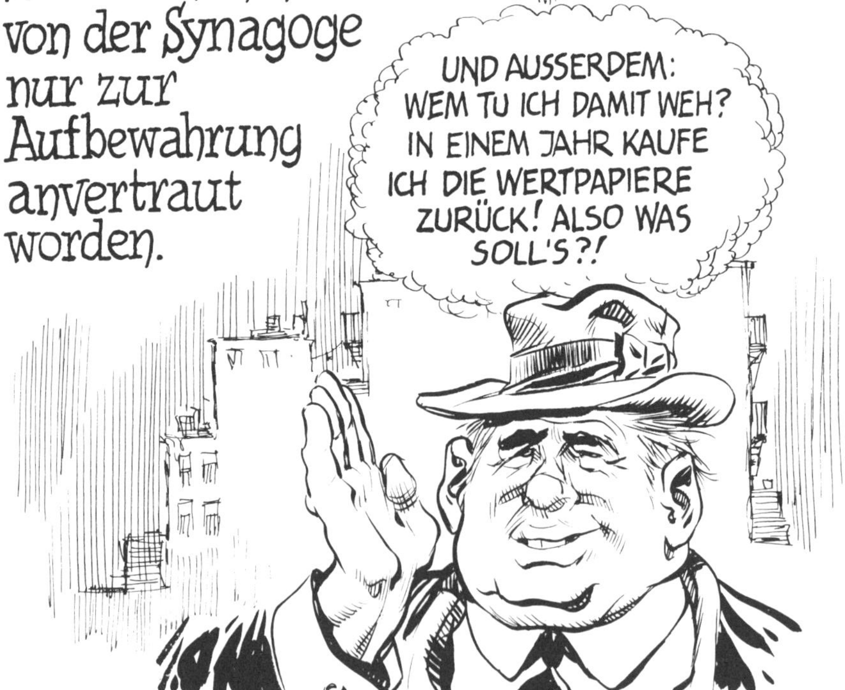

Und so wurde Frimme Hersh zum neuen Eigentümer von Dropsie Avenue Nr. 55.

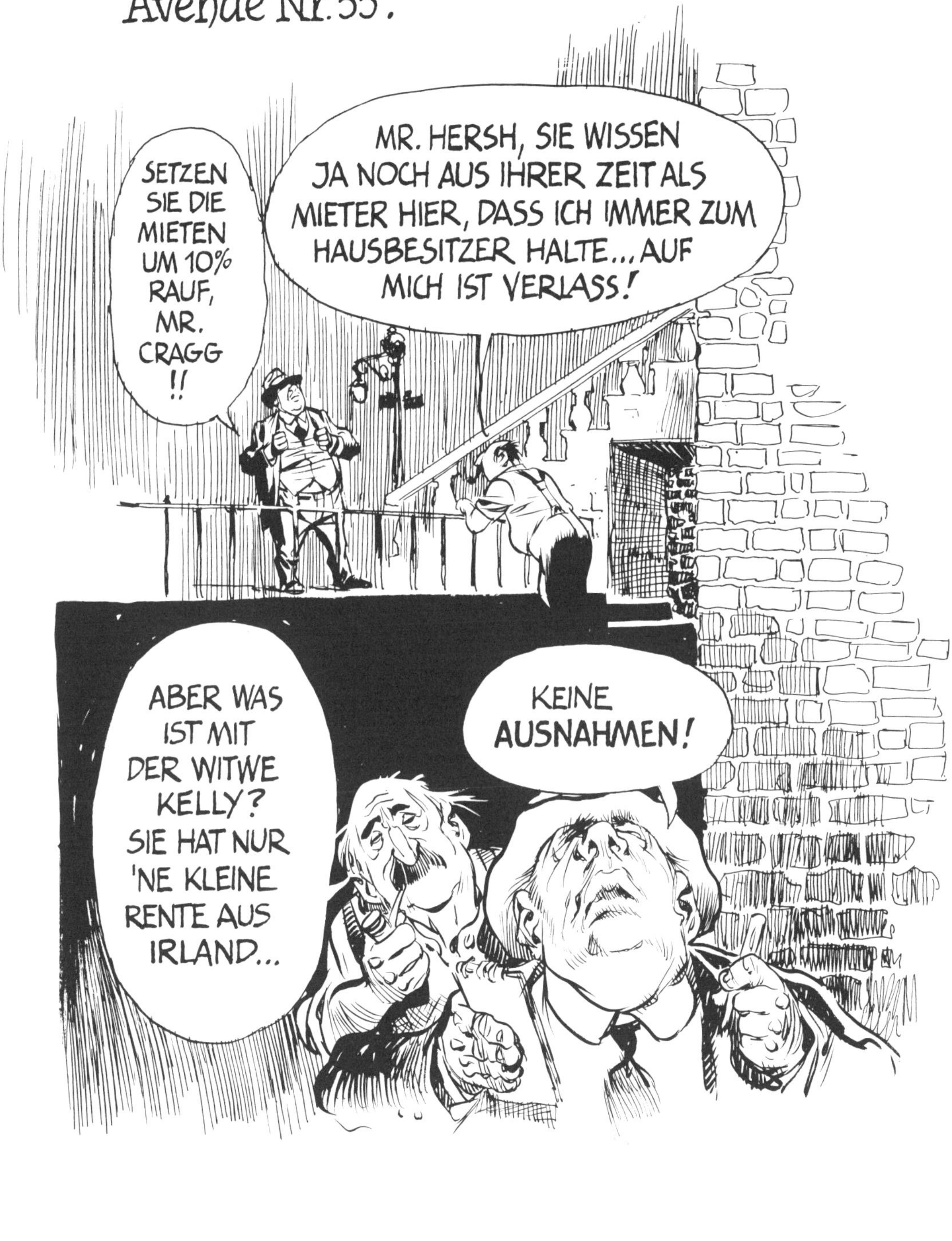

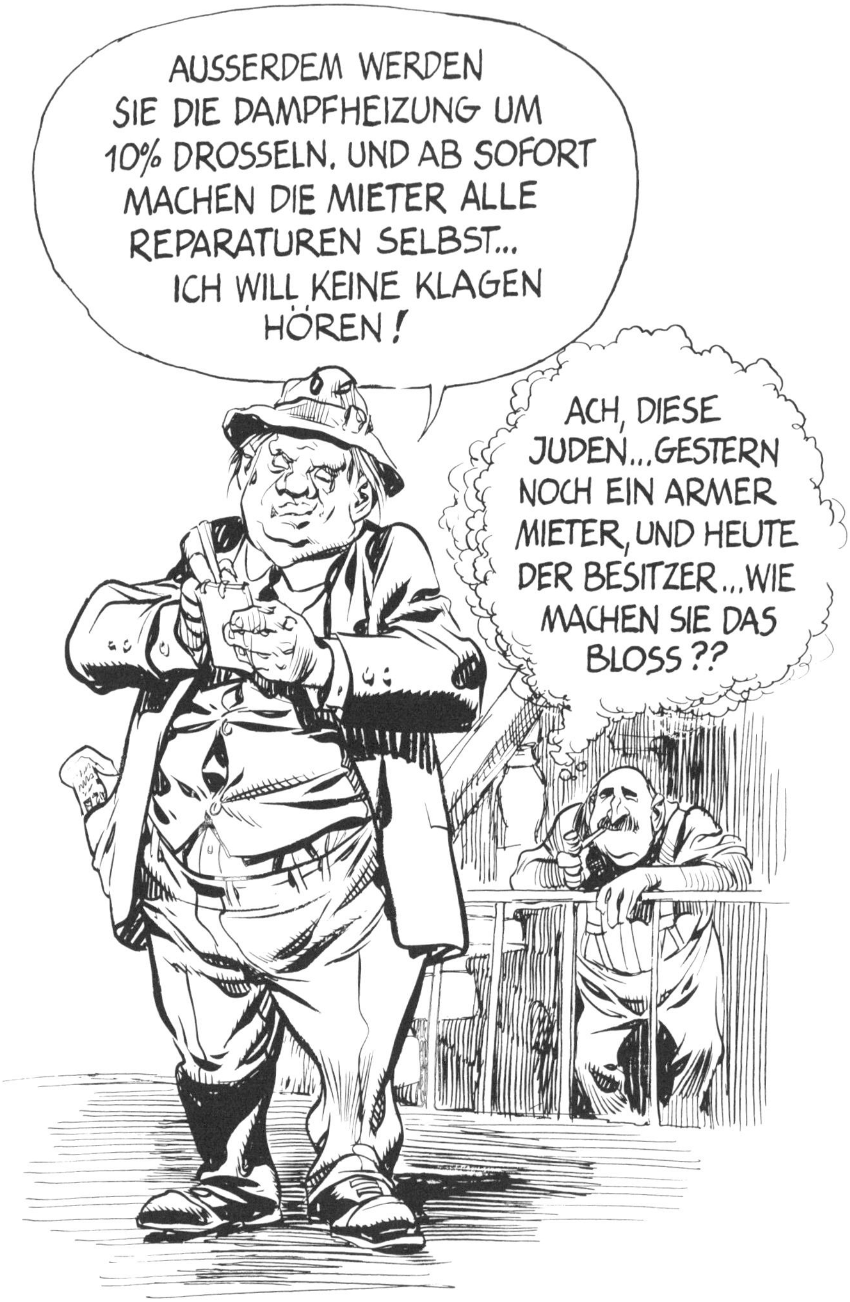
AUSSERDEM WERDEN SIE DIE DAMPFHEIZUNG UM 10% DROSSELN. UND AB SOFORT MACHEN DIE MIETER ALLE REPARATUREN SELBST... ICH WILL KEINE KLAGEN HÖREN!
ACH, DIESE JUDEN...GESTERN NOCH EIN ARMER MIETER, UND HEUTE DER BESITZER...WIE MACHEN SIE DAS BLOSS??

Nach einem Jahr hatte Frimme Hersh aus dem Haus so viel herausgeholt, dass er auch das Nachbarhaus kaufen konnte. In den nächsten drei Jahren raffte er sich als Grundbesitzer ein kleines Imperium zusammen.

Zu seinem Erfolg schien vor allem beizutragen, dass er ein geradezu unwahrscheinliches Glück hatte ...

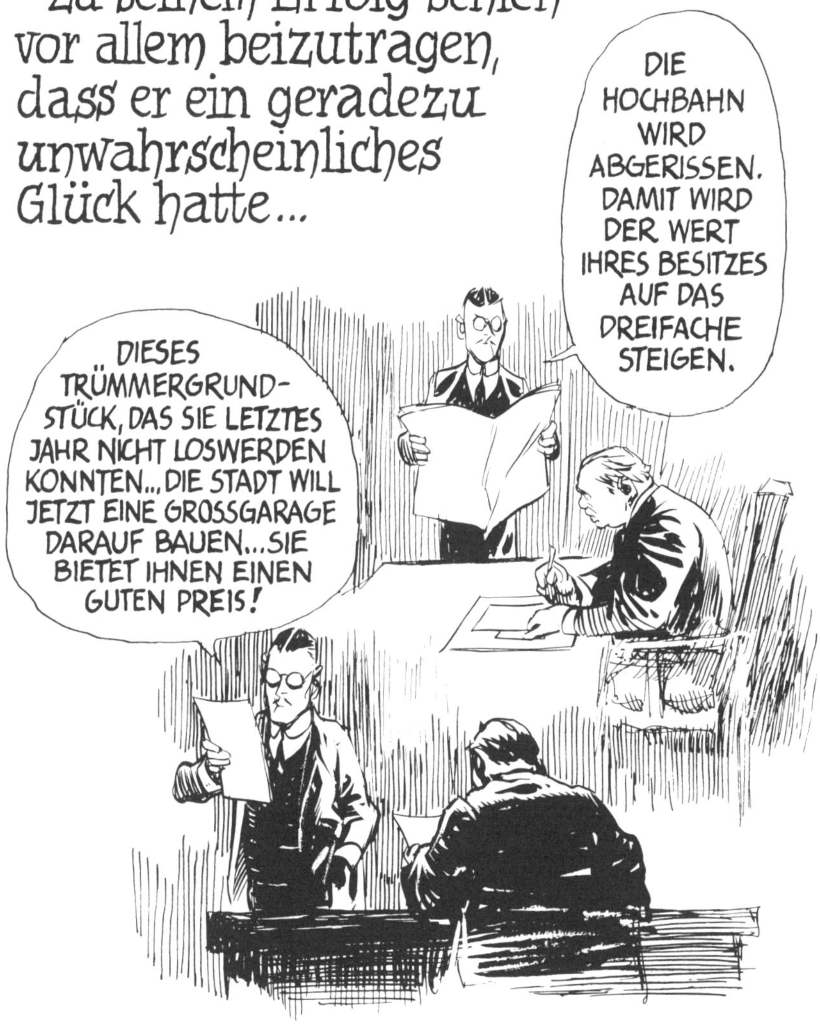

Alsbald nahm er sich eine Geliebte, eine Schickse aus Scranton, Pennsylvania; und er legte sich einen Lebensstil zu, der seinem neuen Status mehr entsprach.

Er handelte mit Häusern, als seien es Bauklötze.

Doch ein Gebäude verkaufte er nie – das Mietshaus in der Dropsie Avenue. Wenigstens einmal in der Woche fuhr er hin ... nur um es anzusehen.

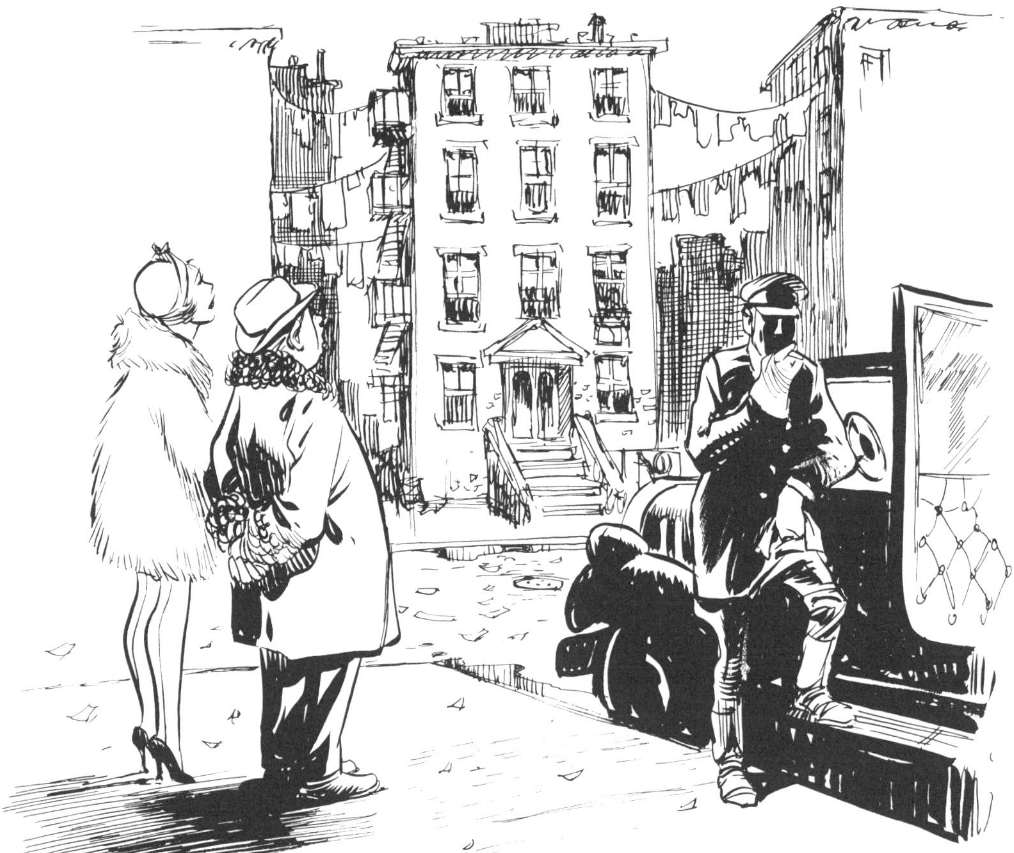

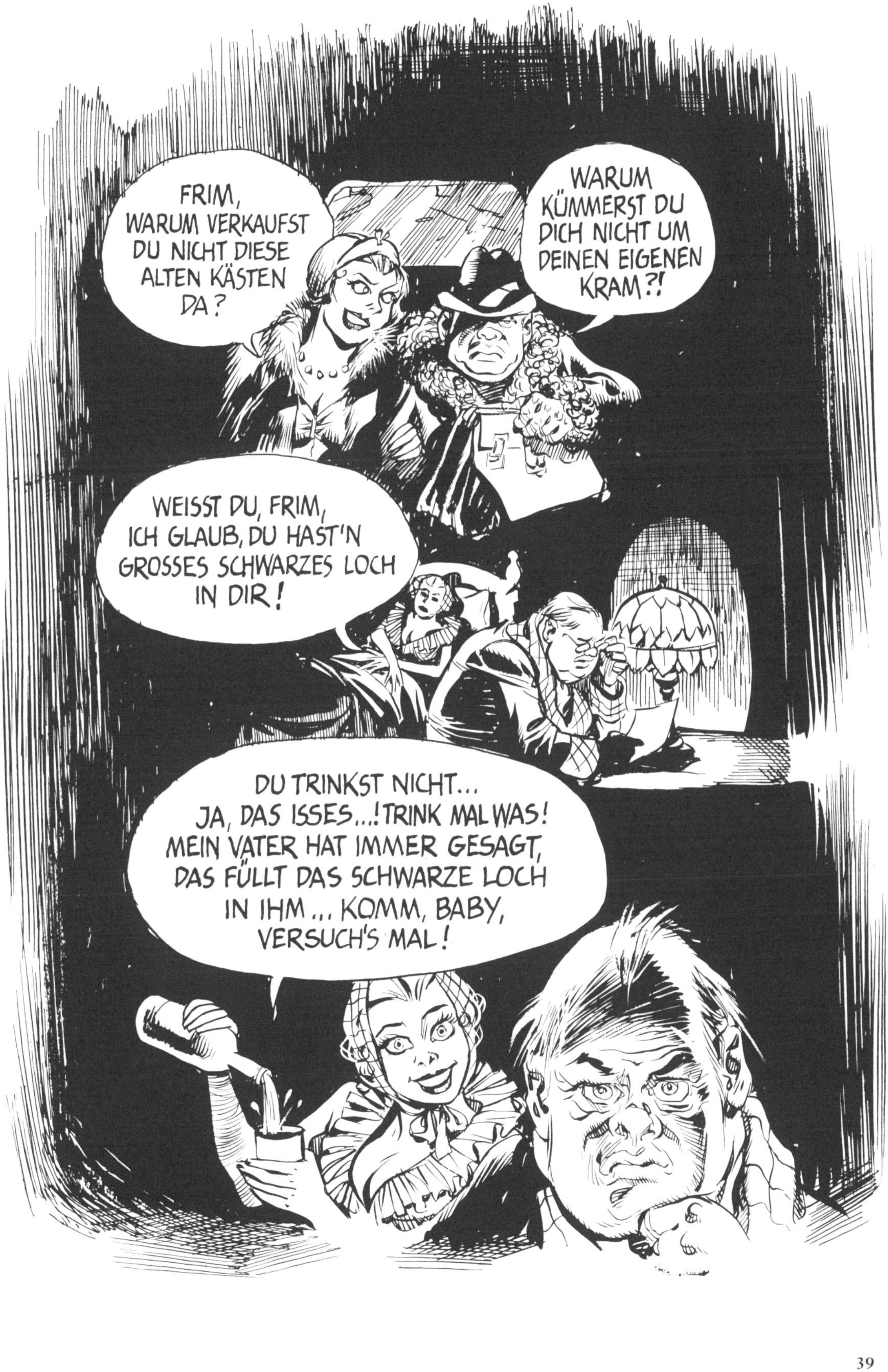
FRIM, WARUM VERKAUFST DU NICHT DIESE ALTEN KÄSTEN DA?
WARUM KÜMMERST DU DICH NICHT UM DEINEN EIGENEN KRAM?!
WEISST DU, FRIM, ICH GLAUB, DU HAST'N GROSSES SCHWARZES LOCH IN DIR!
DU TRINKST NICHT... JA, DAS ISSES...! TRINK MAL WAS! MEIN VATER HAT IMMER GESAGT, DAS FÜLLT DAS SCHWARZE LOCH IN IHM... KOMM, BABY, VERSUCH'S MAL!

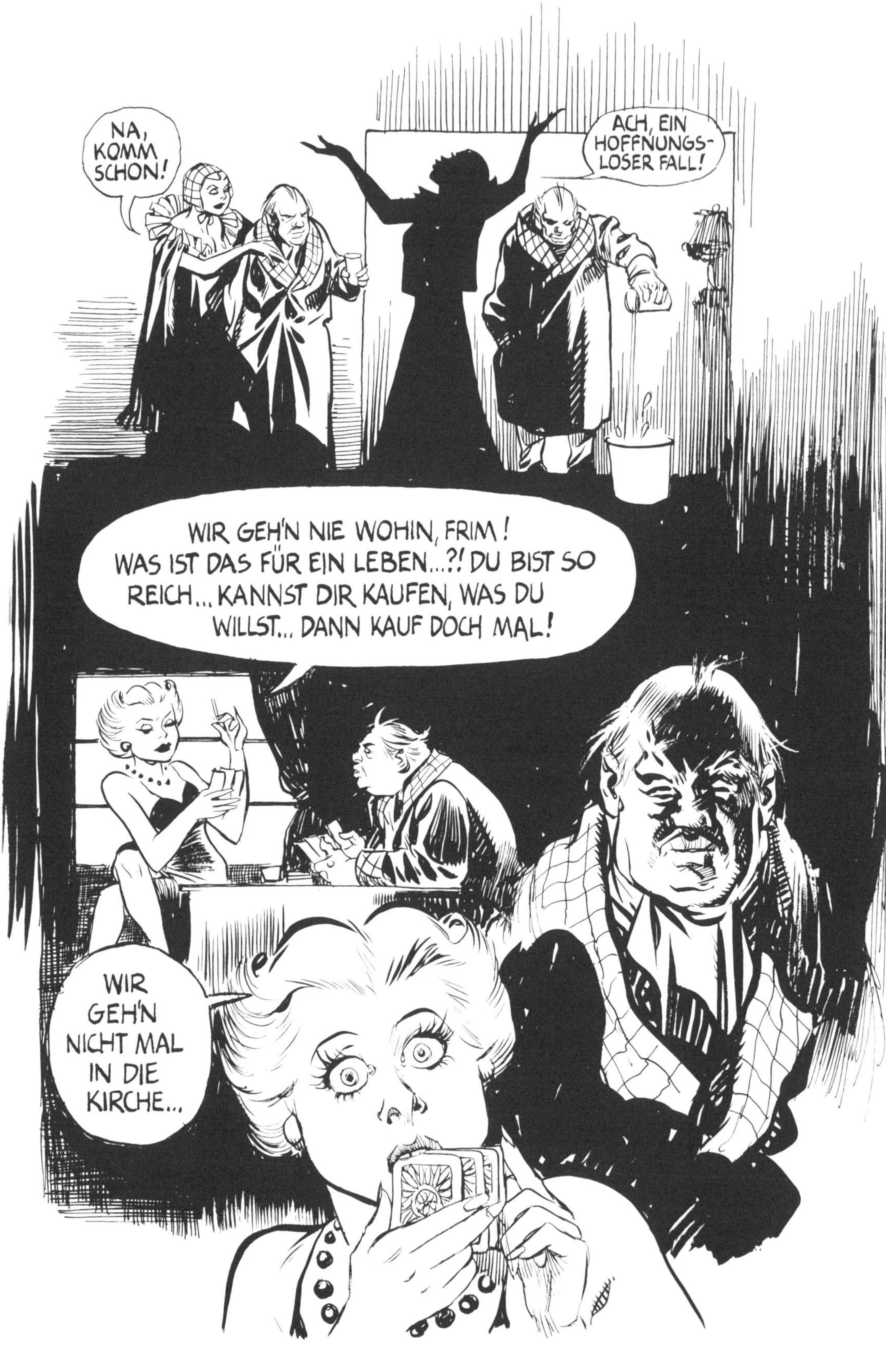
NA, KOMM SCHON!
ACH, EIN HOFFNUNGS-LOSER FALL!
WIR GEH'N NIE WOHIN, FRIM! WAS IST DAS FÜR EIN LEBEN...?! DU BIST SO REICH... KANNST DIR KAUFEN, WAS DU WILLST... DANN KAUF DOCH MAL!
WIR GEH'N NICHT MAL IN DIE KIRCHE...

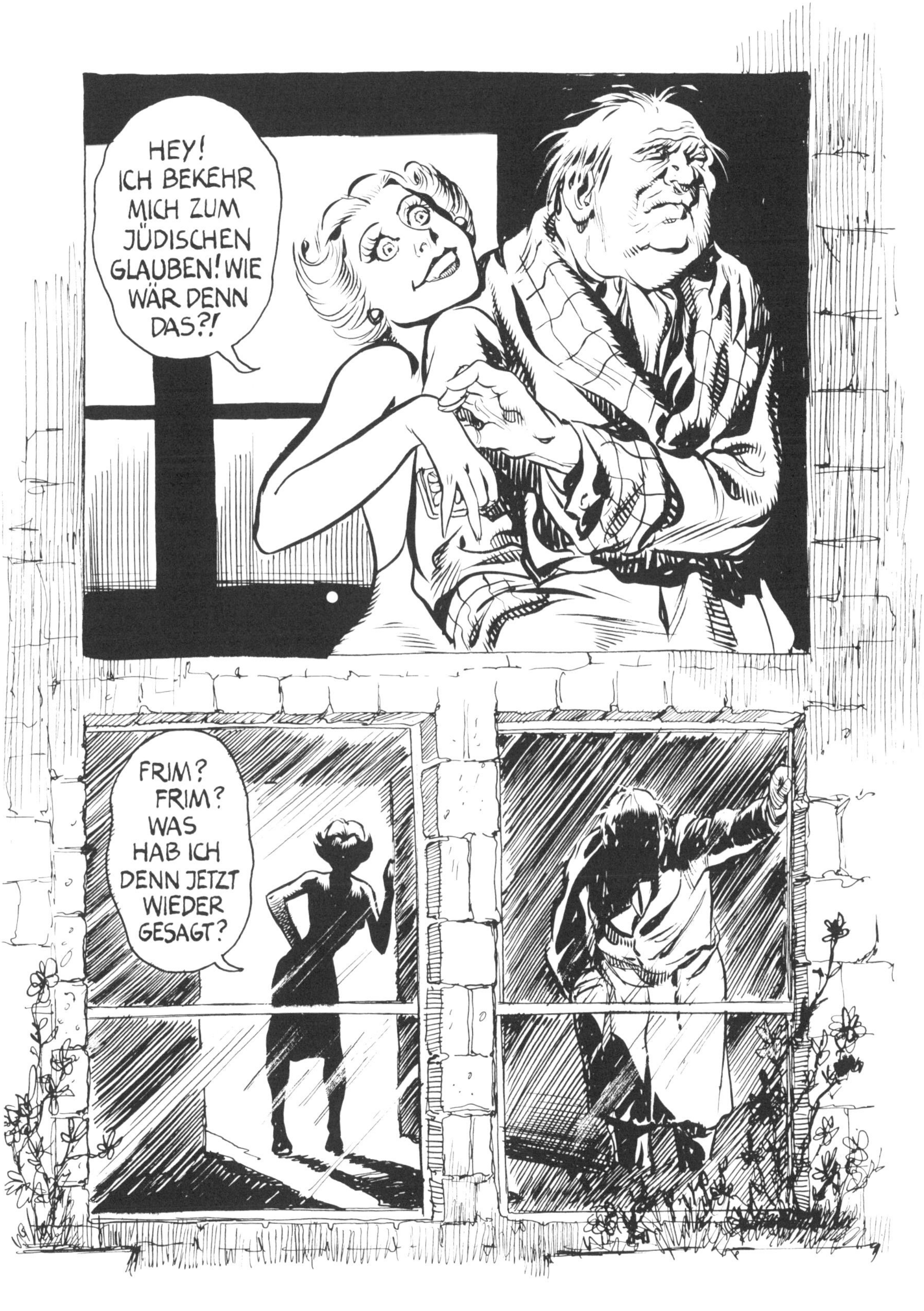
HEY! ICH BEKEHR MICH ZUM JÜDISCHEN GLAUBEN! WIE WÄR DENN DAS?!
FRIM? FRIM? WAS HAB ICH DENN JETZT WIEDER GESAGT?

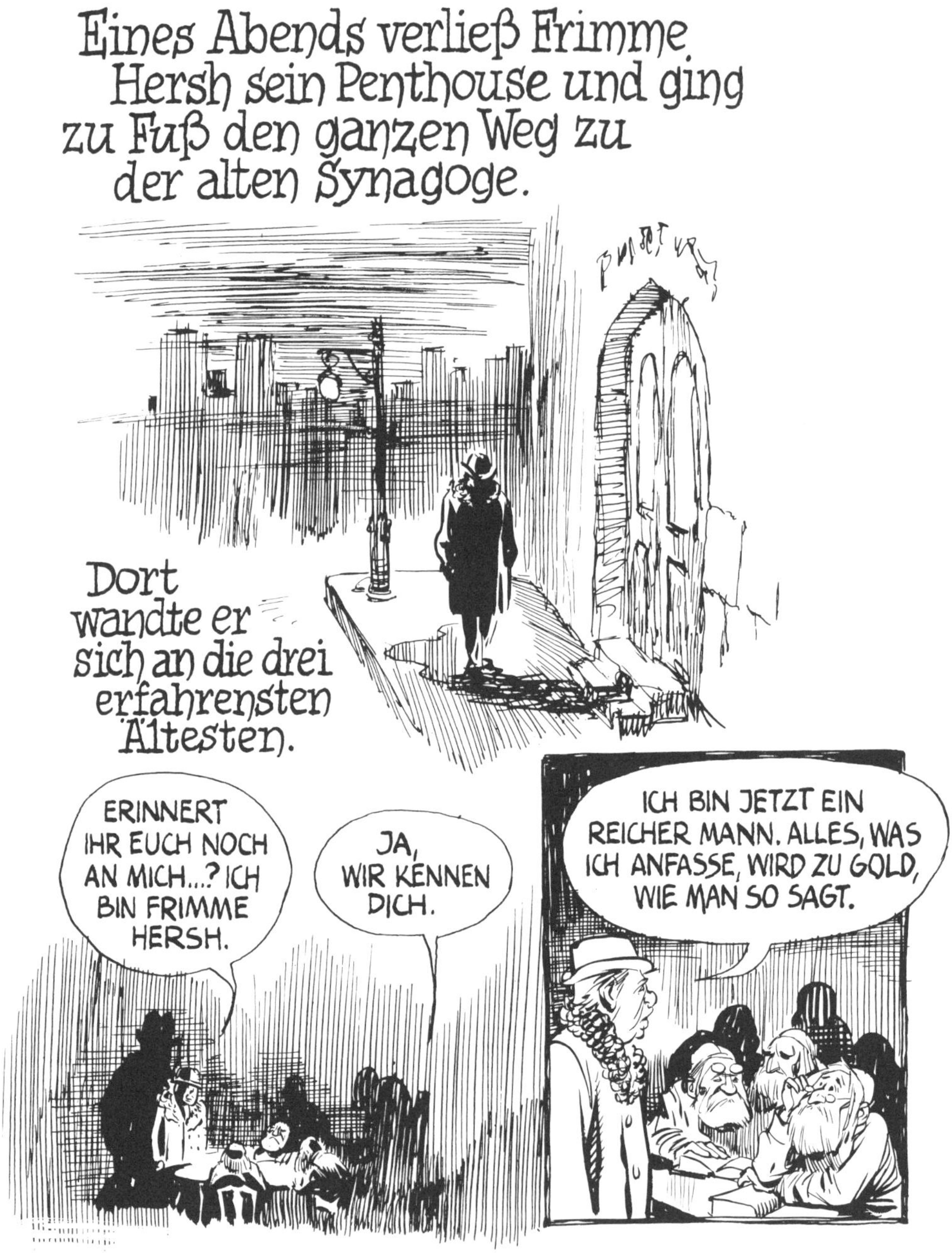
Eines Abends verließ Frimme Hersh sein Penthouse und ging zu Fuß den ganzen Weg zu der alten Synagoge.
Dort wandte er sich an die drei erfahrensten Ältesten.
ERINNERT IHR EUCH NOCH AN MICH...? ICH BIN FRIMME HERSH.
JA, WIR KENNEN DICH.
ICH BIN JETZT EIN REICHER MANN. ALLES, WAS ICH ANFASSE, WIRD ZU GOLD, WIE MAN SO SAGT.

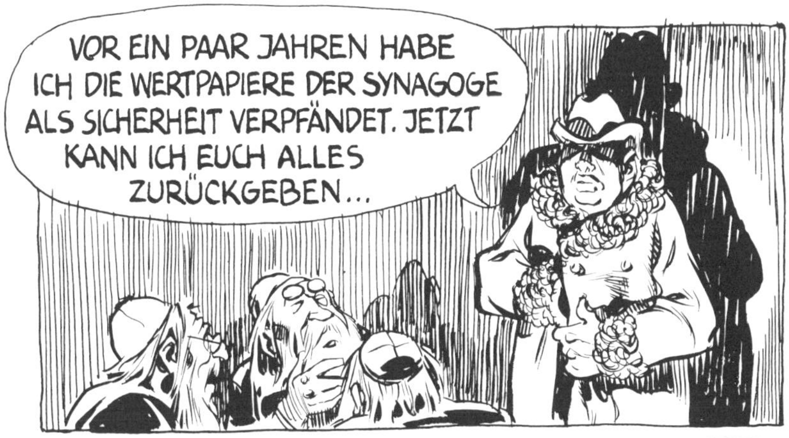
VOR EIN PAAR JAHREN HABE ICH DIE WERTPAPIERE DER SYNAGOGE ALS SICHERHEIT VERPFÄNDET. JETZT KANN ICH EUCH ALLES ZURÜCKGEBEN …

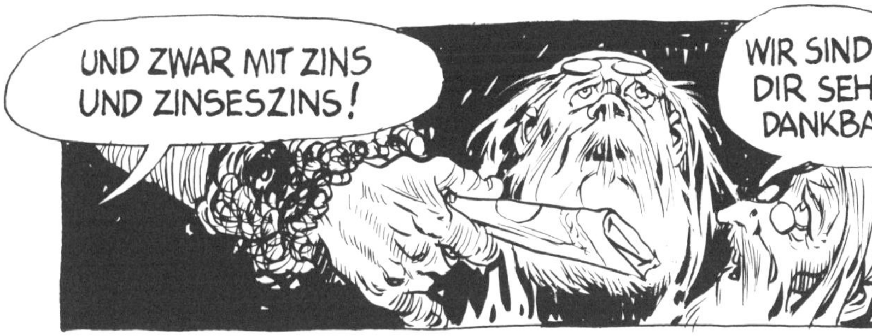
UND ZWAR MIT ZINS UND ZINSESZINS!
WIR SIND DIR SEHR DANKBAR.

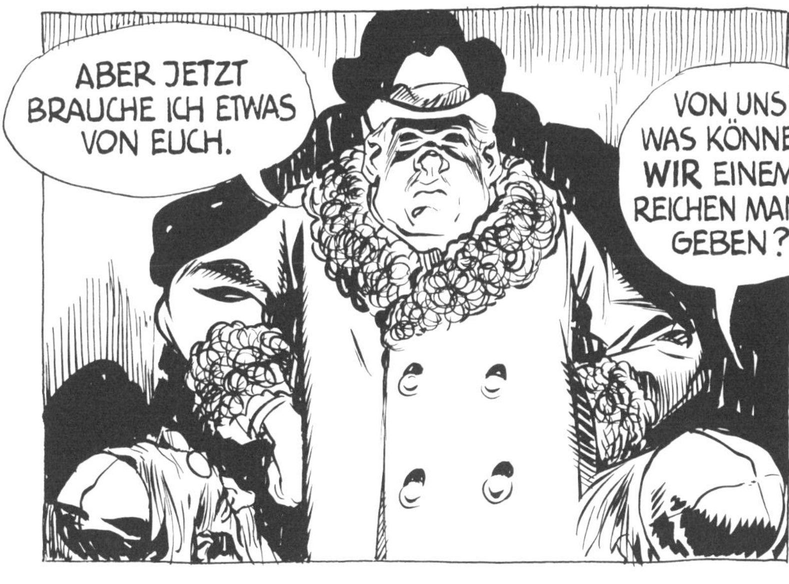
ABER JETZT BRAUCHE ICH ETWAS VON EUCH.
VON UNS? WAS KÖNNEN **WIR** EINEM REICHEN MANN GEBEN?

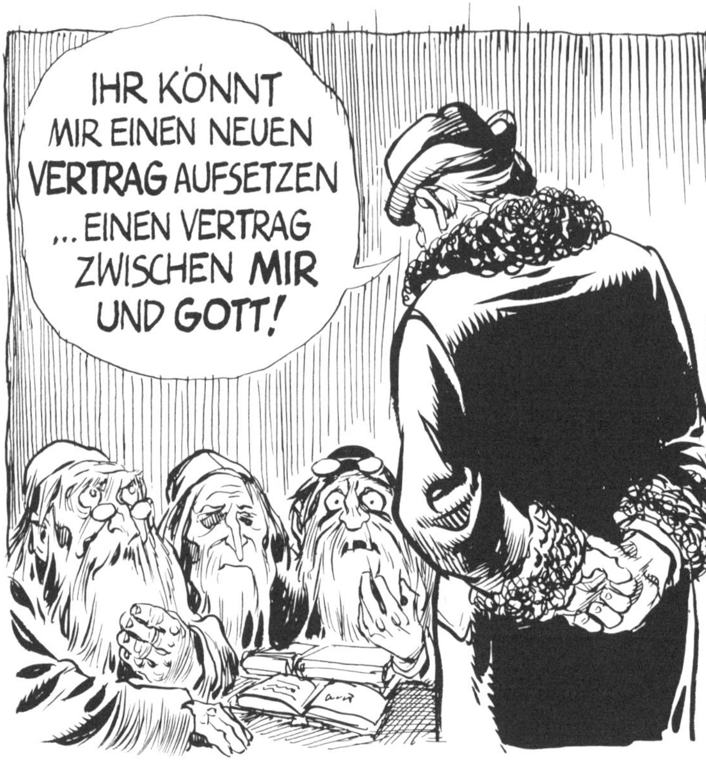

Ausführlich erzählte Hersh die Sache mit seinem früheren Vertrag.

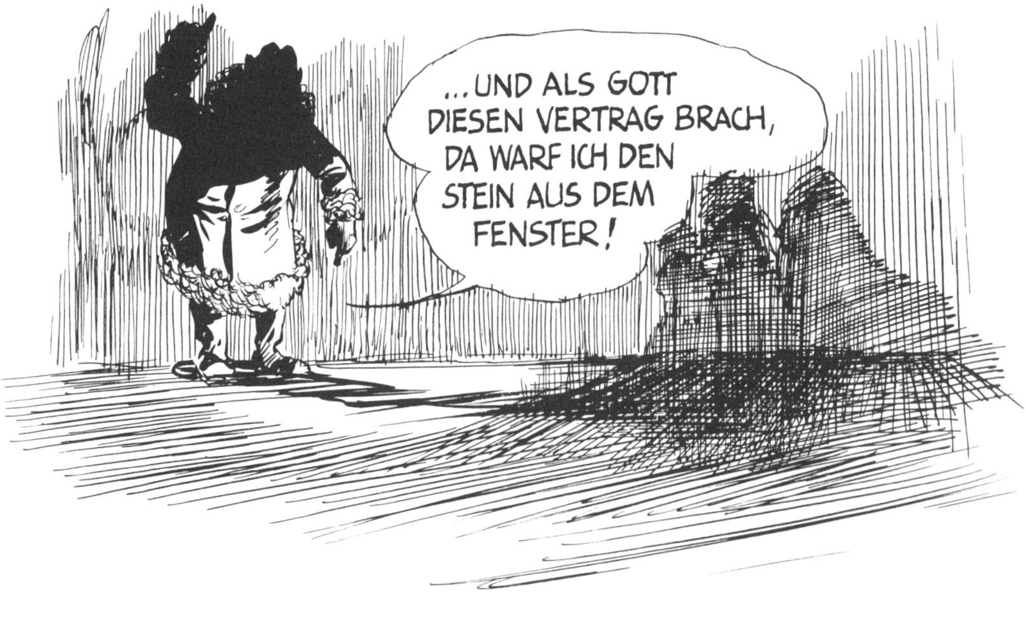

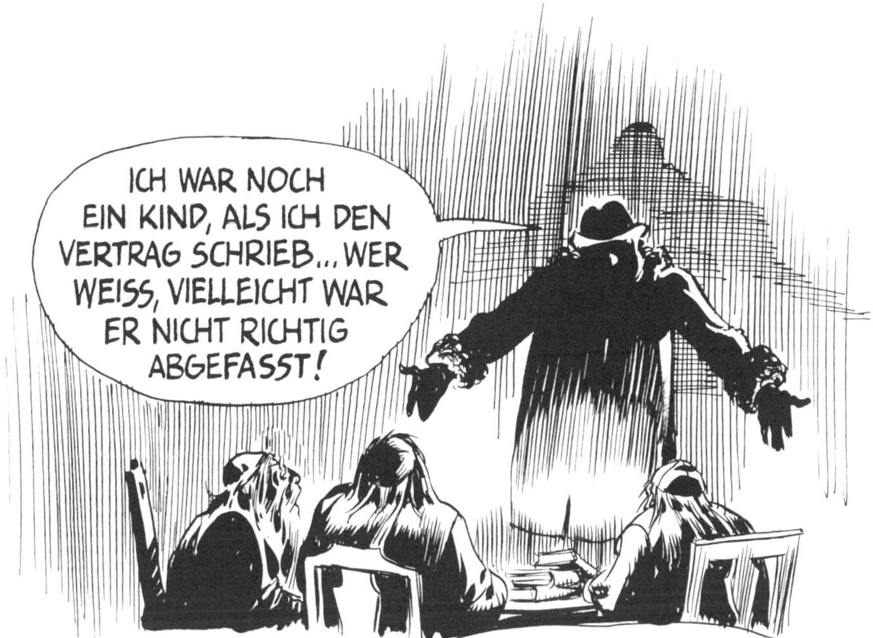
ICH WAR NOCH EIN KIND, ALS ICH DEN VERTRAG SCHRIEB..., WER WEISS, VIELLEICHT WAR ER NICHT RICHTIG ABGEFASST!

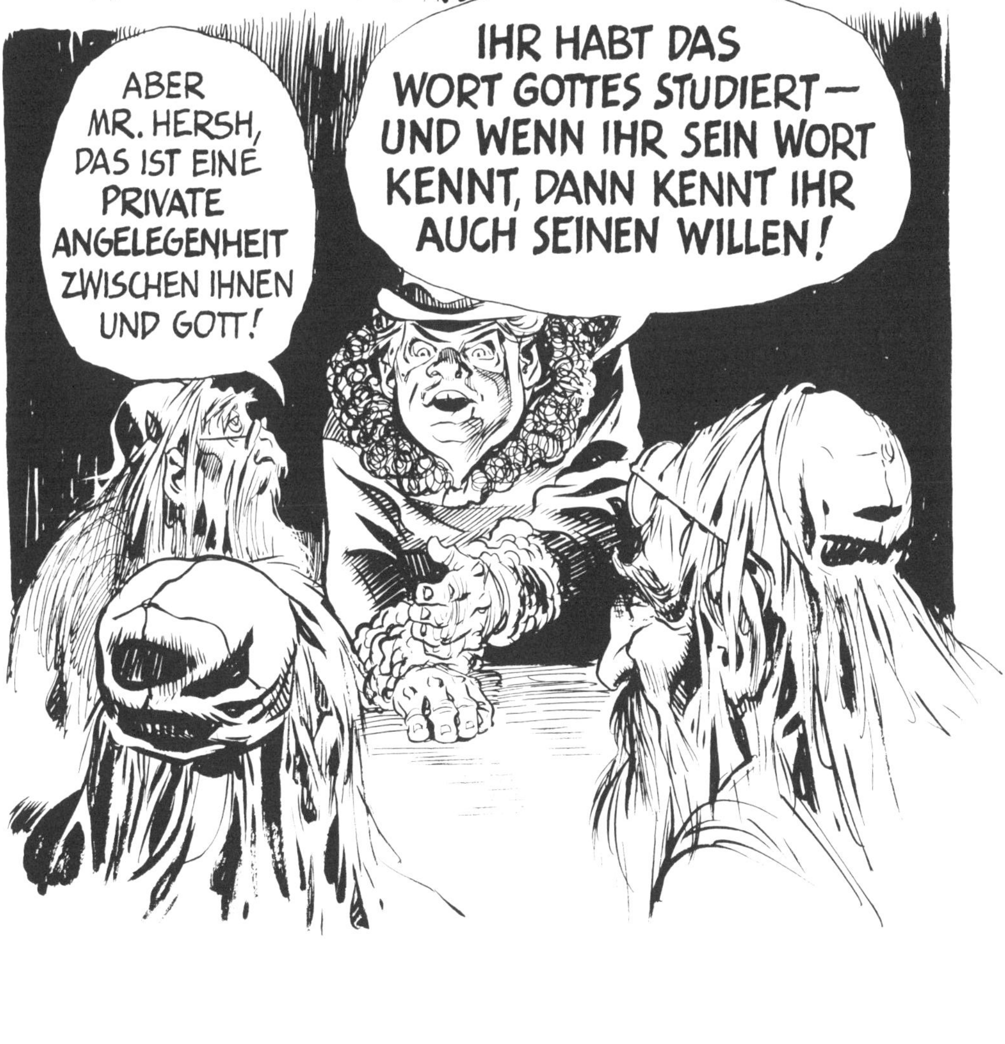
ABER MR. HERSH, DAS IST EINE PRIVATE ANGELEGENHEIT ZWISCHEN IHNEN UND GOTT!
IHR HABT DAS WORT GOTTES STUDIERT – UND WENN IHR SEIN WORT KENNT, DANN KENNT IHR AUCH SEINEN WILLEN!

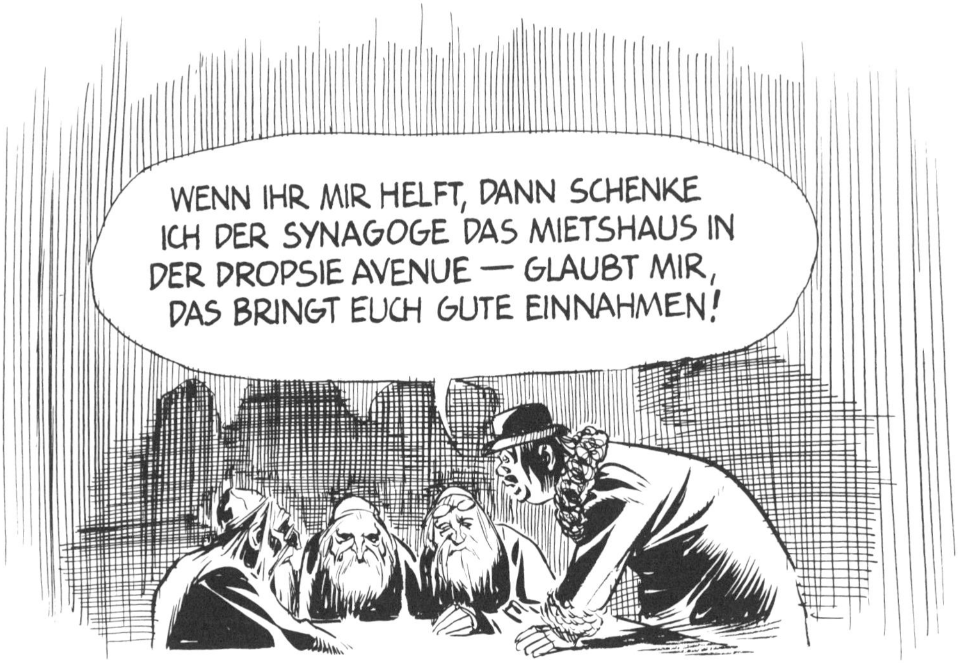

Also gingen die drei alten Männer mit sich zu Rate.

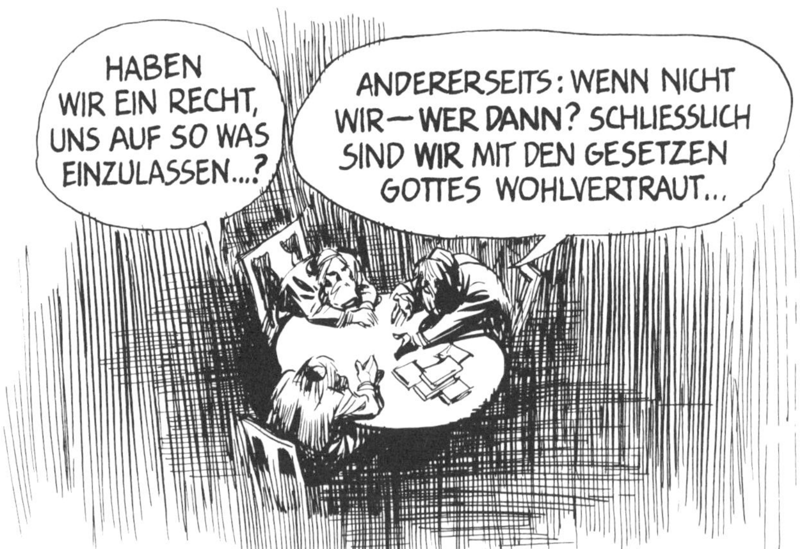

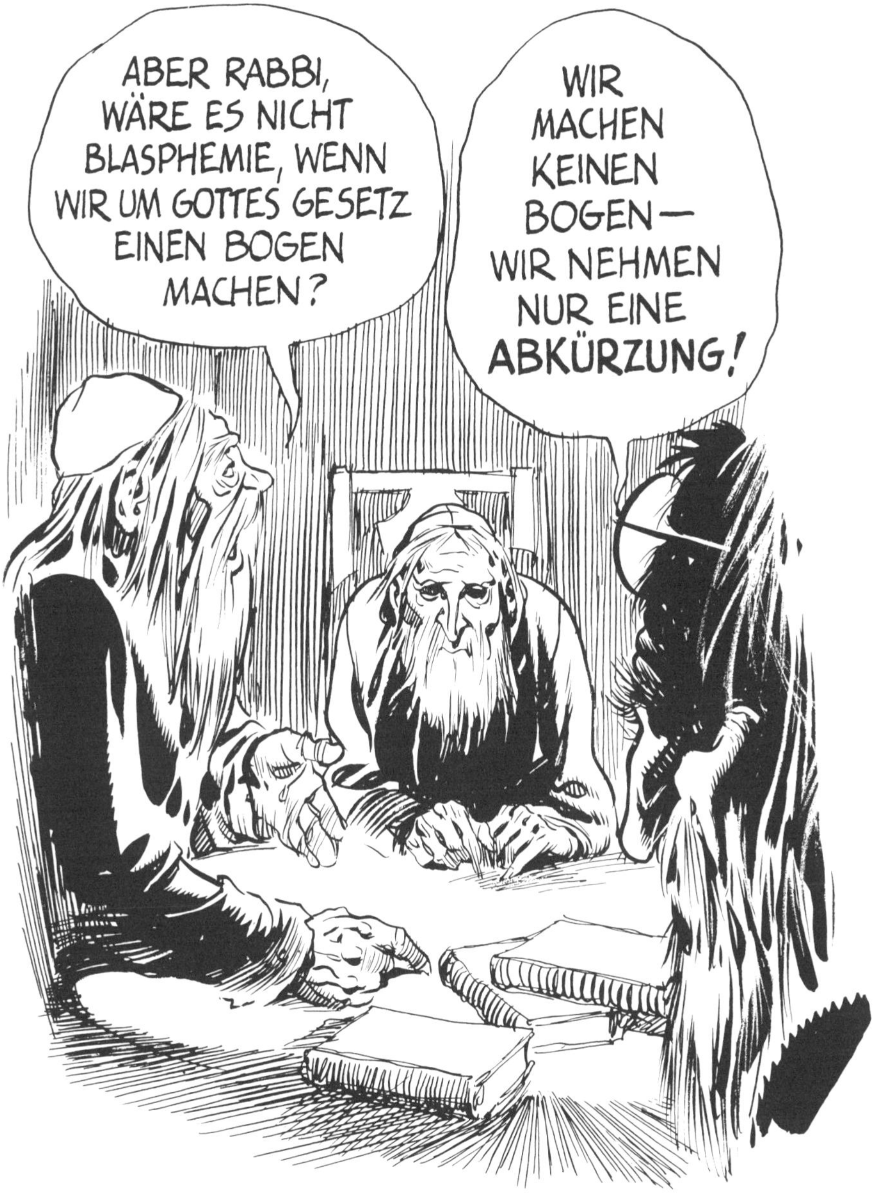
ABER RABBI, WÄRE ES NICHT BLASPHEMIE, WENN WIR UM GOTTES GESETZ EINEN BOGEN MACHEN?
WIR MACHEN KEINEN BOGEN — WIR NEHMEN NUR EINE ABKÜRZUNG!

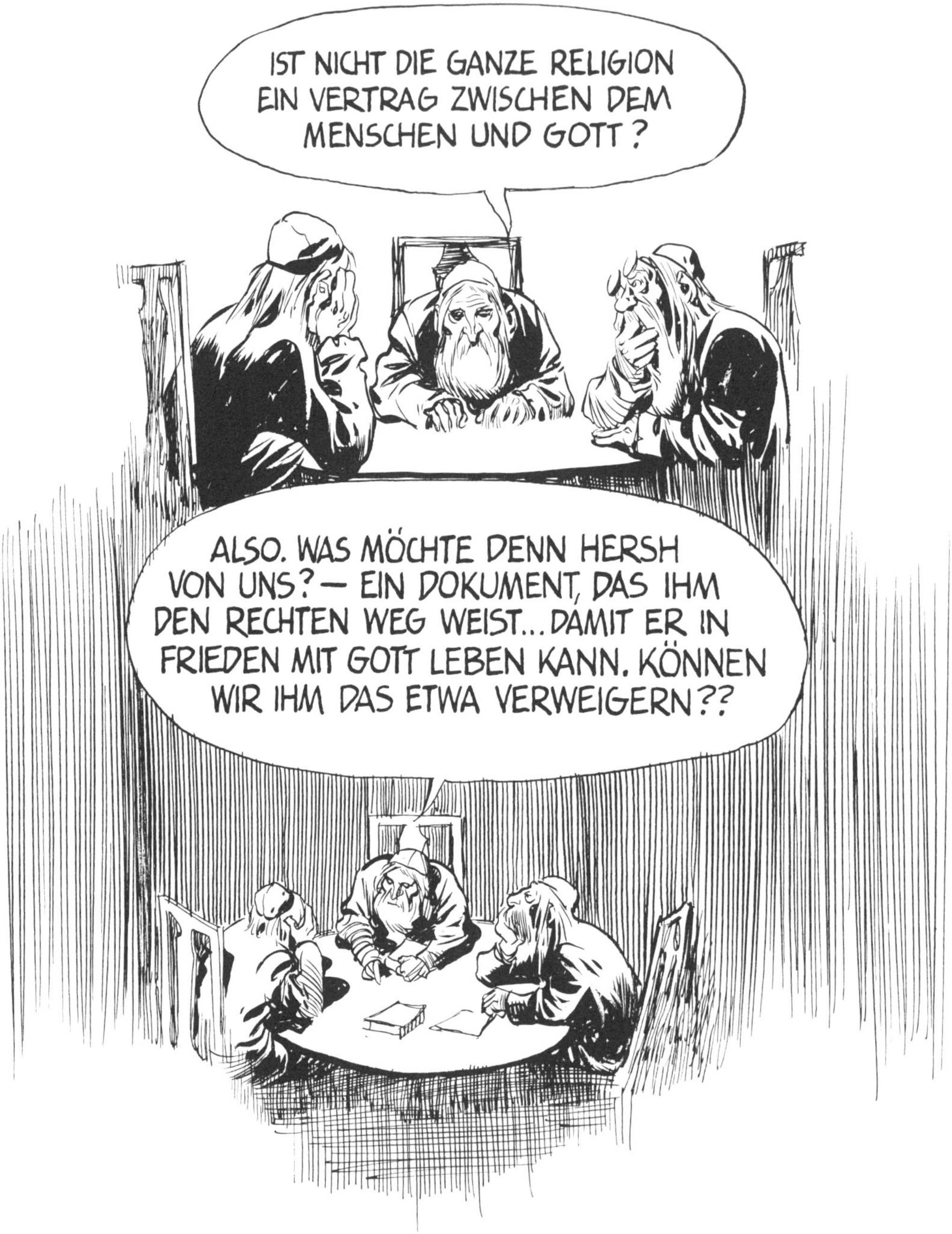
IST NICHT DIE GANZE RELIGION EIN VERTRAG ZWISCHEN DEM MENSCHEN UND GOTT?
ALSO. WAS MÖCHTE DENN HERSH VON UNS? — EIN DOKUMENT, DAS IHM DEN RECHTEN WEG WEIST... DAMIT ER IN FRIEDEN MIT GOTT LEBEN KANN. KÖNNEN WIR IHM DAS ETWA VERWEIGERN??

Und nun arbeiteten die Ältesten tagelang, nur unterbrochen vom Sabbat und gewissen Feiertagen. Schließlich übergaben sie Hersh das Dokument.

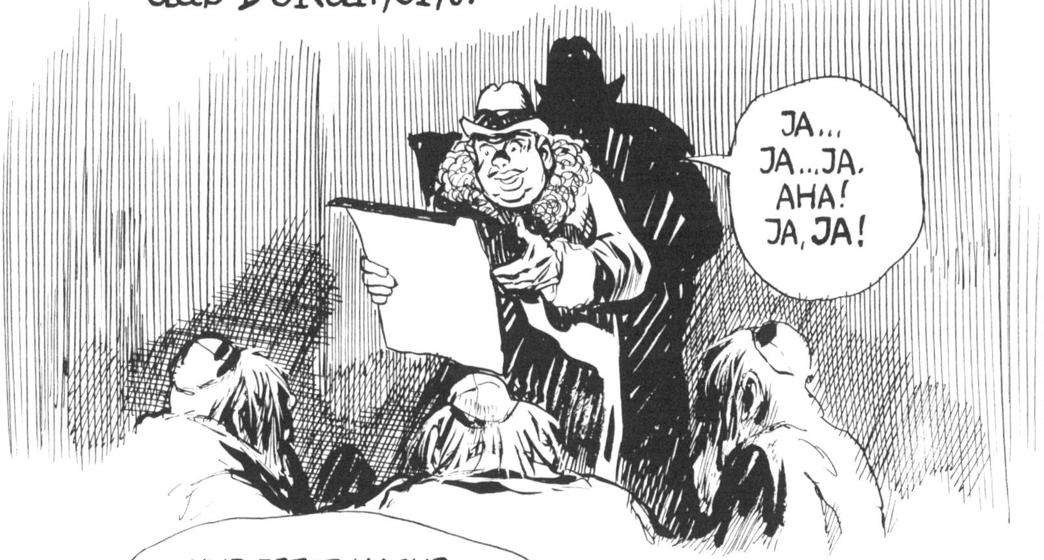

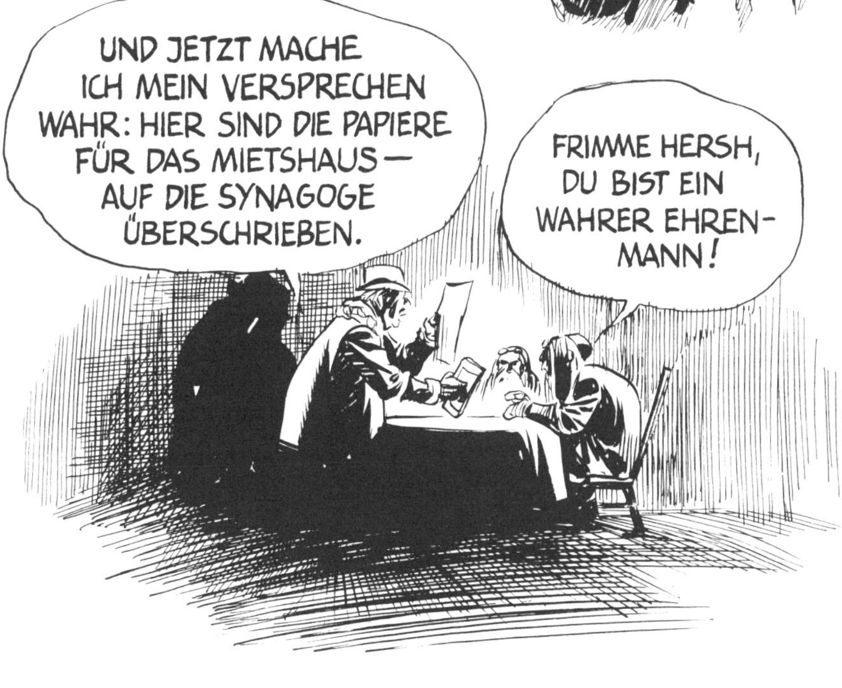

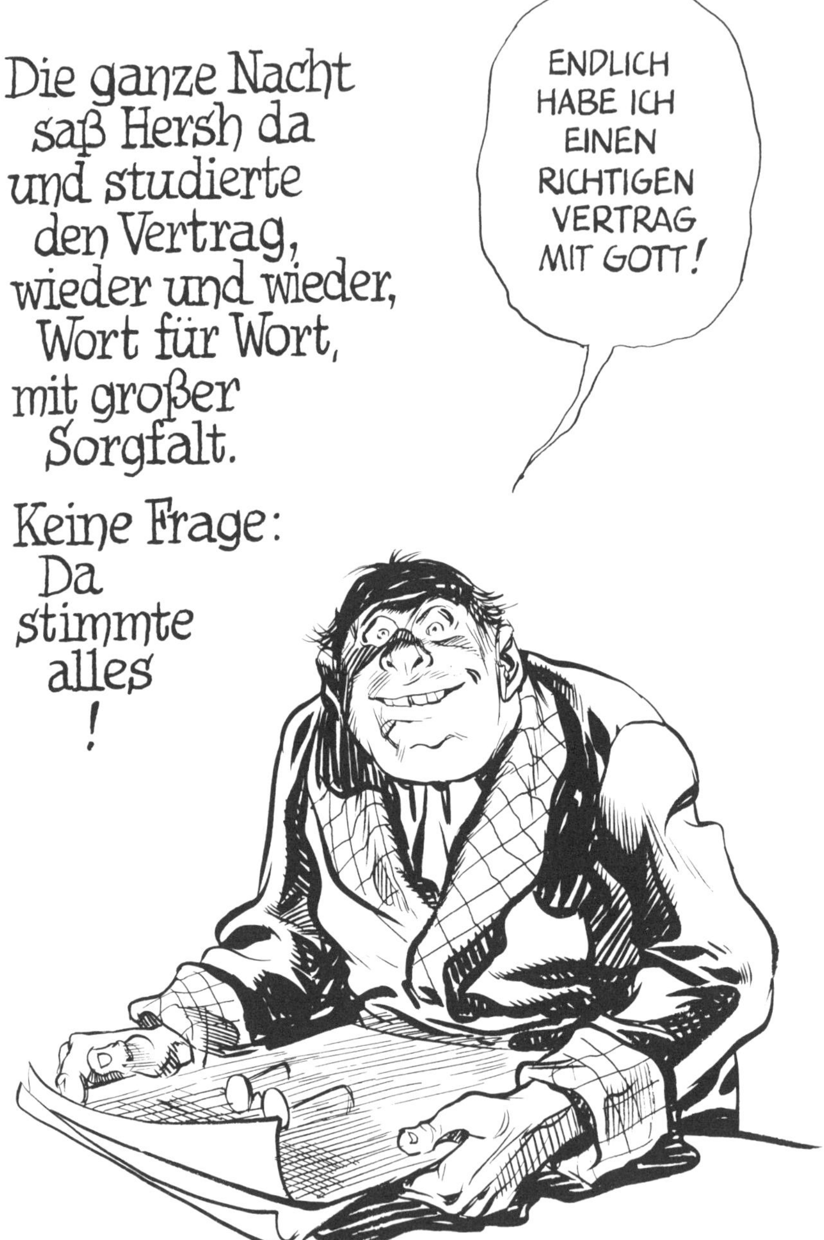
Die ganze Nacht saß Hersh da und studierte den Vertrag, wieder und wieder, Wort für Wort, mit großer Sorgfalt.
Keine Frage: Da stimmte alles!
ENDLICH HABE ICH EINEN RICHTIGEN VERTRAG MIT GOTT!

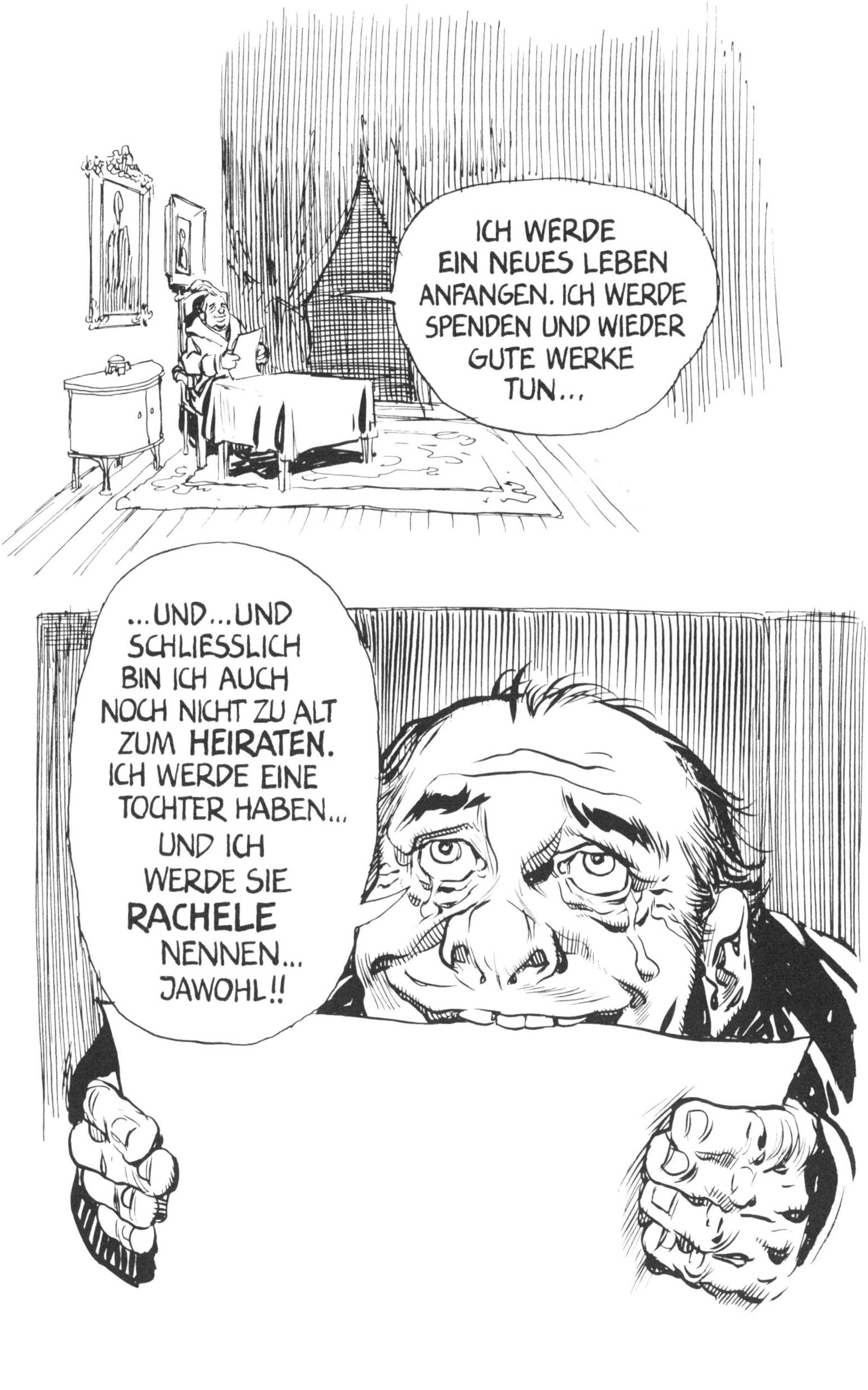
ICH WERDE EIN NEUES LEBEN ANFANGEN. ICH WERDE SPENDEN UND WIEDER GUTE WERKE TUN...
...UND...UND SCHLIESSLICH BIN ICH AUCH NOCH NICHT ZU ALT ZUM HEIRATEN. ICH WERDE EINE TOCHTER HABEN... UND ICH WERDE SIE RACHELE NENNEN... JAWOHL!!

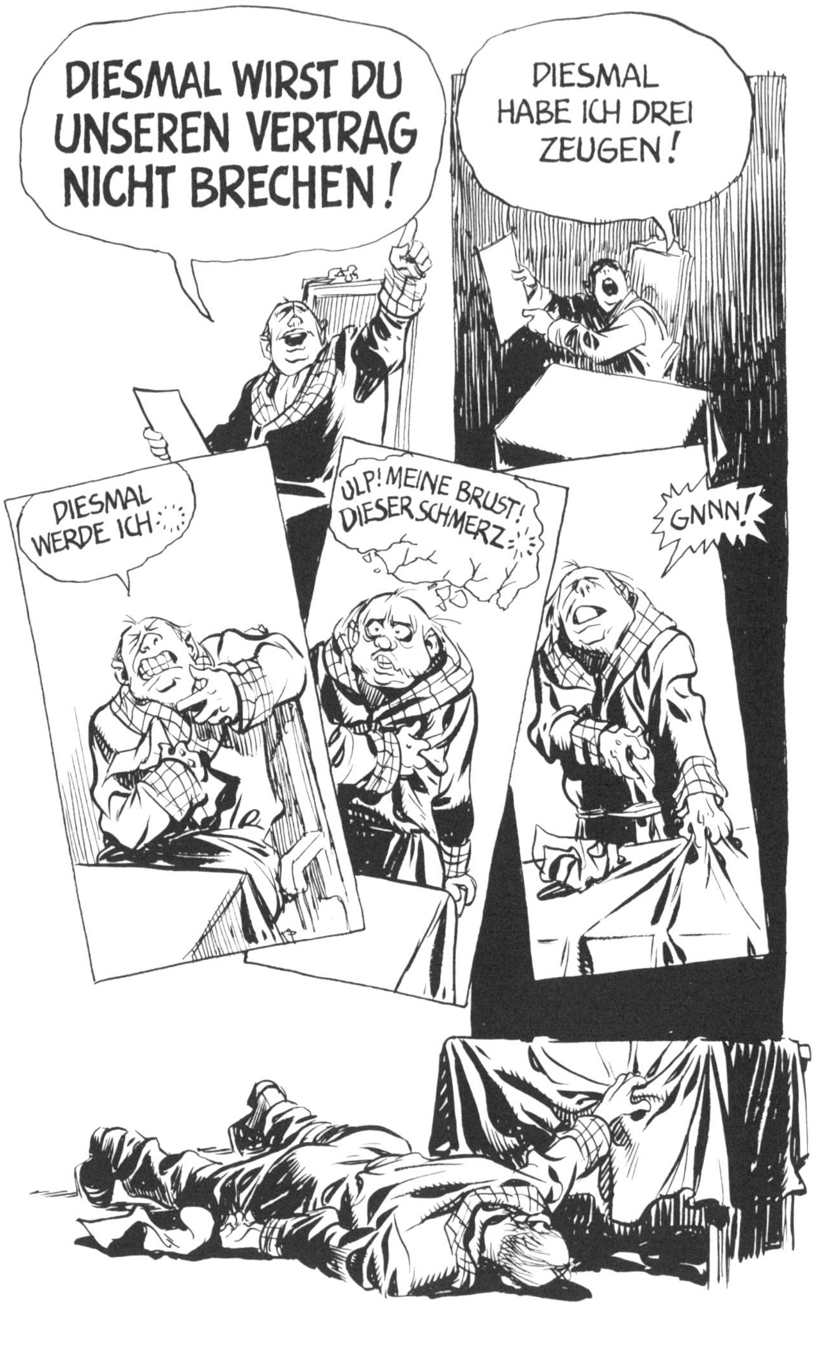
DIESMAL WIRST DU UNSEREN VERTRAG NICHT BRECHEN!
DIESMAL HABE ICH DREI ZEUGEN!
DIESMAL WERDE ICH
ULP! MEINE BRUST! DIESER SCHMERZ
GNNN!

Genau in dem
Augenblick,
als Hersh
seinen letzten
irdischen
Seufzer tat...
zuckte
ein gewaltiger
Blitzstrahl
auf die Stadt
herunter...
Kein Tropfen
Regen fiel...
Nur ein
zorniger
Wind
peitschte
die Fassaden
der
Mietshäuser.

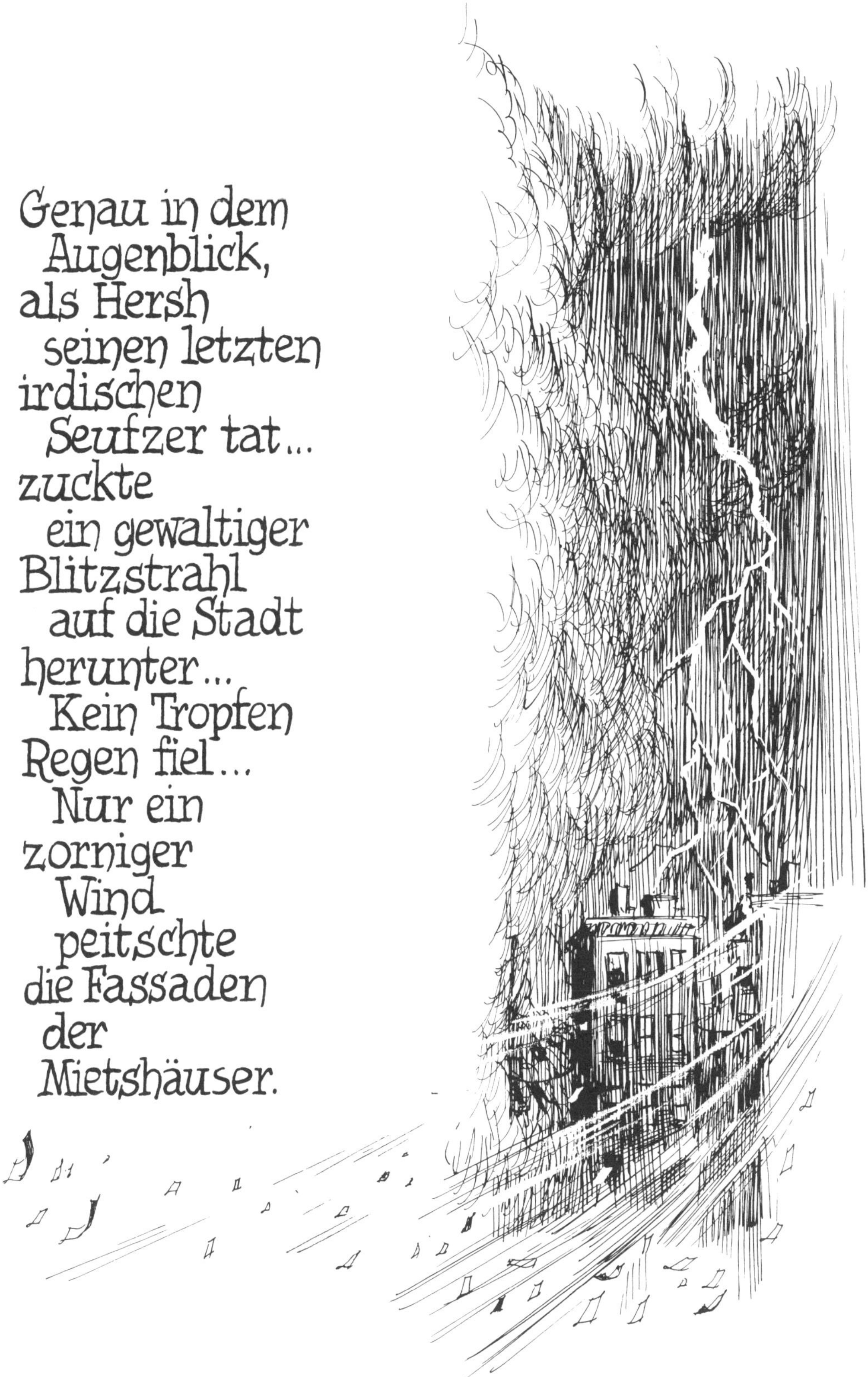

Die alten Mietshäuser in der Dropsie Avenue schienen unter der Wucht des Sturmes zu zittern. Es erinnerte die Bewohner an jenen Tag vor vielen Jahren, als Frimme Hersh mit Gott haderte und seinen Vertrag annullierte.

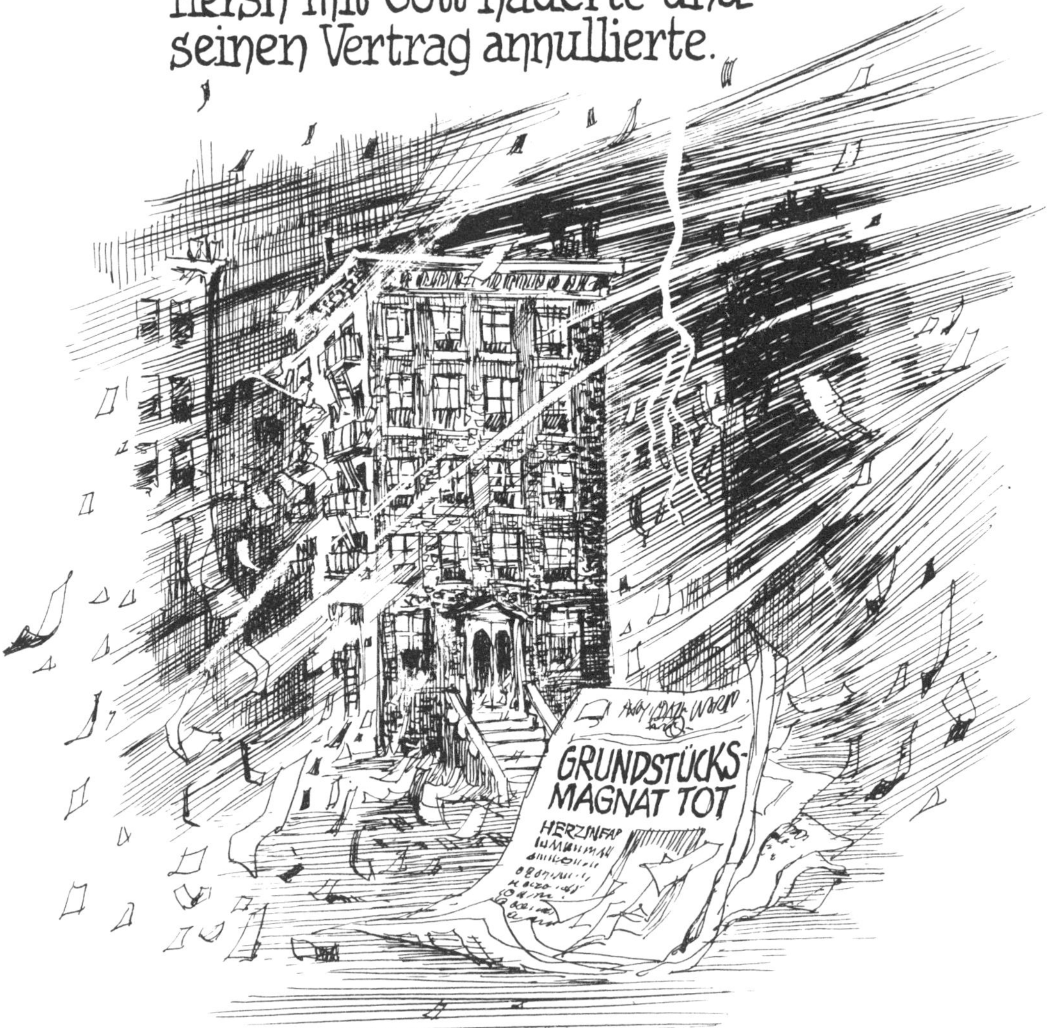

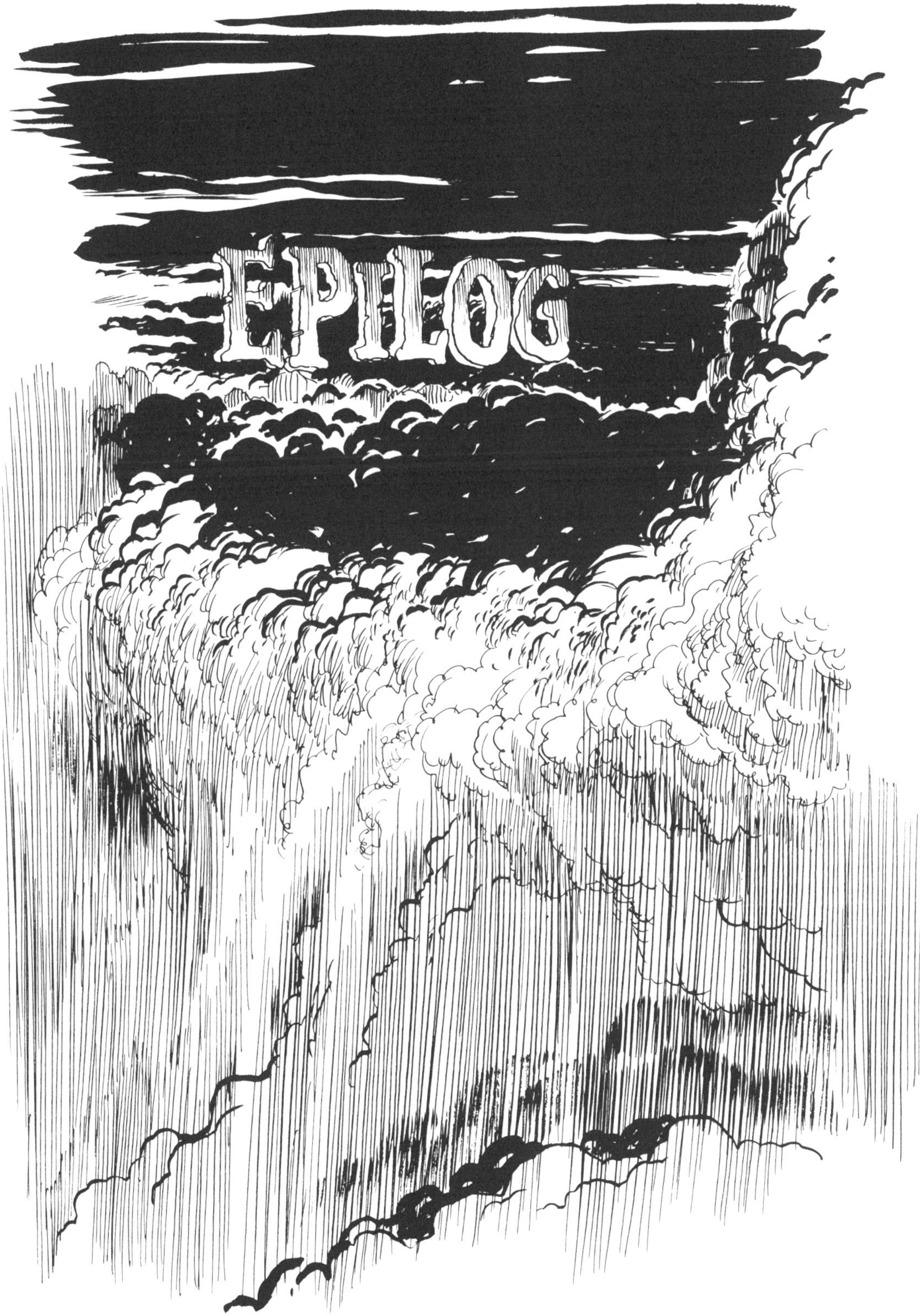
EPILOG

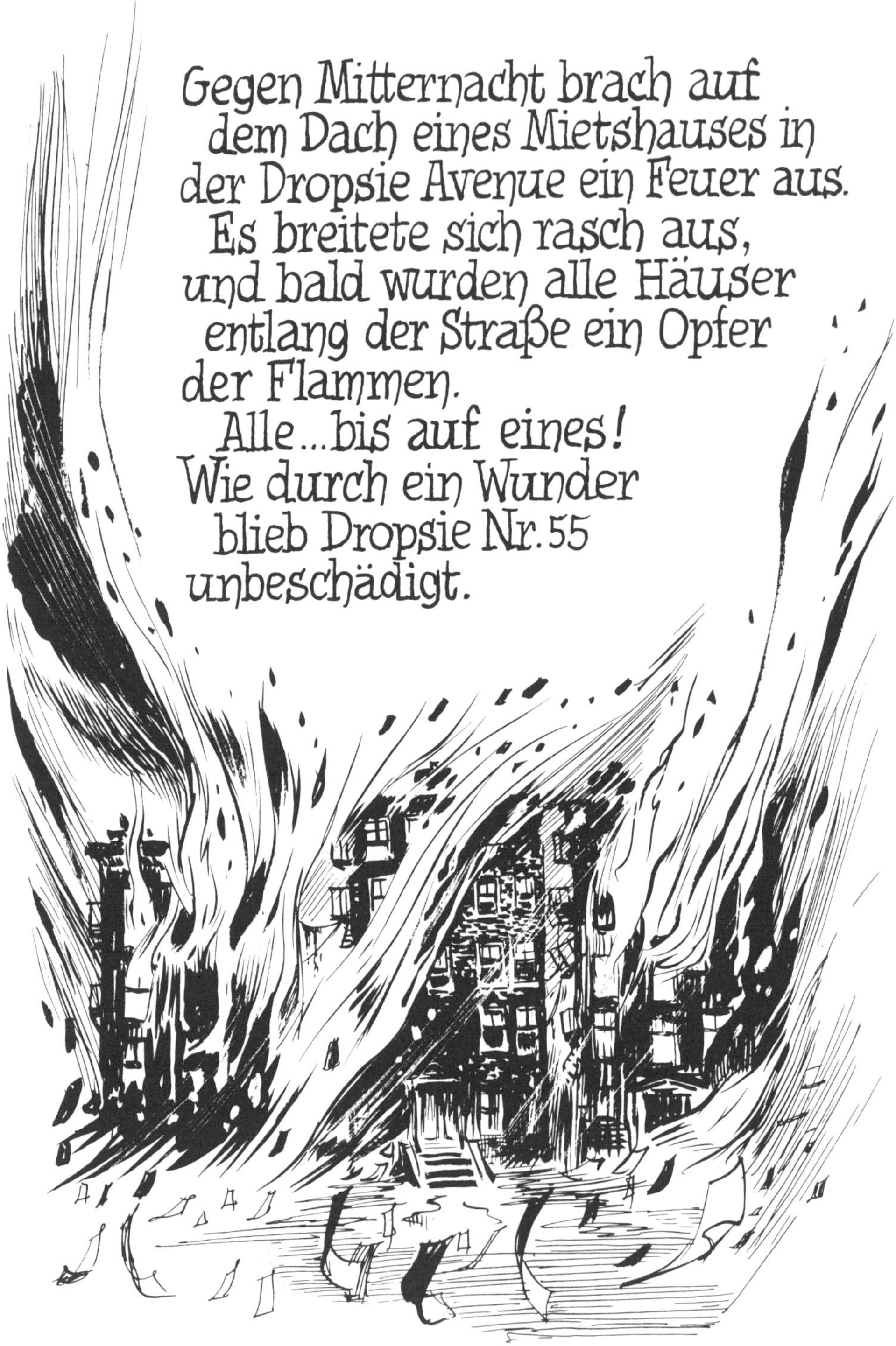
Gegen Mitternacht brach auf dem Dach eines Mietshauses in der Dropsie Avenue ein Feuer aus.
Es breitete sich rasch aus, und bald wurden alle Häuser entlang der Straße ein Opfer der Flammen.
Alle ... bis auf eines!
Wie durch ein Wunder blieb Dropsie Nr. 55 unbeschädigt.

Und der Zufall wollte es, dass ein Junge namens Shloime Khreks zum Held des Tages wurde.

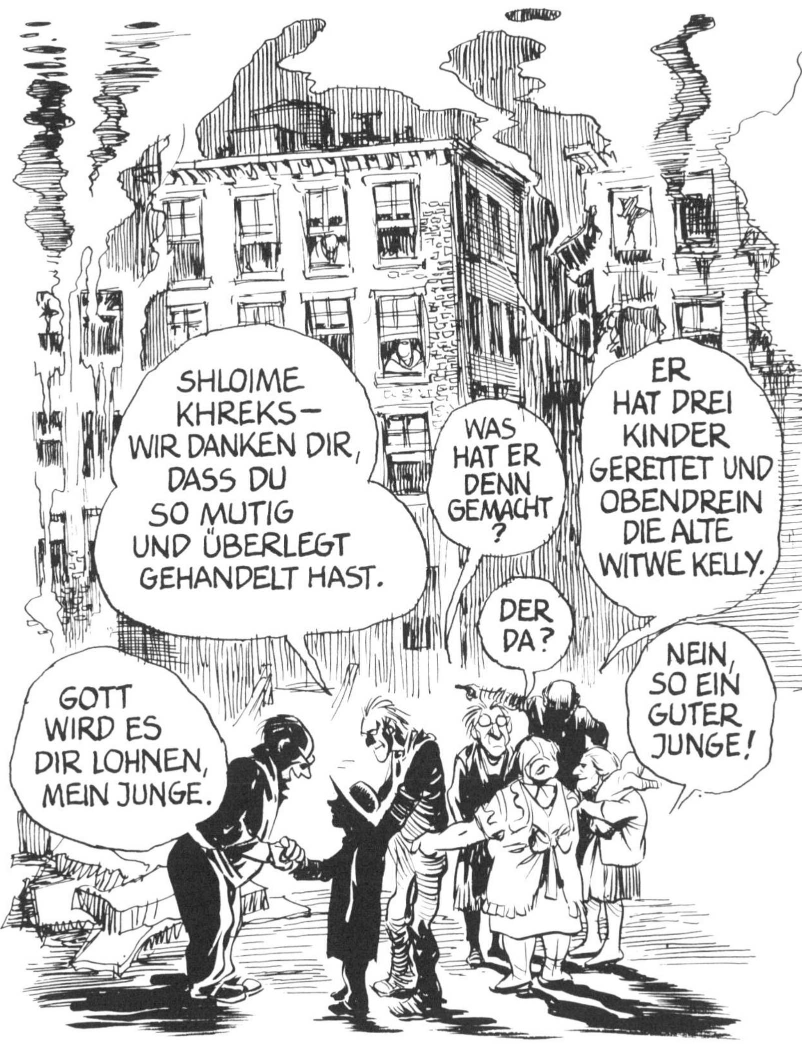

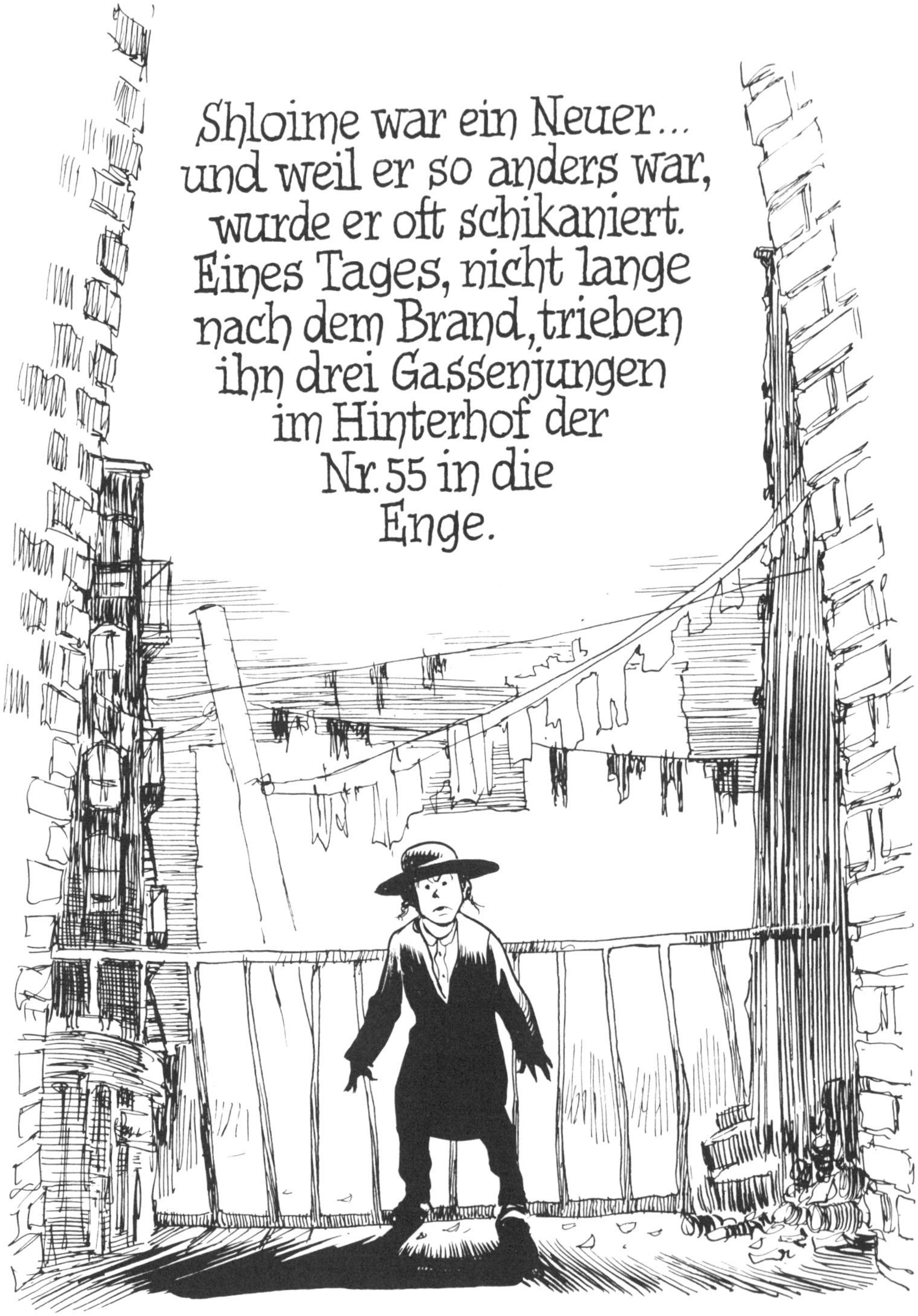
Shloime war ein Neuer... und weil er so anders war, wurde er oft schikaniert. Eines Tages, nicht lange nach dem Brand, trieben ihn drei Gassenjungen im Hinterhof der Nr. 55 in die Enge.

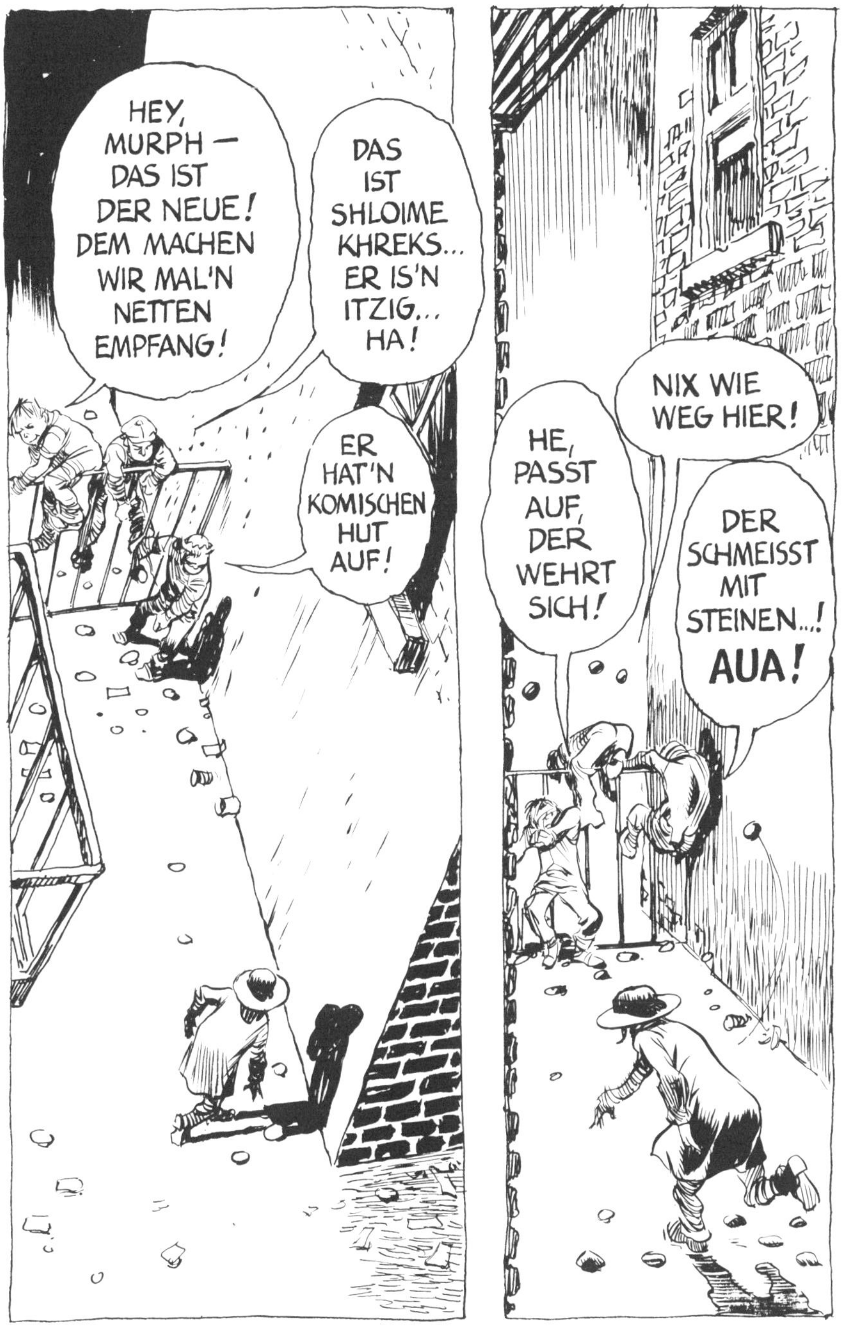
HEY, MURPH — DAS IST DER NEUE! DEM MACHEN WIR MAL'N NETTEN EMPFANG!
DAS IST SHLOIME KHREKS... ER IS'N ITZIG... HA!
ER HAT'N KOMISCHEN HUT AUF!
NIX WIE WEG HIER!
HE, PASST AUF, DER WEHRT SICH!
DER SCHMEISST MIT STEINEN...! AUA!

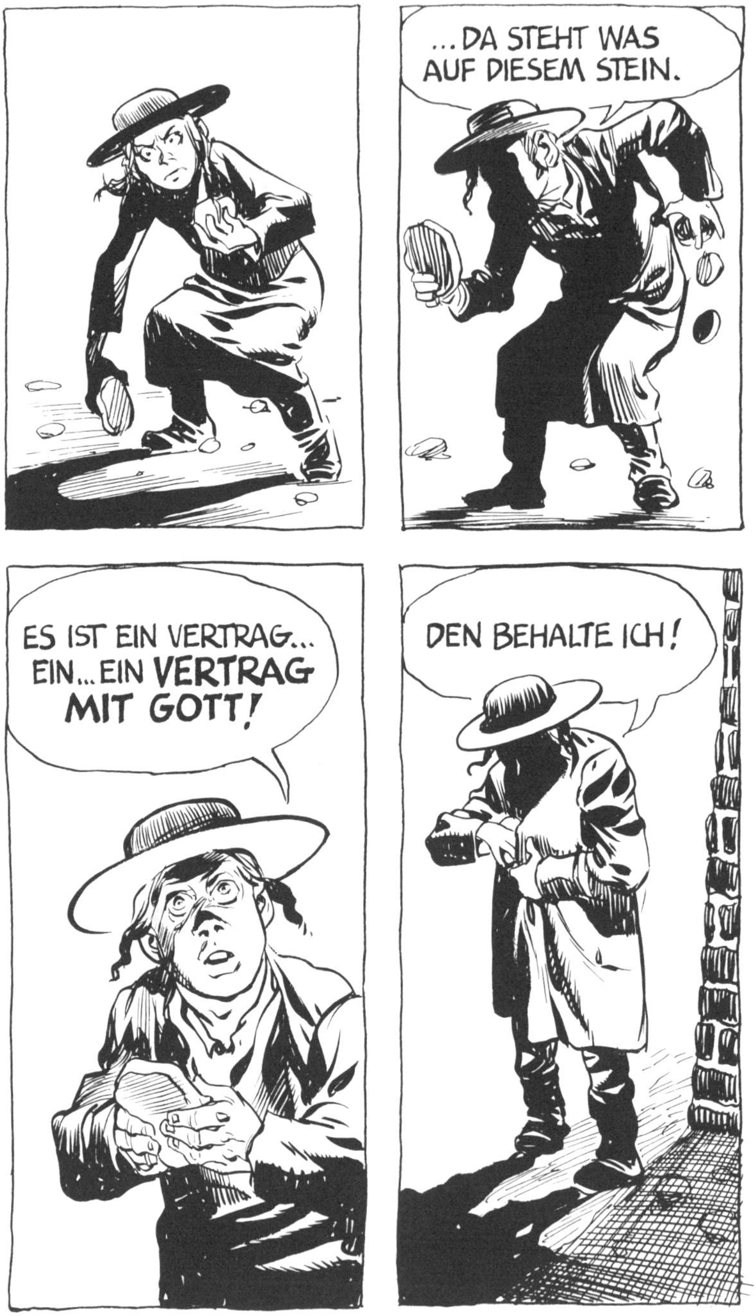
...DA STEHT WAS AUF DIESEM STEIN.
ES IST EIN VERTRAG... EIN...EIN **VERTRAG MIT GOTT**!
DEN BEHALTE ICH!

...Und an jenem Abend,
auf den Stufen vor dem Mietshaus,
schrieb Shloime Khreks seinen
Namen unter den von Frimme
Hersh...und trat damit in einen
Vertrag mit Gott ein.

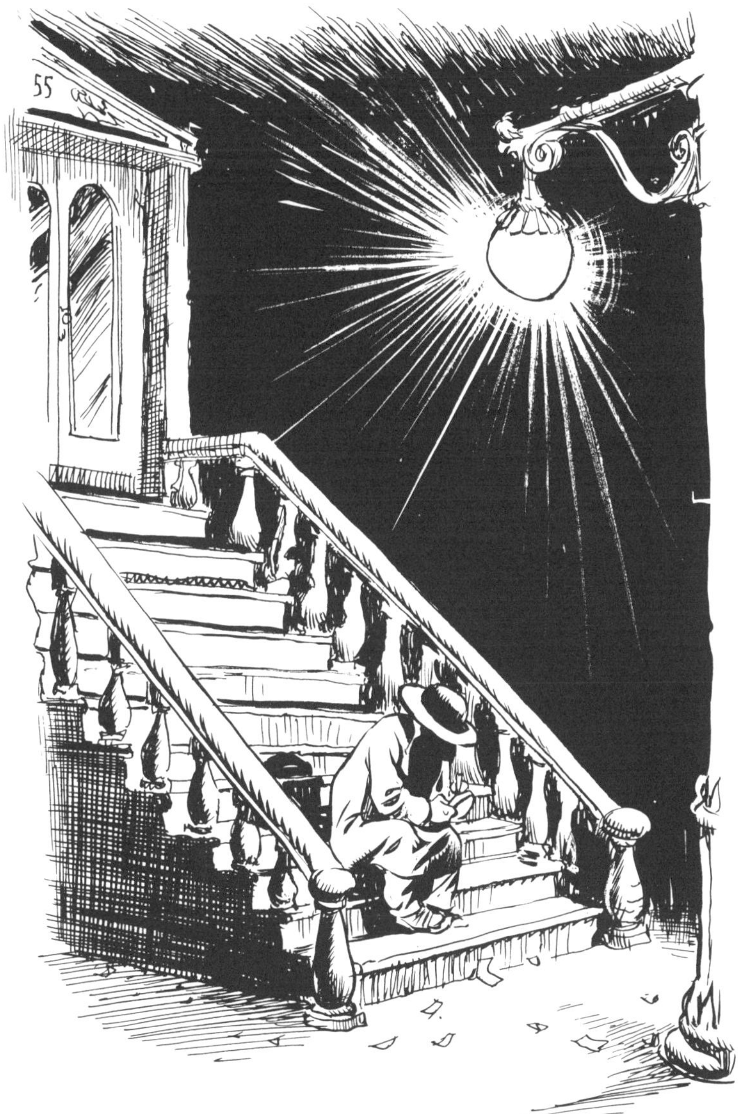

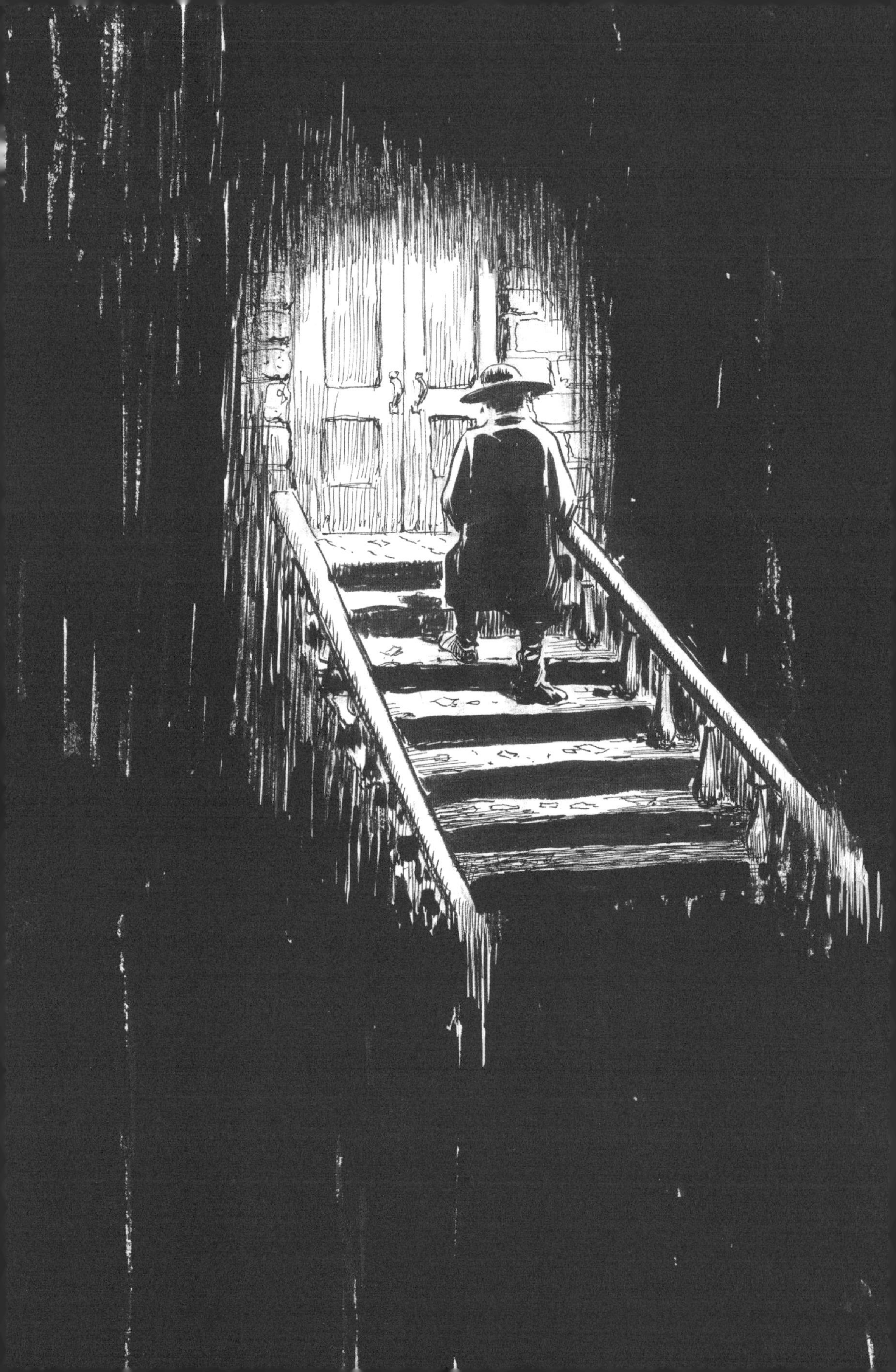

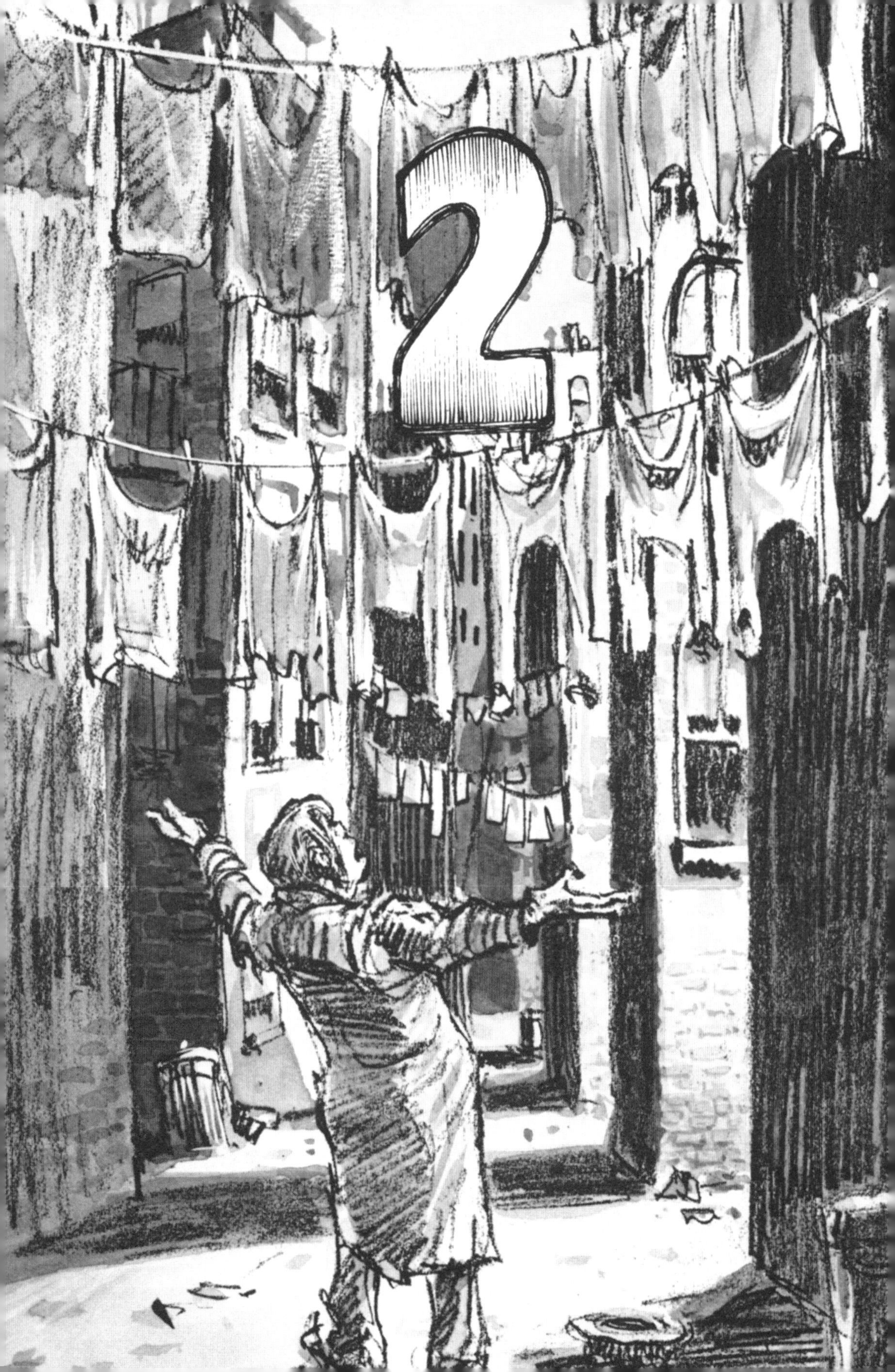
2

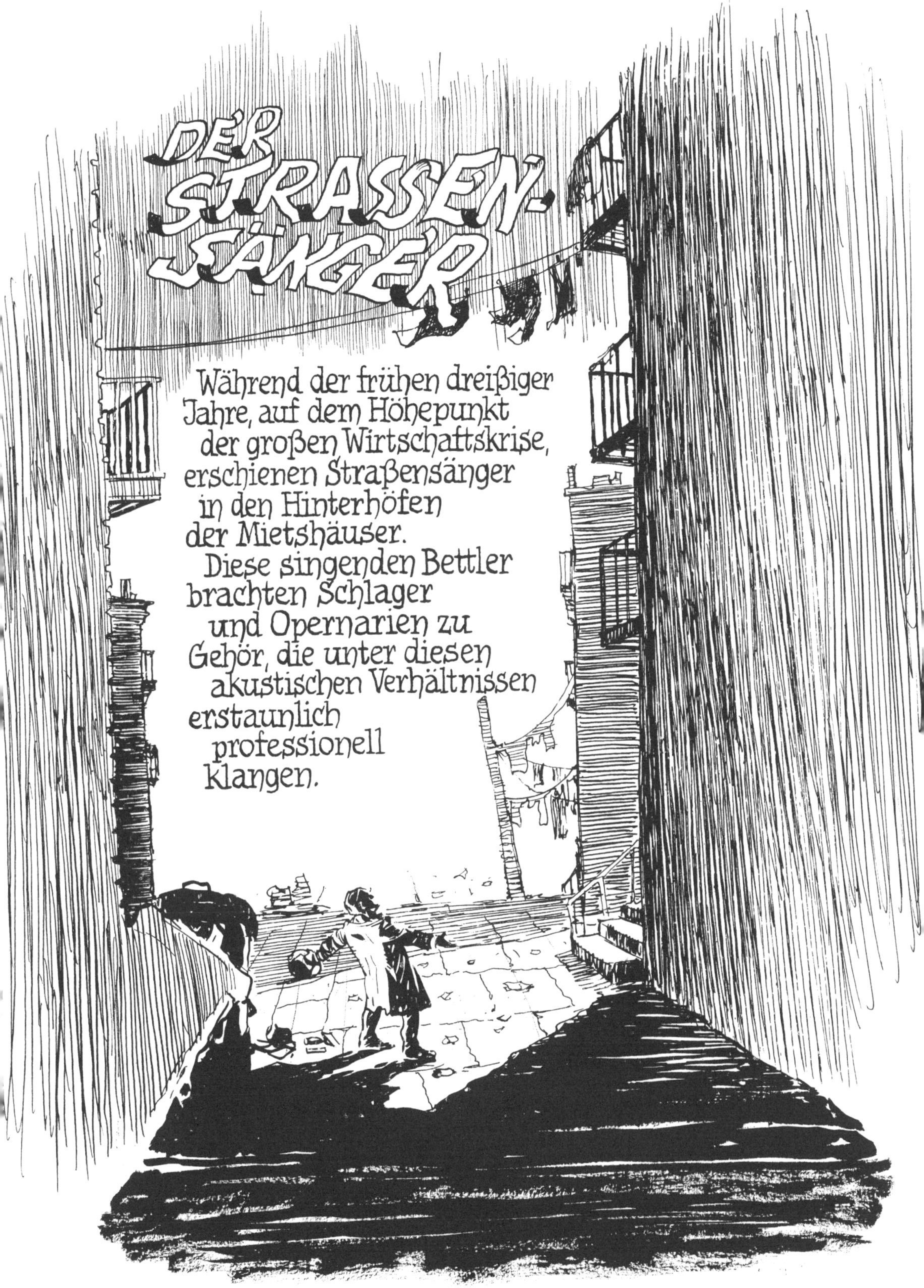
DER STRASSEN-SÄNGER
Während der frühen dreißiger Jahre, auf dem Höhepunkt der großen Wirtschaftskrise, erschienen Straßensänger in den Hinterhöfen der Mietshäuser.
Diese singenden Bettler brachten Schlager und Opernarien zu Gehör, die unter diesen akustischen Verhältnissen erstaunlich professionell klangen.

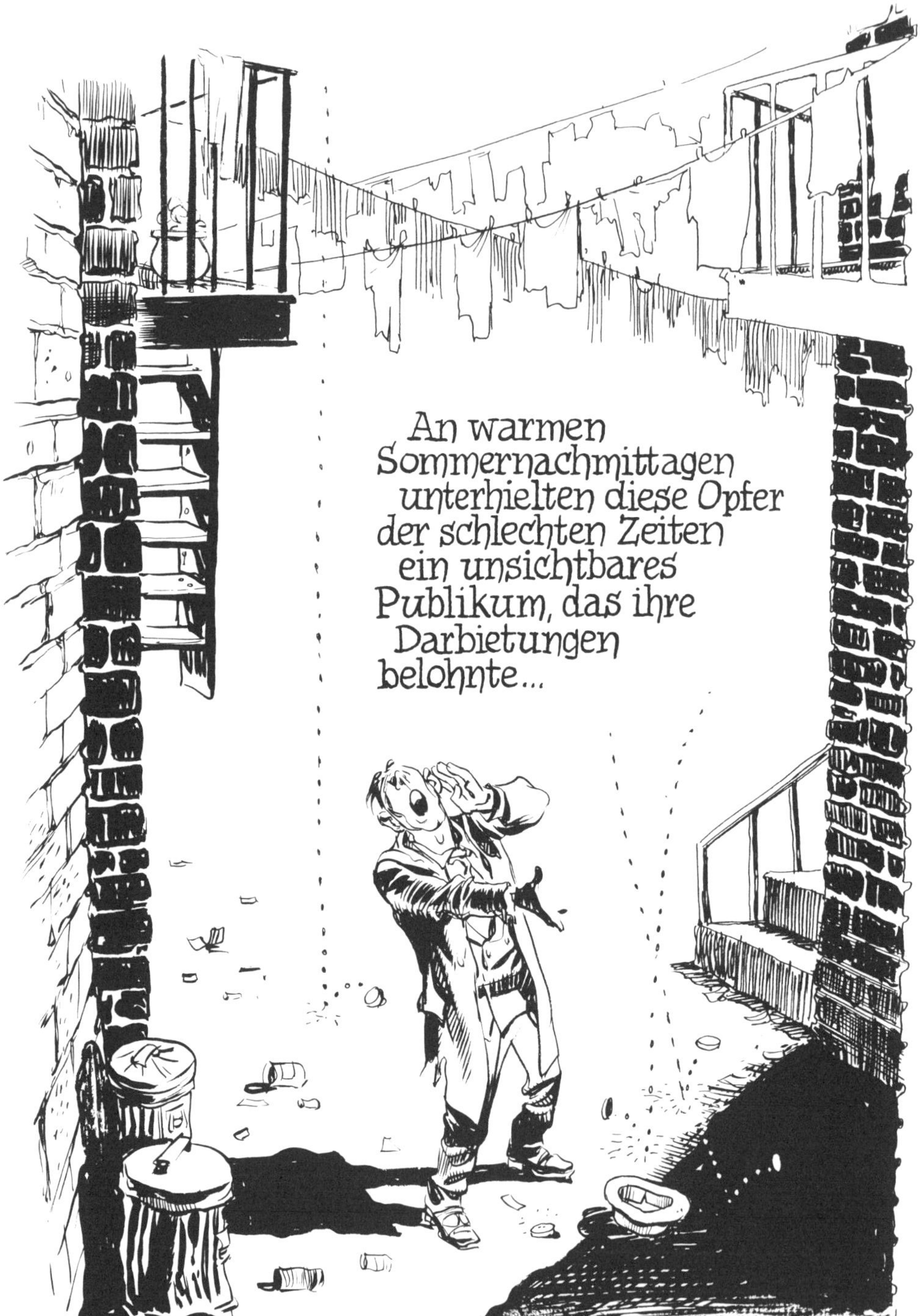
An warmen Sommernachmittagen unterhielten diese Opfer der schlechten Zeiten ein unsichtbares Publikum, das ihre Darbietungen belohnte...

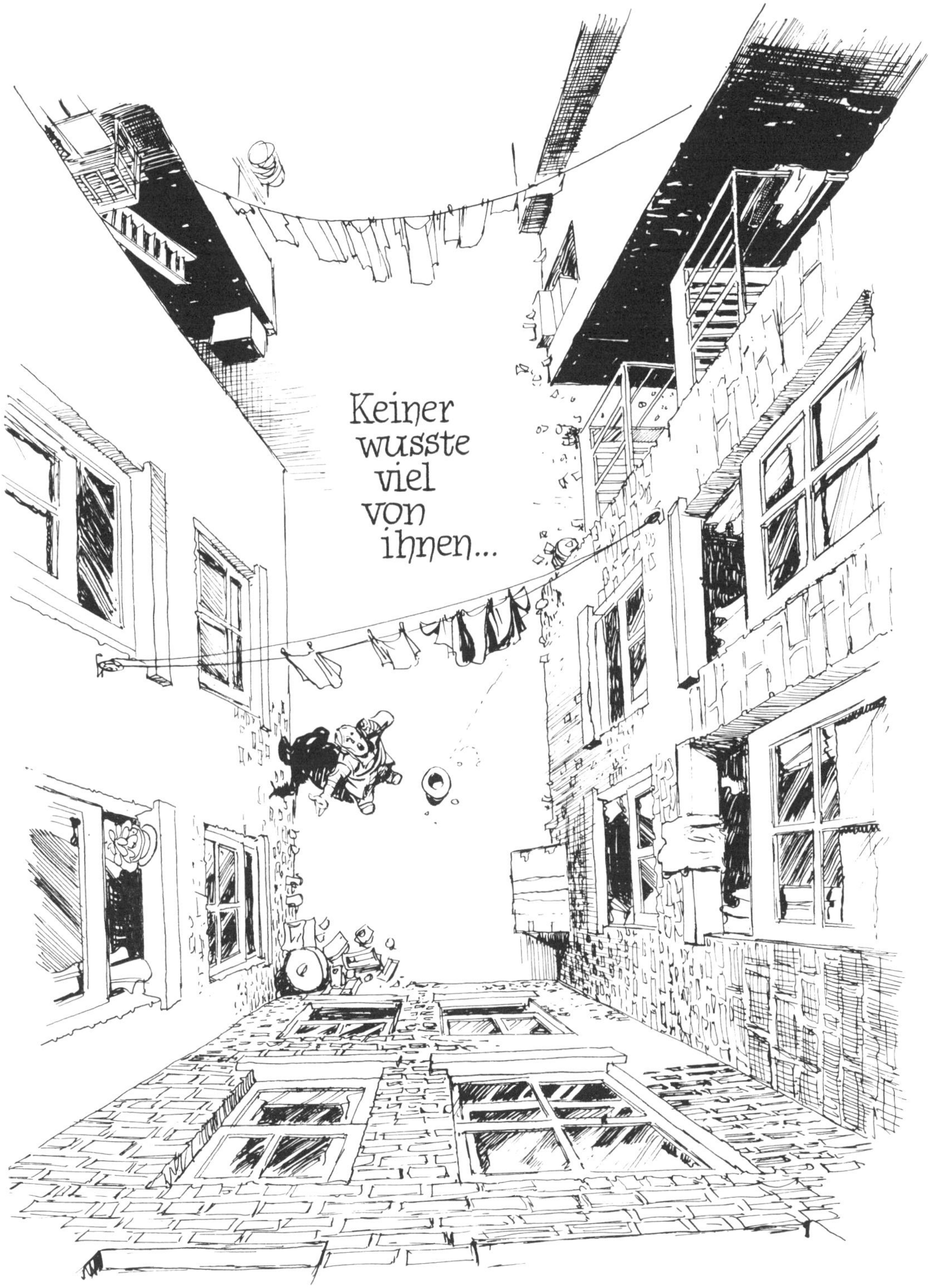
Keiner
wusste
viel
von
ihnen...

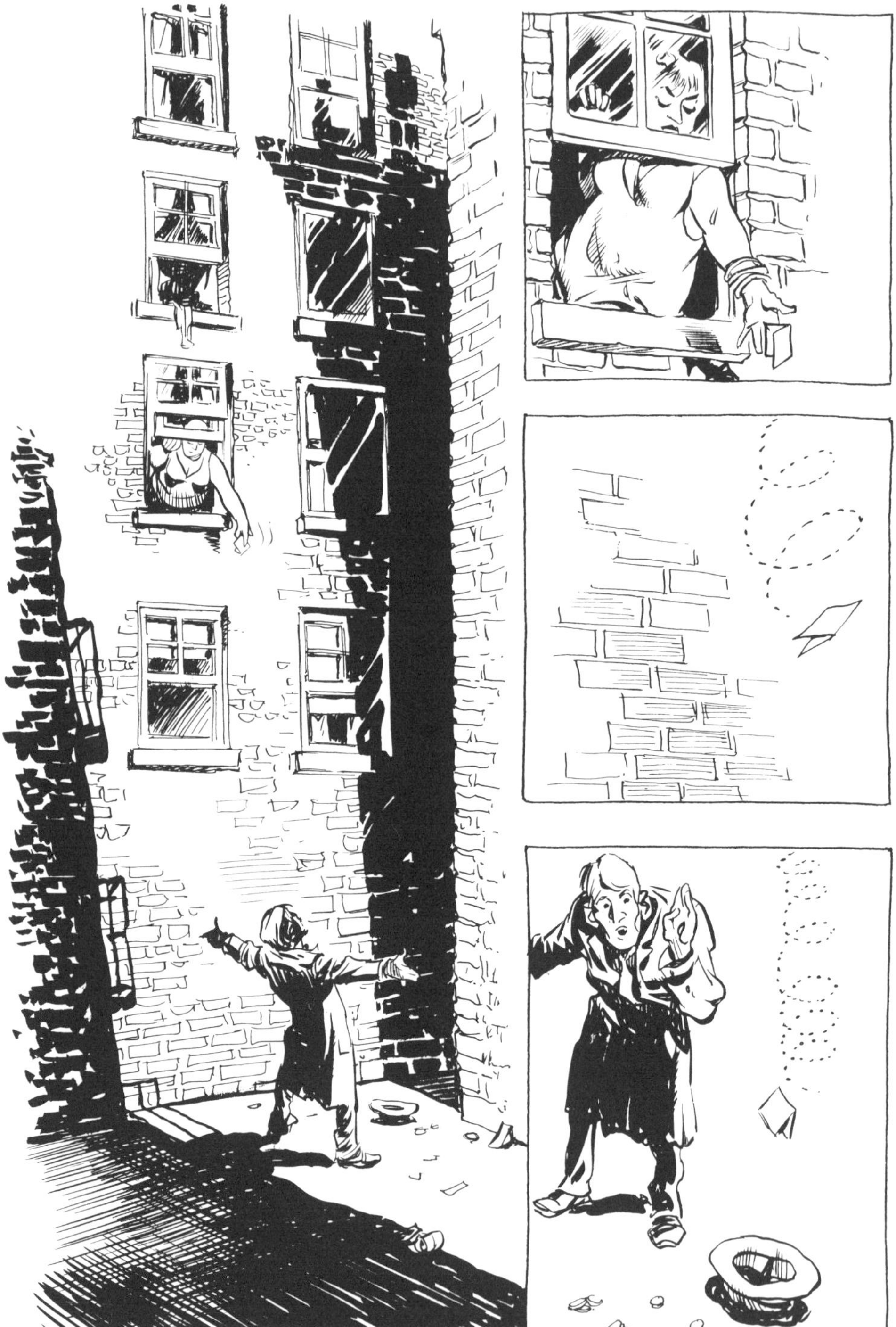

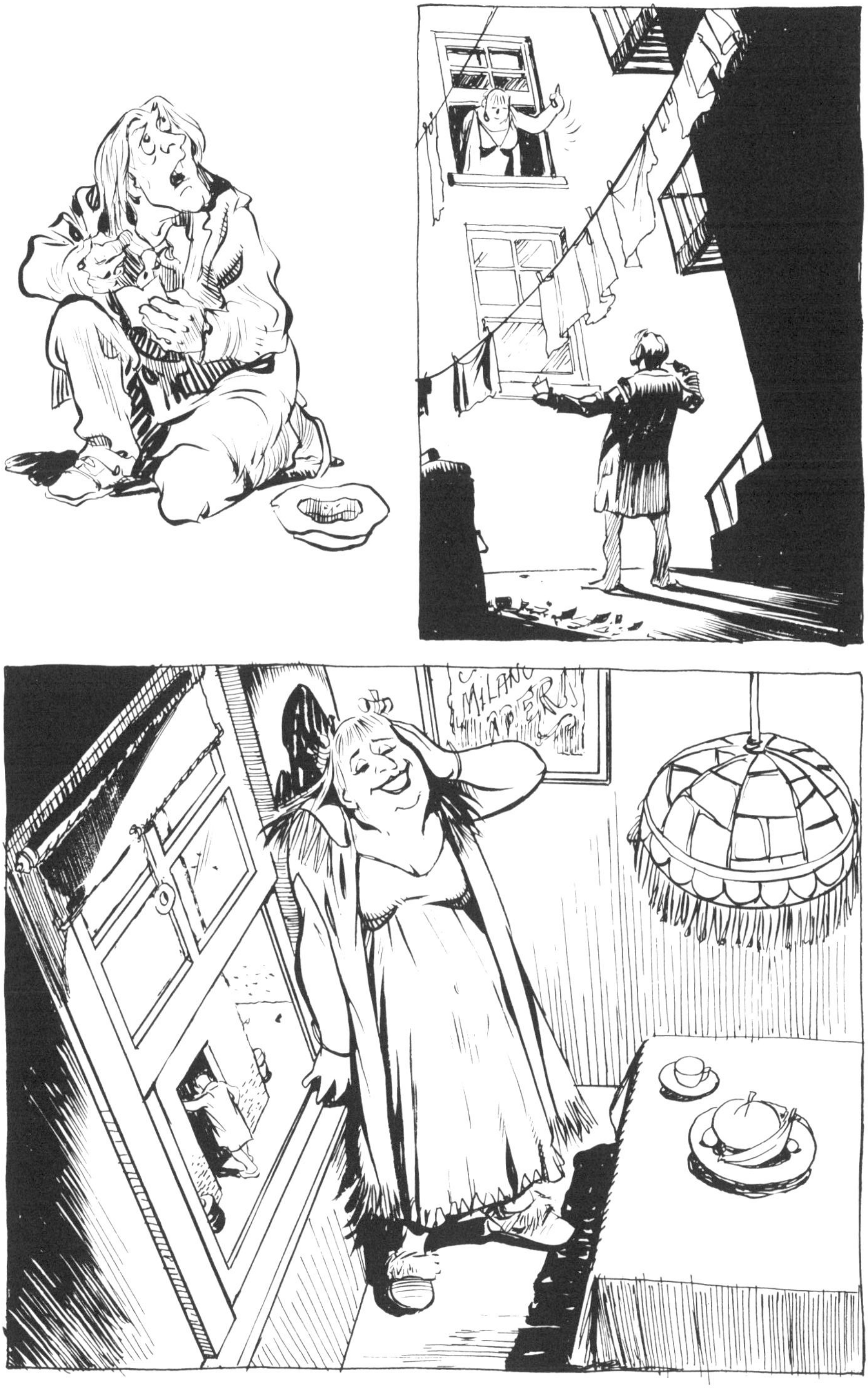

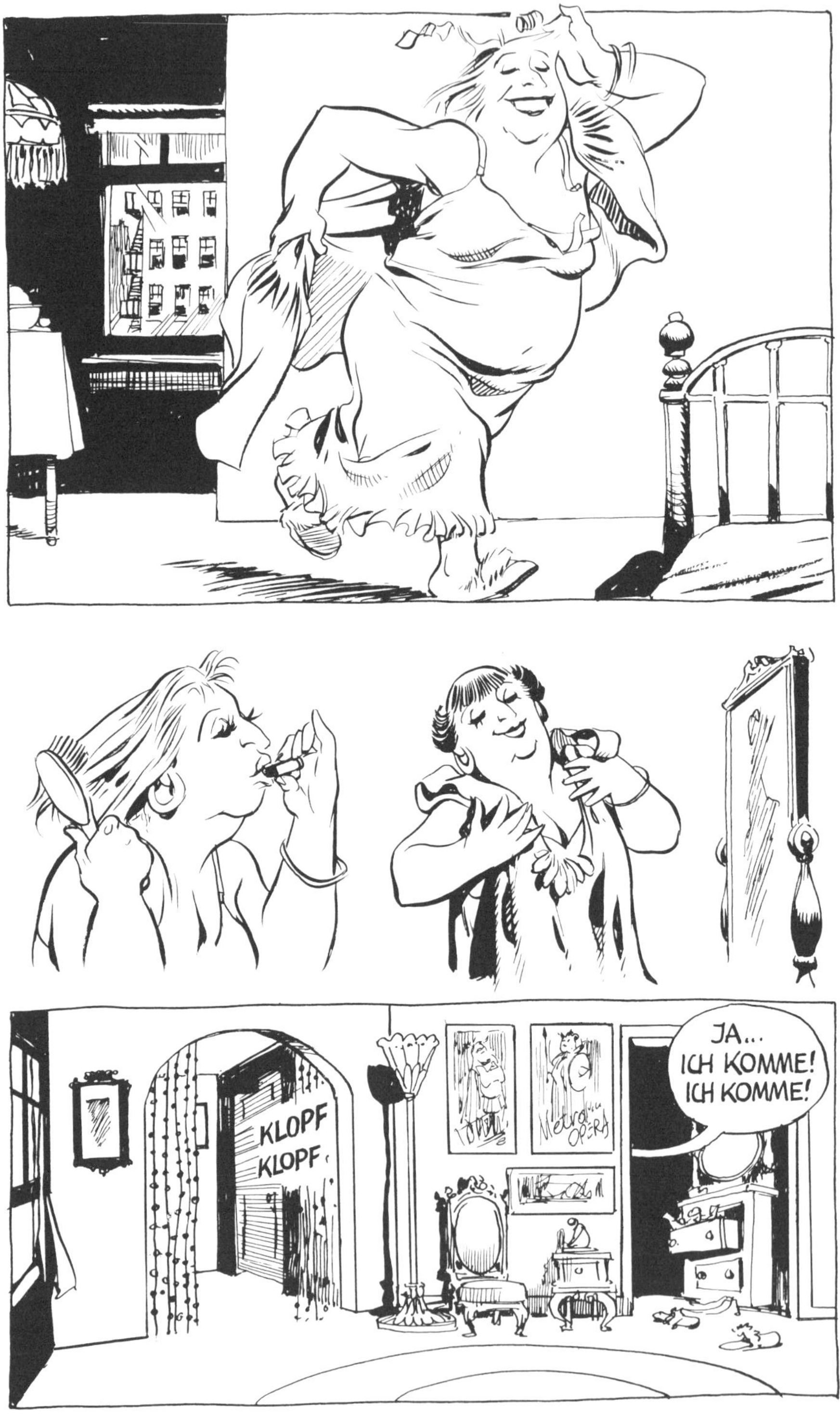
KLOPF
KLOPF
JA...
ICH KOMME!
ICH KOMME!

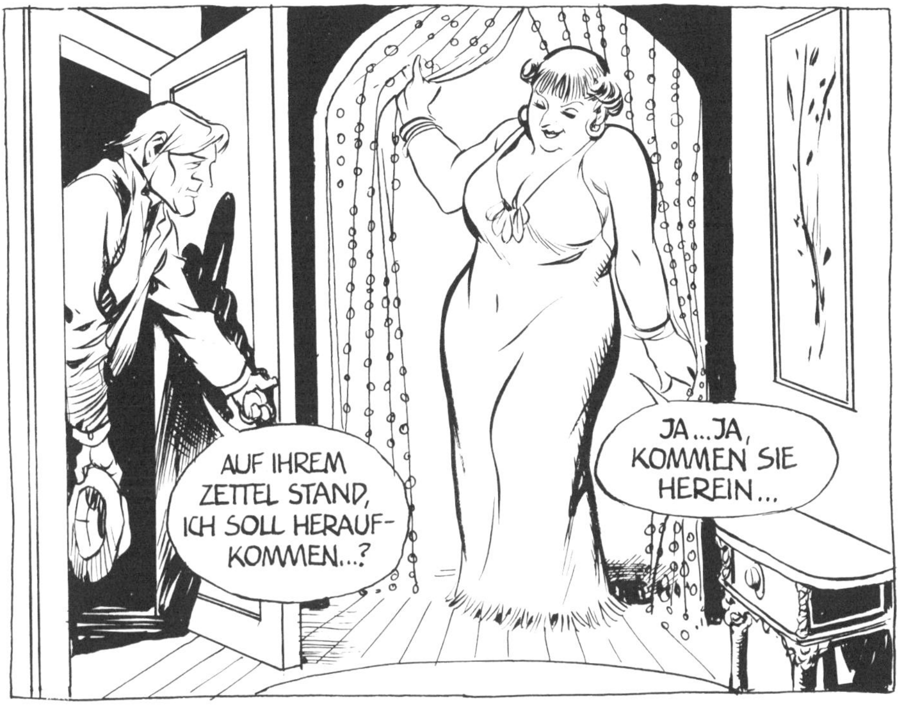
AUF IHREM ZETTEL STAND, ICH SOLL HERAUF-KOMMEN...?
JA...JA, KOMMEN SIE HEREIN...

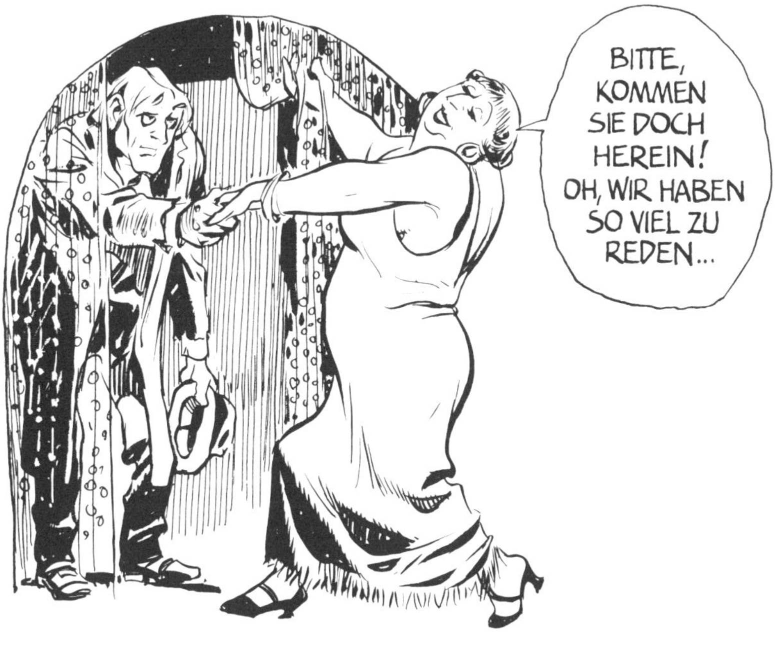
BITTE, KOMMEN SIE DOCH HEREIN! OH, WIR HABEN SO VIEL ZU REDEN...

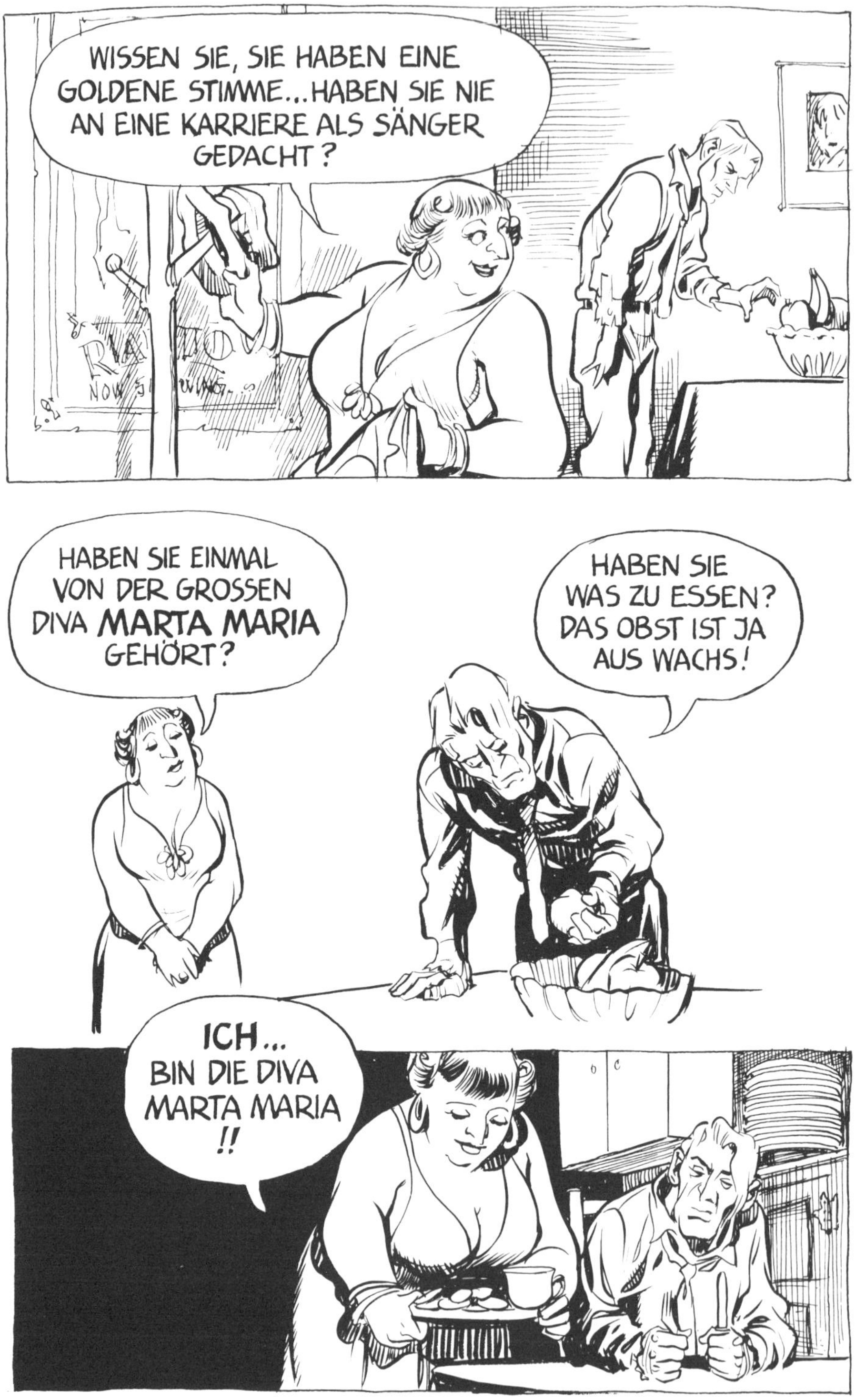
WISSEN SIE, SIE HABEN EINE GOLDENE STIMME...HABEN SIE NIE AN EINE KARRIERE ALS SÄNGER GEDACHT?
HABEN SIE EINMAL VON DER GROSSEN DIVA MARTA MARIA GEHÖRT?
HABEN SIE WAS ZU ESSEN? DAS OBST IST JA AUS WACHS!
ICH... BIN DIE DIVA MARTA MARIA !!

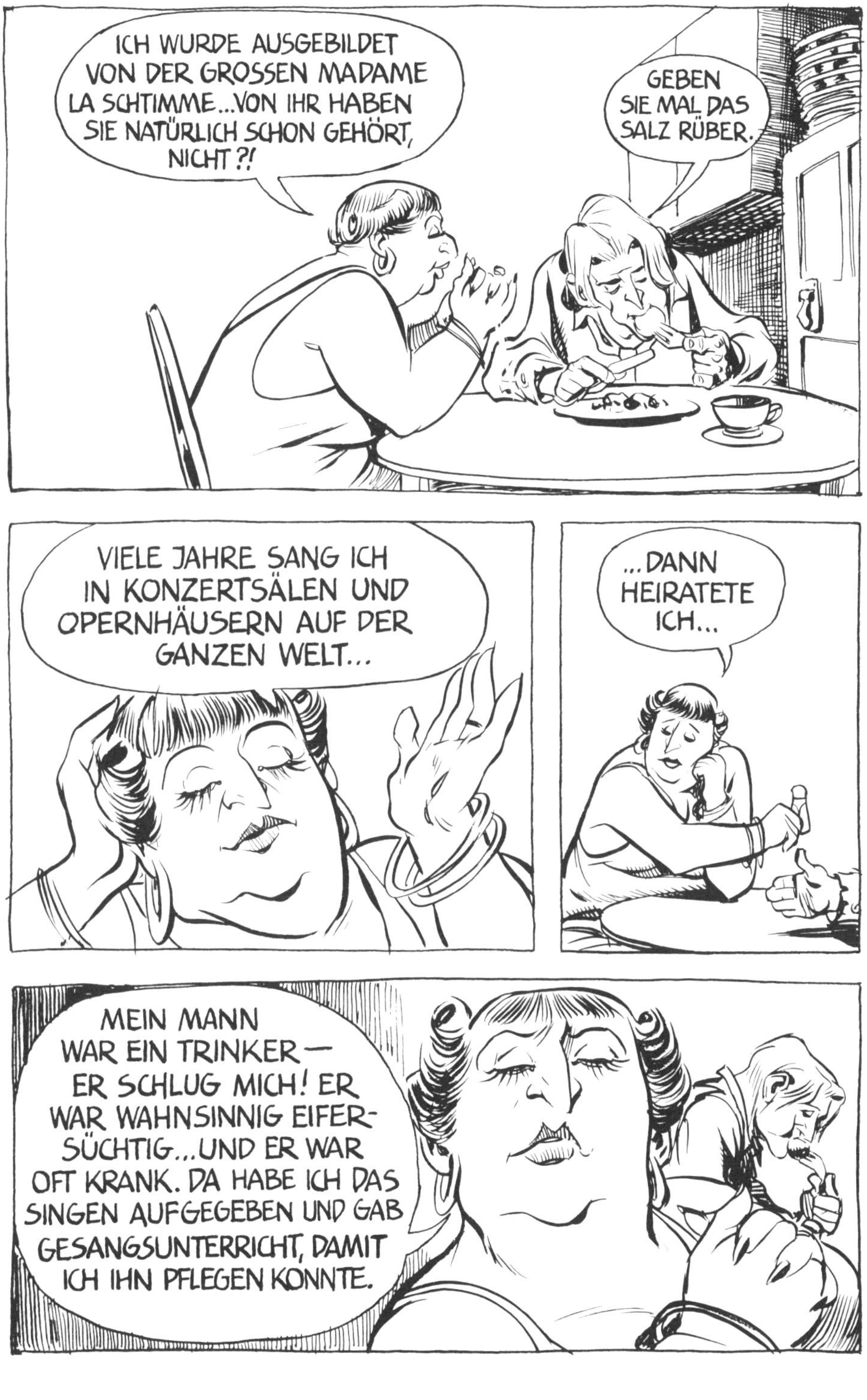

ICH WURDE AUSGEBILDET VON DER GROSSEN MADAME LA SCHTIMME...VON IHR HABEN SIE NATÜRLICH SCHON GEHÖRT, NICHT ?!
GEBEN SIE MAL DAS SALZ RÜBER.
VIELE JAHRE SANG ICH IN KONZERTSÄLEN UND OPERNHÄUSERN AUF DER GANZEN WELT...
...DANN HEIRATETE ICH...
MEIN MANN WAR EIN TRINKER — ER SCHLUG MICH! ER WAR WAHNSINNIG EIFER-SÜCHTIG...UND ER WAR OFT KRANK. DA HABE ICH DAS SINGEN AUFGEGEBEN UND GAB GESANGSUNTERRICHT, DAMIT ICH IHN PFLEGEN KONNTE.

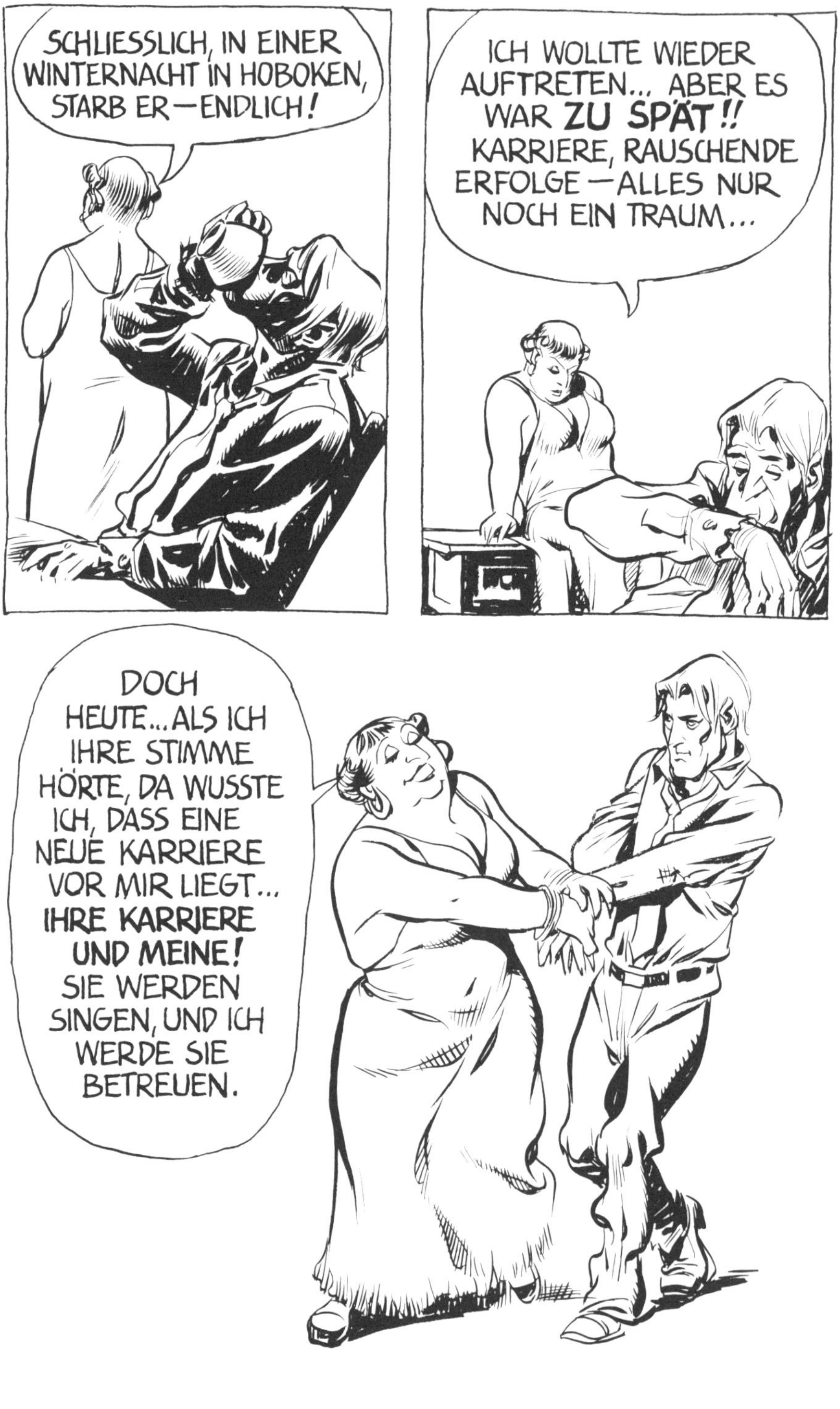
SCHLIESSLICH, IN EINER WINTERNACHT IN HOBOKEN, STARB ER—ENDLICH!
ICH WOLLTE WIEDER AUFTRETEN... ABER ES WAR ZU SPÄT!! KARRIERE, RAUSCHENDE ERFOLGE—ALLES NUR NOCH EIN TRAUM...
DOCH HEUTE... ALS ICH IHRE STIMME HÖRTE, DA WUSSTE ICH, DASS EINE NEUE KARRIERE VOR MIR LIEGT... IHRE KARRIERE UND MEINE! SIE WERDEN SINGEN, UND ICH WERDE SIE BETREUEN.

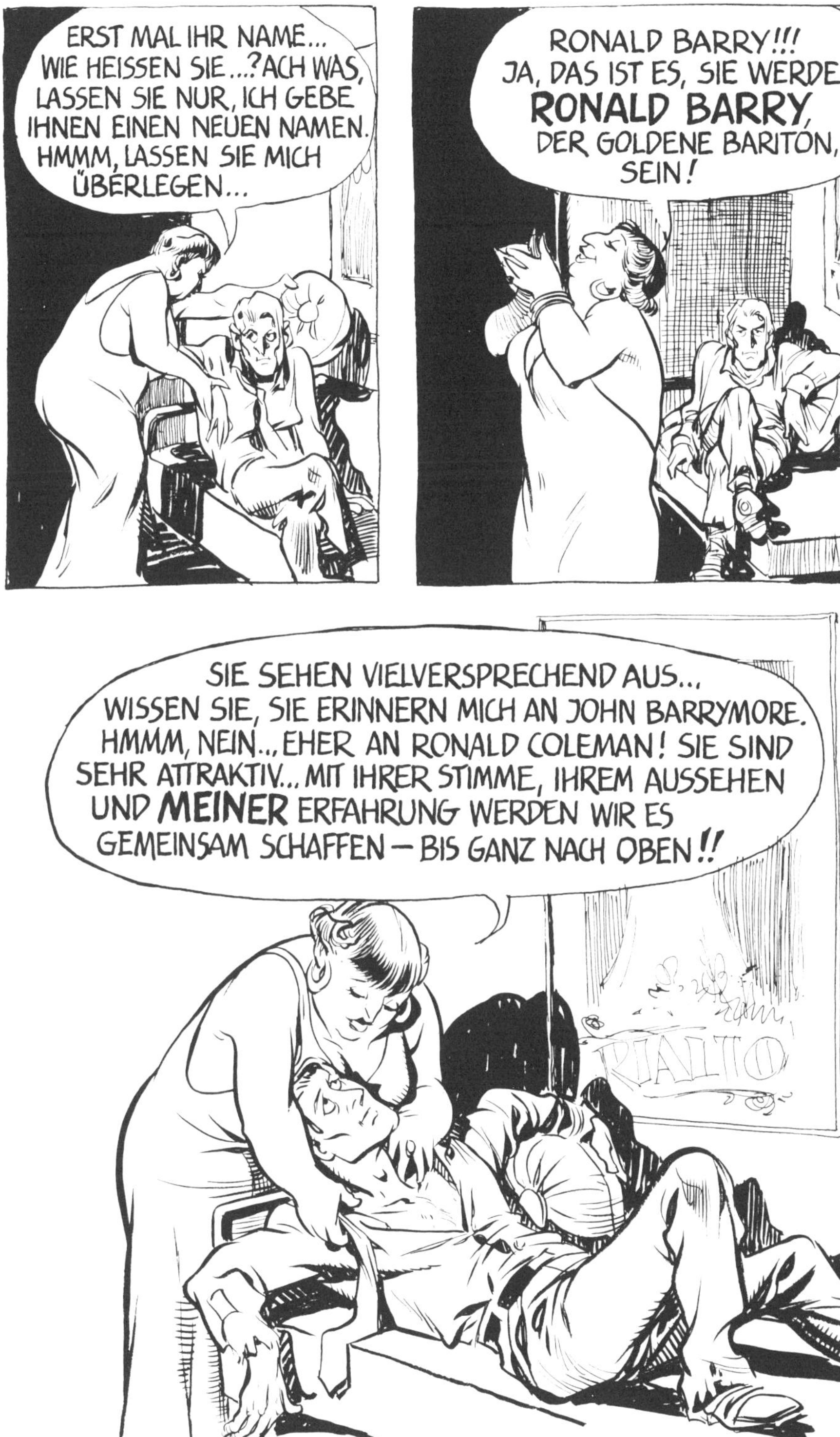
ERST MAL IHR NAME... WIE HEISSEN SIE...? ACH WAS, LASSEN SIE NUR, ICH GEBE IHNEN EINEN NEUEN NAMEN. HMMM, LASSEN SIE MICH ÜBERLEGEN...
RONALD BARRY!!! JA, DAS IST ES, SIE WERDEN RONALD BARRY, DER GOLDENE BARITON, SEIN!
SIE SEHEN VIELVERSPRECHEND AUS..., WISSEN SIE, SIE ERINNERN MICH AN JOHN BARRYMORE. HMMM, NEIN..., EHER AN RONALD COLEMAN! SIE SIND SEHR ATTRAKTIV... MIT IHRER STIMME, IHREM AUSSEHEN UND MEINER ERFAHRUNG WERDEN WIR ES GEMEINSAM SCHAFFEN – BIS GANZ NACH OBEN!!
RIALTO

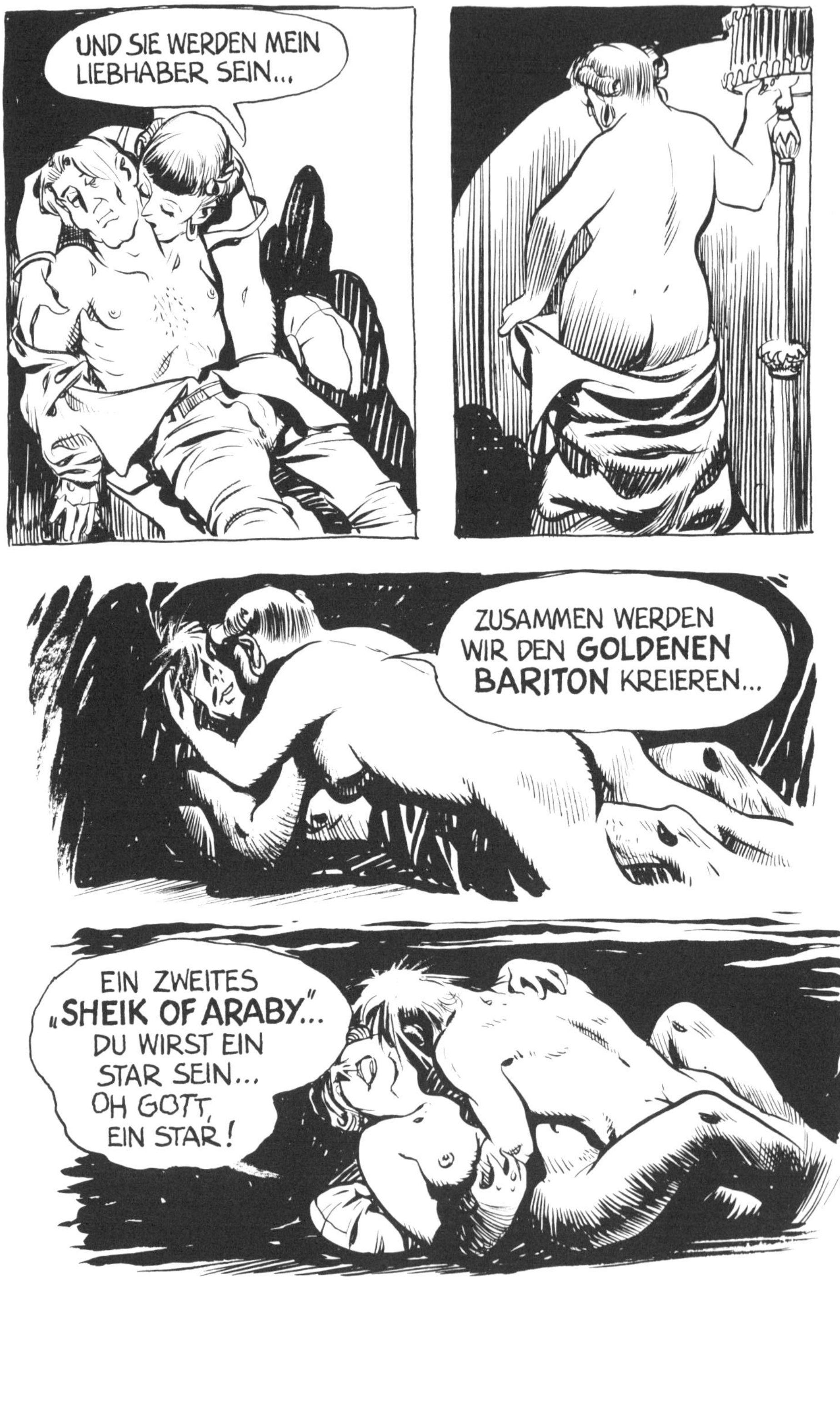
UND SIE WERDEN MEIN LIEBHABER SEIN...
ZUSAMMEN WERDEN WIR DEN **GOLDENEN BARITON** KREIEREN...
EIN ZWEITES „**SHEIK OF ARABY**"... DU WIRST EIN STAR SEIN... OH GOTT, EIN STAR!

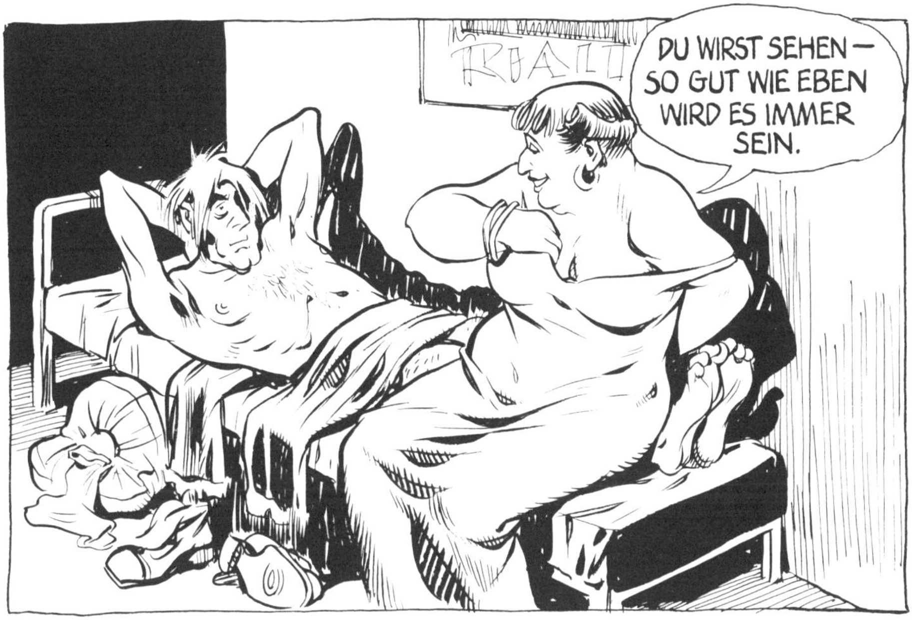
DU WIRST SEHEN – SO GUT WIE EBEN WIRD ES IMMER SEIN.

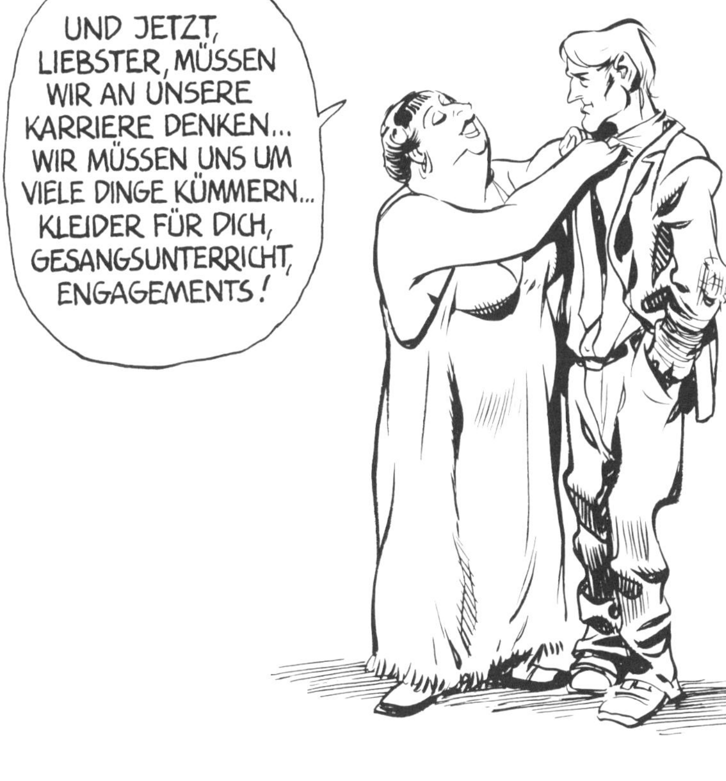
UND JETZT, LIEBSTER, MÜSSEN WIR AN UNSERE KARRIERE DENKEN… WIR MÜSSEN UNS UM VIELE DINGE KÜMMERN… KLEIDER FÜR DICH, GESANGSUNTERRICHT, ENGAGEMENTS!

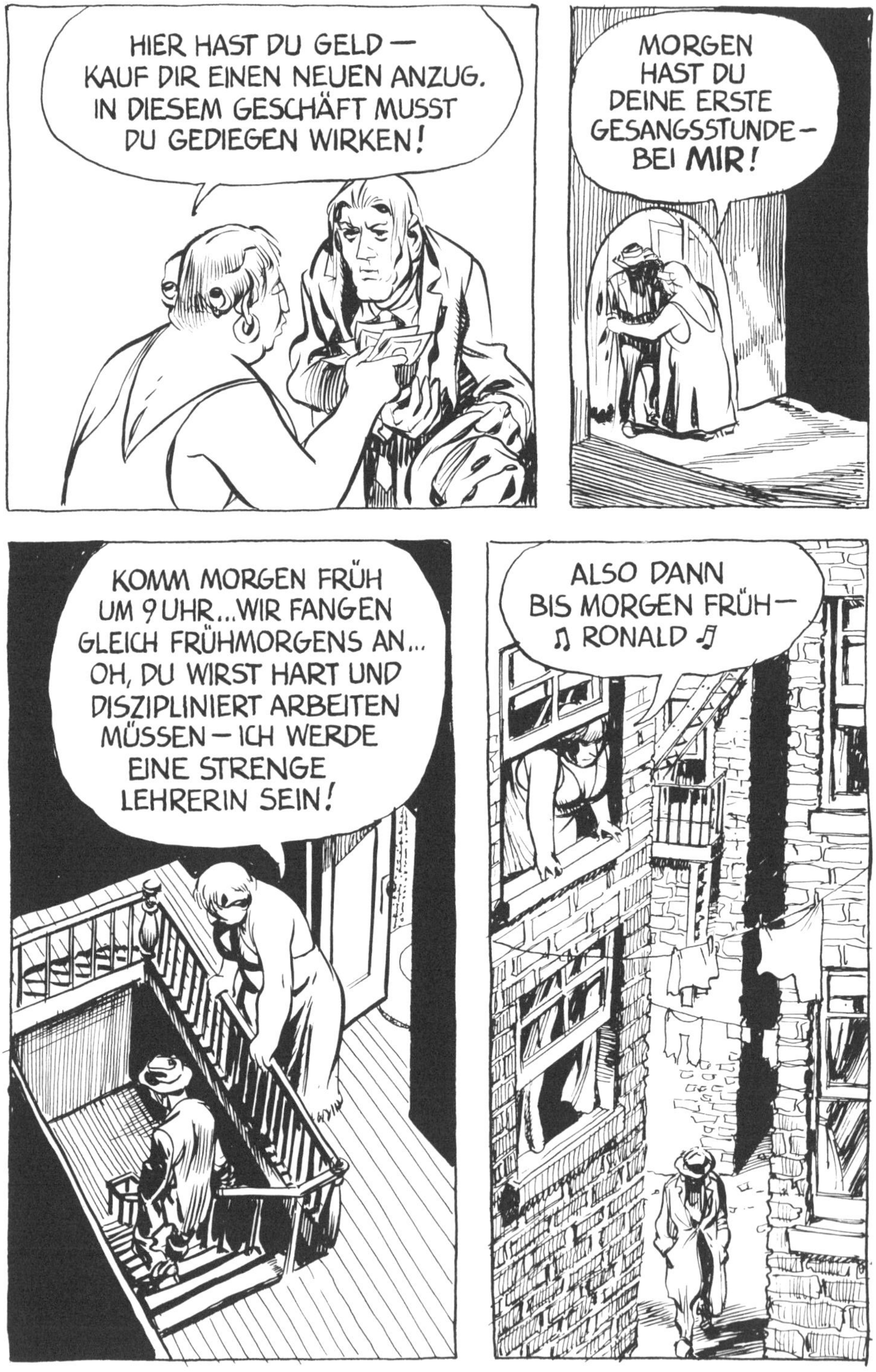
HIER HAST DU GELD — KAUF DIR EINEN NEUEN ANZUG. IN DIESEM GESCHÄFT MUSST DU GEDIEGEN WIRKEN!
MORGEN HAST DU DEINE ERSTE GESANGSSTUNDE — BEI MIR!
KOMM MORGEN FRÜH UM 9 UHR... WIR FANGEN GLEICH FRÜHMORGENS AN... OH, DU WIRST HART UND DISZIPLINIERT ARBEITEN MÜSSEN — ICH WERDE EINE STRENGE LEHRERIN SEIN!
ALSO DANN BIS MORGEN FRÜH — ♫ RONALD ♫

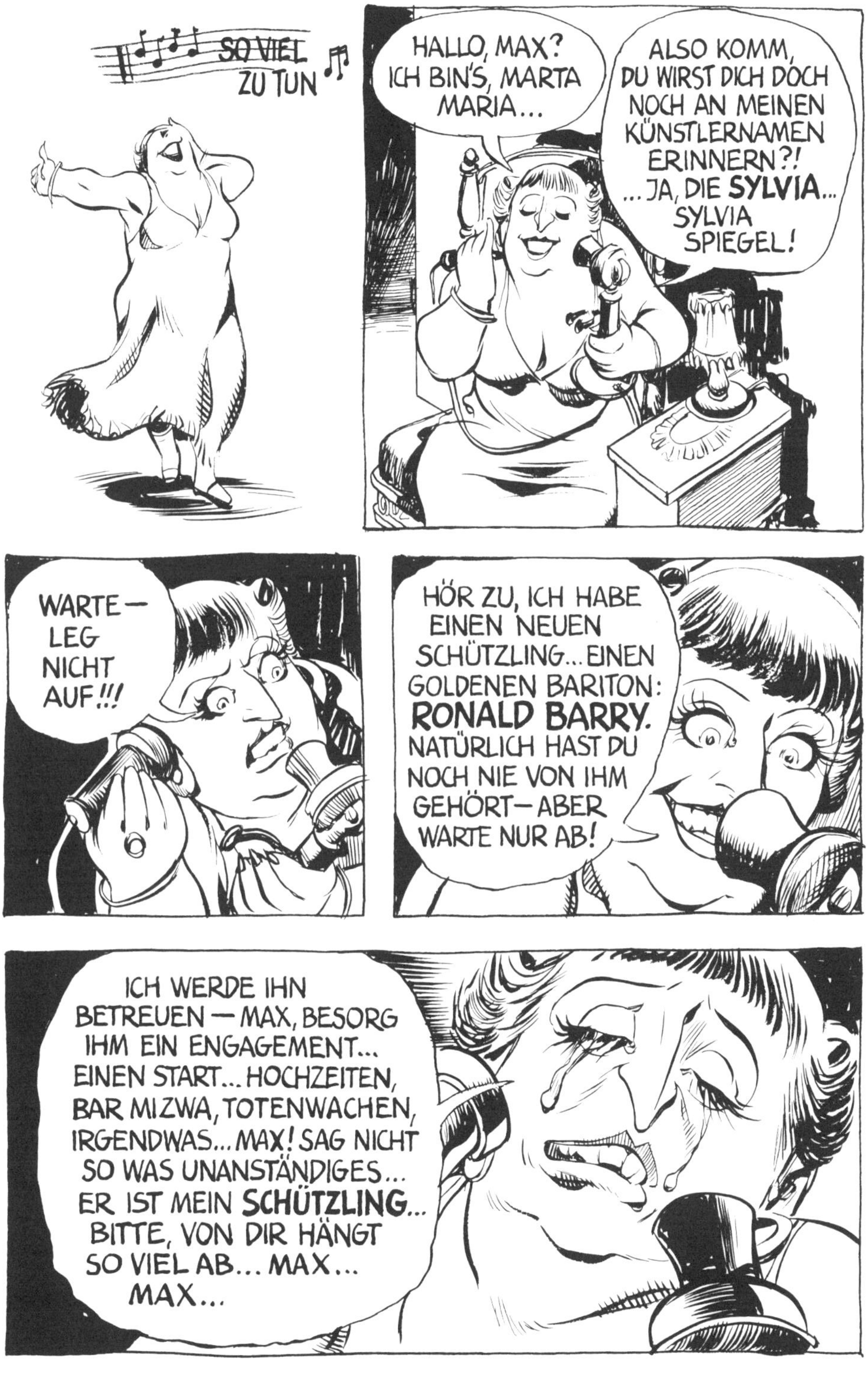
SO VIEL ZU TUN
HALLO, MAX? ICH BIN'S, MARTA MARIA…
ALSO KOMM, DU WIRST DICH DOCH NOCH AN MEINEN KÜNSTLERNAMEN ERINNERN?! …JA, DIE SYLVIA… SYLVIA SPIEGEL!
WARTE – LEG NICHT AUF!!!
HÖR ZU, ICH HABE EINEN NEUEN SCHÜTZLING… EINEN GOLDENEN BARITON: RONALD BARRY. NATÜRLICH HAST DU NOCH NIE VON IHM GEHÖRT – ABER WARTE NUR AB!
ICH WERDE IHN BETREUEN – MAX, BESORG IHM EIN ENGAGEMENT… EINEN START… HOCHZEITEN, BAR MIZWA, TOTENWACHEN, IRGENDWAS… MAX! SAG NICHT SO WAS UNANSTÄNDIGES… ER IST MEIN SCHÜTZLING… BITTE, VON DIR HÄNGT SO VIEL AB… MAX… MAX…

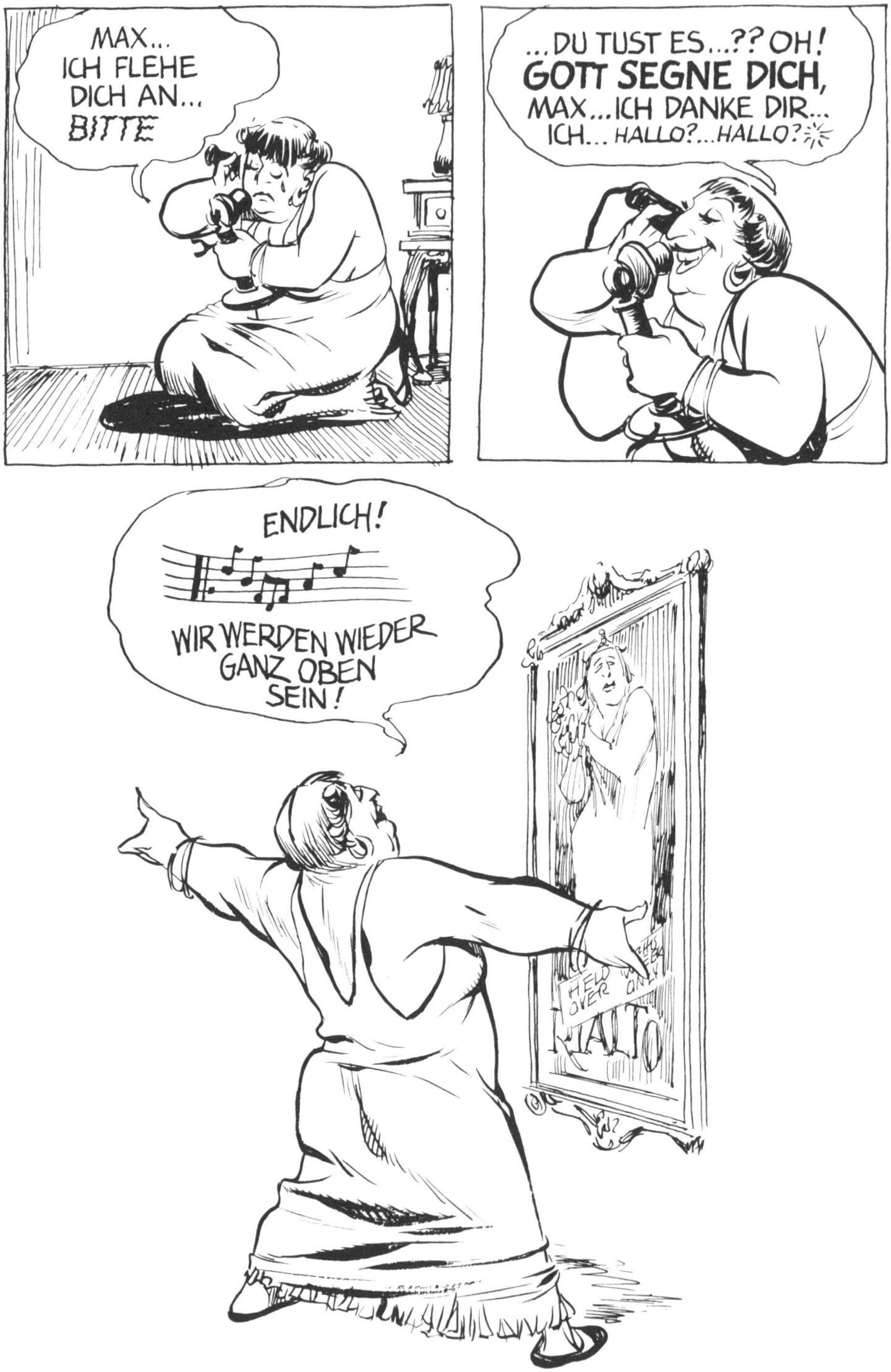
MAX... ICH FLEHE DICH AN... BITTE
...DU TUST ES...?? OH! GOTT SEGNE DICH, MAX...ICH DANKE DIR... ICH... HALLO?...HALLO?
ENDLICH!
WIR WERDEN WIEDER GANZ OBEN SEIN!
HELD OVER
RIALTO

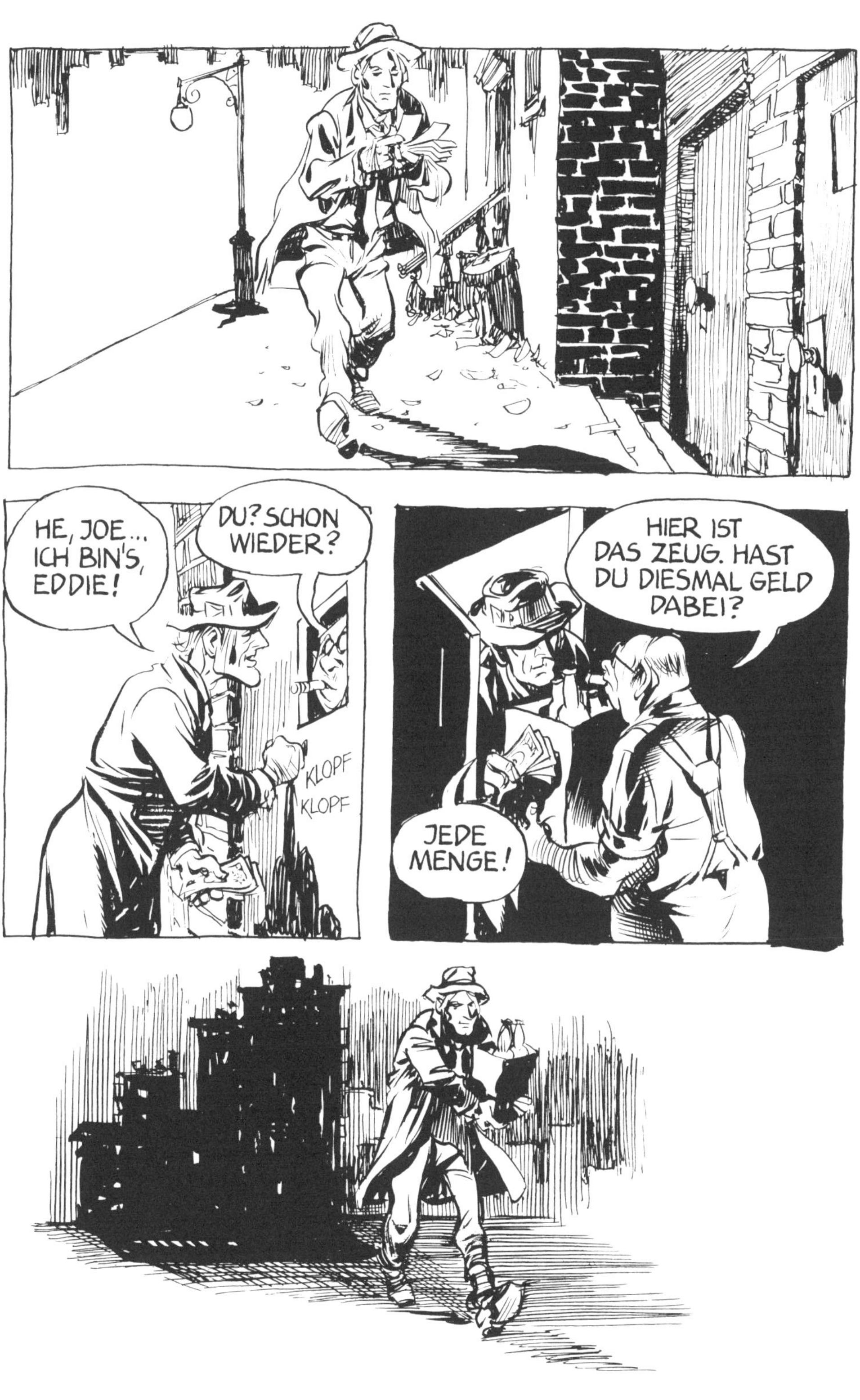
HE, JOE... ICH BIN'S, EDDIE!
DU? SCHON WIEDER?
KLOPF
KLOPF
HIER IST DAS ZEUG. HAST DU DIESMAL GELD DABEI?
JEDE MENGE!

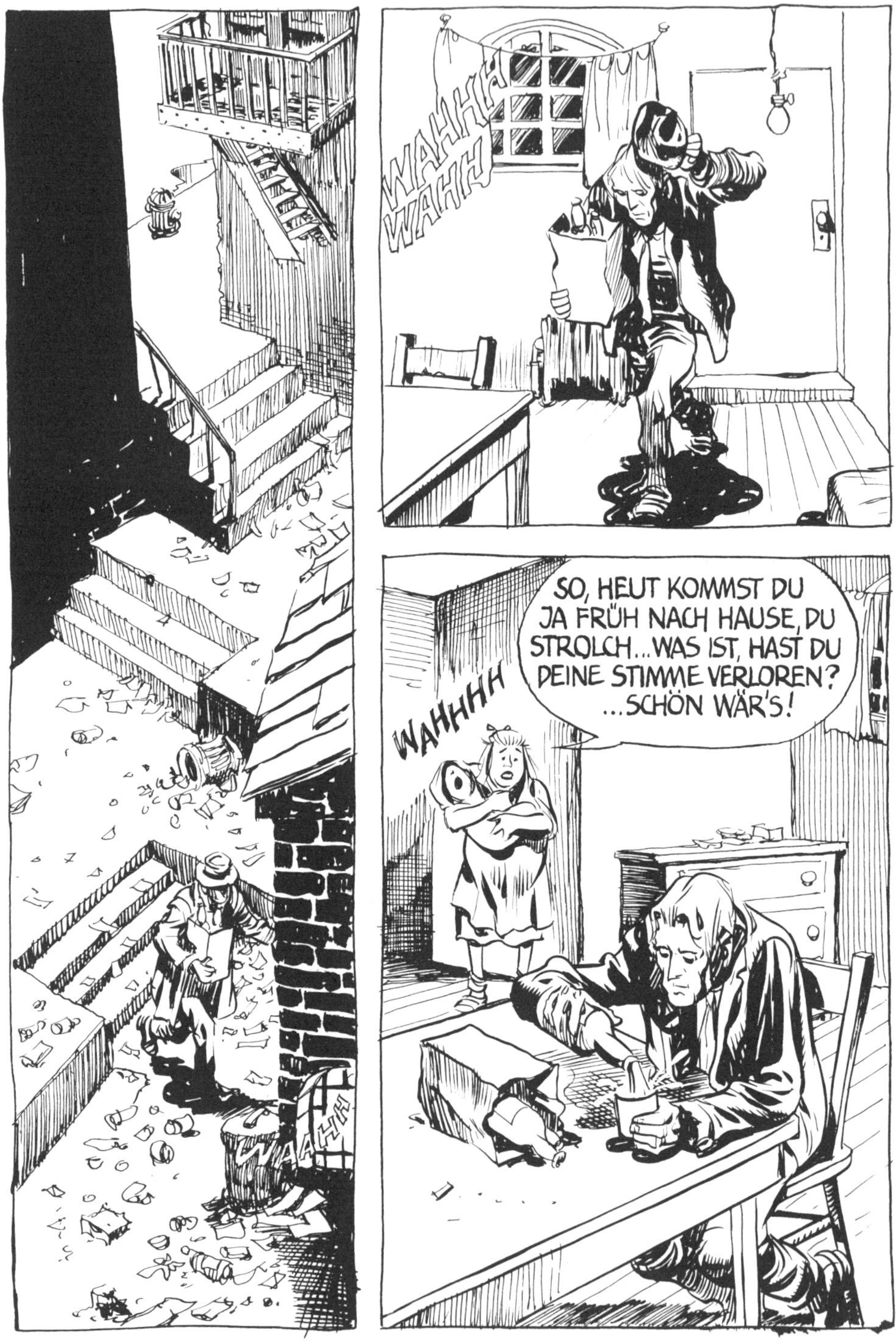
WAAHH
WAHHH
WAHH
WAHHHH
SO, HEUT KOMMST DU JA FRÜH NACH HAUSE, DU STROLCH...WAS IST, HAST DU DEINE STIMME VERLOREN? ...SCHÖN WÄR'S!

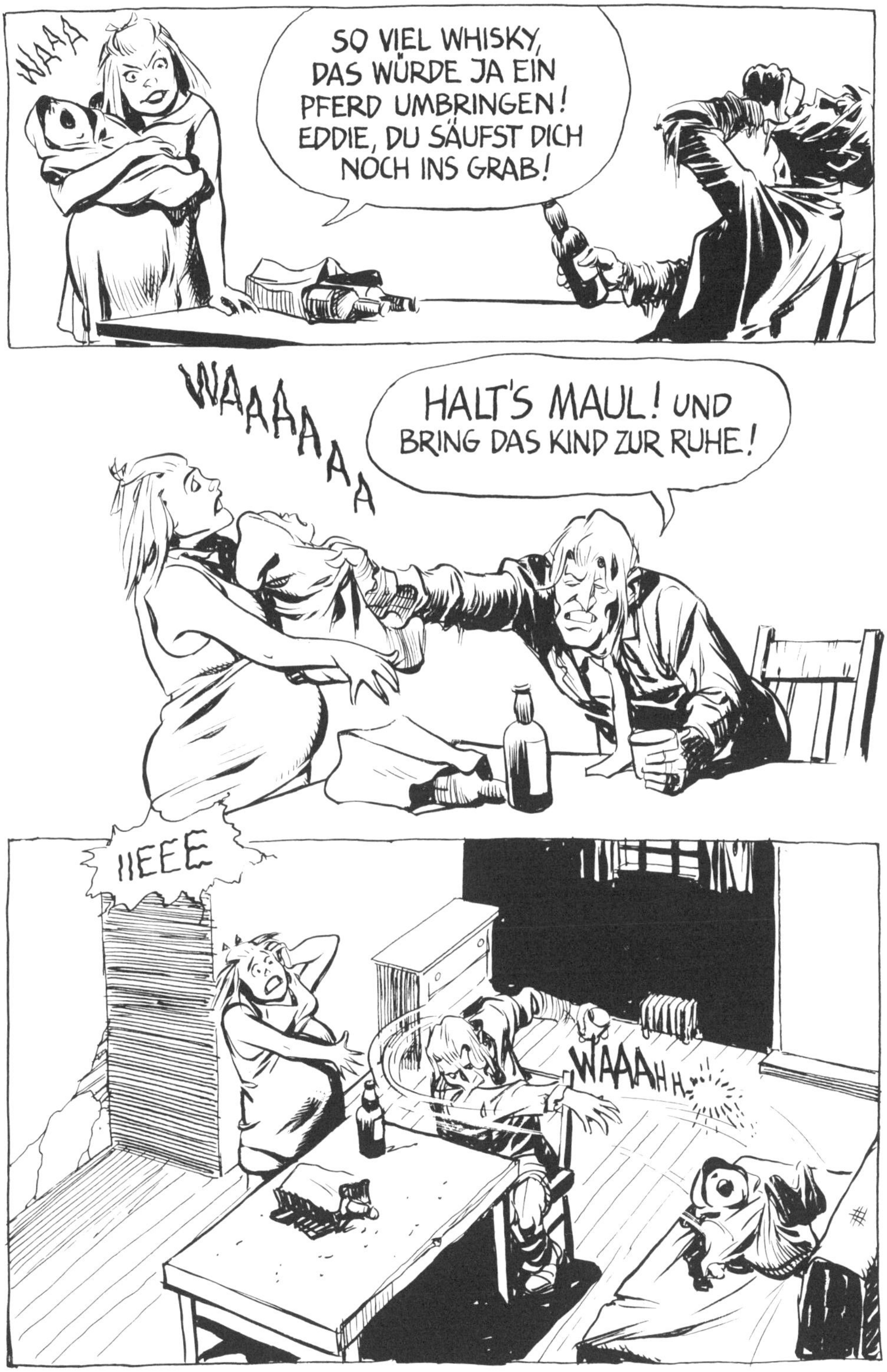
WAAA
SO VIEL WHISKY, DAS WÜRDE JA EIN PFERD UMBRINGEN! EDDIE, DU SÄUFST DICH NOCH INS GRAB!
WAAAAAAA
HALT'S MAUL! UND BRING DAS KIND ZUR RUHE!
IIEEE
WAAAHH

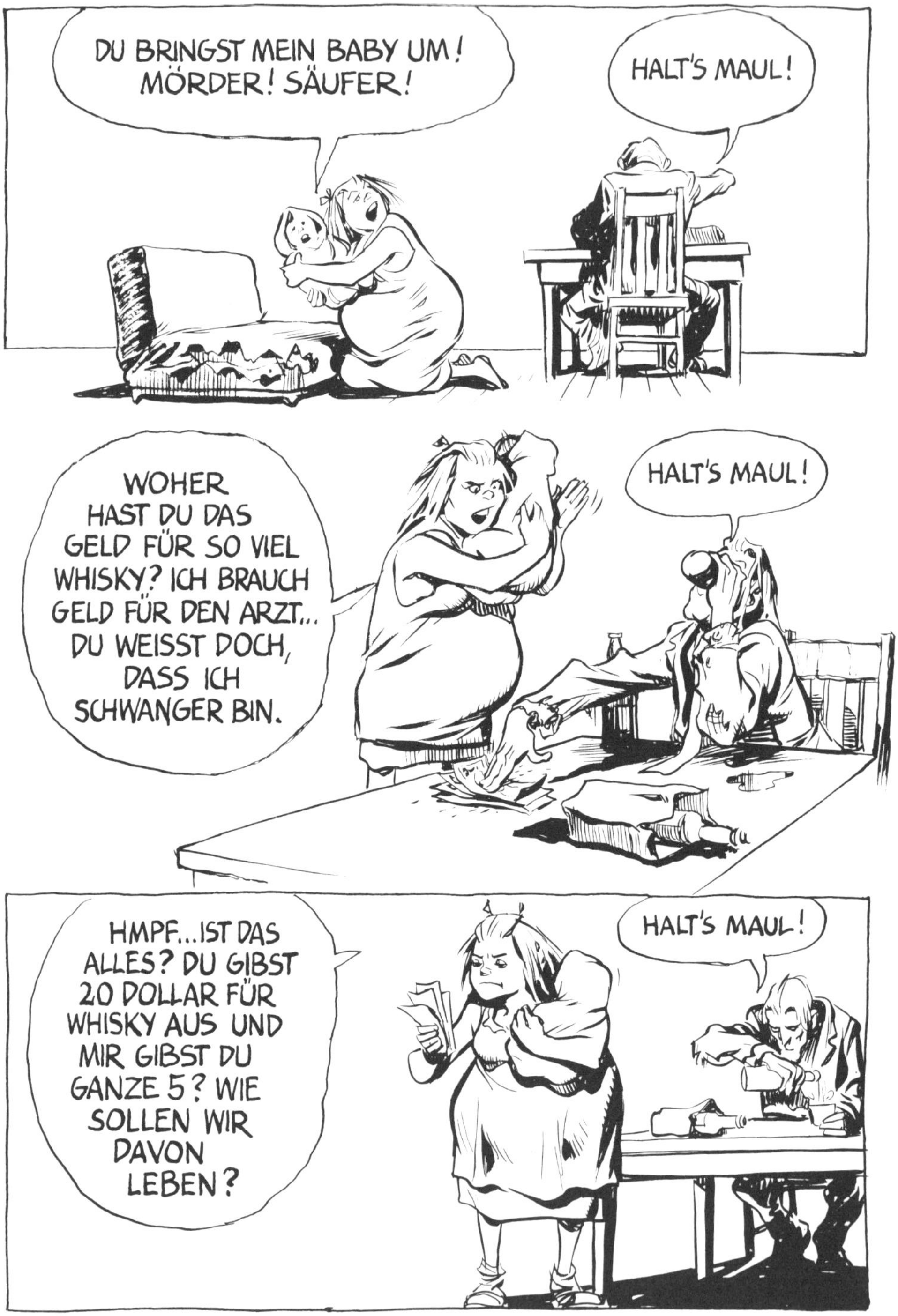
DU BRINGST MEIN BABY UM! MÖRDER! SÄUFER!
HALT'S MAUL!
WOHER HAST DU DAS GELD FÜR SO VIEL WHISKY? ICH BRAUCH GELD FÜR DEN ARZT... DU WEISST DOCH, DASS ICH SCHWANGER BIN.
HALT'S MAUL!
HMPF...IST DAS ALLES? DU GIBST 20 DOLLAR FÜR WHISKY AUS UND MIR GIBST DU GANZE 5? WIE SOLLEN WIR DAVON LEBEN?
HALT'S MAUL!

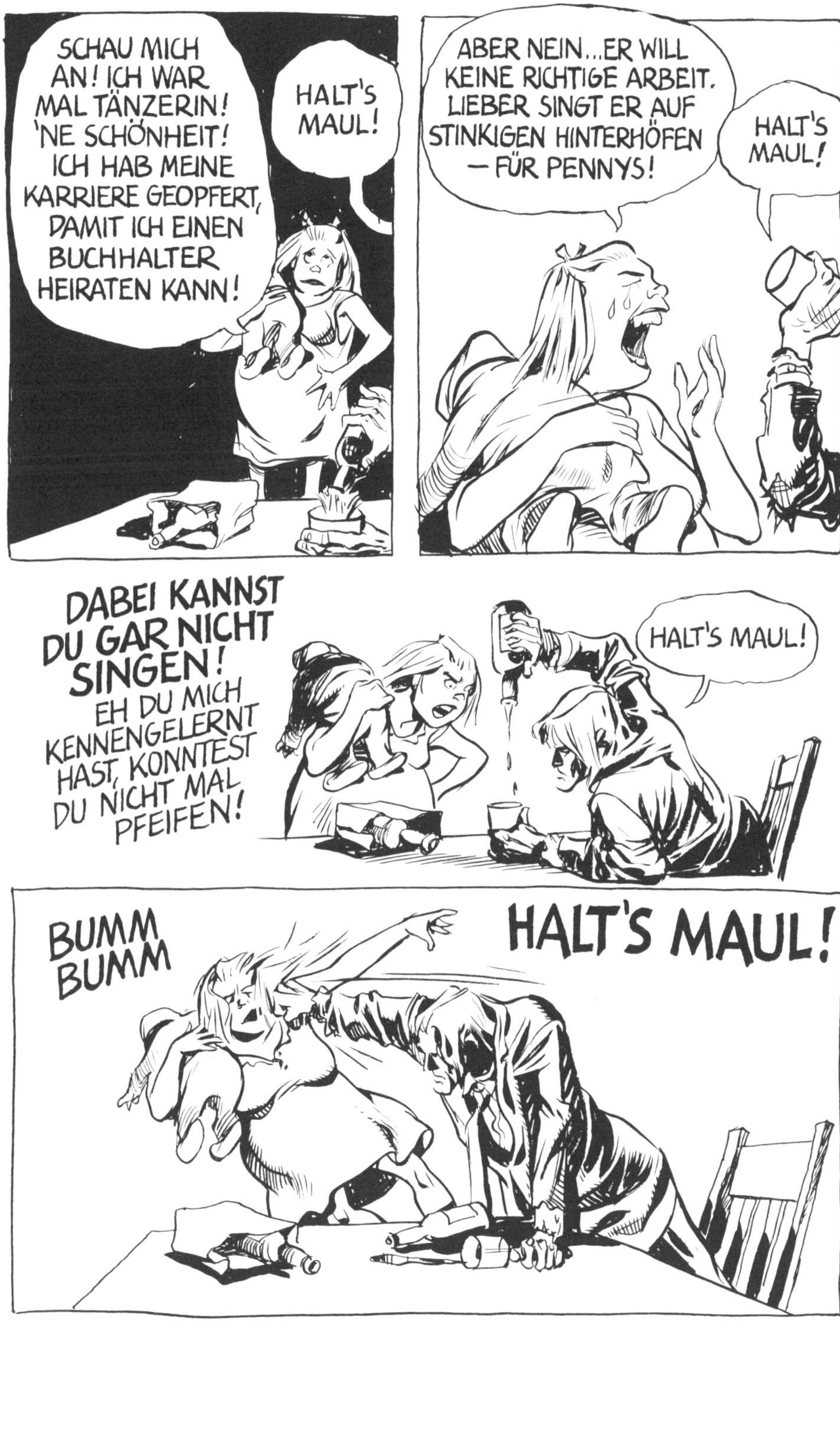
SCHAU MICH AN! ICH WAR MAL TÄNZERIN! 'NE SCHÖNHEIT! ICH HAB MEINE KARRIERE GEOPFERT, DAMIT ICH EINEN BUCHHALTER HEIRATEN KANN!
HALT'S MAUL!
ABER NEIN...ER WILL KEINE RICHTIGE ARBEIT. LIEBER SINGT ER AUF STINKIGEN HINTERHÖFEN – FÜR PENNYS!
HALT'S MAUL!
DABEI KANNST DU GAR NICHT SINGEN!
EH DU MICH KENNENGELERNT HAST, KONNTEST DU NICHT MAL PFEIFEN!
HALT'S MAUL!
BUMM BUMM
HALT'S MAUL!

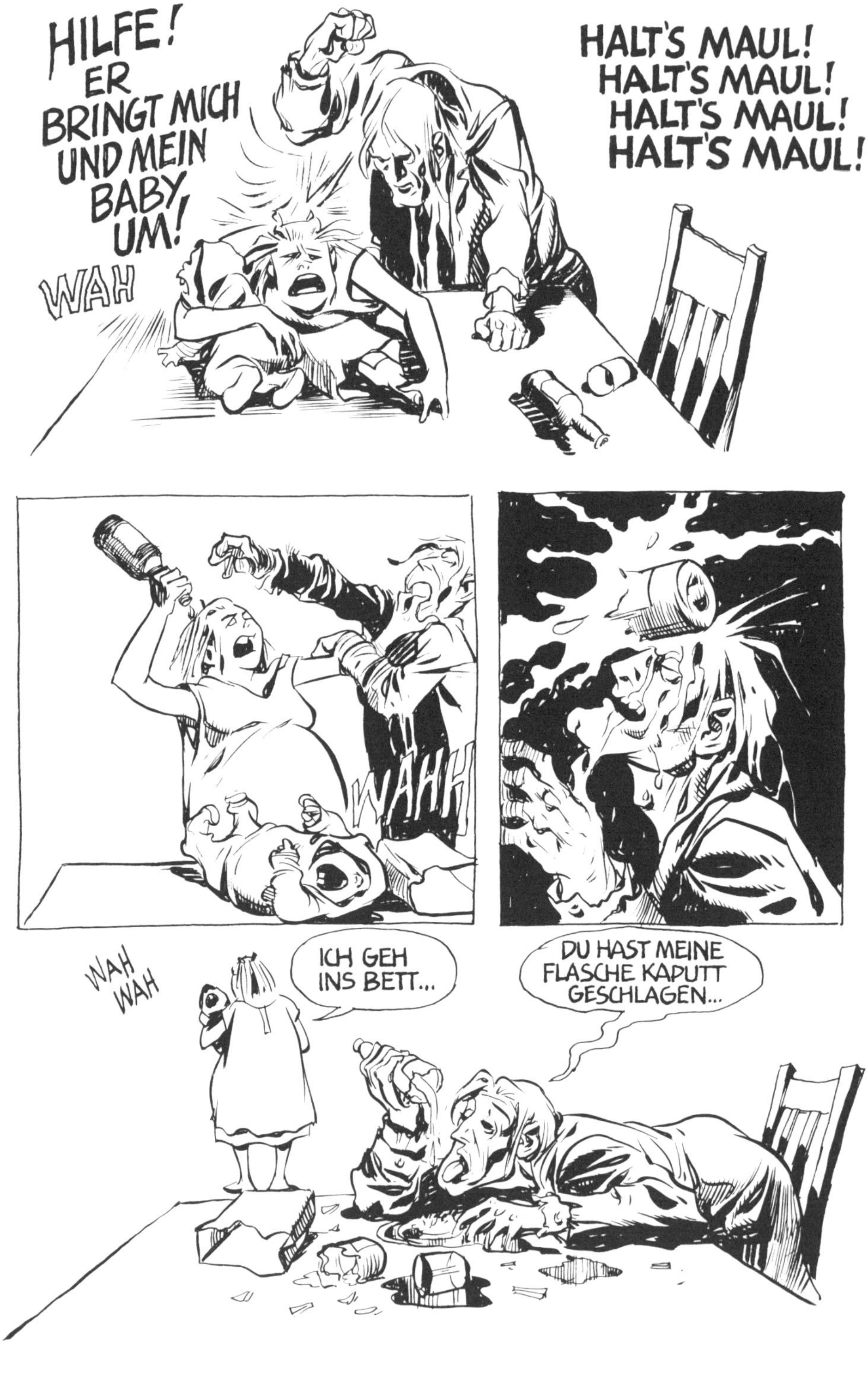
HILFE! ER BRINGT MICH UND MEIN BABY UM!
WAH
HALT'S MAUL! HALT'S MAUL! HALT'S MAUL! HALT'S MAUL!
WAHH
WAH WAH
ICH GEH INS BETT...
DU HAST MEINE FLASCHE KAPUTT GESCHLAGEN...

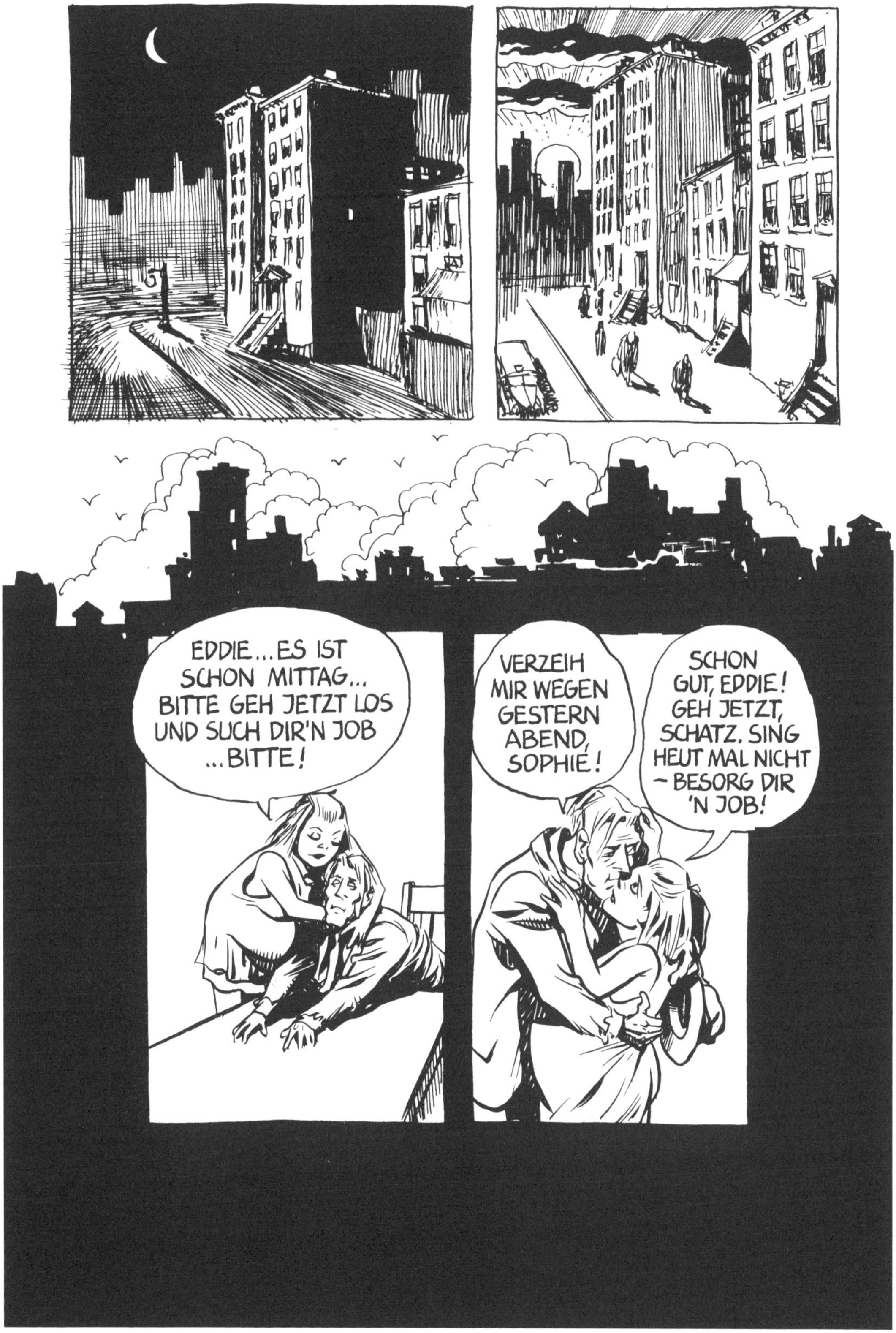

EDDIE...ES IST SCHON MITTAG... BITTE GEH JETZT LOS UND SUCH DIR'N JOB ...BITTE!
VERZEIH MIR WEGEN GESTERN ABEND, SOPHIE!
SCHON GUT, EDDIE! GEH JETZT, SCHATZ. SING HEUT MAL NICHT – BESORG DIR 'N JOB!

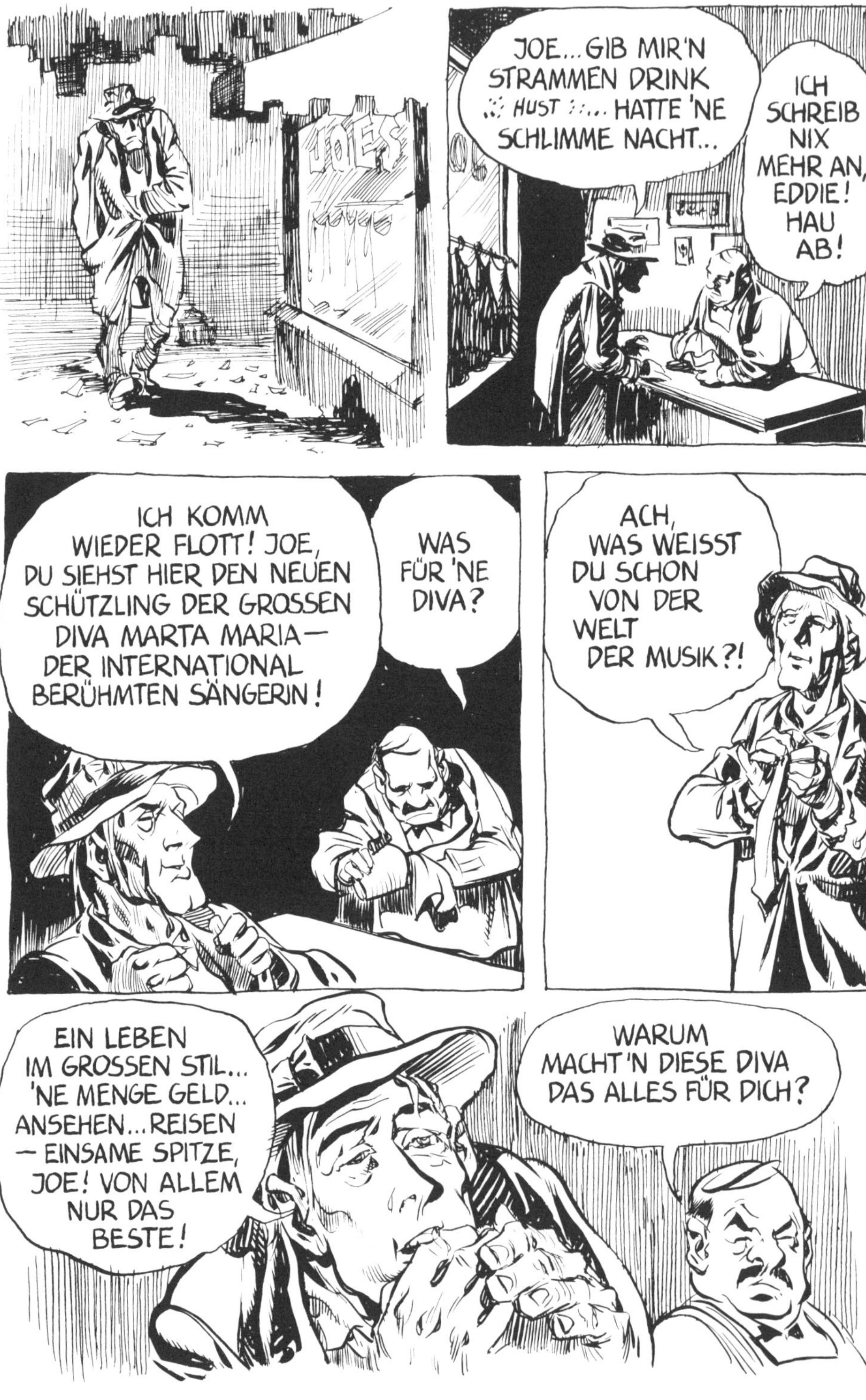
JOE... GIB MIR'N STRAMMEN DRINK ... HUST ... HATTE 'NE SCHLIMME NACHT...
ICH SCHREIB NIX MEHR AN, EDDIE! HAU AB!
ICH KOMM WIEDER FLOTT! JOE, DU SIEHST HIER DEN NEUEN SCHÜTZLING DER GROSSEN DIVA MARTA MARIA— DER INTERNATIONAL BERÜHMTEN SÄNGERIN!
WAS FÜR 'NE DIVA?
ACH, WAS WEISST DU SCHON VON DER WELT DER MUSIK?!
EIN LEBEN IM GROSSEN STIL... 'NE MENGE GELD... ANSEHEN... REISEN — EINSAME SPITZE, JOE! VON ALLEM NUR DAS BESTE!
WARUM MACHT'N DIESE DIVA DAS ALLES FÜR DICH?

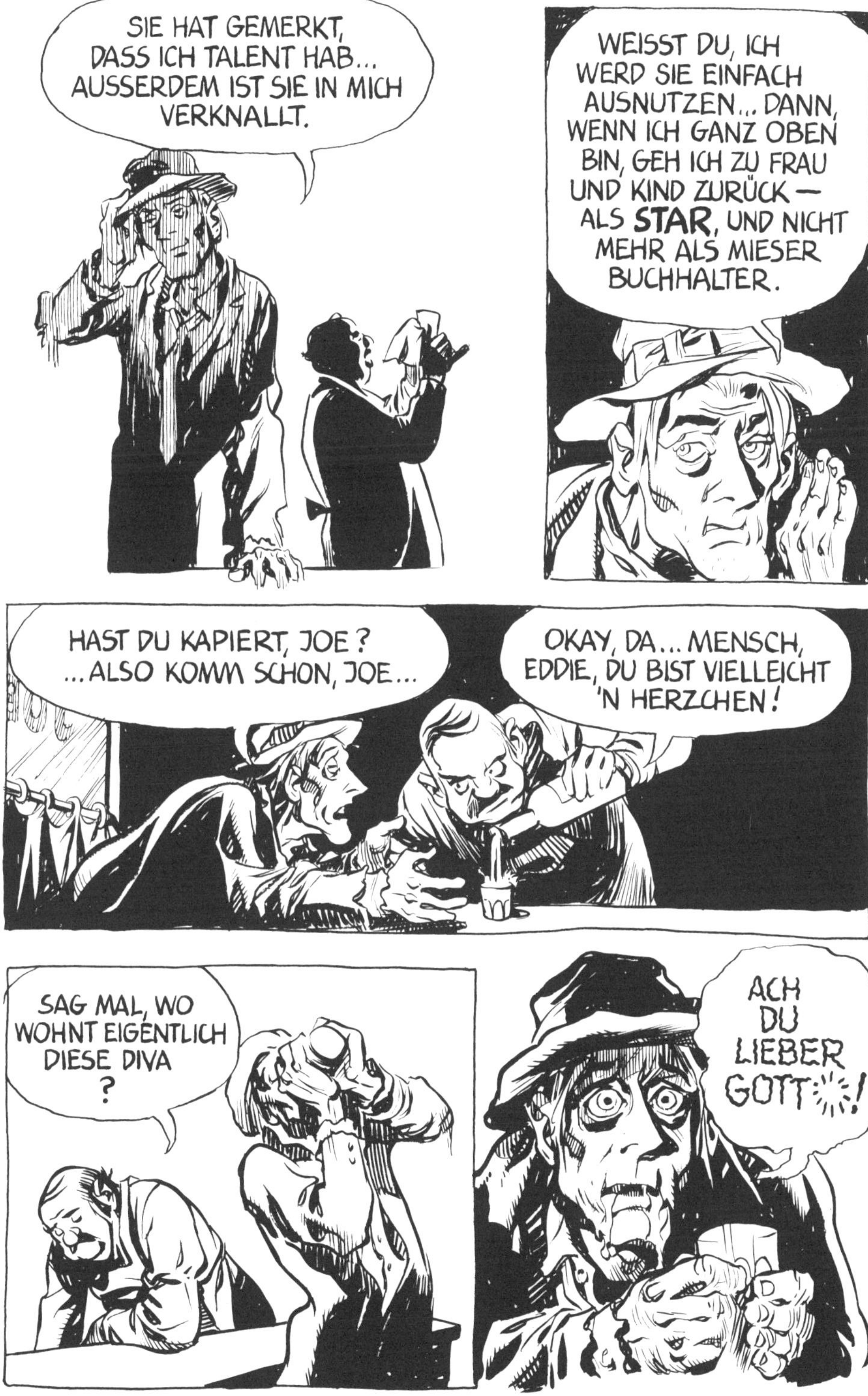
SIE HAT GEMERKT, DASS ICH TALENT HAB... AUSSERDEM IST SIE IN MICH VERKNALLT.
WEISST DU, ICH WERD SIE EINFACH AUSNUTZEN... DANN, WENN ICH GANZ OBEN BIN, GEH ICH ZU FRAU UND KIND ZURÜCK — ALS STAR, UND NICHT MEHR ALS MIESER BUCHHALTER.
HAST DU KAPIERT, JOE? ...ALSO KOMM SCHON, JOE...
OKAY, DA... MENSCH, EDDIE, DU BIST VIELLEICHT 'N HERZCHEN!
SAG MAL, WO WOHNT EIGENTLICH DIESE DIVA ?
ACH DU LIEBER GOTT!

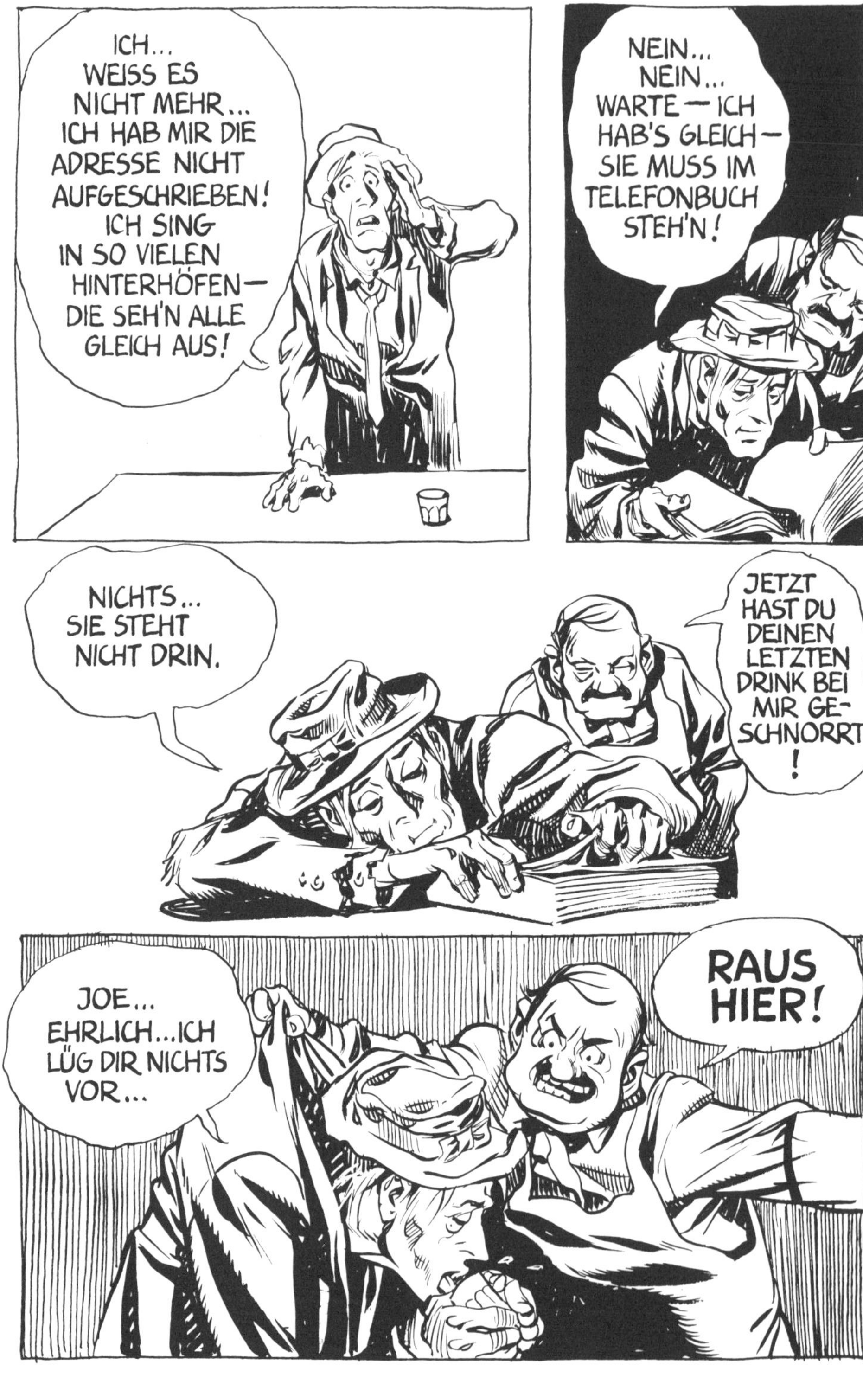
ICH... WEISS ES NICHT MEHR... ICH HAB MIR DIE ADRESSE NICHT AUFGESCHRIEBEN! ICH SING IN SO VIELEN HINTERHÖFEN— DIE SEH'N ALLE GLEICH AUS!
NEIN... NEIN... WARTE — ICH HAB'S GLEICH— SIE MUSS IM TELEFONBUCH STEH'N!
NICHTS... SIE STEHT NICHT DRIN.
JETZT HAST DU DEINEN LETZTEN DRINK BEI MIR GE-SCHNORRT!
JOE... EHRLICH...ICH LÜG DIR NICHTS VOR...
RAUS HIER!

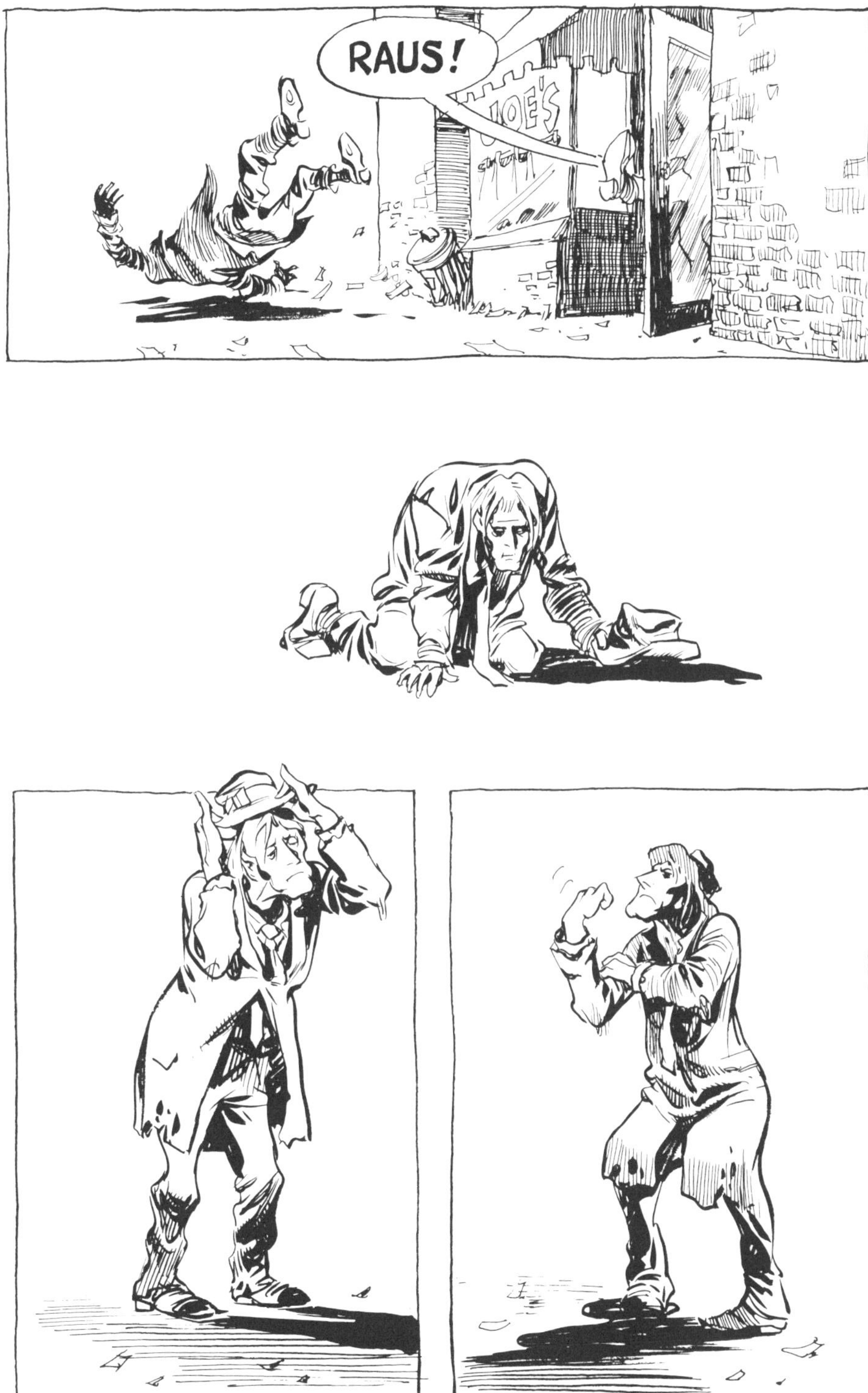
RAUS!
JOE'S

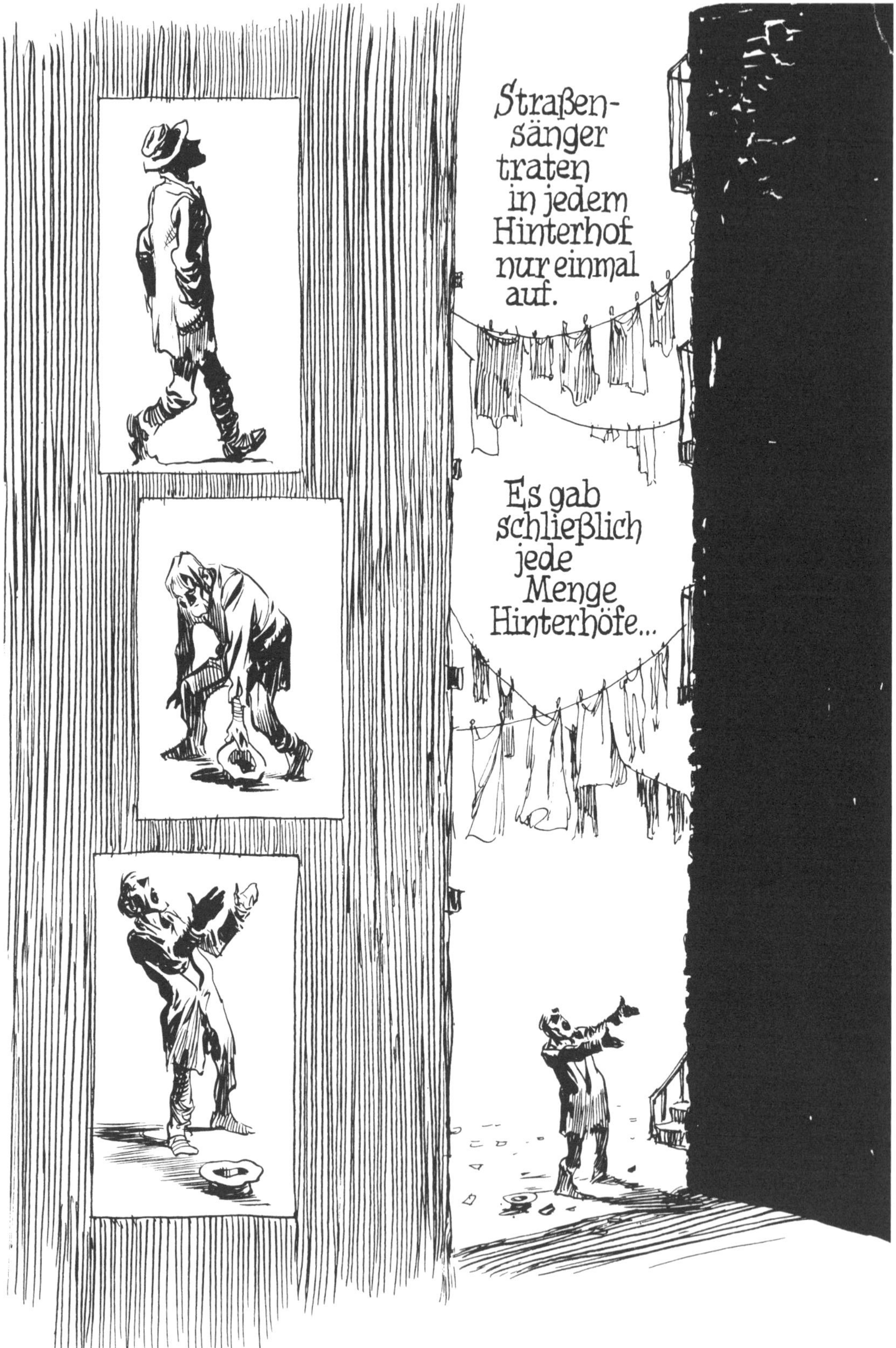
Straßensänger traten in jedem Hinterhof nur einmal auf.
Es gab schließlich jede Menge Hinterhöfe...

3

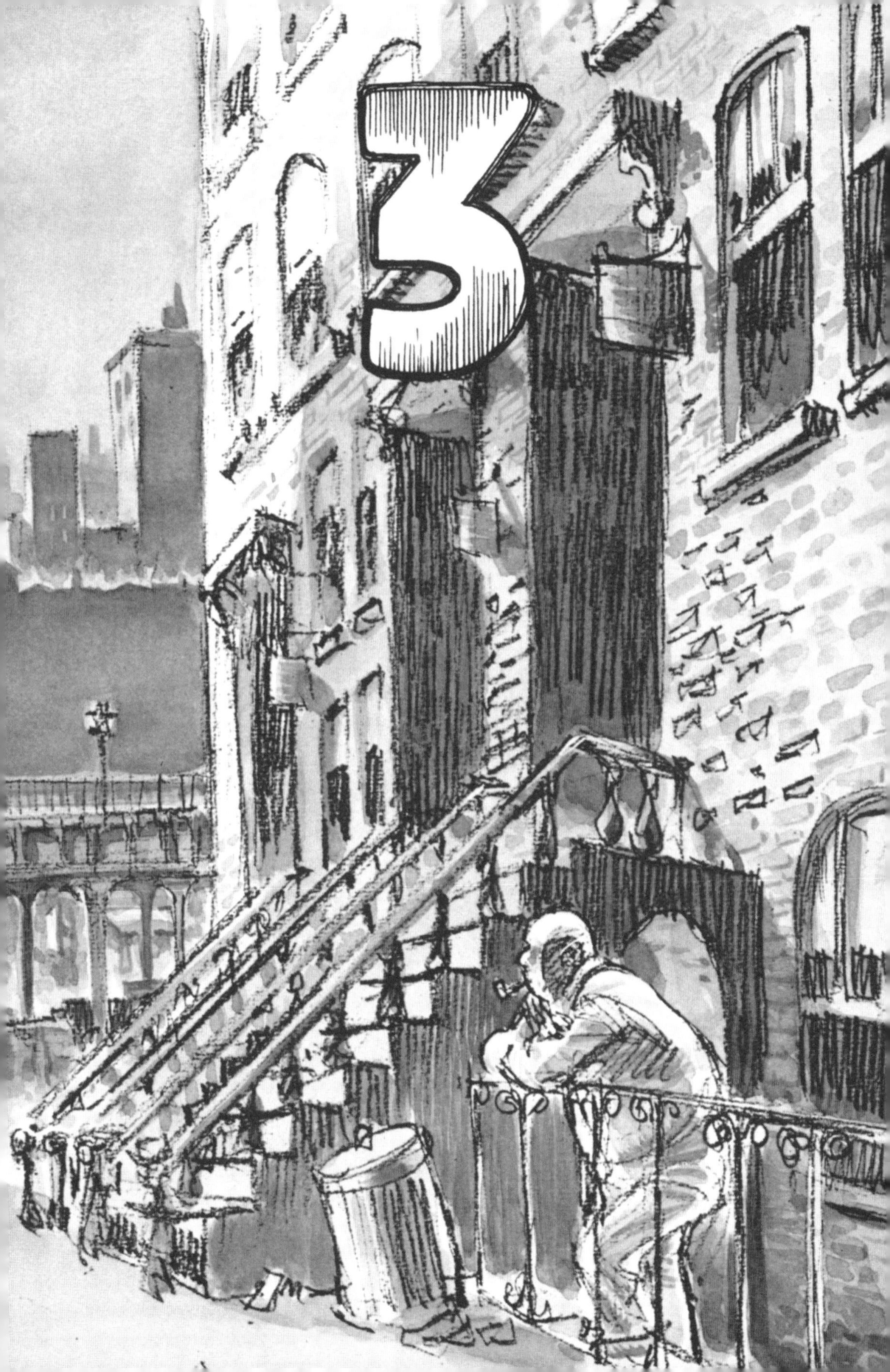

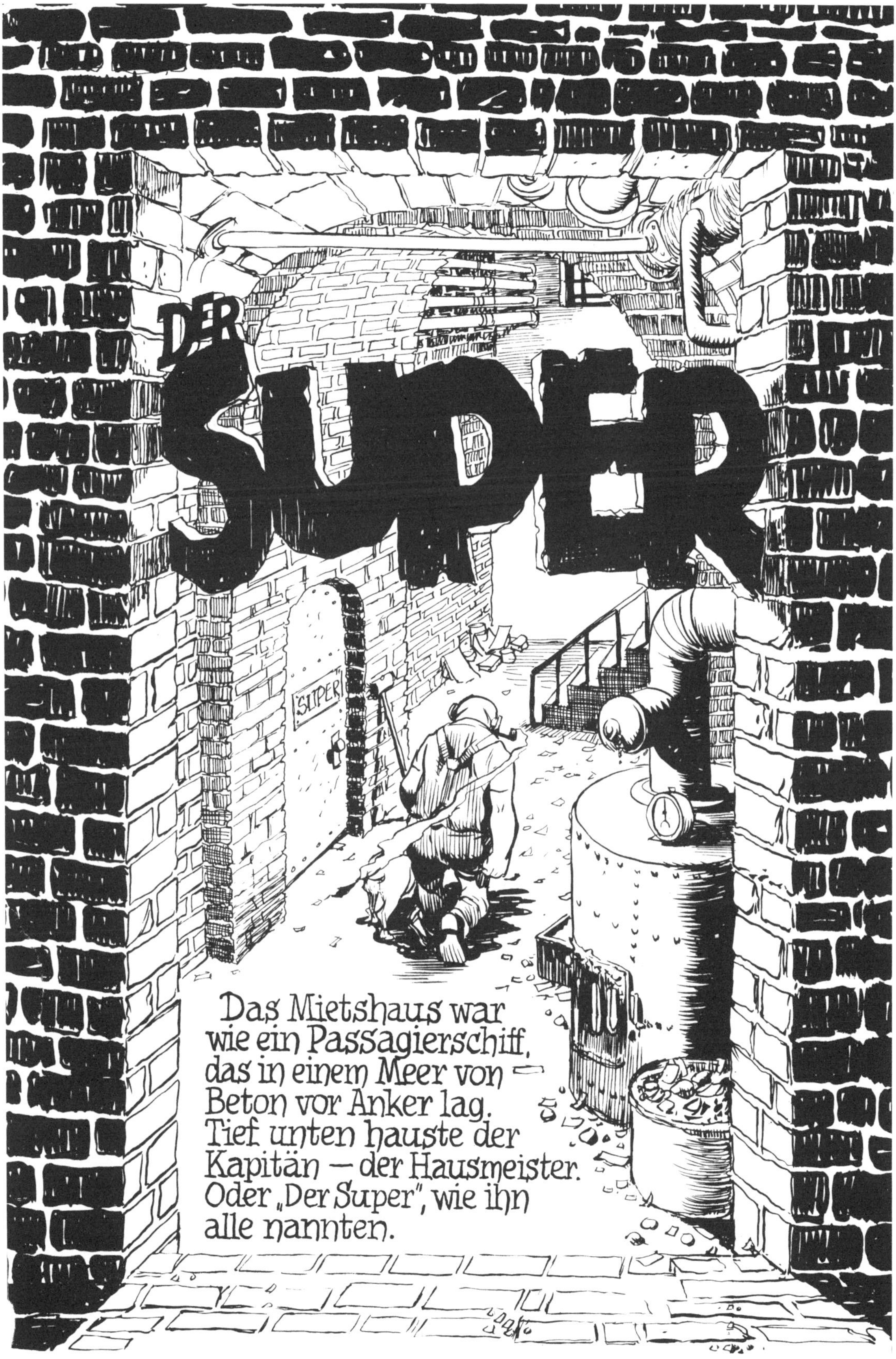
DER SUPER
SUPER
Das Mietshaus war wie ein Passagierschiff, das in einem Meer von Beton vor Anker lag. Tief unten hauste der Kapitän – der Hausmeister. Oder „Der Super", wie ihn alle nannten.

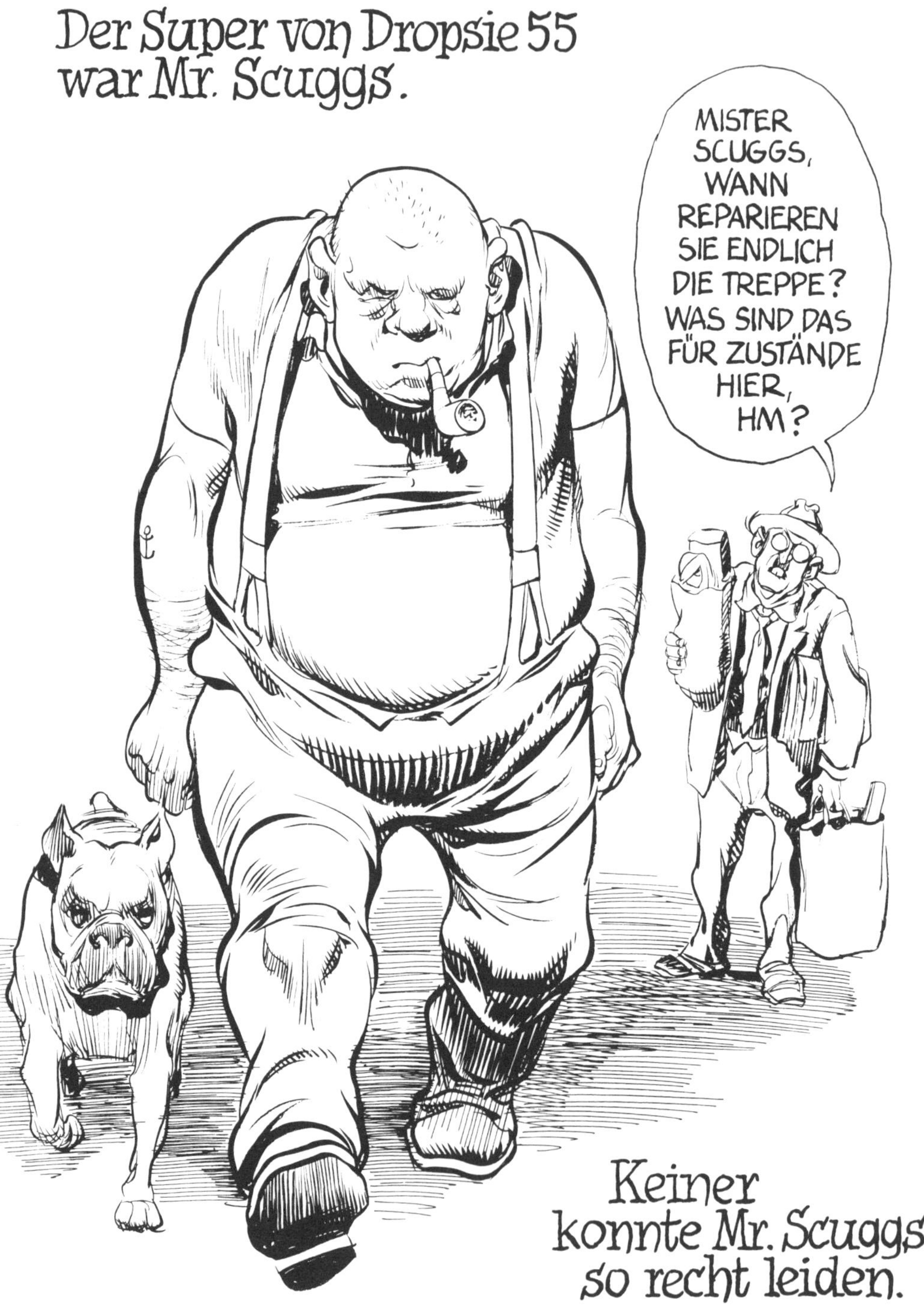
Der Super von Dropsie 55 war Mr. Scuggs.
MISTER SCUGGS, WANN REPARIEREN SIE ENDLICH DIE TREPPE? WAS SIND DAS FÜR ZUSTÄNDE HIER, HM?
Keiner konnte Mr. Scuggs so recht leiden.

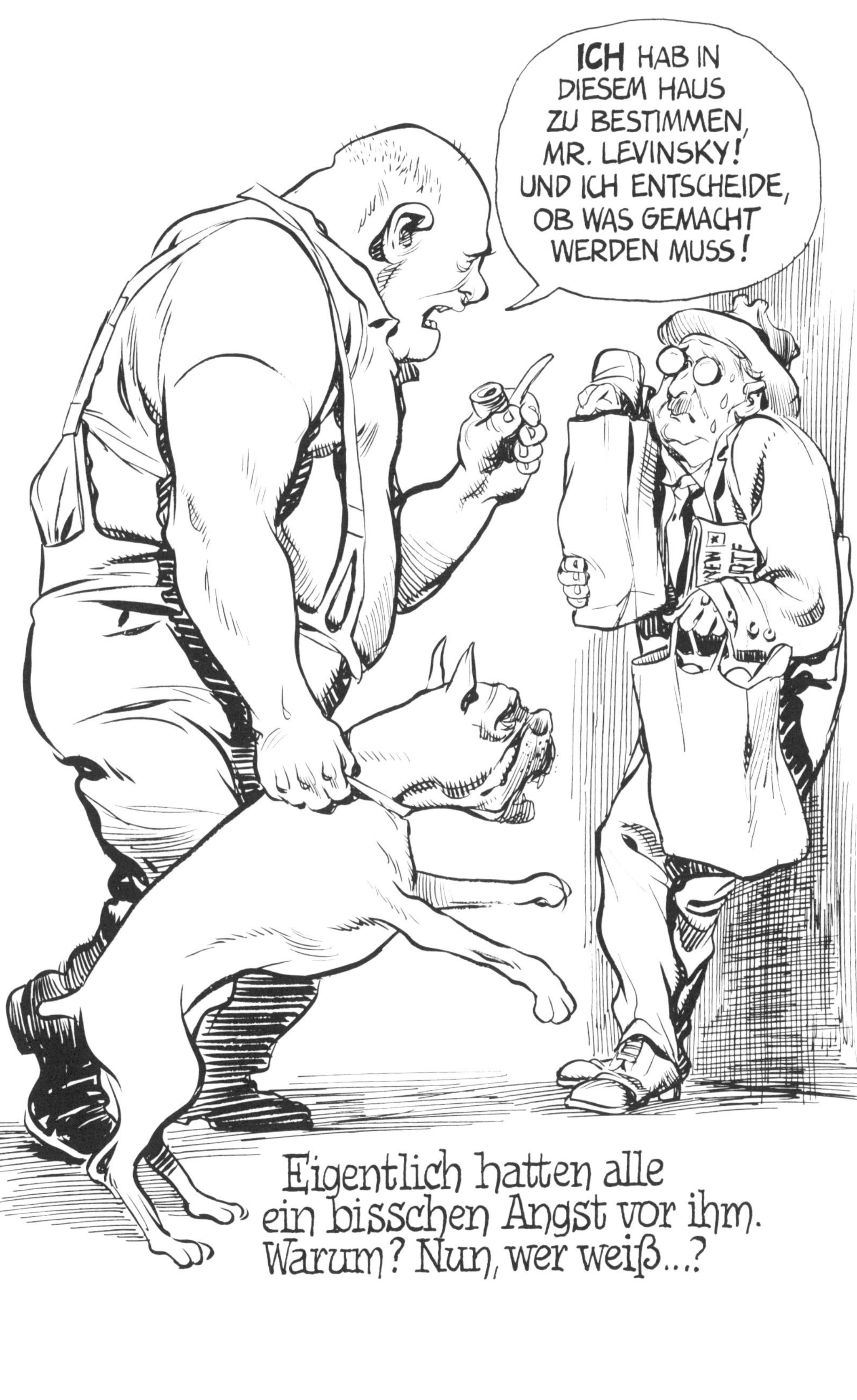
ICH HAB IN DIESEM HAUS ZU BESTIMMEN, MR. LEVINSKY! UND ICH ENTSCHEIDE, OB WAS GEMACHT WERDEN MUSS!
Eigentlich hatten alle ein bisschen Angst vor ihm. Warum? Nun, wer weiß…?

Vielleicht wurde ihre Furcht genährt von allerhand Gemeinheiten, die sie ihm zutrauten.

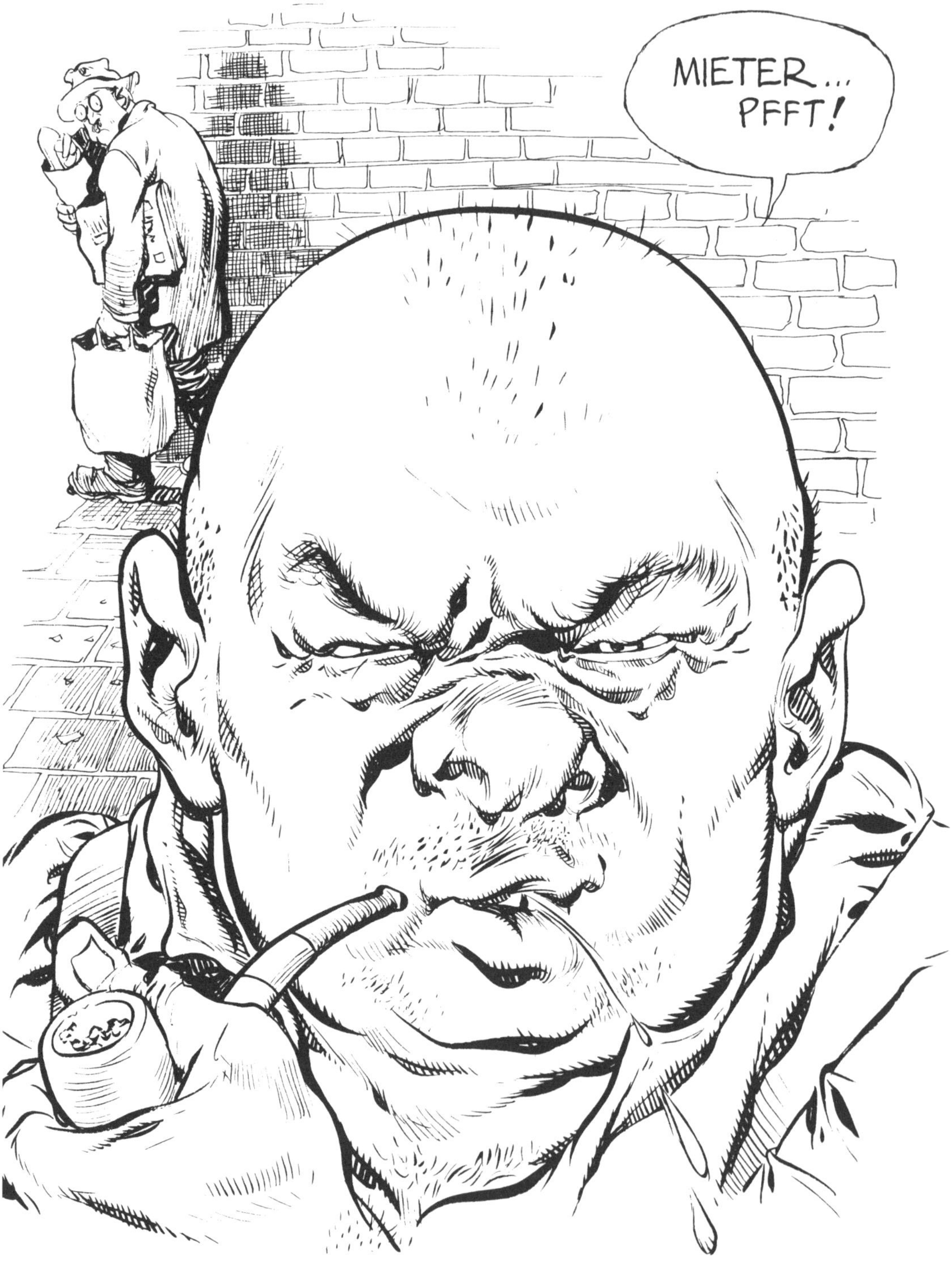

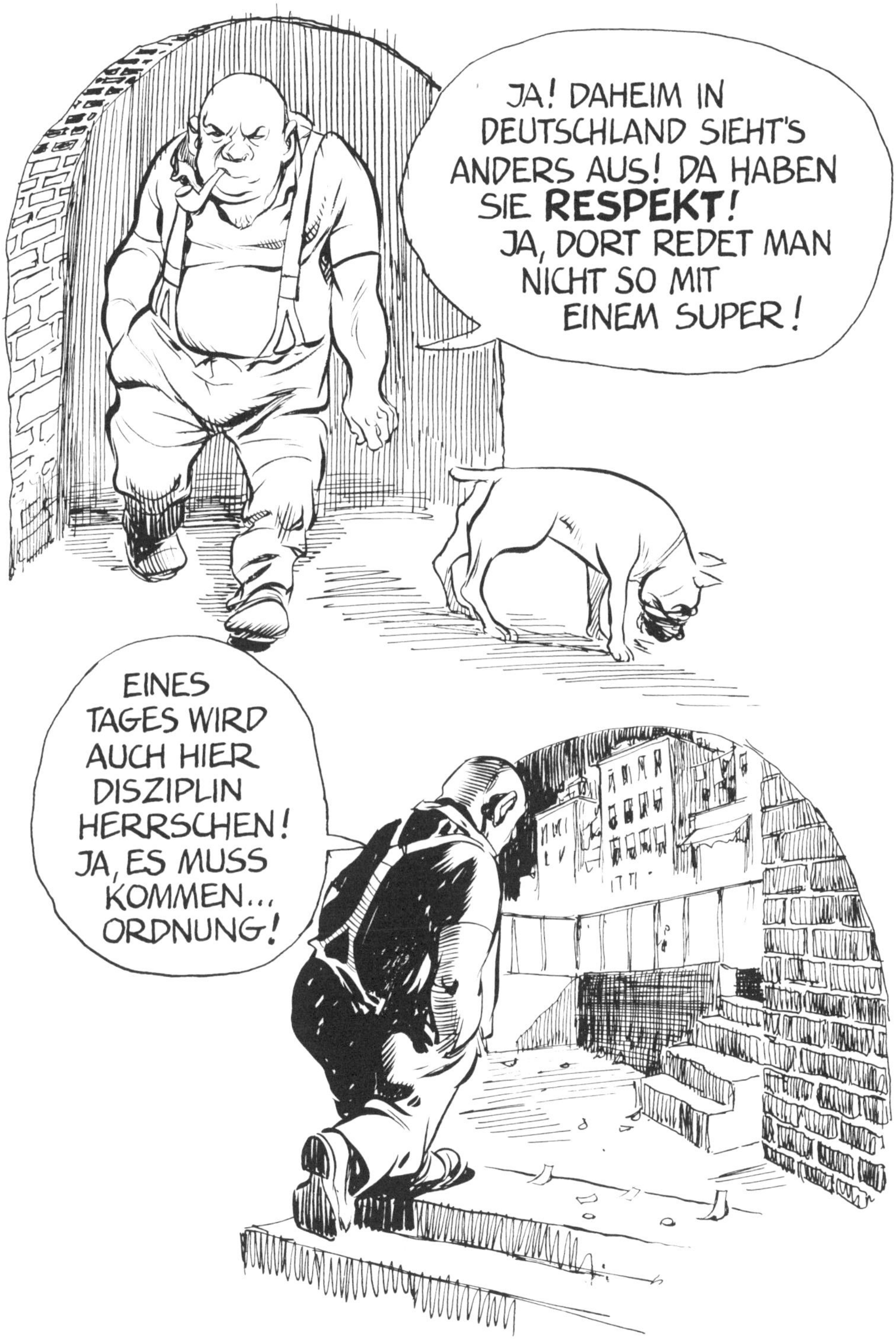
JA! DAHEIM IN DEUTSCHLAND SIEHT'S ANDERS AUS! DA HABEN SIE **RESPEKT**! JA, DORT REDET MAN NICHT SO MIT EINEM SUPER!
EINES TAGES WIRD AUCH HIER DISZIPLIN HERRSCHEN! JA, ES MUSS KOMMEN... ORDNUNG!

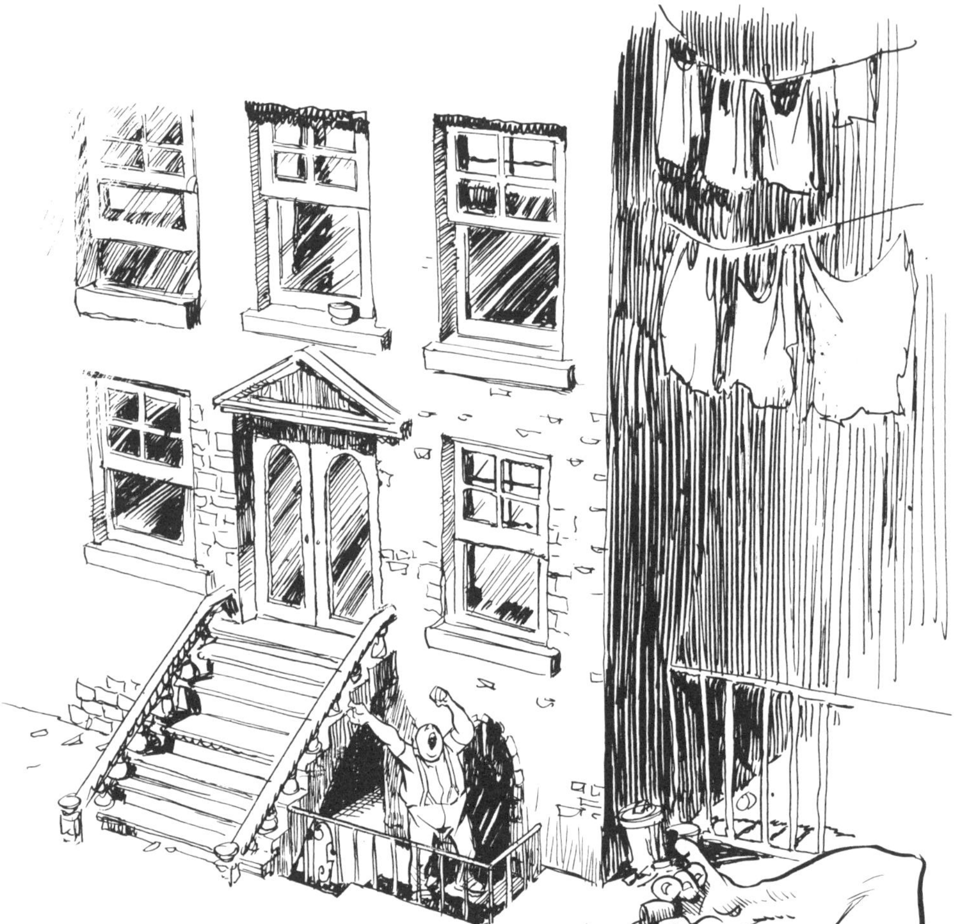

Schließlich war er ja auch der Mann des Hausbesitzers – des Feindes.

Er befasste sich mit bitteren Beschwerden, ärgerte sich über das Gezeter und Gemauschel hinter seinem Rücken, und ansonsten blieb ihm nur eins: auf Distanz zu gehen, um seine Würde zu wahren und seine Autorität zu stärken.

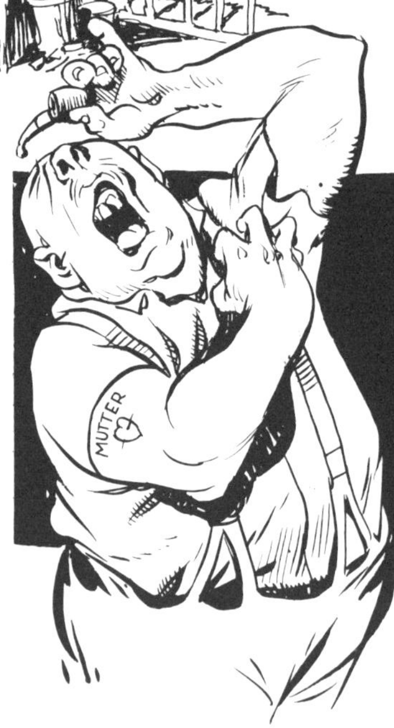

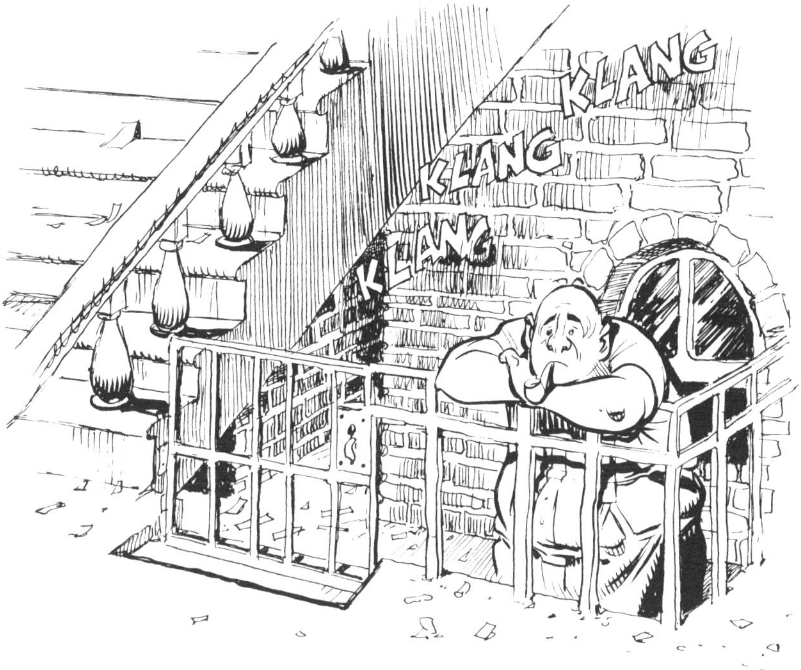

Sein Job war
nicht einfach.

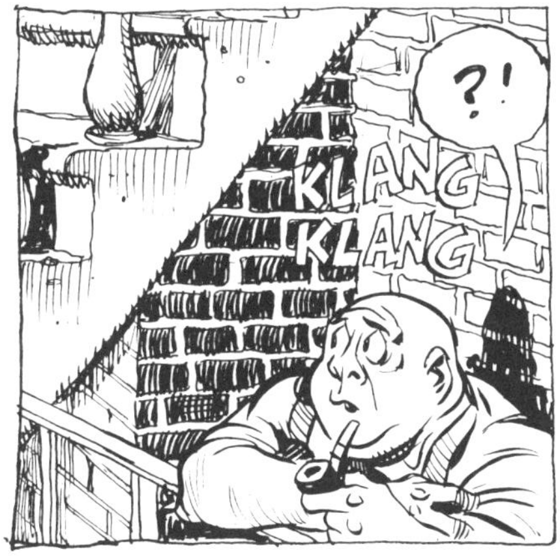

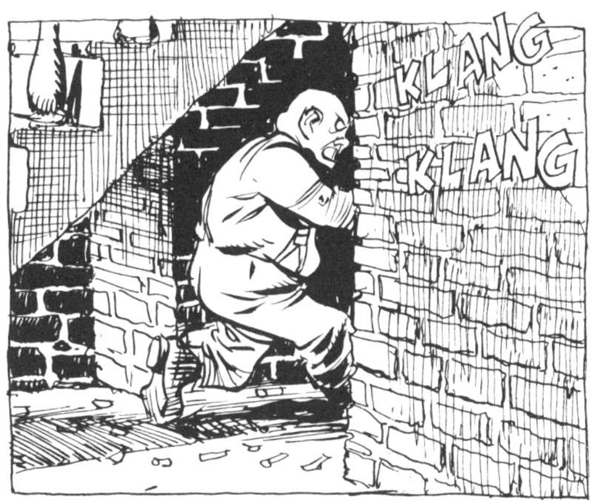

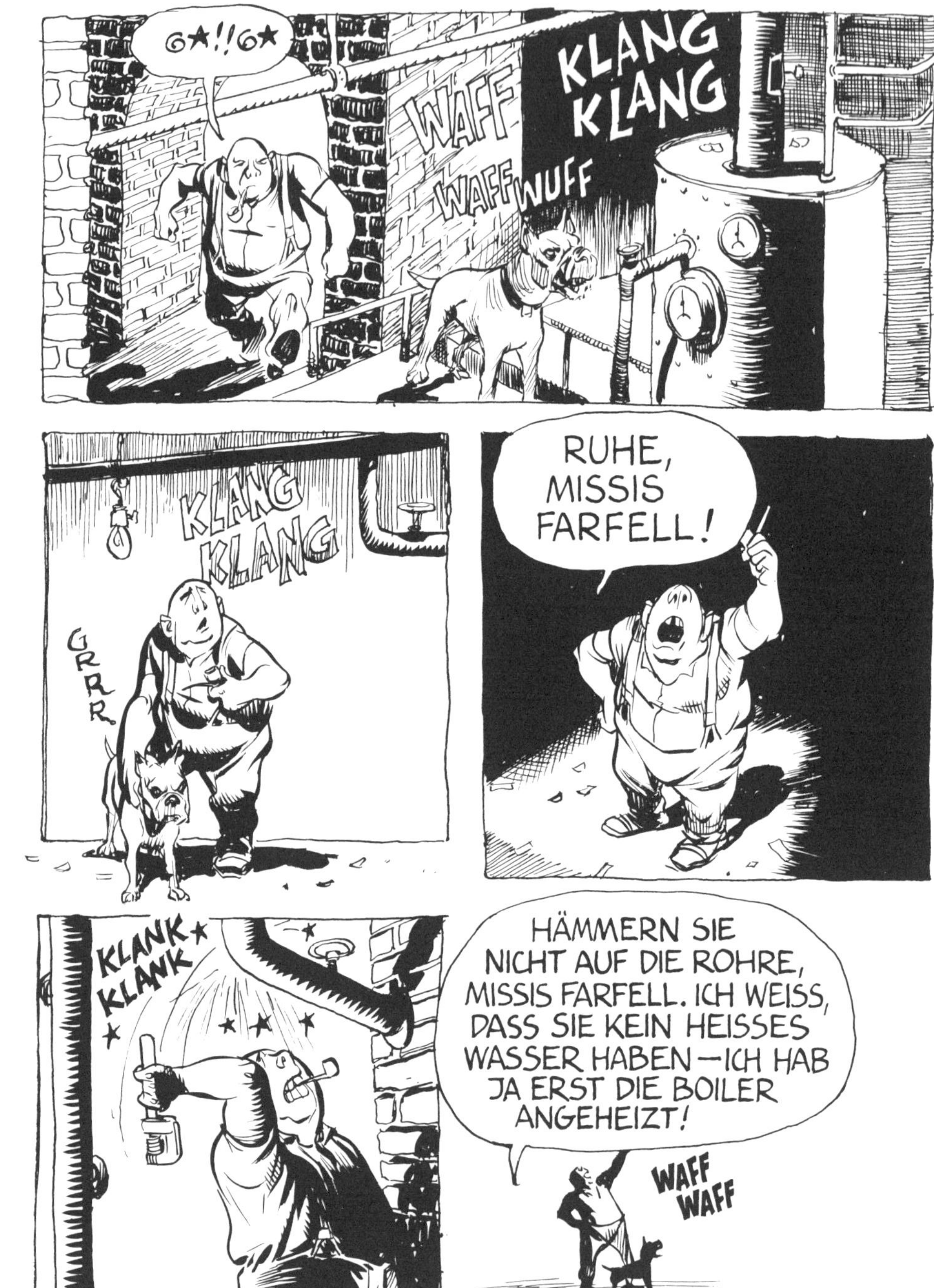
G★!!G★
KLANG
KLANG
WAFF
WAFF WUFF
KLANG
KLANG
GRRR
RUHE, MISSIS FARFELL!
KLANK★
KLANK
HÄMMERN SIE NICHT AUF DIE ROHRE, MISSIS FARFELL. ICH WEISS, DASS SIE KEIN HEISSES WASSER HABEN – ICH HAB JA ERST DIE BOILER ANGEHEIZT!
WAFF
WAFF

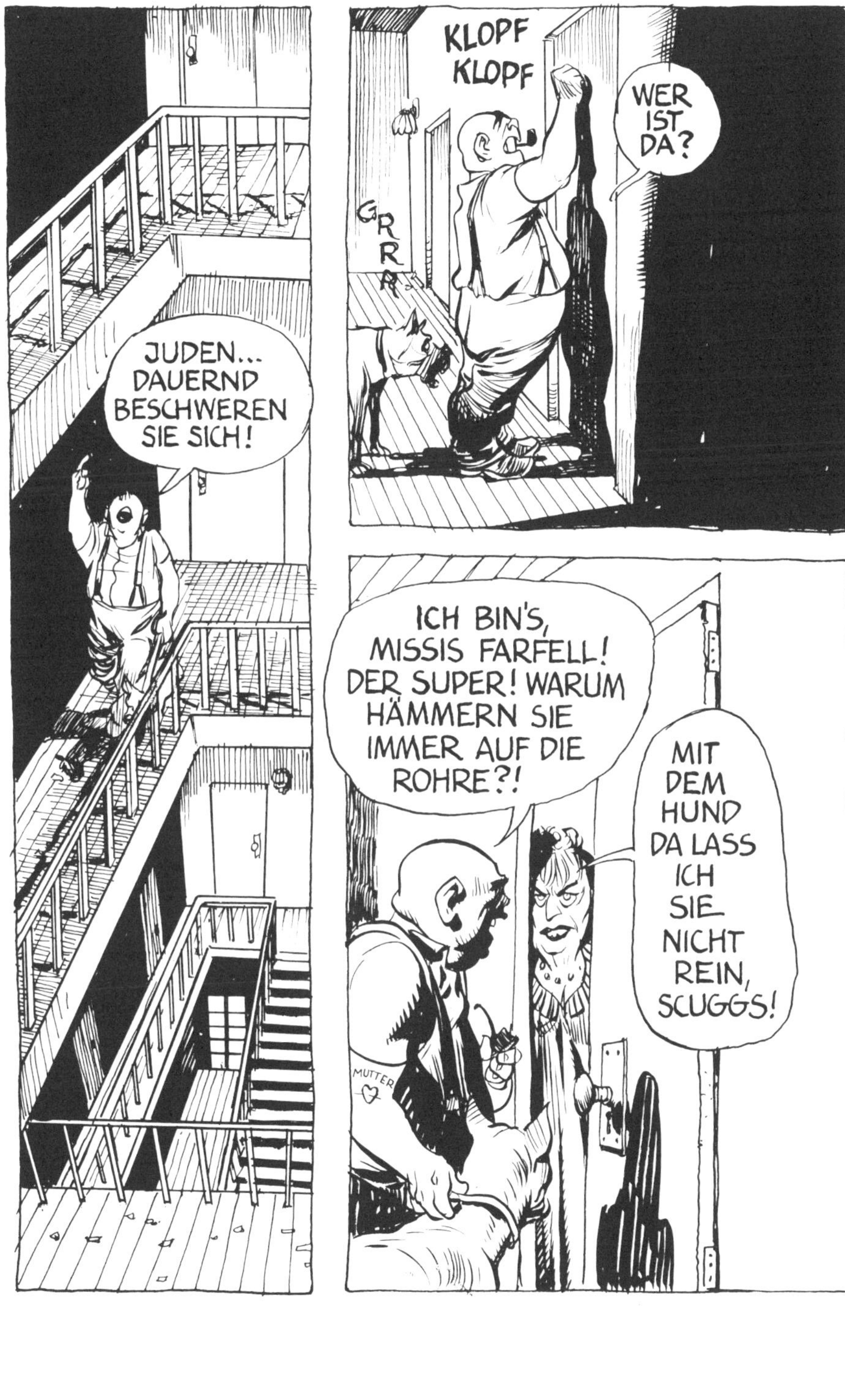
JUDEN... DAUERND BESCHWEREN SIE SICH!
KLOPF KLOPF
GRRR
WER IST DA?
ICH BIN'S, MISSIS FARFELL! DER SUPER! WARUM HÄMMERN SIE IMMER AUF DIE ROHRE?!
MIT DEM HUND DA LASS ICH SIE NICHT REIN, SCUGGS!
MUTTER

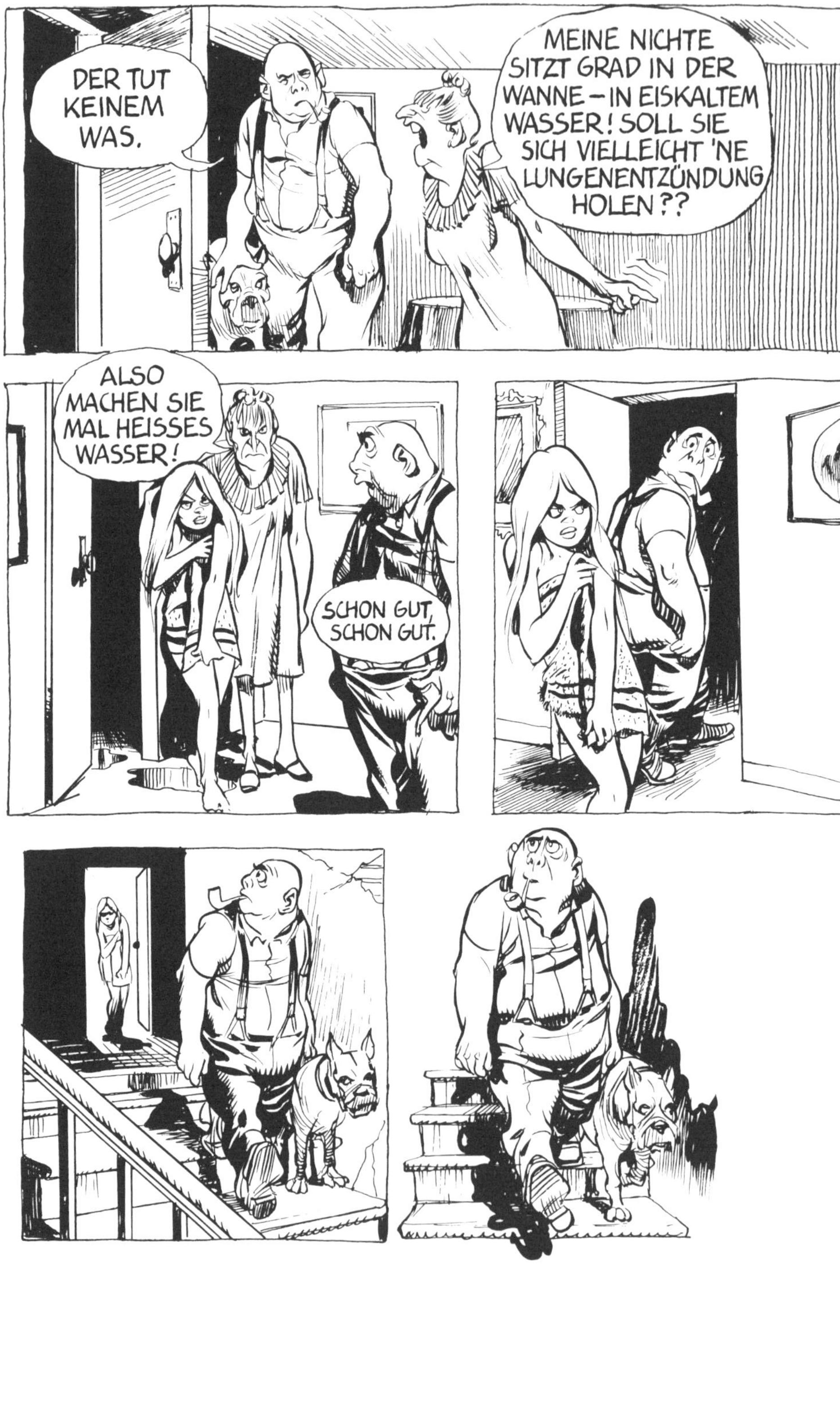
DER TUT KEINEM WAS.
MEINE NICHTE SITZT GRAD IN DER WANNE – IN EISKALTEM WASSER! SOLL SIE SICH VIELLEICHT 'NE LUNGENENTZÜNDUNG HOLEN??
ALSO MACHEN SIE MAL HEISSES WASSER!
SCHON GUT, SCHON GUT.

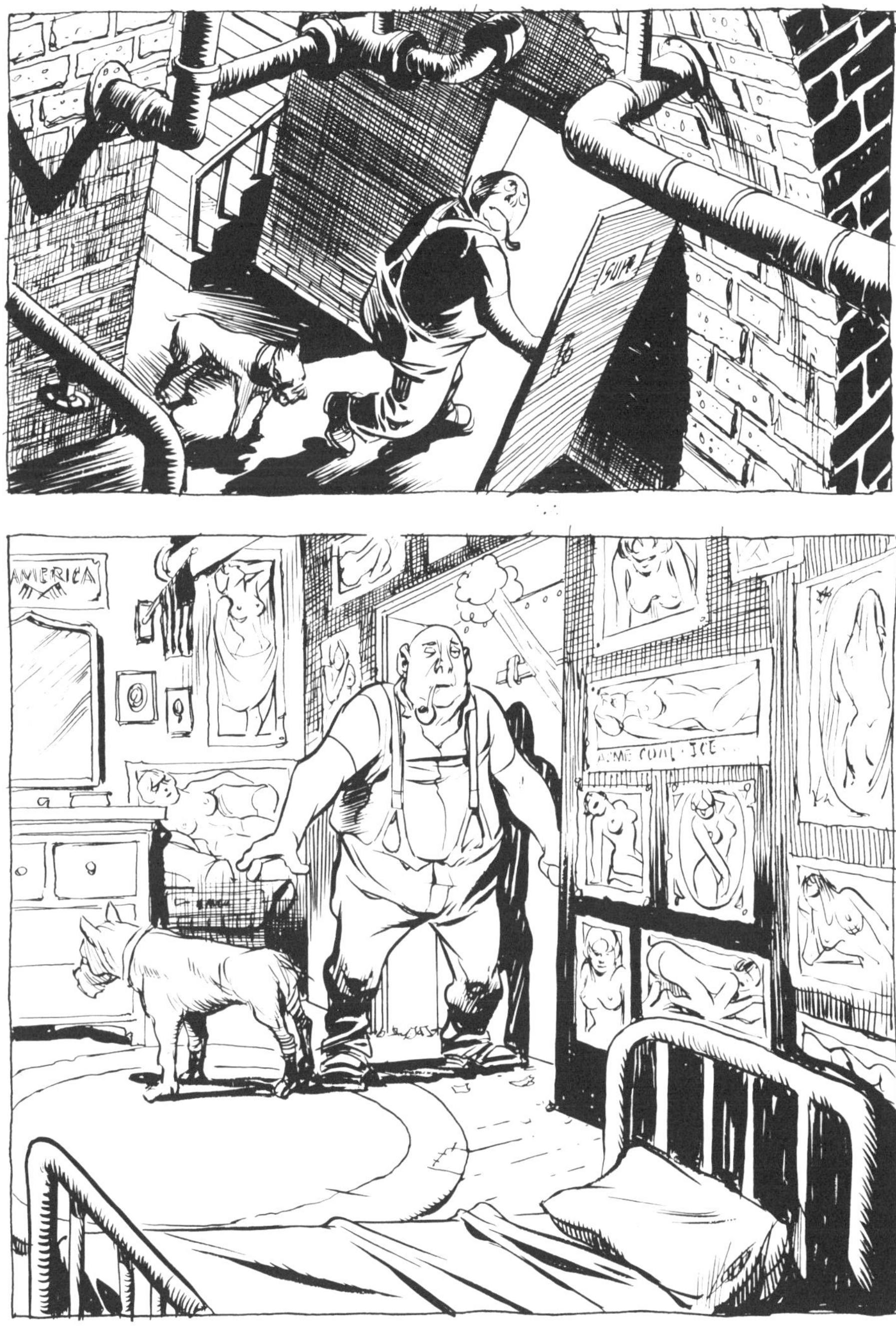
SUPR
AMERICA
ACME COAL · ICE

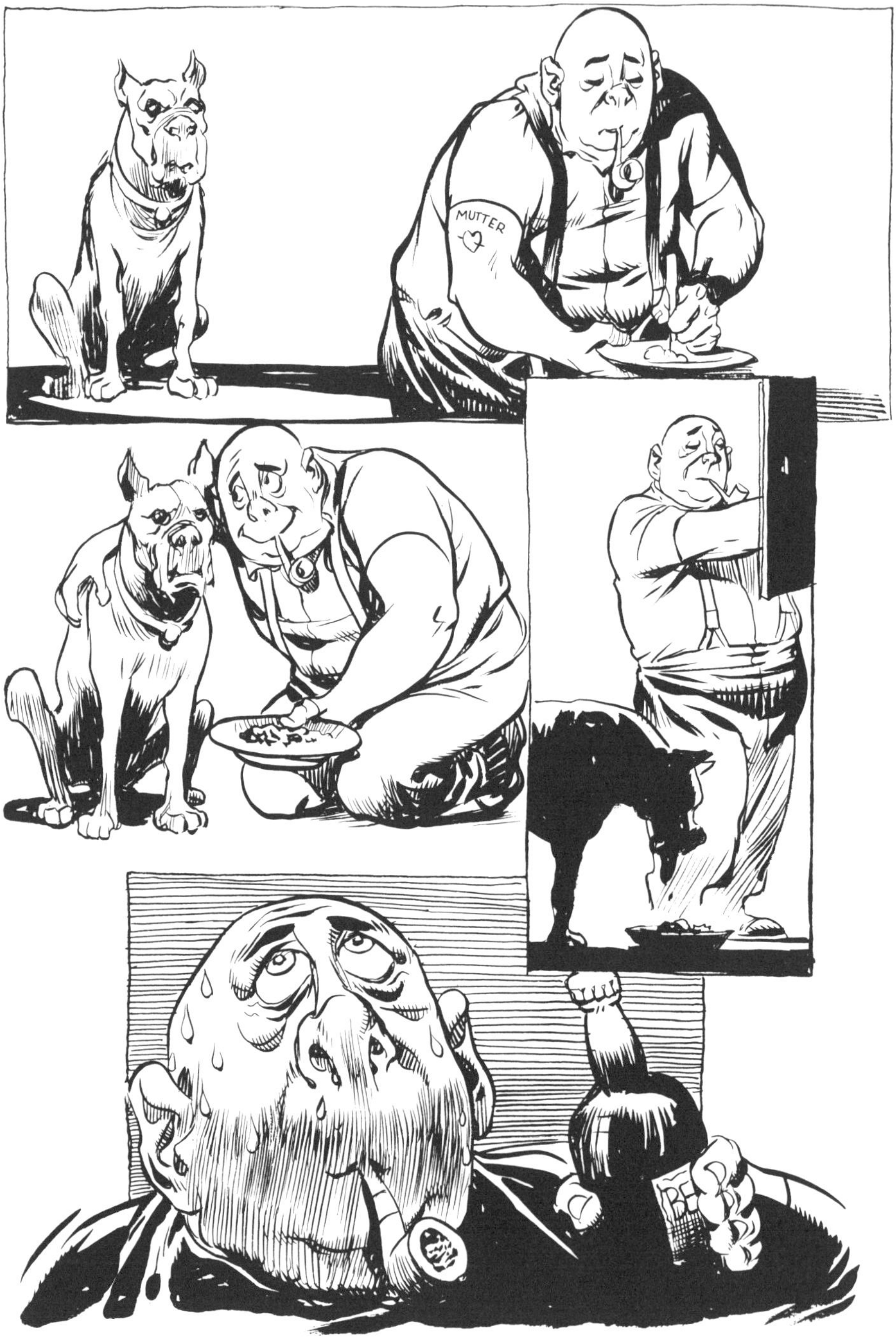
MUTTER

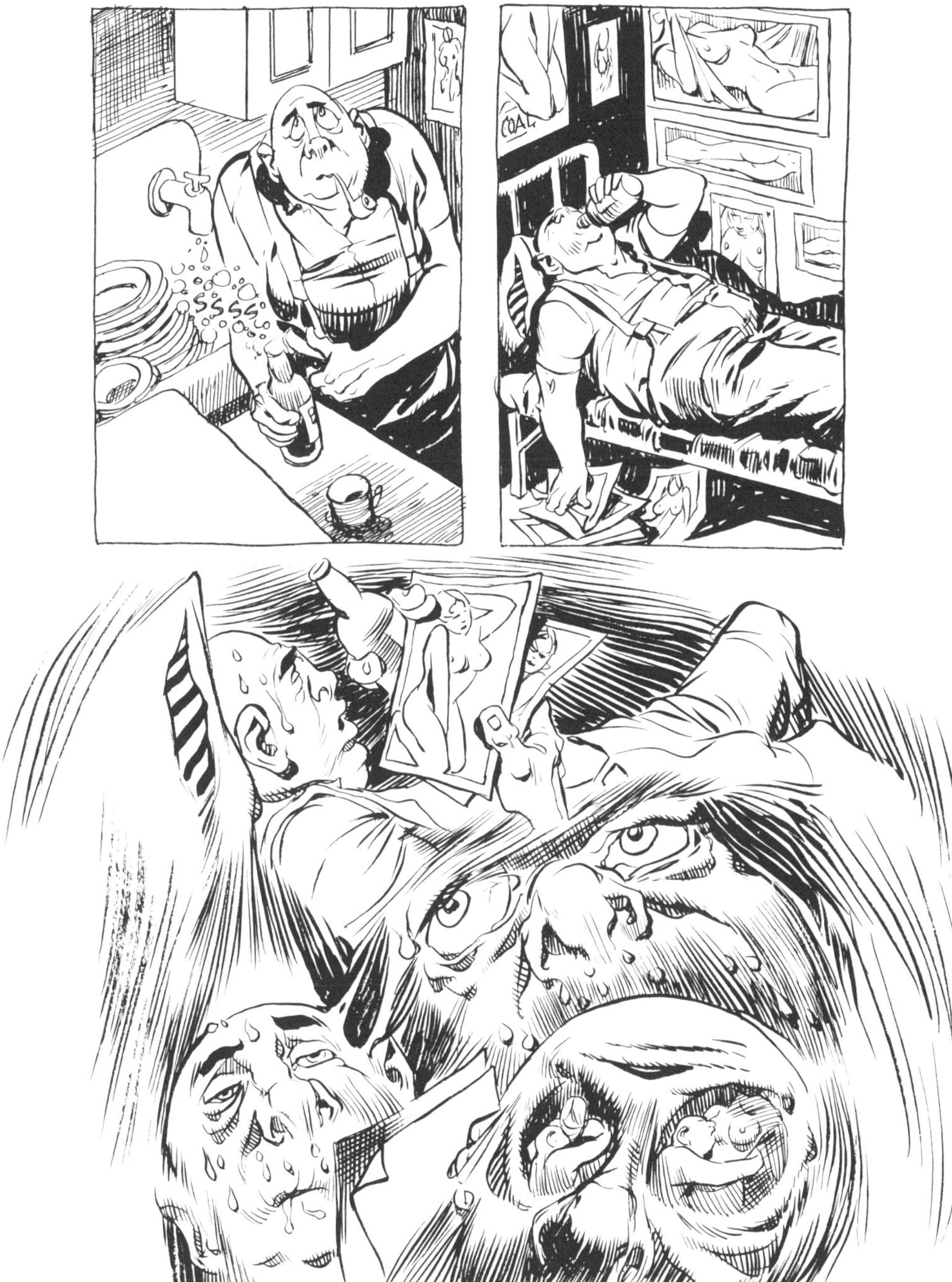
SSSS
COAL

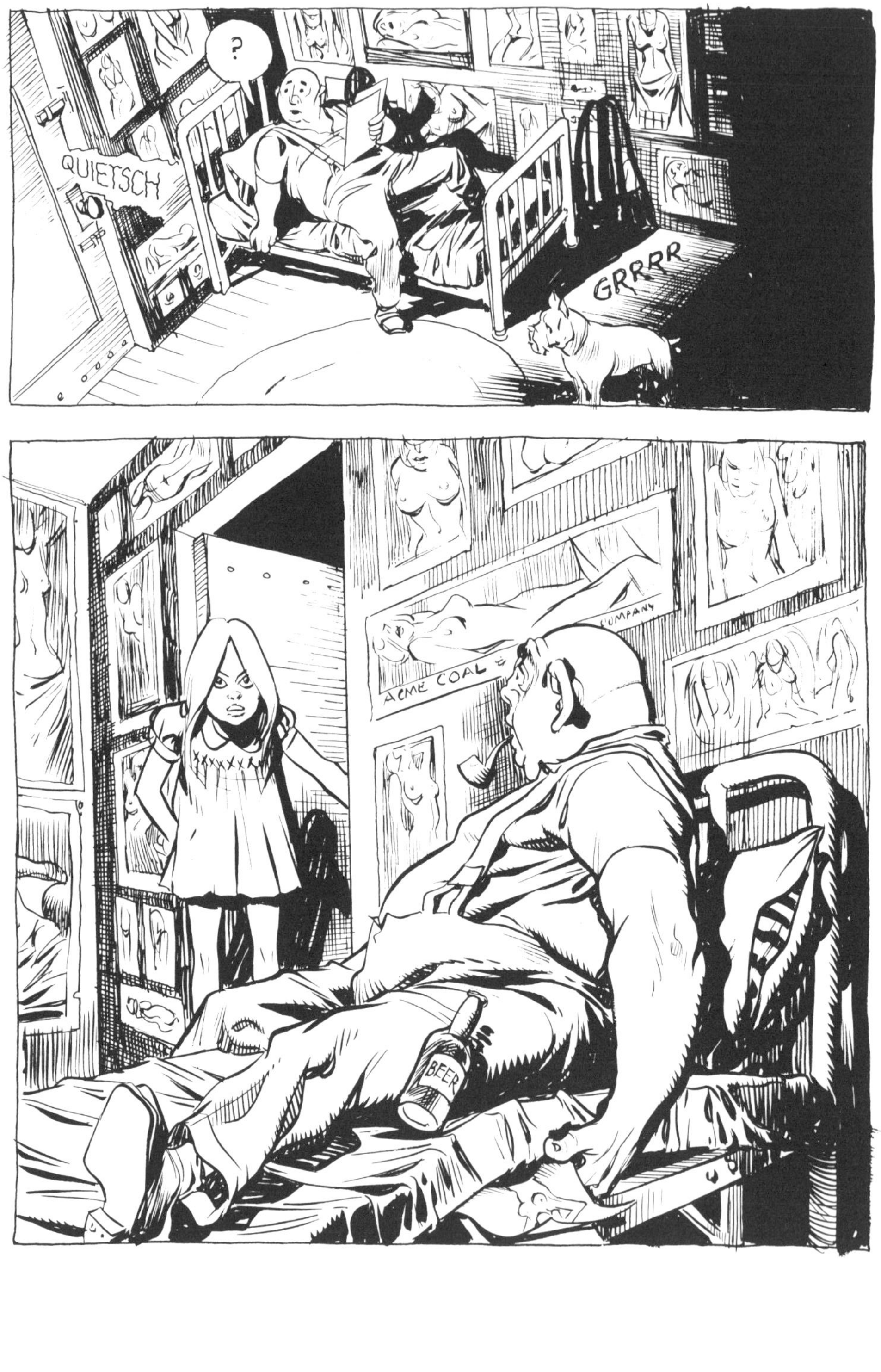
?
QUIETSCH
GRRRR
ACME COAL COMPANY
BEER

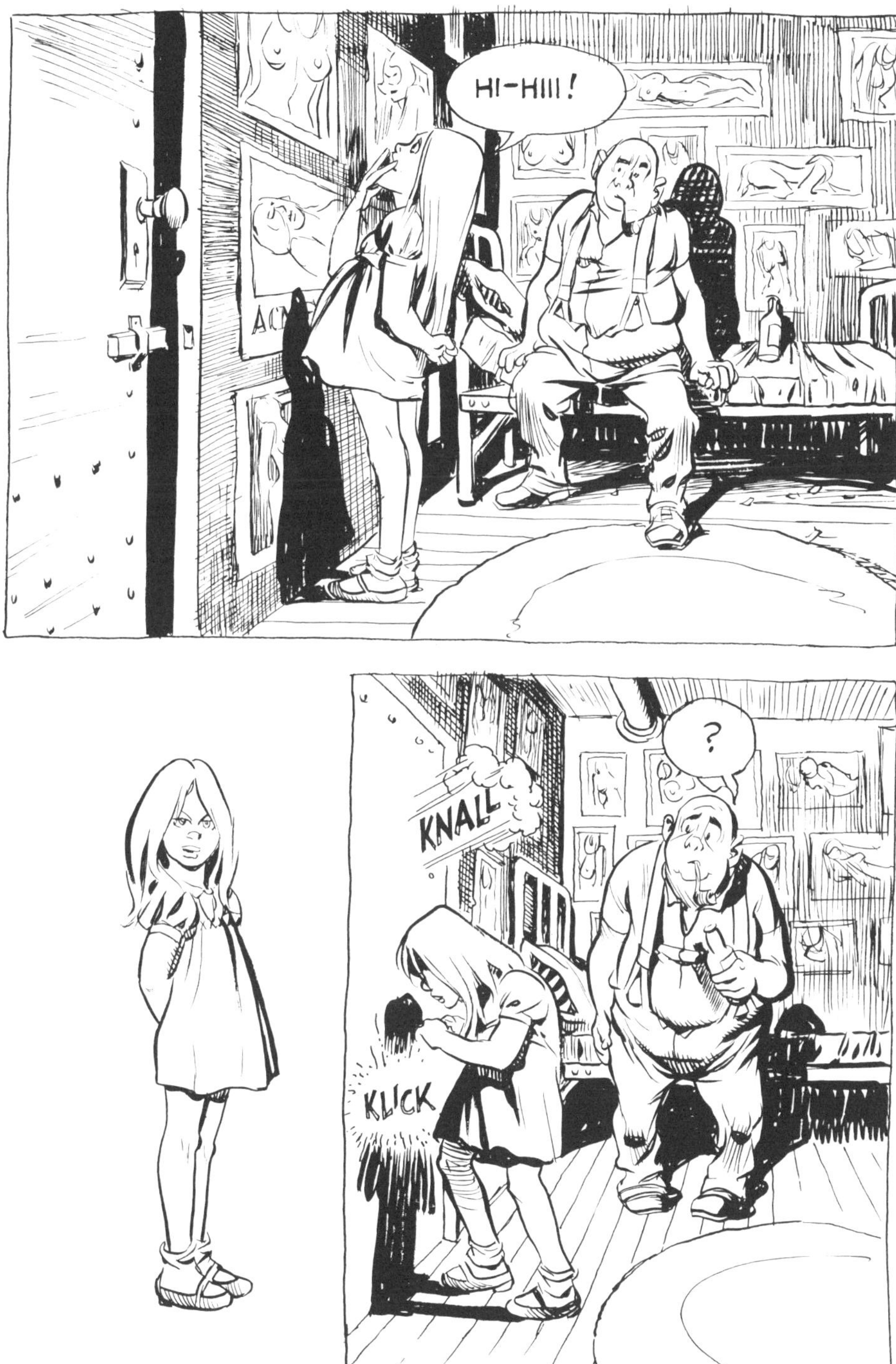
HI-HIII!
?
KNALL
KLICK

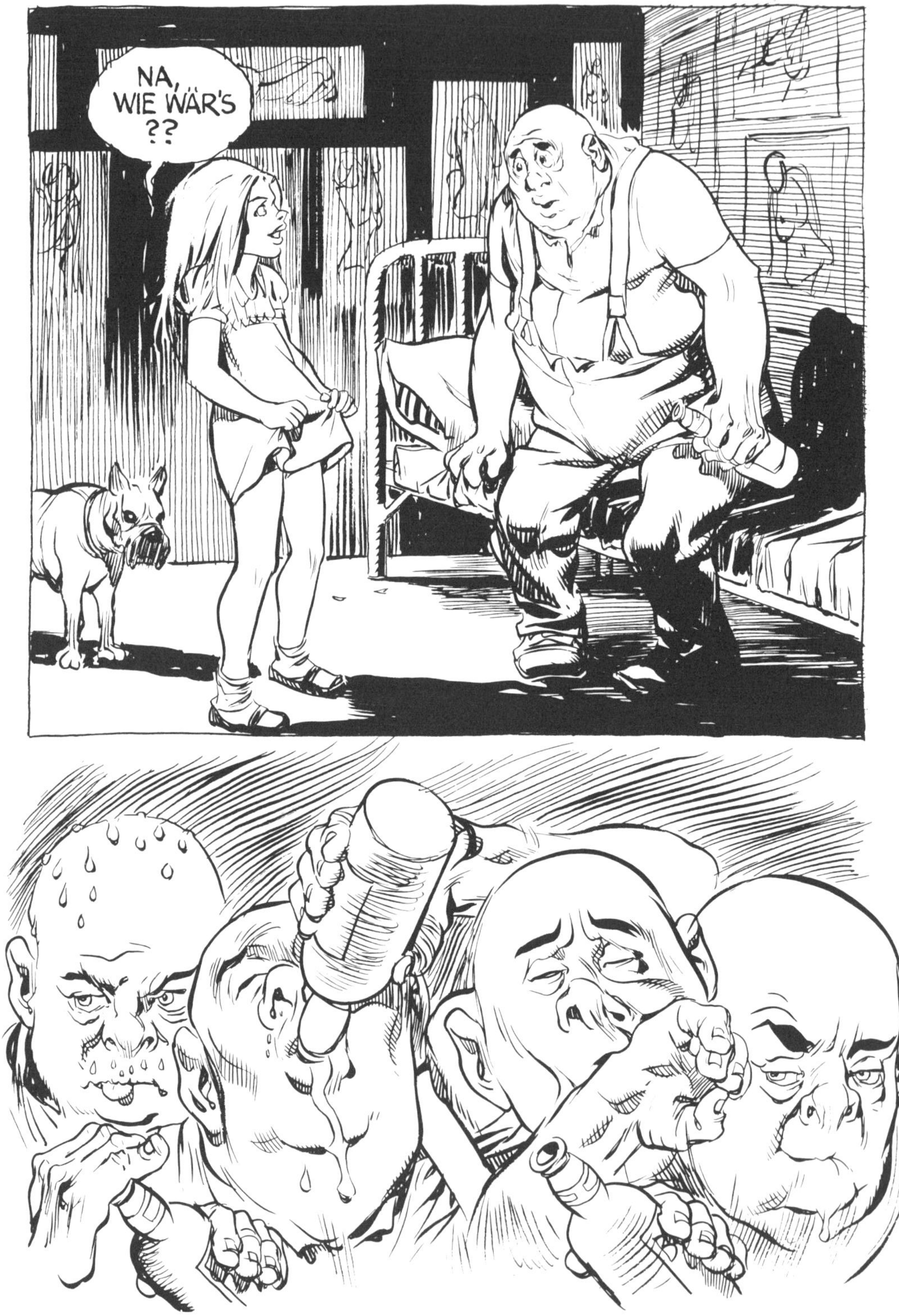
NA, WIE WÄR'S ??

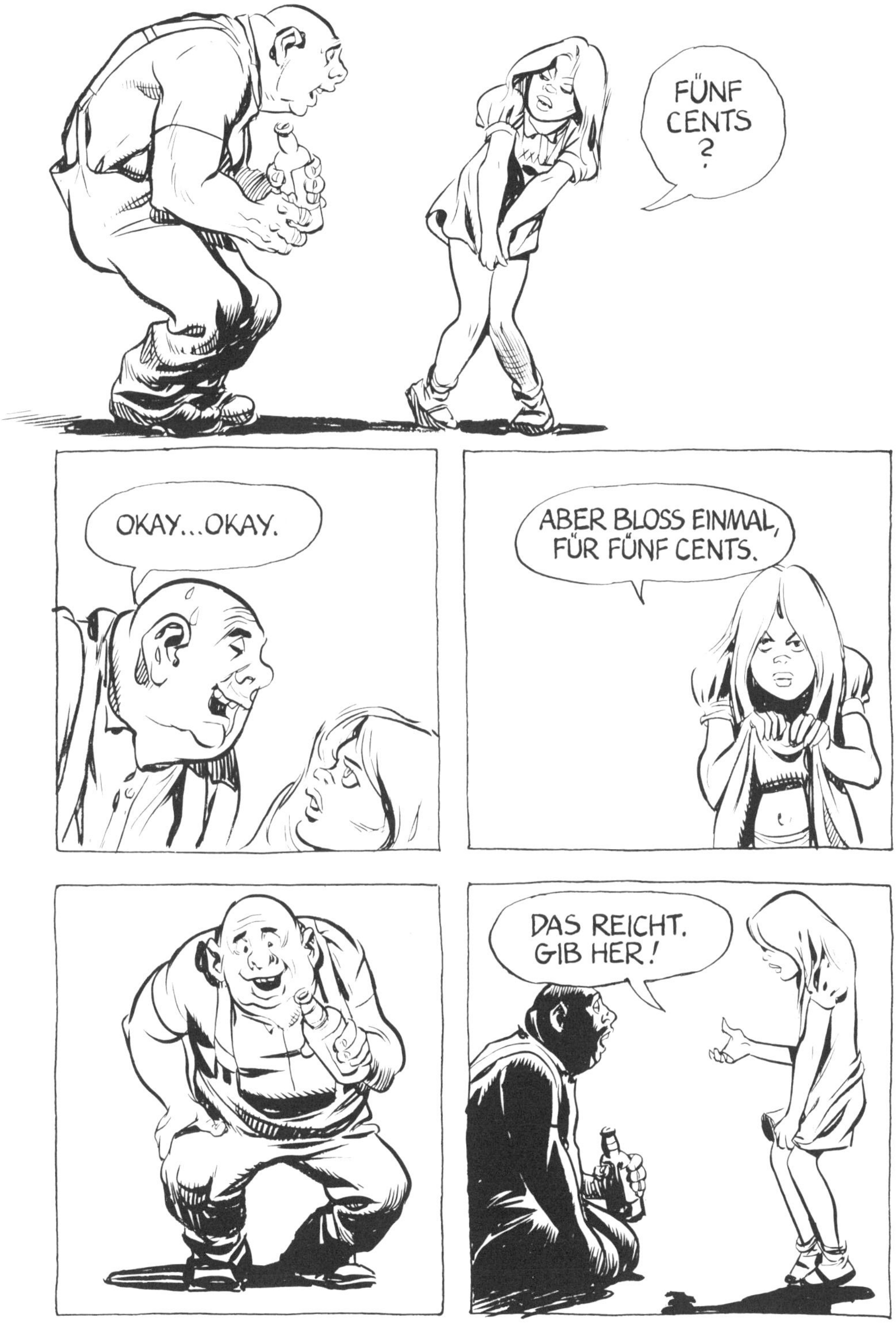
FÜNF CENTS ?
OKAY...OKAY.
ABER BLOSS EINMAL, FÜR FÜNF CENTS.
DAS REICHT. GIB HER!

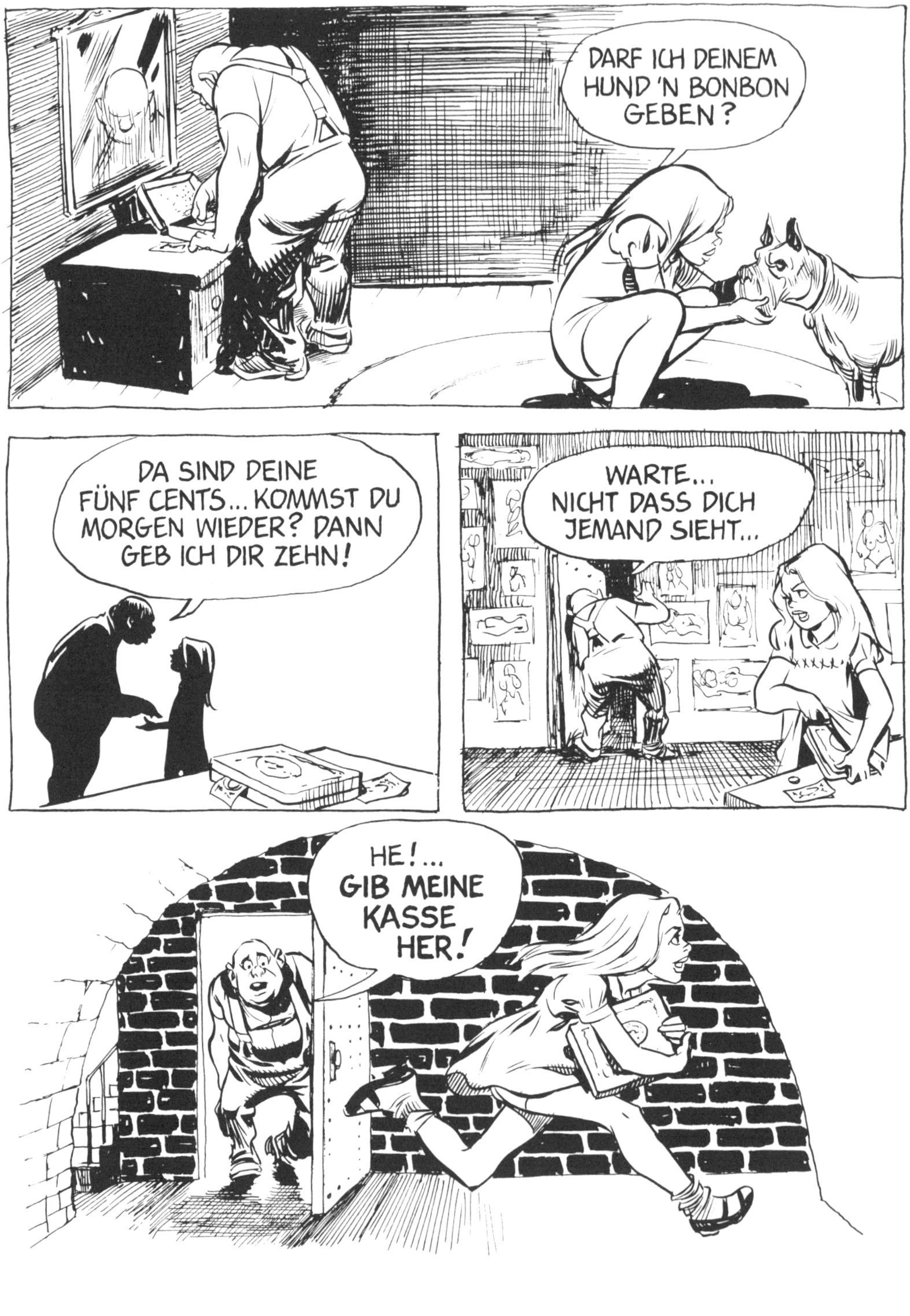
DARF ICH DEINEM HUND 'N BONBON GEBEN?
DA SIND DEINE FÜNF CENTS... KOMMST DU MORGEN WIEDER? DANN GEB ICH DIR ZEHN!
WARTE... NICHT DASS DICH JEMAND SIEHT...
HE!... GIB MEINE KASSE HER!

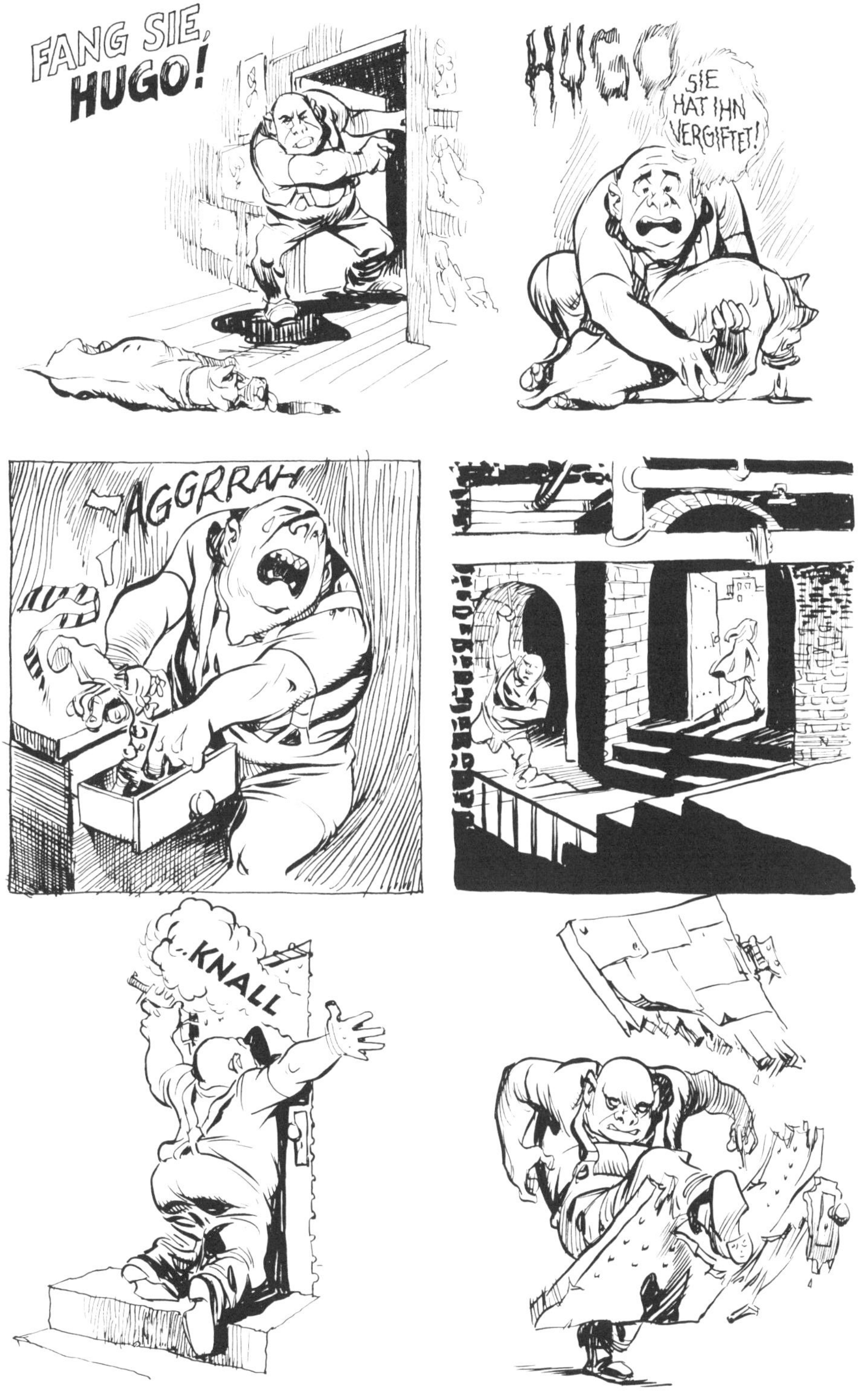
FANG SIE, HUGO!
HUGO
SIE HAT IHN VERGIFTET!
AGGRRAH
KNALL

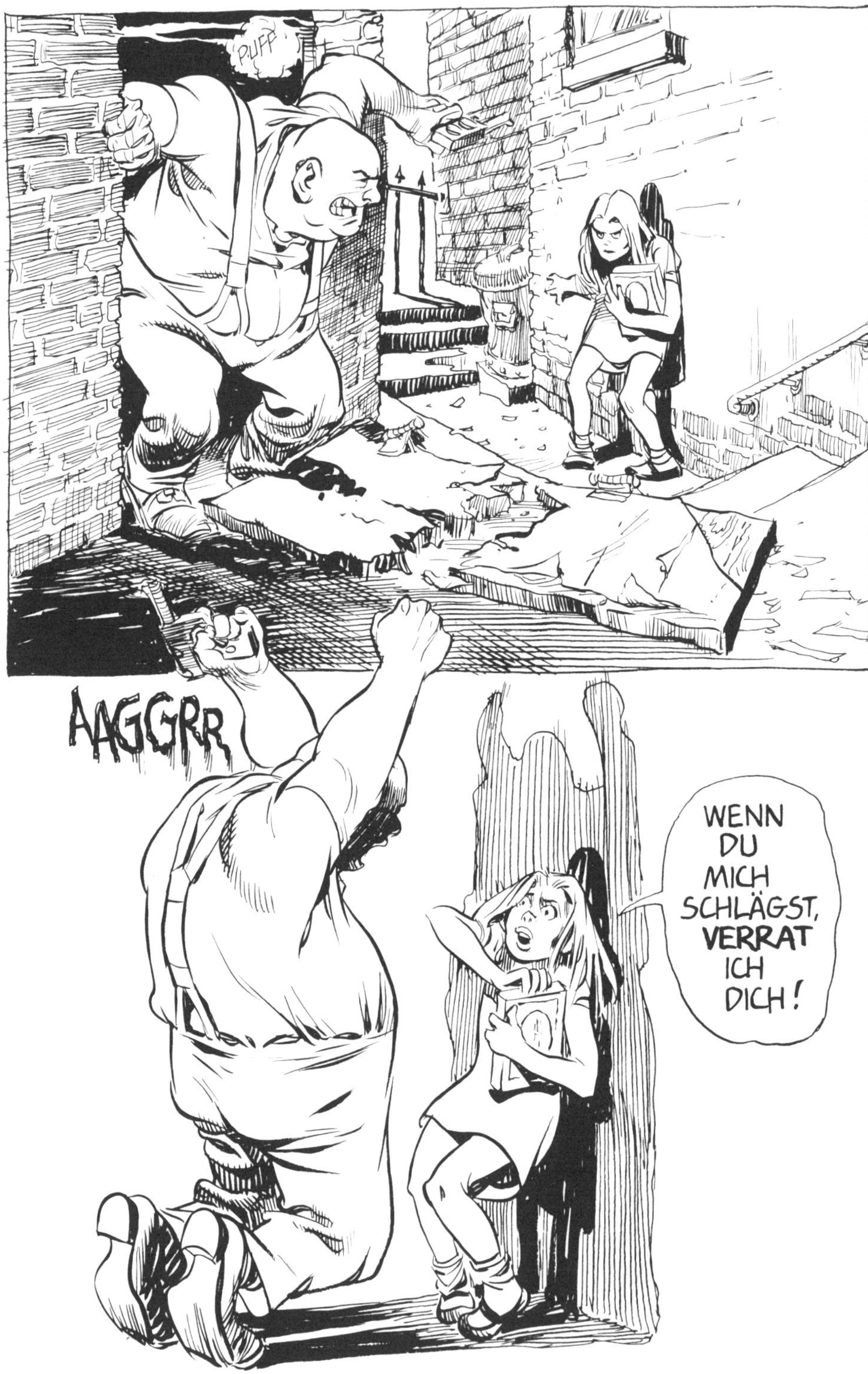
PUFF
AAGGRR
WENN DU MICH SCHLÄGST, VERRAT ICH DICH!

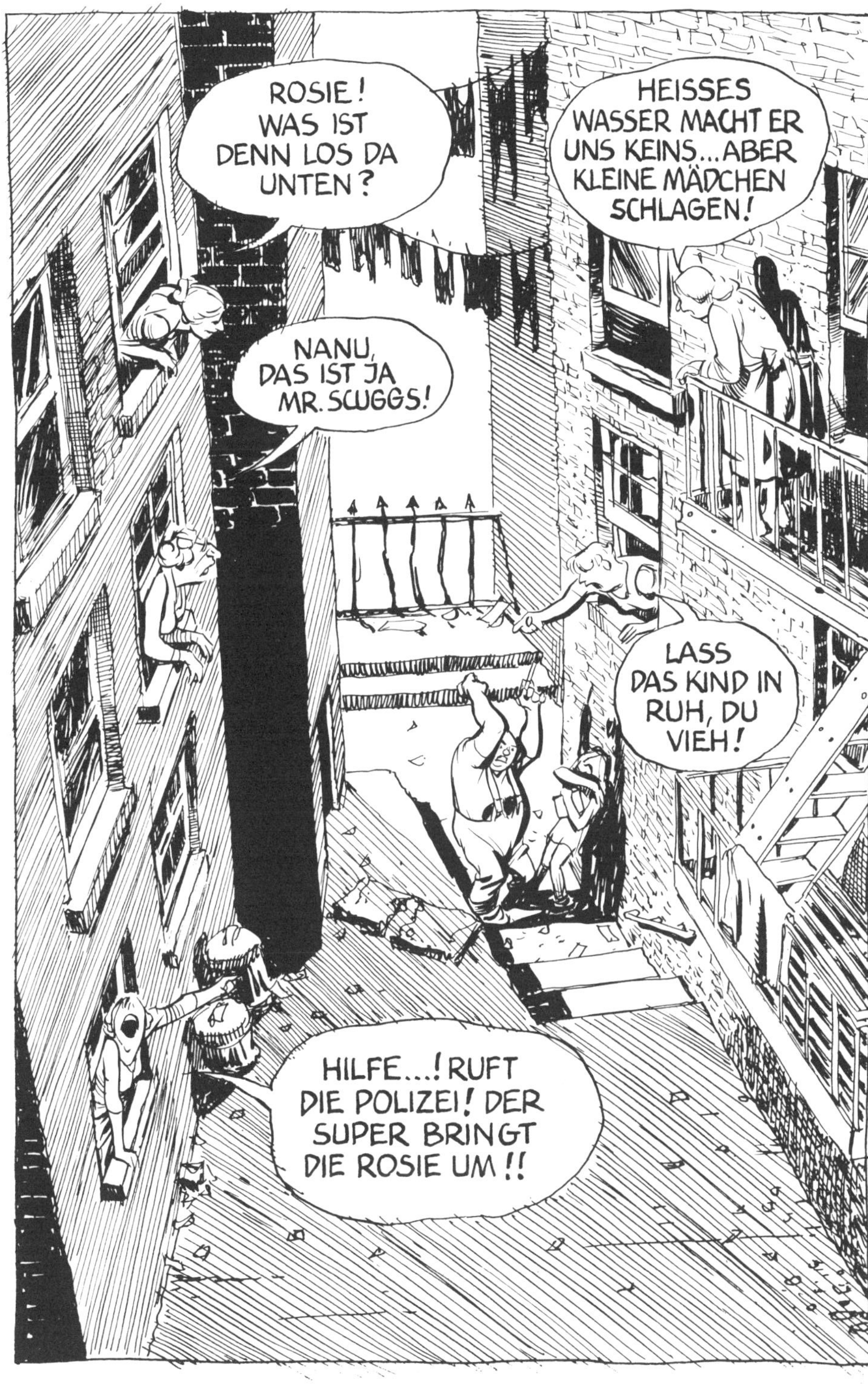
ROSIE! WAS IST DENN LOS DA UNTEN?
HEISSES WASSER MACHT ER UNS KEINS...ABER KLEINE MÄDCHEN SCHLAGEN!
NANU, DAS IST JA MR. SCUGGS!
LASS DAS KIND IN RUH, DU VIEH!
HILFE...! RUFT DIE POLIZEI! DER SUPER BRINGT DIE ROSIE UM!!

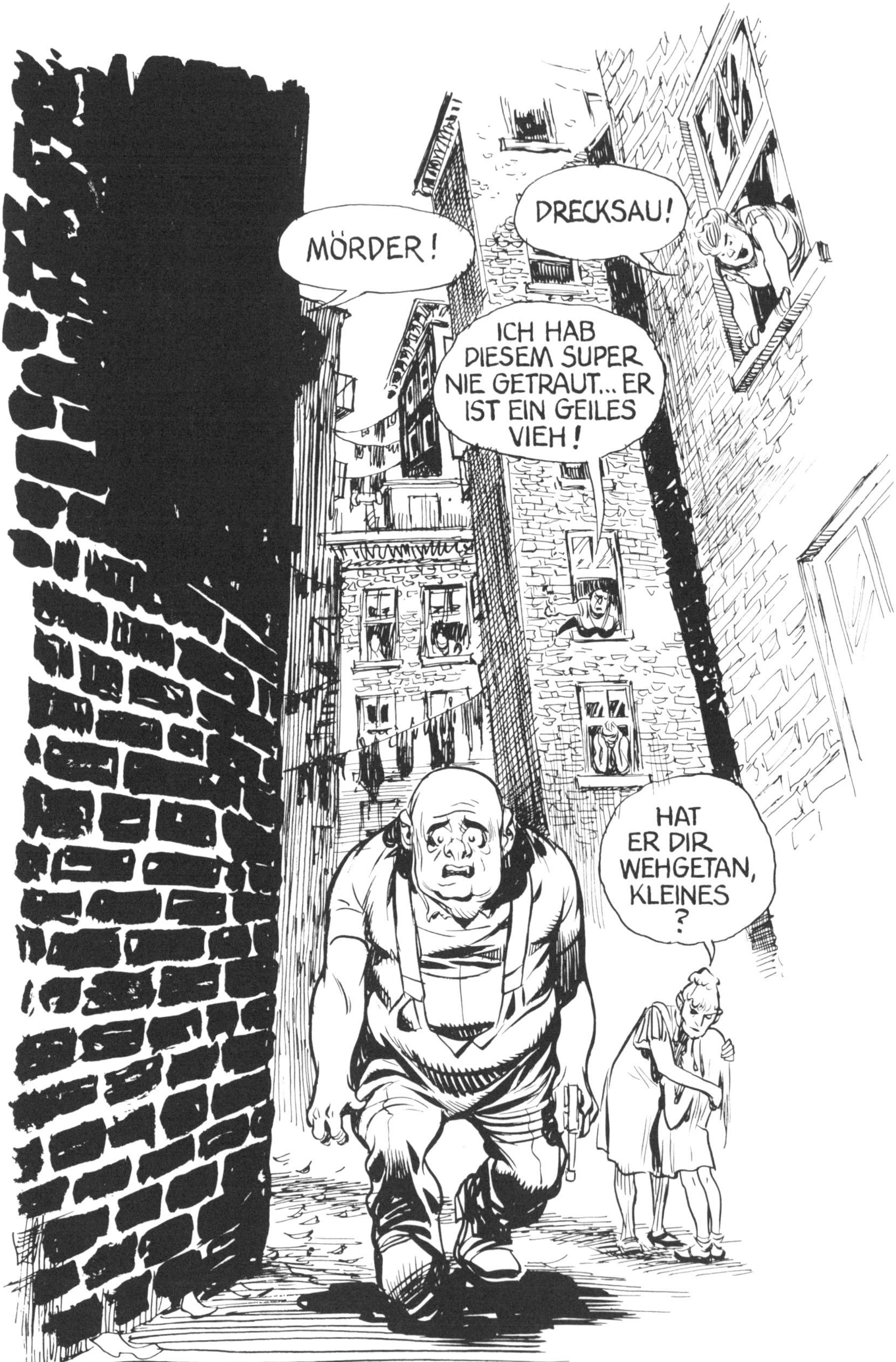
MÖRDER!
DRECKSAU!
ICH HAB DIESEM SUPER NIE GETRAUT... ER IST EIN GEILES VIEH!
HAT ER DIR WEHGETAN, KLEINES ?

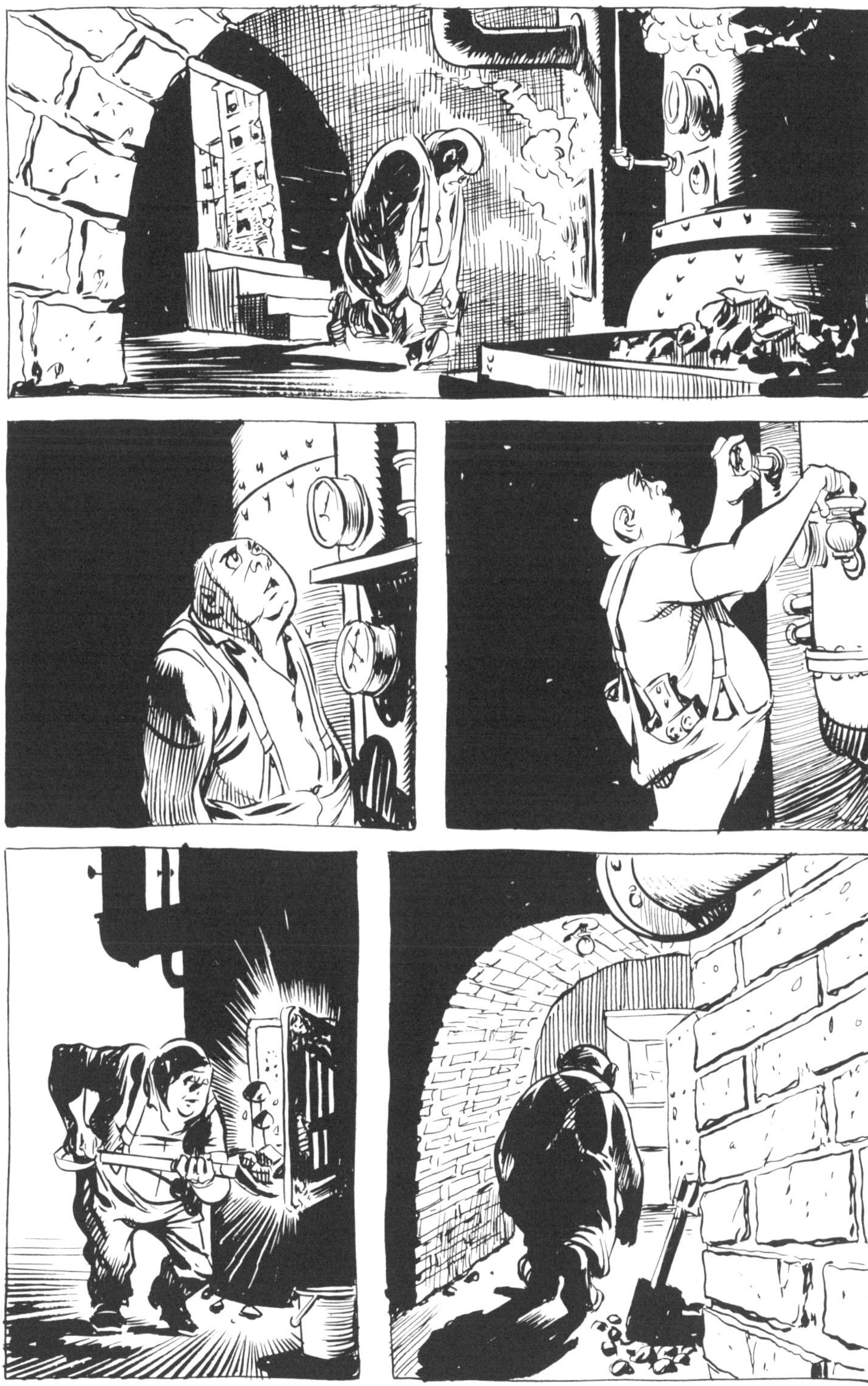

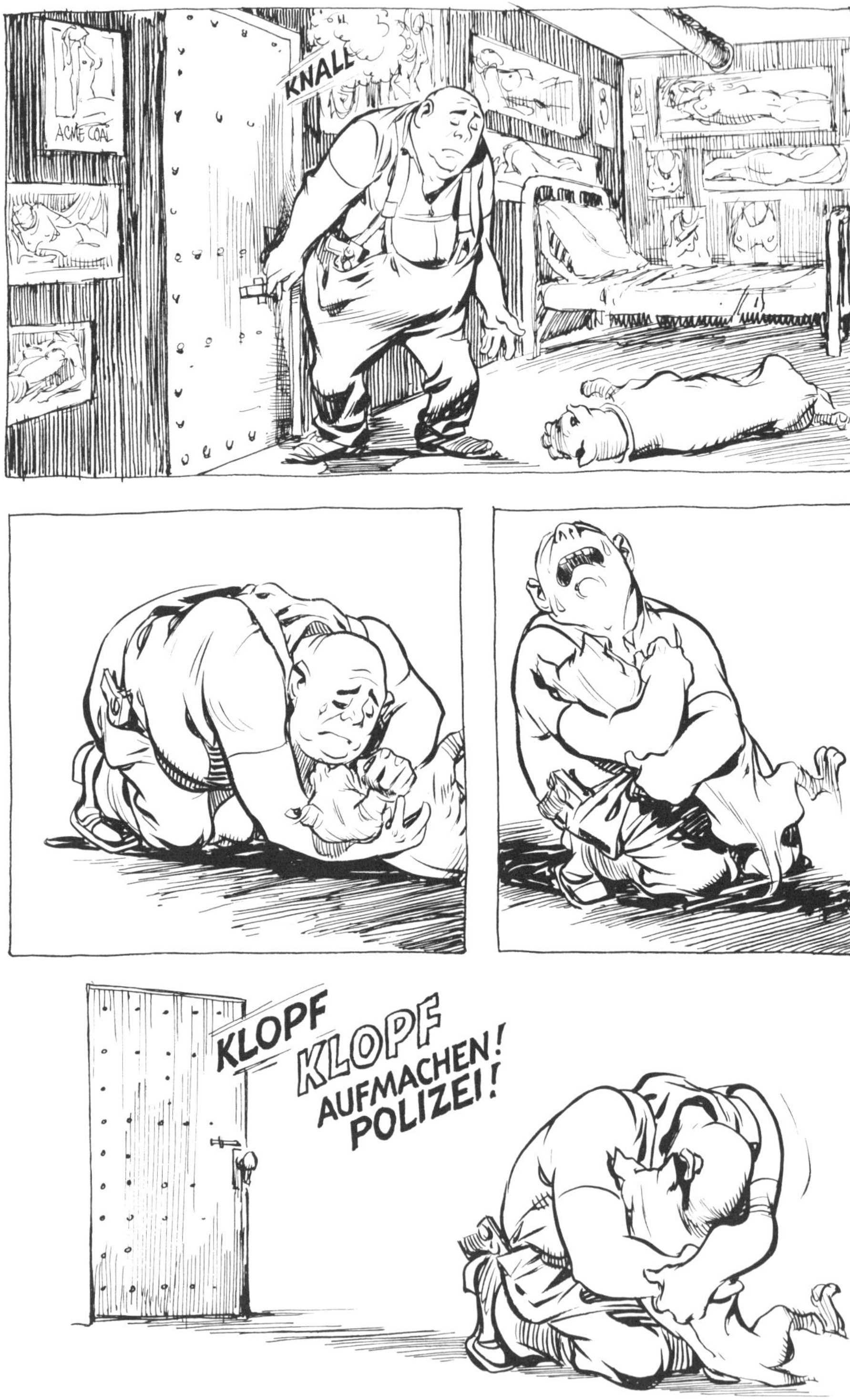

ACME COAL
KNALL
KLOPF
KLOPF
AUFMACHEN!
POLIZEI!

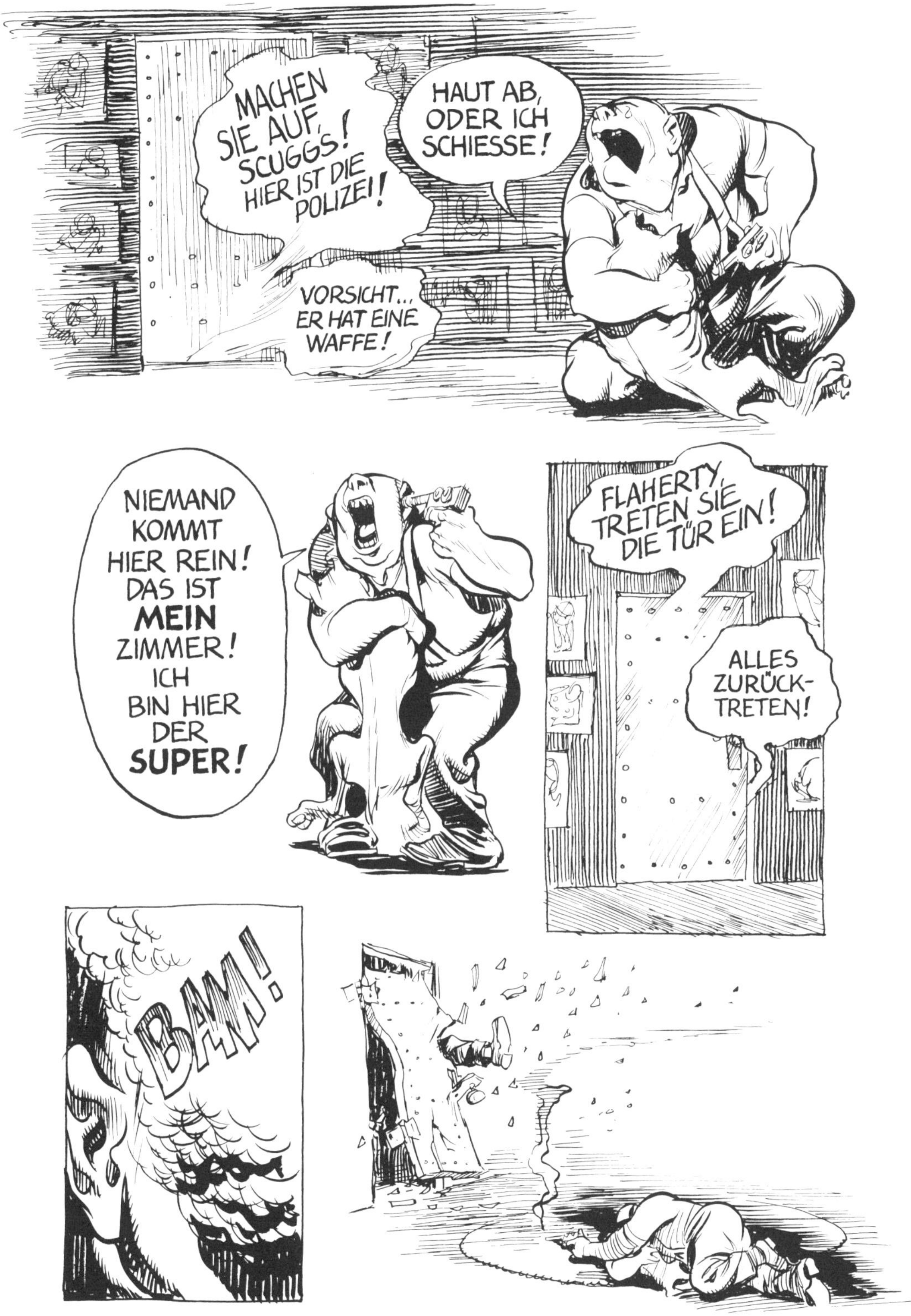
MACHEN SIE AUF, SCUGGS! HIER IST DIE POLIZEI!
HAUT AB, ODER ICH SCHIESSE!
VORSICHT... ER HAT EINE WAFFE!
NIEMAND KOMMT HIER REIN! DAS IST MEIN ZIMMER! ICH BIN HIER DER SUPER!
FLAHERTY, TRETEN SIE DIE TÜR EIN!
ALLES ZURÜCK-TRETEN!
BAM!

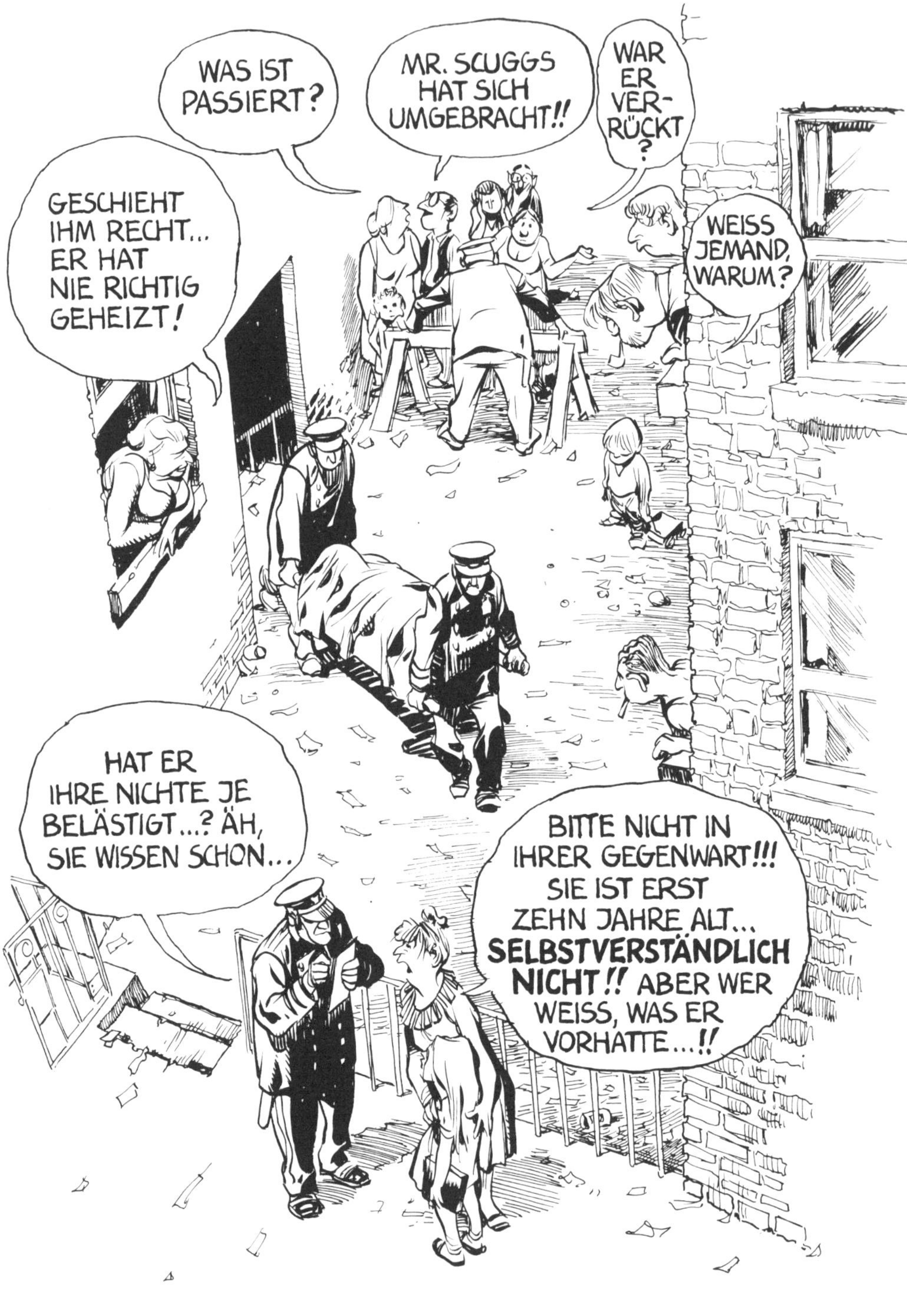
WAS IST PASSIERT?
MR. SCUGGS HAT SICH UMGEBRACHT!!
WAR ER VER-RÜCKT?
GESCHIEHT IHM RECHT... ER HAT NIE RICHTIG GEHEIZT!
WEISS JEMAND, WARUM?
HAT ER IHRE NICHTE JE BELÄSTIGT...? ÄH, SIE WISSEN SCHON...
BITTE NICHT IN IHRER GEGENWART!!! SIE IST ERST ZEHN JAHRE ALT... **SELBSTVERSTÄNDLICH NICHT!!** ABER WER WEISS, WAS ER VORHATTE...!!

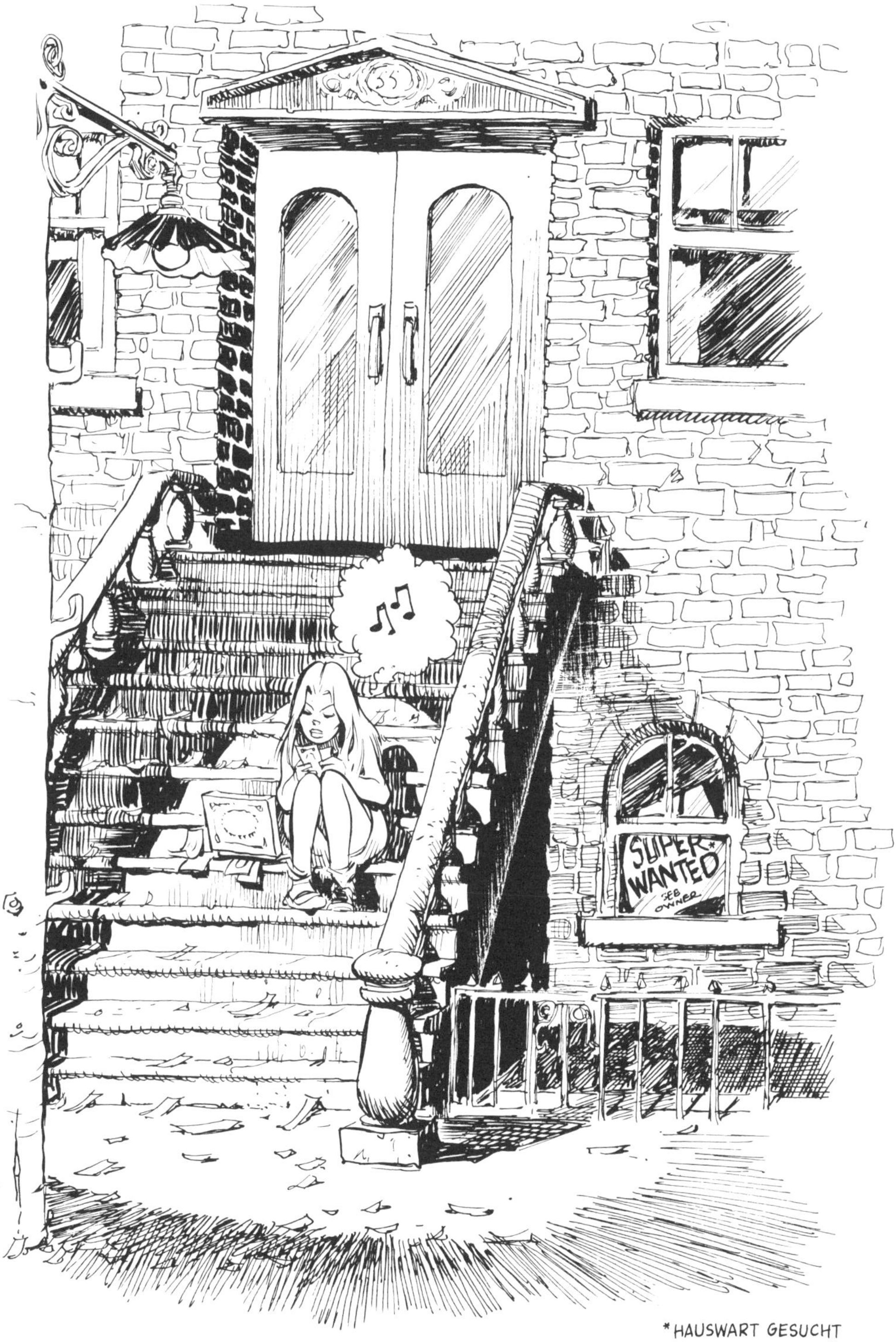

*HAUSWART GESUCHT

SUPER
WANTED

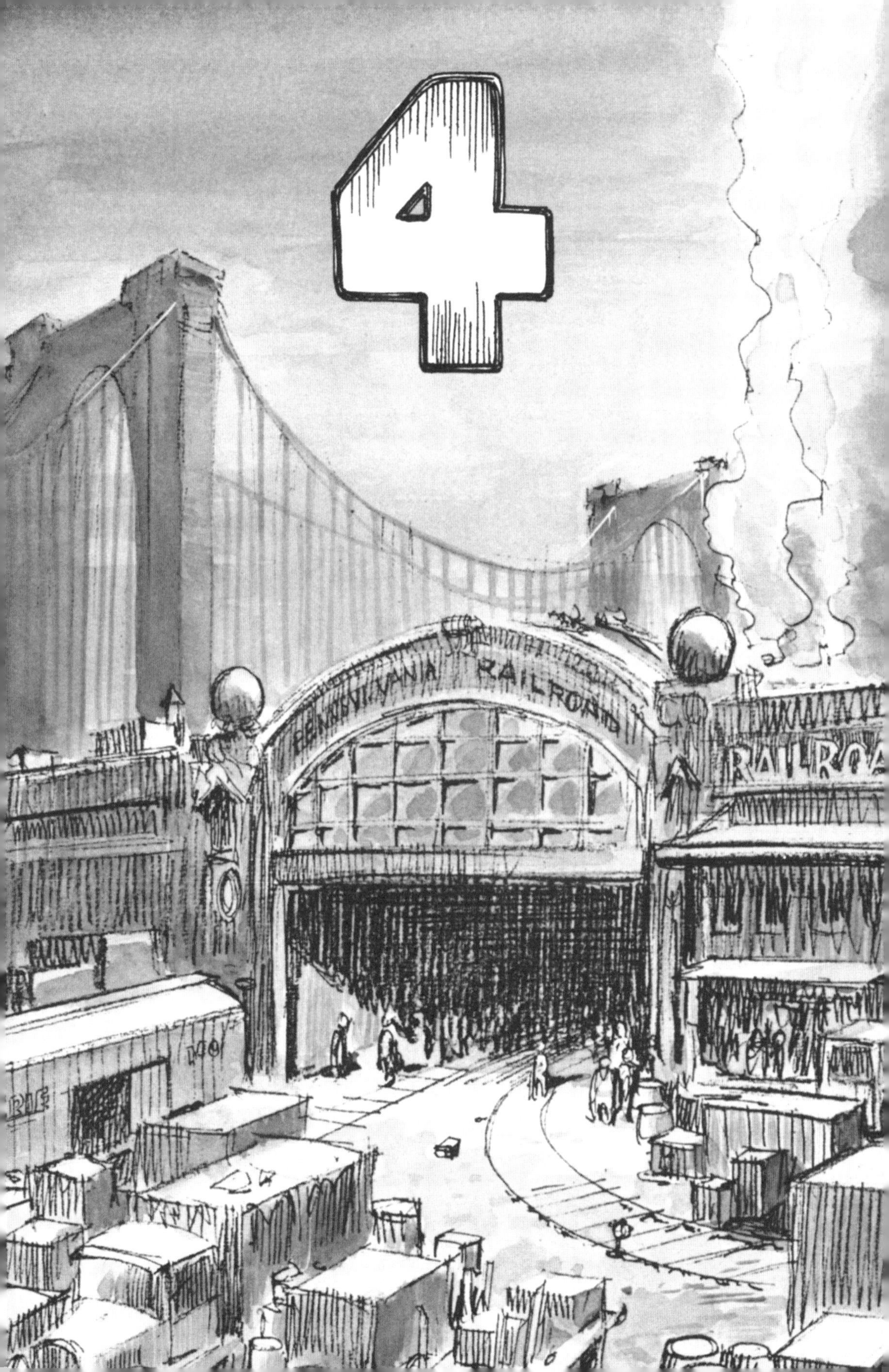
4
RAILROAD
RAILROA

COOKALEIN

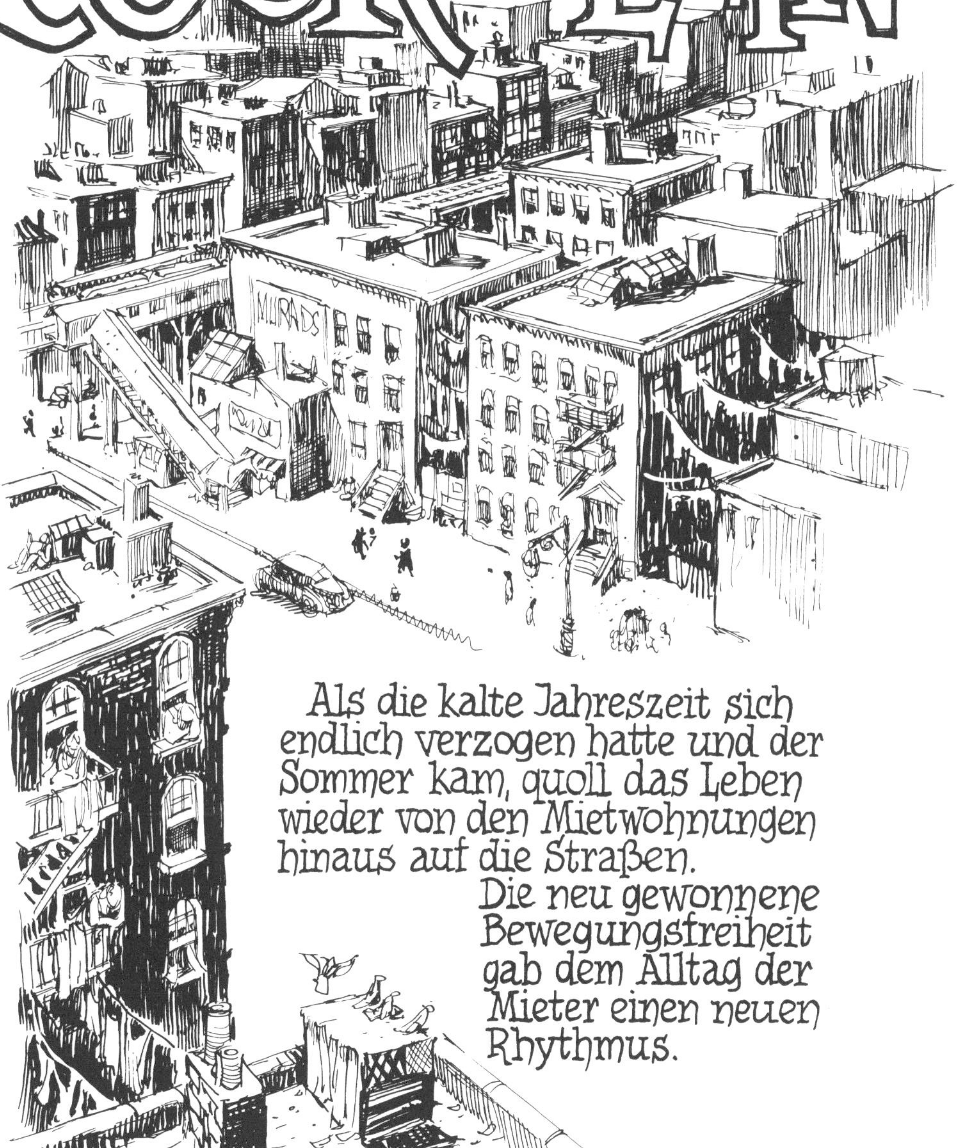

Als die kalte Jahreszeit sich endlich verzogen hatte und der Sommer kam, quoll das Leben wieder von den Mietwohnungen hinaus auf die Straßen.

Die neu gewonnene Bewegungsfreiheit gab dem Alltag der Mieter einen neuen Rhythmus.

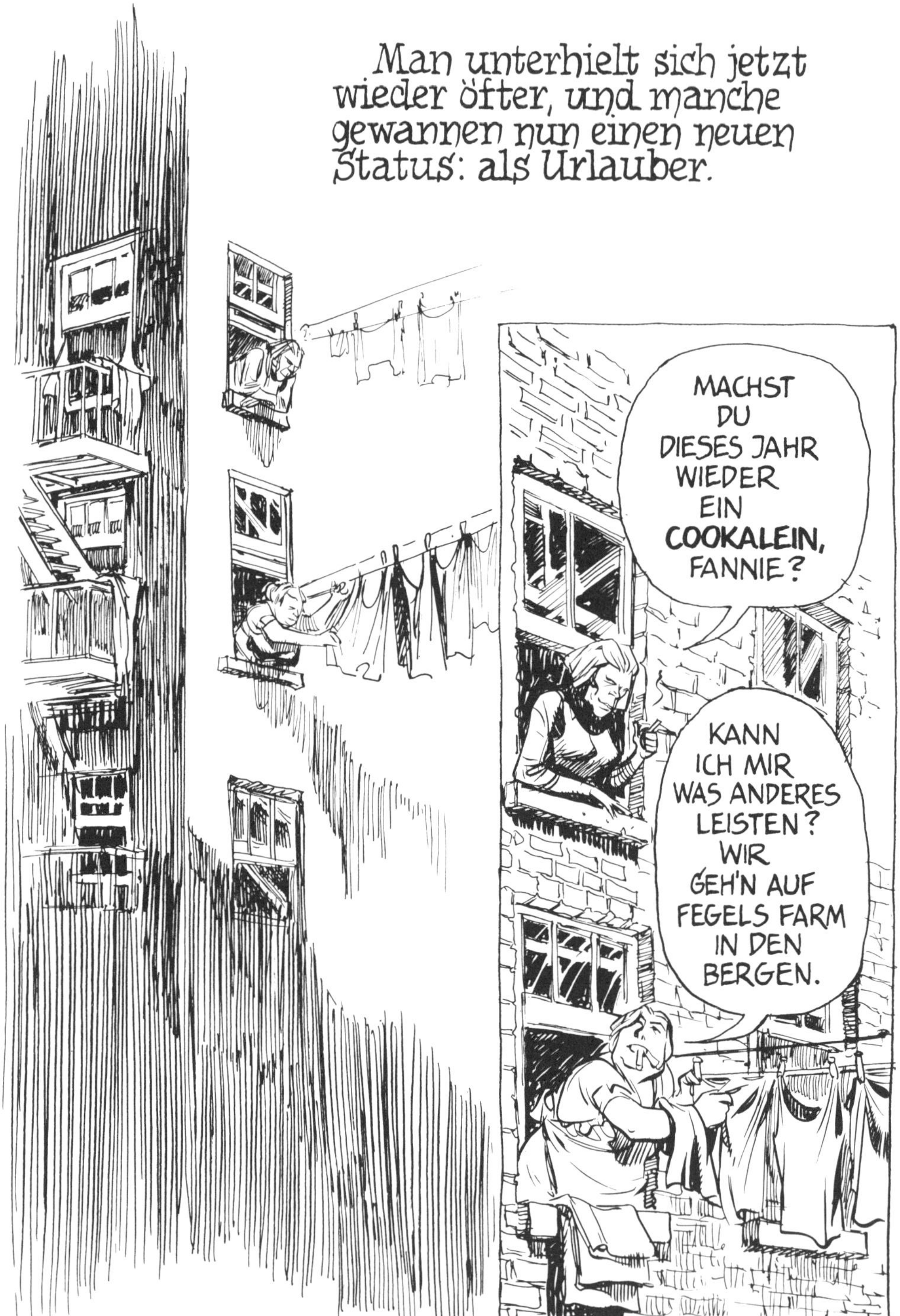
Man unterhielt sich jetzt wieder öfter, und manche gewannen nun einen neuen Status: als Urlauber.
MACHST DU DIESES JAHR WIEDER EIN **COOKALEIN,** FANNIE?
KANN ICH MIR WAS ANDERES LEISTEN? WIR GEH'N AUF FEGELS FARM IN DEN BERGEN.

Für manche Mieter wurde es Zeit,
den Ertrag zu sichten, den sie sich
ein Jahr lang vom Mund abgespart hatten.

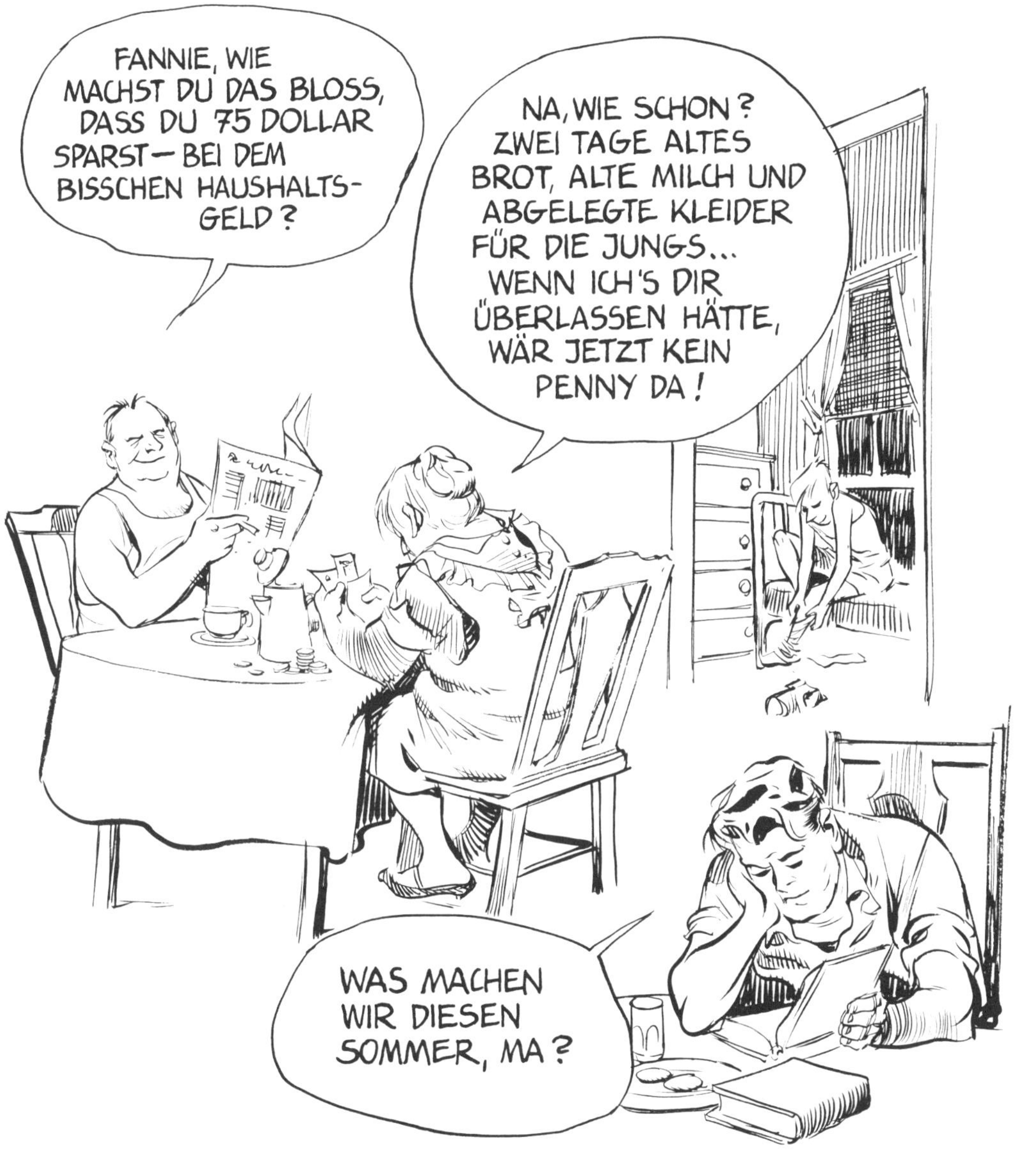

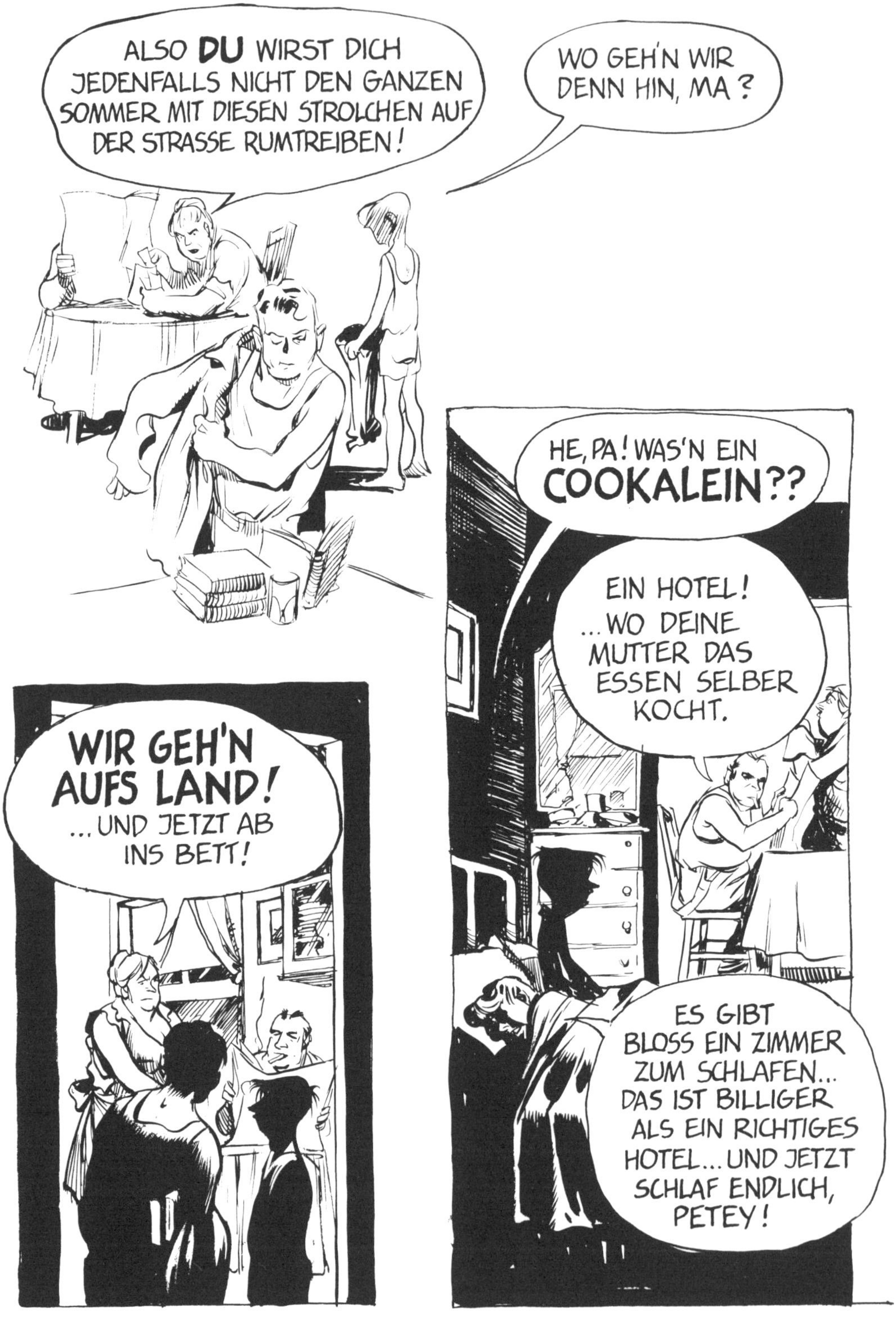
ALSO DU WIRST DICH JEDENFALLS NICHT DEN GANZEN SOMMER MIT DIESEN STROLCHEN AUF DER STRASSE RUMTREIBEN!
WO GEH'N WIR DENN HIN, MA?
WIR GEH'N AUFS LAND! ...UND JETZT AB INS BETT!
HE, PA! WAS'N EIN COOKALEIN??
EIN HOTEL! ...WO DEINE MUTTER DAS ESSEN SELBER KOCHT.
ES GIBT BLOSS EIN ZIMMER ZUM SCHLAFEN... DAS IST BILLIGER ALS EIN RICHTIGES HOTEL... UND JETZT SCHLAF ENDLICH, PETEY!

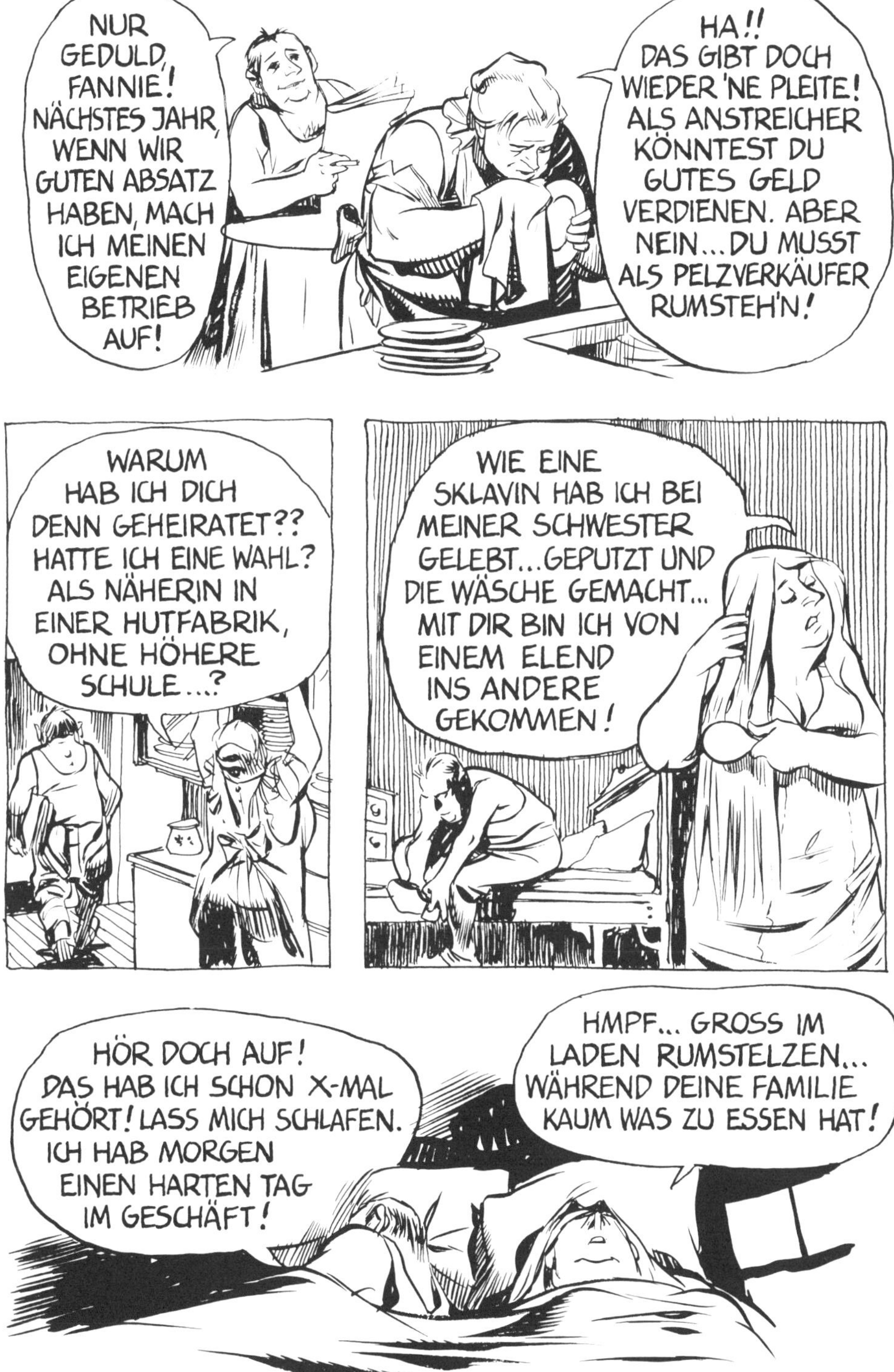
NUR GEDULD, FANNIE! NÄCHSTES JAHR, WENN WIR GUTEN ABSATZ HABEN, MACH ICH MEINEN EIGENEN BETRIEB AUF!
HA!! DAS GIBT DOCH WIEDER 'NE PLEITE! ALS ANSTREICHER KÖNNTEST DU GUTES GELD VERDIENEN. ABER NEIN...DU MUSST ALS PELZVERKÄUFER RUMSTEH'N!
WARUM HAB ICH DICH DENN GEHEIRATET?? HATTE ICH EINE WAHL? ALS NÄHERIN IN EINER HUTFABRIK, OHNE HÖHERE SCHULE...?
WIE EINE SKLAVIN HAB ICH BEI MEINER SCHWESTER GELEBT...GEPUTZT UND DIE WÄSCHE GEMACHT... MIT DIR BIN ICH VON EINEM ELEND INS ANDERE GEKOMMEN!
HÖR DOCH AUF! DAS HAB ICH SCHON X-MAL GEHÖRT! LASS MICH SCHLAFEN. ICH HAB MORGEN EINEN HARTEN TAG IM GESCHÄFT!
HMPF... GROSS IM LADEN RUMSTELZEN... WÄHREND DEINE FAMILIE KAUM WAS ZU ESSEN HAT!

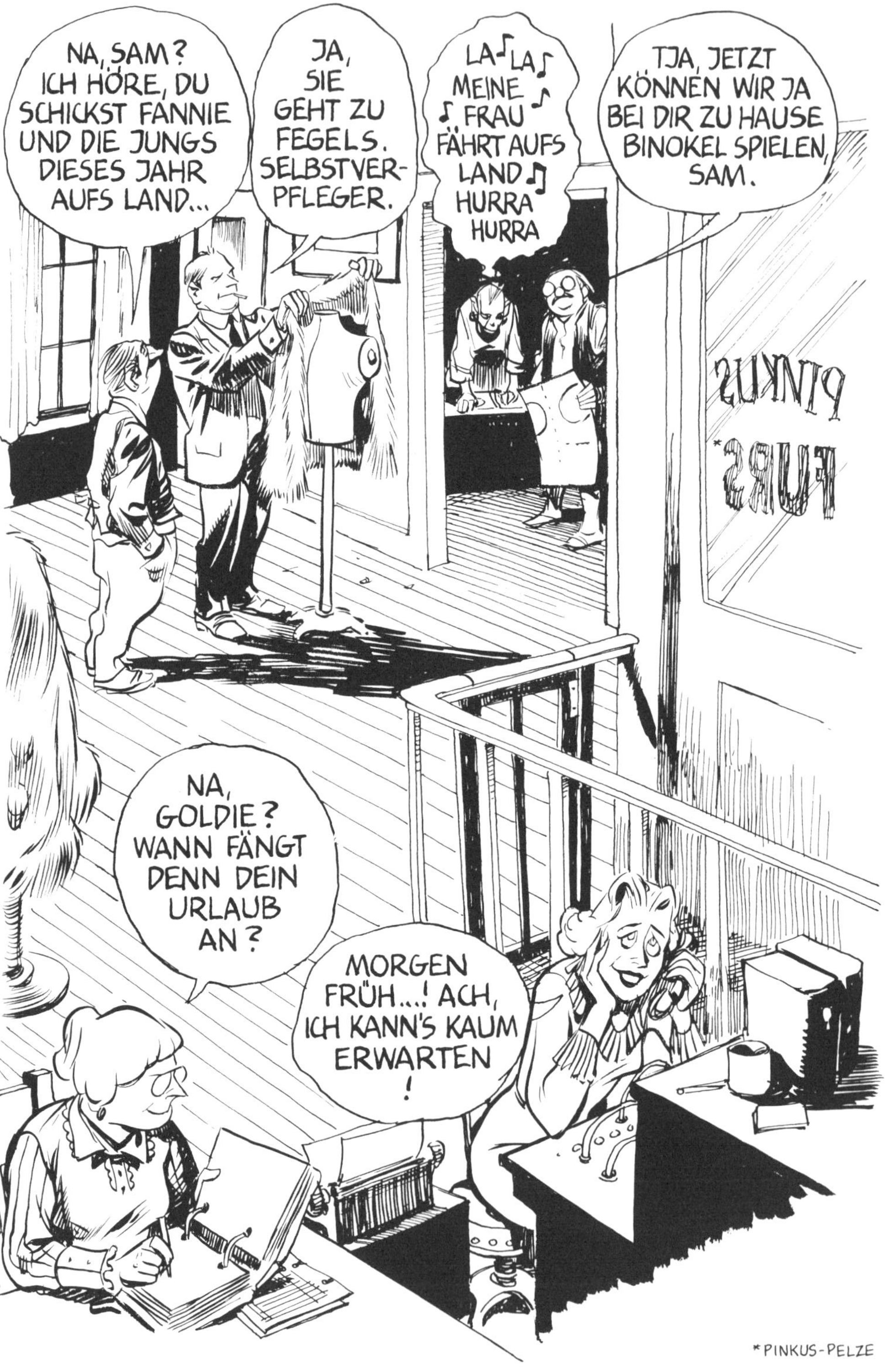

*PINKUS-PELZE

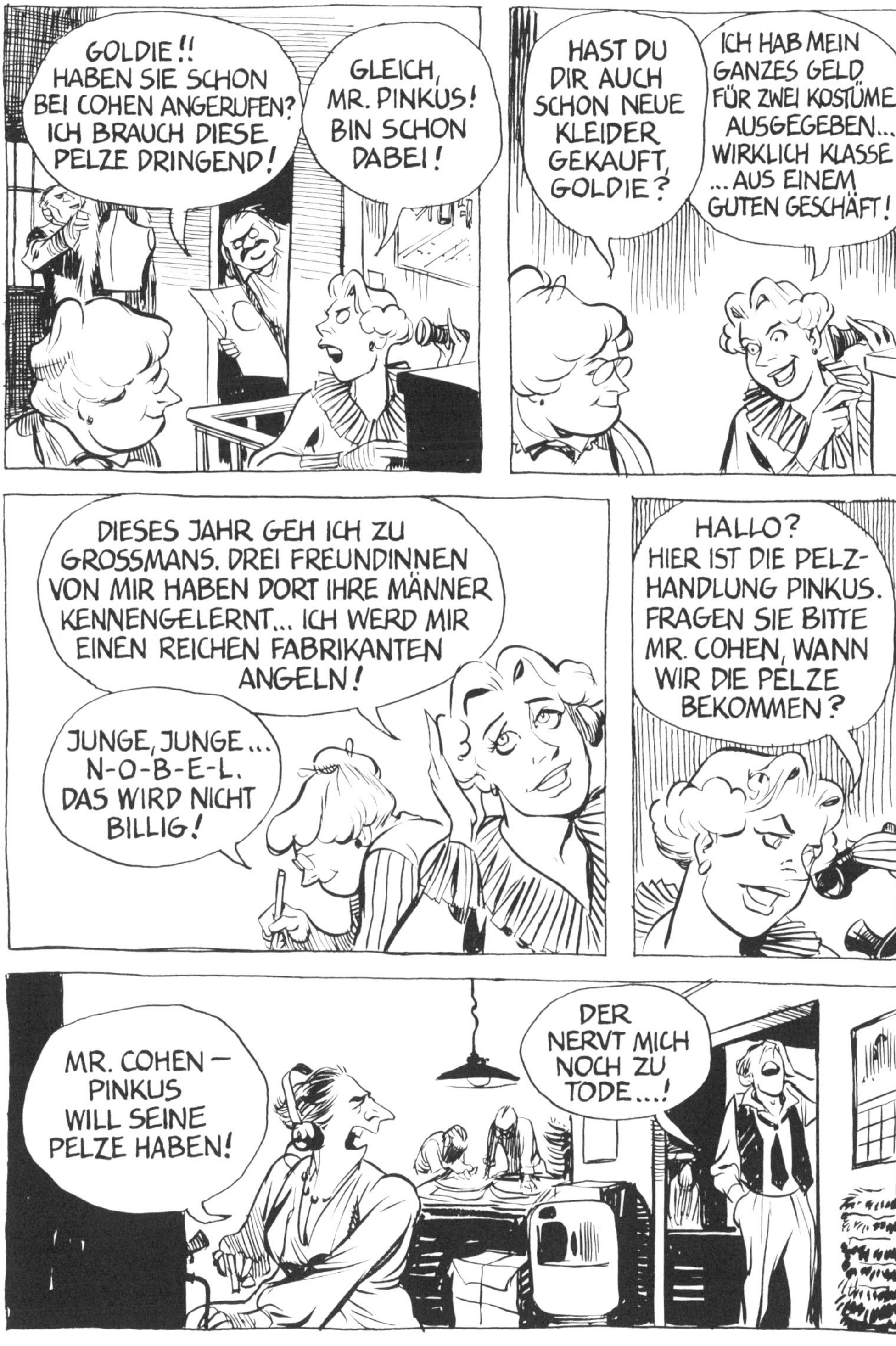

GOLDIE!! HABEN SIE SCHON BEI COHEN ANGERUFEN? ICH BRAUCH DIESE PELZE DRINGEND!
GLEICH, MR. PINKUS! BIN SCHON DABEI!
HAST DU DIR AUCH SCHON NEUE KLEIDER GEKAUFT, GOLDIE?
ICH HAB MEIN GANZES GELD FÜR ZWEI KOSTÜME AUSGEGEBEN... WIRKLICH KLASSE ...AUS EINEM GUTEN GESCHÄFT!
DIESES JAHR GEH ICH ZU GROSSMANS. DREI FREUNDINNEN VON MIR HABEN DORT IHRE MÄNNER KENNENGELERNT... ICH WERD MIR EINEN REICHEN FABRIKANTEN ANGELN!
JUNGE, JUNGE... N-O-B-E-L. DAS WIRD NICHT BILLIG!
HALLO? HIER IST DIE PELZHANDLUNG PINKUS. FRAGEN SIE BITTE MR. COHEN, WANN WIR DIE PELZE BEKOMMEN?
MR. COHEN – PINKUS WILL SEINE PELZE HABEN!
DER NERVT MICH NOCH ZU TODE...!

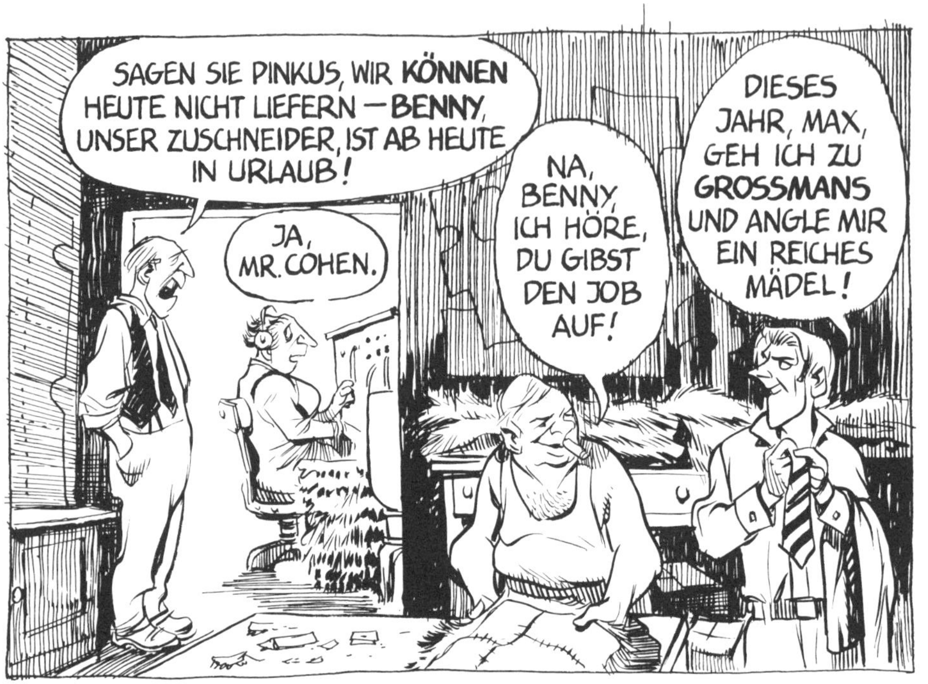

Es war die Zeit, in der man seinen Träumen nachjagte... in der man über die unsichtbaren Mauern stieg, um dem Alltag zu entfliehen.

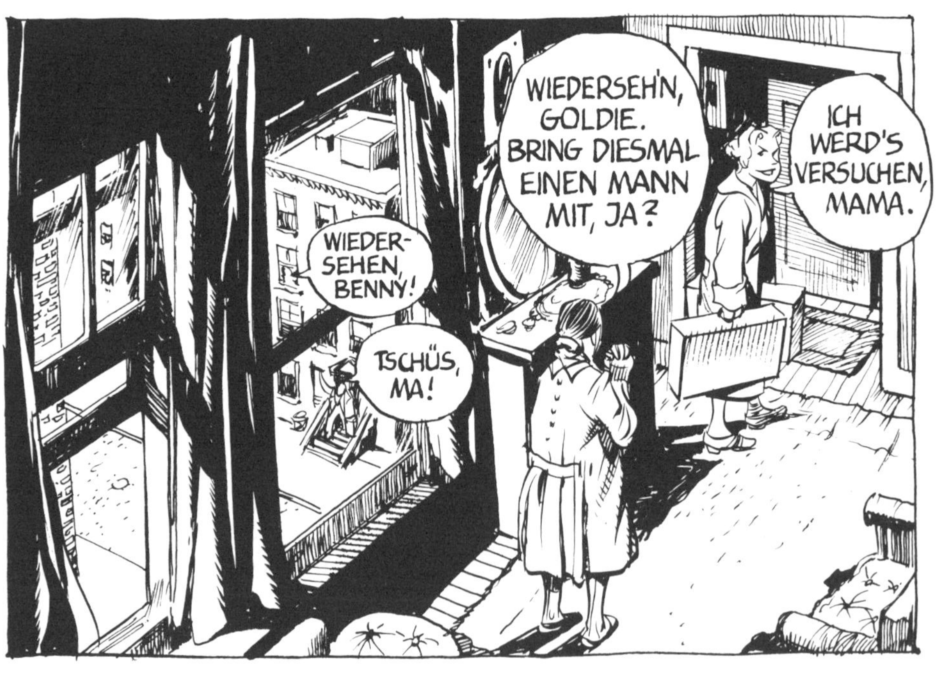

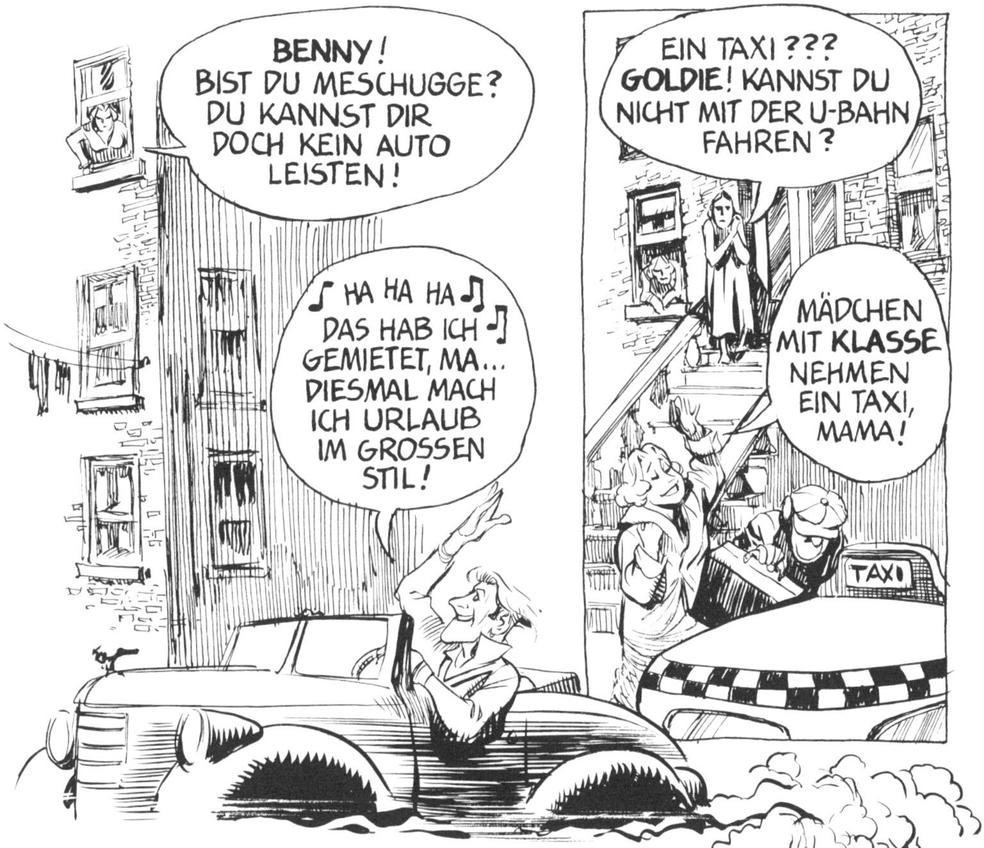
BENNY! BIST DU MESCHUGGE? DU KANNST DIR DOCH KEIN AUTO LEISTEN!
HA HA HA DAS HAB ICH GEMIETET, MA... DIESMAL MACH ICH URLAUB IM GROSSEN STIL!
EIN TAXI??? GOLDIE! KANNST DU NICHT MIT DER U-BAHN FAHREN?
MÄDCHEN MIT KLASSE NEHMEN EIN TAXI, MAMA!
TAXI

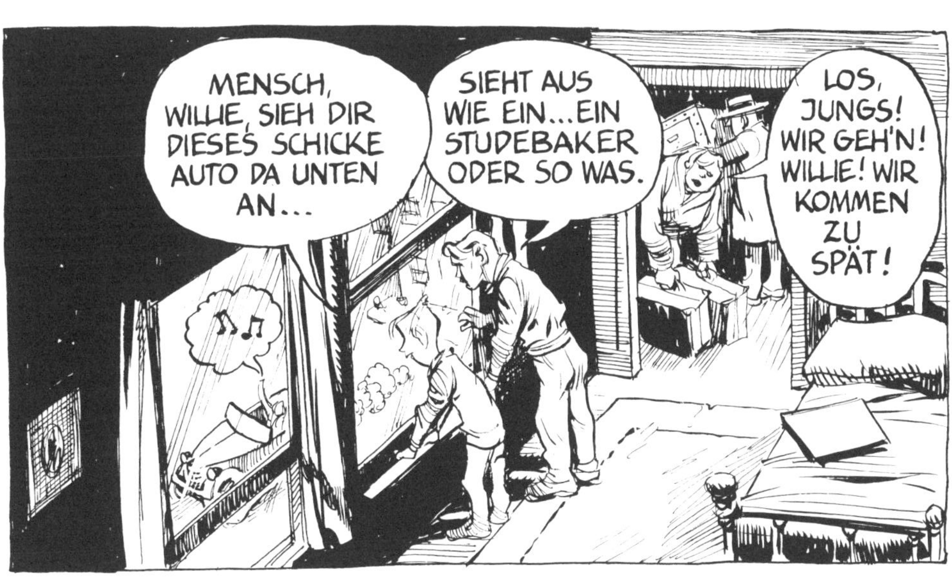
MENSCH, WILLIE, SIEH DIR DIESES SCHICKE AUTO DA UNTEN AN...
SIEHT AUS WIE EIN...EIN STUDEBAKER ODER SO WAS.
LOS, JUNGS! WIR GEH'N! WILLIE! WIR KOMMEN ZU SPÄT!

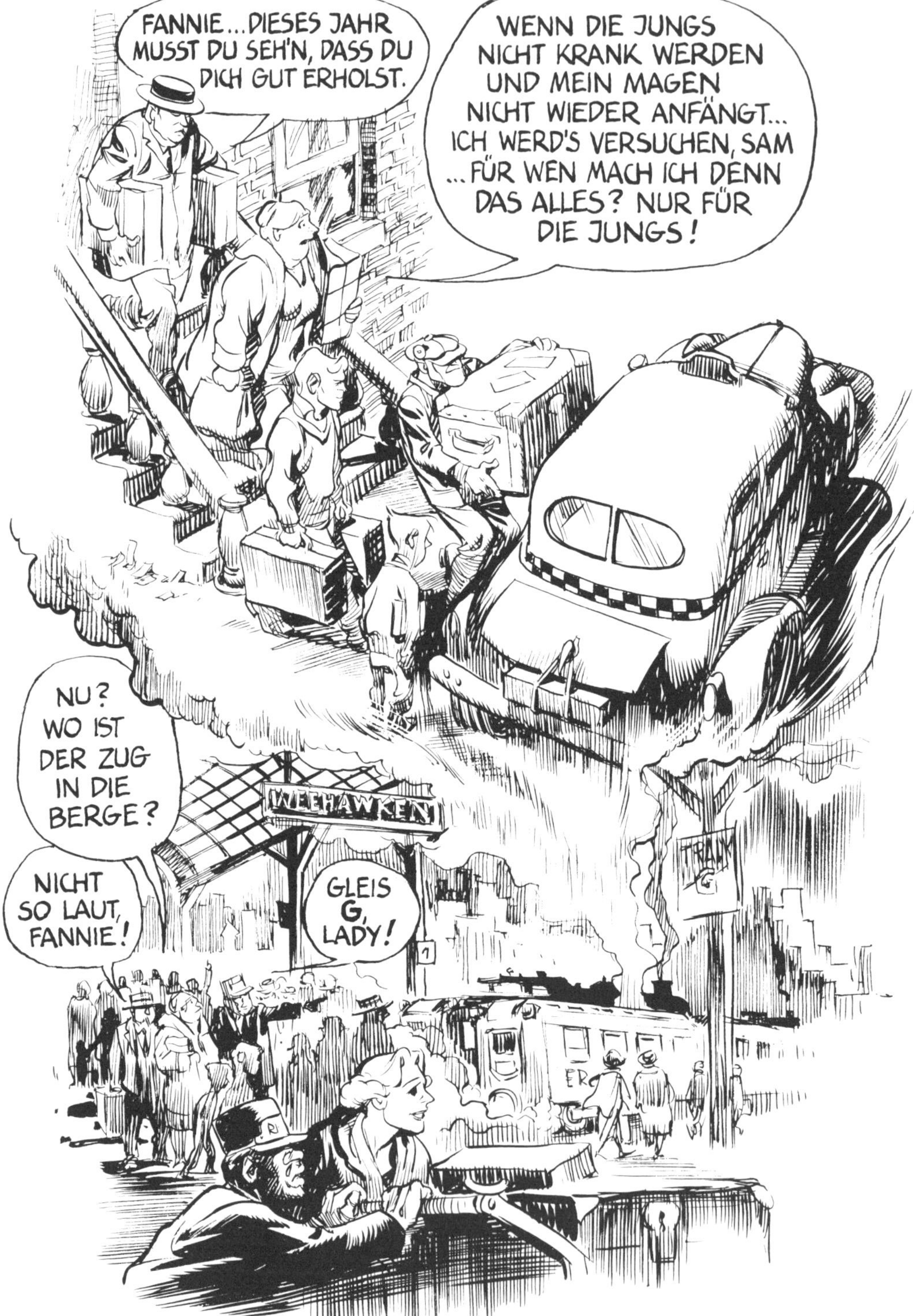
FANNIE...DIESES JAHR MUSST DU SEH'N, DASS DU DICH GUT ERHOLST.
WENN DIE JUNGS NICHT KRANK WERDEN UND MEIN MAGEN NICHT WIEDER ANFÄNGT... ICH WERD'S VERSUCHEN, SAM ...FÜR WEN MACH ICH DENN DAS ALLES? NUR FÜR DIE JUNGS!
NU? WO IST DER ZUG IN DIE BERGE?
WEEHAWKEN
NICHT SO LAUT, FANNIE!
GLEIS G, LADY!
TRAIN G

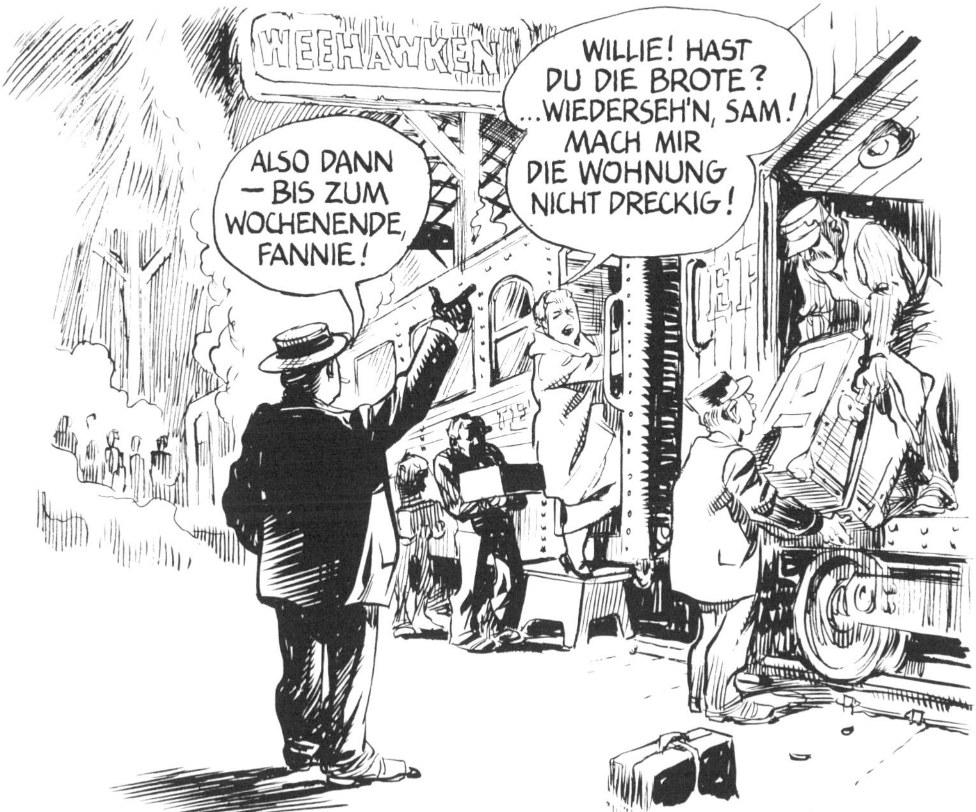
WEEHAWKEN
ALSO DANN — BIS ZUM WOCHENENDE, FANNIE!
WILLIE! HAST DU DIE BROTE? ...WIEDERSEH'N, SAM! MACH MIR DIE WOHNUNG NICHT DRECKIG!

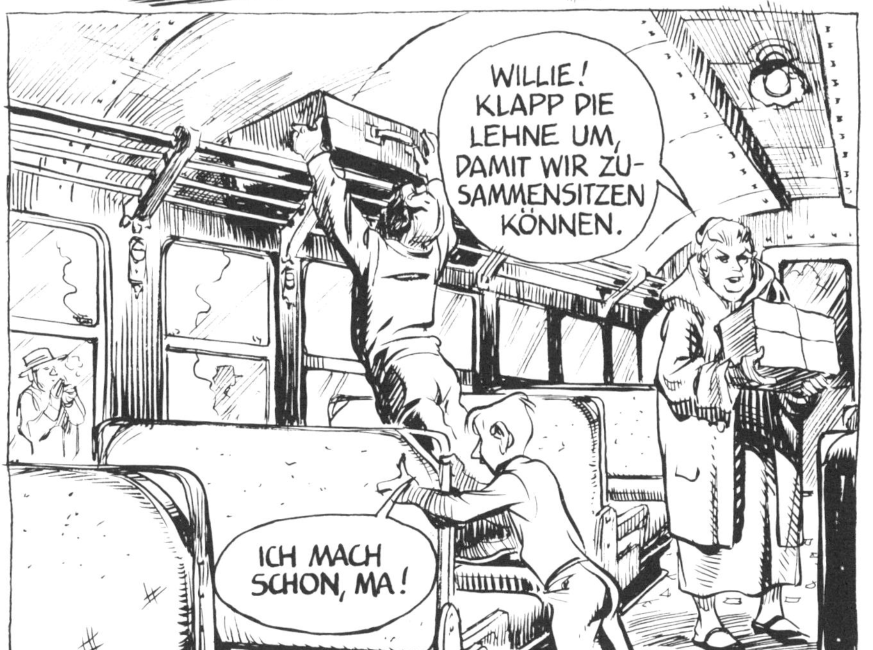
WILLIE! KLAPP DIE LEHNE UM, DAMIT WIR ZUSAMMENSITZEN KÖNNEN.
ICH MACH SCHON, MA!

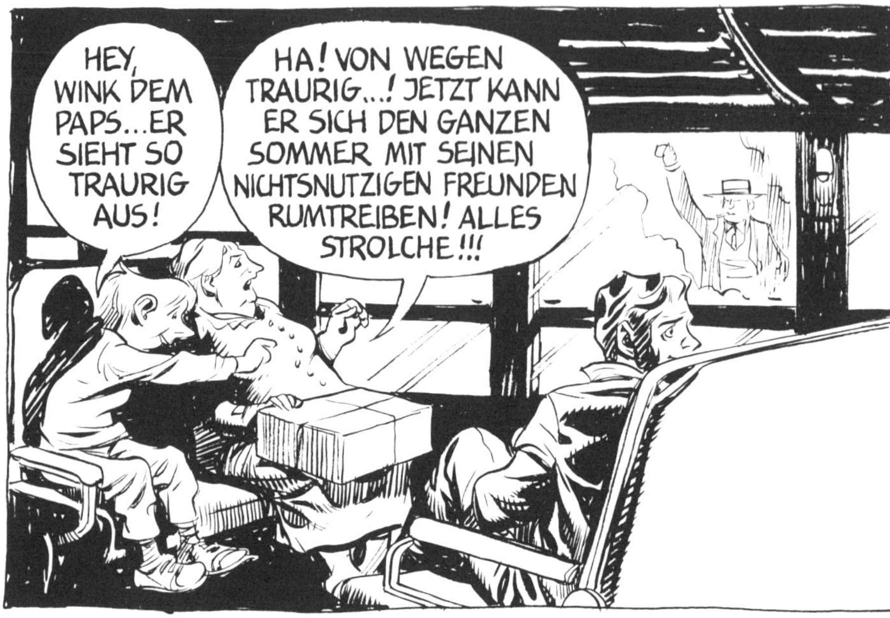
HEY, WINK DEM PAPS...ER SIEHT SO TRAURIG AUS!
HA! VON WEGEN TRAURIG...! JETZT KANN ER SICH DEN GANZEN SOMMER MIT SEINEN NICHTSNUTZIGEN FREUNDEN RUMTREIBEN! ALLES STROLCHE!!!

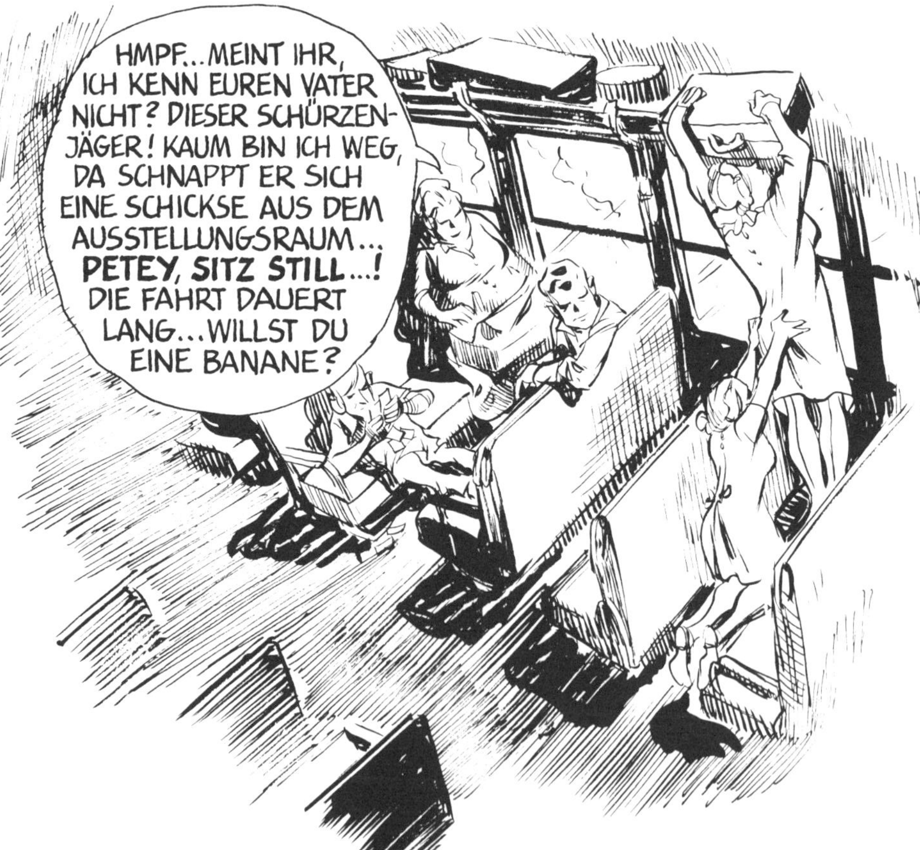
HMPF...MEINT IHR, ICH KENN EUREN VATER NICHT? DIESER SCHÜRZENJÄGER! KAUM BIN ICH WEG, DA SCHNAPPT ER SICH EINE SCHICKSE AUS DEM AUSSTELLUNGSRAUM... **PETEY, SITZ STILL**...! DIE FAHRT DAUERT LANG...WILLST DU EINE BANANE?

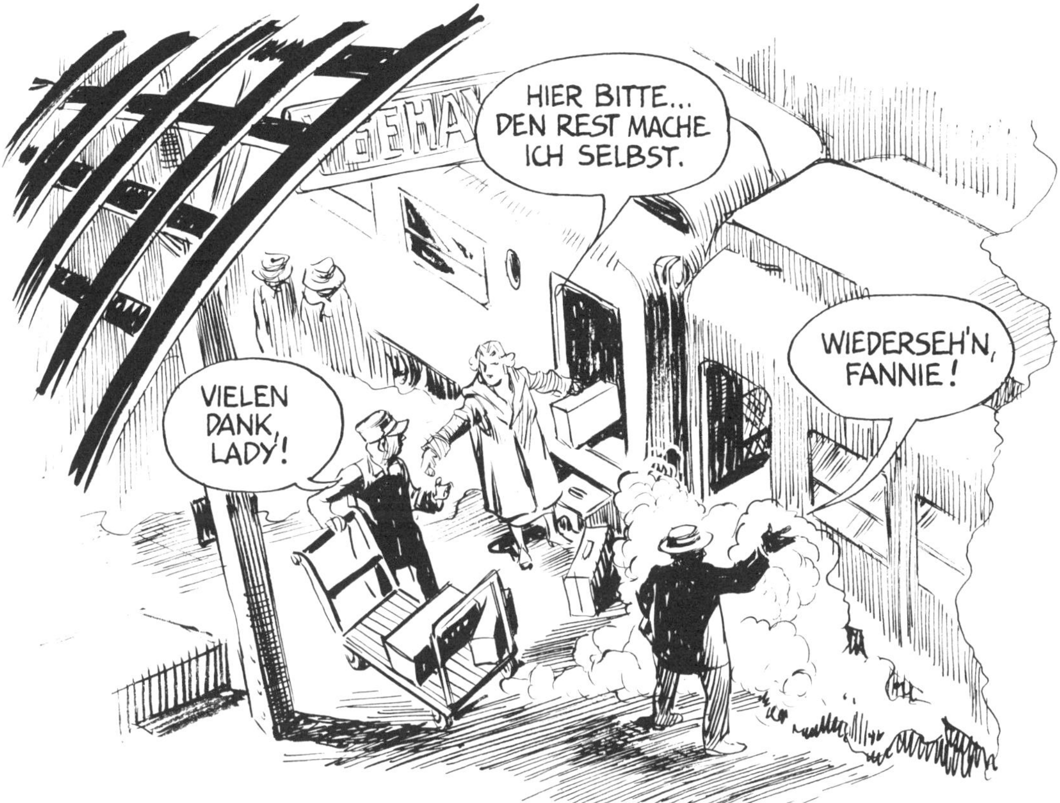
HIER BITTE...
DEN REST MACHE
ICH SELBST.
VIELEN DANK, LADY!
WIEDERSEH'N, FANNIE!

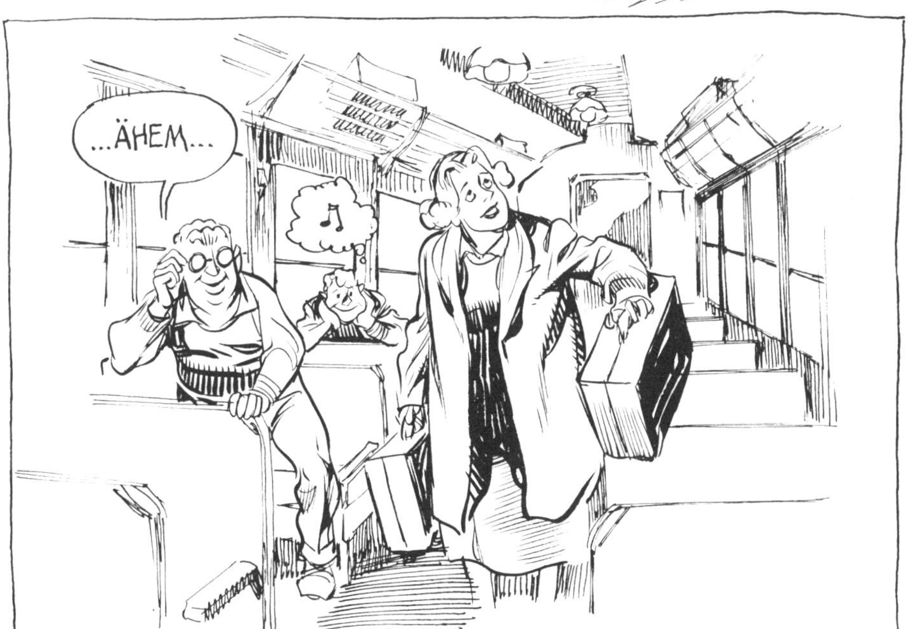
...ÄHEM...

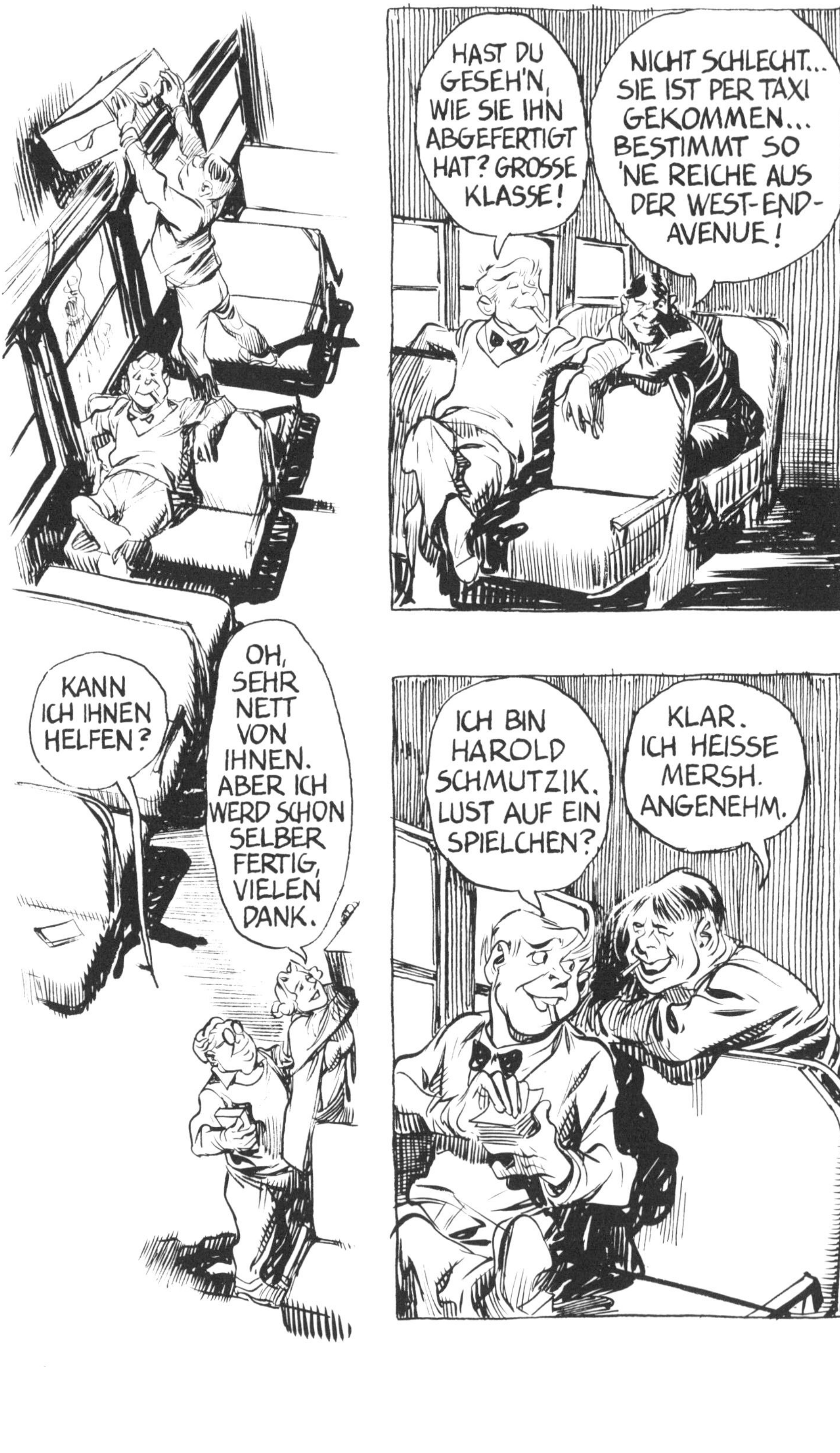
HAST DU GESEH'N, WIE SIE IHN ABGEFERTIGT HAT? GROSSE KLASSE!
NICHT SCHLECHT... SIE IST PER TAXI GEKOMMEN... BESTIMMT SO 'NE REICHE AUS DER WEST-END-AVENUE!
KANN ICH IHNEN HELFEN?
OH, SEHR NETT VON IHNEN. ABER ICH WERD SCHON SELBER FERTIG, VIELEN DANK.
ICH BIN HAROLD SCHMUTZIK. LUST AUF EIN SPIELCHEN?
KLAR. ICH HEISSE MERSH. ANGENEHM.

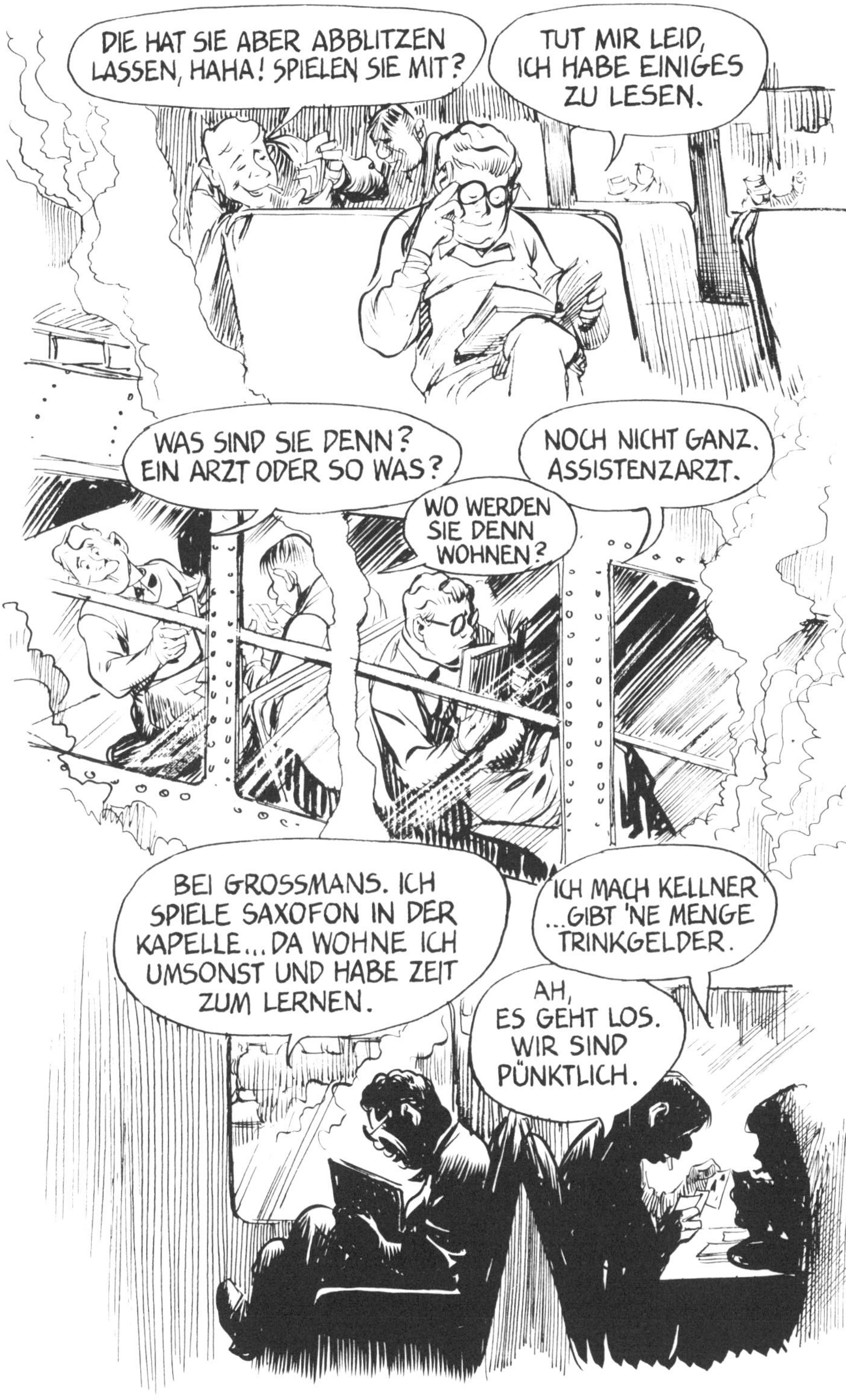
DIE HAT SIE ABER ABBLITZEN LASSEN, HAHA! SPIELEN SIE MIT?
TUT MIR LEID, ICH HABE EINIGES ZU LESEN.
WAS SIND SIE DENN? EIN ARZT ODER SO WAS?
NOCH NICHT GANZ. ASSISTENZARZT.
WO WERDEN SIE DENN WOHNEN?
BEI GROSSMANS. ICH SPIELE SAXOFON IN DER KAPELLE... DA WOHNE ICH UMSONST UND HABE ZEIT ZUM LERNEN.
ICH MACH KELLNER ...GIBT 'NE MENGE TRINKGELDER.
AH, ES GEHT LOS. WIR SIND PÜNKTLICH.

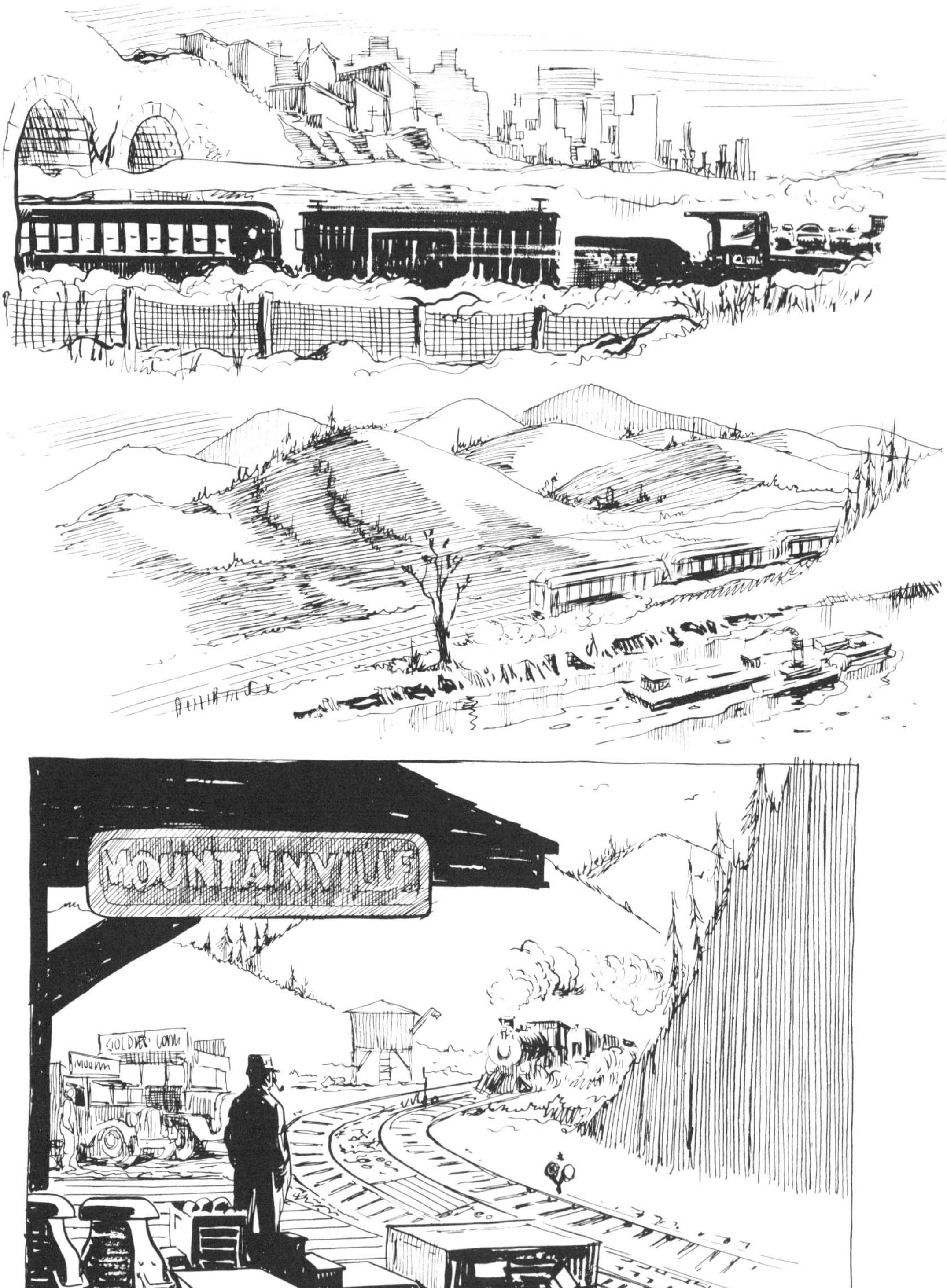
MOUNTAINVILLE

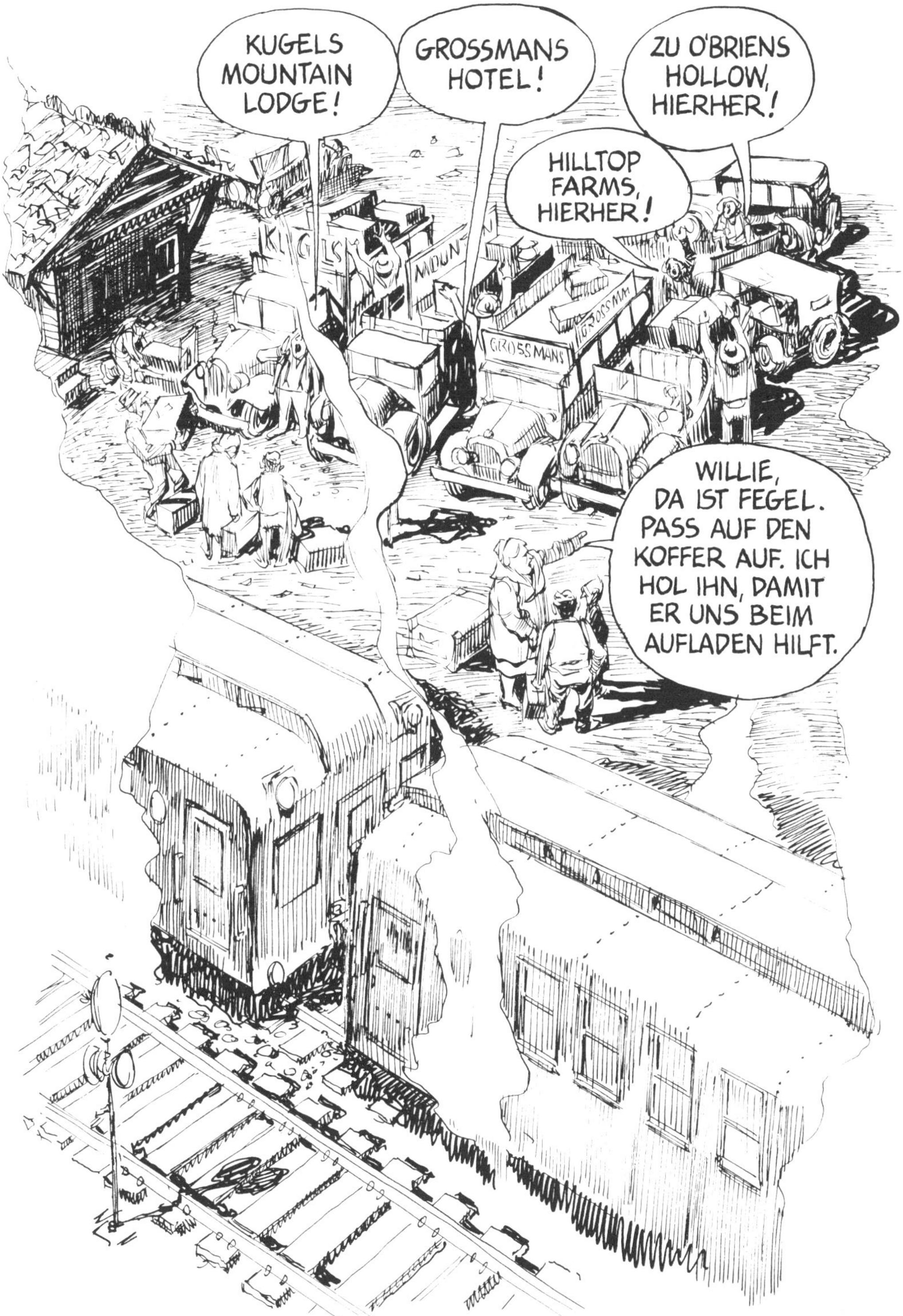
KUGELS MOUNTAIN LODGE!
GROSSMANS HOTEL!
ZU O'BRIENS HOLLOW, HIERHER!
HILLTOP FARMS, HIERHER!
KUGELS
MOUNTAIN
GROSSMANS
GROSSMAN
WILLIE, DA IST FEGEL. PASS AUF DEN KOFFER AUF. ICH HOL IHN, DAMIT ER UNS BEIM AUFLADEN HILFT.

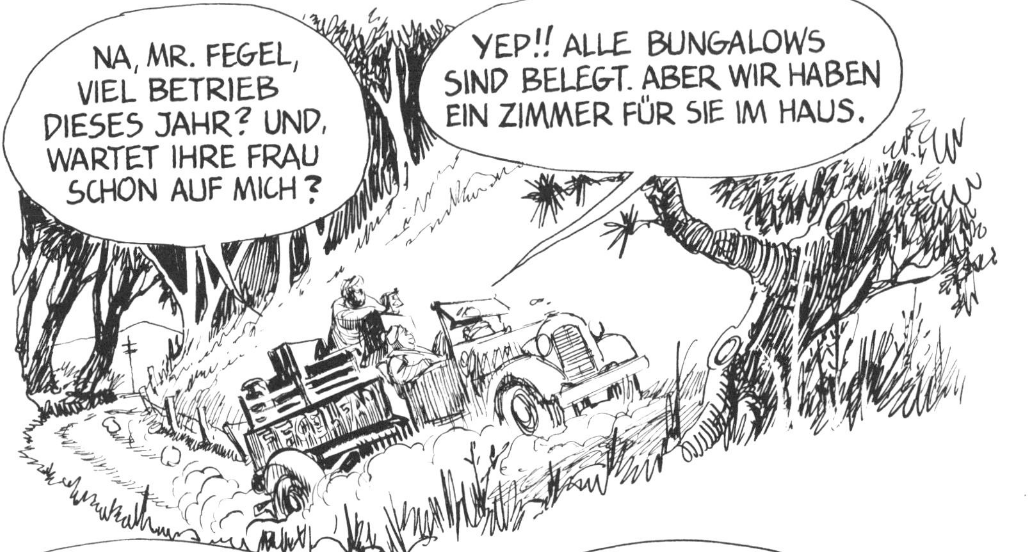
NA, MR. FEGEL, VIEL BETRIEB DIESES JAHR? UND, WARTET IHRE FRAU SCHON AUF MICH?
YEP!! ALLE BUNGALOWS SIND BELEGT. ABER WIR HABEN EIN ZIMMER FÜR SIE IM HAUS.

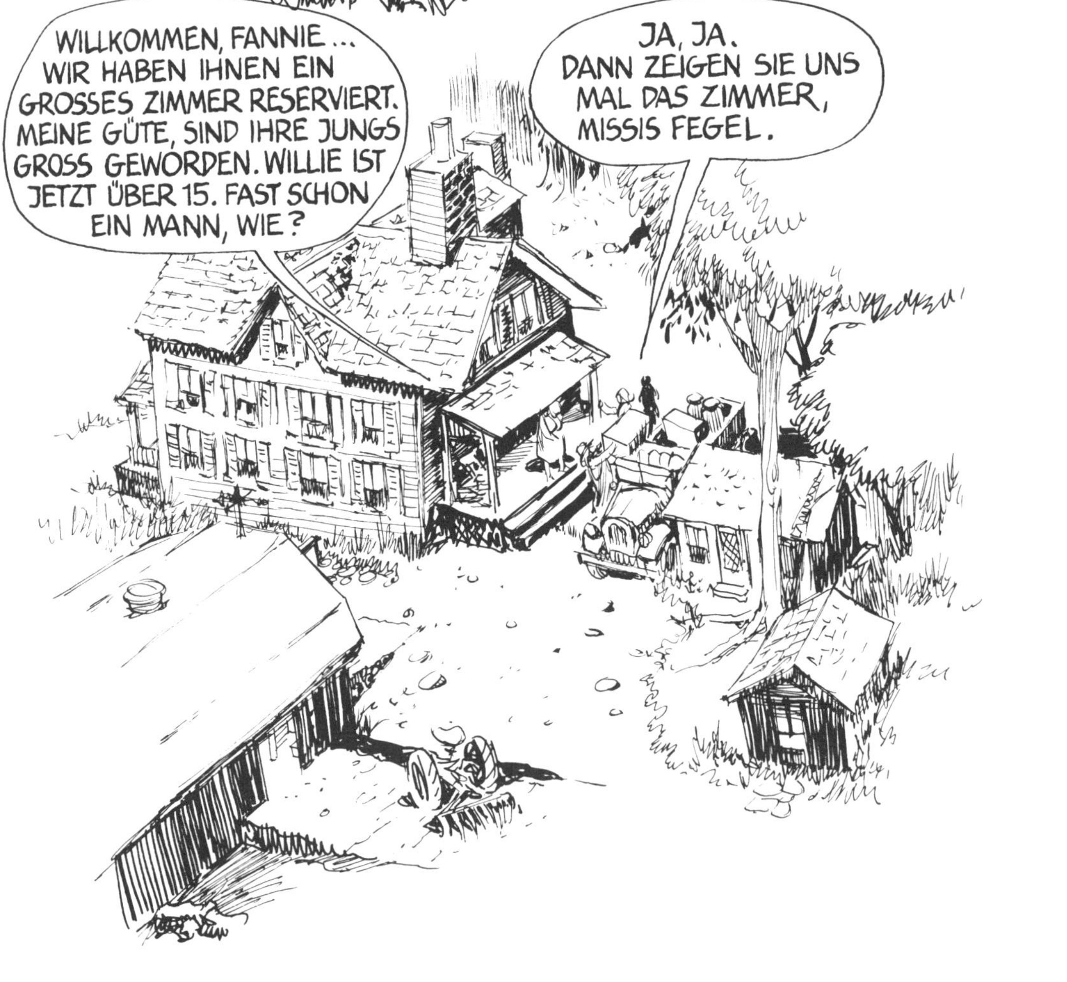
WILLKOMMEN, FANNIE ... WIR HABEN IHNEN EIN GROSSES ZIMMER RESERVIERT. MEINE GÜTE, SIND IHRE JUNGS GROSS GEWORDEN. WILLIE IST JETZT ÜBER 15. FAST SCHON EIN MANN, WIE?
JA, JA. DANN ZEIGEN SIE UNS MAL DAS ZIMMER, MISSIS FEGEL.

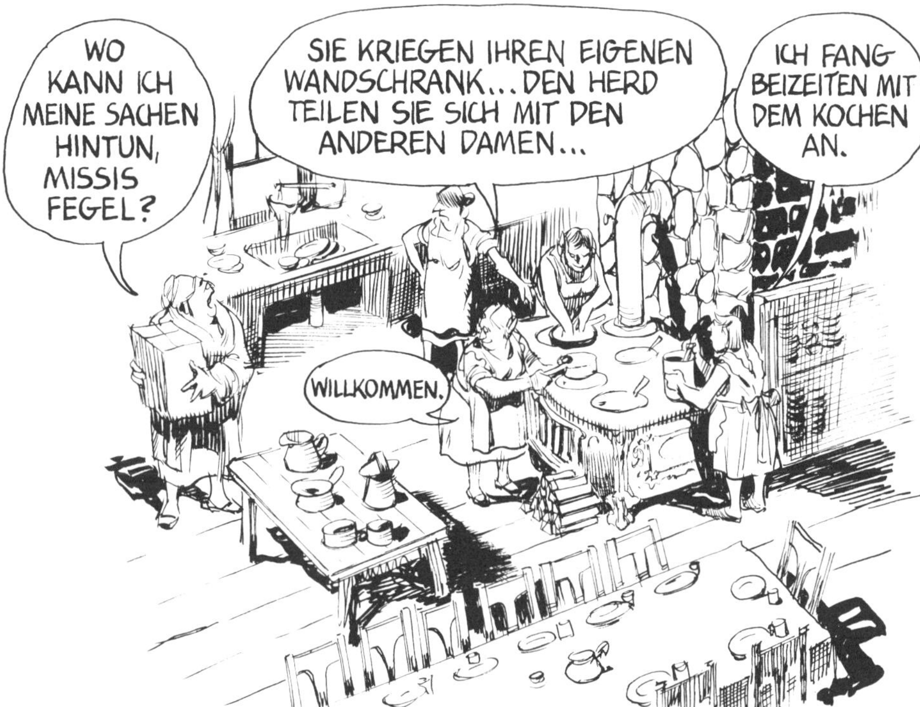
WO KANN ICH MEINE SACHEN HINTUN, MISSIS FEGEL?
SIE KRIEGEN IHREN EIGENEN WANDSCHRANK... DEN HERD TEILEN SIE SICH MIT DEN ANDEREN DAMEN...
ICH FANG BEIZEITEN MIT DEM KOCHEN AN.
WILLKOMMEN.

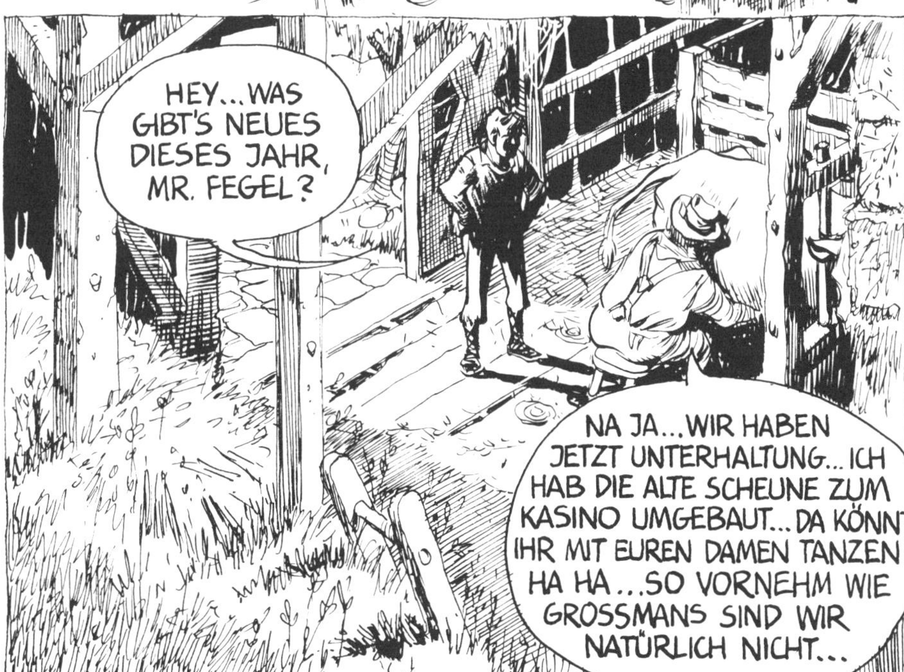
HEY... WAS GIBT'S NEUES DIESES JAHR, MR. FEGEL?
NA JA... WIR HABEN JETZT UNTERHALTUNG... ICH HAB DIE ALTE SCHEUNE ZUM KASINO UMGEBAUT... DA KÖNNT IHR MIT EUREN DAMEN TANZEN!! HA HA... SO VORNEHM WIE GROSSMANS SIND WIR NATÜRLICH NICHT...

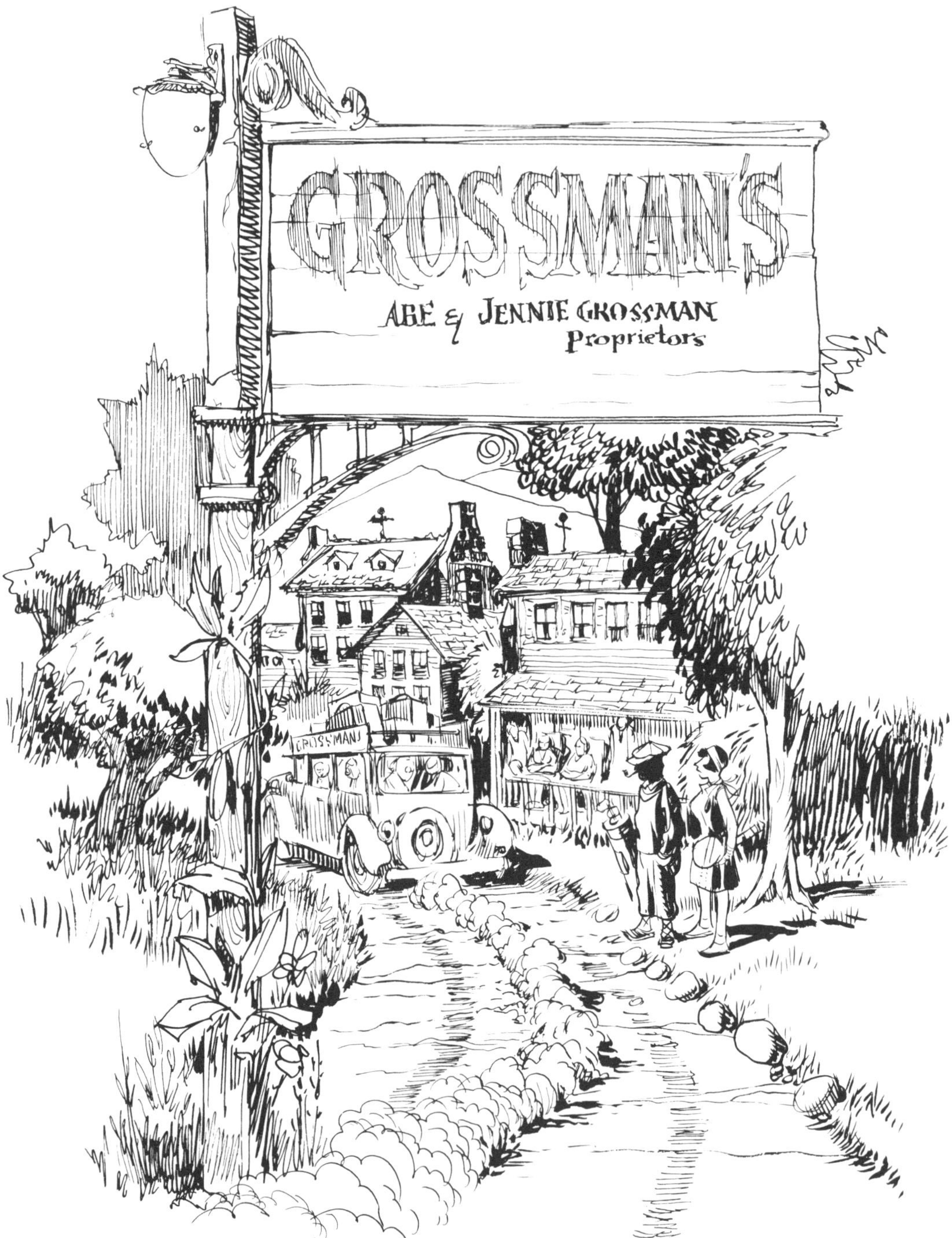
GROSSMAN'S
ABE & JENNIE GROSSMAN
Proprietors
GROSSMAN'S

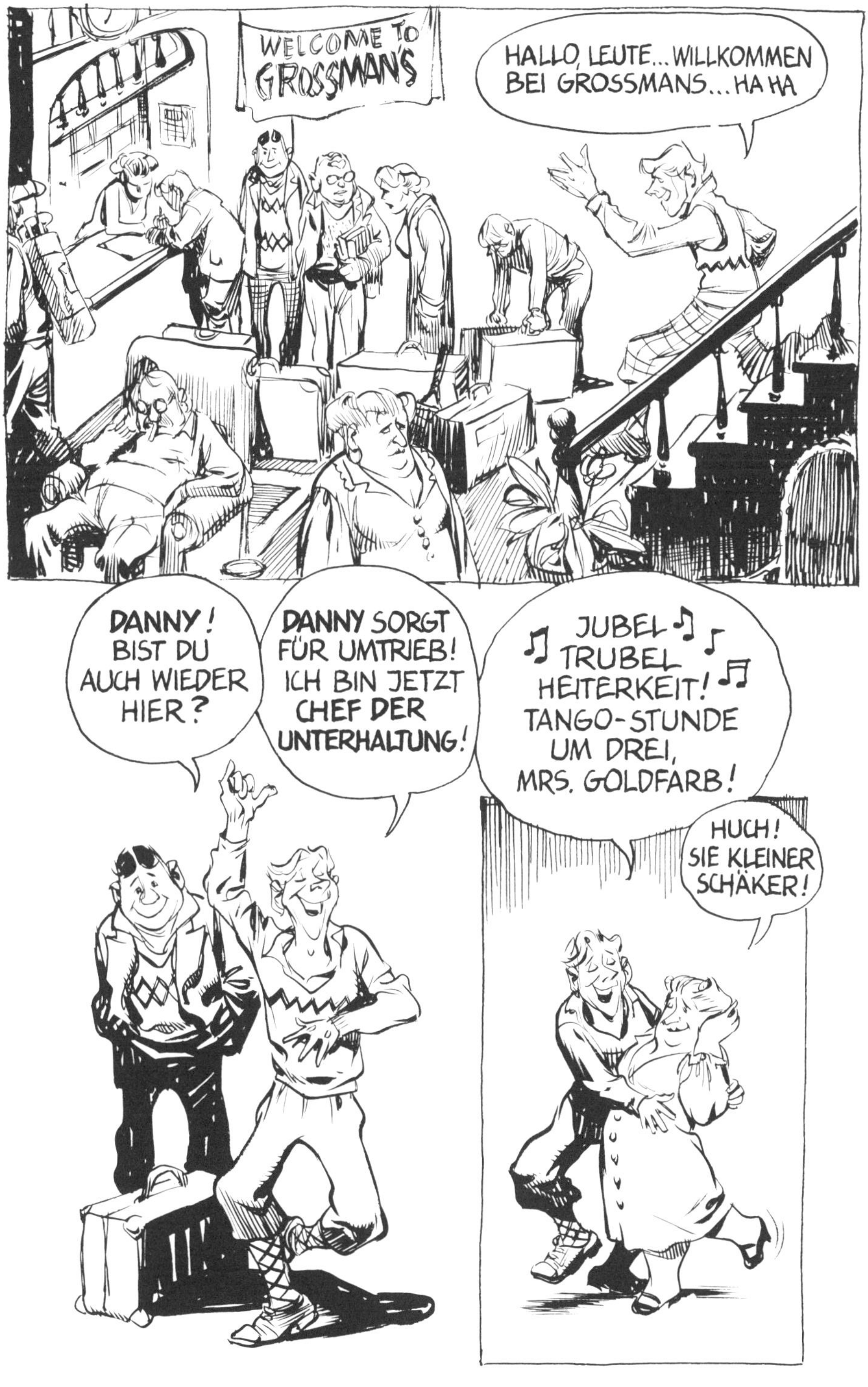
WELCOME TO GROSSMAN'S
HALLO, LEUTE... WILLKOMMEN BEI GROSSMANS... HA HA
DANNY! BIST DU AUCH WIEDER HIER?
DANNY SORGT FÜR UMTRIEB! ICH BIN JETZT CHEF DER UNTERHALTUNG!
JUBEL TRUBEL HEITERKEIT! TANGO-STUNDE UM DREI, MRS. GOLDFARB!
HUCH! SIE KLEINER SCHÄKER!

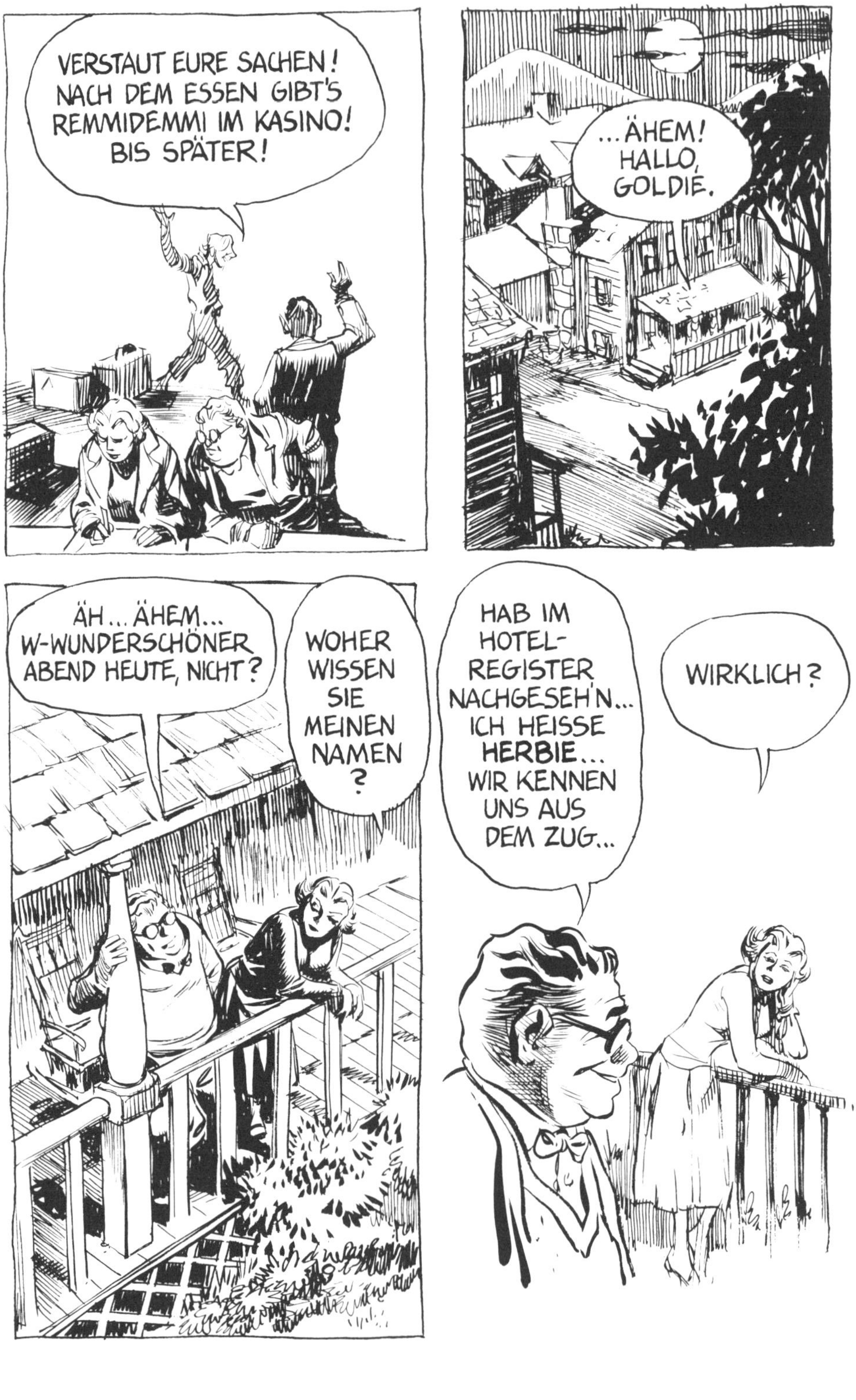

VERSTAUT EURE SACHEN! NACH DEM ESSEN GIBT'S REMMIDEMMI IM KASINO! BIS SPÄTER!
...ÄHEM! HALLO, GOLDIE.
ÄH... ÄHEM... W-WUNDERSCHÖNER ABEND HEUTE, NICHT?
WOHER WISSEN SIE MEINEN NAMEN?
HAB IM HOTEL-REGISTER NACHGESEH'N... ICH HEISSE **HERBIE**... WIR KENNEN UNS AUS DEM ZUG...
WIRKLICH?

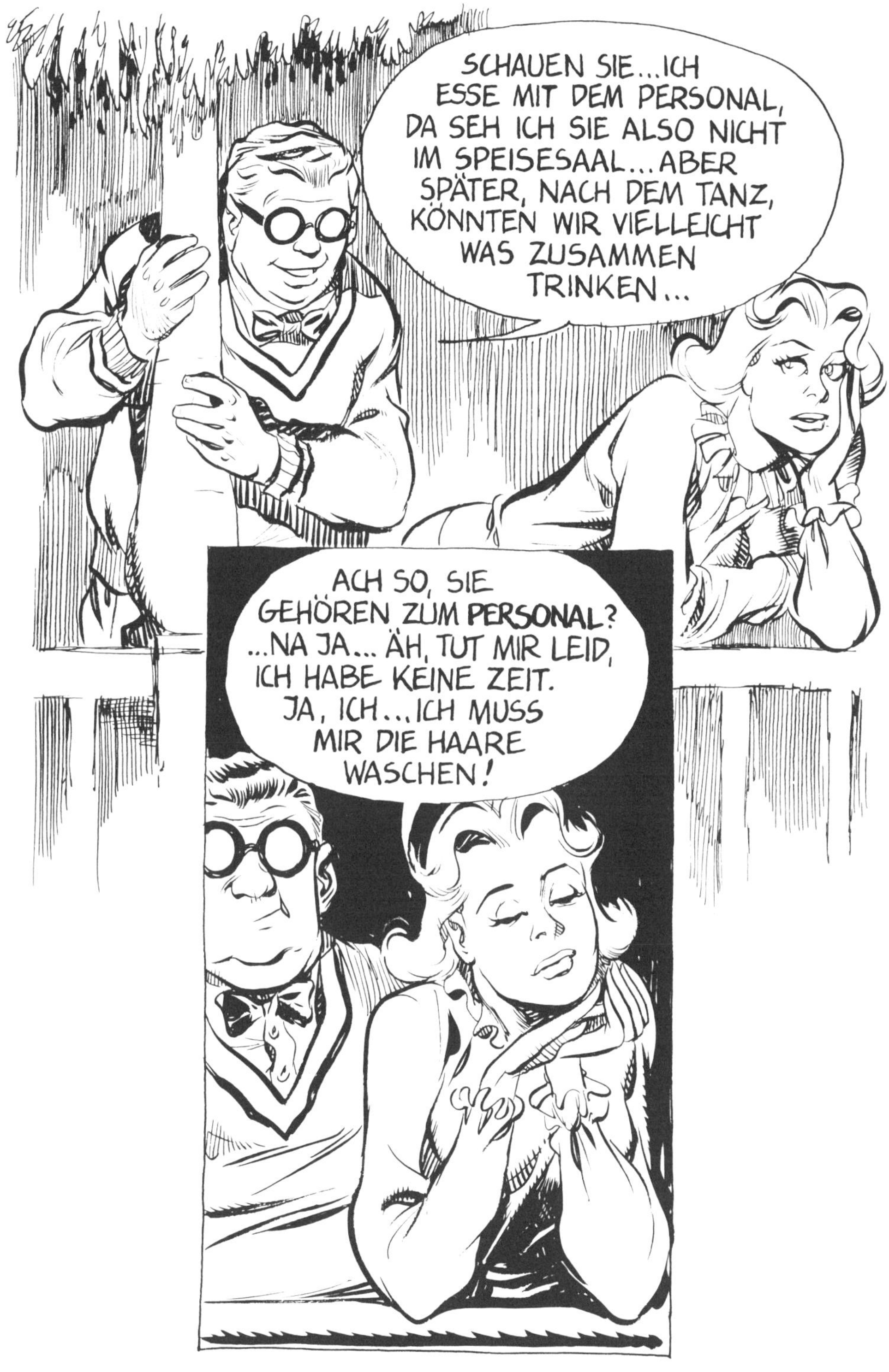
SCHAUEN SIE...ICH ESSE MIT DEM PERSONAL, DA SEH ICH SIE ALSO NICHT IM SPEISESAAL...ABER SPÄTER, NACH DEM TANZ, KÖNNTEN WIR VIELLEICHT WAS ZUSAMMEN TRINKEN...
ACH SO, SIE GEHÖREN ZUM **PERSONAL**? ...NA JA... ÄH, TUT MIR LEID, ICH HABE KEINE ZEIT. JA, ICH...ICH MUSS MIR DIE HAARE WASCHEN!

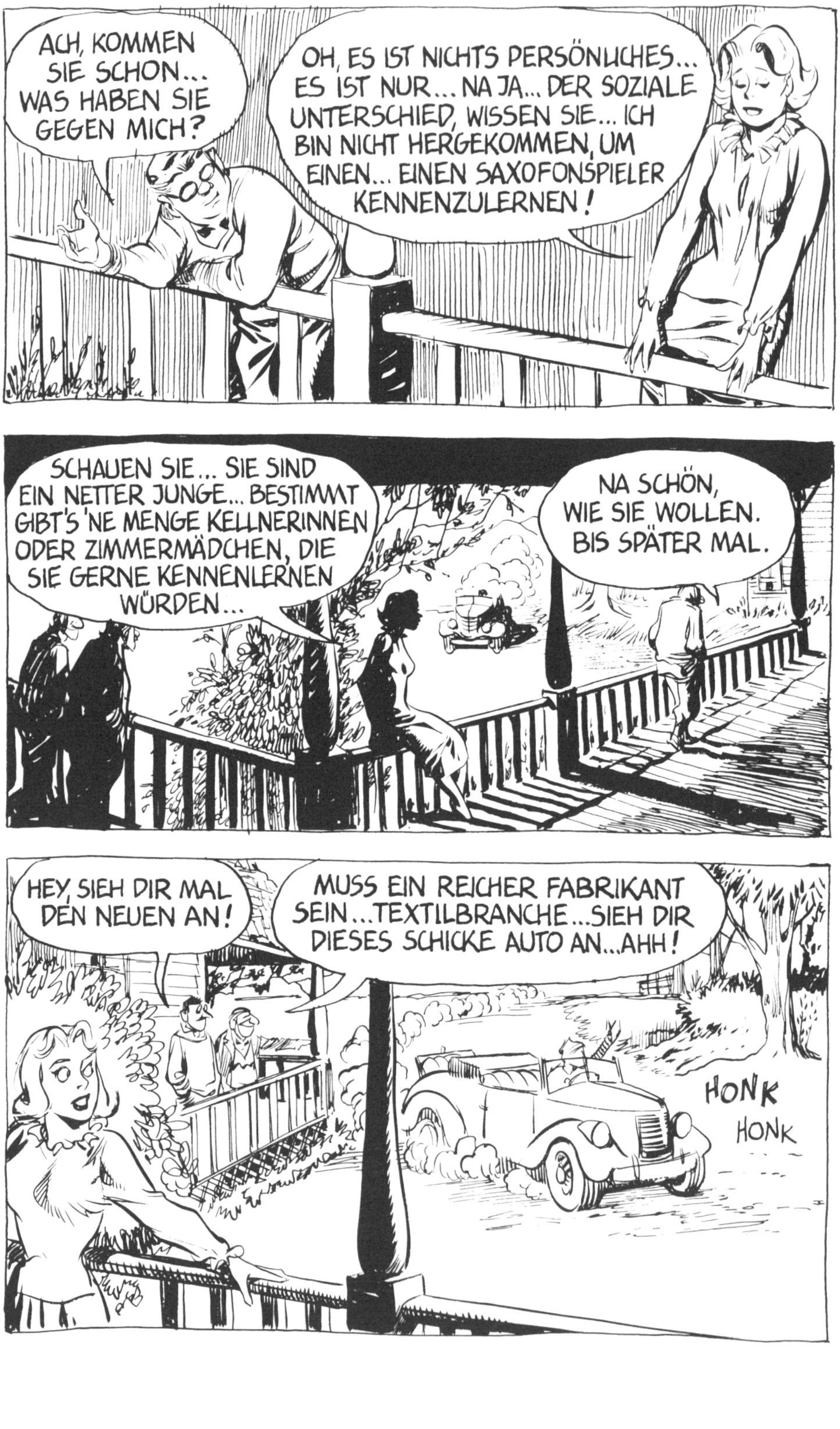
ACH, KOMMEN SIE SCHON... WAS HABEN SIE GEGEN MICH?
OH, ES IST NICHTS PERSÖNLICHES... ES IST NUR... NA JA... DER SOZIALE UNTERSCHIED, WISSEN SIE... ICH BIN NICHT HERGEKOMMEN, UM EINEN... EINEN SAXOFONSPIELER KENNENZULERNEN!
SCHAUEN SIE... SIE SIND EIN NETTER JUNGE... BESTIMMT GIBT'S 'NE MENGE KELLNERINNEN ODER ZIMMERMÄDCHEN, DIE SIE GERNE KENNENLERNEN WÜRDEN...
NA SCHÖN, WIE SIE WOLLEN. BIS SPÄTER MAL.
HEY, SIEH DIR MAL DEN NEUEN AN!
MUSS EIN REICHER FABRIKANT SEIN...TEXTILBRANCHE...SIEH DIR DIESES SCHICKE AUTO AN...AHH!
HONK
HONK

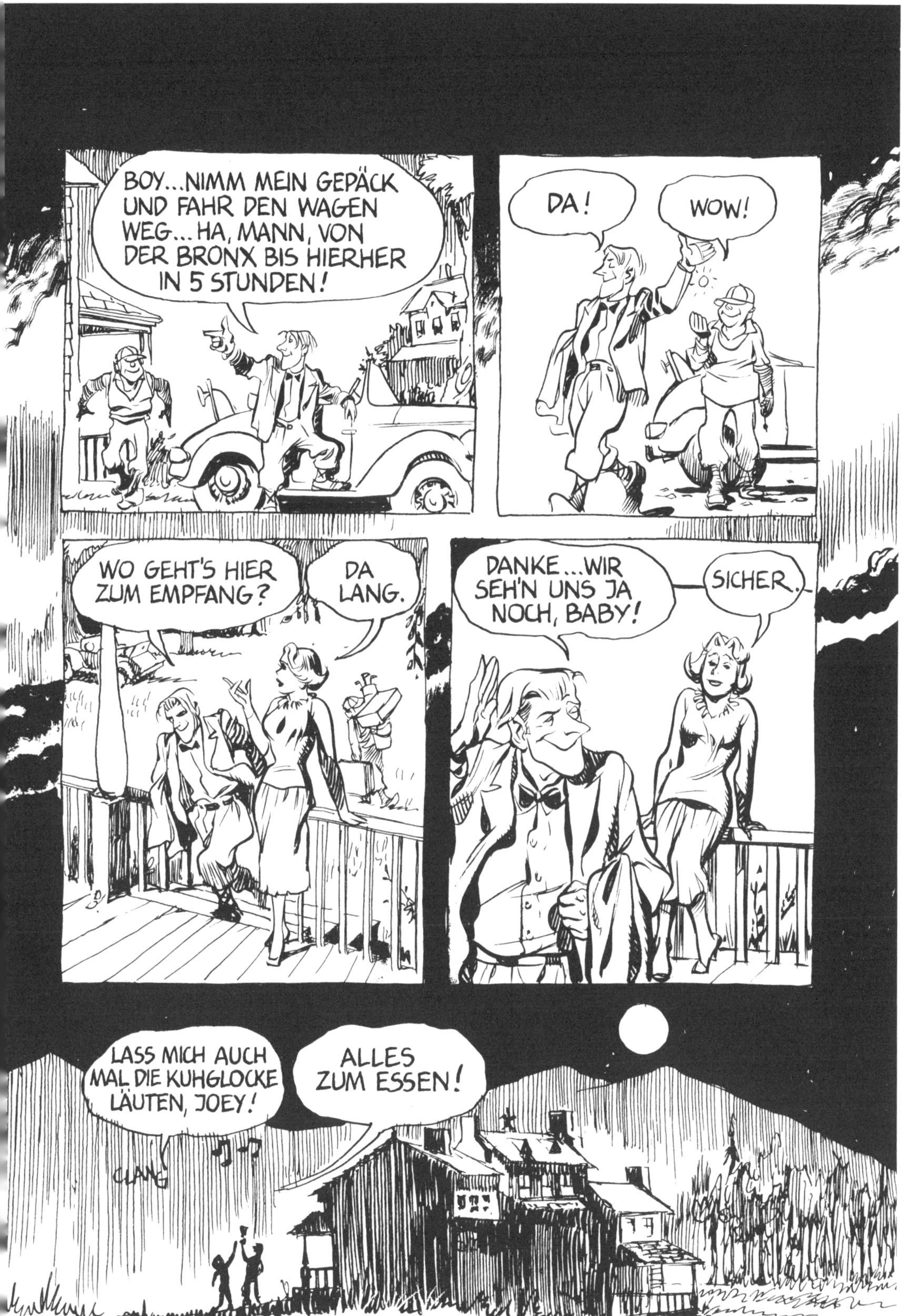
BOY... NIMM MEIN GEPÄCK UND FAHR DEN WAGEN WEG... HA, MANN, VON DER BRONX BIS HIERHER IN 5 STUNDEN!
DA!
WOW!
WO GEHT'S HIER ZUM EMPFANG?
DA LANG.
DANKE... WIR SEH'N UNS JA NOCH, BABY!
SICHER.
LASS MICH AUCH MAL DIE KUHGLOCKE LÄUTEN, JOEY!
ALLES ZUM ESSEN!
CLANG

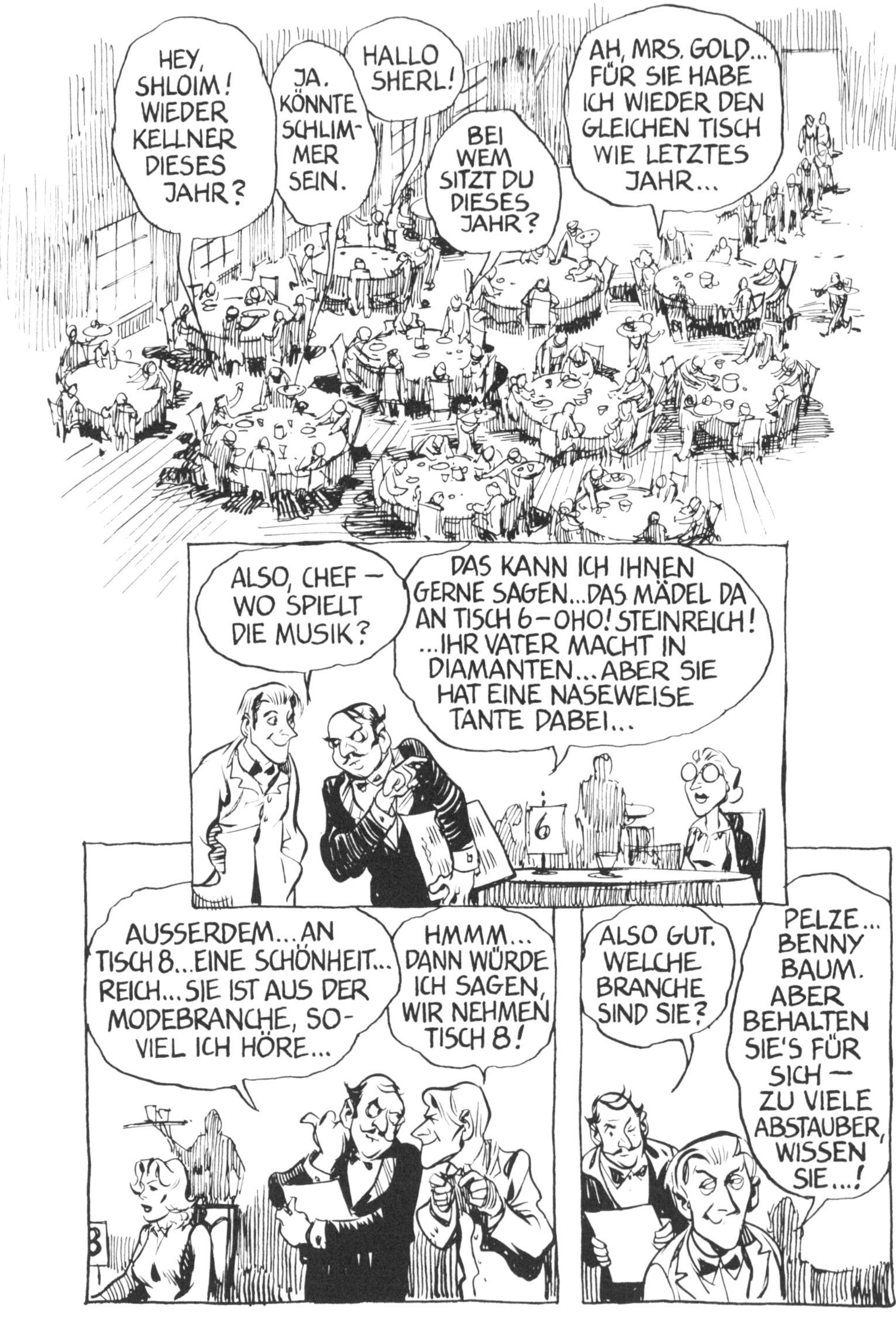
HEY, SHLOIM! WIEDER KELLNER DIESES JAHR?
JA. KÖNNTE SCHLIMMER SEIN.
HALLO SHERL!
BEI WEM SITZT DU DIESES JAHR?
AH, MRS. GOLD... FÜR SIE HABE ICH WIEDER DEN GLEICHEN TISCH WIE LETZTES JAHR...
ALSO, CHEF — WO SPIELT DIE MUSIK?
DAS KANN ICH IHNEN GERNE SAGEN...DAS MÄDEL DA AN TISCH 6 — OHO! STEINREICH! ...IHR VATER MACHT IN DIAMANTEN... ABER SIE HAT EINE NASEWEISE TANTE DABEI...
6
AUSSERDEM... AN TISCH 8...EINE SCHÖNHEIT... REICH...SIE IST AUS DER MODEBRANCHE, SO-VIEL ICH HÖRE...
HMMM... DANN WÜRDE ICH SAGEN, WIR NEHMEN TISCH 8!
8
ALSO GUT. WELCHE BRANCHE SIND SIE?
PELZE... BENNY BAUM. ABER BEHALTEN SIE'S FÜR SICH — ZU VIELE ABSTAUBER, WISSEN SIE...!

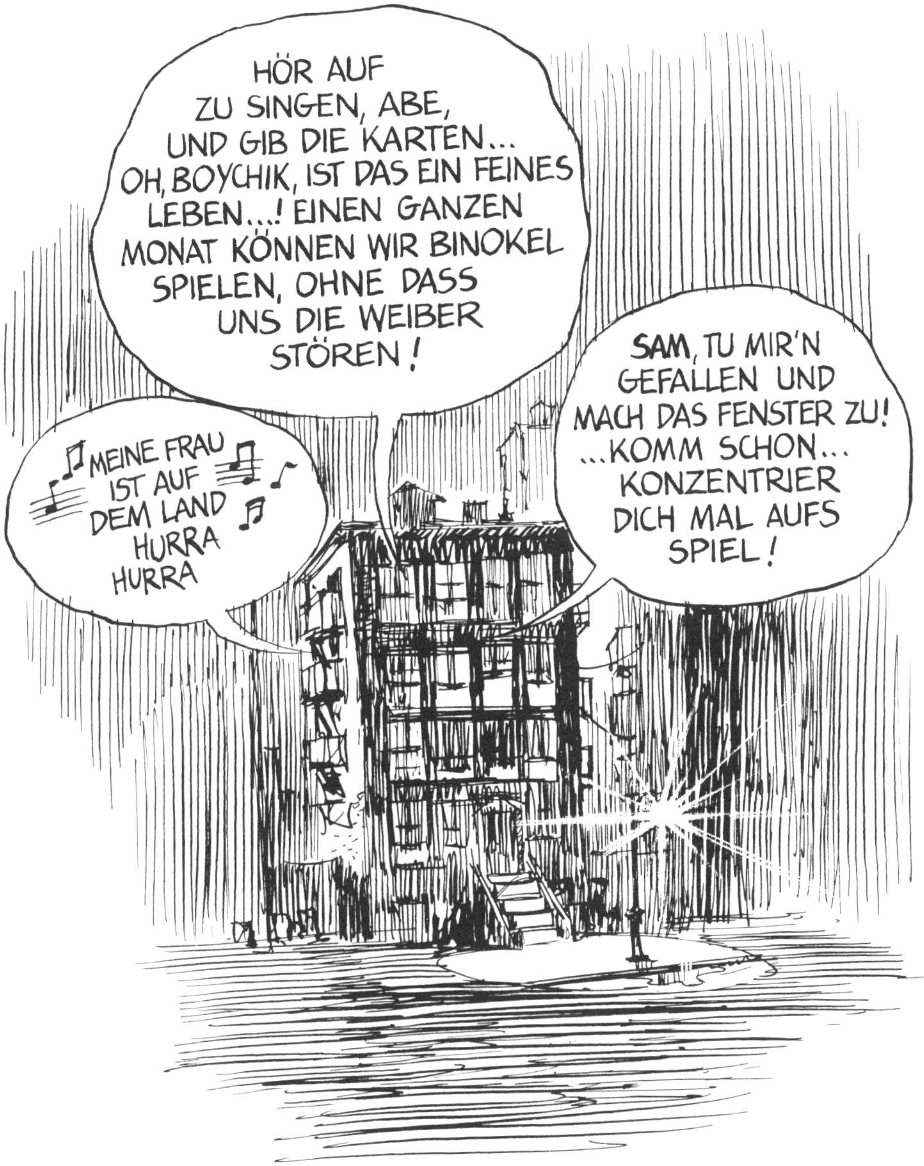
HÖR AUF ZU SINGEN, ABE, UND GIB DIE KARTEN... OH, BOYCHIK, IST DAS EIN FEINES LEBEN...! EINEN GANZEN MONAT KÖNNEN WIR BINOKEL SPIELEN, OHNE DASS UNS DIE WEIBER STÖREN!
MEINE FRAU IST AUF DEM LAND HURRA HURRA
SAM, TU MIR'N GEFALLEN UND MACH DAS FENSTER ZU! ...KOMM SCHON... KONZENTRIER DICH MAL AUFS SPIEL!

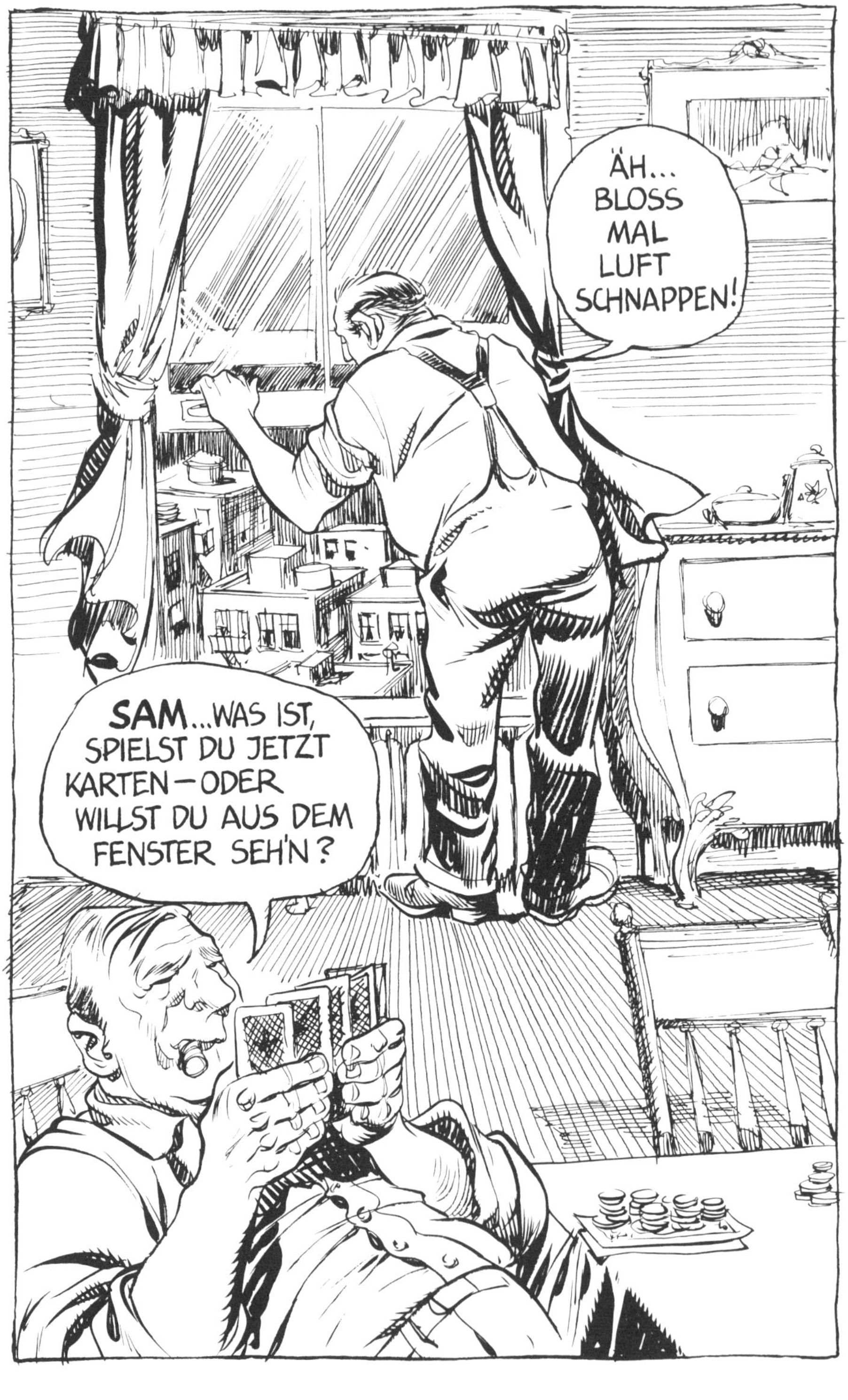
ÄH... BLOSS MAL LUFT SCHNAPPEN!
SAM...WAS IST, SPIELST DU JETZT KARTEN–ODER WILLST DU AUS DEM FENSTER SEH'N?

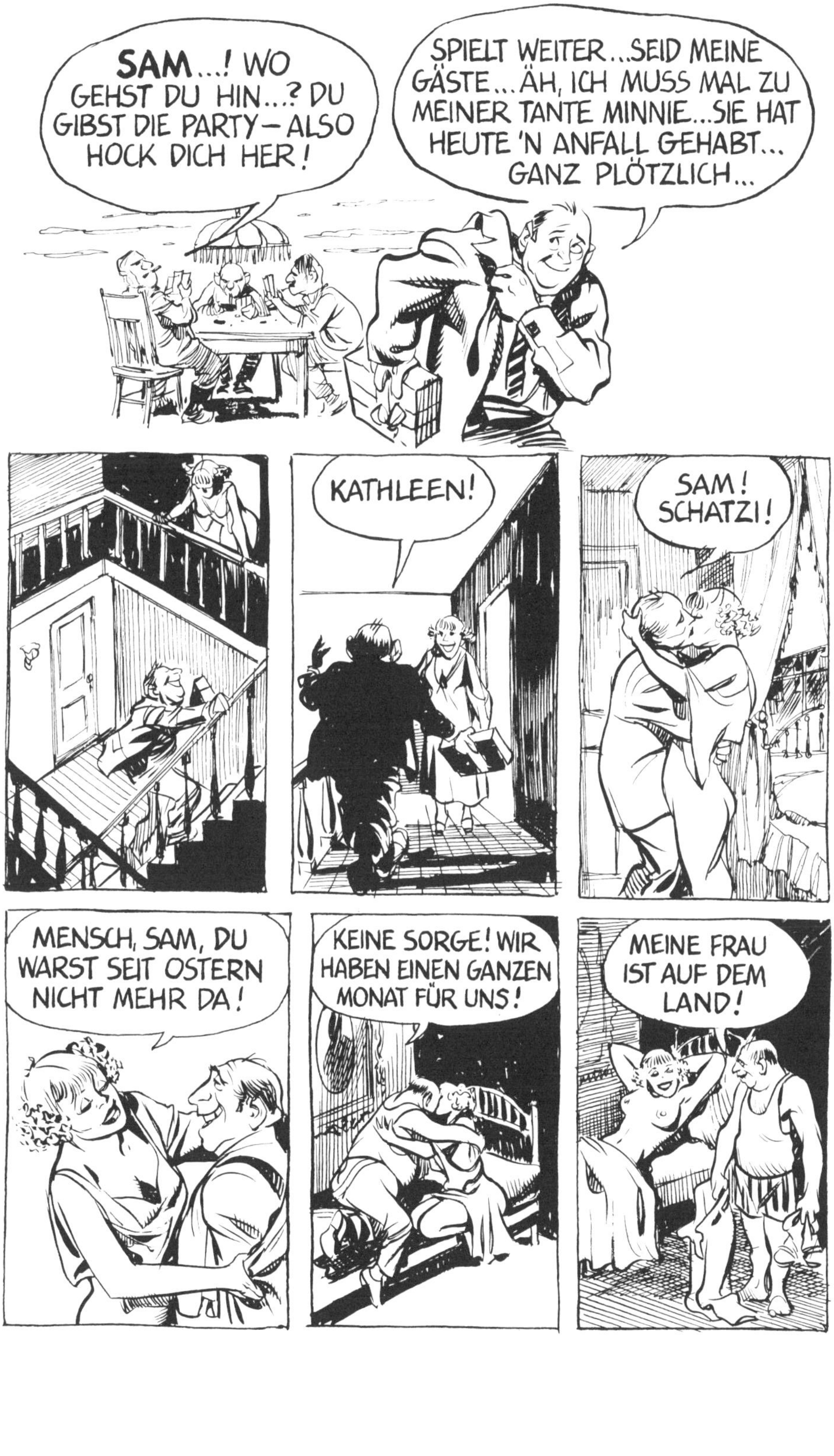
SAM...! WO GEHST DU HIN...? DU GIBST DIE PARTY – ALSO HOCK DICH HER!
SPIELT WEITER...SEID MEINE GÄSTE...ÄH, ICH MUSS MAL ZU MEINER TANTE MINNIE...SIE HAT HEUTE 'N ANFALL GEHABT... GANZ PLÖTZLICH...
KATHLEEN!
SAM! SCHATZI!
MENSCH, SAM, DU WARST SEIT OSTERN NICHT MEHR DA!
KEINE SORGE! WIR HABEN EINEN GANZEN MONAT FÜR UNS!
MEINE FRAU IST AUF DEM LAND!

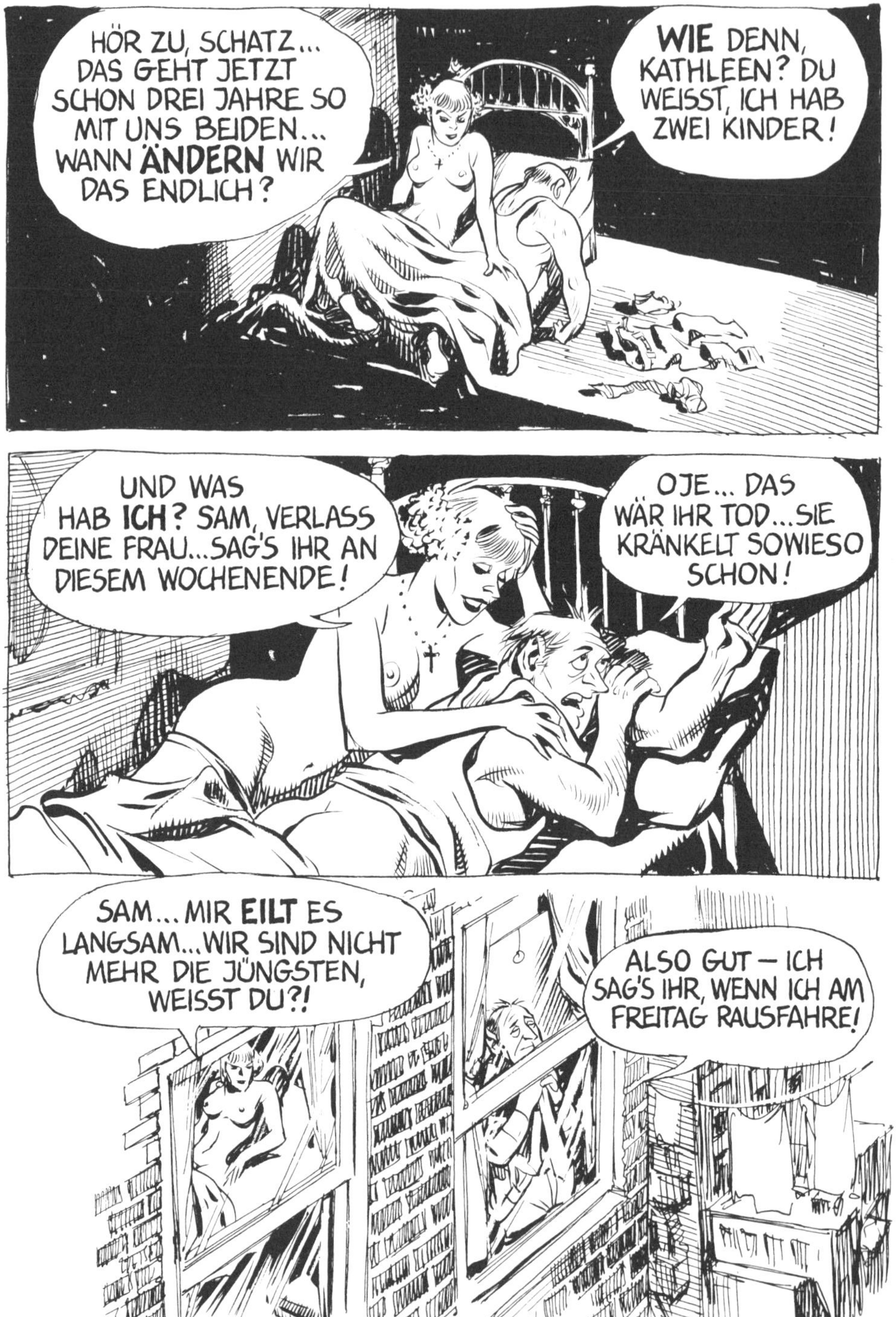
HÖR ZU, SCHATZ... DAS GEHT JETZT SCHON DREI JAHRE SO MIT UNS BEIDEN... WANN ÄNDERN WIR DAS ENDLICH?
WIE DENN, KATHLEEN? DU WEISST, ICH HAB ZWEI KINDER!
UND WAS HAB ICH? SAM, VERLASS DEINE FRAU...SAG'S IHR AN DIESEM WOCHENENDE!
OJE... DAS WÄR IHR TOD...SIE KRÄNKELT SOWIESO SCHON!
SAM... MIR EILT ES LANGSAM...WIR SIND NICHT MEHR DIE JÜNGSTEN, WEISST DU?!
ALSO GUT — ICH SAG'S IHR, WENN ICH AM FREITAG RAUSFAHRE!

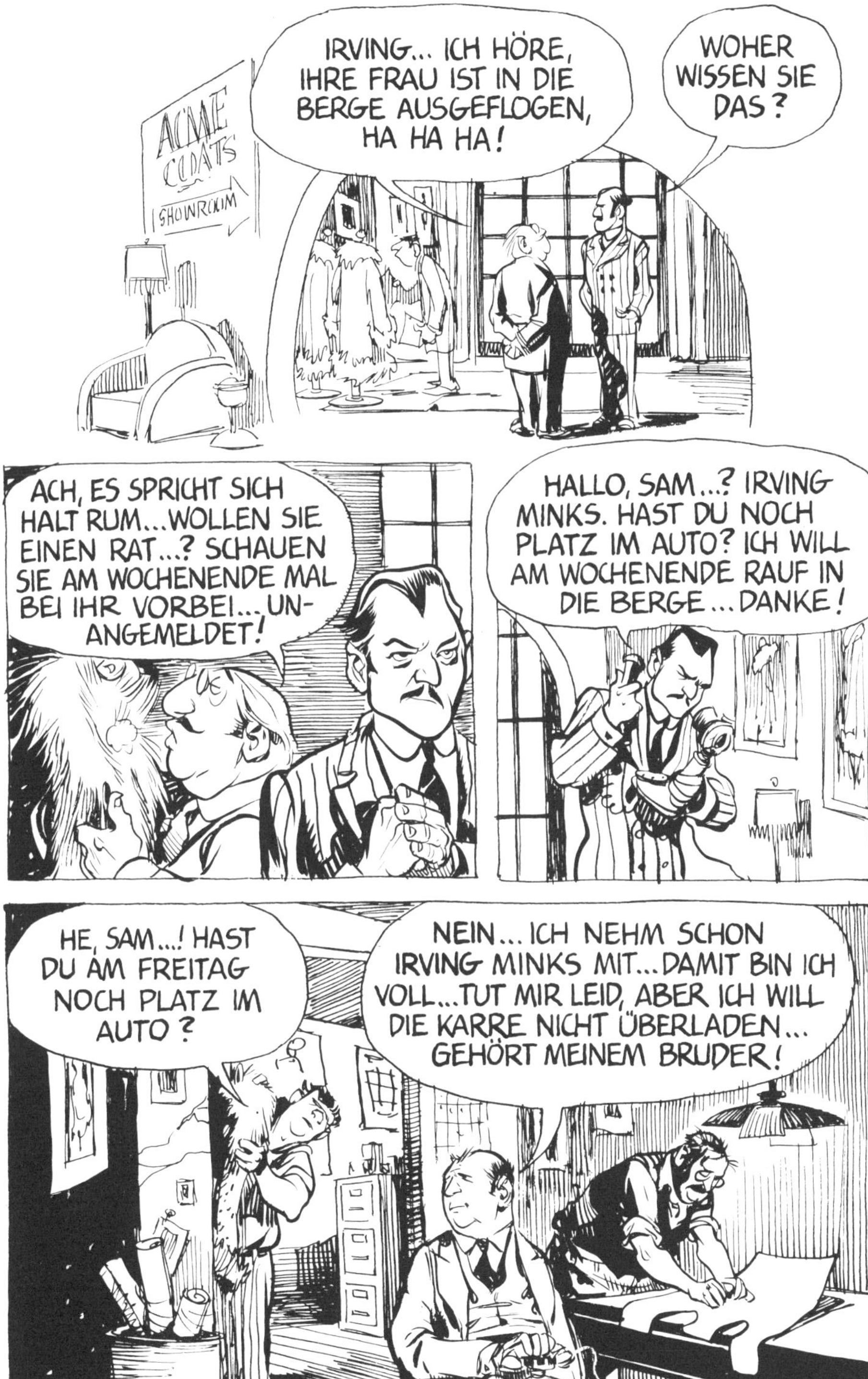
ACME COATS
SHOWROOM
IRVING... ICH HÖRE, IHRE FRAU IST IN DIE BERGE AUSGEFLOGEN, HA HA HA!
WOHER WISSEN SIE DAS?
ACH, ES SPRICHT SICH HALT RUM... WOLLEN SIE EINEN RAT...? SCHAUEN SIE AM WOCHENENDE MAL BEI IHR VORBEI... UN-ANGEMELDET!
HALLO, SAM...? IRVING MINKS. HAST DU NOCH PLATZ IM AUTO? ICH WILL AM WOCHENENDE RAUF IN DIE BERGE... DANKE!
HE, SAM...! HAST DU AM FREITAG NOCH PLATZ IM AUTO?
NEIN... ICH NEHM SCHON IRVING MINKS MIT... DAMIT BIN ICH VOLL... TUT MIR LEID, ABER ICH WILL DIE KARRE NICHT ÜBERLADEN... GEHÖRT MEINEM BRUDER!

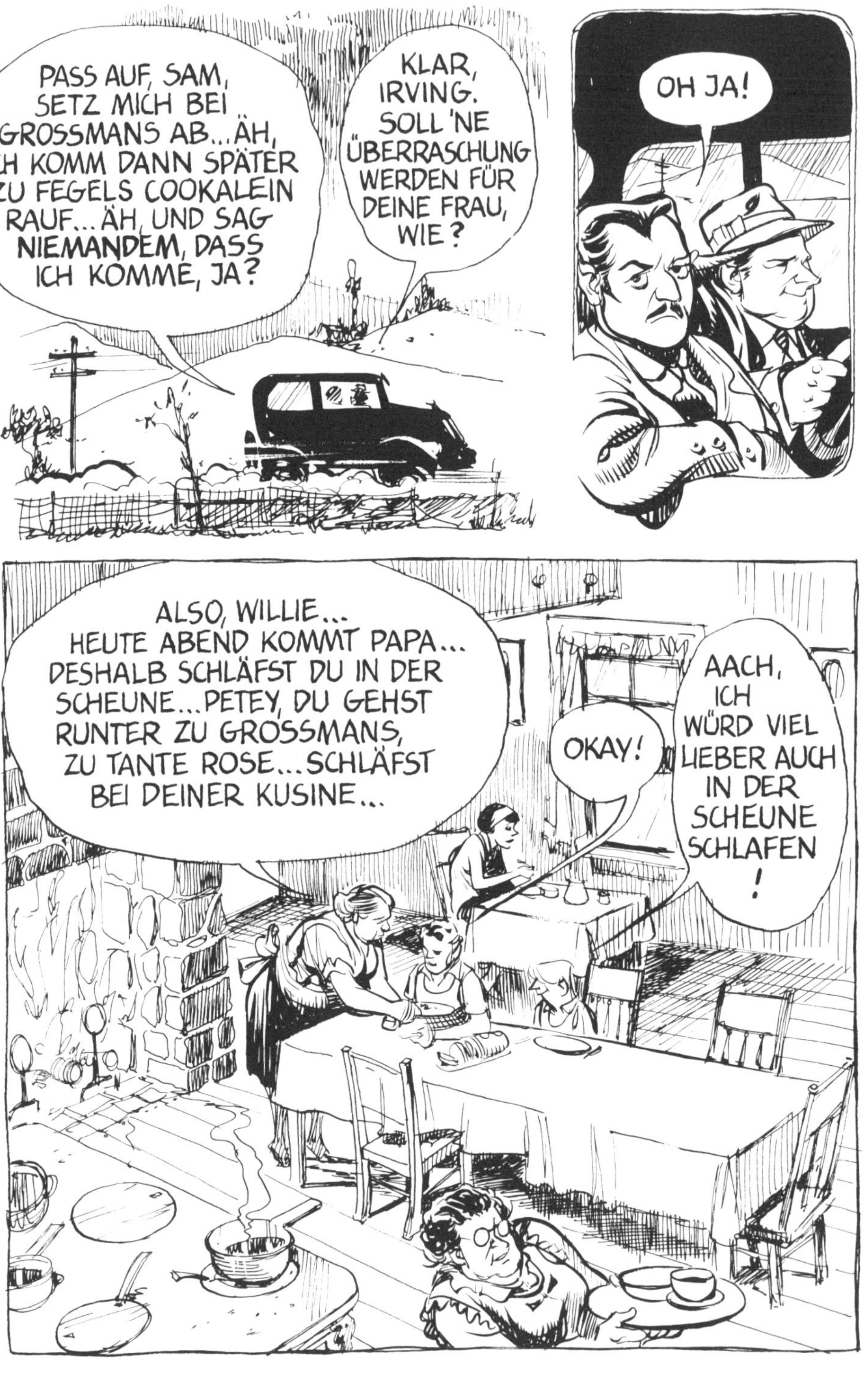
PASS AUF, SAM, SETZ MICH BEI GROSSMANS AB...ÄH, ICH KOMM DANN SPÄTER ZU FEGELS COOKALEIN RAUF...ÄH, UND SAG **NIEMANDEM**, DASS ICH KOMME, JA?
KLAR, IRVING. SOLL 'NE ÜBERRASCHUNG WERDEN FÜR DEINE FRAU, WIE?
OH JA!
ALSO, WILLIE... HEUTE ABEND KOMMT PAPA... DESHALB SCHLÄFST DU IN DER SCHEUNE...PETEY, DU GEHST RUNTER ZU GROSSMANS, ZU TANTE ROSE...SCHLÄFST BEI DEINER KUSINE...
OKAY!
AACH, ICH WÜRD VIEL LIEBER AUCH IN DER SCHEUNE SCHLAFEN!

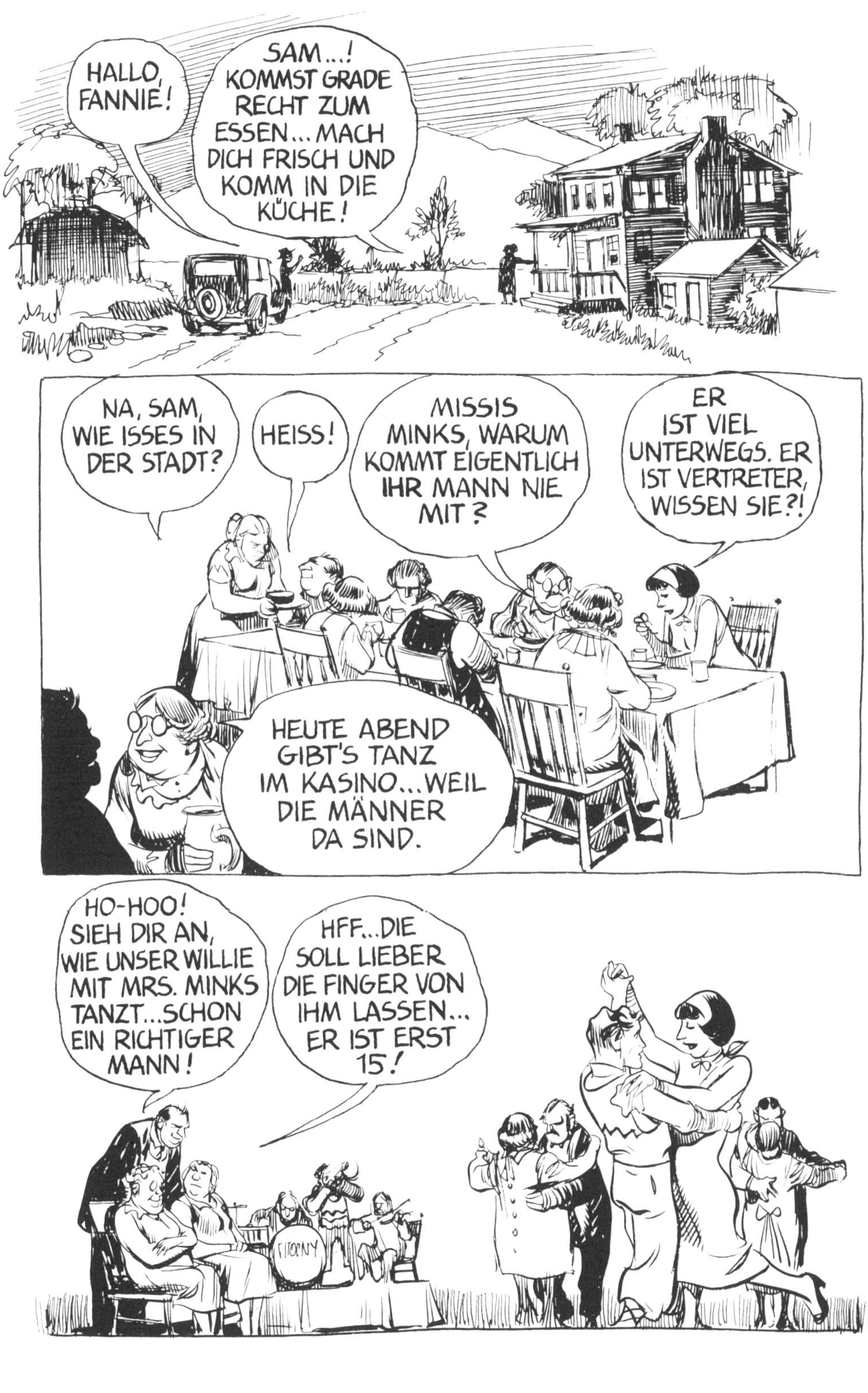
HALLO, FANNIE!
SAM...! KOMMST GRADE RECHT ZUM ESSEN... MACH DICH FRISCH UND KOMM IN DIE KÜCHE!
NA, SAM, WIE ISSES IN DER STADT?
HEISS!
MISSIS MINKS, WARUM KOMMT EIGENTLICH IHR MANN NIE MIT?
ER IST VIEL UNTERWEGS. ER IST VERTRETER, WISSEN SIE?!
HEUTE ABEND GIBT'S TANZ IM KASINO... WEIL DIE MÄNNER DA SIND.
HO-HOO! SIEH DIR AN, WIE UNSER WILLIE MIT MRS. MINKS TANZT... SCHON EIN RICHTIGER MANN!
HFF... DIE SOLL LIEBER DIE FINGER VON IHM LASSEN... ER IST ERST 15!

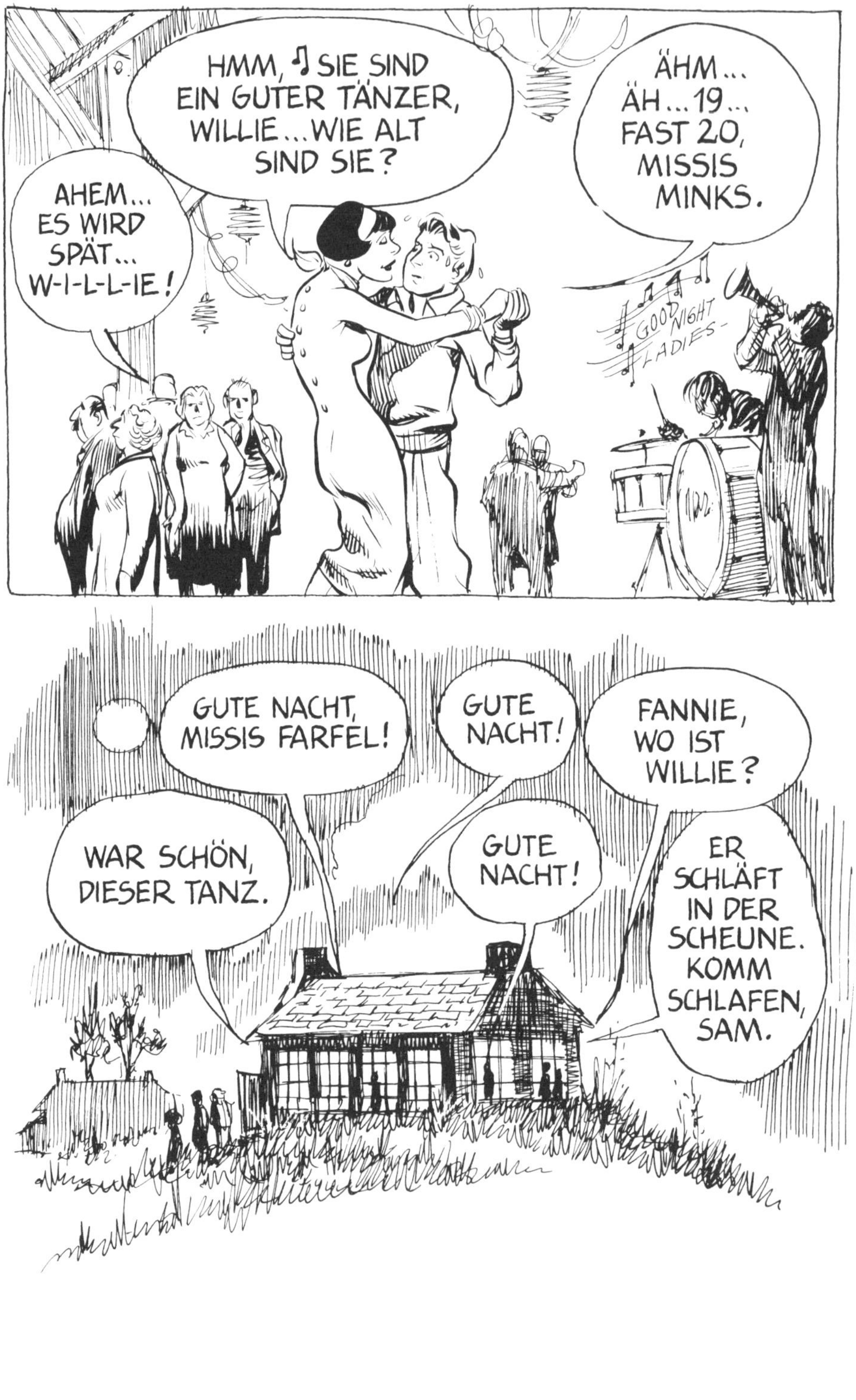
HMM, ♫ SIE SIND EIN GUTER TÄNZER, WILLIE...WIE ALT SIND SIE?
ÄHM... ÄH...19... FAST 20, MISSIS MINKS.
AHEM... ES WIRD SPÄT... W-I-L-L-IE!
GOOD NIGHT LADIES-
GUTE NACHT, MISSIS FARFEL!
GUTE NACHT!
FANNIE, WO IST WILLIE?
WAR SCHÖN, DIESER TANZ.
GUTE NACHT!
ER SCHLÄFT IN DER SCHEUNE. KOMM SCHLAFEN, SAM.

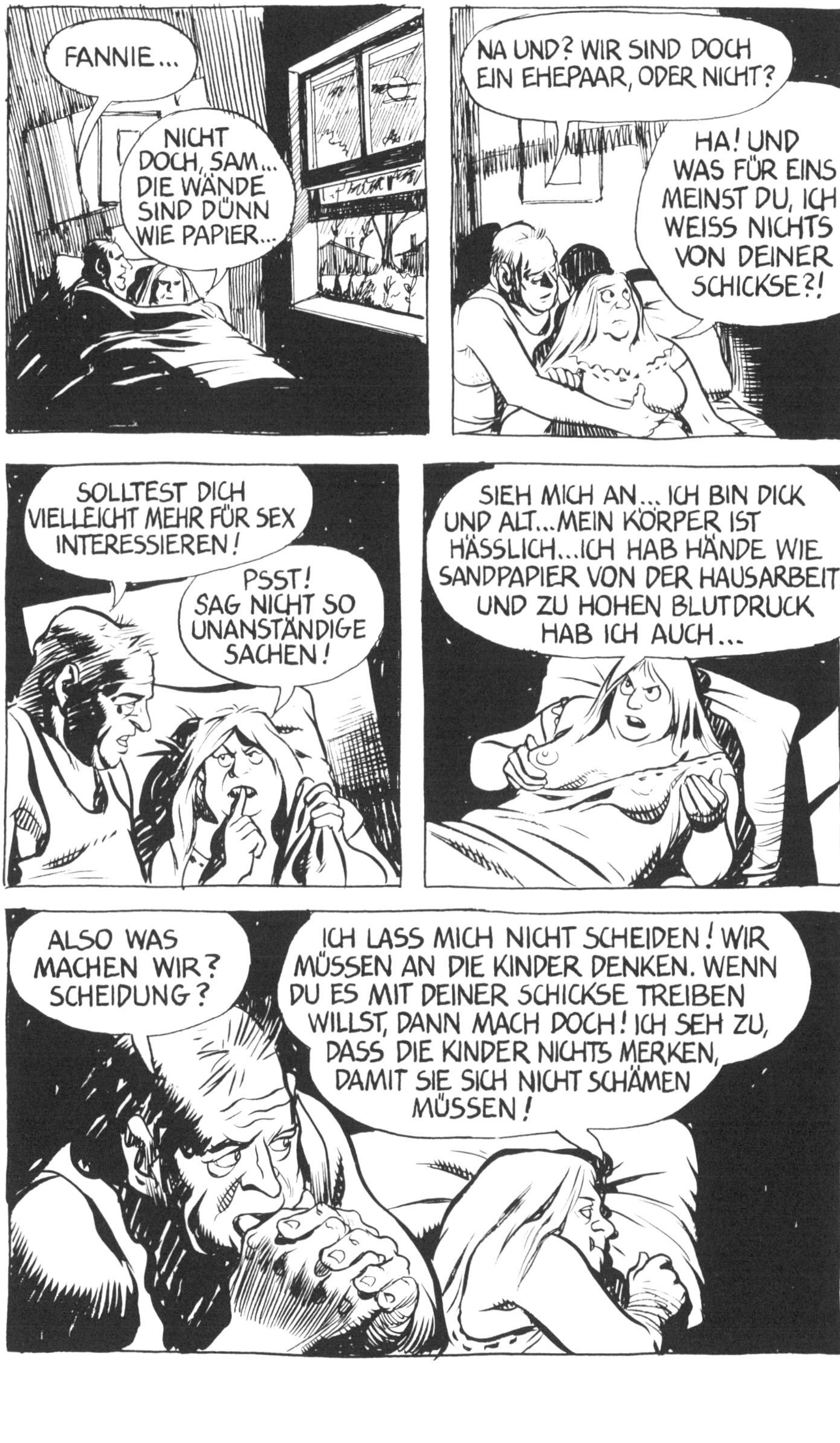
FANNIE...
NICHT DOCH, SAM... DIE WÄNDE SIND DÜNN WIE PAPIER...
NA UND? WIR SIND DOCH EIN EHEPAAR, ODER NICHT?
HA! UND WAS FÜR EINS! MEINST DU, ICH WEISS NICHTS VON DEINER SCHICKSE?!
SOLLTEST DICH VIELLEICHT MEHR FÜR SEX INTERESSIEREN!
PSST! SAG NICHT SO UNANSTÄNDIGE SACHEN!
SIEH MICH AN... ICH BIN DICK UND ALT... MEIN KÖRPER IST HÄSSLICH... ICH HAB HÄNDE WIE SANDPAPIER VON DER HAUSARBEIT... UND ZU HOHEN BLUTDRUCK HAB ICH AUCH...
ALSO WAS MACHEN WIR? SCHEIDUNG?
ICH LASS MICH NICHT SCHEIDEN! WIR MÜSSEN AN DIE KINDER DENKEN. WENN DU ES MIT DEINER SCHICKSE TREIBEN WILLST, DANN MACH DOCH! ICH SEH ZU, DASS DIE KINDER NICHTS MERKEN, DAMIT SIE SICH NICHT SCHÄMEN MÜSSEN!

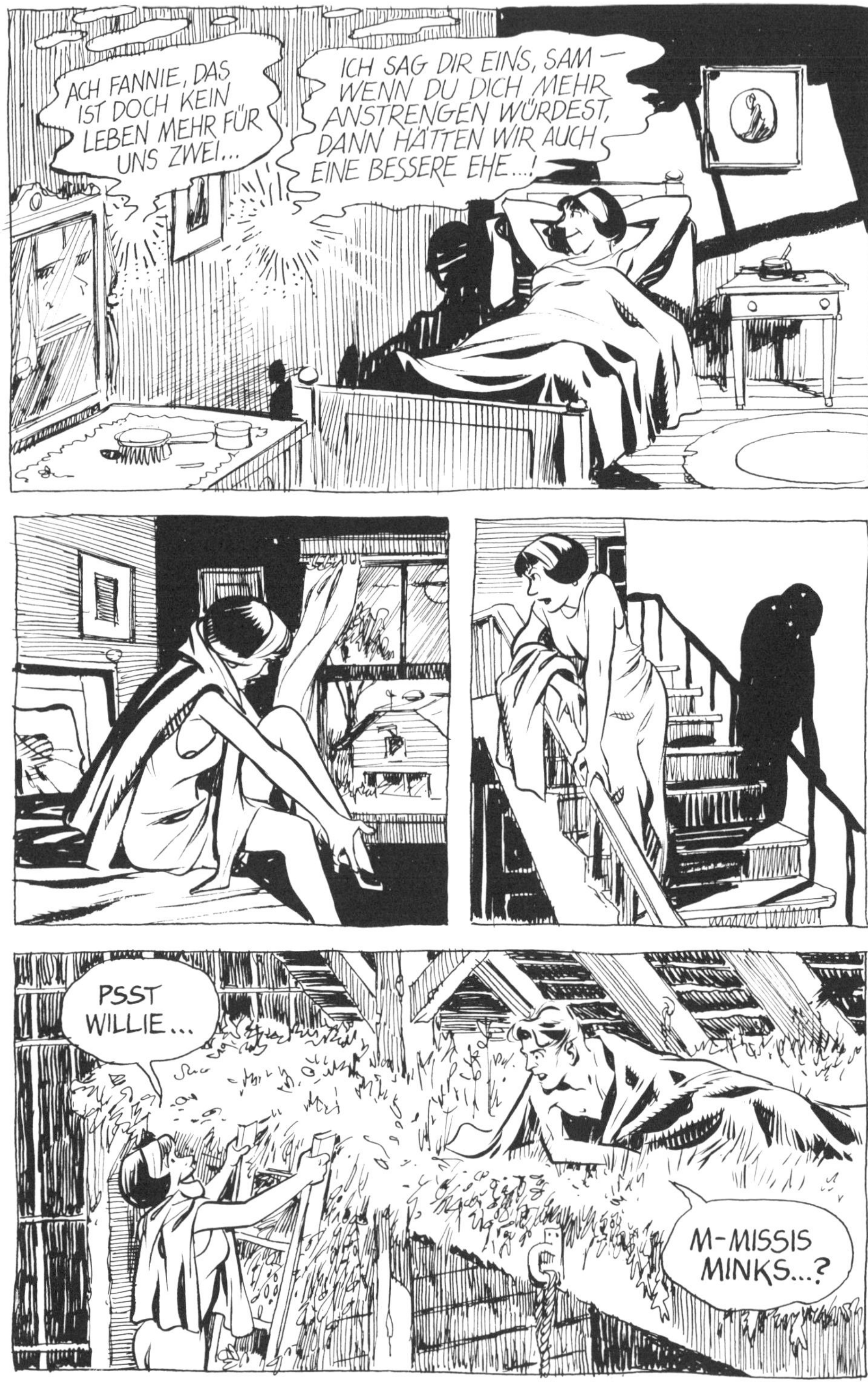
ACH FANNIE, DAS IST DOCH KEIN LEBEN MEHR FÜR UNS ZWEI...
ICH SAG DIR EINS, SAM – WENN DU DICH MEHR ANSTRENGEN WÜRDEST, DANN HÄTTEN WIR AUCH EINE BESSERE EHE...!
PSST WILLIE...
M-MISSIS MINKS...?

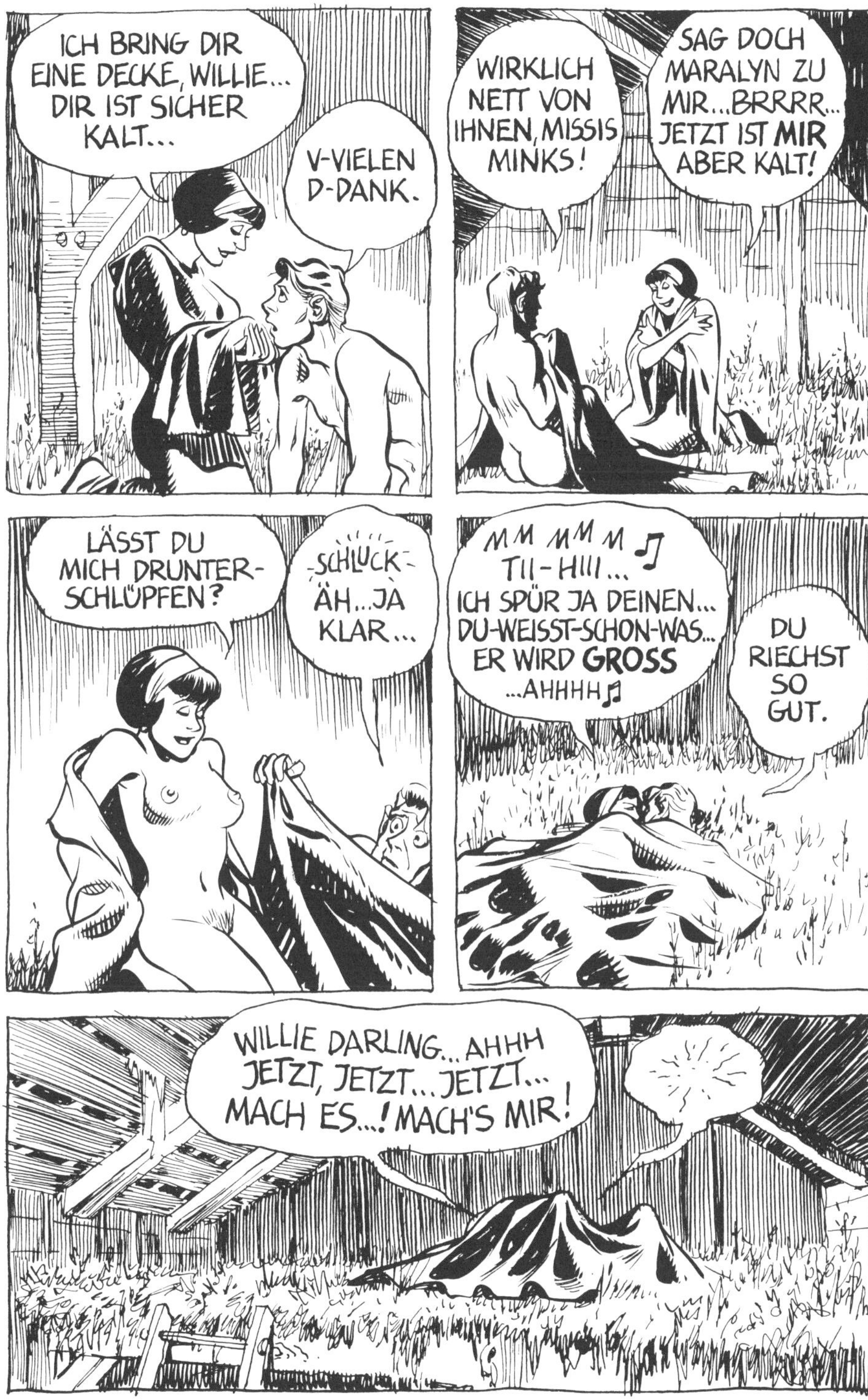
ICH BRING DIR EINE DECKE, WILLIE... DIR IST SICHER KALT...
V-VIELEN D-DANK.
WIRKLICH NETT VON IHNEN, MISSIS MINKS!
SAG DOCH MARALYN ZU MIR...BRRRR... JETZT IST **MIR** ABER KALT!
LÄSST DU MICH DRUNTER-SCHLÜPFEN?
SCHLUCK
ÄH...JA KLAR...
MM MMM M ♫ TII-HIII... ICH SPÜR JA DEINEN... DU-WEISST-SCHON-WAS... ER WIRD **GROSS** ...AHHHH ♫
DU RIECHST SO GUT.
WILLIE DARLING...AHHH JETZT, JETZT...JETZT... MACH ES...! MACH'S MIR!

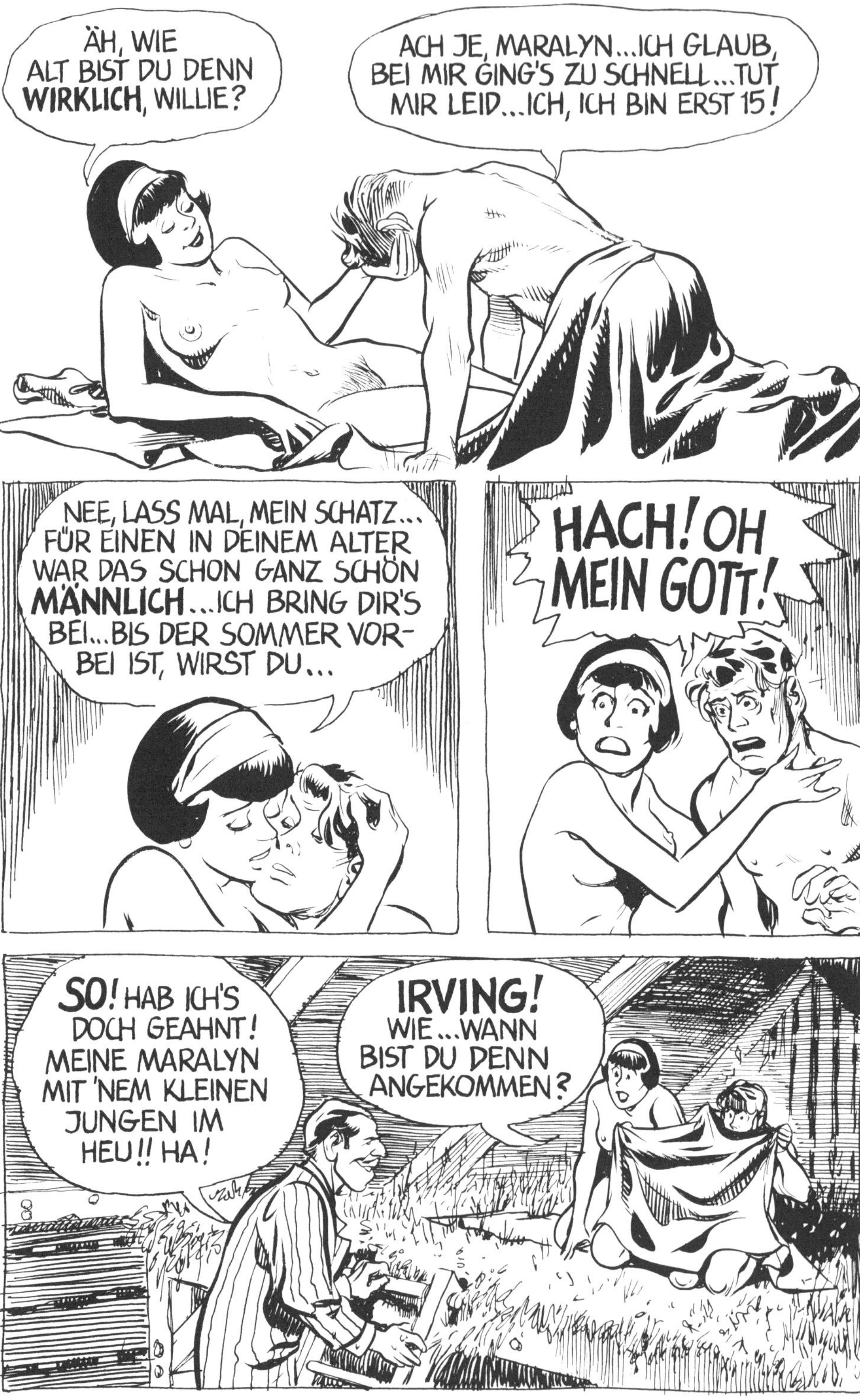
ÄH, WIE ALT BIST DU DENN **WIRKLICH**, WILLIE?
ACH JE, MARALYN...ICH GLAUB, BEI MIR GING'S ZU SCHNELL...TUT MIR LEID...ICH, ICH BIN ERST 15!
NEE, LASS MAL, MEIN SCHATZ... FÜR EINEN IN DEINEM ALTER WAR DAS SCHON GANZ SCHÖN **MÄNNLICH**...ICH BRING DIR'S BEI...BIS DER SOMMER VORBEI IST, WIRST DU...
HACH! OH MEIN GOTT!
SO! HAB ICH'S DOCH GEAHNT! MEINE MARALYN MIT 'NEM KLEINEN JUNGEN IM HEU!! HA!
IRVING! WIE...WANN BIST DU DENN ANGEKOMMEN?

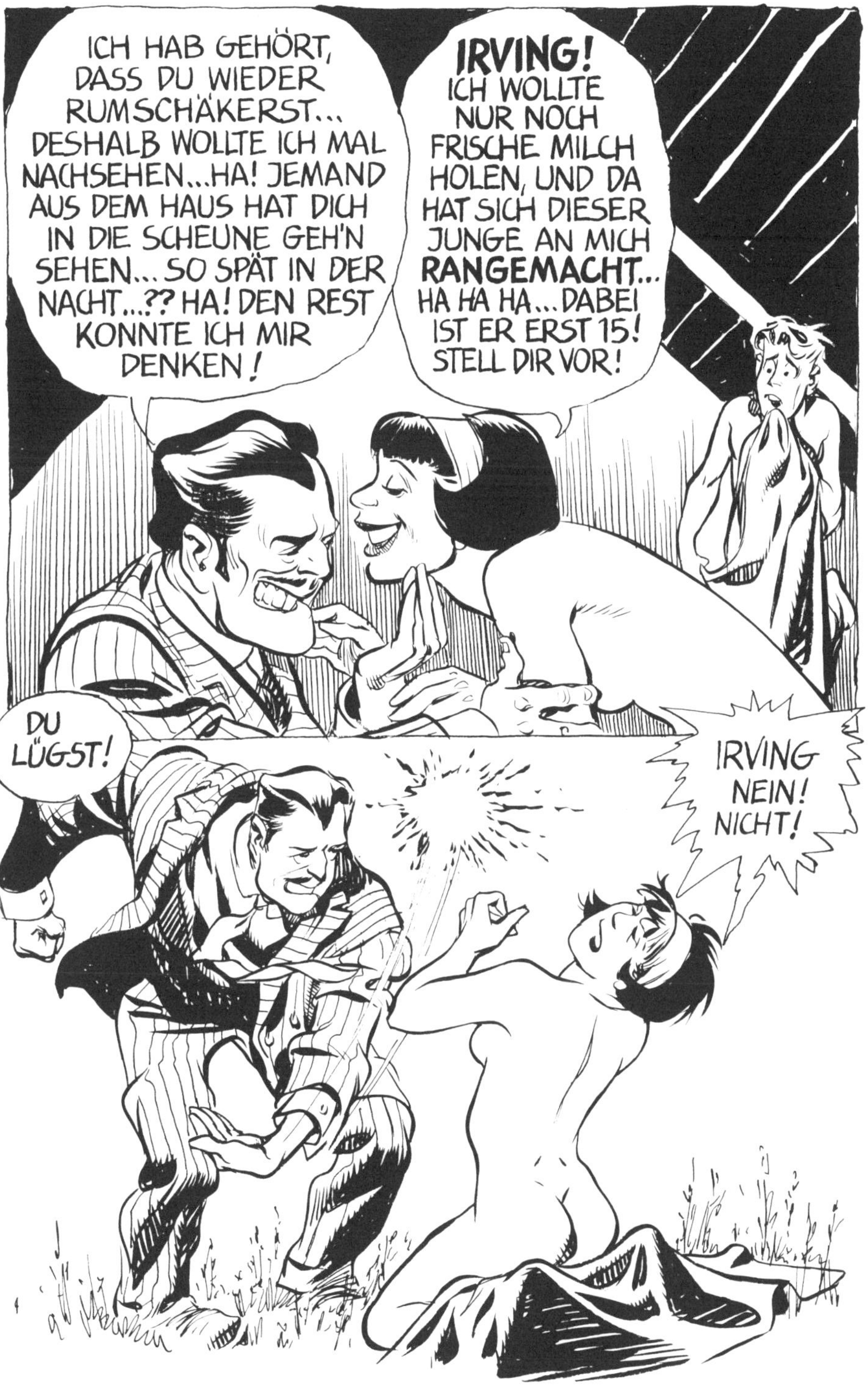
ICH HAB GEHÖRT, DASS DU WIEDER RUMSCHÄKERST... DESHALB WOLLTE ICH MAL NACHSEHEN...HA! JEMAND AUS DEM HAUS HAT DICH IN DIE SCHEUNE GEH'N SEHEN... SO SPÄT IN DER NACHT...?? HA! DEN REST KONNTE ICH MIR DENKEN!
IRVING! ICH WOLLTE NUR NOCH FRISCHE MILCH HOLEN, UND DA HAT SICH DIESER JUNGE AN MICH RANGEMACHT... HA HA HA... DABEI IST ER ERST 15! STELL DIR VOR!
DU LÜGST!
IRVING NEIN! NICHT!

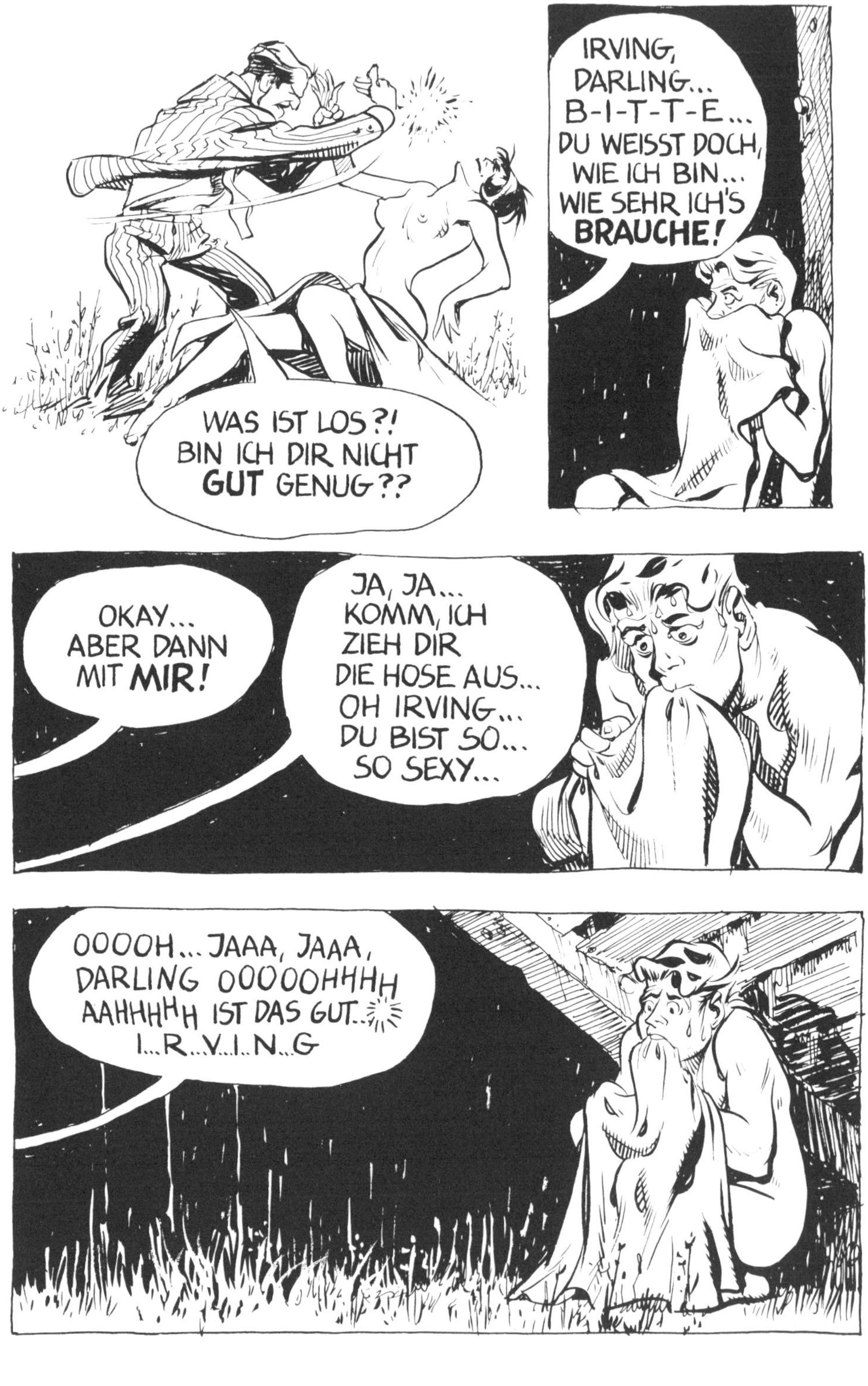

WAS IST LOS?! BIN ICH DIR NICHT GUT GENUG??
IRVING, DARLING... B-I-T-T-E... DU WEISST DOCH, WIE ICH BIN... WIE SEHR ICH'S BRAUCHE!
OKAY... ABER DANN MIT MIR!
JA, JA... KOMM, ICH ZIEH DIR DIE HOSE AUS... OH IRVING... DU BIST SO... SO SEXY...
OOOOH... JAAA, JAAA, DARLING OOOOOHHHH AAHHHHH IST DAS GUT... I...R...V...I...N...G

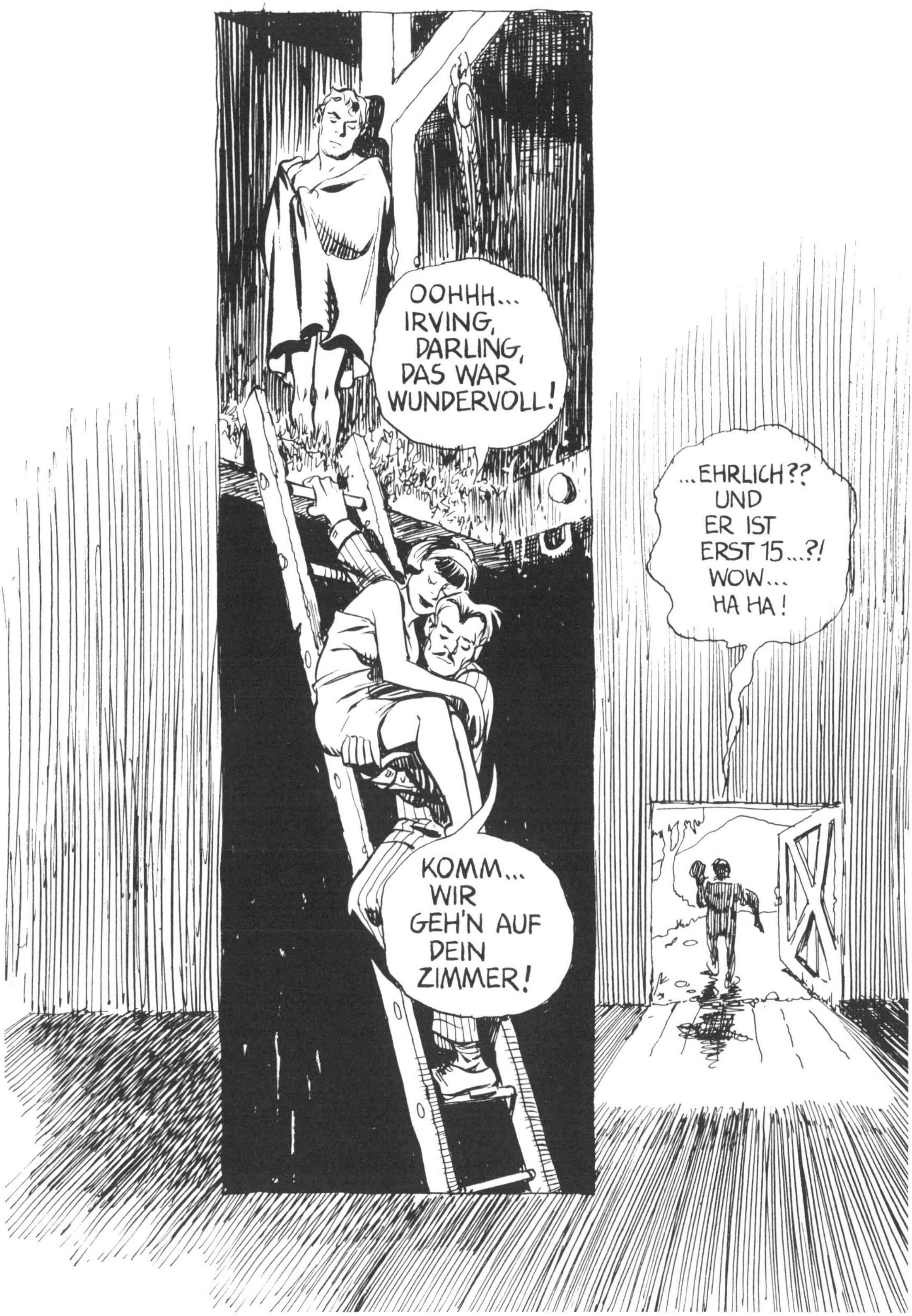
OOHHH... IRVING, DARLING, DAS WAR WUNDERVOLL!
...EHRLICH?? UND ER IST ERST 15...?! WOW... HA HA!
KOMM... WIR GEH'N AUF DEIN ZIMMER!

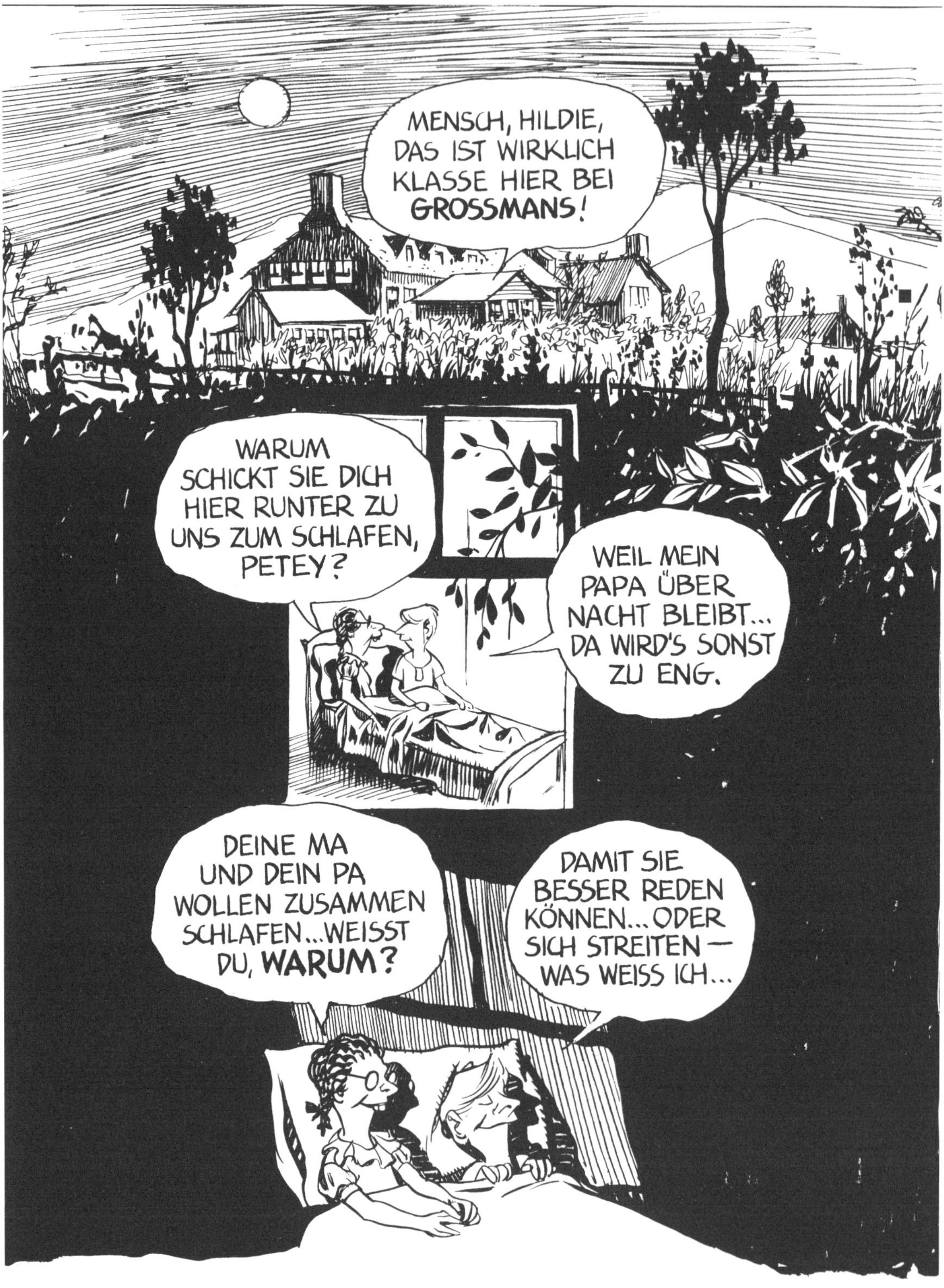
MENSCH, HILDIE, DAS IST WIRKLICH KLASSE HIER BEI GROSSMANS!
WARUM SCHICKT SIE DICH HIER RUNTER ZU UNS ZUM SCHLAFEN, PETEY?
WEIL MEIN PAPA ÜBER NACHT BLEIBT... DA WIRD'S SONST ZU ENG.
DEINE MA UND DEIN PA WOLLEN ZUSAMMEN SCHLAFEN... WEISST DU, WARUM?
DAMIT SIE BESSER REDEN KÖNNEN... ODER SICH STREITEN — WAS WEISS ICH...

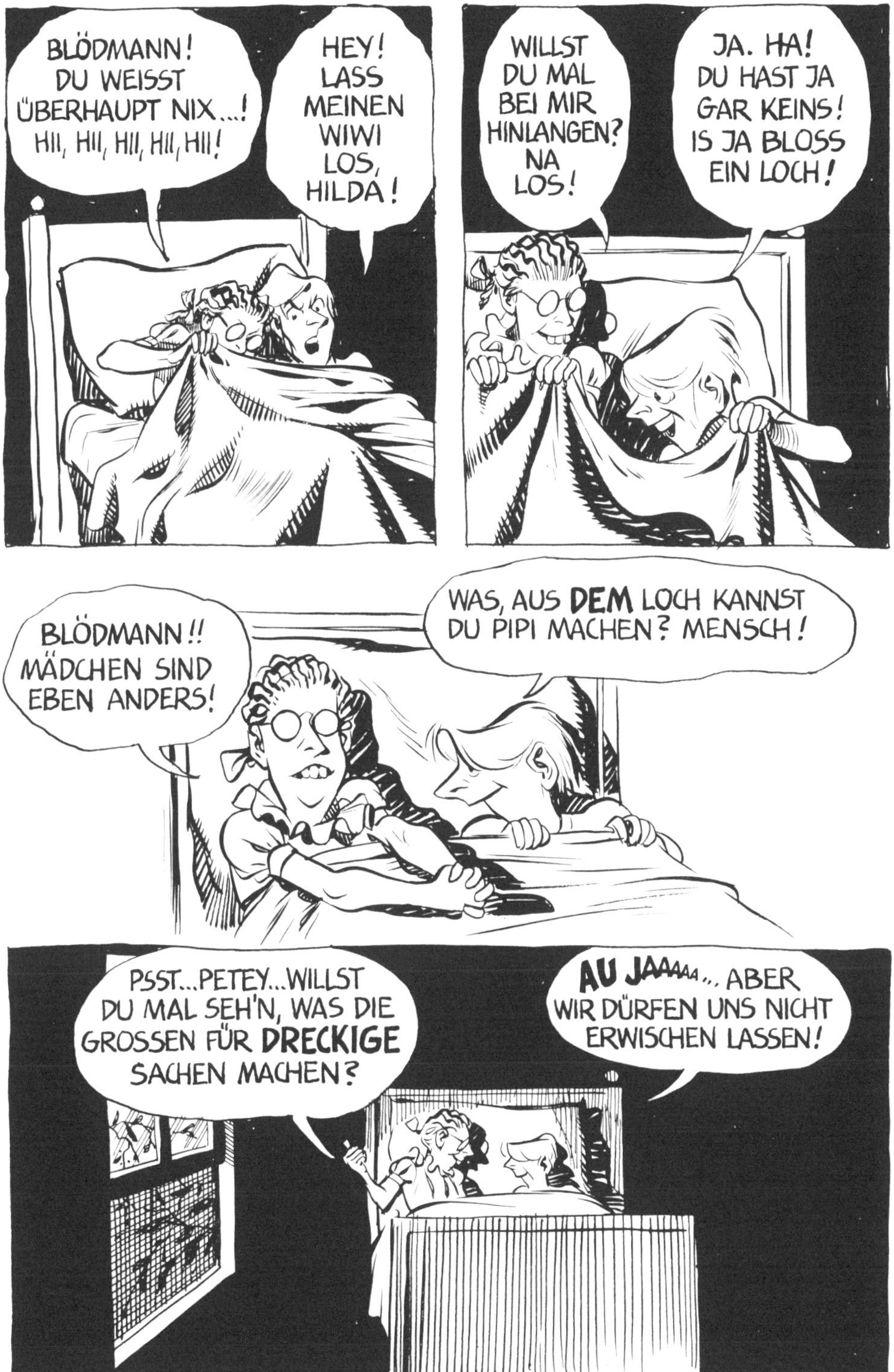

BLÖDMANN! DU WEISST ÜBERHAUPT NIX...! HII, HII, HII, HII, HII!
HEY! LASS MEINEN WIWI LOS, HILDA!
WILLST DU MAL BEI MIR HINLANGEN? NA LOS!
JA. HA! DU HAST JA GAR KEINS! IS JA BLOSS EIN LOCH!
BLÖDMANN!! MÄDCHEN SIND EBEN ANDERS!
WAS, AUS DEM LOCH KANNST DU PIPI MACHEN? MENSCH!
PSST...PETEY...WILLST DU MAL SEH'N, WAS DIE GROSSEN FÜR DRECKIGE SACHEN MACHEN?
AU JAAAAA... ABER WIR DÜRFEN UNS NICHT ERWISCHEN LASSEN!

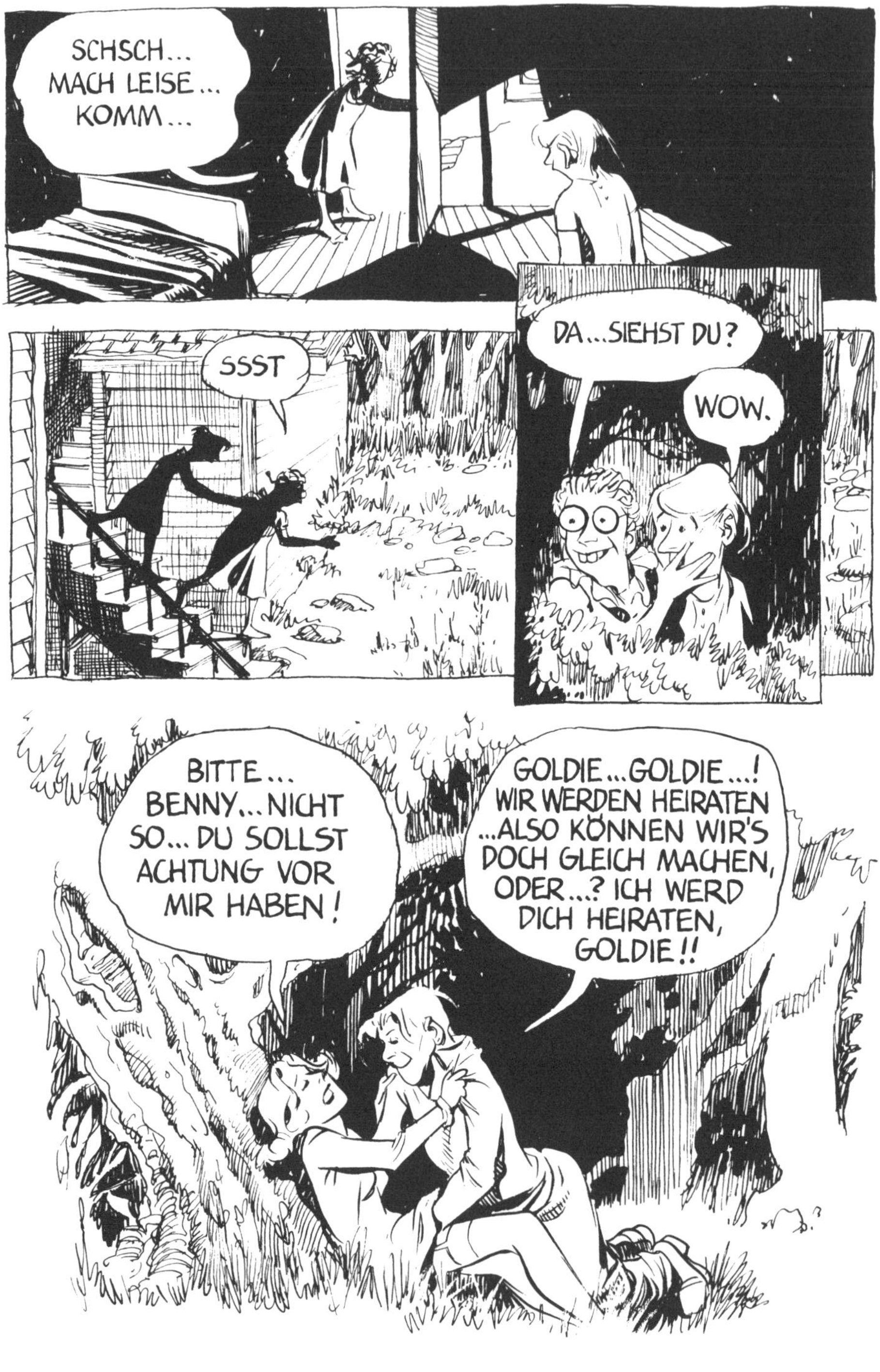
SCHSCH...
MACH LEISE...
KOMM...
SSST
DA...SIEHST DU?
WOW.
BITTE... BENNY...NICHT SO... DU SOLLST ACHTUNG VOR MIR HABEN!
GOLDIE...GOLDIE...! WIR WERDEN HEIRATEN ...ALSO KÖNNEN WIR'S DOCH GLEICH MACHEN, ODER...? ICH WERD DICH HEIRATEN, GOLDIE!!

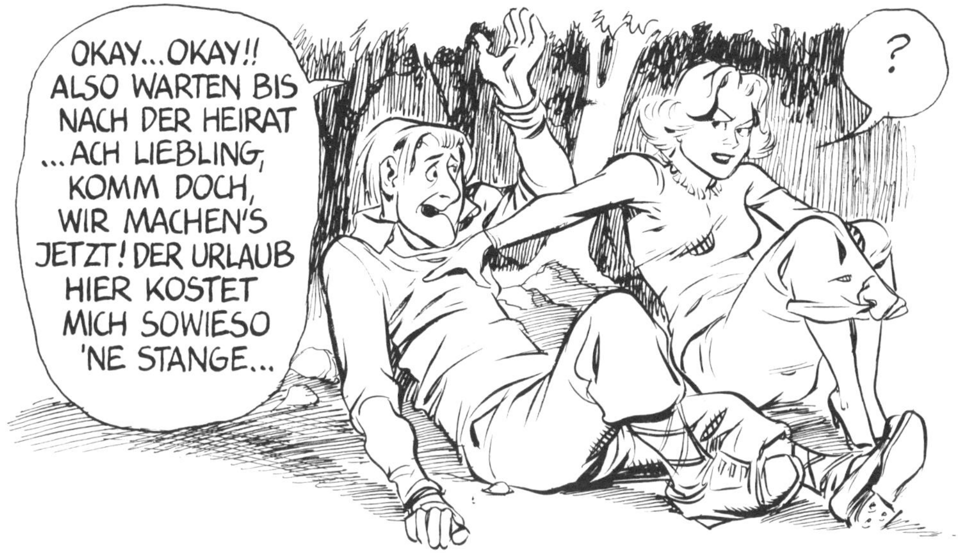
OKAY...OKAY!! ALSO WARTEN BIS NACH DER HEIRAT ...ACH LIEBLING, KOMM DOCH, WIR MACHEN'S JETZT! DER URLAUB HIER KOSTET MICH SOWIESO 'NE STANGE...
?

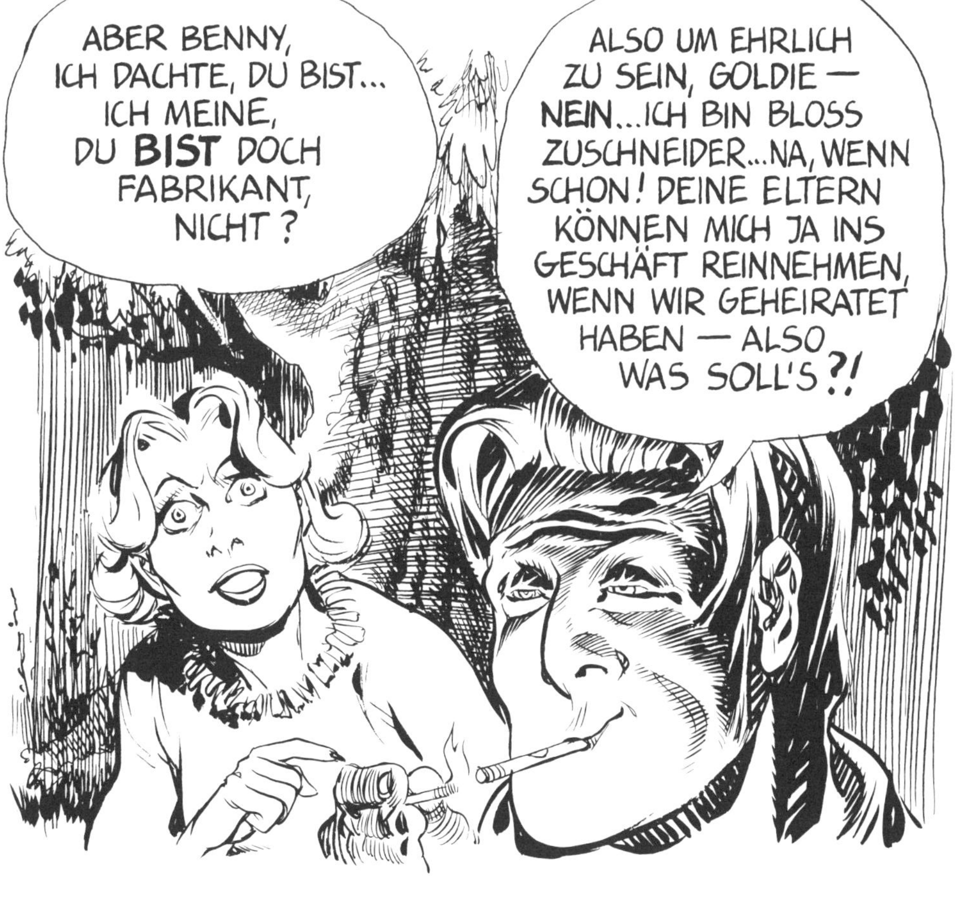
ABER BENNY, ICH DACHTE, DU BIST... ICH MEINE, DU **BIST** DOCH FABRIKANT, NICHT?
ALSO UM EHRLICH ZU SEIN, GOLDIE — **NEIN**...ICH BIN BLOSS ZUSCHNEIDER...NA, WENN SCHON! DEINE ELTERN KÖNNEN MICH JA INS GESCHÄFT REINNEHMEN, WENN WIR GEHEIRATET HABEN — ALSO WAS SOLL'S?!

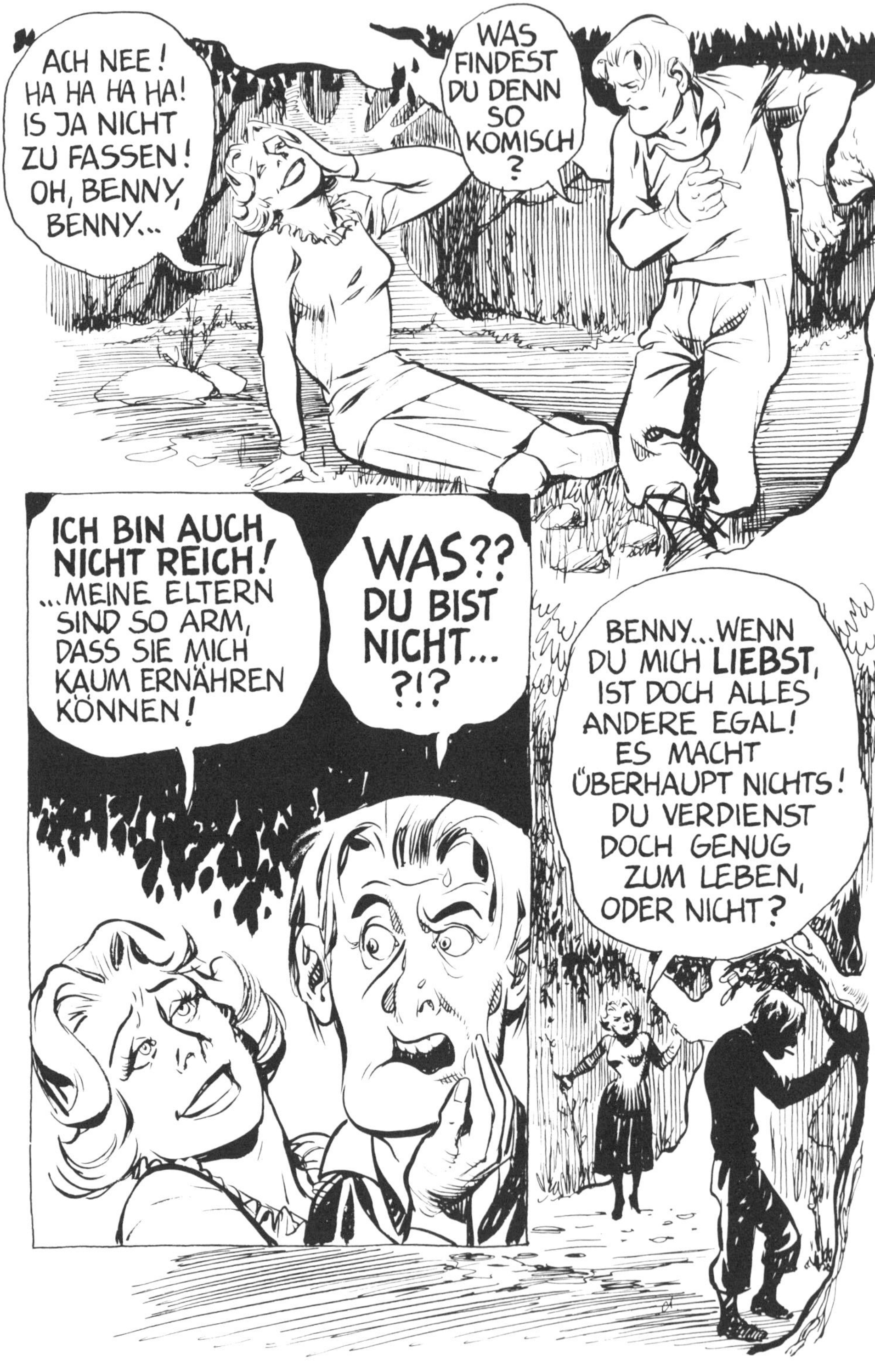
ACH NEE! HA HA HA HA! IS JA NICHT ZU FASSEN! OH, BENNY, BENNY...
WAS FINDEST DU DENN SO KOMISCH?
ICH BIN AUCH NICHT REICH! ...MEINE ELTERN SIND SO ARM, DASS SIE MICH KAUM ERNÄHREN KÖNNEN!
WAS?? DU BIST NICHT... ?!?
BENNY... WENN DU MICH LIEBST, IST DOCH ALLES ANDERE EGAL! ES MACHT ÜBERHAUPT NICHTS! DU VERDIENST DOCH GENUG ZUM LEBEN, ODER NICHT?

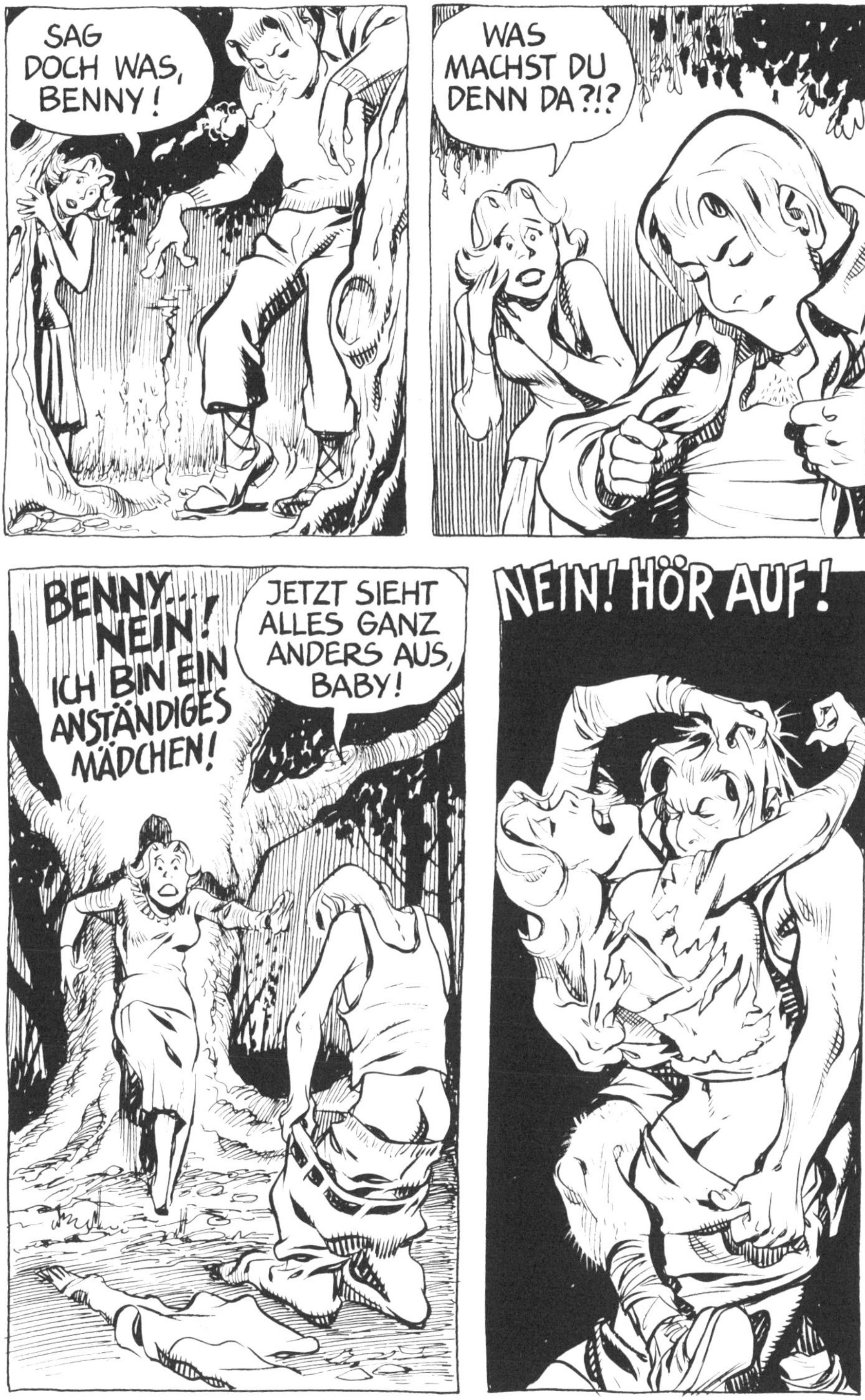
SAG DOCH WAS, BENNY!
WAS MACHST DU DENN DA?!?
BENNY... NEIN! ICH BIN EIN ANSTÄNDIGES MÄDCHEN!
JETZT SIEHT ALLES GANZ ANDERS AUS, BABY!
NEIN! HÖR AUF!

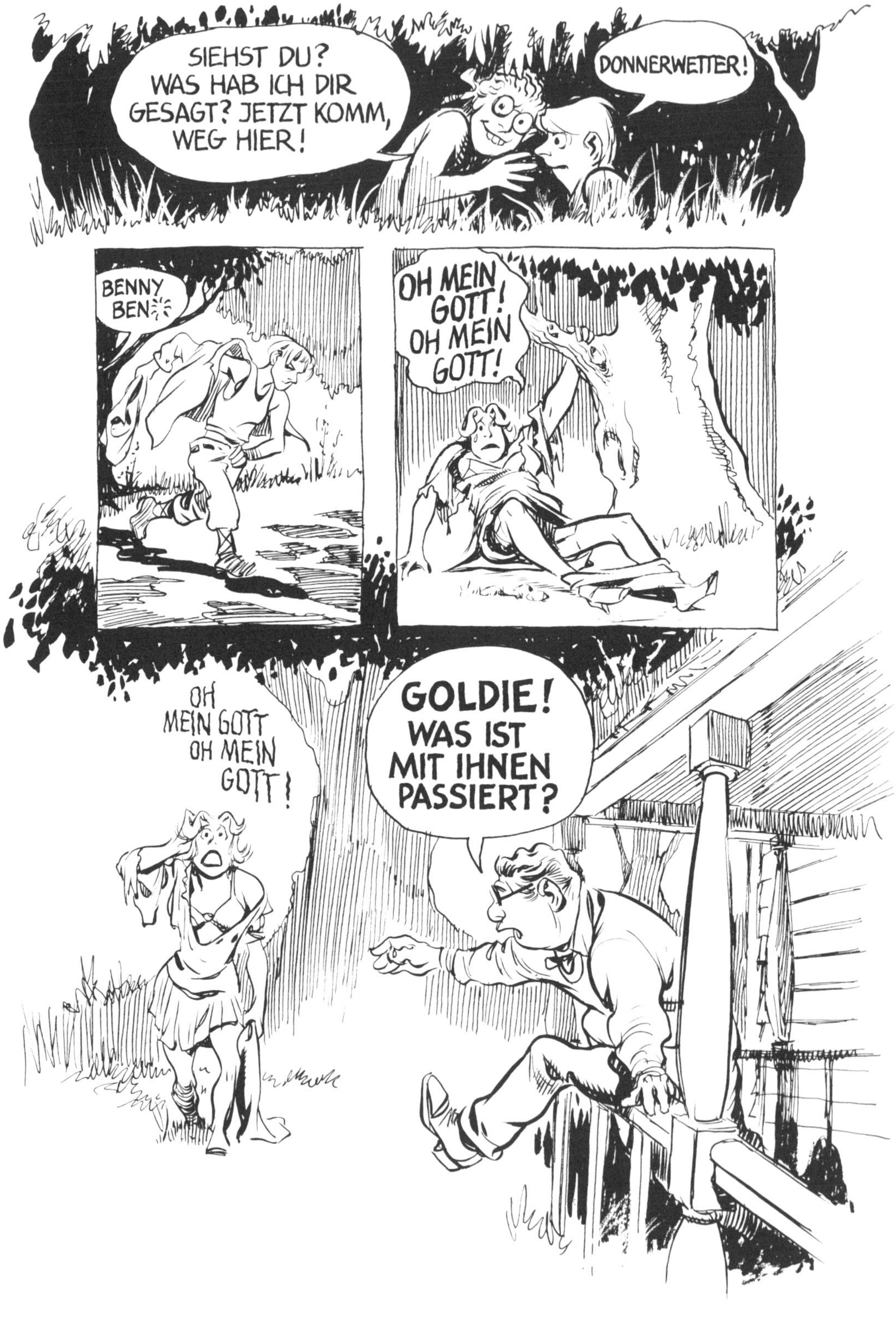
SIEHST DU? WAS HAB ICH DIR GESAGT? JETZT KOMM, WEG HIER!
DONNERWETTER!
BENNY BEN
OH MEIN GOTT! OH MEIN GOTT!
OH MEIN GOTT OH MEIN GOTT!
GOLDIE! WAS IST MIT IHNEN PASSIERT?

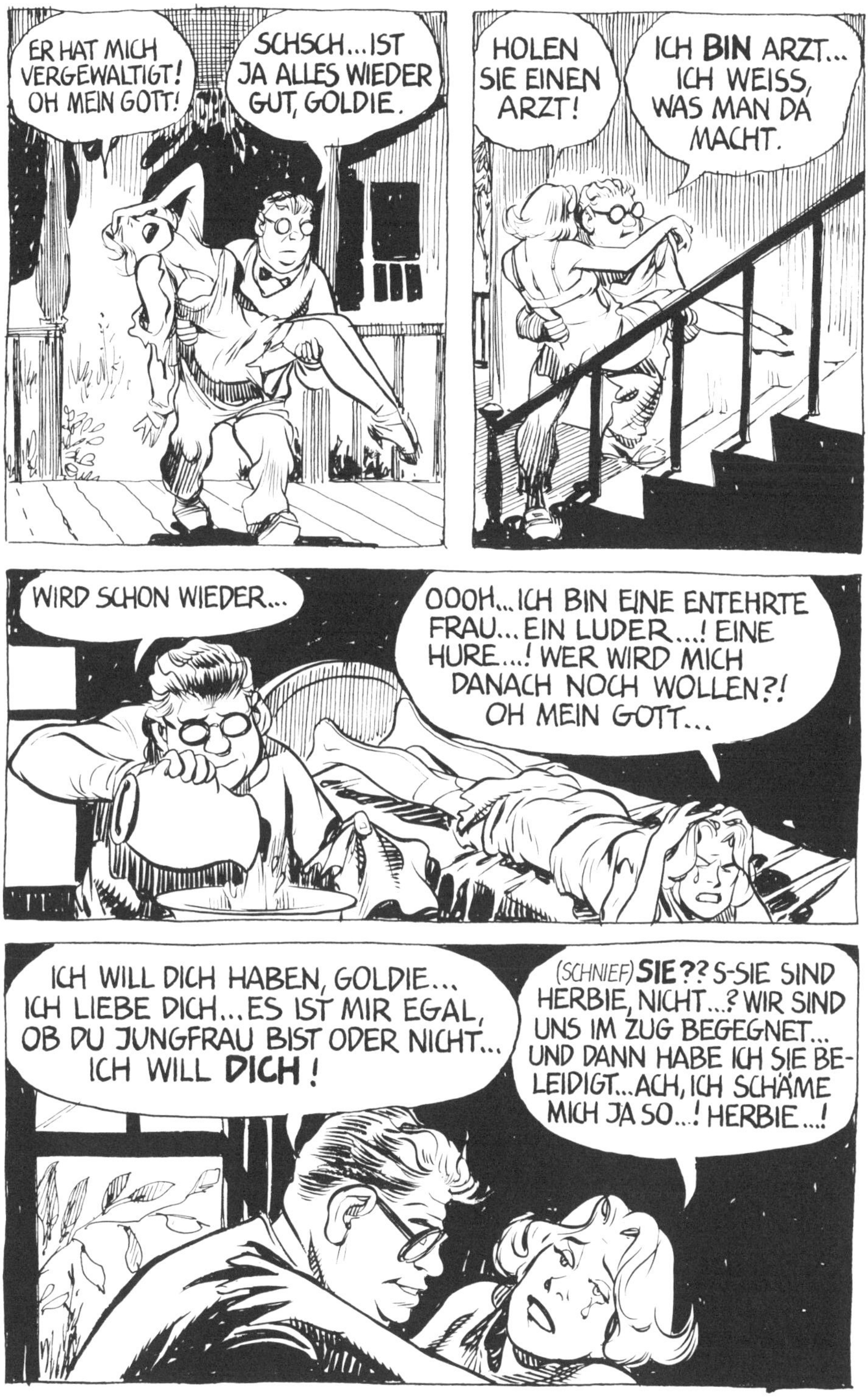
ER HAT MICH VERGEWALTIGT! OH MEIN GOTT!
SCHSCH...IST JA ALLES WIEDER GUT, GOLDIE.
HOLEN SIE EINEN ARZT!
ICH **BIN** ARZT... ICH WEISS, WAS MAN DA MACHT.
WIRD SCHON WIEDER...
OOOH...ICH BIN EINE ENTEHRTE FRAU...EIN LUDER...! EINE HURE...! WER WIRD MICH DANACH NOCH WOLLEN?! OH MEIN GOTT...
ICH WILL DICH HABEN, GOLDIE... ICH LIEBE DICH...ES IST MIR EGAL, OB DU JUNGFRAU BIST ODER NICHT... ICH WILL **DICH**!
(SCHNIEF) **SIE??** S-SIE SIND HERBIE, NICHT...? WIR SIND UNS IM ZUG BEGEGNET... UND DANN HABE ICH SIE BELEIDIGT...ACH, ICH SCHÄME MICH JA SO...! HERBIE...!

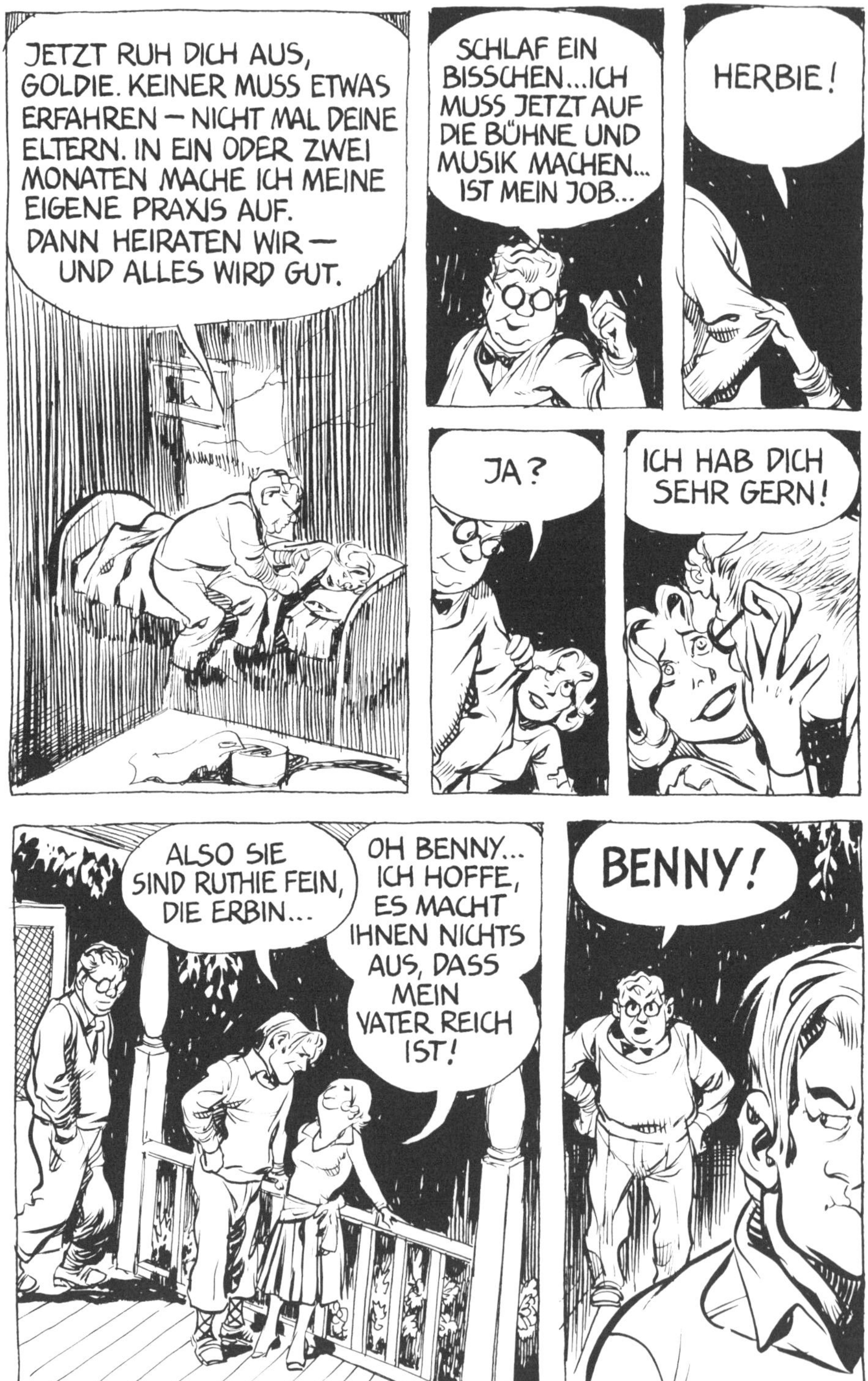
JETZT RUH DICH AUS, GOLDIE. KEINER MUSS ETWAS ERFAHREN – NICHT MAL DEINE ELTERN. IN EIN ODER ZWEI MONATEN MACHE ICH MEINE EIGENE PRAXIS AUF. DANN HEIRATEN WIR – UND ALLES WIRD GUT.
SCHLAF EIN BISSCHEN…ICH MUSS JETZT AUF DIE BÜHNE UND MUSIK MACHEN… IST MEIN JOB…
HERBIE!
JA?
ICH HAB DICH SEHR GERN!
ALSO SIE SIND RUTHIE FEIN, DIE ERBIN…
OH BENNY… ICH HOFFE, ES MACHT IHNEN NICHTS AUS, DASS MEIN VATER REICH IST!
BENNY!

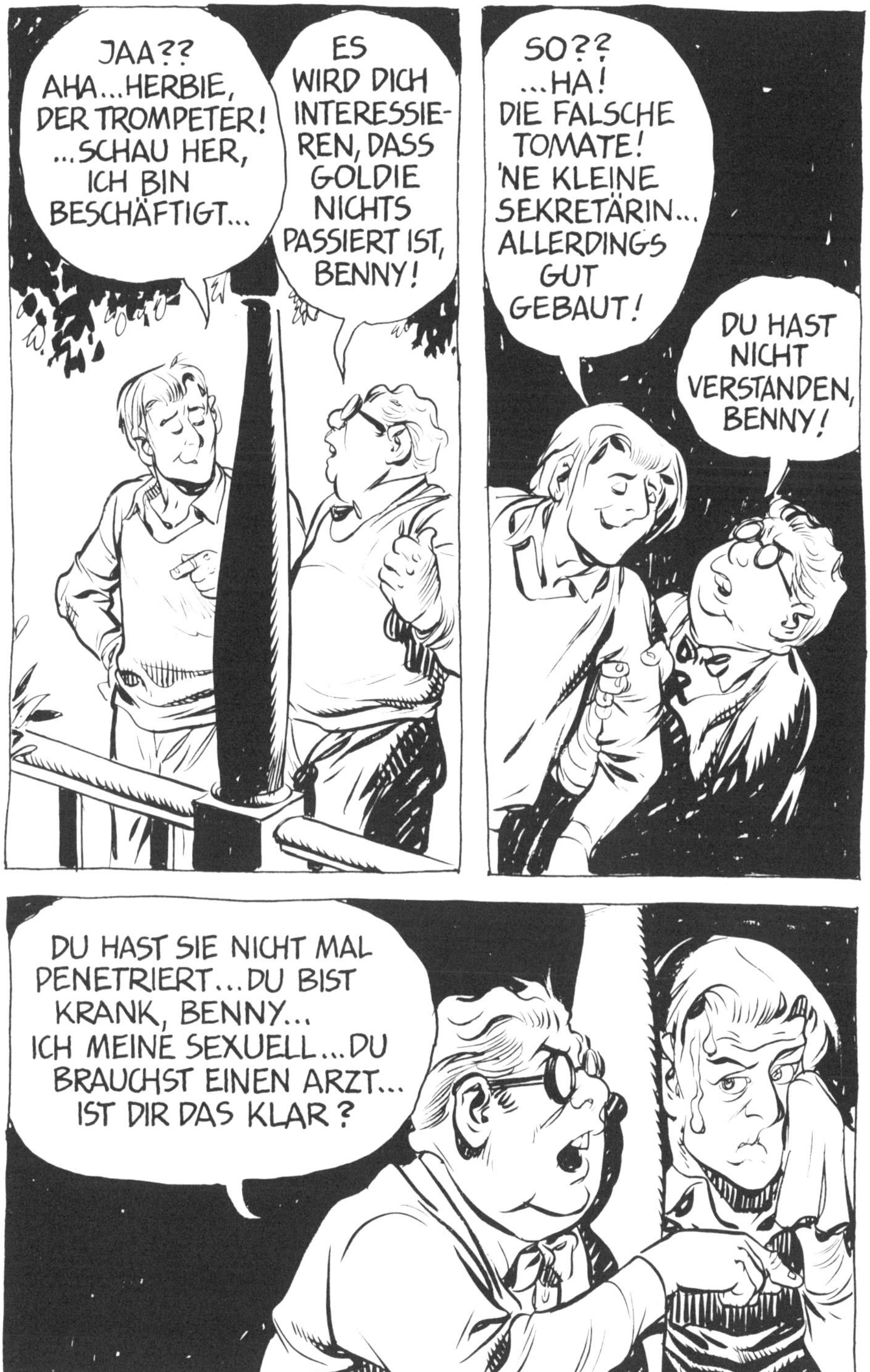
JAA?? AHA...HERBIE, DER TROMPETER! ...SCHAU HER, ICH BIN BESCHÄFTIGT...
ES WIRD DICH INTERESSIEREN, DASS GOLDIE NICHTS PASSIERT IST, BENNY!
SO?? ...HA! DIE FALSCHE TOMATE! 'NE KLEINE SEKRETÄRIN... ALLERDINGS GUT GEBAUT!
DU HAST NICHT VERSTANDEN, BENNY!
DU HAST SIE NICHT MAL PENETRIERT...DU BIST KRANK, BENNY... ICH MEINE SEXUELL...DU BRAUCHST EINEN ARZT... IST DIR DAS KLAR?

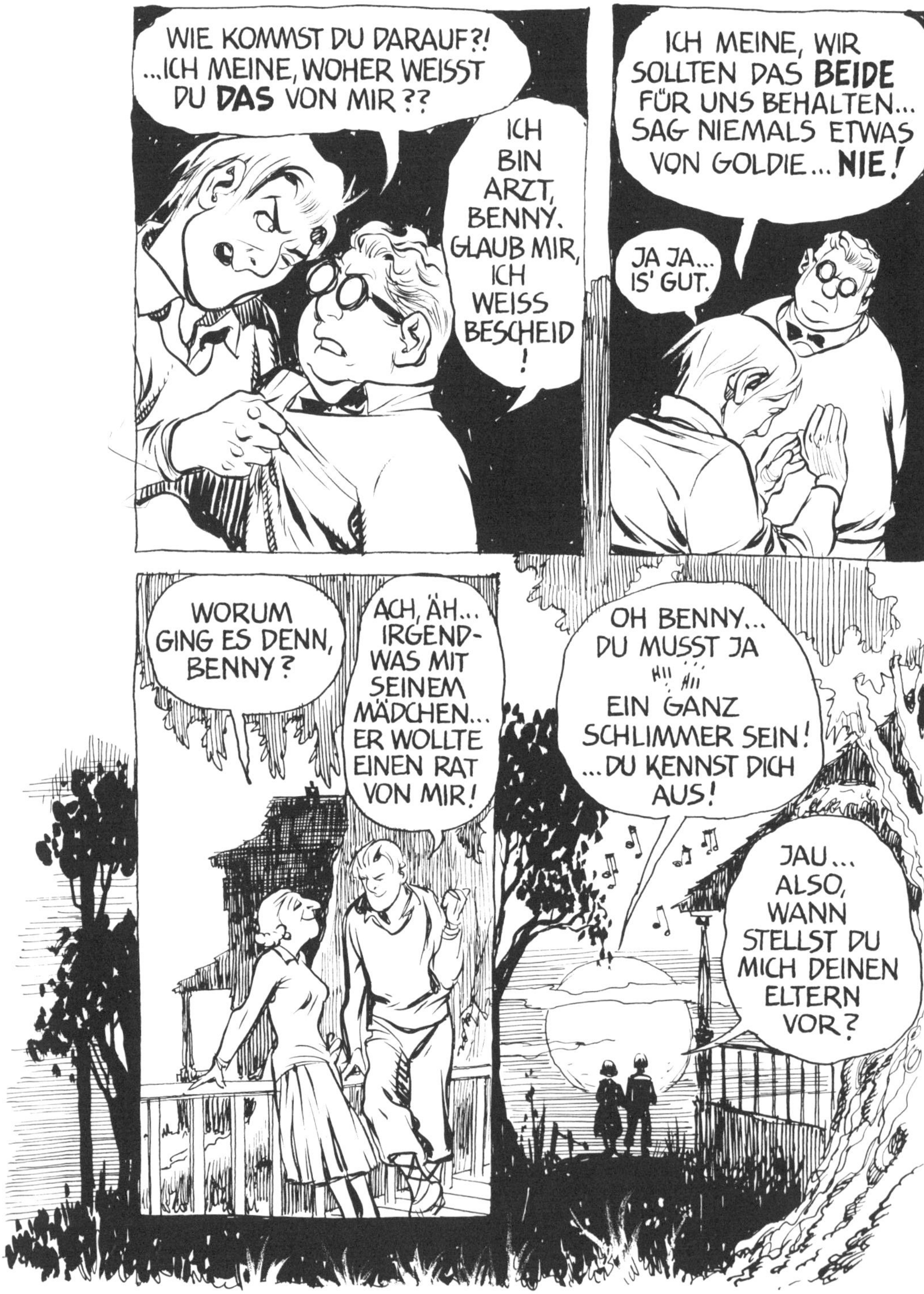
WIE KOMMST DU DARAUF?! ...ICH MEINE, WOHER WEISST DU **DAS** VON MIR??
ICH BIN ARZT, BENNY. GLAUB MIR, ICH WEISS BESCHEID!
ICH MEINE, WIR SOLLTEN DAS **BEIDE** FÜR UNS BEHALTEN... SAG NIEMALS ETWAS VON GOLDIE... **NIE**!
JA JA... IS' GUT.
WORUM GING ES DENN, BENNY?
ACH, ÄH... IRGEND-WAS MIT SEINEM MÄDCHEN... ER WOLLTE EINEN RAT VON MIR!
OH BENNY... DU MUSST JA EIN GANZ SCHLIMMER SEIN! ...DU KENNST DICH AUS!
HI! HI!
JAU... ALSO, WANN STELLST DU MICH DEINEN ELTERN VOR?

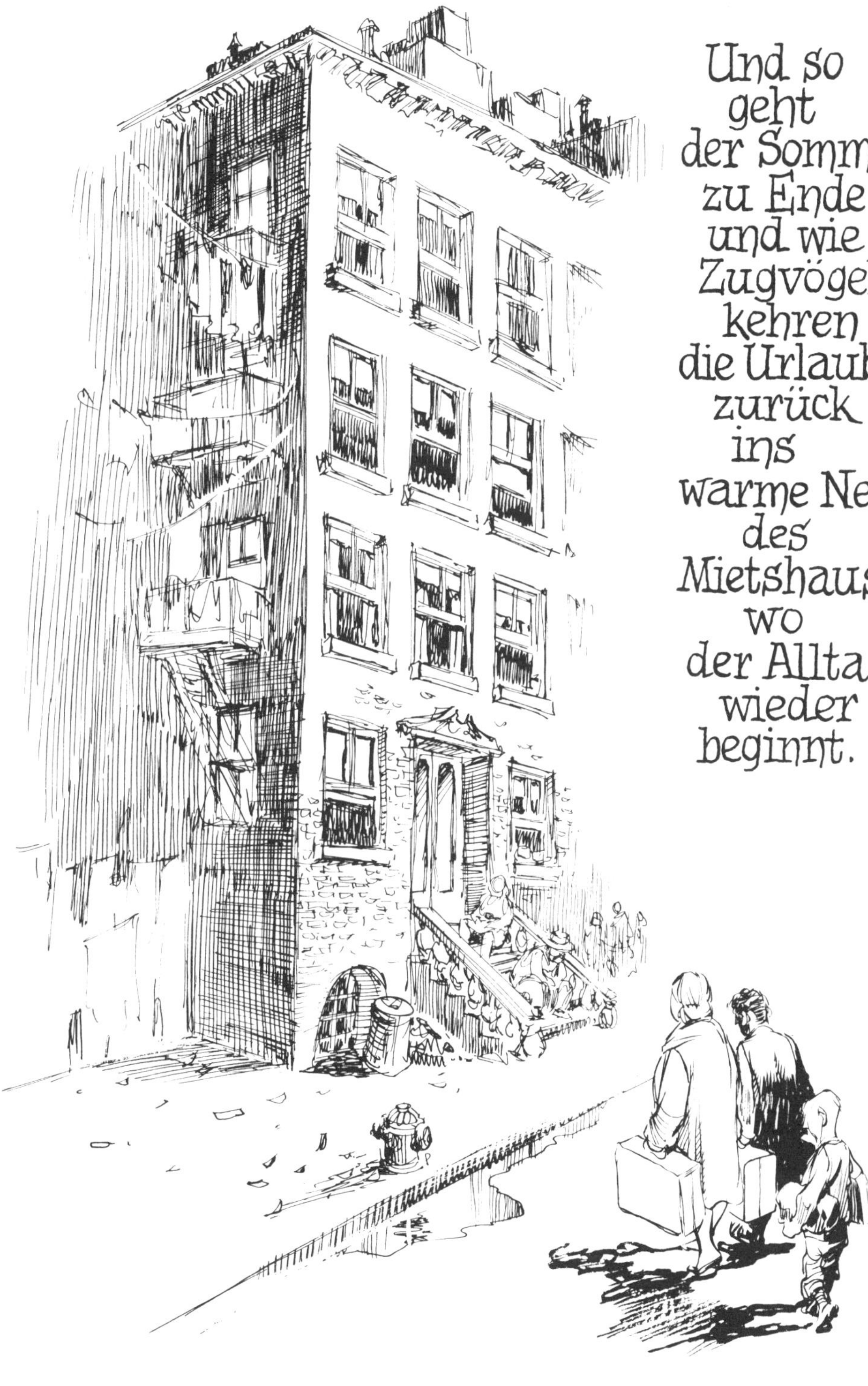

Und so
geht
der Sommer
zu Ende...
und wie
Zugvögel
kehren
die Urlauber
zurück
ins
warme Nest
des
Mietshauses,
wo
der Alltag
wieder
beginnt.

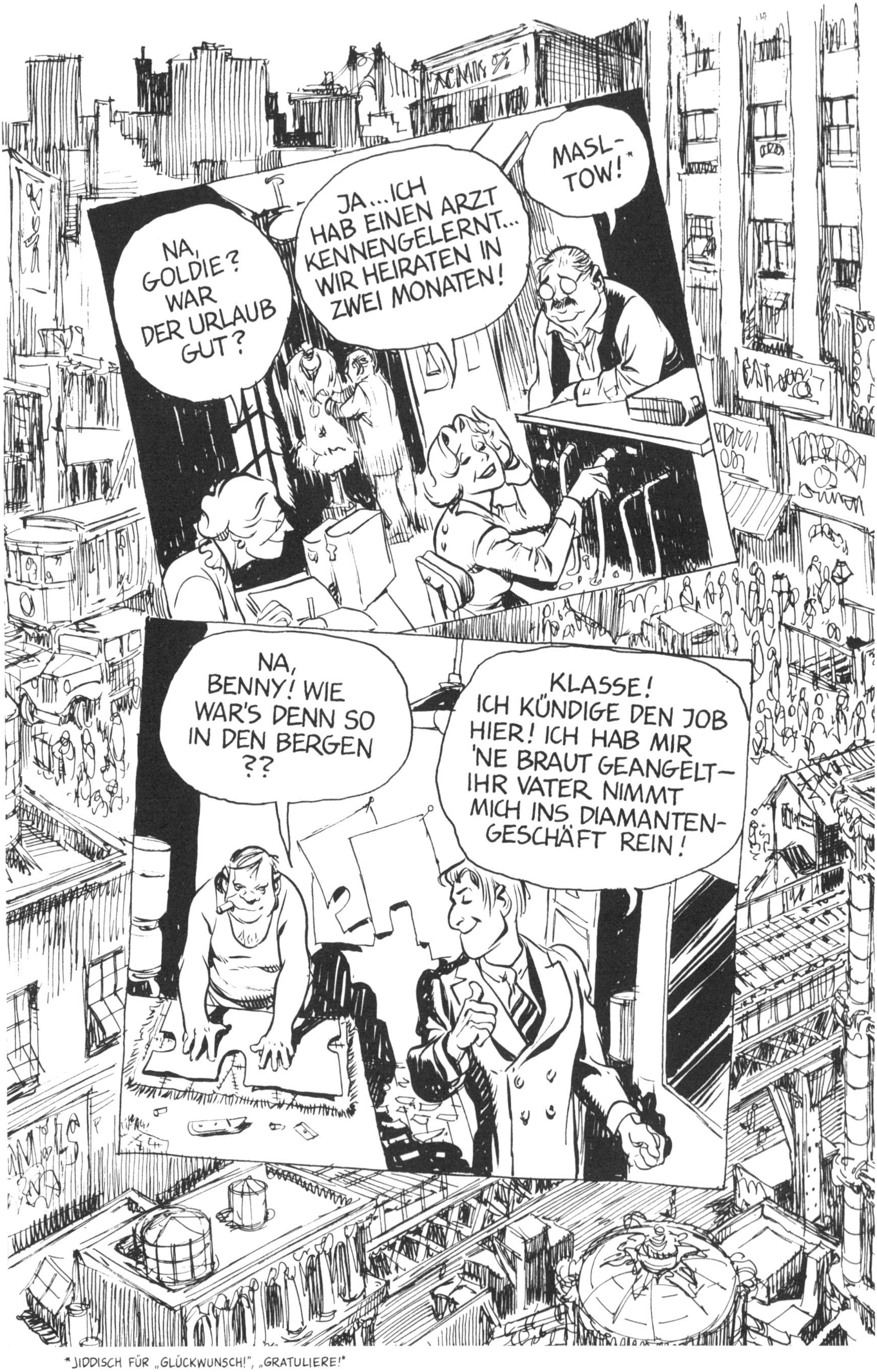

*JIDDISCH FÜR „GLÜCKWUNSCH!", „GRATULIERE!"

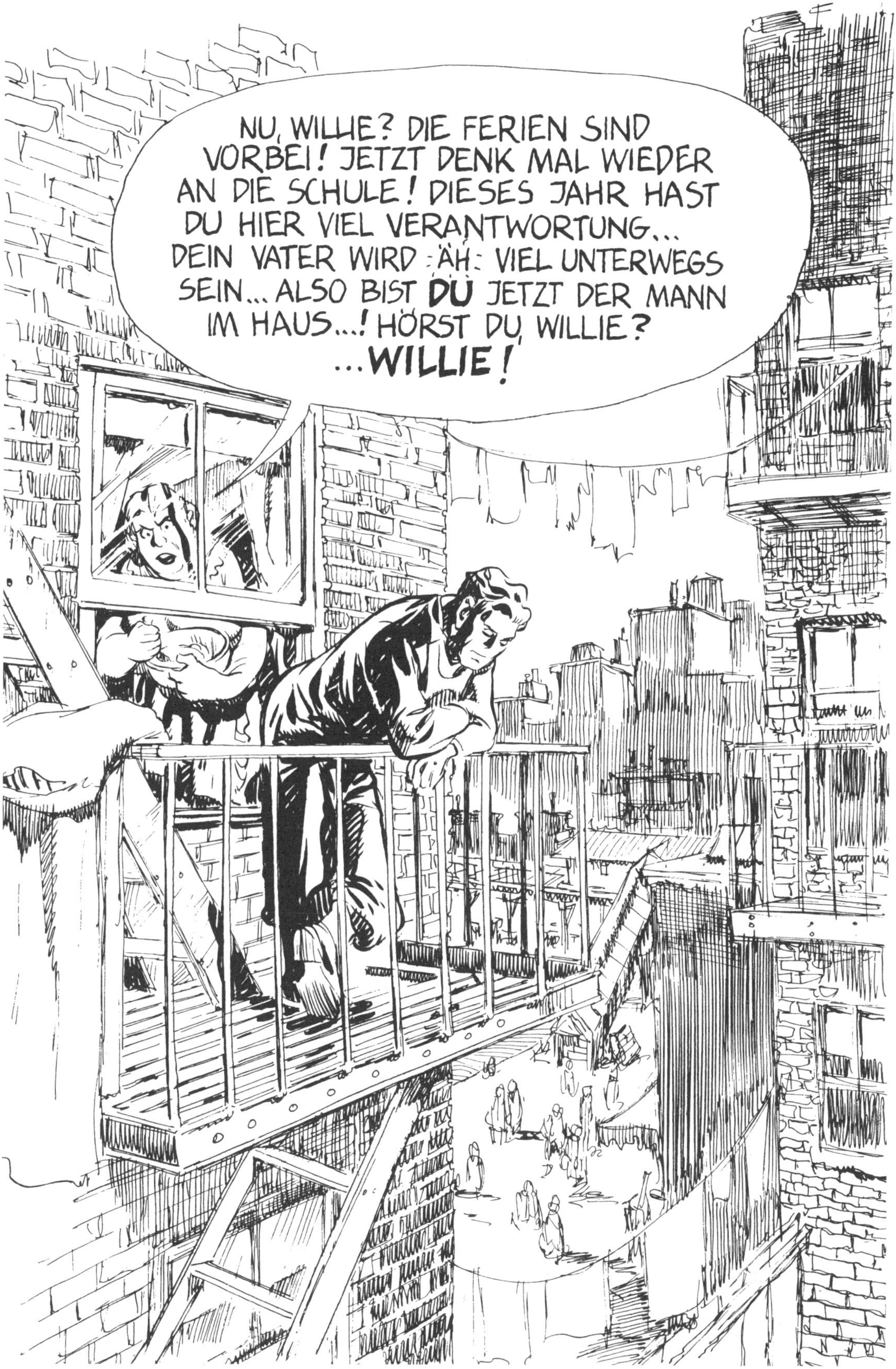
NU, WILLIE? DIE FERIEN SIND VORBEI! JETZT DENK MAL WIEDER AN DIE SCHULE! DIESES JAHR HAST DU HIER VIEL VERANTWORTUNG... DEIN VATER WIRD :ÄH: VIEL UNTERWEGS SEIN... ALSO BIST DU JETZT DER MANN IM HAUS...! HÖRST DU, WILLIE? ...WILLIE!

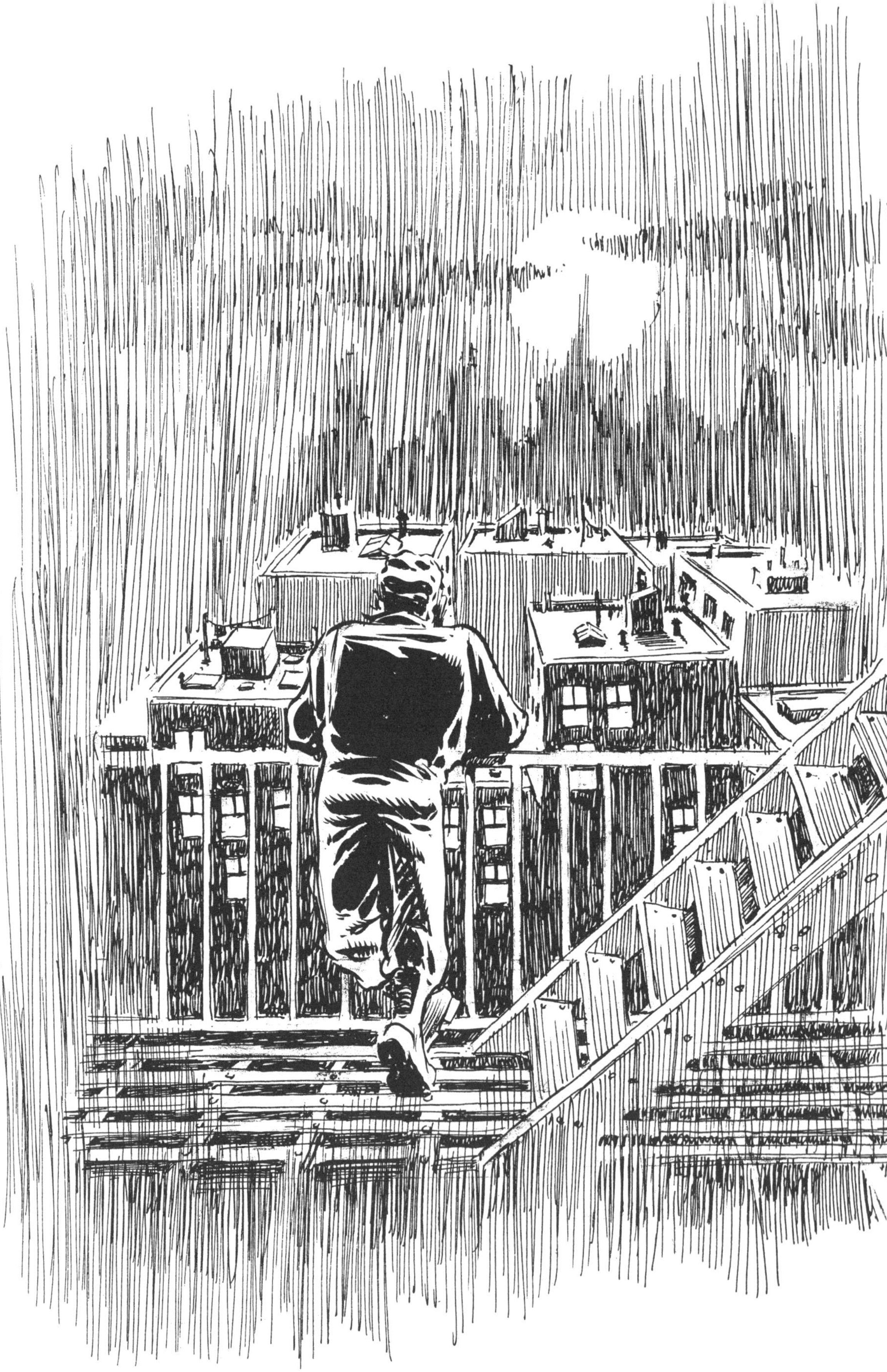

LEBENSKRAFT

LEBENSKRAFT UND DROPSIE AVENUE

AUS DEM AMERIKANISCHEN VON MATTHIAS WIELAND

LETTERING VON HARTMUT KLOTZBÜCHER

LEBENS-KRAFT

Wer vermag zu sagen,
was es ist, das alle Kreaturen
so am Leben hängen lässt,
stets gehetzt und angsterfüllt,
begierig, jede Sekunde
ihrer Zeit auszukosten,
angetrieben, wie es scheint, von einer
unergründlichen Lebenskraft.

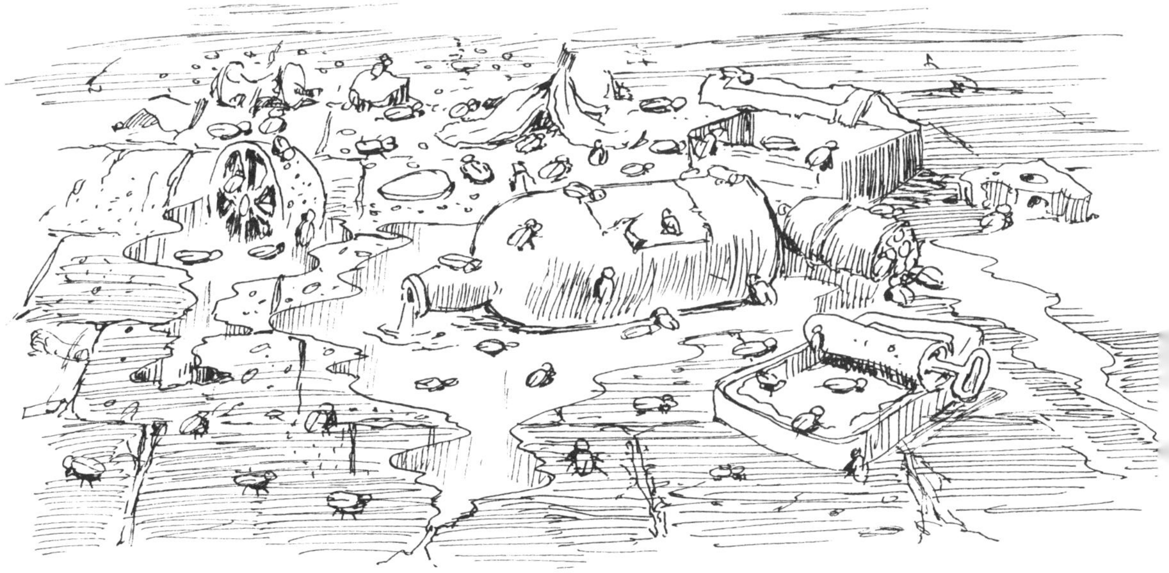

Die Frage ist also:

WARUM? WAS SOLL DAS ALLES?

Fragt doch die Insekten...
Vielleicht wissen die es!

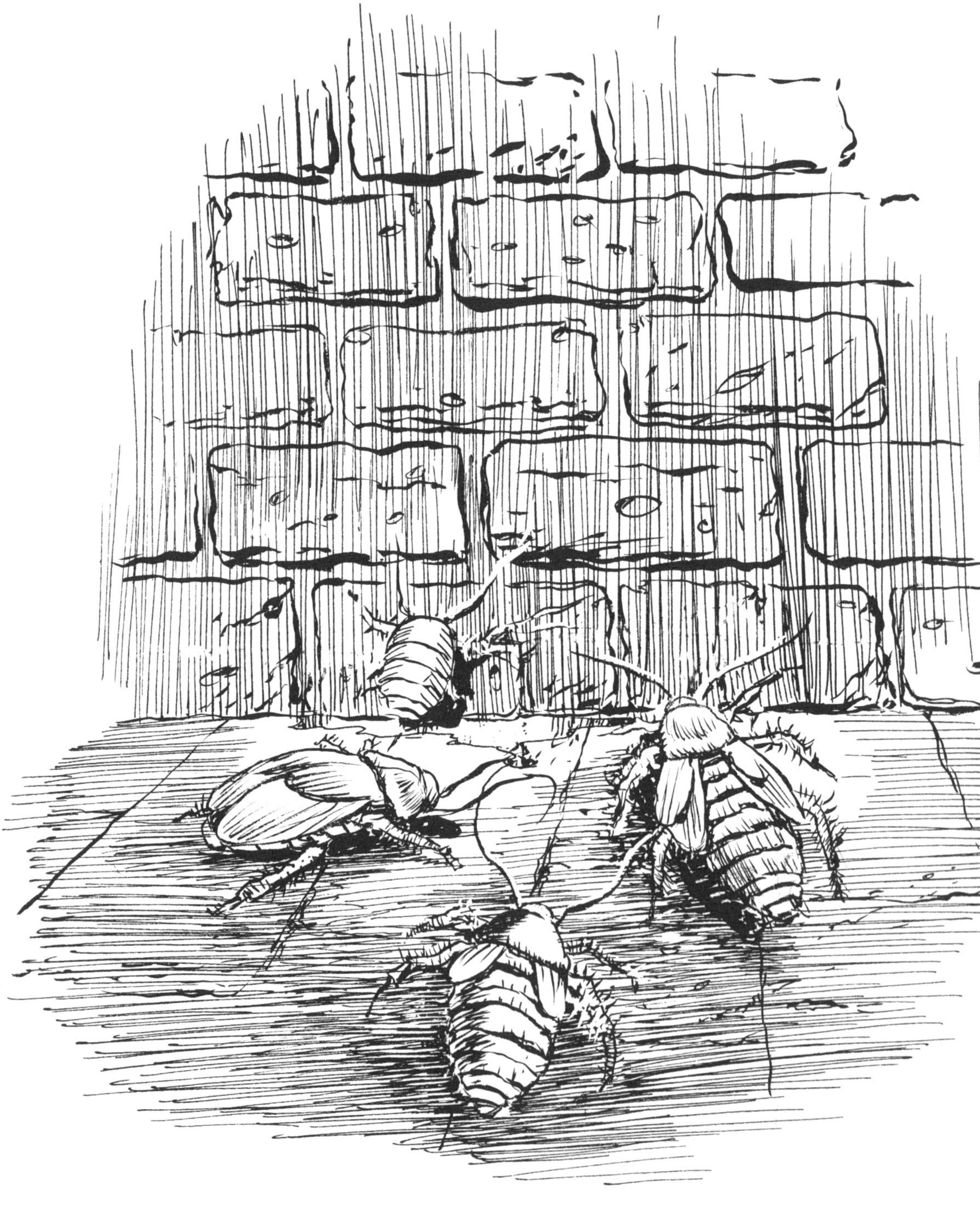

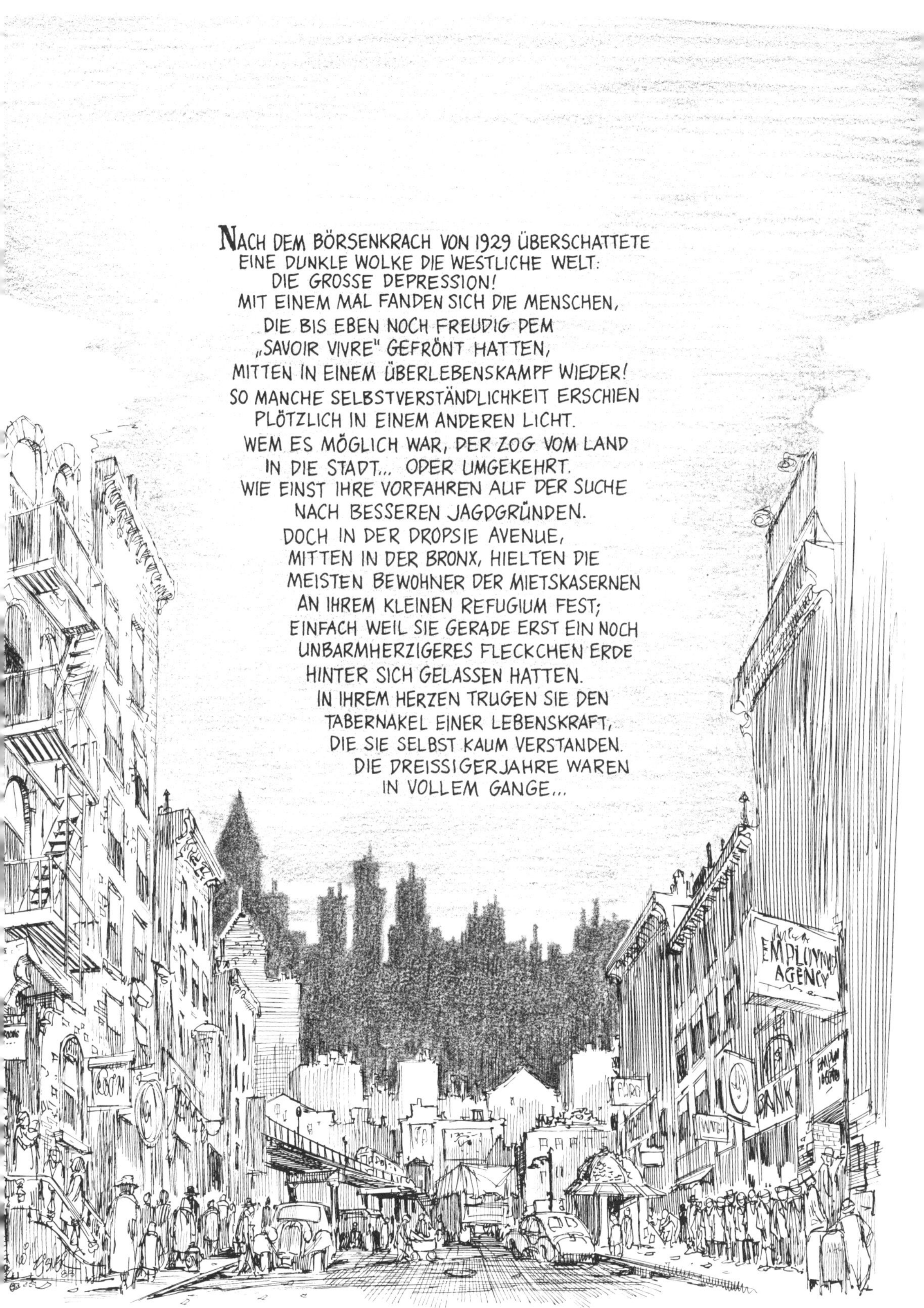
NACH DEM BÖRSENKRACH VON 1929 ÜBERSCHATTETE
EINE DUNKLE WOLKE DIE WESTLICHE WELT:
DIE GROSSE DEPRESSION!
MIT EINEM MAL FANDEN SICH DIE MENSCHEN,
DIE BIS EBEN NOCH FREUDIG DEM
„SAVOIR VIVRE" GEFRÖNT HATTEN,
MITTEN IN EINEM ÜBERLEBENSKAMPF WIEDER!
SO MANCHE SELBSTVERSTÄNDLICHKEIT ERSCHIEN
PLÖTZLICH IN EINEM ANDEREN LICHT.
WEM ES MÖGLICH WAR, DER ZOG VOM LAND
IN DIE STADT... ODER UMGEKEHRT.
WIE EINST IHRE VORFAHREN AUF DER SUCHE
NACH BESSEREN JAGDGRÜNDEN.
DOCH IN DER DROPSIE AVENUE,
MITTEN IN DER BRONX, HIELTEN DIE
MEISTEN BEWOHNER DER MIETSKASERNEN
AN IHREM KLEINEN REFUGIUM FEST;
EINFACH WEIL SIE GERADE ERST EIN NOCH
UNBARMHERZIGERES FLECKCHEN ERDE
HINTER SICH GELASSEN HATTEN.
IN IHREM HERZEN TRUGEN SIE DEN
TABERNAKEL EINER LEBENSKRAFT,
DIE SIE SELBST KAUM VERSTANDEN.
DIE DREISSIGERJAHRE WAREN
IN VOLLEM GANGE...
AGENCY
BANK

1934

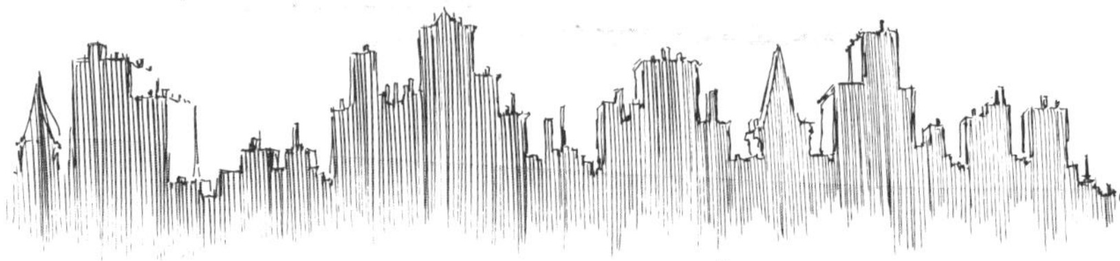

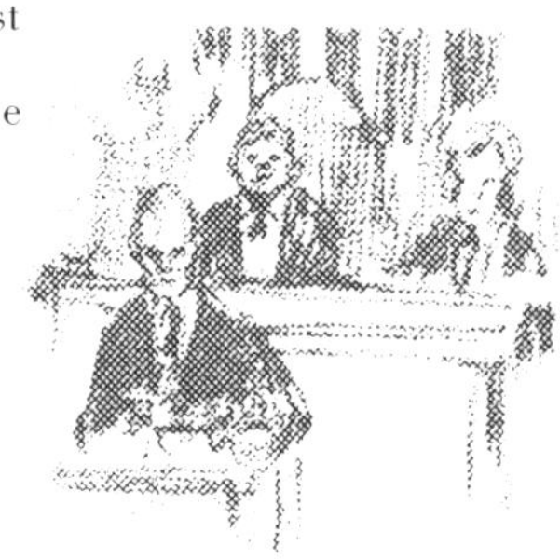

„... allerorts sieht man die welken Überreste einst mals blühender industrieller Unternehmungen... Abertausende von Familien haben die Ersparnisse vieler Jahre eingebüsst... arbeitslose Mitbürger sehen vor sich die grimmigen Probleme des Existenzkampfes gestellt..."

FRANKLIN D. ROOSEVELT
Aus seiner ersten Antrittsrede

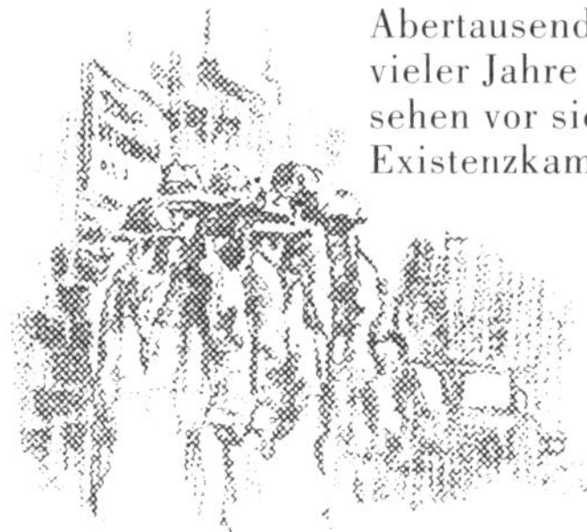

AUSSCHNITTE AUS NEW YORKER ZEITUNGEN

1.500 OBDACHLOSE FINDEN UNTERKUNFT IN ZEUGHAUS

DAS 69. REGIMENT BEHERBERGT BEDÜRFTIGE

7. FEBRUAR 1934

Über 1.500 Obdachlose haben zumindest vorübergehend Zuflucht vor der Kälte gefunden: Sie bezogen Quartier im Zeughaus des 69. Regiments an der Kreuzung Lexington Avenue/26. Straße in New York. Massen von ärmlich gekleideten, entmutigten Opfern der Wirtschaftskrise strömten in das riesige Gebäude, wo sie nun die Exerzierhalle und das Zwischengeschoss bevölkern. Sie entfliehen dem unbarmherzigen Pflaster, den feuchten Hauseingängen und nasskalten U-Bahnhöfen und haben ihr Lager auf dem polierten Holzfußboden aufgeschlagen.

EINFACHE SPIELE ZUM ZEITVERTREIB

Um den Mut nicht zu verlieren, versuchen die Menschen sich mit Geduldsspielen abzulenken, spielen Dame oder lauschen dem Klavierspiel eines überraschend talentierten Leidensgenossen.

KONJUNKTURKRISE WOMÖGLICH GESUNDHEITSGEFÄHRDEND

SINKENDE EINKOMMEN FÜR KRANKHEITSANSTIEG VERANTWORTLICH

In einem Artikel vom 14. Januar berichtete die *New York Times*, dass sich das durchschnittliche Jahreseinkommen einer repräsentativen Auswahl amerikanischer Erwerbstätiger von 1.700 Dollar im Jahr 1929 auf 900 Dollar in diesem Jahr verringert hat.

Eingedenk der Tatsache, dass wirtschaftliche Krisen in der Vergangenheit zumeist die Zunahme von Krankheiten sowie eine sinkende Lebenserwartung zur Folge hatten, sind diese Zahlen alarmierend.

STERBERATE SEIT 1929 GESUNKEN

Dieser Statistik zum Trotz ist die Sterblichkeitsziffer in den USA obgleich des geringeren Lebensstandards in jüngster Zeit erstaunlicherweise gesunken.

ZWEI MÄNNER BRECHEN VOR HUNGER IM RATHAUS ZUSAMMEN

BÜRGERMEISTER LA GUARDIA UNTERBRICHT KONFERENZ

2. MÄRZ 1934

Berichten der *New York Times* zufolge brachen gestern zwei Männer vor dem Büro des Bürgermeisters zusammen. Sie hatten gemeinsam mit zwanzig weiteren Arbeitslosen das Rathaus belagert, in der Hoffnung, der Bürgermeister könnte sie für Schneeräumarbeiten einsetzen.

Die beiden offensichtlich vor Hunger Entkräfteten wurden auf Anweisung des Bürgermeisters Fiorello La Guardia unverzüglich ins Beekman Street Hospital gebracht.

„WIR WOLLEN ARBEIT, KEINE ALMOSEN"

Die Männer hatten am Tag zuvor für die Stadtreinigung Schnee geräumt, bis sie mangels Arbeit entlassen wurden.

IZZY
DIE KÜCHENSCHABE UND DER SINN DES LEBENS

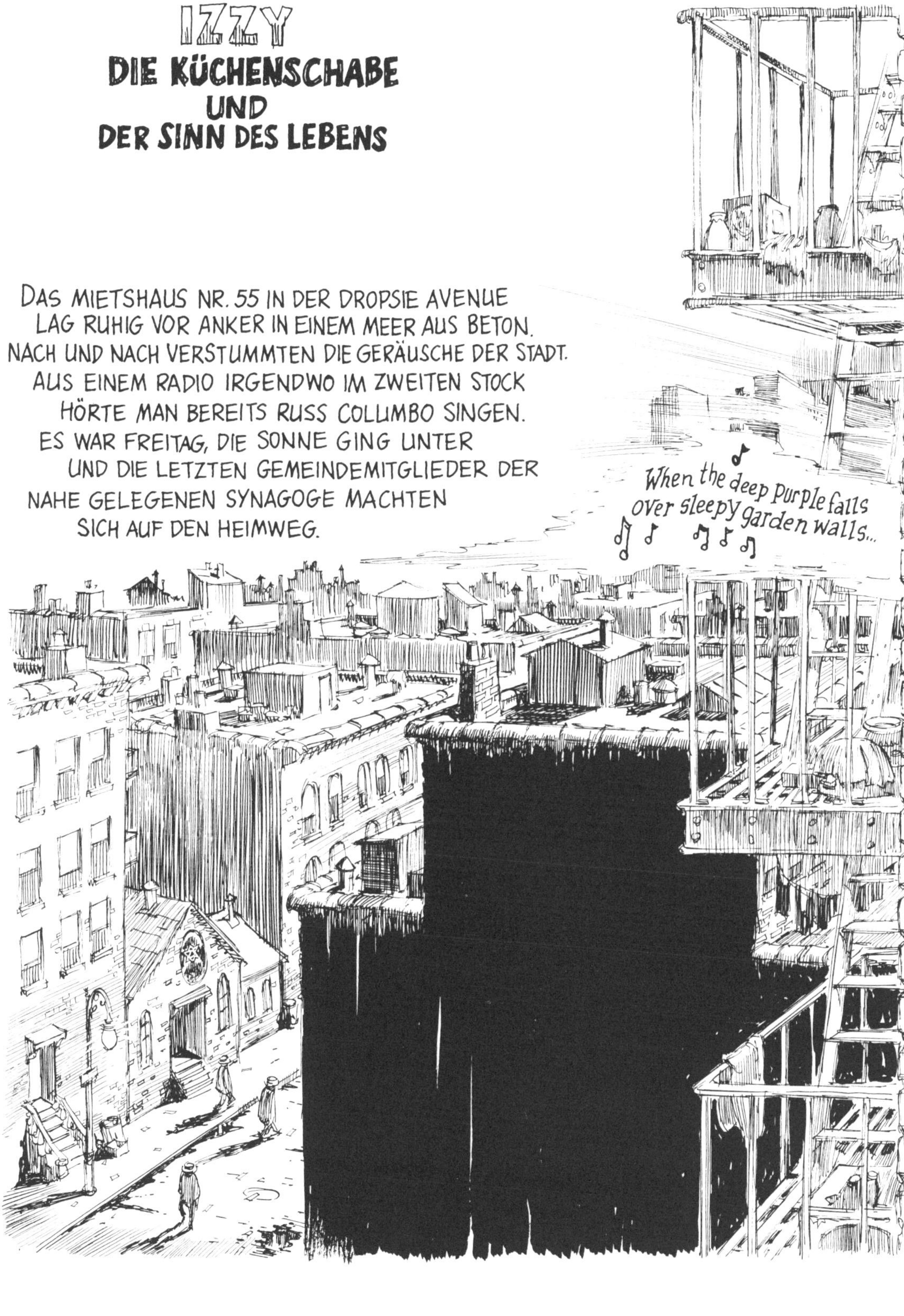

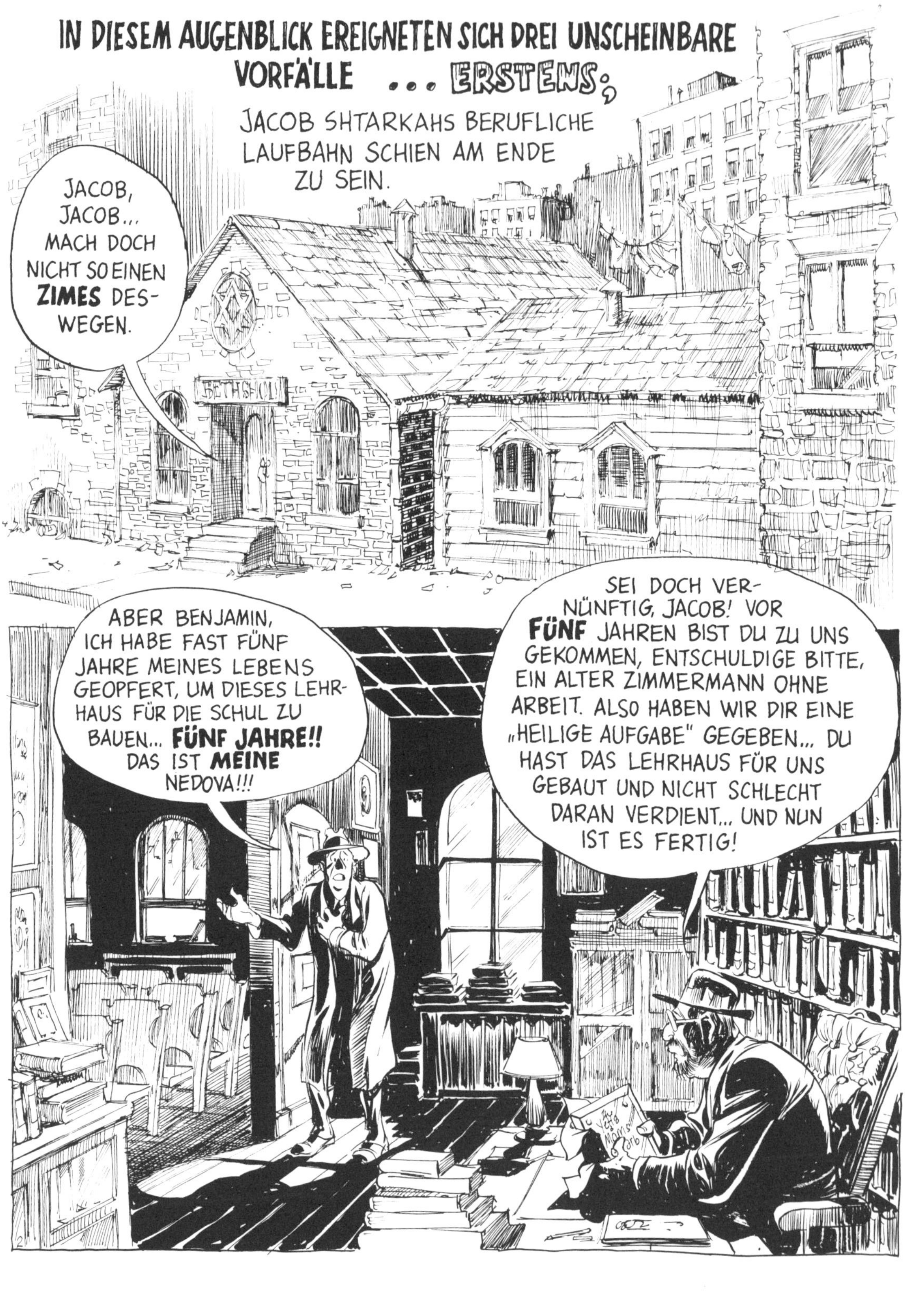
IN DIESEM AUGENBLICK EREIGNETEN SICH DREI UNSCHEINBARE VORFÄLLE ... ERSTENS:
JACOB SHTARKAHS BERUFLICHE LAUFBAHN SCHIEN AM ENDE ZU SEIN.
JACOB, JACOB... MACH DOCH NICHT SO EINEN ZIMES DESWEGEN.
ABER BENJAMIN, ICH HABE FAST FÜNF JAHRE MEINES LEBENS GEOPFERT, UM DIESES LEHRHAUS FÜR DIE SCHUL ZU BAUEN... FÜNF JAHRE!! DAS IST MEINE NEDOVA!!!
SEI DOCH VERNÜNFTIG, JACOB! VOR FÜNF JAHREN BIST DU ZU UNS GEKOMMEN, ENTSCHULDIGE BITTE, EIN ALTER ZIMMERMANN OHNE ARBEIT. ALSO HABEN WIR DIR EINE „HEILIGE AUFGABE" GEGEBEN... DU HAST DAS LEHRHAUS FÜR UNS GEBAUT UND NICHT SCHLECHT DARAN VERDIENT... UND NUN IST ES FERTIG!

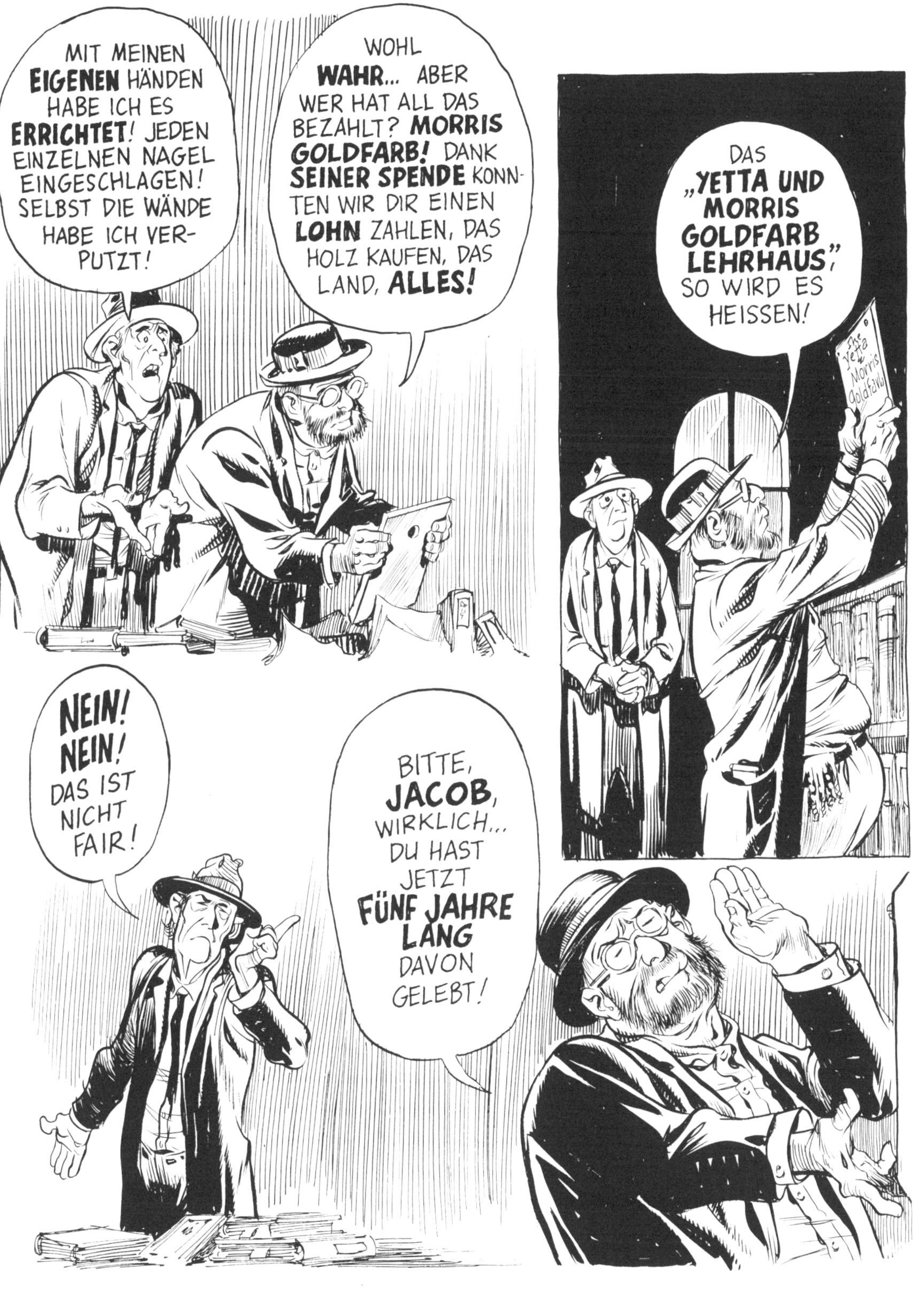
MIT MEINEN EIGENEN HÄNDEN HABE ICH ES ERRICHTET! JEDEN EINZELNEN NAGEL EINGESCHLAGEN! SELBST DIE WÄNDE HABE ICH VERPUTZT!
WOHL WAHR... ABER WER HAT ALL DAS BEZAHLT? MORRIS GOLDFARB! DANK SEINER SPENDE KONNTEN WIR DIR EINEN LOHN ZAHLEN, DAS HOLZ KAUFEN, DAS LAND, ALLES!
DAS „YETTA UND MORRIS GOLDFARB LEHRHAUS", SO WIRD ES HEISSEN!
NEIN! NEIN! DAS IST NICHT FAIR!
BITTE, JACOB, WIRKLICH... DU HAST JETZT FÜNF JAHRE LANG DAVON GELEBT!

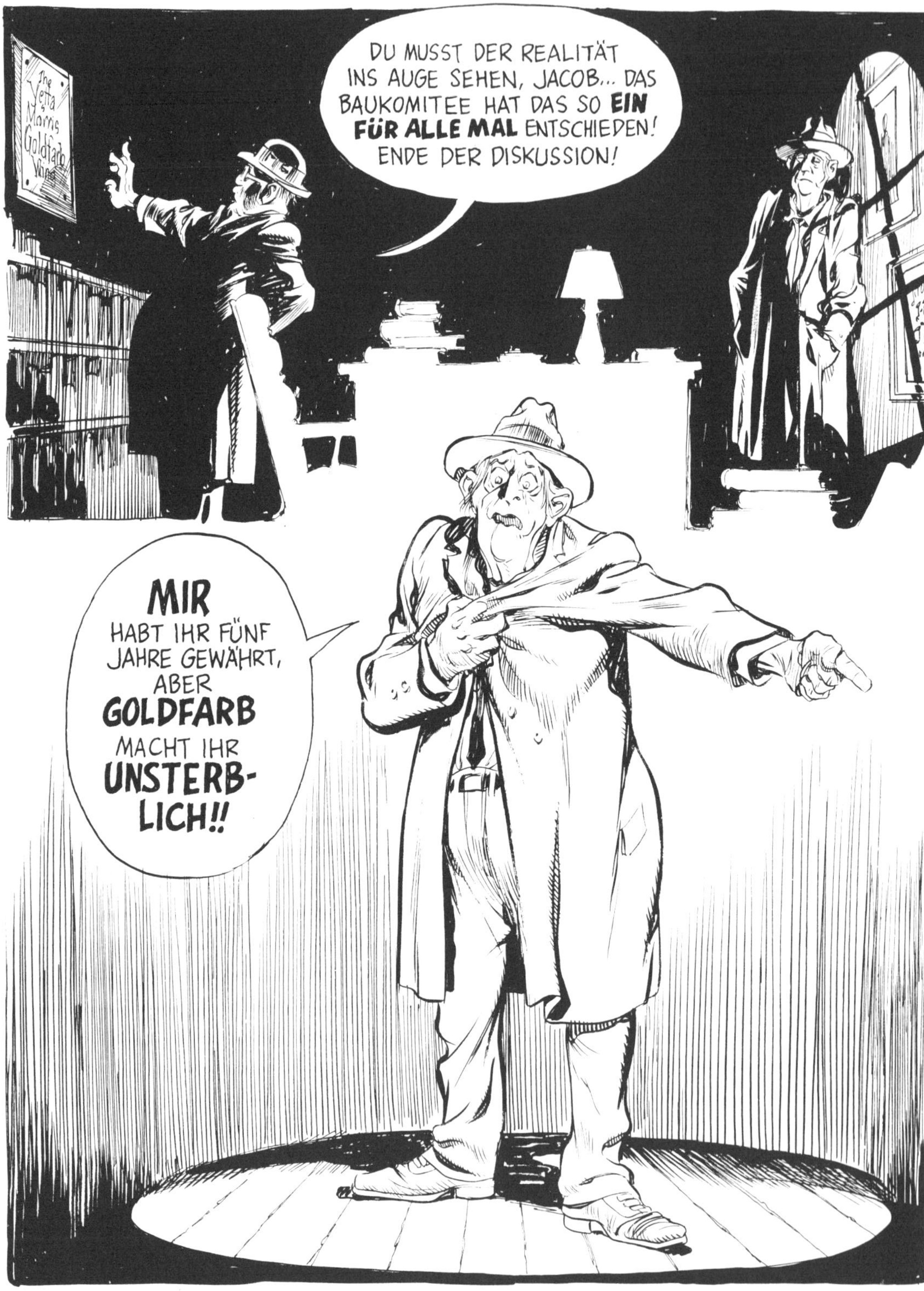
DU MUSST DER REALITÄT INS AUGE SEHEN, JACOB... DAS BAUKOMITEE HAT DAS SO **EIN FÜR ALLE MAL** ENTSCHIEDEN! ENDE DER DISKUSSION!
MIR HABT IHR FÜNF JAHRE GEWÄHRT, ABER **GOLDFARB** MACHT IHR **UNSTERB-LICH!!**

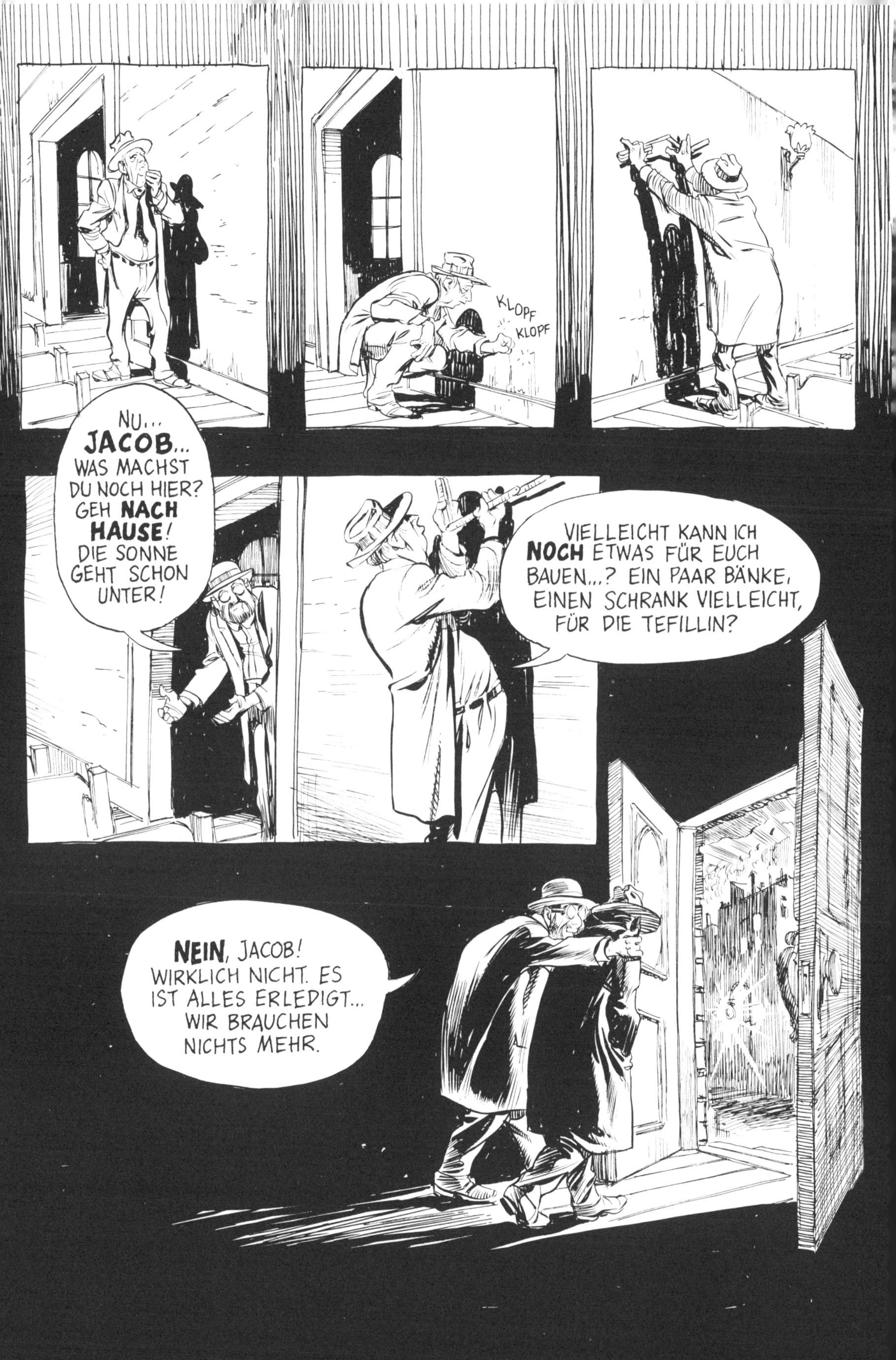
KLOPF KLOPF
NU... JACOB... WAS MACHST DU NOCH HIER? GEH NACH HAUSE! DIE SONNE GEHT SCHON UNTER!
VIELLEICHT KANN ICH NOCH ETWAS FÜR EUCH BAUEN...? EIN PAAR BÄNKE, EINEN SCHRANK VIELLEICHT, FÜR DIE TEFILLIN?
NEIN, JACOB! WIRKLICH NICHT. ES IST ALLES ERLEDIGT... WIR BRAUCHEN NICHTS MEHR.

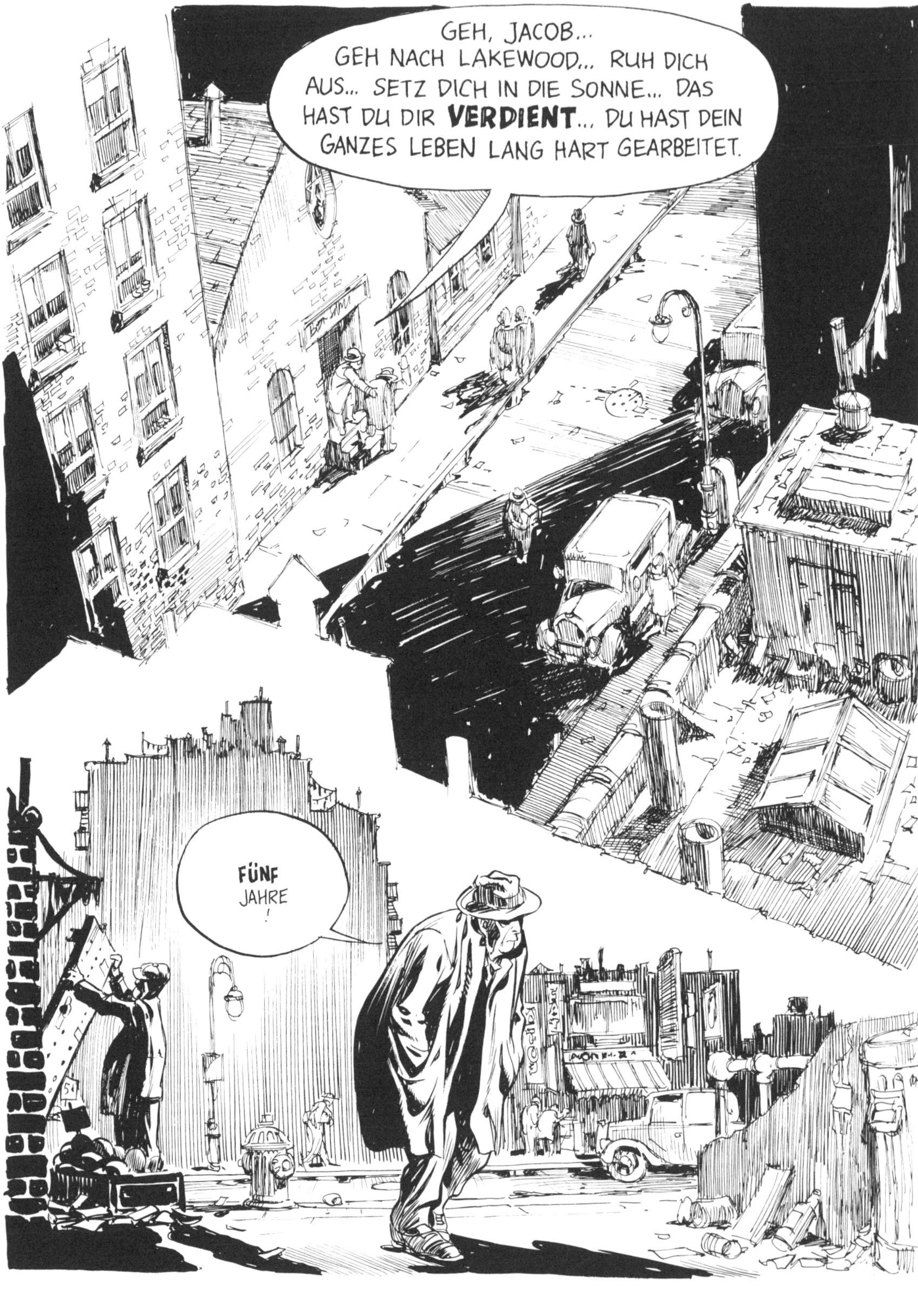
GEH, JACOB...
GEH NACH LAKEWOOD... RUH DICH AUS... SETZ DICH IN DIE SONNE... DAS HAST DU DIR VERDIENT... DU HAST DEIN GANZES LEBEN LANG HART GEARBEITET.
FÜNF JAHRE!

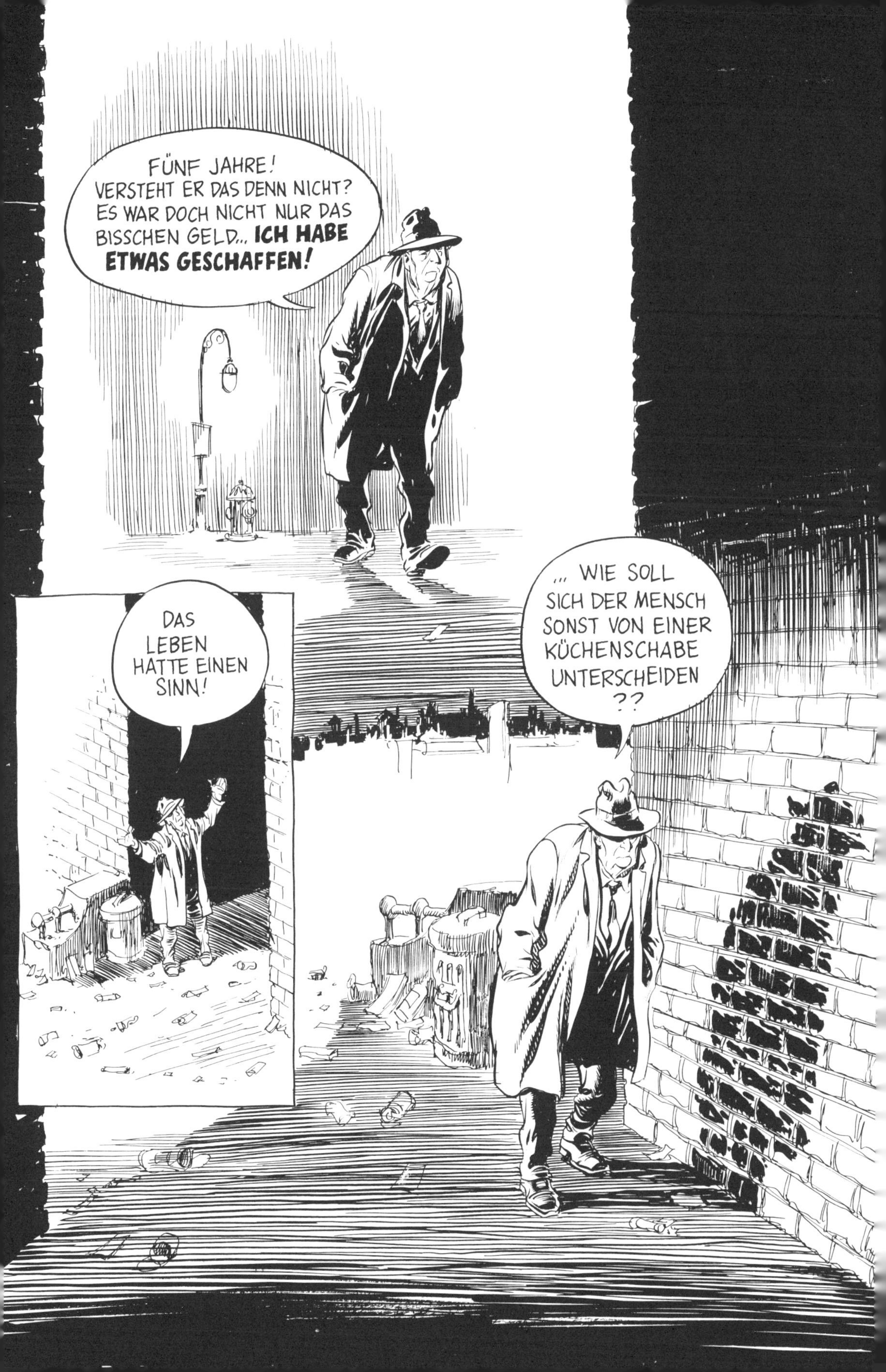
FÜNF JAHRE! VERSTEHT ER DAS DENN NICHT? ES WAR DOCH NICHT NUR DAS BISSCHEN GELD... ICH HABE ETWAS GESCHAFFEN!
DAS LEBEN HATTE EINEN SINN!
... WIE SOLL SICH DER MENSCH SONST VON EINER KÜCHENSCHABE UNTERSCHEIDEN ??

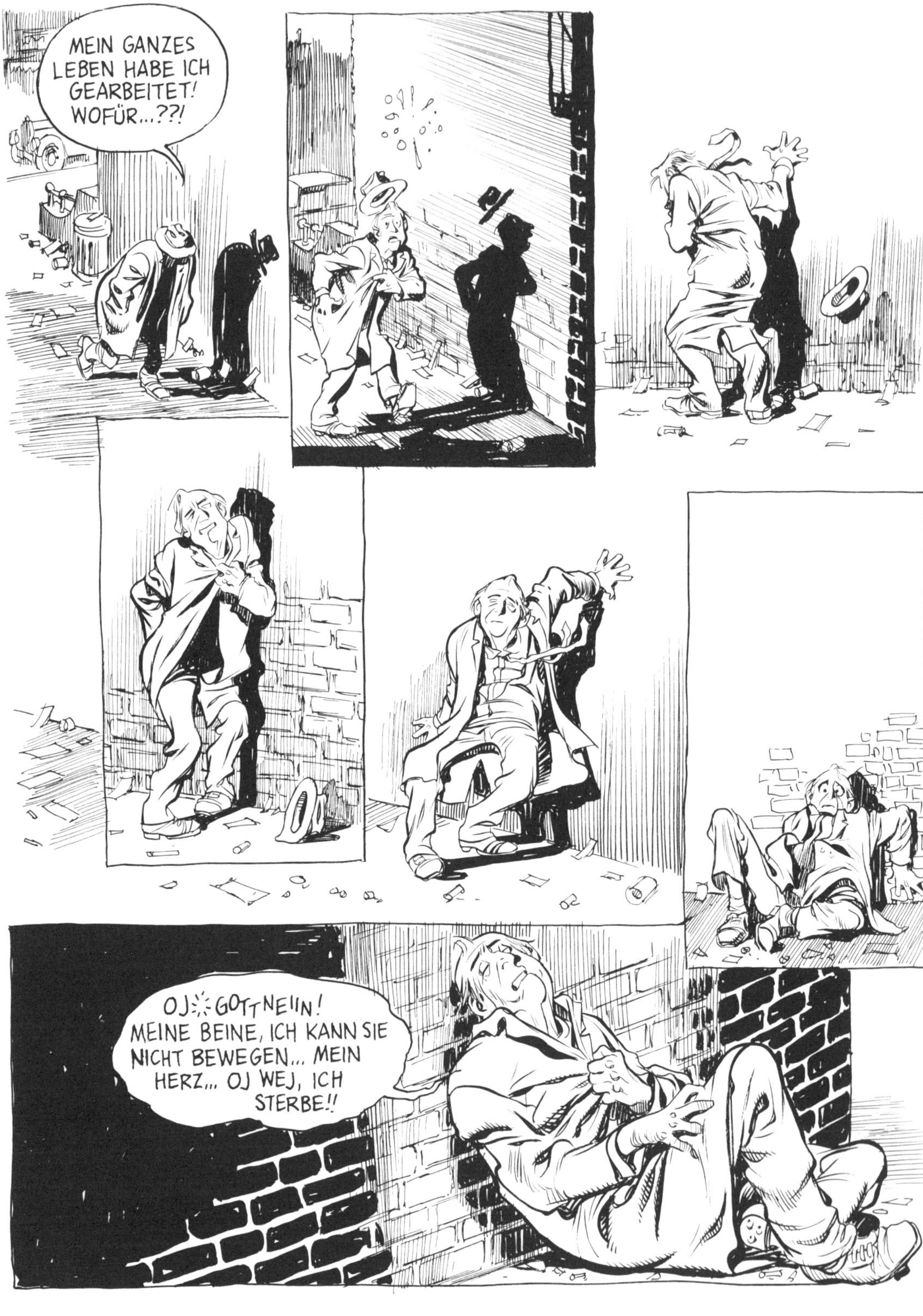
MEIN GANZES LEBEN HABE ICH GEARBEITET! WOFÜR...??!
OJ GOTT NEIIN! MEINE BEINE, ICH KANN SIE NICHT BEWEGEN... MEIN HERZ... OJ WEJ, ICH STERBE!!

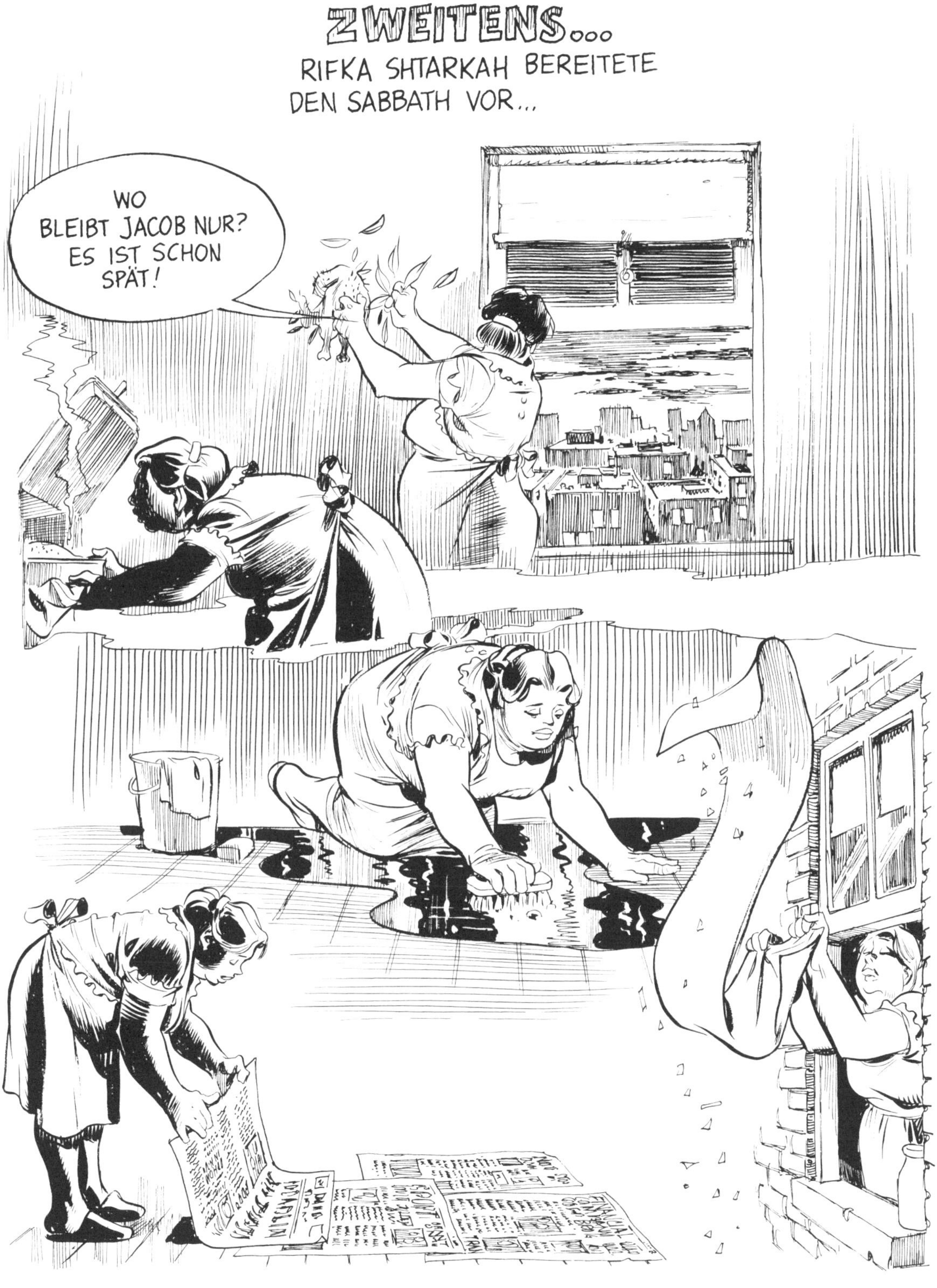
ZWEITENS...
RIFKA SHTARKAH BEREITETE DEN SABBATH VOR...
WO BLEIBT JACOB NUR? ES IST SCHON SPÄT!

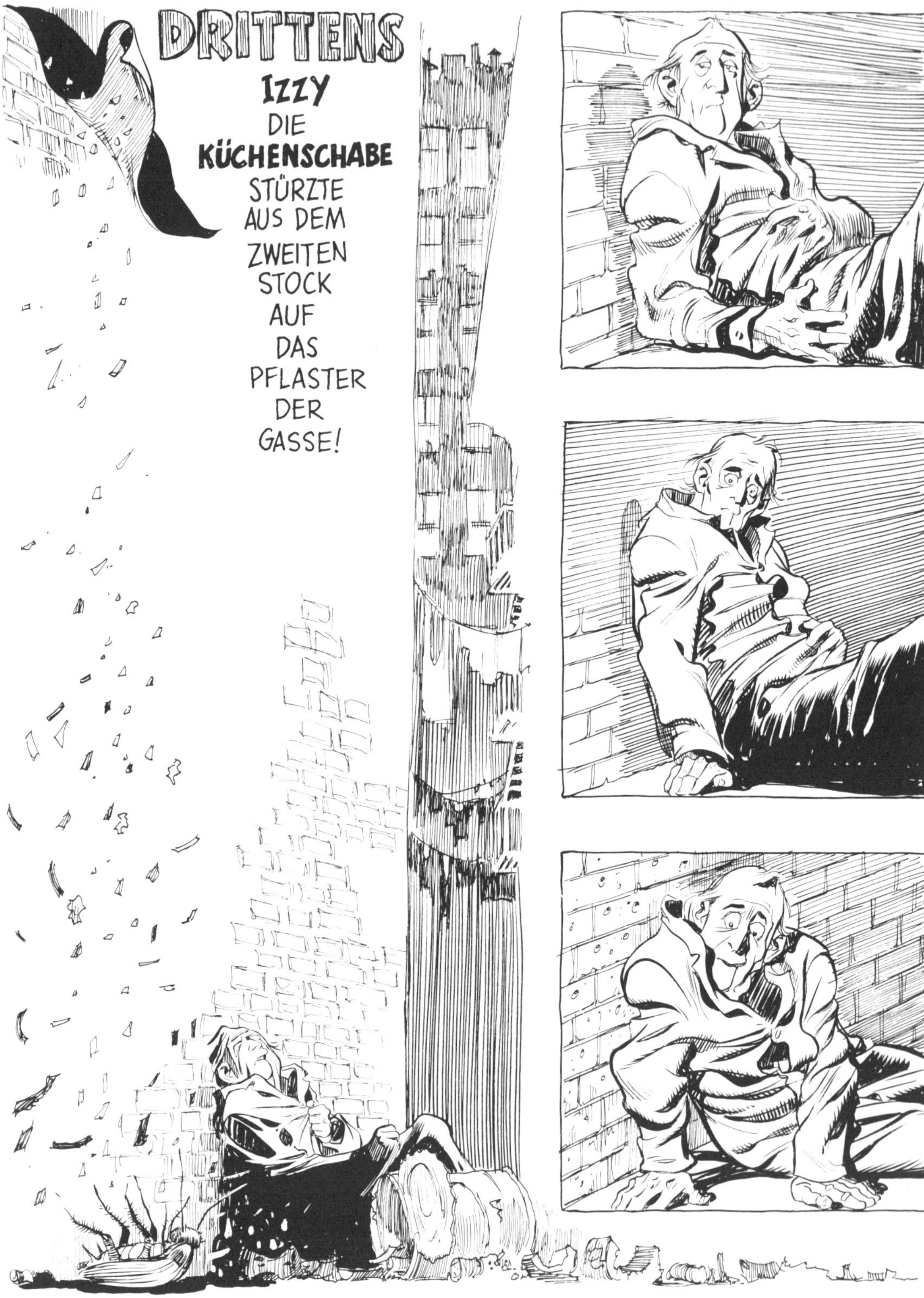
DRITTENS
IZZY
DIE
KÜCHENSCHABE
STÜRZTE
AUS DEM
ZWEITEN
STOCK
AUF
DAS
PFLASTER
DER
GASSE!

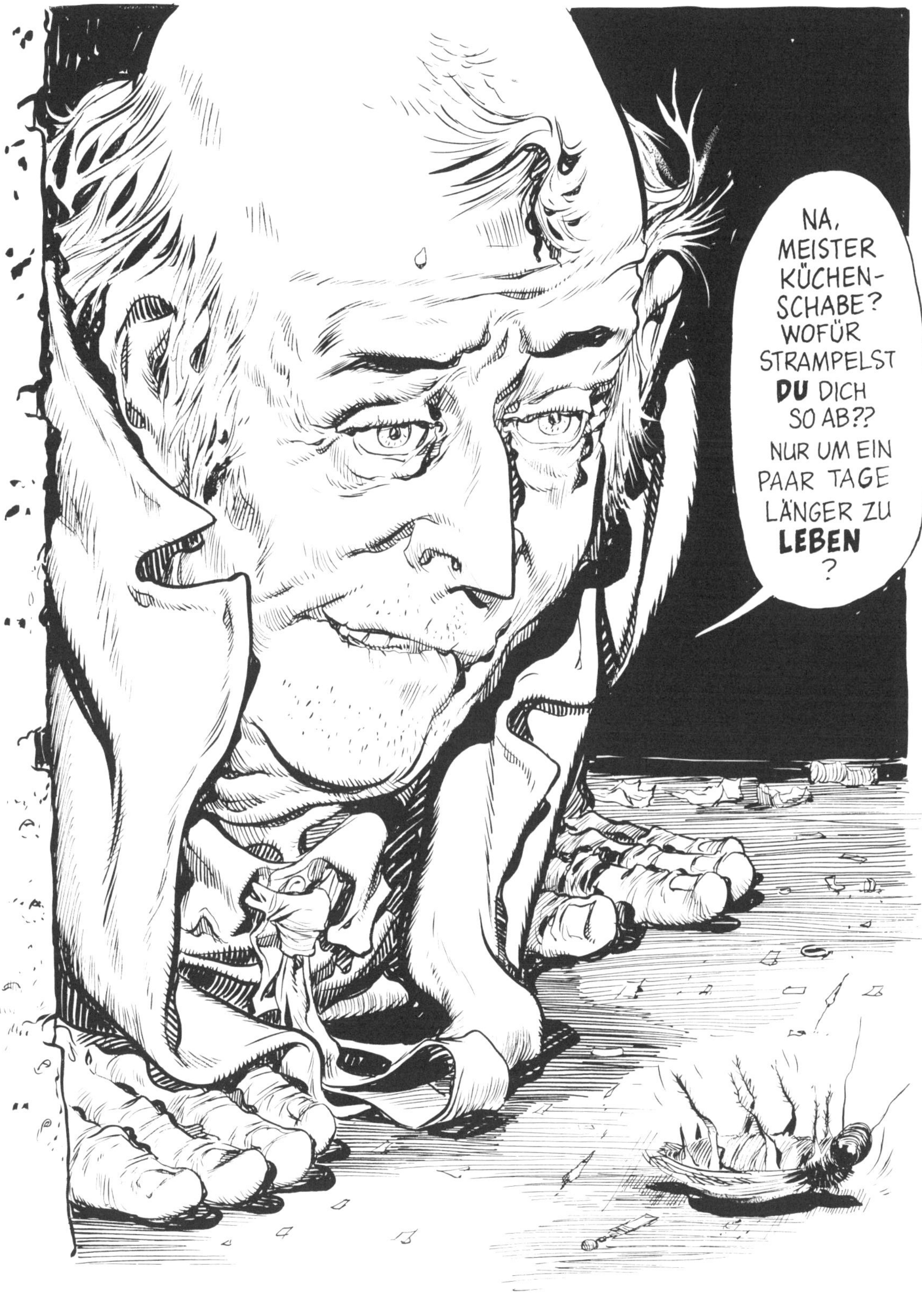
NA, MEISTER KÜCHENSCHABE? WOFÜR STRAMPELST **DU** DICH SO AB?? NUR UM EIN PAAR TAGE LÄNGER ZU **LEBEN** ?

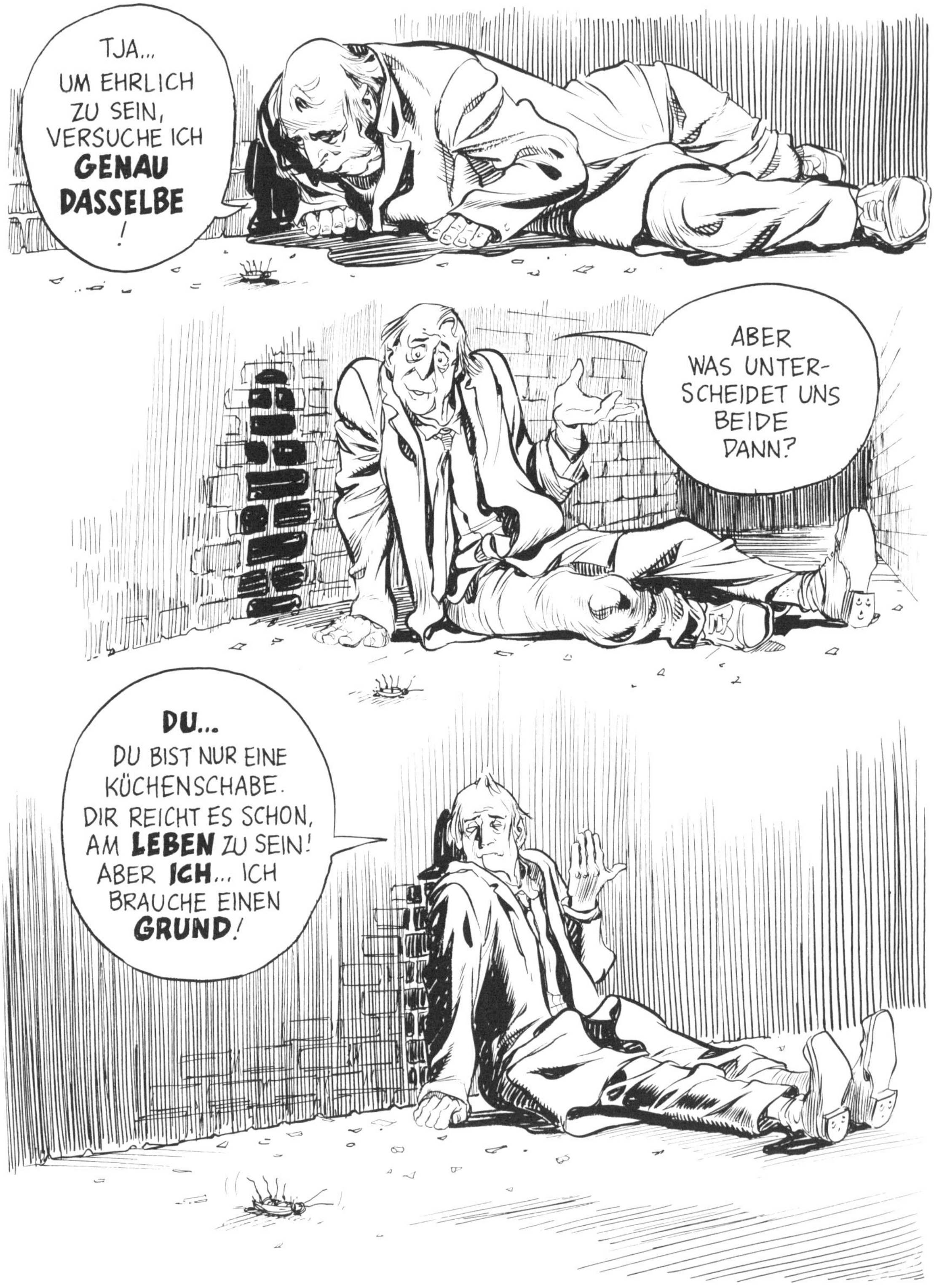
TJA... UM EHRLICH ZU SEIN, VERSUCHE ICH GENAU DASSELBE!
ABER WAS UNTERSCHEIDET UNS BEIDE DANN?
DU... DU BIST NUR EINE KÜCHENSCHABE. DIR REICHT ES SCHON, AM LEBEN ZU SEIN! ABER ICH... ICH BRAUCHE EINEN GRUND!

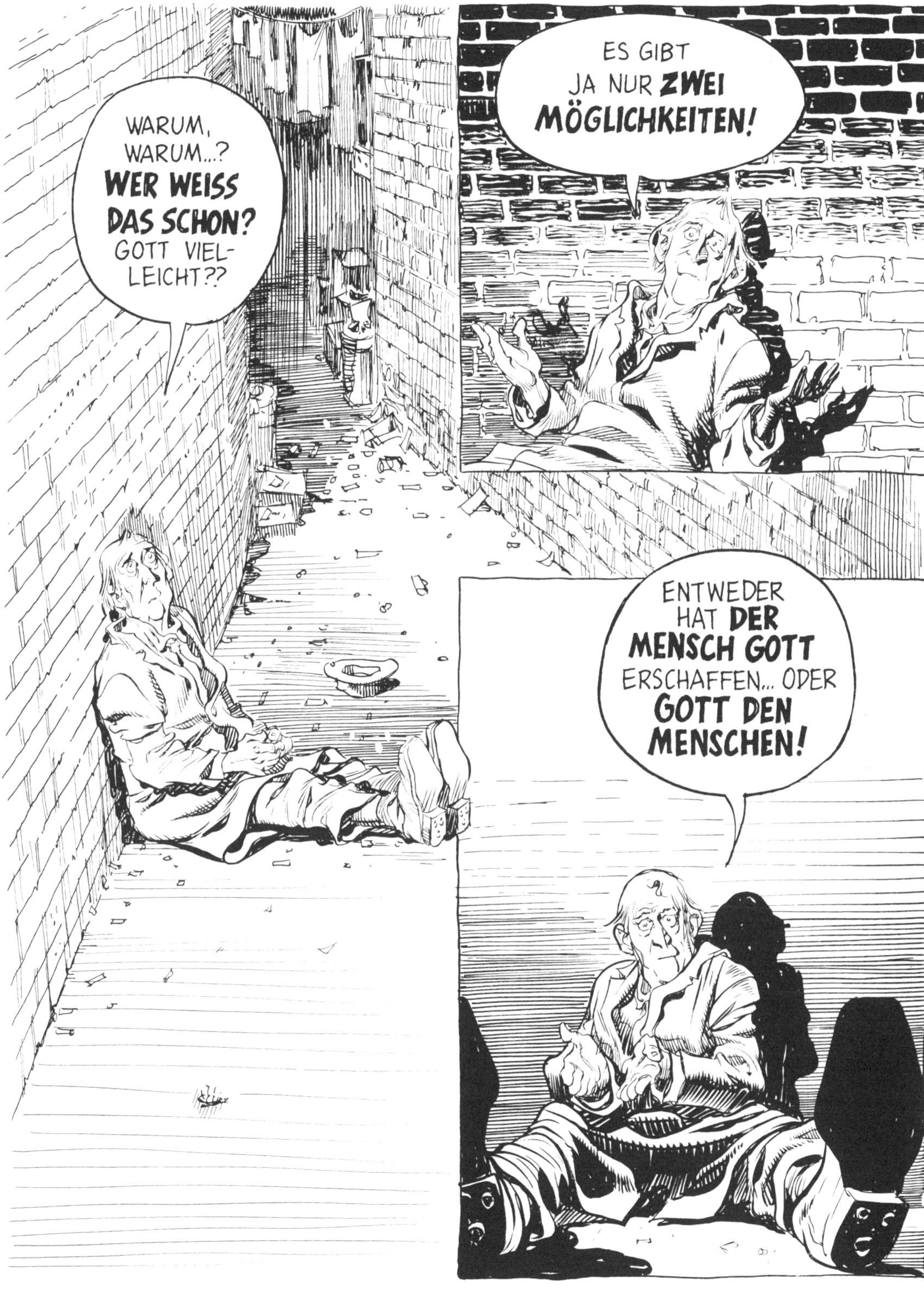
WARUM, WARUM...? WER WEISS DAS SCHON? GOTT VIEL-LEICHT??
ES GIBT JA NUR ZWEI MÖGLICHKEITEN!
ENTWEDER HAT DER MENSCH GOTT ERSCHAFFEN... ODER GOTT DEN MENSCHEN!

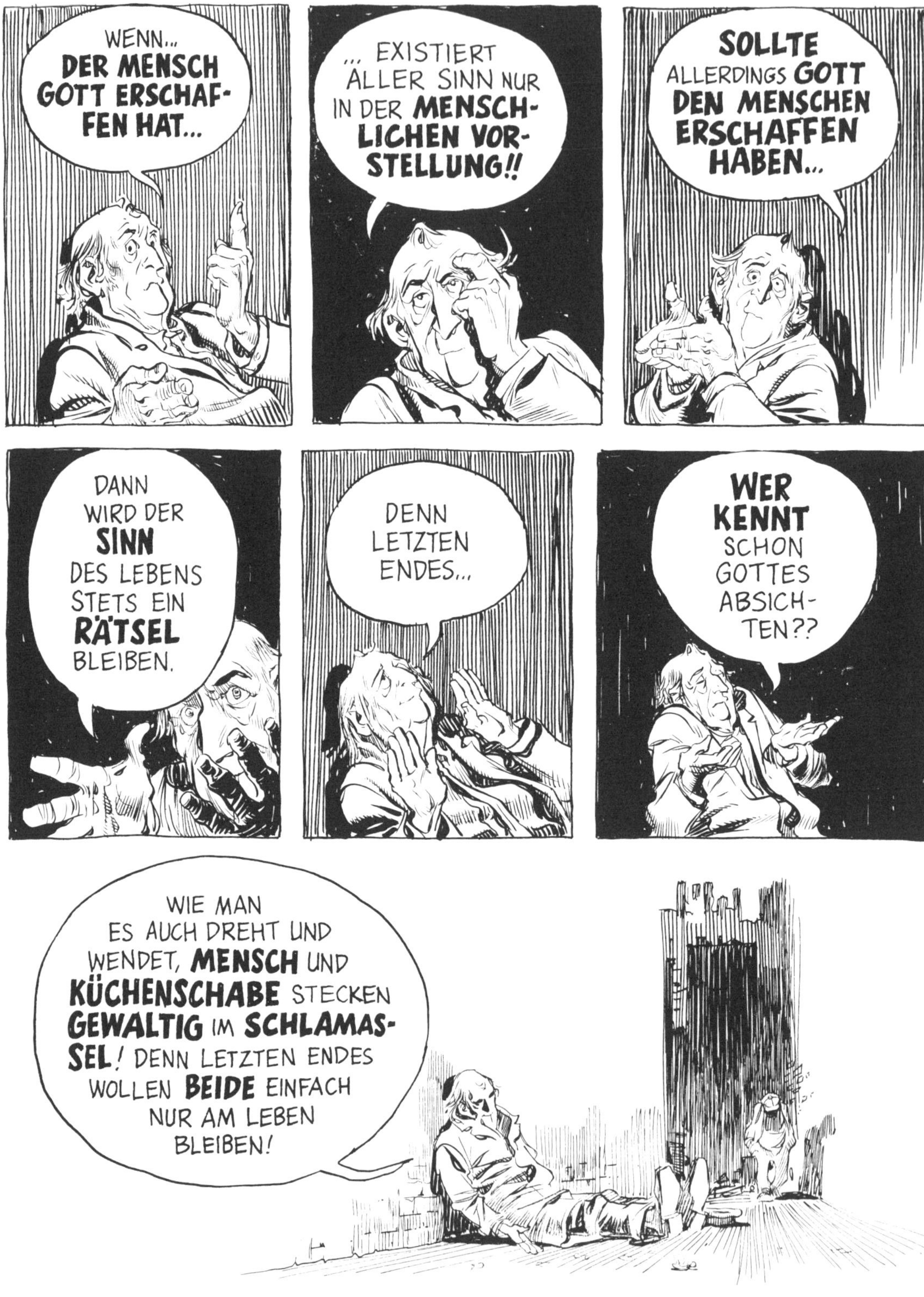
WENN... DER MENSCH GOTT ERSCHAFFEN HAT...
... EXISTIERT ALLER SINN NUR IN DER MENSCHLICHEN VORSTELLUNG!!
SOLLTE ALLERDINGS GOTT DEN MENSCHEN ERSCHAFFEN HABEN...
DANN WIRD DER SINN DES LEBENS STETS EIN RÄTSEL BLEIBEN.
DENN LETZTEN ENDES...
WER KENNT SCHON GOTTES ABSICHTEN??
WIE MAN ES AUCH DREHT UND WENDET, MENSCH UND KÜCHENSCHABE STECKEN GEWALTIG IM SCHLAMASSEL! DENN LETZTEN ENDES WOLLEN BEIDE EINFACH NUR AM LEBEN BLEIBEN!

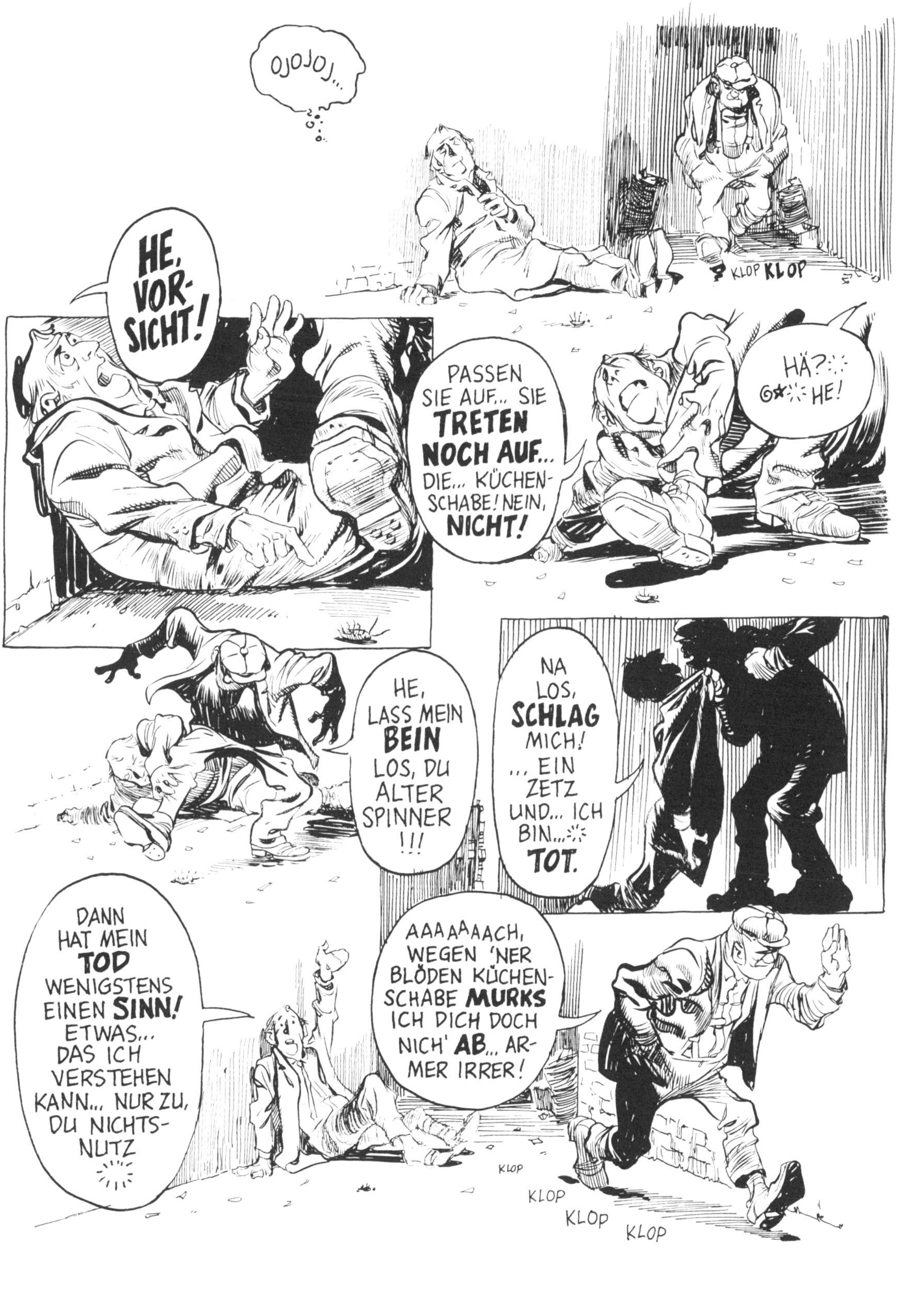
OJOJOJ...
KLOP KLOP
HE, VORSICHT!
PASSEN SIE AUF... SIE TRETEN NOCH AUF... DIE... KÜCHENSCHABE! NEIN, NICHT!
HÄ? G*HE!
HE, LASS MEIN BEIN LOS, DU ALTER SPINNER!!!
NA LOS, SCHLAG MICH! ... EIN ZETZ UND... ICH BIN... TOT.
DANN HAT MEIN TOD WENIGSTENS EINEN SINN! ETWAS... DAS ICH VERSTEHEN KANN... NUR ZU, DU NICHTSNUTZ
AAAAAAACH, WEGEN 'NER BLÖDEN KÜCHENSCHABE MURKS ICH DICH DOCH NICH' AB... ARMER IRRER!
KLOP
KLOP
KLOP
KLOP

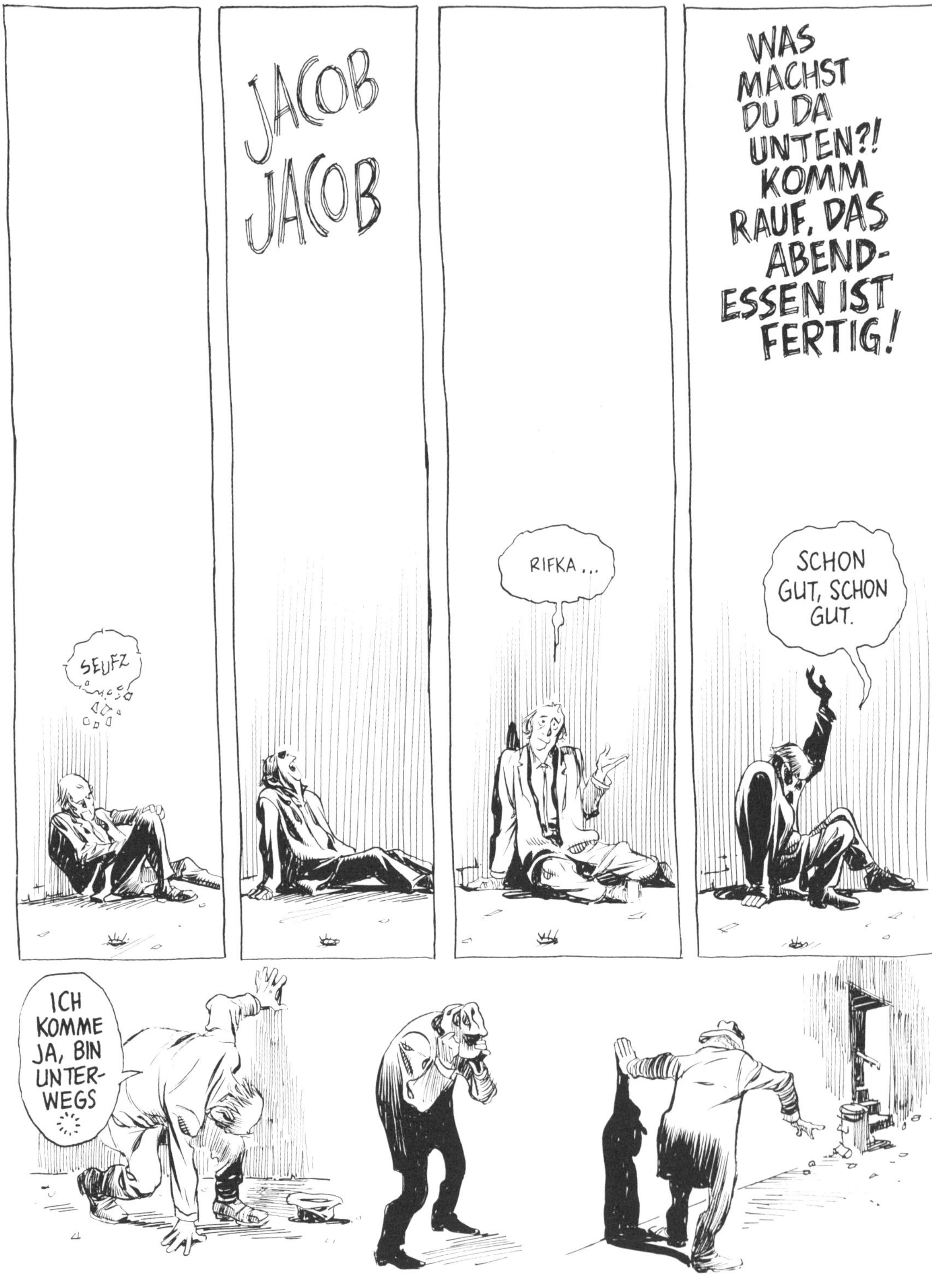
SEUFZ
JACOB JACOB
RIFKA ...
WAS MACHST DU DA UNTEN?! KOMM RAUF, DAS ABEND-ESSEN IST FERTIG!
SCHON GUT, SCHON GUT.
ICH KOMME JA, BIN UNTER-WEGS

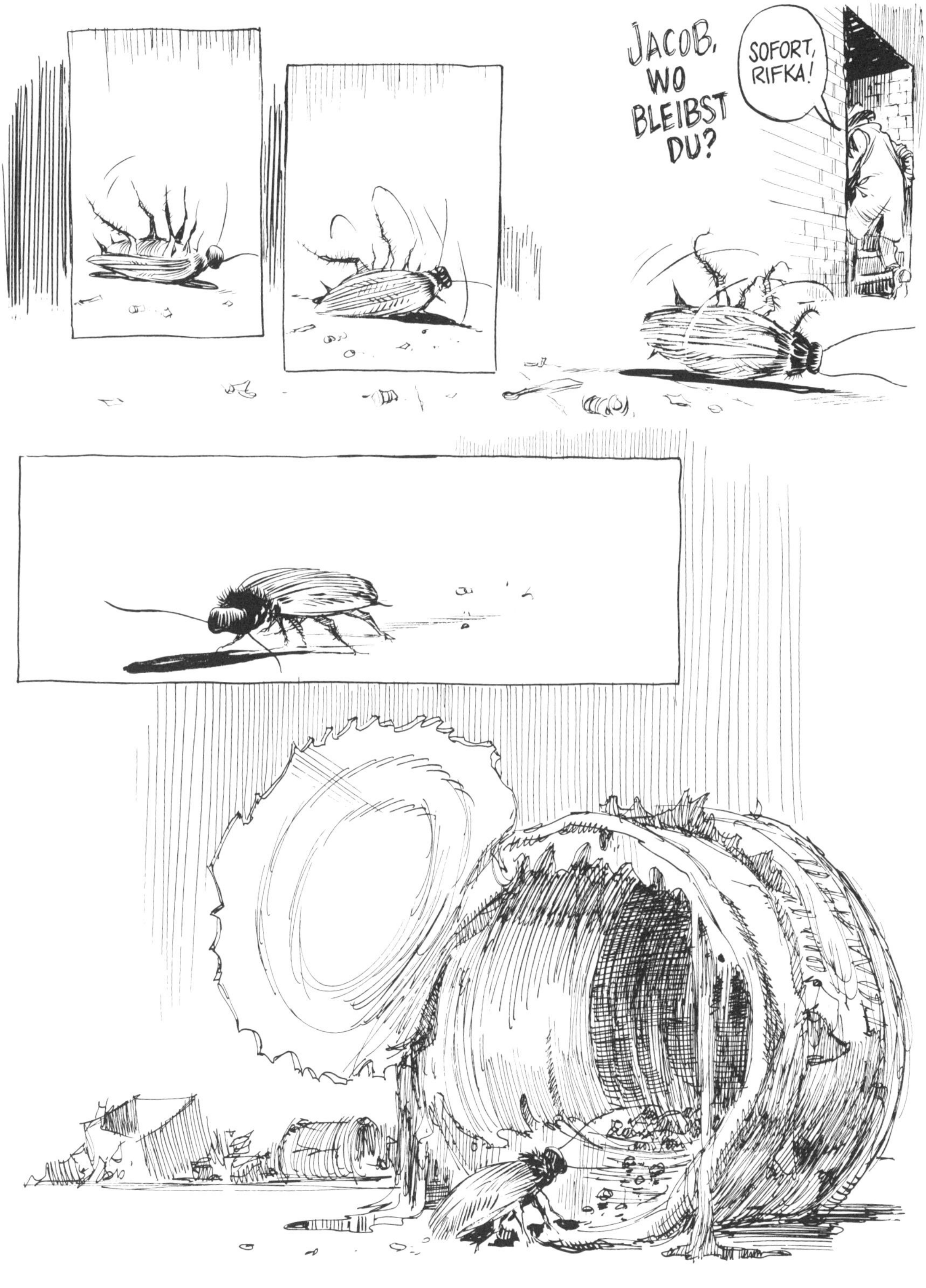
JACOB, WO BLEIBST DU?
SOFORT, RIFKA!

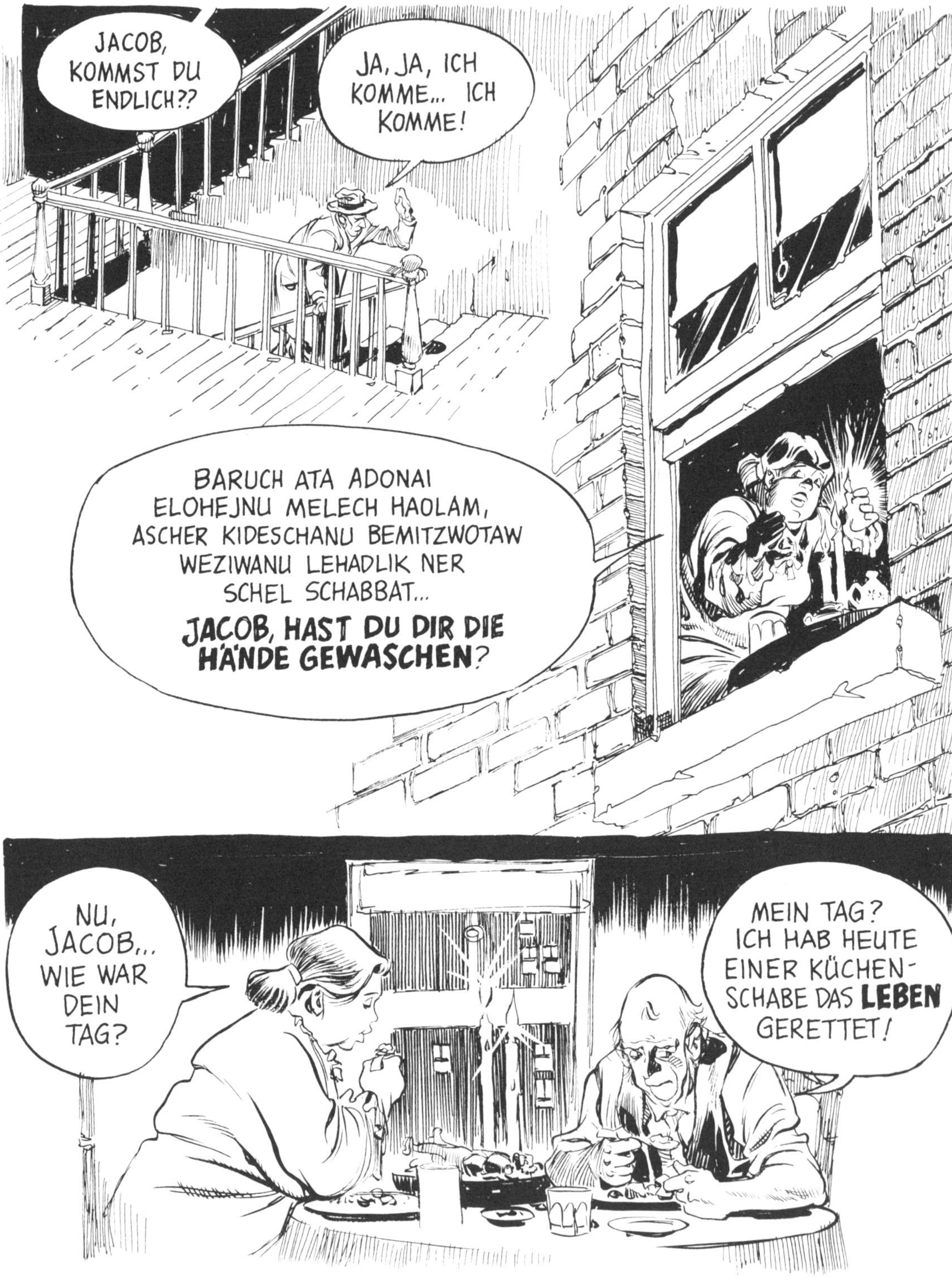
JACOB, KOMMST DU ENDLICH??
JA, JA, ICH KOMME... ICH KOMME!
BARUCH ATA ADONAI ELOHEJNU MELECH HAOLAM, ASCHER KIDESCHANU BEMITZWOTAW WEZIWANU LEHADLIK NER SCHEL SCHABBAT...
JACOB, HAST DU DIR DIE HÄNDE GEWASCHEN?
NU, JACOB... WIE WAR DEIN TAG?
MEIN TAG? ICH HAB HEUTE EINER KÜCHENSCHABE DAS LEBEN GERETTET!

AUSBRUCH

SÜD, SÜDWESTLICH – JENSEITS DES HARLEM RIVER, WO DIE BRONX ENDET, LIEGT MANHATTAN ISLAND. **DORT**... LOCKT DAS VERHEISSUNGSVOLLE LAND.

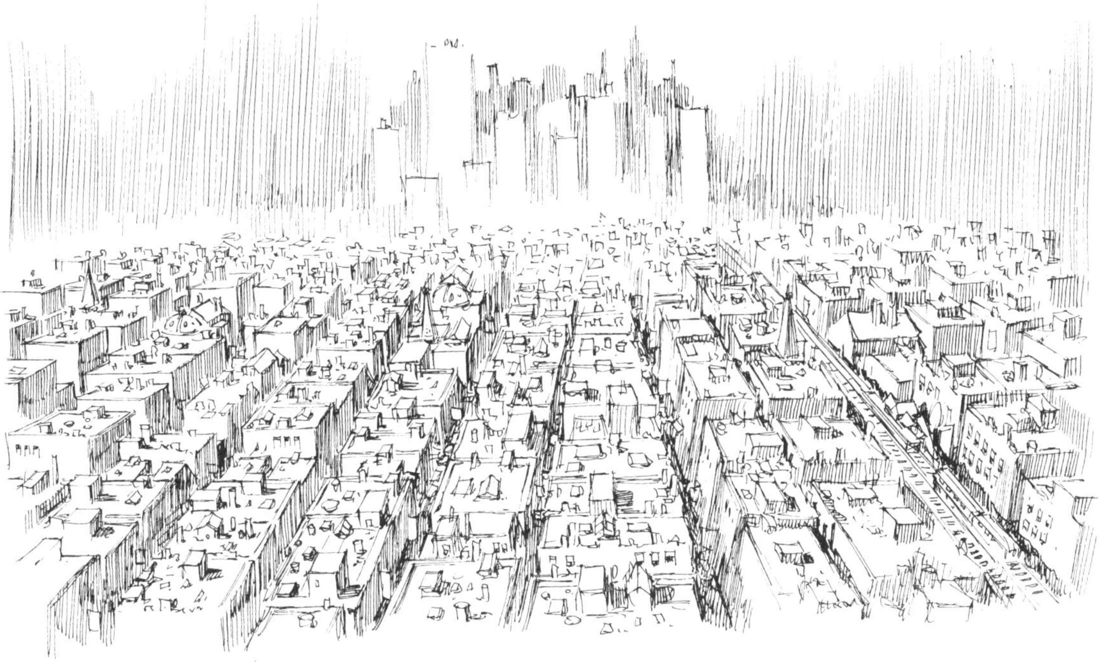

DANIEL, JACOBS SOHN, HATTE ES GESCHAFFT. NACH ABENDSCHULE UND MEDIZINSTUDIUM (NACHTS FUHR ER TAXI) HATTE ER ES ZUM ASSISTENZARZT IM MT. HEBRON HOSPITAL AN DER EAST SIDE VON MANHATTAN GEBRACHT. ER WAR DER DROPSIE AVENUE **ENTKOMMEN**, WAR **GEFLOHEN**... IN DIE GEHOBENE GESELLSCHAFT.

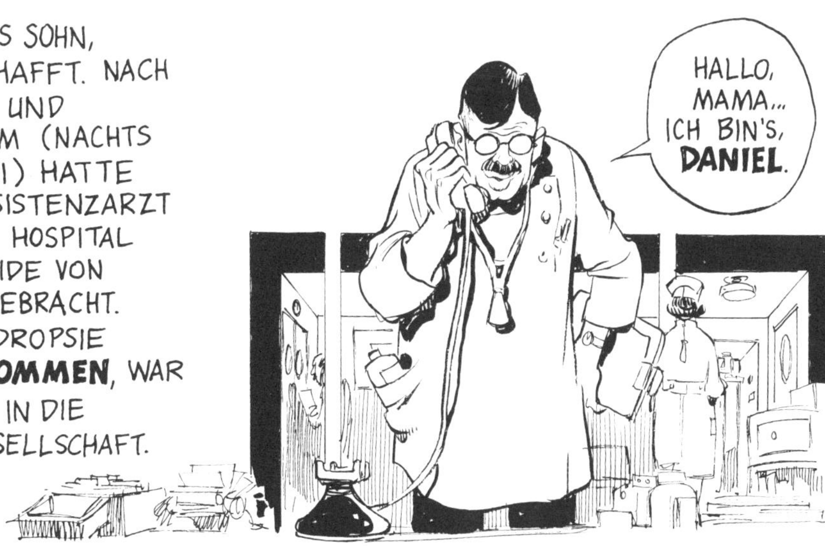

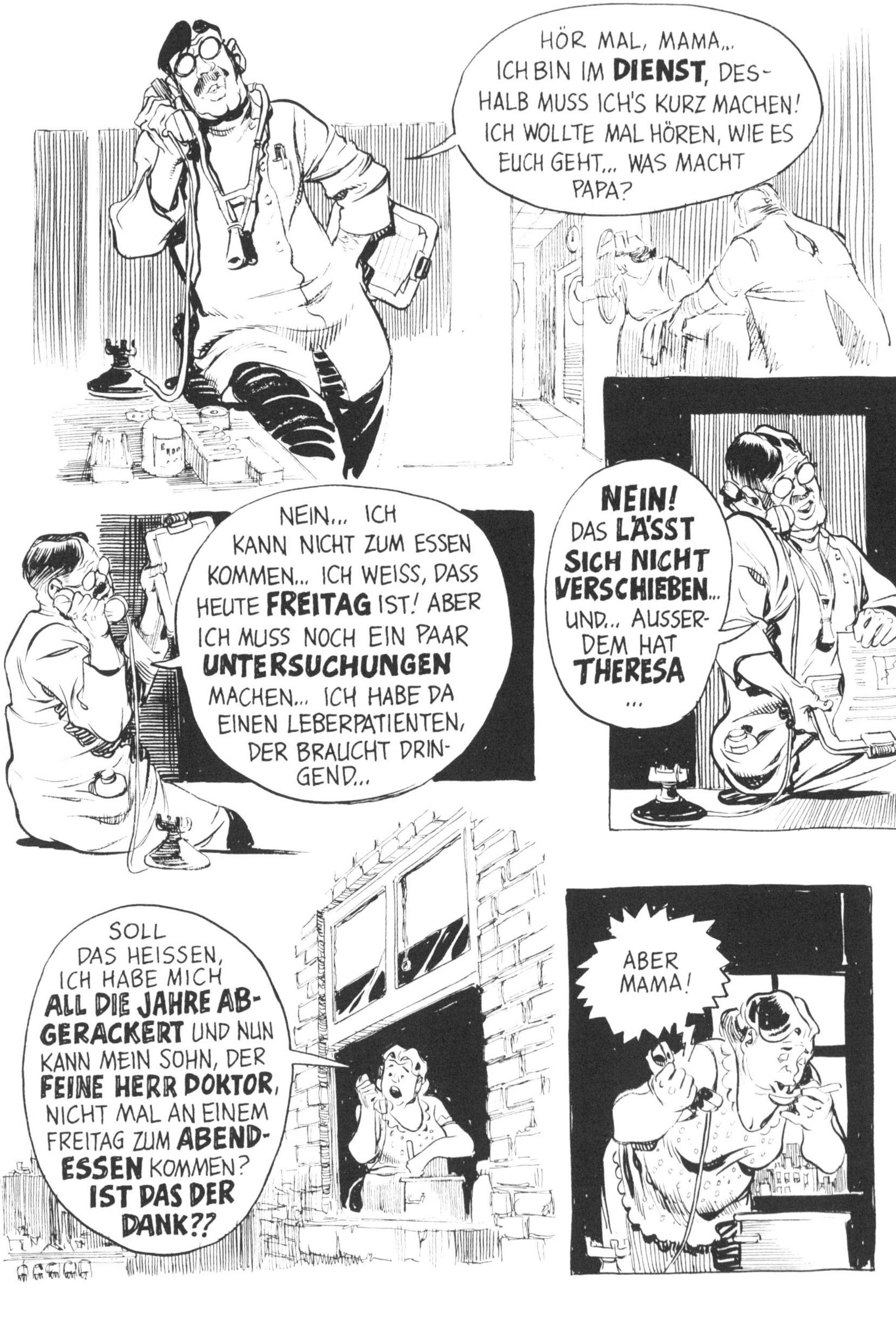
HÖR MAL, MAMA... ICH BIN IM DIENST, DES-HALB MUSS ICH'S KURZ MACHEN! ICH WOLLTE MAL HÖREN, WIE ES EUCH GEHT... WAS MACHT PAPA?
NEIN... ICH KANN NICHT ZUM ESSEN KOMMEN... ICH WEISS, DASS HEUTE FREITAG IST! ABER ICH MUSS NOCH EIN PAAR UNTERSUCHUNGEN MACHEN... ICH HABE DA EINEN LEBERPATIENTEN, DER BRAUCHT DRIN-GEND...
NEIN! DAS LÄSST SICH NICHT VERSCHIEBEN... UND... AUSSER-DEM HAT THERESA ...
SOLL DAS HEISSEN, ICH HABE MICH ALL DIE JAHRE AB-GERACKERT UND NUN KANN MEIN SOHN, DER FEINE HERR DOKTOR, NICHT MAL AN EINEM FREITAG ZUM ABEND-ESSEN KOMMEN? IST DAS DER DANK??
ABER MAMA!

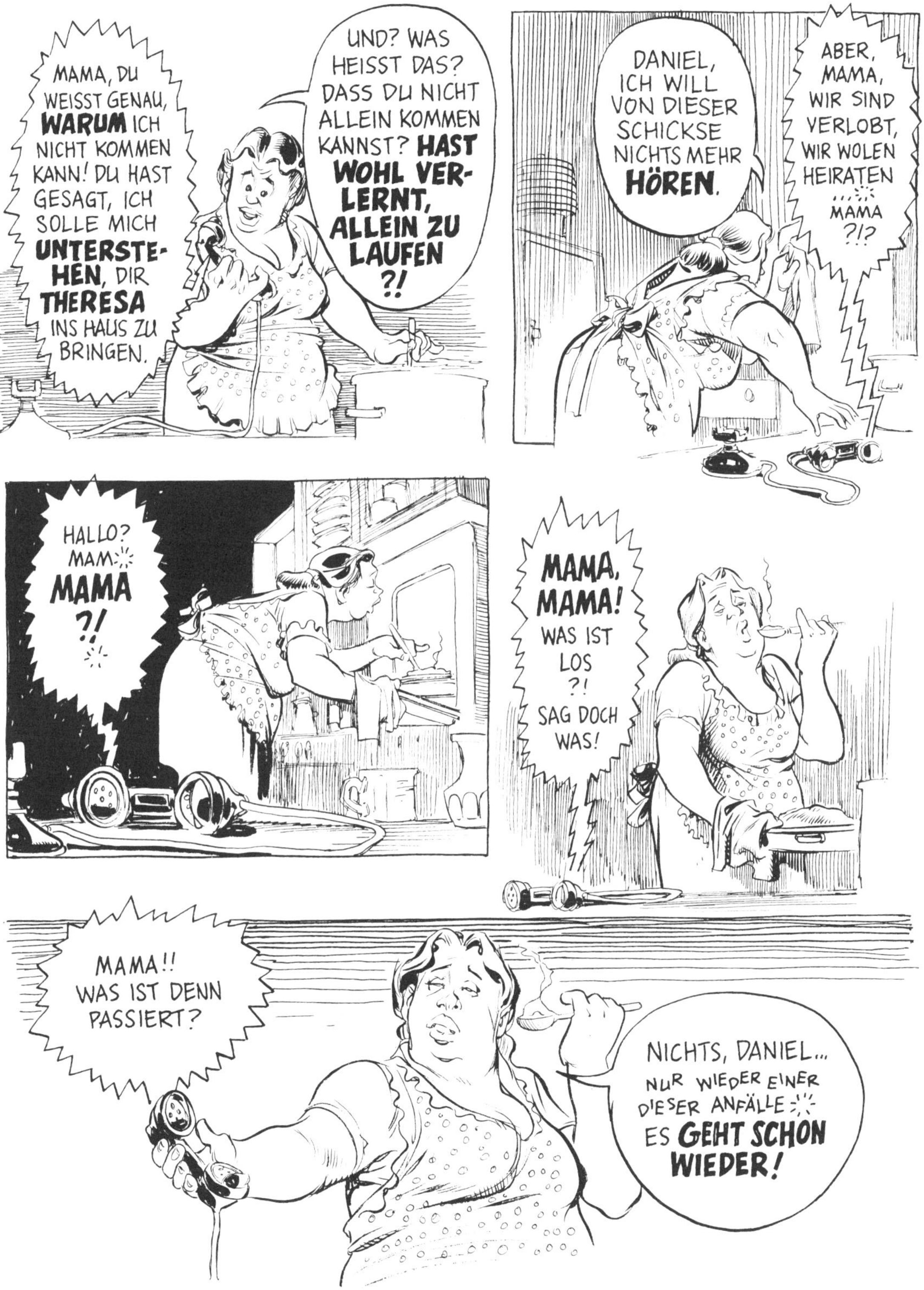
MAMA, DU WEISST GENAU, **WARUM** ICH NICHT KOMMEN KANN! DU HAST GESAGT, ICH SOLLE MICH **UNTERSTEHEN**, DIR **THERESA** INS HAUS ZU BRINGEN.
UND? WAS HEISST DAS? DASS DU NICHT ALLEIN KOMMEN KANNST? **HAST WOHL VERLERNT, ALLEIN ZU LAUFEN ?!**
DANIEL, ICH WILL VON DIESER SCHICKSE NICHTS MEHR **HÖREN**.
ABER, MAMA, WIR SIND VERLOBT, WIR WOLEN HEIRATEN ... MAMA ?!?
HALLO? MAM... **MAMA ?!**
MAMA, MAMA! WAS IST LOS ?! SAG DOCH WAS!
MAMA!! WAS IST DENN PASSIERT?
NICHTS, DANIEL... NUR WIEDER EINER DIESER ANFÄLLE... ES **GEHT SCHON WIEDER!**

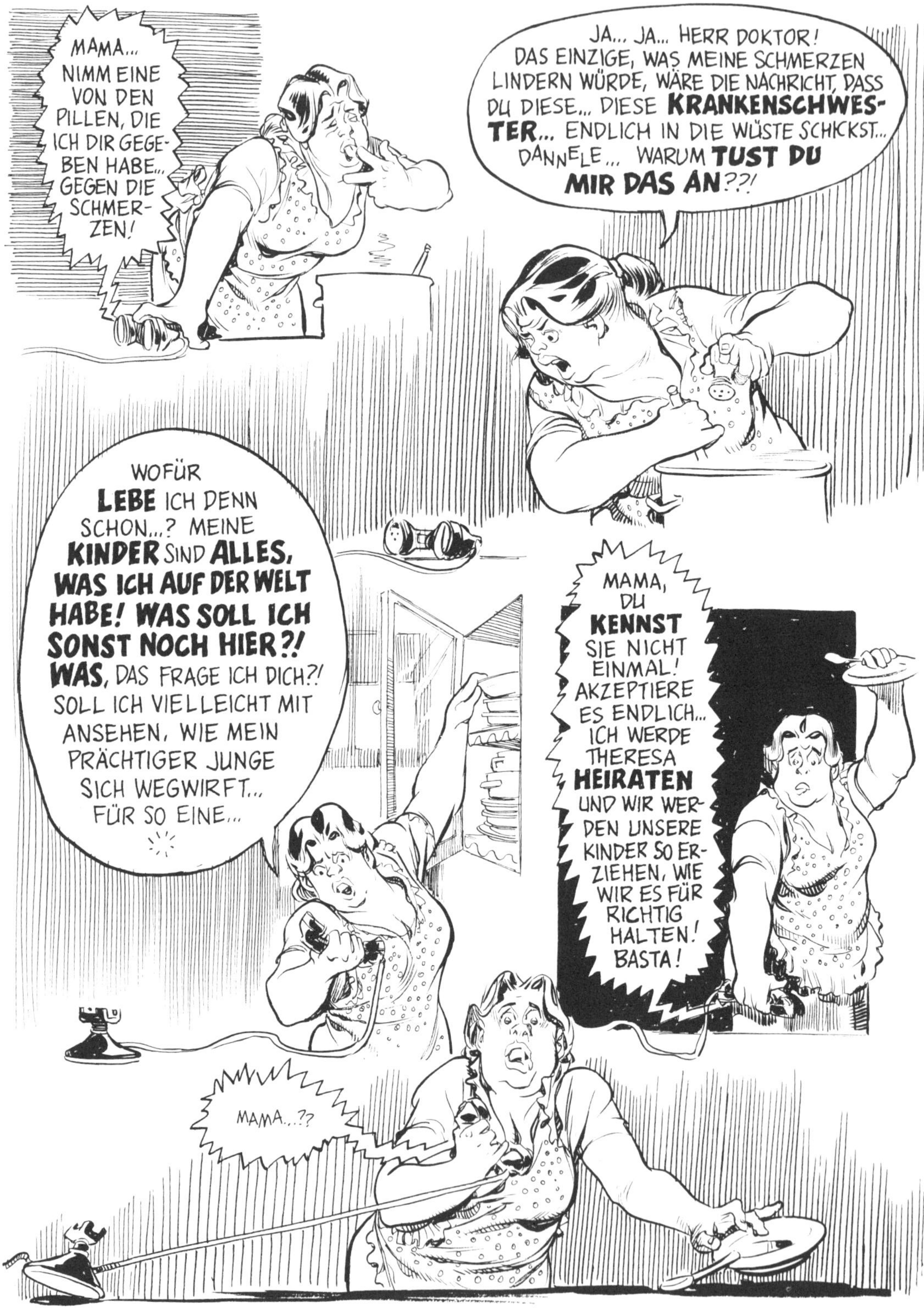
MAMA... NIMM EINE VON DEN PILLEN, DIE ICH DIR GEGEBEN HABE... GEGEN DIE SCHMERZEN!
JA... JA... HERR DOKTOR! DAS EINZIGE, WAS MEINE SCHMERZEN LINDERN WÜRDE, WÄRE DIE NACHRICHT, DASS DU DIESE... DIESE KRANKENSCHWESTER... ENDLICH IN DIE WÜSTE SCHICKST... DANNELE... WARUM TUST DU MIR DAS AN??!
WOFÜR LEBE ICH DENN SCHON...? MEINE KINDER SIND ALLES, WAS ICH AUF DER WELT HABE! WAS SOLL ICH SONST NOCH HIER?! WAS, DAS FRAGE ICH DICH?! SOLL ICH VIELLEICHT MIT ANSEHEN, WIE MEIN PRÄCHTIGER JUNGE SICH WEGWIRFT... FÜR SO EINE...
MAMA, DU KENNST SIE NICHT EINMAL! AKZEPTIERE ES ENDLICH... ICH WERDE THERESA HEIRATEN UND WIR WERDEN UNSERE KINDER SO ERZIEHEN, WIE WIR ES FÜR RICHTIG HALTEN! BASTA!
MAMA...??

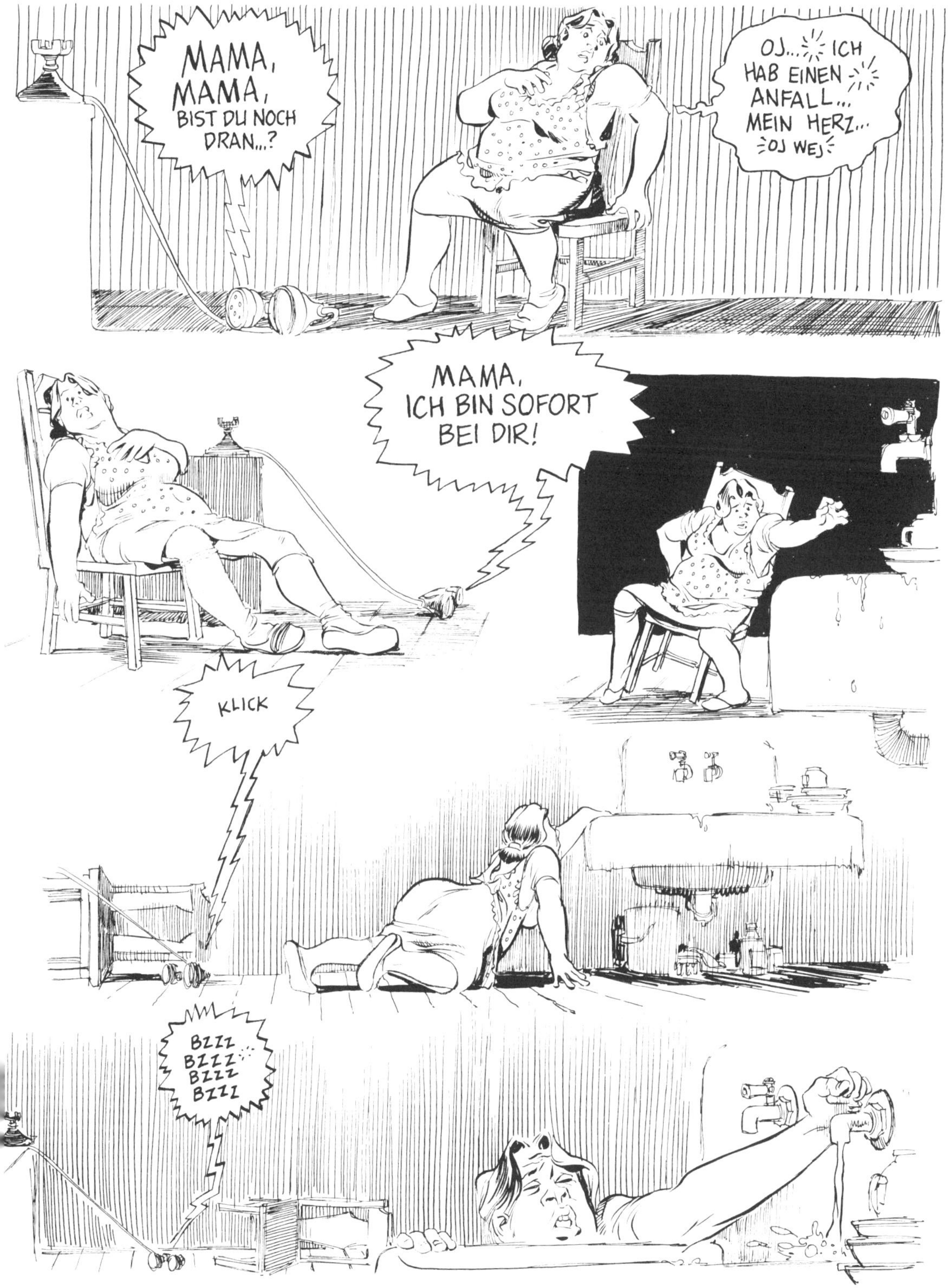
MAMA, MAMA, BIST DU NOCH DRAN...?
OJ... ICH HAB EINEN ANFALL... MEIN HERZ... OJ WEJ
MAMA, ICH BIN SOFORT BEI DIR!
KLICK
BZZZ BZZZ BZZZ BZZZ

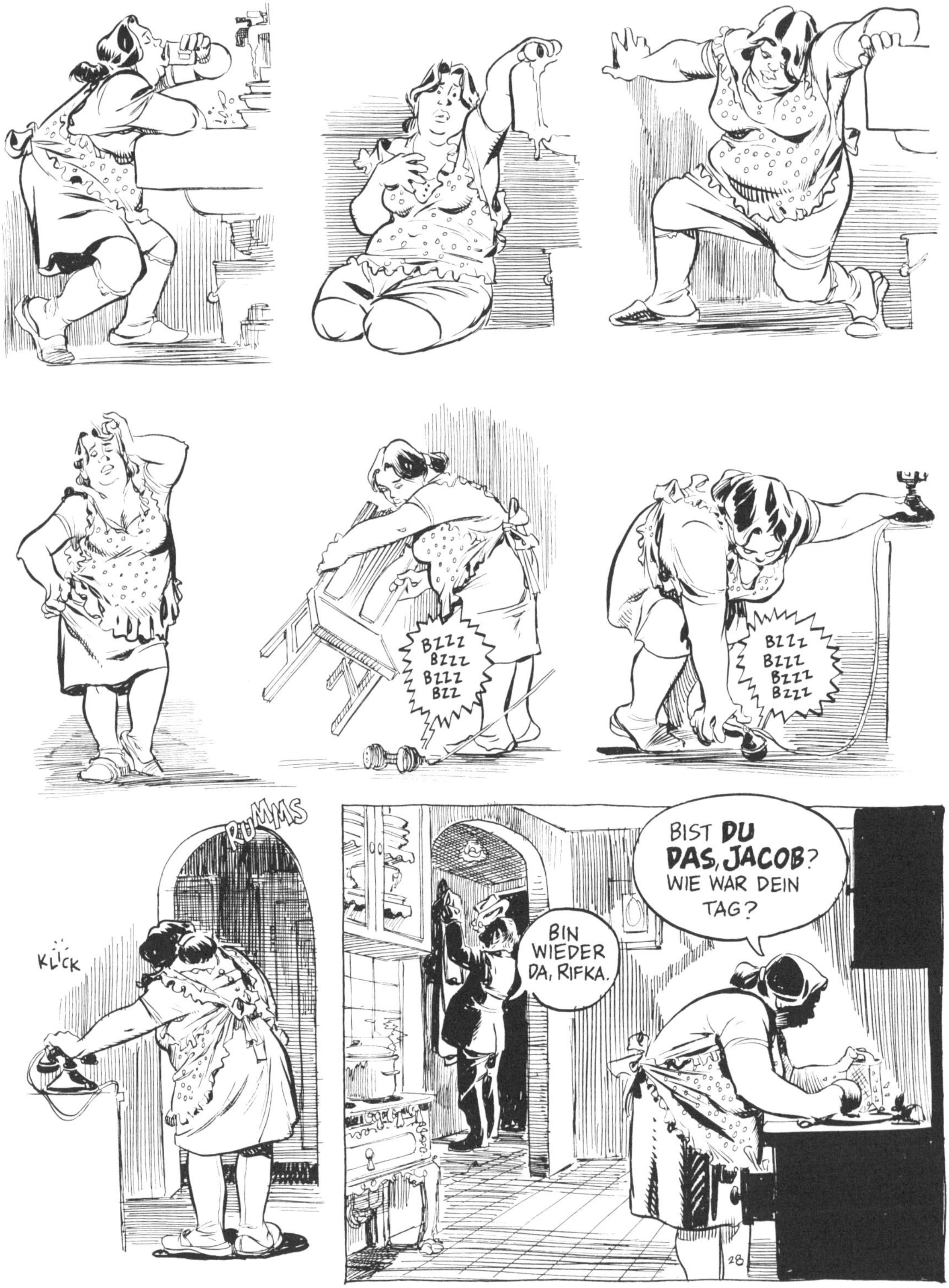
BZZZ
BZZZ
BZZZ
BZZ
BZZZ
BZZZ
BZZZ
BZZZ
RUMMS
KLICK
BIN WIEDER DA, RIFKA.
BIST DU DAS, JACOB? WIE WAR DEIN TAG?
28

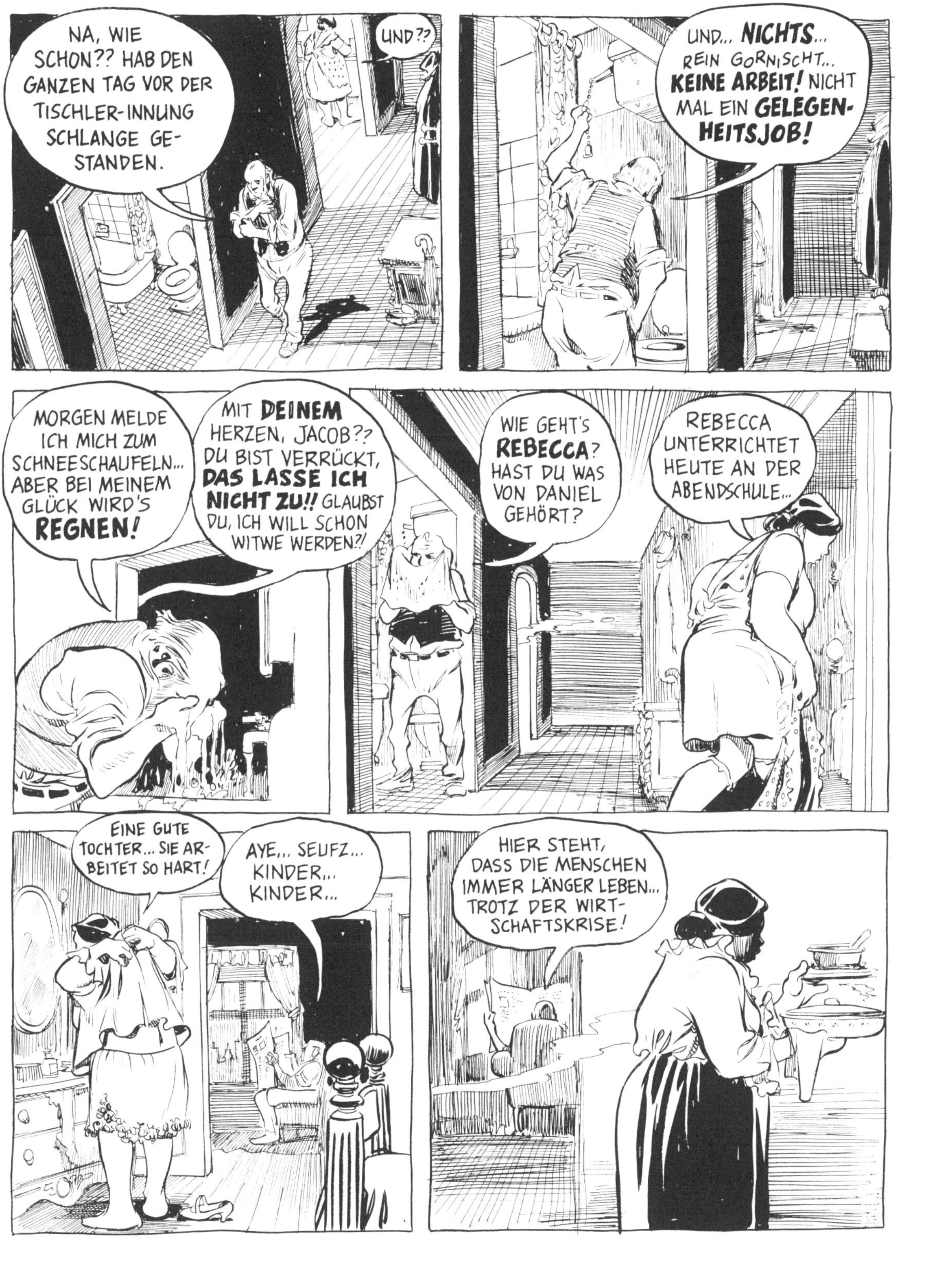
NA, WIE SCHON?? HAB DEN GANZEN TAG VOR DER TISCHLER-INNUNG SCHLANGE GESTANDEN.
UND??
UND... NICHTS... REIN GORNISCHT... KEINE ARBEIT! NICHT MAL EIN GELEGENHEITSJOB!
MORGEN MELDE ICH MICH ZUM SCHNEESCHAUFELN... ABER BEI MEINEM GLÜCK WIRD'S REGNEN!
MIT DEINEM HERZEN, JACOB?? DU BIST VERRÜCKT, DAS LASSE ICH NICHT ZU!! GLAUBST DU, ICH WILL SCHON WITWE WERDEN?!
WIE GEHT'S REBECCA? HAST DU WAS VON DANIEL GEHÖRT?
REBECCA UNTERRICHTET HEUTE AN DER ABENDSCHULE...
EINE GUTE TOCHTER... SIE ARBEITET SO HART!
AYE... SEUFZ... KINDER... KINDER...
HIER STEHT, DASS DIE MENSCHEN IMMER LÄNGER LEBEN... TROTZ DER WIRTSCHAFTSKRISE!

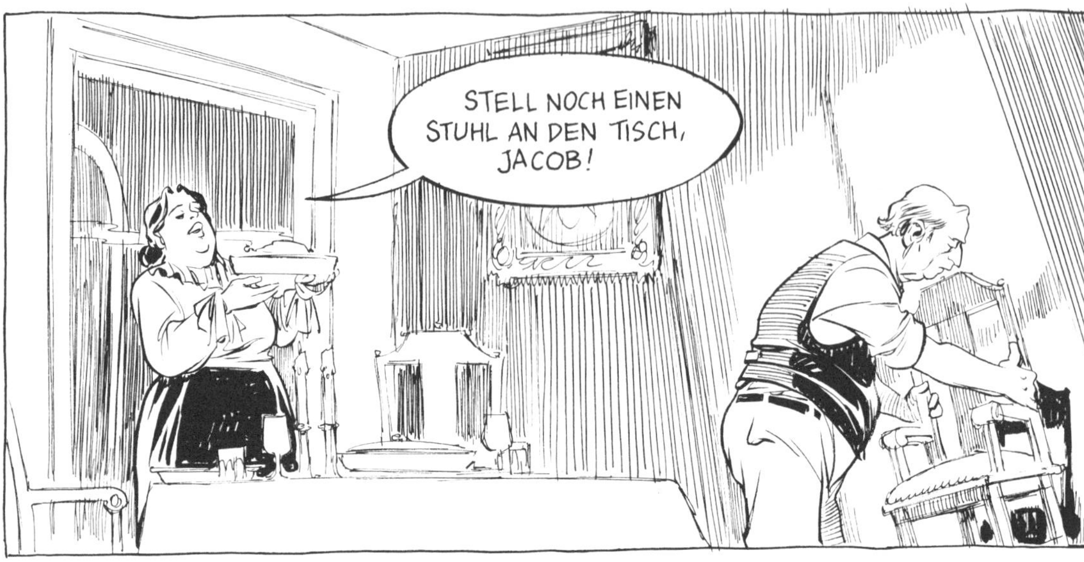
STELL NOCH EINEN STUHL AN DEN TISCH, JACOB!

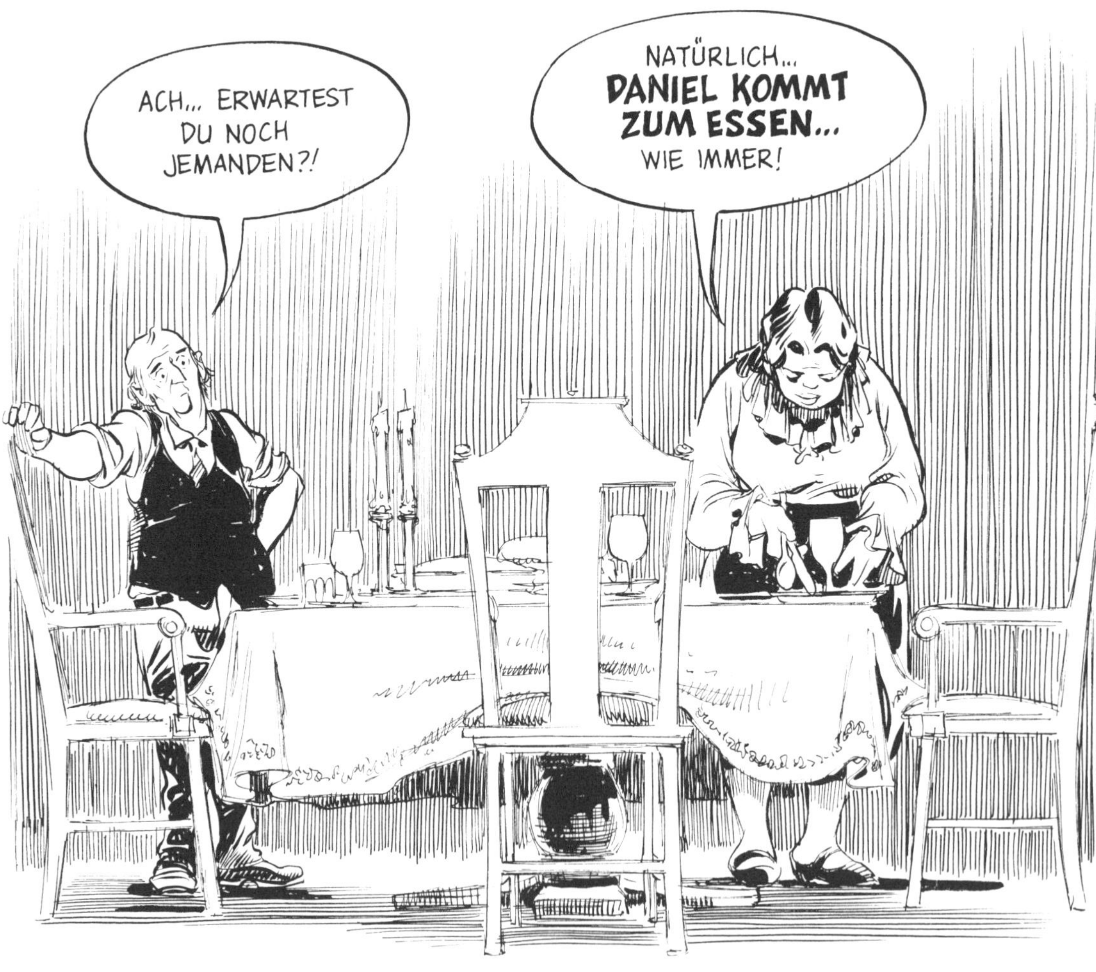
ACH... ERWARTEST DU NOCH JEMANDEN?!
NATÜRLICH... **DANIEL KOMMT ZUM ESSEN...** WIE IMMER!

IM OBERSTEN STOCK, LETZTE TÜR, LEBTE GOTT

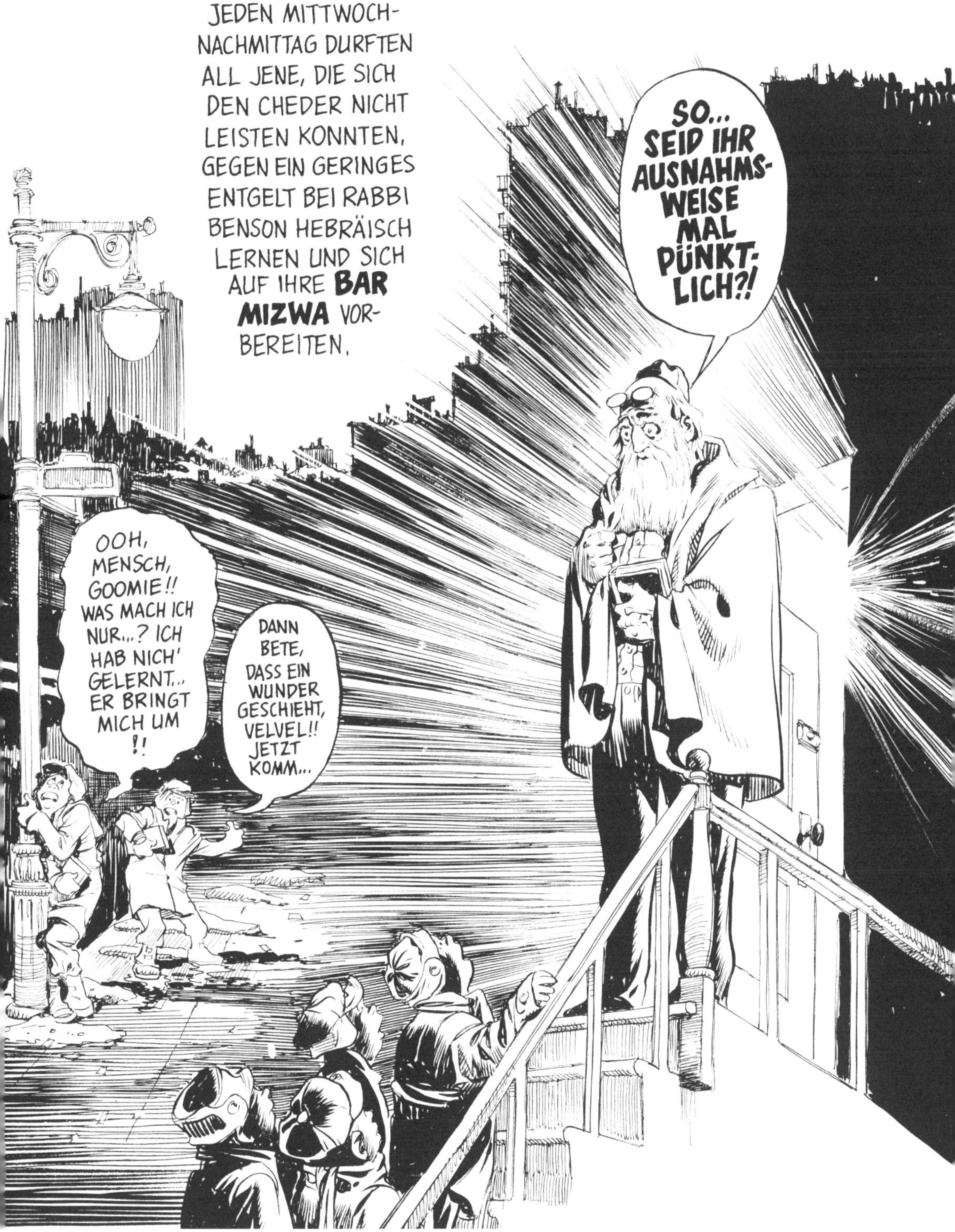

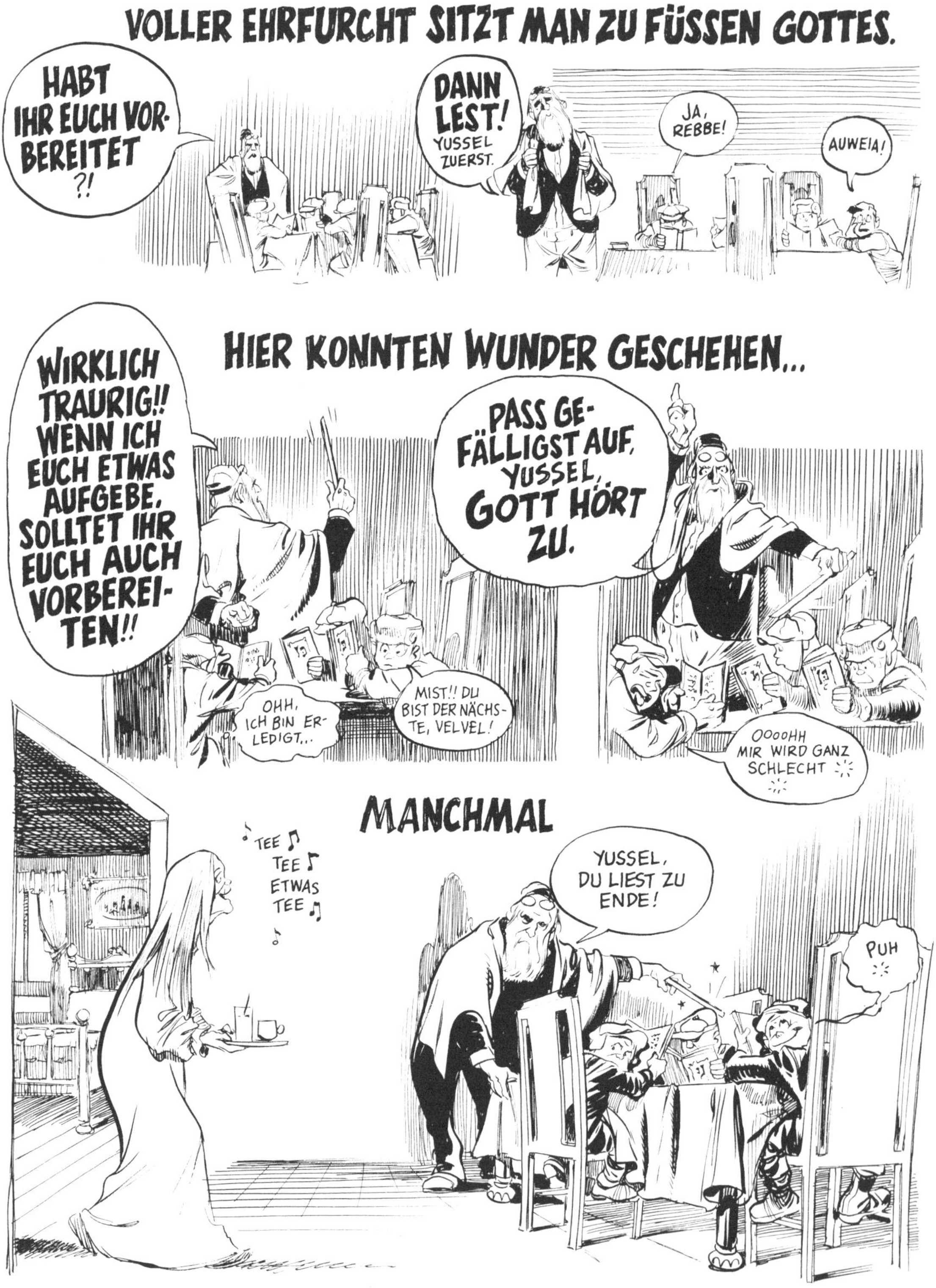

VOLLER EHRFURCHT SITZT MAN ZU FÜSSEN GOTTES.
HABT IHR EUCH VORBEREITET ?!
DANN LEST! YUSSEL ZUERST.
JA, REBBE!
AUWEIA!
HIER KONNTEN WUNDER GESCHEHEN...
WIRKLICH TRAURIG!! WENN ICH EUCH ETWAS AUFGEBE, SOLLTET IHR EUCH AUCH VORBEREITEN!!
OHH, ICH BIN ERLEDIGT...
MIST!! DU BIST DER NÄCHSTE, VELVEL!
..PASS GEFÄLLIGST AUF, YUSSEL, GOTT HÖRT ZU.
OOOOHH MIR WIRD GANZ SCHLECHT
MANCHMAL
TEE TEE ETWAS TEE
YUSSEL, DU LIEST ZU ENDE!
PUH

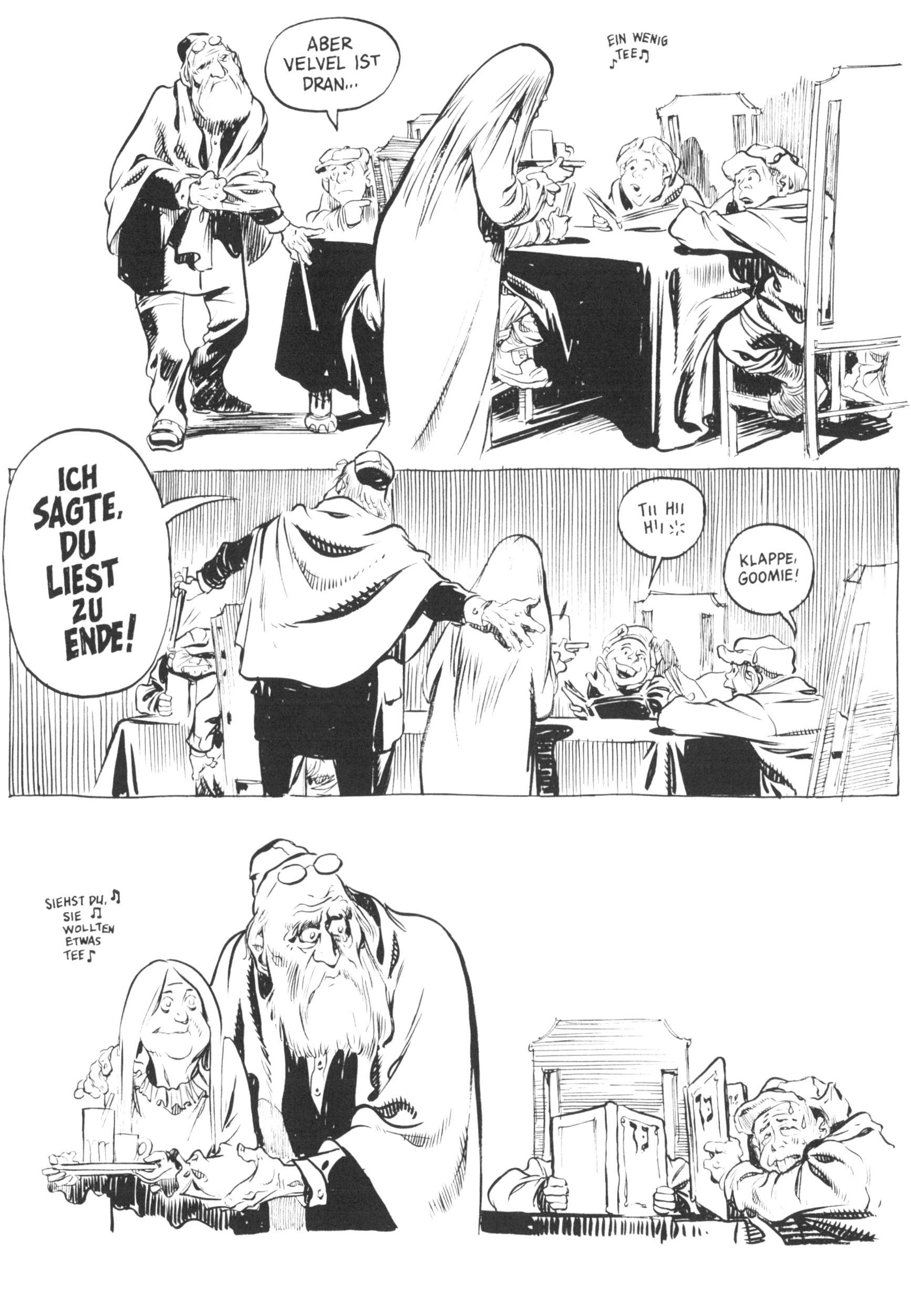
ABER VELVEL IST DRAN...
EIN WENIG TEE ♪
ICH SAGTE, DU LIEST ZU ENDE!
TII HII HII
KLAPPE, GOOMIE!
SIEHST DU, ♫ SIE ♫ WOLLTEN ETWAS TEE ♪

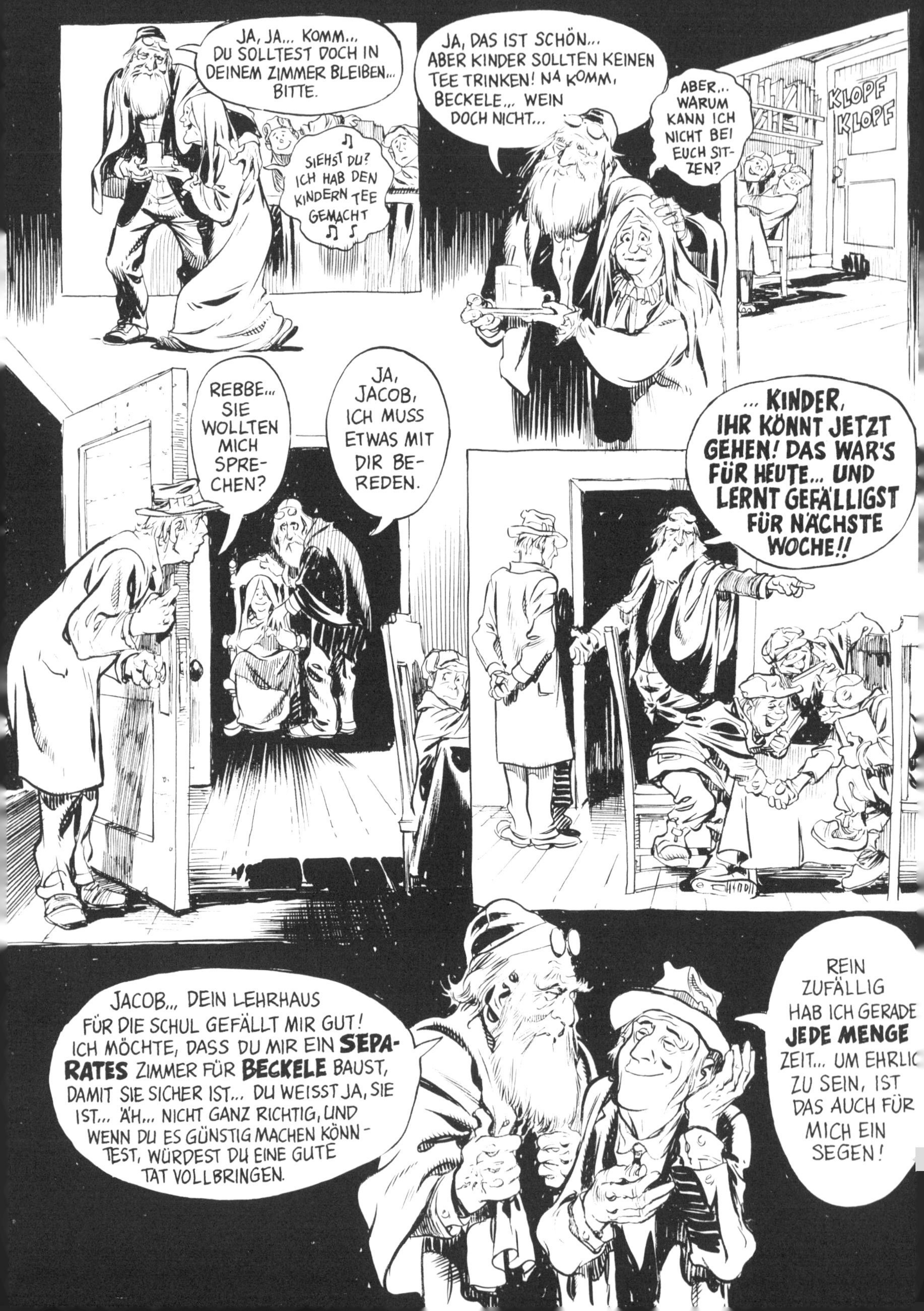

JA, JA... KOMM... DU SOLLTEST DOCH IN DEINEM ZIMMER BLEIBEN... BITTE.
SIEHST DU? ICH HAB DEN KINDERN TEE GEMACHT
JA, DAS IST SCHÖN... ABER KINDER SOLLTEN KEINEN TEE TRINKEN! NA KOMM, BECKELE... WEIN DOCH NICHT...
ABER... WARUM KANN ICH NICHT BEI EUCH SITZEN?
KLOPF KLOPF
REBBE... SIE WOLLTEN MICH SPRECHEN?
JA, JACOB, ICH MUSS ETWAS MIT DIR BEREDEN.
... KINDER, IHR KÖNNT JETZT GEHEN! DAS WAR'S FÜR HEUTE... UND LERNT GEFÄLLIGST FÜR NÄCHSTE WOCHE!!
JACOB... DEIN LEHRHAUS FÜR DIE SCHUL GEFÄLLT MIR GUT! ICH MÖCHTE, DASS DU MIR EIN SEPARATES ZIMMER FÜR BECKELE BAUST, DAMIT SIE SICHER IST... DU WEISST JA, SIE IST... ÄH... NICHT GANZ RICHTIG, UND WENN DU ES GÜNSTIG MACHEN KÖNNTEST, WÜRDEST DU EINE GUTE TAT VOLLBRINGEN.
REIN ZUFÄLLIG HAB ICH GERADE JEDE MENGE ZEIT... UM EHRLIC ZU SEIN, IST DAS AUCH FÜR MICH EIN SEGEN!

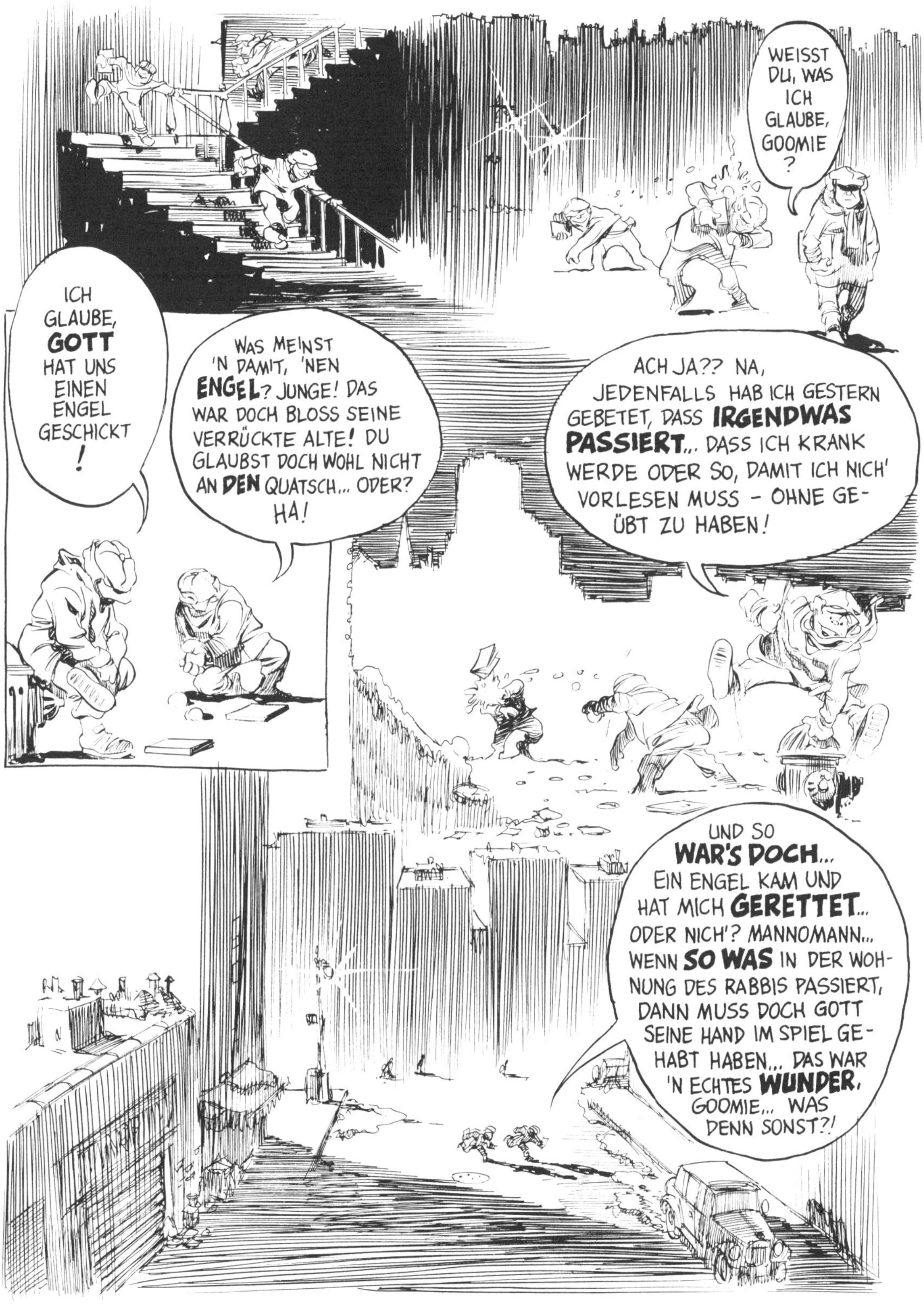
WEISST DU, WAS ICH GLAUBE, GOOMIE?
ICH GLAUBE, GOTT HAT UNS EINEN ENGEL GESCHICKT!
WAS MEINST 'N DAMIT, 'NEN ENGEL? JUNGE! DAS WAR DOCH BLOSS SEINE VERRÜCKTE ALTE! DU GLAUBST DOCH WOHL NICHT AN DEN QUATSCH... ODER? HA!
ACH JA?? NA, JEDENFALLS HAB ICH GESTERN GEBETET, DASS IRGENDWAS PASSIERT... DASS ICH KRANK WERDE ODER SO, DAMIT ICH NICH' VORLESEN MUSS - OHNE GE-ÜBT ZU HABEN!
UND SO WAR'S DOCH... EIN ENGEL KAM UND HAT MICH GERETTET... ODER NICH'? MANNOMANN... WENN SO WAS IN DER WOH-NUNG DES RABBIS PASSIERT, DANN MUSS DOCH GOTT SEINE HAND IM SPIEL GE-HABT HABEN... DAS WAR 'N ECHTES WUNDER, GOOMIE... WAS DENN SONST?!

ZUR TÄGLICHEN MÜHSAL DES ÜBERLEBENSKAMPFES GESELLTE SICH EINE WEITERE, UNKONTROLLIERBARE KRAFT, DIE DEN MENSCHEN UNERBITTLICH ZUSETZTE: DAS WETTER!

NEW YORK BEGRÜSSTE DAS JAHR 1934 IM MATSCH. Zu Jahresbeginn war es zunächst mild. Temperaturen um den Gefrierpunkt ließen die Schneemassen tauen, die die Stadt seit einem Monat unter sich begraben hatten. Es bedurfte mehrerer Feuerwehreinsätze, um der Wassermassen Herr zu werden, die durch aufgetaute Sprinkleranlagen in über 200 Gebäuden freigesetzt wurden. Unterdessen fanden 40.000 Menschen im Schneeräumungsdienst Arbeit. Im Hafen von New York sorgte dichter Nebel, verursacht durch den plötzlichen Temperaturanstieg, für Verzögerungen im Schiffsverkehr.

DER JANUAR ENDETE MIT PLÖTZLICHEM KÄLTEEINBRUCH. Innerhalb eines Tages fiel das Thermometer um 11 Grad und zeigte in der ganzen Stadt -15 Grad, begleitet von eisigem Wind und Schneegestöber.

DEM FEBRUAR GINGEN DREI BITTERKALTE TAGE VORAUS. Milde Winde brachten kurzfristig Entspannung, bevor heftiger Schneefall die Stadt komplett begrub. Während 2.000 Glückliche die Straßen vom Schnee befreiten und 20.000 Arbeitslose inständig darauf hofften, wieder Arbeit zu finden, gab es schlechte Nachrichten aus der Bronx. Im dortigen Zoo weigerten sich die Murmeltiere, ihren Bau zu verlassen. Wer gehofft hatte, die Tiere würden den nahenden Frühling ankündigen, sah sich bitter enttäuscht. In der Folge fielen die Temperaturen auf -10 Grad und eine Schneedecke von 25 cm verschaffte 20.000 Arbeitslosen kurzfristig einen Job.

DER 2. FEBRUAR BRACHTE ENDLICH GUTE NEUIGKEITEN! Im Zoo der Bronx hatte sich doch noch ein Murmeltier gezeigt. Als es seinen Schatten erblickte, huschte es schnell zurück in seinen Bau – ein klares Indiz für den nahenden Frühling. Doch am selben Abend fiel das Thermometer auf -15 Grad… Ein historischer Tiefststand für dieses Datum.

AM 3. FEBRUAR TRIEBEN EISSCHOLLEN AUF DEM HUDSON RIVER. Drei Schiffe wurden aus ihrer Verankerung gerissen und trieben zwanzig Häuserblöcke weit mit der Strömung.

AM 13. FEBRUAR FEGTE EIN EISIGER STURM ÜBER DIE STADT, GEFOLGT VON HEFTIGEM SCHNEEFALL. Innerhalb von elf Stunden fiel das Quecksilber um sieben Grad. Auf den Flüssen musste die Küstenwache mehrfach Menschen retten, die mit ihren Kähnen manövrierunfähig in den Eismassen trieben. Ein Segen war der Schneefall jedoch für 6.000 Arbeitslose, die zum Einsatz kamen, um die Straßen vom Schnee zu befreien.

AM 15. FEBRUAR RÜSTETE NEW YORK SICH FÜR EINE NEUERLICHE KÄLTEWELLE. Die *New York Times* warnte vor einer Kältewelle aus den Rocky Mountains und berichtete von einem arbeitslosen Mann, der erfroren neben einem bewusstlosen Leidensgenossen aufgefunden wurde. Am folgenden Tag meldete die Zeitung, die erste Februarhälfte sei die kälteste in der 63-jährigen Aufzeichnung des Wetteramtes von New York City gewesen.

AM 20. FEBRUAR WURDE DIE STADT ERNEUT HEIMGESUCHT. Nach etwa einer Woche äußerst wechselhafter Temperaturen fiel das Thermometer wieder auf -13 Grad und eine Schneedecke von 23 cm legte die Stadt lahm. Stundenlang waren die Außenbezirke völlig abgeschnitten. Die dort Ansässigen konnten sich nur mit Schneeschuhen oder auf Skiern fortbewegen. Auch Pferdeschlitten kamen zum Einsatz.

AM 22. FEBRUAR HATTE DER SCHNEE NEW YORK FEST IM GRIFF. Die New Yorker Zeitungen berichteten, die Vorstädte seien per Flugzeug mit Milch beliefert worden. In der Stadt selbst waren 50.000 Menschen damit beschäftigt, Schnee zu schaufeln. Allmählich konnten die Pendler wieder an ihre Arbeitsplätze gelangen. Der Experte Mr. Raubenheimer bezeichnete den Sturm in der *New York Times* als „… exakte Kopie des Blizzards von 1888."

UM DEN 27. FEBRUAR VERSUCHTE DIE STADT, SICH ZU BEFREIEN. Nach ein oder zwei Tagen schwankender Temperaturen – die schneebedeckte und vereiste Fahrbahnen zur Folge hatten –, berichteten die Zeitungen von Gemeinden auf Long Island und in New Jersey, die von der Stadt abgeschnitten waren. Die Hotels in Manhattan waren überfüllt mit Pendlern, die auf Grund des Schnees in der Stadt festsaßen. Lediglich Busse verkehrten. Im Verlauf des Sturms wurden neun Menschen verletzt. Am folgenden Tag stieg die Zahl der kältebedingten Todesopfer auf 14. Skier und Ohrenschützer waren ausverkauft. Trotzdem das Thermometer auf -13 Grad fiel, konnte die Stadt eine Kohle- und Nahrungsmittelknappheit verhindern und ließ sogar die Tiere im Park füttern, während in Westchester County die Straßen geräumt wurden.

DER MÄRZ KAM IN DIESEM JAHR VERGLEICHSWEISE ZAHM DAHER. Ein Temperaturanstieg von etwa neun Grad führte zu Tauwetter, so dass die Straßen binnen kürzester Zeit überflutet waren.

AM 24. APRIL GING DAS ERSTE GEWITTER DES JAHRES ÜBER DER STADT NIEDER.

UM DEN 21. MAI STÖHNTE DIE GANZE STADT UNTER DER HITZE. Rekordtemperaturen um 31 Grad heizten die Stadt auf und führten in einem Fall zu Hitzschlag. Innerhalb von 72 Stunden, die darüber hinaus von Hagel, Regen und heftigen Gewittern begleitet waren, erhöhte sich die Zahl der betroffenen Personen auf drei.

DER 1. JULI BRACHTE TEMPERATUREN UM 33 GRAD. Innerhalb der nächsten drei Tage berichtete die Presse von 13 weiteren Hitzeschlägen sowie fünf Todesfällen, bevor ein Regenguss schließlich zeitweilig Abkühlung brachte. Aber die Quecksilbersäule zeigte auch in den folgenden acht Tagen über 34 Grad an, was zwölf weiteren Menschen Gesundheitsprobleme bescherte und drei Menschen das Leben kostete.

DER „ST. SWITHIN'S-TAG" BEGANN DRÜCKEND, endete jedoch mit Regenschauern.

ENDE JULI LAGEN DIE TEMPERATUREN BEI 32 GRAD. Nach Berichten der *New York Times* hatten im Juli laut einer ersten Schätzung 29 Menschen einen Hitzschlag erlitten, die Zahl der Toten lag bei elf Personen. Zwei neue Hitzerekorde waren erzielt worden, hieß es.

DER 6. AUGUST BRACHTE EINEN KÄLTEREKORD FÜR DIESEN TAG. Nachdem die Temperaturen Ende August noch einmal auf 35 Grad gestiegen waren, endete der Monat mit dem kältesten Augusttag seit Beginn der Wetteraufzeichnung.

IM DEZEMBER kehrten die Wetterverhältnisse in New York schließlich zu einer gewissen Normalität zurück und leichter Schneefall bedeckte die Dächer.

WÄHRENDDESSEN VERMEHRTEN SICH DIE **KÜCHENSCHABEN** IN DEN MIETSKASERNEN DER DROPSIE AVENUE UNBEEINDRUCKT WEITER, ANGETRIEBEN VON EINER KREATÜRLICHEN LEBENSKRAFT, WIE SIE ES BEREITS SEIT ÜBER VIER MILLIONEN JAHREN GETAN HATTEN!

SCHABBESGOJ

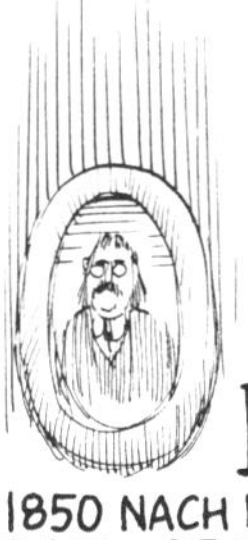

DIE SHAFTSBURYS WANDERTEN 1850 NACH NEW ENGLAND AUS. HIER GRÜNDETEN SIE EINE FLORIERENDE FABRIK FÜR AXTSTIELE. DIESE VERBLIEB IN FAMILIENBESITZ BIS ZUM TOD VON ELTON JOSIAH SHAFTSBURY IM JAHR 1927.

SEIN SOHN UND ALLEINIGER ERBE, ELTON SHAFTSBURY II, ÜBERNAHM DARAUFHIN DIE LEITUNG DER „SHAFTSBURY HOLZWARENBETRIEBE".

DER JUNGE ELTON INTERESSIERTE SICH JEDOCH KAUM FÜR DIE GESCHÄFTE. ER WAR IN WOHLSTAND UND SICHERHEIT AUFGEWACHSEN UND SICH SEINER GESELLSCHAFTLICHEN STELLUNG VOLL BEWUSST. DAHER STROTZTE ER VOR ZUVERSICHT, WAS SEINE ZUKUNFT ANBELANGTE, UND NAHM WIE SELBSTVERSTÄNDLICH AN, DASS SEINE WELT SICH NIEMALS ÄNDERN WÜRDE. SEINE FÄHIGKEITEN BESCHRÄNKTEN SICH IM WESENTLICHEN DARAUF, NIRGENDWO ANZUECKEN UND DIE OBERFLÄCHLICHEN BEZIEHUNGEN ZU PFLEGEN, DIE MAN IN SEINEN KREISEN UNTERHIELT.

WONACH ELTON SHAFTSBURY II WIRKLICH STREBTE, WAR DIE FREIHEIT, SEINEM GESELLSCHAFTLICHEN LEBEN UNEINGESCHRÄNKT FRÖNEN ZU KÖNNEN.

DESHALB VERKAUFTE ER NACH DEM TOD SEINES VATERS DIE FABRIK UND INVESTIERTE DEN GEWINN AN DER BÖRSE.

DIES ERLAUBTE IHM, EINEN BERUF ZU ERGREIFEN, DEN ER EINES GENTLEMANS FÜR WÜRDIGER ERACHTETE. ER TRAT EINER ANGESEHENEN MAKLERFIRMA AN DER WALL STREET BEI, WO ER SICH UM DIE „KUNDENBEZIEHUNGEN" KÜMMERTE. HIER KAMEN IHM SEINE VIELFÄLTIGEN KONTAKTE UND REICHEN FREUNDE ZUGUTE UND SO VERDIENTE ER SEIN GELD AUF „ANGENEHME ART UND WEISE".

IM HERBST 1929 BRACH DER BÖRSENMARKT ZUSAMMEN UND INNERHALB WENIGER MONATE SCHMOLZEN SEINE ANLAGEN DAHIN. DAS MAKLERBÜRO GING, WIE SO VIELE ANDERE, BANKROTT UND AUCH SEIN FREUNDESKREIS, DEN EIN ÄHNLICHES SCHICKSAL EREILTE, ZERSTREUTE SICH BALD IN ALLE WINDE.

ELTONS LETZTE ERSPARNISSE WURDEN DURCH DEN KONKURS DER IN VERRUF GERATENEN BANK OF U.S. VERNICHTET.

IM WINTER 1933 BLIEB ELTON SHAFTSBURY II, MITTELLOS UND OHNE ARBEIT, NICHTS ANDERES ÜBRIG, ALS AN DER ECKE WALL STREET/ WILLIAM STREET ÄPFEL ZU VERKAUFEN.

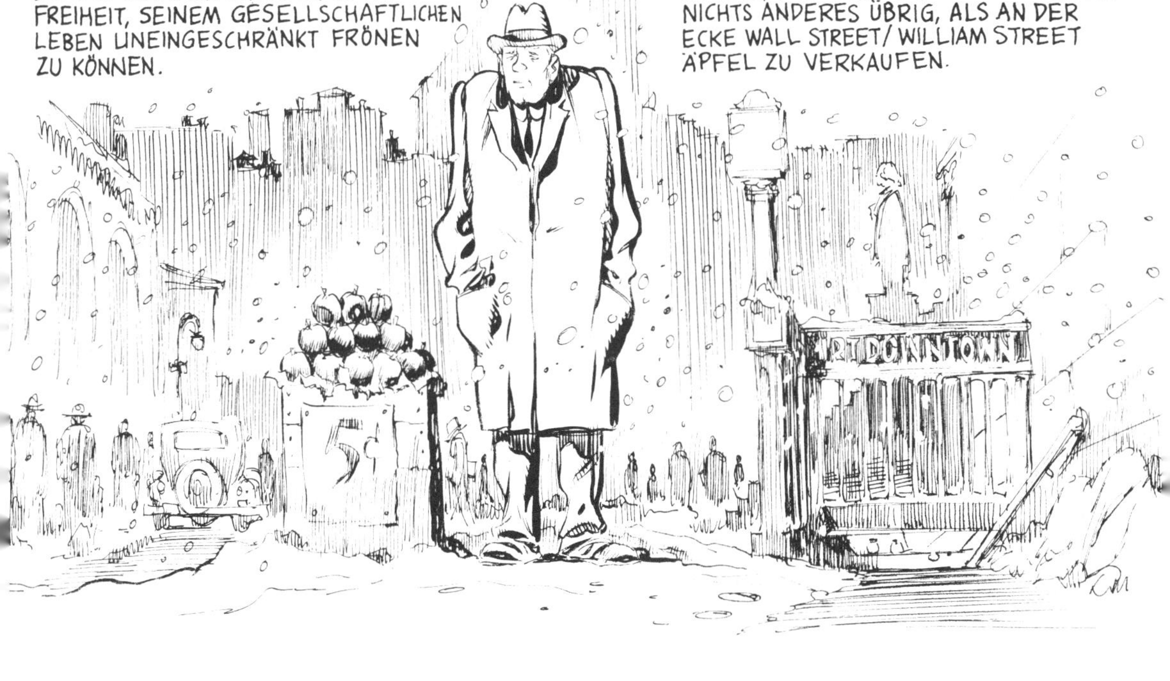

1929

BYRD ÜBERFLIEGT DEN SÜDPOL

Die *New York Times* vermeldete am 30. November, dass Admiral Byrd, der als erster Pilot den Nordpol bezwungen hatte, nun auch den Südpol erfolgreich überflogen hat.

Präsident Herbert Hoover sandte dem kühnen Flieger und seiner Crew ein Glückwunschtelegramm, in dem es unter anderem hieß: „… wir freuen uns, dass der Geist der großen Abenteurer weiterhin aufrechterhalten wird."
New Yorks Bürgermeister Jimmy Walker bemerkte: „… die amerikanische Flagge wird sich dort unten gut machen."

KURSEINBRUCH AM AKTIENMARKT 15 MILLIARDEN VERLUST IM SCHLIMMSTEN AUSVERKAUF DER GESCHICHTE 16.410.030 ANTEILE ABGESTOSSEN

BANKEN SIND OPTIMISTISCH, DOCH UNTERSTÜTZUNG BLEIBT AUS

Am Mittwoch, dem 30. Oktober, berichtete die New Yorker Presse von panikartigen Verkäufen am Vortag. Bis zum Börsenschluss hatten sich die führenden Werte jedoch innerhalb von 15 Minuten um 14 Punkte erholt, was die düsteren Wolken über den Finanzzentren zumindest vorübergehend lichtete.

GEMEINSAME STRATEGIE

Um dem „Schneeballeffekt" entgegenzuwirken, der für den Kurssturz verantwortlich gemacht wird, haben sich die führenden Handelshäuser zusammengeschlossen. Man will, so heißt es, eine gemeinsame Strategie entwickeln.

VERUNTREUTE NAVY-GELDER: BETRÜGER GIBT 47.000 DOLLAR FREIWILLIG ZURÜCK

BEUTE IM HÜHNERSTALL VERSTECKT

30. OKTOBER 1929

Lt. Charles Musil, Zahlmeister der US Navy, stellte sich den Behörden und führte sie zu dem Versteck in einem Washingtoner Hühnerstall. Es fehlen jedoch nach wie vor 6.100 Dollar, von denen der reuige Täter zuvor Aktien gekauft haben will.

AUS DER GESELLSCHAFT

BERLIN, 29. OKTOBER

Fritz von Opel, der erste Pilot eines Raketenflugzeugs, gab heute seine Absicht bekannt, Frau Selnik zu ehelichen, dem Vernehmen nach eine von sechs Pilotinnen aus Deutschland. Beide werden New York im November besuchen.

1930

MORD AN SPIELER WEITERHIN UNGELÖST

4. FEBRUAR 1930

In einem Sonderbericht enthüllte die *New York Times*, dass die Ermordung von Arnold Rothstein am 4. November 1928 eine Untersuchung der Verwicklung des Stadtrates, der Polizeibehörde und vermutlich auch der Feuerwehr nach sich gezogen hat. Auf die Frage, ob er derartige Nachforschungen untersagen würde, lachte Gouverneur Franklin D. Roosevelt lediglich und gab zu Protokoll, er müsste vor einem Beschluss die Rechtsgrundlage sondieren.

„AUFSCHWUNG NAHT" HÖHEPUNKT DER DEPRESSION LAUT HOOVER ÜBERWUNDEN

„BÖRSENCRASH DURCH WÜSTE SPEKULATIONEN VERURSACHT"

MAI 1930

In einer Presseerklärung teilte Präsident Herbert Hoover heute mit, dass die von ihm eingeleiteten Maßnahmen erfolgreich für Mut und Zuversicht gesorgt haben. Die Talsohle sei nun durchschritten.

SENATOR LA FOLLETTE KRITISIERT TÄGLICHE VERSCHLECHTERUNG DER ZUSTÄNDE

Der republikanische Senator aus Wisconsin verurteilte Bestrebungen, Demonstrationen Arbeitssuchender als „Rote Versammlungen" zu diskreditieren. Ein weiterer Vertreter der Republikaner schätzte die Zahl der Arbeitslosen ungeachtet deutlich niedrigerer und durchaus fragwürdiger Angaben der Bundesbehörden auf sechs Millionen.

ARBEITSLOSIGKEIT IM SENAT SCHARF KRITISIERT

DEMOKRATEN MACHEN HOOVERS POLITIK VERANTWORTLICH

3. MÄRZ 1930

Eine große New Yorker Tageszeitung meldete in einem Exklusivbericht, dass der Sprecher der Demokraten im Senat die Hoover-Regierung beschuldigt hat, von der zunehmenden Arbeitslosigkeit ablenken zu wollen. Er bezweifelte da-rüber hinaus den Wahrheitsgehalt der offiziellen Zahlen.

LINDBERGH STELLT NEUEN REKORD AUF – USA IN 14 ½ STUNDEN ÜBERQUERT

20. APRIL 1930

Col. Charles A. Lindbergh kann seinen Erfolgen einen weiteren Rekord hinzufügen: Bei 290 km/h flog er mit seiner Frau als Navigatorin in einer Höhe von 4.267 Metern von Küste zu Küste.

300 NEW YORKER GEWERKSCHAFTSVERTRETER TREFFEN SICH, UM AKUTE ARBEITSLOSIGKEIT ZU BEKÄMPFEN

8. MÄRZ 1930

Am 19. März treffen sich in der New Yorker Beethoven Hall Vertreter der großen Gewerkschaften.

1931

„HUNGERAUFSTAND“ GESTOPPT – POLIZEI VERHINDERT AUFMARSCH IN DER BRONX

9. JANUAR 1931

Eine angeblich von Kommunisten organisierte Demonstration in Manhattan, Brooklyn und der Bronx erwies sich als derart spärlich frequentiert, dass die Polizei den Aufmarsch ohne größere Widerstände auflösen konnte.

Bei der Essensausgabe der Heilsarmee in der Bowery, Manhattan, kam es zu einem Zwischenfall, bei dem ein Polizist einen Kieferbruch erlitt.

BÖRSENKURSE STEIGEN

17. FEBRUAR 1931

Als Folge der sich erholenden Wirtschaft stiegen die Börsenkurse gestern um zwei bis acht Punkte. Bereits am 11. Februar hatte eine Vielzahl öffentlicher Ankäufe für eine Markterholung gesorgt.

400.000 KONTOINHABER DER N.Y. BANK OF U.S. WEITERHIN VERUNSICHERT

WERT DER KONKURSMASSE NOCH IMMER UNGEKLÄRT

2. FEBRUAR 1931

Der gestern veröffentlichte Geschäftsbericht des N.Y. State Banking Dept. enthielt keine zufriedenstellenden Angaben über den derzeitigen Wert der Konkursmasse des insolventen Unternehmens. Auch Wochen nach der Abwicklung sind die Bücher der Bank offenbar ebenso undurchsichtig wie am Tag ihrer Schließung.

75.000.000 Dollar aus dem Vermögen der Bank bleiben demnach weiterhin unauffindbar.

SONDERVERGÜTUNGEN FÜR VETERANEN: HOOVER KÜNDIGT VETO AN

20. FEBRUAR 1931

Ungeachtet der Zustimmung des Senats zu Gunsten einer Kreditanleihe für Sonderzahlungen an Kriegsveteranen warnte der Präsident vor einer Schwächung des staatlichen Finanzgefüges.

FASSADENMALER WOLLEN KLEINERE PINSEL BENUTZEN, UM ARBEITSPLÄTZE ZU SCHAFFEN

20. FEBRUAR 1931

Die *New York Times* berichtete heute, dass die Malergewerkschaft von Long Island damit gedroht hat, statt der gängigen 15 cm breiten Pinsel eine kleinere, nur 8 cm breite Variante zu benutzen, um so die Arbeitsplätze für Fassadenmaler in der Stadt zu verdoppeln.

1932

ÜBERWÄLTIGENDER WAHLSIEG FÜR F.D. ROOSEVELT ANTI-PROHIBITIONS-KONGRESS TAGT O’BRIEN NEUER BÜRGERMEISTER VON NEW YORK

NEW YORK CITY BITTET BANKEN UM HILFE – MÖGLICHE GEHALTSKÜRZUNGEN UM 20.000.000 DOLLAR

7. DEZEMBER 1932

Die Stadt kann ihren Zahlungsverpflichtungen nicht mehr nachkommen. Die um Hilfe gebetenen Banken ließen mitteilen, dass die bisher erfolgten Kürzungen der öffentlichen Ausgaben nicht ausreichend seien und forderten weitere Einsparungen in Höhe von 25.000.000 Dollar, bevor ein Kredit gewährt werden könne.

Unterdessen startete die Patrolmen’s Benevolent Assn. eine Kampagne, mit der sie um Unterstützung für ihren Protest gegen die Lohnkürzungen bei Streifenpolizisten wirbt.

MOTTENSCHWÄRME ÜBER DER BRONX

9. JULI 1932

Gegen Mitternacht wurde die Bronx gestern von einer dichten Mottenwolke eingehüllt, die schließlich weiter nach Manhattan, Queens und Brooklyn zog. Nach Angaben der *New York Times* waren die Insekten, die zur Gattung der Schwammspinner gehören, so zahlreich, dass der Verkehr auf der Jerome Avenue und dem Pelham Parkway zeitweilig zum Erliegen kam. Die Polizei erhielt unzählige Anrufe, zeigte sich jedoch ratlos, wie mit dem Phänomen umzugehen sei.

DEMOKRATISCHE MEHRHEIT IM KONGRESS – HÖCHSTE WAHLBETEILIGUNG ALLER ZEITEN

NUR SECHS STAATEN STIMMTEN FÜR HERBERT HOOVER

9. NOVEMBER 1932

In seinem Leitartikel in der *New York Times* schrieb Arthur Krock, dass „drei Jahre der Depression einen in der Geschichte des Landes beispiellosen politischen Umschwung“ herbeigeführt haben, der Franklin Delano Roosevelt den Weg ins Weiße Haus geebnet habe.

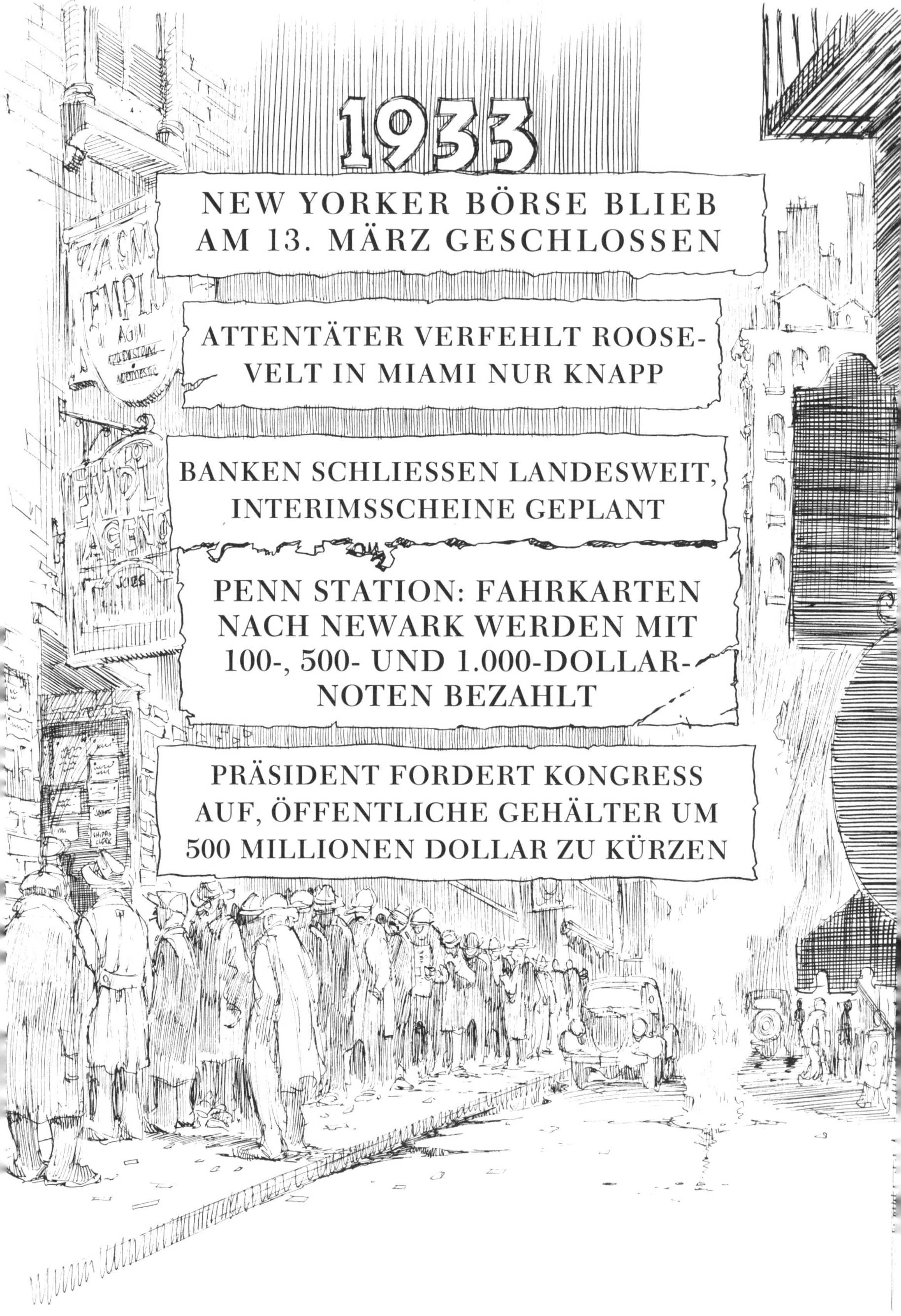
1933
NEW YORKER BÖRSE BLIEB AM 13. MÄRZ GESCHLOSSEN
ATTENTÄTER VERFEHLT ROOSE-VELT IN MIAMI NUR KNAPP
BANKEN SCHLIESSEN LANDESWEIT, INTERIMSSCHEINE GEPLANT
PENN STATION: FAHRKARTEN NACH NEWARK WERDEN MIT 100-, 500- UND 1.000-DOLLAR-NOTEN BEZAHLT
PRÄSIDENT FORDERT KONGRESS AUF, ÖFFENTLICHE GEHÄLTER UM 500 MILLIONEN DOLLAR ZU KÜRZEN

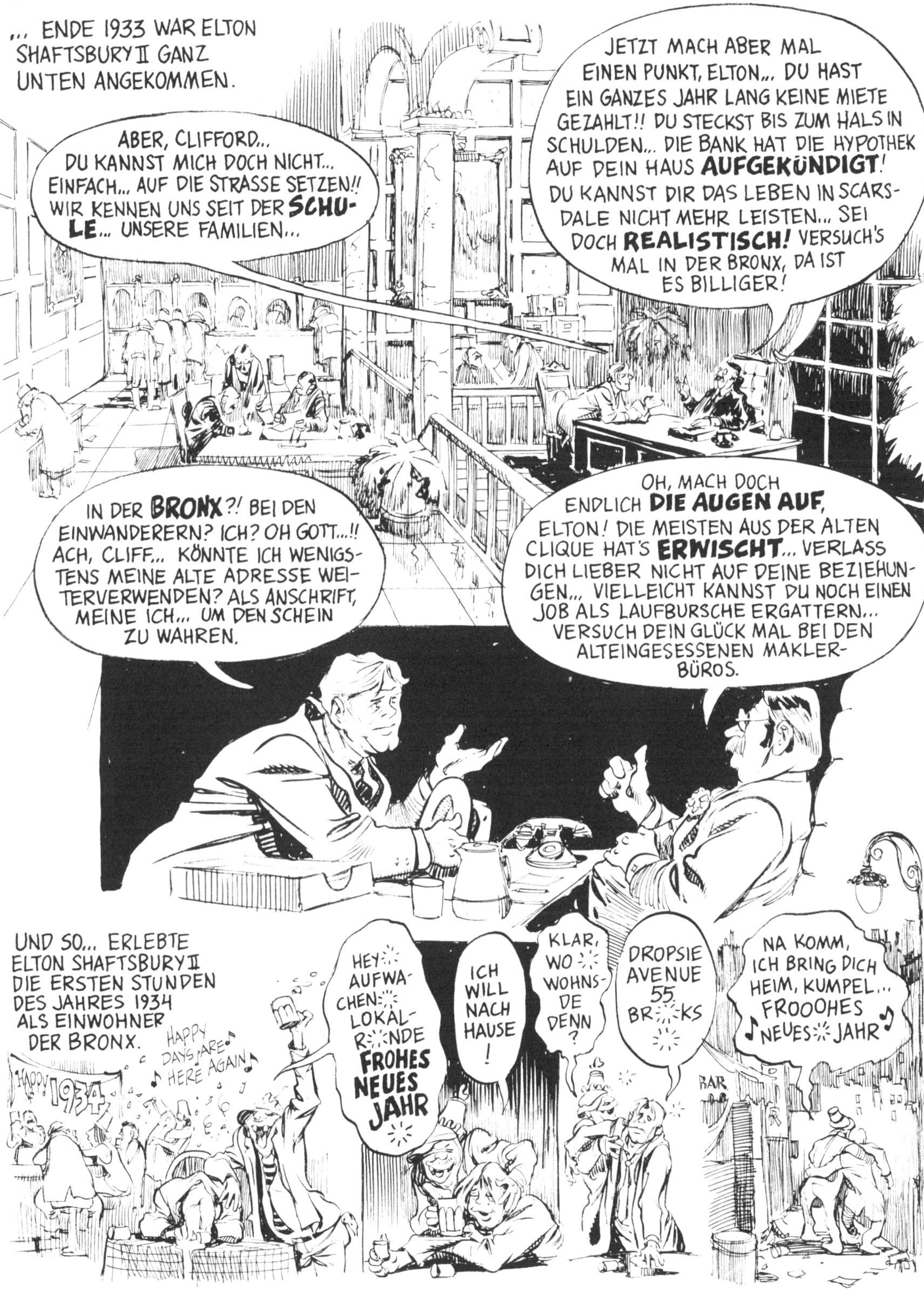
... ENDE 1933 WAR ELTON SHAFTSBURY II GANZ UNTEN ANGEKOMMEN.
ABER, CLIFFORD... DU KANNST MICH DOCH NICHT... EINFACH... AUF DIE STRASSE SETZEN!! WIR KENNEN UNS SEIT DER SCHULE... UNSERE FAMILIEN...
JETZT MACH ABER MAL EINEN PUNKT, ELTON... DU HAST EIN GANZES JAHR LANG KEINE MIETE GEZAHLT!! DU STECKST BIS ZUM HALS IN SCHULDEN... DIE BANK HAT DIE HYPOTHEK AUF DEIN HAUS AUFGEKÜNDIGT! DU KANNST DIR DAS LEBEN IN SCARSDALE NICHT MEHR LEISTEN... SEI DOCH REALISTISCH! VERSUCH'S MAL IN DER BRONX, DA IST ES BILLIGER!
IN DER BRONX?! BEI DEN EINWANDERERN? ICH? OH GOTT...!! ACH, CLIFF... KÖNNTE ICH WENIGSTENS MEINE ALTE ADRESSE WEITERVERWENDEN? ALS ANSCHRIFT, MEINE ICH... UM DEN SCHEIN ZU WAHREN.
OH, MACH DOCH ENDLICH DIE AUGEN AUF, ELTON! DIE MEISTEN AUS DER ALTEN CLIQUE HAT'S ERWISCHT... VERLASS DICH LIEBER NICHT AUF DEINE BEZIEHUNGEN... VIELLEICHT KANNST DU NOCH EINEN JOB ALS LAUFBURSCHE ERGATTERN... VERSUCH DEIN GLÜCK MAL BEI DEN ALTEINGESESSENEN MAKLERBÜROS.
UND SO... ERLEBTE ELTON SHAFTSBURY II DIE ERSTEN STUNDEN DES JAHRES 1934 ALS EINWOHNER DER BRONX.
HAPPY 1934
HAPPY DAYS ARE HERE AGAIN
HEY AUFWACHEN LOKALRUNDE FROHES NEUES JAHR
ICH WILL NACH HAUSE!
KLAR, WO WOHNSDE DENN?
DROPSIE AVENUE 55 BRONKS
NA KOMM, ICH BRING DICH HEIM, KUMPEL... FROOOHES NEUES JAHR
BAR

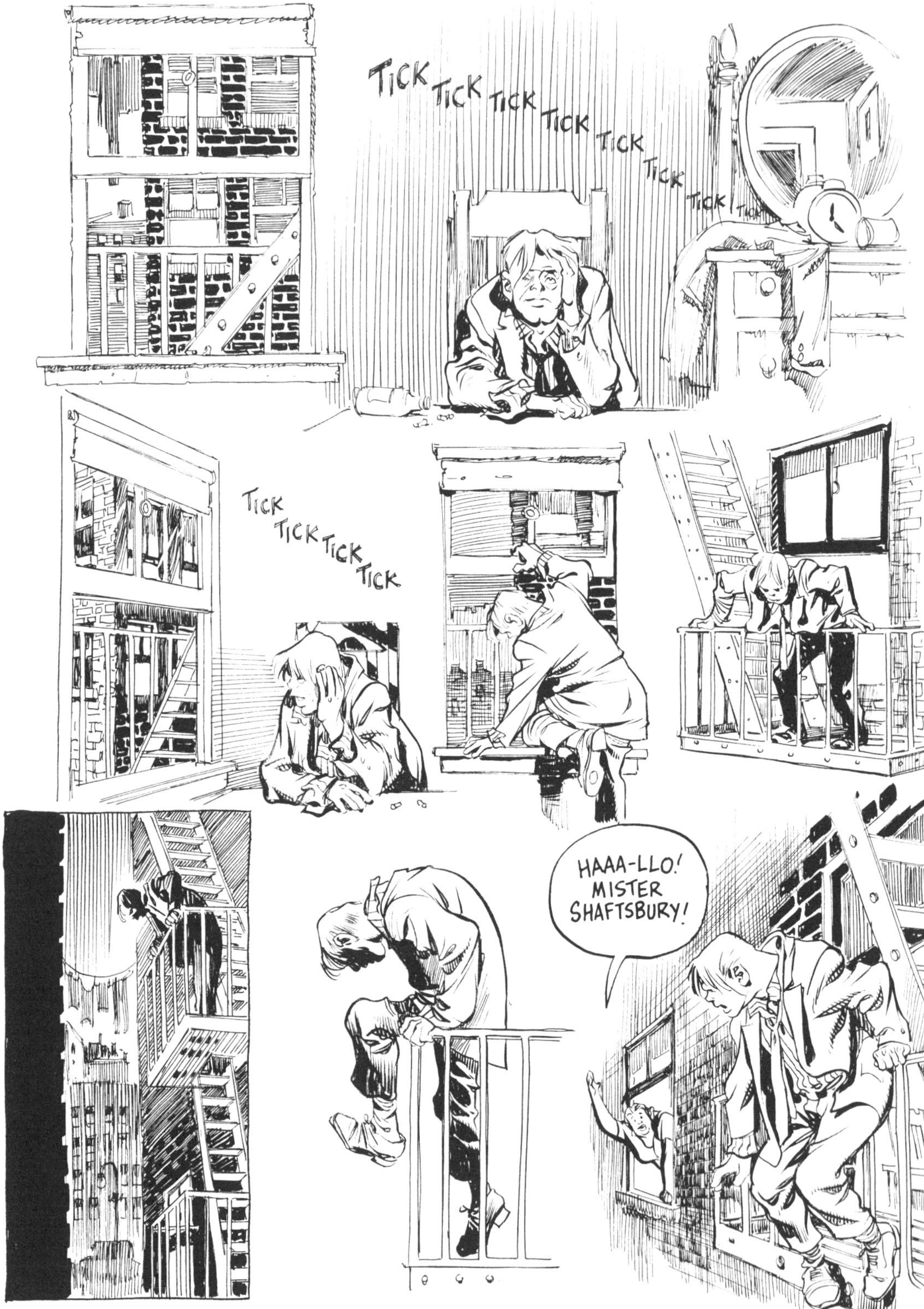
TICK TICK TICK TICK TICK TICK TICK TICK
TICK TICK TICK TICK
HAAA-LLO! MISTER SHAFTSBURY!

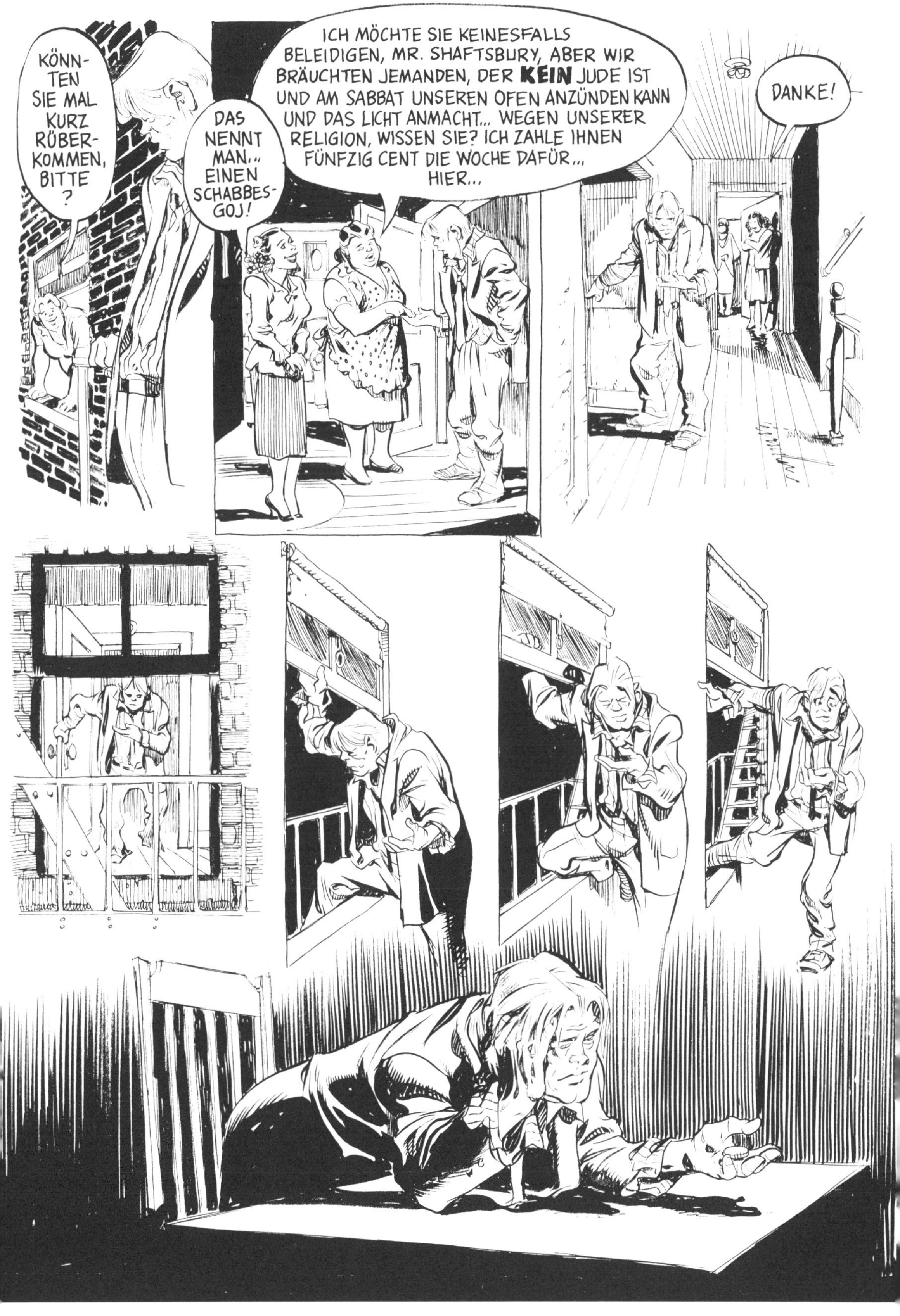
KÖNN-
TEN
SIE MAL
KURZ
RÜBER-
KOMMEN,
BITTE
?
ICH MÖCHTE SIE KEINESFALLS BELEIDIGEN, MR. SHAFTSBURY, ABER WIR BRÄUCHTEN JEMANDEN, DER KEIN JUDE IST UND AM SABBAT UNSEREN OFEN ANZÜNDEN KANN UND DAS LICHT ANMACHT... WEGEN UNSERER RELIGION, WISSEN SIE? ICH ZAHLE IHNEN FÜNFZIG CENT DIE WOCHE DAFÜR... HIER...
DAS NENNT MAN... EINEN SCHABBES-GOJ!
DANKE!

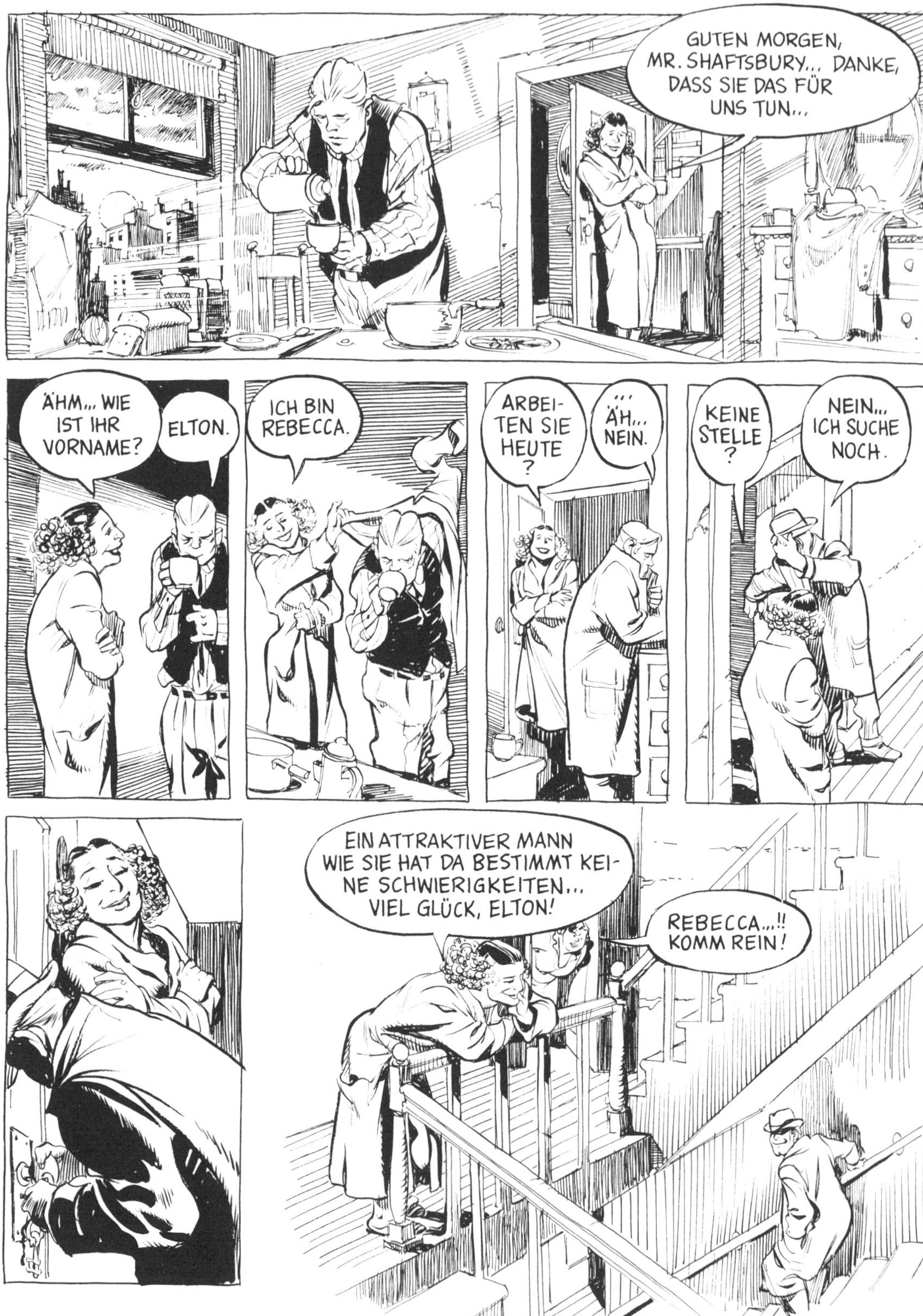
GUTEN MORGEN, MR. SHAFTSBURY... DANKE, DASS SIE DAS FÜR UNS TUN...
ÄHM... WIE IST IHR VORNAME?
ELTON.
ICH BIN REBECCA.
ARBEITEN SIE HEUTE?
... ÄH... NEIN.
KEINE STELLE?
NEIN... ICH SUCHE NOCH.
EIN ATTRAKTIVER MANN WIE SIE HAT DA BESTIMMT KEINE SCHWIERIGKEITEN... VIEL GLÜCK, ELTON!
REBECCA...!! KOMM REIN!

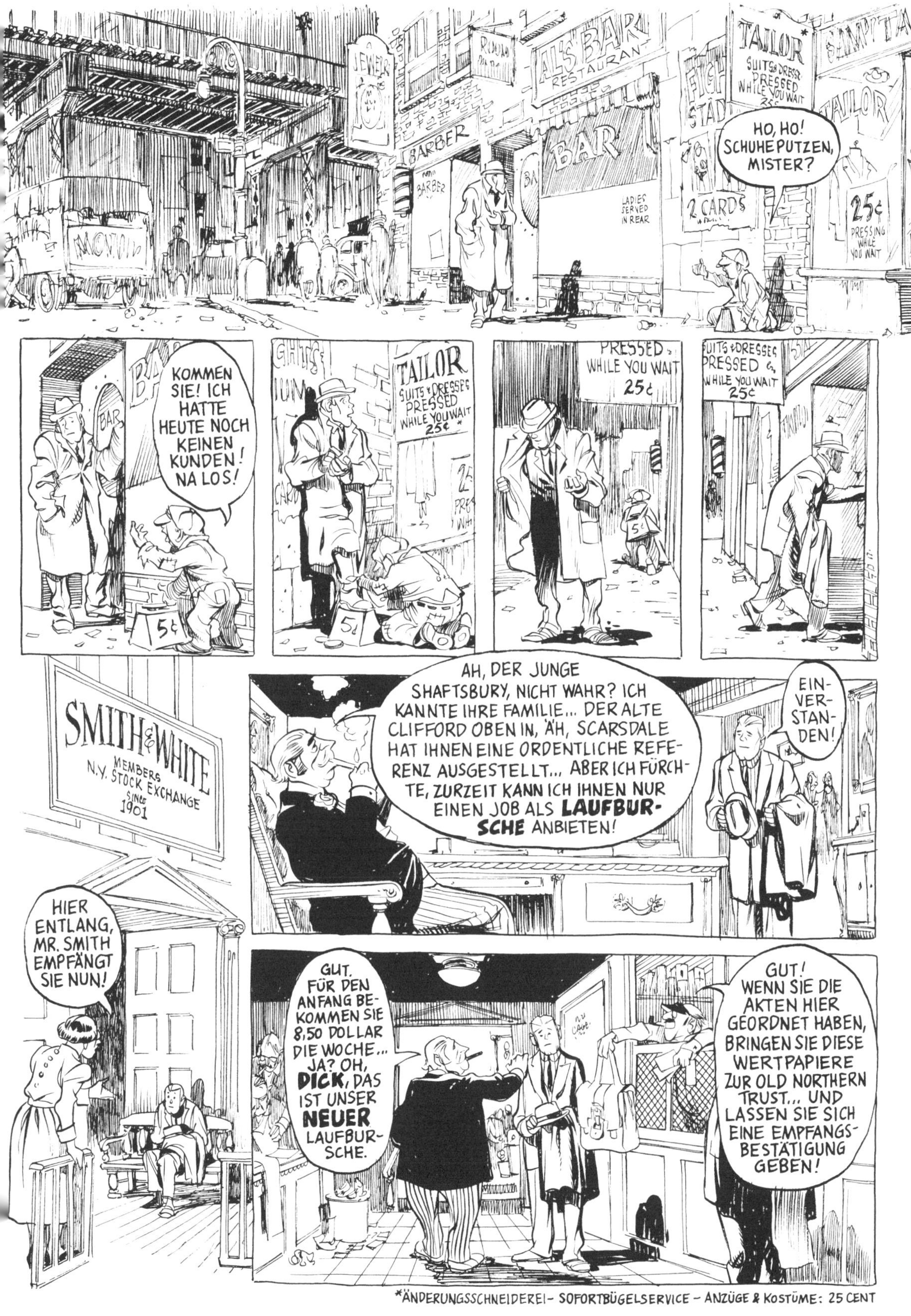

*ÄNDERUNGSSCHNEIDEREI – SOFORTBÜGELSERVICE – ANZÜGE & KOSTÜME: 25 CENT

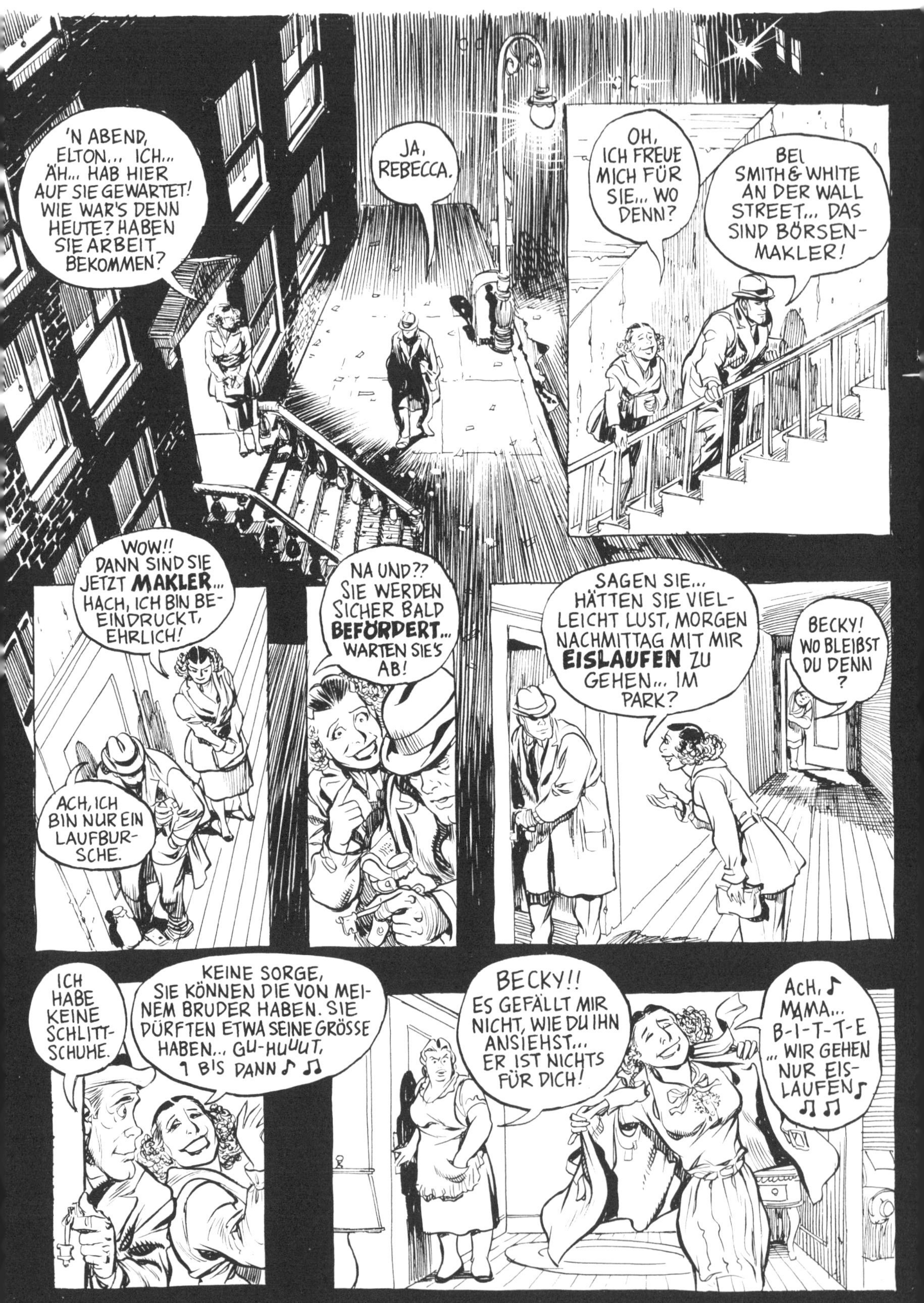
'N ABEND, ELTON... ICH... ÄH... HAB HIER AUF SIE GEWARTET! WIE WAR'S DENN HEUTE? HABEN SIE ARBEIT BEKOMMEN?
JA, REBECCA.
OH, ICH FREUE MICH FÜR SIE... WO DENN?
BEI SMITH & WHITE AN DER WALL STREET... DAS SIND BÖRSENMAKLER!
WOW!! DANN SIND SIE JETZT MAKLER... HACH, ICH BIN BEEINDRUCKT, EHRLICH!
ACH, ICH BIN NUR EIN LAUFBURSCHE.
NA UND?? SIE WERDEN SICHER BALD BEFÖRDERT... WARTEN SIE'S AB!
SAGEN SIE... HÄTTEN SIE VIELLEICHT LUST, MORGEN NACHMITTAG MIT MIR EISLAUFEN ZU GEHEN... IM PARK?
BECKY! WO BLEIBST DU DENN?
ICH HABE KEINE SCHLITTSCHUHE.
KEINE SORGE, SIE KÖNNEN DIE VON MEINEM BRUDER HABEN. SIE DÜRFTEN ETWA SEINE GRÖSSE HABEN... GU-HUUUT, BIS DANN ♪ ♫
BECKY!! ES GEFÄLLT MIR NICHT, WIE DU IHN ANSIEHST... ER IST NICHTS FÜR DICH!
ACH, ♪ MAMA... B-I-T-T-E ... WIR GEHEN NUR EISLAUFEN ♪ ♫ ♫

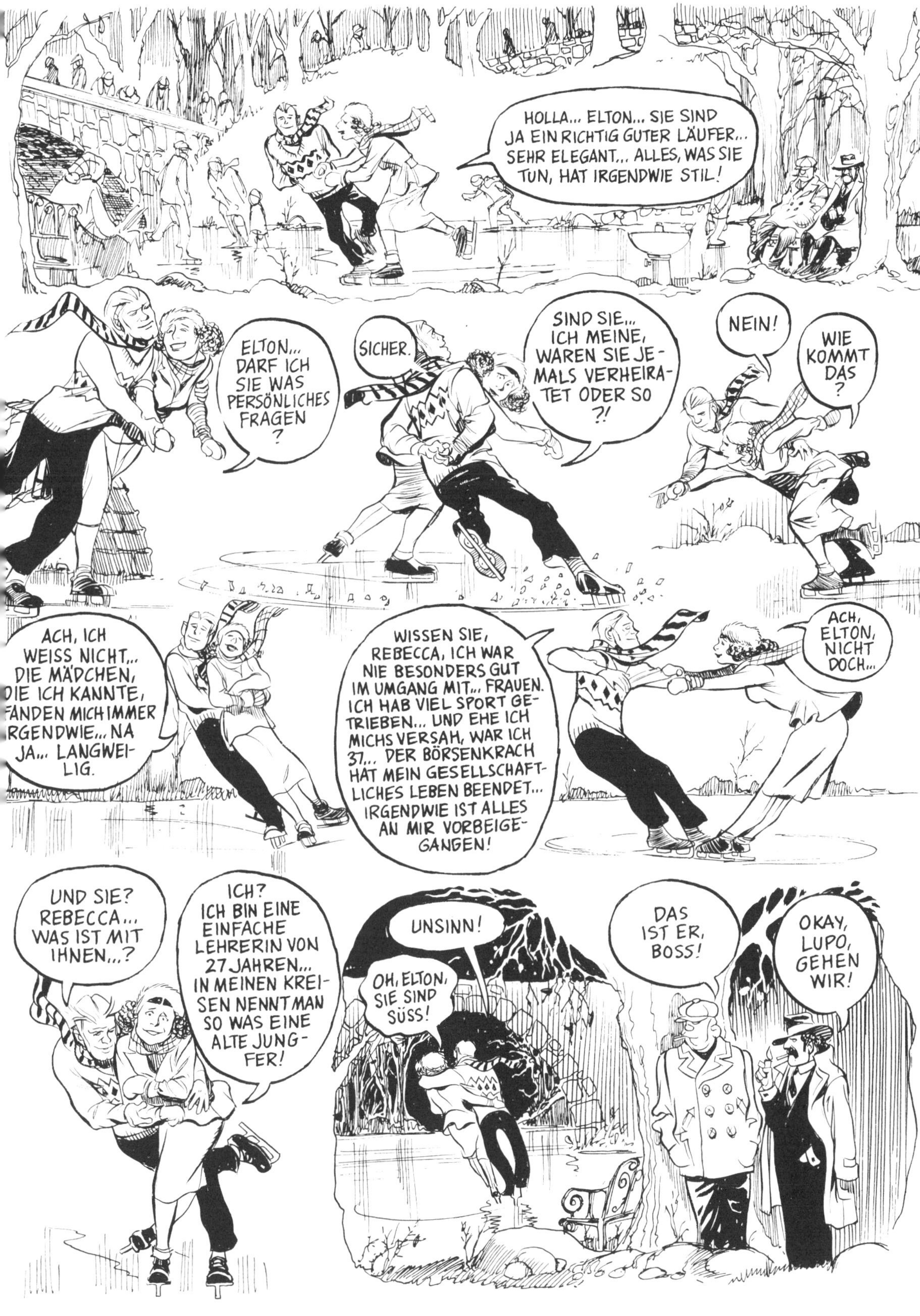
HOLLA... ELTON... SIE SIND JA EIN RICHTIG GUTER LÄUFER... SEHR ELEGANT... ALLES, WAS SIE TUN, HAT IRGENDWIE STIL!
ELTON... DARF ICH SIE WAS PERSÖNLICHES FRAGEN?
SICHER.
SIND SIE... ICH MEINE, WAREN SIE JEMALS VERHEIRATET ODER SO?!
NEIN!
WIE KOMMT DAS?
ACH, ICH WEISS NICHT... DIE MÄDCHEN, DIE ICH KANNTE, FANDEN MICH IMMER IRGENDWIE... NA JA... LANGWEILIG.
WISSEN SIE, REBECCA, ICH WAR NIE BESONDERS GUT IM UMGANG MIT... FRAUEN. ICH HAB VIEL SPORT GETRIEBEN... UND EHE ICH MICHS VERSAH, WAR ICH 37... DER BÖRSENKRACH HAT MEIN GESELLSCHAFTLICHES LEBEN BEENDET... IRGENDWIE IST ALLES AN MIR VORBEIGEGANGEN!
ACH, ELTON, NICHT DOCH...
UND SIE? REBECCA... WAS IST MIT IHNEN...?
ICH? ICH BIN EINE EINFACHE LEHRERIN VON 27 JAHREN... IN MEINEN KREISEN NENNT MAN SO WAS EINE ALTE JUNGFER!
UNSINN!
OH, ELTON, SIE SIND SÜSS!
DAS IST ER, BOSS!
OKAY, LUPO, GEHEN WIR!

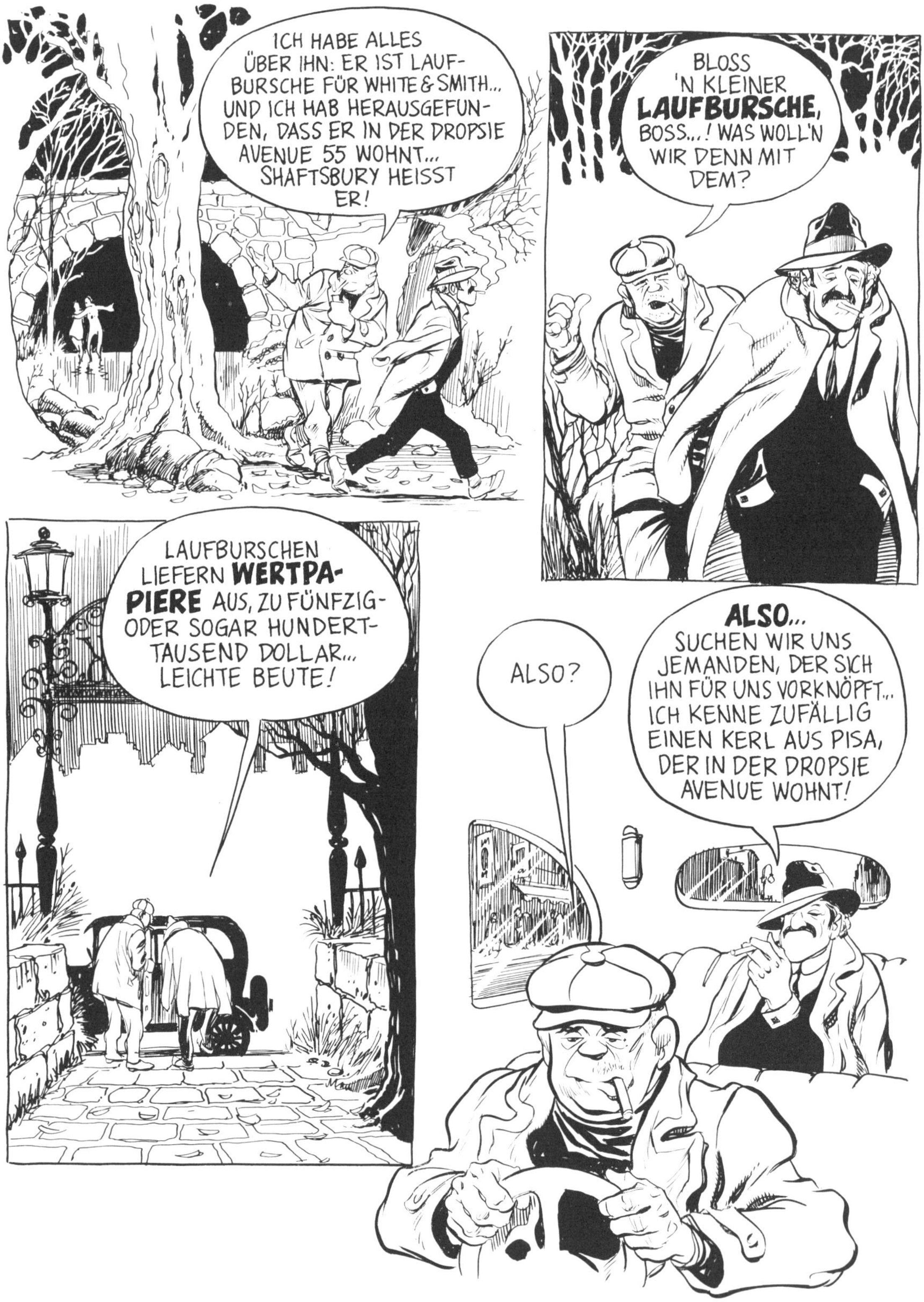
ICH HABE ALLES ÜBER IHN: ER IST LAUFBURSCHE FÜR WHITE & SMITH... UND ICH HAB HERAUSGEFUNDEN, DASS ER IN DER DROPSIE AVENUE 55 WOHNT... SHAFTSBURY HEISST ER!
BLOSS 'N KLEINER LAUFBURSCHE, BOSS...! WAS WOLL'N WIR DENN MIT DEM?
LAUFBURSCHEN LIEFERN WERTPAPIERE AUS, ZU FÜNFZIG- ODER SOGAR HUNDERTTAUSEND DOLLAR... LEICHTE BEUTE!
ALSO?
ALSO... SUCHEN WIR UNS JEMANDEN, DER SICH IHN FÜR UNS VORKNÖPFT... ICH KENNE ZUFÄLLIG EINEN KERL AUS PISA, DER IN DER DROPSIE AVENUE WOHNT!

DIE SCHWARZE HAND

ZWISCHEN 1861 UND 1934 WUCHS DIE BEVÖLKERUNG ITALIENS ALLJÄHRLICH UM ETWA 400.000 MENSCHEN. DIE BEVÖLKERUNGSDICHTE LAG IM SCHNITT BEI 138 MENSCHEN PRO QUADRATKILOMETER.

IN DEN JAHREN NACH DEM ERSTEN WELTKRIEG VERMOCHTE DIE WIRTSCHAFT DIE MENSCHEN KAUM ZU ERNÄHREN, INSBESONDERE IN SÜDITALIEN UND SIZILIEN. ARBEIT WAR SO KNAPP, DASS DIE ITALIENER IM DURCHSCHNITT AUF 150 ARBEITSTAGE IM JAHR KAMEN. IN DEN LANDWIRTSCHAFTLICHEN REGIONEN IM SÜDEN SCHRÄNKTEN ARMUTSKRANKHEITEN WIE MALARIA DIE PRODUKTIVITÄT NOCH WEITER EIN.

DIE ZENTRALREGIERUNG, 1870 EINGESETZT, SAH SICH SCHON LANGE DEM DRUCK LOKALER GRUPPIERUNGEN AUSGESETZT, DIE SICH AUS EINFLUSSREICHEN „FAMILIEN" ENTWICKELT HATTEN UND GANZE REGIONEN KONTROLLIERTEN. SCHMUGGEL, KLEINKRIMINALITÄT UND KORRUPTION WAREN AN DER TAGESORDNUNG. DIE LOYALITÄT EINER „FAMILIE" ODER GEHEIMORGANISATION GEGENÜBER WAR EIN UNGESCHRIEBENES GESETZ.

ZWISCHEN 1919 UND 1924 NAHM DIE ZAHL DER AUSWANDERER DAHER RAPIDE ZU... UND DAS BEVORZUGTE ZIEL WAR AMERIKA.
ALLEIN 1920 KAMEN ÜBER 300.000 ITALIENISCHE EINWANDERER IN DIE VEREINIGTEN STAATEN.

SCHLIESSLICH SCHOB DER U.S. IMMIGRATION ACT DEM STETEN ZUSTROM 1924 EINEN RIEGEL VOR, INDEM EINE QUOTE VON LEDIGLICH 3.845 ITALIENISCHEN IMMIGRANTEN PRO JAHR FESTGELEGT WURDE.

DIE POLITIK DER FASCHISTISCHEN REGIERUNG TAT IHR ÜBRIGES, SO DASS DIE ZUWANDERUNG IN DIE USA BALD RAPIDE ABNAHM.
ES BEDURFTE NUN EINES GEWISSEN GESCHICKS SOWIE DER RICHTIGEN VERBINDUNGEN, UM NACH AMERIKA ZU GELANGEN.

HIER TRATEN DIE „FAMILIEN" UND GEHEIMORGANISATIONEN AUS DER ALTEN WELT AUF DEN PLAN. GEGEN GELD BESORGTEN SIE VISA, SCHMIERTEN BEAMTE... ODER SCHMUGGELTEN EINWANDERER KURZERHAND INS LAND, DIE DANN, EINMAL ANGEKOMMEN, NICHT SELTEN FÜR DIE „FAMILIEN" ARBEITEN MUSSTEN... ODER SIE MUSSTEN EINEN HOHEN PREIS FÜR DIE ÜBERFAHRT BEZAHLEN. DIESE SCHULDEN WURDEN GNADENLOS EINGETRIEBEN.

EINE DIESER GRUPPIERUNGEN MIT SIZILIANISCHEN WURZELN WAR DIE **SCHWARZE HAND**. GENAU WIE DIE MAFIA WAREN SIE ALTE HASEN, WAS DIE DURCHSETZUNG IHRER EIGENEN INTERESSEN ANBELANGTE.

DER ABDRUCK EINER SCHWARZEN HAND AN DER HAUSTÜR ODER IN EINEM BRIEF WAR EINE ÜBERAUS BEUNRUHIGENDE GESTE.

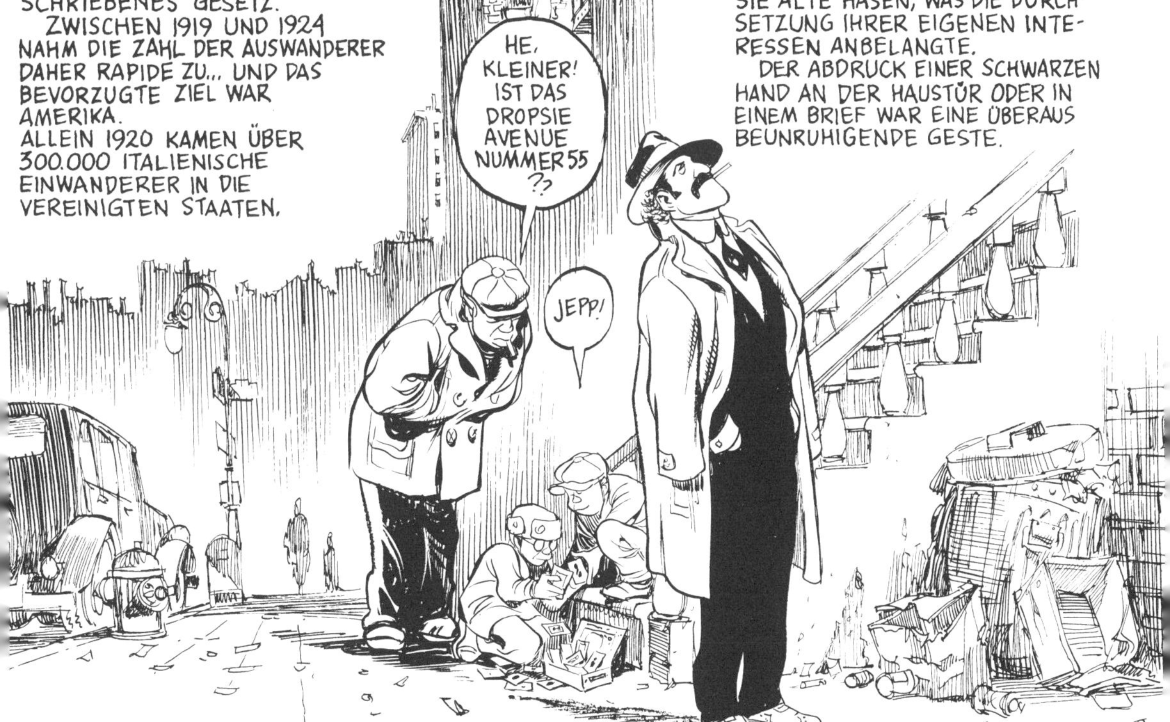

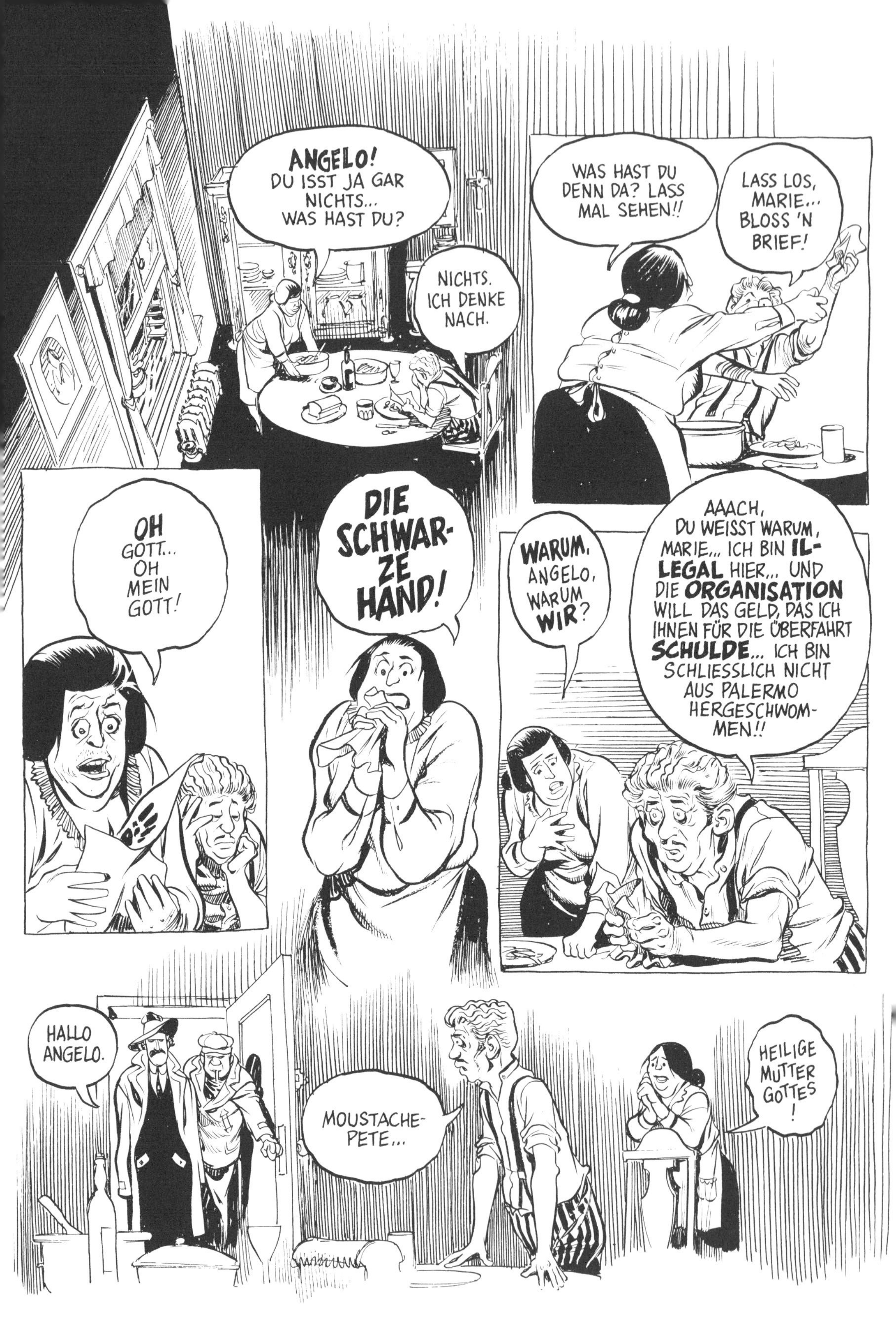
ANGELO! DU ISST JA GAR NICHTS... WAS HAST DU?
NICHTS. ICH DENKE NACH.
WAS HAST DU DENN DA? LASS MAL SEHEN!!
LASS LOS, MARIE... BLOSS 'N BRIEF!
OH GOTT... OH MEIN GOTT!
DIE SCHWAR-ZE HAND!
WARUM, ANGELO, WARUM WIR?
AAACH, DU WEISST WARUM, MARIE... ICH BIN IL-LEGAL HIER... UND DIE ORGANISATION WILL DAS GELD, DAS ICH IHNEN FÜR DIE ÜBERFAHRT SCHULDE... ICH BIN SCHLIESSLICH NICHT AUS PALERMO HERGESCHWOM-MEN!!
HALLO ANGELO.
MOUSTACHE-PETE...
HEILIGE MUTTER GOTTES!

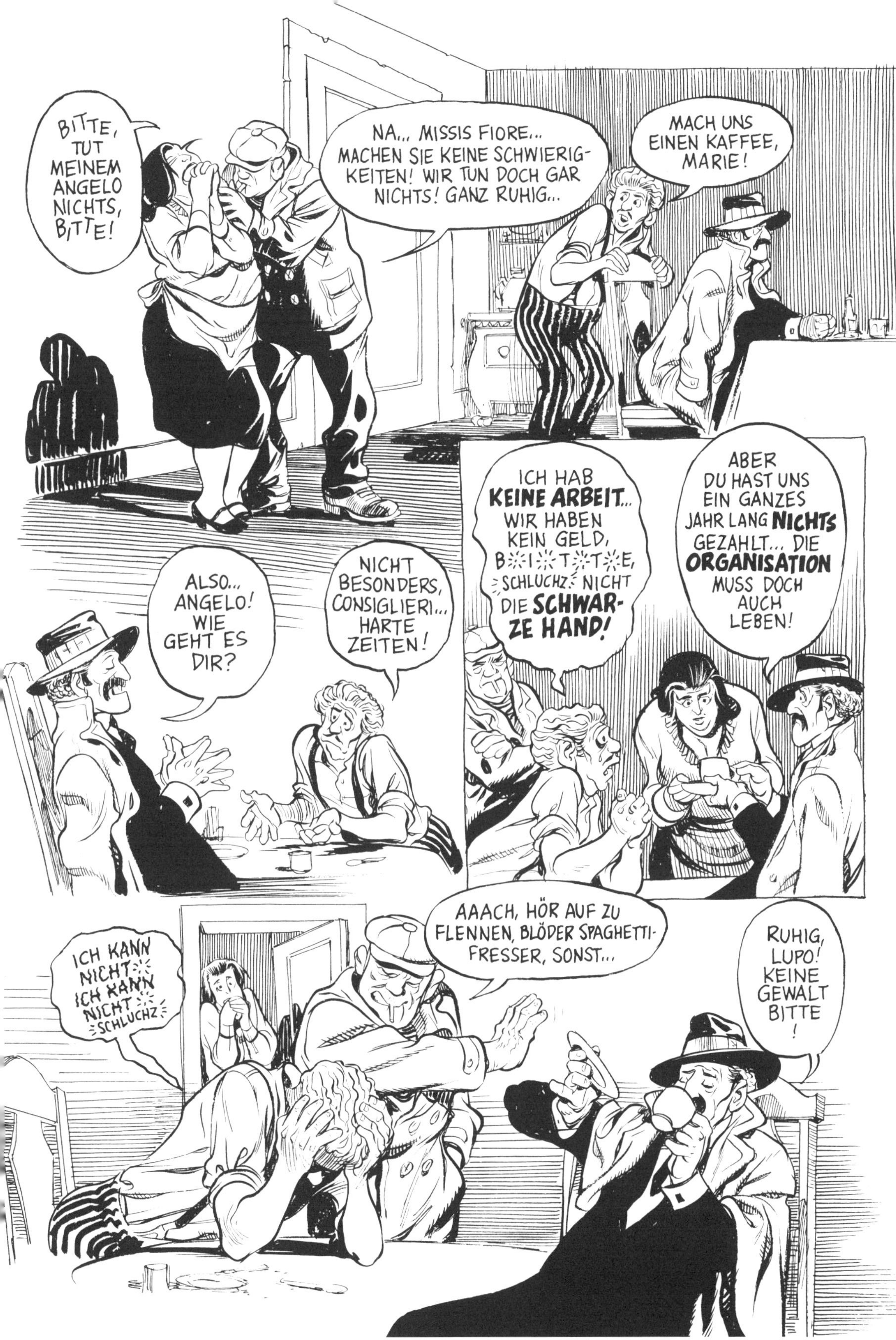
BITTE, TUT MEINEM ANGELO NICHTS, BITTE!
NA... MISSIS FIORE... MACHEN SIE KEINE SCHWIERIG-KEITEN! WIR TUN DOCH GAR NICHTS! GANZ RUHIG...
MACH UNS EINEN KAFFEE, MARIE!
ALSO... ANGELO! WIE GEHT ES DIR?
NICHT BESONDERS, CONSIGLIERI... HARTE ZEITEN!
ICH HAB KEINE ARBEIT... WIR HABEN KEIN GELD, B-I-T-T-E, SCHLUCHZ NICHT DIE SCHWAR-ZE HAND!
ABER DU HAST UNS EIN GANZES JAHR LANG NICHTS GEZAHLT... DIE ORGANISATION MUSS DOCH AUCH LEBEN!
ICH KANN NICHT ICH KANN NICHT SCHLUCHZ
AAACH, HÖR AUF ZU FLENNEN, BLÖDER SPAGHETTI-FRESSER, SONST...
RUHIG, LUPO! KEINE GEWALT BITTE!

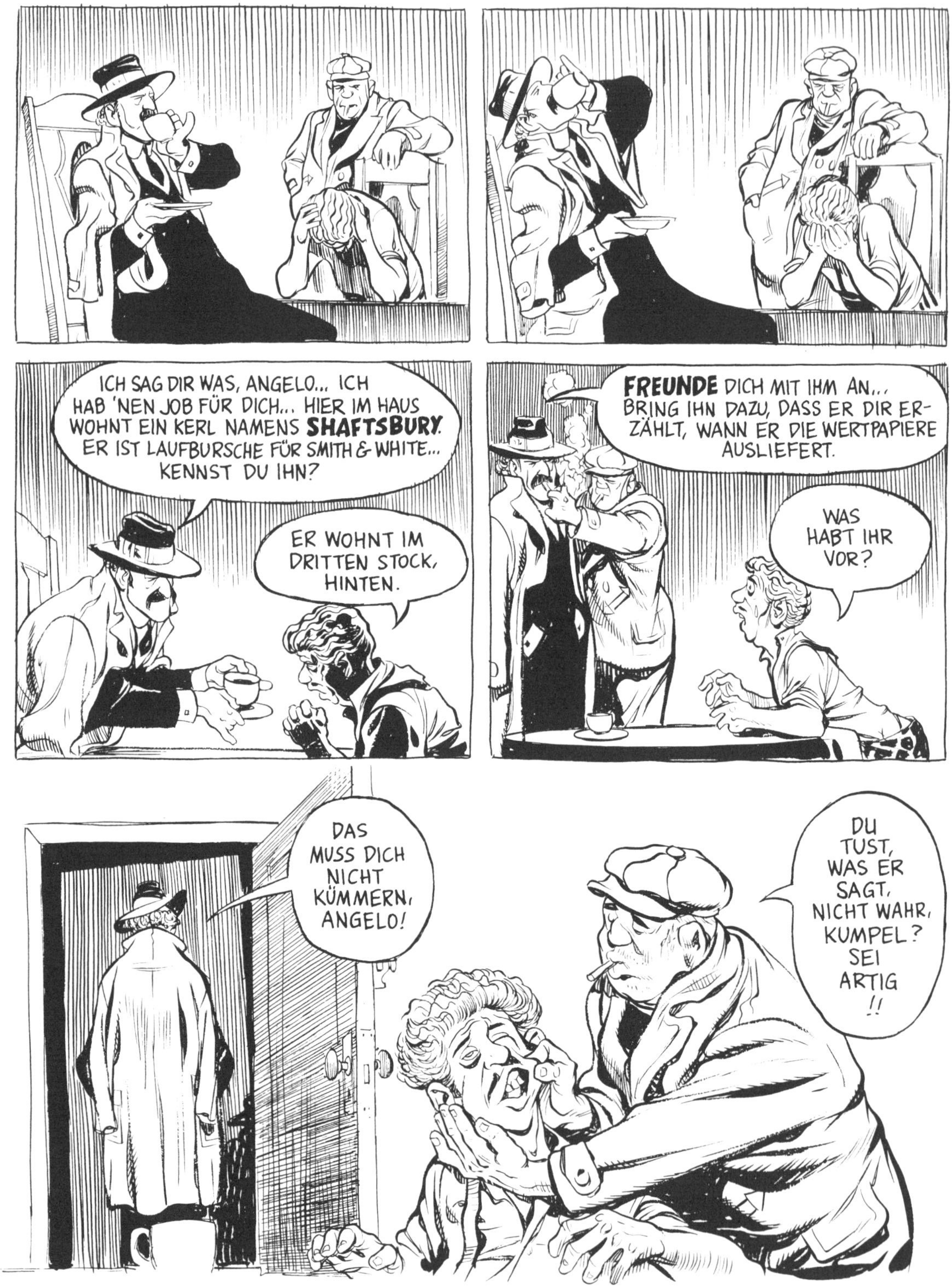
ICH SAG DIR WAS, ANGELO... ICH HAB 'NEN JOB FÜR DICH... HIER IM HAUS WOHNT EIN KERL NAMENS SHAFTSBURY. ER IST LAUFBURSCHE FÜR SMITH & WHITE... KENNST DU IHN?
ER WOHNT IM DRITTEN STOCK, HINTEN.
FREUNDE DICH MIT IHM AN... BRING IHN DAZU, DASS ER DIR ERZÄHLT, WANN ER DIE WERTPAPIERE AUSLIEFERT.
WAS HABT IHR VOR?
DAS MUSS DICH NICHT KÜMMERN, ANGELO!
DU TUST, WAS ER SAGT, NICHT WAHR, KUMPEL? SEI ARTIG !!

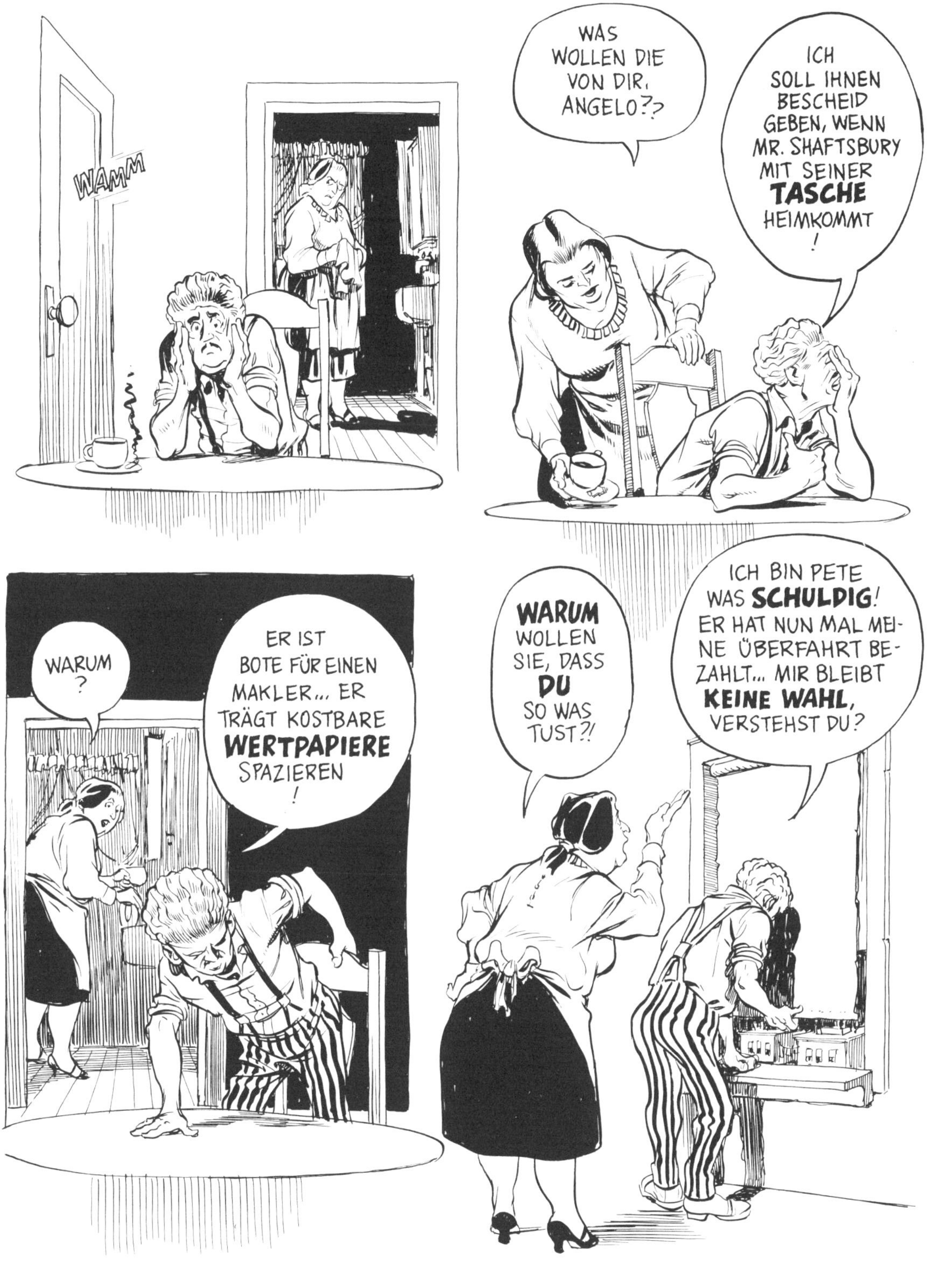
WAMM
WAS WOLLEN DIE VON DIR, ANGELO?
ICH SOLL IHNEN BESCHEID GEBEN, WENN MR. SHAFTSBURY MIT SEINER TASCHE HEIMKOMMT!
WARUM?
ER IST BOTE FÜR EINEN MAKLER... ER TRÄGT KOSTBARE WERTPAPIERE SPAZIEREN!
WARUM WOLLEN SIE, DASS DU SO WAS TUST?!
ICH BIN PETE WAS SCHULDIG! ER HAT NUN MAL MEINE ÜBERFAHRT BEZAHLT... MIR BLEIBT KEINE WAHL, VERSTEHST DU?

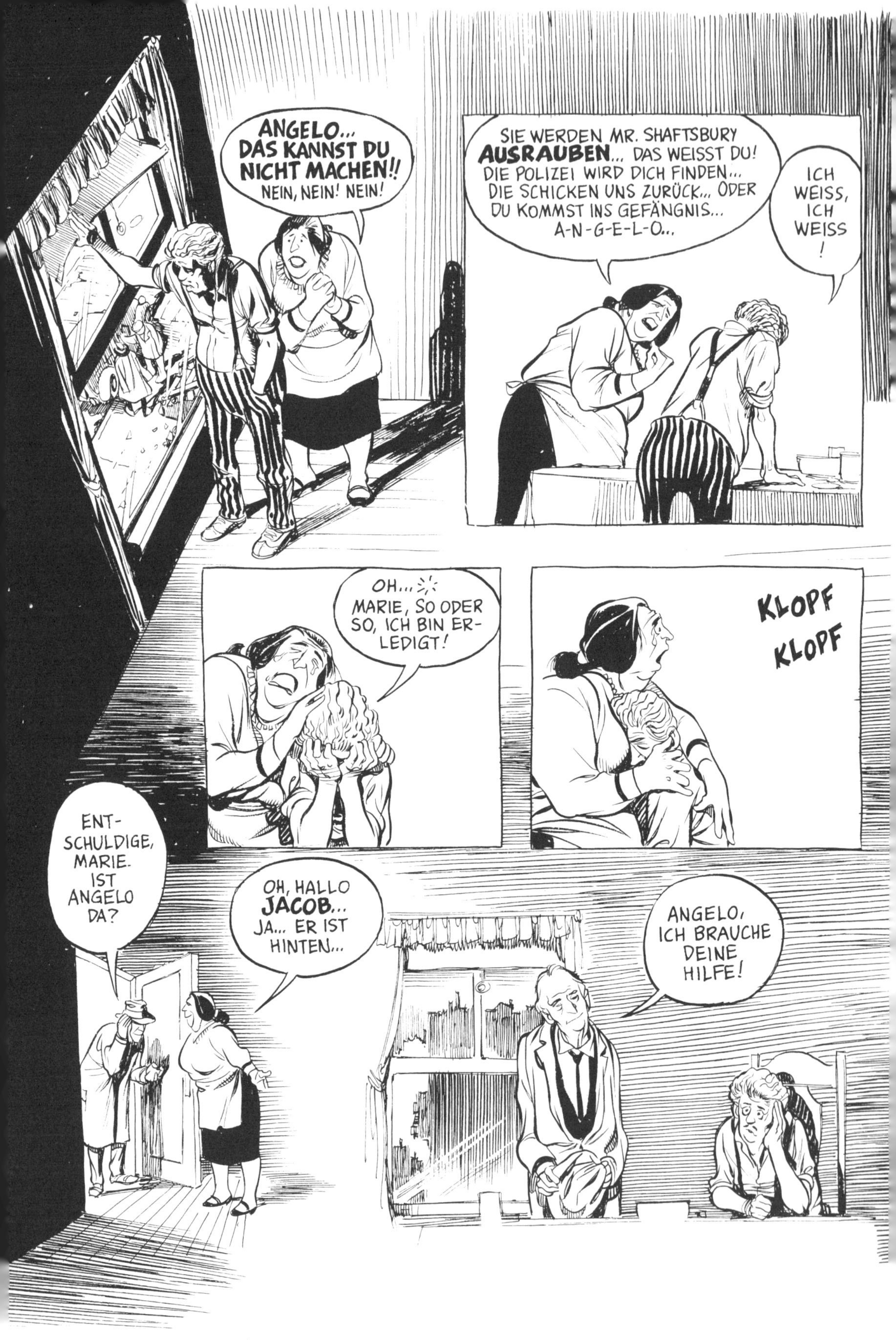
ANGELO... DAS KANNST DU NICHT MACHEN!! NEIN, NEIN! NEIN!
SIE WERDEN MR. SHAFTSBURY AUSRAUBEN... DAS WEISST DU! DIE POLIZEI WIRD DICH FINDEN... DIE SCHICKEN UNS ZURÜCK... ODER DU KOMMST INS GEFÄNGNIS... A-N-G-E-L-O...
ICH WEISS, ICH WEISS!
OH... MARIE, SO ODER SO, ICH BIN ERLEDIGT!
KLOPF KLOPF
ENTSCHULDIGE, MARIE. IST ANGELO DA?
OH, HALLO JACOB... JA... ER IST HINTEN...
ANGELO, ICH BRAUCHE DEINE HILFE!

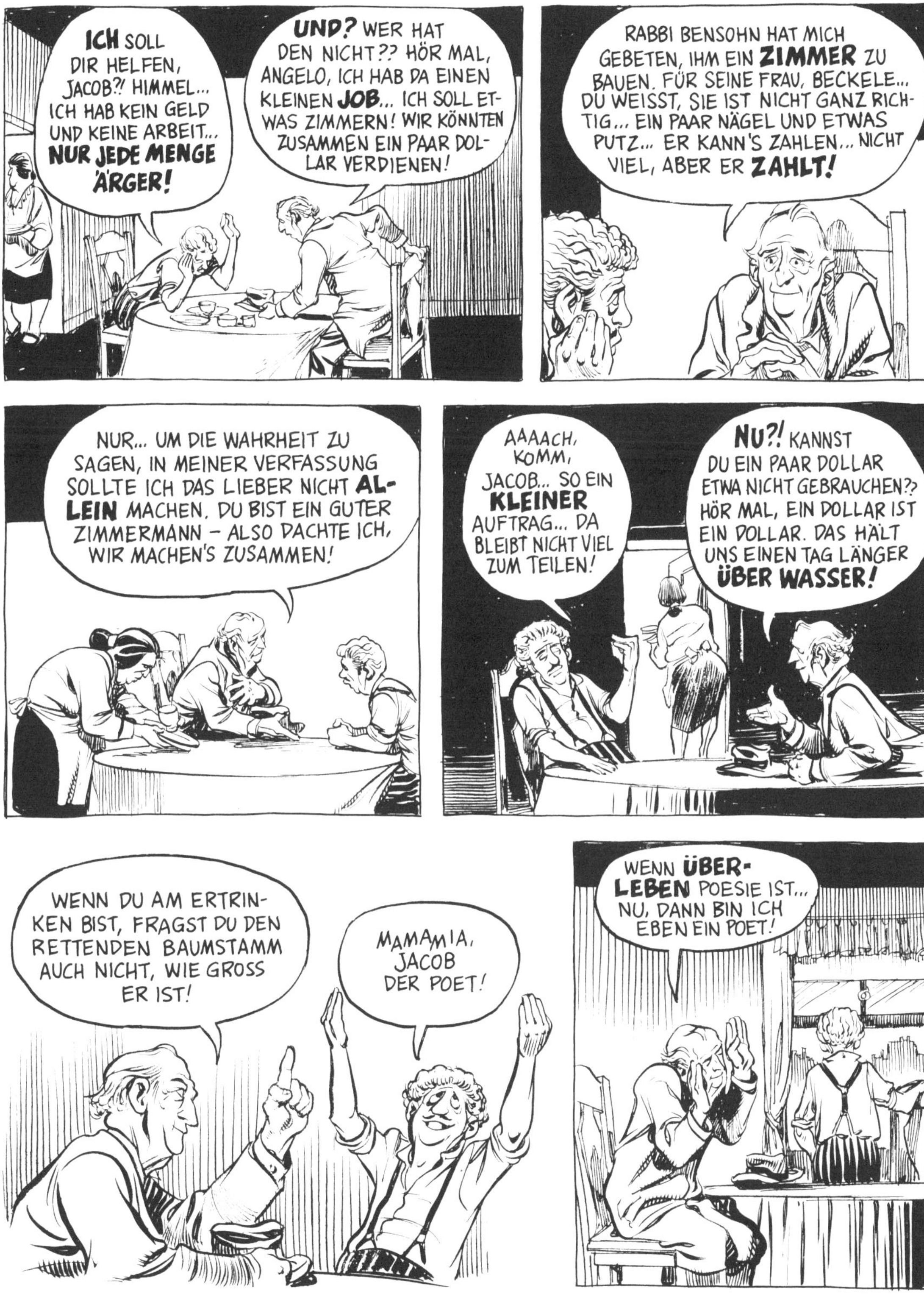
ICH SOLL DIR HELFEN, JACOB?! HIMMEL... ICH HAB KEIN GELD UND KEINE ARBEIT... NUR JEDE MENGE ÄRGER!
UND? WER HAT DEN NICHT?? HÖR MAL, ANGELO, ICH HAB DA EINEN KLEINEN JOB... ICH SOLL ETWAS ZIMMERN! WIR KÖNNTEN ZUSAMMEN EIN PAAR DOLLAR VERDIENEN!
RABBI BENSOHN HAT MICH GEBETEN, IHM EIN ZIMMER ZU BAUEN. FÜR SEINE FRAU, BECKELE... DU WEISST, SIE IST NICHT GANZ RICHTIG... EIN PAAR NÄGEL UND ETWAS PUTZ... ER KANN'S ZAHLEN... NICHT VIEL, ABER ER ZAHLT!
NUR... UM DIE WAHRHEIT ZU SAGEN, IN MEINER VERFASSUNG SOLLTE ICH DAS LIEBER NICHT ALLEIN MACHEN. DU BIST EIN GUTER ZIMMERMANN – ALSO DACHTE ICH, WIR MACHEN'S ZUSAMMEN!
AAAACH, KOMM, JACOB... SO EIN KLEINER AUFTRAG... DA BLEIBT NICHT VIEL ZUM TEILEN!
NU?! KANNST DU EIN PAAR DOLLAR ETWA NICHT GEBRAUCHEN?? HÖR MAL, EIN DOLLAR IST EIN DOLLAR. DAS HÄLT UNS EINEN TAG LÄNGER ÜBER WASSER!
WENN DU AM ERTRINKEN BIST, FRAGST DU DEN RETTENDEN BAUMSTAMM AUCH NICHT, WIE GROSS ER IST!
MAMAMIA, JACOB DER POET!
WENN ÜBERLEBEN POESIE IST... NU, DANN BIN ICH EBEN EIN POET!

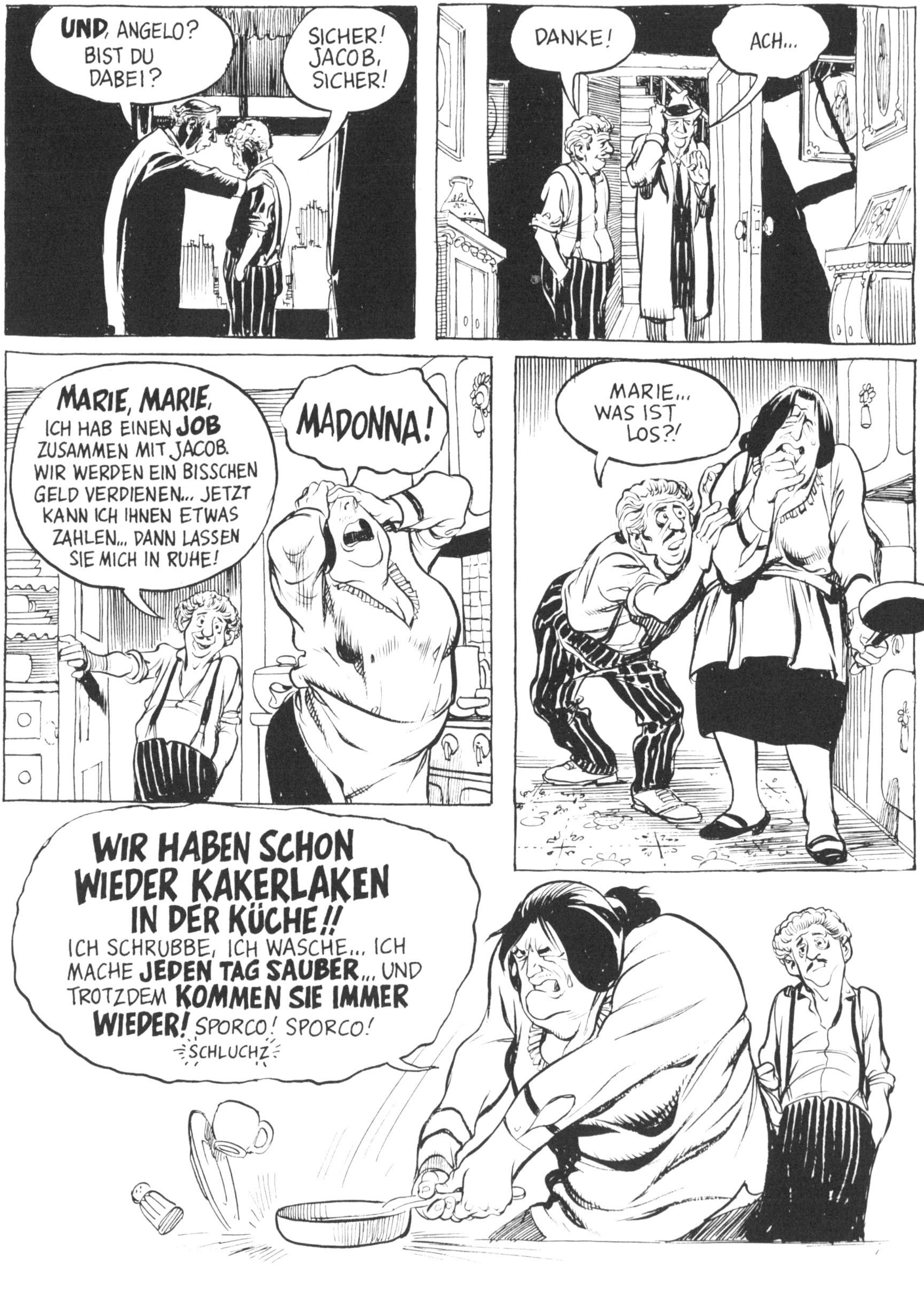
UND, ANGELO? BIST DU DABEI?
SICHER! JACOB, SICHER!
DANKE!
ACH...
MARIE, MARIE, ICH HAB EINEN JOB ZUSAMMEN MIT JACOB. WIR WERDEN EIN BISSCHEN GELD VERDIENEN... JETZT KANN ICH IHNEN ETWAS ZAHLEN... DANN LASSEN SIE MICH IN RUHE!
MADONNA!
MARIE... WAS IST LOS?!
WIR HABEN SCHON WIEDER KAKERLAKEN IN DER KÜCHE!! ICH SCHRUBBE, ICH WASCHE... ICH MACHE JEDEN TAG SAUBER... UND TROTZDEM KOMMEN SIE IMMER WIEDER! SPORCO! SPORCO!
SCHLUCHZ

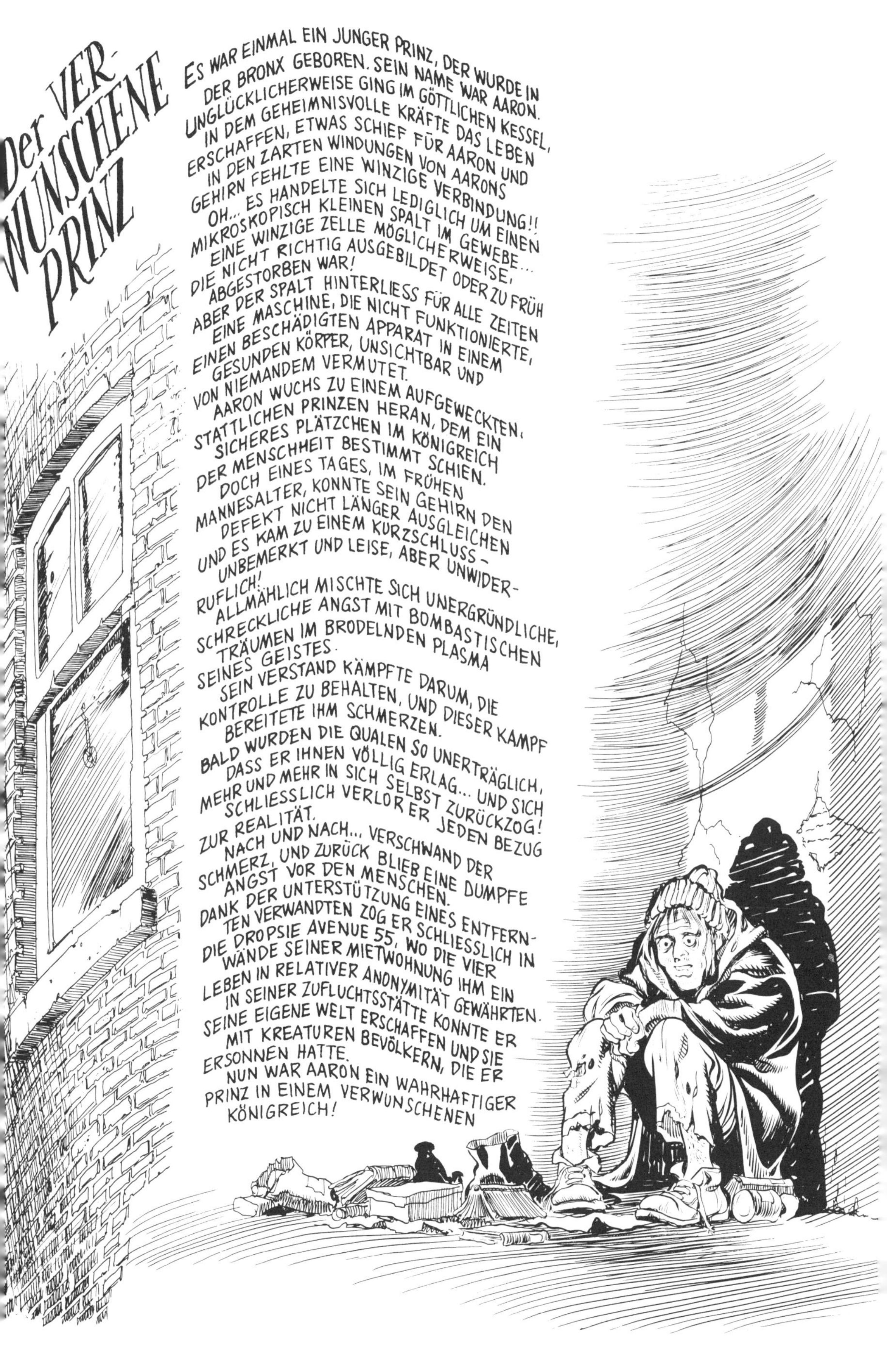
Der VERWUNSCHENE PRINZ
ES WAR EINMAL EIN JUNGER PRINZ, DER WURDE IN DER BRONX GEBOREN. SEIN NAME WAR AARON.
UNGLÜCKLICHERWEISE GING IM GÖTTLICHEN KESSEL, IN DEM GEHEIMNISVOLLE KRÄFTE DAS LEBEN ERSCHAFFEN, ETWAS SCHIEF FÜR AARON UND IN DEN ZARTEN WINDUNGEN VON AARONS GEHIRN FEHLTE EINE WINZIGE VERBINDUNG!!
OH... ES HANDELTE SICH LEDIGLICH UM EINEN MIKROSKOPISCH KLEINEN SPALT IM GEWEBE... EINE WINZIGE ZELLE MÖGLICHERWEISE, DIE NICHT RICHTIG AUSGEBILDET ODER ZU FRÜH ABGESTORBEN WAR!
ABER DER SPALT HINTERLIESS FÜR ALLE ZEITEN EINE MASCHINE, DIE NICHT FUNKTIONIERTE, EINEN BESCHÄDIGTEN APPARAT IN EINEM GESUNDEN KÖRPER, UNSICHTBAR UND VON NIEMANDEM VERMUTET.
AARON WUCHS ZU EINEM AUFGEWECKTEN, STATTLICHEN PRINZEN HERAN, DEM EIN SICHERES PLÄTZCHEN IM KÖNIGREICH DER MENSCHHEIT BESTIMMT SCHIEN.
DOCH EINES TAGES, IM FRÜHEN MANNESALTER, KONNTE SEIN GEHIRN DEN DEFEKT NICHT LÄNGER AUSGLEICHEN UND ES KAM ZU EINEM KURZSCHLUSS – UNBEMERKT UND LEISE, ABER UNWIDERRUFLICH!
ALLMÄHLICH MISCHTE SICH UNERGRÜNDLICHE, SCHRECKLICHE ANGST MIT BOMBASTISCHEN TRÄUMEN IM BRODELNDEN PLASMA SEINES GEISTES.
SEIN VERSTAND KÄMPFTE DARUM, DIE KONTROLLE ZU BEHALTEN, UND DIESER KAMPF BEREITETE IHM SCHMERZEN.
BALD WURDEN DIE QUALEN SO UNERTRÄGLICH, DASS ER IHNEN VÖLLIG ERLAG... UND SICH MEHR UND MEHR IN SICH SELBST ZURÜCKZOG!
SCHLIESSLICH VERLOR ER JEDEN BEZUG ZUR REALITÄT.
NACH UND NACH... VERSCHWAND DER SCHMERZ, UND ZURÜCK BLIEB EINE DUMPFE ANGST VOR DEN MENSCHEN.
DANK DER UNTERSTÜTZUNG EINES ENTFERNTEN VERWANDTEN ZOG ER SCHLIESSLICH IN DIE DROPSIE AVENUE 55, WO DIE VIER WÄNDE SEINER MIETWOHNUNG IHM EIN LEBEN IN RELATIVER ANONYMITÄT GEWÄHRTEN.
IN SEINER ZUFLUCHTSSTÄTTE KONNTE ER SEINE EIGENE WELT ERSCHAFFEN UND SIE MIT KREATUREN BEVÖLKERN, DIE ER ERSONNEN HATTE.
NUN WAR AARON EIN WAHRHAFTIGER PRINZ IN EINEM VERWUNSCHENEN KÖNIGREICH!

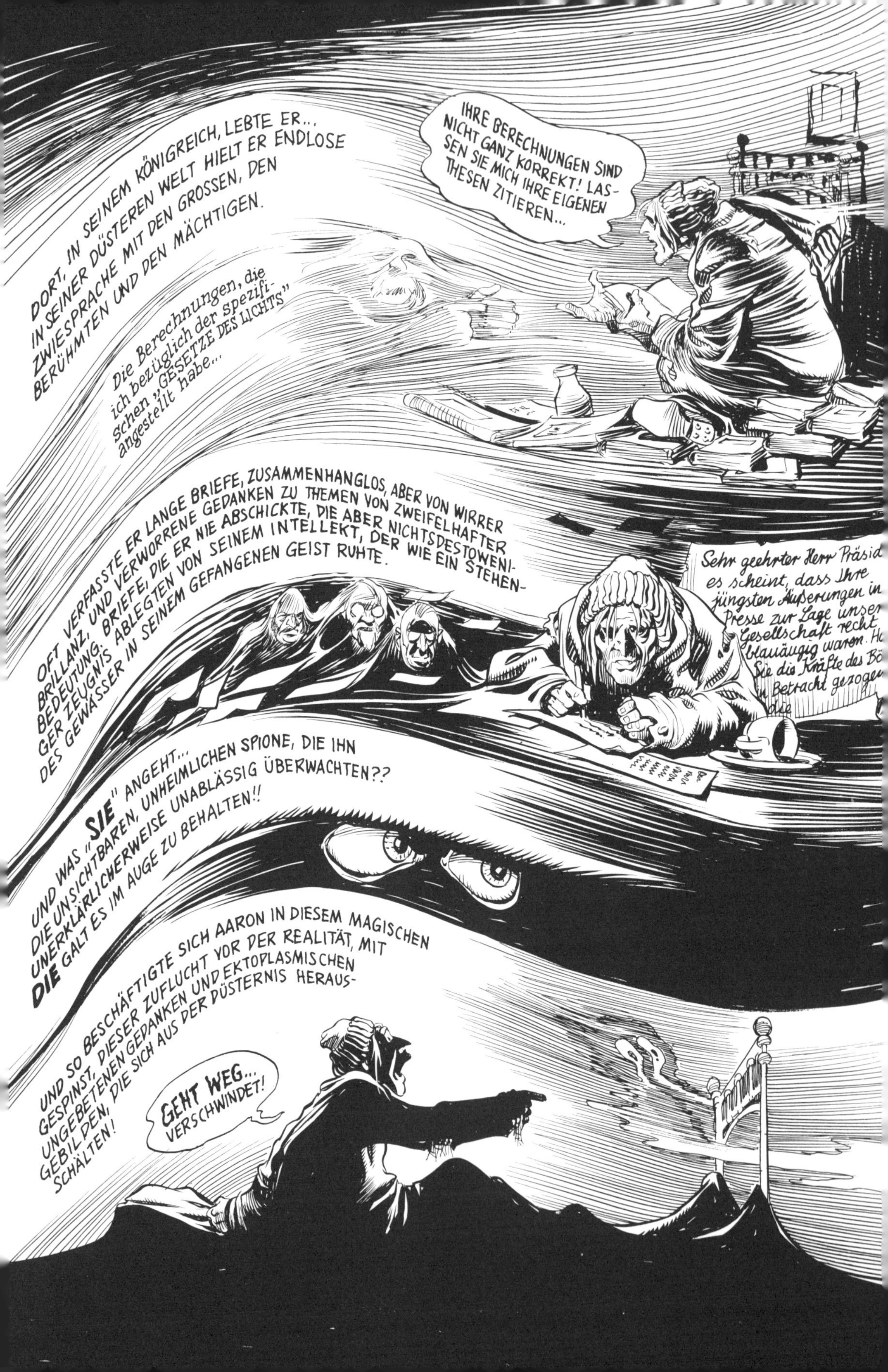

DORT, IN SEINEM KÖNIGREICH, LEBTE ER... IN SEINER DÜSTEREN WELT HIELT ER ENDLOSE ZWIESPRACHE MIT DEN GROSSEN, DEN BERÜHMTEN UND DEN MÄCHTIGEN.
Die Berechnungen, die ich bezüglich der spezifischen „GESETZE DES LICHTS" angestellt habe...
IHRE BERECHNUNGEN SIND NICHT GANZ KORREKT! LASSEN SIE MICH IHRE EIGENEN THESEN ZITIEREN...
OFT VERFASSTE ER LANGE BRIEFE, ZUSAMMENHANGLOS, ABER VON WIRRER BRILLANZ, UND VERWORRENE GEDANKEN ZU THEMEN VON ZWEIFELHAFTER BEDEUTUNG. BRIEFE, DIE ER NIE ABSCHICKTE, DIE ABER NICHTSDESTOWENIGER ZEUGNIS ABLEGTEN VON SEINEM INTELLEKT, DER WIE EIN STEHENDES GEWÄSSER IN SEINEM GEFANGENEN GEIST RUHTE.
Sehr geehrter Herr Präsid
es scheint, dass Ihre
jüngsten Äußerungen in
Presse zur Lage unser
Gesellschaft recht
blauäugig waren. H
Sie die Kräfte des Bö
in Betracht gezoge
UND WAS „SIE" ANGEHT... DIE UNSICHTBAREN, UNHEIMLICHEN SPIONE, DIE IHN UNERKLÄRLICHERWEISE UNABLÄSSIG ÜBERWACHTEN?? DIE GALT ES IM AUGE ZU BEHALTEN!!
UND SO BESCHÄFTIGTE SICH AARON IN DIESEM MAGISCHEN GESPINST, DIESER ZUFLUCHT VOR DER REALITÄT, MIT UNGEBETENEN GEDANKEN UND EKTOPLASMISCHEN GEBILDEN, DIE SICH AUS DER DÜSTERNIS HERAUSSCHÄLTEN!
GEHT WEG... VERSCHWINDET!

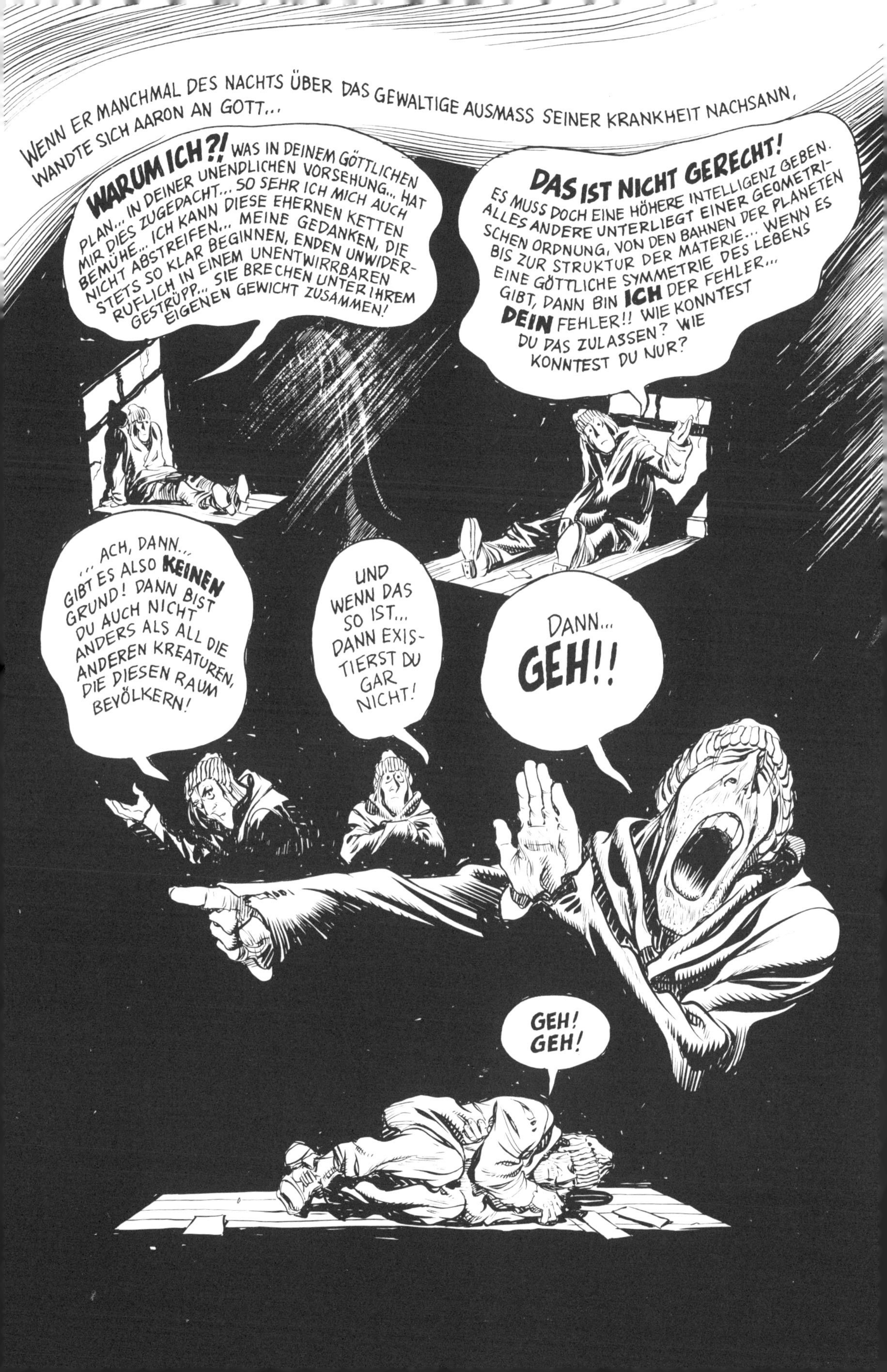
WENN ER MANCHMAL DES NACHTS ÜBER DAS GEWALTIGE AUSMASS SEINER KRANKHEIT NACHSANN, WANDTE SICH AARON AN GOTT...
WARUM ICH?! WAS IN DEINEM GÖTTLICHEN PLAN... IN DEINER UNENDLICHEN VORSEHUNG... HAT MIR DIES ZUGEDACHT... SO SEHR ICH MICH AUCH BEMÜHE... ICH KANN DIESE EHERNEN KETTEN NICHT ABSTREIFEN... MEINE GEDANKEN, DIE STETS SO KLAR BEGINNEN, ENDEN UNWIDERRUFLICH IN EINEM UNENTWIRRBAREN GESTRÜPP... SIE BRECHEN UNTER IHREM EIGENEN GEWICHT ZUSAMMEN!
DAS IST NICHT GERECHT! ES MUSS DOCH EINE HÖHERE INTELLIGENZ GEBEN. ALLES ANDERE UNTERLIEGT EINER GEOMETRISCHEN ORDNUNG, VON DEN BAHNEN DER PLANETEN BIS ZUR STRUKTUR DER MATERIE... WENN ES EINE GÖTTLICHE SYMMETRIE DES LEBENS GIBT, DANN BIN ICH DER FEHLER... DEIN FEHLER!! WIE KONNTEST DU DAS ZULASSEN? WIE KONNTEST DU NUR?
... ACH, DANN... GIBT ES ALSO KEINEN GRUND! DANN BIST DU AUCH NICHT ANDERS ALS ALL DIE ANDEREN KREATUREN, DIE DIESEN RAUM BEVÖLKERN!
UND WENN DAS SO IST... DANN EXISTIERST DU GAR NICHT!
DANN... GEH!!
GEH! GEH!

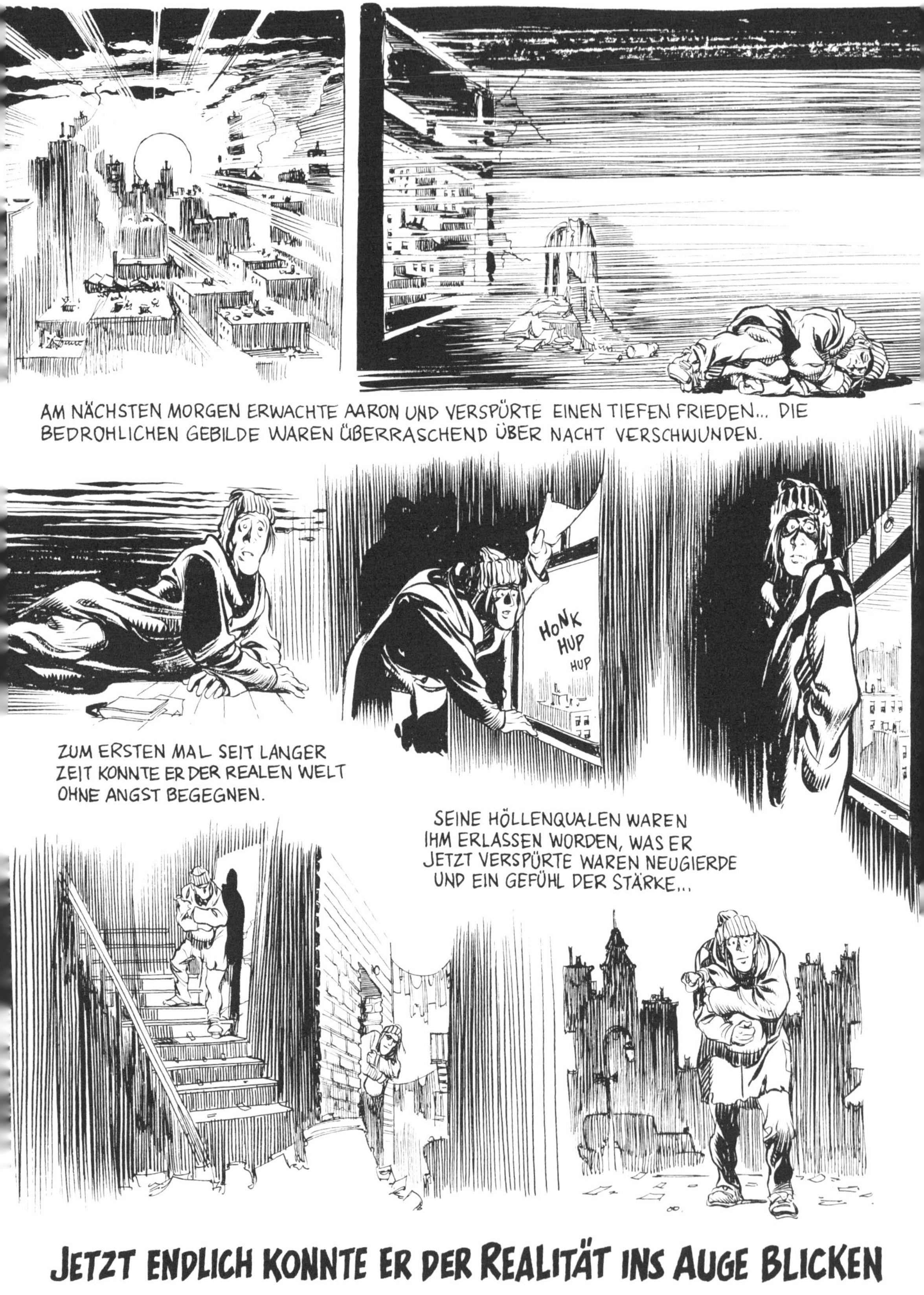
AM NÄCHSTEN MORGEN ERWACHTE AARON UND VERSPÜRTE EINEN TIEFEN FRIEDEN... DIE BEDROHLICHEN GEBILDE WAREN ÜBERRASCHEND ÜBER NACHT VERSCHWUNDEN.
HONK
HUP
HUP
ZUM ERSTEN MAL SEIT LANGER ZEIT KONNTE ER DER REALEN WELT OHNE ANGST BEGEGNEN.
SEINE HÖLLENQUALEN WAREN IHM ERLASSEN WORDEN, WAS ER JETZT VERSPÜRTE WAREN NEUGIERDE UND EIN GEFÜHL DER STÄRKE...
JETZT ENDLICH KONNTE ER DER REALITÄT INS AUGE BLICKEN

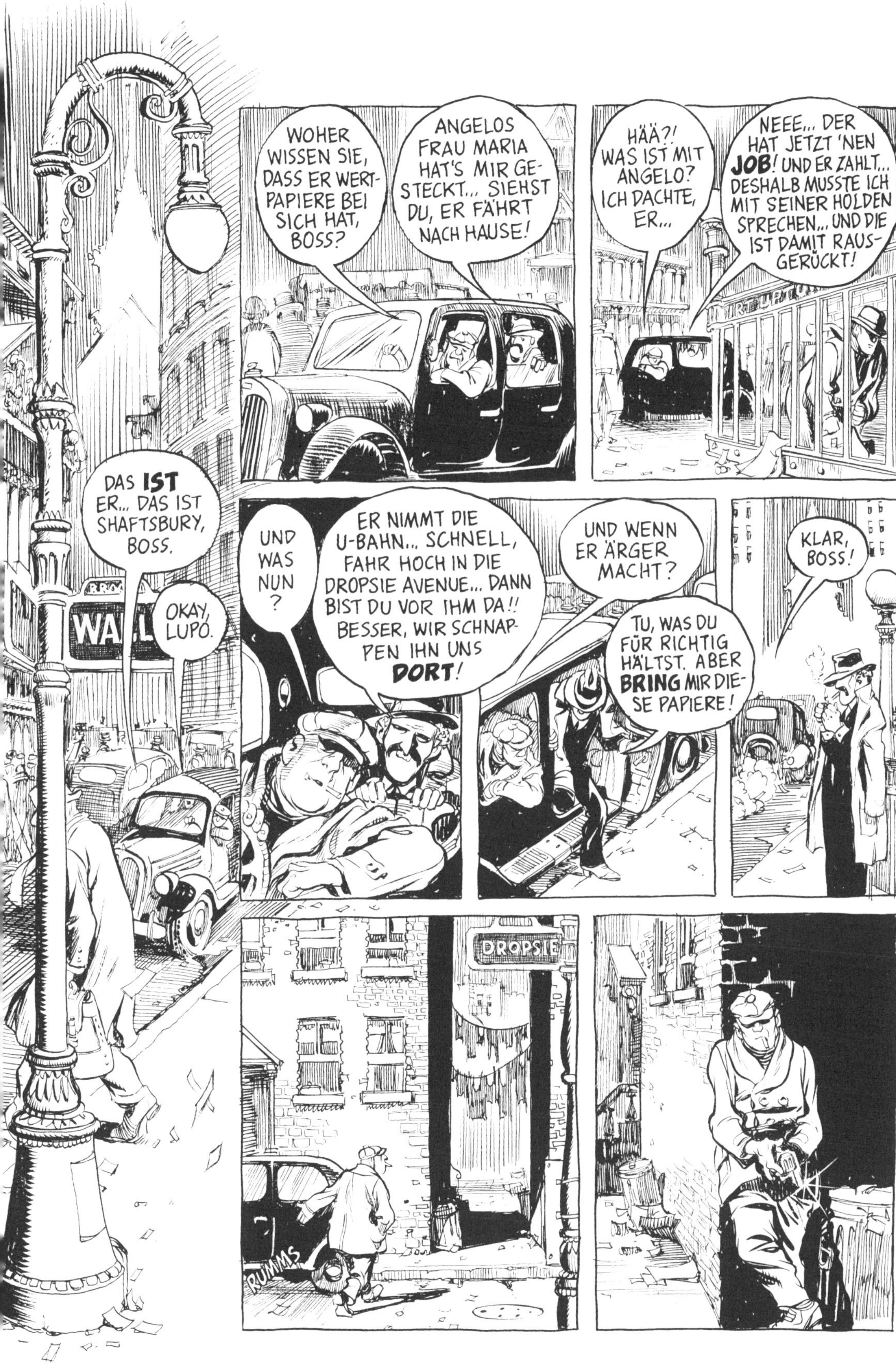
WOHER WISSEN SIE, DASS ER WERTPAPIERE BEI SICH HAT, BOSS?
ANGELOS FRAU MARIA HAT'S MIR GESTECKT... SIEHST DU, ER FÄHRT NACH HAUSE!
HÄÄ?! WAS IST MIT ANGELO? ICH DACHTE, ER...
NEEE... DER HAT JETZT 'NEN JOB! UND ER ZAHLT... DESHALB MUSSTE ICH MIT SEINER HOLDEN SPRECHEN... UND DIE IST DAMIT RAUSGERÜCKT!
DAS IST ER... DAS IST SHAFTSBURY, BOSS.
OKAY, LUPO.
WALL
UND WAS NUN?
ER NIMMT DIE U-BAHN... SCHNELL, FAHR HOCH IN DIE DROPSIE AVENUE... DANN BIST DU VOR IHM DA!! BESSER, WIR SCHNAPPEN IHN UNS DORT!
UND WENN ER ÄRGER MACHT?
TU, WAS DU FÜR RICHTIG HÄLTST. ABER BRING MIR DIESE PAPIERE!
KLAR, BOSS!
DROPSIE
RUMMS

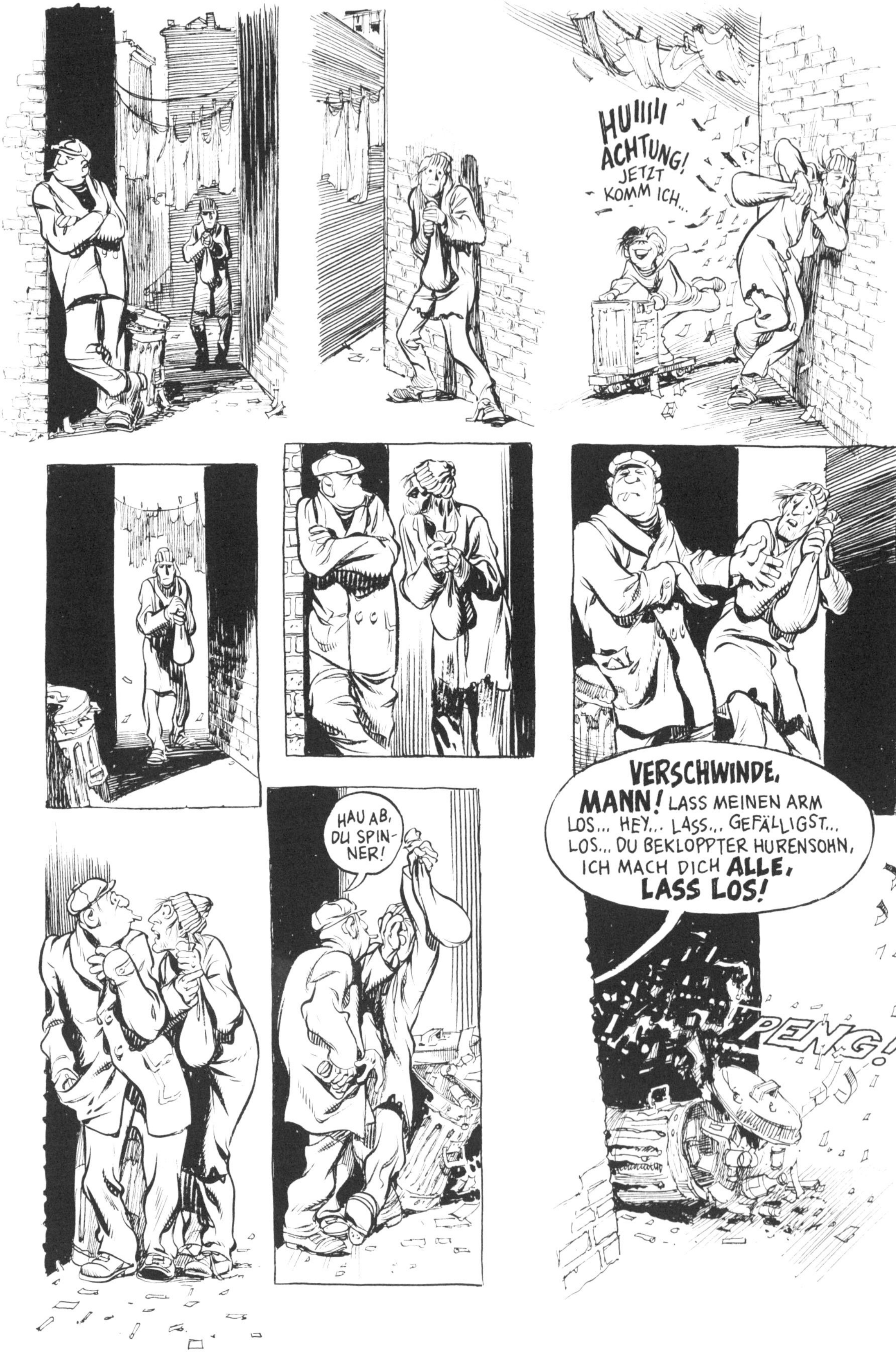
HUIIIII
ACHTUNG! JETZT KOMM ICH...
VERSCHWINDE, MANN! LASS MEINEN ARM LOS... HEY... LASS... GEFÄLLIGST... LOS... DU BEKLOPPTER HURENSOHN, ICH MACH DICH ALLE, LASS LOS!
HAU AB, DU SPINNER!
PENG!

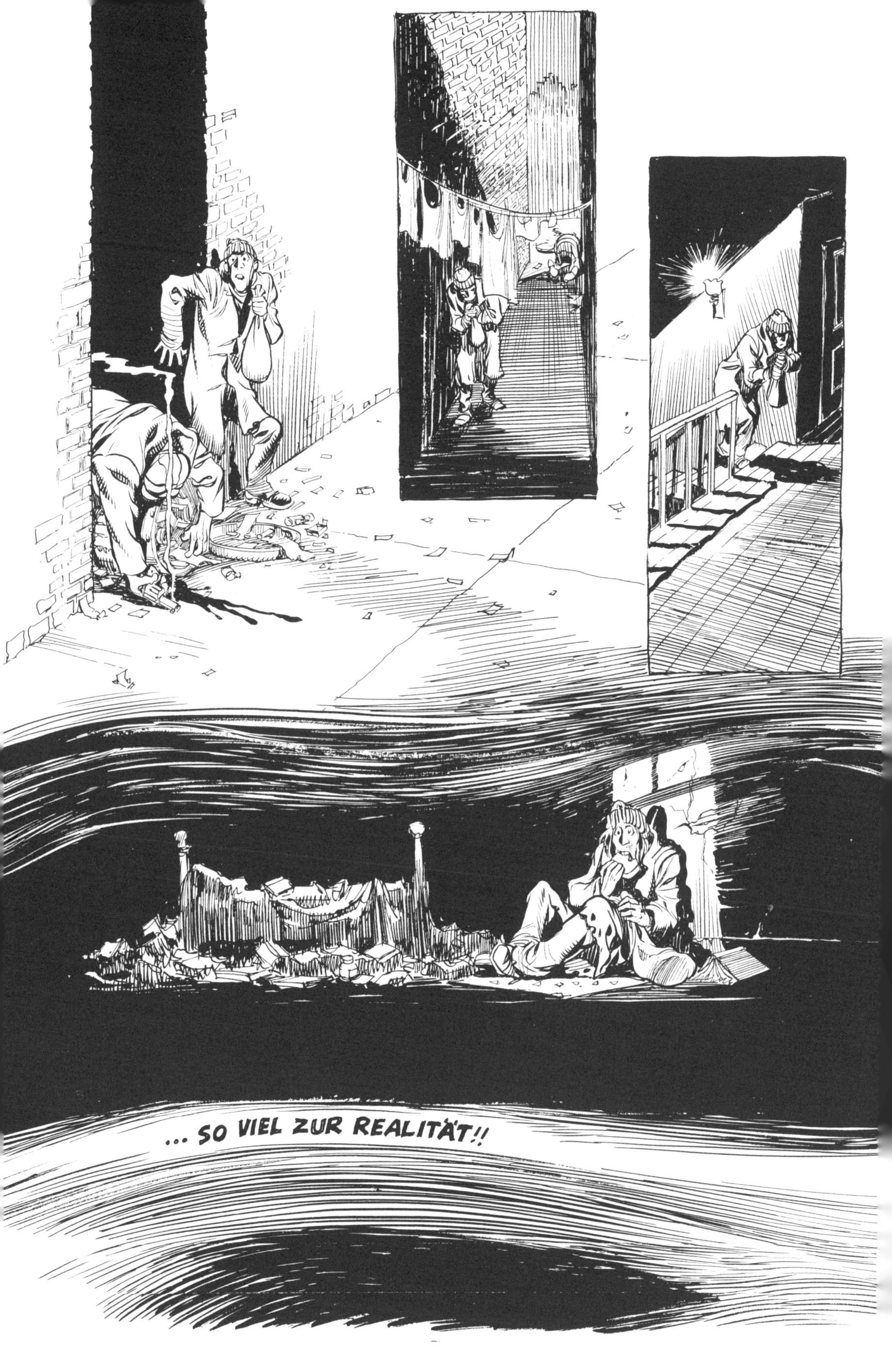
... SO VIEL ZUR REALITÄT!!

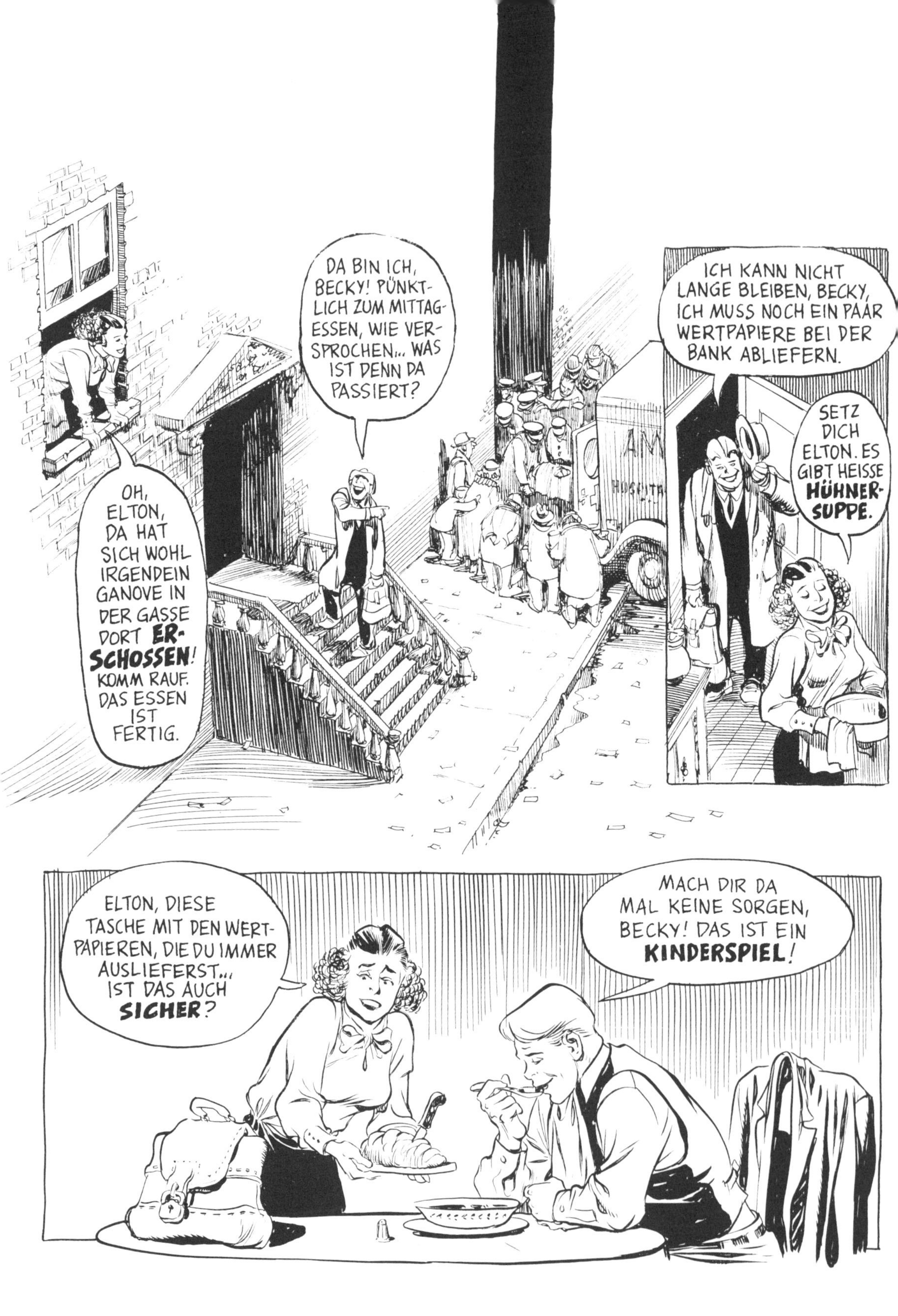
DA BIN ICH, BECKY! PÜNKTLICH ZUM MITTAGESSEN, WIE VERSPROCHEN... WAS IST DENN DA PASSIERT?
OH, ELTON, DA HAT SICH WOHL IRGENDEIN GANOVE IN DER GASSE DORT **ERSCHOSSEN**! KOMM RAUF. DAS ESSEN IST FERTIG.
ICH KANN NICHT LANGE BLEIBEN, BECKY, ICH MUSS NOCH EIN PAAR WERTPAPIERE BEI DER BANK ABLIEFERN.
SETZ DICH ELTON. ES GIBT HEISSE **HÜHNERSUPPE**.
ELTON, DIESE TASCHE MIT DEN WERTPAPIEREN, DIE DU IMMER AUSLIEFERST... IST DAS AUCH **SICHER**?
MACH DIR DA MAL KEINE SORGEN, BECKY! DAS IST EIN **KINDERSPIEL**!

DER REVOLUTIONÄR

1934 STANDEN DIE ZEICHEN
IN DER DROPSIE AVENUE
AUF VERÄNDERUNG.

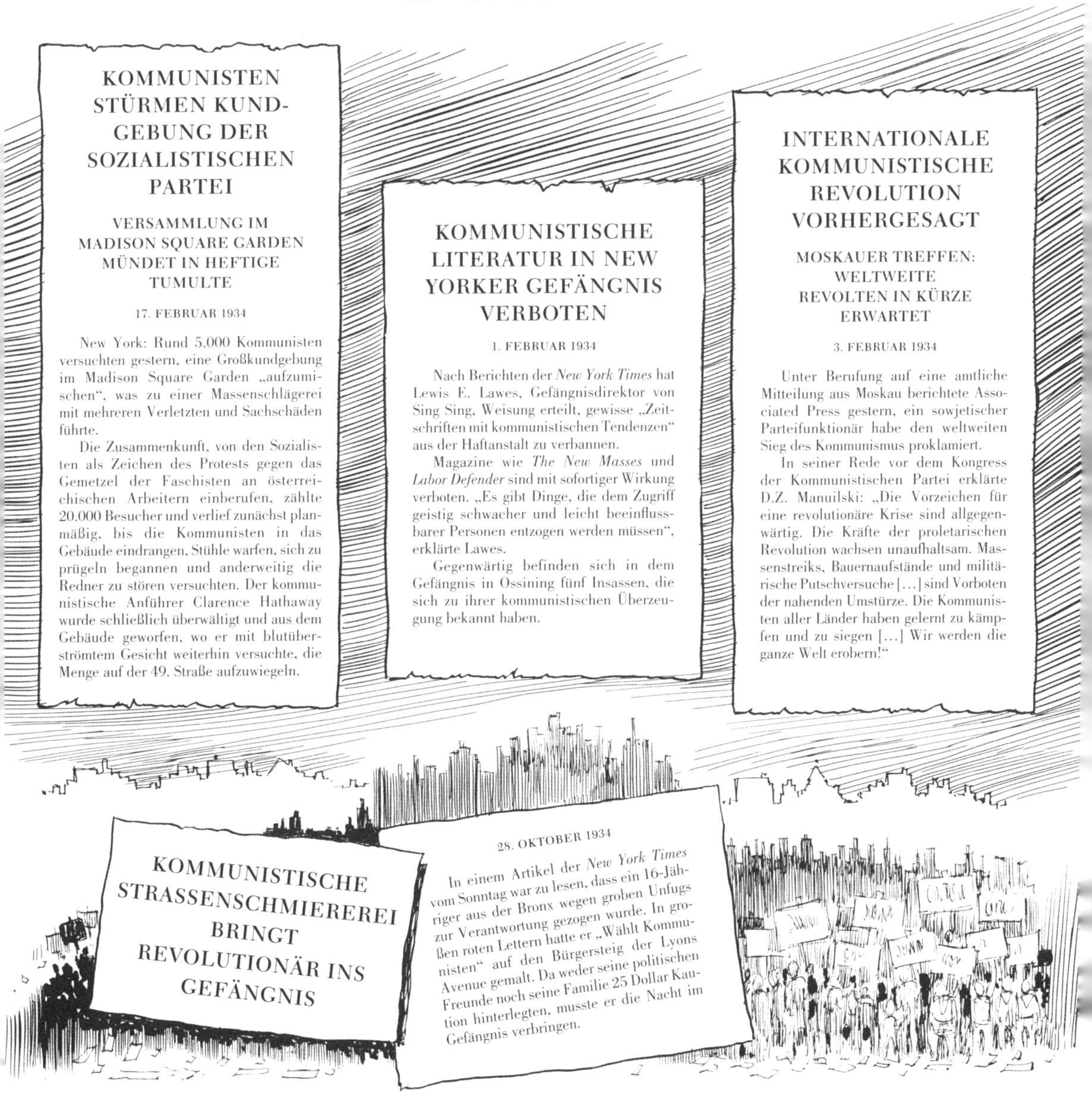

KOMMUNISTEN STÜRMEN KUNDGEBUNG DER SOZIALISTISCHEN PARTEI

VERSAMMLUNG IM MADISON SQUARE GARDEN MÜNDET IN HEFTIGE TUMULTE

17. FEBRUAR 1934

New York: Rund 5.000 Kommunisten versuchten gestern, eine Großkundgebung im Madison Square Garden „aufzumischen", was zu einer Massenschlägerei mit mehreren Verletzten und Sachschäden führte.

Die Zusammenkunft, von den Sozialisten als Zeichen des Protests gegen das Gemetzel der Faschisten an österreichischen Arbeitern einberufen, zählte 20.000 Besucher und verlief zunächst planmäßig, bis die Kommunisten in das Gebäude eindrangen, Stühle warfen, sich zu prügeln begannen und anderweitig die Redner zu stören versuchten. Der kommunistische Anführer Clarence Hathaway wurde schließlich überwältigt und aus dem Gebäude geworfen, wo er mit blutüberströmtem Gesicht weiterhin versuchte, die Menge auf der 49. Straße aufzuwiegeln.

KOMMUNISTISCHE LITERATUR IN NEW YORKER GEFÄNGNIS VERBOTEN

1. FEBRUAR 1934

Nach Berichten der *New York Times* hat Lewis E. Lawes, Gefängnisdirektor von Sing Sing, Weisung erteilt, gewisse „Zeitschriften mit kommunistischen Tendenzen" aus der Haftanstalt zu verbannen.

Magazine wie *The New Masses* und *Labor Defender* sind mit sofortiger Wirkung verboten. „Es gibt Dinge, die dem Zugriff geistig schwacher und leicht beeinflussbarer Personen entzogen werden müssen", erklärte Lawes.

Gegenwärtig befinden sich in dem Gefängnis in Ossining fünf Insassen, die sich zu ihrer kommunistischen Überzeugung bekannt haben.

INTERNATIONALE KOMMUNISTISCHE REVOLUTION VORHERGESAGT

MOSKAUER TREFFEN: WELTWEITE REVOLTEN IN KÜRZE ERWARTET

3. FEBRUAR 1934

Unter Berufung auf eine amtliche Mitteilung aus Moskau berichtete Associated Press gestern, ein sowjetischer Parteifunktionär habe den weltweiten Sieg des Kommunismus proklamiert.

In seiner Rede vor dem Kongress der Kommunistischen Partei erklärte D.Z. Manuilski: „Die Vorzeichen für eine revolutionäre Krise sind allgegenwärtig. Die Kräfte der proletarischen Revolution wachsen unaufhaltsam. Massenstreiks, Bauernaufstände und militärische Putschversuche [...] sind Vorboten der nahenden Umstürze. Die Kommunisten aller Länder haben gelernt zu kämpfen und zu siegen [...] Wir werden die ganze Welt erobern!"

KOMMUNISTISCHE STRASSENSCHMIEREREI BRINGT REVOLUTIONÄR INS GEFÄNGNIS

28. OKTOBER 1934

In einem Artikel der *New York Times* vom Sonntag war zu lesen, dass ein 16-Jähriger aus der Bronx wegen groben Unfugs zur Verantwortung gezogen wurde. In großen roten Lettern hatte er „Wählt Kommunisten" auf den Bürgersteig der Lyons Avenue gemalt. Da weder seine politischen Freunde noch seine Familie 25 Dollar Kaution hinterlegten, musste er die Nacht im Gefängnis verbringen.

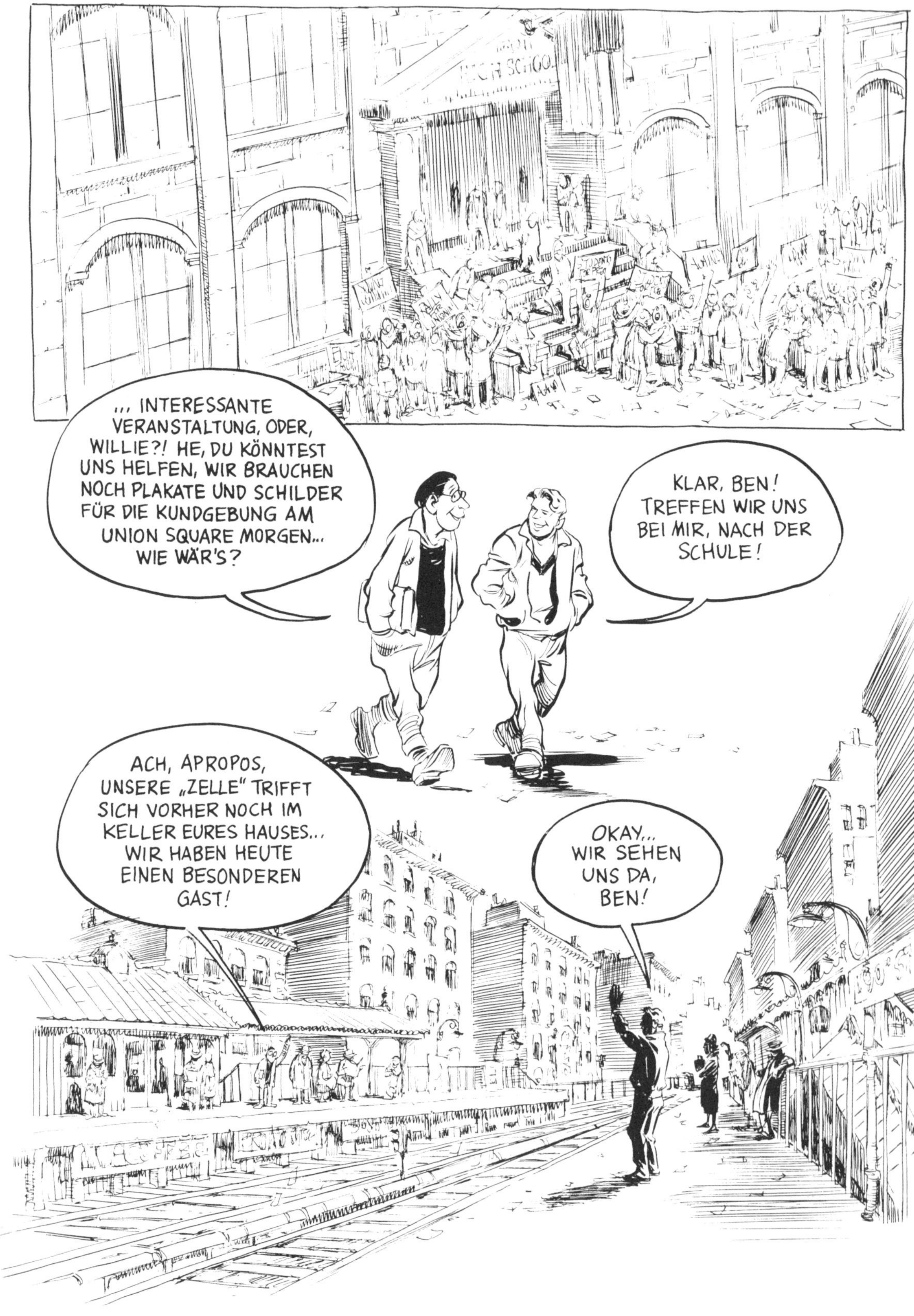
... INTERESSANTE VERANSTALTUNG, ODER, WILLIE?! HE, DU KÖNNTEST UNS HELFEN, WIR BRAUCHEN NOCH PLAKATE UND SCHILDER FÜR DIE KUNDGEBUNG AM UNION SQUARE MORGEN... WIE WÄR'S?
KLAR, BEN! TREFFEN WIR UNS BEI MIR, NACH DER SCHULE!
ACH, APROPOS, UNSERE „ZELLE" TRIFFT SICH VORHER NOCH IM KELLER EURES HAUSES... WIR HABEN HEUTE EINEN BESONDEREN GAST!
OKAY... WIR SEHEN UNS DA, BEN!

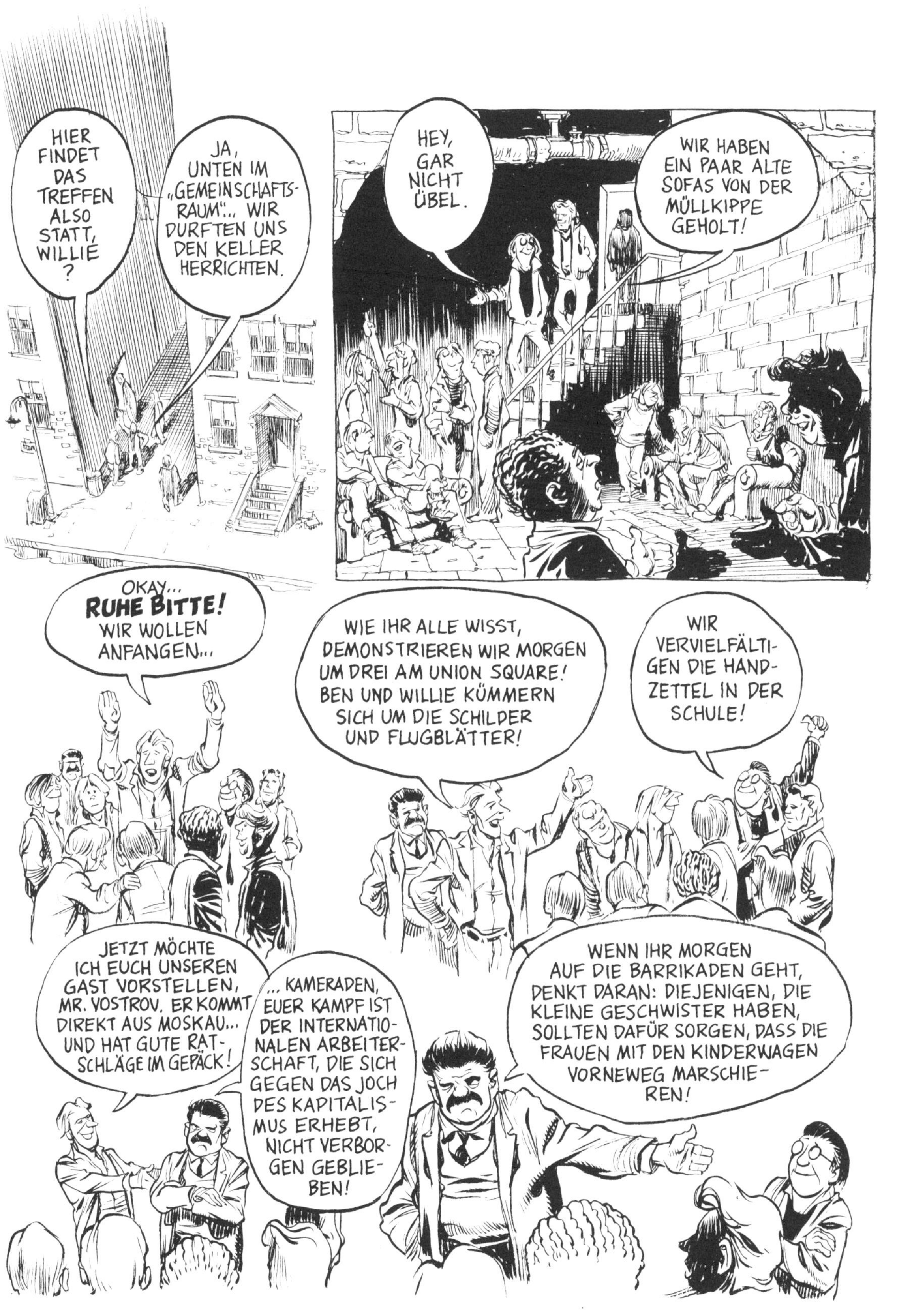
HIER FINDET DAS TREFFEN ALSO STATT, WILLIE?
JA, UNTEN IM „GEMEINSCHAFTSRAUM“... WIR DURFTEN UNS DEN KELLER HERRICHTEN.
HEY, GAR NICHT ÜBEL.
WIR HABEN EIN PAAR ALTE SOFAS VON DER MÜLLKIPPE GEHOLT!
OKAY... **RUHE BITTE!** WIR WOLLEN ANFANGEN...
WIE IHR ALLE WISST, DEMONSTRIEREN WIR MORGEN UM DREI AM UNION SQUARE! BEN UND WILLIE KÜMMERN SICH UM DIE SCHILDER UND FLUGBLÄTTER!
WIR VERVIELFÄLTIGEN DIE HANDZETTEL IN DER SCHULE!
JETZT MÖCHTE ICH EUCH UNSEREN GAST VORSTELLEN, MR. VOSTROV. ER KOMMT DIREKT AUS MOSKAU... UND HAT GUTE RATSCHLÄGE IM GEPÄCK!
... KAMERADEN, EUER KAMPF IST DER INTERNATIONALEN ARBEITERSCHAFT, DIE SICH GEGEN DAS JOCH DES KAPITALISMUS ERHEBT, NICHT VERBORGEN GEBLIEBEN!
WENN IHR MORGEN AUF DIE BARRIKADEN GEHT, DENKT DARAN: DIEJENIGEN, DIE KLEINE GESCHWISTER HABEN, SOLLTEN DAFÜR SORGEN, DASS DIE FRAUEN MIT DEN KINDERWAGEN VORNEWEG MARSCHIEREN!

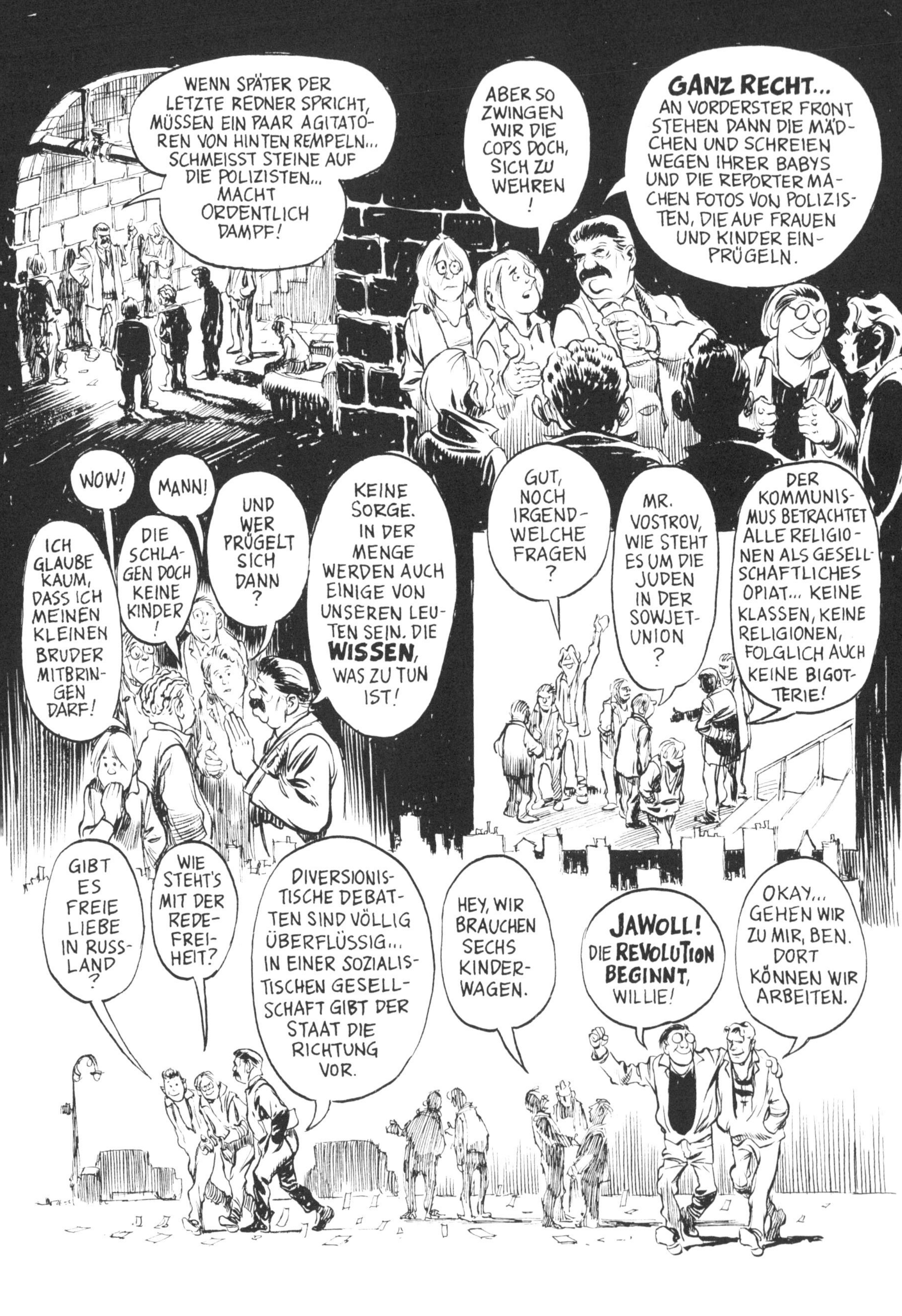

WENN SPÄTER DER LETZTE REDNER SPRICHT, MÜSSEN EIN PAAR AGITATOREN VON HINTEN REMPELN... SCHMEISST STEINE AUF DIE POLIZISTEN... MACHT ORDENTLICH DAMPF!
ABER SO ZWINGEN WIR DIE COPS DOCH, SICH ZU WEHREN!
GANZ RECHT... AN VORDERSTER FRONT STEHEN DANN DIE MÄDCHEN UND SCHREIEN WEGEN IHRER BABYS UND DIE REPORTER MACHEN FOTOS VON POLIZISTEN, DIE AUF FRAUEN UND KINDER EINPRÜGELN.
WOW!
ICH GLAUBE KAUM, DASS ICH MEINEN KLEINEN BRUDER MITBRINGEN DARF!
MANN!
DIE SCHLAGEN DOCH KEINE KINDER!
UND WER PRÜGELT SICH DANN?
KEINE SORGE. IN DER MENGE WERDEN AUCH EINIGE VON UNSEREN LEUTEN SEIN. DIE WISSEN, WAS ZU TUN IST!
GUT, NOCH IRGENDWELCHE FRAGEN?
MR. VOSTROV, WIE STEHT ES UM DIE JUDEN IN DER SOWJETUNION?
DER KOMMUNISMUS BETRACHTET ALLE RELIGIONEN ALS GESELLSCHAFTLICHES OPIAT... KEINE KLASSEN, KEINE RELIGIONEN, FOLGLICH AUCH KEINE BIGOTTERIE!
GIBT ES FREIE LIEBE IN RUSSLAND?
WIE STEHT'S MIT DER REDEFREIHEIT?
DIVERSIONISTISCHE DEBATTEN SIND VÖLLIG ÜBERFLÜSSIG... IN EINER SOZIALISTISCHEN GESELLSCHAFT GIBT DER STAAT DIE RICHTUNG VOR.
HEY, WIR BRAUCHEN SECHS KINDERWAGEN.
JAWOLL! DIE REVOLUTION BEGINNT, WILLIE!
OKAY... GEHEN WIR ZU MIR, BEN. DORT KÖNNEN WIR ARBEITEN.

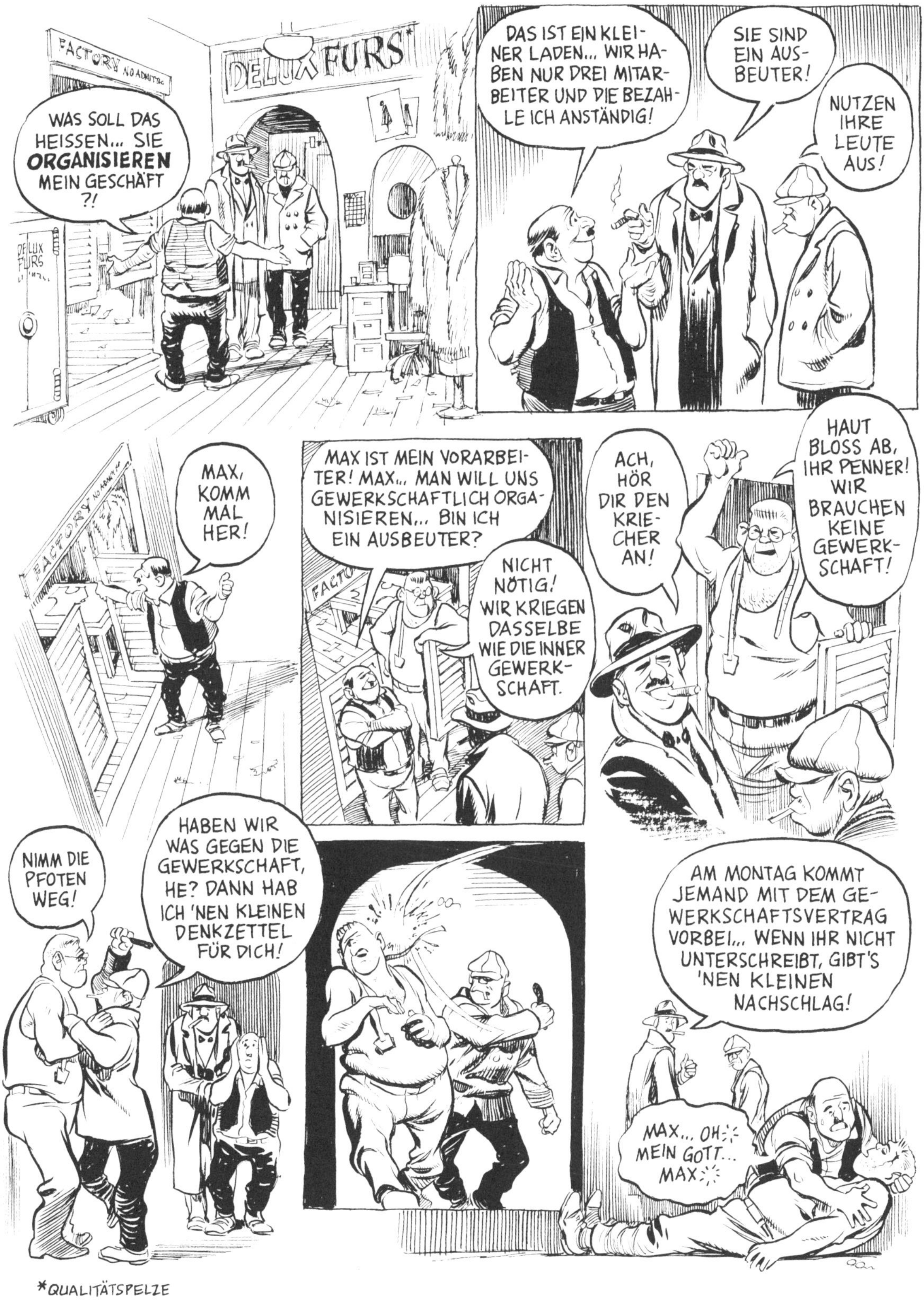

*QUALITÄTSPELZE

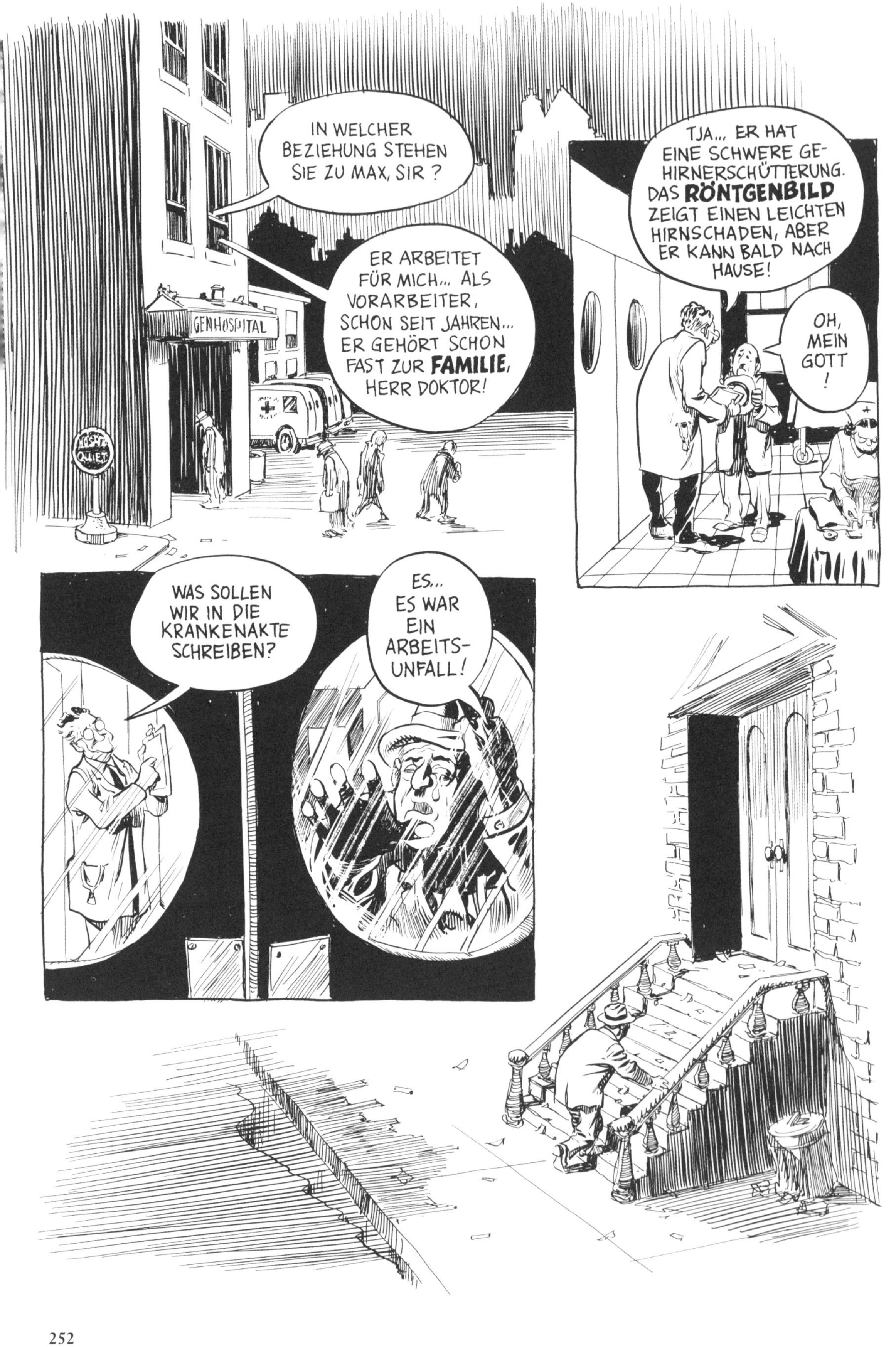
IN WELCHER BEZIEHUNG STEHEN SIE ZU MAX, SIR?
ER ARBEITET FÜR MICH... ALS VORARBEITER, SCHON SEIT JAHREN... ER GEHÖRT SCHON FAST ZUR **FAMILIE**, HERR DOKTOR!
GEN HOSPITAL
TJA... ER HAT EINE SCHWERE GEHIRNERSCHÜTTERUNG. DAS **RÖNTGENBILD** ZEIGT EINEN LEICHTEN HIRNSCHADEN, ABER ER KANN BALD NACH HAUSE!
OH, MEIN GOTT!
WAS SOLLEN WIR IN DIE KRANKENAKTE SCHREIBEN?
ES... ES WAR EIN ARBEITS-UNFALL!

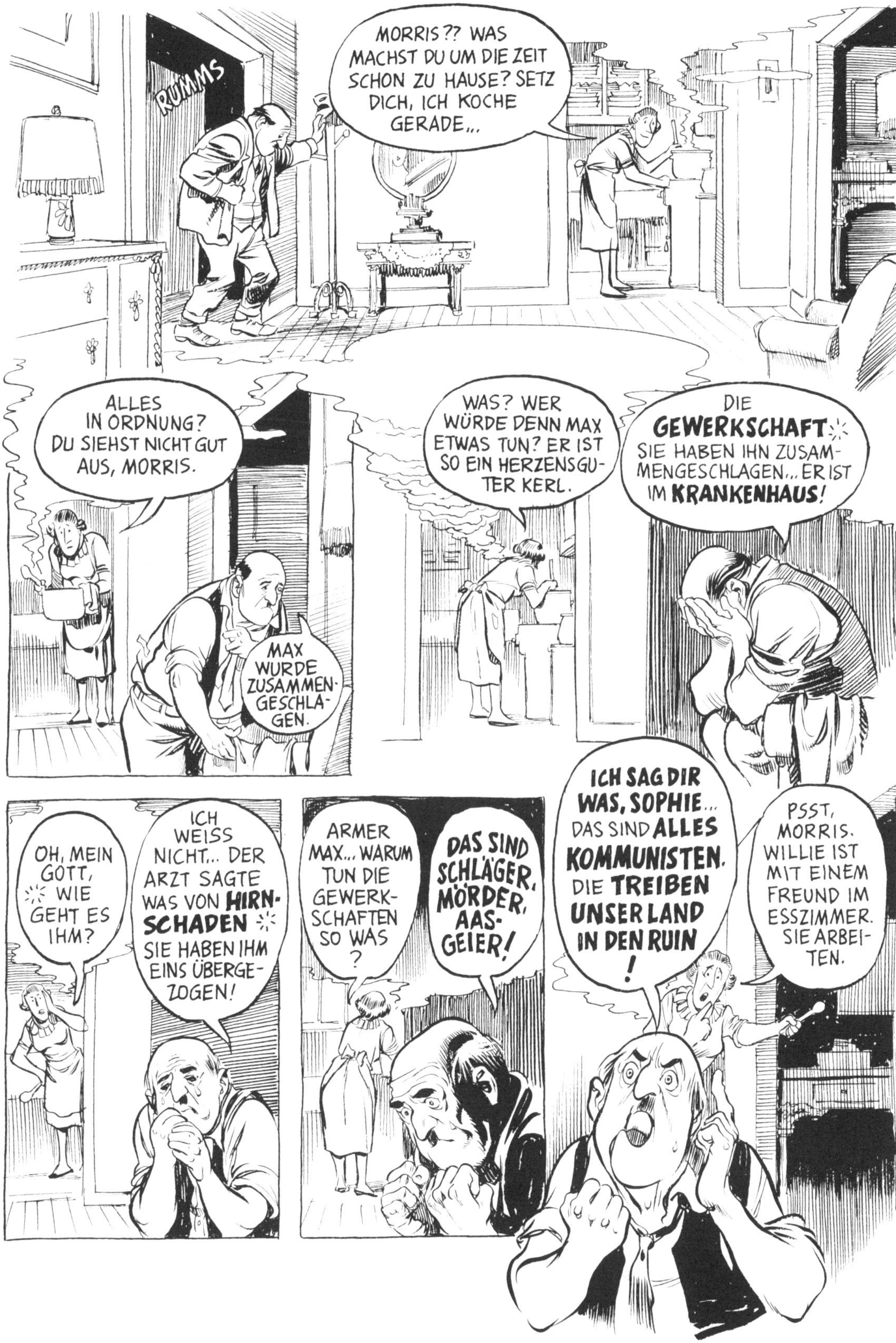
RUMMS
MORRIS?? WAS MACHST DU UM DIE ZEIT SCHON ZU HAUSE? SETZ DICH, ICH KOCHE GERADE...
ALLES IN ORDNUNG? DU SIEHST NICHT GUT AUS, MORRIS.
MAX WURDE ZUSAMMENGESCHLAGEN.
WAS? WER WÜRDE DENN MAX ETWAS TUN? ER IST SO EIN HERZENSGUTER KERL.
DIE GEWERKSCHAFT. SIE HABEN IHN ZUSAMMENGESCHLAGEN... ER IST IM KRANKENHAUS!
OH, MEIN GOTT, WIE GEHT ES IHM?
ICH WEISS NICHT... DER ARZT SAGTE WAS VON HIRNSCHADEN. SIE HABEN IHM EINS ÜBERGEZOGEN!
ARMER MAX... WARUM TUN DIE GEWERKSCHAFTEN SO WAS?
DAS SIND SCHLÄGER, MÖRDER, AASGEIER!
ICH SAG DIR WAS, SOPHIE... DAS SIND ALLES KOMMUNISTEN. DIE TREIBEN UNSER LAND IN DEN RUIN!
PSST, MORRIS. WILLIE IST MIT EINEM FREUND IM ESSZIMMER. SIE ARBEITEN.

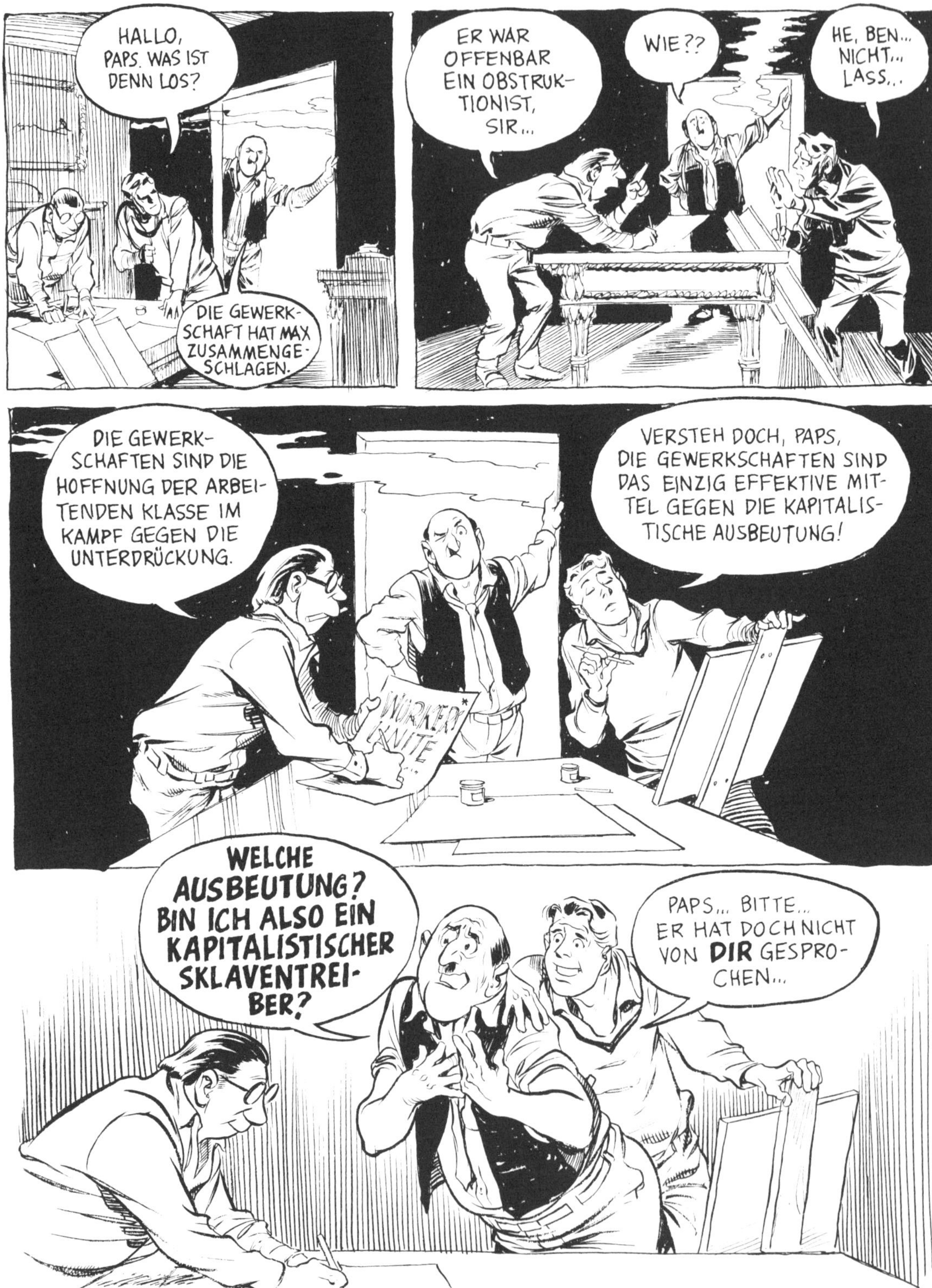

*ARBEITER VEREINIGT EUCH!

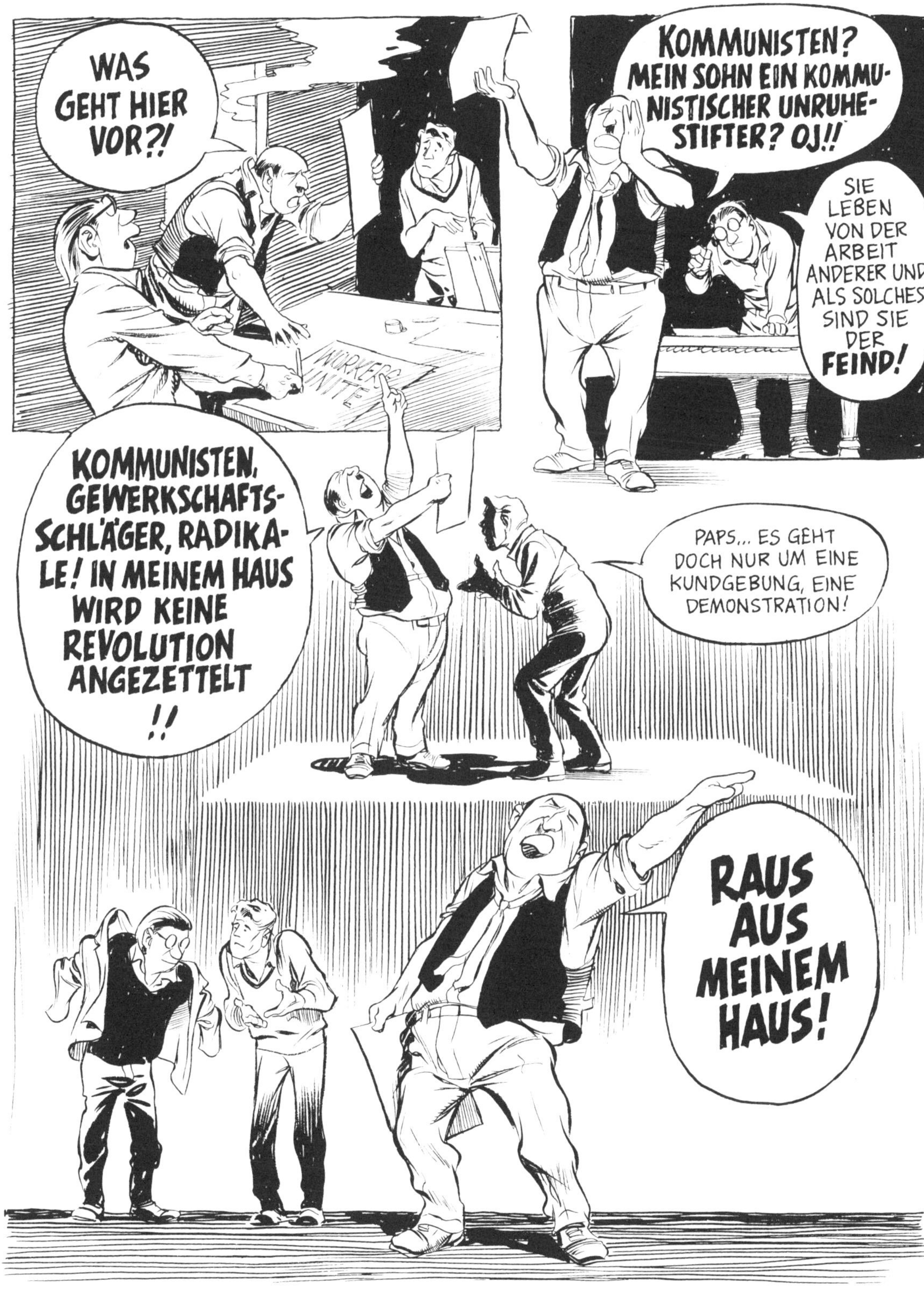

WAS GEHT HIER VOR?!
WORKERS UNITE
KOMMUNISTEN? MEIN SOHN EIN KOMMUNISTISCHER UNRUHESTIFTER? OJ!!
SIE LEBEN VON DER ARBEIT ANDERER UND ALS SOLCHES SIND SIE DER **FEIND**!
KOMMUNISTEN, GEWERKSCHAFTSSCHLÄGER, RADIKALE! IN MEINEM HAUS WIRD KEINE REVOLUTION ANGEZETTELT!!
PAPS... ES GEHT DOCH NUR UM EINE KUNDGEBUNG, EINE DEMONSTRATION!
RAUS AUS MEINEM HAUS!

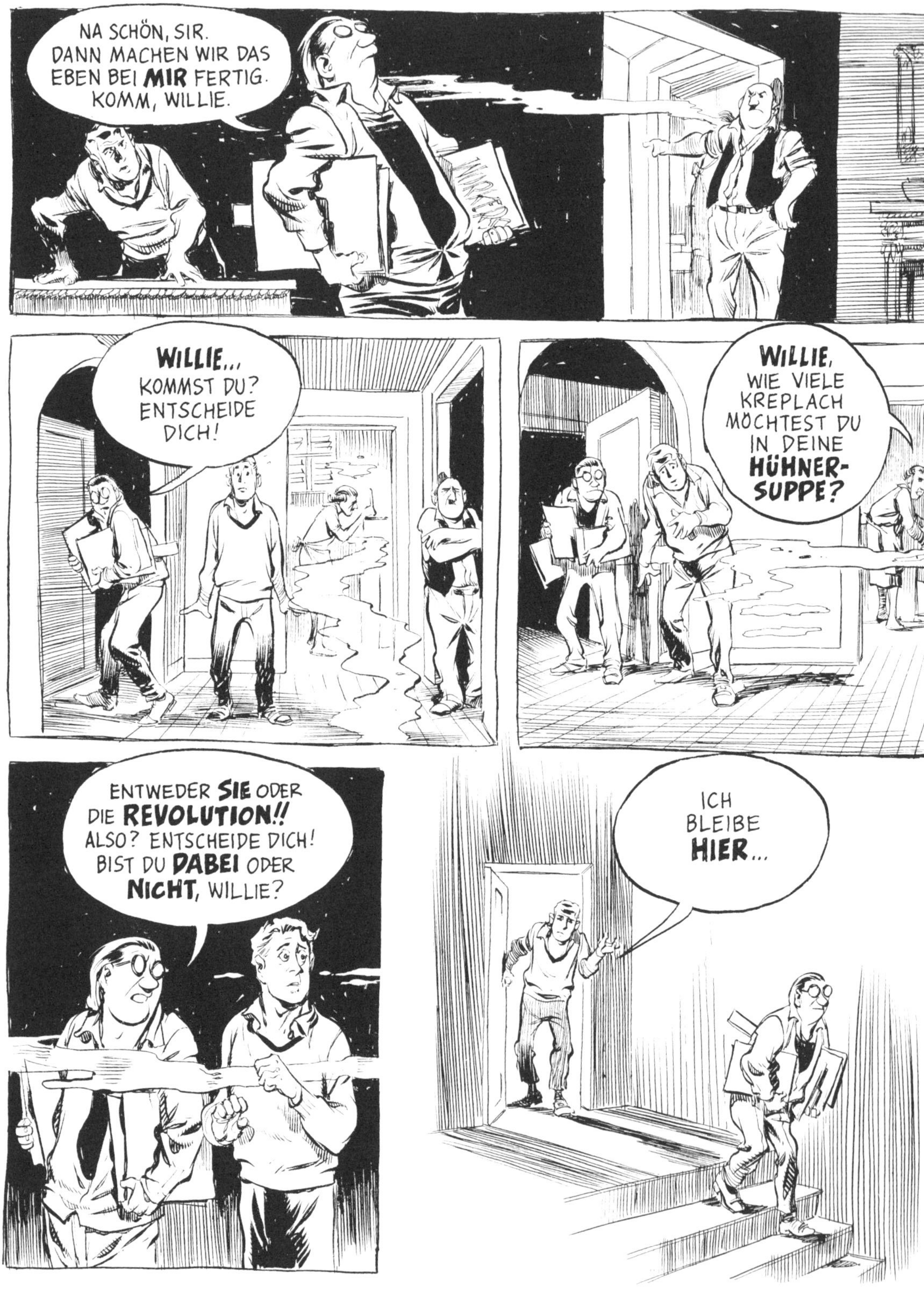
NA SCHÖN, SIR. DANN MACHEN WIR DAS EBEN BEI MIR FERTIG. KOMM, WILLIE.
WILLIE... KOMMST DU? ENTSCHEIDE DICH!
WILLIE, WIE VIELE KREPLACH MÖCHTEST DU IN DEINE HÜHNER-SUPPE?
ENTWEDER SIE ODER DIE REVOLUTION!! ALSO? ENTSCHEIDE DICH! BIST DU DABEI ODER NICHT, WILLIE?
ICH BLEIBE HIER...

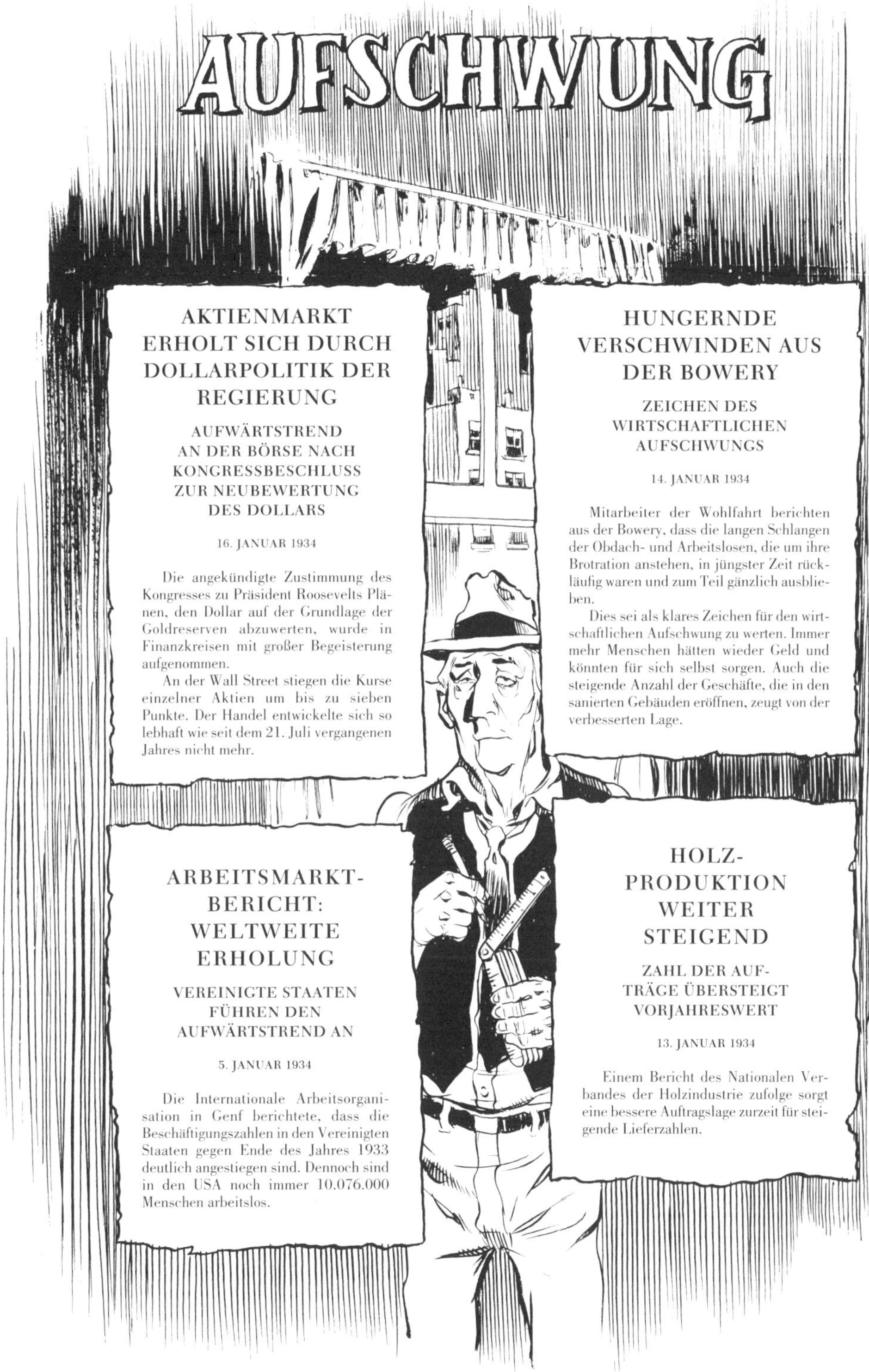
AUFSCHWUNG
AKTIENMARKT ERHOLT SICH DURCH DOLLARPOLITIK DER REGIERUNG
AUFWÄRTSTREND AN DER BÖRSE NACH KONGRESSBESCHLUSS ZUR NEUBEWERTUNG DES DOLLARS
16. JANUAR 1934
Die angekündigte Zustimmung des Kongresses zu Präsident Roosevelts Plänen, den Dollar auf der Grundlage der Goldreserven abzuwerten, wurde in Finanzkreisen mit großer Begeisterung aufgenommen.
An der Wall Street stiegen die Kurse einzelner Aktien um bis zu sieben Punkte. Der Handel entwickelte sich so lebhaft wie seit dem 21. Juli vergangenen Jahres nicht mehr.
HUNGERNDE VERSCHWINDEN AUS DER BOWERY
ZEICHEN DES WIRTSCHAFTLICHEN AUFSCHWUNGS
14. JANUAR 1934
Mitarbeiter der Wohlfahrt berichten aus der Bowery, dass die langen Schlangen der Obdach- und Arbeitslosen, die um ihre Brotration anstehen, in jüngster Zeit rückläufig waren und zum Teil gänzlich ausblieben.
Dies sei als klares Zeichen für den wirtschaftlichen Aufschwung zu werten. Immer mehr Menschen hätten wieder Geld und könnten für sich selbst sorgen. Auch die steigende Anzahl der Geschäfte, die in den sanierten Gebäuden eröffnen, zeugt von der verbesserten Lage.
ARBEITSMARKT-BERICHT: WELTWEITE ERHOLUNG
VEREINIGTE STAATEN FÜHREN DEN AUFWÄRTSTREND AN
5. JANUAR 1934
Die Internationale Arbeitsorganisation in Genf berichtete, dass die Beschäftigungszahlen in den Vereinigten Staaten gegen Ende des Jahres 1933 deutlich angestiegen sind. Dennoch sind in den USA noch immer 10.076.000 Menschen arbeitslos.
HOLZ-PRODUKTION WEITER STEIGEND
ZAHL DER AUFTRÄGE ÜBERSTEIGT VORJAHRESWERT
13. JANUAR 1934
Einem Bericht des Nationalen Verbandes der Holzindustrie zufolge sorgt eine bessere Auftragslage zurzeit für steigende Lieferzahlen.

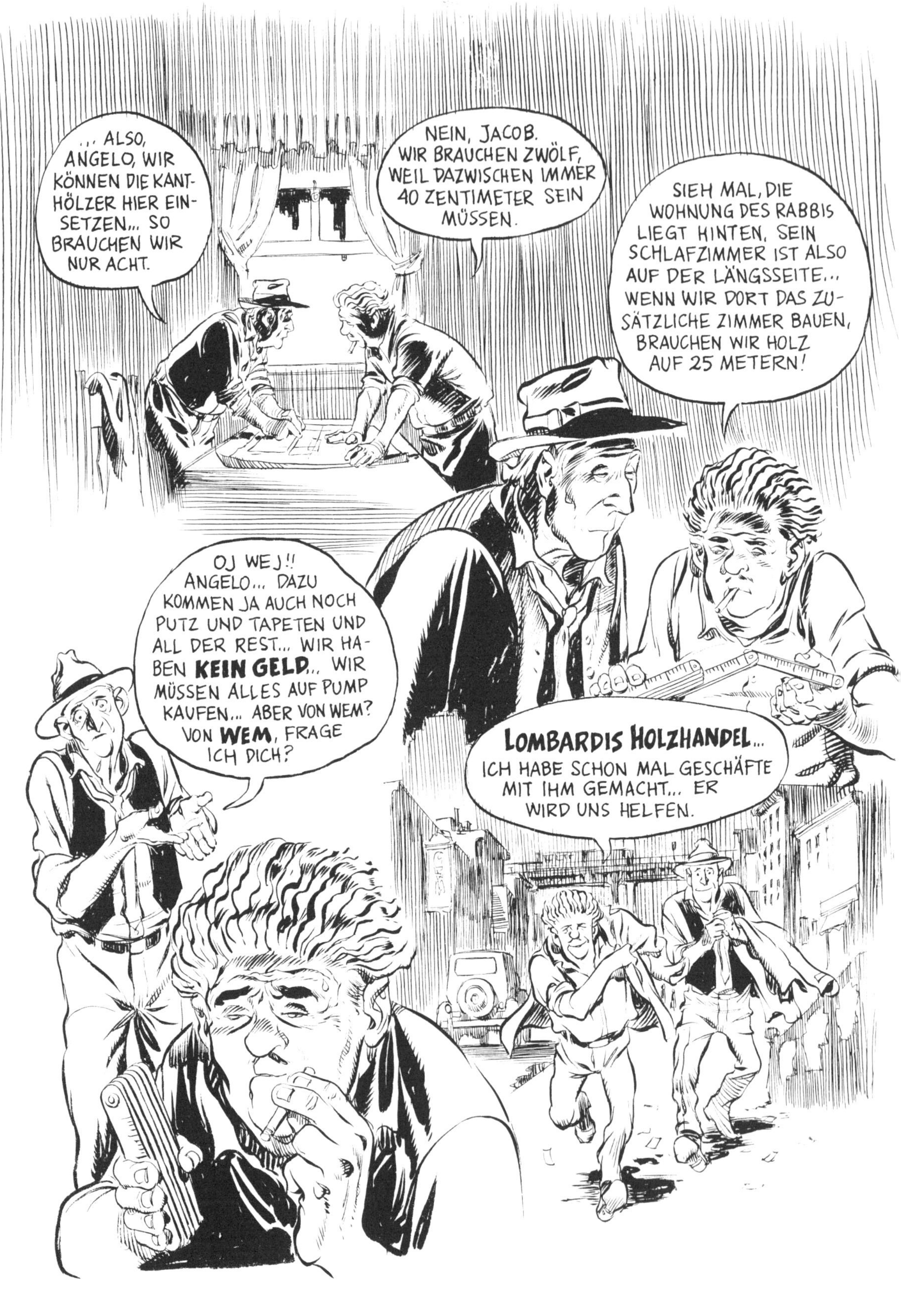
... ALSO, ANGELO, WIR KÖNNEN DIE KANTHÖLZER HIER EINSETZEN... SO BRAUCHEN WIR NUR ACHT.
NEIN, JACOB. WIR BRAUCHEN ZWÖLF, WEIL DAZWISCHEN IMMER 40 ZENTIMETER SEIN MÜSSEN.
SIEH MAL, DIE WOHNUNG DES RABBIS LIEGT HINTEN, SEIN SCHLAFZIMMER IST ALSO AUF DER LÄNGSSEITE... WENN WIR DORT DAS ZUSÄTZLICHE ZIMMER BAUEN, BRAUCHEN WIR HOLZ AUF 25 METERN!
OJ WEJ!! ANGELO... DAZU KOMMEN JA AUCH NOCH PUTZ UND TAPETEN UND ALL DER REST... WIR HABEN **KEIN GELD**... WIR MÜSSEN ALLES AUF PUMP KAUFEN... ABER VON WEM? VON **WEM**, FRAGE ICH DICH?
LOMBARDIS HOLZHANDEL... ICH HABE SCHON MAL GESCHÄFTE MIT IHM GEMACHT... ER WIRD UNS HELFEN.

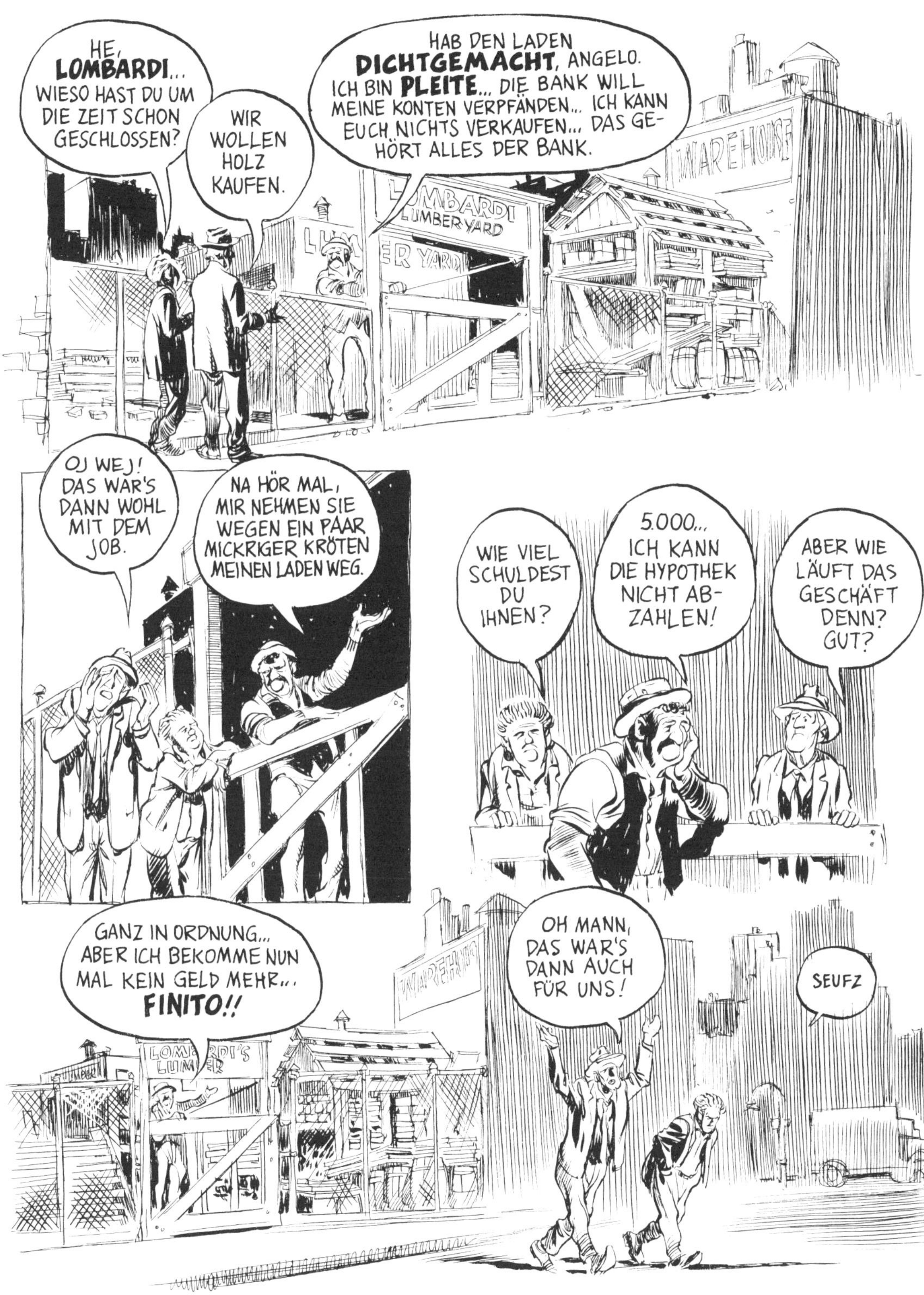
HE, LOMBARDI... WIESO HAST DU UM DIE ZEIT SCHON GESCHLOSSEN?
WIR WOLLEN HOLZ KAUFEN.
HAB DEN LADEN DICHTGEMACHT, ANGELO. ICH BIN PLEITE... DIE BANK WILL MEINE KONTEN VERPFÄNDEN... ICH KANN EUCH NICHTS VERKAUFEN... DAS GEHÖRT ALLES DER BANK.
LOMBARDI LUMBER YARD
WAREHOUSE
OJ WEJ! DAS WAR'S DANN WOHL MIT DEM JOB.
NA HÖR MAL, MIR NEHMEN SIE WEGEN EIN PAAR MICKRIGER KRÖTEN MEINEN LADEN WEG.
WIE VIEL SCHULDEST DU IHNEN?
5.000... ICH KANN DIE HYPOTHEK NICHT ABZAHLEN!
ABER WIE LÄUFT DAS GESCHÄFT DENN? GUT?
GANZ IN ORDNUNG... ABER ICH BEKOMME NUN MAL KEIN GELD MEHR... FINITO!!
LOMBARDI'S LUMBER
OH MANN, DAS WAR'S DANN AUCH FÜR UNS!
SEUFZ

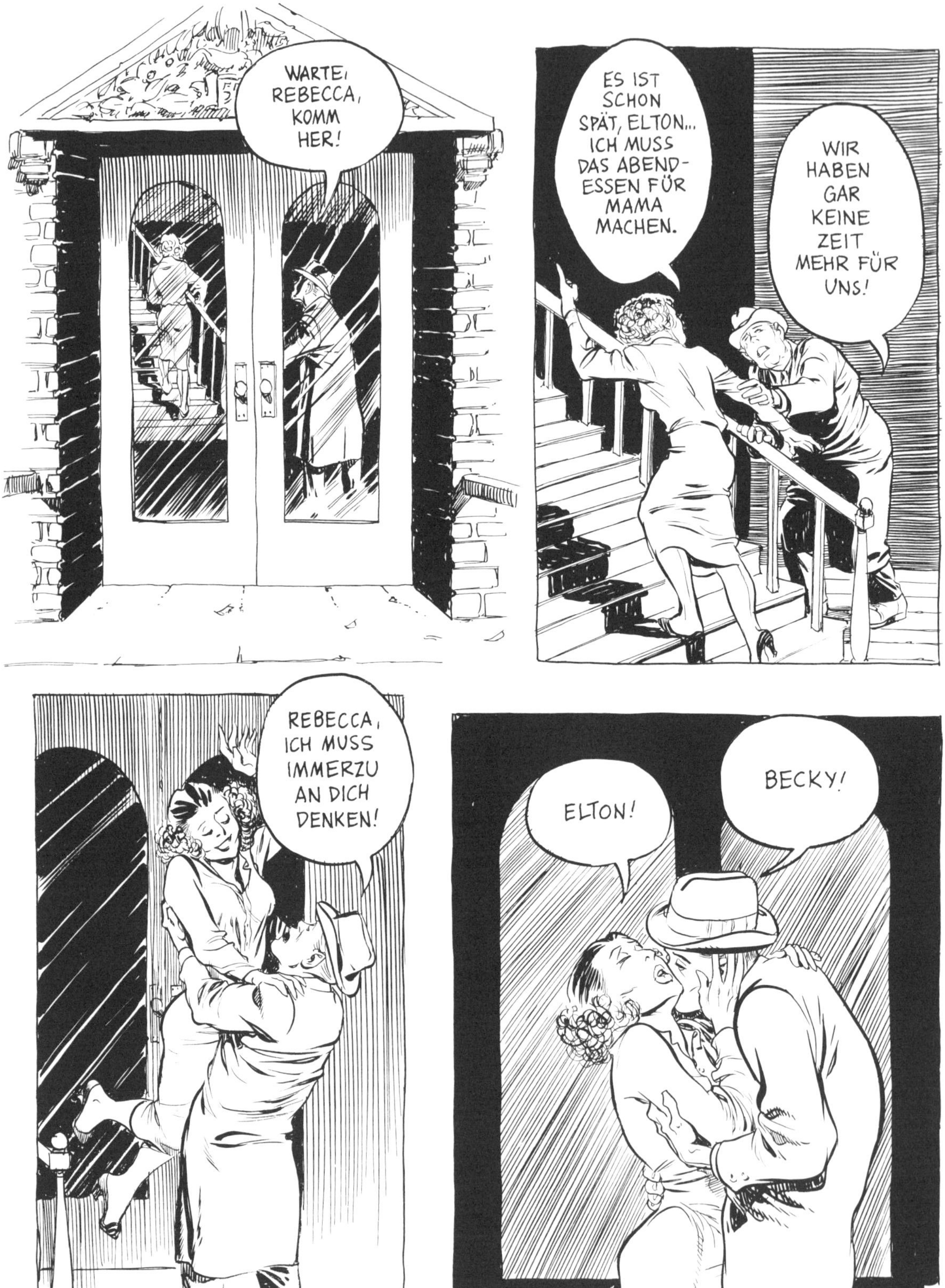
WARTE, REBECCA, KOMM HER!
ES IST SCHON SPÄT, ELTON... ICH MUSS DAS ABEND-ESSEN FÜR MAMA MACHEN.
WIR HABEN GAR KEINE ZEIT MEHR FÜR UNS!
REBECCA, ICH MUSS IMMERZU AN DICH DENKEN!
ELTON!
BECKY!

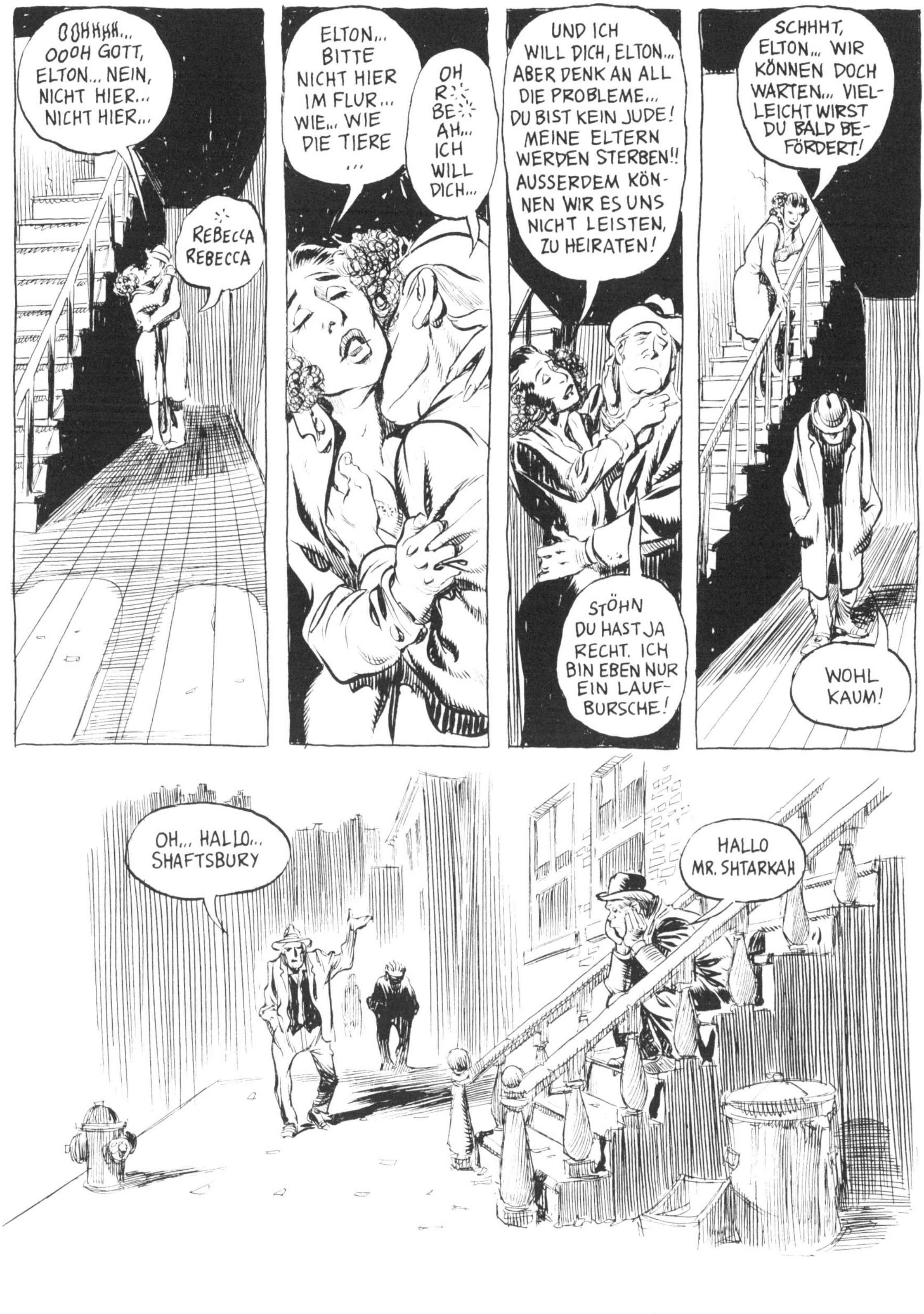
OOHHHH... OOOH GOTT, ELTON... NEIN, NICHT HIER... NICHT HIER...
REBECCA REBECCA
ELTON... BITTE NICHT HIER IM FLUR... WIE... WIE DIE TIERE ...
OH R... BE... AH... ICH WILL DICH...
UND ICH WILL DICH, ELTON... ABER DENK AN ALL DIE PROBLEME... DU BIST KEIN JUDE! MEINE ELTERN WERDEN STERBEN!! AUSSERDEM KÖNNEN WIR ES UNS NICHT LEISTEN, ZU HEIRATEN!
STÖHN DU HAST JA RECHT. ICH BIN EBEN NUR EIN LAUFBURSCHE!
SCHHHT, ELTON... WIR KÖNNEN DOCH WARTEN... VIELLEICHT WIRST DU BALD BEFÖRDERT!
WOHL KAUM!
OH... HALLO... SHAFTSBURY
HALLO MR. SHTARKAH

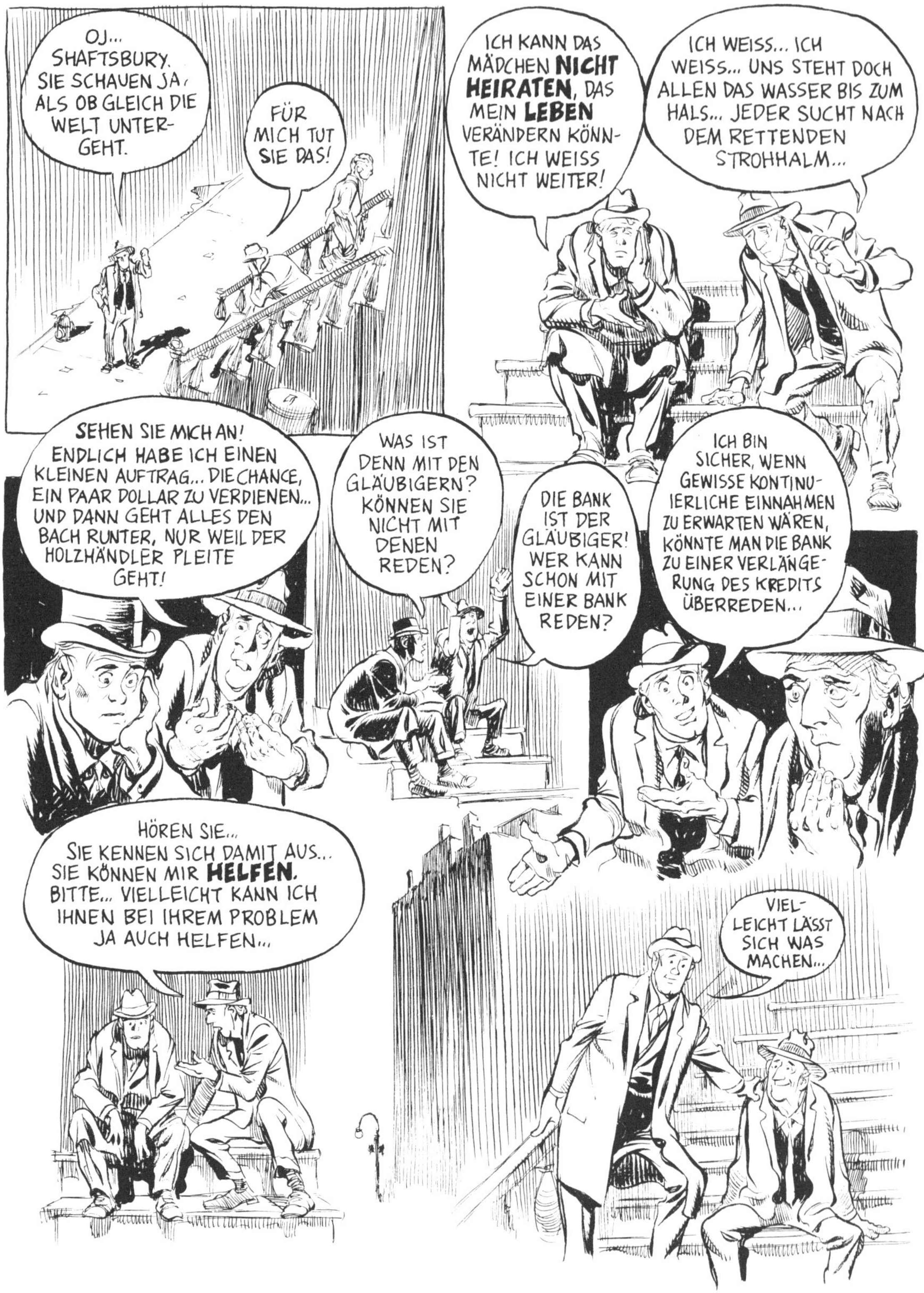
OJ... SHAFTSBURY. SIE SCHAUEN JA, ALS OB GLEICH DIE WELT UNTERGEHT.
FÜR MICH TUT SIE DAS!
ICH KANN DAS MÄDCHEN NICHT HEIRATEN, DAS MEIN LEBEN VERÄNDERN KÖNNTE! ICH WEISS NICHT WEITER!
ICH WEISS... ICH WEISS... UNS STEHT DOCH ALLEN DAS WASSER BIS ZUM HALS... JEDER SUCHT NACH DEM RETTENDEN STROHHALM...
SEHEN SIE MICH AN! ENDLICH HABE ICH EINEN KLEINEN AUFTRAG... DIE CHANCE, EIN PAAR DOLLAR ZU VERDIENEN... UND DANN GEHT ALLES DEN BACH RUNTER, NUR WEIL DER HOLZHÄNDLER PLEITE GEHT!
WAS IST DENN MIT DEN GLÄUBIGERN? KÖNNEN SIE NICHT MIT DENEN REDEN?
DIE BANK IST DER GLÄUBIGER! WER KANN SCHON MIT EINER BANK REDEN?
ICH BIN SICHER, WENN GEWISSE KONTINUIERLICHE EINNAHMEN ZU ERWARTEN WÄREN, KÖNNTE MAN DIE BANK ZU EINER VERLÄNGERUNG DES KREDITS ÜBERREDEN...
HÖREN SIE... SIE KENNEN SICH DAMIT AUS... SIE KÖNNEN MIR HELFEN. BITTE... VIELLEICHT KANN ICH IHNEN BEI IHREM PROBLEM JA AUCH HELFEN...
VIELLEICHT LÄSST SICH WAS MACHEN...

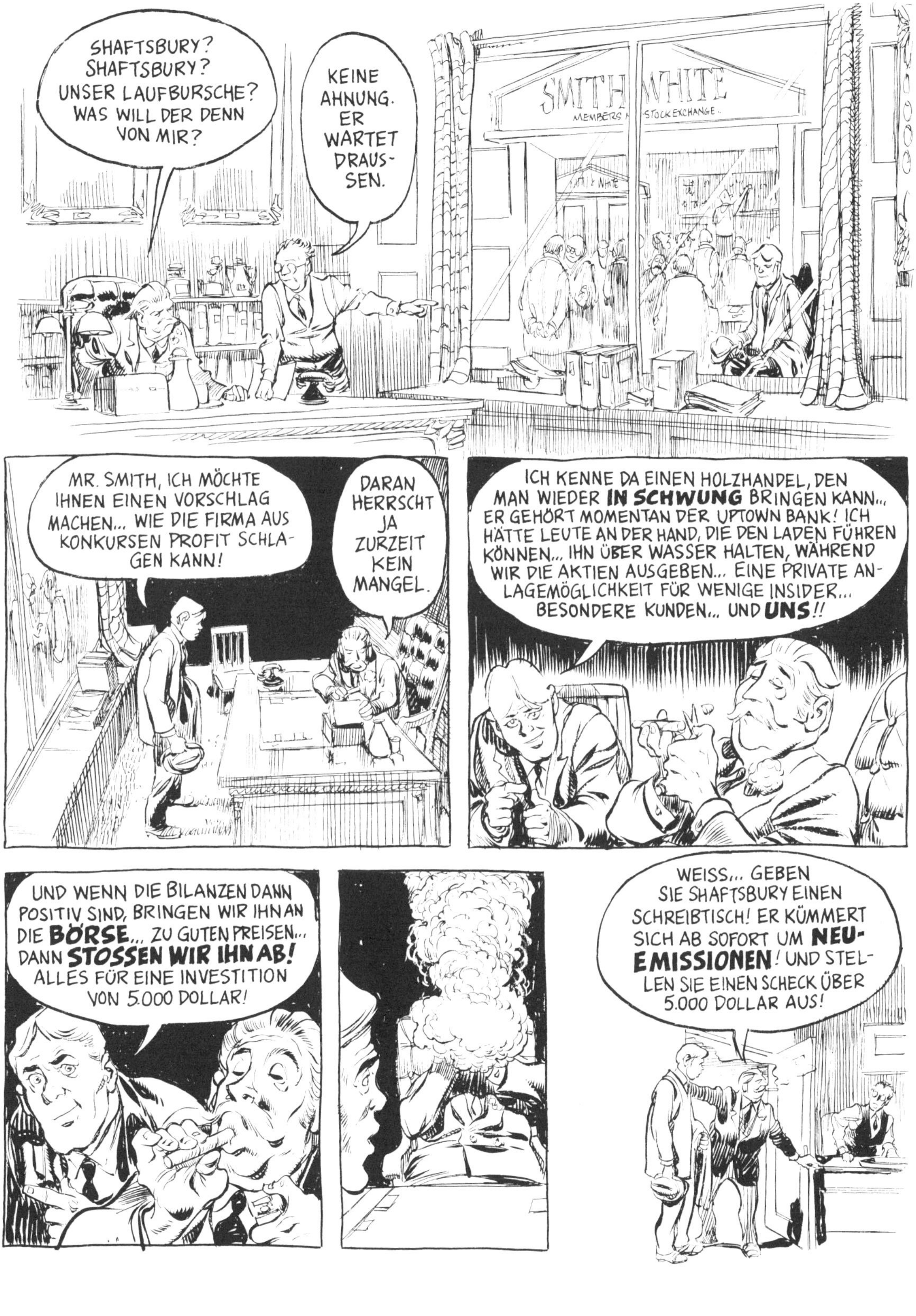
SHAFTSBURY? SHAFTSBURY? UNSER LAUFBURSCHE? WAS WILL DER DENN VON MIR?
KEINE AHNUNG. ER WARTET DRAUSSEN.
SMITH WHITE
MEMBERS STOCK EXCHANGE
MR. SMITH, ICH MÖCHTE IHNEN EINEN VORSCHLAG MACHEN... WIE DIE FIRMA AUS KONKURSEN PROFIT SCHLAGEN KANN!
DARAN HERRSCHT JA ZURZEIT KEIN MANGEL.
ICH KENNE DA EINEN HOLZHANDEL, DEN MAN WIEDER **IN SCHWUNG** BRINGEN KANN... ER GEHÖRT MOMENTAN DER UPTOWN BANK! ICH HÄTTE LEUTE AN DER HAND, DIE DEN LADEN FÜHREN KÖNNEN... IHN ÜBER WASSER HALTEN, WÄHREND WIR DIE AKTIEN AUSGEBEN... EINE PRIVATE ANLAGEMÖGLICHKEIT FÜR WENIGE INSIDER... BESONDERE KUNDEN... UND **UNS**!!
UND WENN DIE BILANZEN DANN POSITIV SIND, BRINGEN WIR IHN AN DIE **BÖRSE**... ZU GUTEN PREISEN... DANN **STOSSEN WIR IHN AB!** ALLES FÜR EINE INVESTITION VON 5.000 DOLLAR!
WEISS... GEBEN SIE SHAFTSBURY EINEN SCHREIBTISCH! ER KÜMMERT SICH AB SOFORT UM **NEUEMISSIONEN**! UND STELLEN SIE EINEN SCHECK ÜBER 5.000 DOLLAR AUS!

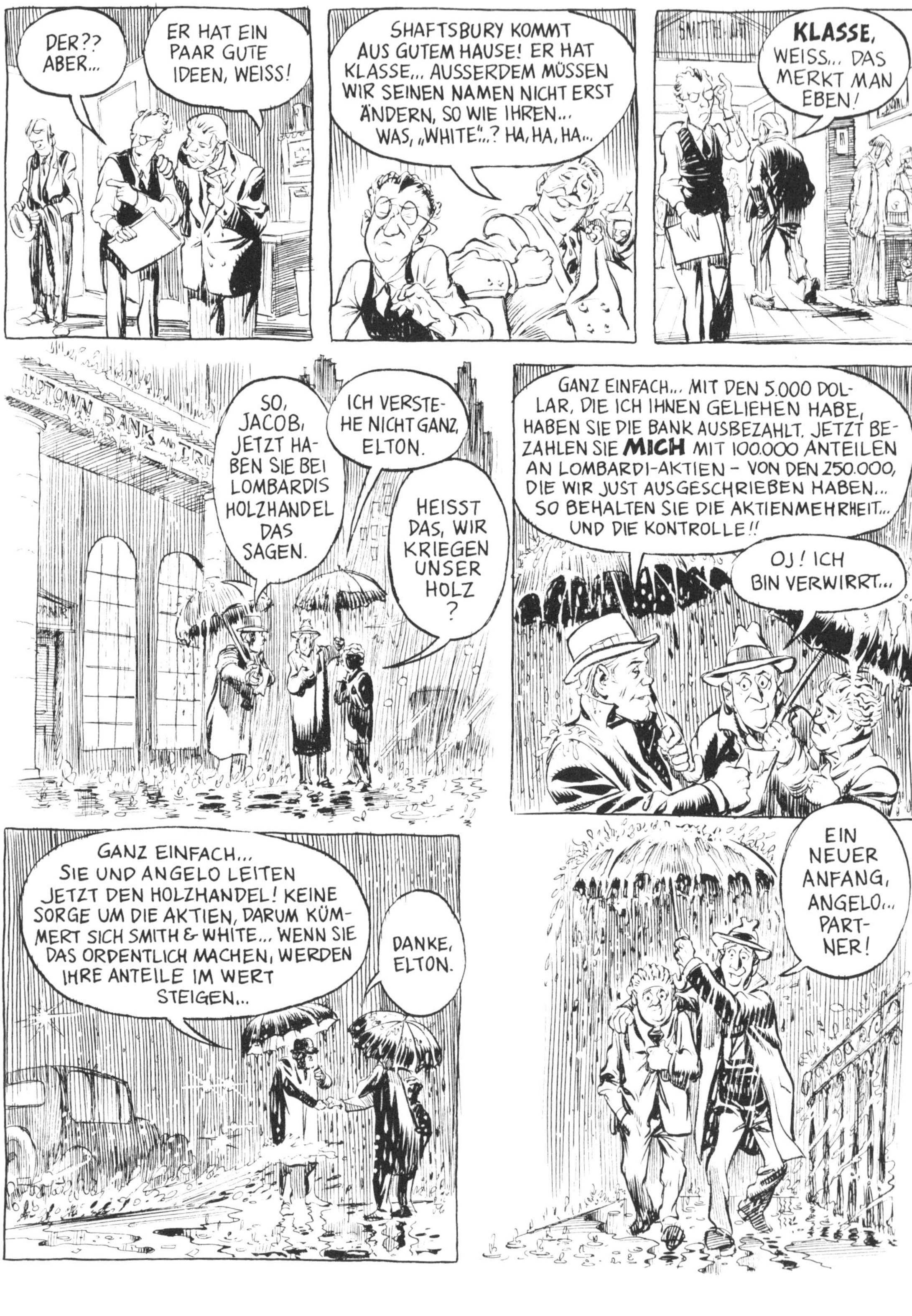
DER?? ABER...
ER HAT EIN PAAR GUTE IDEEN, WEISS!
SHAFTSBURY KOMMT AUS GUTEM HAUSE! ER HAT KLASSE... AUSSERDEM MÜSSEN WIR SEINEN NAMEN NICHT ERST ÄNDERN, SO WIE IHREN... WAS, „WHITE"...? HA, HA, HA...
KLASSE, WEISS... DAS MERKT MAN EBEN!
SO, JACOB, JETZT HABEN SIE BEI LOMBARDIS HOLZHANDEL DAS SAGEN.
ICH VERSTEHE NICHT GANZ, ELTON.
HEISST DAS, WIR KRIEGEN UNSER HOLZ?
GANZ EINFACH... MIT DEN 5.000 DOLLAR, DIE ICH IHNEN GELIEHEN HABE, HABEN SIE DIE BANK AUSBEZAHLT. JETZT BEZAHLEN SIE MICH MIT 100.000 ANTEILEN AN LOMBARDI-AKTIEN – VON DEN 250.000, DIE WIR JUST AUSGESCHRIEBEN HABEN... SO BEHALTEN SIE DIE AKTIENMEHRHEIT... UND DIE KONTROLLE!!
OJ! ICH BIN VERWIRRT...
GANZ EINFACH... SIE UND ANGELO LEITEN JETZT DEN HOLZHANDEL! KEINE SORGE UM DIE AKTIEN, DARUM KÜMMERT SICH SMITH & WHITE... WENN SIE DAS ORDENTLICH MACHEN, WERDEN IHRE ANTEILE IM WERT STEIGEN...
DANKE, ELTON.
EIN NEUER ANFANG, ANGELO... PARTNER!

ZUFLUCHT

DEUTSCHLAND SCHRÄNKT AUSREISE-MÖGLICHKEITEN EIN

28. JUNI 1934

Die deutsche Regierung hat in einem Erlass die Geldausfuhr für Reisende auf 50 Reichsmark in Silber beschränkt – eine im Umtausch praktisch wertlose Summe. In einem zweiten Erlass wurde der Betrag, der bei der Ausreise mitgeführt werden darf, auf 2.000 Reichsmark reduziert, was in etwa 650 Dollar entspricht. Davon ausgenommen sind Juden, die nach Palästina ausreisen, um den Bestimmungen des Britischen Mandats Folge zu leisten. Der Betrag erhöht sich nochmals, wenn sie sich verpflichten, in Palästina deutsche Waren zu erwerben.

Dies hat laut einem Korrespondenten der *New York Times* zur Folge, dass deutsche Staatsbürger, die über keine Ersparnisse im Ausland verfügen, das Land faktisch nicht mehr verlassen können.

U.S.-ARBEITS-MINISTERIN WARNT VOR EINER VERSCHÄRFUNG DES ARBEITSLOSEN-PROBLEMS DURCH STEIGENDE EIN-WANDERUNG

30. JANUAR 1934

Arbeitsministerin Frances Perkins sprach heute in einer Rede von den Bemühungen ihres Ministeriums, „den Prozess der Einwanderung so menschlich wie möglich zu gestalten." Sie könne allerdings die Skepsis in der Bevölkerung gegenüber einem anhaltend hohen Zustrom wahrnehmen.

GOEBBELS RUFT ZUR ENTLASSUNG ALLER JUDEN IM EXPORTWESEN AUF

„NICHT-ARIER" SOLLEN UMGEHEND DURCH „MÄNNER DEUTSCHER RASSE" ERSETZT WERDEN

15. JANUAR 1934

Propagandaminister Dr. Joseph Goebbels hat das antisemitische Programm der Nationalsozialisten in seiner Zeitung *Der Angriff* weiter vorangetrieben. In dem Text heißt es: „Insbesondere erscheint es uns untragbar, dass sich führende deutsche Firmen im Auslande durch Juden vertreten lassen." Goebbels fügte hinzu, dass die Betroffenen zurzeit die nötigen Maßnahmen einleiteten.

AUFTRITTSVERBOT FÜR JÜDISCHE SCHAUSPIELER

7. MÄRZ 1934

Berlin: Anti-jüdische Boykotts werden in Deutschland nunmehr öffentlich unterstützt. Das Nazi-Organ *Der Deutsche* hat alle Bühnen des Landes aufgefordert, jüdische Darsteller ab sofort auszuschließen. Damit folgt man dem Befehl von Dr. Joseph Goebbels, keine „Nicht-Arier" mehr an deutschen Bühnen zu beschäftigen. Mitglieder der SA (Sturmabteilung) wurden an mehreren Bühnen stationiert, um diesem Boykott Nachdruck zu verleihen.

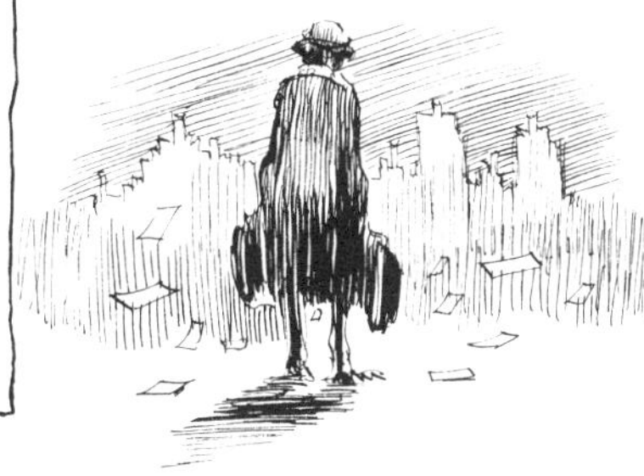

DEUTSCHES REICH DROHT MIT MASSNAHMEN GEGEN MISCHEHEN

26. MÄRZ 1934

Berlin: Arier, die nach der „nationalen Revolution" der Nationalsozialisten Ehen mit „nicht-arischen" Lebenspartnern eingegangen sind, sollten nach Forderung der Zeitschrift *German Justice* die Dienste der Scheidungsgerichte nicht beanspruchen dürfen. Eine Annullierung genannter Ehen sollte nur in den ersten sechs Monaten nach Inkrafttreten des neuen Gesetzes möglich sein. „All jene, die ungeachtet der nationalsozialistischen Missbilligung von Mischehen eine solche eingegangen sind, haben sich bewusst gegen die öffentliche Meinung gestellt und müssen die Konsequenzen tragen."

VERBAND JÜDISCHER KRIEGSVETERANEN IN NEW JERSEY BITTET USA UM LOCKERUNG DER EINWANDERUNGS-BESTIMMUNGEN FÜR ALLE FLÜCHTLINGE

12. MÄRZ 1934

Auf seiner heutigen Jahresversammlung verabschiedete der Verband eine Resolution, mit der er die Vereinigten Staaten auffordert, mehr deutschen Flüchtlingen die Einwanderung zu ermöglichen.

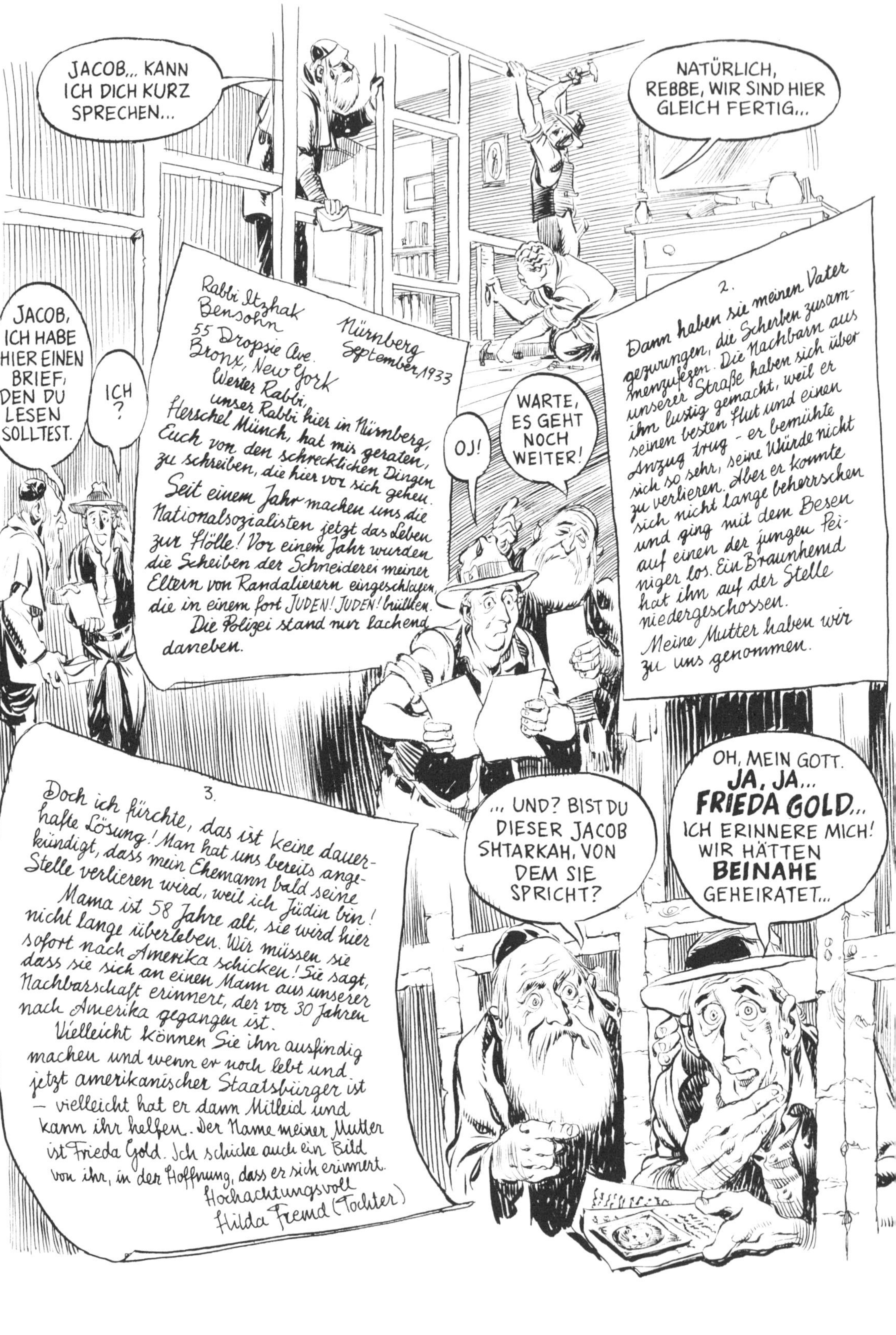
JACOB... KANN ICH DICH KURZ SPRECHEN...
NATÜRLICH, REBBE, WIR SIND HIER GLEICH FERTIG...
JACOB, ICH HABE HIER EINEN BRIEF, DEN DU LESEN SOLLTEST.
ICH?
Rabbi Itzhak Bensohn
55 Dropsie Ave.
Bronx, New York
Nürnberg September 1933
Werter Rabbi,
unser Rabbi hier in Nürnberg, Herschel Münch, hat mir geraten, Euch von den schrecklichen Dingen zu schreiben, die hier vor sich gehen.
Seit einem Jahr machen uns die Nationalsozialisten jetzt das Leben zur Hölle! Vor einem Jahr wurden die Scheiben der Schneiderei meiner Eltern von Randalierern eingeschlagen, die in einem fort JUDEN! JUDEN! brüllten.
Die Polizei stand nur lachend daneben.
OJ!
WARTE, ES GEHT NOCH WEITER!
2.
Dann haben sie meinen Vater gezwungen, die Scherben zusammenzufegen. Die Nachbarn aus unserer Straße haben sich über ihn lustig gemacht, weil er seinen besten Hut und einen Anzug trug – er bemühte sich so sehr, seine Würde nicht zu verlieren. Aber er konnte sich nicht lange beherrschen und ging mit dem Besen auf einen der jungen Peiniger los. Ein Braunhemd hat ihn auf der Stelle niedergeschossen.
Meine Mutter haben wir zu uns genommen.
3.
Doch ich fürchte, das ist keine dauerhafte Lösung! Man hat uns bereits angekündigt, dass mein Ehemann bald seine Stelle verlieren wird, weil ich Jüdin bin!
Mama ist 58 Jahre alt, sie wird hier nicht lange überleben. Wir müssen sie sofort nach Amerika schicken! Sie sagt, dass sie sich an einen Mann aus unserer Nachbarschaft erinnert, der vor 30 Jahren nach Amerika gegangen ist.
Vielleicht können Sie ihn ausfindig machen und wenn er noch lebt und jetzt amerikanischer Staatsbürger ist – vielleicht hat er dann Mitleid und kann ihr helfen. Der Name meiner Mutter ist Frieda Gold. Ich schicke auch ein Bild von ihr, in der Hoffnung, dass er sich erinnert.
Hochachtungsvoll
Hilda Fremd (Tochter)
... UND? BIST DU DIESER JACOB SHTARKAH, VON DEM SIE SPRICHT?
OH, MEIN GOTT. JA, JA... FRIEDA GOLD... ICH ERINNERE MICH! WIR HÄTTEN BEINAHE GEHEIRATET...

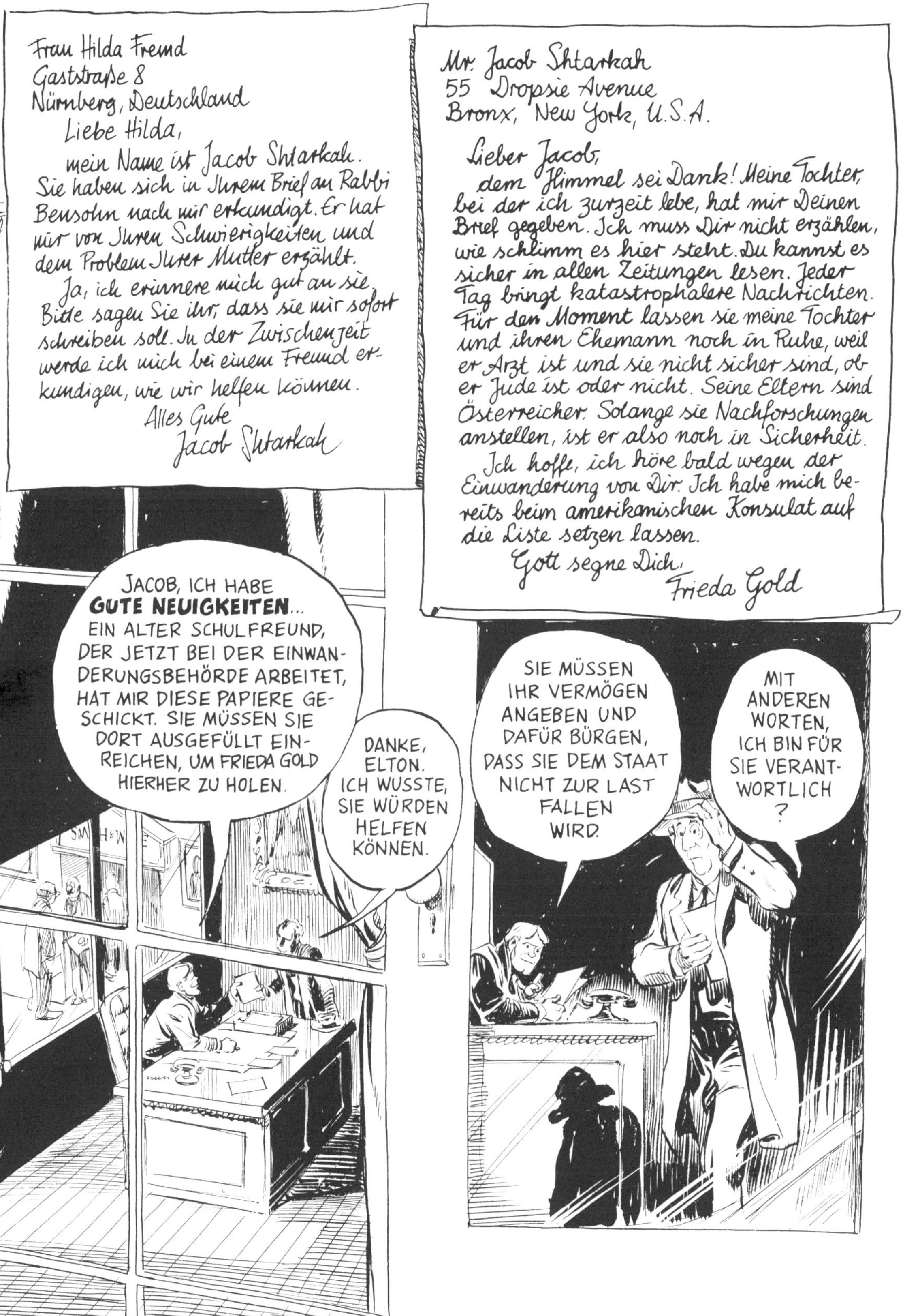
Frau Hilda Fremd
Gaststraße 8
Nürnberg, Deutschland
Liebe Hilda,
mein Name ist Jacob Shtarkah. Sie haben sich in Ihrem Brief an Rabbi Bensohn nach mir erkundigt. Er hat mir von Ihren Schwierigkeiten und dem Problem Ihrer Mutter erzählt.
Ja, ich erinnere mich gut an sie. Bitte sagen Sie ihr, dass sie mir sofort schreiben soll. In der Zwischenzeit werde ich mich bei einem Freund erkundigen, wie wir helfen können.
Alles Gute
Jacob Shtarkah
Mr. Jacob Shtarkah
55 Dropsie Avenue
Bronx, New York, U.S.A.
Lieber Jacob,
dem Himmel sei Dank! Meine Tochter, bei der ich zurzeit lebe, hat mir Deinen Brief gegeben. Ich muss Dir nicht erzählen, wie schlimm es hier steht. Du kannst es sicher in allen Zeitungen lesen. Jeder Tag bringt katastrophalere Nachrichten. Für den Moment lassen sie meine Tochter und ihren Ehemann noch in Ruhe, weil er Arzt ist und sie nicht sicher sind, ob er Jude ist oder nicht. Seine Eltern sind Österreicher. Solange sie Nachforschungen anstellen, ist er also noch in Sicherheit.
Ich hoffe, ich höre bald wegen der Einwanderung von Dir. Ich habe mich bereits beim amerikanischen Konsulat auf die Liste setzen lassen.
Gott segne Dich,
Frieda Gold
JACOB, ICH HABE **GUTE NEUIGKEITEN**... EIN ALTER SCHULFREUND, DER JETZT BEI DER EINWANDERUNGSBEHÖRDE ARBEITET, HAT MIR DIESE PAPIERE GESCHICKT. SIE MÜSSEN SIE DORT AUSGEFÜLLT EINREICHEN, UM FRIEDA GOLD HIERHER ZU HOLEN.
DANKE, ELTON. ICH WUSSTE, SIE WÜRDEN HELFEN KÖNNEN.
SIE MÜSSEN IHR VERMÖGEN ANGEBEN UND DAFÜR BÜRGEN, DASS SIE DEM STAAT NICHT ZUR LAST FALLEN WIRD.
MIT ANDEREN WORTEN, ICH BIN FÜR SIE VERANTWORTLICH?

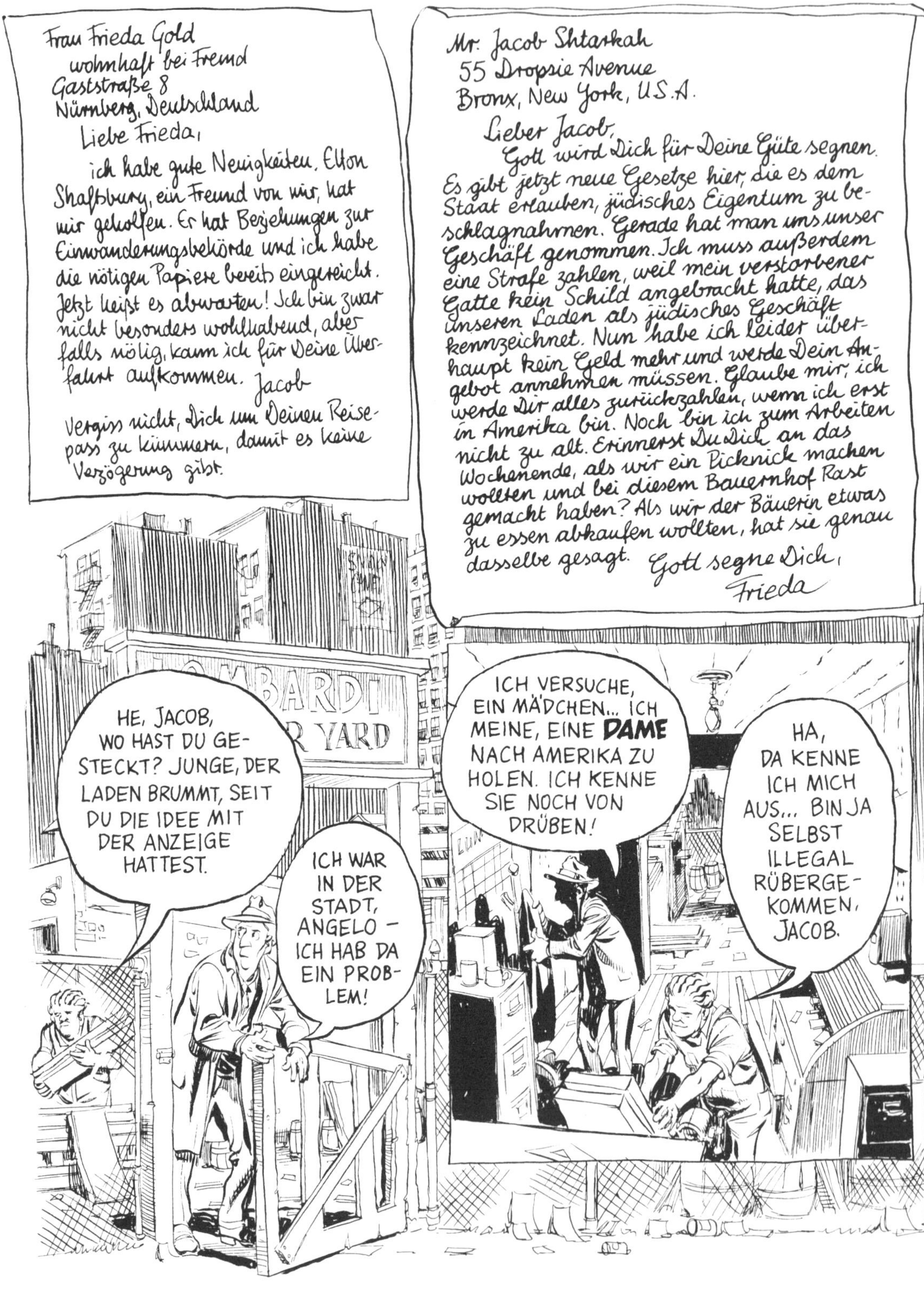
Frau Frieda Gold
wohnhaft bei Freund
Gaststraße 8
Nürnberg, Deutschland
Liebe Frieda,
ich habe gute Neuigkeiten. Elton Shaftsbury, ein Freund von mir, hat mir geholfen. Er hat Beziehungen zur Einwanderungsbehörde und ich habe die nötigen Papiere bereits eingereicht. Jetzt heißt es abwarten! Ich bin zwar nicht besonders wohlhabend, aber falls nötig, kann ich für Deine Überfahrt aufkommen.
Jacob
Vergiss nicht, Dich um Deinen Reisepass zu kümmern, damit es keine Verzögerung gibt.
Mr. Jacob Shtarkah
55 Dropsie Avenue
Bronx, New York, U.S.A.
Lieber Jacob,
Gott wird Dich für Deine Güte segnen. Es gibt jetzt neue Gesetze hier, die es dem Staat erlauben, jüdisches Eigentum zu beschlagnahmen. Gerade hat man uns unser Geschäft genommen. Ich muss außerdem eine Strafe zahlen, weil mein verstorbener Gatte kein Schild angebracht hatte, das unseren Laden als jüdisches Geschäft kennzeichnet. Nun habe ich leider überhaupt kein Geld mehr und werde Dein Angebot annehmen müssen. Glaube mir, ich werde Dir alles zurückzahlen, wenn ich erst in Amerika bin. Noch bin ich zum Arbeiten nicht zu alt. Erinnerst Du Dich an das Wochenende, als wir ein Picknick machen wollten und bei diesem Bauernhof Rast gemacht haben? Als wir der Bäuerin etwas zu essen abkaufen wollten, hat sie genau dasselbe gesagt.
Gott segne Dich,
Frieda
HE, JACOB, WO HAST DU GESTECKT? JUNGE, DER LADEN BRUMMT, SEIT DU DIE IDEE MIT DER ANZEIGE HATTEST.
ICH WAR IN DER STADT, ANGELO – ICH HAB DA EIN PROBLEM!
ICH VERSUCHE, EIN MÄDCHEN... ICH MEINE, EINE **DAME** NACH AMERIKA ZU HOLEN. ICH KENNE SIE NOCH VON DRÜBEN!
HA, DA KENNE ICH MICH AUS... BIN JA SELBST ILLEGAL RÜBERGEKOMMEN, JACOB.

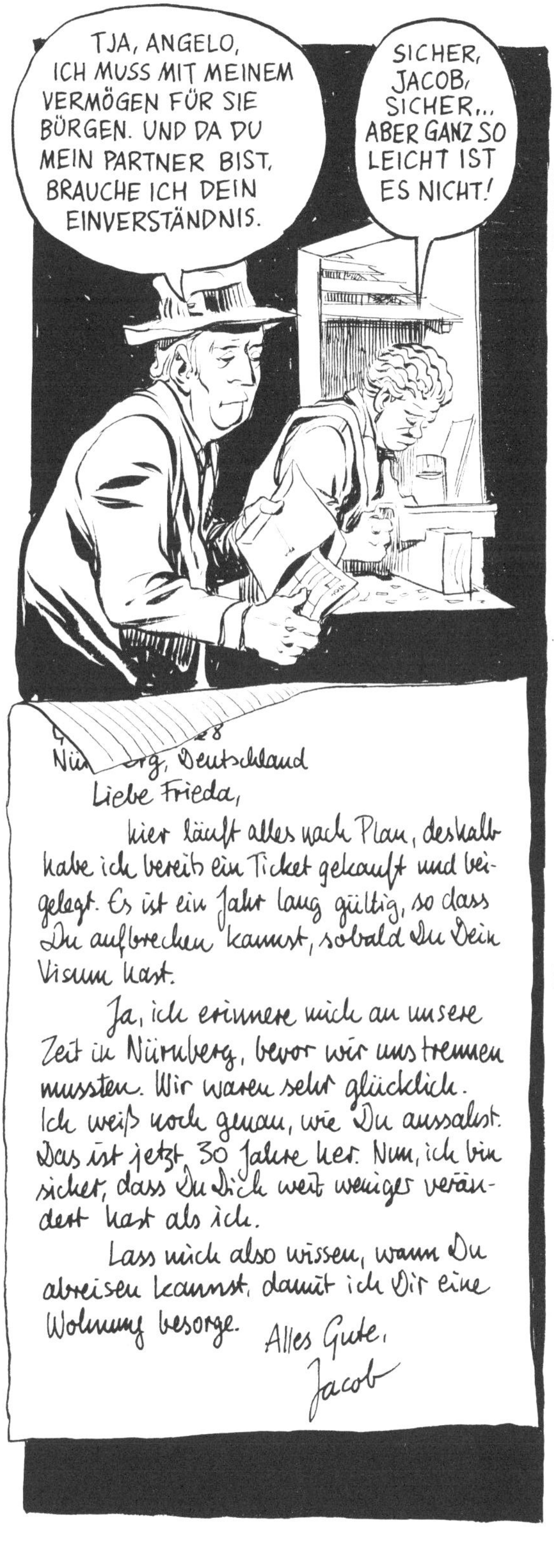
TJA, ANGELO, ICH MUSS MIT MEINEM VERMÖGEN FÜR SIE BÜRGEN. UND DA DU MEIN PARTNER BIST, BRAUCHE ICH DEIN EINVERSTÄNDNIS.
SICHER, JACOB, SICHER... ABER GANZ SO LEICHT IST ES NICHT!
Liebe Frieda,
hier läuft alles nach Plan, deshalb habe ich bereits ein Ticket gekauft und beigelegt. Es ist ein Jahr lang gültig, so dass Du aufbrechen kannst, sobald Du Dein Visum hast.
Ja, ich erinnere mich an unsere Zeit in Nürnberg, bevor wir uns trennen mussten. Wir waren sehr glücklich. Ich weiß noch genau, wie Du aussahst. Das ist jetzt 30 Jahre her. Nun, ich bin sicher, dass Du Dich weit weniger verändert hast als ich.
Lass mich also wissen, wann Du abreisen kannst, damit ich Dir eine Wohnung besorge.
Alles Gute,
Jacob

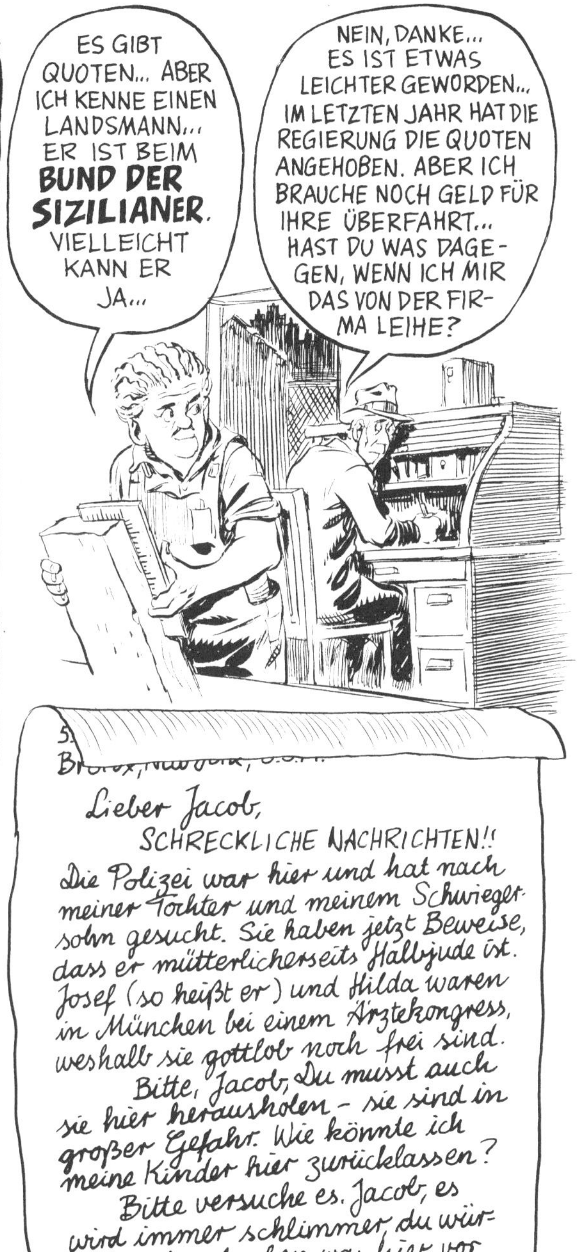
ES GIBT QUOTEN... ABER ICH KENNE EINEN LANDSMANN... ER IST BEIM **BUND DER SIZILIANER**. VIELLEICHT KANN ER JA...
NEIN, DANKE... ES IST ETWAS LEICHTER GEWORDEN... IM LETZTEN JAHR HAT DIE REGIERUNG DIE QUOTEN ANGEHOBEN. ABER ICH BRAUCHE NOCH GELD FÜR IHRE ÜBERFAHRT... HAST DU WAS DAGEGEN, WENN ICH MIR DAS VON DER FIRMA LEIHE?
Lieber Jacob,
SCHRECKLICHE NACHRICHTEN!!
Die Polizei war hier und hat nach meiner Tochter und meinem Schwiegersohn gesucht. Sie haben jetzt Beweise, dass er mütterlicherseits Halbjude ist. Josef (so heißt er) und Hilda waren in München bei einem Ärztekongress, weshalb sie gottlob noch frei sind.
Bitte, Jacob, Du musst auch sie hier herausholen – sie sind in großer Gefahr. Wie könnte ich meine Kinder hier zurücklassen?
Bitte versuche es, Jacob, es wird immer schlimmer, du würdest nicht glauben, was hier vor sich geht!
Frieda

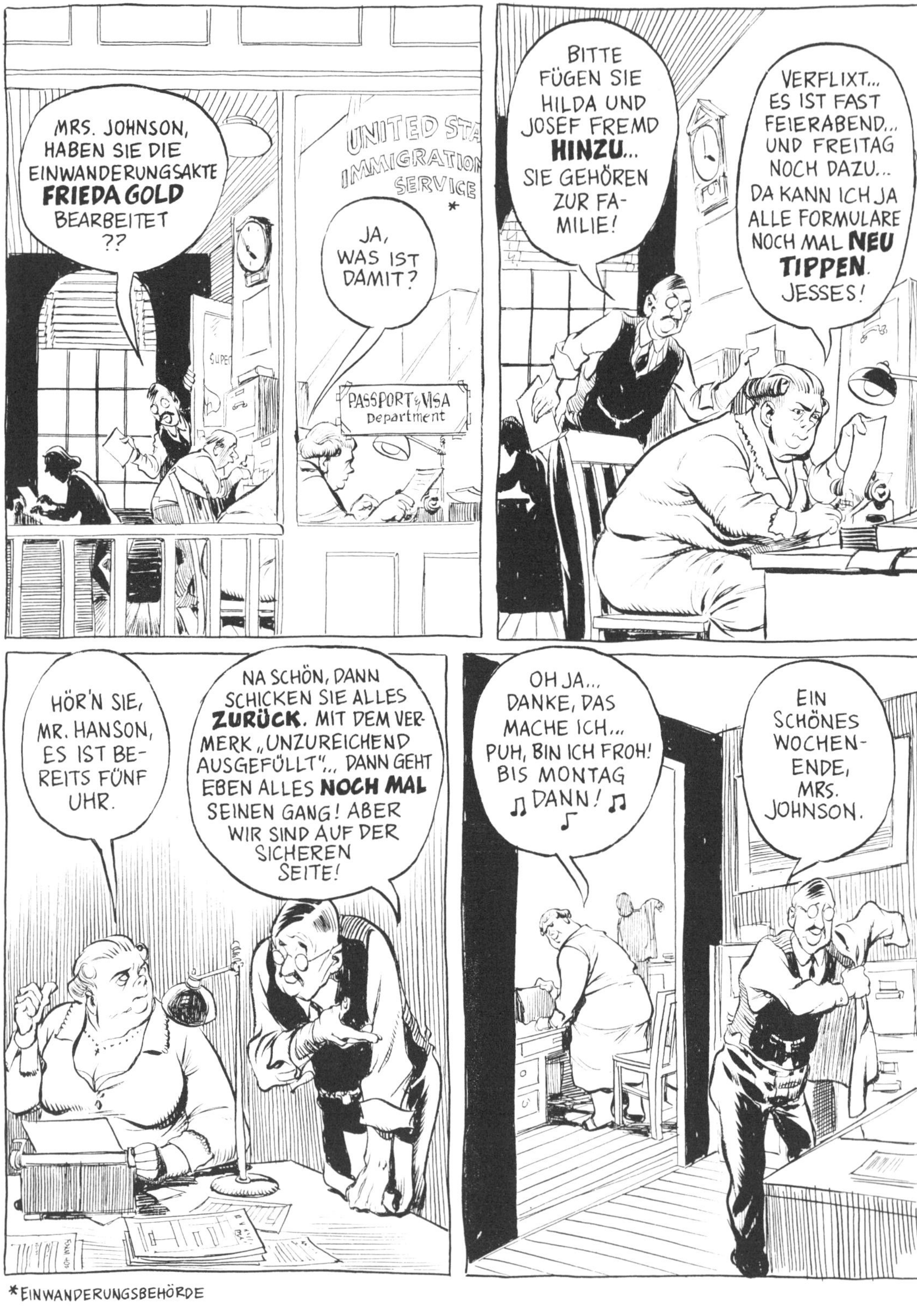

*EINWANDERUNGSBEHÖRDE

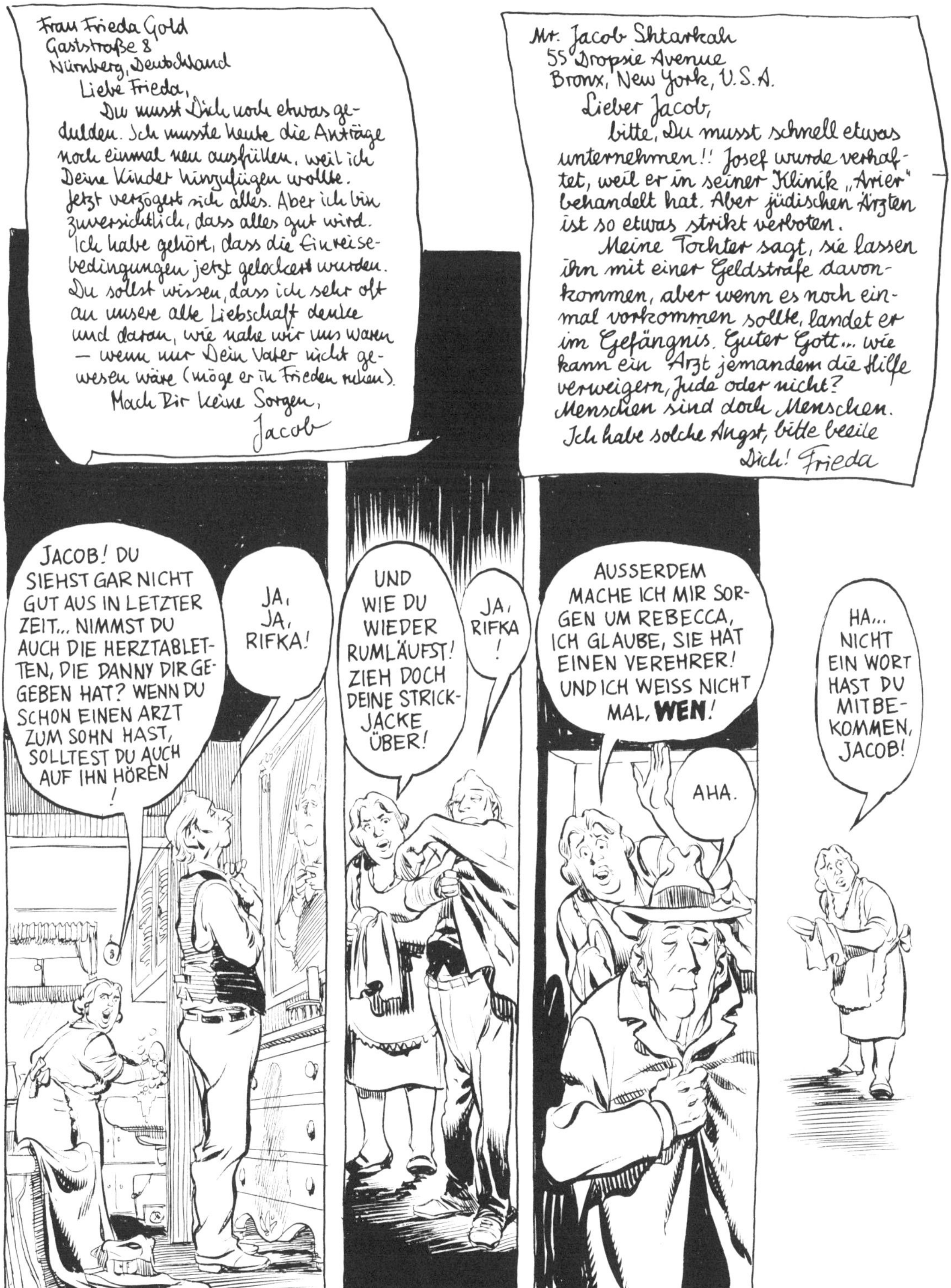
Frau Frieda Gold
Gaststraße 8
Nürnberg, Deutschland
Liebe Frieda,
Du musst Dich noch etwas gedulden. Ich musste heute die Anträge noch einmal neu ausfüllen, weil ich Deine Kinder hinzufügen wollte. Jetzt verzögert sich alles. Aber ich bin zuversichtlich, dass alles gut wird. Ich habe gehört, dass die Einreisebedingungen jetzt gelockert wurden. Du sollst wissen, dass ich sehr oft an unsere alte Liebschaft denke und daran, wie nahe wir uns waren – wenn nur Dein Vater nicht gewesen wäre (möge er in Frieden ruhen).
Mach Dir keine Sorgen,
Jacob
Mr. Jacob Shtarkah
55 Dropsie Avenue
Bronx, New York, U.S.A.
Lieber Jacob,
bitte, Du musst schnell etwas unternehmen!! Josef wurde verhaftet, weil er in seiner Klinik „Arier" behandelt hat. Aber jüdischen Ärzten ist so etwas strikt verboten.
Meine Tochter sagt, sie lassen ihn mit einer Geldstrafe davonkommen, aber wenn es noch einmal vorkommen sollte, landet er im Gefängnis. Guter Gott... wie kann ein Arzt jemandem die Hilfe verweigern, Jude oder nicht? Menschen sind doch Menschen.
Ich habe solche Angst, bitte beeile Dich! Frieda
JACOB! DU SIEHST GAR NICHT GUT AUS IN LETZTER ZEIT... NIMMST DU AUCH DIE HERZTABLETTEN, DIE DANNY DIR GEGEBEN HAT? WENN DU SCHON EINEN ARZT ZUM SOHN HAST, SOLLTEST DU AUCH AUF IHN HÖREN!
JA, JA, RIFKA!
UND WIE DU WIEDER RUMLÄUFST! ZIEH DOCH DEINE STRICKJACKE ÜBER!
JA, RIFKA!
AUSSERDEM MACHE ICH MIR SORGEN UM REBECCA, ICH GLAUBE, SIE HAT EINEN VEREHRER! UND ICH WEISS NICHT MAL, **WEN**!
AHA.
HA... NICHT EIN WORT HAST DU MITBEKOMMEN, JACOB!

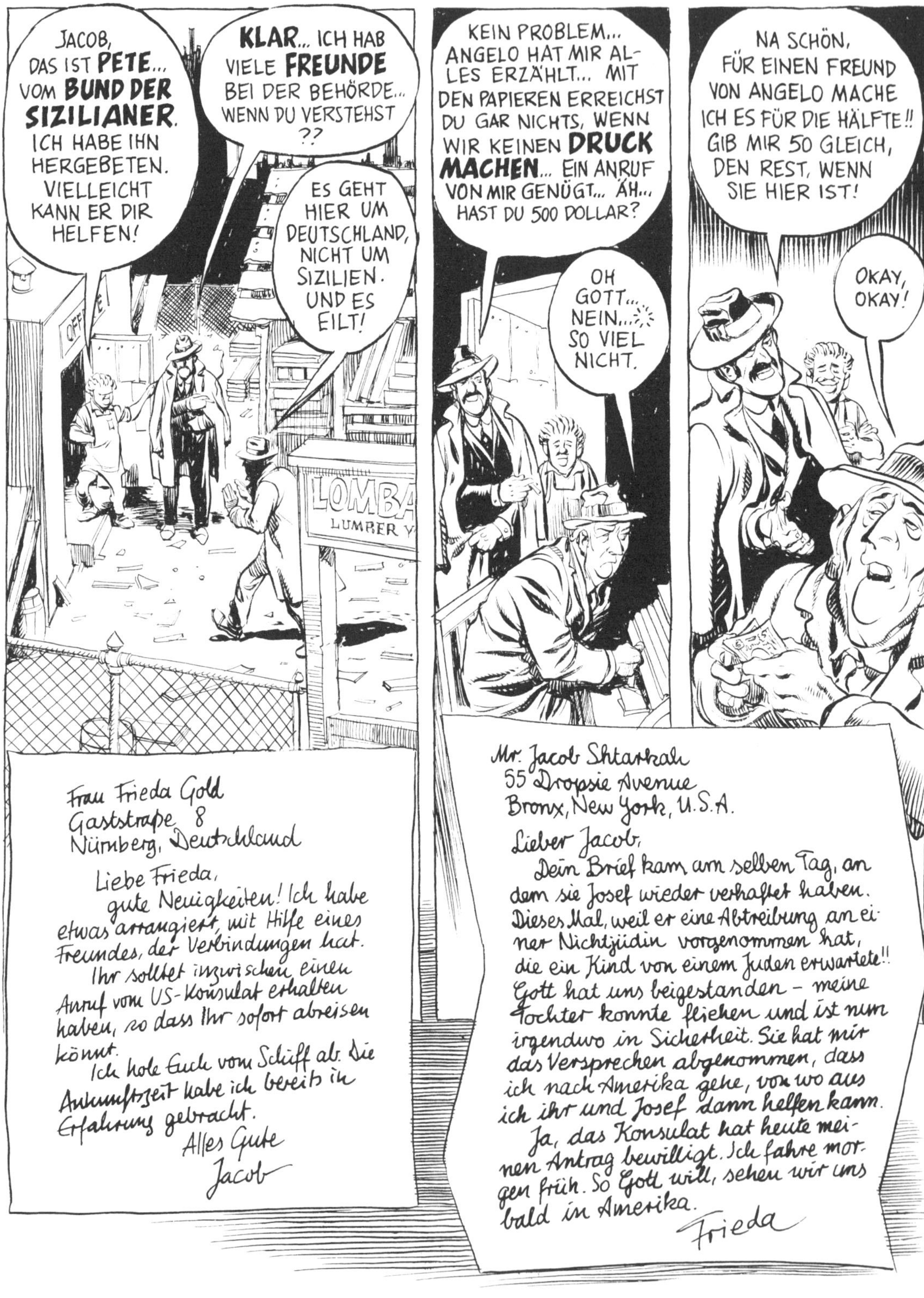
JACOB, DAS IST PETE... VOM BUND DER SIZILIANER. ICH HABE IHN HERGEBETEN. VIELLEICHT KANN ER DIR HELFEN!
KLAR... ICH HAB VIELE FREUNDE BEI DER BEHÖRDE... WENN DU VERSTEHST ??
ES GEHT HIER UM DEUTSCHLAND, NICHT UM SIZILIEN. UND ES EILT!
OFFICE
LOMBA
LUMBER Y
KEIN PROBLEM... ANGELO HAT MIR ALLES ERZÄHLT... MIT DEN PAPIEREN ERREICHST DU GAR NICHTS, WENN WIR KEINEN DRUCK MACHEN... EIN ANRUF VON MIR GENÜGT... ÄH... HAST DU 500 DOLLAR?
OH GOTT... NEIN... SO VIEL NICHT.
NA SCHÖN, FÜR EINEN FREUND VON ANGELO MACHE ICH ES FÜR DIE HÄLFTE!! GIB MIR 50 GLEICH, DEN REST, WENN SIE HIER IST!
OKAY, OKAY!
Frau Frieda Gold
Gaststraße 8
Nürnberg, Deutschland
Liebe Frieda,
gute Neuigkeiten! Ich habe etwas arrangiert, mit Hilfe eines Freundes, der Verbindungen hat.
Ihr solltet inzwischen einen Anruf vom US-Konsulat erhalten haben, so dass Ihr sofort abreisen könnt.
Ich hole Euch vom Schiff ab. Die Ankunftszeit habe ich bereits in Erfahrung gebracht.
Alles Gute
Jacob
Mr. Jacob Shtarkah
55 Dropsie Avenue
Bronx, New York, U.S.A.
Lieber Jacob,
Dein Brief kam am selben Tag, an dem sie Josef wieder verhaftet haben. Dieses Mal, weil er eine Abtreibung an einer Nichtjüdin vorgenommen hat, die ein Kind von einem Juden erwartete!! Gott hat uns beigestanden – meine Tochter konnte fliehen und ist nun irgendwo in Sicherheit. Sie hat mir das Versprechen abgenommen, dass ich nach Amerika gehe, von wo aus ich ihr und Josef dann helfen kann.
Ja, das Konsulat hat heute meinen Antrag bewilligt. Ich fahre morgen früh. So Gott will, sehen wir uns bald in Amerika.
Frieda

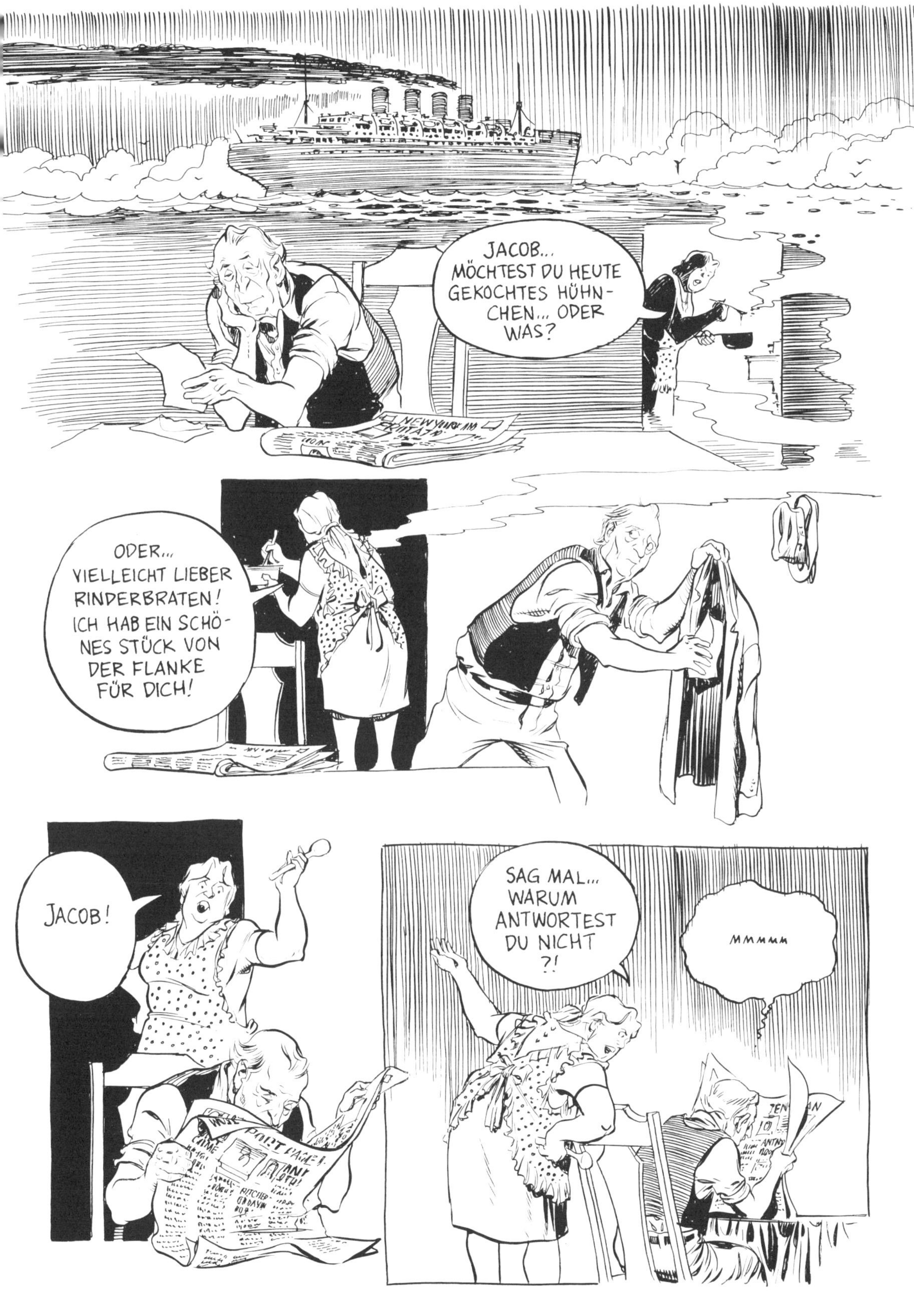
JACOB... MÖCHTEST DU HEUTE GEKOCHTES HÜHNCHEN... ODER WAS?
ODER... VIELLEICHT LIEBER RINDERBRATEN! ICH HAB EIN SCHÖNES STÜCK VON DER FLANKE FÜR DICH!
JACOB!
SAG MAL... WARUM ANTWORTEST DU NICHT ?!
MMMMM

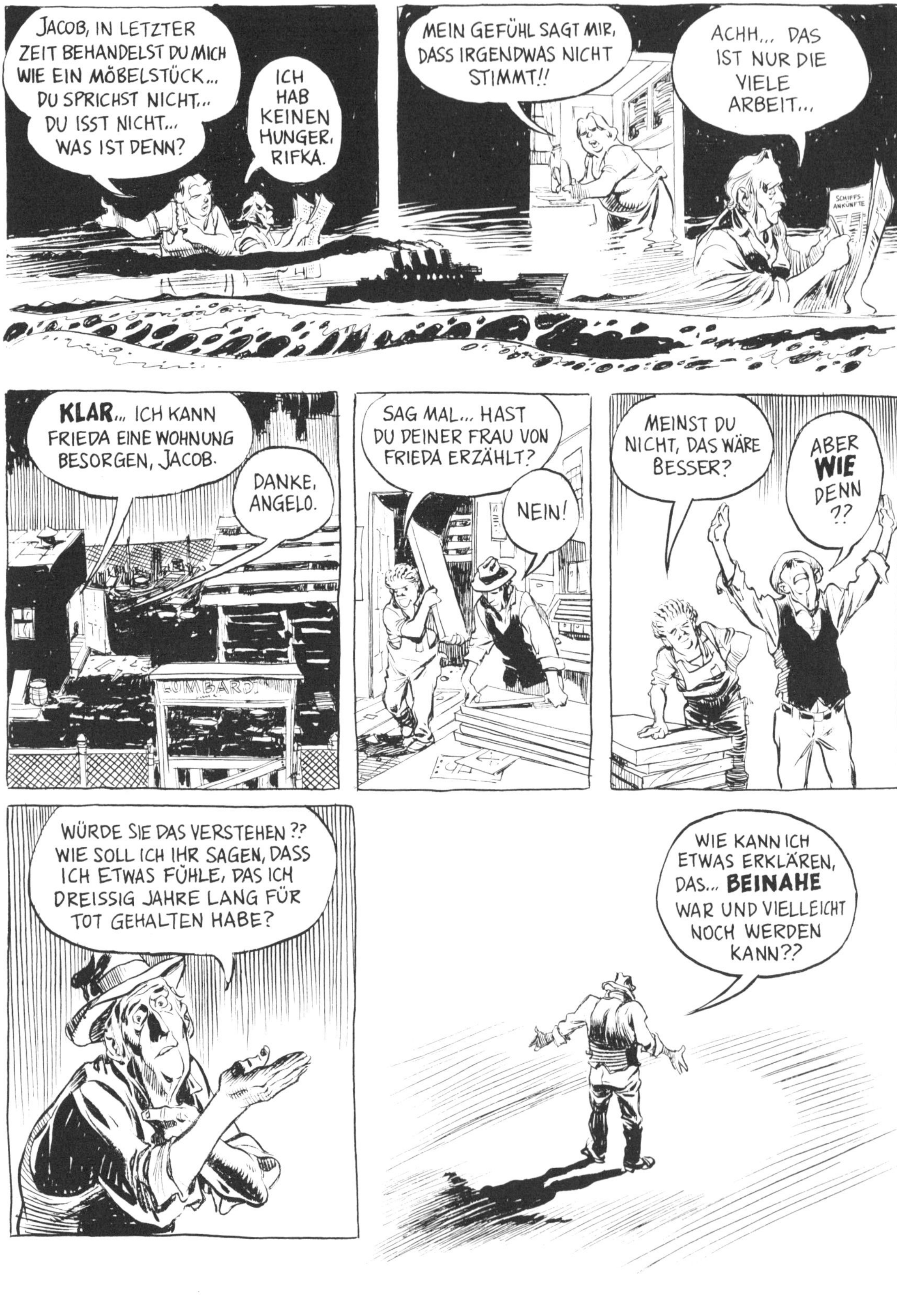
JACOB, IN LETZTER ZEIT BEHANDELST DU MICH WIE EIN MÖBELSTÜCK... DU SPRICHST NICHT... DU ISST NICHT... WAS IST DENN?
ICH HAB KEINEN HUNGER, RIFKA.
MEIN GEFÜHL SAGT MIR, DASS IRGENDWAS NICHT STIMMT!!
ACHH... DAS IST NUR DIE VIELE ARBEIT...
SCHIFFS-ANKÜNFTE
KLAR... ICH KANN FRIEDA EINE WOHNUNG BESORGEN, JACOB.
DANKE, ANGELO.
LOMBARDI
SAG MAL... HAST DU DEINER FRAU VON FRIEDA ERZÄHLT?
NEIN!
MEINST DU NICHT, DAS WÄRE BESSER?
ABER WIE DENN ??
WÜRDE SIE DAS VERSTEHEN ?? WIE SOLL ICH IHR SAGEN, DASS ICH ETWAS FÜHLE, DAS ICH DREISSIG JAHRE LANG FÜR TOT GEHALTEN HABE?
WIE KANN ICH ETWAS ERKLÄREN, DAS... BEINAHE WAR UND VIELLEICHT NOCH WERDEN KANN??

AMERIKA, AMERIKA

HILFE FÜR JÜDISCHE FLÜCHTLINGE

15. JUNI 1934

Berichten der *New York Times* zufolge stammen 259 der 430 Juden, die im Mai als Flüchtlinge in New York angekommen sind, aus Nazi-Deutschland. Einige wenige unter ihnen kamen aus anderen europäischen Ländern, in die sie bereits zuvor geflohen waren.

AMERIKANISCHES FRAUENKOMITEE BITTET UM ASYL FÜR NAZI-OPFER

PRÄSIDENT ROOSEVELT UM EINWANDERUNGS-ERLEICHTERUNGEN ERSUCHT

19. MÄRZ 1934

Mrs. Carrie Chapman Catt, Vorsitzende eines Komitees prominenter amerikanischer Frauen, appellierte an Präsident Roosevelt, die von seinem Vorgänger Herbert Hoover 1930 erlassenen Einwanderungsbeschränkungen zu lockern. Die rigide Verordnung schreibt vor, dass jeder Asylbewerber den glaubhaften Nachweis erbringen muss, dass er dem Staat nicht zur Last fallen werde. In ihrem Schreiben wies sie darauf hin, dass seit Juli 1933 von 25.959 Asylanträgen aus Deutschland weniger als 600 anerkannt wurden.

WENIGER EINWANDERER AUF ELLIS ISLAND

8. JULI 1934

In den vergangenen 25 Jahren ist die Zahl der Einwanderer auf Ellis Island von 5.000 auf lediglich 25 pro Tag gesunken. Nach offiziellen Angaben ist dieser Rückgang auf die Einwanderungsbeschränkungen sowie die vermehrte Zahl von Flüchtlingen zurückzuführen, die ihre Anträge bereits bei der Einschiffung ausfüllen und so mit dem Rest der Passagiere an anderen Anlegestellen von Bord gehen.

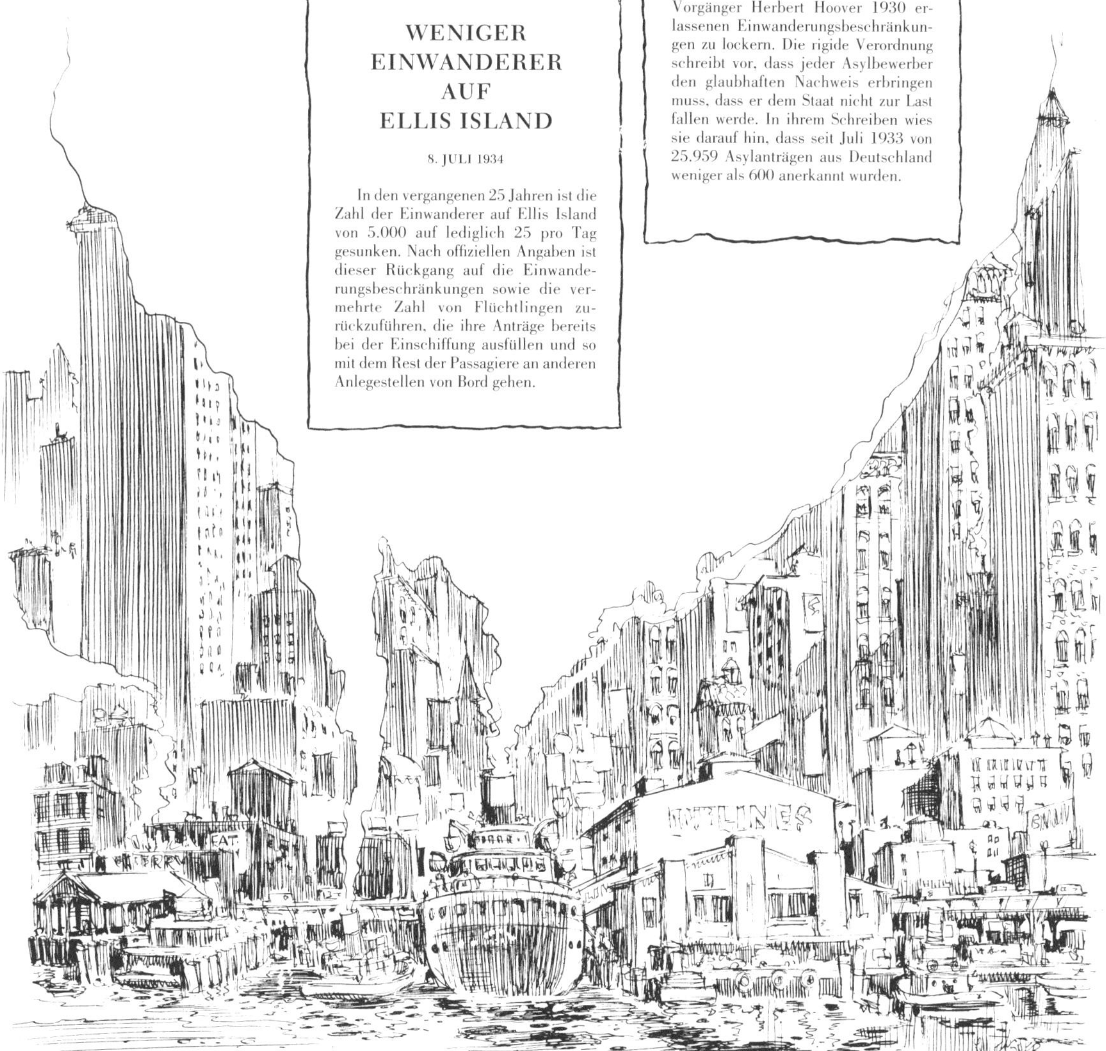

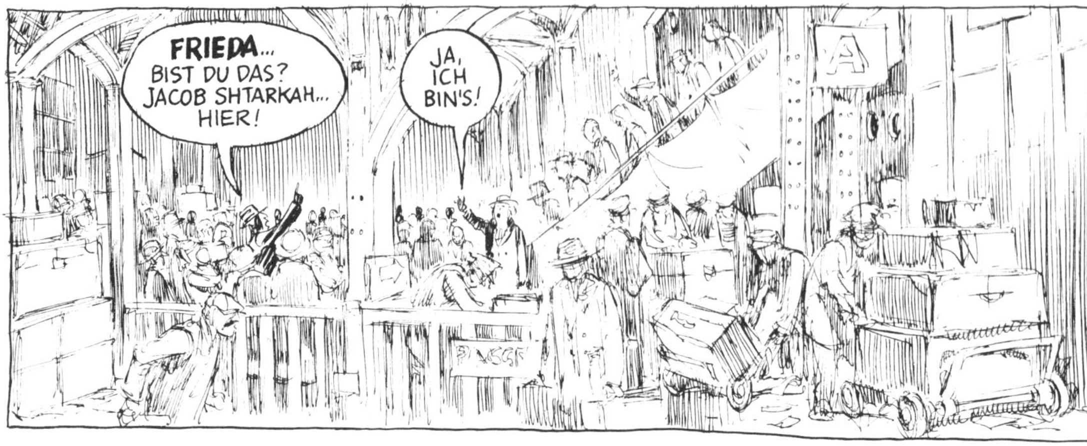

ENDLICH
KAM FRIEDA GOLD NACH AMERIKA.
HINTER SICH LIESS SIE DIE ASCHE
EINES EINSTMALS SICHEREN, BÜRGERLICHEN
LEBENS; DAS SELBSTVERSTÄNDLICHE GEFÜHL...
EIN ZUHAUSE ZU HABEN.

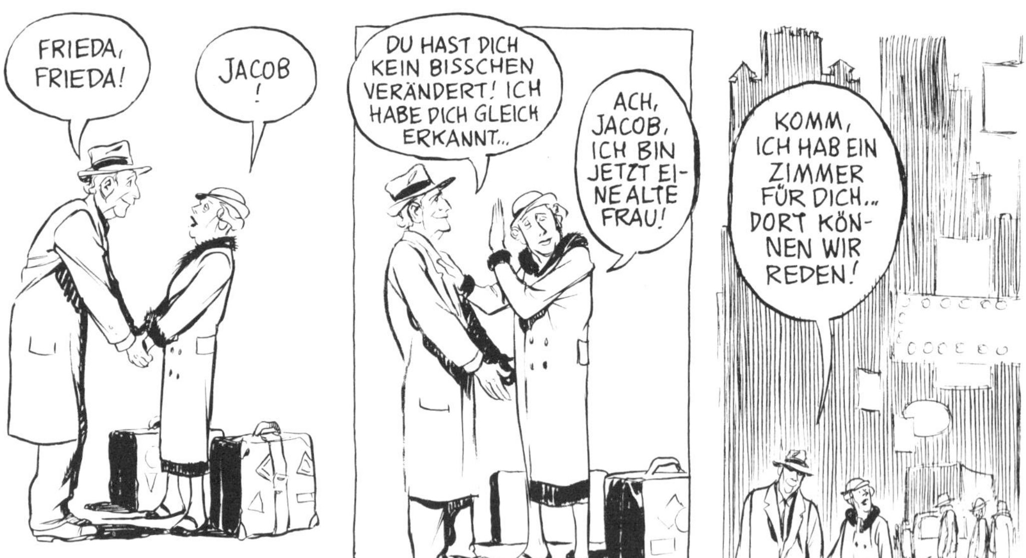

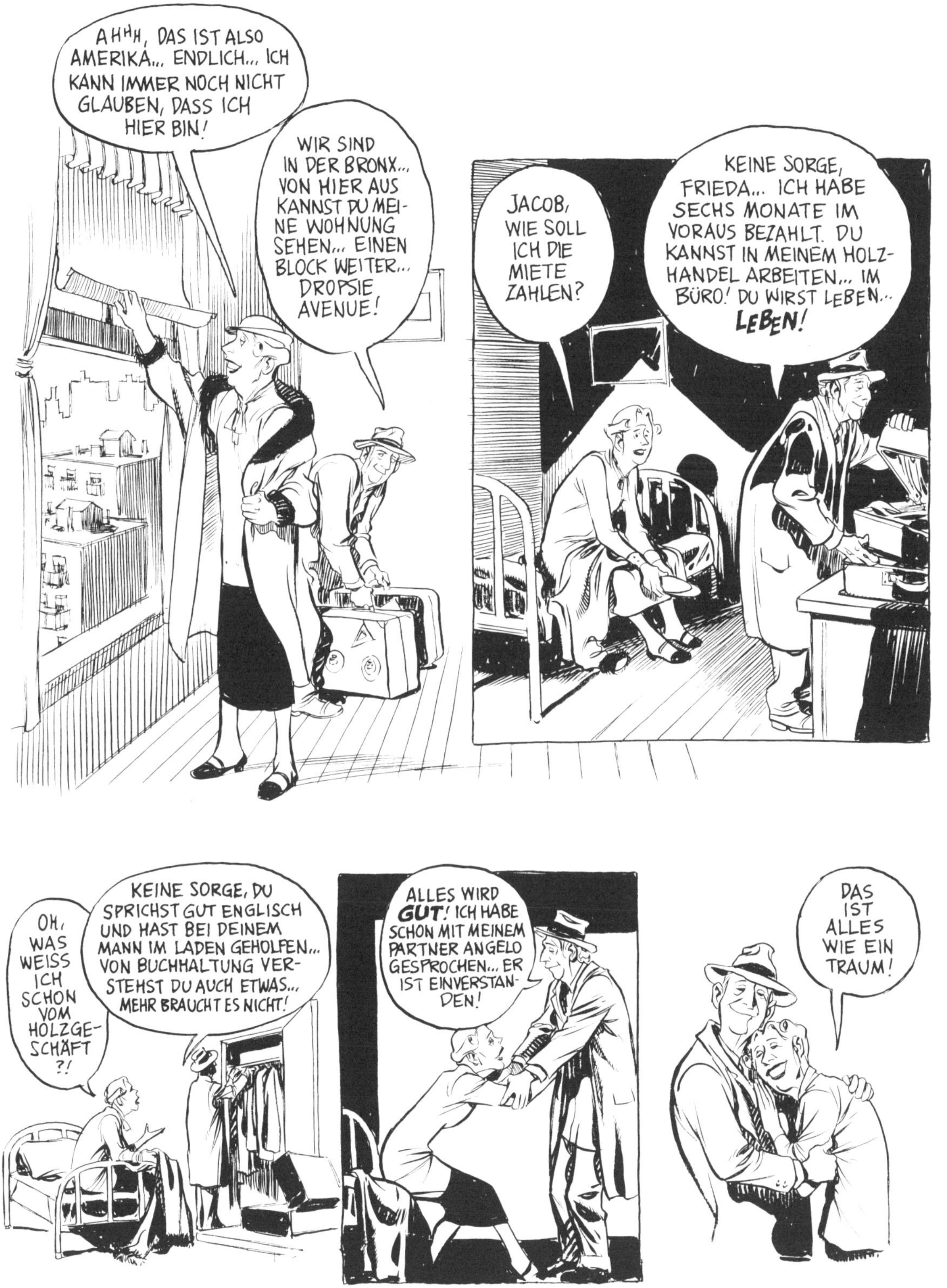
AHHH, DAS IST ALSO AMERIKA... ENDLICH... ICH KANN IMMER NOCH NICHT GLAUBEN, DASS ICH HIER BIN!
WIR SIND IN DER BRONX... VON HIER AUS KANNST DU MEINE WOHNUNG SEHEN... EINEN BLOCK WEITER... DROPSIE AVENUE!
JACOB, WIE SOLL ICH DIE MIETE ZAHLEN?
KEINE SORGE, FRIEDA... ICH HABE SECHS MONATE IM VORAUS BEZAHLT. DU KANNST IN MEINEM HOLZHANDEL ARBEITEN... IM BÜRO! DU WIRST LEBEN... LEBEN!
OH, WAS WEISS ICH SCHON VOM HOLZGESCHÄFT ?!
KEINE SORGE, DU SPRICHST GUT ENGLISCH UND HAST BEI DEINEM MANN IM LADEN GEHOLFEN... VON BUCHHALTUNG VERSTEHST DU AUCH ETWAS... MEHR BRAUCHT ES NICHT!
ALLES WIRD GUT! ICH HABE SCHON MIT MEINEM PARTNER ANGELO GESPROCHEN... ER IST EINVERSTANDEN!
DAS IST ALLES WIE EIN TRAUM!

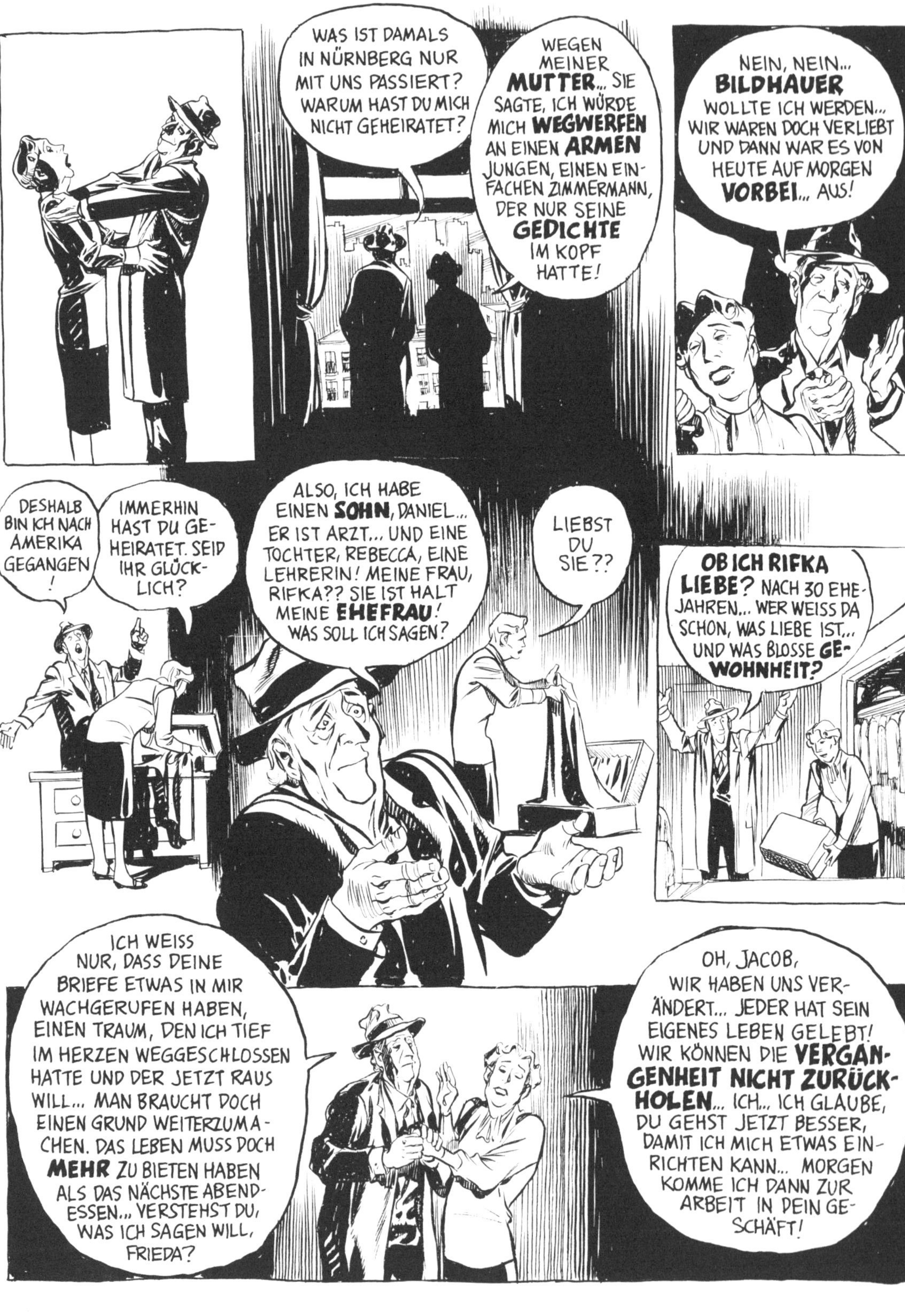
WAS IST DAMALS IN NÜRNBERG NUR MIT UNS PASSIERT? WARUM HAST DU MICH NICHT GEHEIRATET?
WEGEN MEINER MUTTER... SIE SAGTE, ICH WÜRDE MICH WEGWERFEN AN EINEN ARMEN JUNGEN, EINEN EINFACHEN ZIMMERMANN, DER NUR SEINE GEDICHTE IM KOPF HATTE!
NEIN, NEIN... BILDHAUER WOLLTE ICH WERDEN... WIR WAREN DOCH VERLIEBT UND DANN WAR ES VON HEUTE AUF MORGEN VORBEI... AUS!
DESHALB BIN ICH NACH AMERIKA GEGANGEN!
IMMERHIN HAST DU GEHEIRATET. SEID IHR GLÜCKLICH?
ALSO, ICH HABE EINEN SOHN, DANIEL... ER IST ARZT... UND EINE TOCHTER, REBECCA, EINE LEHRERIN! MEINE FRAU, RIFKA?? SIE IST HALT MEINE EHEFRAU! WAS SOLL ICH SAGEN?
LIEBST DU SIE??
OB ICH RIFKA LIEBE? NACH 30 EHEJAHREN... WER WEISS DA SCHON, WAS LIEBE IST... UND WAS BLOSSE GEWOHNHEIT?
ICH WEISS NUR, DASS DEINE BRIEFE ETWAS IN MIR WACHGERUFEN HABEN, EINEN TRAUM, DEN ICH TIEF IM HERZEN WEGGESCHLOSSEN HATTE UND DER JETZT RAUS WILL... MAN BRAUCHT DOCH EINEN GRUND WEITERZUMACHEN. DAS LEBEN MUSS DOCH MEHR ZU BIETEN HABEN ALS DAS NÄCHSTE ABENDESSEN... VERSTEHST DU, WAS ICH SAGEN WILL, FRIEDA?
OH, JACOB, WIR HABEN UNS VERÄNDERT... JEDER HAT SEIN EIGENES LEBEN GELEBT! WIR KÖNNEN DIE VERGANGENHEIT NICHT ZURÜCKHOLEN... ICH... ICH GLAUBE, DU GEHST JETZT BESSER, DAMIT ICH MICH ETWAS EINRICHTEN KANN... MORGEN KOMME ICH DANN ZUR ARBEIT IN DEIN GESCHÄFT!

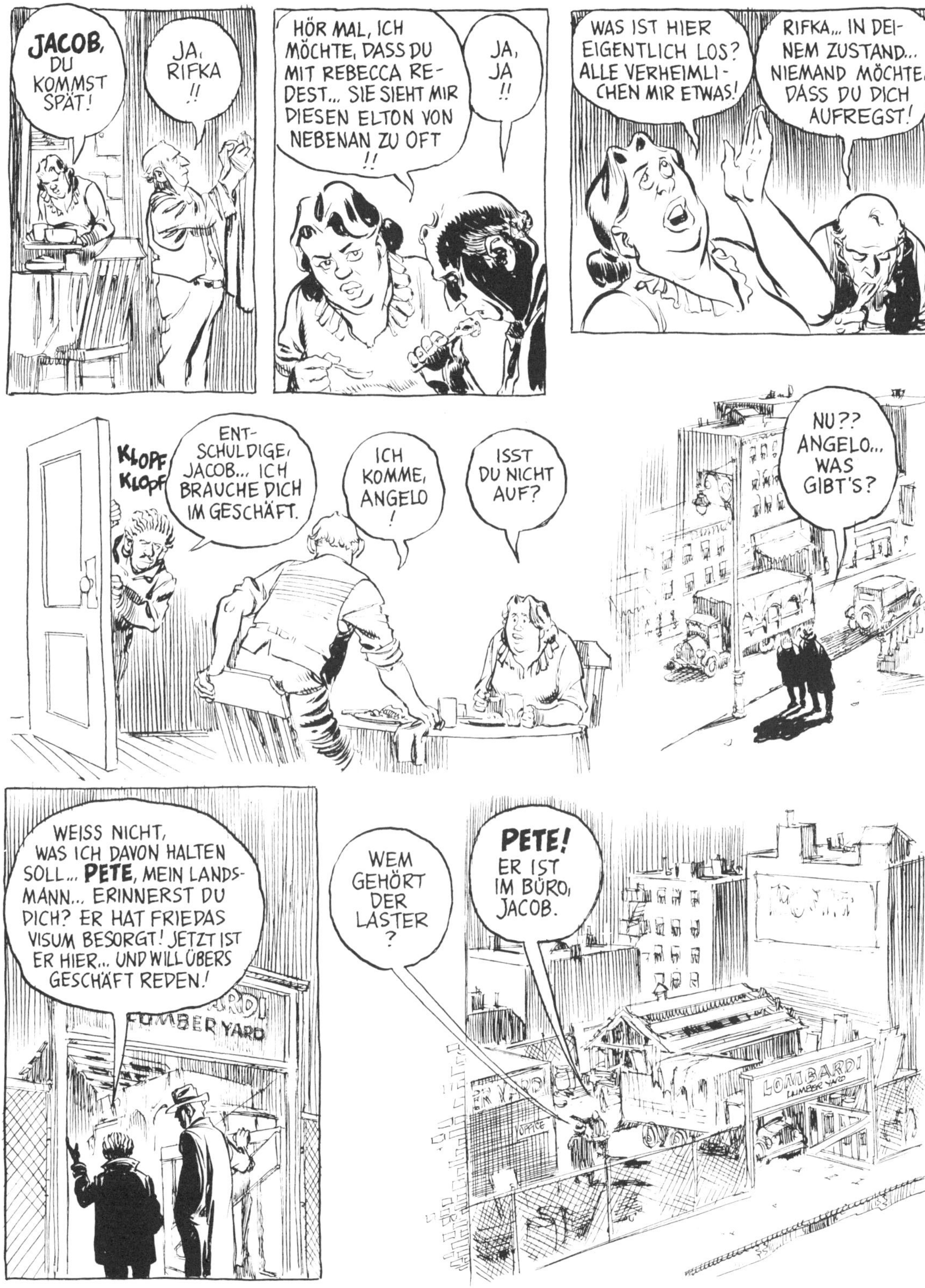
JACOB, DU KOMMST SPÄT!
JA, RIFKA !!
HÖR MAL, ICH MÖCHTE, DASS DU MIT REBECCA REDEST... SIE SIEHT MIR DIESEN ELTON VON NEBENAN ZU OFT !!
JA, JA !!
WAS IST HIER EIGENTLICH LOS? ALLE VERHEIMLICHEN MIR ETWAS!
RIFKA... IN DEINEM ZUSTAND... NIEMAND MÖCHTE, DASS DU DICH AUFREGST!
KLOPF KLOPF
ENTSCHULDIGE, JACOB... ICH BRAUCHE DICH IM GESCHÄFT.
ICH KOMME, ANGELO!
ISST DU NICHT AUF?
NU?? ANGELO... WAS GIBT'S?
WEISS NICHT, WAS ICH DAVON HALTEN SOLL... PETE, MEIN LANDSMANN... ERINNERST DU DICH? ER HAT FRIEDAS VISUM BESORGT! JETZT IST ER HIER... UND WILL ÜBERS GESCHÄFT REDEN!
LUMBER YARD
WEM GEHÖRT DER LASTER?
PETE! ER IST IM BÜRO, JACOB.
LOMBARDI LUMBER YARD
OFFICE

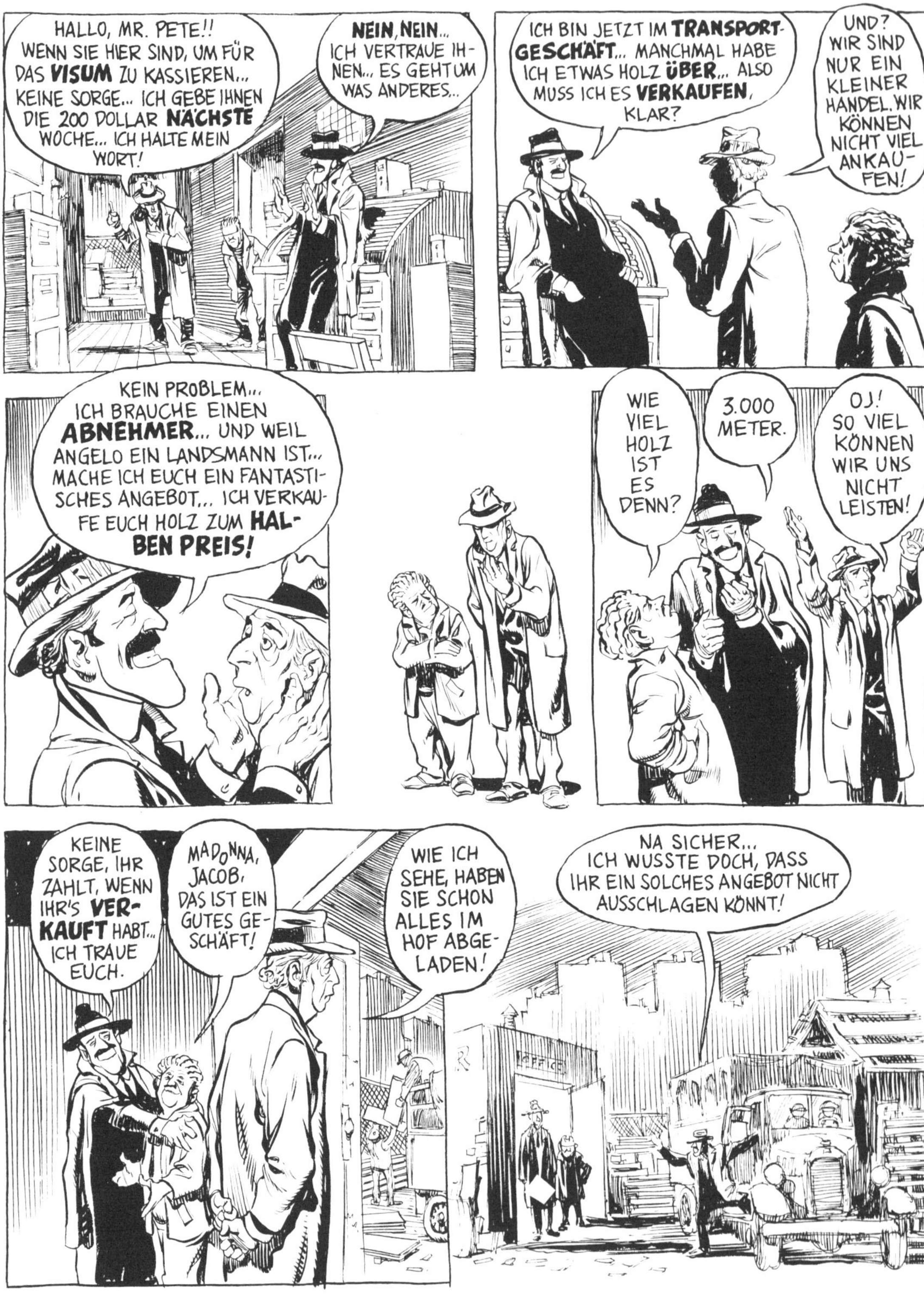
HALLO, MR. PETE!! WENN SIE HIER SIND, UM FÜR DAS VISUM ZU KASSIEREN... KEINE SORGE... ICH GEBE IHNEN DIE 200 DOLLAR NÄCHSTE WOCHE... ICH HALTE MEIN WORT!
NEIN, NEIN... ICH VERTRAUE IHNEN... ES GEHT UM WAS ANDERES...
ICH BIN JETZT IM TRANSPORTGESCHÄFT... MANCHMAL HABE ICH ETWAS HOLZ ÜBER... ALSO MUSS ICH ES VERKAUFEN, KLAR?
UND? WIR SIND NUR EIN KLEINER HANDEL. WIR KÖNNEN NICHT VIEL ANKAUFEN!
KEIN PROBLEM... ICH BRAUCHE EINEN ABNEHMER... UND WEIL ANGELO EIN LANDSMANN IST... MACHE ICH EUCH EIN FANTASTISCHES ANGEBOT... ICH VERKAUFE EUCH HOLZ ZUM HALBEN PREIS!
WIE VIEL HOLZ IST ES DENN?
3.000 METER.
OJ! SO VIEL KÖNNEN WIR UNS NICHT LEISTEN!
KEINE SORGE, IHR ZAHLT, WENN IHR'S VERKAUFT HABT... ICH TRAUE EUCH.
MADONNA, JACOB, DAS IST EIN GUTES GESCHÄFT!
WIE ICH SEHE, HABEN SIE SCHON ALLES IM HOF ABGELADEN!
NA SICHER... ICH WUSSTE DOCH, DASS IHR EIN SOLCHES ANGEBOT NICHT AUSSCHLAGEN KÖNNT!
OFFICE

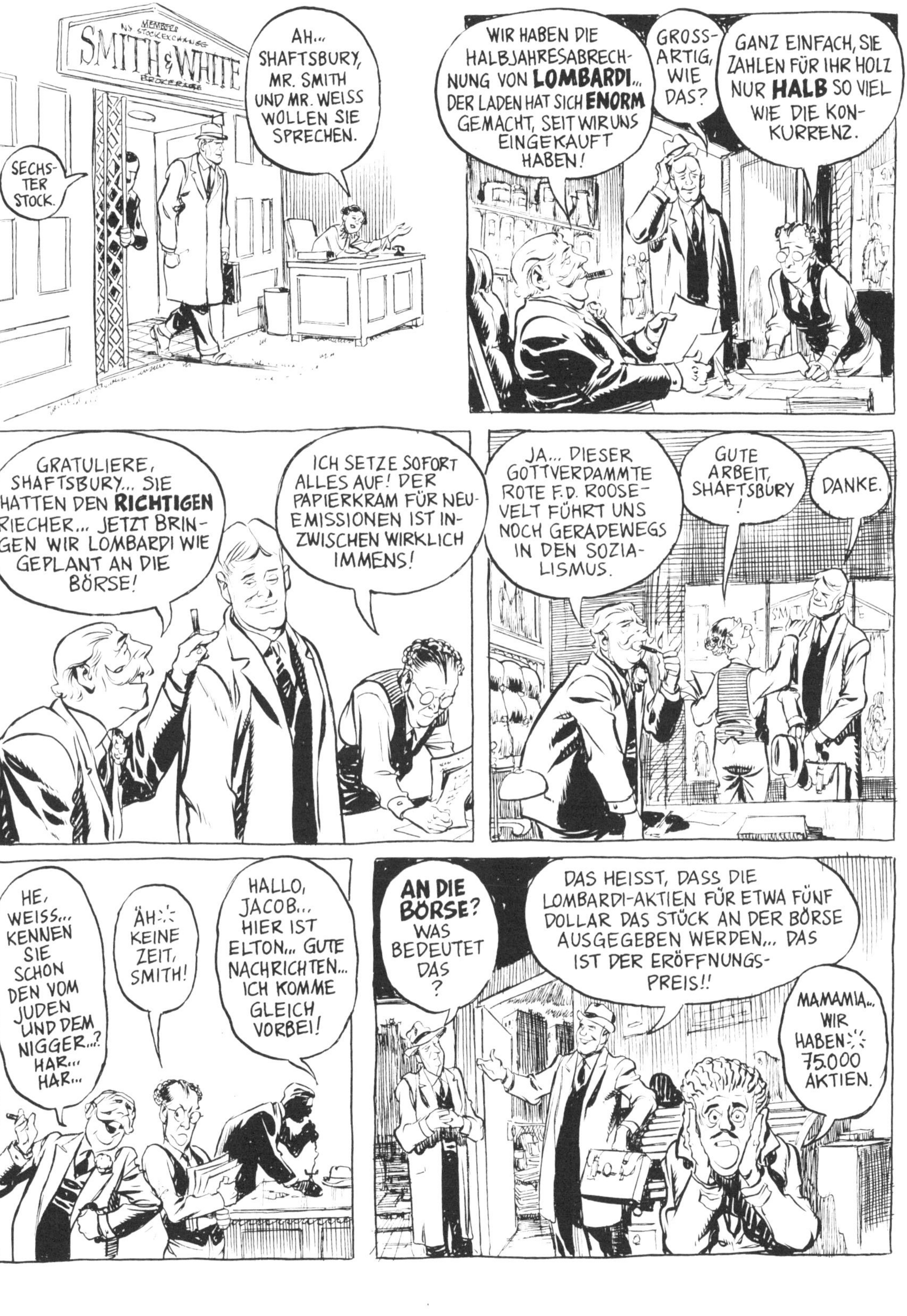
MEMBERS NY STOCK EXCHANGE SMITH & WHITE BROKERAGE
SECHSTER STOCK.
AH... SHAFTSBURY, MR. SMITH UND MR. WEISS WOLLEN SIE SPRECHEN.
WIR HABEN DIE HALBJAHRESABRECHNUNG VON LOMBARDI... DER LADEN HAT SICH ENORM GEMACHT, SEIT WIR UNS EINGEKAUFT HABEN!
GROSSARTIG, WIE DAS?
GANZ EINFACH, SIE ZAHLEN FÜR IHR HOLZ NUR HALB SO VIEL WIE DIE KONKURRENZ.
GRATULIERE, SHAFTSBURY... SIE HATTEN DEN RICHTIGEN RIECHER... JETZT BRINGEN WIR LOMBARDI WIE GEPLANT AN DIE BÖRSE!
ICH SETZE SOFORT ALLES AUF! DER PAPIERKRAM FÜR NEUEMISSIONEN IST INZWISCHEN WIRKLICH IMMENS!
JA... DIESER GOTTVERDAMMTE ROTE F.D. ROOSEVELT FÜHRT UNS NOCH GERADEWEGS IN DEN SOZIALISMUS.
GUTE ARBEIT, SHAFTSBURY!
DANKE.
HE, WEISS... KENNEN SIE SCHON DEN VOM JUDEN UND DEM NIGGER...? HAR... HAR...
ÄH... KEINE ZEIT, SMITH!
HALLO, JACOB... HIER IST ELTON... GUTE NACHRICHTEN... ICH KOMME GLEICH VORBEI!
AN DIE BÖRSE? WAS BEDEUTET DAS?
DAS HEISST, DASS DIE LOMBARDI-AKTIEN FÜR ETWA FÜNF DOLLAR DAS STÜCK AN DER BÖRSE AUSGEGEBEN WERDEN... DAS IST DER ERÖFFNUNGSPREIS!!
MAMAMIA... WIR HABEN 75.000 AKTIEN.

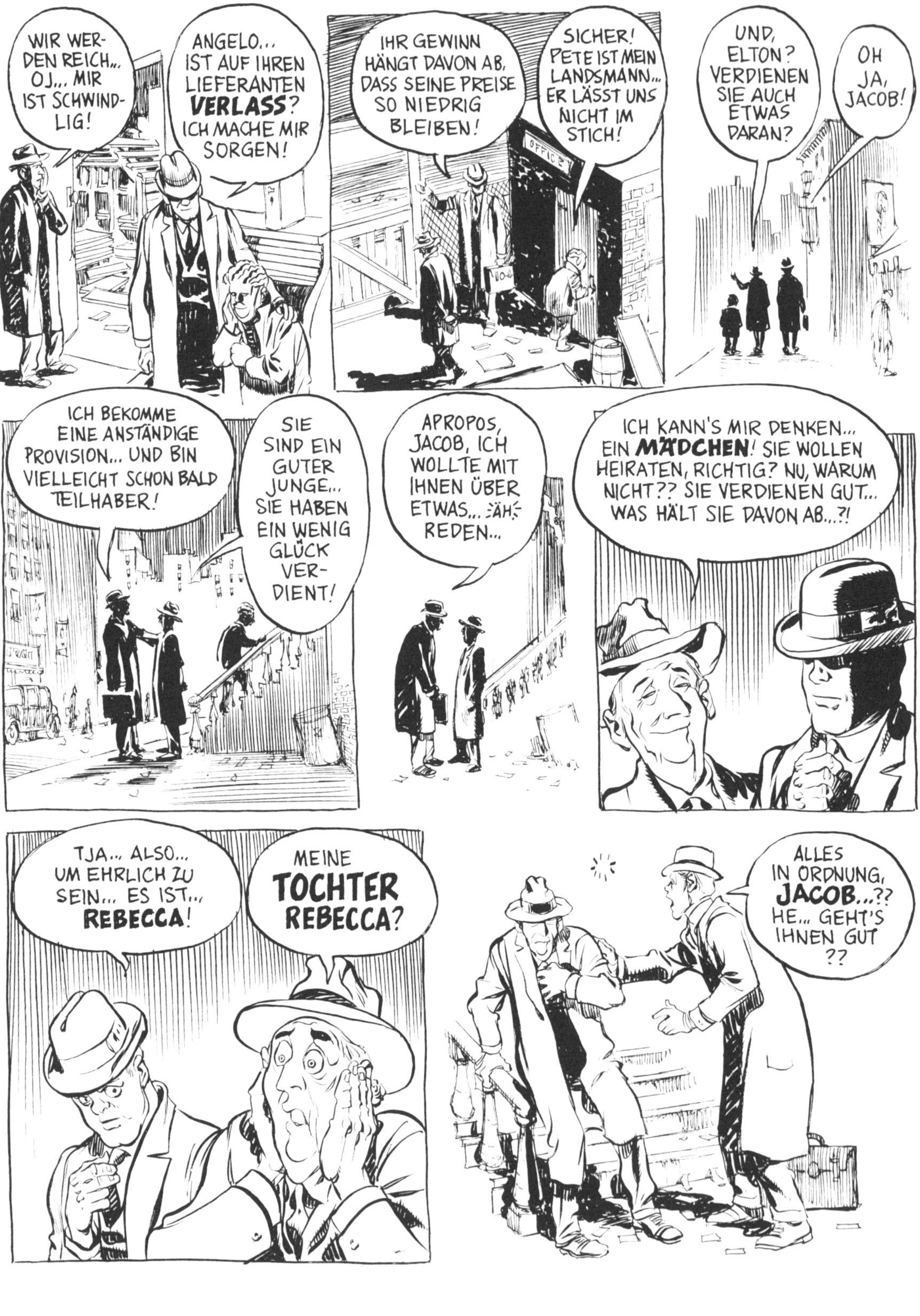

WIR WERDEN REICH... OJ... MIR IST SCHWINDLIG!
ANGELO... IST AUF IHREN LIEFERANTEN VERLASS? ICH MACHE MIR SORGEN!
IHR GEWINN HÄNGT DAVON AB, DASS SEINE PREISE SO NIEDRIG BLEIBEN!
SICHER! PETE IST MEIN LANDSMANN... ER LÄSST UNS NICHT IM STICH!
OFFICE
UND, ELTON? VERDIENEN SIE AUCH ETWAS DARAN?
OH JA, JACOB!
ICH BEKOMME EINE ANSTÄNDIGE PROVISION... UND BIN VIELLEICHT SCHON BALD TEILHABER!
SIE SIND EIN GUTER JUNGE... SIE HABEN EIN WENIG GLÜCK VERDIENT!
APROPOS, JACOB, ICH WOLLTE MIT IHNEN ÜBER ETWAS... ÄH... REDEN...
ICH KANN'S MIR DENKEN... EIN MÄDCHEN! SIE WOLLEN HEIRATEN, RICHTIG? NU, WARUM NICHT?? SIE VERDIENEN GUT... WAS HÄLT SIE DAVON AB...?!
TJA... ALSO... UM EHRLICH ZU SEIN... ES IST... REBECCA!
MEINE TOCHTER REBECCA?
ALLES IN ORDNUNG, JACOB...?? HE... GEHT'S IHNEN GUT ??

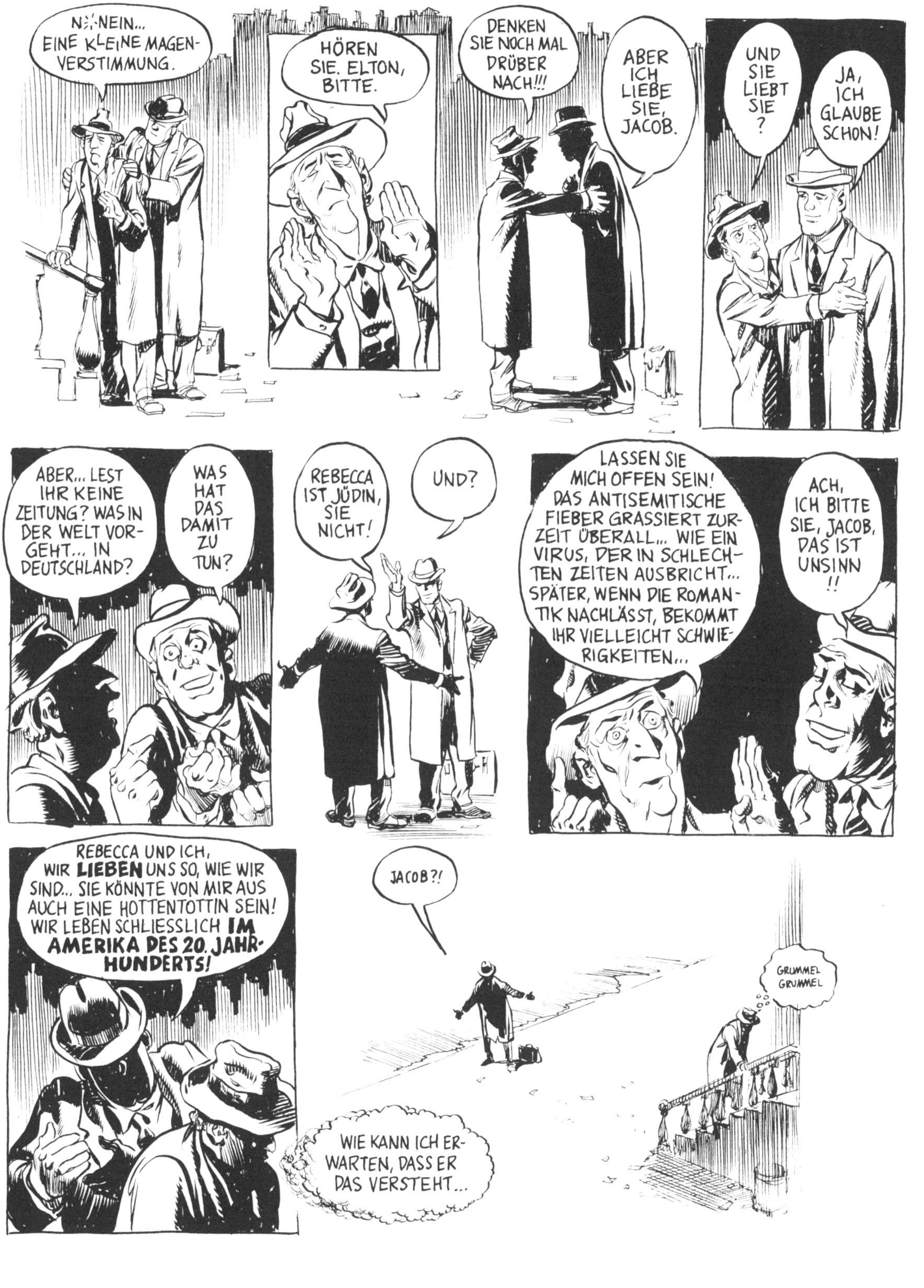
N-NEIN... EINE KLEINE MAGEN-VERSTIMMUNG.
HÖREN SIE. ELTON, BITTE.
DENKEN SIE NOCH MAL DRÜBER NACH!!!
ABER ICH LIEBE SIE, JACOB.
UND SIE LIEBT SIE?
JA, ICH GLAUBE SCHON!
ABER... LEST IHR KEINE ZEITUNG? WAS IN DER WELT VORGEHT... IN DEUTSCHLAND?
WAS HAT DAS DAMIT ZU TUN?
REBECCA IST JÜDIN, SIE NICHT!
UND?
LASSEN SIE MICH OFFEN SEIN! DAS ANTISEMITISCHE FIEBER GRASSIERT ZURZEIT ÜBERALL... WIE EIN VIRUS, DER IN SCHLECHTEN ZEITEN AUSBRICHT... SPÄTER, WENN DIE ROMANTIK NACHLÄSST, BEKOMMT IHR VIELLEICHT SCHWIERIGKEITEN...
ACH, ICH BITTE SIE, JACOB, DAS IST UNSINN!!
REBECCA UND ICH, WIR **LIEBEN** UNS SO, WIE WIR SIND... SIE KÖNNTE VON MIR AUS AUCH EINE HOTTENTOTTIN SEIN! WIR LEBEN SCHLIESSLICH **IM AMERIKA DES 20. JAHRHUNDERTS!**
JACOB?!
GRUMMEL GRUMMEL
WIE KANN ICH ERWARTEN, DASS ER DAS VERSTEHT...

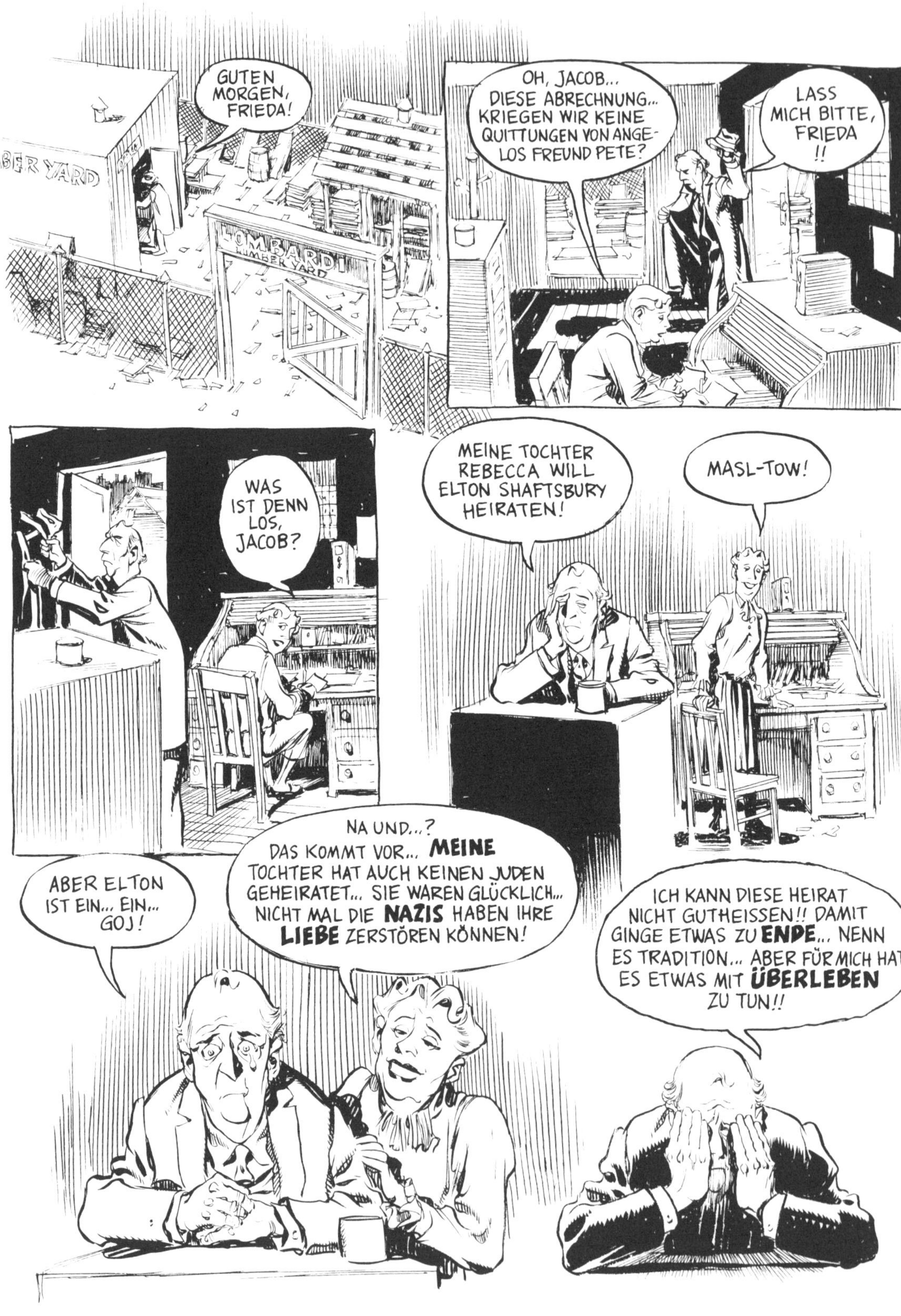
ABER YARD
GUTEN MORGEN, FRIEDA!
LOMBARDI LUMBER YARD
OH, JACOB... DIESE ABRECHNUNG... KRIEGEN WIR KEINE QUITTUNGEN VON ANGELOS FREUND PETE?
LASS MICH BITTE, FRIEDA!!
WAS IST DENN LOS, JACOB?
MEINE TOCHTER REBECCA WILL ELTON SHAFTSBURY HEIRATEN!
MASL-TOW!
ABER ELTON IST EIN... EIN... GOJ!
NA UND...? DAS KOMMT VOR... MEINE TOCHTER HAT AUCH KEINEN JUDEN GEHEIRATET... SIE WAREN GLÜCKLICH... NICHT MAL DIE NAZIS HABEN IHRE LIEBE ZERSTÖREN KÖNNEN!
ICH KANN DIESE HEIRAT NICHT GUTHEISSEN!! DAMIT GINGE ETWAS ZU ENDE... NENN ES TRADITION... ABER FÜR MICH HAT ES ETWAS MIT ÜBERLEBEN ZU TUN!!

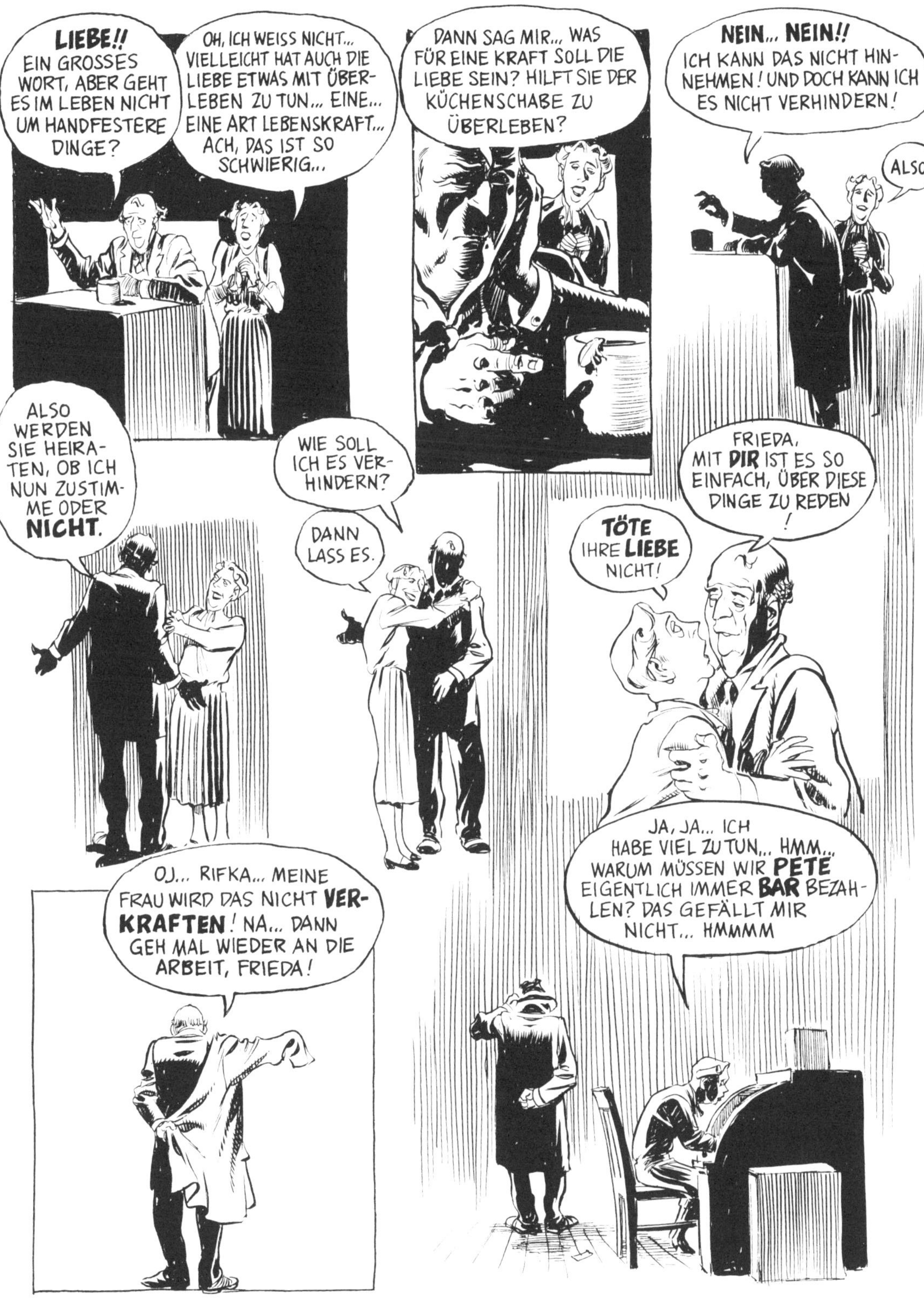
LIEBE!! EIN GROSSES WORT, ABER GEHT ES IM LEBEN NICHT UM HANDFESTERE DINGE?
OH, ICH WEISS NICHT... VIELLEICHT HAT AUCH DIE LIEBE ETWAS MIT ÜBERLEBEN ZU TUN... EINE... EINE ART LEBENSKRAFT... ACH, DAS IST SO SCHWIERIG...
DANN SAG MIR... WAS FÜR EINE KRAFT SOLL DIE LIEBE SEIN? HILFT SIE DER KÜCHENSCHABE ZU ÜBERLEBEN?
NEIN... NEIN!! ICH KANN DAS NICHT HINNEHMEN! UND DOCH KANN ICH ES NICHT VERHINDERN!
ALSO?
ALSO WERDEN SIE HEIRATEN, OB ICH NUN ZUSTIMME ODER NICHT.
WIE SOLL ICH ES VERHINDERN?
DANN LASS ES.
FRIEDA, MIT DIR IST ES SO EINFACH, ÜBER DIESE DINGE ZU REDEN!
TÖTE IHRE LIEBE NICHT!
OJ... RIFKA... MEINE FRAU WIRD DAS NICHT VERKRAFTEN! NA... DANN GEH MAL WIEDER AN DIE ARBEIT, FRIEDA!
JA, JA... ICH HABE VIEL ZU TUN... HMM... WARUM MÜSSEN WIR PETE EIGENTLICH IMMER BAR BEZAHLEN? DAS GEFÄLLT MIR NICHT... HMMMM

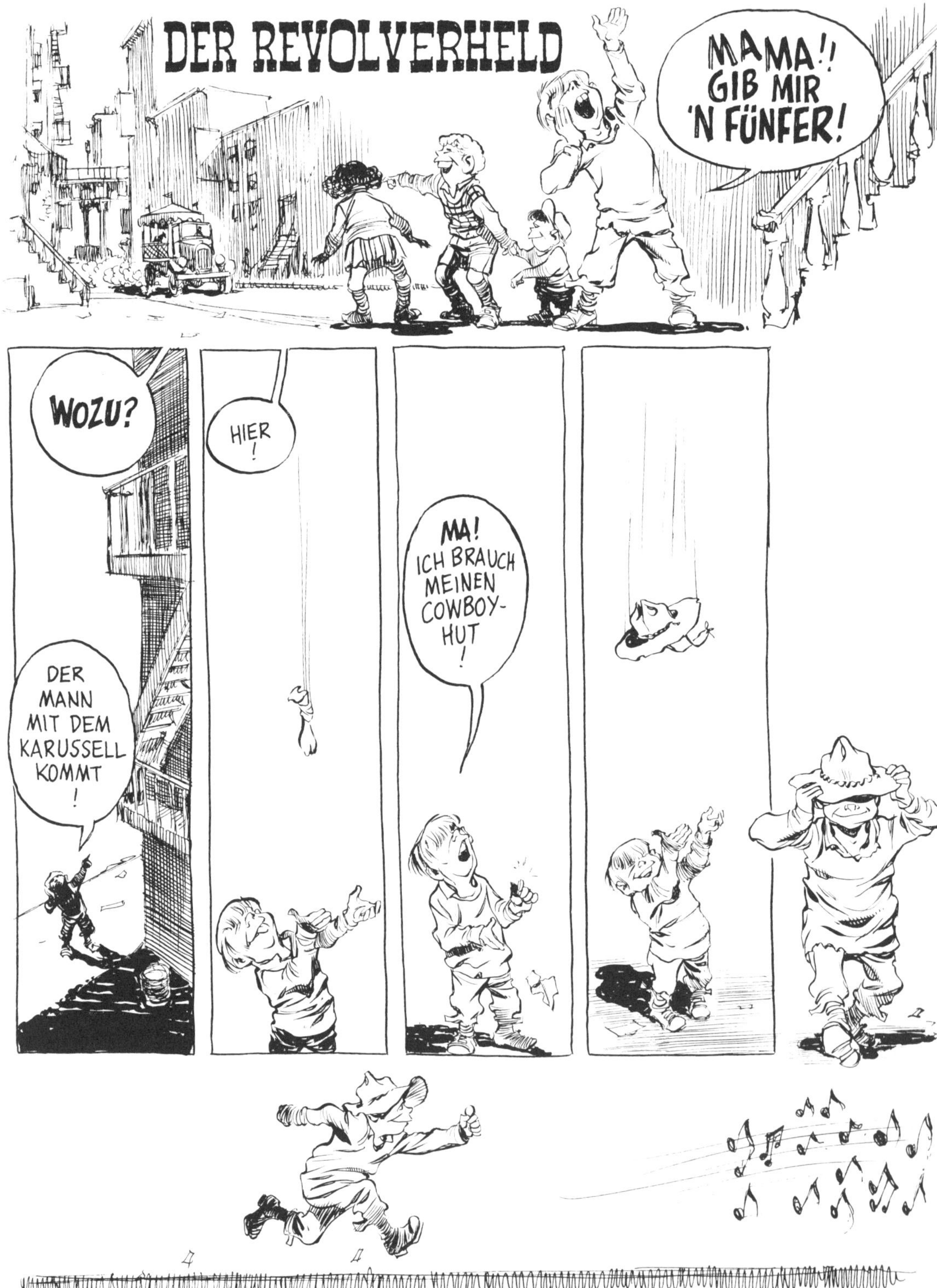
DER REVOLVERHELD
MAMA!! GIB MIR 'N FÜNFER!
WOZU?
DER MANN MIT DEM KARUSSELL KOMMT!
HIER!
MA! ICH BRAUCH MEINEN COWBOY-HUT!

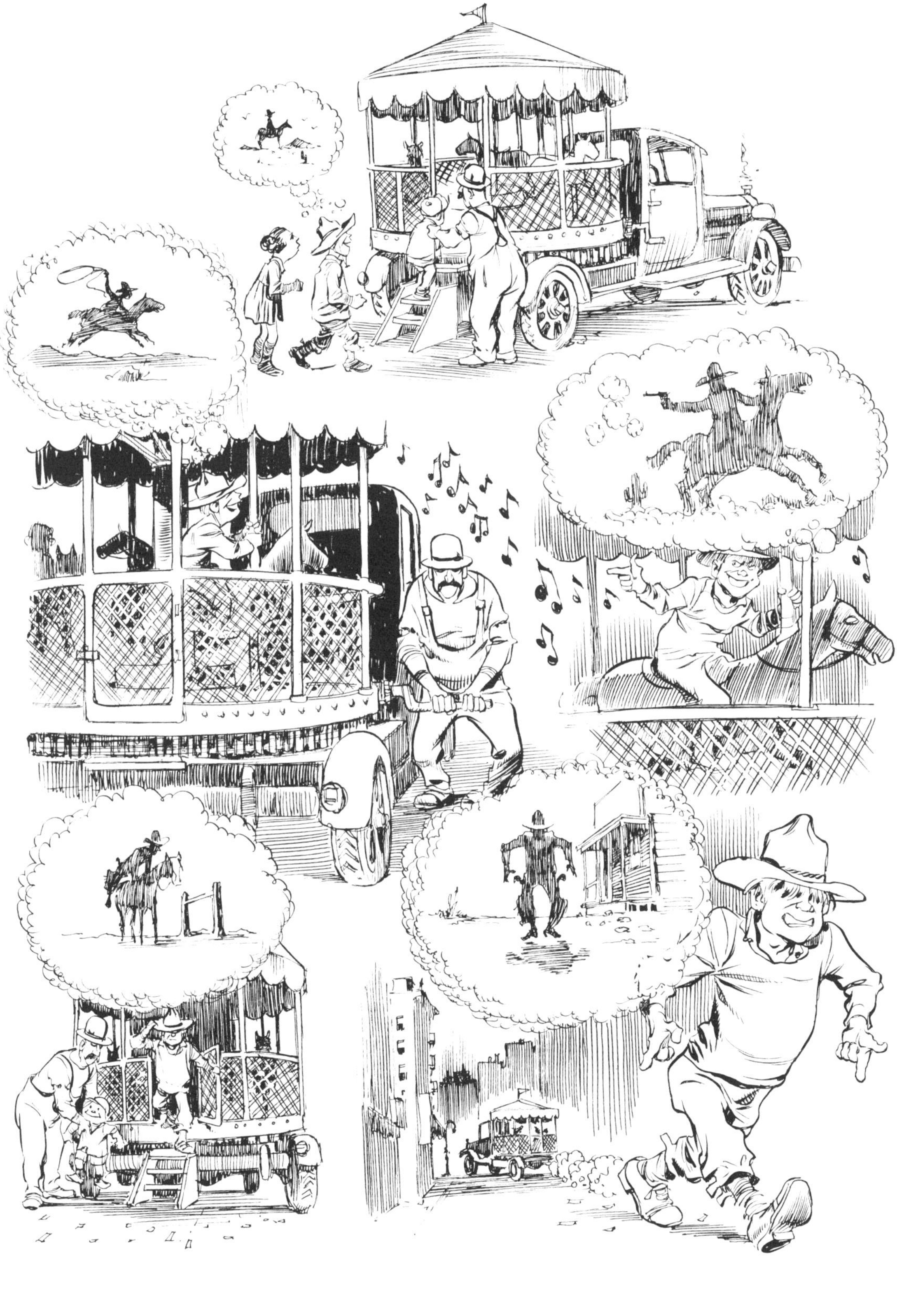

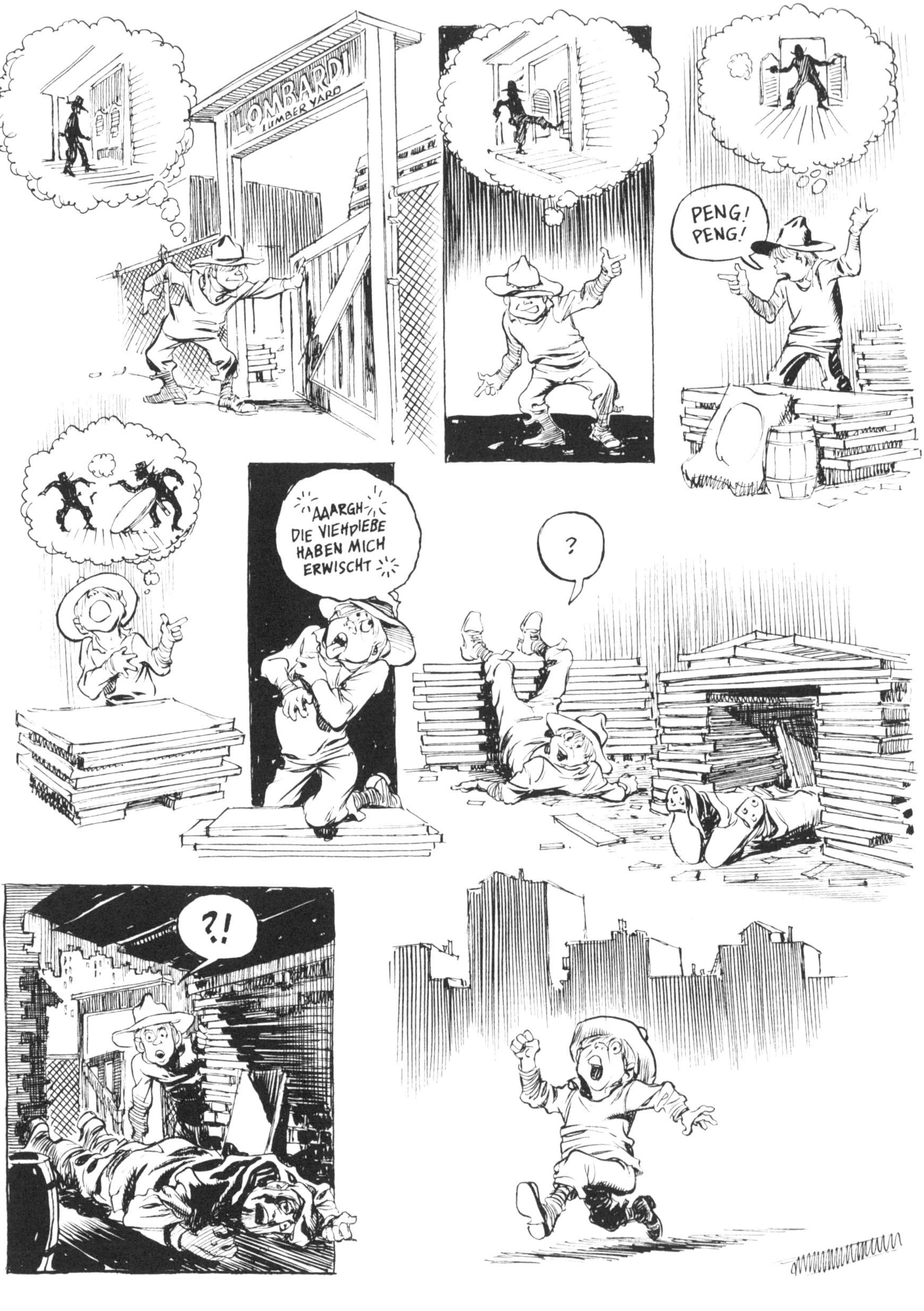
LOMBARDI
LUMBER YARD
PENG!
PENG!
AAARGH
DIE VIEHDIEBE
HABEN MICH
ERWISCHT
?
?!

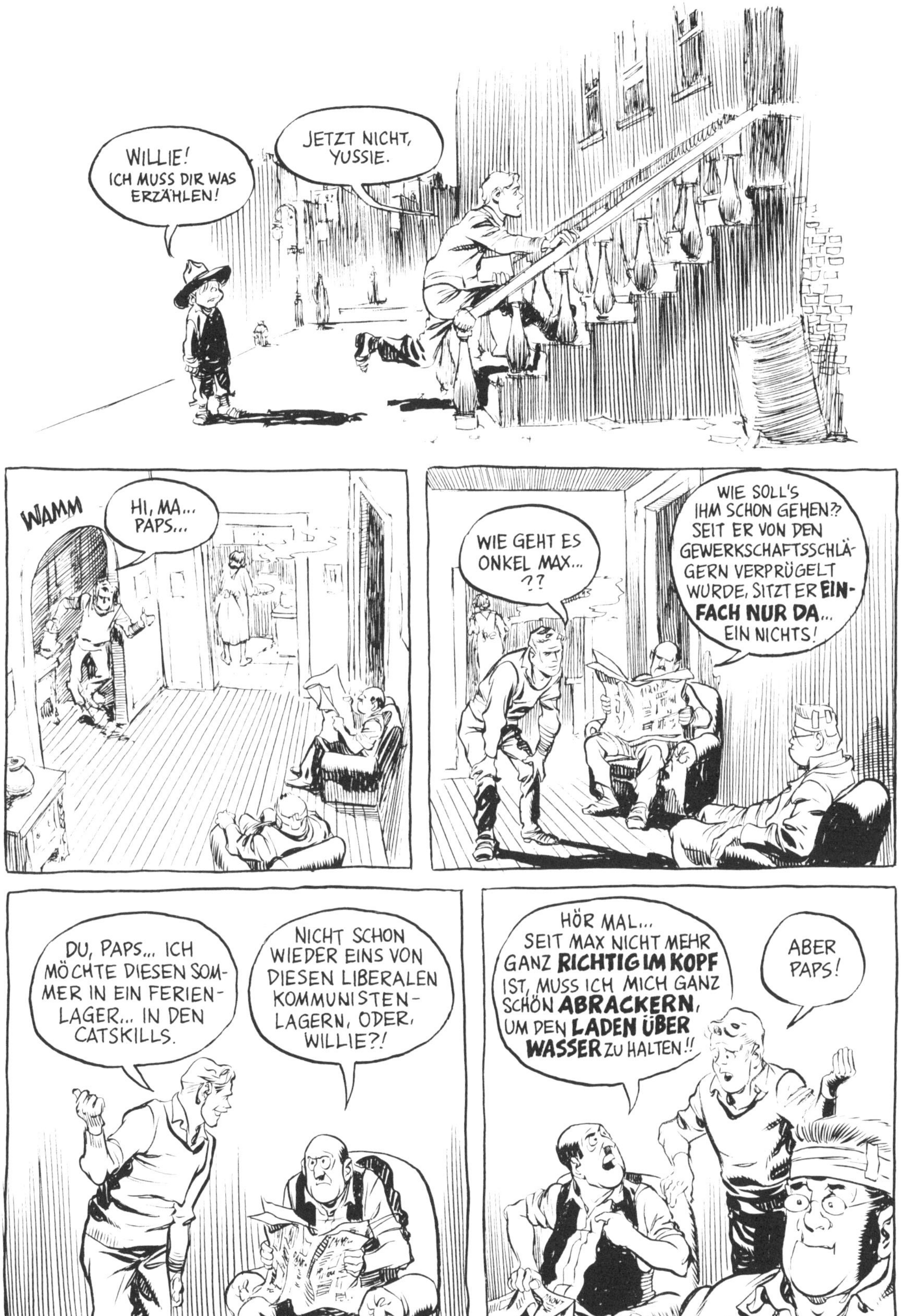
WILLIE! ICH MUSS DIR WAS ERZÄHLEN!
JETZT NICHT, YUSSIE.
WAMM
HI, MA... PAPS...
WIE GEHT ES ONKEL MAX...??
WIE SOLL'S IHM SCHON GEHEN?? SEIT ER VON DEN GEWERKSCHAFTSSCHLÄGERN VERPRÜGELT WURDE, SITZT ER EINFACH NUR DA... EIN NICHTS!
DU, PAPS... ICH MÖCHTE DIESEN SOMMER IN EIN FERIENLAGER... IN DEN CATSKILLS.
NICHT SCHON WIEDER EINS VON DIESEN LIBERALEN KOMMUNISTENLAGERN, ODER, WILLIE?!
HÖR MAL... SEIT MAX NICHT MEHR GANZ RICHTIG IM KOPF IST, MUSS ICH MICH GANZ SCHÖN ABRACKERN, UM DEN LADEN ÜBER WASSER ZU HALTEN!!
ABER PAPS!

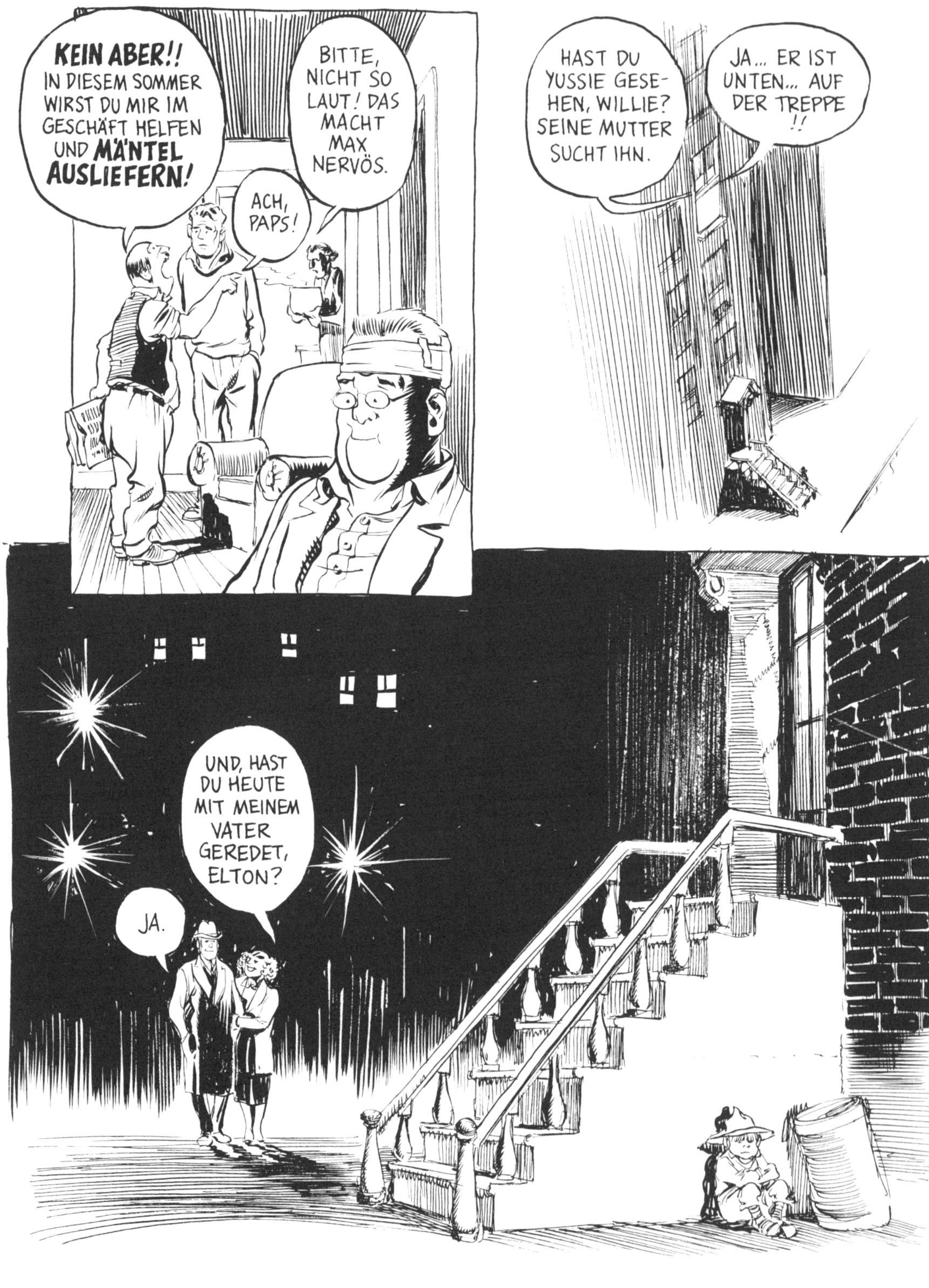
KEIN ABER!! IN DIESEM SOMMER WIRST DU MIR IM GESCHÄFT HELFEN UND MÄNTEL AUSLIEFERN!
BITTE, NICHT SO LAUT! DAS MACHT MAX NERVÖS.
ACH, PAPS!
HAST DU YUSSIE GESEHEN, WILLIE? SEINE MUTTER SUCHT IHN.
JA... ER IST UNTEN... AUF DER TREPPE!!
UND, HAST DU HEUTE MIT MEINEM VATER GEREDET, ELTON?
JA.

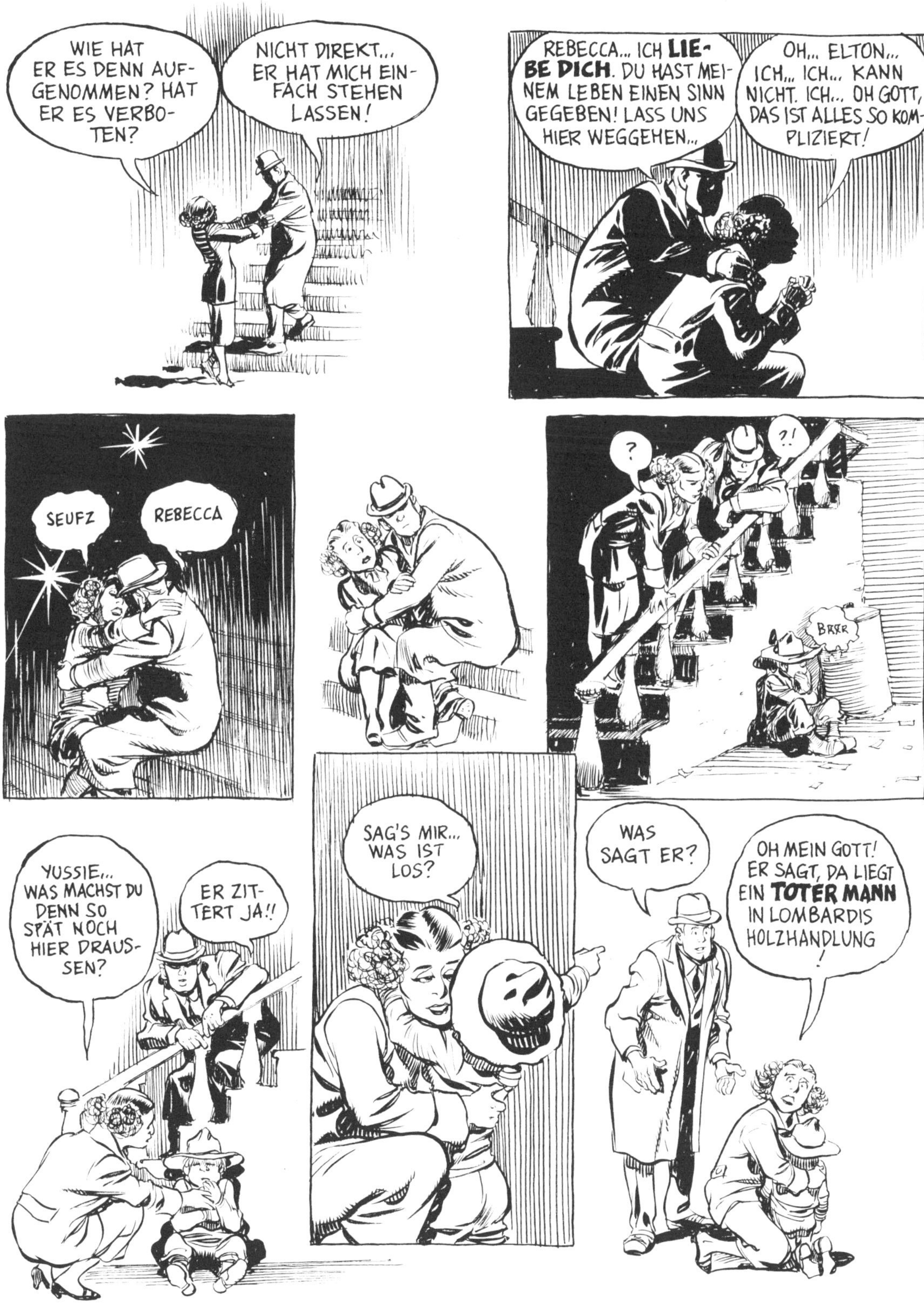

WIE HAT ER ES DENN AUFGENOMMEN? HAT ER ES VERBOTEN?
NICHT DIREKT... ER HAT MICH EINFACH STEHEN LASSEN!
REBECCA... ICH **LIEBE DICH**. DU HAST MEINEM LEBEN EINEN SINN GEGEBEN! LASS UNS HIER WEGGEHEN...
OH... ELTON... ICH... ICH... KANN NICHT. ICH... OH GOTT, DAS IST ALLES SO KOMPLIZIERT!
SEUFZ
REBECCA
?
?!
BRRR
YUSSIE... WAS MACHST DU DENN SO SPÄT NOCH HIER DRAUSSEN?
ER ZITTERT JA!!
SAG'S MIR... WAS IST LOS?
WAS SAGT ER?
OH MEIN GOTT! ER SAGT, DA LIEGT EIN **TOTER MANN** IN LOMBARDIS HOLZHANDLUNG!

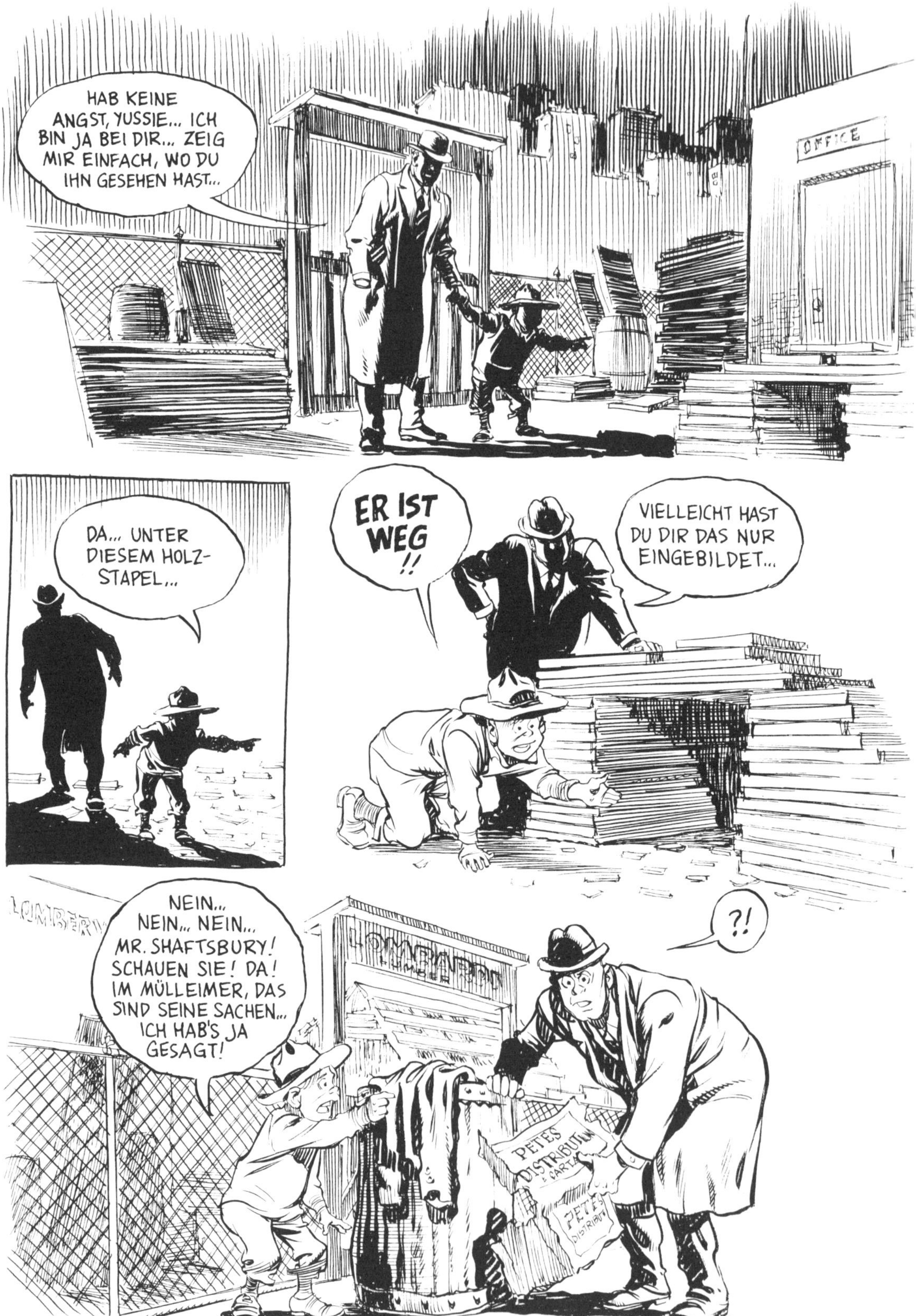
HAB KEINE ANGST, YUSSIE... ICH BIN JA BEI DIR... ZEIG MIR EINFACH, WO DU IHN GESEHEN HAST...
OFFICE
DA... UNTER DIESEM HOLZSTAPEL...
ER IST WEG !!
VIELLEICHT HAST DU DIR DAS NUR EINGEBILDET...
NEIN... NEIN... NEIN... MR. SHAFTSBURY! SCHAUEN SIE! DA! IM MÜLLEIMER, DAS SIND SEINE SACHEN... ICH HAB'S JA GESAGT!
?!

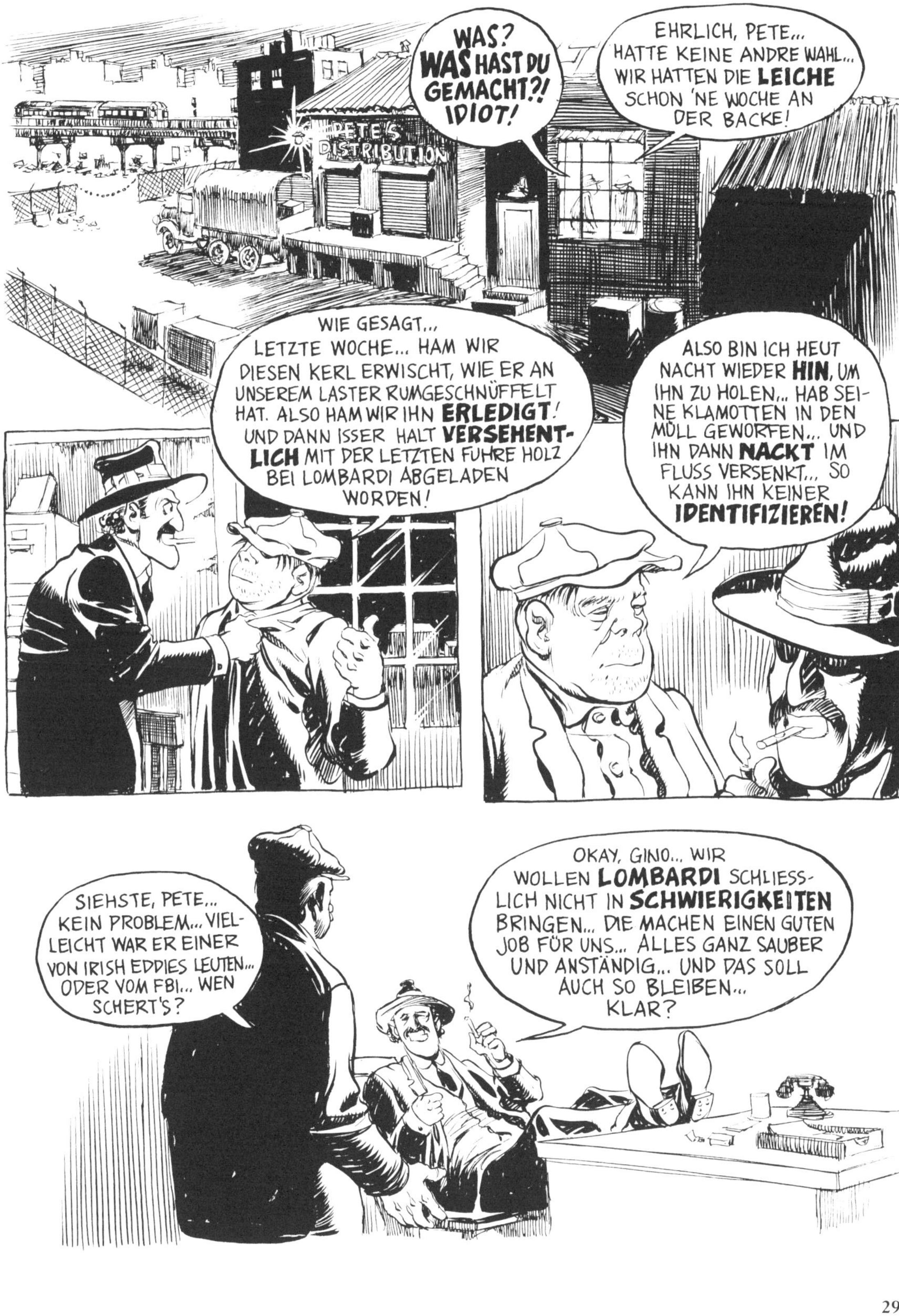
PETE'S DISTRIBUTION
WAS? WAS HAST DU GEMACHT?! IDIOT!
EHRLICH, PETE... HATTE KEINE ANDRE WAHL... WIR HATTEN DIE LEICHE SCHON 'NE WOCHE AN DER BACKE!
WIE GESAGT... LETZTE WOCHE... HAM WIR DIESEN KERL ERWISCHT, WIE ER AN UNSEREM LASTER RUMGESCHNÜFFELT HAT. ALSO HAM WIR IHN ERLEDIGT! UND DANN ISSER HALT VERSEHENTLICH MIT DER LETZTEN FUHRE HOLZ BEI LOMBARDI ABGELADEN WORDEN!
ALSO BIN ICH HEUT NACHT WIEDER HIN, UM IHN ZU HOLEN... HAB SEINE KLAMOTTEN IN DEN MÜLL GEWORFEN... UND IHN DANN NACKT IM FLUSS VERSENKT... SO KANN IHN KEINER IDENTIFIZIEREN!
SIEHSTE, PETE... KEIN PROBLEM... VIELLEICHT WAR ER EINER VON IRISH EDDIES LEUTEN... ODER VOM FBI... WEN SCHERT'S?
OKAY, GINO... WIR WOLLEN LOMBARDI SCHLIESSLICH NICHT IN SCHWIERIGKEITEN BRINGEN... DIE MACHEN EINEN GUTEN JOB FÜR UNS... ALLES GANZ SAUBER UND ANSTÄNDIG... UND DAS SOLL AUCH SO BLEIBEN... KLAR?

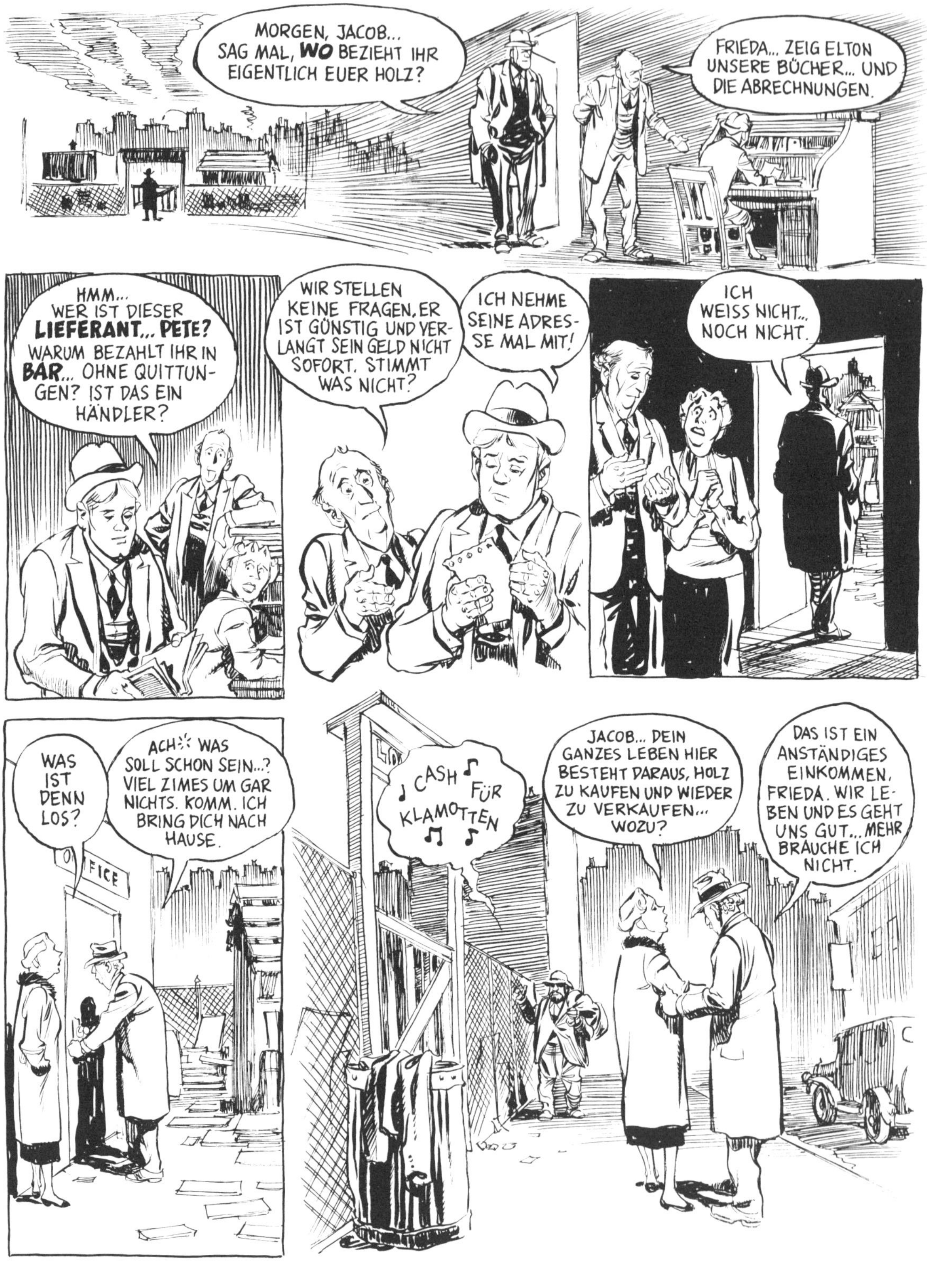
MORGEN, JACOB... SAG MAL, WO BEZIEHT IHR EIGENTLICH EUER HOLZ?
FRIEDA... ZEIG ELTON UNSERE BÜCHER... UND DIE ABRECHNUNGEN.
HMM... WER IST DIESER LIEFERANT... PETE? WARUM BEZAHLT IHR IN BAR... OHNE QUITTUNGEN? IST DAS EIN HÄNDLER?
WIR STELLEN KEINE FRAGEN. ER IST GÜNSTIG UND VERLANGT SEIN GELD NICHT SOFORT. STIMMT WAS NICHT?
ICH NEHME SEINE ADRESSE MAL MIT!
ICH WEISS NICHT... NOCH NICHT.
WAS IST DENN LOS?
ACH! WAS SOLL SCHON SEIN...? VIEL ZIMES UM GAR NICHTS. KOMM. ICH BRING DICH NACH HAUSE.
OFFICE
♪ CASH ♪ FÜR KLAMOTTEN ♫ ♪
JACOB... DEIN GANZES LEBEN HIER BESTEHT DARAUS, HOLZ ZU KAUFEN UND WIEDER ZU VERKAUFEN... WOZU?
DAS IST EIN ANSTÄNDIGES EINKOMMEN, FRIEDA. WIR LEBEN UND ES GEHT UNS GUT... MEHR BRAUCHE ICH NICHT.

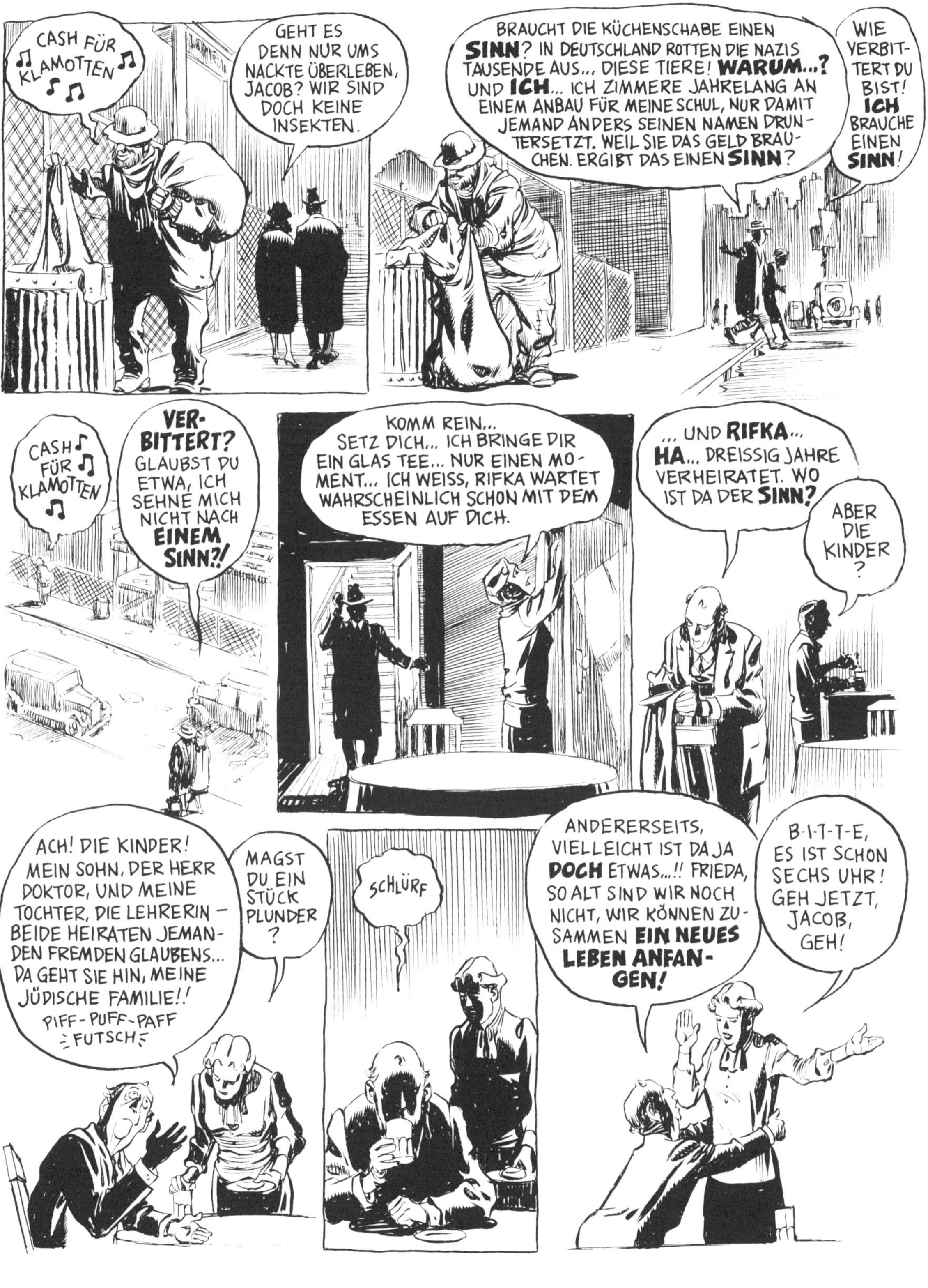
CASH FÜR KLAMOTTEN
GEHT ES DENN NUR UMS NACKTE ÜBERLEBEN, JACOB? WIR SIND DOCH KEINE INSEKTEN.
BRAUCHT DIE KÜCHENSCHABE EINEN SINN? IN DEUTSCHLAND ROTTEN DIE NAZIS TAUSENDE AUS..., DIESE TIERE! WARUM...? UND ICH... ICH ZIMMERE JAHRELANG AN EINEM ANBAU FÜR MEINE SCHUL, NUR DAMIT JEMAND ANDERS SEINEN NAMEN DRUNTERSETZT. WEIL SIE DAS GELD BRAUCHEN. ERGIBT DAS EINEN SINN?
WIE VERBITTERT DU BIST! ICH BRAUCHE EINEN SINN!
CASH FÜR KLAMOTTEN
VERBITTERT? GLAUBST DU ETWA, ICH SEHNE MICH NICHT NACH EINEM SINN?!
KOMM REIN... SETZ DICH... ICH BRINGE DIR EIN GLAS TEE... NUR EINEN MOMENT... ICH WEISS, RIFKA WARTET WAHRSCHEINLICH SCHON MIT DEM ESSEN AUF DICH.
... UND RIFKA... HA... DREISSIG JAHRE VERHEIRATET. WO IST DA DER SINN?
ABER DIE KINDER?
ACH! DIE KINDER! MEIN SOHN, DER HERR DOKTOR, UND MEINE TOCHTER, DIE LEHRERIN – BEIDE HEIRATEN JEMANDEN FREMDEN GLAUBENS... DA GEHT SIE HIN, MEINE JÜDISCHE FAMILIE!! PIFF-PUFF-PAFF FUTSCH
MAGST DU EIN STÜCK PLUNDER?
SCHLÜRF
ANDERERSEITS, VIELLEICHT IST DA JA DOCH ETWAS...!! FRIEDA, SO ALT SIND WIR NOCH NICHT, WIR KÖNNEN ZUSAMMEN EIN NEUES LEBEN ANFANGEN!
B-I-T-T-E, ES IST SCHON SECHS UHR! GEH JETZT, JACOB, GEH!

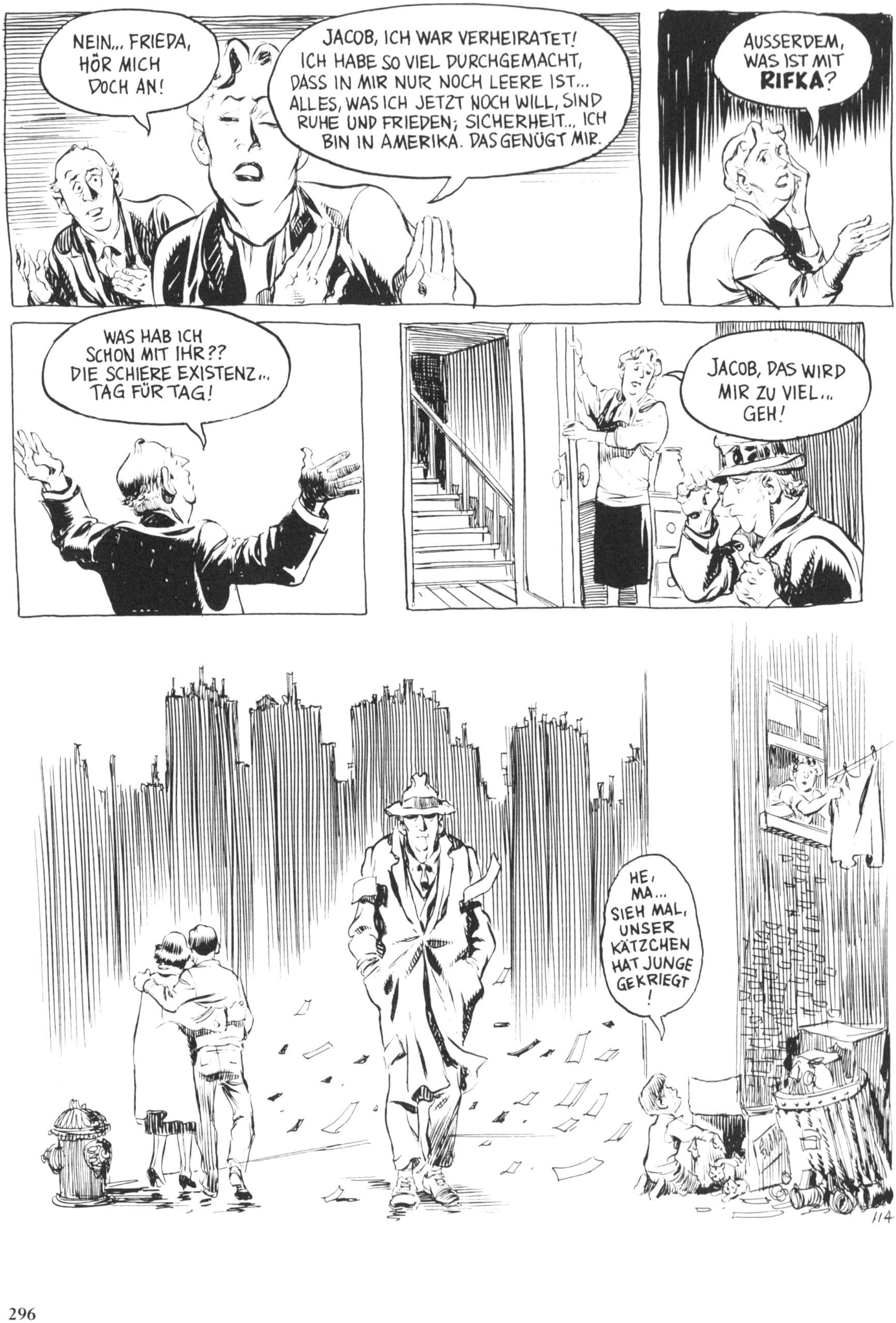
NEIN... FRIEDA, HÖR MICH DOCH AN!
JACOB, ICH WAR VERHEIRATET! ICH HABE SO VIEL DURCHGEMACHT, DASS IN MIR NUR NOCH LEERE IST... ALLES, WAS ICH JETZT NOCH WILL, SIND RUHE UND FRIEDEN; SICHERHEIT... ICH BIN IN AMERIKA. DAS GENÜGT MIR.
AUSSERDEM, WAS IST MIT RIFKA?
WAS HAB ICH SCHON MIT IHR?? DIE SCHIERE EXISTENZ... TAG FÜR TAG!
JACOB, DAS WIRD MIR ZU VIEL... GEH!
HE, MA... SIEH MAL, UNSER KÄTZCHEN HAT JUNGE GEKRIEGT!
114

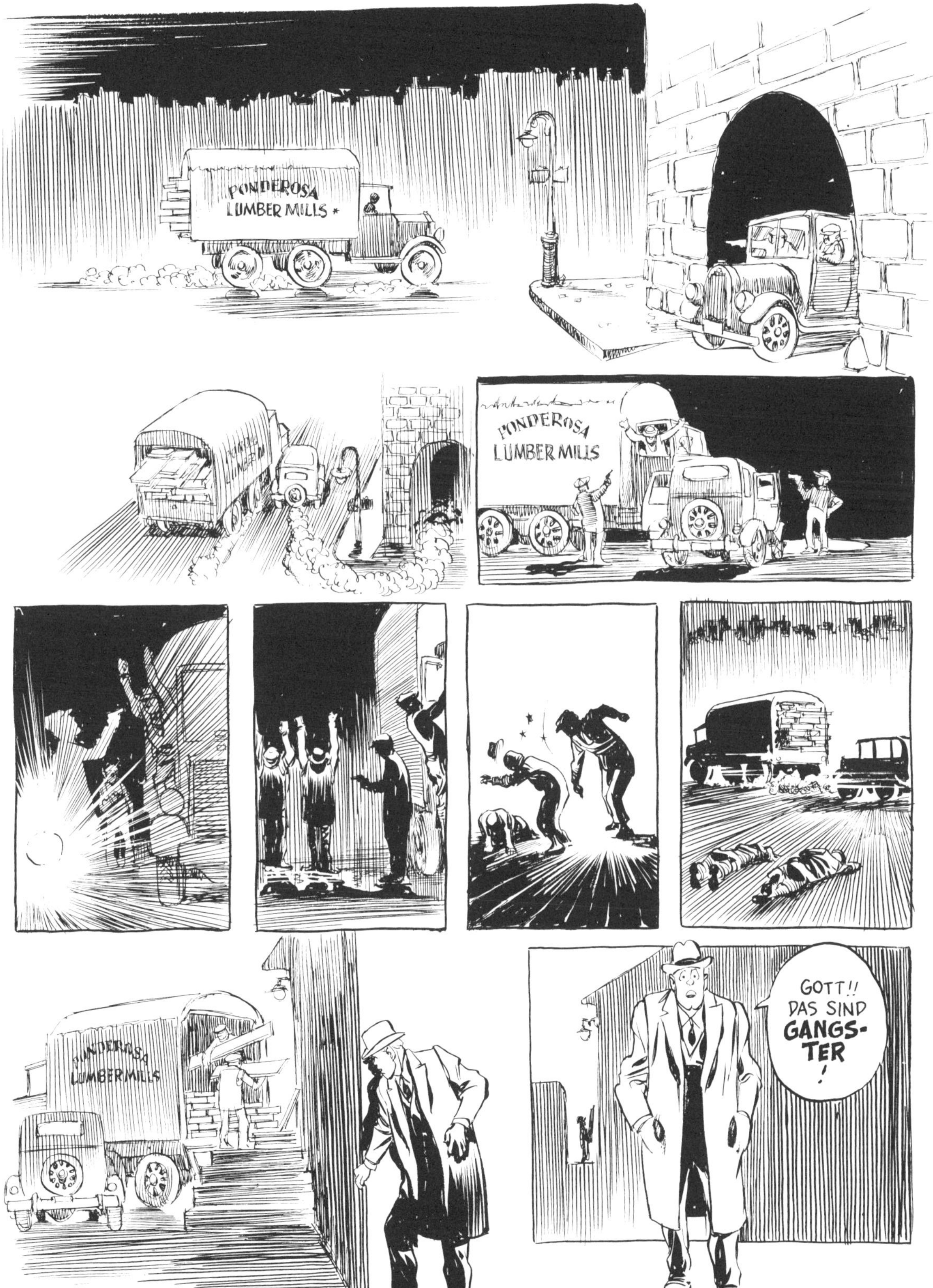

*PONDEROSA SÄGEWERK

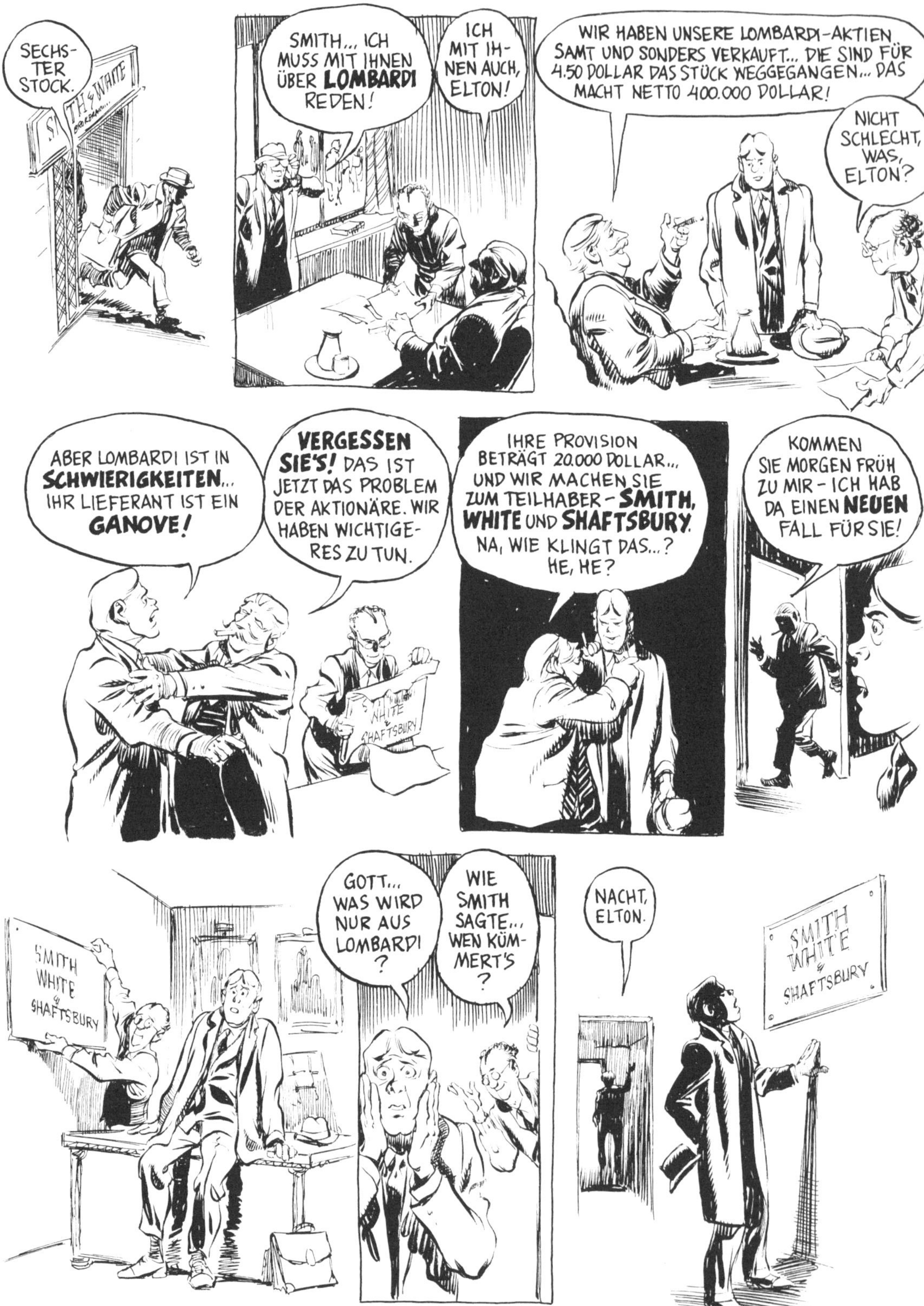
SECHSTER STOCK.
SMITH... ICH MUSS MIT IHNEN ÜBER LOMBARDI REDEN!
ICH MIT IHNEN AUCH, ELTON!
WIR HABEN UNSERE LOMBARDI-AKTIEN SAMT UND SONDERS VERKAUFT... DIE SIND FÜR 4.50 DOLLAR DAS STÜCK WEGGEGANGEN... DAS MACHT NETTO 400.000 DOLLAR!
NICHT SCHLECHT, WAS, ELTON?
ABER LOMBARDI IST IN SCHWIERIGKEITEN... IHR LIEFERANT IST EIN GANOVE!
VERGESSEN SIE'S! DAS IST JETZT DAS PROBLEM DER AKTIONÄRE. WIR HABEN WICHTIGERES ZU TUN.
IHRE PROVISION BETRÄGT 20.000 DOLLAR... UND WIR MACHEN SIE ZUM TEILHABER – SMITH, WHITE UND SHAFTSBURY. NA, WIE KLINGT DAS...? HE, HE?
KOMMEN SIE MORGEN FRÜH ZU MIR – ICH HAB DA EINEN NEUEN FALL FÜR SIE!
SMITH WHITE & SHAFTSBURY
GOTT... WAS WIRD NUR AUS LOMBARDI?
WIE SMITH SAGTE... WEN KÜMMERT'S?
NACHT, ELTON.
SMITH WHITE & SHAFTSBURY

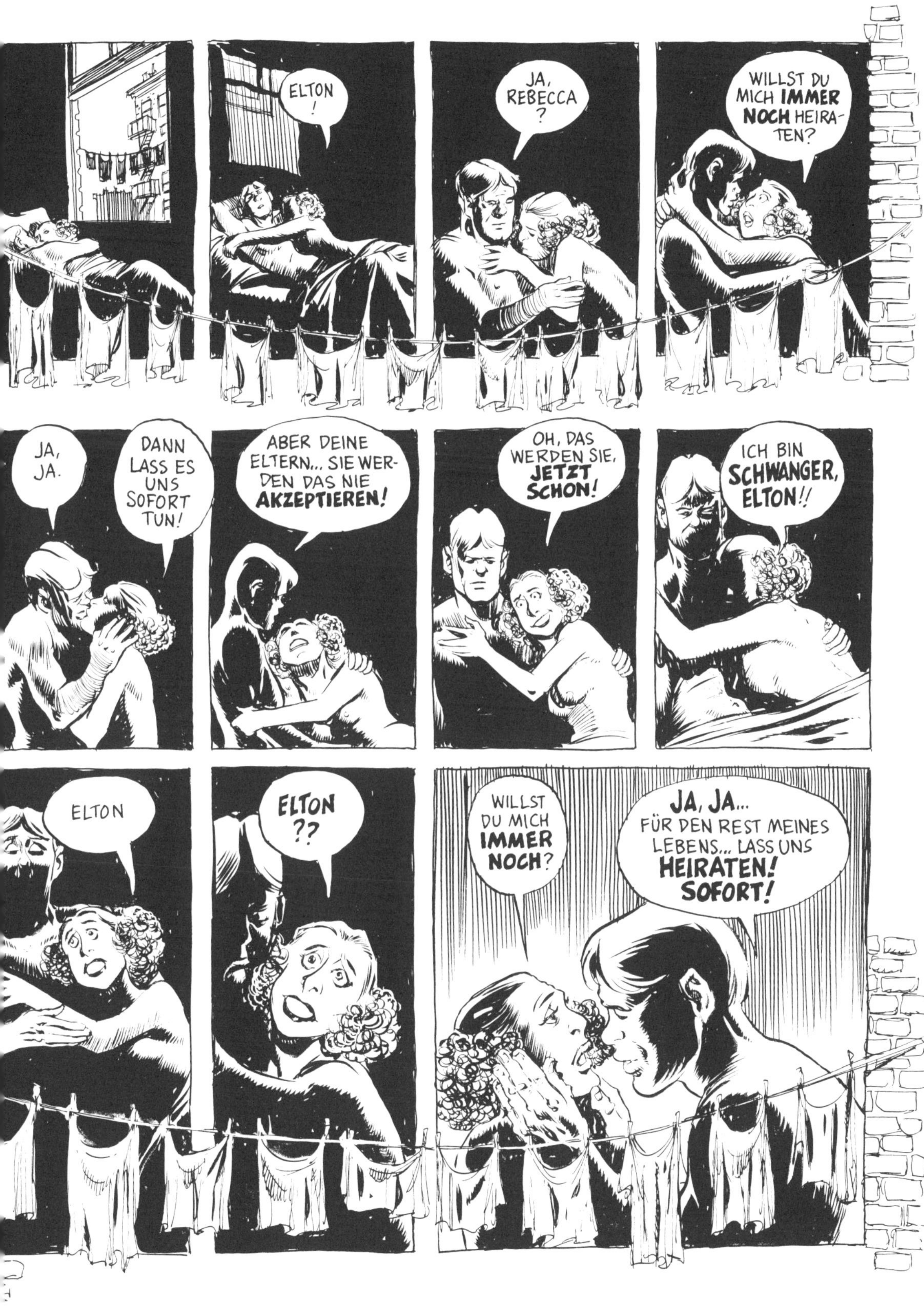
ELTON !
JA, REBECCA ?
WILLST DU MICH IMMER NOCH HEIRATEN?
JA, JA.
DANN LASS ES UNS SOFORT TUN!
ABER DEINE ELTERN... SIE WERDEN DAS NIE AKZEPTIEREN!
OH, DAS WERDEN SIE, JETZT SCHON!
ICH BIN SCHWANGER, ELTON!!
ELTON
ELTON ??
WILLST DU MICH IMMER NOCH?
JA, JA... FÜR DEN REST MEINES LEBENS... LASS UNS HEIRATEN! SOFORT!

ÜBERLEBEN

VOR MILLIONEN VON JAHREN... BEVOR DIE UNS HEUTE VERTRAUTE LEBENSFORM MENSCH AUF DER BILDFLÄCHE ERSCHIEN... BEVÖLKERTE DIE **KÜCHENSCHABE** BEREITS IN GROSSER ZAHL SÄMTLICHE WINKEL DIESER ERDE...

IN DEN FOLGENDEN JAHRHUNDERTEN GELANG ES DIESEN INSEKTEN, ZU ÜBERLEBEN, WÄHREND ANDERE, ÄHNLICHE ARTEN LÄNGST AUSGESTORBEN WAREN!

UNTERDESSEN HATTE SICH, IN RELATIV KURZER ZEIT, DIE **MENSCHLICHE** SPEZIES ENTWICKELT... UM FORTAN IN BEMERKENSWERTER MANIER EINFLUSS AUF IHRE UMGEBUNG ZU NEHMEN!!

WUNDERSAMERWEISE GELANG ES DIESEN AUFRECHT GEHENDEN WESEN, DER NATUR ZU TROTZEN UND SIE SOGAR ZU BEZWINGEN... SIE WAREN GAR IN DER LAGE, ANDERE, WEIT STÄRKERE LEBENSFORMEN ZU BEHERRSCHEN ODER ZU UNTERDRÜCKEN... UND TROTZ HUNGERSNÖTEN, KRANKHEITEN UND ANDERER KATASTROPHEN WIE DER ZAHLREICHEN VERNICHTUNG IHRER SELBST... GELANG ES IHNEN ZU ÜBERLEBEN UND SICH MASSENHAFT ZU VERMEHREN!

MIT DER KÜCHENSCHABE IST IHNEN EINE ERSTAUNLICHE LEBENSKRAFT GEMEIN!

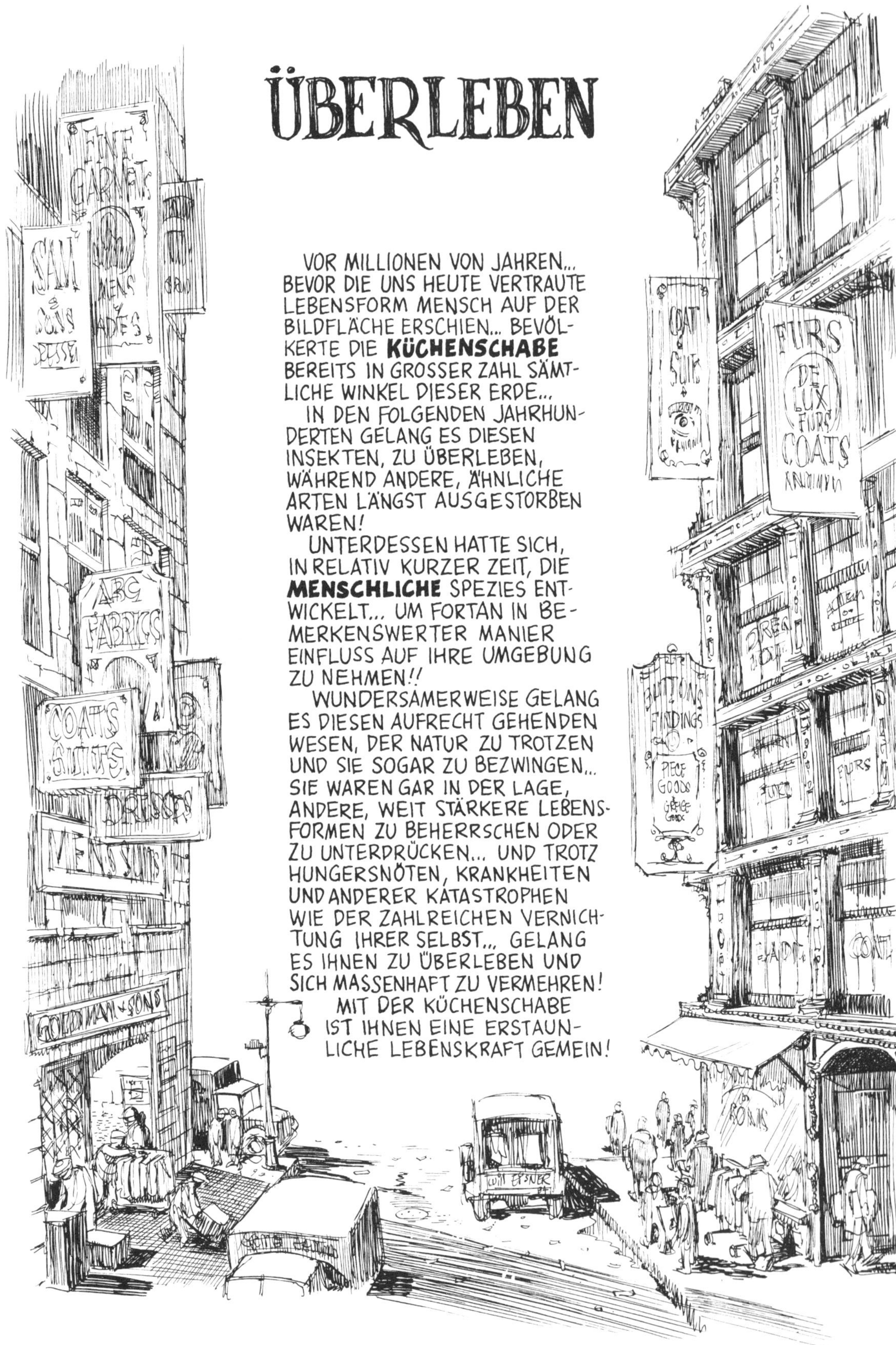

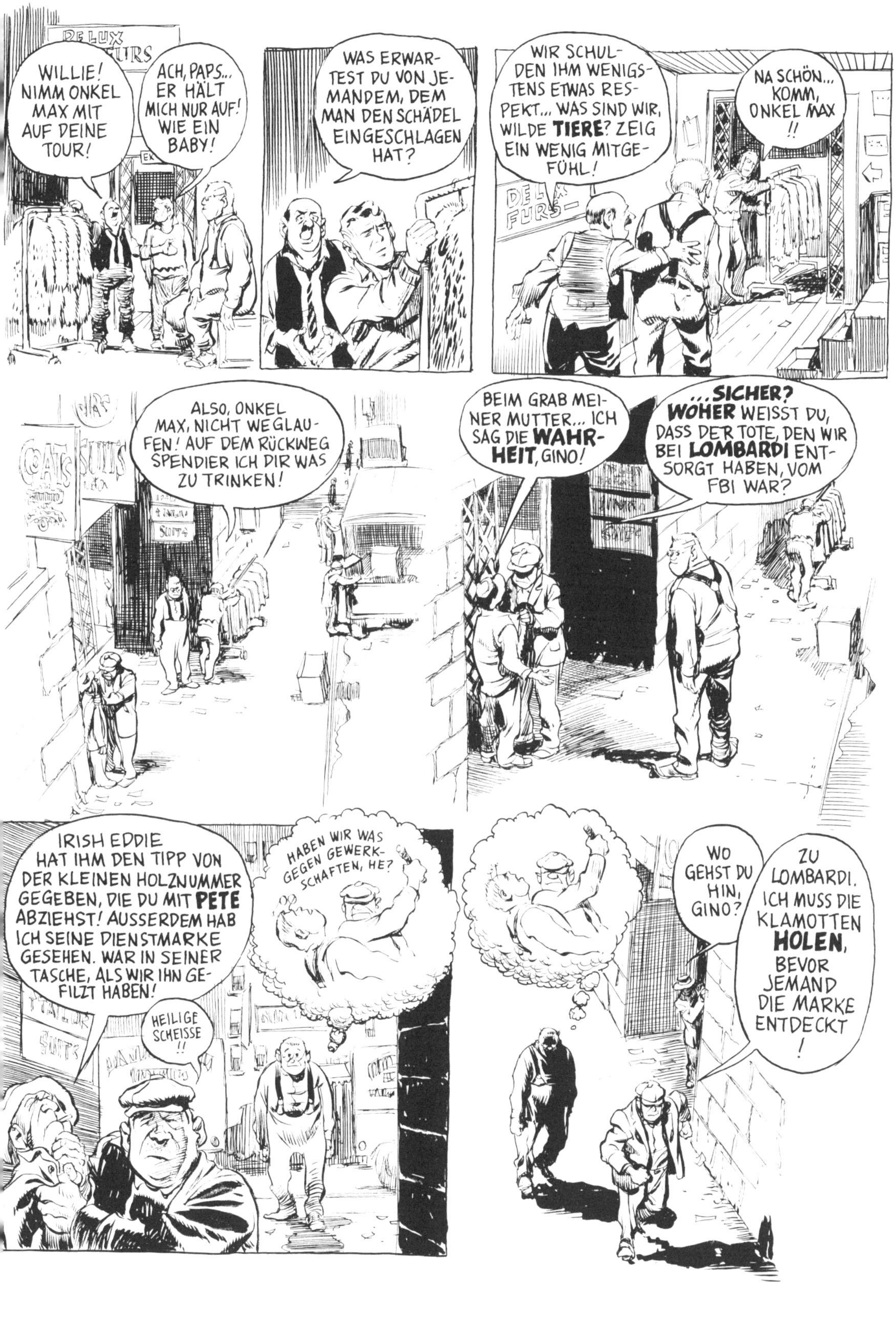

WILLIE! NIMM ONKEL MAX MIT AUF DEINE TOUR!
ACH, PAPS... ER HÄLT MICH NUR AUF! WIE EIN BABY!
WAS ERWARTEST DU VON JEMANDEM, DEM MAN DEN SCHÄDEL EINGESCHLAGEN HAT?
WIR SCHULDEN IHM WENIGSTENS ETWAS RESPEKT... WAS SIND WIR, WILDE TIERE? ZEIG EIN WENIG MITGEFÜHL!
NA SCHÖN... KOMM, ONKEL MAX!!
ALSO, ONKEL MAX, NICHT WEGLAUFEN! AUF DEM RÜCKWEG SPENDIER ICH DIR WAS ZU TRINKEN!
BEIM GRAB MEINER MUTTER... ICH SAG DIE WAHRHEIT, GINO!
...SICHER? WOHER WEISST DU, DASS DER TOTE, DEN WIR BEI LOMBARDI ENTSORGT HABEN, VOM FBI WAR?
IRISH EDDIE HAT IHM DEN TIPP VON DER KLEINEN HOLZNUMMER GEGEBEN, DIE DU MIT PETE ABZIEHST! AUSSERDEM HAB ICH SEINE DIENSTMARKE GESEHEN. WAR IN SEINER TASCHE, ALS WIR IHN GEFILZT HABEN!
HABEN WIR WAS GEGEN GEWERKSCHAFTEN, HE?
HEILIGE SCHEISSE!!
WO GEHST DU HIN, GINO?
ZU LOMBARDI. ICH MUSS DIE KLAMOTTEN HOLEN, BEVOR JEMAND DIE MARKE ENTDECKT!

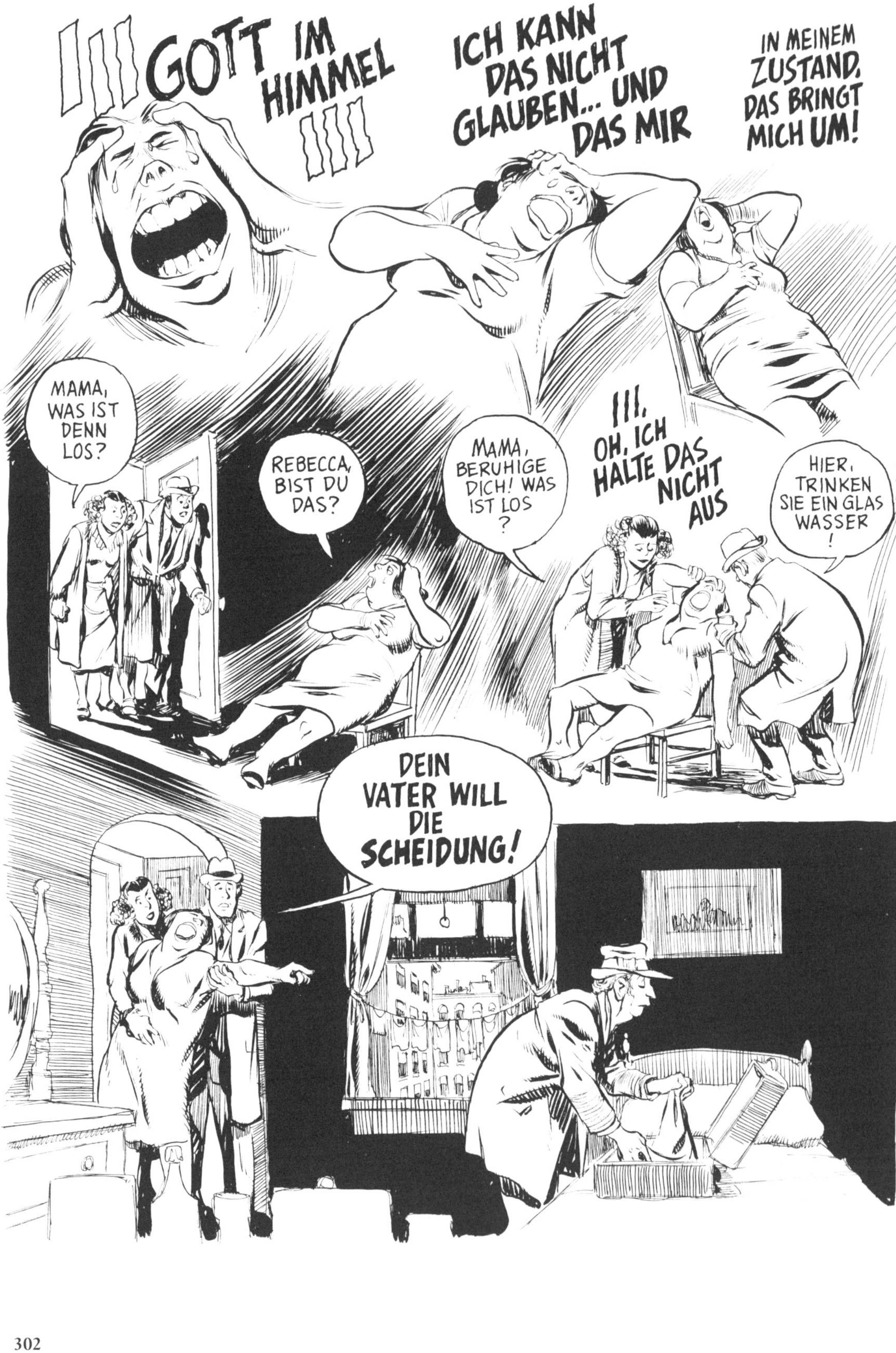
!!! GOTT IM HIMMEL !!!!
ICH KANN DAS NICHT GLAUBEN... UND DAS MIR
IN MEINEM ZUSTAND, DAS BRINGT MICH UM!
MAMA, WAS IST DENN LOS?
REBECCA, BIST DU DAS?
MAMA, BERUHIGE DICH! WAS IST LOS?
!!!, OH, ICH HALTE DAS NICHT AUS
HIER, TRINKEN SIE EIN GLAS WASSER!
DEIN VATER WILL DIE SCHEIDUNG!

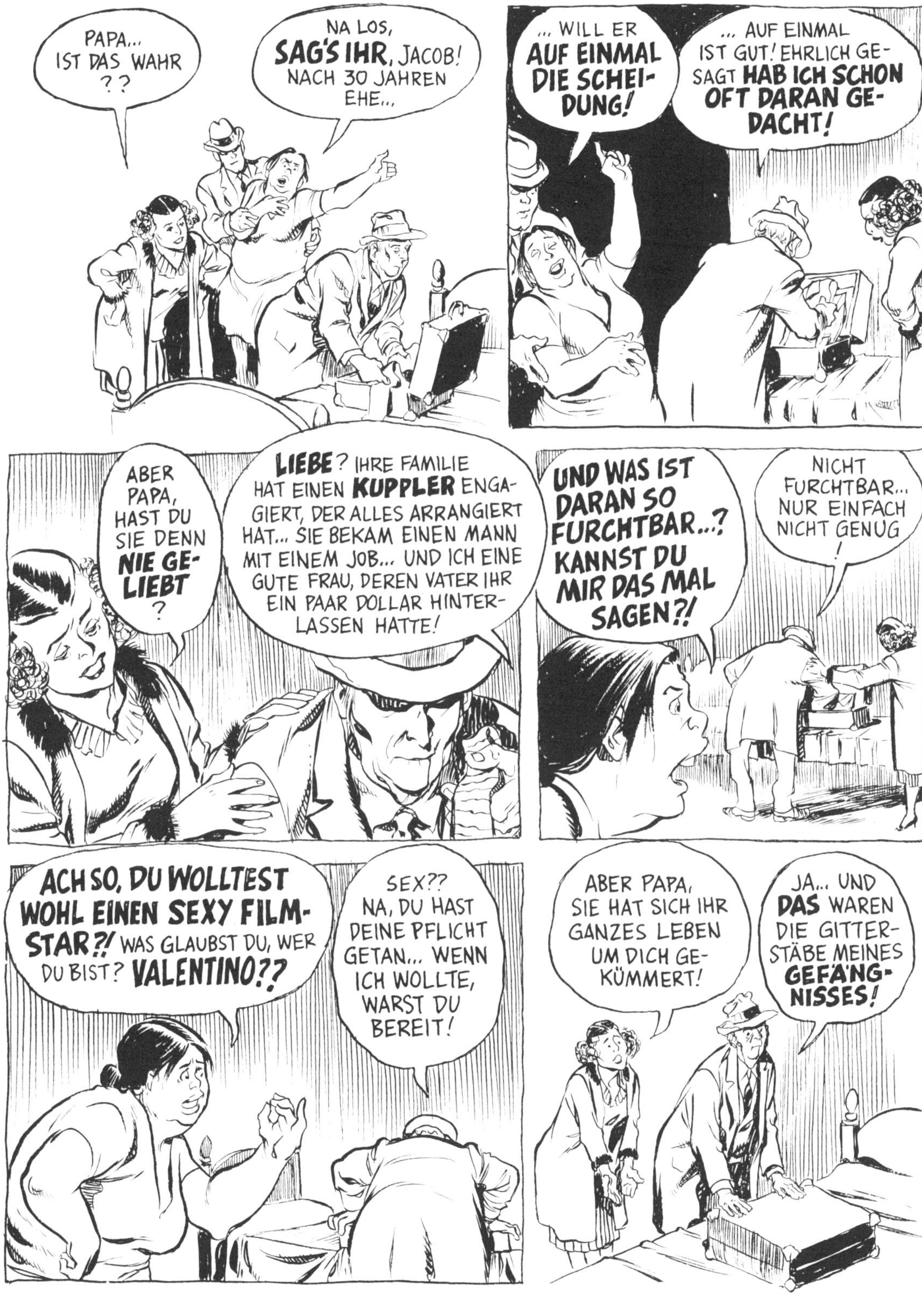
PAPA... IST DAS WAHR ??
NA LOS, SAG'S IHR, JACOB! NACH 30 JAHREN EHE...
... WILL ER AUF EINMAL DIE SCHEIDUNG!
... AUF EINMAL IST GUT! EHRLICH GESAGT HAB ICH SCHON OFT DARAN GEDACHT!
ABER PAPA, HAST DU SIE DENN NIE GELIEBT ?
LIEBE? IHRE FAMILIE HAT EINEN KUPPLER ENGAGIERT, DER ALLES ARRANGIERT HAT... SIE BEKAM EINEN MANN MIT EINEM JOB... UND ICH EINE GUTE FRAU, DEREN VATER IHR EIN PAAR DOLLAR HINTERLASSEN HATTE!
UND WAS IST DARAN SO FURCHTBAR...? KANNST DU MIR DAS MAL SAGEN?!
NICHT FURCHTBAR... NUR EINFACH NICHT GENUG !
ACH SO, DU WOLLTEST WOHL EINEN SEXY FILMSTAR?! WAS GLAUBST DU, WER DU BIST? VALENTINO??
SEX?? NA, DU HAST DEINE PFLICHT GETAN... WENN ICH WOLLTE, WARST DU BEREIT!
ABER PAPA, SIE HAT SICH IHR GANZES LEBEN UM DICH GEKÜMMERT!
JA... UND DAS WAREN DIE GITTERSTÄBE MEINES GEFÄNGNISSES!

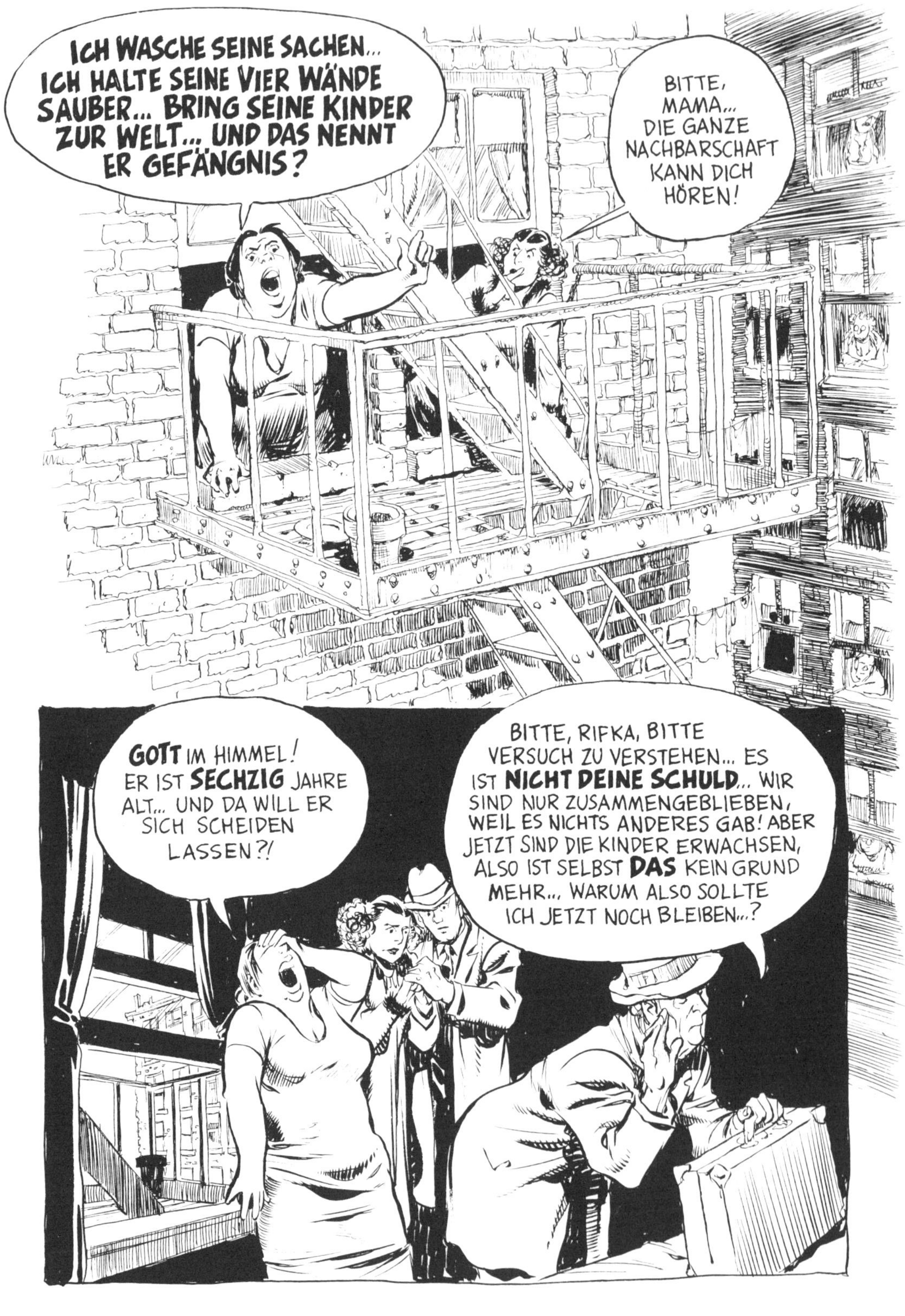
ICH WASCHE SEINE SACHEN... ICH HALTE SEINE VIER WÄNDE SAUBER... BRING SEINE KINDER ZUR WELT... UND DAS NENNT ER GEFÄNGNIS?
BITTE, MAMA... DIE GANZE NACHBARSCHAFT KANN DICH HÖREN!
GOTT IM HIMMEL! ER IST SECHZIG JAHRE ALT... UND DA WILL ER SICH SCHEIDEN LASSEN?!
BITTE, RIFKA, BITTE VERSUCH ZU VERSTEHEN... ES IST NICHT DEINE SCHULD... WIR SIND NUR ZUSAMMENGEBLIEBEN, WEIL ES NICHTS ANDERES GAB! ABER JETZT SIND DIE KINDER ERWACHSEN, ALSO IST SELBST DAS KEIN GRUND MEHR..., WARUM ALSO SOLLTE ICH JETZT NOCH BLEIBEN...?

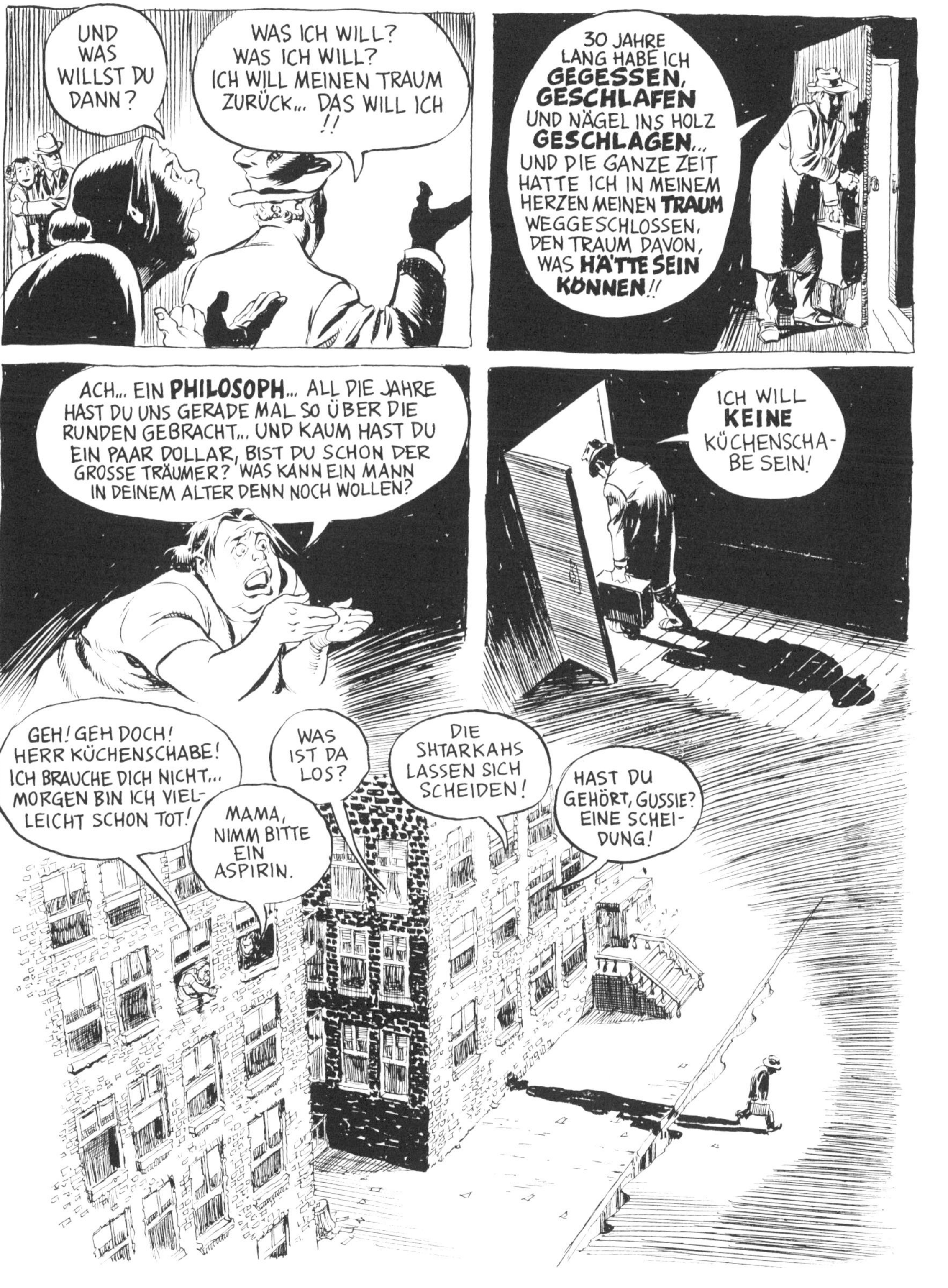
UND WAS WILLST DU DANN?
WAS ICH WILL? WAS ICH WILL? ICH WILL MEINEN TRAUM ZURÜCK... DAS WILL ICH!!
30 JAHRE LANG HABE ICH GEGESSEN, GESCHLAFEN UND NÄGEL INS HOLZ GESCHLAGEN... UND DIE GANZE ZEIT HATTE ICH IN MEINEM HERZEN MEINEN TRAUM WEGGESCHLOSSEN, DEN TRAUM DAVON, WAS HÄTTE SEIN KÖNNEN!!
ACH... EIN PHILOSOPH... ALL DIE JAHRE HAST DU UNS GERADE MAL SO ÜBER DIE RUNDEN GEBRACHT... UND KAUM HAST DU EIN PAAR DOLLAR, BIST DU SCHON DER GROSSE TRÄUMER? WAS KANN EIN MANN IN DEINEM ALTER DENN NOCH WOLLEN?
ICH WILL KEINE KÜCHENSCHABE SEIN!
GEH! GEH DOCH! HERR KÜCHENSCHABE! ICH BRAUCHE DICH NICHT... MORGEN BIN ICH VIELLEICHT SCHON TOT!
MAMA, NIMM BITTE EIN ASPIRIN.
WAS IST DA LOS?
DIE SHTARKAHS LASSEN SICH SCHEIDEN!
HAST DU GEHÖRT, GUSSIE? EINE SCHEIDUNG!

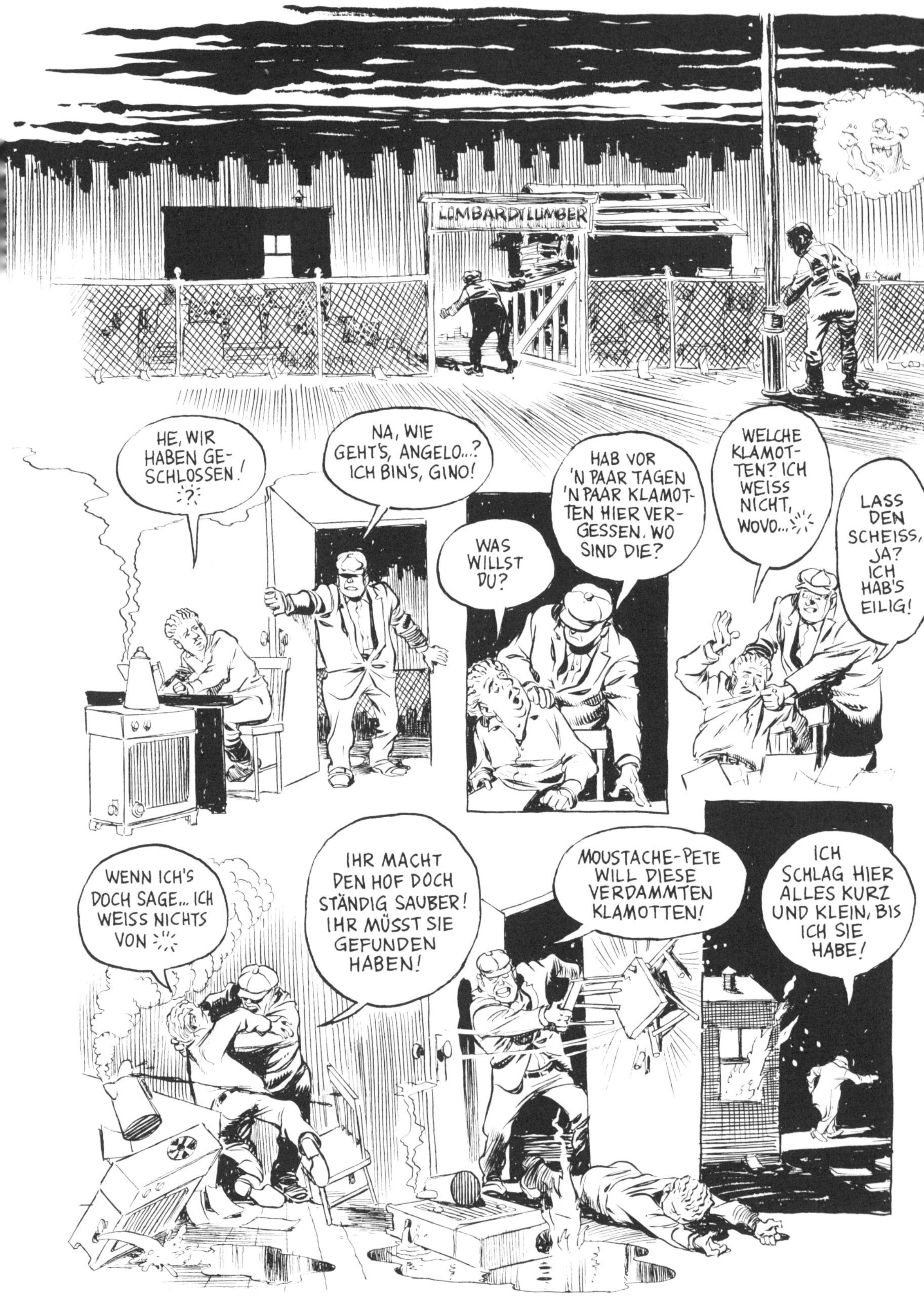
LOMBARDI LUMBER
HE, WIR HABEN GESCHLOSSEN! ?
NA, WIE GEHT'S, ANGELO...? ICH BIN'S, GINO!
WAS WILLST DU?
HAB VOR 'N PAAR TAGEN 'N PAAR KLAMOTTEN HIER VERGESSEN. WO SIND DIE?
WELCHE KLAMOTTEN? ICH WEISS NICHT, WOVO...
LASS DEN SCHEISS, JA? ICH HAB'S EILIG!
WENN ICH'S DOCH SAGE... ICH WEISS NICHTS VON
IHR MACHT DEN HOF DOCH STÄNDIG SAUBER! IHR MÜSST SIE GEFUNDEN HABEN!
MOUSTACHE-PETE WILL DIESE VERDAMMTEN KLAMOTTEN!
ICH SCHLAG HIER ALLES KURZ UND KLEIN, BIS ICH SIE HABE!

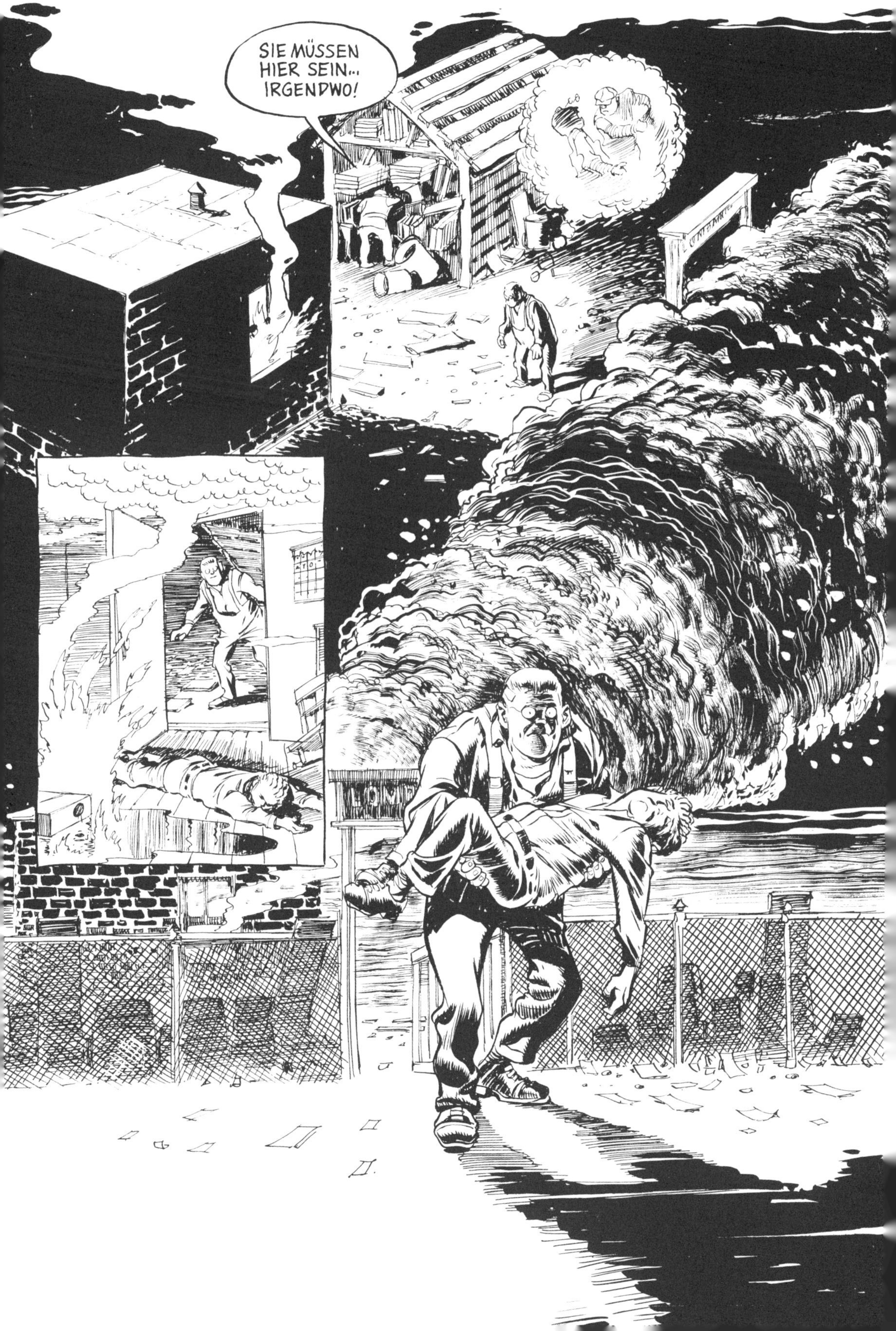
SIE MÜSSEN HIER SEIN... IRGENDWO!

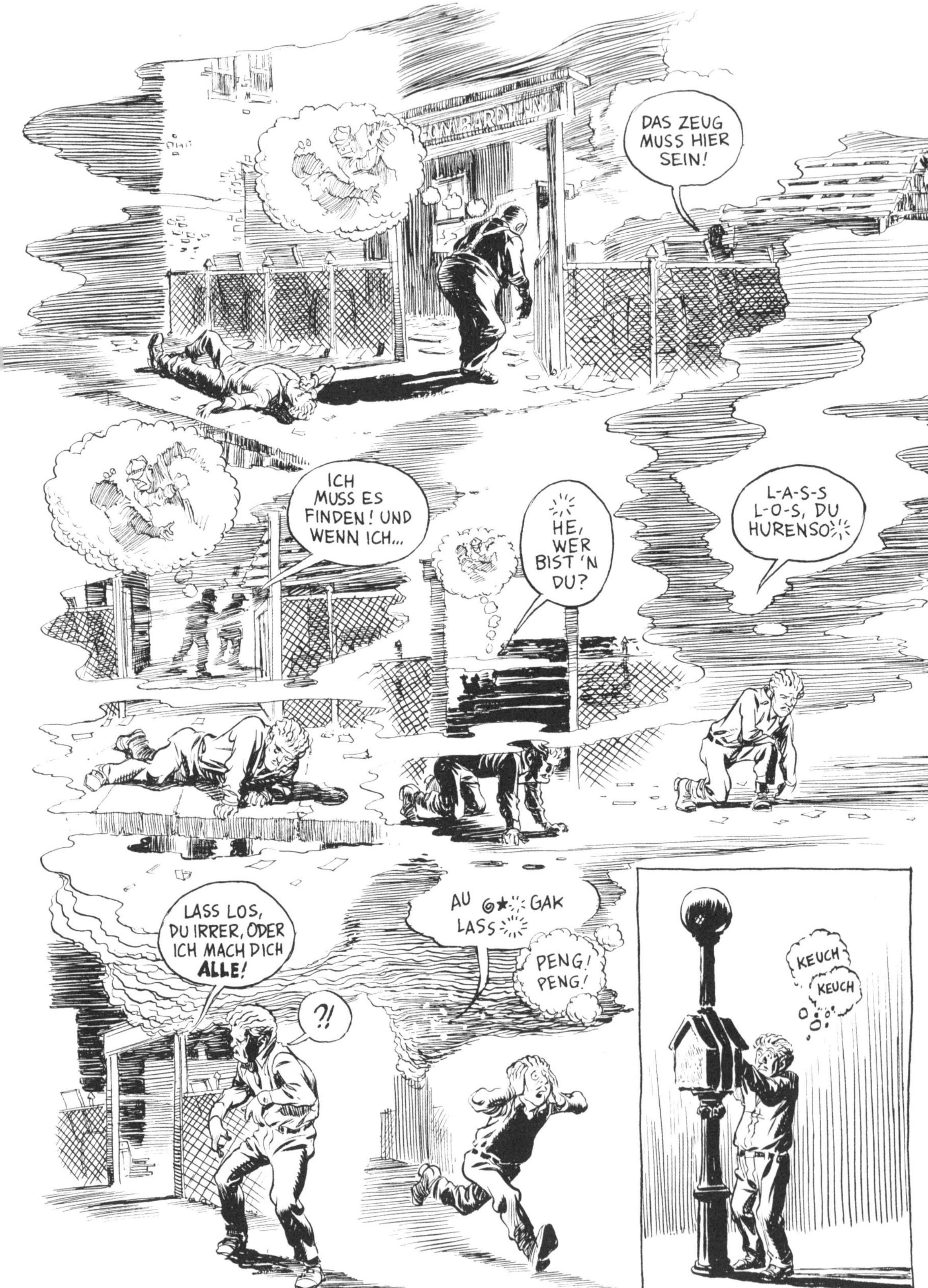
LOMBARD
DAS ZEUG MUSS HIER SEIN!
ICH MUSS ES FINDEN! UND WENN ICH...
HE, WER BIST 'N DU?
L-A-S-S L-O-S, DU HURENSO
LASS LOS, DU IRRER, ODER ICH MACH DICH **ALLE**!
?!
AU G★ GAK LASS
PENG! PENG!
KEUCH
KEUCH

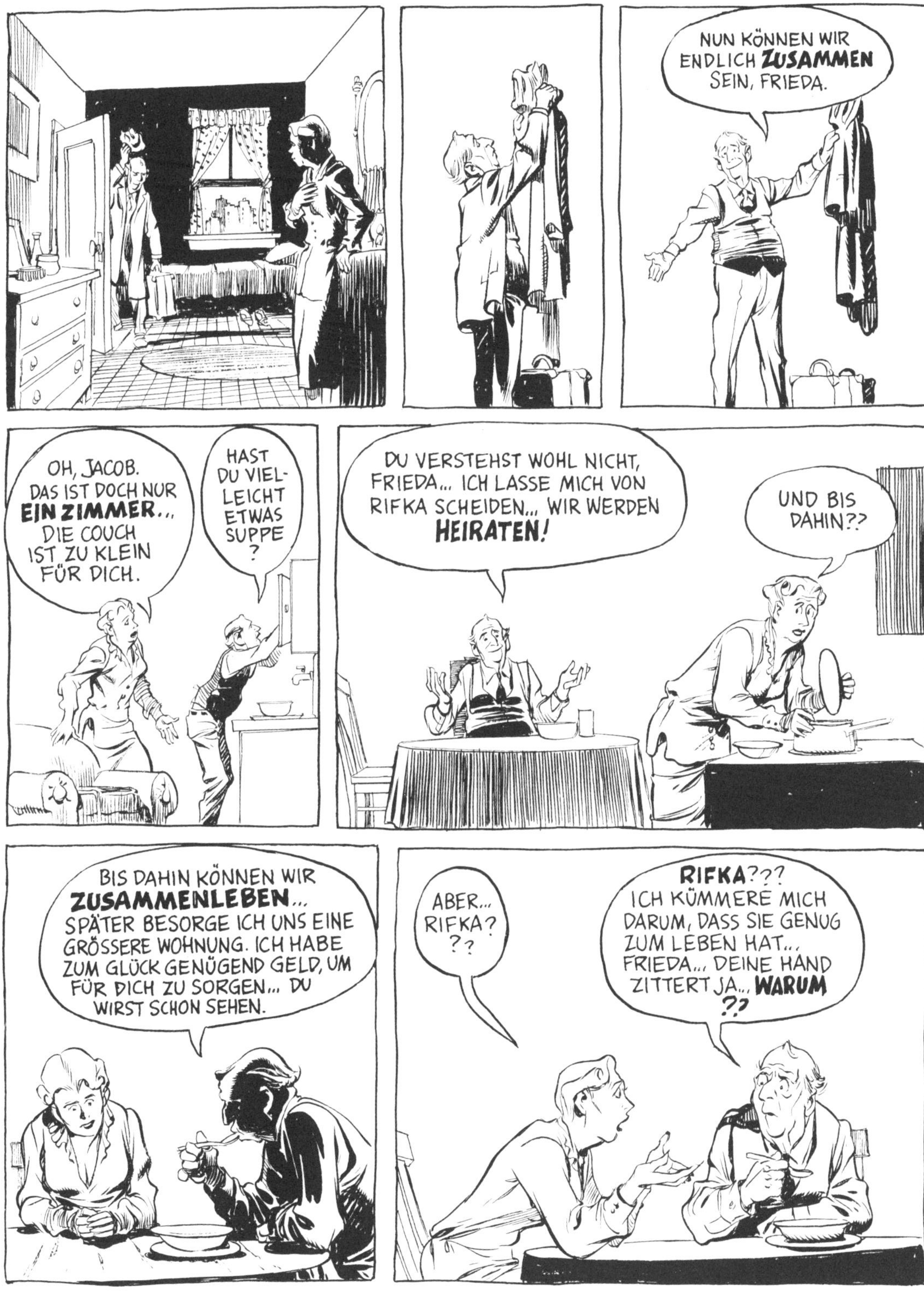
NUN KÖNNEN WIR ENDLICH ZUSAMMEN SEIN, FRIEDA.
OH, JACOB. DAS IST DOCH NUR EIN ZIMMER... DIE COUCH IST ZU KLEIN FÜR DICH.
HAST DU VIELLEICHT ETWAS SUPPE?
DU VERSTEHST WOHL NICHT, FRIEDA... ICH LASSE MICH VON RIFKA SCHEIDEN... WIR WERDEN HEIRATEN!
UND BIS DAHIN??
BIS DAHIN KÖNNEN WIR ZUSAMMENLEBEN... SPÄTER BESORGE ICH UNS EINE GRÖSSERE WOHNUNG. ICH HABE ZUM GLÜCK GENÜGEND GELD, UM FÜR DICH ZU SORGEN... DU WIRST SCHON SEHEN.
ABER... RIFKA???
RIFKA??? ICH KÜMMERE MICH DARUM, DASS SIE GENUG ZUM LEBEN HAT... FRIEDA... DEINE HAND ZITTERT JA... WARUM??

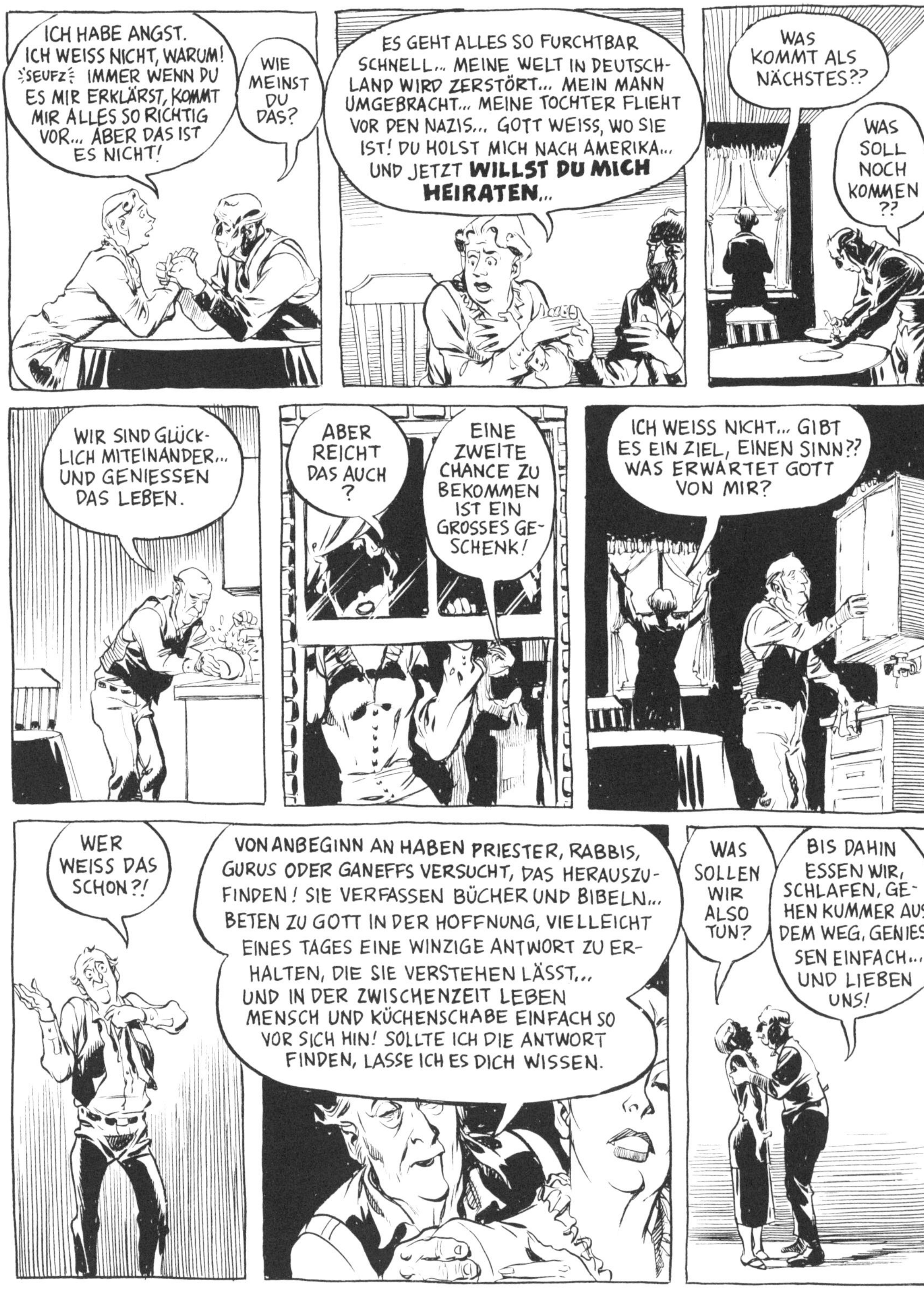
ICH HABE ANGST. ICH WEISS NICHT, WARUM! SEUFZ IMMER WENN DU ES MIR ERKLÄRST, KOMMT MIR ALLES SO RICHTIG VOR... ABER DAS IST ES NICHT!
WIE MEINST DU DAS?
ES GEHT ALLES SO FURCHTBAR SCHNELL... MEINE WELT IN DEUTSCHLAND WIRD ZERSTÖRT... MEIN MANN UMGEBRACHT... MEINE TOCHTER FLIEHT VOR DEN NAZIS... GOTT WEISS, WO SIE IST! DU HOLST MICH NACH AMERIKA... UND JETZT WILLST DU MICH HEIRATEN...
WAS KOMMT ALS NÄCHSTES??
WAS SOLL NOCH KOMMEN ??
WIR SIND GLÜCKLICH MITEINANDER... UND GENIESSEN DAS LEBEN.
ABER REICHT DAS AUCH ?
EINE ZWEITE CHANCE ZU BEKOMMEN IST EIN GROSSES GESCHENK!
ICH WEISS NICHT... GIBT ES EIN ZIEL, EINEN SINN?? WAS ERWARTET GOTT VON MIR?
WER WEISS DAS SCHON?!
VON ANBEGINN AN HABEN PRIESTER, RABBIS, GURUS ODER GANEFFS VERSUCHT, DAS HERAUSZUFINDEN! SIE VERFASSEN BÜCHER UND BIBELN... BETEN ZU GOTT IN DER HOFFNUNG, VIELLEICHT EINES TAGES EINE WINZIGE ANTWORT ZU ERHALTEN, DIE SIE VERSTEHEN LÄSST... UND IN DER ZWISCHENZEIT LEBEN MENSCH UND KÜCHENSCHABE EINFACH SO VOR SICH HIN! SOLLTE ICH DIE ANTWORT FINDEN, LASSE ICH ES DICH WISSEN.
WAS SOLLEN WIR ALSO TUN?
BIS DAHIN ESSEN WIR, SCHLAFEN, GEHEN KUMMER AUS DEM WEG, GENIESSEN EINFACH... UND LIEBEN UNS!

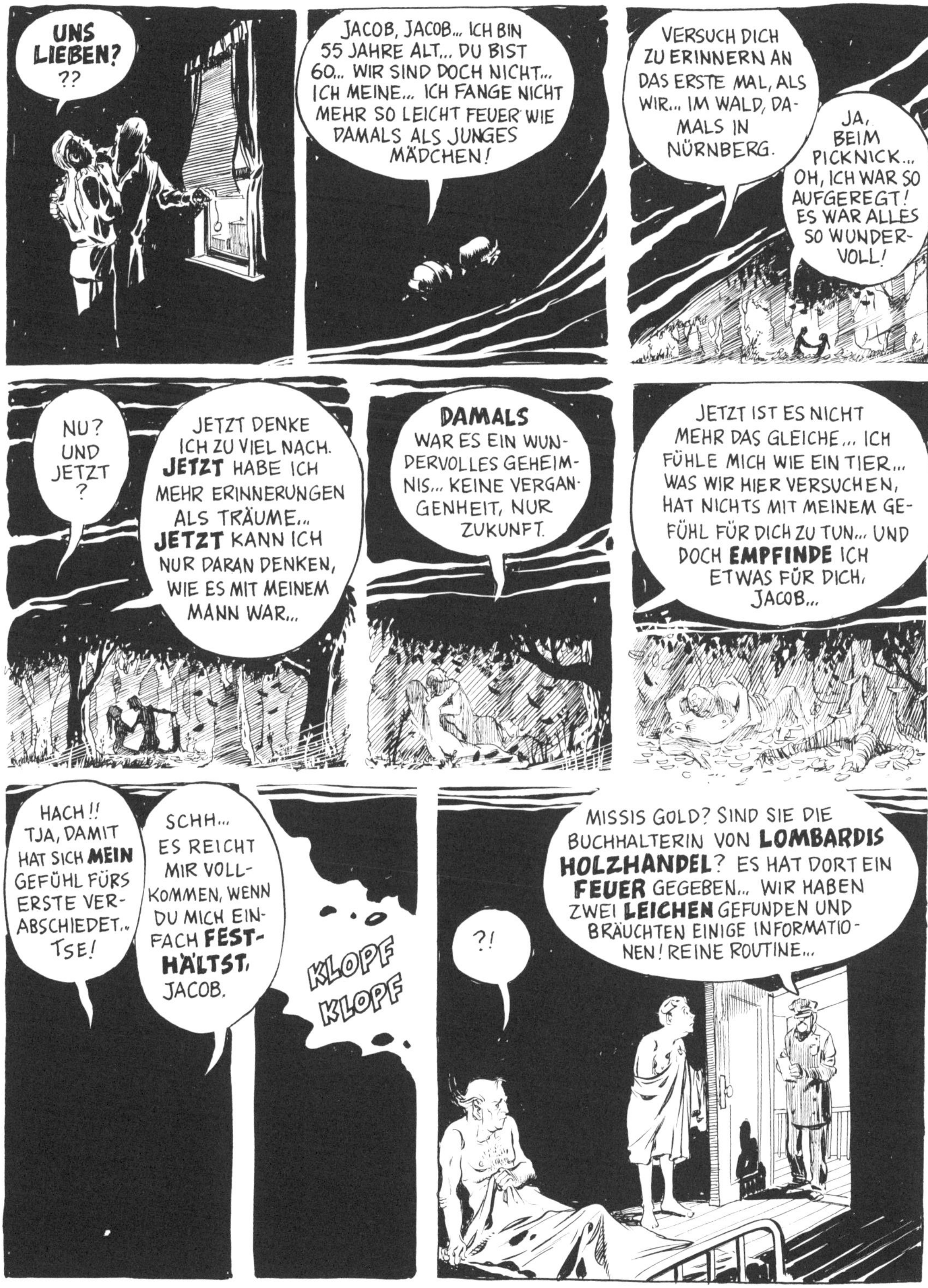
UNS LIEBEN? ??
JACOB, JACOB... ICH BIN 55 JAHRE ALT... DU BIST 60... WIR SIND DOCH NICHT... ICH MEINE... ICH FANGE NICHT MEHR SO LEICHT FEUER WIE DAMALS ALS JUNGES MÄDCHEN!
VERSUCH DICH ZU ERINNERN AN DAS ERSTE MAL, ALS WIR... IM WALD, DAMALS IN NÜRNBERG.
JA, BEIM PICKNICK... OH, ICH WAR SO AUFGEREGT! ES WAR ALLES SO WUNDERVOLL!
NU? UND JETZT?
JETZT DENKE ICH ZU VIEL NACH. JETZT HABE ICH MEHR ERINNERUNGEN ALS TRÄUME... JETZT KANN ICH NUR DARAN DENKEN, WIE ES MIT MEINEM MANN WAR...
DAMALS WAR ES EIN WUNDERVOLLES GEHEIMNIS... KEINE VERGANGENHEIT, NUR ZUKUNFT.
JETZT IST ES NICHT MEHR DAS GLEICHE... ICH FÜHLE MICH WIE EIN TIER... WAS WIR HIER VERSUCHEN, HAT NICHTS MIT MEINEM GEFÜHL FÜR DICH ZU TUN... UND DOCH EMPFINDE ICH ETWAS FÜR DICH, JACOB...
HACH!! TJA, DAMIT HAT SICH MEIN GEFÜHL FÜRS ERSTE VERABSCHIEDET... TSE!
SCHH... ES REICHT MIR VOLLKOMMEN, WENN DU MICH EINFACH FESTHÄLTST, JACOB.
KLOPF KLOPF
?!
MISSIS GOLD? SIND SIE DIE BUCHHALTERIN VON LOMBARDIS HOLZHANDEL? ES HAT DORT EIN FEUER GEGEBEN... WIR HABEN ZWEI LEICHEN GEFUNDEN UND BRÄUCHTEN EINIGE INFORMATIONEN! REINE ROUTINE...

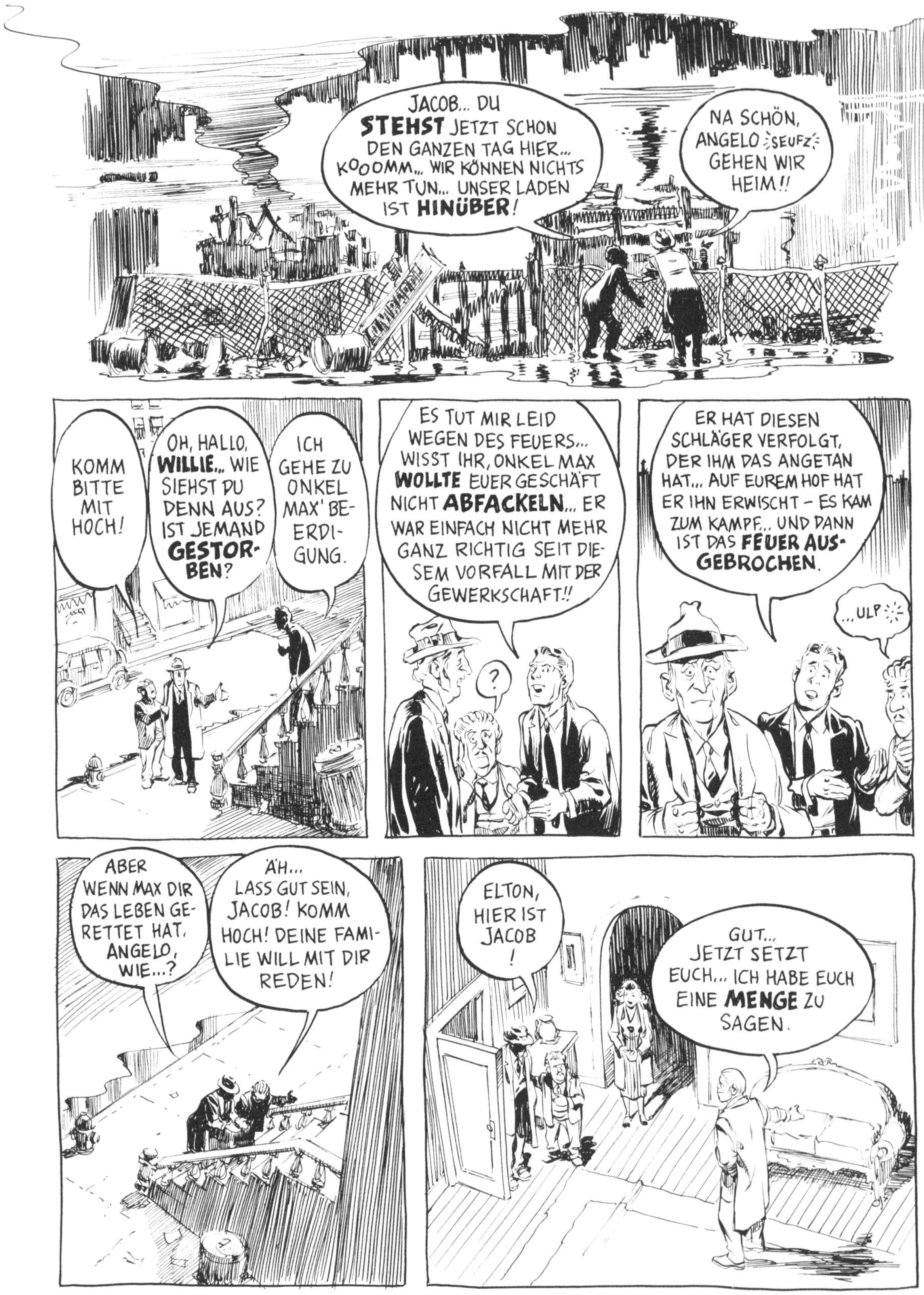
JACOB... DU STEHST JETZT SCHON DEN GANZEN TAG HIER... KOOOMM... WIR KÖNNEN NICHTS MEHR TUN... UNSER LADEN IST HINÜBER!
NA SCHÖN, ANGELO *SEUFZ* GEHEN WIR HEIM!!
KOMM BITTE MIT HOCH!
OH, HALLO, WILLIE... WIE SIEHST DU DENN AUS? IST JEMAND GESTORBEN?
ICH GEHE ZU ONKEL MAX' BEERDIGUNG.
ES TUT MIR LEID WEGEN DES FEUERS... WISST IHR, ONKEL MAX WOLLTE EUER GESCHÄFT NICHT ABFACKELN... ER WAR EINFACH NICHT MEHR GANZ RICHTIG SEIT DIESEM VORFALL MIT DER GEWERKSCHAFT!!
?
ER HAT DIESEN SCHLÄGER VERFOLGT, DER IHM DAS ANGETAN HAT... AUF EUREM HOF HAT ER IHN ERWISCHT – ES KAM ZUM KAMPF... UND DANN IST DAS FEUER AUSGEBROCHEN.
...ULP
ABER WENN MAX DIR DAS LEBEN GERETTET HAT, ANGELO, WIE...?
ÄH... LASS GUT SEIN, JACOB! KOMM HOCH! DEINE FAMILIE WILL MIT DIR REDEN!
ELTON, HIER IST JACOB!
GUT... JETZT SETZT EUCH... ICH HABE EUCH EINE MENGE ZU SAGEN.

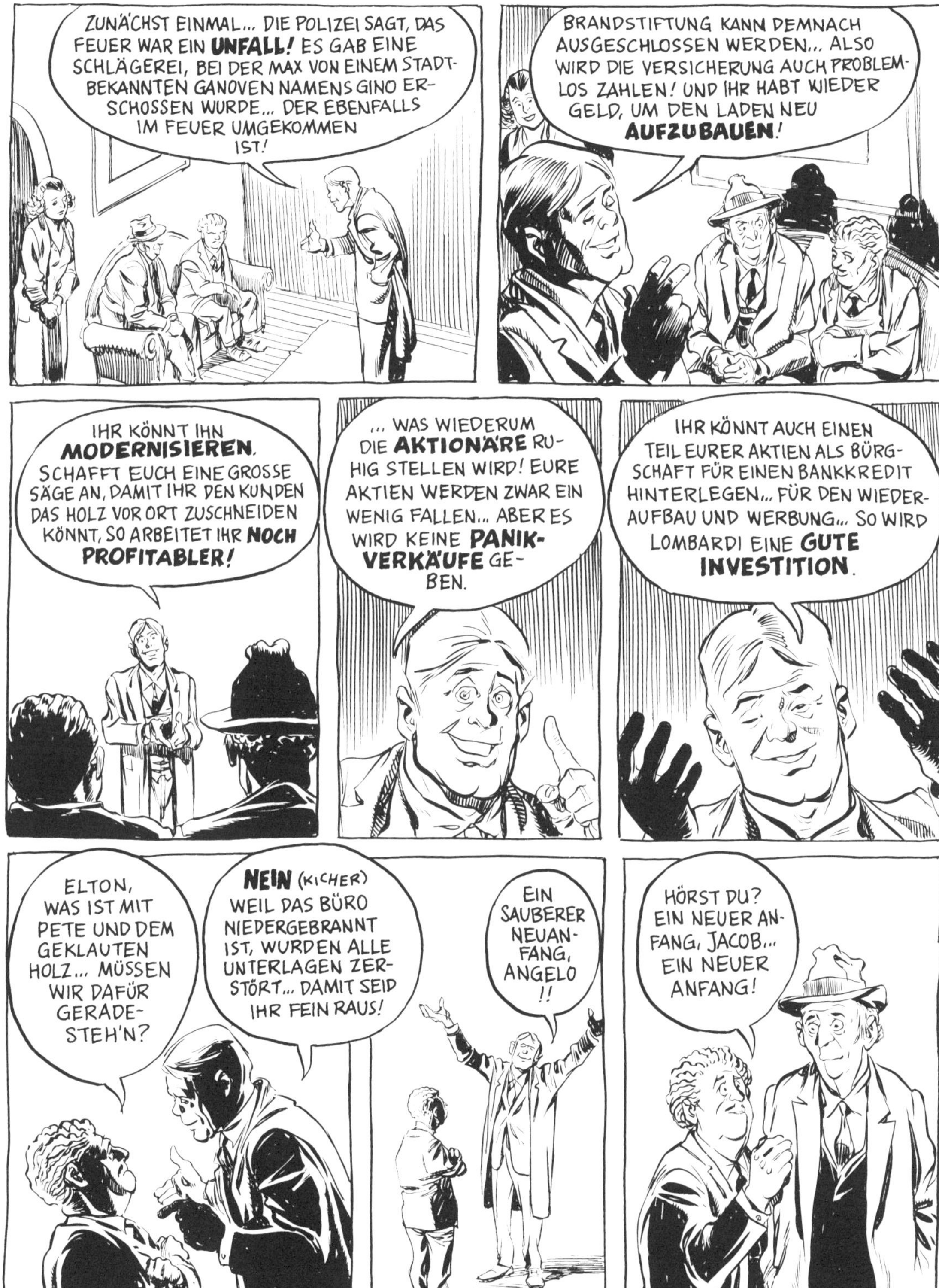
ZUNÄCHST EINMAL... DIE POLIZEI SAGT, DAS FEUER WAR EIN **UNFALL!** ES GAB EINE SCHLÄGEREI, BEI DER MAX VON EINEM STADTBEKANNTEN GANOVEN NAMENS GINO ERSCHOSSEN WURDE... DER EBENFALLS IM FEUER UMGEKOMMEN IST!
BRANDSTIFTUNG KANN DEMNACH AUSGESCHLOSSEN WERDEN... ALSO WIRD DIE VERSICHERUNG AUCH PROBLEMLOS ZAHLEN! UND IHR HABT WIEDER GELD, UM DEN LADEN NEU **AUFZUBAUEN**!
IHR KÖNNT IHN **MODERNISIEREN**. SCHAFFT EUCH EINE GROSSE SÄGE AN, DAMIT IHR DEN KUNDEN DAS HOLZ VOR ORT ZUSCHNEIDEN KÖNNT, SO ARBEITET IHR **NOCH PROFITABLER!**
... WAS WIEDERUM DIE **AKTIONÄRE** RUHIG STELLEN WIRD! EURE AKTIEN WERDEN ZWAR EIN WENIG FALLEN... ABER ES WIRD KEINE **PANIKVERKÄUFE** GEBEN.
IHR KÖNNT AUCH EINEN TEIL EURER AKTIEN ALS BÜRGSCHAFT FÜR EINEN BANKKREDIT HINTERLEGEN... FÜR DEN WIEDERAUFBAU UND WERBUNG... SO WIRD LOMBARDI EINE **GUTE INVESTITION**.
ELTON, WAS IST MIT PETE UND DEM GEKLAUTEN HOLZ... MÜSSEN WIR DAFÜR GERADESTEH'N?
NEIN (KICHER) WEIL DAS BÜRO NIEDERGEBRANNT IST, WURDEN ALLE UNTERLAGEN ZERSTÖRT... DAMIT SEID IHR FEIN RAUS!
EIN SAUBERER NEUANFANG, ANGELO!!
HÖRST DU? EIN NEUER ANFANG, JACOB... EIN NEUER ANFANG!

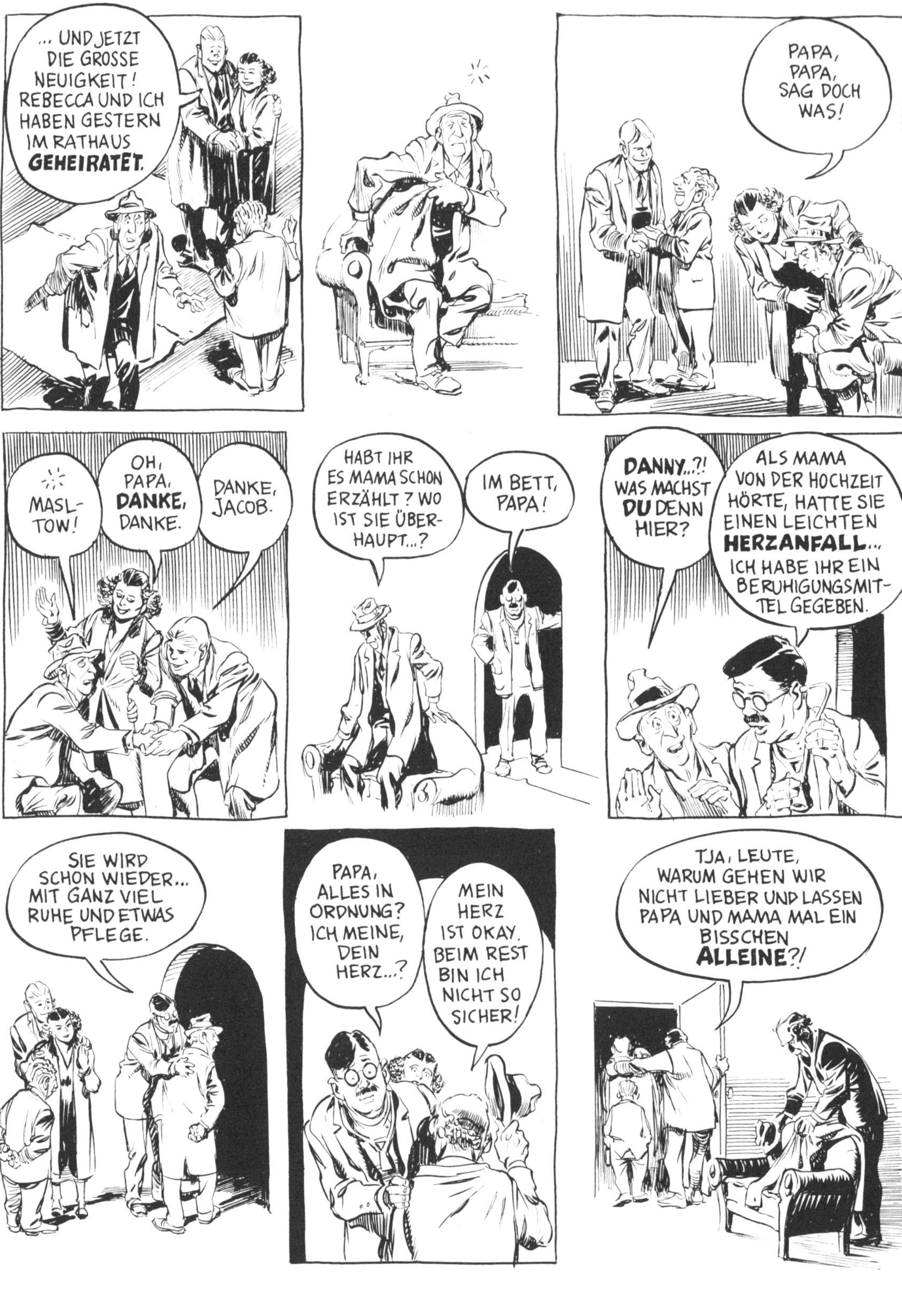
... UND JETZT DIE GROSSE NEUIGKEIT! REBECCA UND ICH HABEN GESTERN IM RATHAUS **GEHEIRATET**.
PAPA, PAPA, SAG DOCH WAS!
MASL-TOW!
OH, PAPA, **DANKE,** DANKE.
DANKE, JACOB.
HABT IHR ES MAMA SCHON ERZÄHLT? WO IST SIE ÜBER-HAUPT...?
IM BETT, PAPA!
DANNY..?! WAS MACHST **DU** DENN HIER?
ALS MAMA VON DER HOCHZEIT HÖRTE, HATTE SIE EINEN LEICHTEN **HERZANFALL**... ICH HABE IHR EIN BERUHIGUNGSMIT-TEL GEGEBEN.
SIE WIRD SCHON WIEDER... MIT GANZ VIEL RUHE UND ETWAS PFLEGE.
PAPA, ALLES IN ORDNUNG? ICH MEINE, DEIN HERZ...?
MEIN HERZ IST OKAY. BEIM REST BIN ICH NICHT SO SICHER!
TJA, LEUTE, WARUM GEHEN WIR NICHT LIEBER UND LASSEN PAPA UND MAMA MAL EIN BISSCHEN **ALLEINE**?!

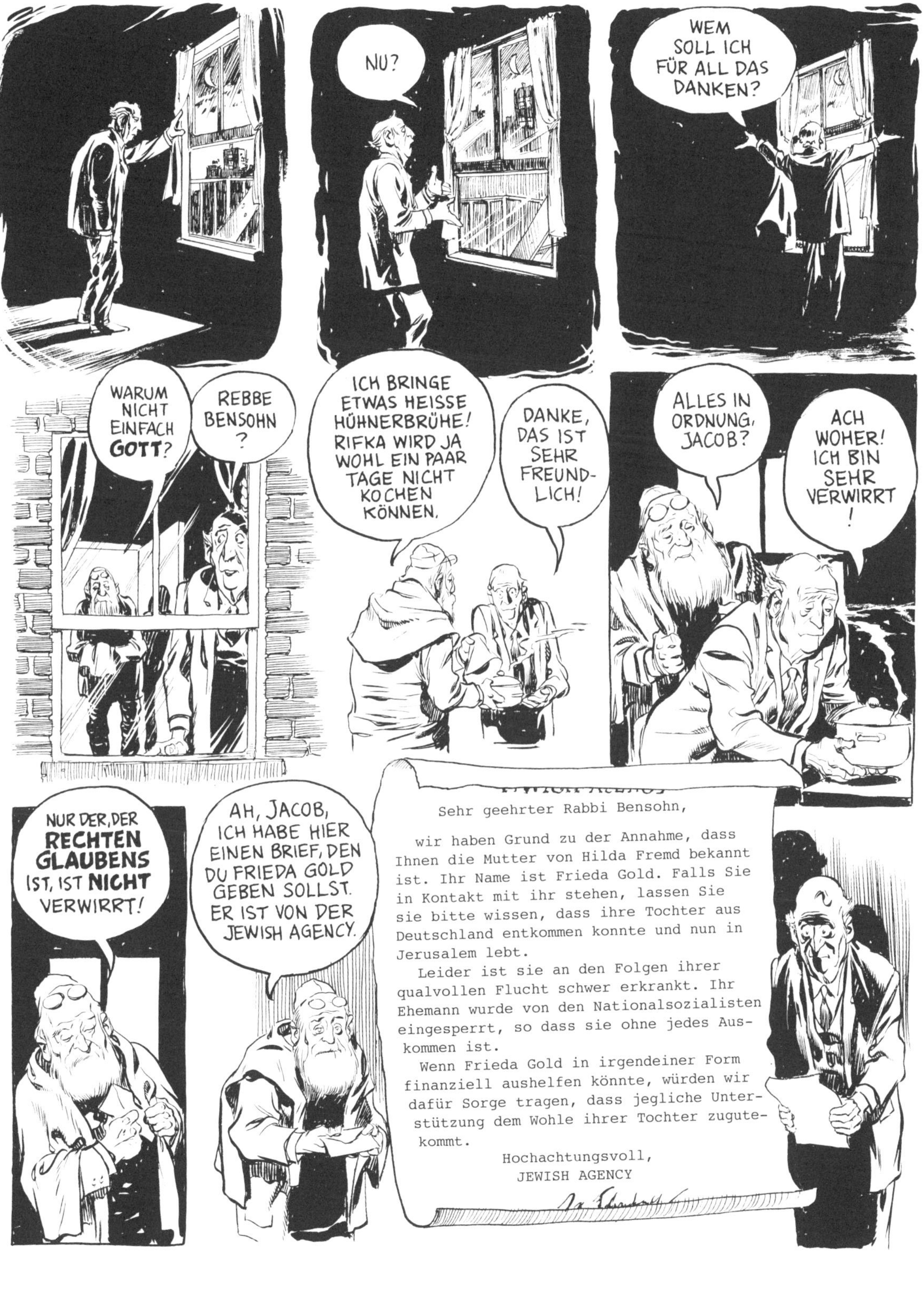
NU?
WEM SOLL ICH FÜR ALL DAS DANKEN?
WARUM NICHT EINFACH **GOTT**?
REBBE BENSOHN ?
ICH BRINGE ETWAS HEISSE HÜHNERBRÜHE! RIFKA WIRD JA WOHL EIN PAAR TAGE NICHT KOCHEN KÖNNEN.
DANKE, DAS IST SEHR FREUNDLICH!
ALLES IN ORDNUNG, JACOB?
ACH WOHER! ICH BIN SEHR VERWIRRT!
NUR DER, DER **RECHTEN GLAUBENS** IST, IST **NICHT** VERWIRRT!
AH, JACOB, ICH HABE HIER EINEN BRIEF, DEN DU FRIEDA GOLD GEBEN SOLLST. ER IST VON DER JEWISH AGENCY.
Sehr geehrter Rabbi Bensohn,
wir haben Grund zu der Annahme, dass Ihnen die Mutter von Hilda Fremd bekannt ist. Ihr Name ist Frieda Gold. Falls Sie in Kontakt mit ihr stehen, lassen Sie sie bitte wissen, dass ihre Tochter aus Deutschland entkommen konnte und nun in Jerusalem lebt.
Leider ist sie an den Folgen ihrer qualvollen Flucht schwer erkrankt. Ihr Ehemann wurde von den Nationalsozialisten eingesperrt, so dass sie ohne jedes Auskommen ist.
Wenn Frieda Gold in irgendeiner Form finanziell aushelfen könnte, würden wir dafür Sorge tragen, dass jegliche Unterstützung dem Wohle ihrer Tochter zugutekommt.
Hochachtungsvoll,
JEWISH AGENCY

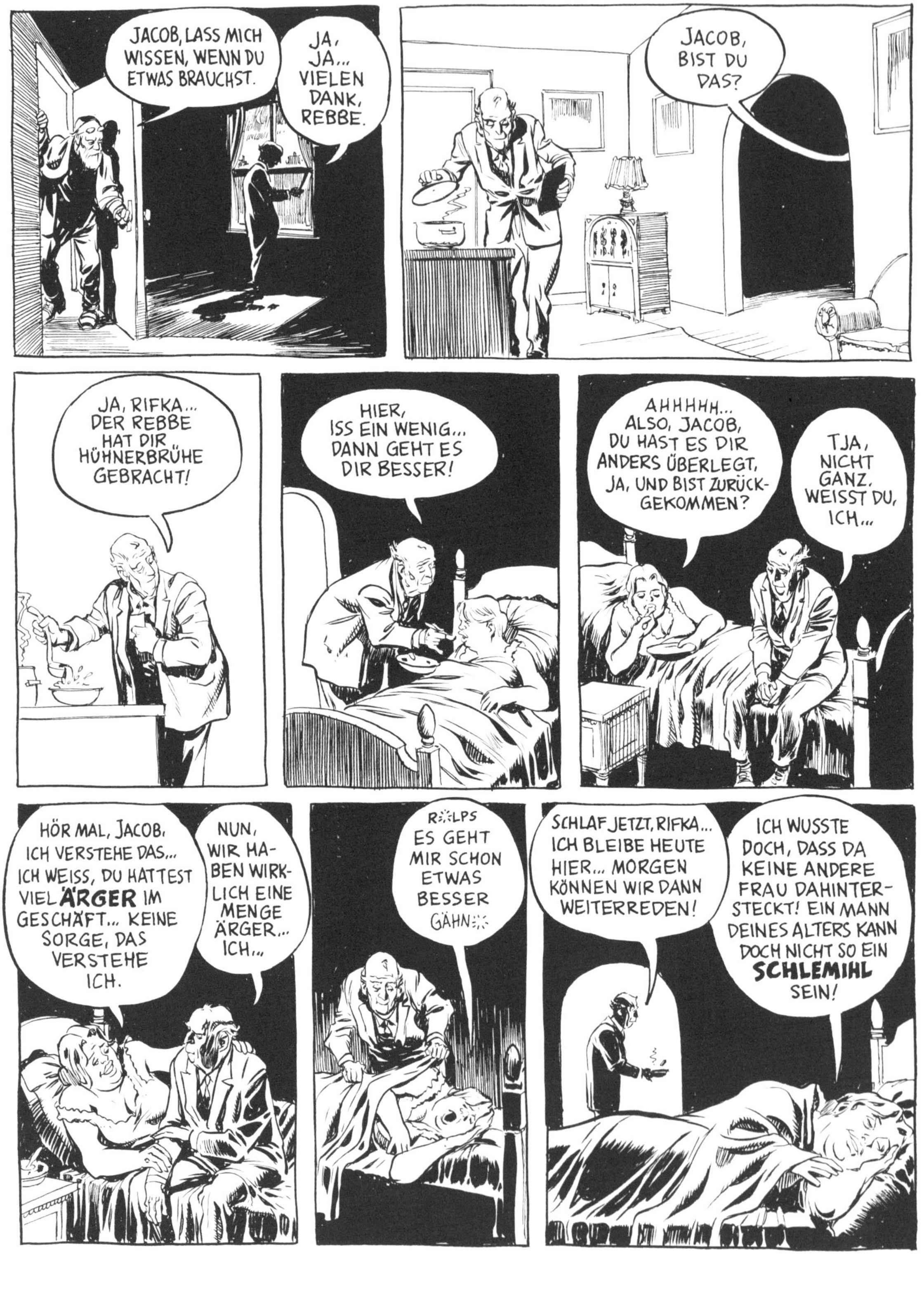

JACOB, LASS MICH WISSEN, WENN DU ETWAS BRAUCHST.
JA, JA... VIELEN DANK, REBBE.
JACOB, BIST DU DAS?
JA, RIFKA... DER REBBE HAT DIR HÜHNERBRÜHE GEBRACHT!
HIER, ISS EIN WENIG... DANN GEHT ES DIR BESSER!
AHHHHH... ALSO, JACOB, DU HAST ES DIR ANDERS ÜBERLEGT, JA, UND BIST ZURÜCK-GEKOMMEN?
TJA, NICHT GANZ, WEISST DU, ICH...
HÖR MAL, JACOB, ICH VERSTEHE DAS... ICH WEISS, DU HATTEST VIEL ÄRGER IM GESCHÄFT... KEINE SORGE, DAS VERSTEHE ICH.
NUN, WIR HA-BEN WIRK-LICH EINE MENGE ÄRGER... ICH...
RÜLPS
ES GEHT MIR SCHON ETWAS BESSER
GÄHN
SCHLAF JETZT, RIFKA... ICH BLEIBE HEUTE HIER... MORGEN KÖNNEN WIR DANN WEITERREDEN!
ICH WUSSTE DOCH, DASS DA KEINE ANDERE FRAU DAHINTER-STECKT! EIN MANN DEINES ALTERS KANN DOCH NICHT SO EIN SCHLEMIHL SEIN!

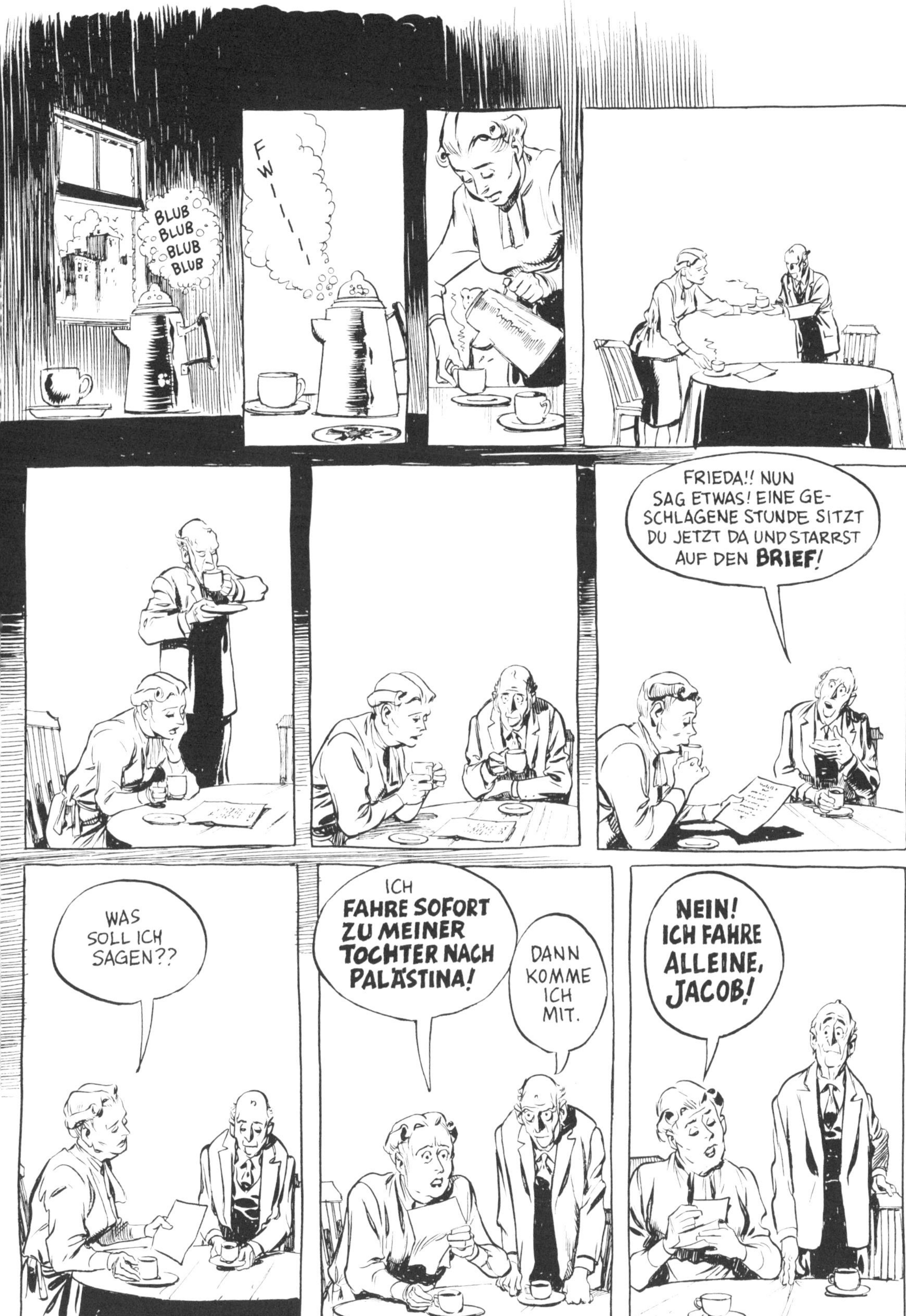
BLUB
BLUB
BLUB
BLUB
FWI-----
FRIEDA!! NUN SAG ETWAS! EINE GESCHLAGENE STUNDE SITZT DU JETZT DA UND STARRST AUF DEN BRIEF!
WAS SOLL ICH SAGEN??
ICH FAHRE SOFORT ZU MEINER TOCHTER NACH PALÄSTINA!
DANN KOMME ICH MIT.
NEIN! ICH FAHRE ALLEINE, JACOB!

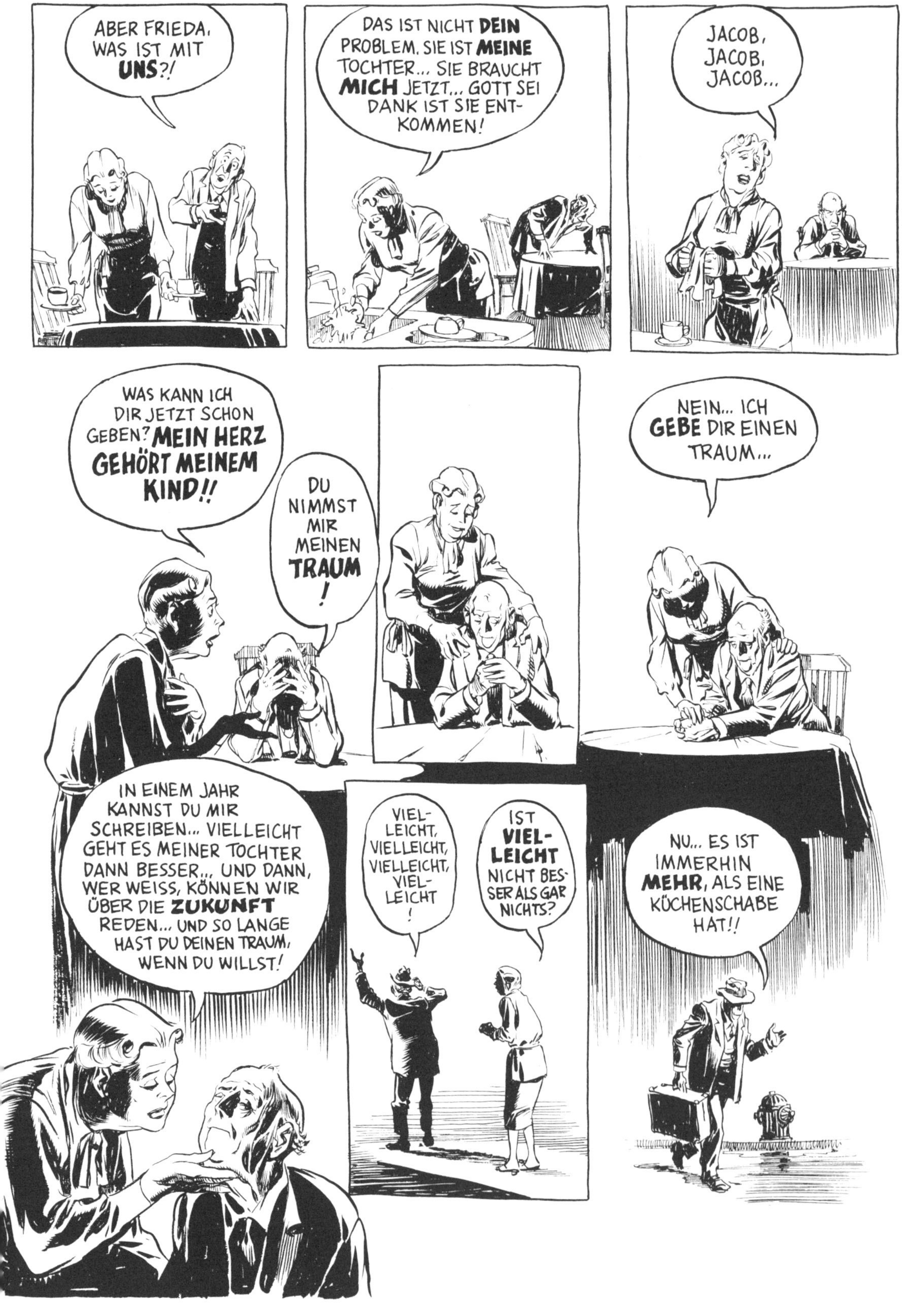

ABER FRIEDA, WAS IST MIT UNS?!
DAS IST NICHT DEIN PROBLEM. SIE IST MEINE TOCHTER... SIE BRAUCHT MICH JETZT... GOTT SEI DANK IST SIE ENT-KOMMEN!
JACOB, JACOB, JACOB...
WAS KANN ICH DIR JETZT SCHON GEBEN? MEIN HERZ GEHÖRT MEINEM KIND!!
DU NIMMST MIR MEINEN TRAUM!
NEIN... ICH GEBE DIR EINEN TRAUM...
IN EINEM JAHR KANNST DU MIR SCHREIBEN... VIELLEICHT GEHT ES MEINER TOCHTER DANN BESSER... UND DANN, WER WEISS, KÖNNEN WIR ÜBER DIE ZUKUNFT REDEN... UND SO LANGE HAST DU DEINEN TRAUM, WENN DU WILLST!
VIEL-LEICHT, VIELLEICHT, VIELLEICHT, VIEL-LEICHT!
IST VIEL-LEICHT NICHT BES-SER ALS GAR NICHTS?
NU... ES IST IMMERHIN MEHR, ALS EINE KÜCHENSCHABE HAT!!

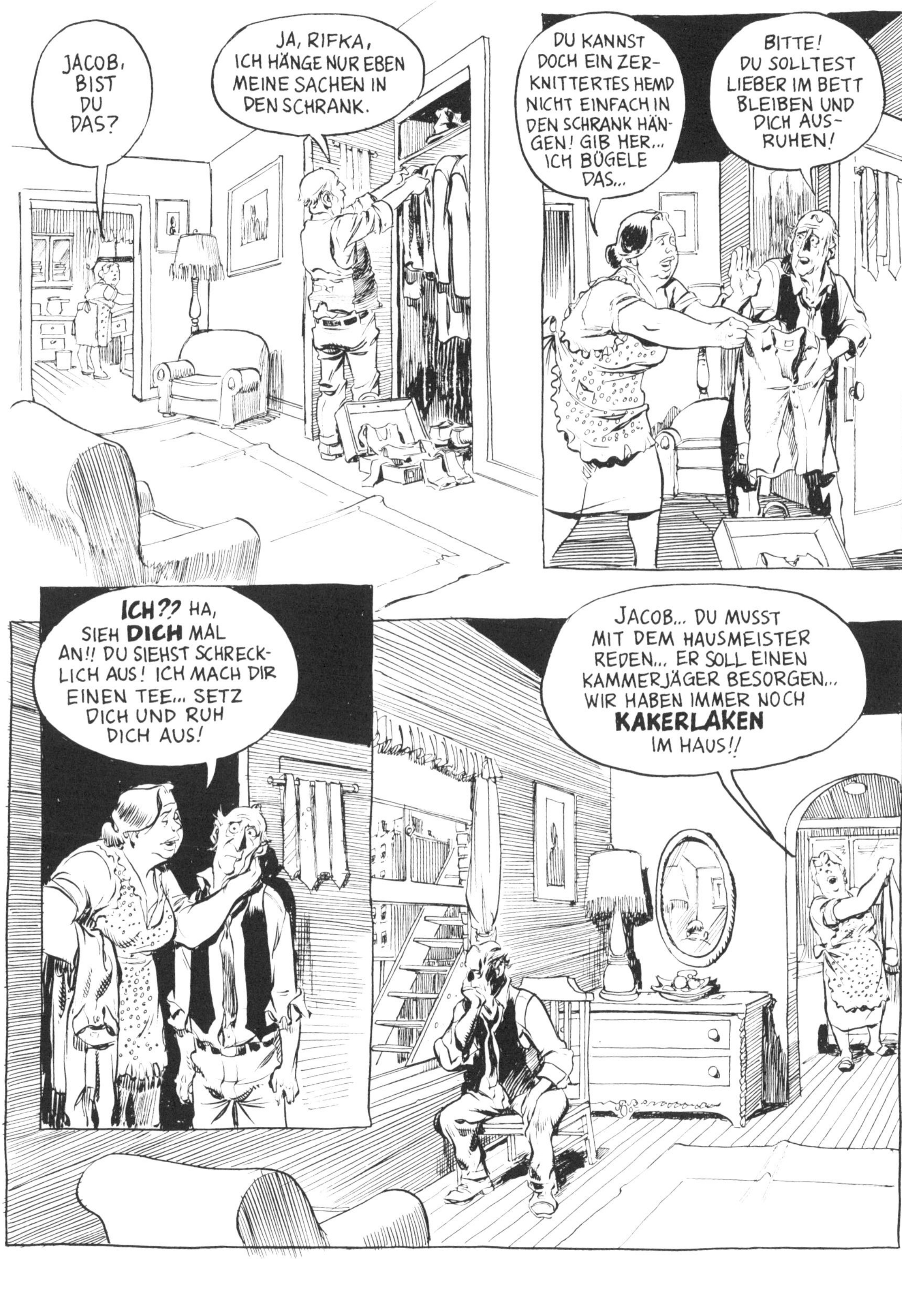
JACOB, BIST DU DAS?
JA, RIFKA, ICH HÄNGE NUR EBEN MEINE SACHEN IN DEN SCHRANK.
DU KANNST DOCH EIN ZERKNITTERTES HEMD NICHT EINFACH IN DEN SCHRANK HÄNGEN! GIB HER... ICH BÜGELE DAS...
BITTE! DU SOLLTEST LIEBER IM BETT BLEIBEN UND DICH AUSRUHEN!
ICH?? HA, SIEH **DICH** MAL AN!! DU SIEHST SCHRECKLICH AUS! ICH MACH DIR EINEN TEE... SETZ DICH UND RUH DICH AUS!
JACOB... DU MUSST MIT DEM HAUSMEISTER REDEN... ER SOLL EINEN KAMMERJÄGER BESORGEN... WIR HABEN IMMER NOCH **KAKERLAKEN** IM HAUS!!

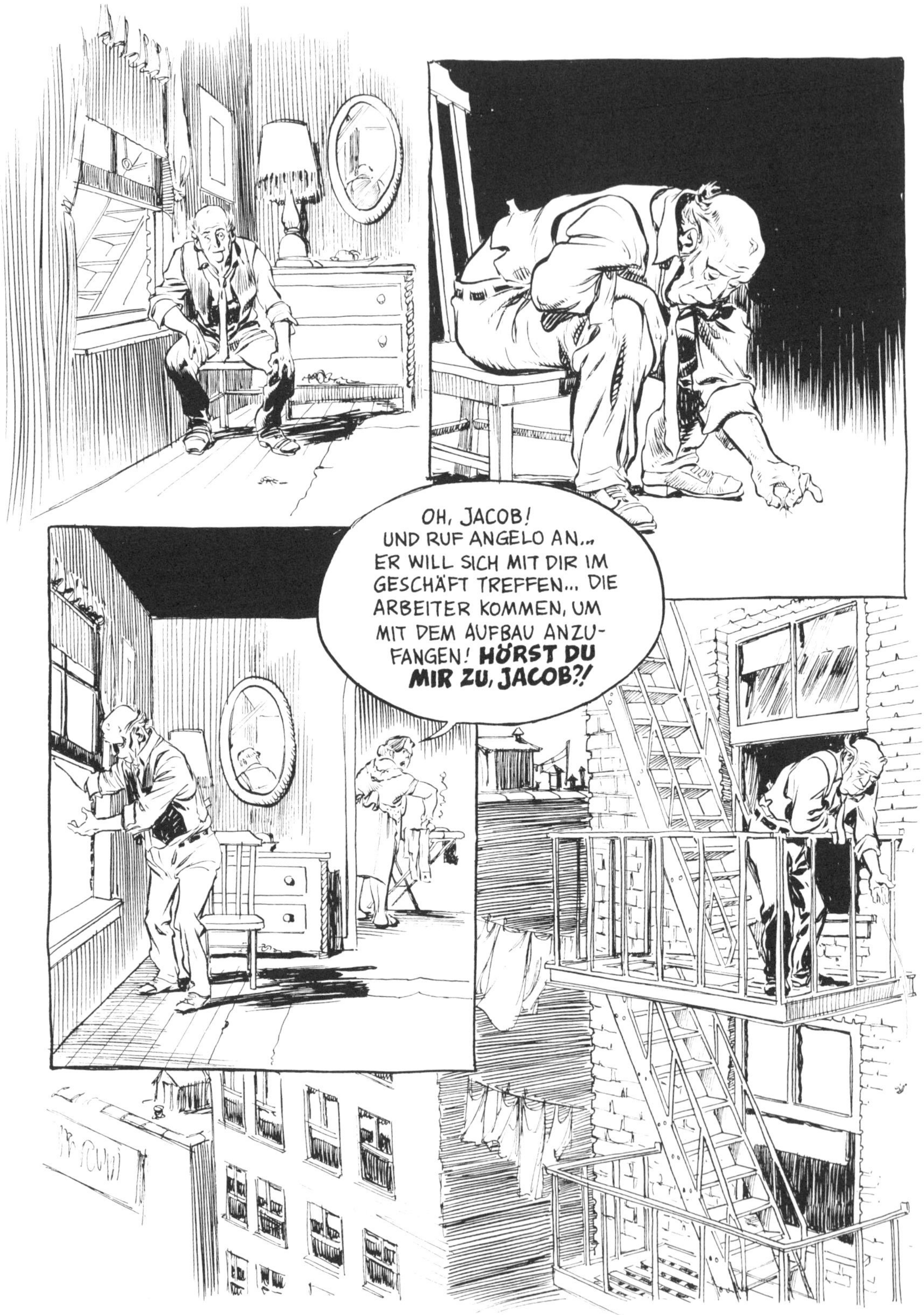
OH, JACOB!
UND RUF ANGELO AN...
ER WILL SICH MIT DIR IM
GESCHÄFT TREFFEN... DIE
ARBEITER KOMMEN, UM
MIT DEM AUFBAU ANZU-
FANGEN! **HÖRST DU
MIR ZU, JACOB?!**

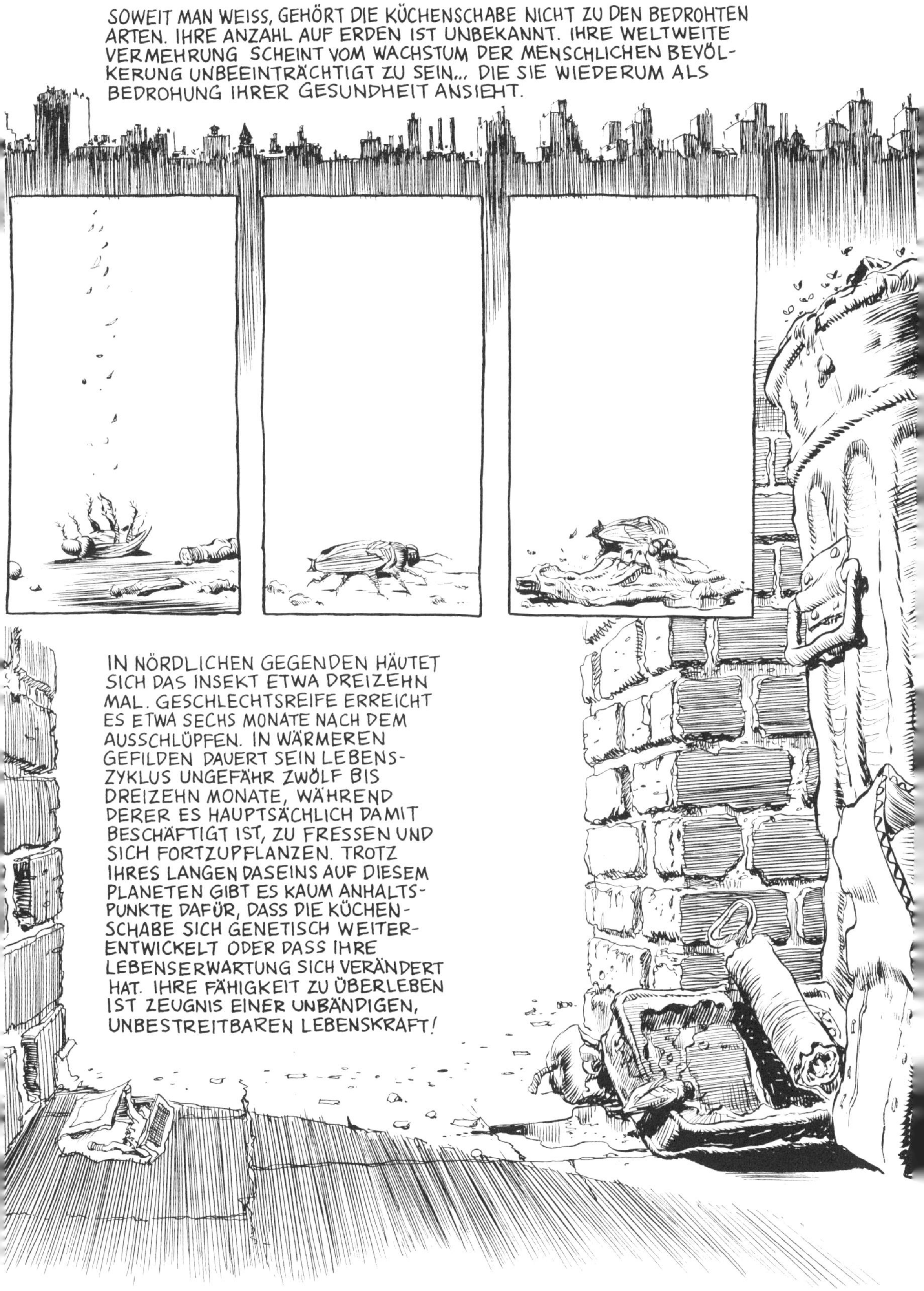
SOWEIT MAN WEISS, GEHÖRT DIE KÜCHENSCHABE NICHT ZU DEN BEDROHTEN ARTEN. IHRE ANZAHL AUF ERDEN IST UNBEKANNT. IHRE WELTWEITE VERMEHRUNG SCHEINT VOM WACHSTUM DER MENSCHLICHEN BEVÖLKERUNG UNBEEINTRÄCHTIGT ZU SEIN... DIE SIE WIEDERUM ALS BEDROHUNG IHRER GESUNDHEIT ANSIEHT.
IN NÖRDLICHEN GEGENDEN HÄUTET SICH DAS INSEKT ETWA DREIZEHN MAL. GESCHLECHTSREIFE ERREICHT ES ETWA SECHS MONATE NACH DEM AUSSCHLÜPFEN. IN WÄRMEREN GEFILDEN DAUERT SEIN LEBENSZYKLUS UNGEFÄHR ZWÖLF BIS DREIZEHN MONATE, WÄHREND DERER ES HAUPTSÄCHLICH DAMIT BESCHÄFTIGT IST, ZU FRESSEN UND SICH FORTZUPFLANZEN. TROTZ IHRES LANGEN DASEINS AUF DIESEM PLANETEN GIBT ES KAUM ANHALTSPUNKTE DAFÜR, DASS DIE KÜCHENSCHABE SICH GENETISCH WEITERENTWICKELT ODER DASS IHRE LEBENSERWARTUNG SICH VERÄNDERT HAT. IHRE FÄHIGKEIT ZU ÜBERLEBEN IST ZEUGNIS EINER UNBÄNDIGEN, UNBESTREITBAREN LEBENSKRAFT!

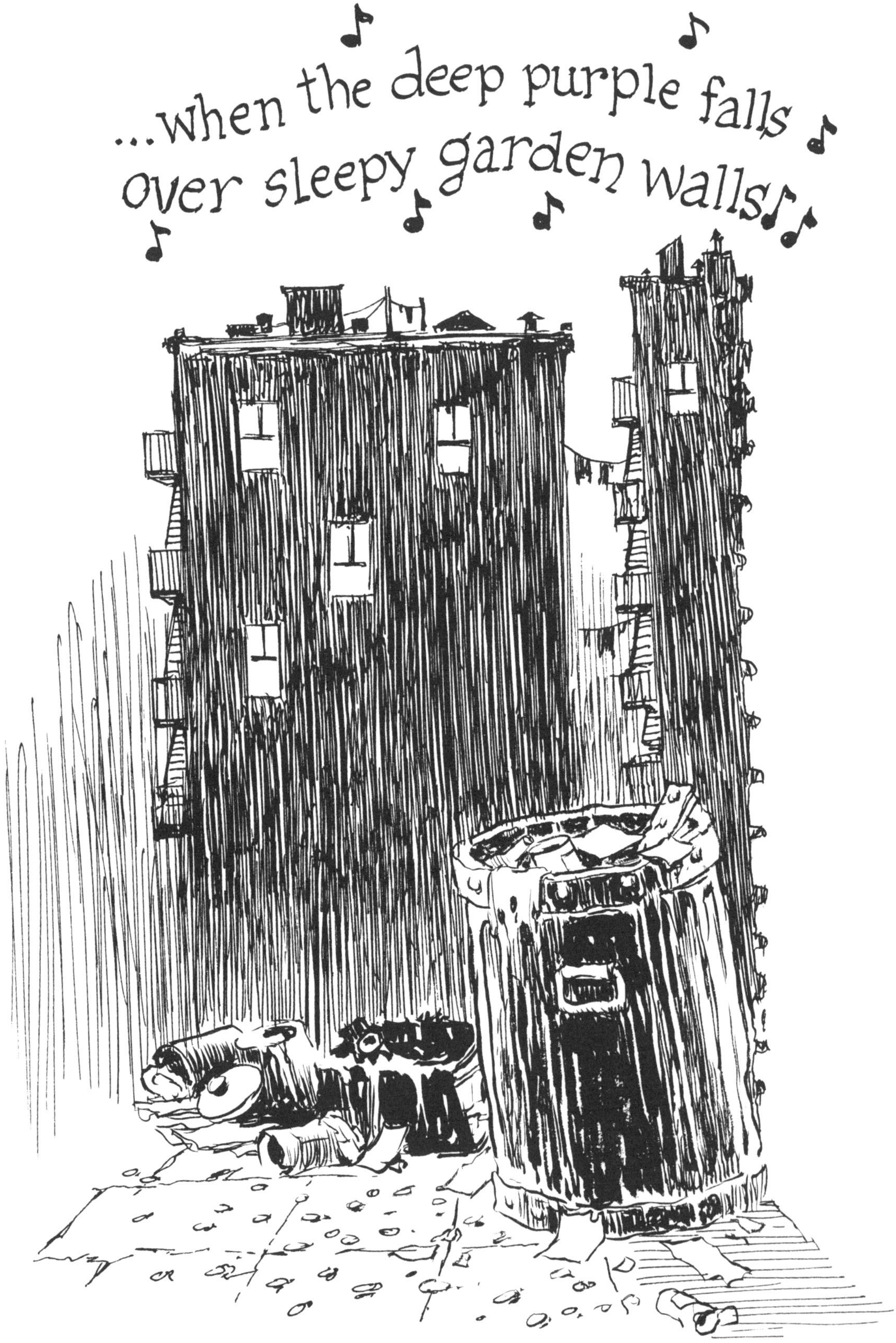
...when the deep purple falls
over sleepy garden walls

Anmerkungen

- Seite 188: Jacob ***Shtarkah*** – Jiddisch für starker Mann
- Seite 188: ***Zimes*** – Jiddisch, ursprünglich aus dem Mittelhochdeutschen *zumüese*, Beilage; Gericht aus gekochtem Gemüse und Früchten; im übertragenen Sinne auch »komplizierter Vorgang«, »Ärger«, »Problem« (*Machn a zimeß von epeß* bedeutet dementsprechend »viel Aufhebens um etwas machen«.)
- Seite 188: ***Schul*** – Jiddisch für Synagoge
- Seite 188: ***Nedova*** – Jiddisch für Spende, Opfergabe
- Seite 191: ***Tefillin*** – Gebetsriemen
- Seite 201: ***Zetz*** – Jiddisch für *starker Stoß*, Schlag
- Seite 204: ***»Baruch Ata Adonai Elohejnu Melech Haolam, Ascher Kideschanu Bemitzwotaw Weziwanu Lehadlik Ner Schel Schabbat…«*** – »Gelobet seiest Du, Ewiger, unser Gott, König der Welt, der Du uns geheiligt durch die…«
- Seite 207: ***Schickse*** – im jiddischen Sprachgebrauch abfällig für *nicht jüdische Frau*
- Seite 213: ***Cheder*** – vom hebräischen Wort für Zimmer abgeleitete Bezeichnung für den traditionellen religiösen Unterricht, die religiös geprägte jüdische Elementarschule
- Seite 213: ***Bar Mizwa*** – bezeichnet im Judentum sowohl den Status des religionsmündigen Jugendlichen als auch den Tag, an dem dieser die Religionsmündigkeit erwirbt, sowie die damit verbundene Feier.
- Seite 213: ***Velvel*** – jiddische Form des Namens William, bedeutet: Wolf
- Seite 214: ***Yussel*** – jiddische Form des Namens Josef
- Seite 218: ***St. Swithin's Day*** – dient im angelsächsischen Sprachraum als leicht zeitversetztes Bauernregel-Pendant zum Siebenschläfertag: Regnet es am St. Swithin's Day, am 15.Juli, bleibt das Wetter vierzig Tage lang regnerisch.
- Seite 219: ***Schabbesgoj*** – Nichtjude, der für einen jüdischen Haushalt eine während des Sabbats untersagte Arbeit verrichtet
- Seite 256: ***Kreplach*** – mit Hackfleisch oder Käse gefüllte Teigtaschen, ähnlich den italienischen Ravioli; werden meist in der Suppe serviert und gelten als traditionelle Speise zum Purimfest, Rosch ha-Schana und zum Abendessen vor Jom Kippur.
- Seite 284: ***Masl-Tow*** – Jiddisch für *Glückwunsch! Gratuliere!*
- Seite 284: ***Goj*** – Jiddisch für Nichtjude
- Seite 310: ***Ganeff*** – Jiddisch für Ganove, Betrüger
- Seite 316: ***Schlemihl*** – Jiddisch für Träumer, einfältiger Mensch

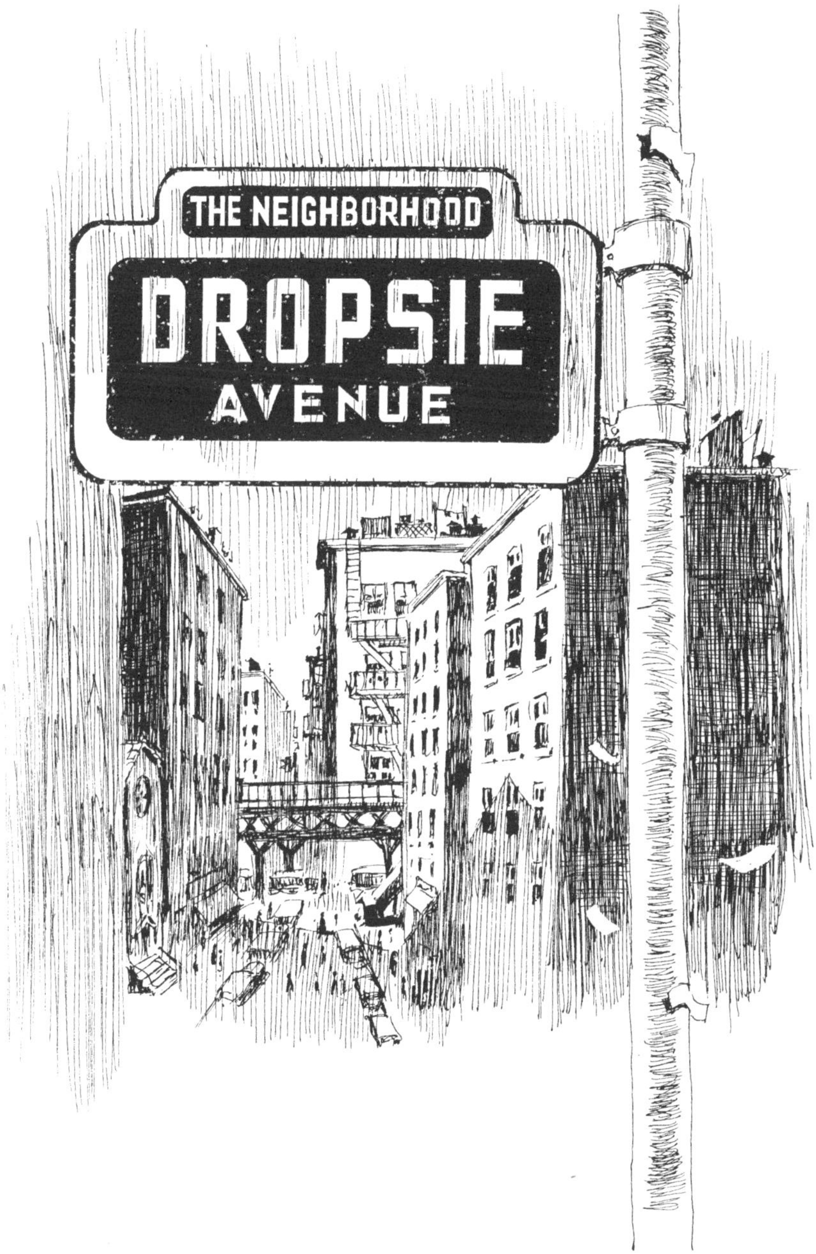
THE NEIGHBORHOOD
DROPSIE
AVENUE

DIE ERSTEN HÄUSER DRÄNGTEN SICH AN DEN KREUZUNGEN, DORT, WO DIE WEGE WIE IN EINEM SPINNENNETZ ZUSAMMENLIEFEN. BALD DARAUF ENTSTANDEN VEREINZELT KLEINE BAUERNHÖFE, DIE SPÄTER IN PARZELLEN AUFGETEILT WURDEN. SICHTBARE SPUREN EINER UNERBITTLICHEN ENTWICKLUNG.

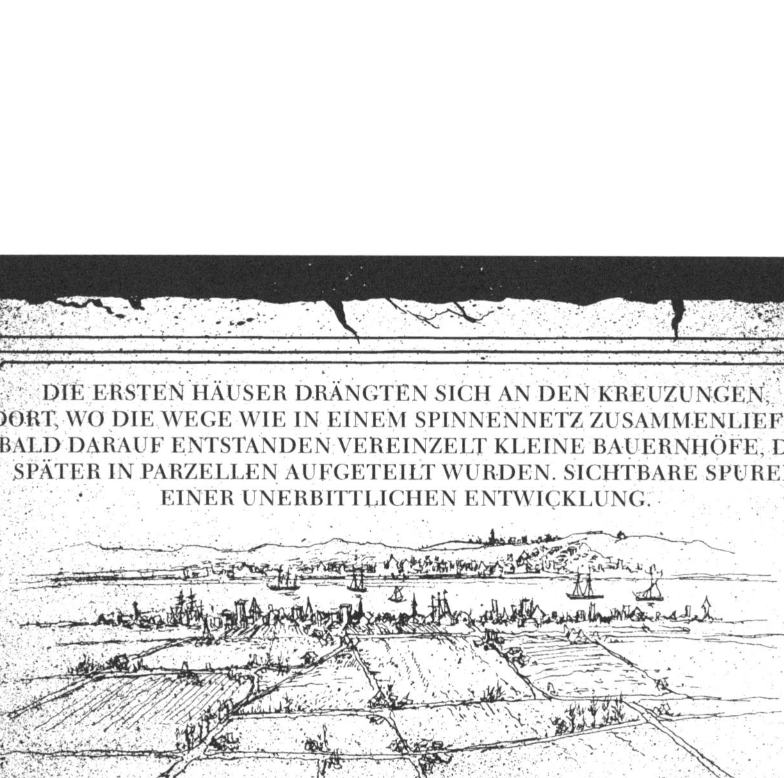

DAS VIERTEL

NAHM GESTALT AN, AUCH WENN EINIGE ALTE HOLLÄNDISCHE FAMILIEN SICH BEHARRLICH AN DEN GRUND UND BODEN KLAMMERTEN, DEN SIE EINST GEERBT HATTEN...

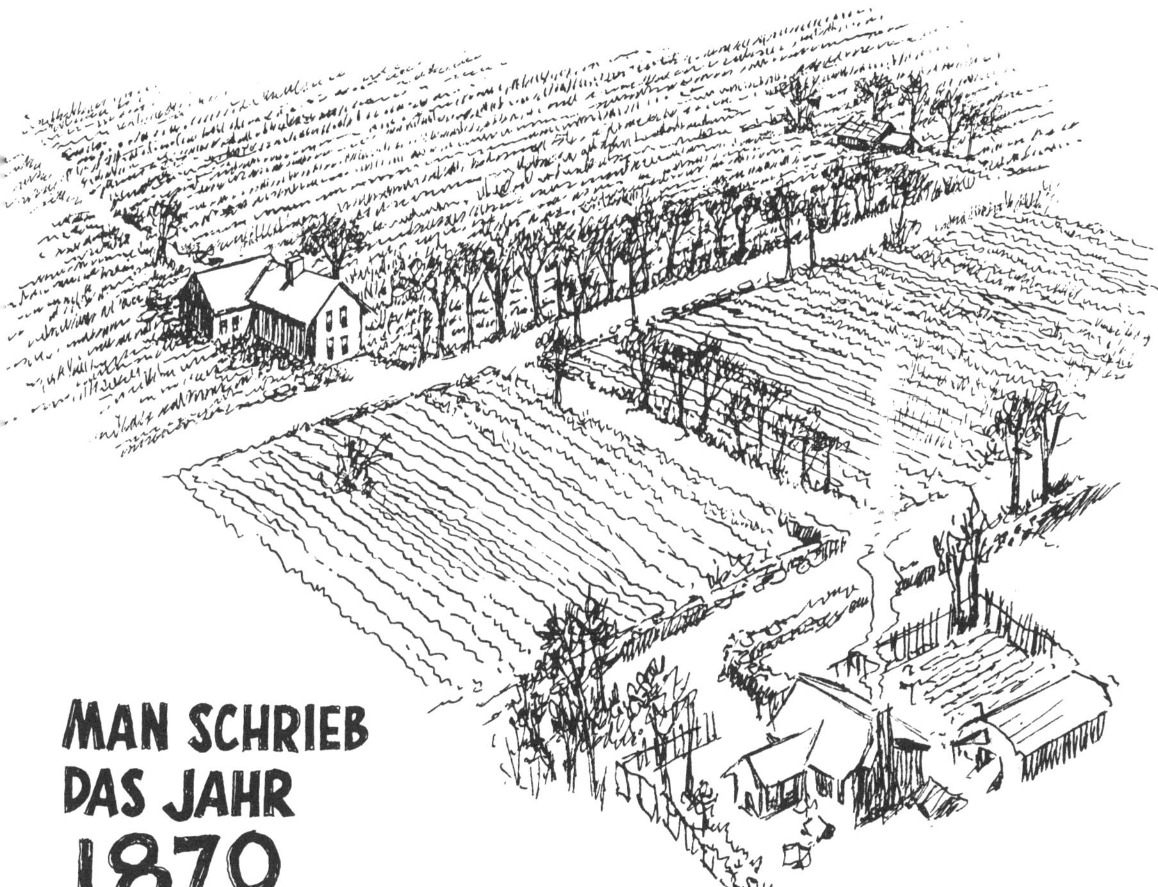

MAN SCHRIEB DAS JAHR 1870

UND NOCH IMMER GAB ES BAUERNHÖFE IN DER BRONX.

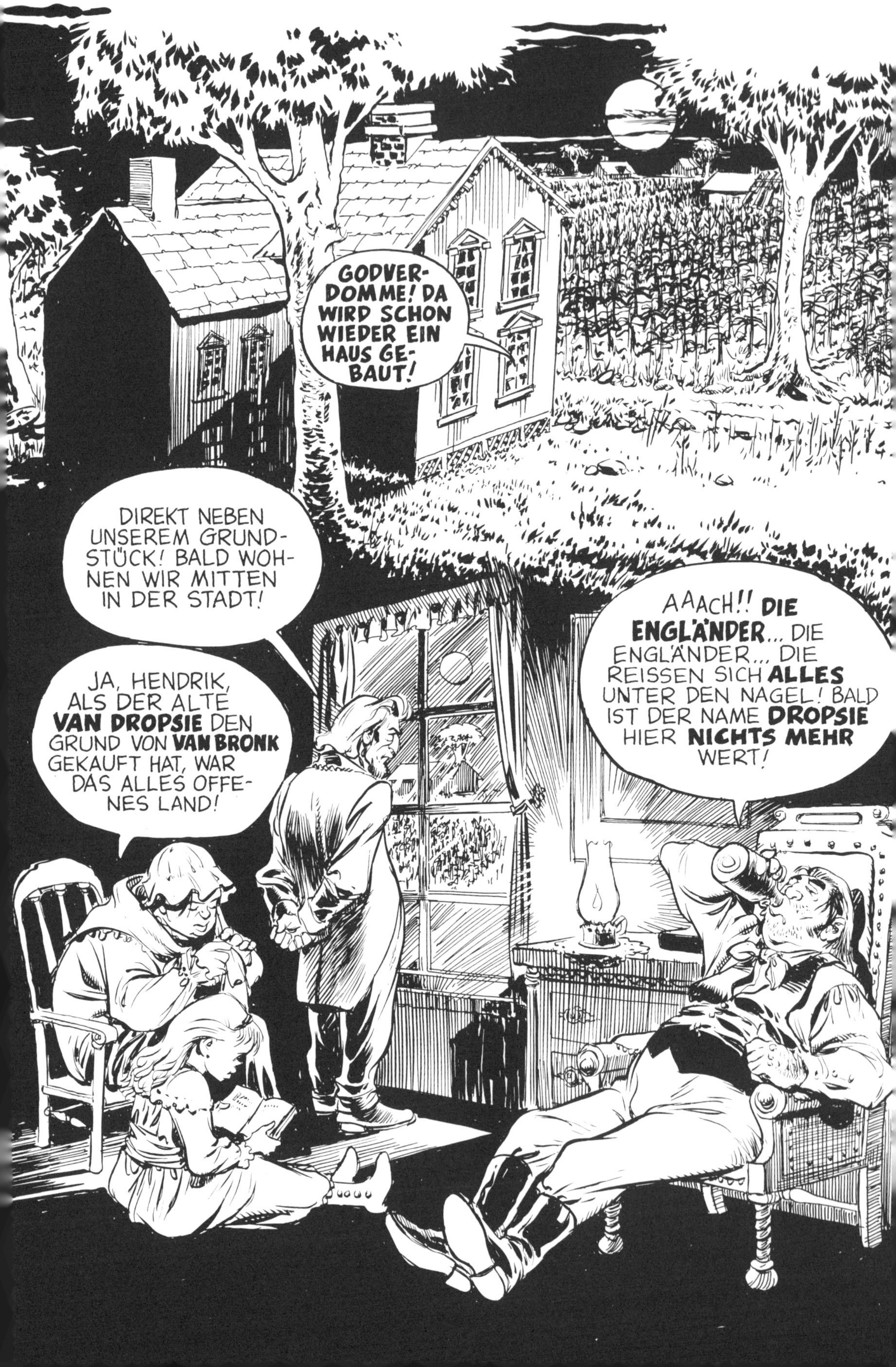
GODVERDOMME! DA WIRD SCHON WIEDER EIN HAUS GEBAUT!
DIREKT NEBEN UNSEREM GRUNDSTÜCK! BALD WOHNEN WIR MITTEN IN DER STADT!
JA, HENDRIK, ALS DER ALTE VAN DROPSIE DEN GRUND VON VAN BRONK GEKAUFT HAT, WAR DAS ALLES OFFENES LAND!
AAACH!! DIE ENGLÄNDER... DIE ENGLÄNDER... DIE REISSEN SICH ALLES UNTER DEN NAGEL! BALD IST DER NAME DROPSIE HIER NICHTS MEHR WERT!

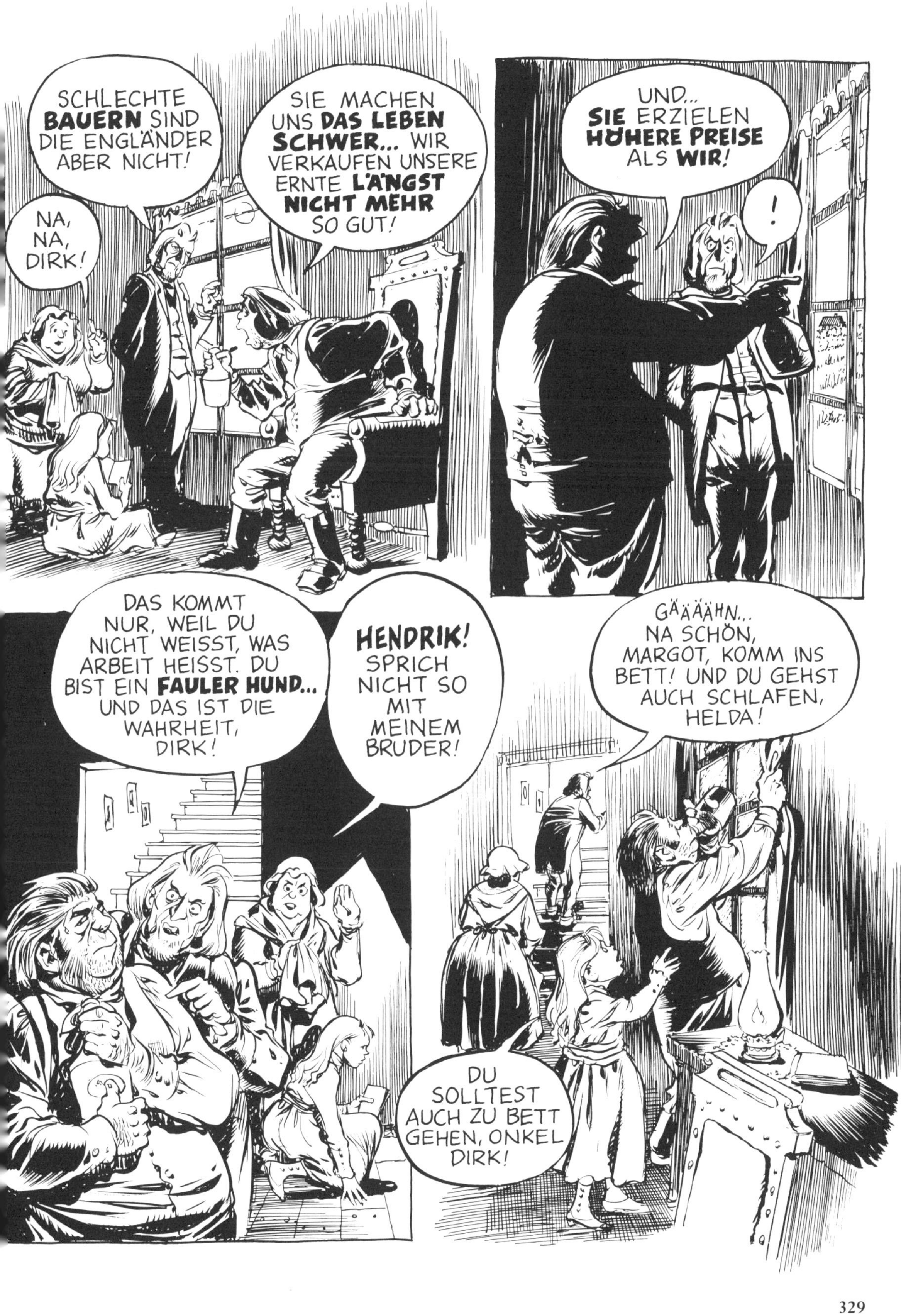

SCHLECHTE BAUERN SIND DIE ENGLÄNDER ABER NICHT!
NA, NA, DIRK!
SIE MACHEN UNS DAS LEBEN SCHWER... WIR VERKAUFEN UNSERE ERNTE LÄNGST NICHT MEHR SO GUT!
UND... SIE ERZIELEN HÖHERE PREISE ALS WIR!
!
DAS KOMMT NUR, WEIL DU NICHT WEISST, WAS ARBEIT HEISST. DU BIST EIN FAULER HUND... UND DAS IST DIE WAHRHEIT, DIRK!
HENDRIK! SPRICH NICHT SO MIT MEINEM BRUDER!
GÄÄÄHN... NA SCHÖN, MARGOT, KOMM INS BETT! UND DU GEHST AUCH SCHLAFEN, HELDA!
DU SOLLTEST AUCH ZU BETT GEHEN, ONKEL DIRK!

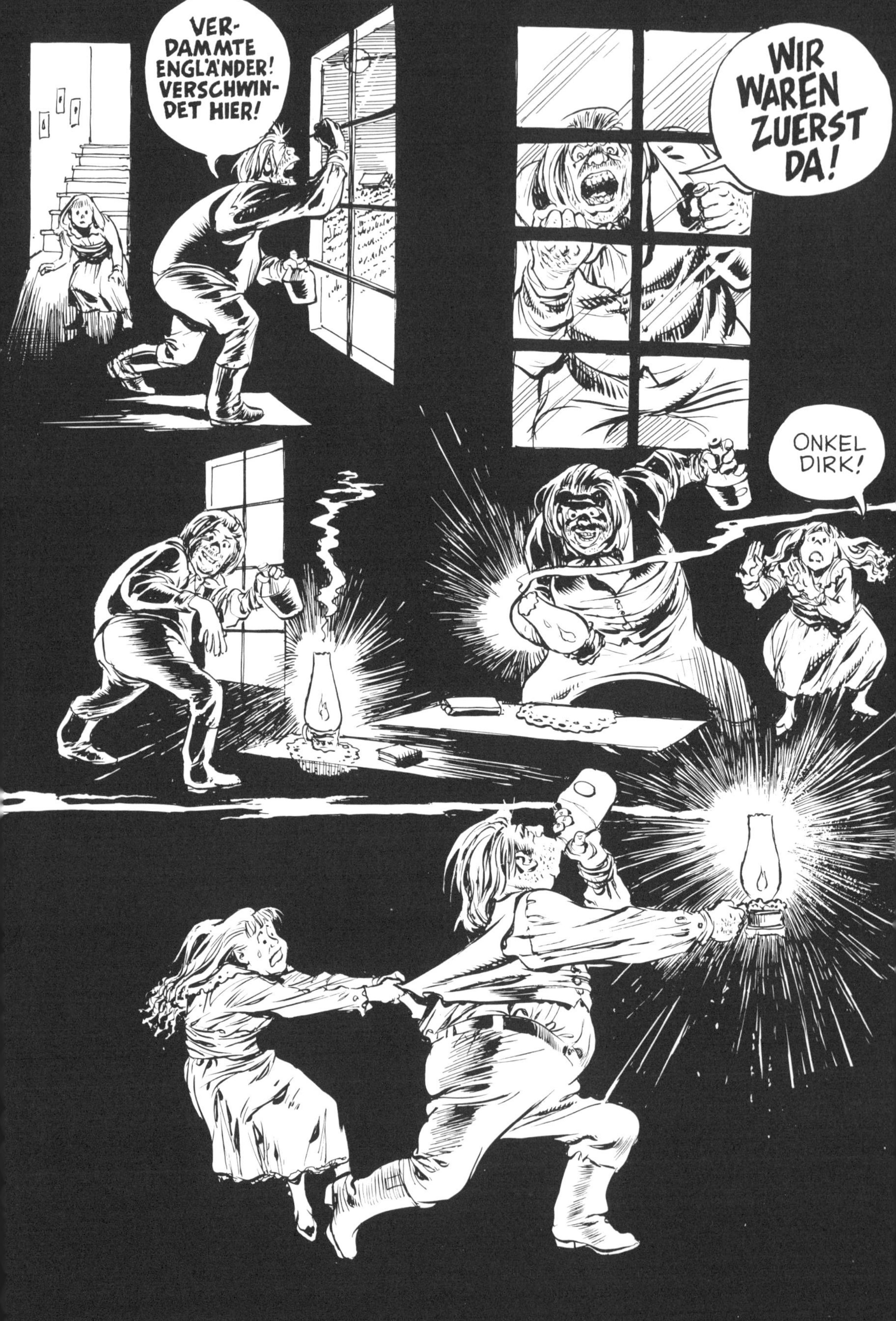
VERDAMMTE ENGLÄNDER! VERSCHWINDET HIER!
WIR WAREN ZUERST DA!
ONKEL DIRK!

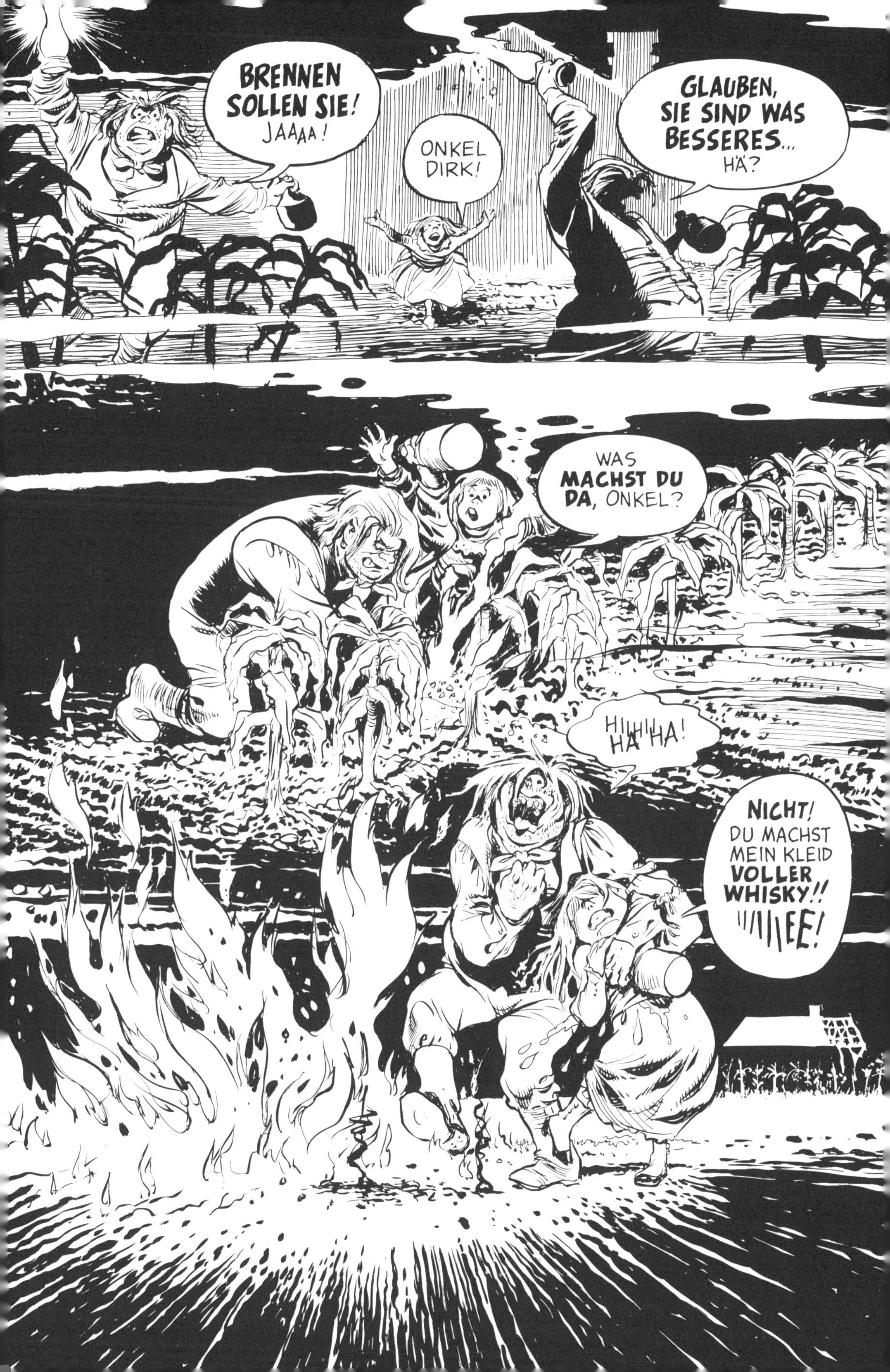
BRENNEN SOLLEN SIE! JAAAA!
ONKEL DIRK!
GLAUBEN, SIE SIND WAS BESSERES... HÄ?
WAS MACHST DU DA, ONKEL?
HIHIHI HA HA!
NICHT! DU MACHST MEIN KLEID VOLLER WHISKY!! IIIIIEE!

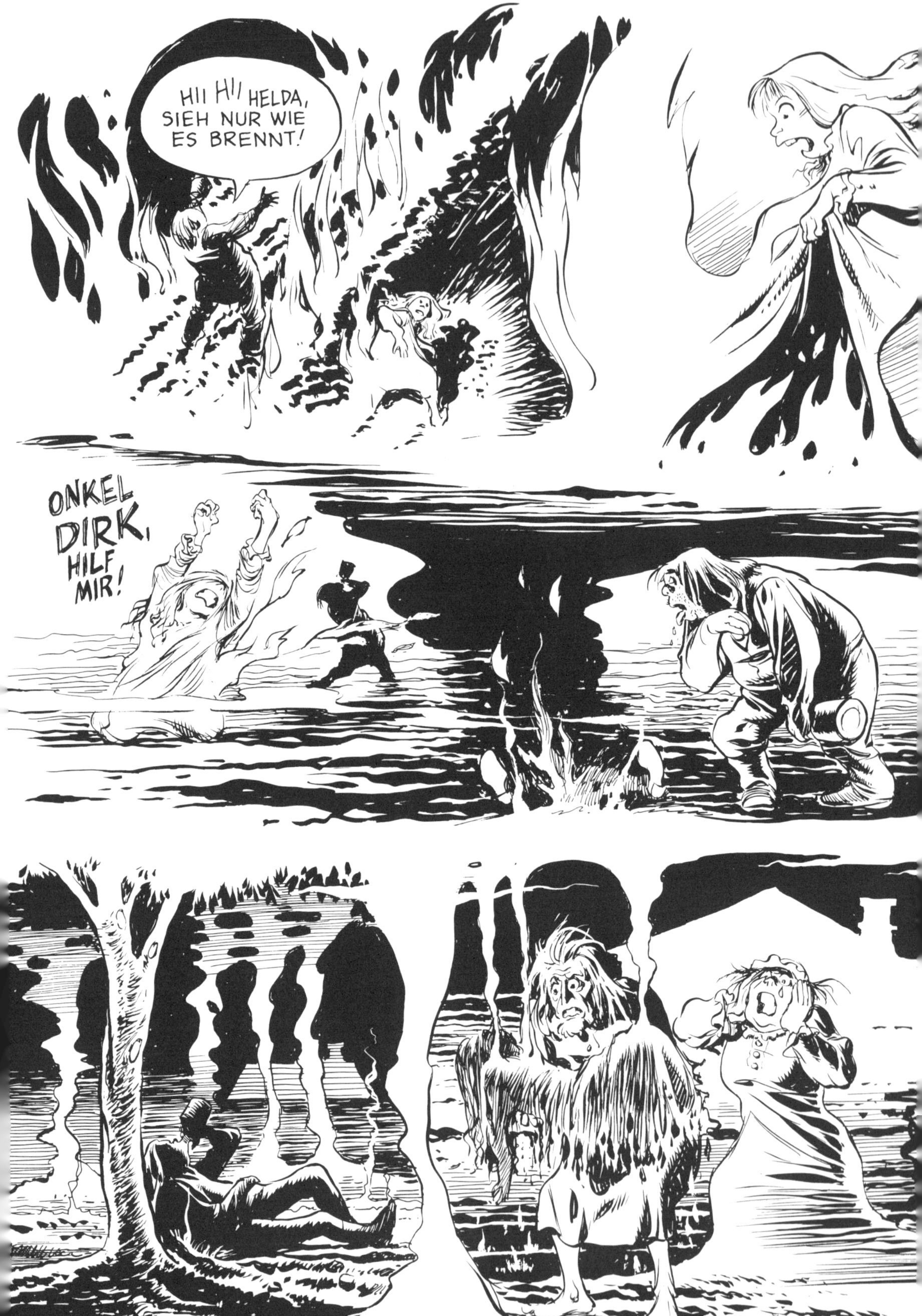
HI! HI! HELDA, SIEH NUR WIE ES BRENNT!
ONKEL DIRK, HILF MIR!

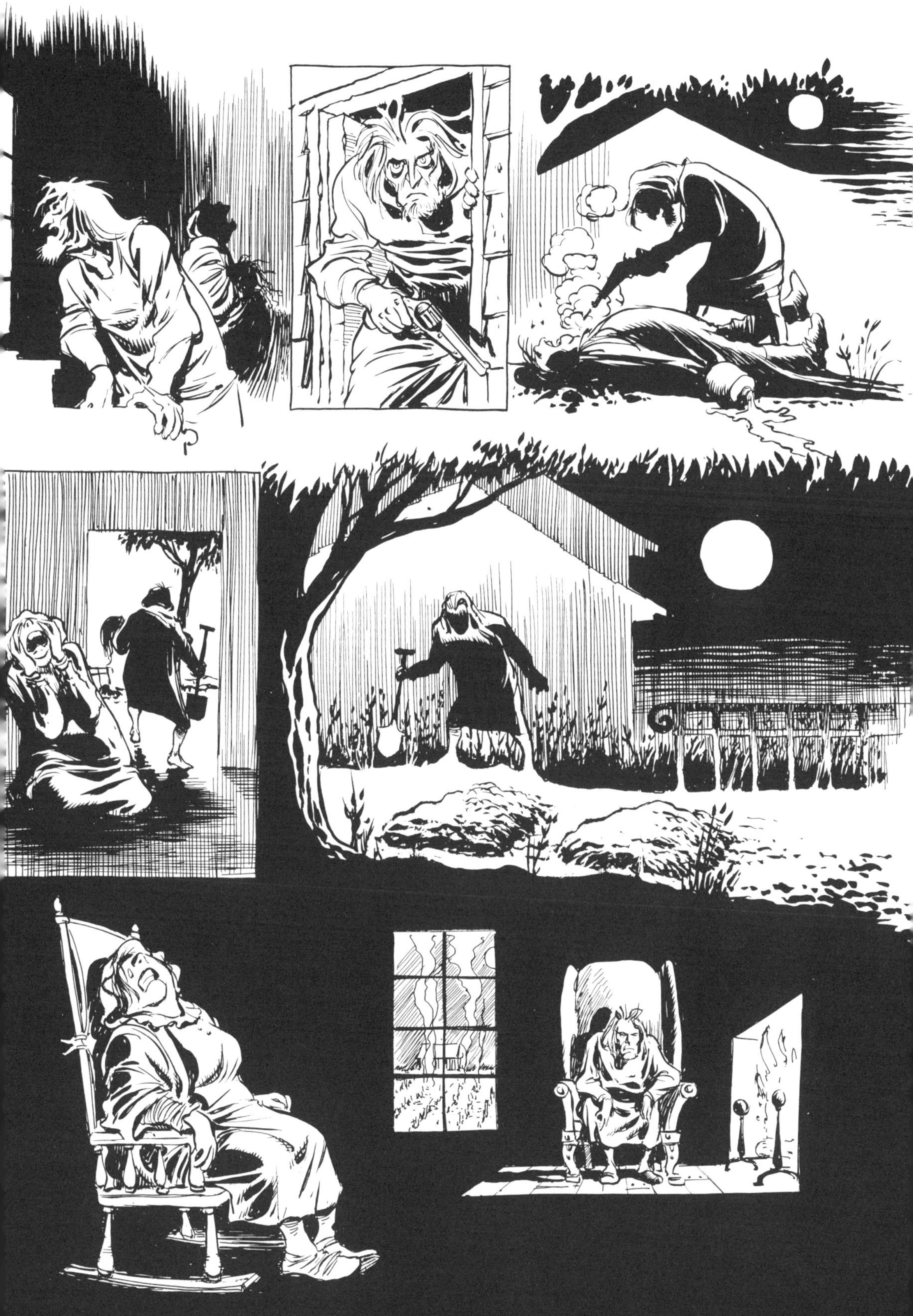

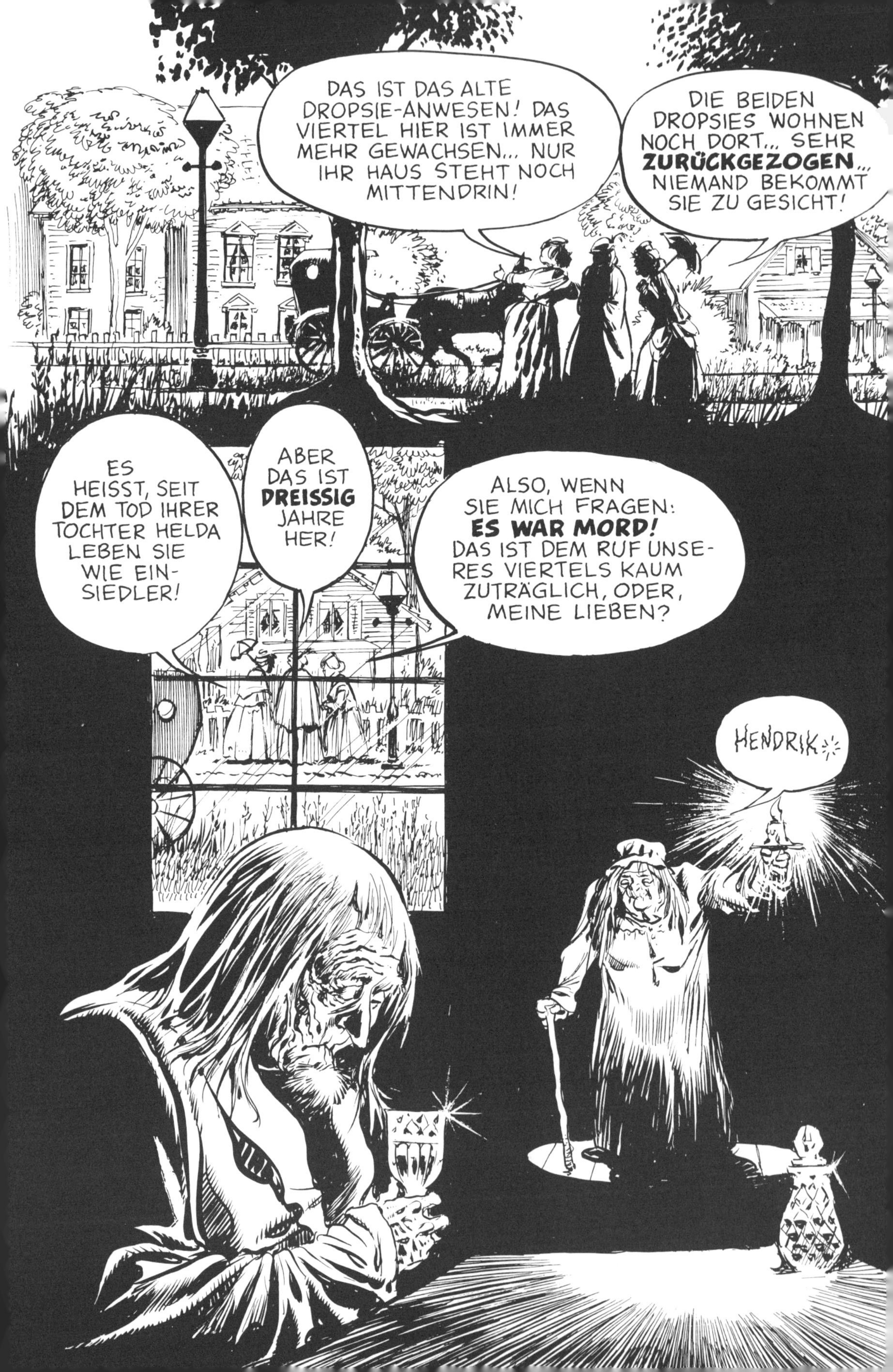
DAS IST DAS ALTE DROPSIE-ANWESEN! DAS VIERTEL HIER IST IMMER MEHR GEWACHSEN... NUR IHR HAUS STEHT NOCH MITTENDRIN!
DIE BEIDEN DROPSIES WOHNEN NOCH DORT... SEHR **ZURÜCKGEZOGEN**... NIEMAND BEKOMMT SIE ZU GESICHT!
ES HEISST, SEIT DEM TOD IHRER TOCHTER HELDA LEBEN SIE WIE EIN-SIEDLER!
ABER DAS IST **DREISSIG** JAHRE HER!
ALSO, WENN SIE MICH FRAGEN: **ES WAR MORD!** DAS IST DEM RUF UNSE-RES VIERTELS KAUM ZUTRÄGLICH, ODER, MEINE LIEBEN?
HENDRIK...

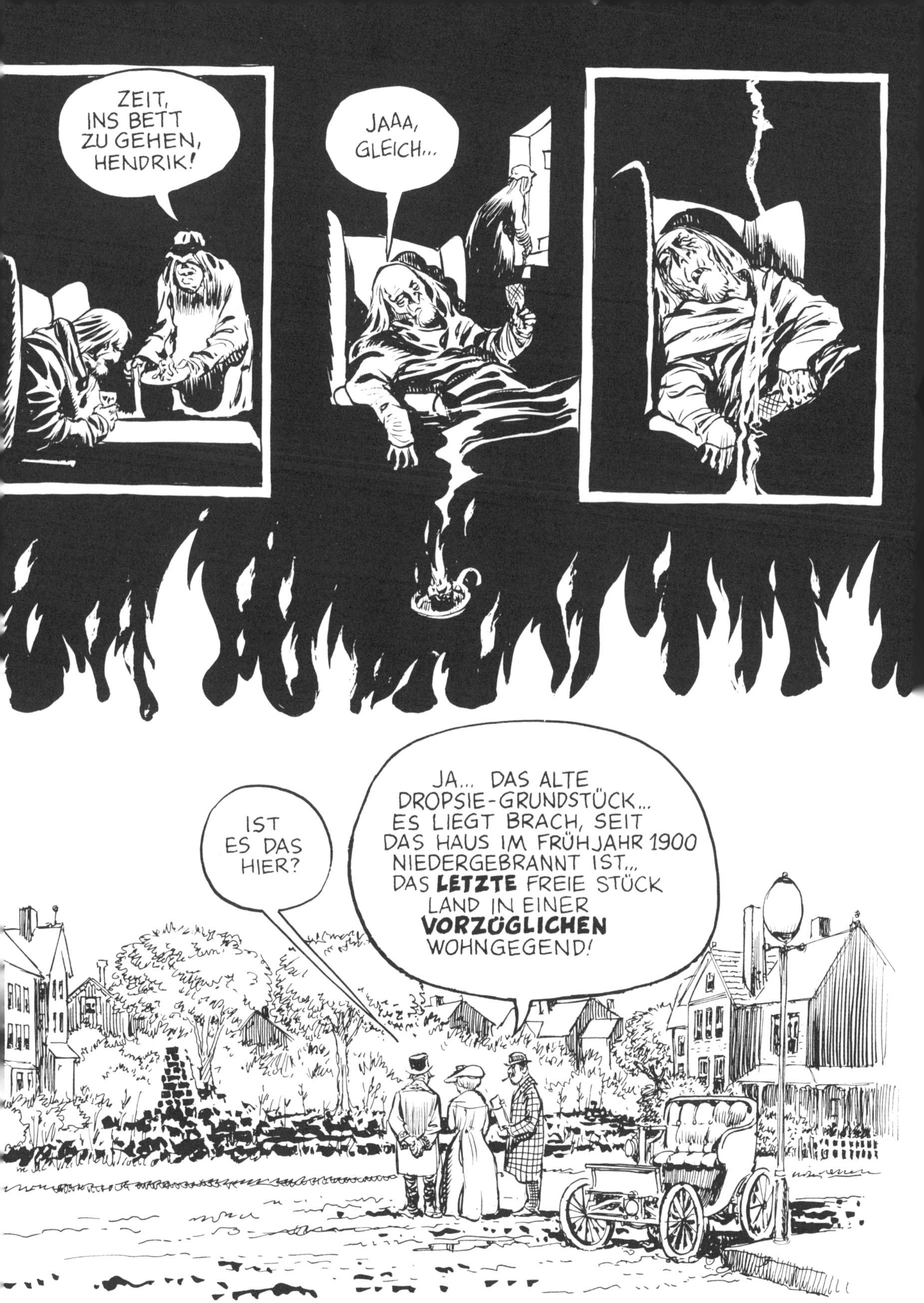
ZEIT, INS BETT ZU GEHEN, HENDRIK!
JAAA, GLEICH...
IST ES DAS HIER?
JA... DAS ALTE DROPSIE-GRUNDSTÜCK... ES LIEGT BRACH, SEIT DAS HAUS IM FRÜHJAHR 1900 NIEDERGEBRANNT IST... DAS **LETZTE** FREIE STÜCK LAND IN EINER **VORZÜGLICHEN** WOHNGEGEND!

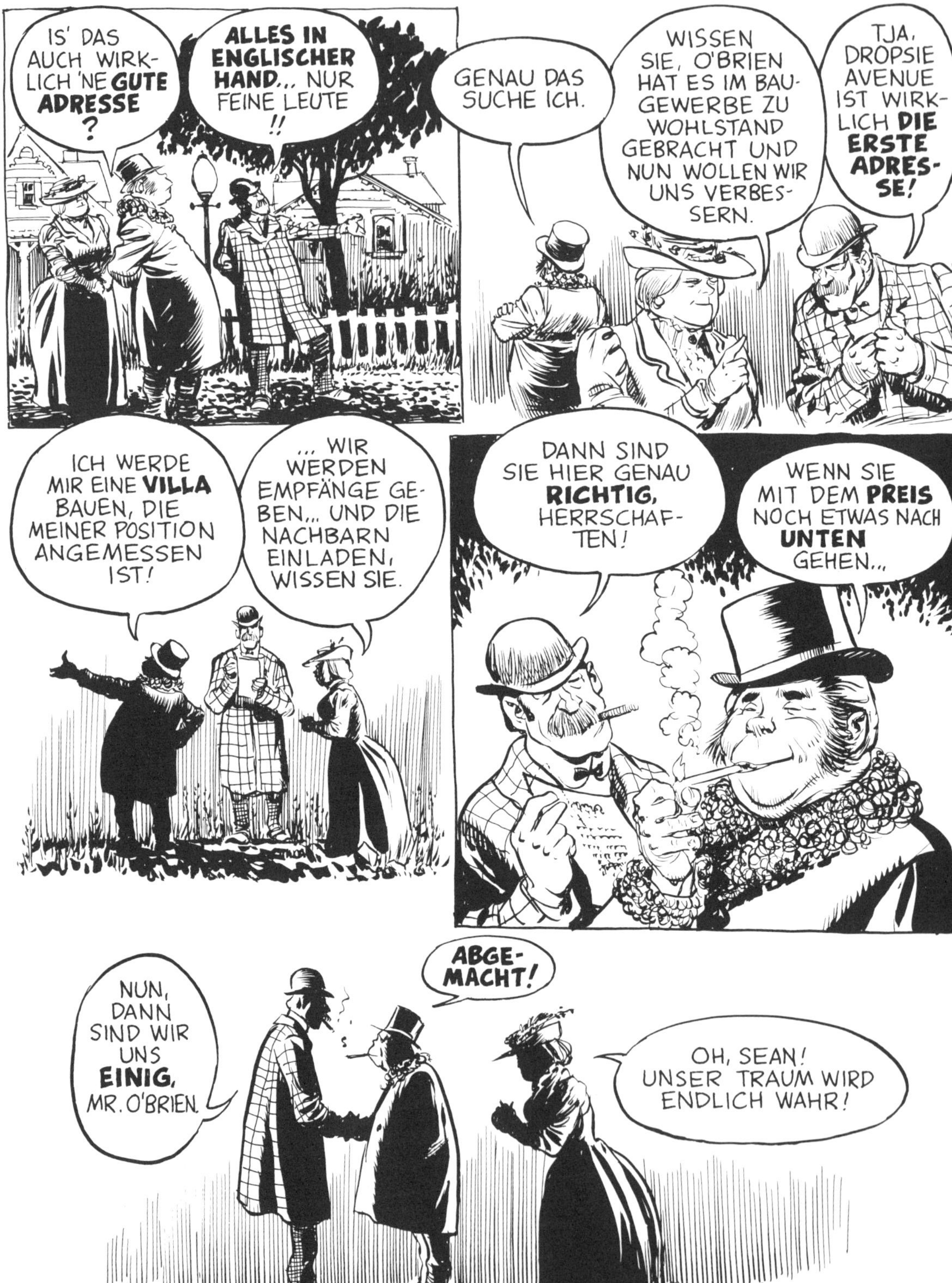
IS' DAS AUCH WIRKLICH 'NE GUTE ADRESSE ?
ALLES IN ENGLISCHER HAND... NUR FEINE LEUTE !!
GENAU DAS SUCHE ICH.
WISSEN SIE, O'BRIEN HAT ES IM BAUGEWERBE ZU WOHLSTAND GEBRACHT UND NUN WOLLEN WIR UNS VERBESSERN.
TJA, DROPSIE AVENUE IST WIRKLICH DIE ERSTE ADRESSE!
ICH WERDE MIR EINE VILLA BAUEN, DIE MEINER POSITION ANGEMESSEN IST!
... WIR WERDEN EMPFÄNGE GEBEN,.. UND DIE NACHBARN EINLADEN, WISSEN SIE.
DANN SIND SIE HIER GENAU RICHTIG, HERRSCHAFTEN!
WENN SIE MIT DEM PREIS NOCH ETWAS NACH UNTEN GEHEN...
NUN, DANN SIND WIR UNS EINIG, MR. O'BRIEN.
ABGEMACHT!
OH, SEAN! UNSER TRAUM WIRD ENDLICH WAHR!

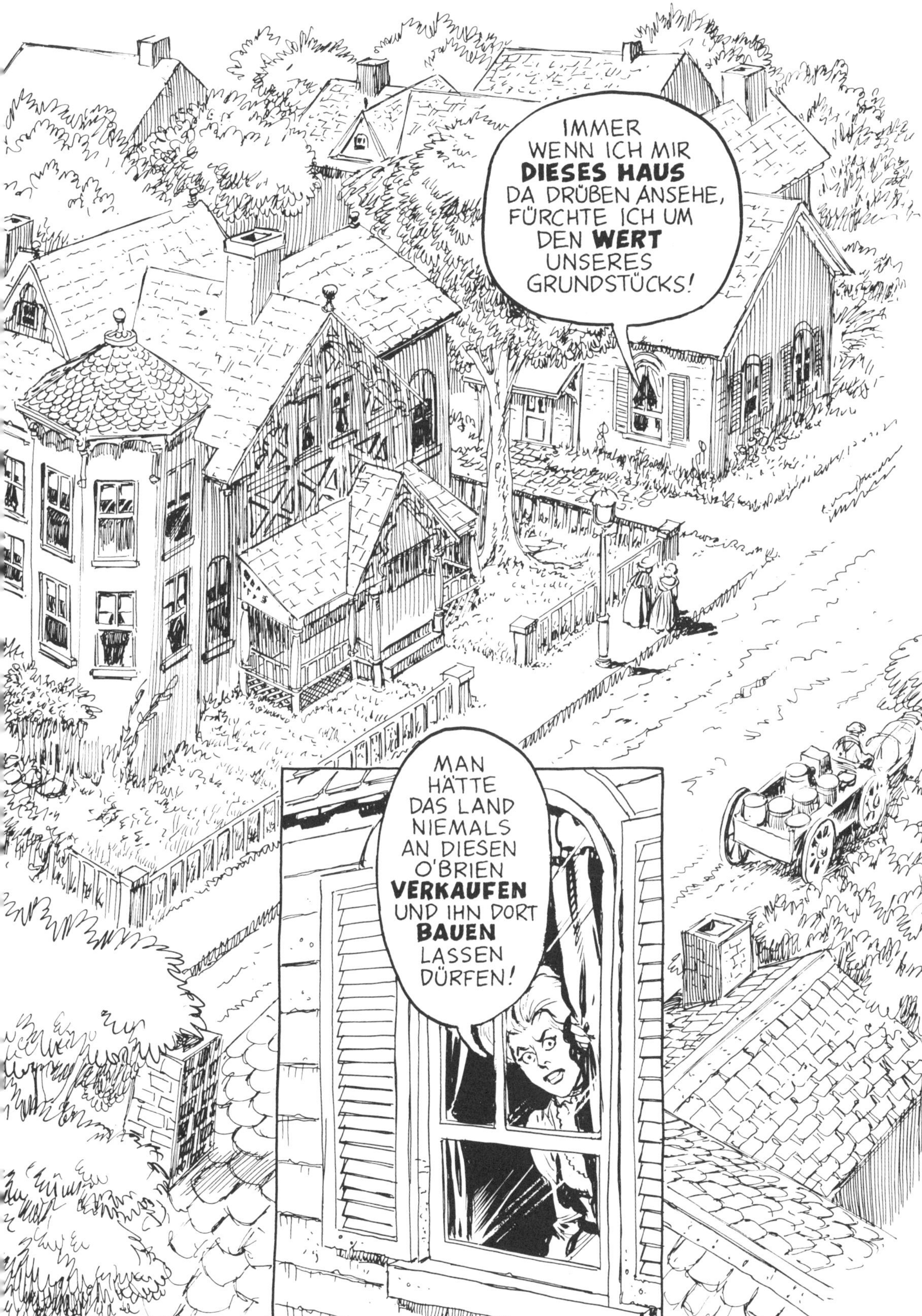
IMMER WENN ICH MIR DIESES HAUS DA DRÜBEN ANSEHE, FÜRCHTE ICH UM DEN WERT UNSERES GRUNDSTÜCKS!
MAN HÄTTE DAS LAND NIEMALS AN DIESEN O'BRIEN VERKAUFEN UND IHN DORT BAUEN LASSEN DÜRFEN!

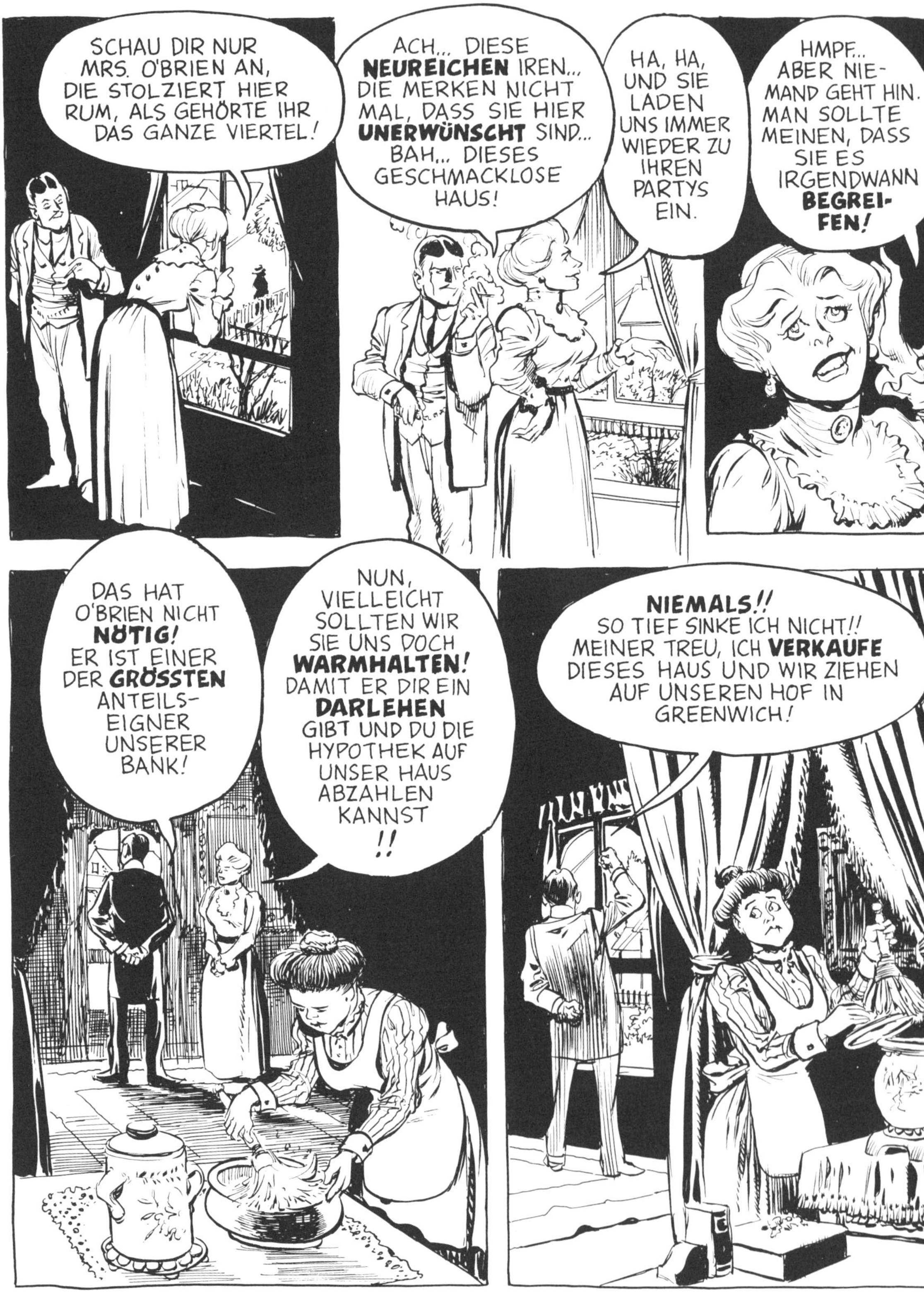
SCHAU DIR NUR MRS. O'BRIEN AN, DIE STOLZIERT HIER RUM, ALS GEHÖRTE IHR DAS GANZE VIERTEL!
ACH... DIESE NEUREICHEN IREN... DIE MERKEN NICHT MAL, DASS SIE HIER UNERWÜNSCHT SIND... BAH... DIESES GESCHMACKLOSE HAUS!
HA, HA, UND SIE LADEN UNS IMMER WIEDER ZU IHREN PARTYS EIN.
HMPF... ABER NIEMAND GEHT HIN. MAN SOLLTE MEINEN, DASS SIE ES IRGENDWANN BEGREIFEN!
DAS HAT O'BRIEN NICHT NÖTIG! ER IST EINER DER GRÖSSTEN ANTEILS-EIGNER UNSERER BANK!
NUN, VIELLEICHT SOLLTEN WIR SIE UNS DOCH WARMHALTEN! DAMIT ER DIR EIN DARLEHEN GIBT UND DU DIE HYPOTHEK AUF UNSER HAUS ABZAHLEN KANNST!!
NIEMALS!! SO TIEF SINKE ICH NICHT!! MEINER TREU, ICH VERKAUFE DIESES HAUS UND WIR ZIEHEN AUF UNSEREN HOF IN GREENWICH!

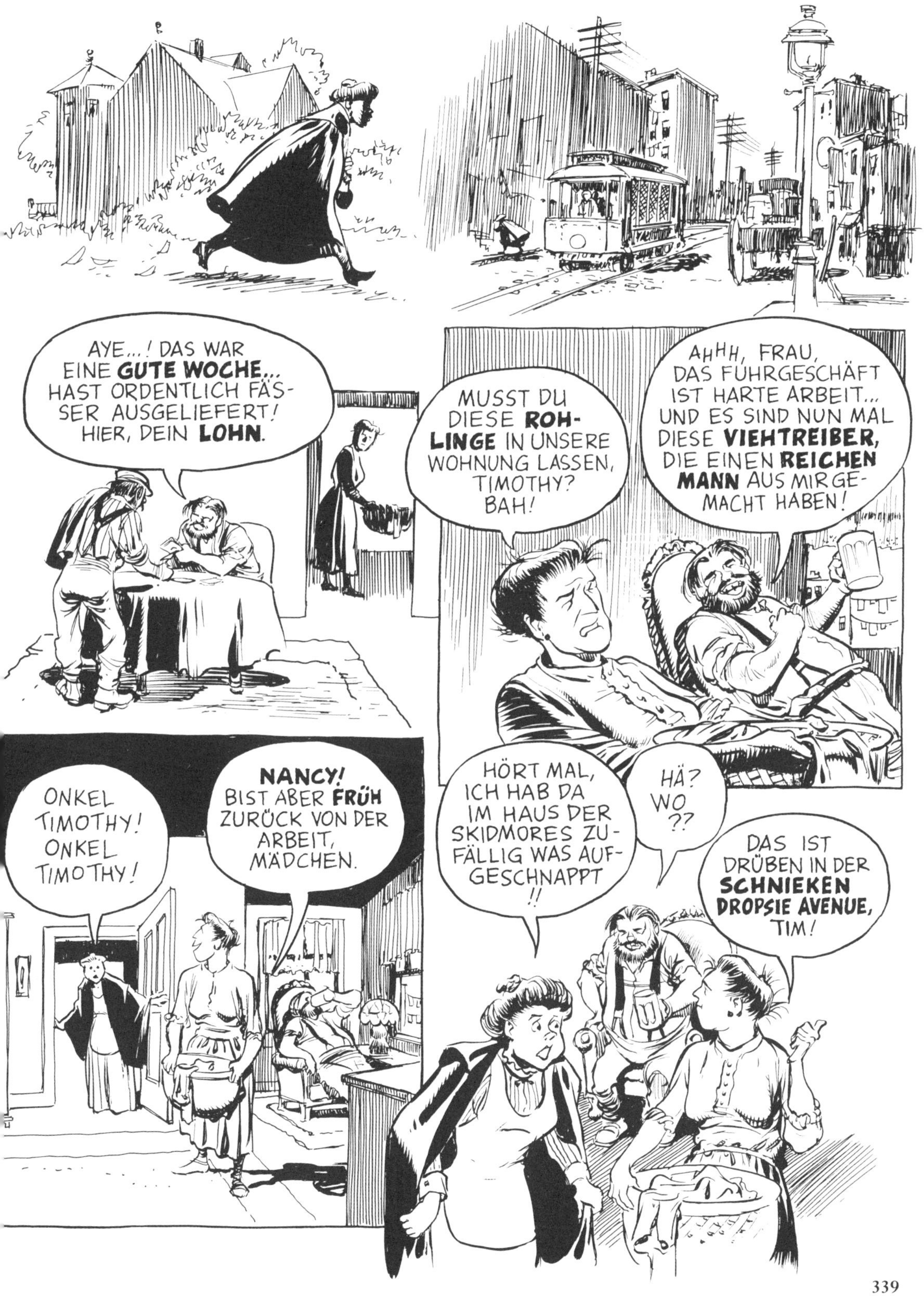
AYE...! DAS WAR EINE **GUTE WOCHE**... HAST ORDENTLICH FÄSSER AUSGELIEFERT! HIER, DEIN **LOHN**.
MUSST DU DIESE **ROHLINGE** IN UNSERE WOHNUNG LASSEN, TIMOTHY? BAH!
AHHH, FRAU, DAS FUHRGESCHÄFT IST HARTE ARBEIT... UND ES SIND NUN MAL DIESE **VIEHTREIBER**, DIE EINEN **REICHEN MANN** AUS MIR GEMACHT HABEN!
ONKEL TIMOTHY! ONKEL TIMOTHY!
NANCY! BIST ABER **FRÜH** ZURÜCK VON DER ARBEIT, MÄDCHEN.
HÖRT MAL, ICH HAB DA IM HAUS DER SKIDMORES ZUFÄLLIG WAS AUFGESCHNAPPT!!
HÄ? WO??
DAS IST DRÜBEN IN DER **SCHNIEKEN DROPSIE AVENUE**, TIM!

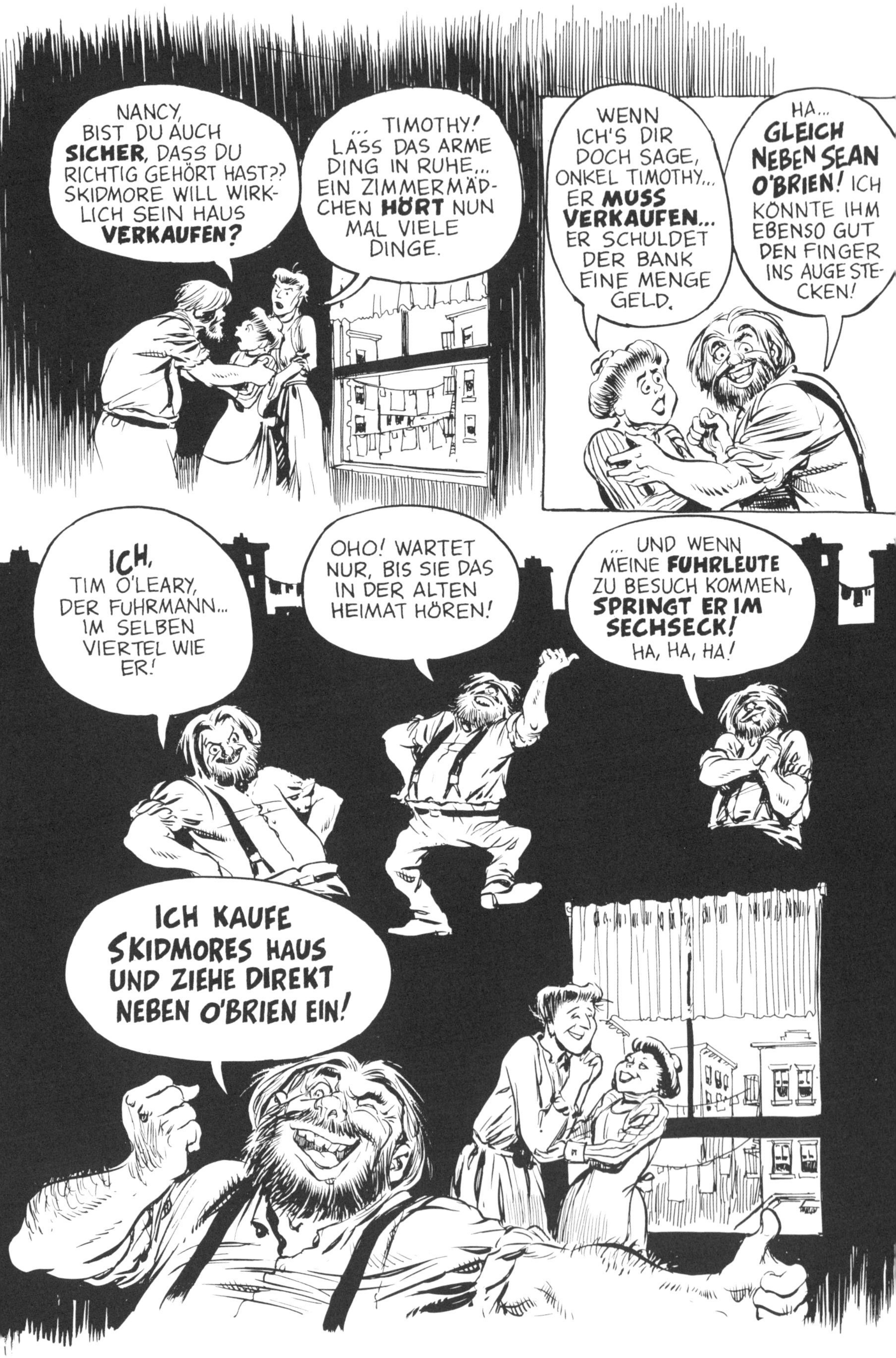
NANCY, BIST DU AUCH SICHER, DASS DU RICHTIG GEHÖRT HAST?? SKIDMORE WILL WIRKLICH SEIN HAUS VERKAUFEN?
... TIMOTHY! LASS DAS ARME DING IN RUHE... EIN ZIMMERMÄDCHEN HÖRT NUN MAL VIELE DINGE.
WENN ICH'S DIR DOCH SAGE, ONKEL TIMOTHY... ER MUSS VERKAUFEN... ER SCHULDET DER BANK EINE MENGE GELD.
HA... GLEICH NEBEN SEAN O'BRIEN! ICH KÖNNTE IHM EBENSO GUT DEN FINGER INS AUGE STECKEN!
ICH, TIM O'LEARY, DER FUHRMANN... IM SELBEN VIERTEL WIE ER!
OHO! WARTET NUR, BIS SIE DAS IN DER ALTEN HEIMAT HÖREN!
... UND WENN MEINE FUHRLEUTE ZU BESUCH KOMMEN, SPRINGT ER IM SECHSECK! HA, HA, HA!
ICH KAUFE SKIDMORES HAUS UND ZIEHE DIREKT NEBEN O'BRIEN EIN!

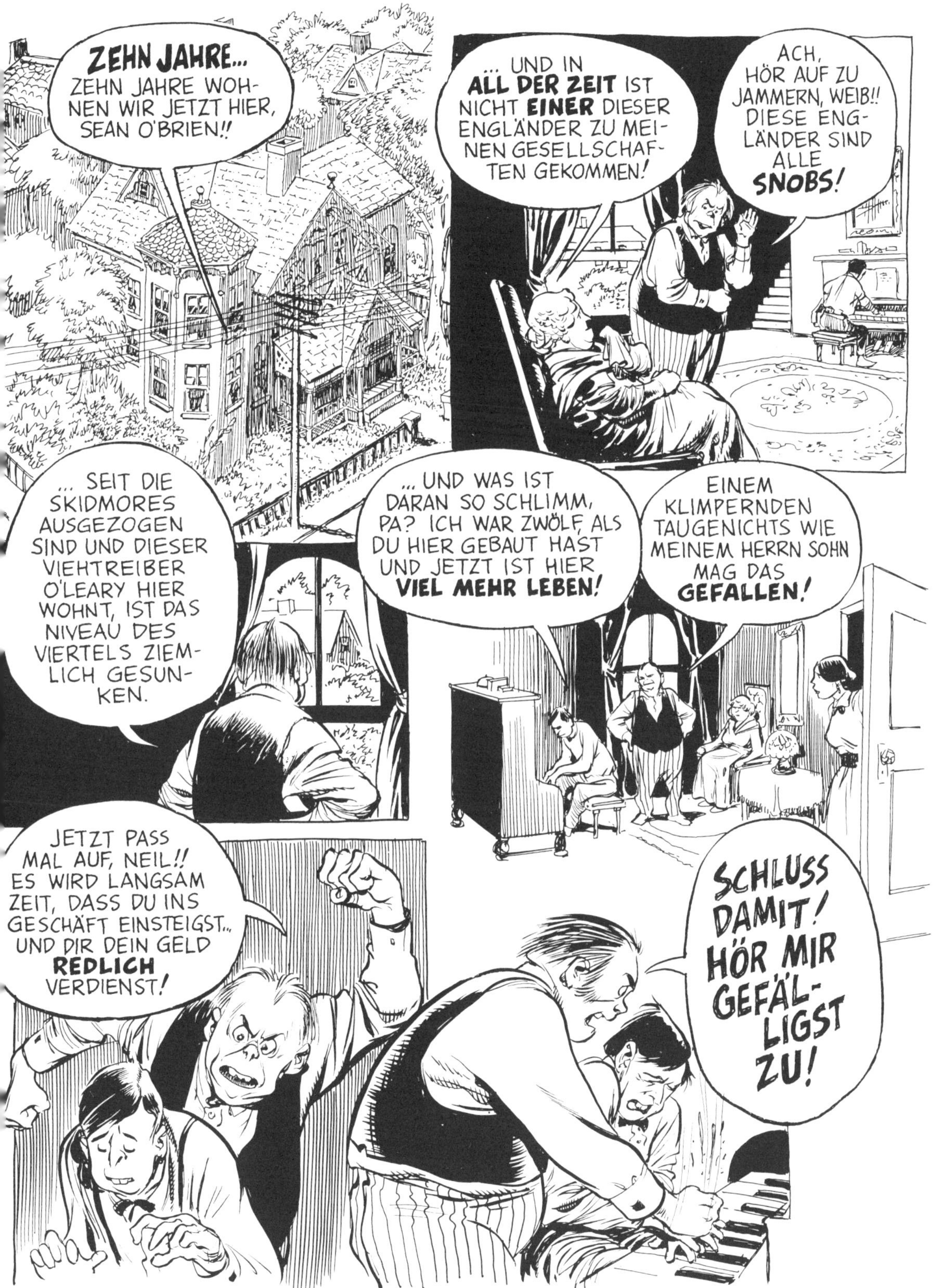
ZEHN JAHRE... ZEHN JAHRE WOHNEN WIR JETZT HIER, SEAN O'BRIEN!!
... UND IN ALL DER ZEIT IST NICHT EINER DIESER ENGLÄNDER ZU MEINEN GESELLSCHAFTEN GEKOMMEN!
ACH, HÖR AUF ZU JAMMERN, WEIB!! DIESE ENGLÄNDER SIND ALLE SNOBS!
... SEIT DIE SKIDMORES AUSGEZOGEN SIND UND DIESER VIEHTREIBER O'LEARY HIER WOHNT, IST DAS NIVEAU DES VIERTELS ZIEMLICH GESUNKEN.
... UND WAS IST DARAN SO SCHLIMM, PA? ICH WAR ZWÖLF, ALS DU HIER GEBAUT HAST UND JETZT IST HIER VIEL MEHR LEBEN!
EINEM KLIMPERNDEN TAUGENICHTS WIE MEINEM HERRN SOHN MAG DAS GEFALLEN!
JETZT PASS MAL AUF, NEIL!! ES WIRD LANGSAM ZEIT, DASS DU INS GESCHÄFT EINSTEIGST... UND DIR DEIN GELD REDLICH VERDIENST!
SCHLUSS DAMIT! HÖR MIR GEFÄLLIGST ZU!

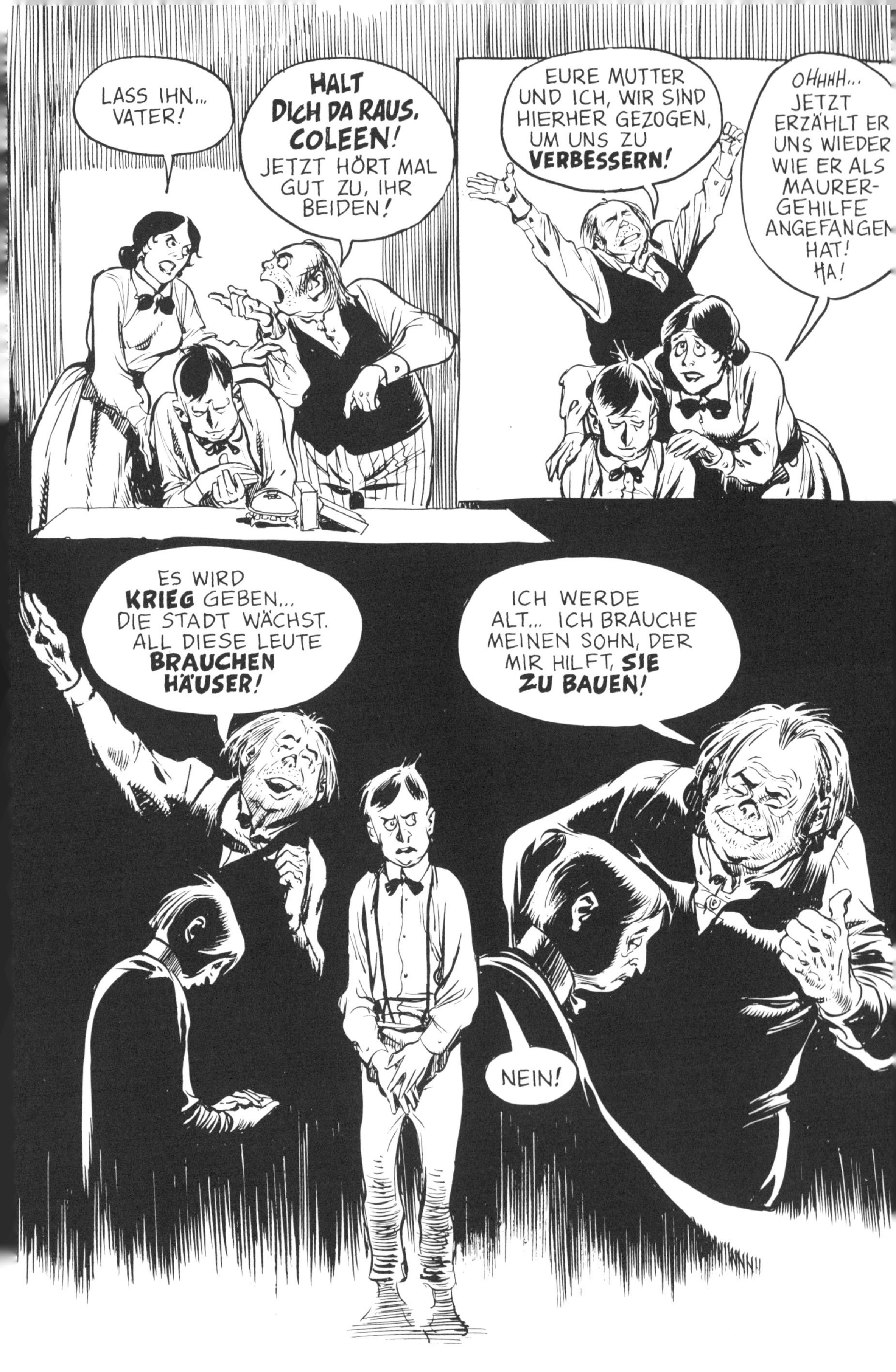
LASS IHN... VATER!
HALT DICH DA RAUS, COLEEN! JETZT HÖRT MAL GUT ZU, IHR BEIDEN!
EURE MUTTER UND ICH, WIR SIND HIERHER GEZOGEN, UM UNS ZU VERBESSERN!
OHHHH... JETZT ERZÄHLT ER UNS WIEDER WIE ER ALS MAURER-GEHILFE ANGEFANGEN HAT! HA!
ES WIRD KRIEG GEBEN... DIE STADT WÄCHST. ALL DIESE LEUTE BRAUCHEN HÄUSER!
ICH WERDE ALT... ICH BRAUCHE MEINEN SOHN, DER MIR HILFT, SIE ZU BAUEN!
NEIN!

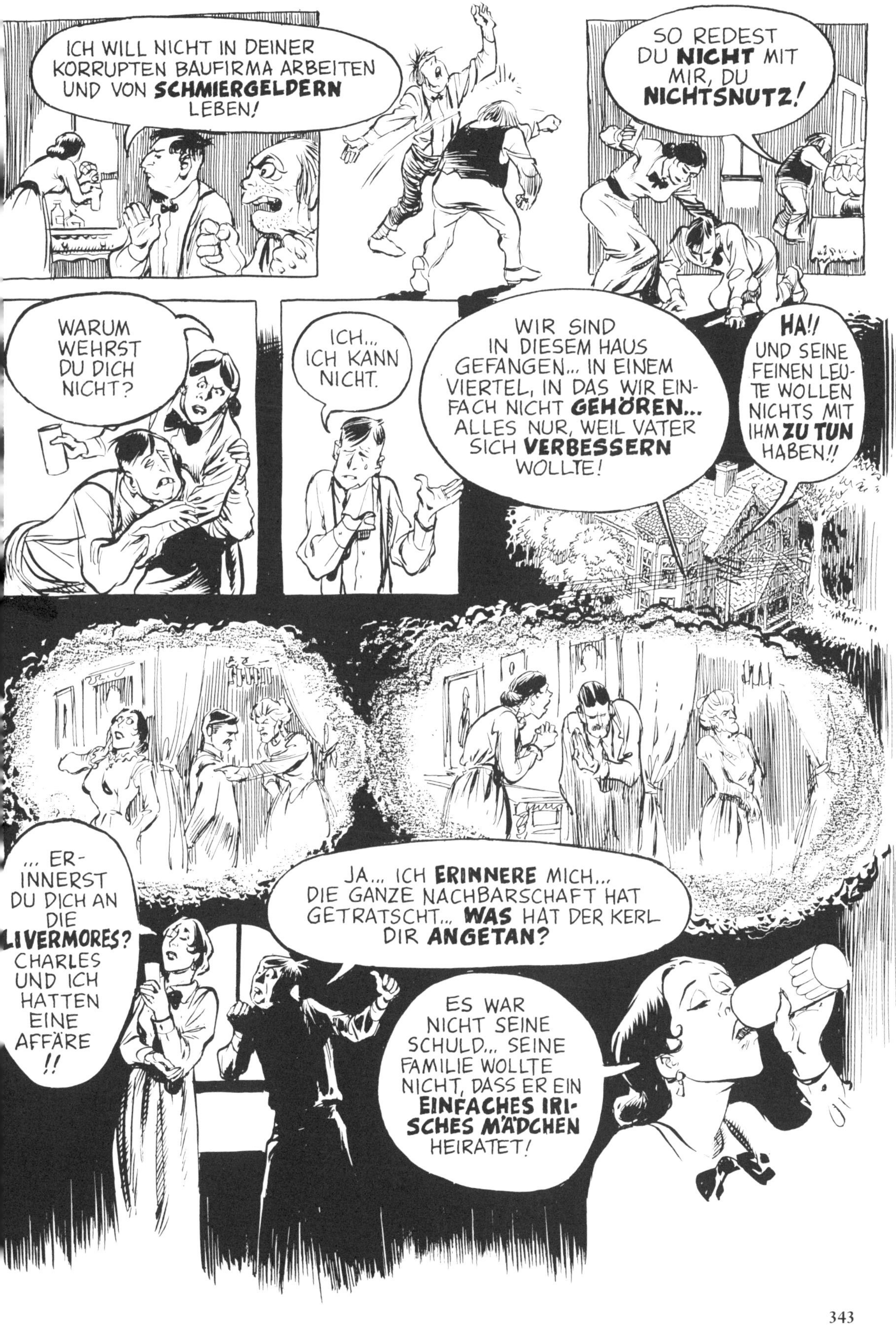
ICH WILL NICHT IN DEINER KORRUPTEN BAUFIRMA ARBEITEN UND VON SCHMIERGELDERN LEBEN!
SO REDEST DU NICHT MIT MIR, DU NICHTSNUTZ!
WARUM WEHRST DU DICH NICHT?
ICH... ICH KANN NICHT.
WIR SIND IN DIESEM HAUS GEFANGEN... IN EINEM VIERTEL, IN DAS WIR EINFACH NICHT GEHÖREN... ALLES NUR, WEIL VATER SICH VERBESSERN WOLLTE!
HA!! UND SEINE FEINEN LEUTE WOLLEN NICHTS MIT IHM ZU TUN HABEN!!
... ERINNERST DU DICH AN DIE LIVERMORES? CHARLES UND ICH HATTEN EINE AFFÄRE!!
JA... ICH ERINNERE MICH... DIE GANZE NACHBARSCHAFT HAT GETRATSCHT... WAS HAT DER KERL DIR ANGETAN?
ES WAR NICHT SEINE SCHULD... SEINE FAMILIE WOLLTE NICHT, DASS ER EIN EINFACHES IRISCHES MÄDCHEN HEIRATET!

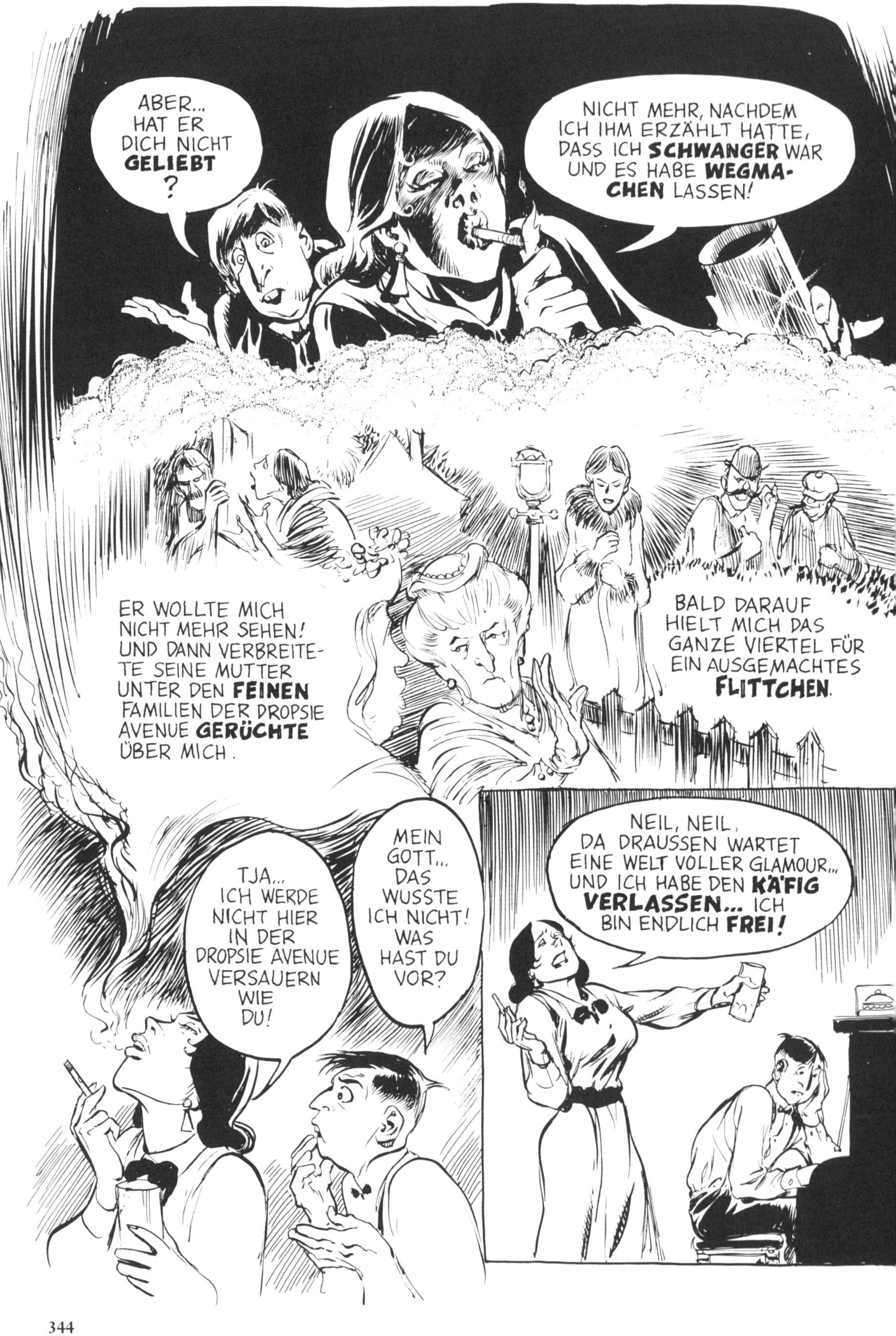
ABER... HAT ER DICH NICHT GELIEBT ?
NICHT MEHR, NACHDEM ICH IHM ERZÄHLT HATTE, DASS ICH SCHWANGER WAR UND ES HABE WEGMA-CHEN LASSEN!
ER WOLLTE MICH NICHT MEHR SEHEN! UND DANN VERBREITE-TE SEINE MUTTER UNTER DEN FEINEN FAMILIEN DER DROPSIE AVENUE GERÜCHTE ÜBER MICH.
BALD DARAUF HIELT MICH DAS GANZE VIERTEL FÜR EIN AUSGEMACHTES FLITTCHEN.
TJA... ICH WERDE NICHT HIER IN DER DROPSIE AVENUE VERSAUERN WIE DU!
MEIN GOTT... DAS WUSSTE ICH NICHT! WAS HAST DU VOR?
NEIL, NEIL, DA DRAUSSEN WARTET EINE WELT VOLLER GLAMOUR... UND ICH HABE DEN KÄFIG VERLASSEN... ICH BIN ENDLICH FREI!

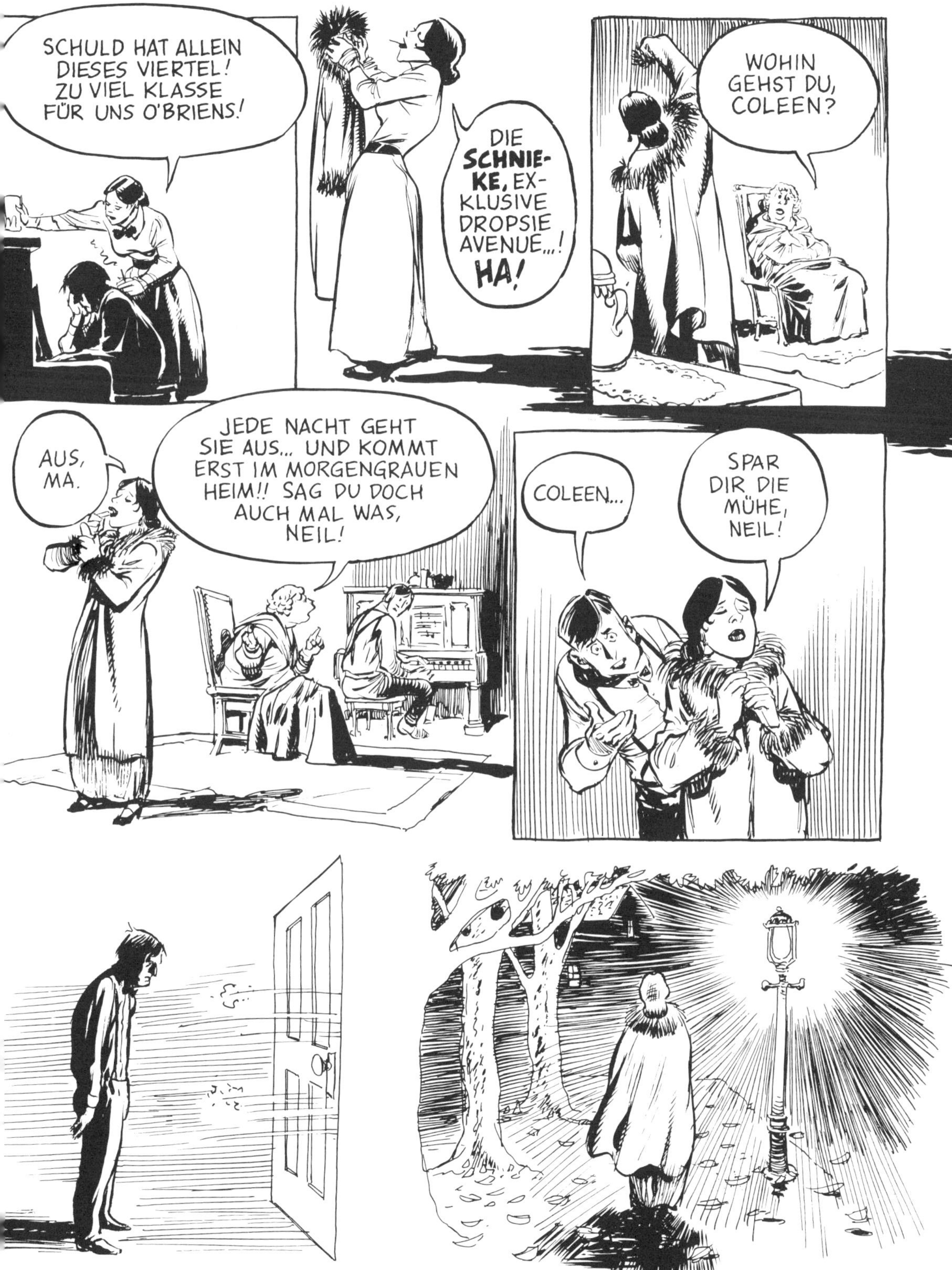
SCHULD HAT ALLEIN DIESES VIERTEL! ZU VIEL KLASSE FÜR UNS O'BRIENS!
DIE SCHNIEKE, EXKLUSIVE DROPSIE AVENUE...! HA!
WOHIN GEHST DU, COLEEN?
AUS, MA.
JEDE NACHT GEHT SIE AUS... UND KOMMT ERST IM MORGENGRAUEN HEIM!! SAG DU DOCH AUCH MAL WAS, NEIL!
COLEEN...
SPAR DIR DIE MÜHE, NEIL!

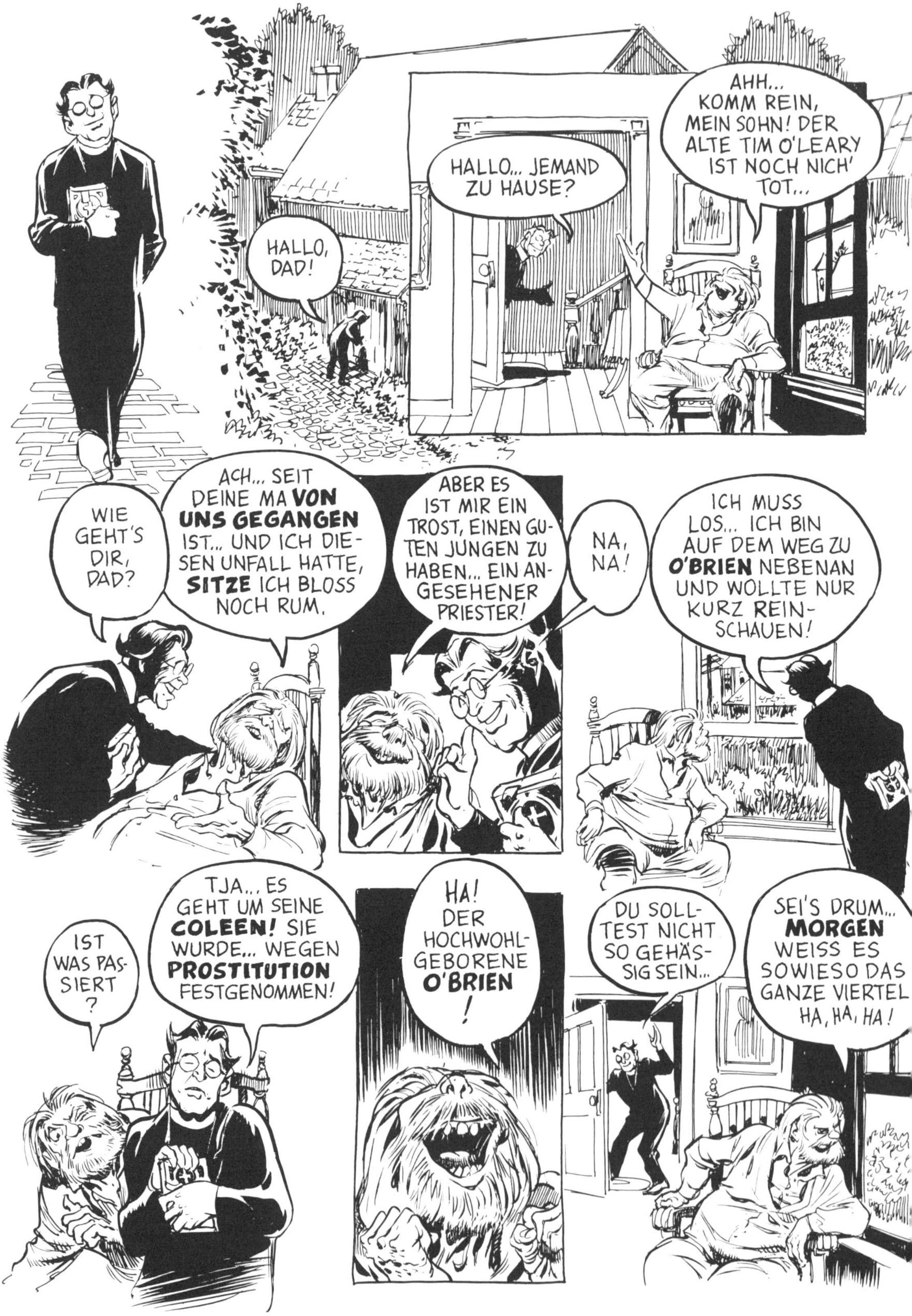
HALLO, DAD!
HALLO... JEMAND ZU HAUSE?
AHH... KOMM REIN, MEIN SOHN! DER ALTE TIM O'LEARY IST NOCH NICH' TOT...
WIE GEHT'S DIR, DAD?
ACH... SEIT DEINE MA VON UNS GEGANGEN IST... UND ICH DIESEN UNFALL HATTE, SITZE ICH BLOSS NOCH RUM.
ABER ES IST MIR EIN TROST, EINEN GUTEN JUNGEN ZU HABEN... EIN ANGESEHENER PRIESTER!
NA, NA!
ICH MUSS LOS... ICH BIN AUF DEM WEG ZU O'BRIEN NEBENAN UND WOLLTE NUR KURZ REINSCHAUEN!
IST WAS PASSIERT?
TJA... ES GEHT UM SEINE COLEEN! SIE WURDE... WEGEN PROSTITUTION FESTGENOMMEN!
HA! DER HOCHWOHLGEBORENE O'BRIEN!
DU SOLLTEST NICHT SO GEHÄSSIG SEIN...
SEI'S DRUM... MORGEN WEISS ES SOWIESO DAS GANZE VIERTEL HA, HA, HA!

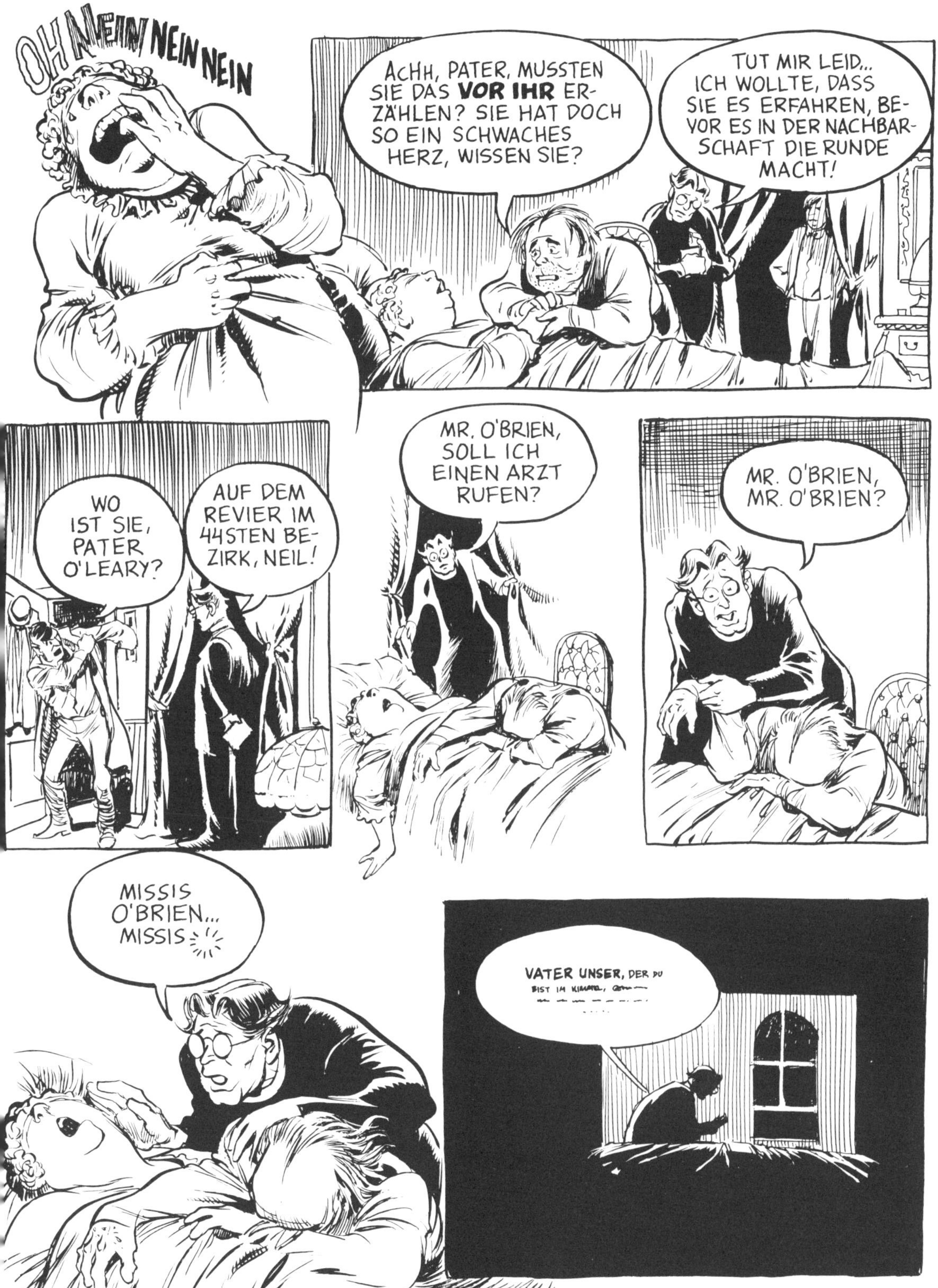
OH NEIN NEIN NEIN
ACHH, PATER, MUSSTEN SIE DAS **VOR IHR** ERZÄHLEN? SIE HAT DOCH SO EIN SCHWACHES HERZ, WISSEN SIE?
TUT MIR LEID... ICH WOLLTE, DASS SIE ES ERFAHREN, BEVOR ES IN DER NACHBARSCHAFT DIE RUNDE MACHT!
WO IST SIE, PATER O'LEARY?
AUF DEM REVIER IM 44STEN BEZIRK, NEIL!
MR. O'BRIEN, SOLL ICH EINEN ARZT RUFEN?
MR. O'BRIEN, MR. O'BRIEN?
MISSIS O'BRIEN... MISSIS
VATER UNSER, DER DU

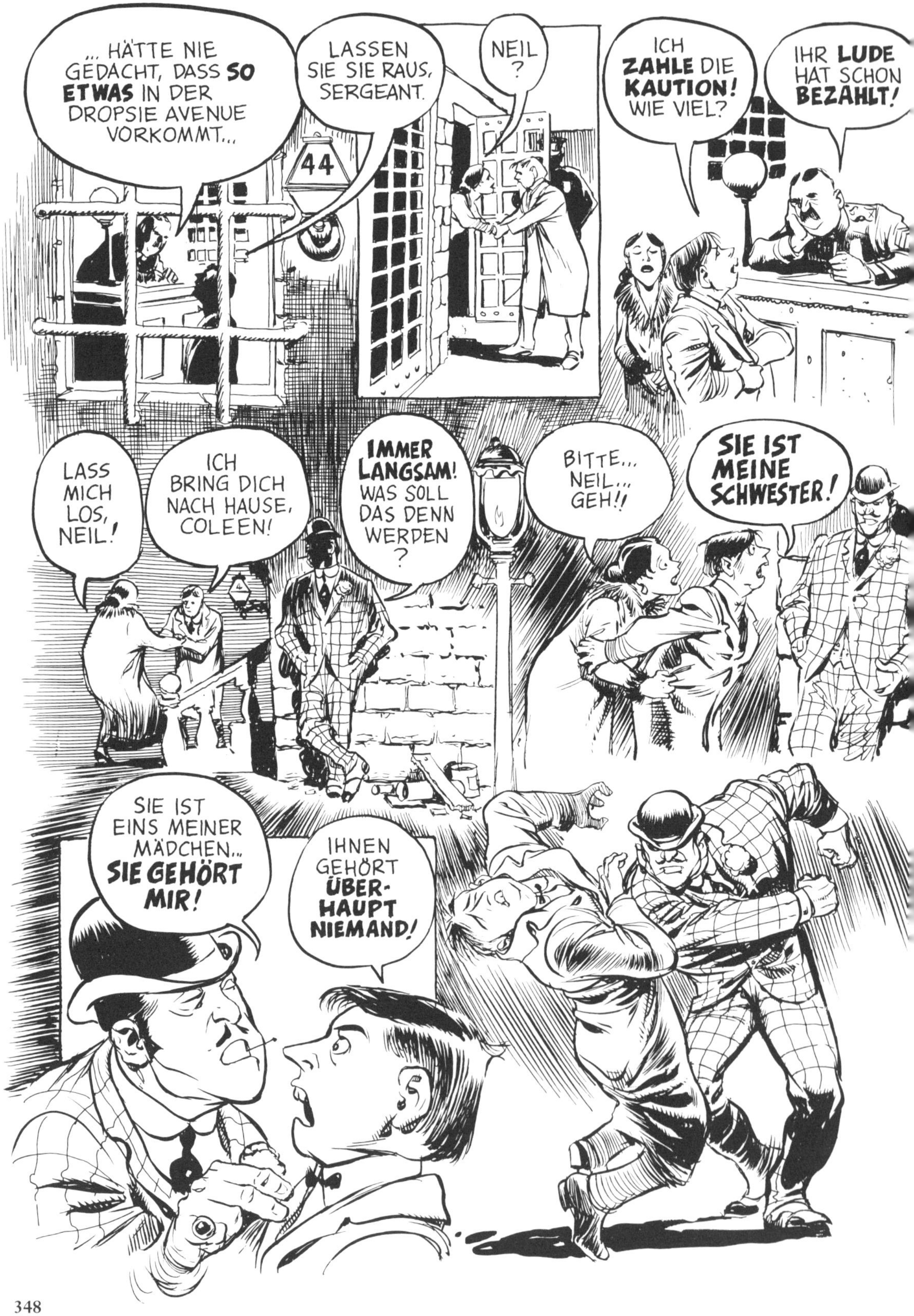
... HÄTTE NIE GEDACHT, DASS **SO ETWAS** IN DER DROPSIE AVENUE VORKOMMT...
LASSEN SIE SIE RAUS, SERGEANT.
NEIL ?
ICH **ZAHLE** DIE **KAUTION!** WIE VIEL?
IHR **LUDE** HAT SCHON **BEZAHLT!**
LASS MICH LOS, NEIL!
ICH BRING DICH NACH HAUSE, COLEEN!
IMMER LANGSAM! WAS SOLL DAS DENN WERDEN ?
BITTE... NEIL... GEH!!
SIE IST MEINE SCHWESTER!
SIE IST EINS MEINER MÄDCHEN... **SIE GEHÖRT MIR!**
IHNEN GEHÖRT **ÜBERHAUPT NIEMAND!**

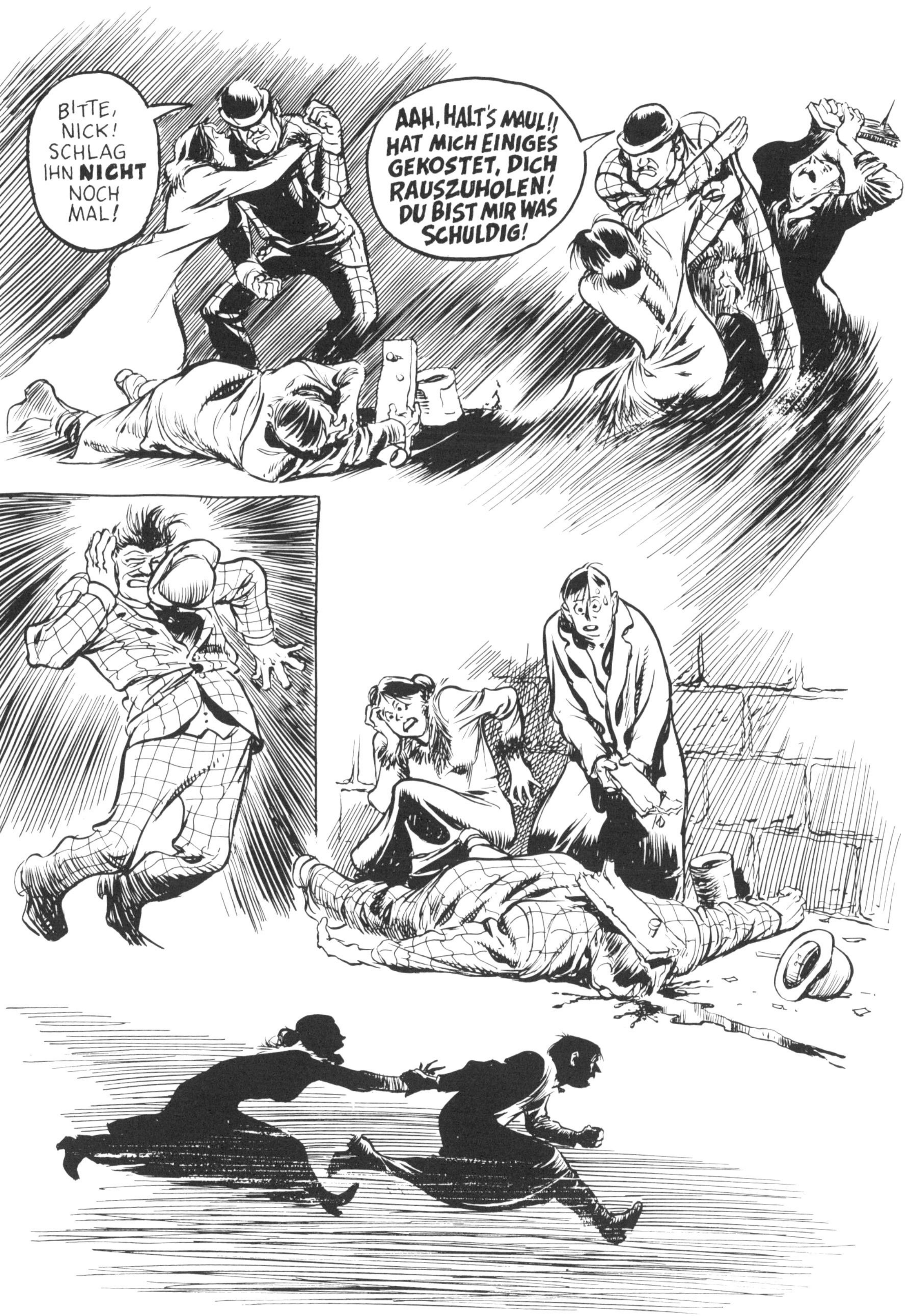
BITTE, NICK! SCHLAG IHN **NICHT** NOCH MAL!
AAH, HALT'S MAUL!! HAT MICH EINIGES GEKOSTET, DICH RAUSZUHOLEN! DU BIST MIR WAS SCHULDIG!

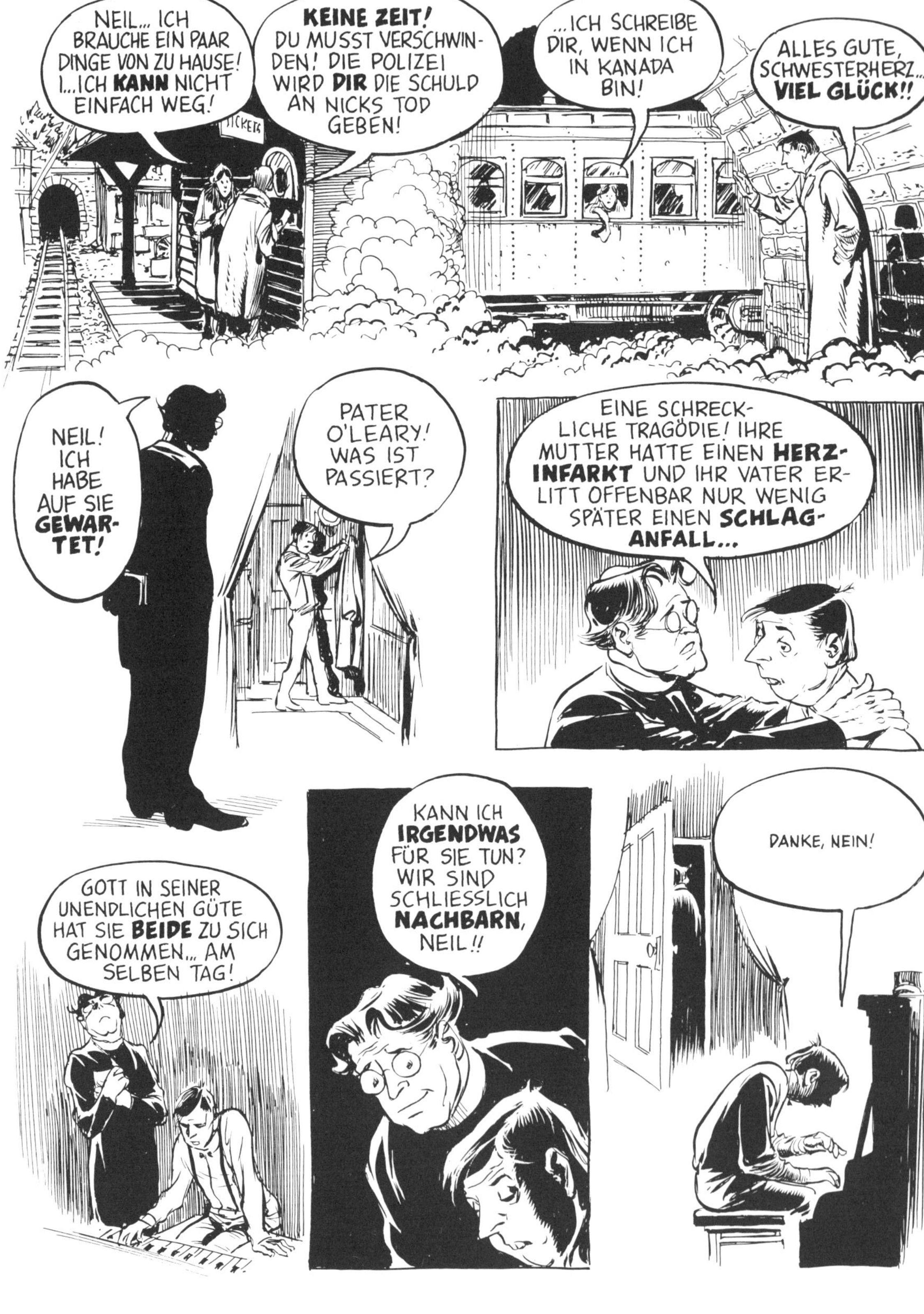
NEIL… ICH BRAUCHE EIN PAAR DINGE VON ZU HAUSE! I…ICH **KANN** NICHT EINFACH WEG!
TICKETS
KEINE ZEIT! DU MUSST VERSCHWINDEN! DIE POLIZEI WIRD **DIR** DIE SCHULD AN NICKS TOD GEBEN!
…ICH SCHREIBE DIR, WENN ICH IN KANADA BIN!
ALLES GUTE, SCHWESTERHERZ… **VIEL GLÜCK!!**
NEIL! ICH HABE AUF SIE **GEWARTET!**
PATER O'LEARY! WAS IST PASSIERT?
EINE SCHRECKLICHE TRAGÖDIE! IHRE MUTTER HATTE EINEN **HERZINFARKT** UND IHR VATER ERLITT OFFENBAR NUR WENIG SPÄTER EINEN **SCHLAGANFALL…**
GOTT IN SEINER UNENDLICHEN GÜTE HAT SIE **BEIDE** ZU SICH GENOMMEN… AM SELBEN TAG!
KANN ICH **IRGENDWAS** FÜR SIE TUN? WIR SIND SCHLIESSLICH **NACHBARN**, NEIL!!
DANKE, NEIN!

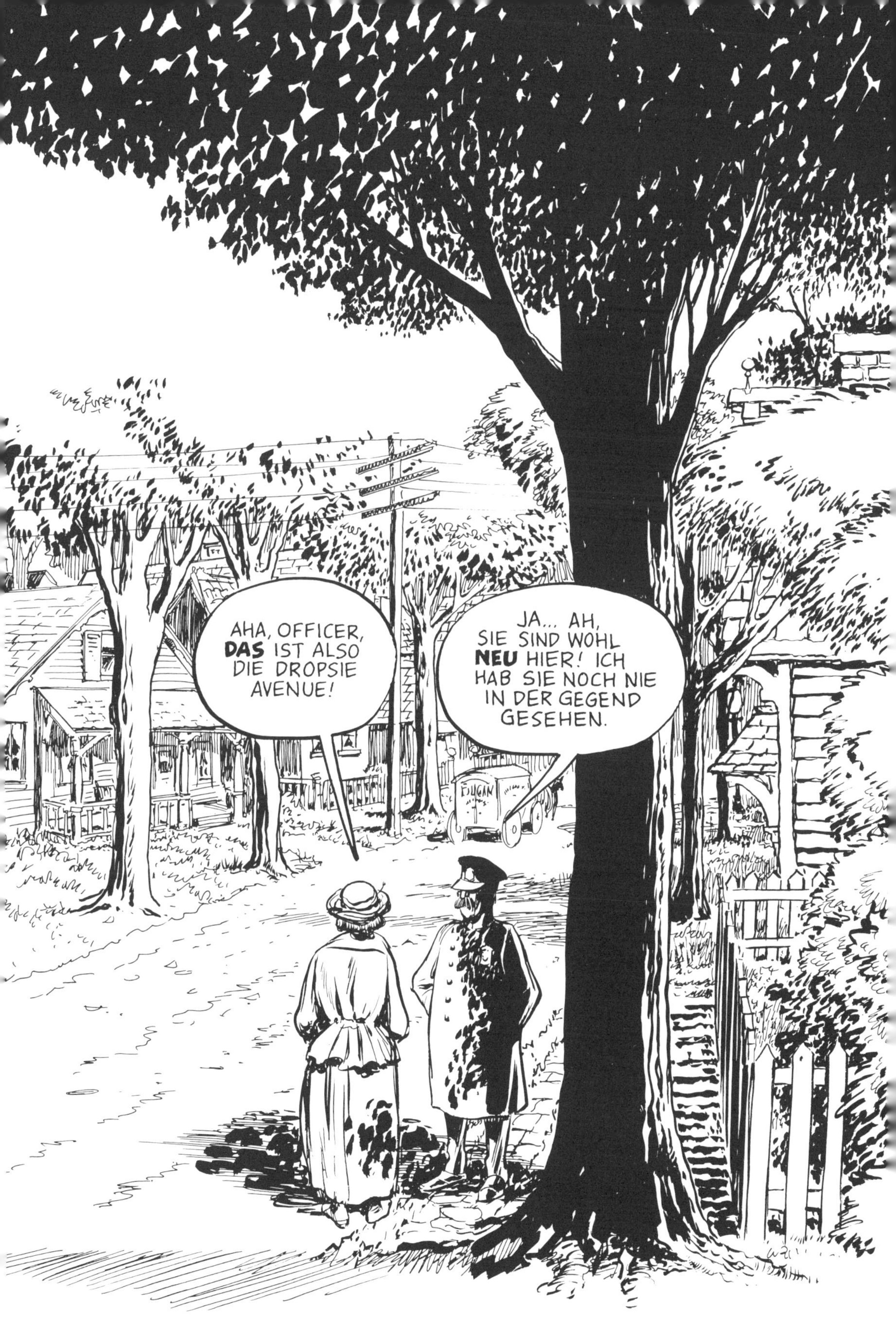
AHA, OFFICER, DAS IST ALSO DIE DROPSIE AVENUE!
JA... AH, SIE SIND WOHL NEU HIER! ICH HAB SIE NOCH NIE IN DER GEGEND GESEHEN.

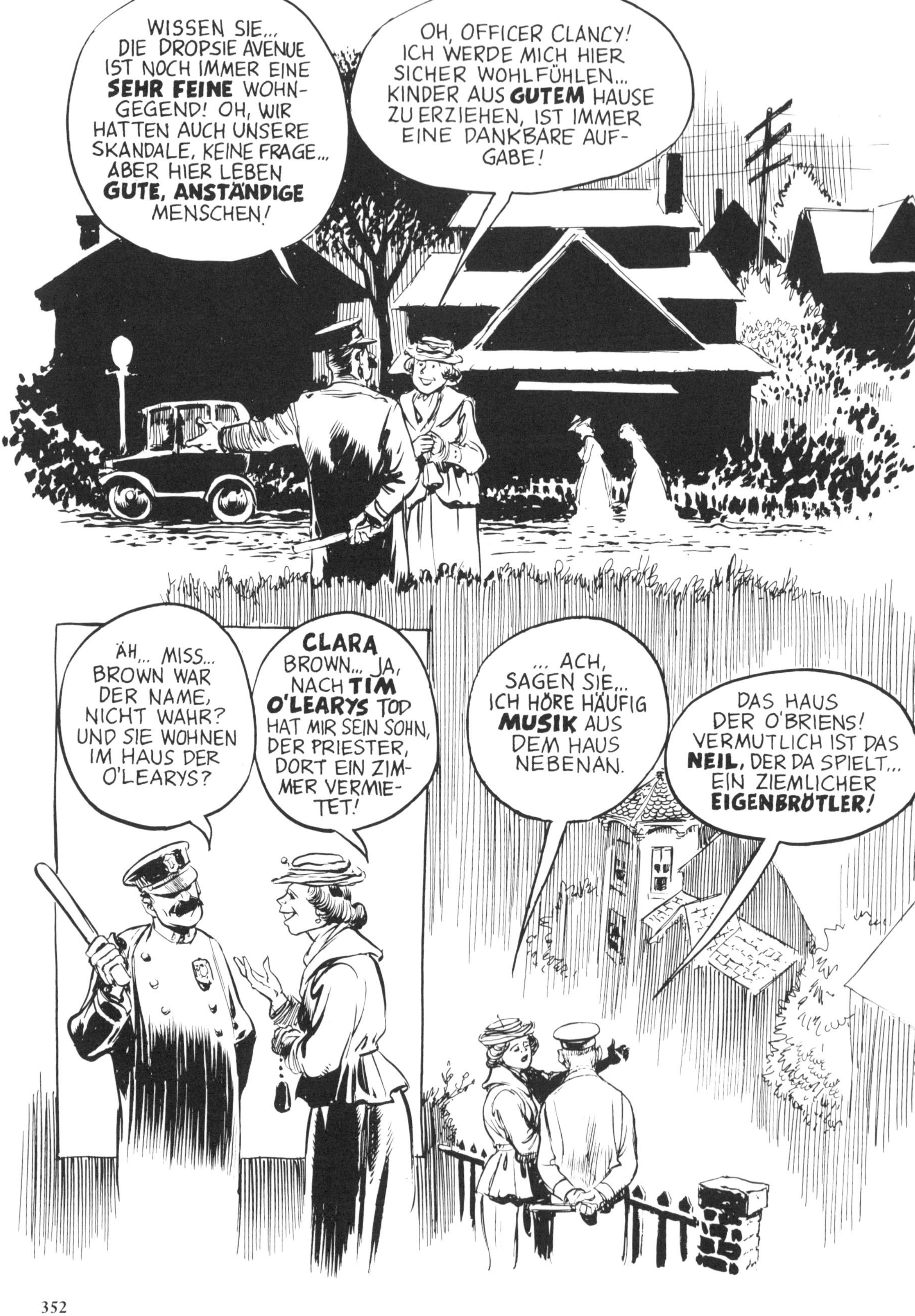
WISSEN SIE... DIE DROPSIE AVENUE IST NOCH IMMER EINE SEHR FEINE WOHNGEGEND! OH, WIR HATTEN AUCH UNSERE SKANDALE, KEINE FRAGE... ABER HIER LEBEN GUTE, ANSTÄNDIGE MENSCHEN!
OH, OFFICER CLANCY! ICH WERDE MICH HIER SICHER WOHLFÜHLEN... KINDER AUS GUTEM HAUSE ZU ERZIEHEN, IST IMMER EINE DANKBARE AUFGABE!
ÄH... MISS... BROWN WAR DER NAME, NICHT WAHR? UND SIE WOHNEN IM HAUS DER O'LEARYS?
CLARA BROWN... JA, NACH TIM O'LEARYS TOD HAT MIR SEIN SOHN, DER PRIESTER, DORT EIN ZIMMER VERMIETET!
... ACH, SAGEN SIE... ICH HÖRE HÄUFIG MUSIK AUS DEM HAUS NEBENAN.
DAS HAUS DER O'BRIENS! VERMUTLICH IST DAS NEIL, DER DA SPIELT... EIN ZIEMLICHER EIGENBRÖTLER!

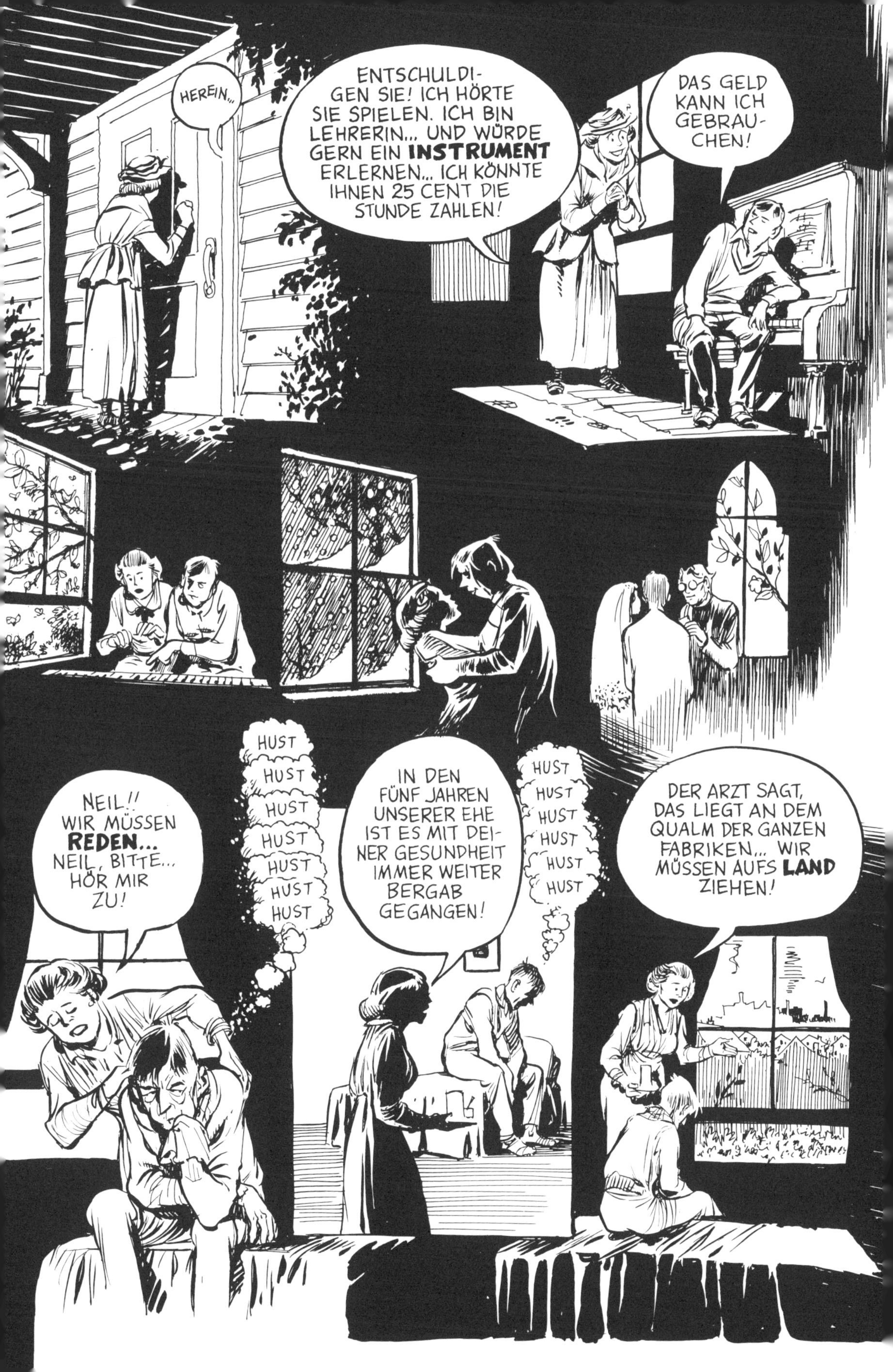
HEREIN...
ENTSCHULDIGEN SIE! ICH HÖRTE SIE SPIELEN. ICH BIN LEHRERIN... UND WÜRDE GERN EIN INSTRUMENT ERLERNEN... ICH KÖNNTE IHNEN 25 CENT DIE STUNDE ZAHLEN!
DAS GELD KANN ICH GEBRAUCHEN!
NEIL!! WIR MÜSSEN REDEN... NEIL, BITTE... HÖR MIR ZU!
HUST HUST HUST HUST HUST HUST HUST
IN DEN FÜNF JAHREN UNSERER EHE IST ES MIT DEINER GESUNDHEIT IMMER WEITER BERGAB GEGANGEN!
HUST HUST HUST HUST HUST HUST
DER ARZT SAGT, DAS LIEGT AN DEM QUALM DER GANZEN FABRIKEN... WIR MÜSSEN AUFS LAND ZIEHEN!

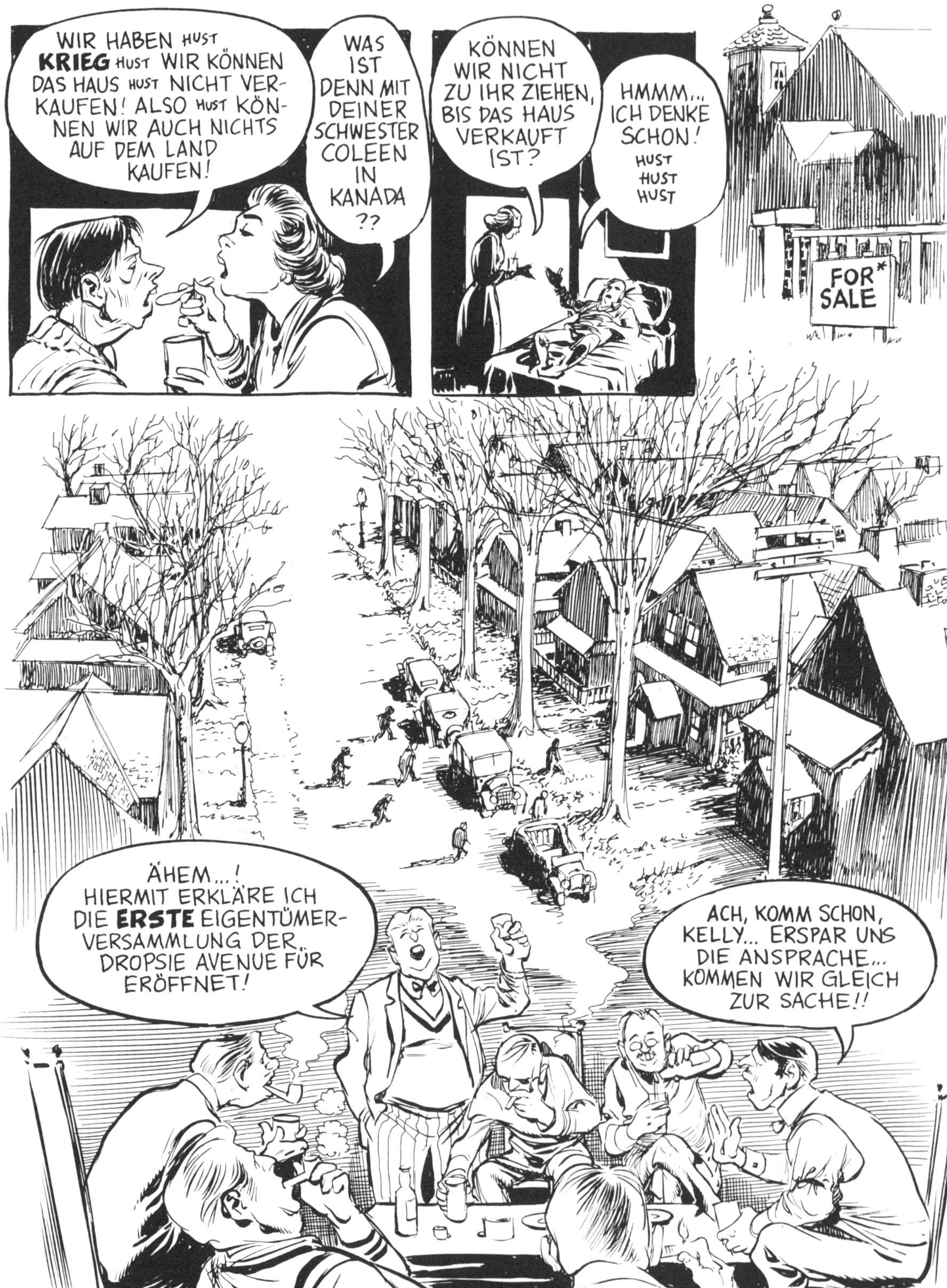

*ZU VERKAUFEN

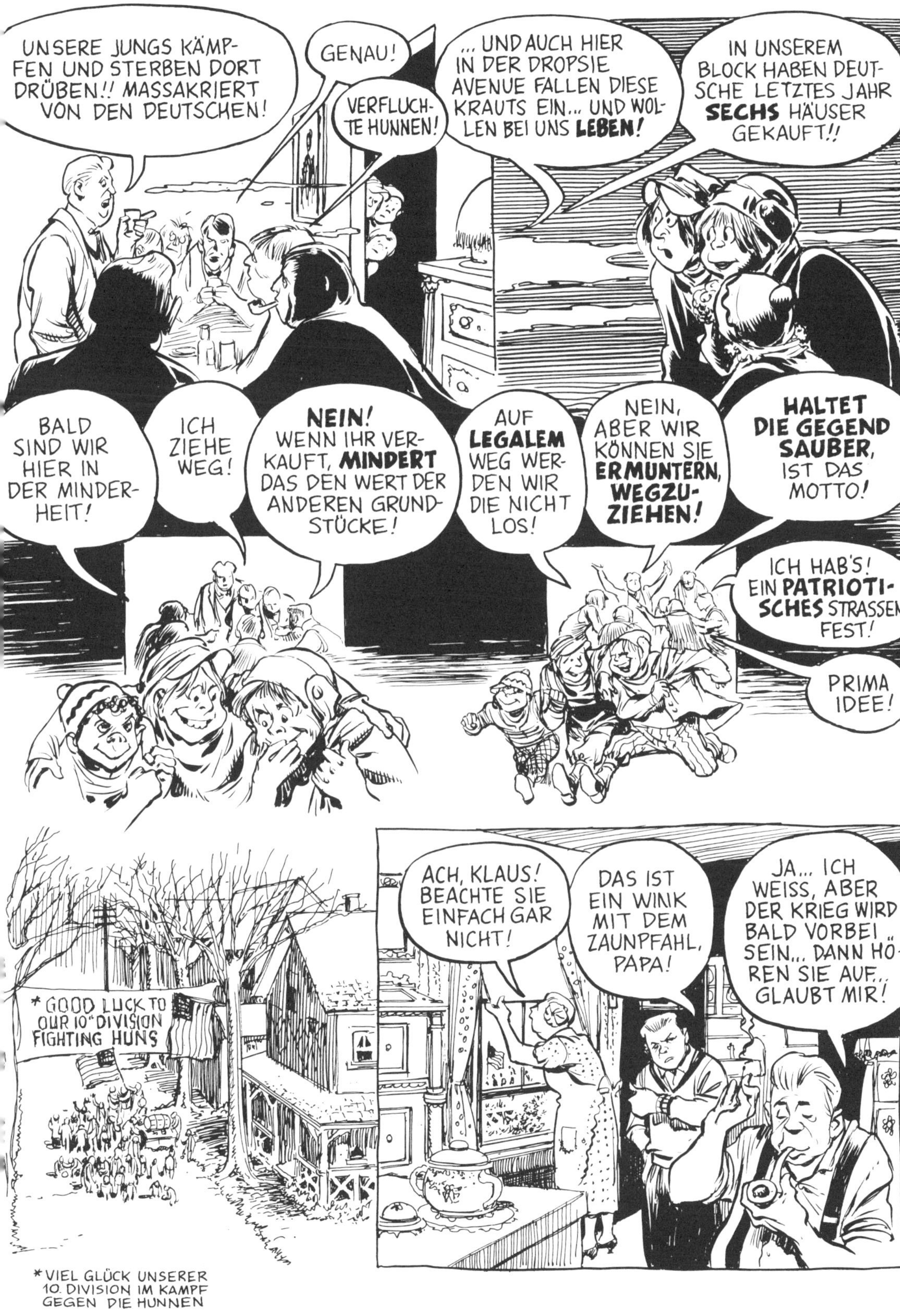

* VIEL GLÜCK UNSERER 10. DIVISION IM KAMPF GEGEN DIE HUNNEN

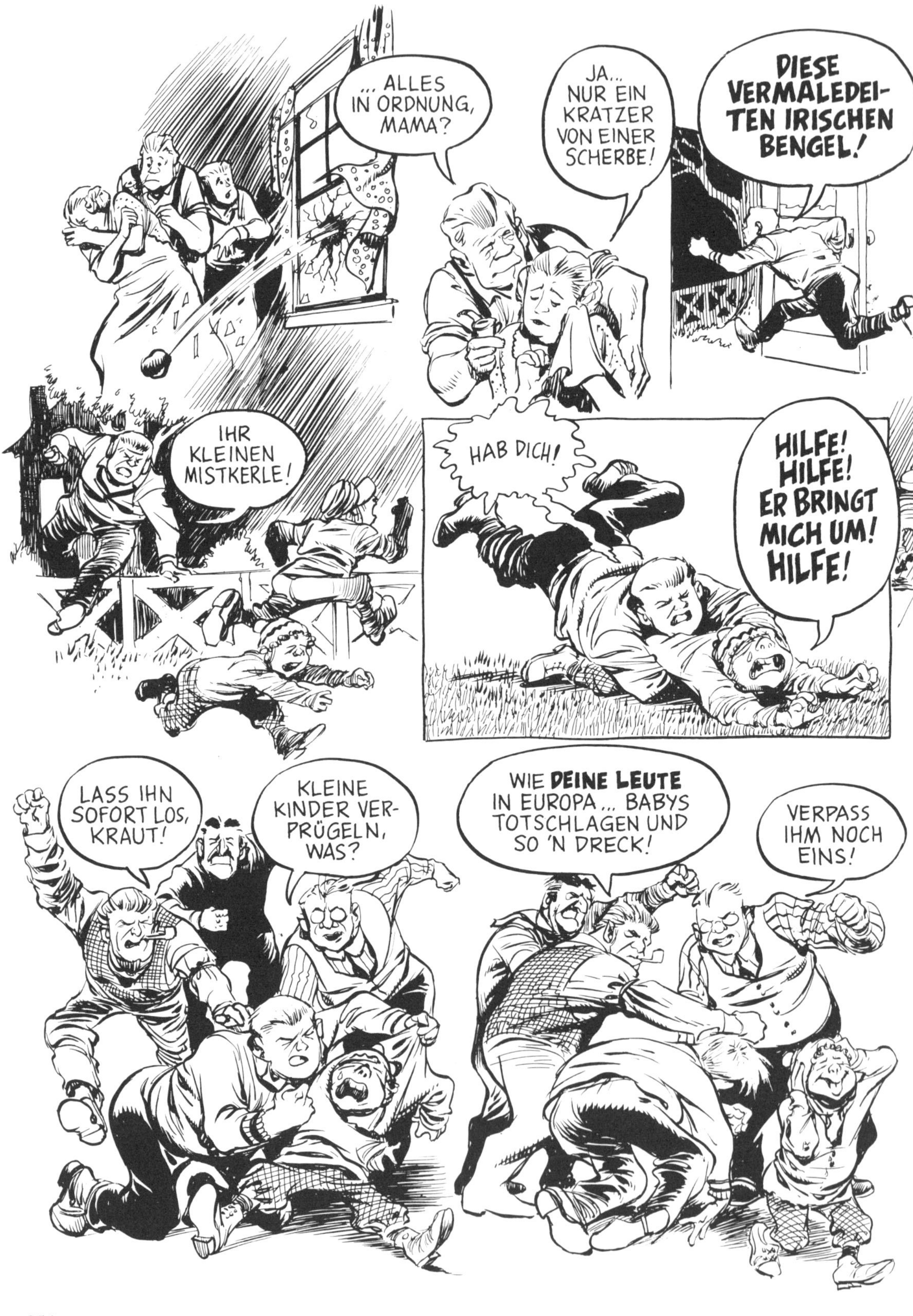
... ALLES IN ORDNUNG, MAMA?
JA... NUR EIN KRATZER VON EINER SCHERBE!
DIESE VERMALEDEI-TEN IRISCHEN BENGEL!
IHR KLEINEN MISTKERLE!
HAB DICH!
HILFE! HILFE! ER BRINGT MICH UM! HILFE!
LASS IHN SOFORT LOS, KRAUT!
KLEINE KINDER VERPRÜGELN, WAS?
WIE **DEINE LEUTE** IN EUROPA... BABYS TOTSCHLAGEN UND SO 'N DRECK!
VERPASS IHM NOCH EINS!

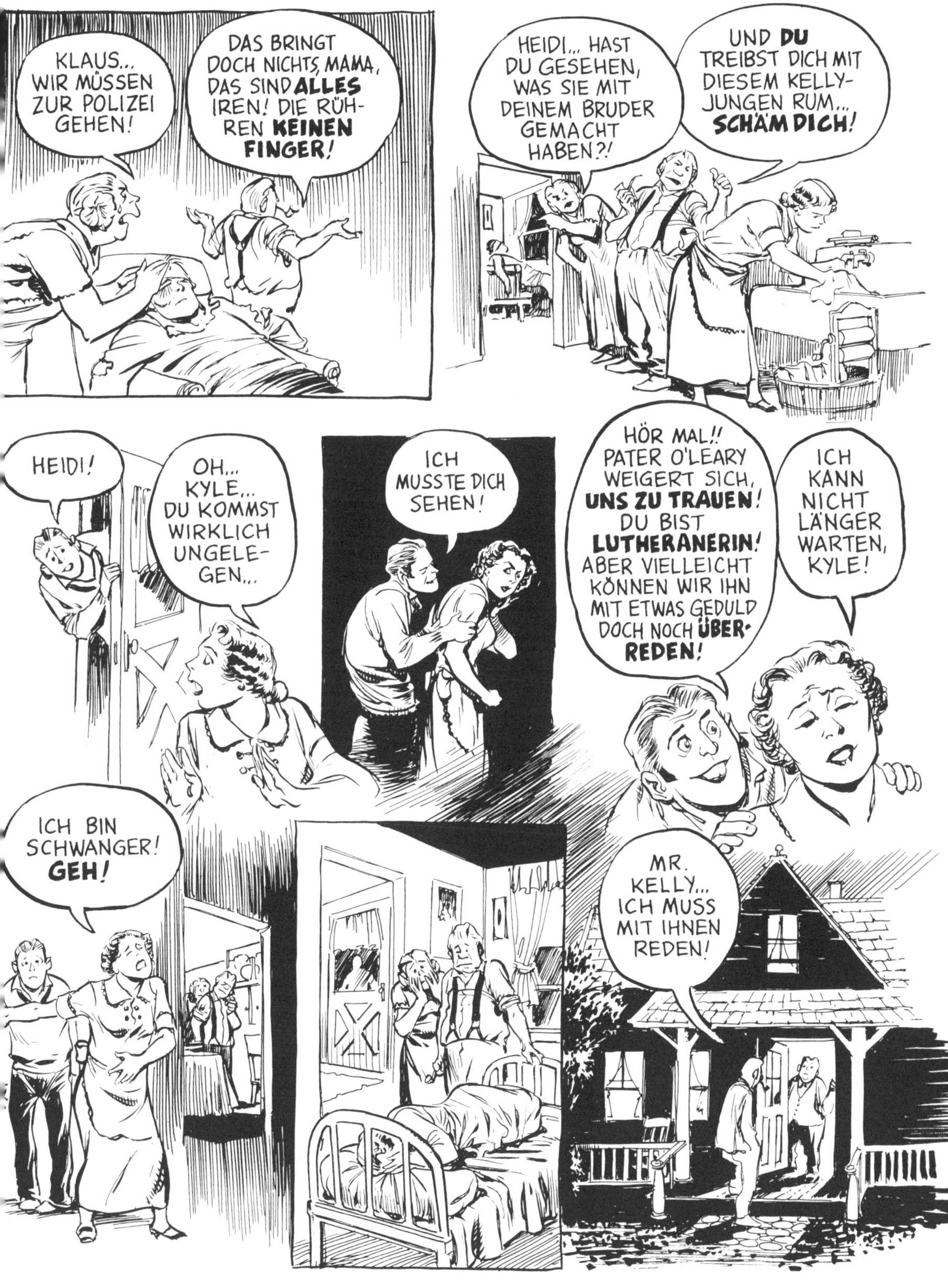
KLAUS... WIR MÜSSEN ZUR POLIZEI GEHEN!
DAS BRINGT DOCH NICHTS, MAMA, DAS SIND **ALLES** IREN! DIE RÜHREN **KEINEN FINGER**!
HEIDI... HAST DU GESEHEN, WAS SIE MIT DEINEM BRUDER GEMACHT HABEN?!
UND **DU** TREIBST DICH MIT DIESEM KELLY-JUNGEN RUM... **SCHÄM DICH**!
HEIDI!
OH... KYLE... DU KOMMST WIRKLICH UNGELEGEN...
ICH MUSSTE DICH SEHEN!
HÖR MAL!! PATER O'LEARY WEIGERT SICH, **UNS ZU TRAUEN**! DU BIST **LUTHERANERIN**! ABER VIELLEICHT KÖNNEN WIR IHN MIT ETWAS GEDULD DOCH NOCH **ÜBERREDEN**!
ICH KANN NICHT LÄNGER WARTEN, KYLE!
ICH BIN SCHWANGER! **GEH**!
MR. KELLY... ICH MUSS MIT IHNEN REDEN!

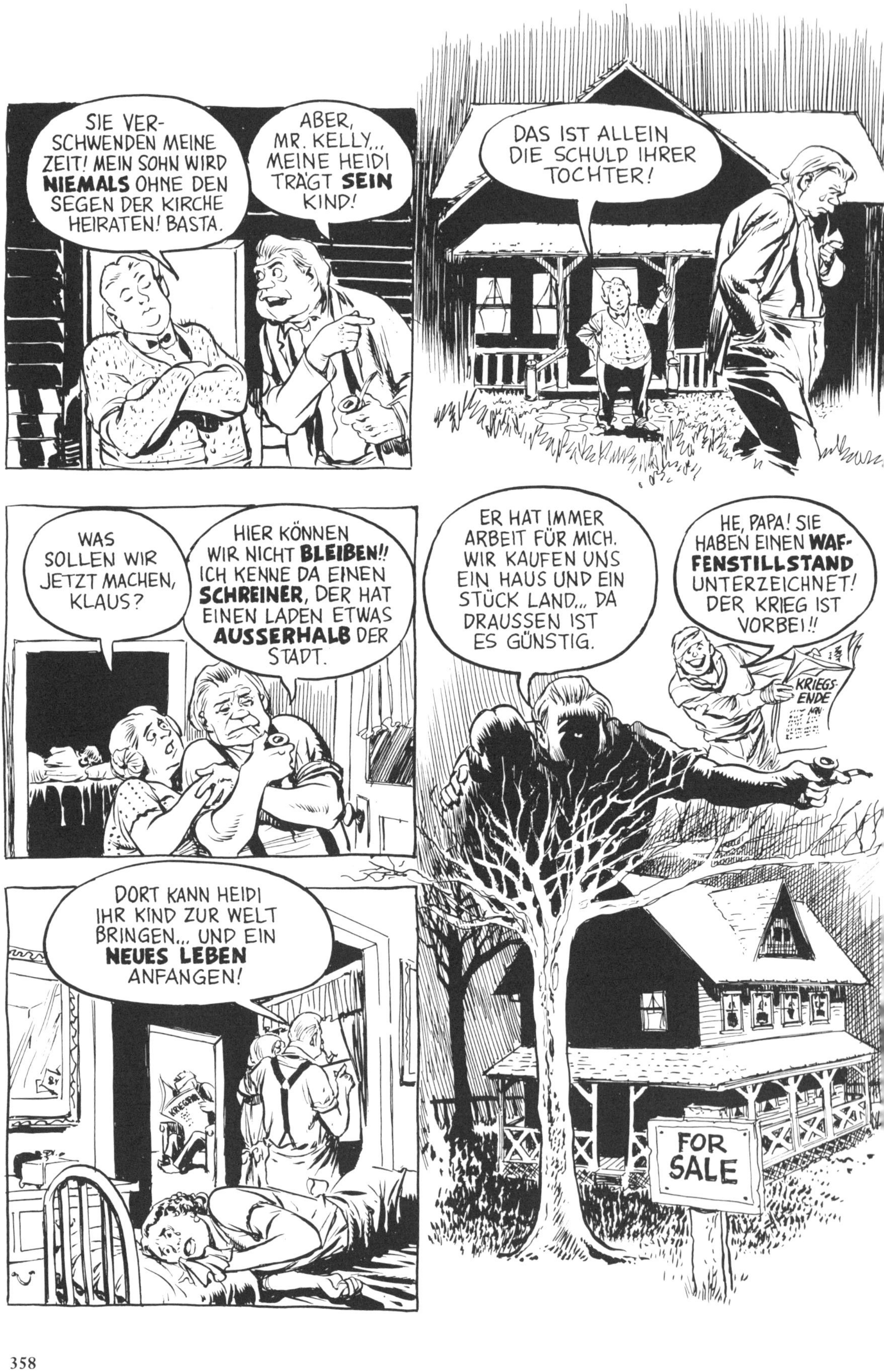
SIE VER-SCHWENDEN MEINE ZEIT! MEIN SOHN WIRD **NIEMALS** OHNE DEN SEGEN DER KIRCHE HEIRATEN! BASTA.
ABER, MR. KELLY... MEINE HEIDI TRÄGT **SEIN** KIND!
DAS IST ALLEIN DIE SCHULD IHRER TOCHTER!
WAS SOLLEN WIR JETZT MACHEN, KLAUS?
HIER KÖNNEN WIR NICHT **BLEIBEN**!! ICH KENNE DA EINEN **SCHREINER**, DER HAT EINEN LADEN ETWAS **AUSSERHALB** DER STADT.
DORT KANN HEIDI IHR KIND ZUR WELT BRINGEN... UND EIN **NEUES LEBEN** ANFANGEN!
ER HAT IMMER ARBEIT FÜR MICH. WIR KAUFEN UNS EIN HAUS UND EIN STÜCK LAND... DA DRAUSSEN IST ES GÜNSTIG.
HE, PAPA! SIE HABEN EINEN **WAFFENSTILLSTAND** UNTERZEICHNET! DER KRIEG IST VORBEI!!
KRIEGS-ENDE
FOR SALE

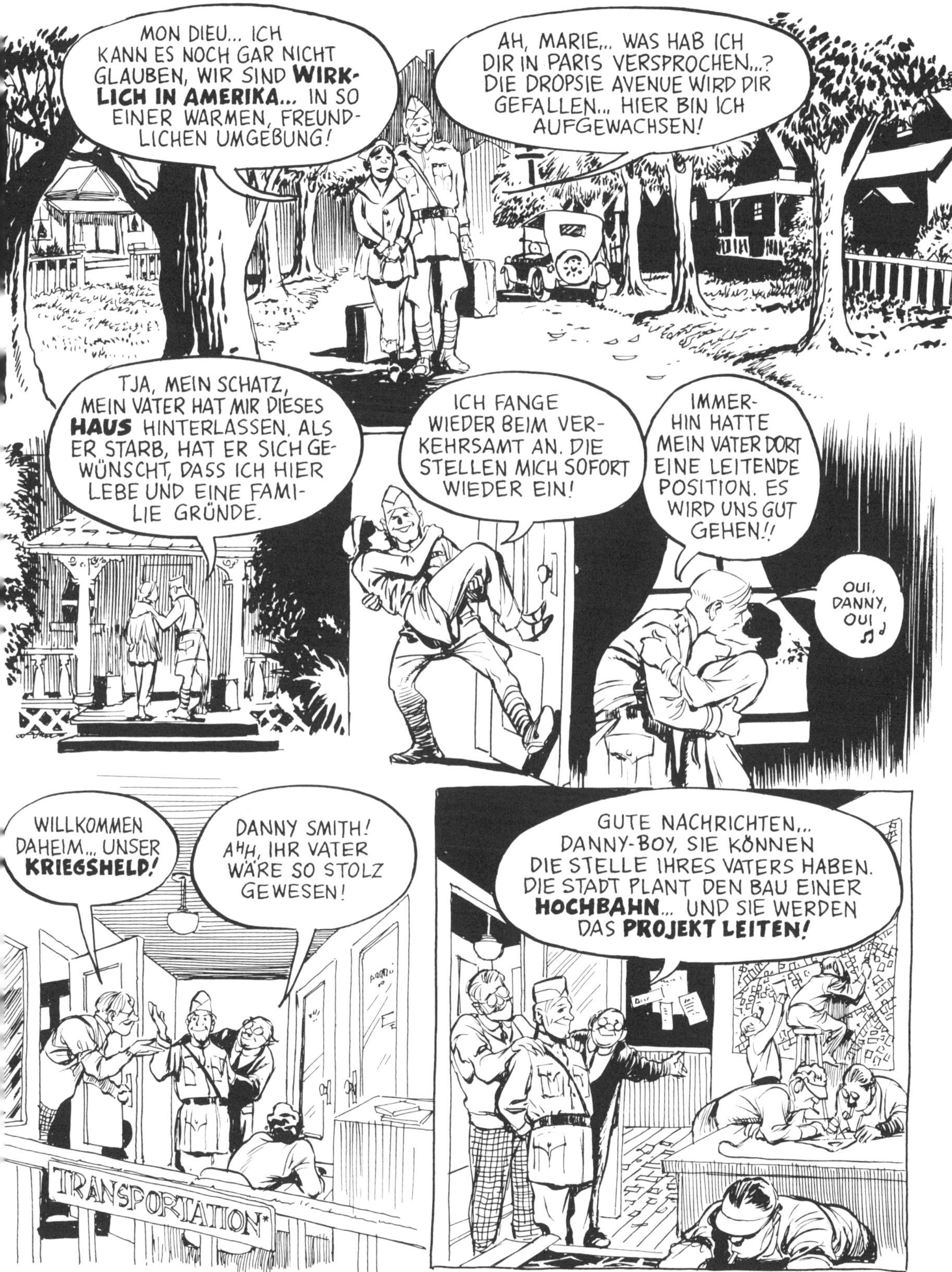

* VERKEHRSAMT

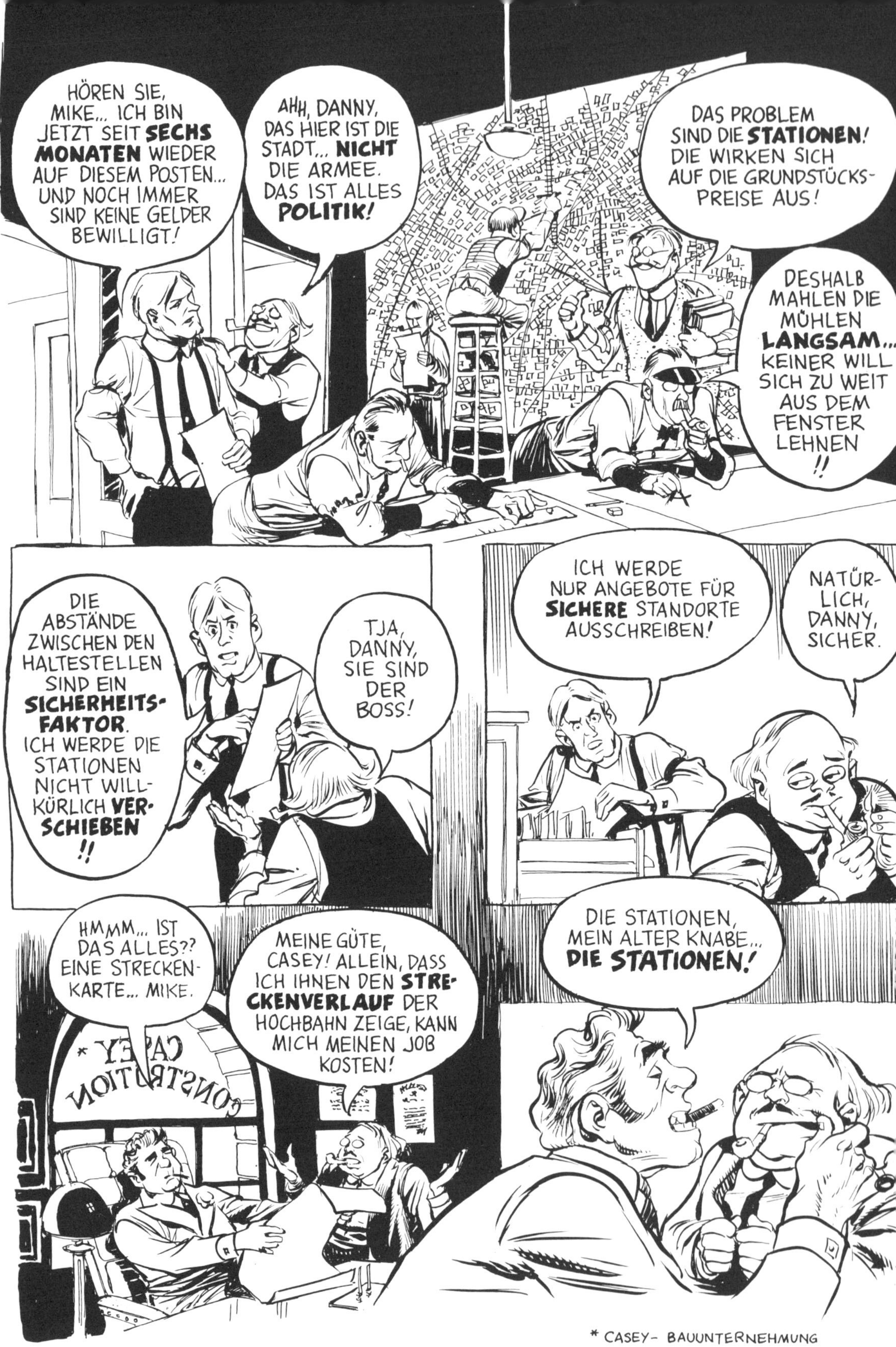

* CASEY- BAUUNTERNEHMUNG

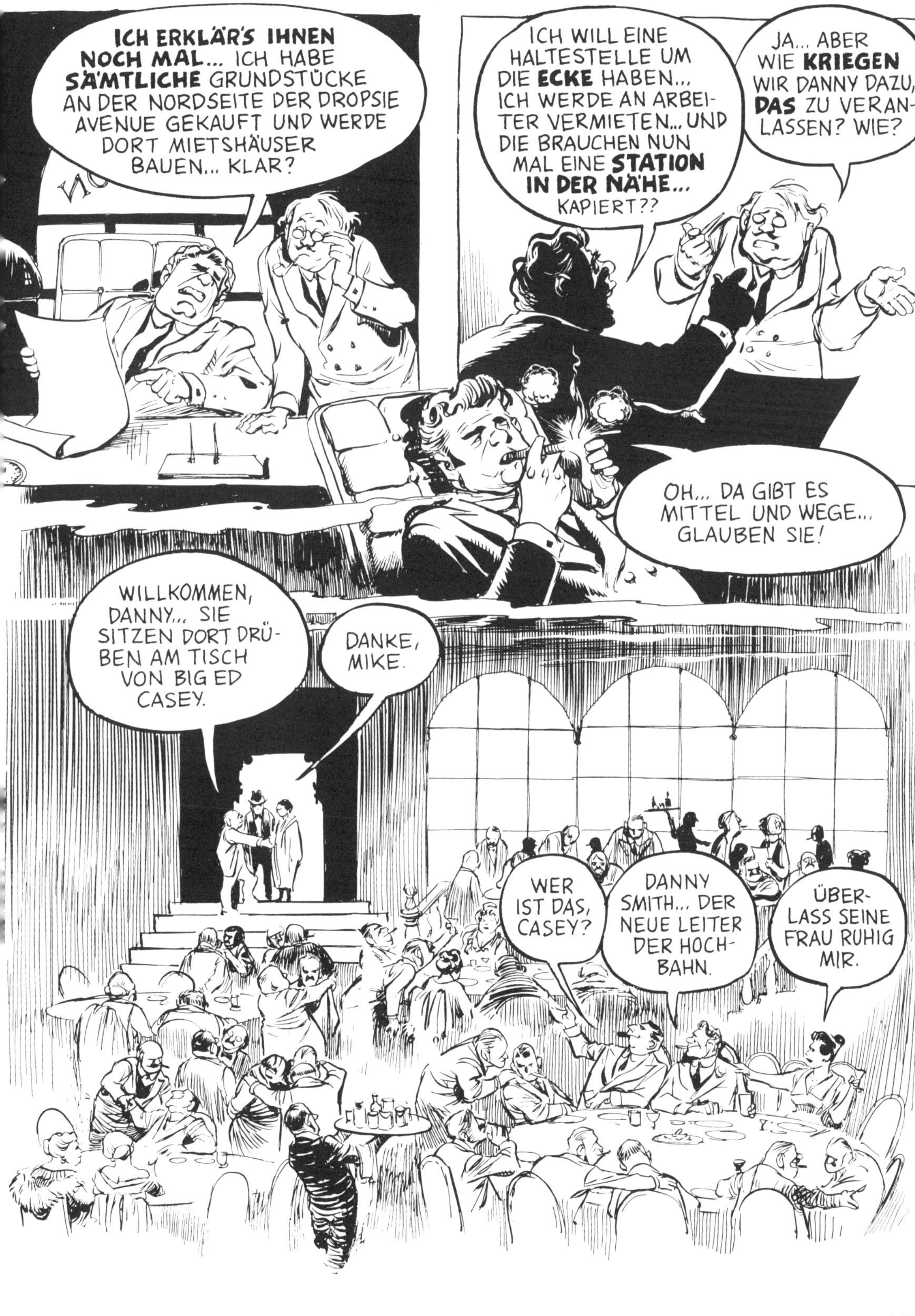
ICH ERKLÄR'S IHNEN NOCH MAL... ICH HABE SÄMTLICHE GRUNDSTÜCKE AN DER NORDSEITE DER DROPSIE AVENUE GEKAUFT UND WERDE DORT MIETSHÄUSER BAUEN... KLAR?
ICH WILL EINE HALTESTELLE UM DIE ECKE HABEN... ICH WERDE AN ARBEITER VERMIETEN... UND DIE BRAUCHEN NUN MAL EINE STATION IN DER NÄHE... KAPIERT??
JA... ABER WIE KRIEGEN WIR DANNY DAZU, DAS ZU VERANLASSEN? WIE?
OH... DA GIBT ES MITTEL UND WEGE... GLAUBEN SIE!
WILLKOMMEN, DANNY... SIE SITZEN DORT DRÜBEN AM TISCH VON BIG ED CASEY.
DANKE, MIKE.
WER IST DAS, CASEY?
DANNY SMITH... DER NEUE LEITER DER HOCHBAHN.
ÜBERLASS SEINE FRAU RUHIG MIR.

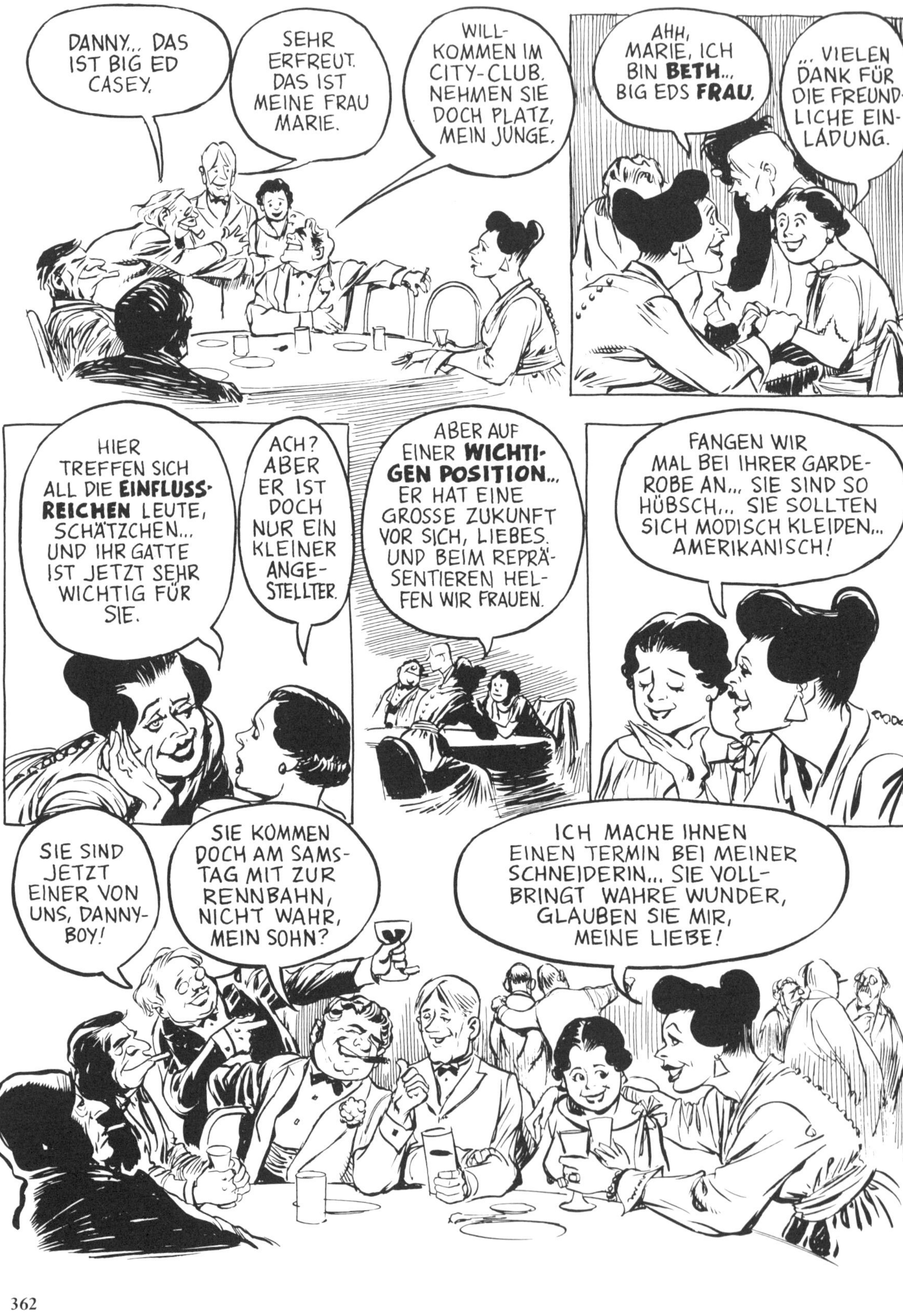
DANNY... DAS IST BIG ED CASEY.
SEHR ERFREUT. DAS IST MEINE FRAU MARIE.
WILLKOMMEN IM CITY-CLUB. NEHMEN SIE DOCH PLATZ, MEIN JUNGE.
AHH, MARIE, ICH BIN BETH... BIG EDS FRAU.
... VIELEN DANK FÜR DIE FREUNDLICHE EINLADUNG.
HIER TREFFEN SICH ALL DIE EINFLUSSREICHEN LEUTE, SCHÄTZCHEN... UND IHR GATTE IST JETZT SEHR WICHTIG FÜR SIE.
ACH? ABER ER IST DOCH NUR EIN KLEINER ANGESTELLTER.
ABER AUF EINER WICHTIGEN POSITION... ER HAT EINE GROSSE ZUKUNFT VOR SICH, LIEBES. UND BEIM REPRÄSENTIEREN HELFEN WIR FRAUEN.
FANGEN WIR MAL BEI IHRER GARDEROBE AN... SIE SIND SO HÜBSCH... SIE SOLLTEN SICH MODISCH KLEIDEN... AMERIKANISCH!
SIE SIND JETZT EINER VON UNS, DANNY-BOY!
SIE KOMMEN DOCH AM SAMSTAG MIT ZUR RENNBAHN, NICHT WAHR, MEIN SOHN?
ICH MACHE IHNEN EINEN TERMIN BEI MEINER SCHNEIDERIN... SIE VOLLBRINGT WAHRE WUNDER, GLAUBEN SIE MIR, MEINE LIEBE!

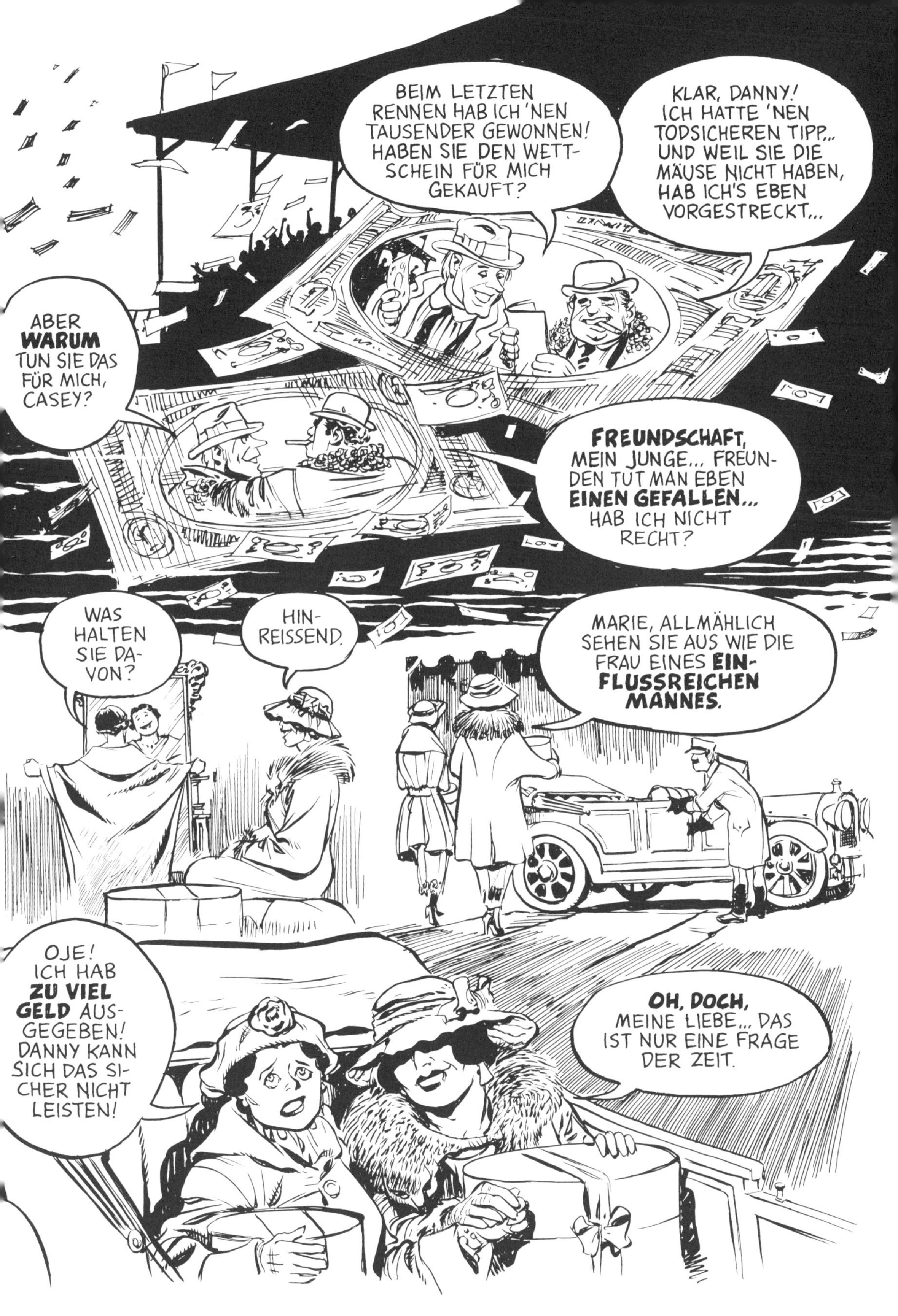
BEIM LETZTEN RENNEN HAB ICH 'NEN TAUSENDER GEWONNEN! HABEN SIE DEN WETTSCHEIN FÜR MICH GEKAUFT?
KLAR, DANNY! ICH HATTE 'NEN TODSICHEREN TIPP... UND WEIL SIE DIE MÄUSE NICHT HABEN, HAB ICH'S EBEN VORGESTRECKT...
ABER **WARUM** TUN SIE DAS FÜR MICH, CASEY?
FREUNDSCHAFT, MEIN JUNGE... FREUNDEN TUT MAN EBEN **EINEN GEFALLEN...** HAB ICH NICHT RECHT?
WAS HALTEN SIE DAVON?
HINREISSEND.
MARIE, ALLMÄHLICH SEHEN SIE AUS WIE DIE FRAU EINES **EINFLUSSREICHEN MANNES**.
OJE! ICH HAB **ZU VIEL GELD** AUSGEGEBEN! DANNY KANN SICH DAS SICHER NICHT LEISTEN!
OH, DOCH, MEINE LIEBE... DAS IST NUR EINE FRAGE DER ZEIT.

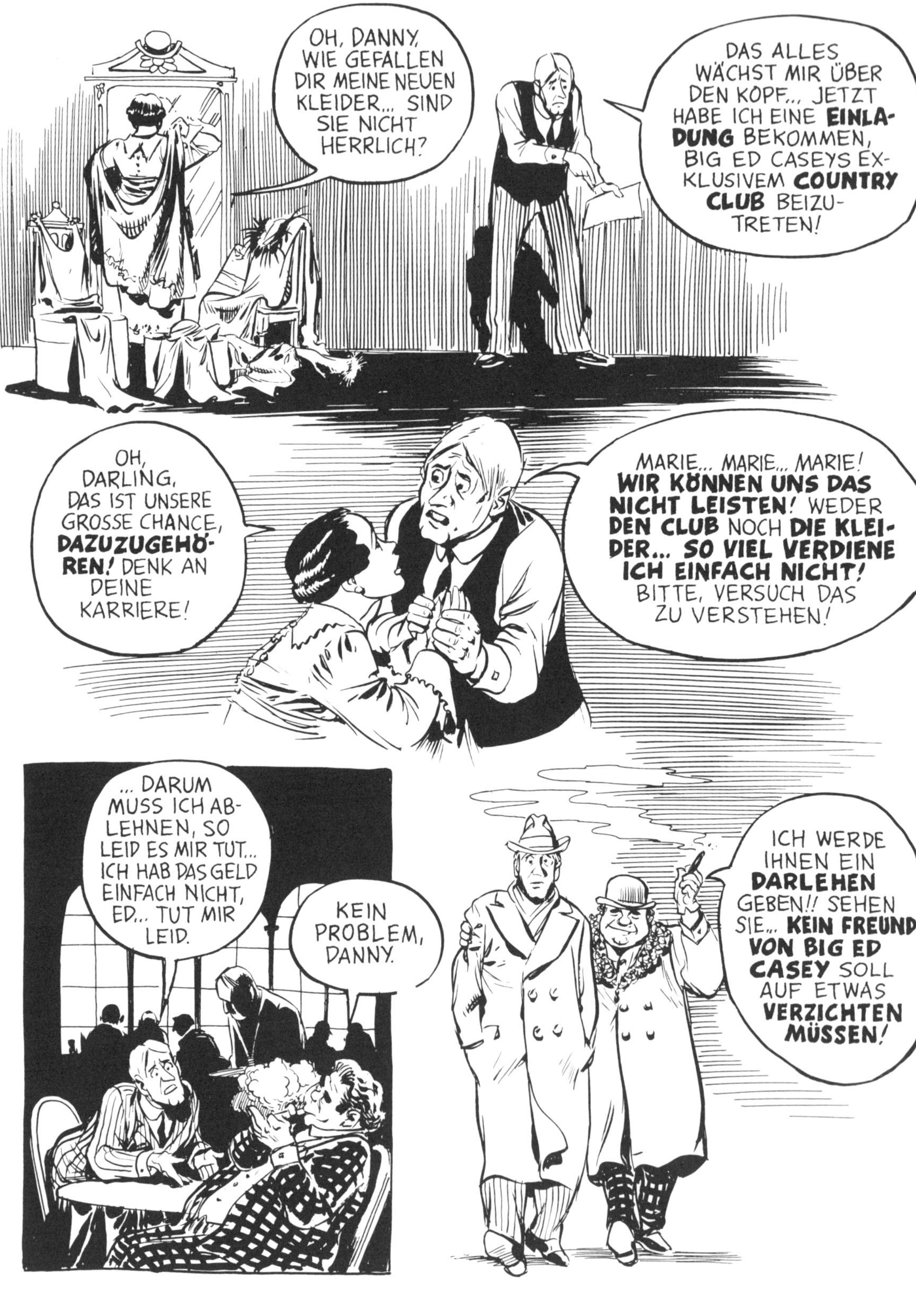
OH, DANNY, WIE GEFALLEN DIR MEINE NEUEN KLEIDER... SIND SIE NICHT HERRLICH?
DAS ALLES WÄCHST MIR ÜBER DEN KOPF... JETZT HABE ICH EINE **EINLADUNG** BEKOMMEN, BIG ED CASEYS EXKLUSIVEM **COUNTRY CLUB** BEIZUTRETEN!
OH, DARLING, DAS IST UNSERE GROSSE CHANCE, **DAZUZUGEHÖREN!** DENK AN DEINE KARRIERE!
MARIE... MARIE... MARIE! **WIR KÖNNEN UNS DAS NICHT LEISTEN!** WEDER DEN **CLUB** NOCH **DIE KLEIDER... SO VIEL VERDIENE ICH EINFACH NICHT!** BITTE, VERSUCH DAS ZU VERSTEHEN!
... DARUM MUSS ICH ABLEHNEN, SO LEID ES MIR TUT... ICH HAB DAS GELD EINFACH NICHT, ED... TUT MIR LEID.
KEIN PROBLEM, DANNY.
ICH WERDE IHNEN EIN **DARLEHEN** GEBEN!! SEHEN SIE... **KEIN FREUND VON BIG ED CASEY** SOLL AUF ETWAS **VERZICHTEN MÜSSEN!**

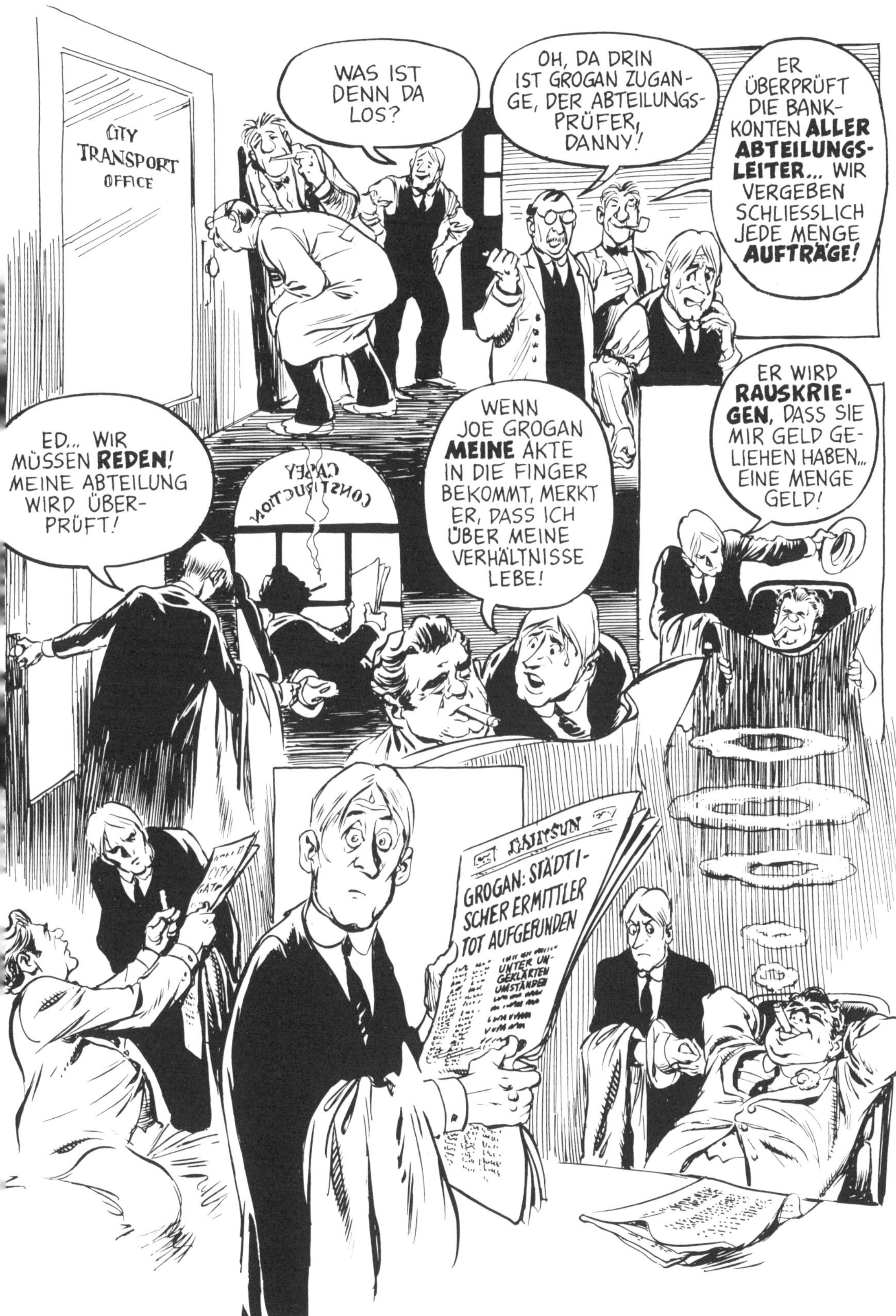
CITY TRANSPORT OFFICE
WAS IST DENN DA LOS?
OH, DA DRIN IST GROGAN ZUGANGE, DER ABTEILUNGSPRÜFER, DANNY!
ER ÜBERPRÜFT DIE BANKKONTEN ALLER ABTEILUNGSLEITER... WIR VERGEBEN SCHLIESSLICH JEDE MENGE AUFTRÄGE!
ED... WIR MÜSSEN REDEN! MEINE ABTEILUNG WIRD ÜBERPRÜFT!
CASEY CONSTRUCTION
WENN JOE GROGAN MEINE AKTE IN DIE FINGER BEKOMMT, MERKT ER, DASS ICH ÜBER MEINE VERHÄLTNISSE LEBE!
ER WIRD RAUSKRIEGEN, DASS SIE MIR GELD GELIEHEN HABEN... EINE MENGE GELD!
GROGAN: STÄDTISCHER ERMITTLER TOT AUFGEFUNDEN
UNTER UNGEKLÄRTEN UMSTÄNDEN

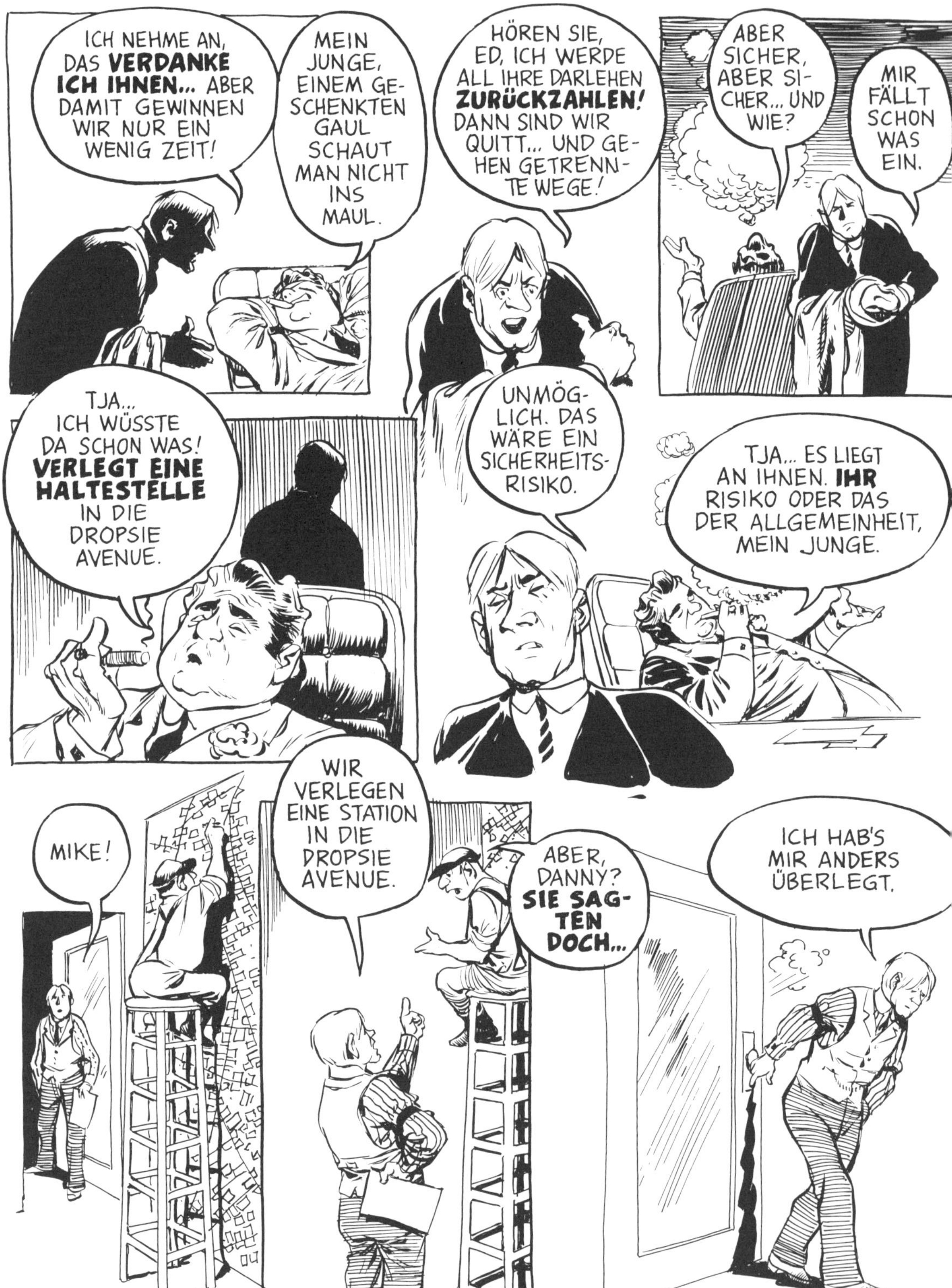
ICH NEHME AN, DAS **VERDANKE ICH IHNEN...** ABER DAMIT GEWINNEN WIR NUR EIN WENIG ZEIT!
MEIN JUNGE, EINEM GESCHENKTEN GAUL SCHAUT MAN NICHT INS MAUL.
HÖREN SIE, ED, ICH WERDE ALL IHRE DARLEHEN **ZURÜCKZAHLEN!** DANN SIND WIR QUITT... UND GEHEN GETRENNTE WEGE!
ABER SICHER, ABER SICHER... UND WIE?
MIR FÄLLT SCHON WAS EIN.
TJA... ICH WÜSSTE DA SCHON WAS! **VERLEGT EINE HALTESTELLE** IN DIE DROPSIE AVENUE.
UNMÖGLICH. DAS WÄRE EIN SICHERHEITSRISIKO.
TJA... ES LIEGT AN IHNEN. **IHR** RISIKO ODER DAS DER ALLGEMEINHEIT, MEIN JUNGE.
MIKE!
WIR VERLEGEN EINE STATION IN DIE DROPSIE AVENUE.
ABER, DANNY? **SIE SAGTEN DOCH...**
ICH HAB'S MIR ANDERS ÜBERLEGT.

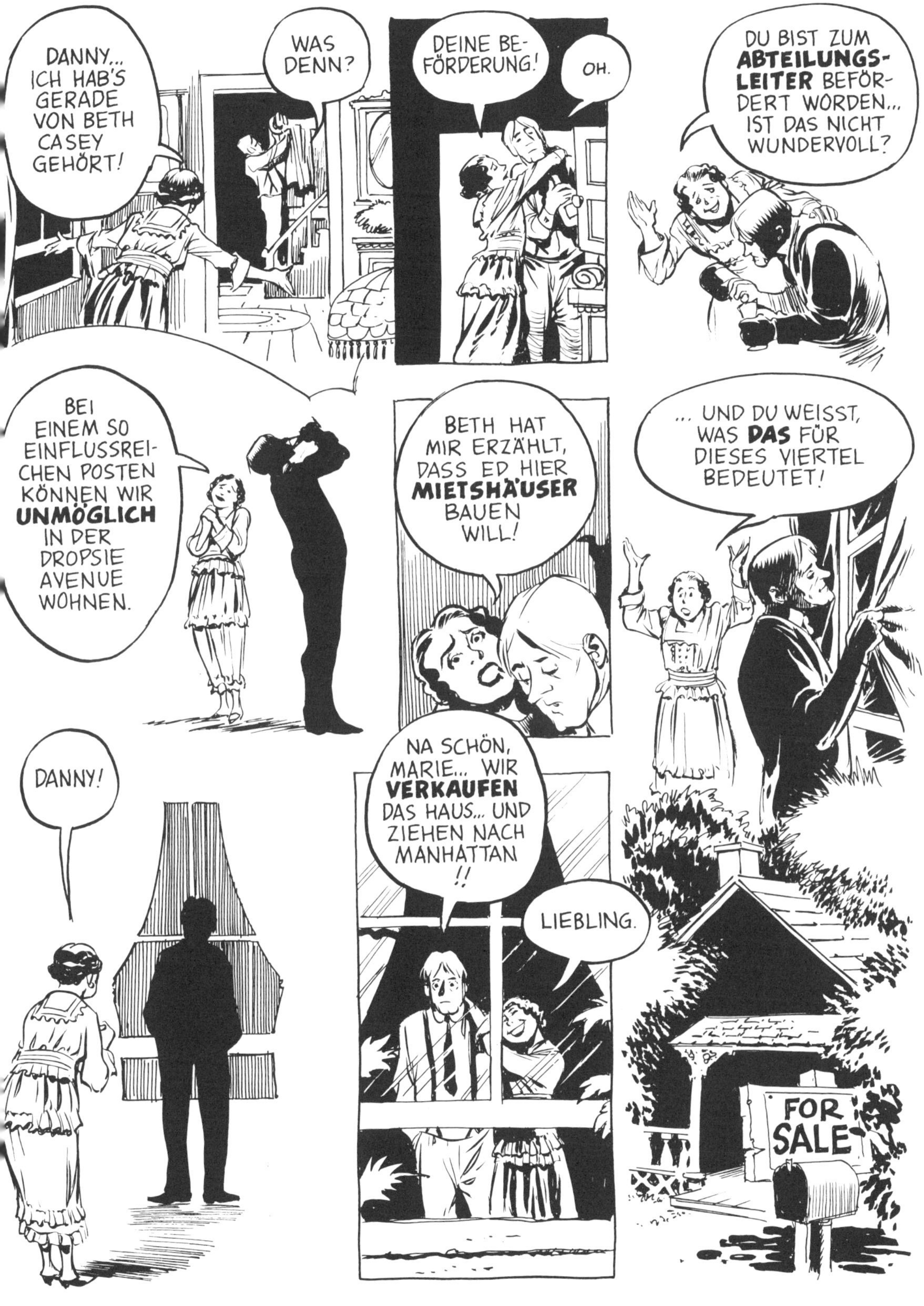
DANNY... ICH HAB'S GERADE VON BETH CASEY GEHÖRT!
WAS DENN?
DEINE BEFÖRDERUNG!
OH.
DU BIST ZUM ABTEILUNGSLEITER BEFÖRDERT WORDEN... IST DAS NICHT WUNDERVOLL?
BEI EINEM SO EINFLUSSREICHEN POSTEN KÖNNEN WIR UNMÖGLICH IN DER DROPSIE AVENUE WOHNEN.
BETH HAT MIR ERZÄHLT, DASS ED HIER MIETSHÄUSER BAUEN WILL!
... UND DU WEISST, WAS DAS FÜR DIESES VIERTEL BEDEUTET!
DANNY!
NA SCHÖN, MARIE... WIR VERKAUFEN DAS HAUS... UND ZIEHEN NACH MANHATTAN!!
LIEBLING.
FOR SALE

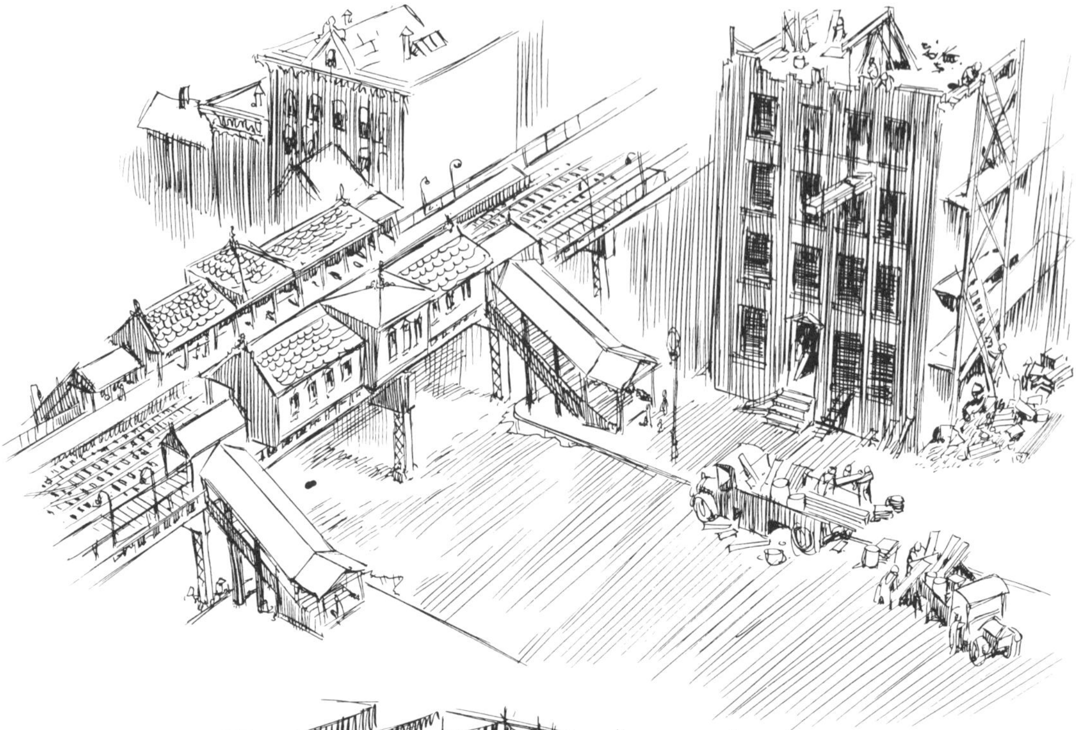

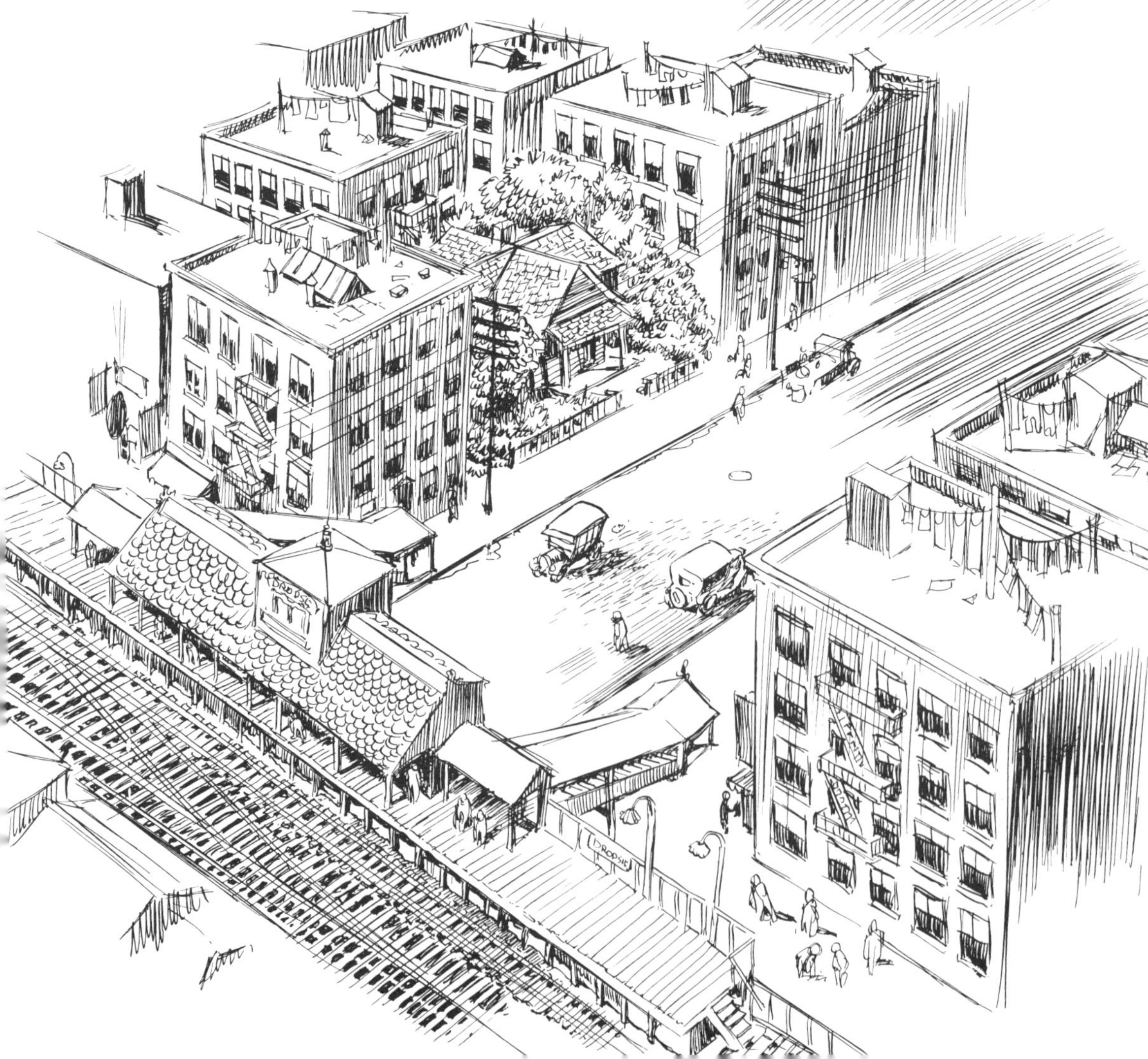

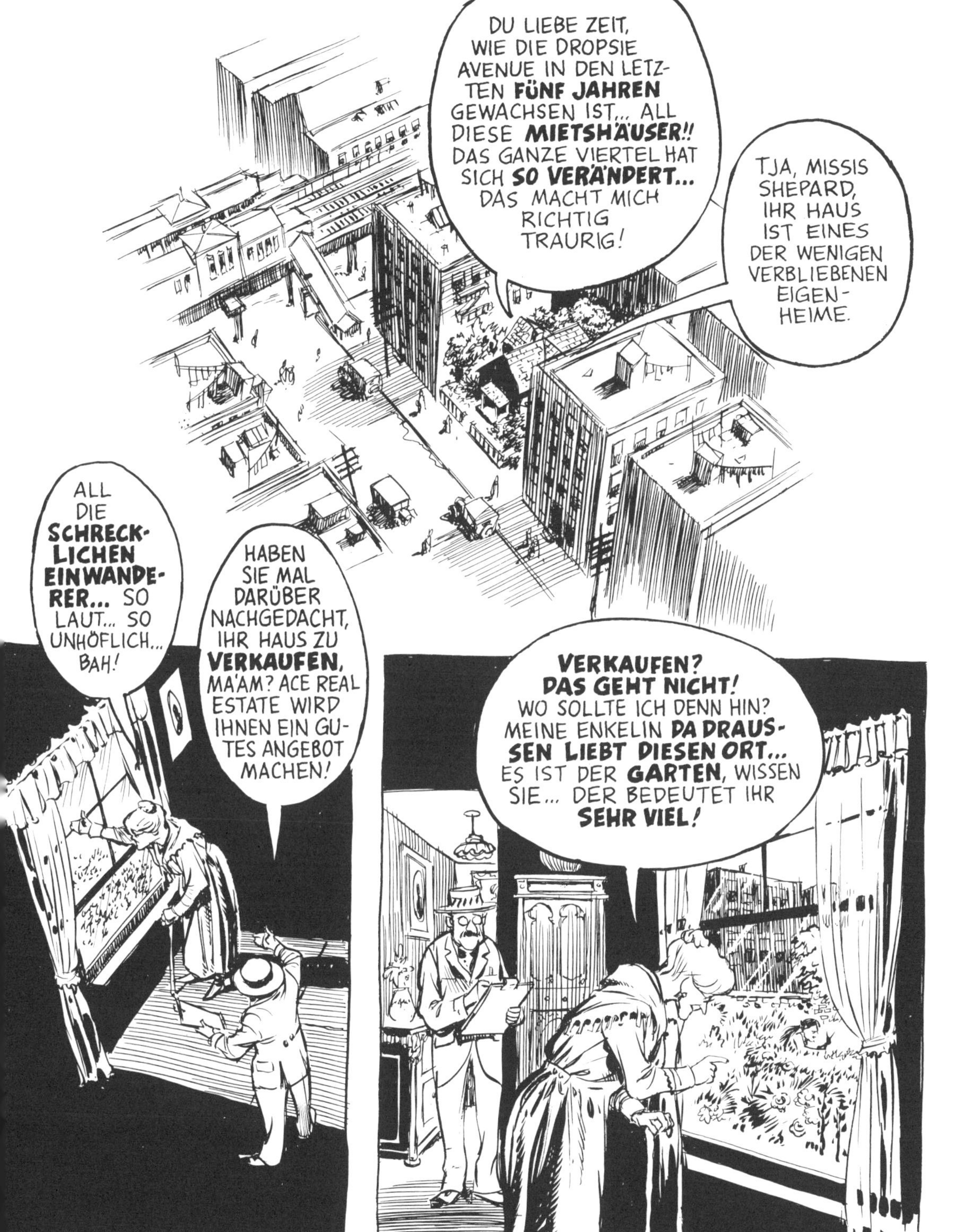

DU LIEBE ZEIT, WIE DIE DROPSIE AVENUE IN DEN LETZTEN **FÜNF JAHREN** GEWACHSEN IST... ALL DIESE **MIETSHÄUSER!!** DAS GANZE VIERTEL HAT SICH **SO VERÄNDERT...** DAS MACHT MICH RICHTIG TRAURIG!
TJA, MISSIS SHEPARD, IHR HAUS IST EINES DER WENIGEN VERBLIEBENEN EIGENHEIME.
ALL DIE **SCHRECKLICHEN EINWANDERER...** SO LAUT... SO UNHÖFLICH... BAH!
HABEN SIE MAL DARÜBER NACHGEDACHT, IHR HAUS ZU **VERKAUFEN,** MA'AM? ACE REAL ESTATE WIRD IHNEN EIN GUTES ANGEBOT MACHEN!
VERKAUFEN? DAS GEHT NICHT! WO SOLLTE ICH DENN HIN? MEINE ENKELIN **DA DRAUSSEN LIEBT DIESEN ORT...** ES IST DER **GARTEN**, WISSEN SIE... DER BEDEUTET IHR **SEHR VIEL!**

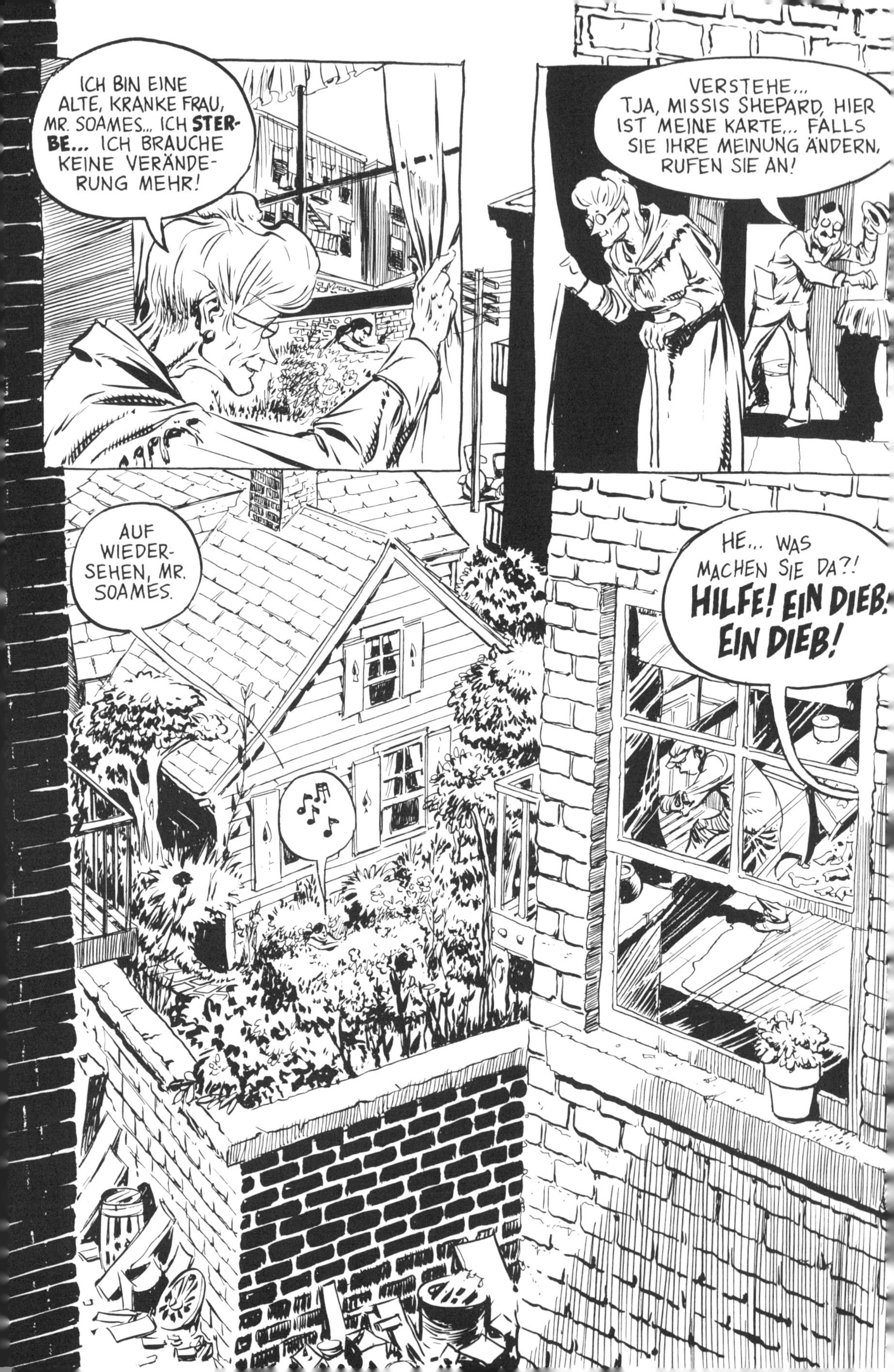
ICH BIN EINE ALTE, KRANKE FRAU, MR. SOAMES... ICH STERBE... ICH BRAUCHE KEINE VERÄNDERUNG MEHR!
VERSTEHE... TJA, MISSIS SHEPARD, HIER IST MEINE KARTE... FALLS SIE IHRE MEINUNG ÄNDERN, RUFEN SIE AN!
AUF WIEDERSEHEN, MR. SOAMES.
HE... WAS MACHEN SIE DA?! HILFE! EIN DIEB! EIN DIEB!

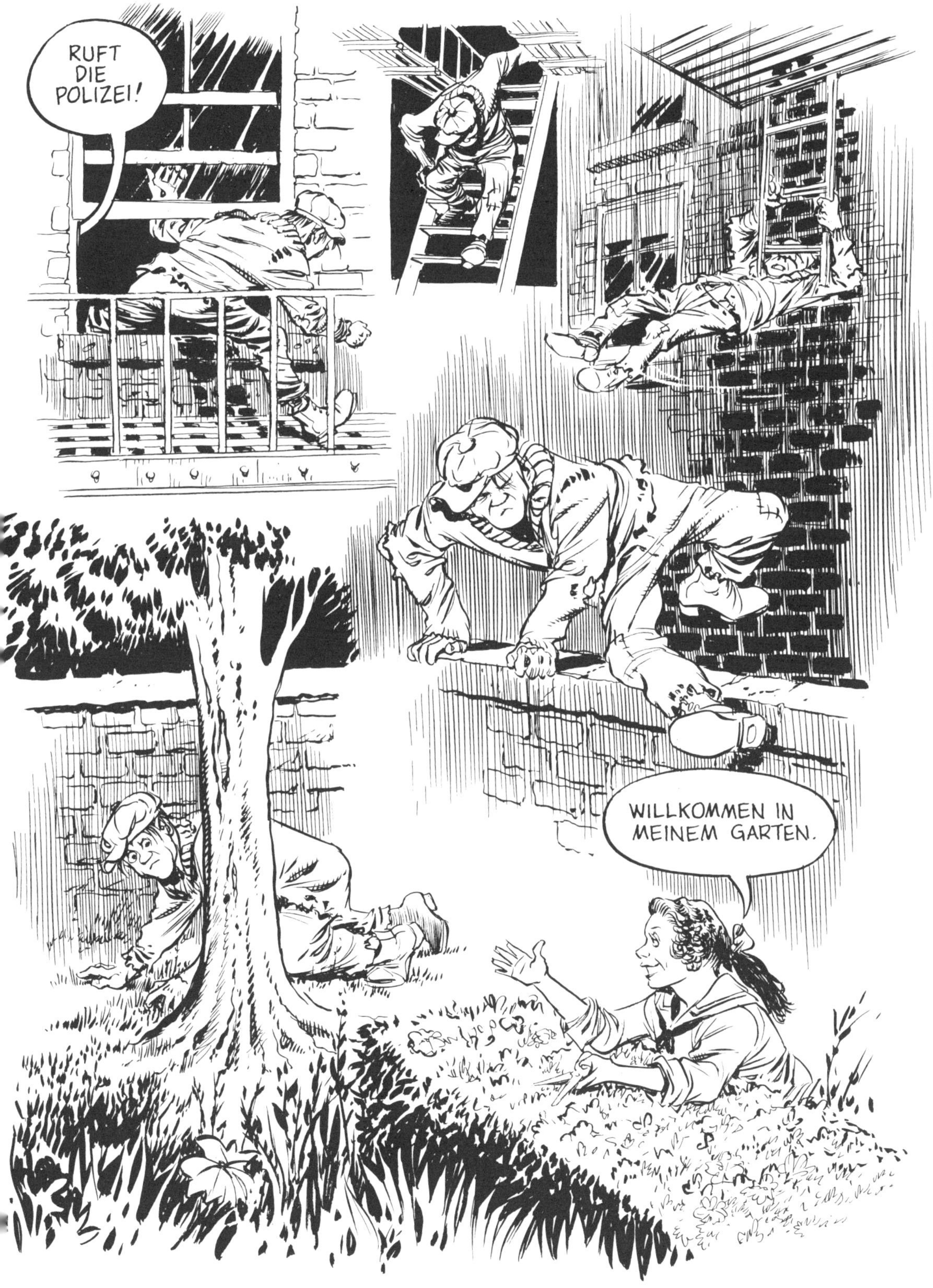
RUFT DIE POLIZEI!
WILLKOMMEN IN MEINEM GARTEN.

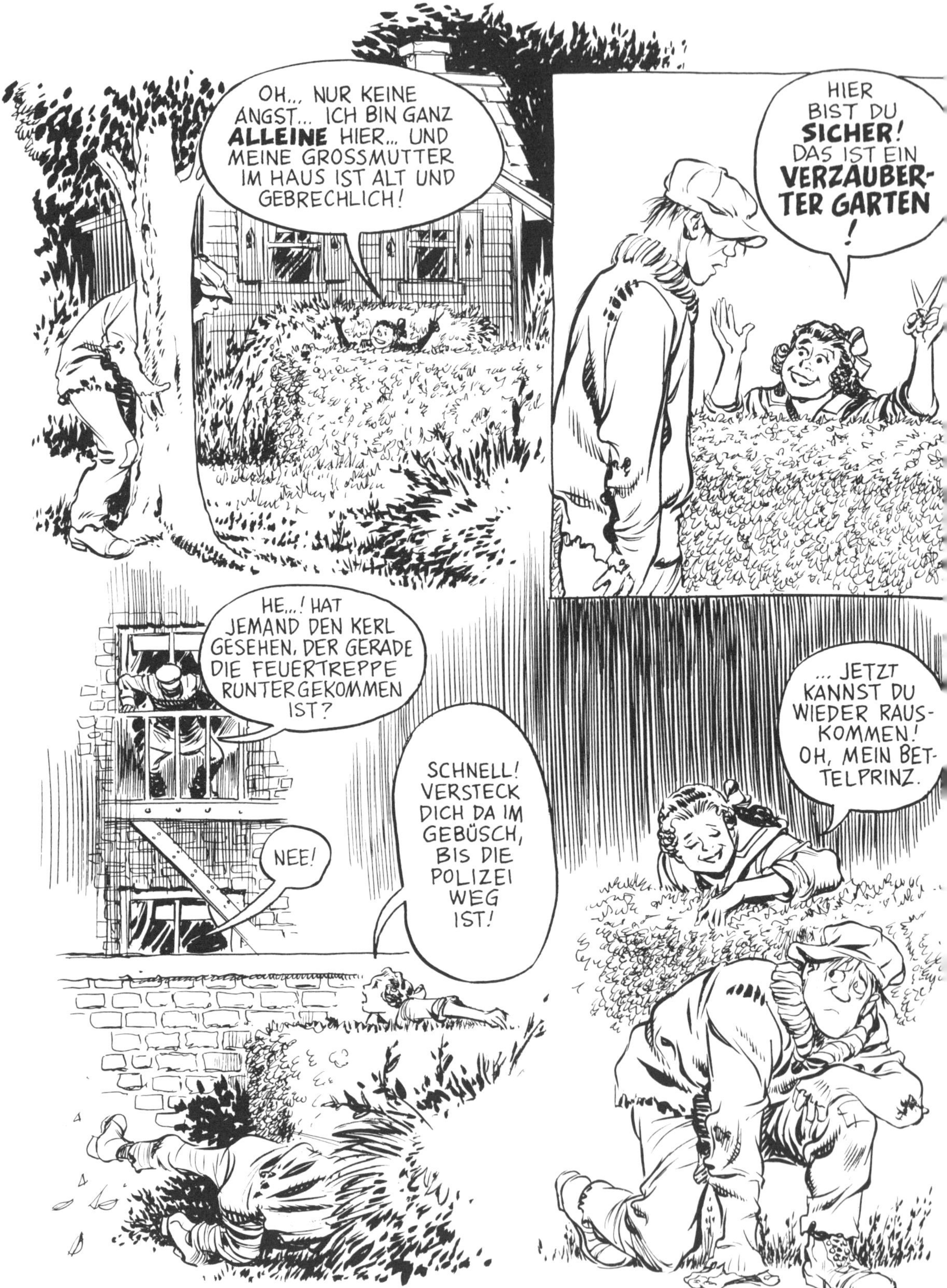

OH... NUR KEINE ANGST... ICH BIN GANZ **ALLEINE** HIER... UND MEINE GROSSMUTTER IM HAUS IST ALT UND GEBRECHLICH!
HIER BIST DU **SICHER**! DAS IST EIN **VERZAUBERTER GARTEN**!
HE...! HAT JEMAND DEN KERL GESEHEN, DER GERADE DIE FEUERTREPPE RUNTERGEKOMMEN IST?
NEE!
SCHNELL! VERSTECK DICH DA IM GEBÜSCH, BIS DIE POLIZEI WEG IST!
... JETZT KANNST DU WIEDER RAUSKOMMEN! OH, MEIN BETTELPRINZ.

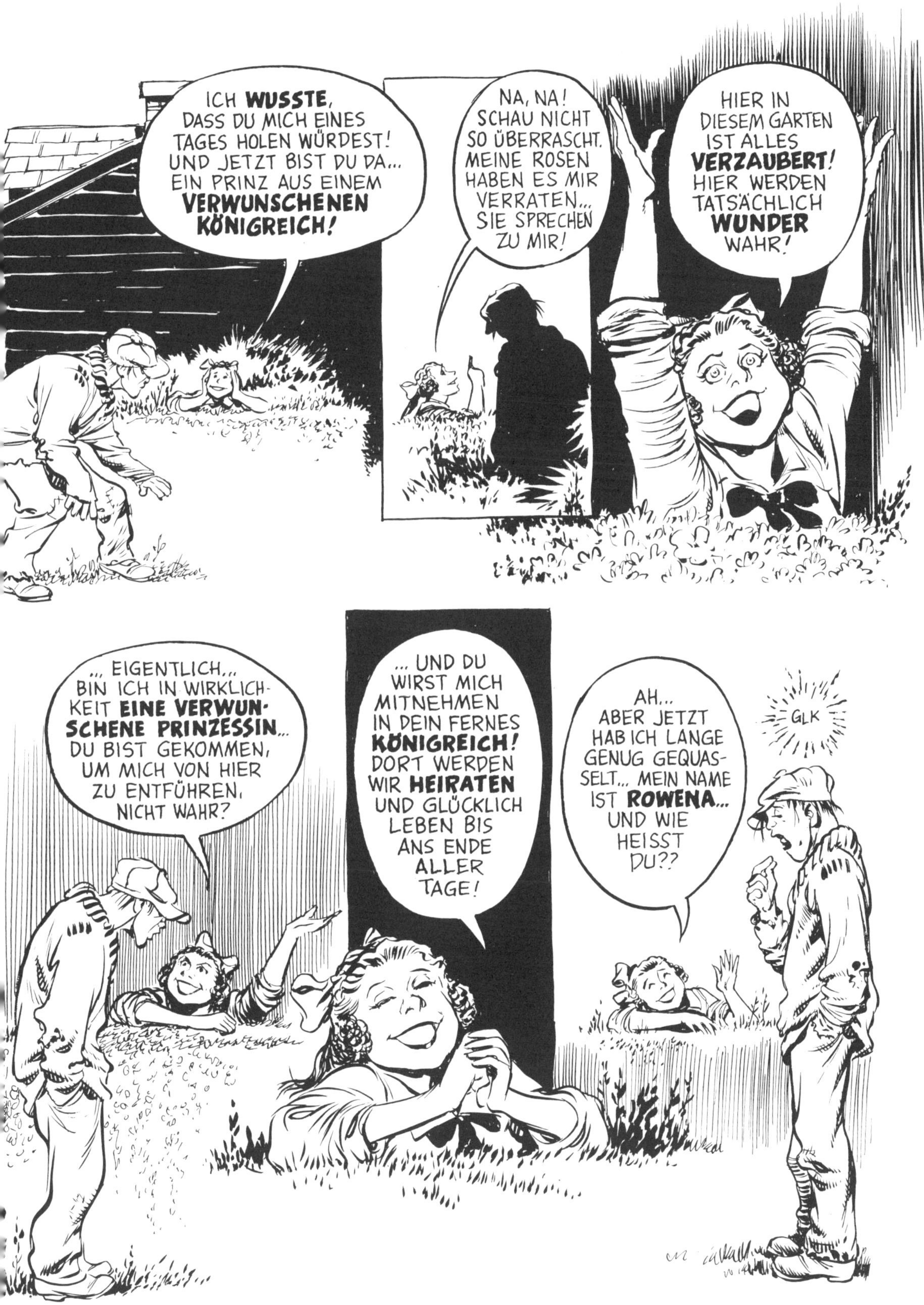
ICH **WUSSTE**, DASS DU MICH EINES TAGES HOLEN WÜRDEST! UND JETZT BIST DU DA... EIN PRINZ AUS EINEM **VERWUNSCHENEN KÖNIGREICH!**
NA, NA! SCHAU NICHT SO ÜBERRASCHT. MEINE ROSEN HABEN ES MIR VERRATEN... SIE SPRECHEN ZU MIR!
HIER IN DIESEM GARTEN IST ALLES **VERZAUBERT!** HIER WERDEN TATSÄCHLICH **WUNDER** WAHR!
... EIGENTLICH... BIN ICH IN WIRKLICHKEIT **EINE VERWUNSCHENE PRINZESSIN**... DU BIST GEKOMMEN, UM MICH VON HIER ZU ENTFÜHREN, NICHT WAHR?
... UND DU WIRST MICH MITNEHMEN IN DEIN FERNES **KÖNIGREICH!** DORT WERDEN WIR **HEIRATEN** UND GLÜCKLICH LEBEN BIS ANS ENDE **ALLER** TAGE!
AH... ABER JETZT HAB ICH LANGE GENUG GEQUASSELT... MEIN NAME IST **ROWENA...** UND WIE HEISST DU??
GLK

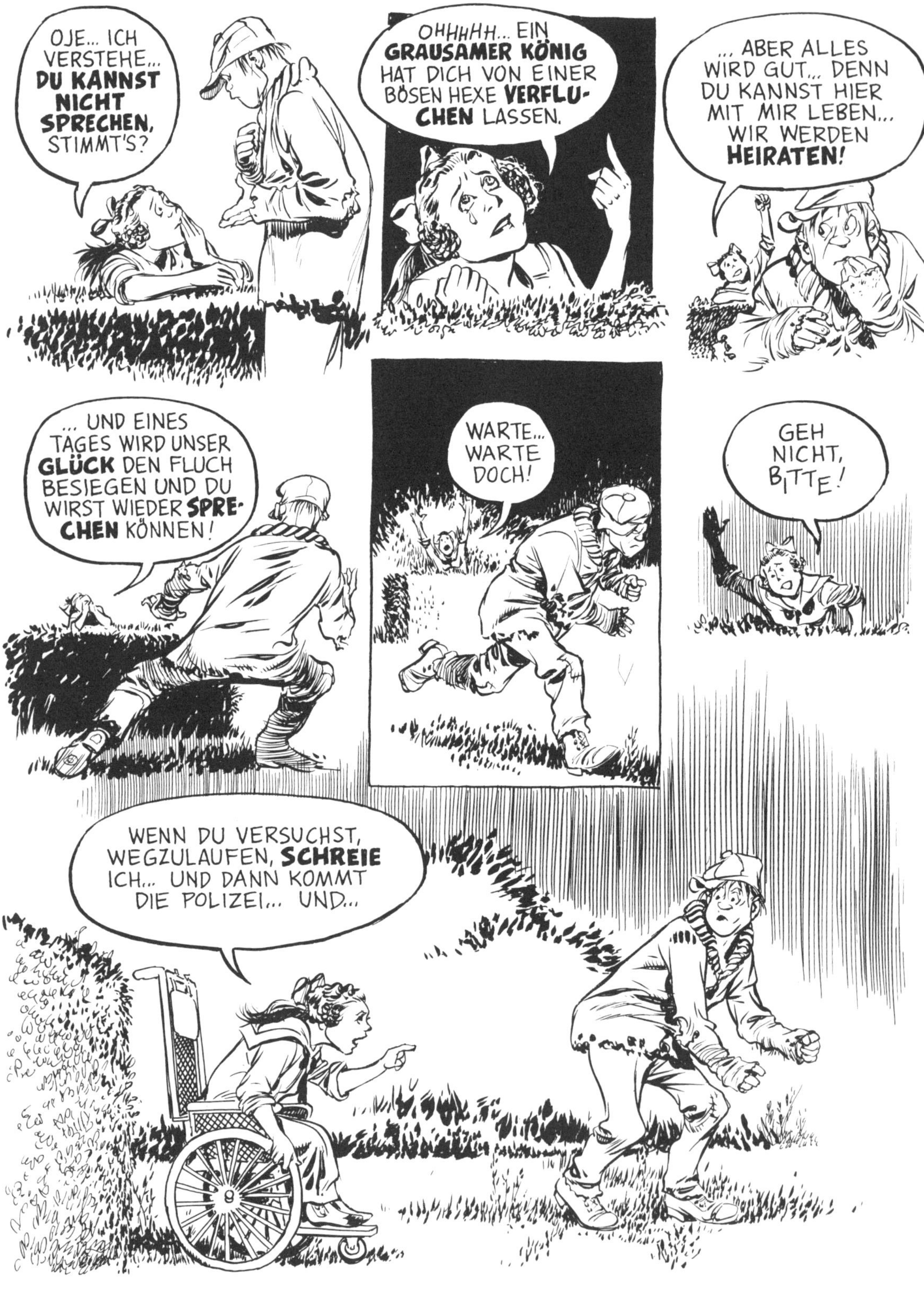
OJE... ICH VERSTEHE... DU KANNST NICHT SPRECHEN, STIMMT'S?
OHHHHH... EIN GRAUSAMER KÖNIG HAT DICH VON EINER BÖSEN HEXE VERFLUCHEN LASSEN.
... ABER ALLES WIRD GUT... DENN DU KANNST HIER MIT MIR LEBEN... WIR WERDEN HEIRATEN!
... UND EINES TAGES WIRD UNSER GLÜCK DEN FLUCH BESIEGEN UND DU WIRST WIEDER SPRECHEN KÖNNEN!
WARTE... WARTE DOCH!
GEH NICHT, BITTE!
WENN DU VERSUCHST, WEGZULAUFEN, SCHREIE ICH... UND DANN KOMMT DIE POLIZEI... UND...

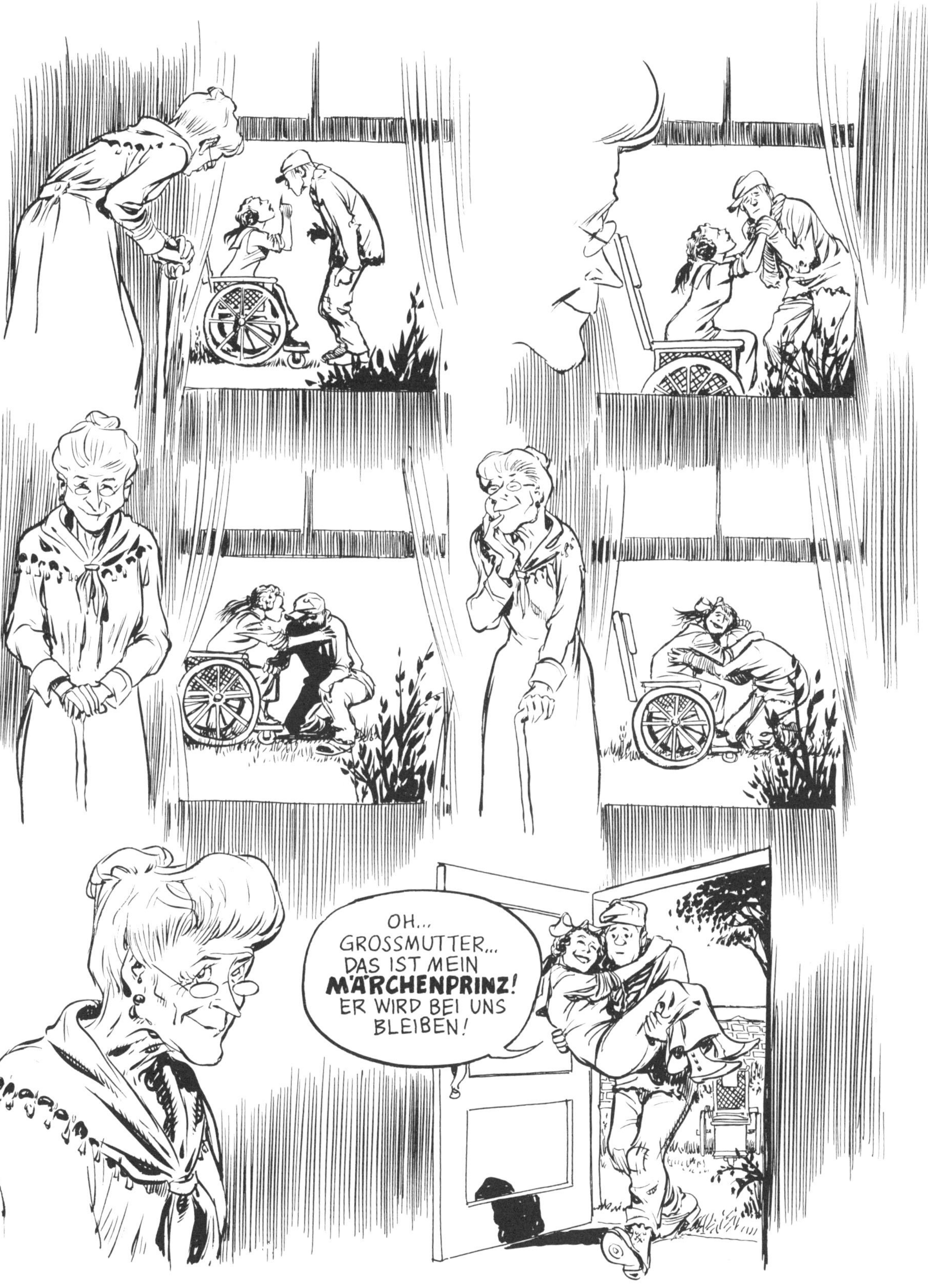
OH... GROSSMUTTER... DAS IST MEIN **MÄRCHENPRINZ**! ER WIRD BEI UNS BLEIBEN!

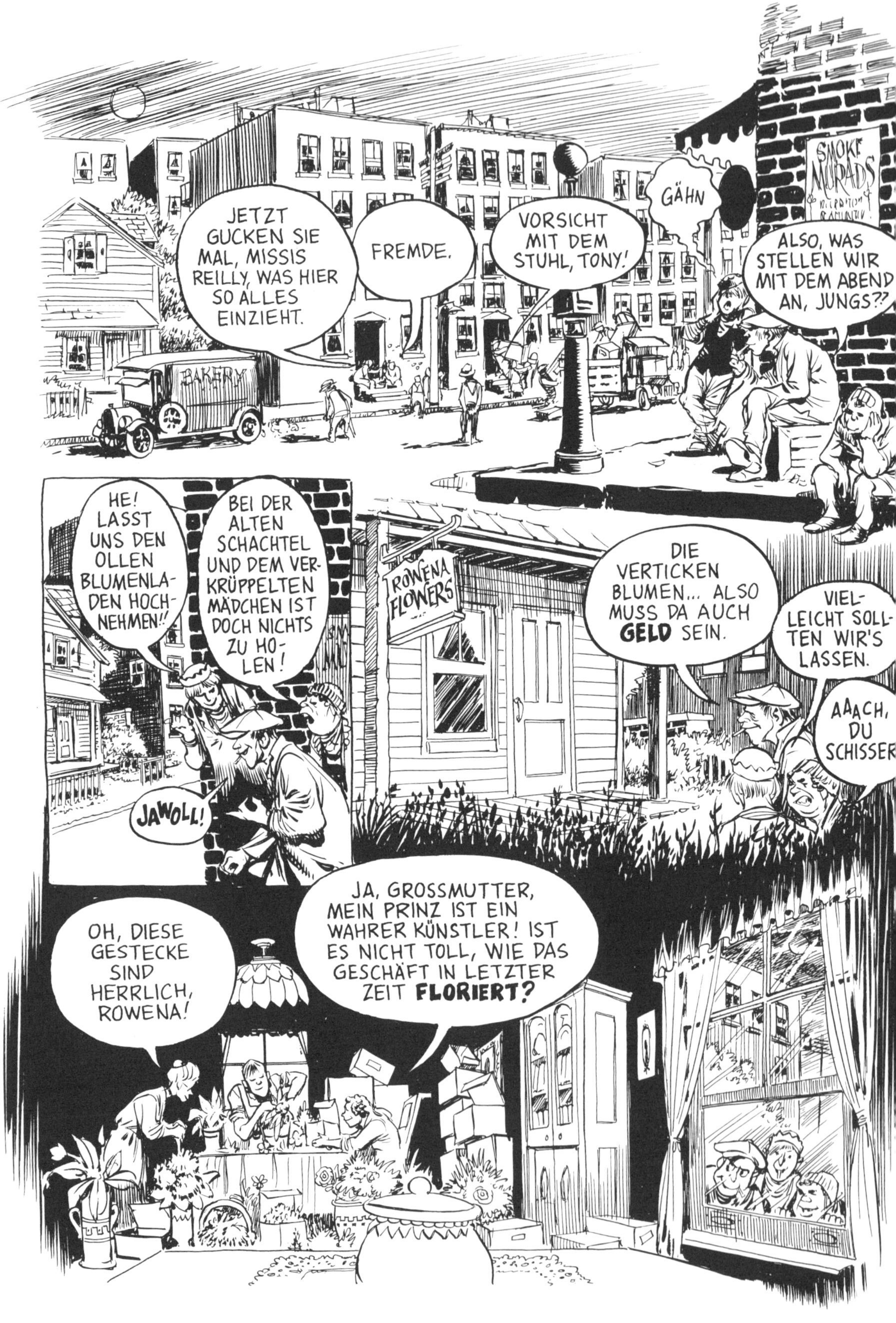
SMOKE MURADS
BAKERY
JETZT GUCKEN SIE MAL, MISSIS REILLY, WAS HIER SO ALLES EINZIEHT.
FREMDE.
VORSICHT MIT DEM STUHL, TONY!
GÄHN
ALSO, WAS STELLEN WIR MIT DEM ABEND AN, JUNGS??
HE! LASST UNS DEN OLLEN BLUMENLADEN HOCHNEHMEN!!
BEI DER ALTEN SCHACHTEL UND DEM VERKRÜPPELTEN MÄDCHEN IST DOCH NICHTS ZU HOLEN!
JAWOLL!
ROWENA FLOWERS
DIE VERTICKEN BLUMEN... ALSO MUSS DA AUCH GELD SEIN.
VIELLEICHT SOLLTEN WIR'S LASSEN.
AAACH, DU SCHISSER
OH, DIESE GESTECKE SIND HERRLICH, ROWENA!
JA, GROSSMUTTER, MEIN PRINZ IST EIN WAHRER KÜNSTLER! IST ES NICHT TOLL, WIE DAS GESCHÄFT IN LETZTER ZEIT FLORIERT?

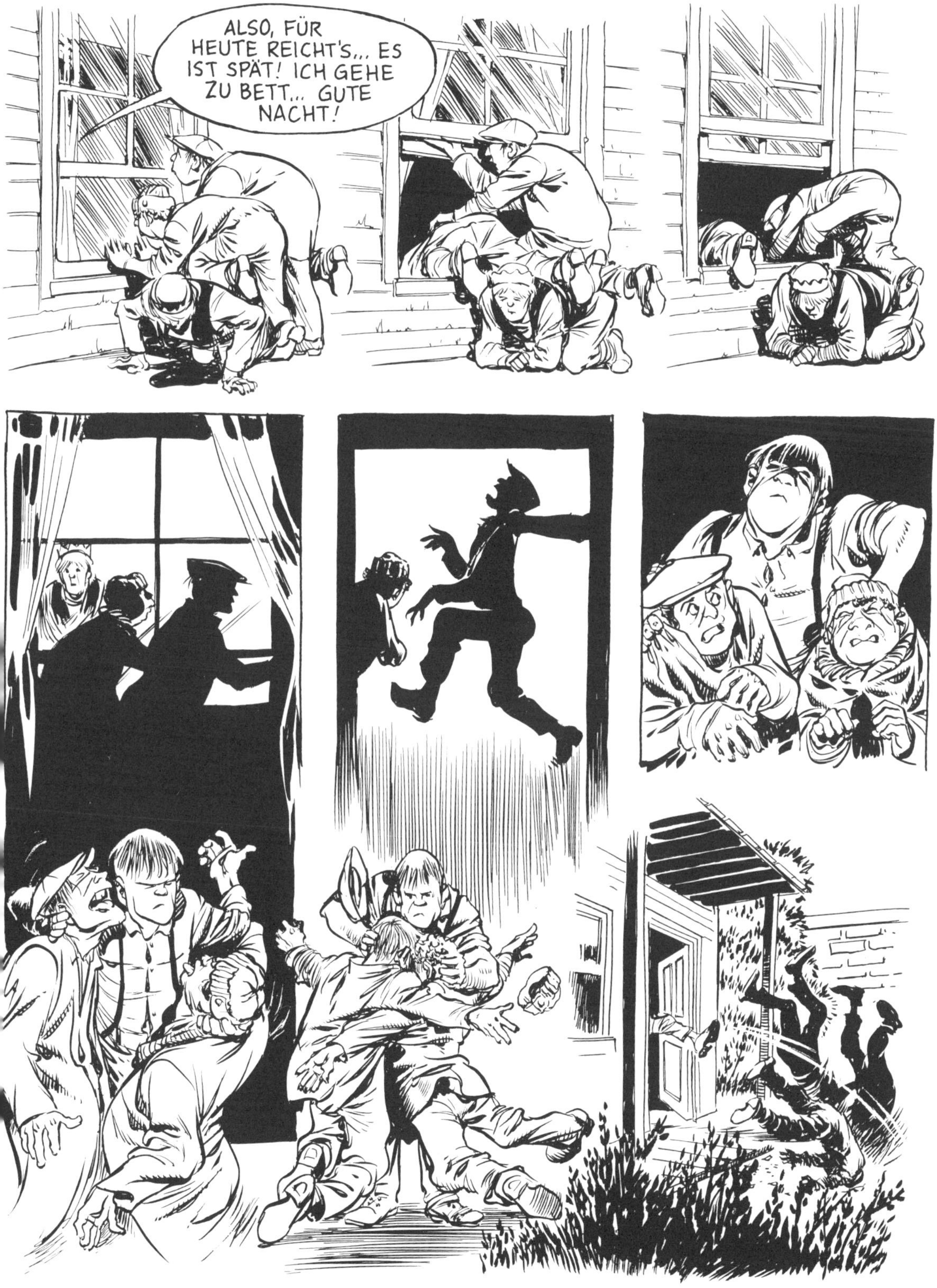
ALSO, FÜR HEUTE REICHT'S... ES IST SPÄT! ICH GEHE ZU BETT... GUTE NACHT!

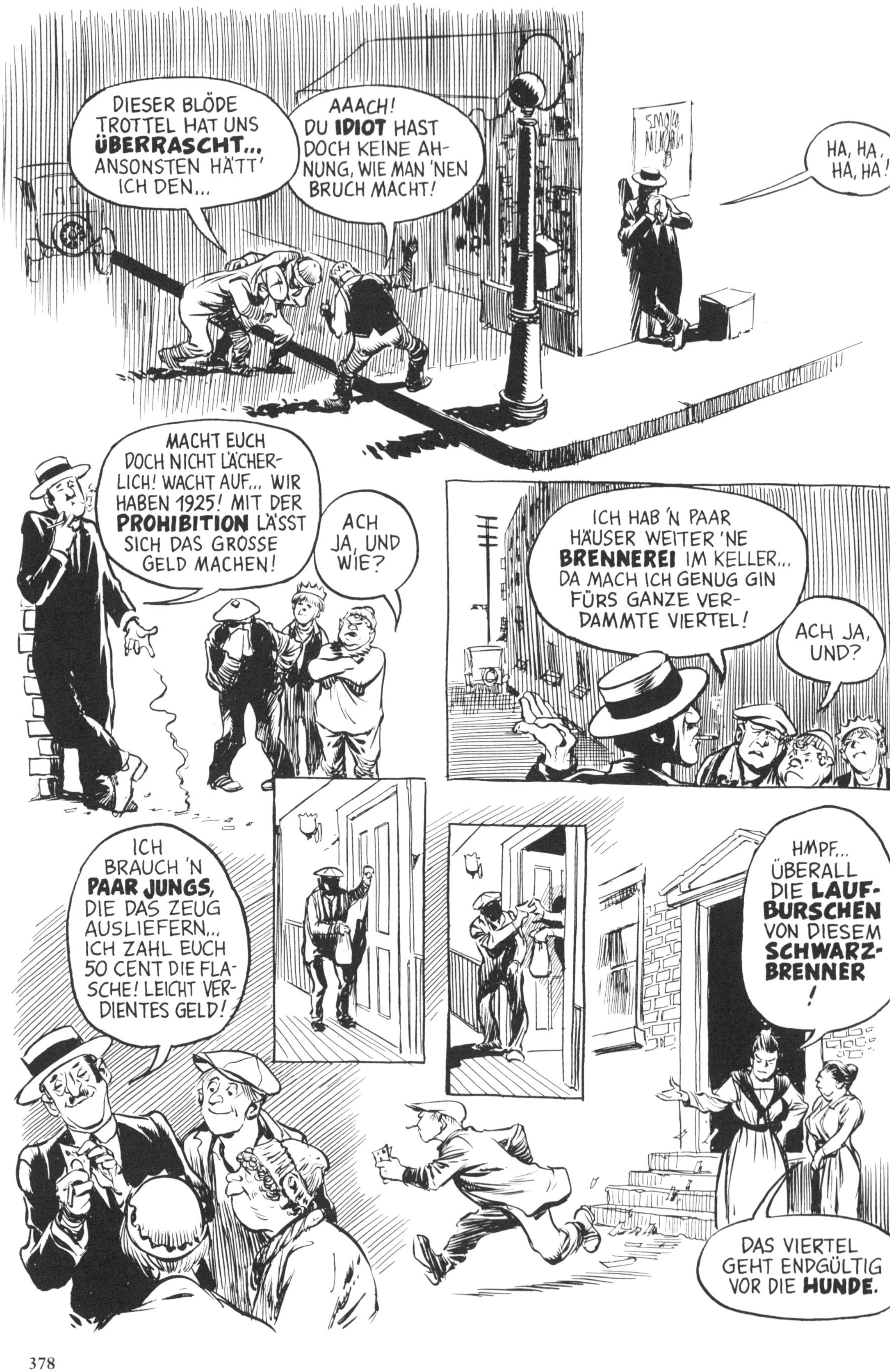

DIESER BLÖDE TROTTEL HAT UNS **ÜBERRASCHT...** ANSONSTEN HÄTT' ICH DEN...
AAACH! DU **IDIOT** HAST DOCH KEINE AHNUNG, WIE MAN 'NEN BRUCH MACHT!
HA, HA, HA, HA!
MACHT EUCH DOCH NICHT LÄCHERLICH! WACHT AUF... WIR HABEN 1925! MIT DER **PROHIBITION** LÄSST SICH DAS GROSSE GELD MACHEN!
ACH JA, UND WIE?
ICH HAB 'N PAAR HÄUSER WEITER 'NE **BRENNEREI** IM KELLER... DA MACH ICH GENUG GIN FÜRS GANZE VERDAMMTE VIERTEL!
ACH JA, UND?
ICH BRAUCH 'N **PAAR JUNGS,** DIE DAS ZEUG AUSLIEFERN... ICH ZAHL EUCH 50 CENT DIE FLASCHE! LEICHT VERDIENTES GELD!
HMPF... ÜBERALL DIE **LAUFBURSCHEN** VON DIESEM **SCHWARZBRENNER**!
DAS VIERTEL GEHT ENDGÜLTIG VOR DIE **HUNDE.**

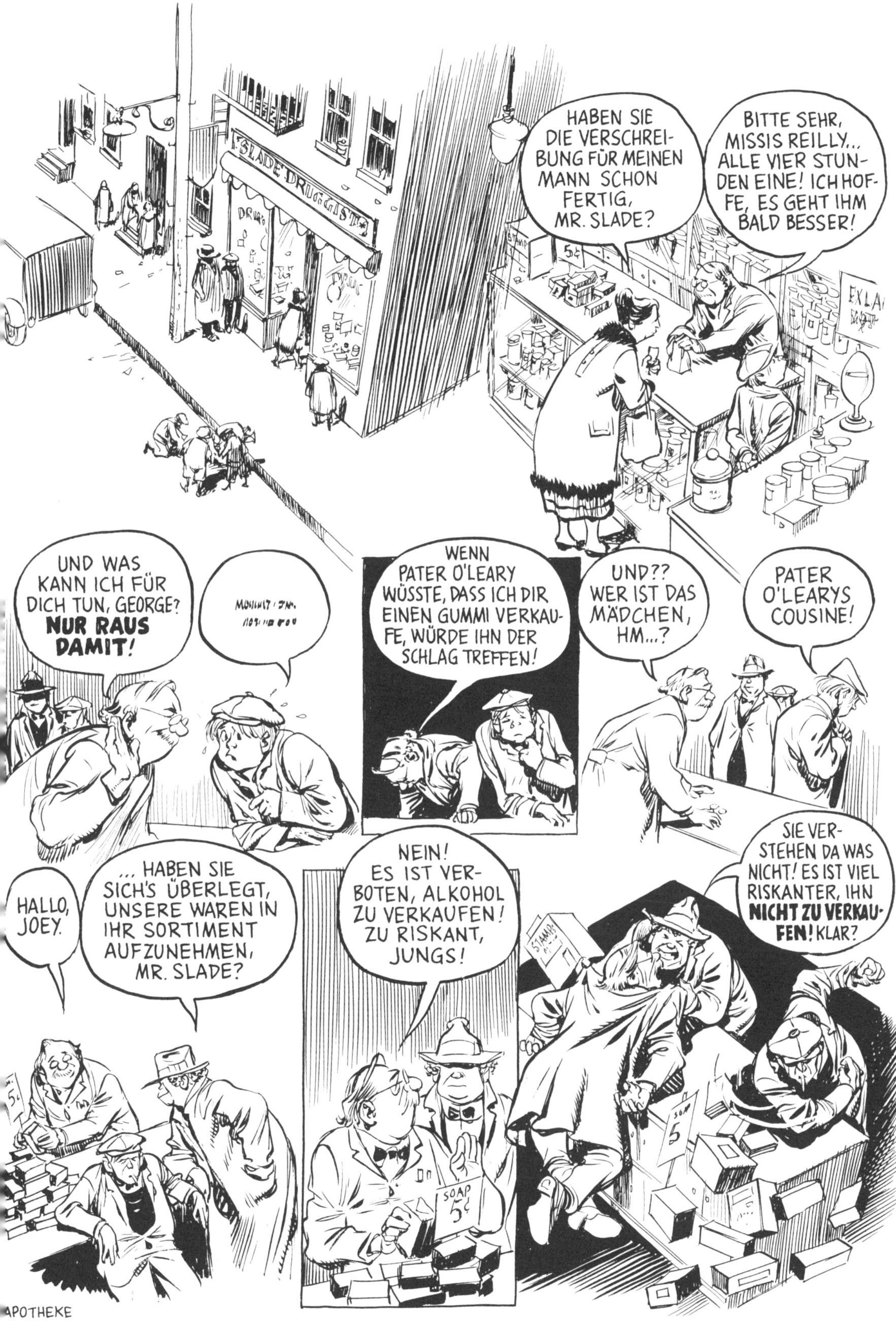
SLADE DRUGGIST
HABEN SIE DIE VERSCHREIBUNG FÜR MEINEN MANN SCHON FERTIG, MR. SLADE?
BITTE SEHR, MISSIS REILLY... ALLE VIER STUNDEN EINE! ICH HOFFE, ES GEHT IHM BALD BESSER!
UND WAS KANN ICH FÜR DICH TUN, GEORGE? **NUR RAUS DAMIT**!
WENN PATER O'LEARY WÜSSTE, DASS ICH DIR EINEN GUMMI VERKAUFE, WÜRDE IHN DER SCHLAG TREFFEN!
UND?? WER IST DAS MÄDCHEN, HM...?
PATER O'LEARYS COUSINE!
HALLO, JOEY.
... HABEN SIE SICH'S ÜBERLEGT, UNSERE WAREN IN IHR SORTIMENT AUFZUNEHMEN, MR. SLADE?
NEIN! ES IST VERBOTEN, ALKOHOL ZU VERKAUFEN! ZU RISKANT, JUNGS!
SOAP 5¢
SIE VERSTEHEN DA WAS NICHT! ES IST VIEL RISKANTER, IHN **NICHT ZU VERKAUFEN**! KLAR?
SOAP 5

APOTHEKE

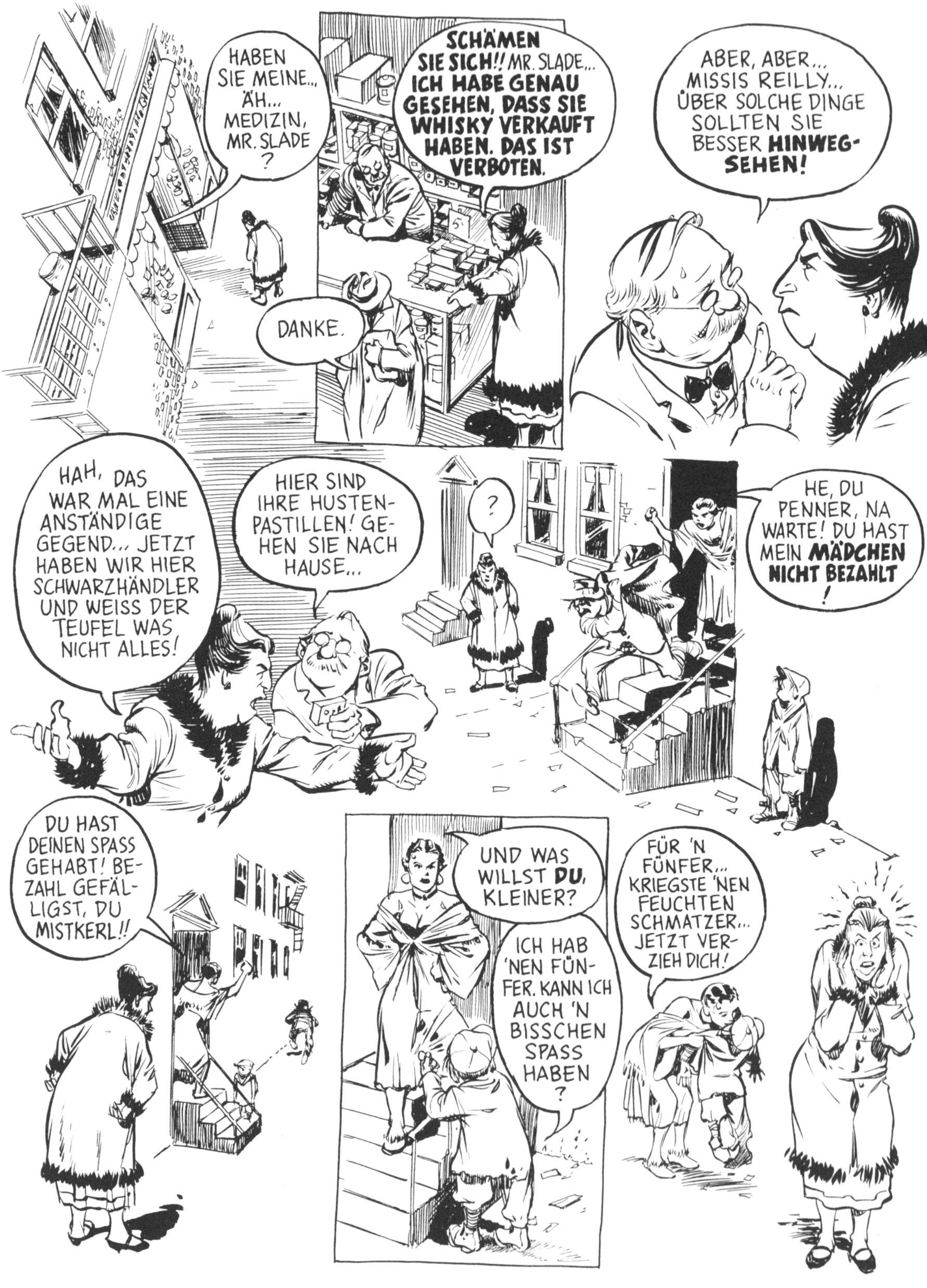
HABEN SIE MEINE... ÄH... MEDIZIN, MR. SLADE ?
DANKE.
SCHÄMEN SIE SICH!! MR. SLADE... ICH HABE GENAU GESEHEN, DASS SIE WHISKY VERKAUFT HABEN. DAS IST VERBOTEN.
ABER, ABER... MISSIS REILLY... ÜBER SOLCHE DINGE SOLLTEN SIE BESSER HINWEG-SEHEN!
HAH, DAS WAR MAL EINE ANSTÄNDIGE GEGEND... JETZT HABEN WIR HIER SCHWARZHÄNDLER UND WEISS DER TEUFEL WAS NICHT ALLES!
HIER SIND IHRE HUSTEN-PASTILLEN! GEHEN SIE NACH HAUSE...
?
HE, DU PENNER, NA WARTE! DU HAST MEIN MÄDCHEN NICHT BEZAHLT !
DU HAST DEINEN SPASS GEHABT! BEZAHL GEFÄLLIGST, DU MISTKERL!!
UND WAS WILLST DU, KLEINER?
ICH HAB 'NEN FÜNFER. KANN ICH AUCH 'N BISSCHEN SPASS HABEN ?
FÜR 'N FÜNFER... KRIEGSTE 'NEN FEUCHTEN SCHMATZER... JETZT VERZIEH DICH!

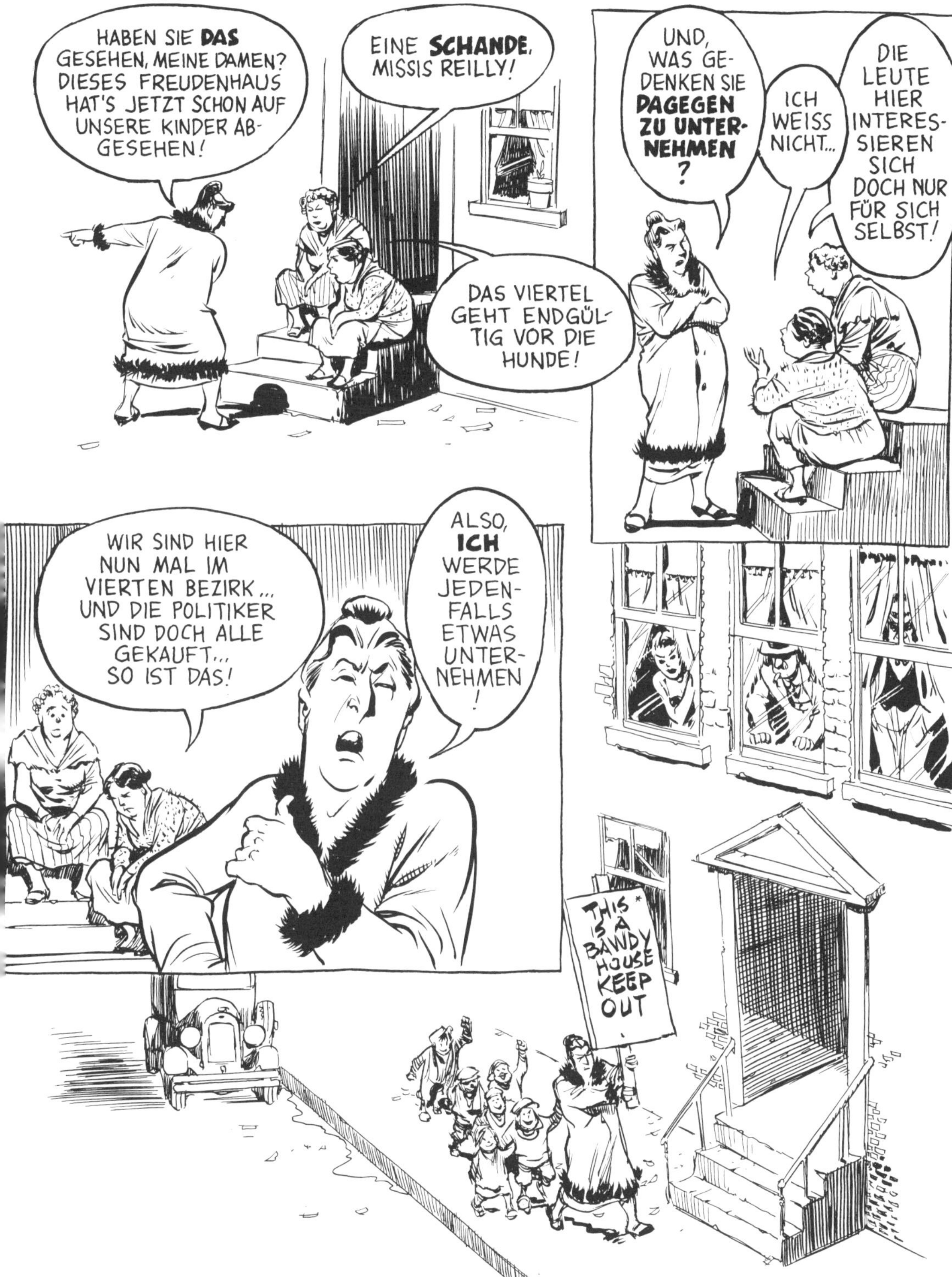

*HALTET EUCH FERN VON DIESEM HORT DER UNZUCHT!

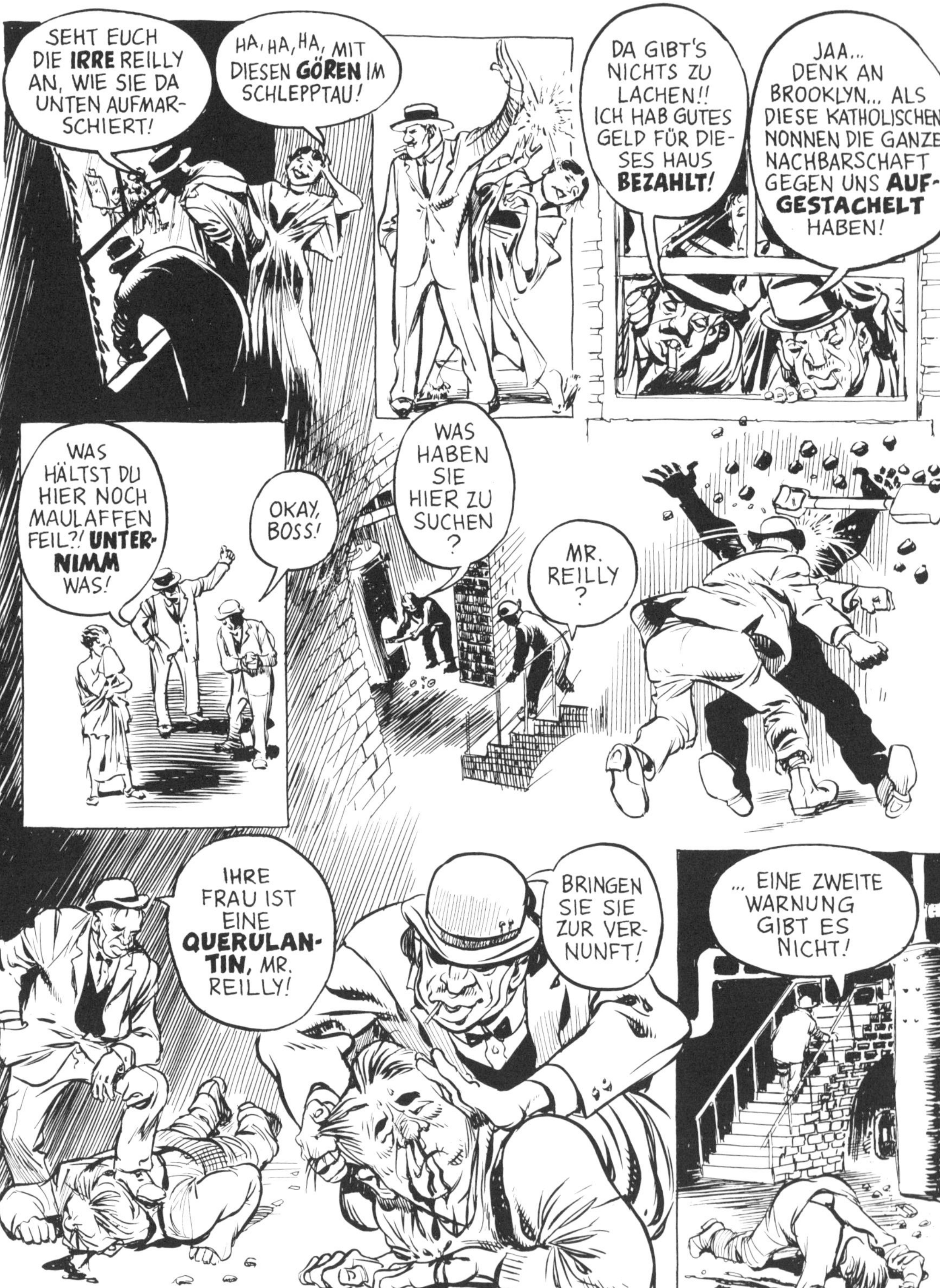
SEHT EUCH DIE **IRRE** REILLY AN, WIE SIE DA UNTEN AUFMARSCHIERT!
HA, HA, HA, MIT DIESEN **GÖREN** IM SCHLEPPTAU!
DA GIBT'S NICHTS ZU LACHEN!! ICH HAB GUTES GELD FÜR DIESES HAUS **BEZAHLT!**
JAA... DENK AN BROOKLYN... ALS DIESE KATHOLISCHEN NONNEN DIE GANZE NACHBARSCHAFT GEGEN UNS **AUFGESTACHELT** HABEN!
WAS HÄLTST DU HIER NOCH MAULAFFEN FEIL?! **UNTERNIMM** WAS!
OKAY, BOSS!
WAS HABEN SIE HIER ZU SUCHEN?
MR. REILLY?
IHRE FRAU IST EINE **QUERULANTIN**, MR. REILLY!
BRINGEN SIE SIE ZUR VERNUNFT!
... EINE ZWEITE WARNUNG GIBT ES NICHT!

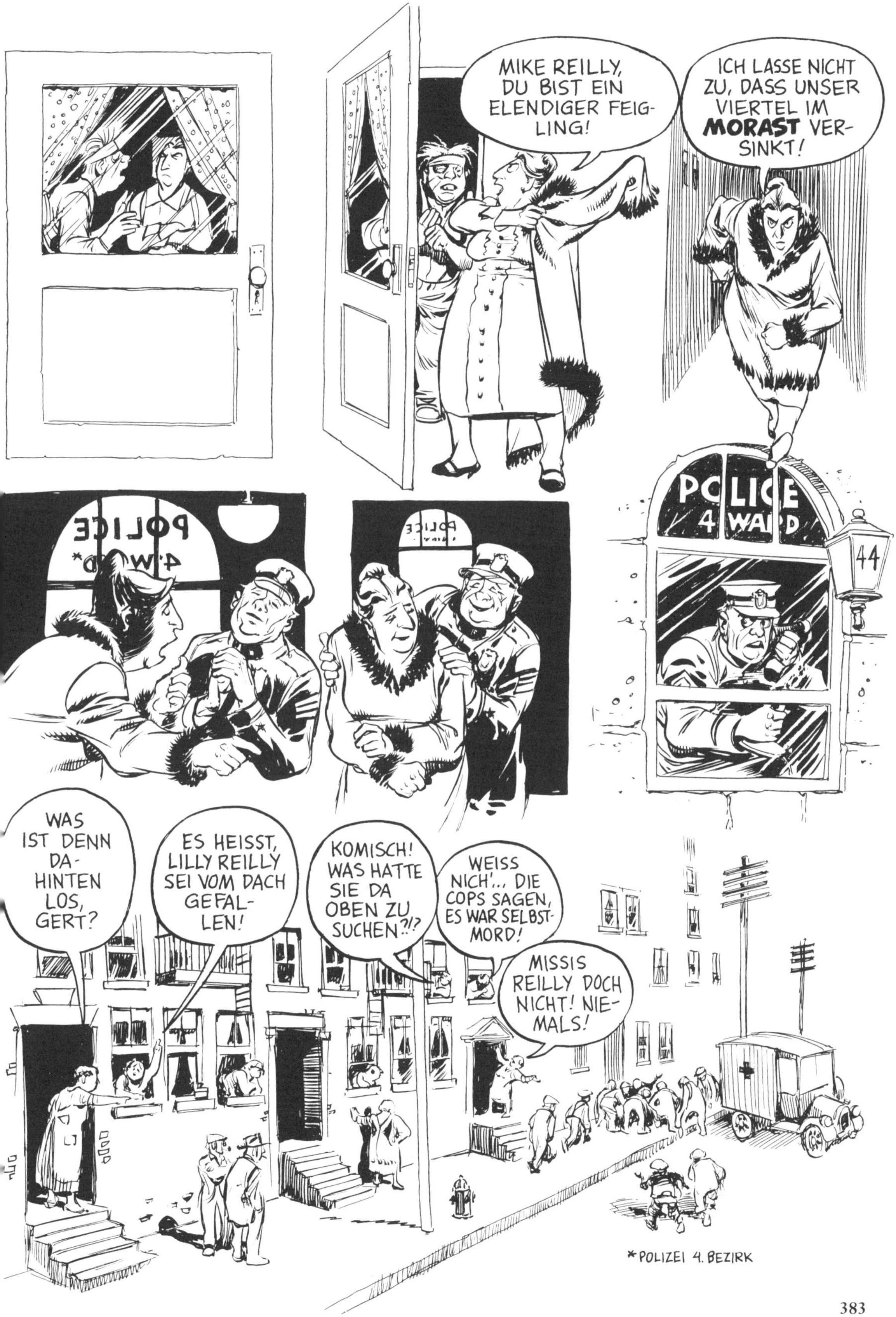
MIKE REILLY, DU BIST EIN ELENDIGER FEIG-LING!
ICH LASSE NICHT ZU, DASS UNSER VIERTEL IM **MORAST** VER-SINKT!
POLICE 4 WARD
44
POLICE 4 WARD*
WAS IST DENN DA-HINTEN LOS, GERT?
ES HEISST, LILLY REILLY SEI VOM DACH GEFAL-LEN!
KOMISCH! WAS HATTE SIE DA OBEN ZU SUCHEN?!?
WEISS NICH'.., DIE COPS SAGEN, ES WAR SELBST-MORD!
MISSIS REILLY DOCH NICHT! NIE-MALS!
*POLIZEI 4. BEZIRK

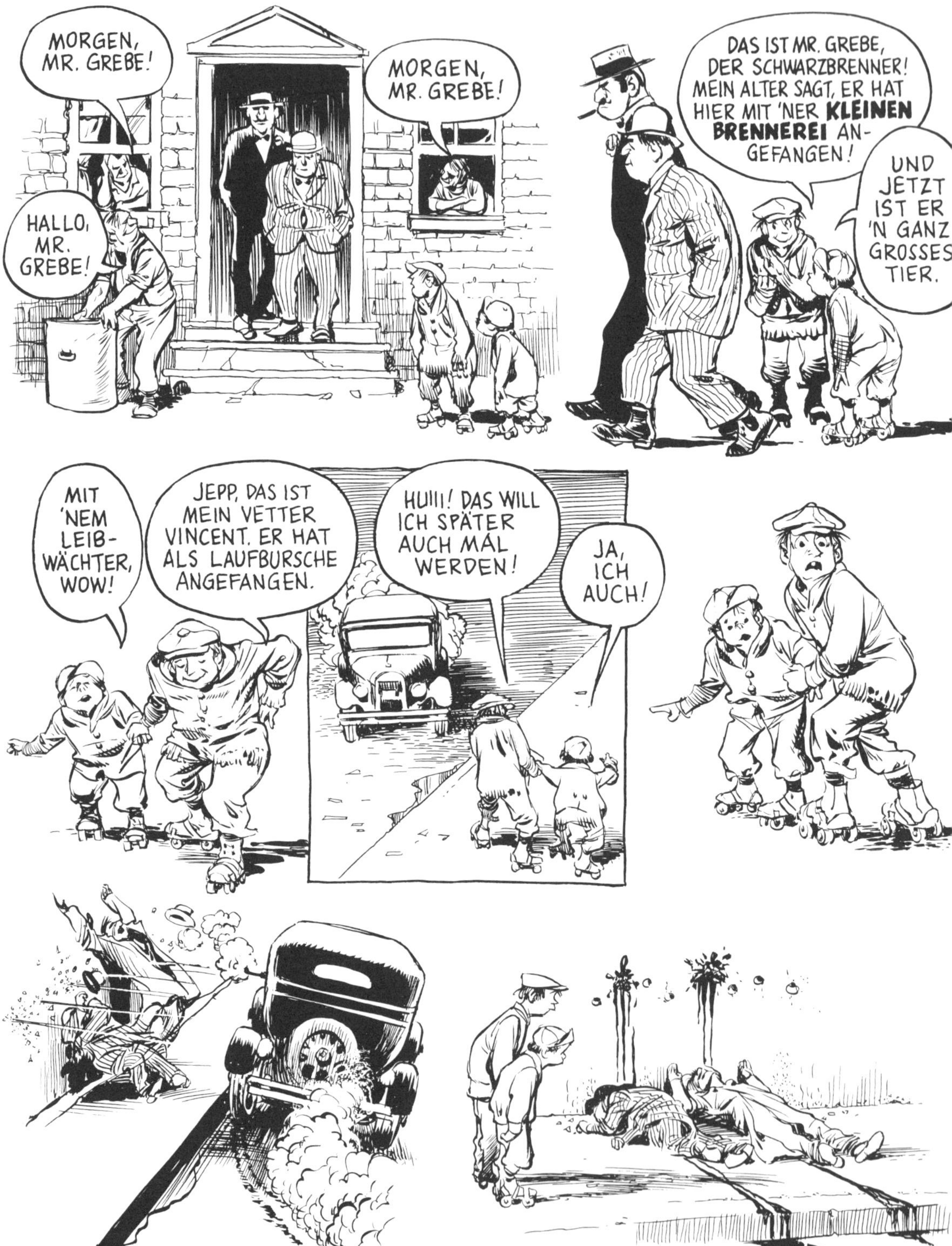
MORGEN, MR. GREBE!
HALLO, MR. GREBE!
MORGEN, MR. GREBE!
DAS IST MR. GREBE, DER SCHWARZBRENNER! MEIN ALTER SAGT, ER HAT HIER MIT 'NER KLEINEN BRENNEREI ANGEFANGEN!
UND JETZT IST ER 'N GANZ GROSSES TIER.
MIT 'NEM LEIBWÄCHTER, WOW!
JEPP, DAS IST MEIN VETTER VINCENT. ER HAT ALS LAUFBURSCHE ANGEFANGEN.
HUI!! DAS WILL ICH SPÄTER AUCH MAL WERDEN!
JA, ICH AUCH!

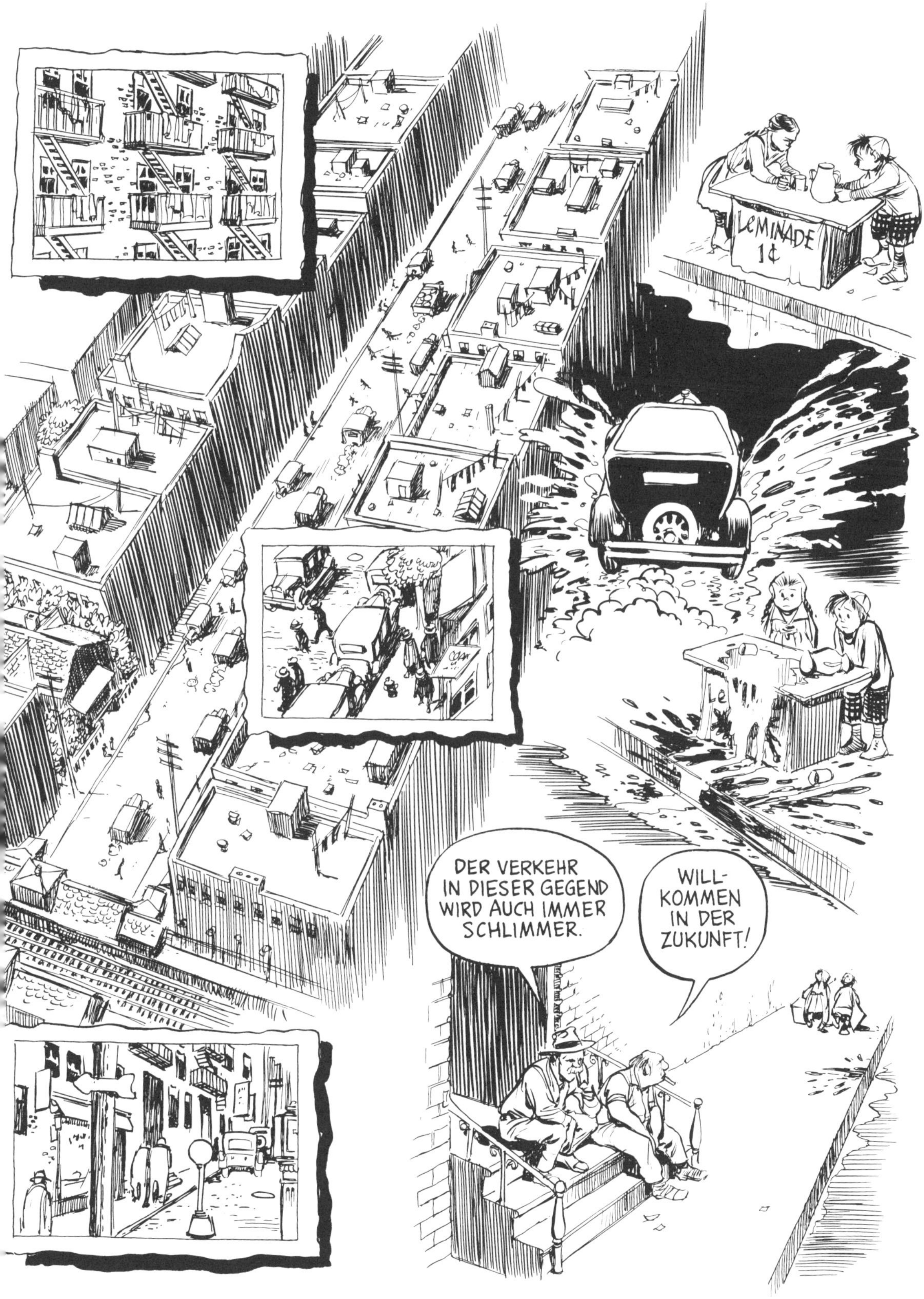
LEMINADE
1¢
DER VERKEHR
IN DIESER GEGEND
WIRD AUCH IMMER
SCHLIMMER.
WILL-
KOMMEN
IN DER
ZUKUNFT!

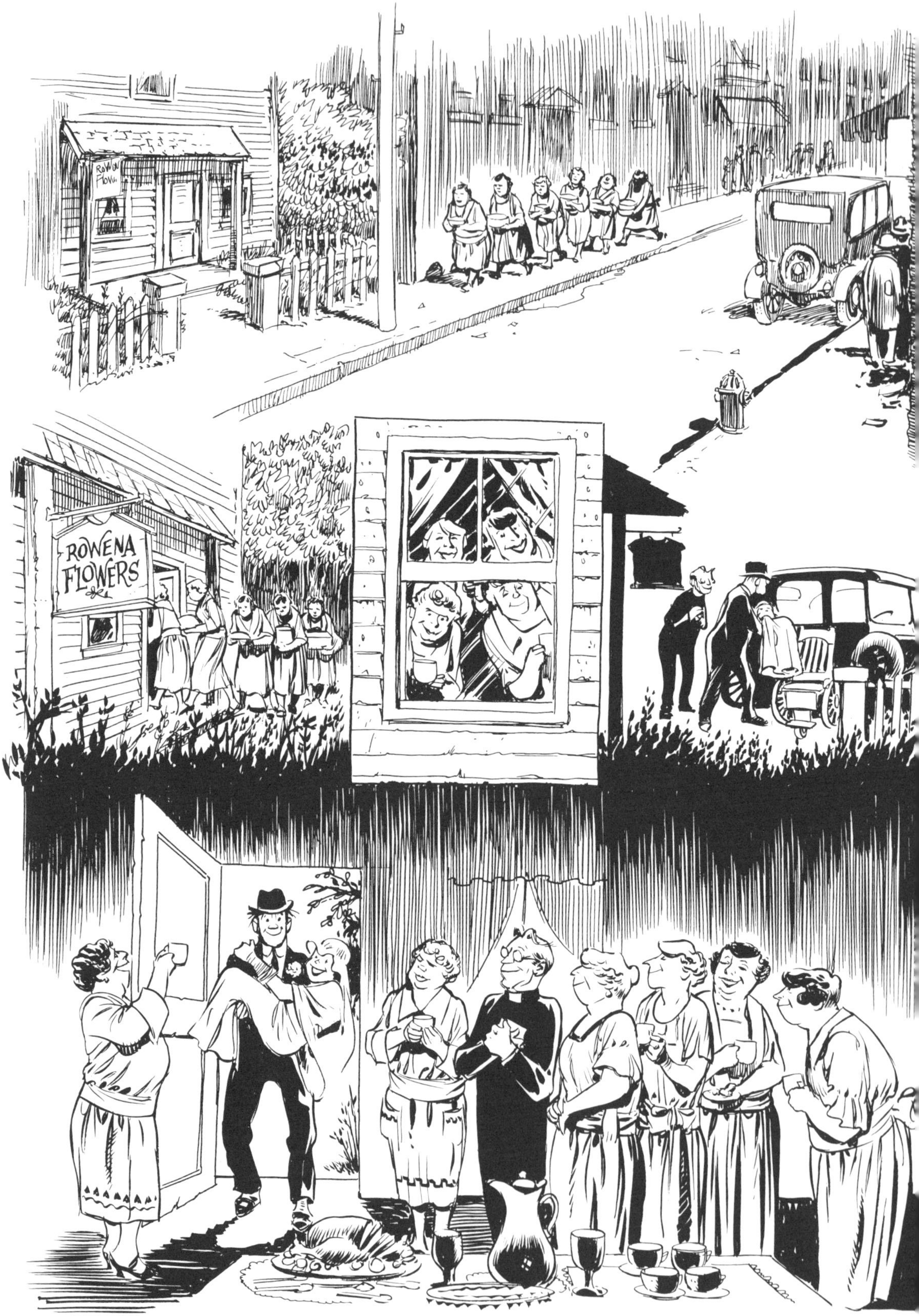
ROWENA FLOWERS

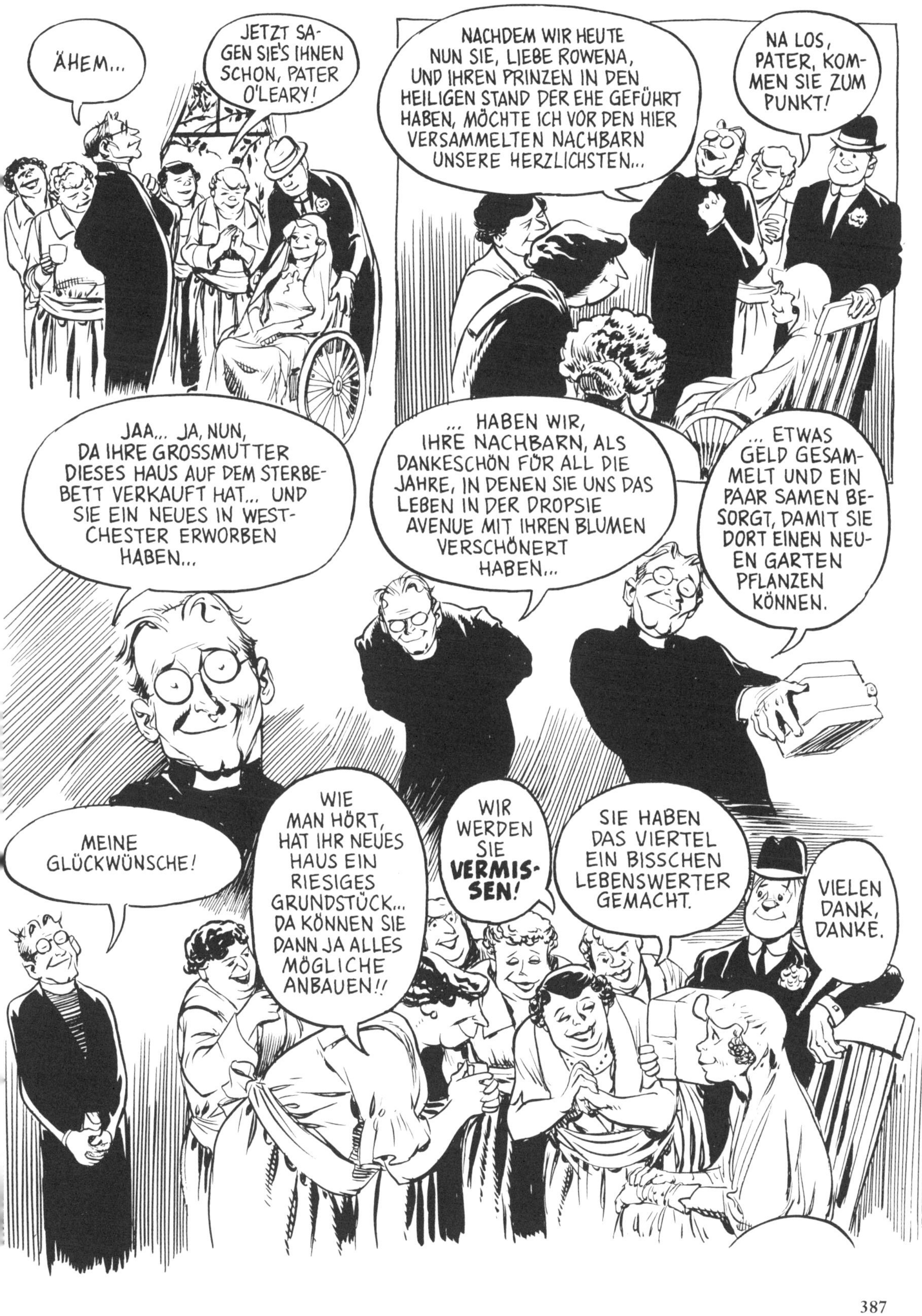

ÄHEM...
JETZT SAGEN SIE'S IHNEN SCHON, PATER O'LEARY!
NACHDEM WIR HEUTE NUN SIE, LIEBE ROWENA, UND IHREN PRINZEN IN DEN HEILIGEN STAND DER EHE GEFÜHRT HABEN, MÖCHTE ICH VOR DEN HIER VERSAMMELTEN NACHBARN UNSERE HERZLICHSTEN...
NA LOS, PATER, KOMMEN SIE ZUM PUNKT!
JAA... JA, NUN, DA IHRE GROSSMUTTER DIESES HAUS AUF DEM STERBEBETT VERKAUFT HAT... UND SIE EIN NEUES IN WESTCHESTER ERWORBEN HABEN...
... HABEN WIR, IHRE NACHBARN, ALS DANKESCHÖN FÜR ALL DIE JAHRE, IN DENEN SIE UNS DAS LEBEN IN DER DROPSIE AVENUE MIT IHREN BLUMEN VERSCHÖNERT HABEN...
... ETWAS GELD GESAMMELT UND EIN PAAR SAMEN BESORGT, DAMIT SIE DORT EINEN NEUEN GARTEN PFLANZEN KÖNNEN.
MEINE GLÜCKWÜNSCHE!
WIE MAN HÖRT, HAT IHR NEUES HAUS EIN RIESIGES GRUNDSTÜCK... DA KÖNNEN SIE DANN JA ALLES MÖGLICHE ANBAUEN!!
WIR WERDEN SIE **VERMISSEN**!
SIE HABEN DAS VIERTEL EIN BISSCHEN LEBENSWERTER GEMACHT.
VIELEN DANK, DANKE.

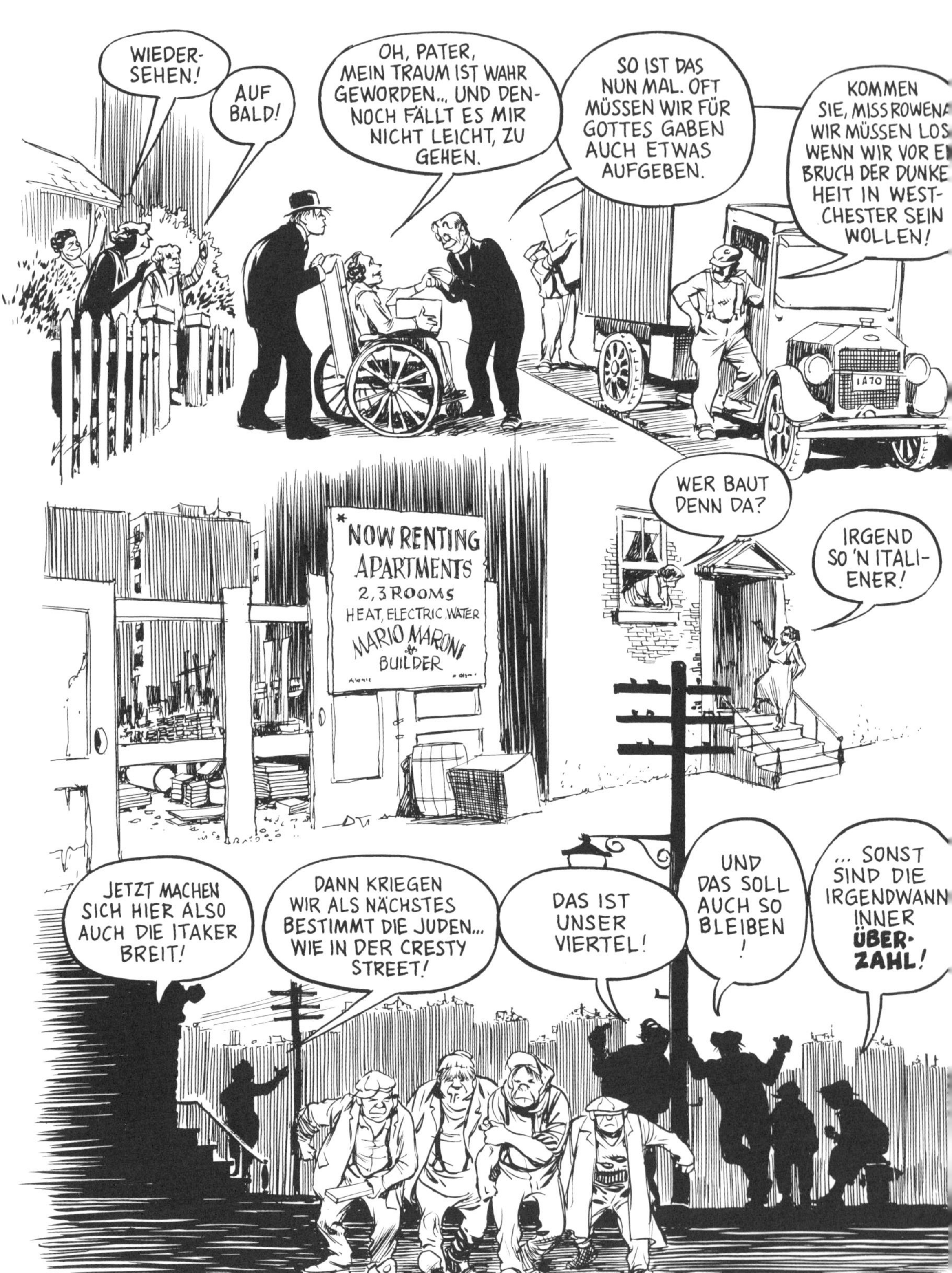

* WOHNUNGEN ZU VERMIETEN – 2 UND 3 ZIMMER – HEIZUNG, STROM, WASSER – MARIO MARONI – BAUHERR

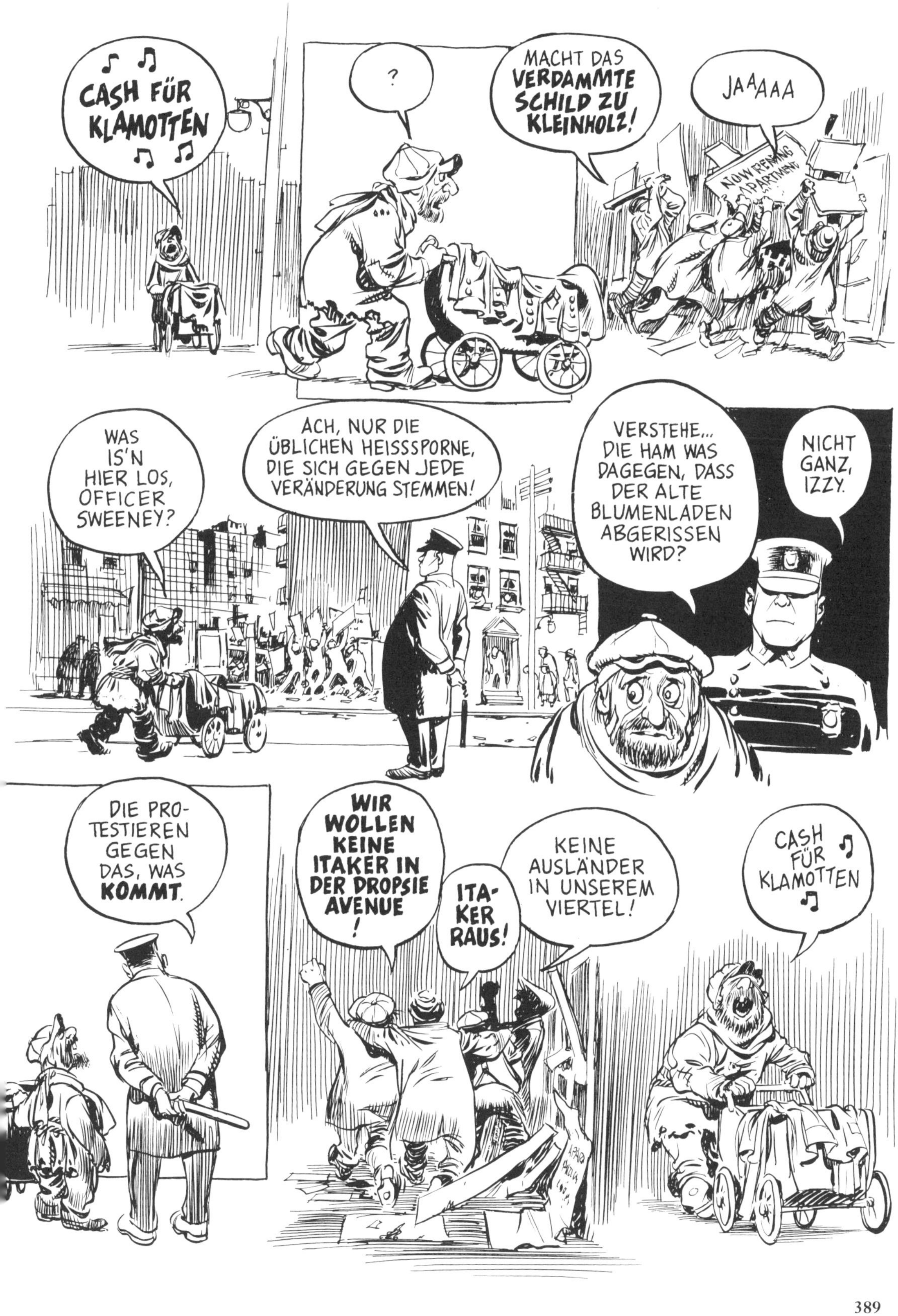
CASH FÜR KLAMOTTEN
?
MACHT DAS VERDAMMTE SCHILD ZU KLEINHOLZ!
JAAAAA
WAS IS'N HIER LOS, OFFICER SWEENEY?
ACH, NUR DIE ÜBLICHEN HEISSSPORNE, DIE SICH GEGEN JEDE VERÄNDERUNG STEMMEN!
VERSTEHE... DIE HAM WAS DAGEGEN, DASS DER ALTE BLUMENLADEN ABGERISSEN WIRD?
NICHT GANZ, IZZY.
DIE PRO-TESTIEREN GEGEN DAS, WAS KOMMT.
WIR WOLLEN KEINE ITAKER IN DER DROPSIE AVENUE!
ITA-KER RAUS!
KEINE AUSLÄNDER IN UNSEREM VIERTEL!
CASH FÜR KLAMOTTEN

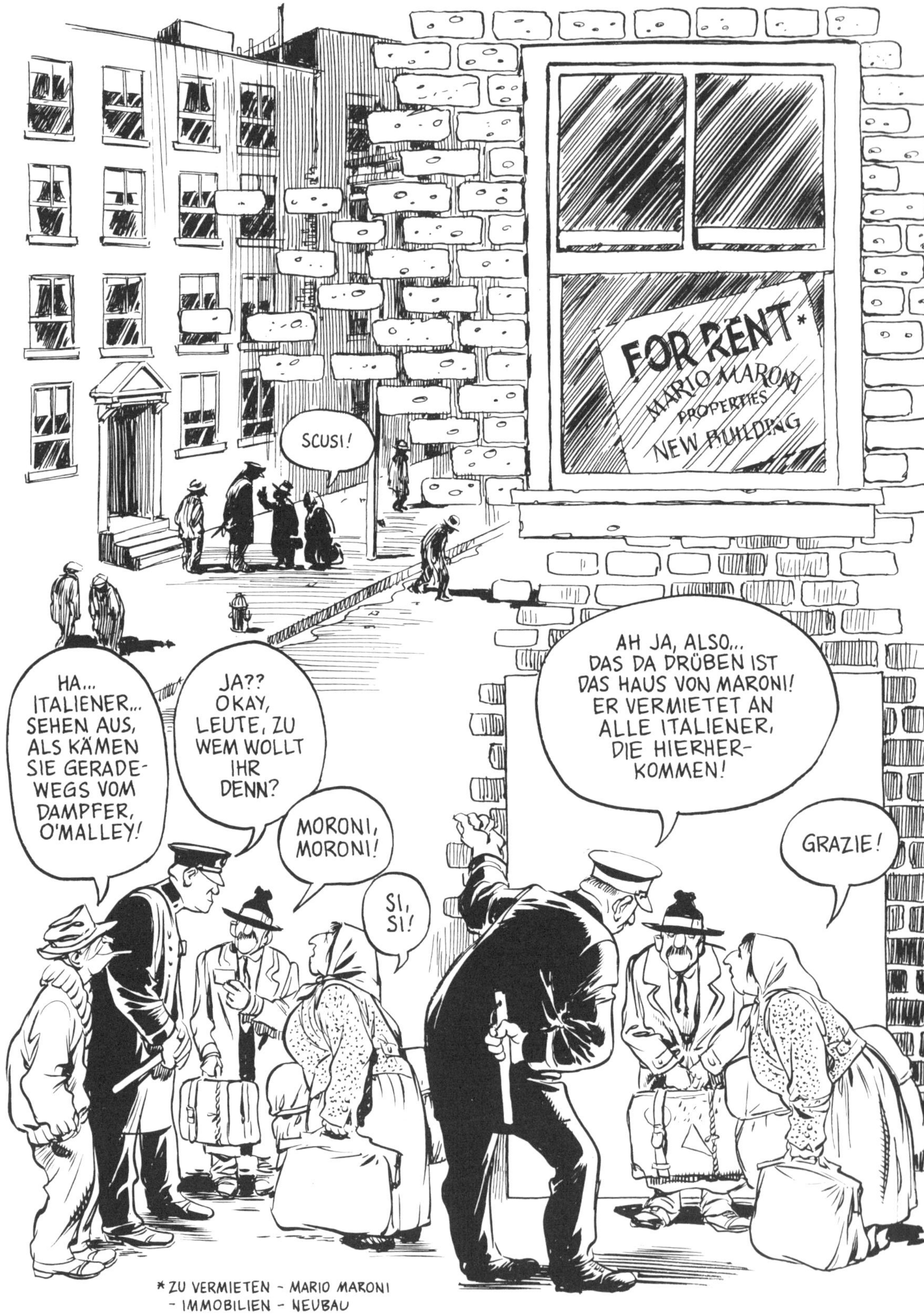
FOR RENT*
MARIO MARONI
PROPERTIES
NEW BUILDING
SCUSI!
HA... ITALIENER... SEHEN AUS, ALS KÄMEN SIE GERADEWEGS VOM DAMPFER, O'MALLEY!
JA?? OKAY, LEUTE, ZU WEM WOLLT IHR DENN?
MORONI, MORONI!
SI, SI!
AH JA, ALSO... DAS DA DRÜBEN IST DAS HAUS VON MARONI! ER VERMIETET AN ALLE ITALIENER, DIE HIERHERKOMMEN!
GRAZIE!
* ZU VERMIETEN - MARIO MARONI - IMMOBILIEN - NEUBAU

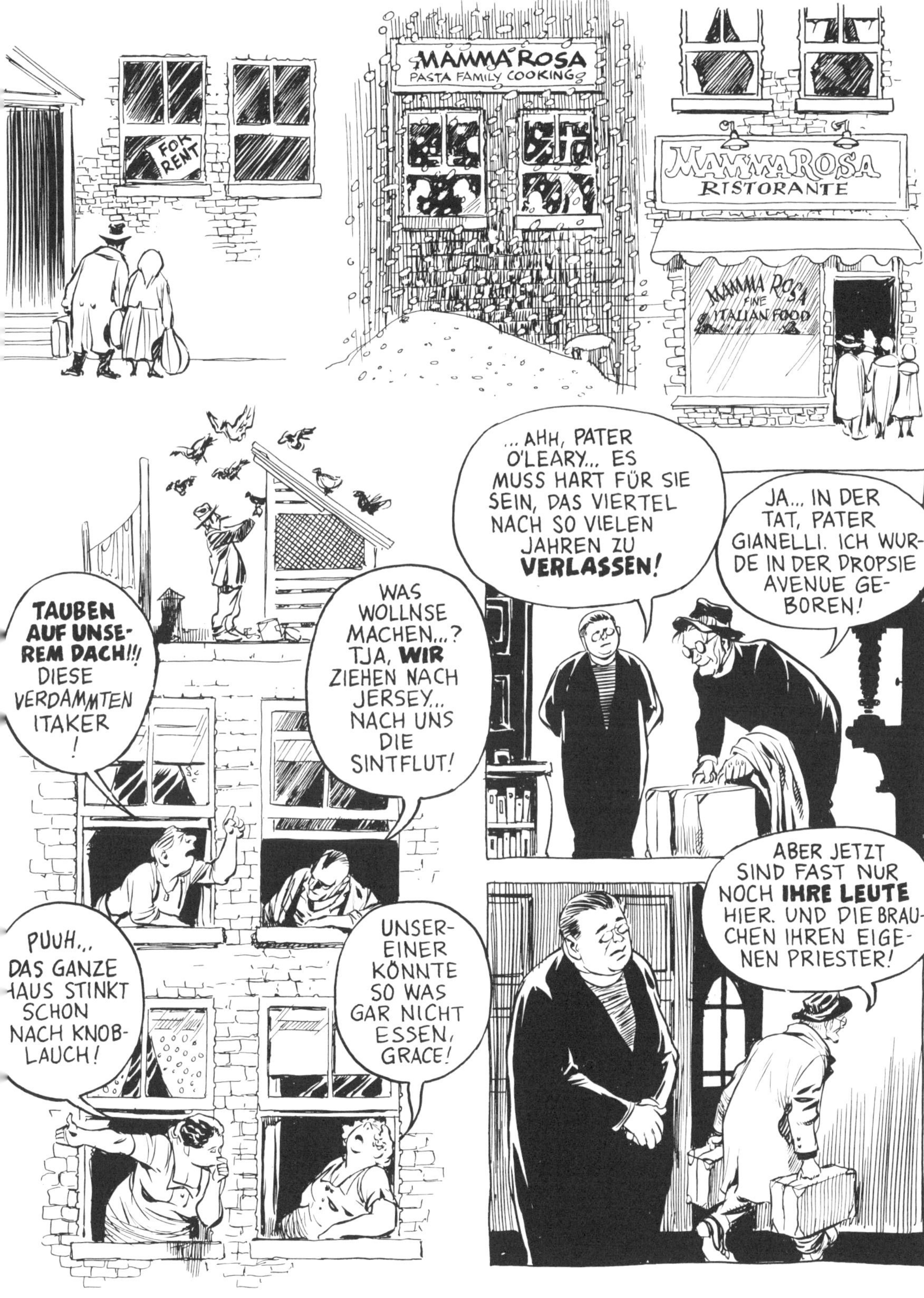
FOR RENT
MAMMA ROSA PASTA FAMILY COOKING
MAMMA ROSA RISTORANTE
MAMMA ROSA FINE ITALIAN FOOD
TAUBEN AUF UNSEREM DACH!!! DIESE VERDAMMTEN ITAKER!
WAS WOLLNSE MACHEN...? TJA, WIR ZIEHEN NACH JERSEY... NACH UNS DIE SINTFLUT!
PUUH... DAS GANZE HAUS STINKT SCHON NACH KNOBLAUCH!
UNSEREINER KÖNNTE SO WAS GAR NICHT ESSEN, GRACE!
...AHH, PATER O'LEARY... ES MUSS HART FÜR SIE SEIN, DAS VIERTEL NACH SO VIELEN JAHREN ZU VERLASSEN!
JA... IN DER TAT, PATER GIANELLI. ICH WURDE IN DER DROPSIE AVENUE GEBOREN!
ABER JETZT SIND FAST NUR NOCH IHRE LEUTE HIER. UND DIE BRAUCHEN IHREN EIGENEN PRIESTER!

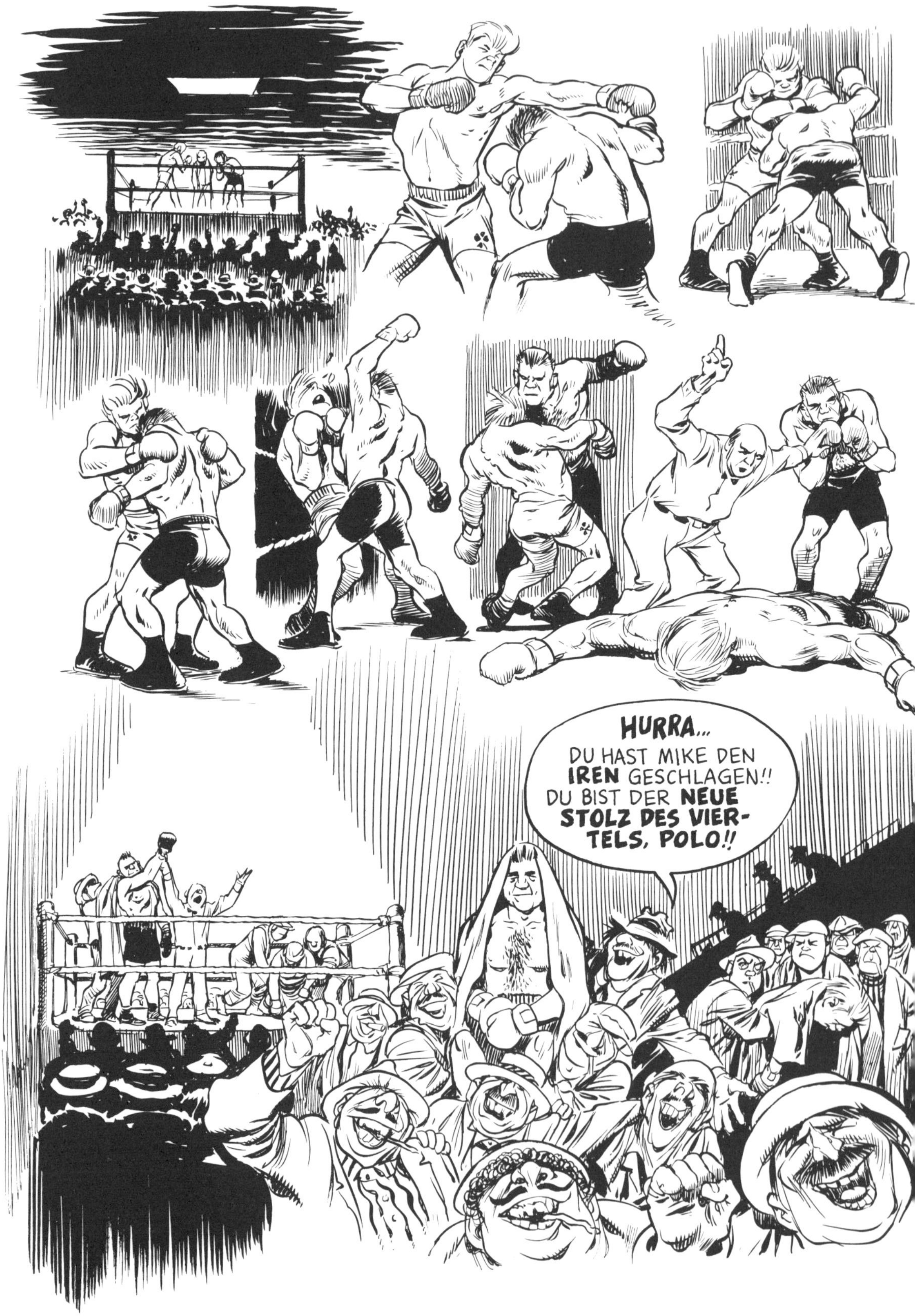
HURRA... DU HAST MIKE DEN IREN GESCHLAGEN!! DU BIST DER NEUE STOLZ DES VIERTELS, POLO!!

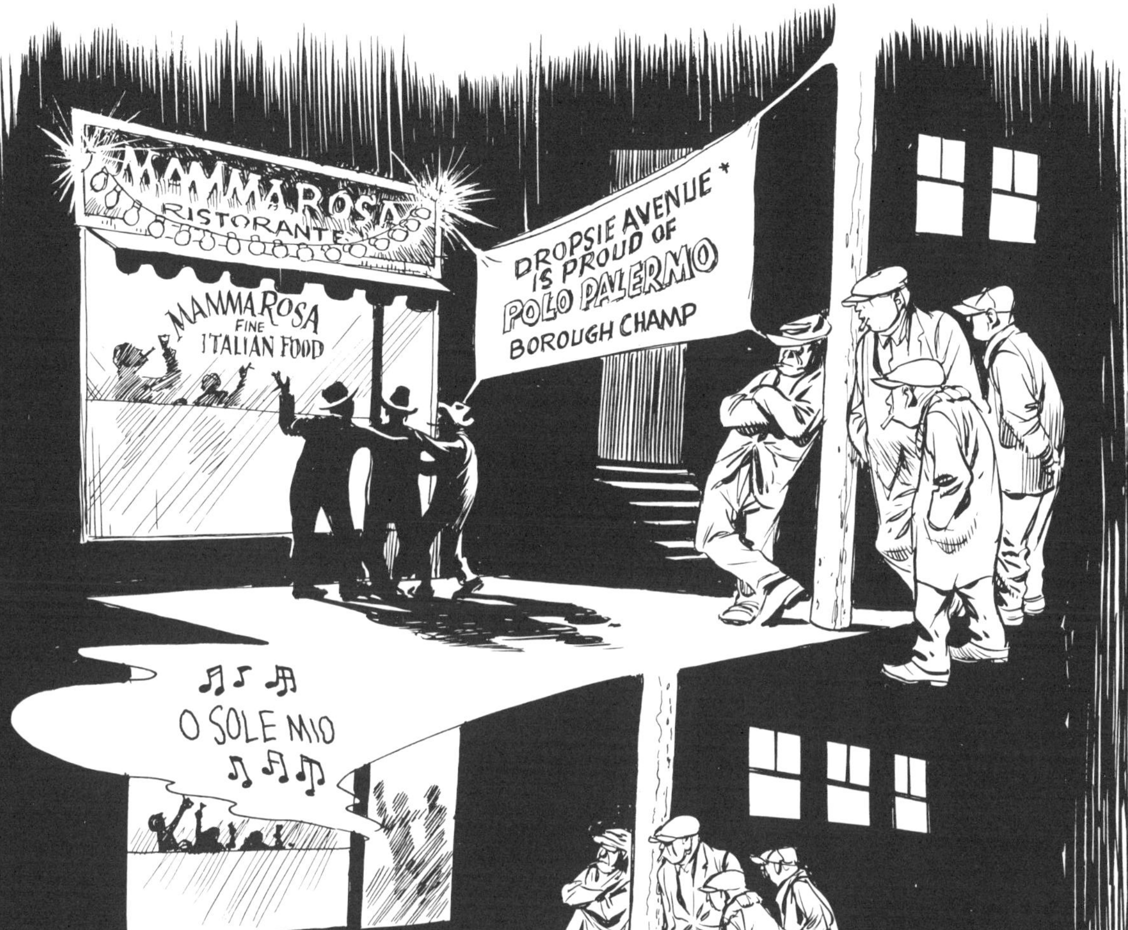

ROPSIE AVENUE IST STOLZ
F POLO PALERMO - BEZIRKSMEISTER

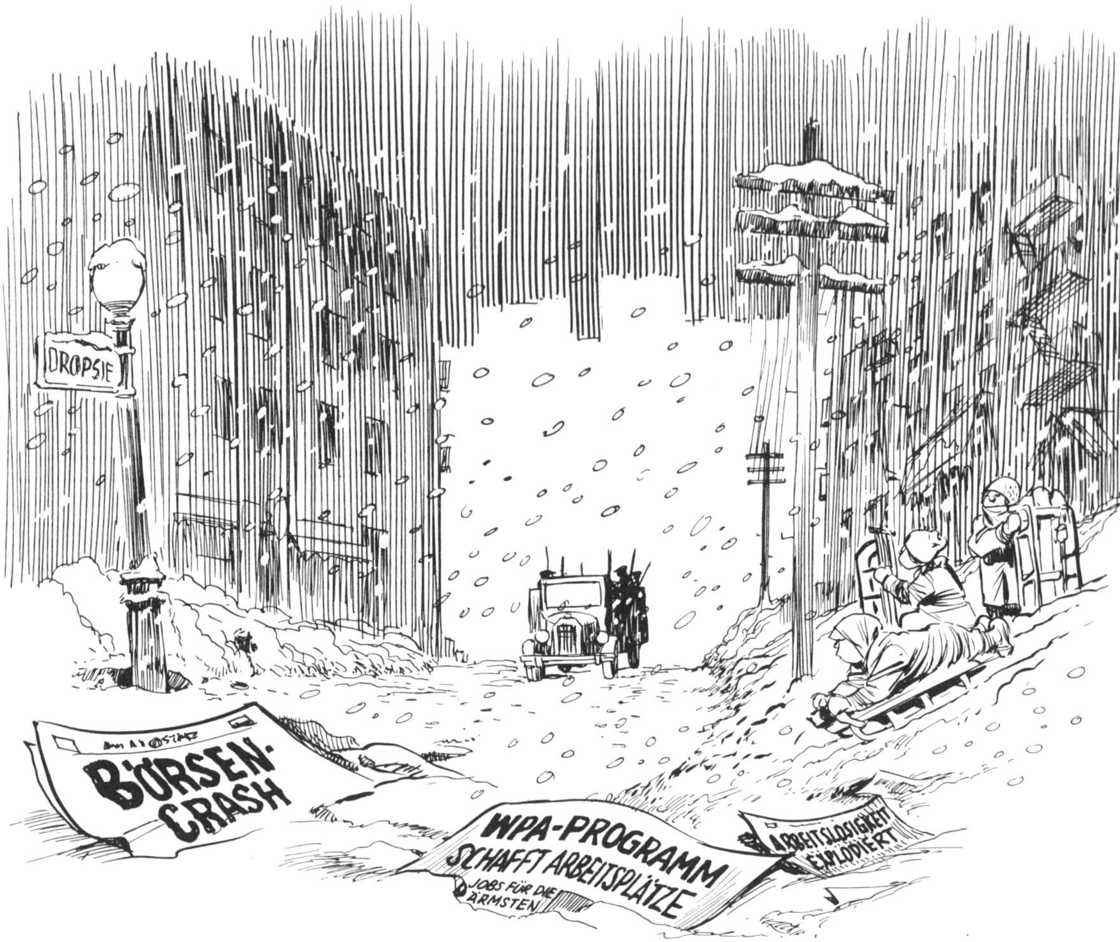
DROPSIE
BÖRSEN-CRASH
WPA-PROGRAMM SCHAFFT ARBEITSPLÄTZE
JOBS FÜR DIE ÄRMSTEN
ARBEITSLOSIGKEIT EXPLODIERT

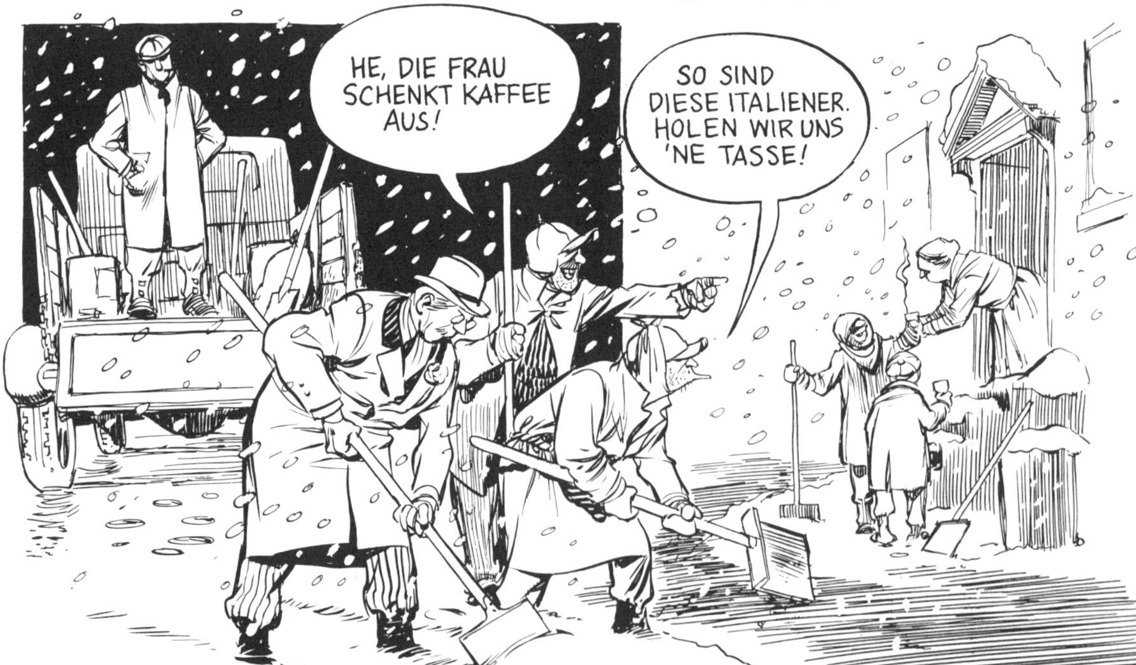
HE, DIE FRAU SCHENKT KAFFEE AUS!
SO SIND DIESE ITALIENER. HOLEN WIR UNS 'NE TASSE!

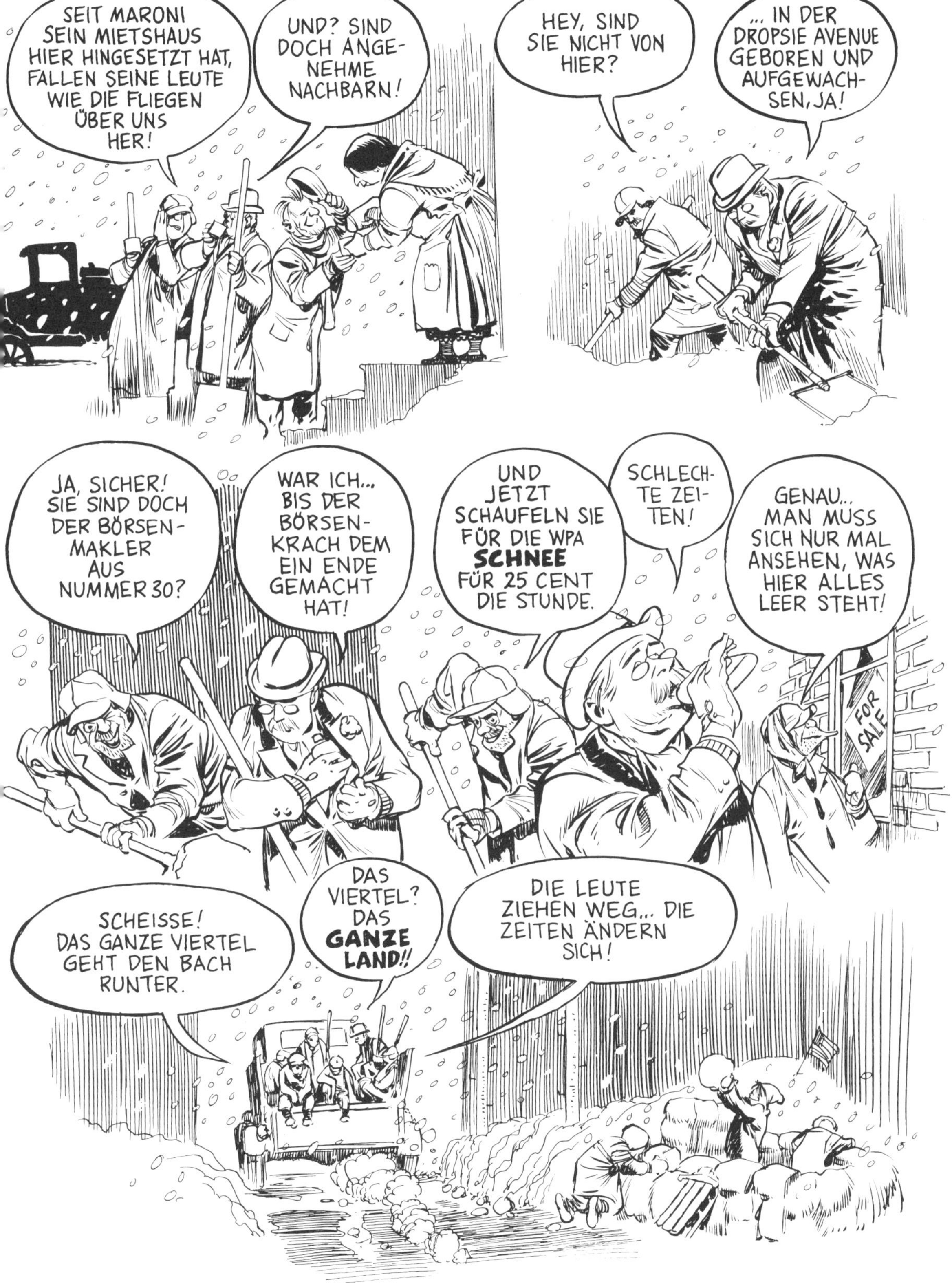
SEIT MARONI SEIN MIETSHAUS HIER HINGESETZT HAT, FALLEN SEINE LEUTE WIE DIE FLIEGEN ÜBER UNS HER!
UND? SIND DOCH ANGENEHME NACHBARN!
HEY, SIND SIE NICHT VON HIER?
... IN DER DROPSIE AVENUE GEBOREN UND AUFGEWACHSEN, JA!
JA, SICHER! SIE SIND DOCH DER BÖRSENMAKLER AUS NUMMER 30?
WAR ICH... BIS DER BÖRSENKRACH DEM EIN ENDE GEMACHT HAT!
UND JETZT SCHAUFELN SIE FÜR DIE WPA SCHNEE FÜR 25 CENT DIE STUNDE.
SCHLECHTE ZEITEN!
GENAU... MAN MUSS SICH NUR MAL ANSEHEN, WAS HIER ALLES LEER STEHT!
FOR SALE
SCHEISSE! DAS GANZE VIERTEL GEHT DEN BACH RUNTER.
DAS VIERTEL? DAS GANZE LAND!!
DIE LEUTE ZIEHEN WEG... DIE ZEITEN ÄNDERN SICH!

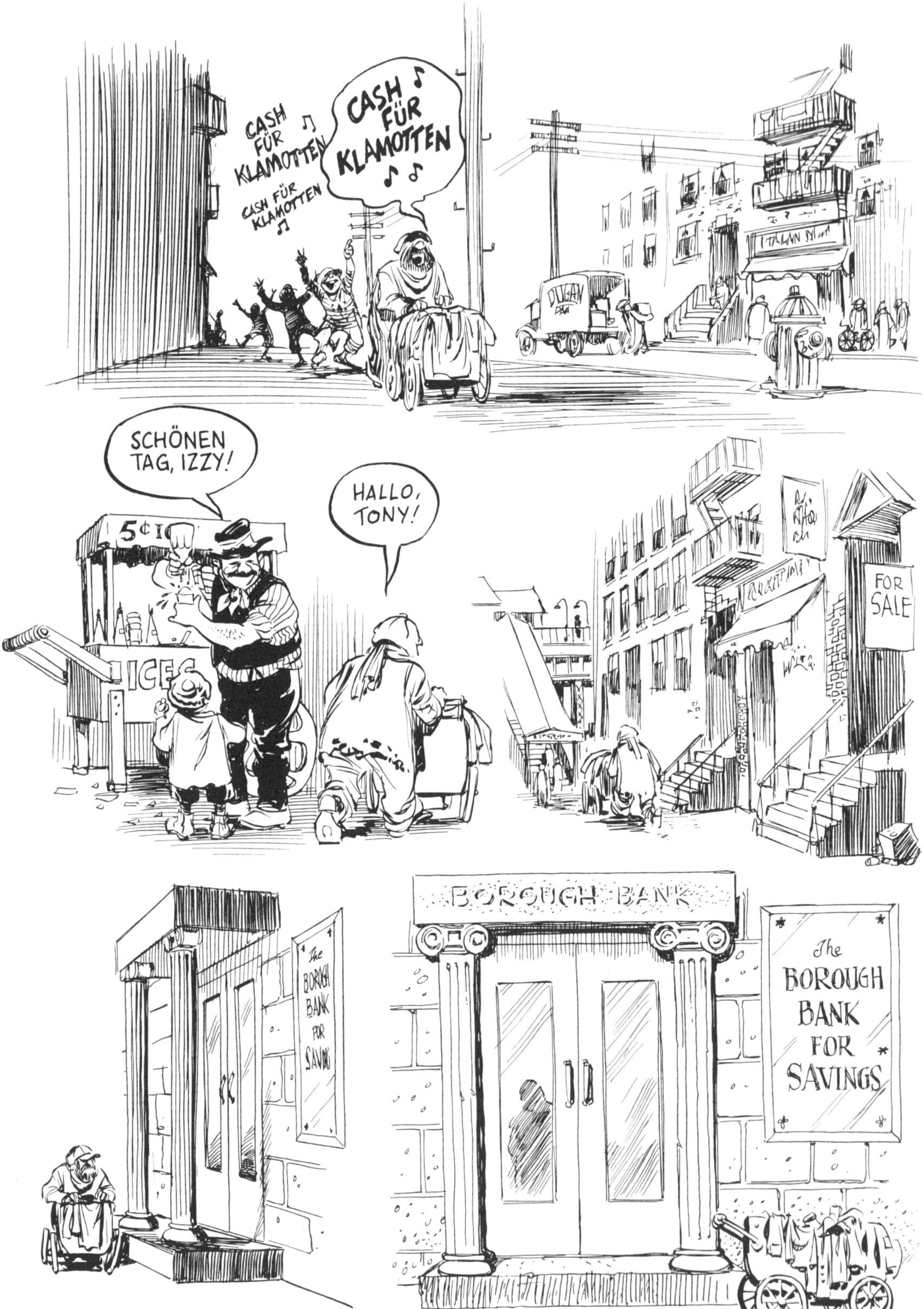

*STÄDTISCHE BANK – SPARGUTHABEN, KREDITE UND HYPOTHEKEN

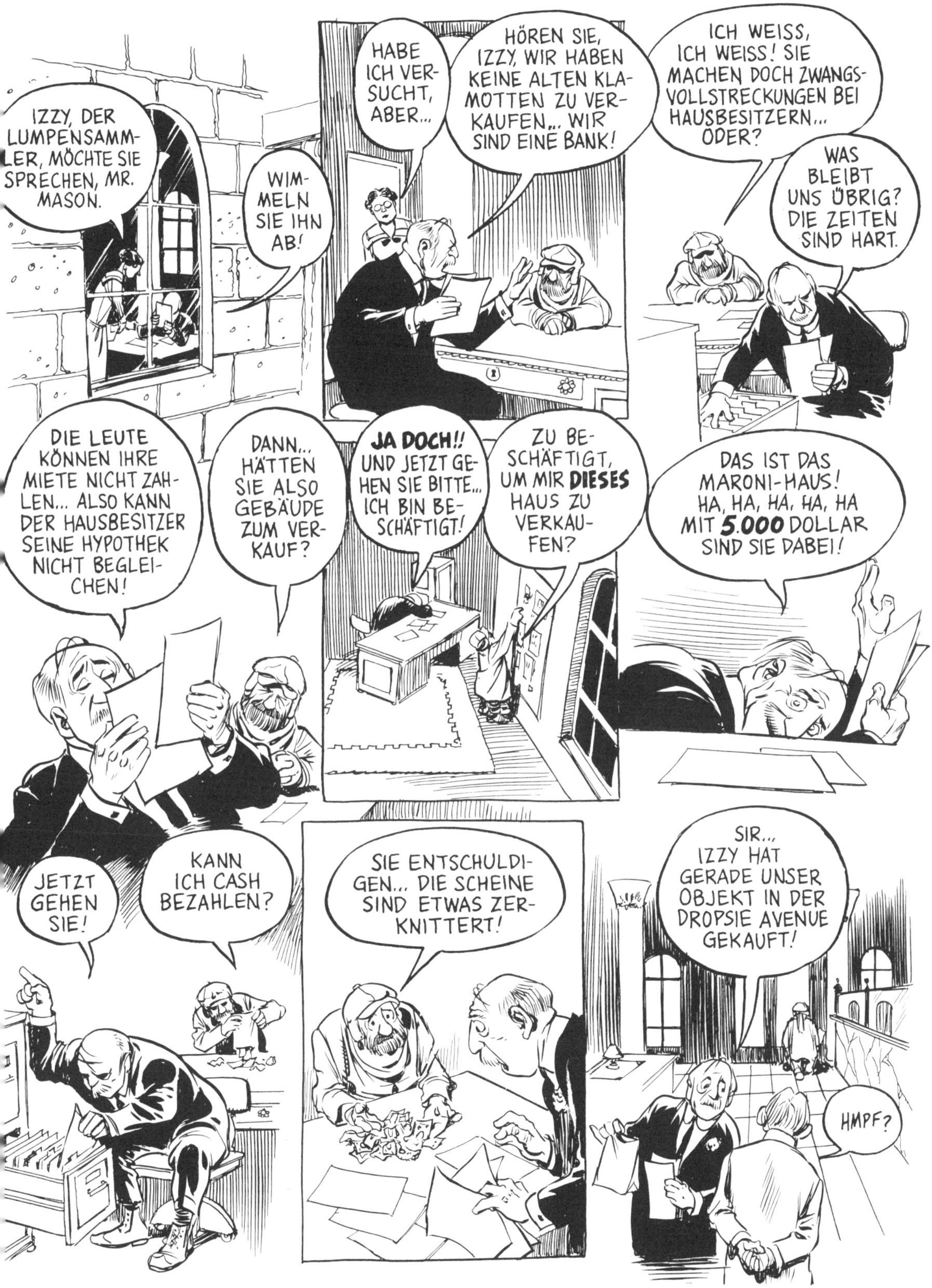
IZZY, DER LUMPENSAMMLER, MÖCHTE SIE SPRECHEN, MR. MASON.
WIMMELN SIE IHN AB!
HABE ICH VERSUCHT, ABER...
HÖREN SIE, IZZY, WIR HABEN KEINE ALTEN KLAMOTTEN ZU VERKAUFEN... WIR SIND EINE BANK!
ICH WEISS, ICH WEISS! SIE MACHEN DOCH ZWANGSVOLLSTRECKUNGEN BEI HAUSBESITZERN... ODER?
WAS BLEIBT UNS ÜBRIG? DIE ZEITEN SIND HART.
DIE LEUTE KÖNNEN IHRE MIETE NICHT ZAHLEN... ALSO KANN DER HAUSBESITZER SEINE HYPOTHEK NICHT BEGLEICHEN!
DANN... HÄTTEN SIE ALSO GEBÄUDE ZUM VERKAUF?
JA DOCH!! UND JETZT GEHEN SIE BITTE... ICH BIN BESCHÄFTIGT!
ZU BESCHÄFTIGT, UM MIR DIESES HAUS ZU VERKAUFEN?
DAS IST DAS MARONI-HAUS! HA, HA, HA, HA, HA MIT 5.000 DOLLAR SIND SIE DABEI!
JETZT GEHEN SIE!
KANN ICH CASH BEZAHLEN?
SIE ENTSCHULDIGEN... DIE SCHEINE SIND ETWAS ZERKNITTERT!
SIR... IZZY HAT GERADE UNSER OBJEKT IN DER DROPSIE AVENUE GEKAUFT!
HMPF?

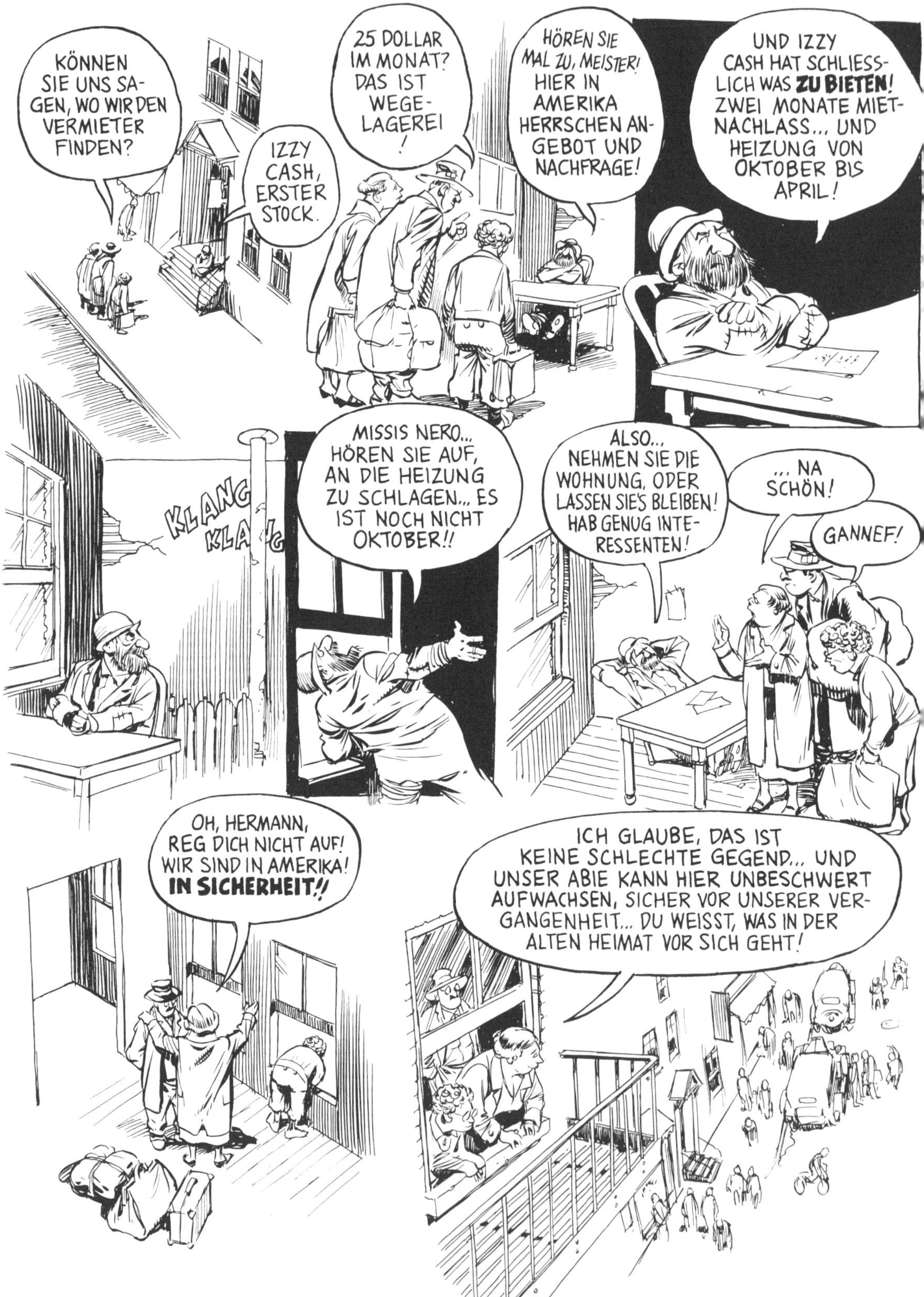
KÖNNEN SIE UNS SAGEN, WO WIR DEN VERMIETER FINDEN?
IZZY CASH, ERSTER STOCK.
25 DOLLAR IM MONAT? DAS IST WEGELAGEREI!
HÖREN SIE MAL ZU, MEISTER! HIER IN AMERIKA HERRSCHEN ANGEBOT UND NACHFRAGE!
UND IZZY CASH HAT SCHLIESSLICH WAS **ZU BIETEN**! ZWEI MONATE MIETNACHLASS... UND HEIZUNG VON OKTOBER BIS APRIL!
KLANG KLANG
MISSIS NERO... HÖREN SIE AUF, AN DIE HEIZUNG ZU SCHLAGEN... ES IST NOCH NICHT OKTOBER!!
ALSO... NEHMEN SIE DIE WOHNUNG, ODER LASSEN SIE'S BLEIBEN! HAB GENUG INTERESSENTEN!
... NA SCHÖN!
GANNEF!
OH, HERMANN, REG DICH NICHT AUF! WIR SIND IN AMERIKA! **IN SICHERHEIT**!!
ICH GLAUBE, DAS IST KEINE SCHLECHTE GEGEND... UND UNSER ABIE KANN HIER UNBESCHWERT AUFWACHSEN, SICHER VOR UNSERER VERGANGENHEIT... DU WEISST, WAS IN DER ALTEN HEIMAT VOR SICH GEHT!

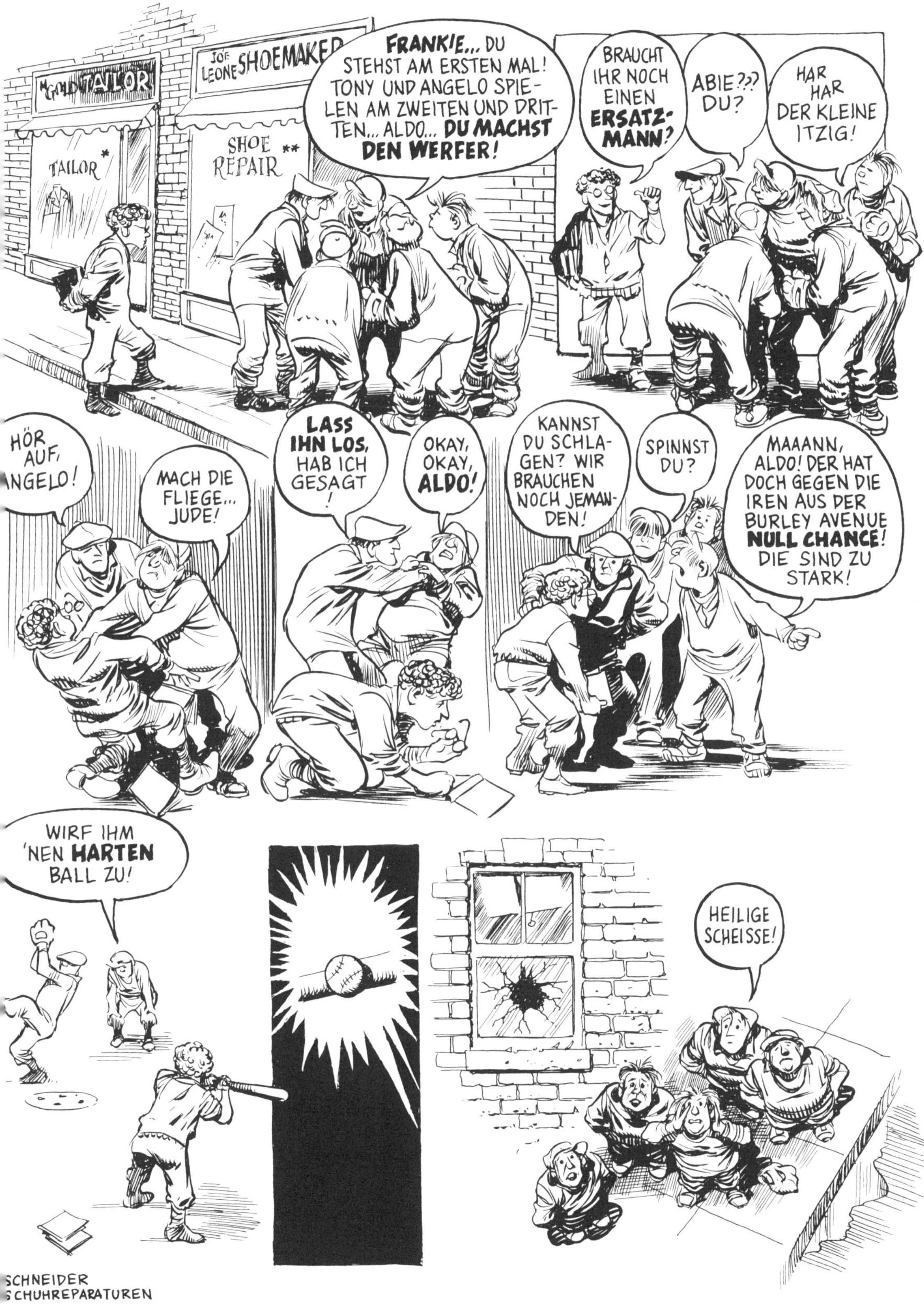

SCHNEIDER
SCHUHREPARATUREN

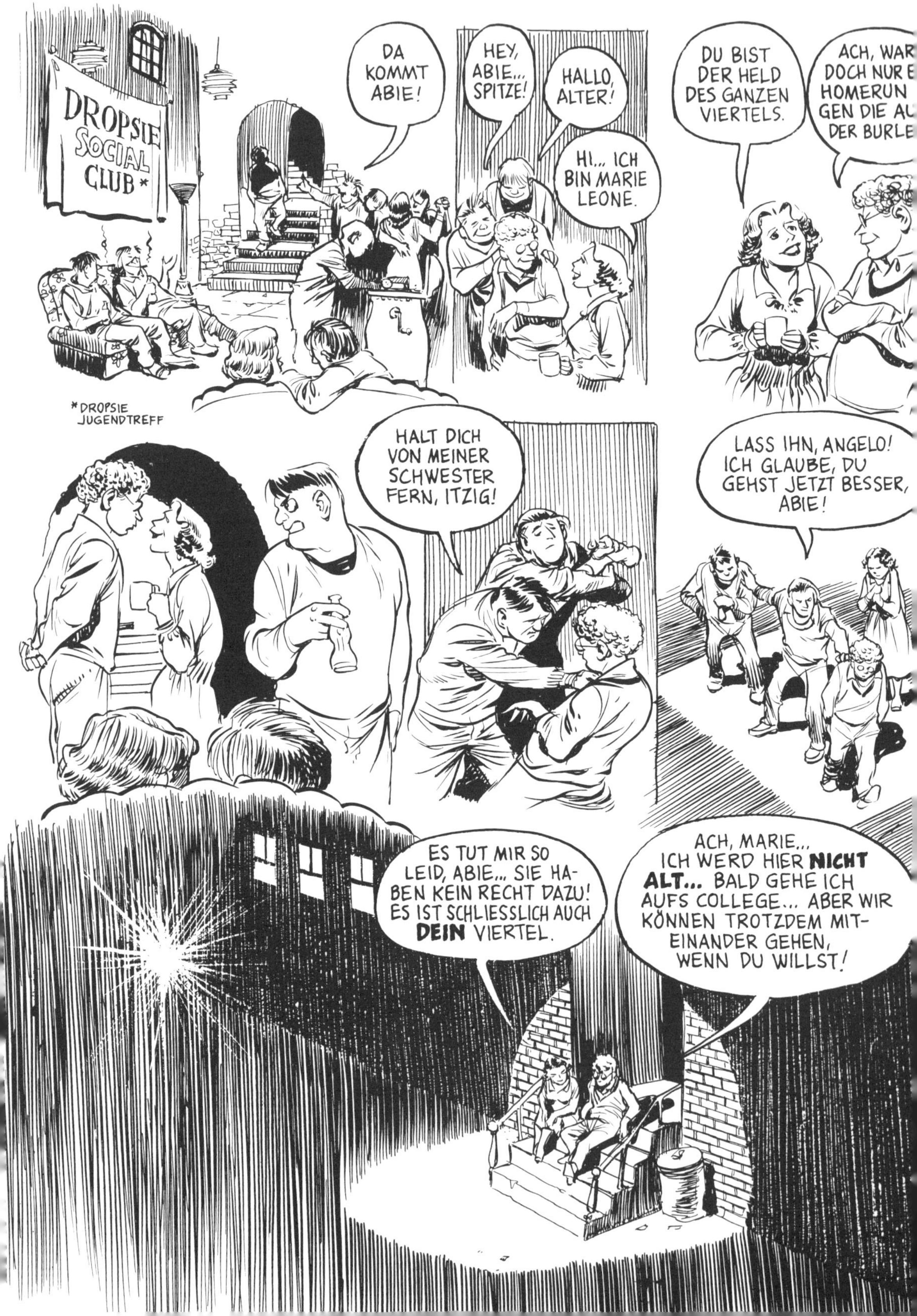
DROPSIE SOCIAL CLUB*
DA KOMMT ABIE!
HEY, ABIE... SPITZE!
HALLO, ALTER!
HI... ICH BIN MARIE LEONE.
DU BIST DER HELD DES GANZEN VIERTELS.
ACH, WAR DOCH NUR E HOMERUN GEN DIE AU DER BURLE
*DROPSIE JUGENDTREFF
HALT DICH VON MEINER SCHWESTER FERN, ITZIG!
LASS IHN, ANGELO! ICH GLAUBE, DU GEHST JETZT BESSER, ABIE!
ES TUT MIR SO LEID, ABIE... SIE HABEN KEIN RECHT DAZU! ES IST SCHLIESSLICH AUCH **DEIN** VIERTEL.
ACH, MARIE... ICH WERD HIER **NICHT ALT...** BALD GEHE ICH AUFS COLLEGE... ABER WIR KÖNNEN TROTZDEM MITEINANDER GEHEN, WENN DU WILLST!

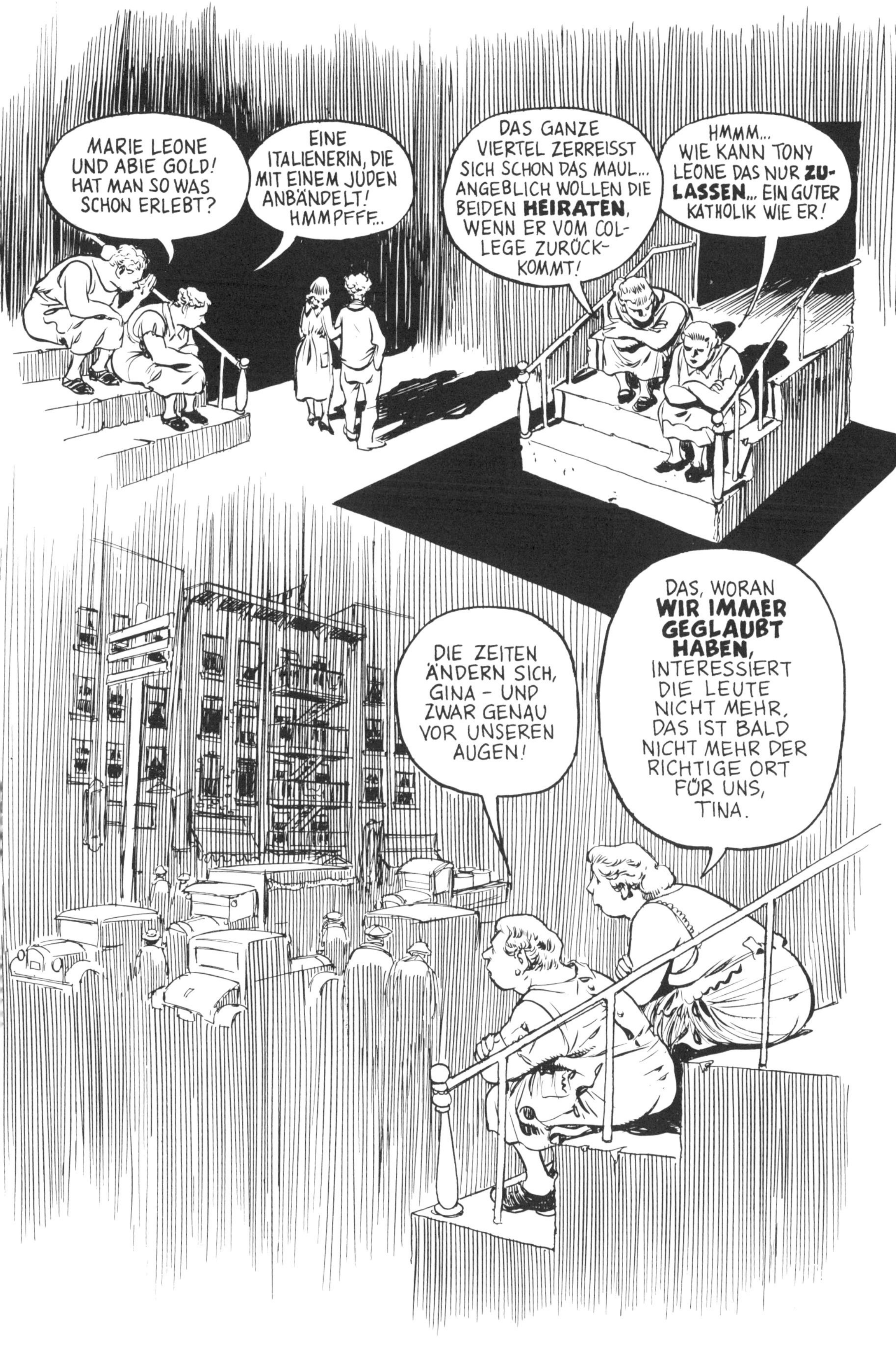
MARIE LEONE UND ABIE GOLD! HAT MAN SO WAS SCHON ERLEBT?
EINE ITALIENERIN, DIE MIT EINEM JUDEN ANBÄNDELT! HMMPFFF...
DAS GANZE VIERTEL ZERREISST SICH SCHON DAS MAUL... ANGEBLICH WOLLEN DIE BEIDEN **HEIRATEN**, WENN ER VOM COLLEGE ZURÜCKKOMMT!
HMMM... WIE KANN TONY LEONE DAS NUR **ZULASSEN**... EIN GUTER KATHOLIK WIE ER!
DIE ZEITEN ÄNDERN SICH, GINA – UND ZWAR GENAU VOR UNSEREN AUGEN!
DAS, WORAN **WIR IMMER GEGLAUBT HABEN**, INTERESSIERT DIE LEUTE NICHT MEHR, DAS IST BALD NICHT MEHR DER RICHTIGE ORT FÜR UNS, TINA.

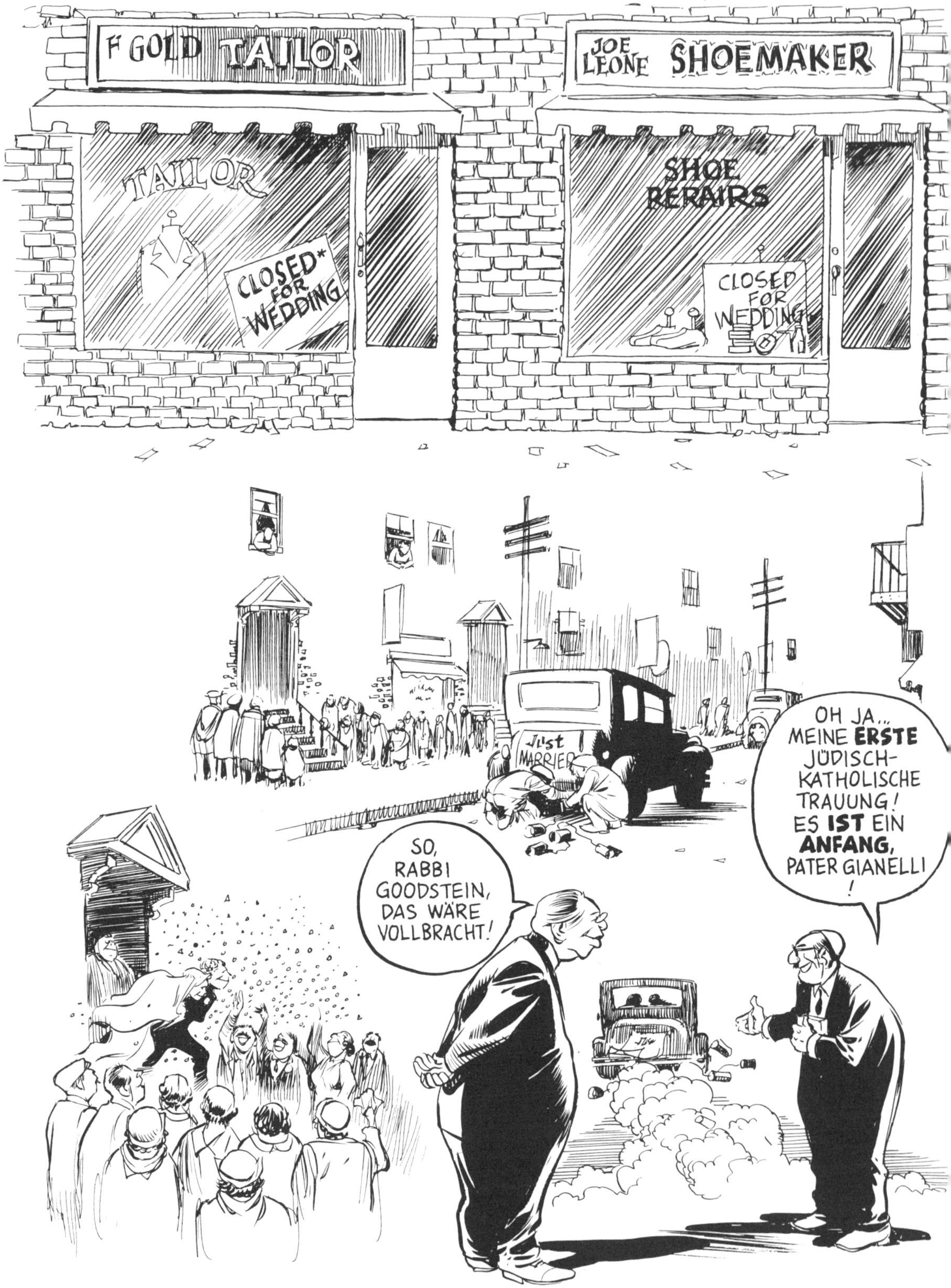
F GOLD TAILOR
JOE LEONE SHOEMAKER
TAILOR
CLOSED* FOR WEDDING
SHOE REPAIRS
CLOSED FOR WEDDING
JUST MARRIED
OH JA... MEINE **ERSTE** JÜDISCH-KATHOLISCHE TRAUUNG! ES **IST** EIN **ANFANG,** PATER GIANELLI!
SO, RABBI GOODSTEIN, DAS WÄRE VOLLBRACHT!
* WEGEN HOCHZEIT GESCHLOSSEN

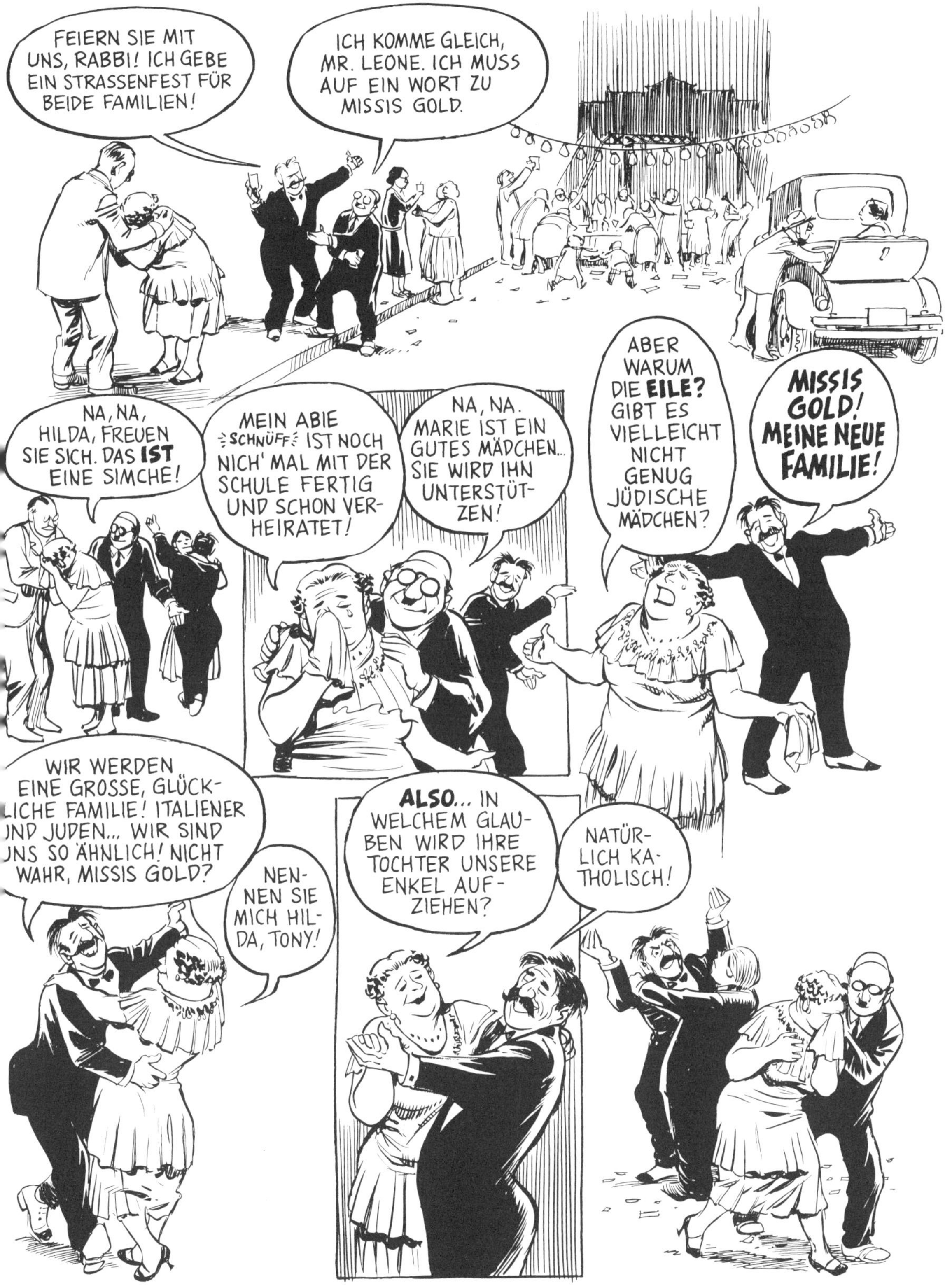
FEIERN SIE MIT UNS, RABBI! ICH GEBE EIN STRASSENFEST FÜR BEIDE FAMILIEN!
ICH KOMME GLEICH, MR. LEONE. ICH MUSS AUF EIN WORT ZU MISSIS GOLD.
NA, NA, HILDA, FREUEN SIE SICH. DAS **IST** EINE SIMCHE!
MEIN ABIE *SCHNÜFF* IST NOCH NICH' MAL MIT DER SCHULE FERTIG UND SCHON VERHEIRATET!
NA, NA. MARIE IST EIN GUTES MÄDCHEN... SIE WIRD IHN UNTERSTÜTZEN!
ABER WARUM DIE **EILE?** GIBT ES VIELLEICHT NICHT GENUG JÜDISCHE MÄDCHEN?
MISSIS GOLD! MEINE NEUE FAMILIE!
WIR WERDEN EINE GROSSE, GLÜCKLICHE FAMILIE! ITALIENER UND JUDEN... WIR SIND UNS SO ÄHNLICH! NICHT WAHR, MISSIS GOLD?
NENNEN SIE MICH HILDA, TONY!
ALSO... IN WELCHEM GLAUBEN WIRD IHRE TOCHTER UNSERE ENKEL AUFZIEHEN?
NATÜRLICH KATHOLISCH!

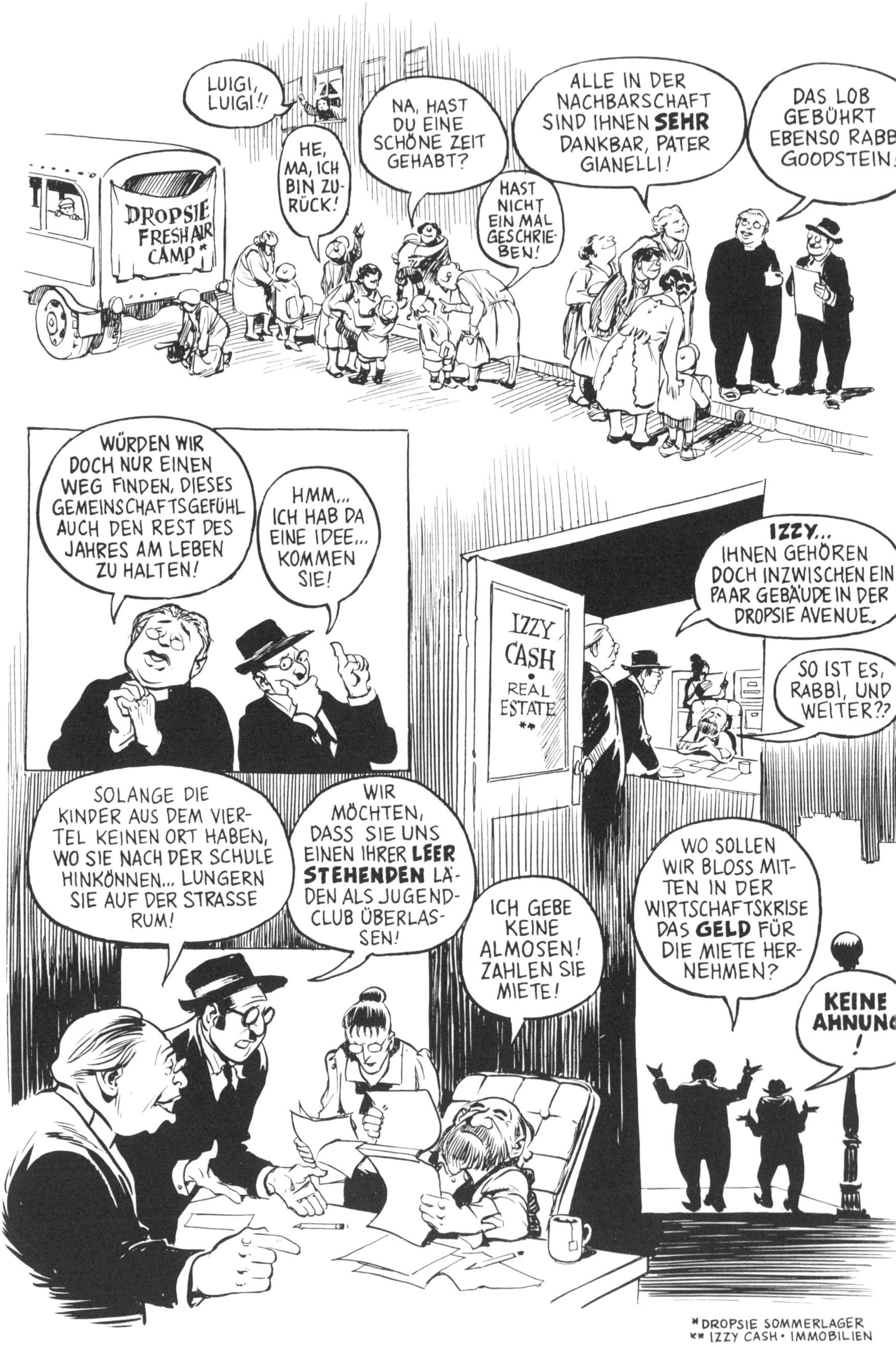

*DROPSIE SOMMERLAGER
** IZZY CASH • IMMOBILIEN

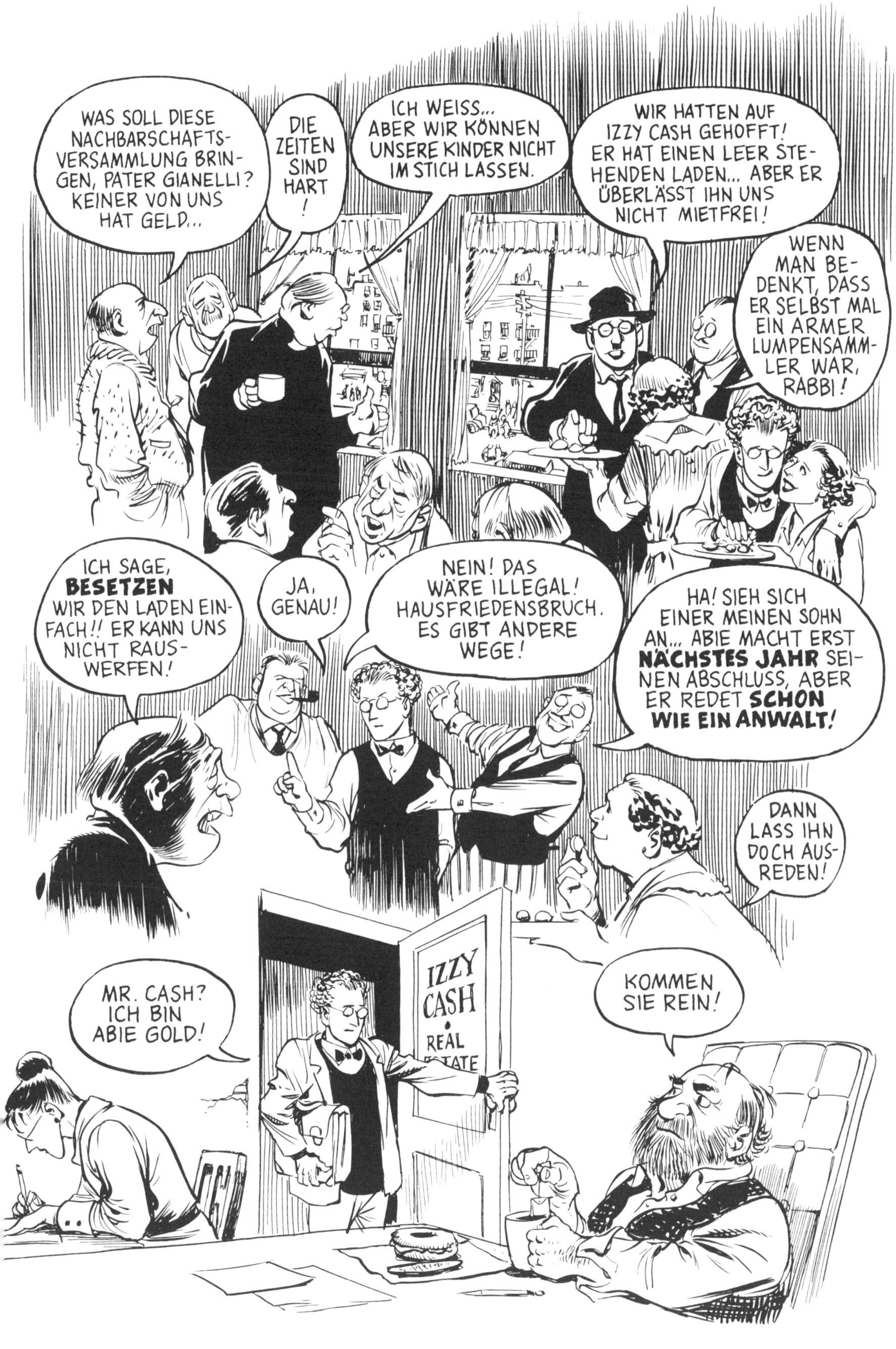
WAS SOLL DIESE NACHBARSCHAFTS-VERSAMMLUNG BRINGEN, PATER GIANELLI? KEINER VON UNS HAT GELD...
DIE ZEITEN SIND HART!
ICH WEISS... ABER WIR KÖNNEN UNSERE KINDER NICHT IM STICH LASSEN.
WIR HATTEN AUF IZZY CASH GEHOFFT! ER HAT EINEN LEER STEHENDEN LADEN... ABER ER ÜBERLÄSST IHN UNS NICHT MIETFREI!
WENN MAN BEDENKT, DASS ER SELBST MAL EIN ARMER LUMPENSAMMLER WAR, RABBI!
ICH SAGE, BESETZEN WIR DEN LADEN EINFACH!! ER KANN UNS NICHT RAUSWERFEN!
JA, GENAU!
NEIN! DAS WÄRE ILLEGAL! HAUSFRIEDENSBRUCH. ES GIBT ANDERE WEGE!
HA! SIEH SICH EINER MEINEN SOHN AN... ABIE MACHT ERST NÄCHSTES JAHR SEINEN ABSCHLUSS, ABER ER REDET SCHON WIE EIN ANWALT!
DANN LASS IHN DOCH AUSREDEN!
MR. CASH? ICH BIN ABIE GOLD!
IZZY CASH • REAL ESTATE
KOMMEN SIE REIN!

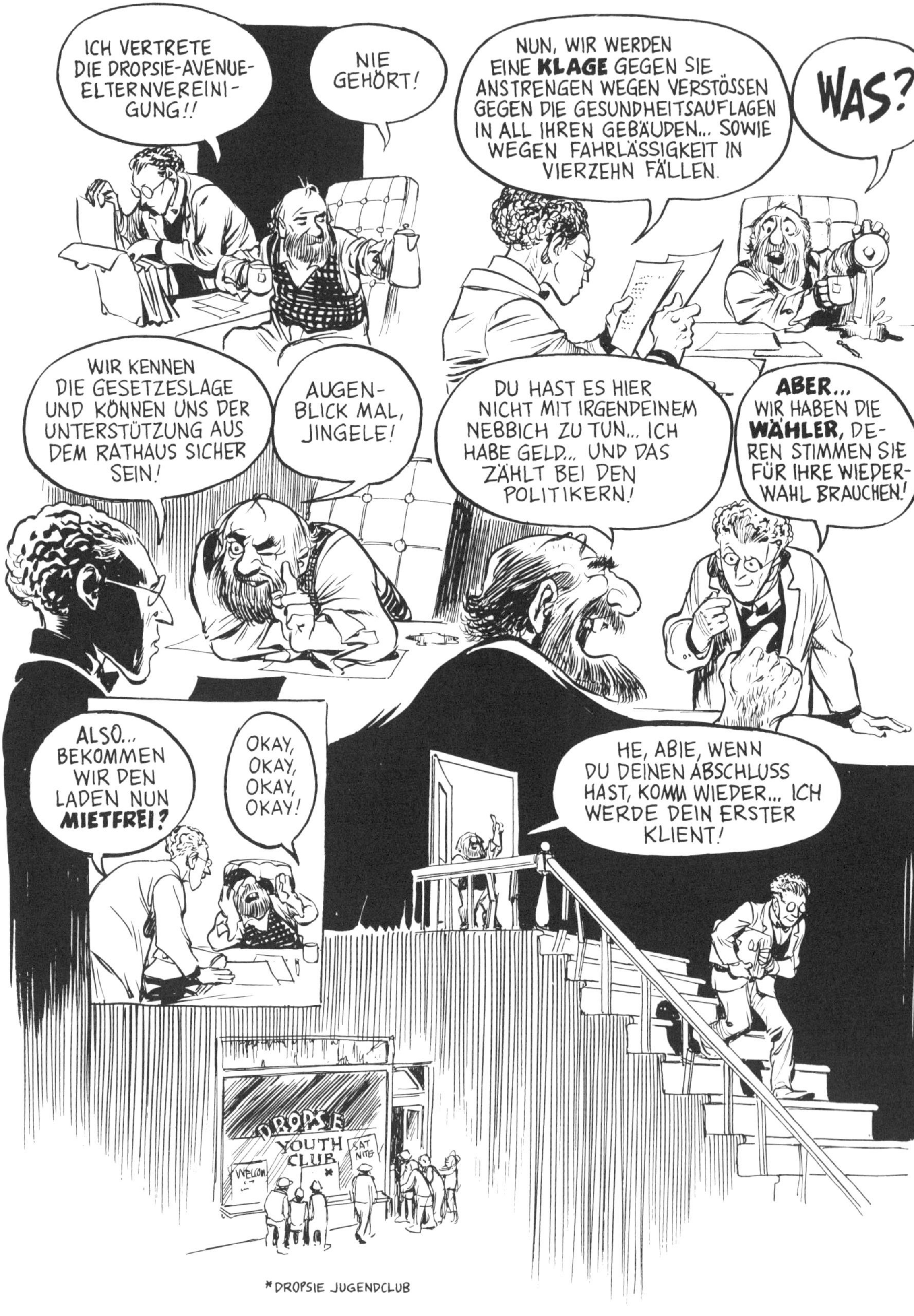

*DROPSIE JUGENDCLUB

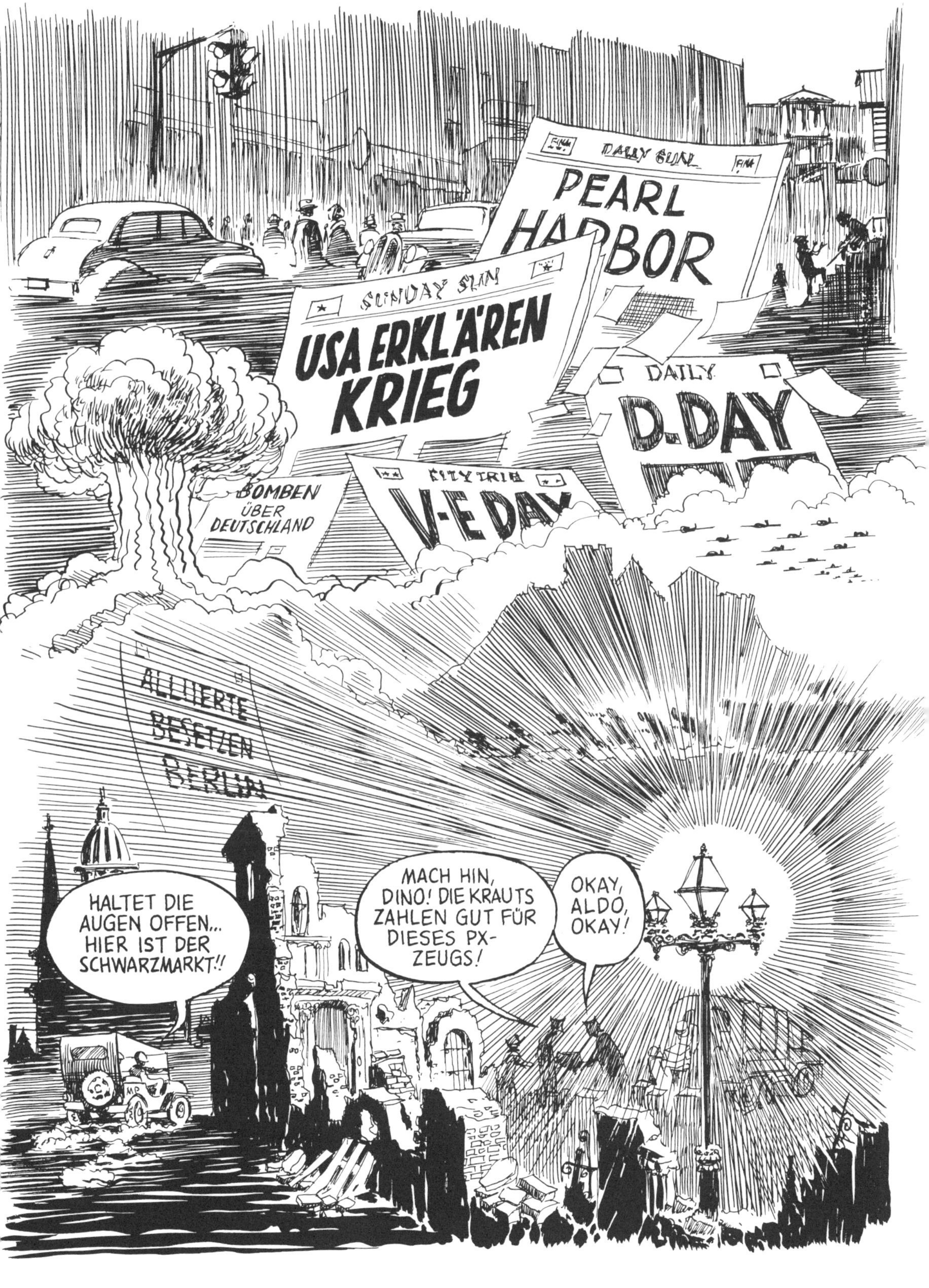
DAILY SUN
PEARL HARBOR
SUNDAY SUN
USA ERKLÄREN KRIEG
DAILY
D-DAY
BOMBEN ÜBER DEUTSCHLAND
V-E DAY
ALLIIERTE BESETZEN BERLIN
HALTET DIE AUGEN OFFEN... HIER IST DER SCHWARZMARKT!!
MACH HIN, DINO! DIE KRAUTS ZAHLEN GUT FÜR DIESES PX-ZEUGS!
OKAY, ALDO, OKAY!

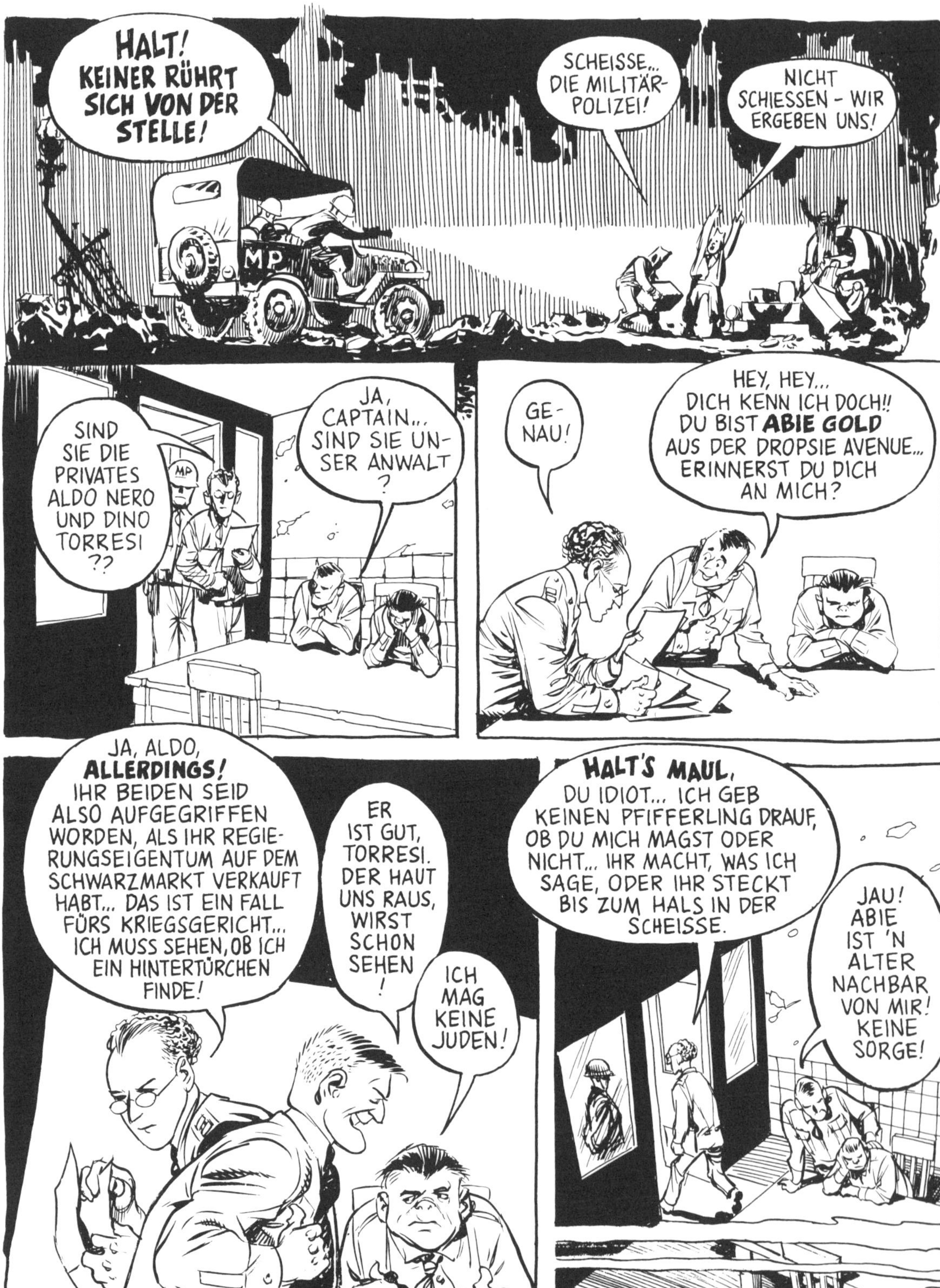
HALT! KEINER RÜHRT SICH VON DER STELLE!
SCHEISSE... DIE MILITÄR-POLIZEI!
NICHT SCHIESSEN – WIR ERGEBEN UNS!
MP
SIND SIE DIE PRIVATES ALDO NERO UND DINO TORRESI??
JA, CAPTAIN... SIND SIE UNSER ANWALT?
GE-NAU!
HEY, HEY... DICH KENN ICH DOCH!! DU BIST ABIE GOLD AUS DER DROPSIE AVENUE... ERINNERST DU DICH AN MICH?
JA, ALDO, ALLERDINGS! IHR BEIDEN SEID ALSO AUFGEGRIFFEN WORDEN, ALS IHR REGIERUNGSEIGENTUM AUF DEM SCHWARZMARKT VERKAUFT HABT... DAS IST EIN FALL FÜRS KRIEGSGERICHT... ICH MUSS SEHEN, OB ICH EIN HINTERTÜRCHEN FINDE!
ER IST GUT, TORRESI. DER HAUT UNS RAUS, WIRST SCHON SEHEN!
ICH MAG KEINE JUDEN!
HALT'S MAUL, DU IDIOT... ICH GEB KEINEN PFIFFERLING DRAUF, OB DU MICH MAGST ODER NICHT... IHR MACHT, WAS ICH SAGE, ODER IHR STECKT BIS ZUM HALS IN DER SCHEISSE.
JAU! ABIE IST 'N ALTER NACHBAR VON MIR! KEINE SORGE!

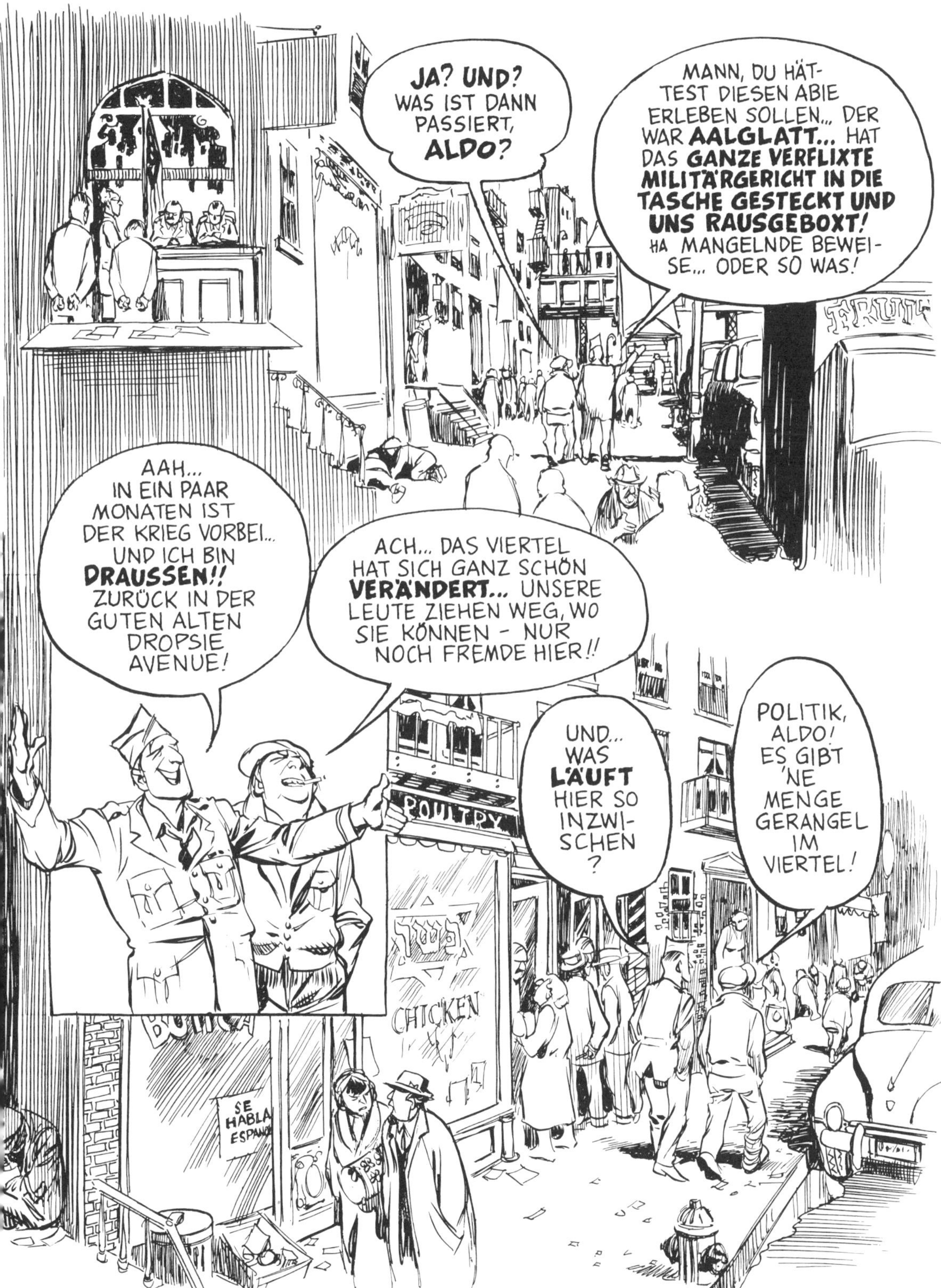
JA? UND? WAS IST DANN PASSIERT, ALDO?
MANN, DU HÄTTEST DIESEN ABIE ERLEBEN SOLLEN... DER WAR AALGLATT... HAT DAS GANZE VERFLIXTE MILITÄRGERICHT IN DIE TASCHE GESTECKT UND UNS RAUSGEBOXT! HA MANGELNDE BEWEISE... ODER SO WAS!
AAH... IN EIN PAAR MONATEN IST DER KRIEG VORBEI... UND ICH BIN DRAUSSEN!! ZURÜCK IN DER GUTEN ALTEN DROPSIE AVENUE!
ACH... DAS VIERTEL HAT SICH GANZ SCHÖN VERÄNDERT... UNSERE LEUTE ZIEHEN WEG, WO SIE KÖNNEN - NUR NOCH FREMDE HIER!!
UND... WAS LÄUFT HIER SO INZWISCHEN?
POLITIK, ALDO! ES GIBT 'NE MENGE GERANGEL IM VIERTEL!
POULTRY
CHICKEN
SE HABLA ESPAN

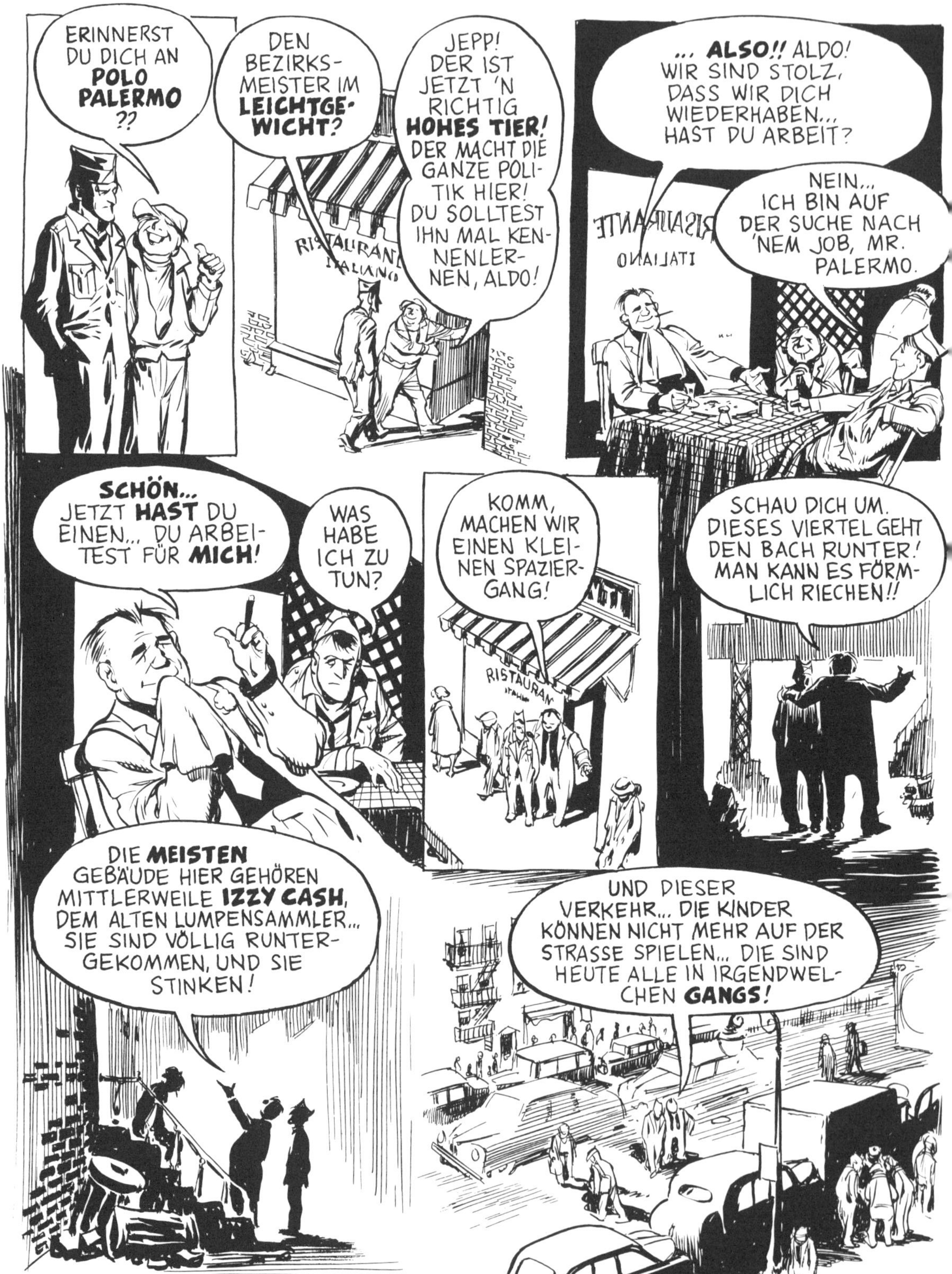
ERINNERST DU DICH AN POLO PALERMO ??
DEN BEZIRKSMEISTER IM LEICHTGEWICHT?
JEPP! DER IST JETZT 'N RICHTIG HOHES TIER! DER MACHT DIE GANZE POLITIK HIER! DU SOLLTEST IHN MAL KENNENLERNEN, ALDO!
RISTAURANTE ITALIANO
... ALSO!! ALDO! WIR SIND STOLZ, DASS WIR DICH WIEDERHABEN... HAST DU ARBEIT?
NEIN... ICH BIN AUF DER SUCHE NACH 'NEM JOB, MR. PALERMO.
SCHÖN... JETZT HAST DU EINEN... DU ARBEITEST FÜR MICH!
WAS HABE ICH ZU TUN?
KOMM, MACHEN WIR EINEN KLEINEN SPAZIERGANG!
SCHAU DICH UM. DIESES VIERTEL GEHT DEN BACH RUNTER! MAN KANN ES FÖRMLICH RIECHEN!!
DIE MEISTEN GEBÄUDE HIER GEHÖREN MITTLERWEILE IZZY CASH, DEM ALTEN LUMPENSAMMLER... SIE SIND VÖLLIG RUNTERGEKOMMEN, UND SIE STINKEN!
UND DIESER VERKEHR... DIE KINDER KÖNNEN NICHT MEHR AUF DER STRASSE SPIELEN... DIE SIND HEUTE ALLE IN IRGENDWELCHEN GANGS!

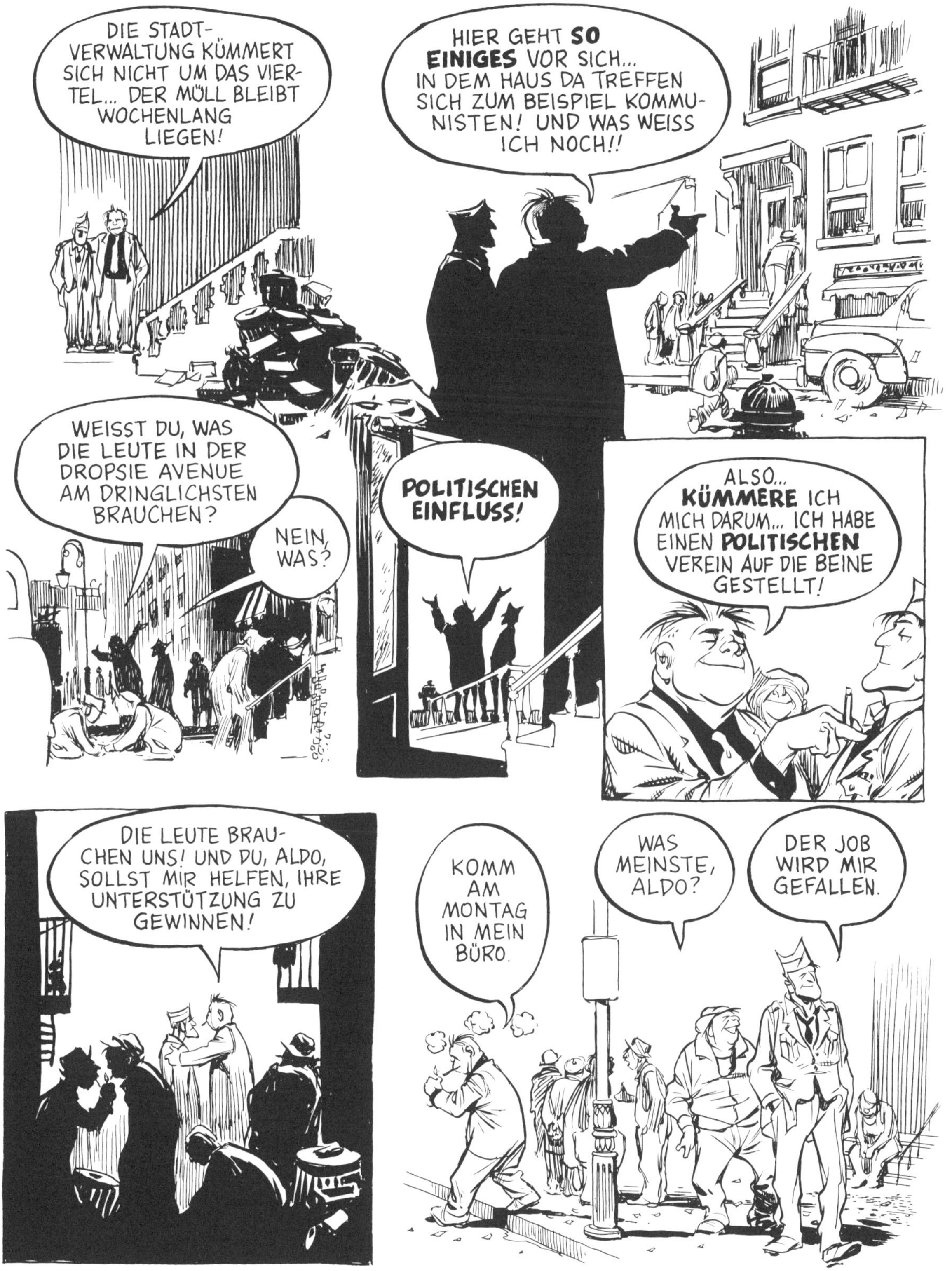
DIE STADT-VERWALTUNG KÜMMERT SICH NICHT UM DAS VIER-TEL... DER MÜLL BLEIBT WOCHENLANG LIEGEN!
HIER GEHT **SO EINIGES** VOR SICH... IN DEM HAUS DA TREFFEN SICH ZUM BEISPIEL KOMMU-NISTEN! UND WAS WEISS ICH NOCH!!
WEISST DU, WAS DIE LEUTE IN DER DROPSIE AVENUE AM DRINGLICHSTEN BRAUCHEN?
NEIN, WAS?
POLITISCHEN EINFLUSS!
ALSO... **KÜMMERE** ICH MICH DARUM... ICH HABE EINEN **POLITISCHEN** VEREIN AUF DIE BEINE GESTELLT!
DIE LEUTE BRAU-CHEN UNS! UND DU, ALDO, SOLLST MIR HELFEN, IHRE UNTERSTÜTZUNG ZU GEWINNEN!
KOMM AM MONTAG IN MEIN BÜRO.
WAS MEINSTE, ALDO?
DER JOB WIRD MIR GEFALLEN.

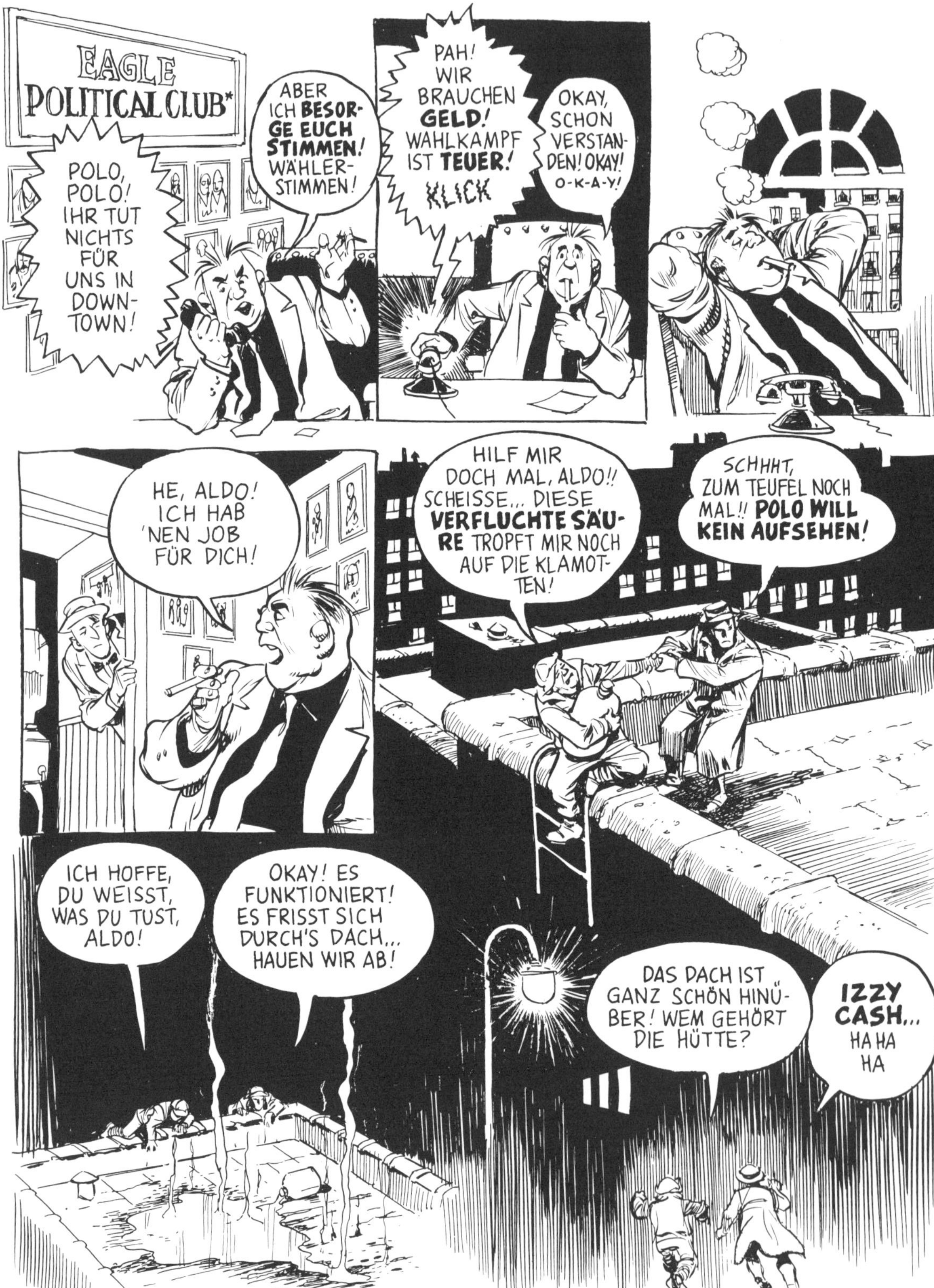

*EAGLE – POLITISCHER VEREIN

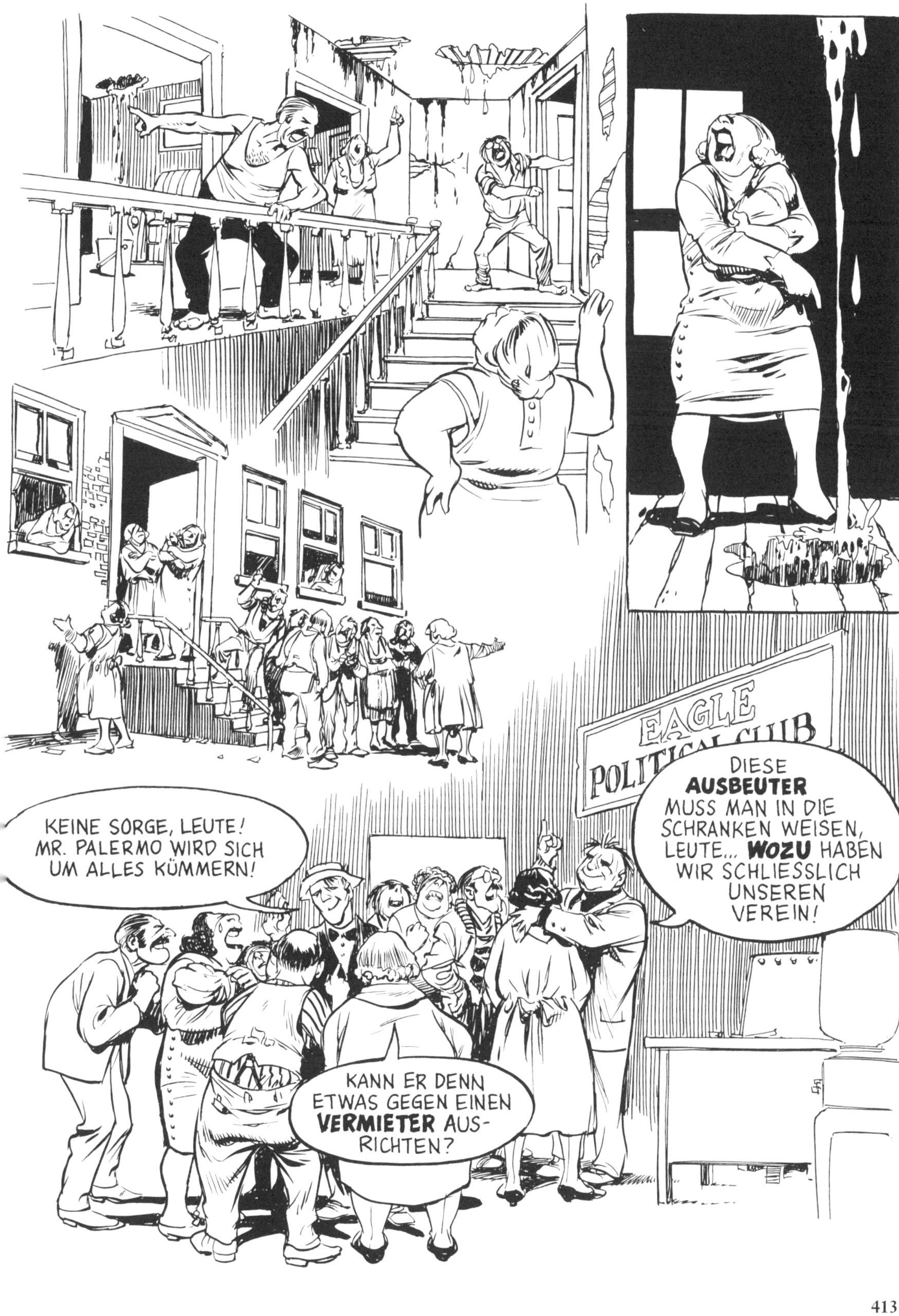
EAGLE
POLITICAL CLUB
KEINE SORGE, LEUTE! MR. PALERMO WIRD SICH UM ALLES KÜMMERN!
DIESE **AUSBEUTER** MUSS MAN IN DIE SCHRANKEN WEISEN, LEUTE... **WOZU** HABEN WIR SCHLIESSLICH UNSEREN VEREIN!
KANN ER DENN ETWAS GEGEN EINEN **VERMIETER** AUS-RICHTEN?

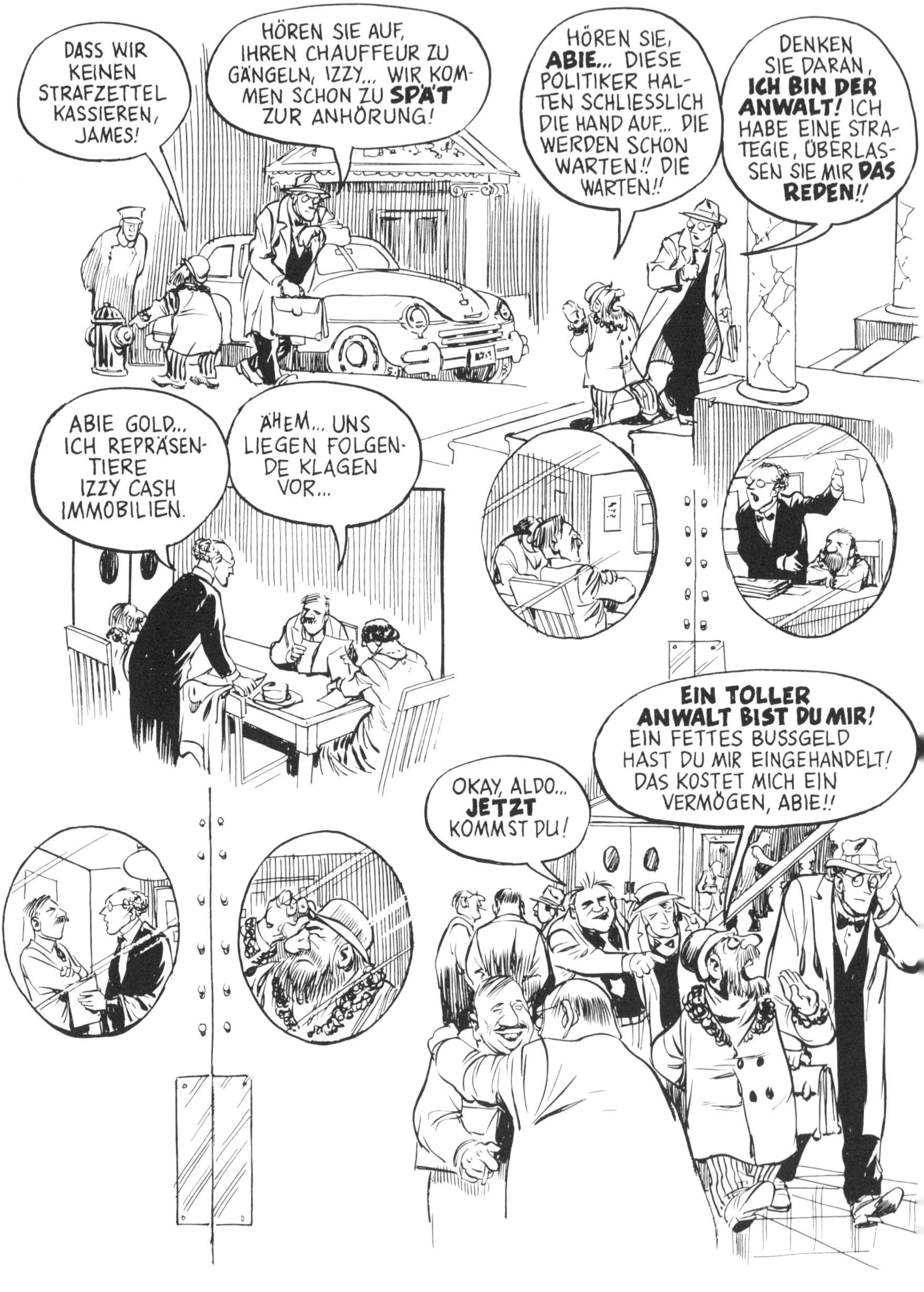
DASS WIR KEINEN STRAFZETTEL KASSIEREN, JAMES!
HÖREN SIE AUF, IHREN CHAUFFEUR ZU GÄNGELN, IZZY... WIR KOMMEN SCHON ZU **SPÄT** ZUR ANHÖRUNG!
HÖREN SIE, **ABIE...** DIESE POLITIKER HALTEN SCHLIESSLICH DIE HAND AUF... DIE WERDEN SCHON WARTEN!! DIE WARTEN!!
DENKEN SIE DARAN, **ICH BIN DER ANWALT!** ICH HABE EINE STRATEGIE, ÜBERLASSEN SIE MIR **DAS REDEN!!**
ABIE GOLD... ICH REPRÄSENTIERE IZZY CASH IMMOBILIEN.
ÄHEM... UNS LIEGEN FOLGENDE KLAGEN VOR...
OKAY, ALDO... **JETZT** KOMMST DU!
EIN TOLLER ANWALT BIST DU MIR! EIN FETTES BUSSGELD HAST DU MIR EINGEHANDELT! DAS KOSTET MICH EIN VERMÖGEN, ABIE!!

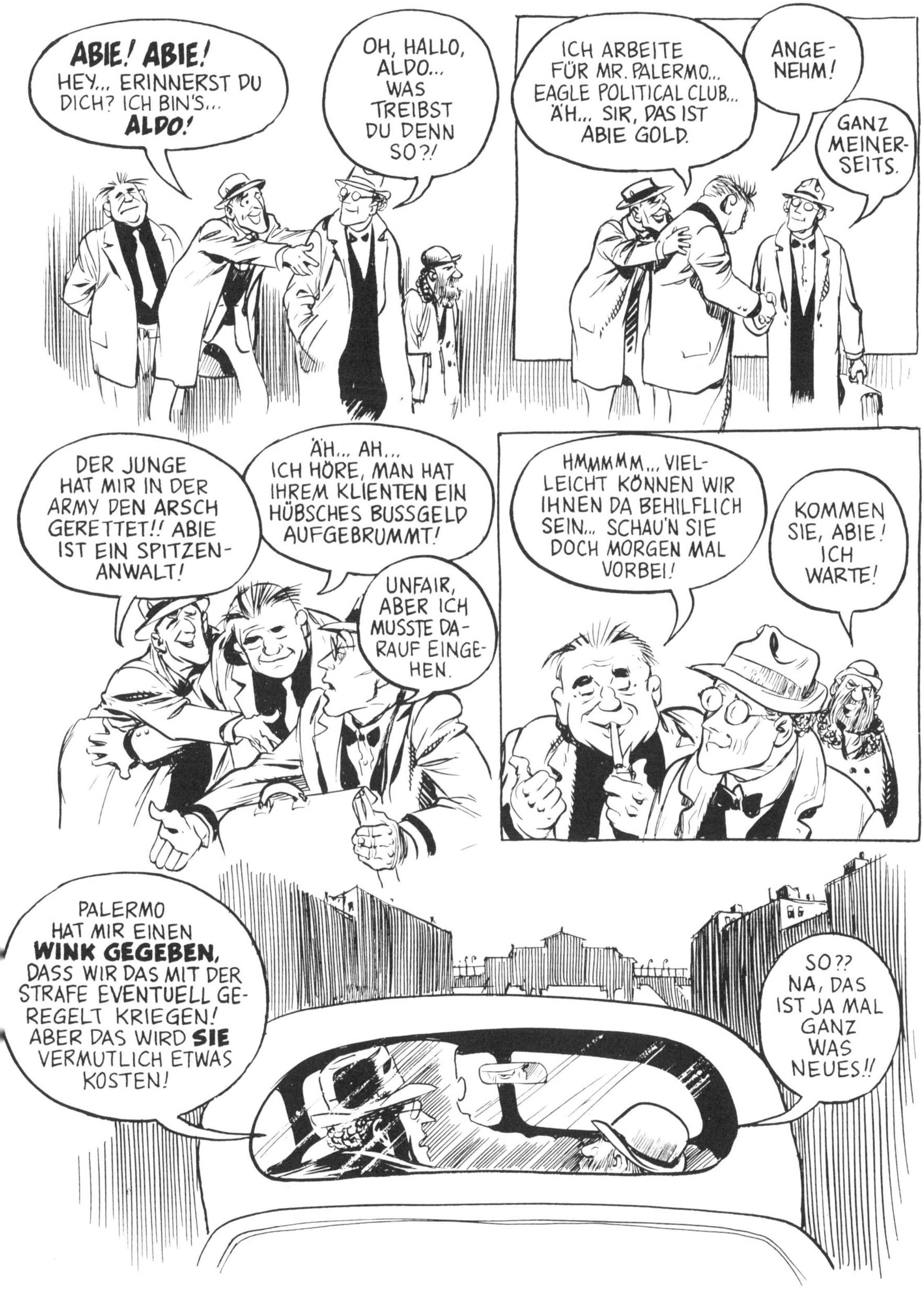
ABIE! ABIE! HEY... ERINNERST DU DICH? ICH BIN'S... ALDO!
OH, HALLO, ALDO... WAS TREIBST DU DENN SO?!
ICH ARBEITE FÜR MR. PALERMO... EAGLE POLITICAL CLUB... ÄH... SIR, DAS IST ABIE GOLD.
ANGE-NEHM!
GANZ MEINER-SEITS.
DER JUNGE HAT MIR IN DER ARMY DEN ARSCH GERETTET!! ABIE IST EIN SPITZEN-ANWALT!
ÄH... AH... ICH HÖRE, MAN HAT IHREM KLIENTEN EIN HÜBSCHES BUSSGELD AUFGEBRUMMT!
UNFAIR, ABER ICH MUSSTE DA-RAUF EINGE-HEN.
HMMMMM... VIEL-LEICHT KÖNNEN WIR IHNEN DA BEHILFLICH SEIN... SCHAU'N SIE DOCH MORGEN MAL VORBEI!
KOMMEN SIE, ABIE! ICH WARTE!
PALERMO HAT MIR EINEN WINK GEGEBEN, DASS WIR DAS MIT DER STRAFE EVENTUELL GE-REGELT KRIEGEN! ABER DAS WIRD SIE VERMUTLICH ETWAS KOSTEN!
SO?? NA, DAS IST JA MAL GANZ WAS NEUES!!

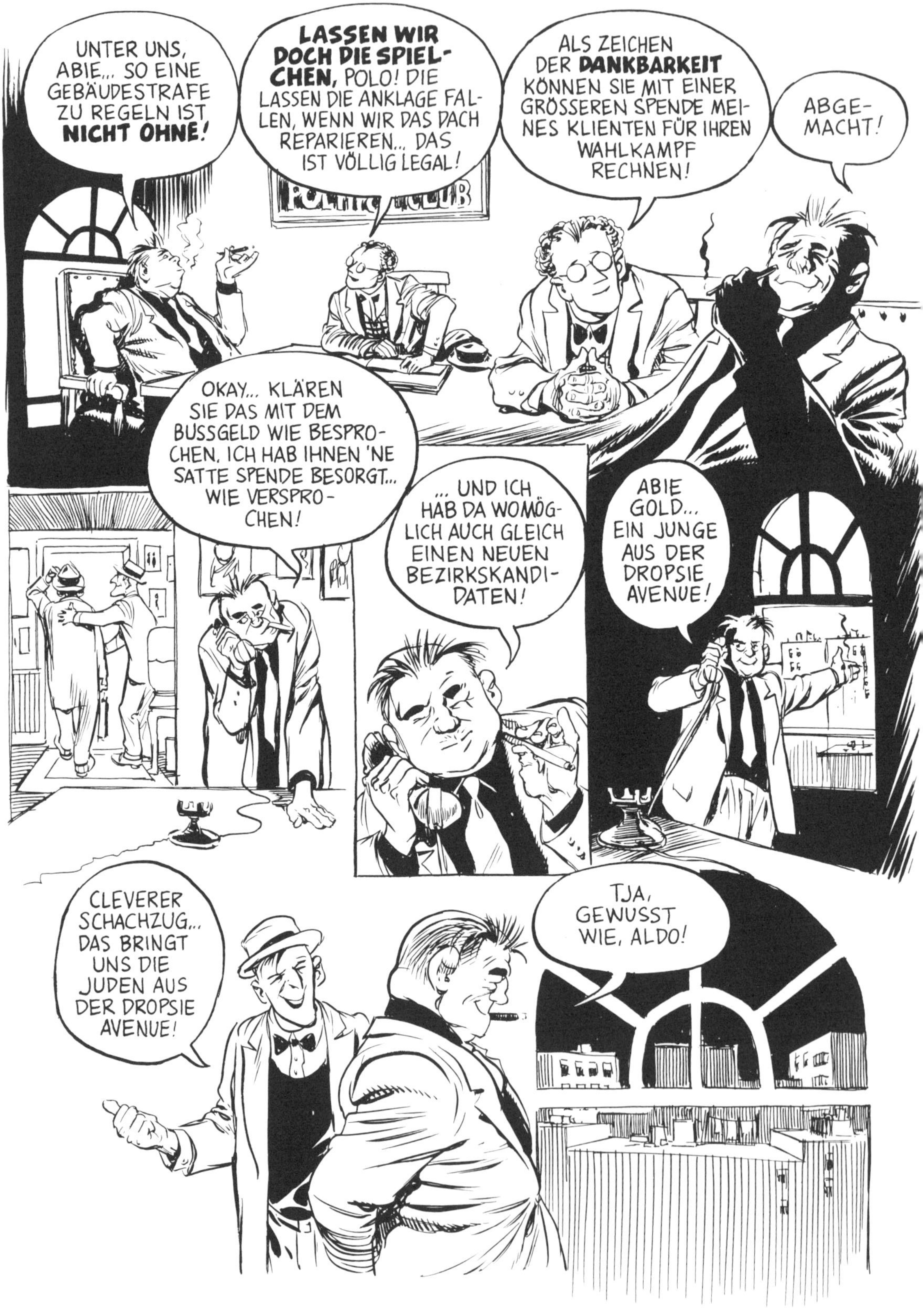
UNTER UNS, ABIE... SO EINE GEBÄUDESTRAFE ZU REGELN IST NICHT OHNE!
LASSEN WIR DOCH DIE SPIELCHEN, POLO! DIE LASSEN DIE ANKLAGE FALLEN, WENN WIR DAS DACH REPARIEREN... DAS IST VÖLLIG LEGAL!
ALS ZEICHEN DER DANKBARKEIT KÖNNEN SIE MIT EINER GRÖSSEREN SPENDE MEINES KLIENTEN FÜR IHREN WAHLKAMPF RECHNEN!
ABGEMACHT!
OKAY... KLÄREN SIE DAS MIT DEM BUSSGELD WIE BESPROCHEN. ICH HAB IHNEN 'NE SATTE SPENDE BESORGT... WIE VERSPROCHEN!
... UND ICH HAB DA WOMÖGLICH AUCH GLEICH EINEN NEUEN BEZIRKSKANDIDATEN!
ABIE GOLD... EIN JUNGE AUS DER DROPSIE AVENUE!
CLEVERER SCHACHZUG... DAS BRINGT UNS DIE JUDEN AUS DER DROPSIE AVENUE!
TJA, GEWUSST WIE, ALDO!

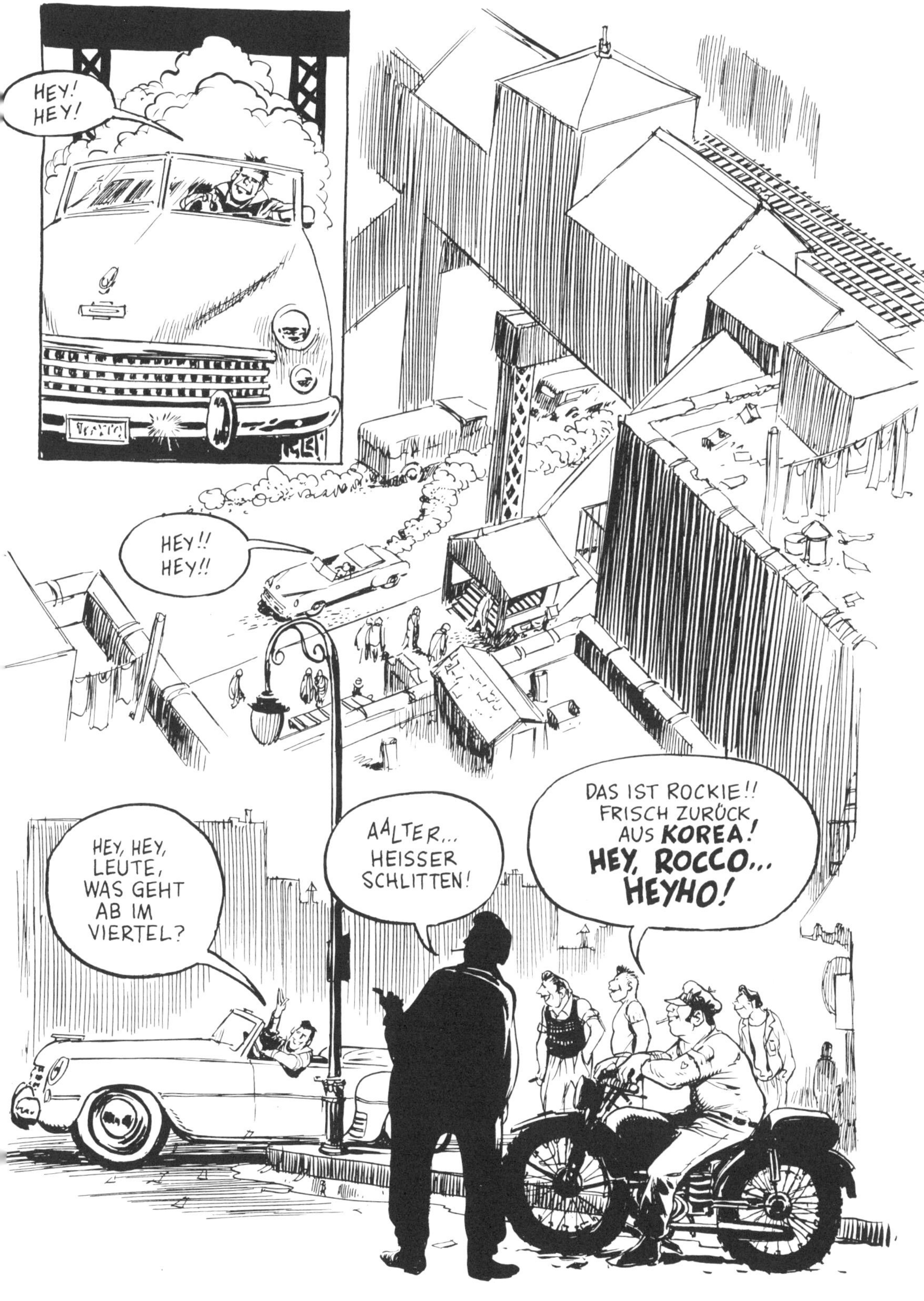
HEY! HEY!
HEY!! HEY!!
HEY, HEY, LEUTE, WAS GEHT AB IM VIERTEL?
AALTER... HEISSER SCHLITTEN!
DAS IST ROCKIE!! FRISCH ZURÜCK AUS **KOREA**! **HEY, ROCCO... HEYHO!**

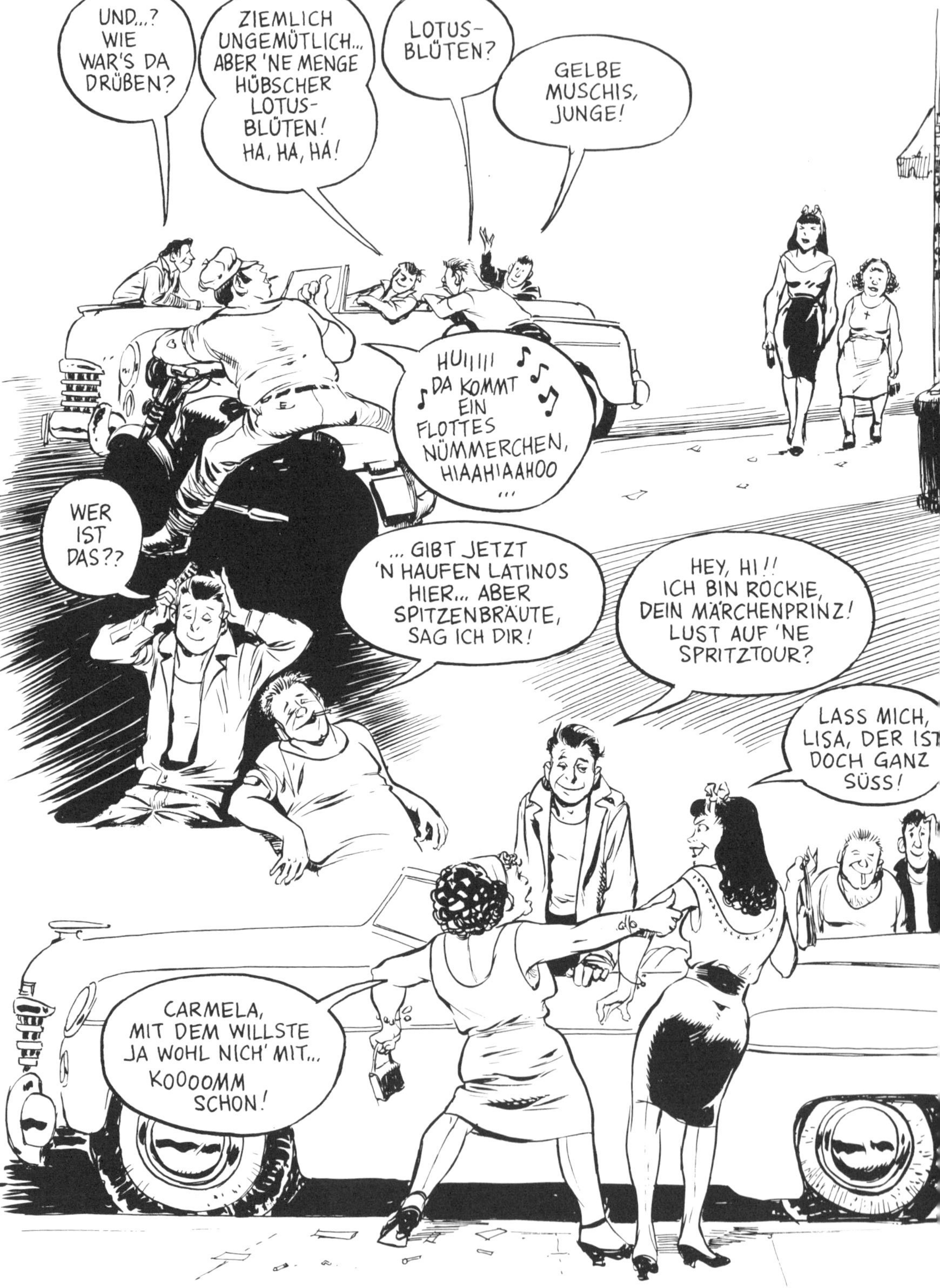
UND...? WIE WAR'S DA DRÜBEN?
ZIEMLICH UNGEMÜTLICH... ABER 'NE MENGE HÜBSCHER LOTUS-BLÜTEN! HA, HA, HA!
LOTUS-BLÜTEN?
GELBE MUSCHIS, JUNGE!
HUI!!!! DA KOMMT EIN FLOTTES NÜMMERCHEN, HIAAHIAAHOO ...
WER IST DAS??
... GIBT JETZT 'N HAUFEN LATINOS HIER... ABER SPITZENBRÄUTE, SAG ICH DIR!
HEY, HI!! ICH BIN ROCKIE, DEIN MÄRCHENPRINZ! LUST AUF 'NE SPRITZTOUR?
LASS MICH, LISA, DER IST DOCH GANZ SÜSS!
CARMELA, MIT DEM WILLSTE JA WOHL NICH' MIT... KOOOOMM SCHON!

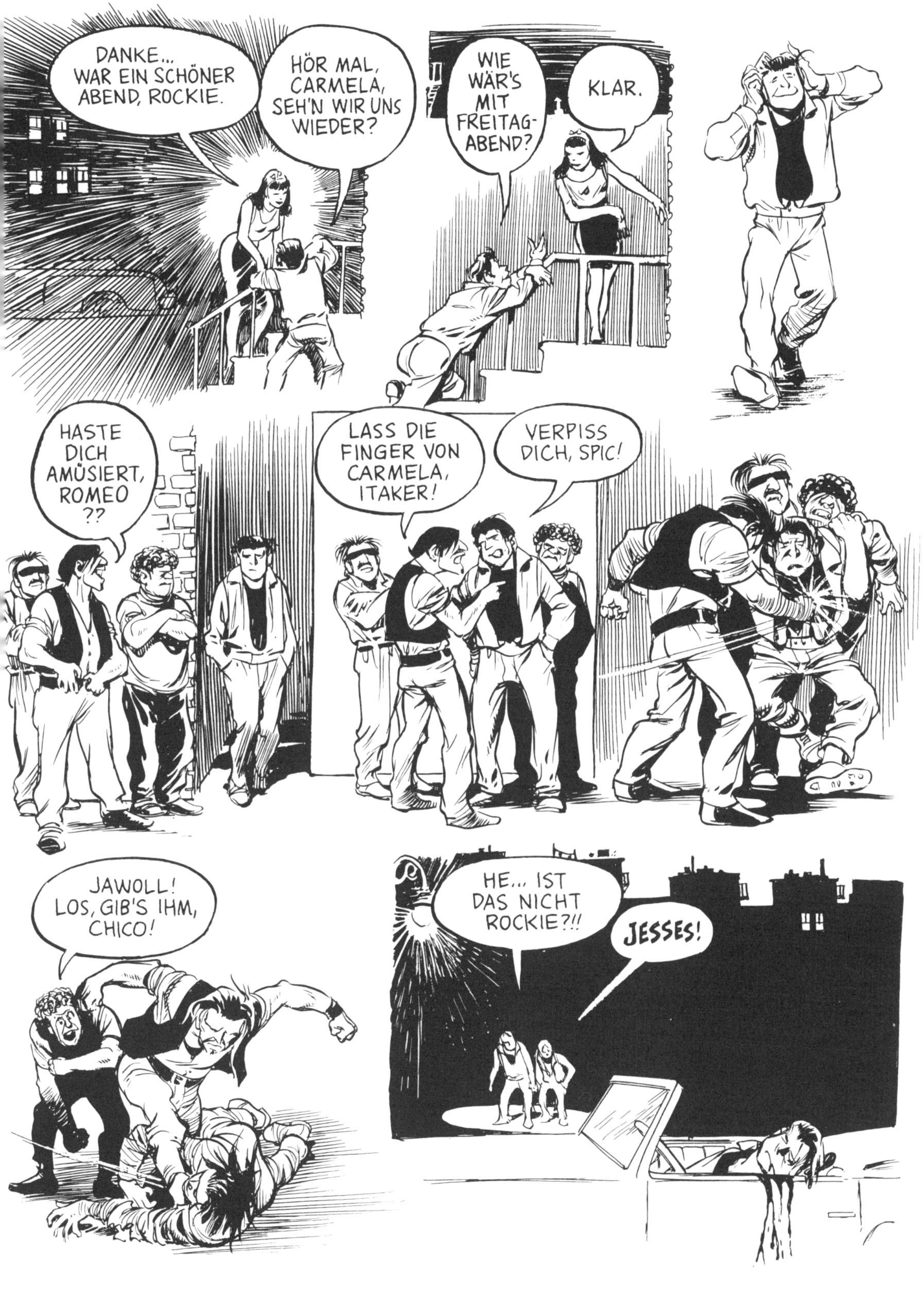
DANKE... WAR EIN SCHÖNER ABEND, ROCKIE.
HÖR MAL, CARMELA, SEH'N WIR UNS WIEDER?
WIE WÄR'S MIT FREITAG-ABEND?
KLAR.
HASTE DICH AMÜSIERT, ROMEO ??
LASS DIE FINGER VON CARMELA, ITAKER!
VERPISS DICH, SPIC!
JAWOLL! LOS, GIB'S IHM, CHICO!
HE... IST DAS NICHT ROCKIE?!!
JESSES!

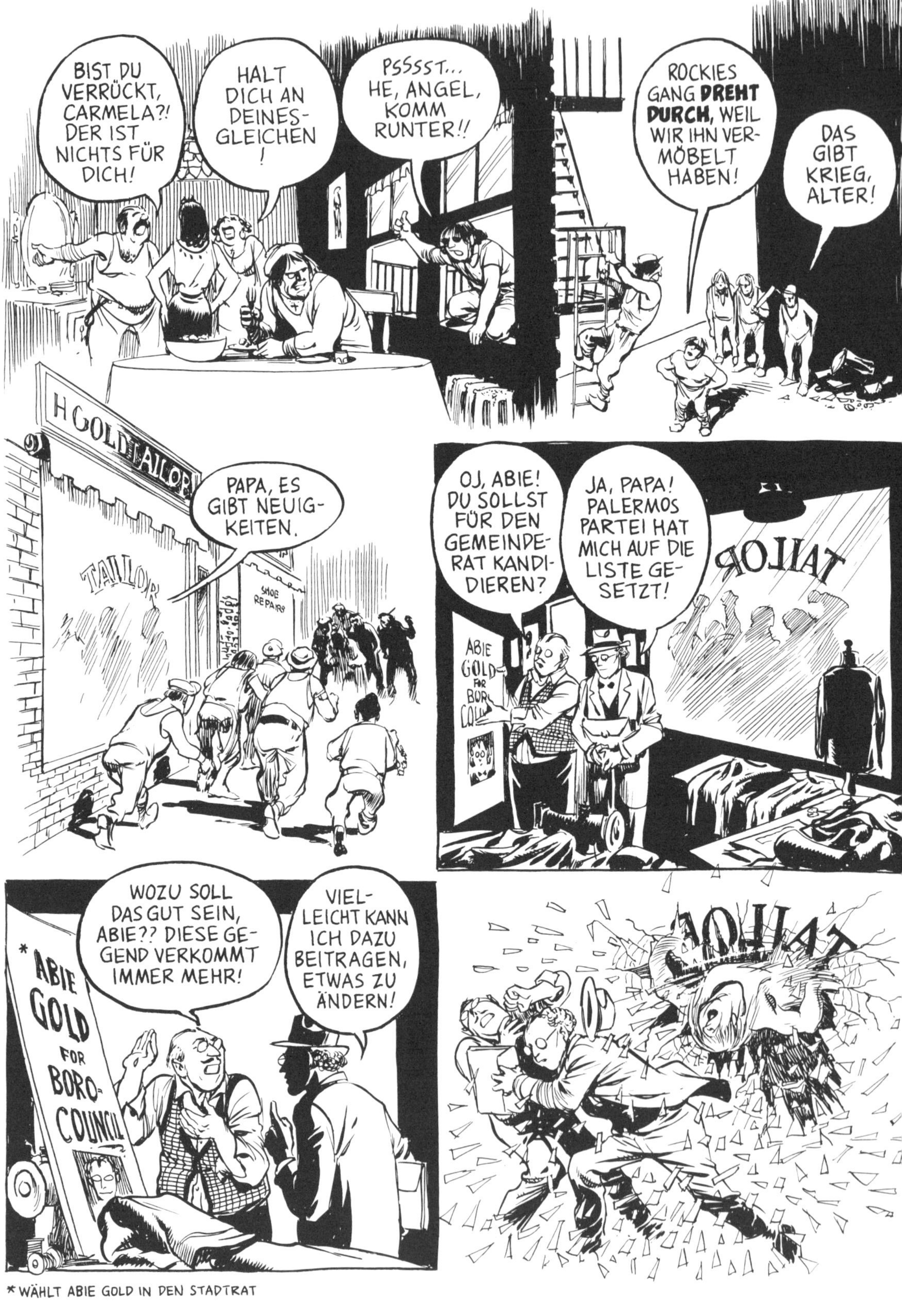

* WÄHLT ABIE GOLD IN DEN STADTRAT

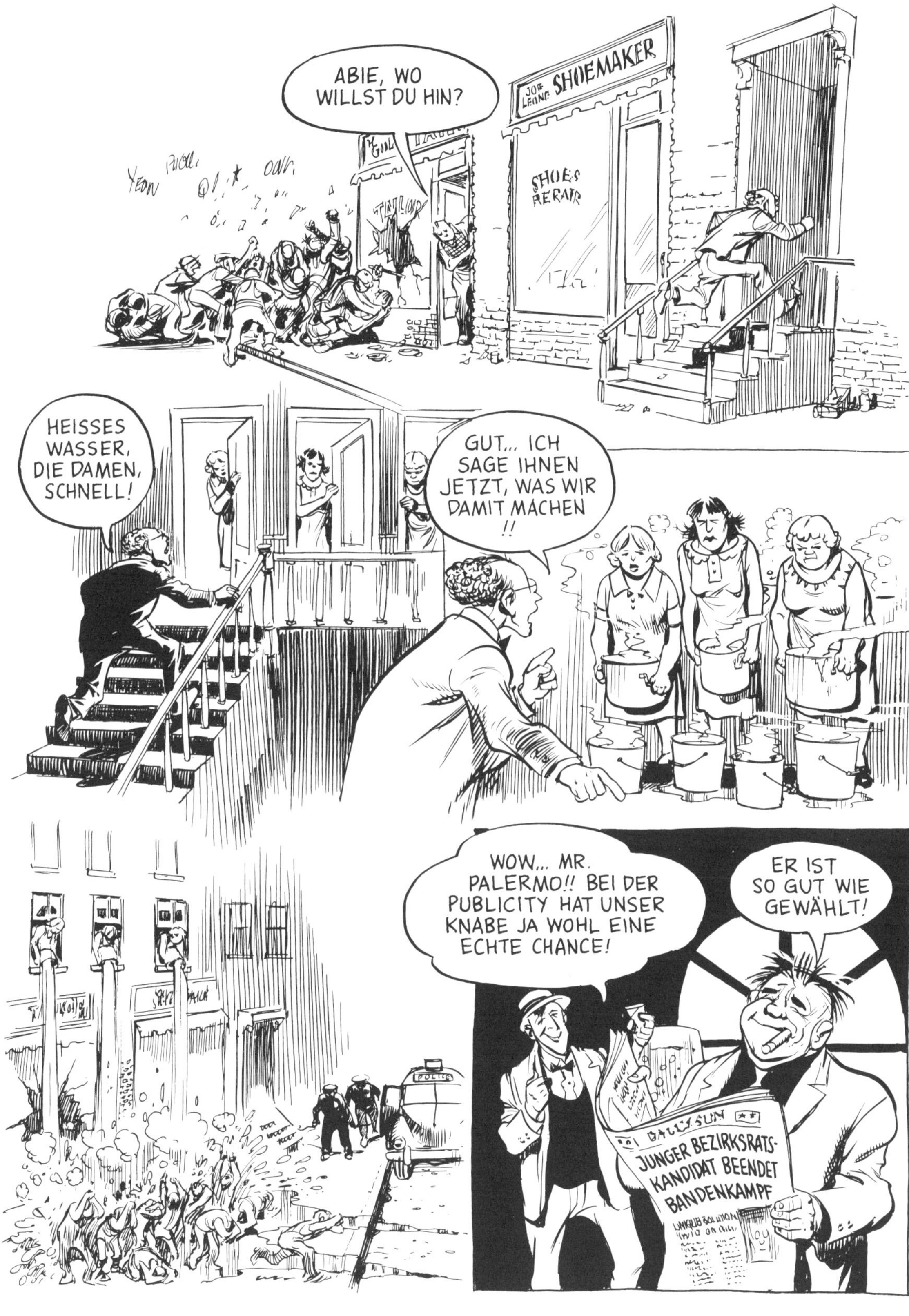
ABIE, WO WILLST DU HIN?
JOE LEONG SHOEMAKER
SHOES REPAIR
HEISSES WASSER, DIE DAMEN, SCHNELL!
GUT... ICH SAGE IHNEN JETZT, WAS WIR DAMIT MACHEN !!
WOW... MR. PALERMO!! BEI DER PUBLICITY HAT UNSER KNABE JA WOHL EINE ECHTE CHANCE!
ER IST SO GUT WIE GEWÄHLT!
DAILY SUN
JUNGER BEZIRKSRATS-KANDIDAT BEENDET BANDENKAMPF

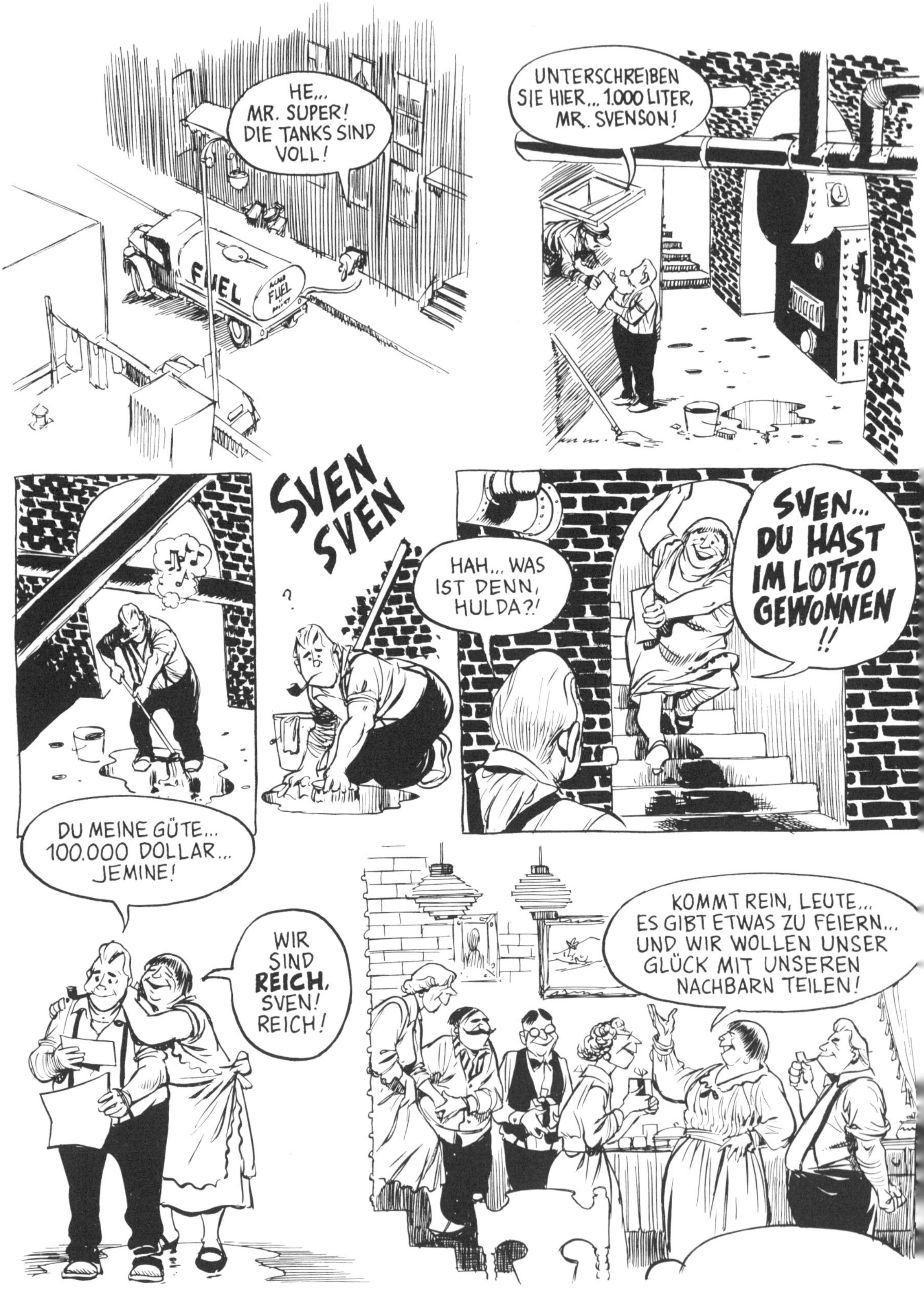
HE... MR. SUPER! DIE TANKS SIND VOLL!
FUEL
UNTERSCHREIBEN SIE HIER... 1.000 LITER, MR. SVENSON!
SVEN SVEN
HAH... WAS IST DENN, HULDA?!
SVEN... DU HAST IM LOTTO GEWONNEN!!
DU MEINE GÜTE... 100.000 DOLLAR... JEMINE!
WIR SIND **REICH**, SVEN! REICH!
KOMMT REIN, LEUTE... ES GIBT ETWAS ZU FEIERN... UND WIR WOLLEN UNSER GLÜCK MIT UNSEREN NACHBARN TEILEN!

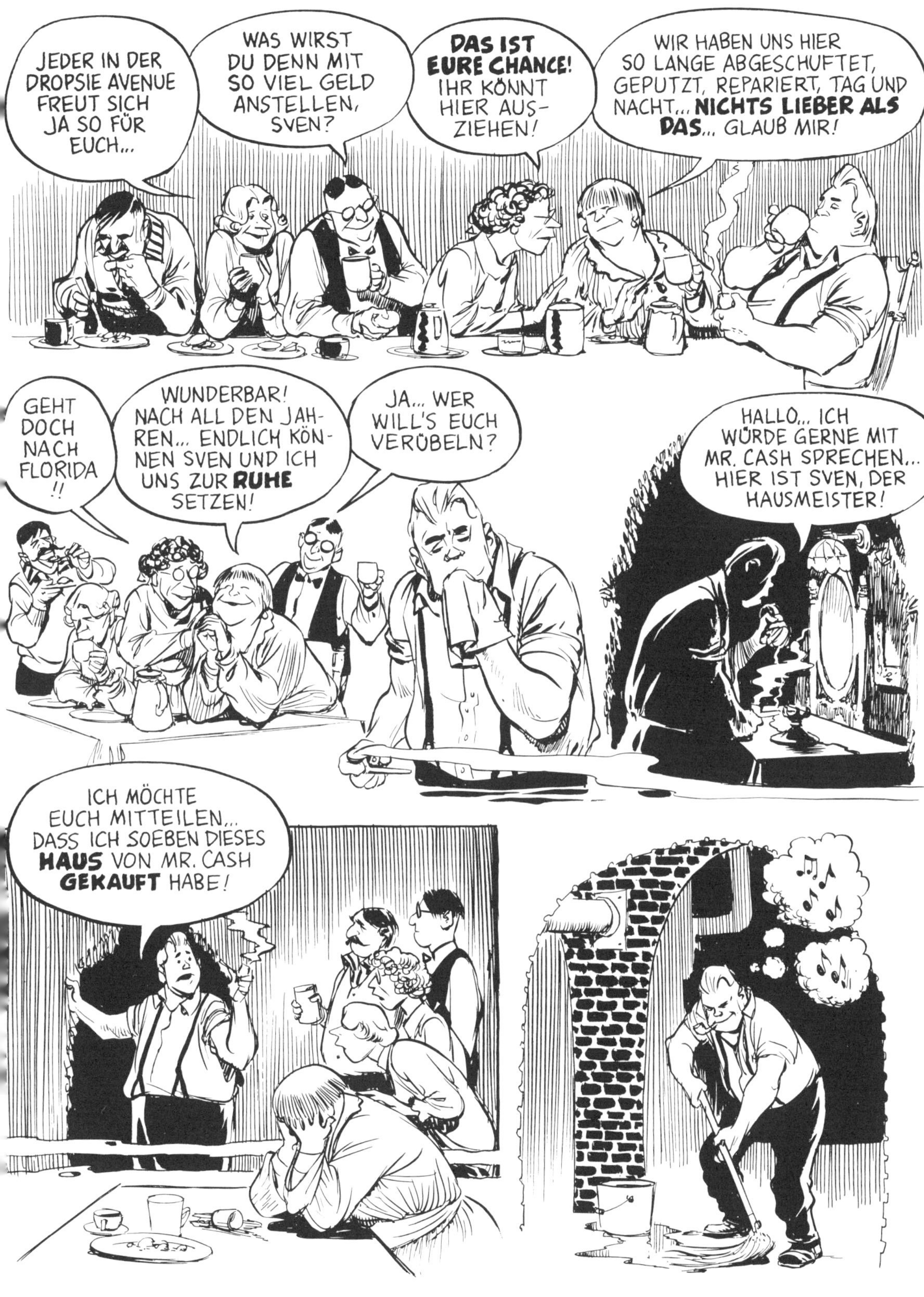
JEDER IN DER DROPSIE AVENUE FREUT SICH JA SO FÜR EUCH...
WAS WIRST DU DENN MIT SO VIEL GELD ANSTELLEN, SVEN?
DAS IST EURE CHANCE! IHR KÖNNT HIER AUS-ZIEHEN!
WIR HABEN UNS HIER SO LANGE ABGESCHUFTET, GEPUTZT, REPARIERT, TAG UND NACHT... NICHTS LIEBER ALS DAS... GLAUB MIR!
GEHT DOCH NACH FLORIDA!!
WUNDERBAR! NACH ALL DEN JAH-REN... ENDLICH KÖN-NEN SVEN UND ICH UNS ZUR RUHE SETZEN!
JA... WER WILL'S EUCH VERÜBELN?
HALLO... ICH WÜRDE GERNE MIT MR. CASH SPRECHEN... HIER IST SVEN, DER HAUSMEISTER!
ICH MÖCHTE EUCH MITTEILEN... DASS ICH SOEBEN DIESES HAUS VON MR. CASH GEKAUFT HABE!

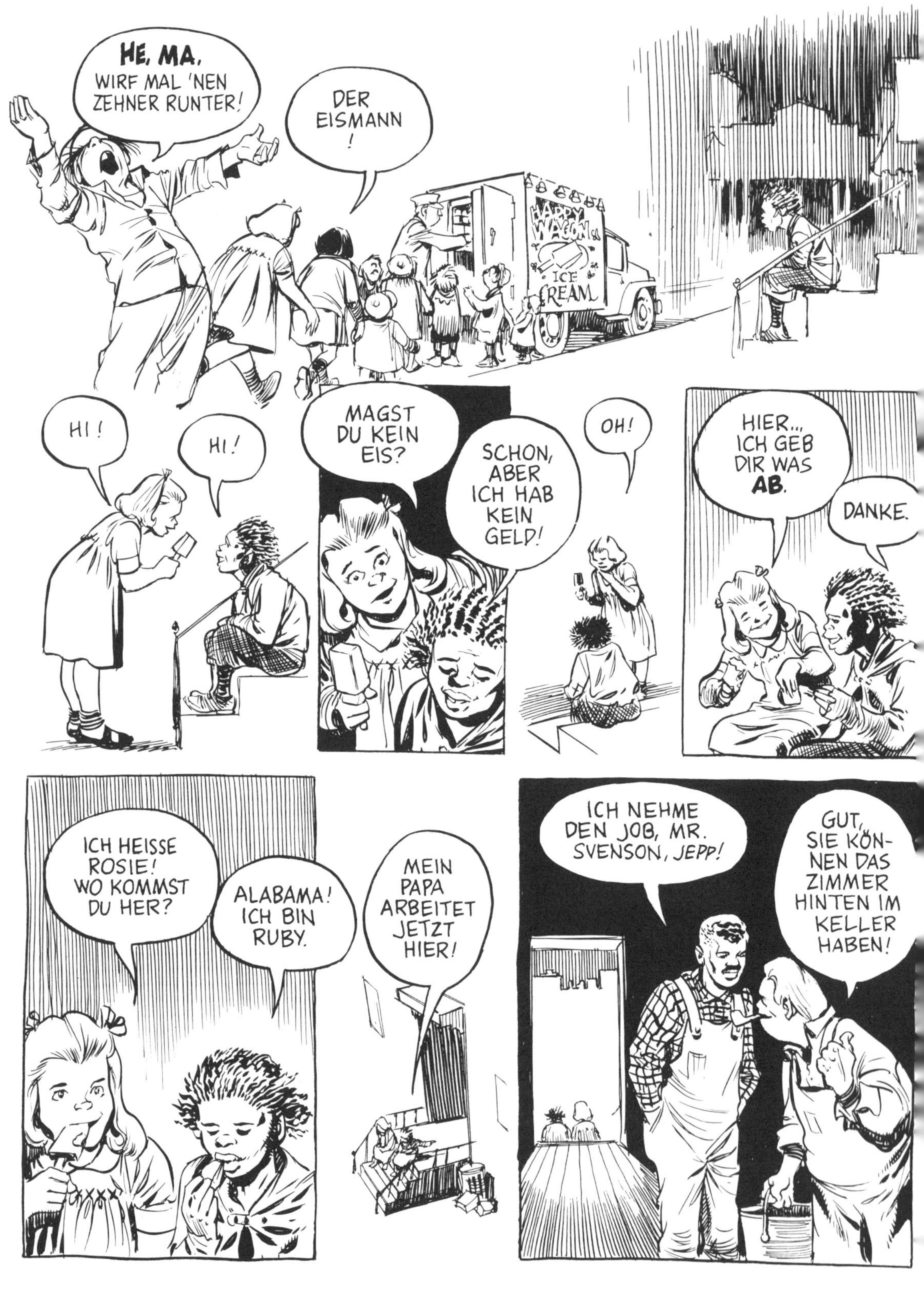
HE, MA, WIRF MAL 'NEN ZEHNER RUNTER!
DER EISMANN!
HAPPY WAGON ICE CREAM
HI!
HI!
MAGST DU KEIN EIS?
SCHON, ABER ICH HAB KEIN GELD!
OH!
HIER... ICH GEB DIR WAS AB.
DANKE.
ICH HEISSE ROSIE! WO KOMMST DU HER?
ALABAMA! ICH BIN RUBY.
MEIN PAPA ARBEITET JETZT HIER!
ICH NEHME DEN JOB, MR. SVENSON, JEPP!
GUT, SIE KÖNNEN DAS ZIMMER HINTEN IM KELLER HABEN!

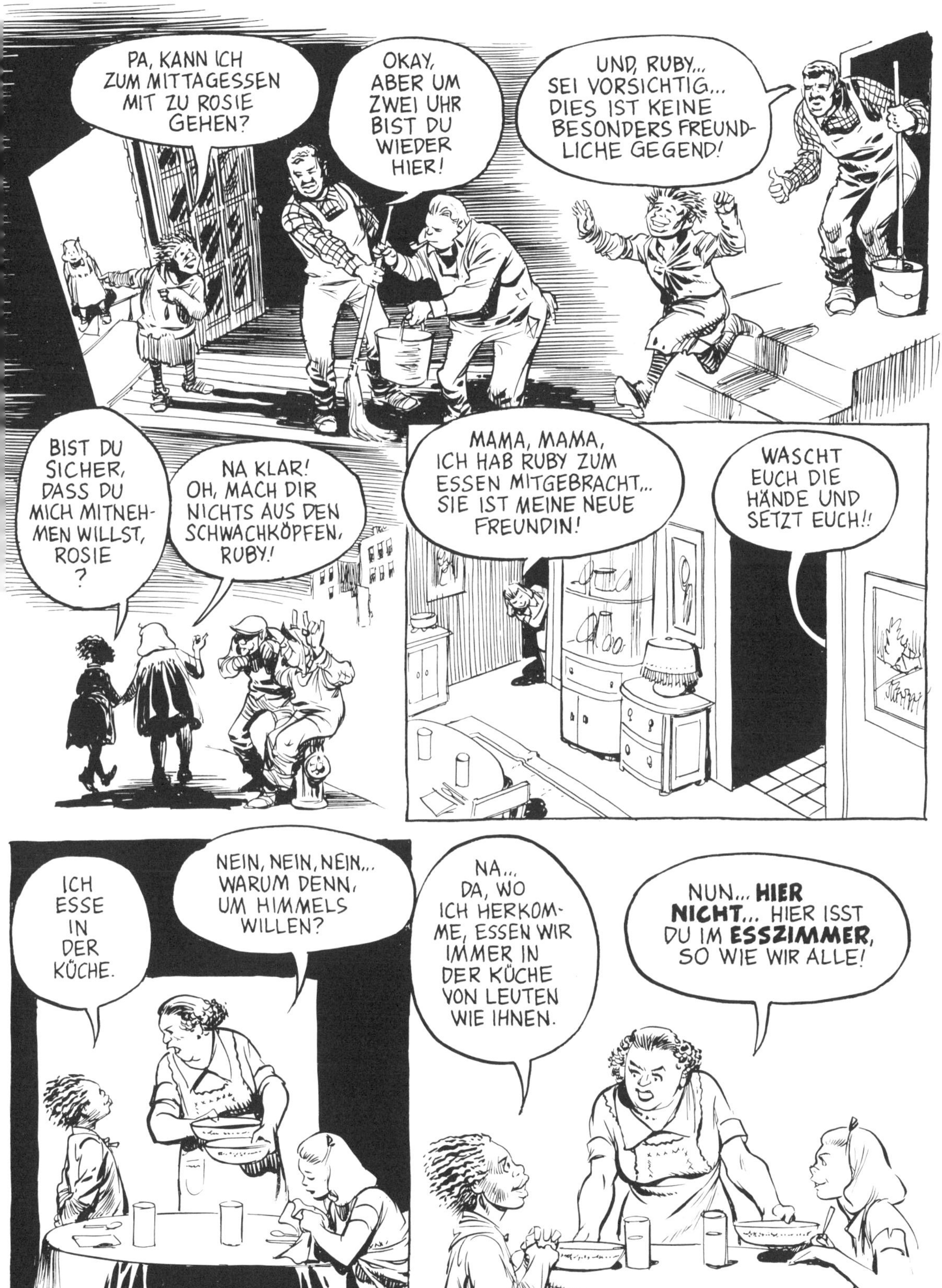
PA, KANN ICH ZUM MITTAGESSEN MIT ZU ROSIE GEHEN?
OKAY, ABER UM ZWEI UHR BIST DU WIEDER HIER!
UND, RUBY... SEI VORSICHTIG... DIES IST KEINE BESONDERS FREUND-LICHE GEGEND!
BIST DU SICHER, DASS DU MICH MITNEH-MEN WILLST, ROSIE ?
NA KLAR! OH, MACH DIR NICHTS AUS DEN SCHWACHKÖPFEN, RUBY!
MAMA, MAMA, ICH HAB RUBY ZUM ESSEN MITGEBRACHT... SIE IST MEINE NEUE FREUNDIN!
WASCHT EUCH DIE HÄNDE UND SETZT EUCH!!
ICH ESSE IN DER KÜCHE.
NEIN, NEIN, NEIN... WARUM DENN, UM HIMMELS WILLEN?
NA... DA, WO ICH HERKOM-ME, ESSEN WIR IMMER IN DER KÜCHE VON LEUTEN WIE IHNEN.
NUN... **HIER NICHT**... HIER ISST DU IM **ESSZIMMER**, SO WIE WIR ALLE!

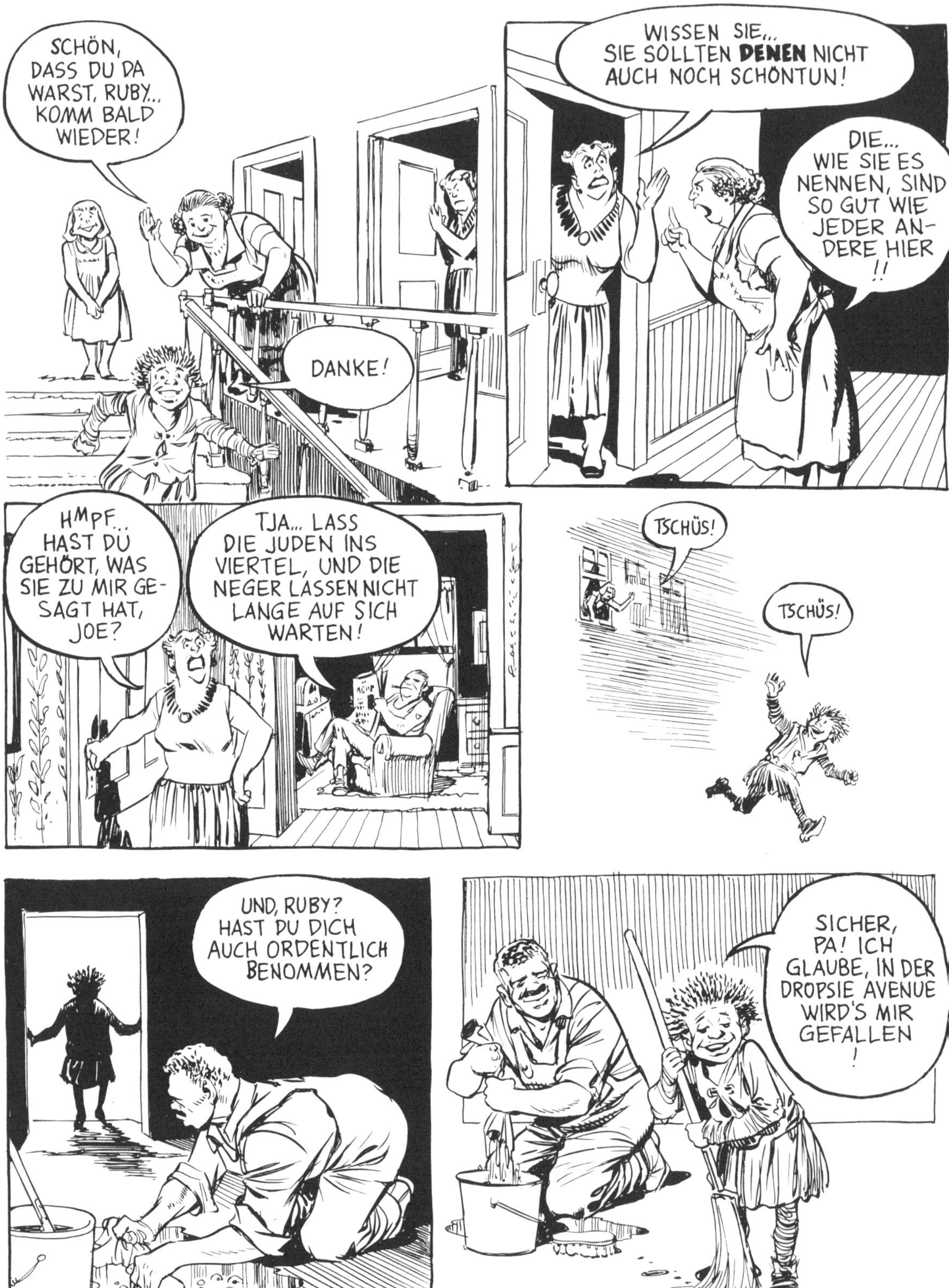
SCHÖN, DASS DU DA WARST, RUBY... KOMM BALD WIEDER!
DANKE!
WISSEN SIE... SIE SOLLTEN **DENEN** NICHT AUCH NOCH SCHÖNTUN!
DIE... WIE SIE ES NENNEN, SIND SO GUT WIE JEDER ANDERE HIER!!
HMPF... HAST DU GEHÖRT, WAS SIE ZU MIR GESAGT HAT, JOE?
TJA... LASS DIE JUDEN INS VIERTEL, UND DIE NEGER LASSEN NICHT LANGE AUF SICH WARTEN!
TSCHÜS!
TSCHÜS!
UND, RUBY? HAST DU DICH AUCH ORDENTLICH BENOMMEN?
SICHER, PA! ICH GLAUBE, IN DER DROPSIE AVENUE WIRD'S MIR GEFALLEN!

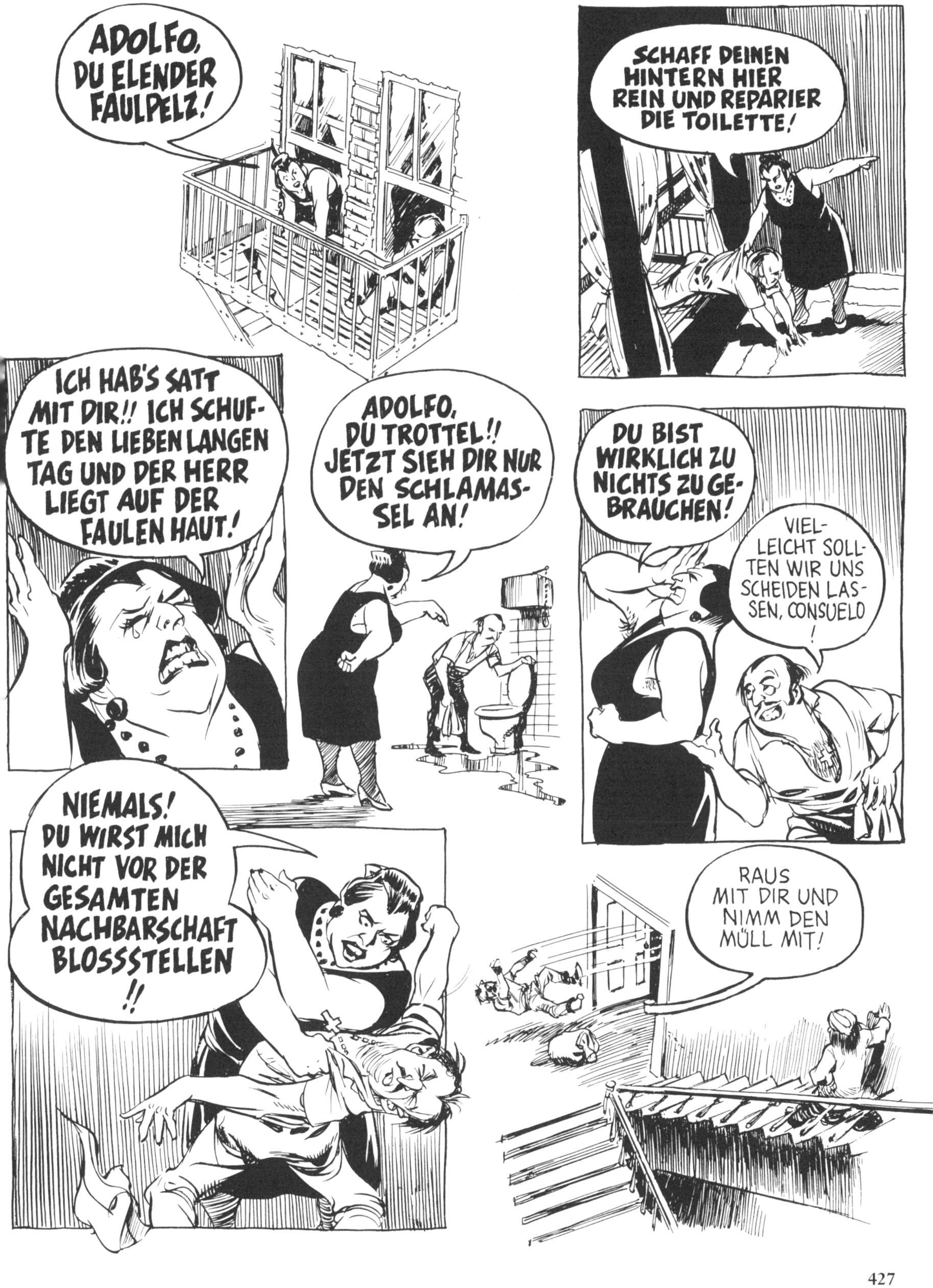
ADOLFO, DU ELENDER FAULPELZ!
SCHAFF DEINEN HINTERN HIER REIN UND REPARIER DIE TOILETTE!
ICH HAB'S SATT MIT DIR!! ICH SCHUFTE DEN LIEBEN LANGEN TAG UND DER HERR LIEGT AUF DER FAULEN HAUT!
ADOLFO, DU TROTTEL!! JETZT SIEH DIR NUR DEN SCHLAMASSEL AN!
DU BIST WIRKLICH ZU NICHTS ZU GEBRAUCHEN!
VIELLEICHT SOLLTEN WIR UNS SCHEIDEN LASSEN, CONSUELO!
NIEMALS! DU WIRST MICH NICHT VOR DER GESAMTEN NACHBARSCHAFT BLOSSSTELLEN!!
RAUS MIT DIR UND NIMM DEN MÜLL MIT!

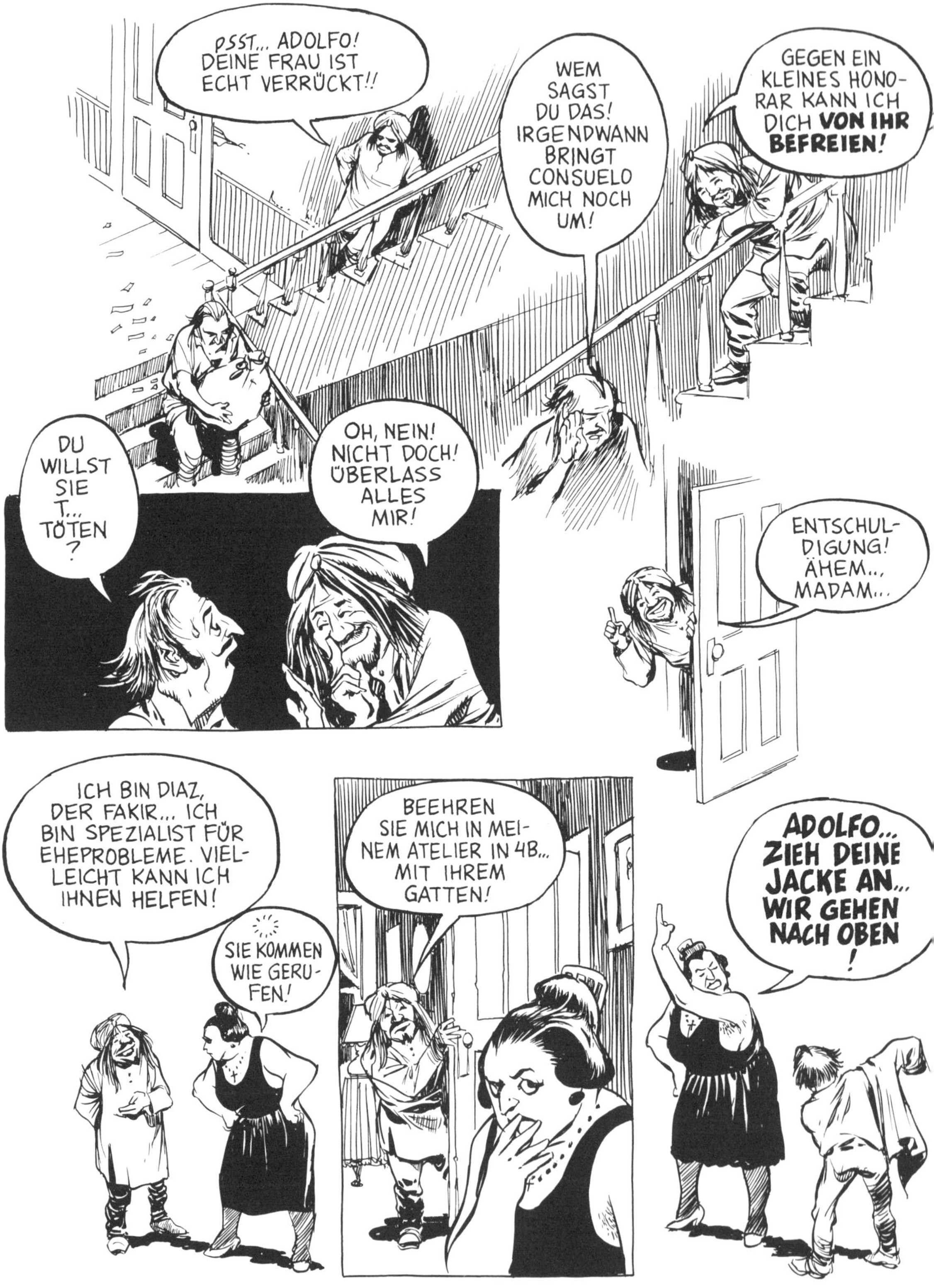
PSST... ADOLFO! DEINE FRAU IST ECHT VERRÜCKT!!
WEM SAGST DU DAS! IRGENDWANN BRINGT CONSUELO MICH NOCH UM!
GEGEN EIN KLEINES HONORAR KANN ICH DICH VON IHR BEFREIEN!
DU WILLST SIE T... TÖTEN?
OH, NEIN! NICHT DOCH! ÜBERLASS ALLES MIR!
ENTSCHULDIGUNG! ÄHEM... MADAM...
ICH BIN DIAZ, DER FAKIR... ICH BIN SPEZIALIST FÜR EHEPROBLEME. VIELLEICHT KANN ICH IHNEN HELFEN!
SIE KOMMEN WIE GERUFEN!
BEEHREN SIE MICH IN MEINEM ATELIER IN 4B... MIT IHREM GATTEN!
ADOLFO... ZIEH DEINE JACKE AN... WIR GEHEN NACH OBEN!

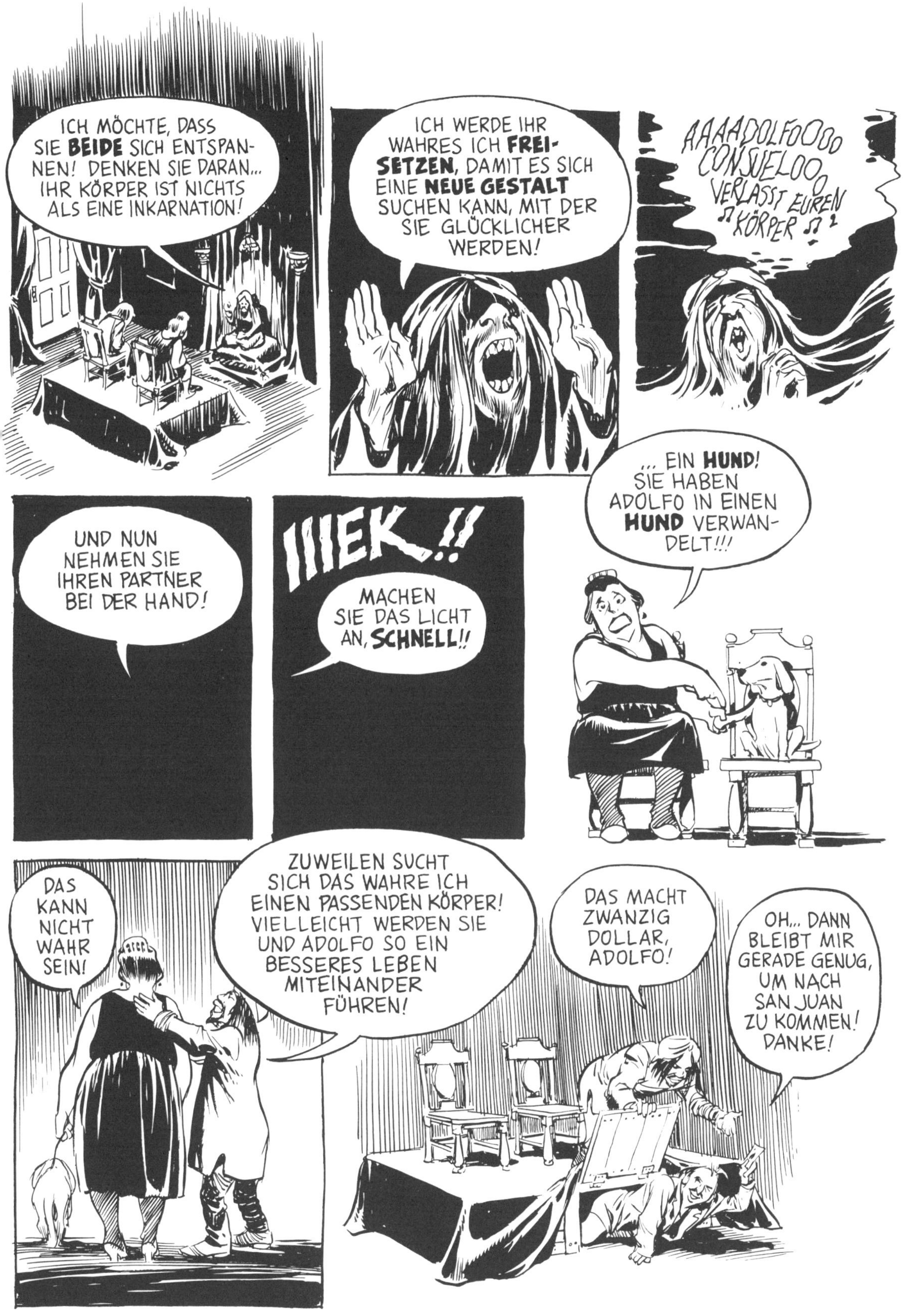
ICH MÖCHTE, DASS SIE **BEIDE** SICH ENTSPANNEN! DENKEN SIE DARAN... IHR KÖRPER IST NICHTS ALS EINE INKARNATION!
ICH WERDE IHR WAHRES ICH **FREISETZEN**, DAMIT ES SICH EINE **NEUE GESTALT** SUCHEN KANN, MIT DER SIE GLÜCKLICHER WERDEN!
AAAADOLFOOOO CONSUELOOO VERLASST EUREN KÖRPER
UND NUN NEHMEN SIE IHREN PARTNER BEI DER HAND!
IIIIEK.!!
MACHEN SIE DAS LICHT AN, **SCHNELL**!!
... EIN **HUND**! SIE HABEN ADOLFO IN EINEN **HUND** VERWANDELT!!!
DAS KANN NICHT WAHR SEIN!
ZUWEILEN SUCHT SICH DAS WAHRE ICH EINEN PASSENDEN KÖRPER! VIELLEICHT WERDEN SIE UND ADOLFO SO EIN BESSERES LEBEN MITEINANDER FÜHREN!
DAS MACHT ZWANZIG DOLLAR, ADOLFO!
OH,.. DANN BLEIBT MIR GERADE GENUG, UM NACH SAN JUAN ZU KOMMEN! DANKE!

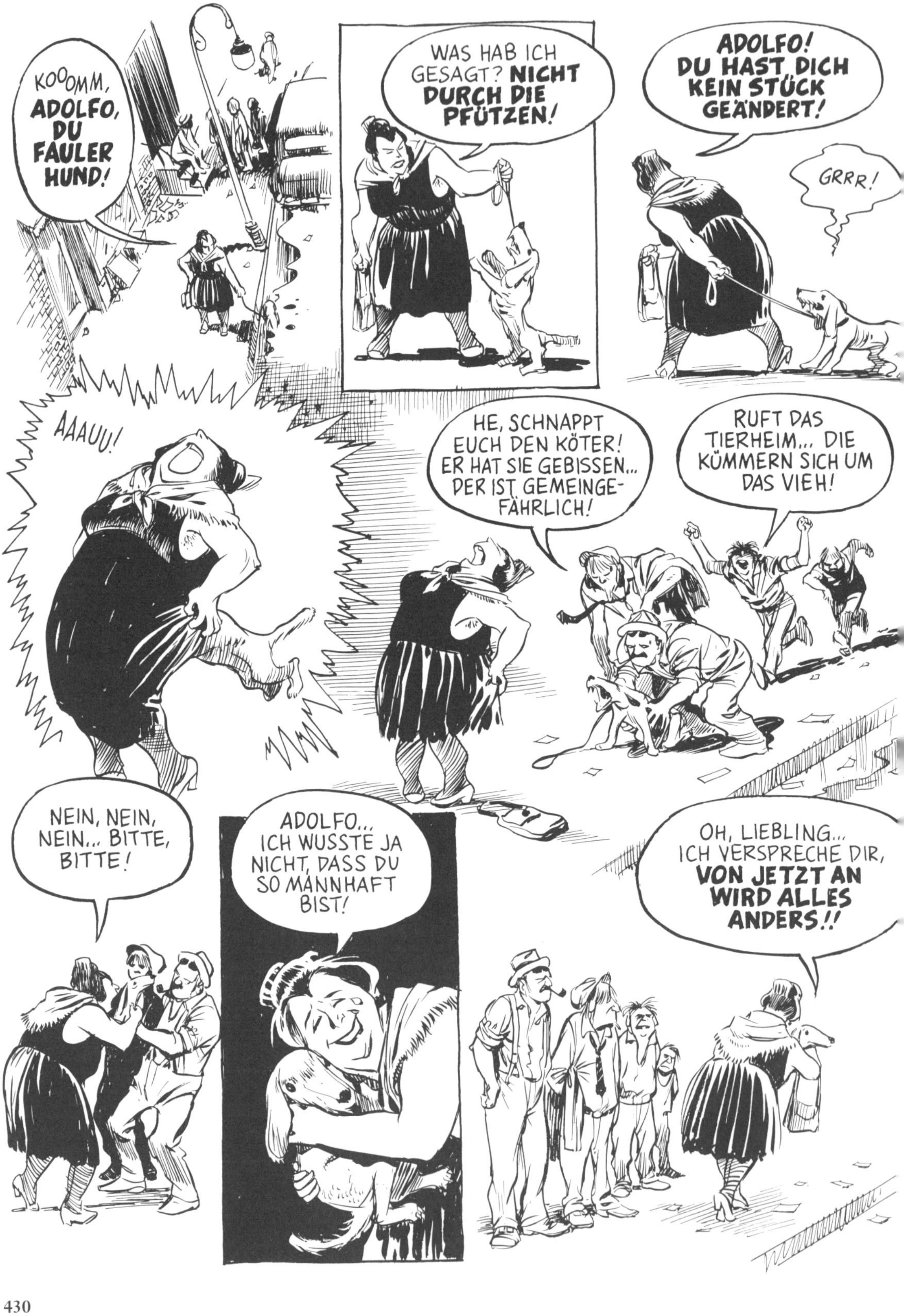
KOOOMM, ADOLFO, DU FAULER HUND!
WAS HAB ICH GESAGT? NICHT DURCH DIE PFÜTZEN!
ADOLFO! DU HAST DICH KEIN STÜCK GEÄNDERT!
GRRR!
AAAUU!
HE, SCHNAPPT EUCH DEN KÖTER! ER HAT SIE GEBISSEN... DER IST GEMEINGE-FÄHRLICH!
RUFT DAS TIERHEIM... DIE KÜMMERN SICH UM DAS VIEH!
NEIN, NEIN, NEIN... BITTE, BITTE!
ADOLFO... ICH WUSSTE JA NICHT, DASS DU SO MANNHAFT BIST!
OH, LIEBLING... ICH VERSPRECHE DIR, VON JETZT AN WIRD ALLES ANDERS!!

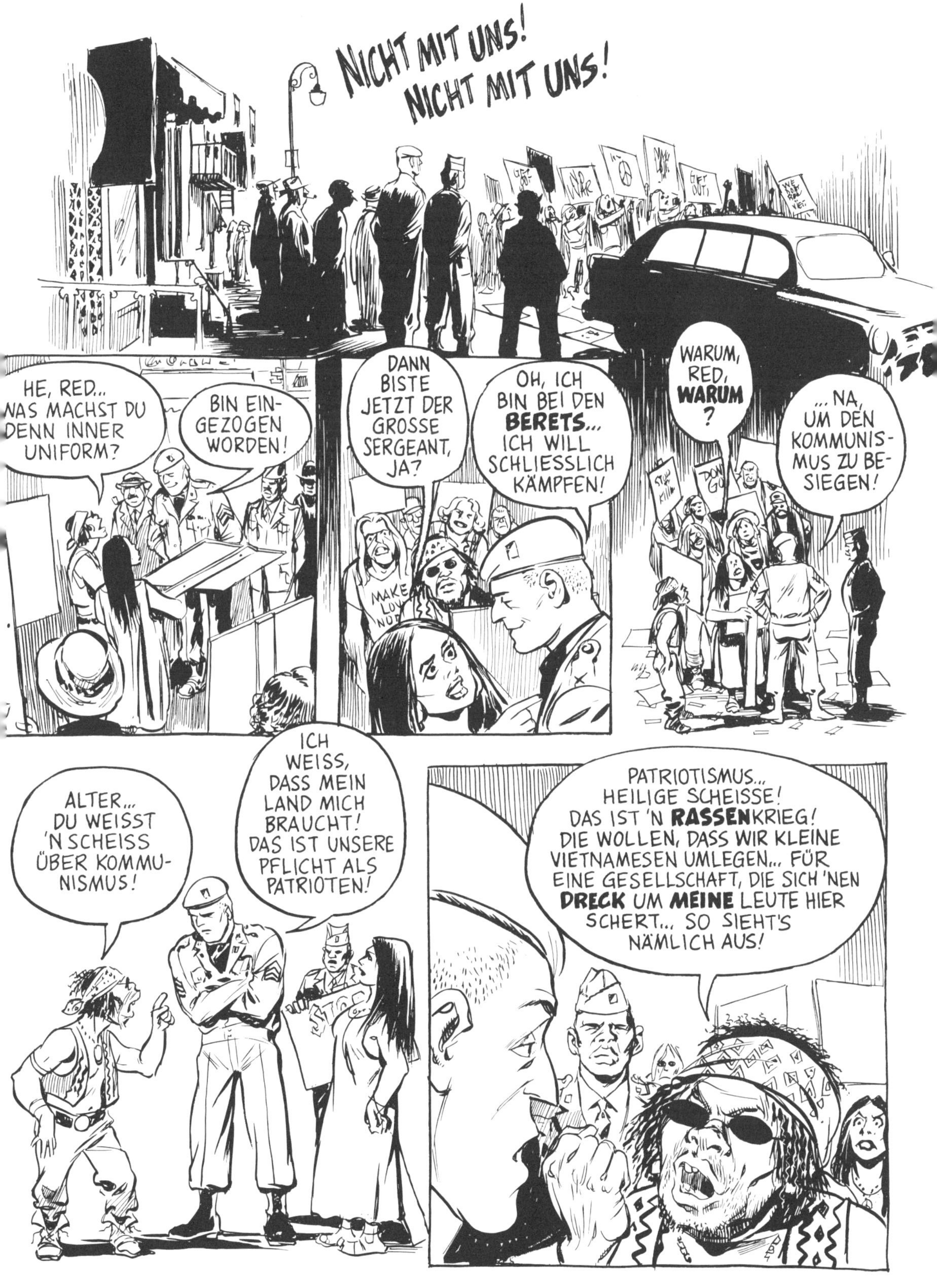

NICHT MIT UNS! NICHT MIT UNS!
HE, RED... WAS MACHST DU DENN INNER UNIFORM?
BIN EINGEZOGEN WORDEN!
DANN BISTE JETZT DER GROSSE SERGEANT, JA?
OH, ICH BIN BEI DEN **BERETS**... ICH WILL SCHLIESSLICH KÄMPFEN!
WARUM, RED, **WARUM**?
... NA, UM DEN KOMMUNISMUS ZU BESIEGEN!
ALTER... DU WEISST 'N SCHEISS ÜBER KOMMUNISMUS!
ICH WEISS, DASS MEIN LAND MICH BRAUCHT! DAS IST UNSERE PFLICHT ALS PATRIOTEN!
PATRIOTISMUS... HEILIGE SCHEISSE! DAS IST 'N **RASSEN**KRIEG! DIE WOLLEN, DASS WIR KLEINE VIETNAMESEN UMLEGEN... FÜR EINE GESELLSCHAFT, DIE SICH 'NEN **DRECK** UM **MEINE** LEUTE HIER SCHERT... SO SIEHT'S NÄMLICH AUS!

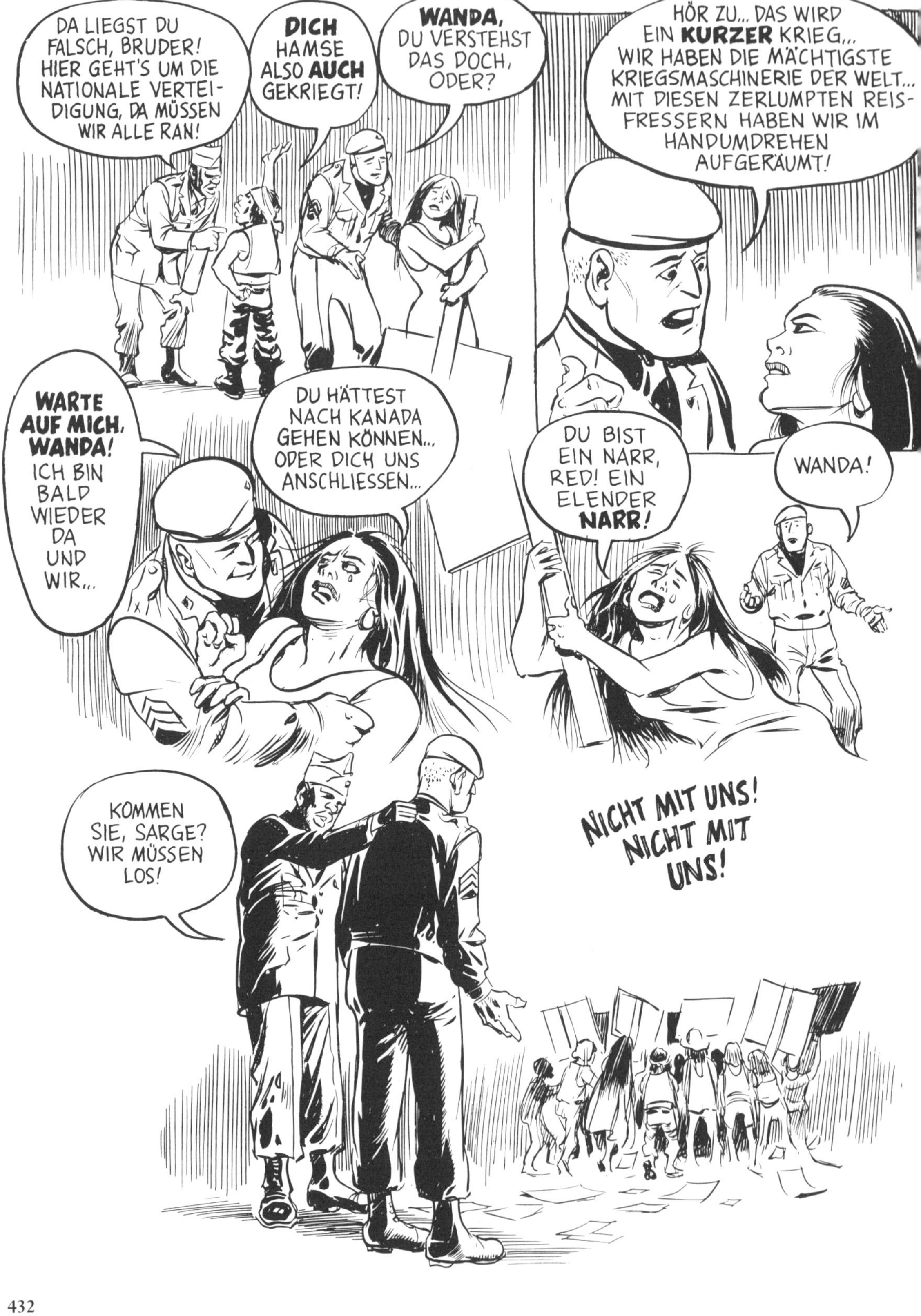
DA LIEGST DU FALSCH, BRUDER! HIER GEHT'S UM DIE NATIONALE VERTEIDIGUNG, DA MÜSSEN WIR ALLE RAN!
DICH HAMSE ALSO AUCH GEKRIEGT!
WANDA, DU VERSTEHST DAS DOCH, ODER?
HÖR ZU… DAS WIRD EIN KURZER KRIEG… WIR HABEN DIE MÄCHTIGSTE KRIEGSMASCHINERIE DER WELT… MIT DIESEN ZERLUMPTEN REISFRESSERN HABEN WIR IM HANDUMDREHEN AUFGERÄUMT!
WARTE AUF MICH, WANDA! ICH BIN BALD WIEDER DA UND WIR…
DU HÄTTEST NACH KANADA GEHEN KÖNNEN… ODER DICH UNS ANSCHLIESSEN…
DU BIST EIN NARR, RED! EIN ELENDER NARR!
WANDA!
KOMMEN SIE, SARGE? WIR MÜSSEN LOS!
NICHT MIT UNS! NICHT MIT UNS!

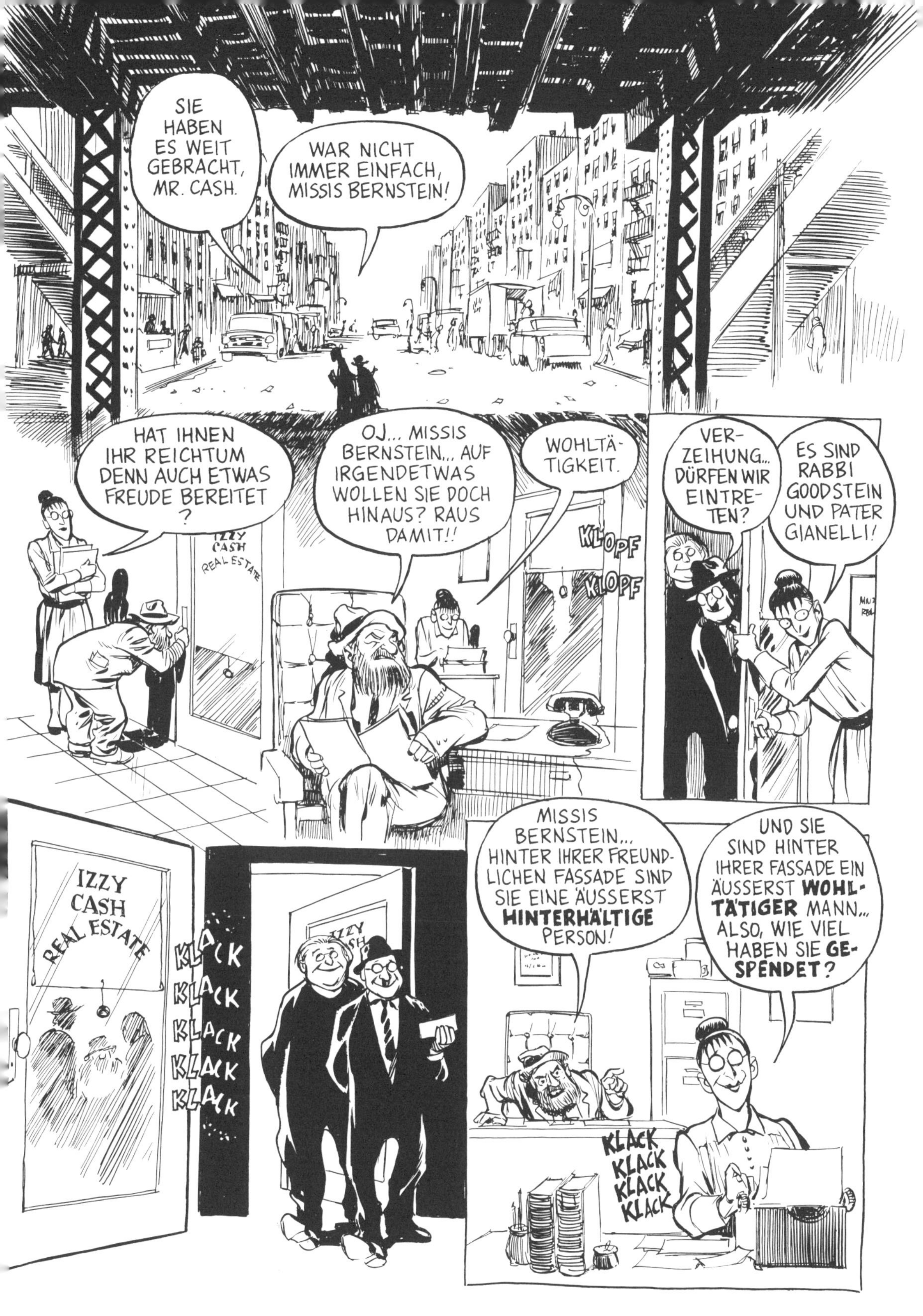
SIE HABEN ES WEIT GEBRACHT, MR. CASH.
WAR NICHT IMMER EINFACH, MISSIS BERNSTEIN!
HAT IHNEN IHR REICHTUM DENN AUCH ETWAS FREUDE BEREITET?
IZZY CASH REAL ESTATE
OJ... MISSIS BERNSTEIN... AUF IRGENDETWAS WOLLEN SIE DOCH HINAUS? RAUS DAMIT!!
WOHLTÄTIGKEIT.
KLOPF
KLOPF
VERZEIHUNG... DÜRFEN WIR EINTRETEN?
ES SIND RABBI GOODSTEIN UND PATER GIANELLI!
IZZY CASH REAL ESTATE
KLACK
KLACK
KLACK
KLACK
KLACK
MISSIS BERNSTEIN... HINTER IHRER FREUNDLICHEN FASSADE SIND SIE EINE ÄUSSERST **HINTERHÄLTIGE** PERSON!
UND SIE SIND HINTER IHRER FASSADE EIN ÄUSSERST **WOHLTÄTIGER** MANN... ALSO, WIE VIEL HABEN SIE **GESPENDET**?
KLACK
KLACK
KLACK
KLACK

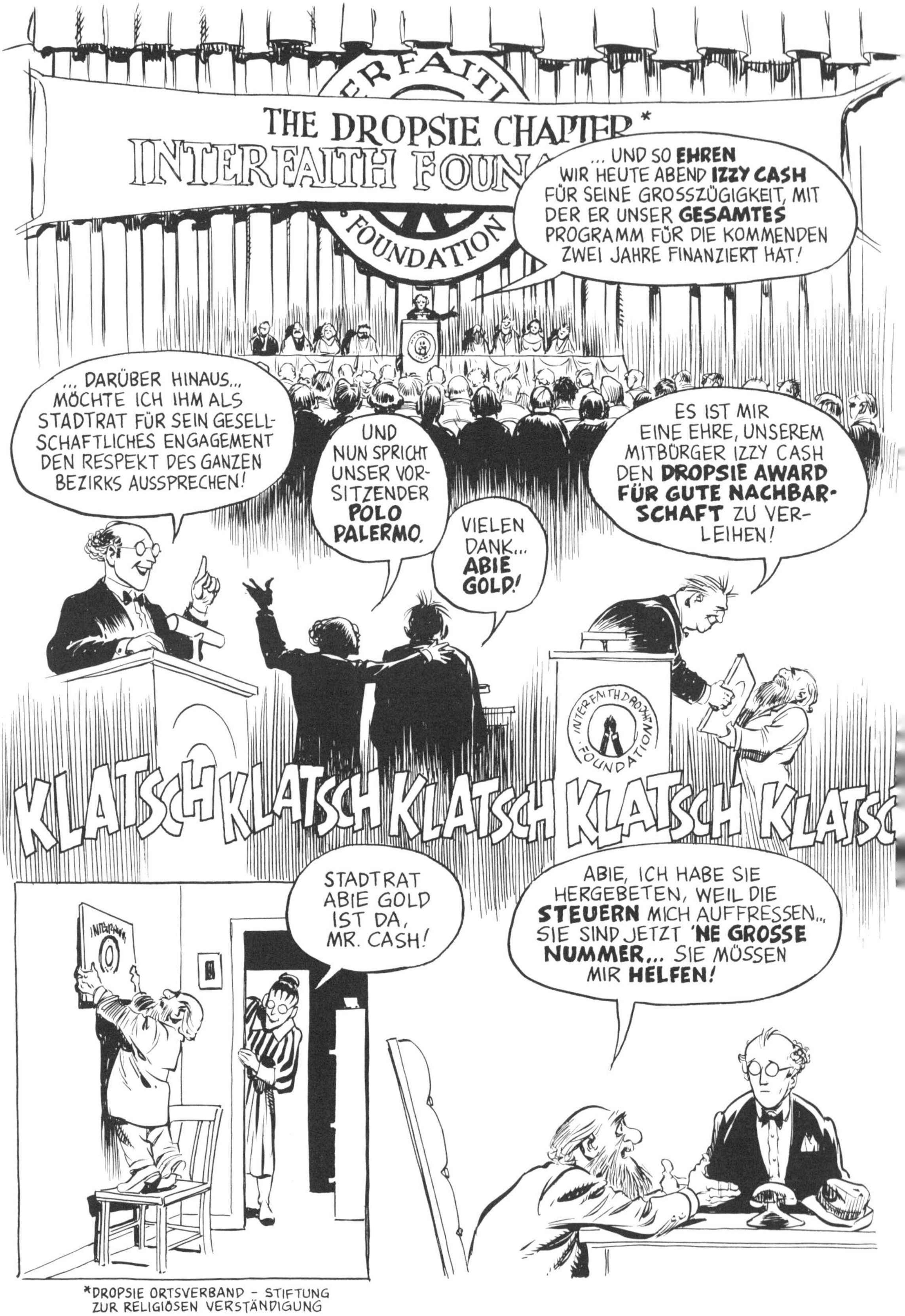

*DROPSIE ORTSVERBAND – STIFTUNG ZUR RELIGIÖSEN VERSTÄNDIGUNG

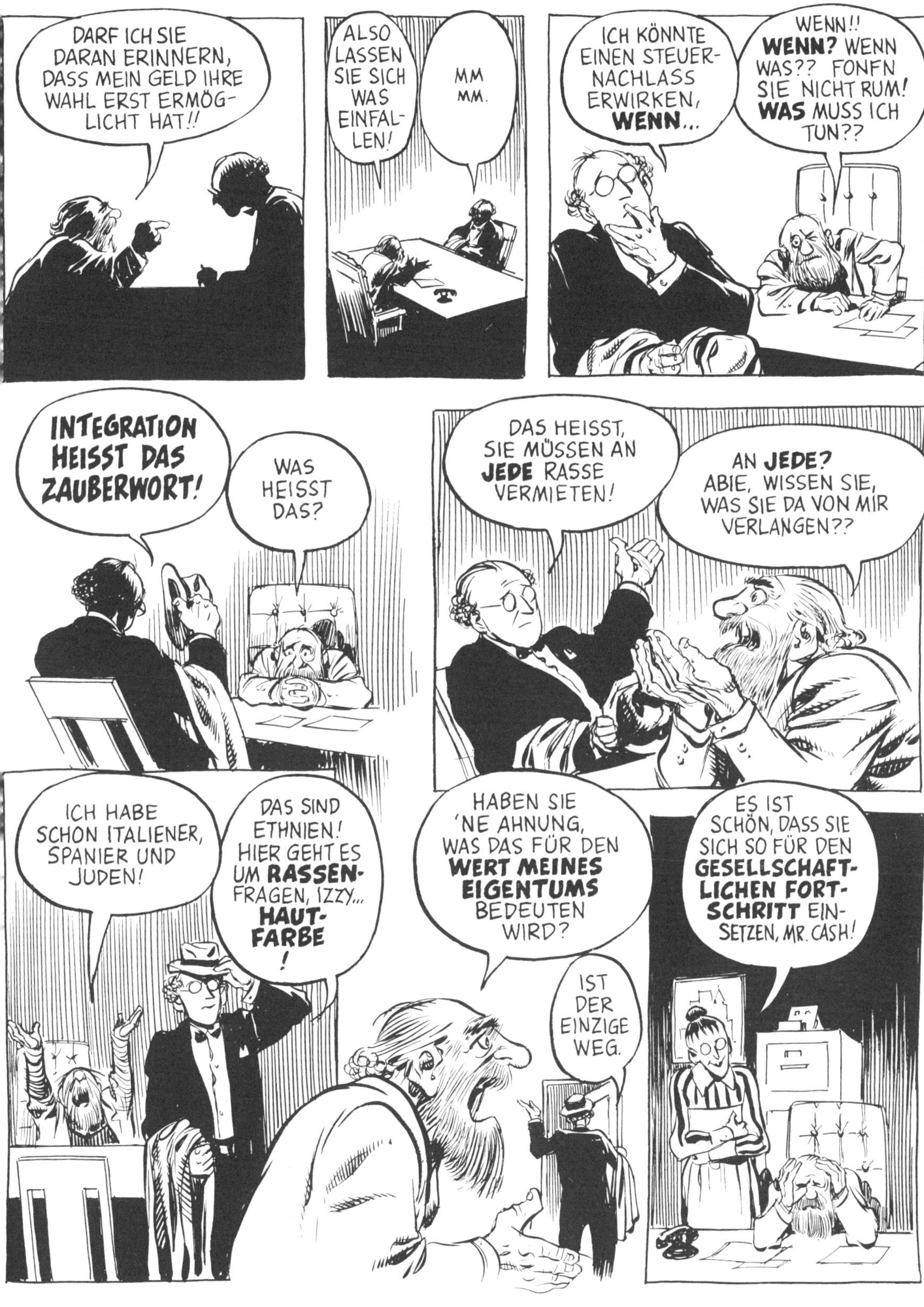
DARF ICH SIE DARAN ERINNERN, DASS MEIN GELD IHRE WAHL ERST ERMÖGLICHT HAT!!
ALSO LASSEN SIE SICH WAS EINFALLEN!
MM MM.
ICH KÖNNTE EINEN STEUERNACHLASS ERWIRKEN, WENN...
WENN!! WENN? WENN WAS?? FONFN SIE NICHT RUM! WAS MUSS ICH TUN??
INTEGRATION HEISST DAS ZAUBERWORT!
WAS HEISST DAS?
DAS HEISST, SIE MÜSSEN AN JEDE RASSE VERMIETEN!
AN JEDE? ABIE, WISSEN SIE, WAS SIE DA VON MIR VERLANGEN??
ICH HABE SCHON ITALIENER, SPANIER UND JUDEN!
DAS SIND ETHNIEN! HIER GEHT ES UM RASSENFRAGEN, IZZY... HAUTFARBE!
HABEN SIE 'NE AHNUNG, WAS DAS FÜR DEN WERT MEINES EIGENTUMS BEDEUTEN WIRD?
IST DER EINZIGE WEG.
ES IST SCHÖN, DASS SIE SICH SO FÜR DEN GESELLSCHAFTLICHEN FORTSCHRITT EINSETZEN, MR. CASH!

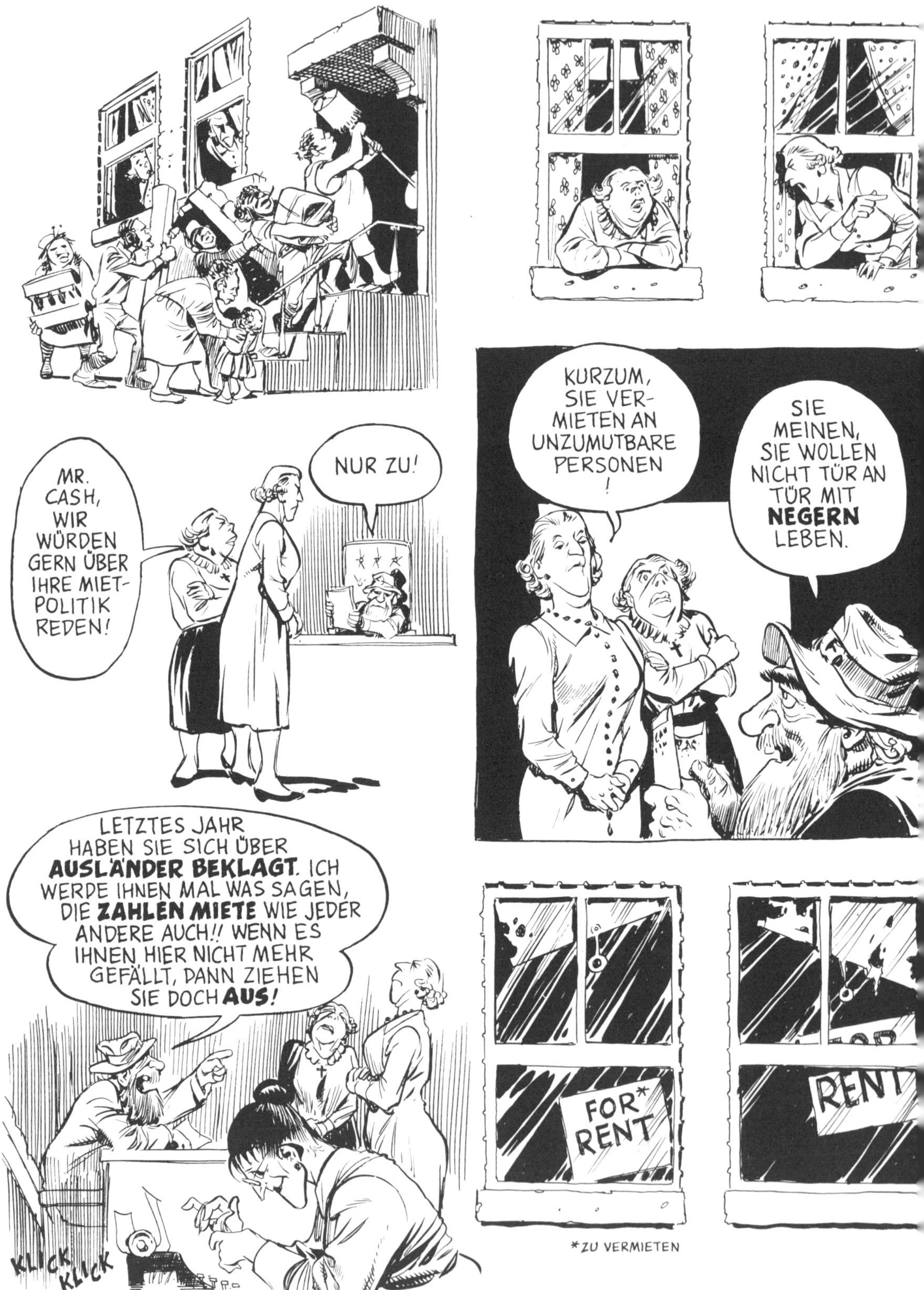
MR. CASH, WIR WÜRDEN GERN ÜBER IHRE MIETPOLITIK REDEN!
NUR ZU!
KURZUM, SIE VERMIETEN AN UNZUMUTBARE PERSONEN!
SIE MEINEN, SIE WOLLEN NICHT TÜR AN TÜR MIT NEGERN LEBEN.
LETZTES JAHR HABEN SIE SICH ÜBER AUSLÄNDER BEKLAGT. ICH WERDE IHNEN MAL WAS SAGEN, DIE ZAHLEN MIETE WIE JEDER ANDERE AUCH!! WENN ES IHNEN HIER NICHT MEHR GEFÄLLT, DANN ZIEHEN SIE DOCH AUS!
KLICK KLICK
FOR* RENT
RENT
*ZU VERMIETEN

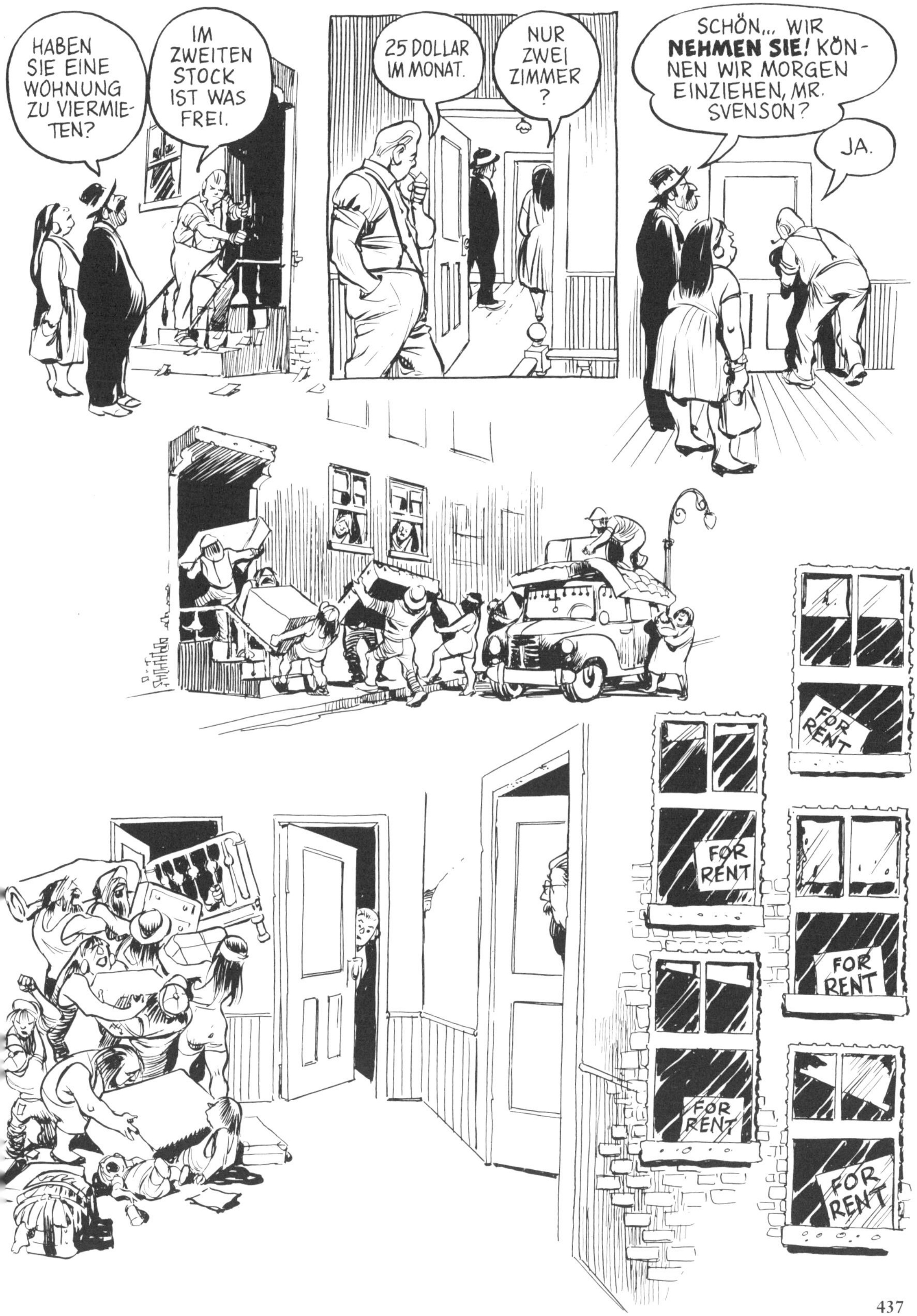
HABEN SIE EINE WOHNUNG ZU VIERMIETEN?
IM ZWEITEN STOCK IST WAS FREI.
25 DOLLAR IM MONAT.
NUR ZWEI ZIMMER?
SCHÖN... WIR **NEHMEN SIE!** KÖNNEN WIR MORGEN EINZIEHEN, MR. SVENSON?
JA.
FOR RENT
FOR RENT
FOR RENT
FOR RENT
FOR RENT

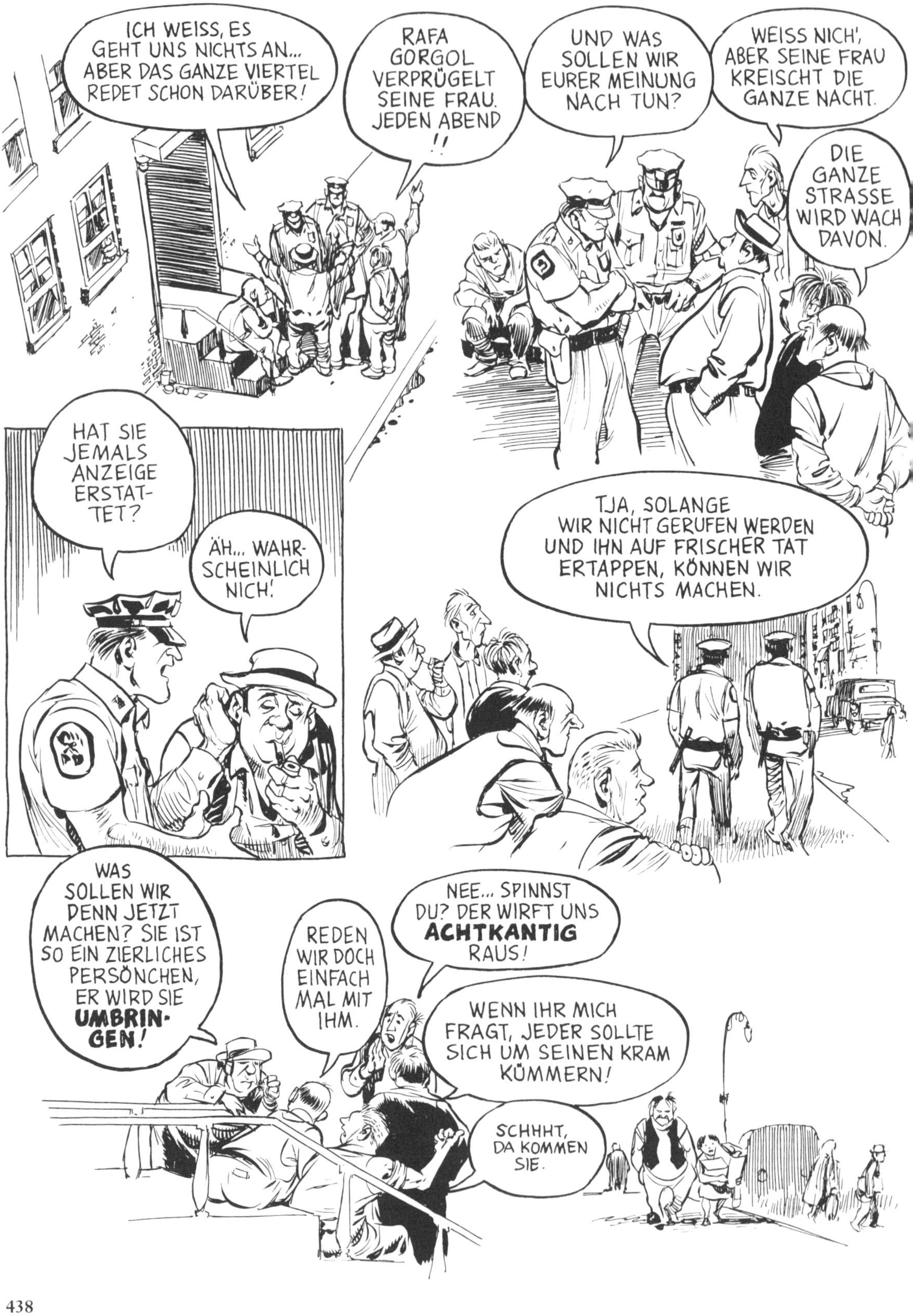
ICH WEISS, ES GEHT UNS NICHTS AN... ABER DAS GANZE VIERTEL REDET SCHON DARÜBER!
RAFA GORGOL VERPRÜGELT SEINE FRAU. JEDEN ABEND!!
UND WAS SOLLEN WIR EURER MEINUNG NACH TUN?
WEISS NICH', ABER SEINE FRAU KREISCHT DIE GANZE NACHT.
DIE GANZE STRASSE WIRD WACH DAVON.
HAT SIE JEMALS ANZEIGE ERSTATTET?
ÄH... WAHRSCHEINLICH NICH'.
TJA, SOLANGE WIR NICHT GERUFEN WERDEN UND IHN AUF FRISCHER TAT ERTAPPEN, KÖNNEN WIR NICHTS MACHEN.
WAS SOLLEN WIR DENN JETZT MACHEN? SIE IST SO EIN ZIERLICHES PERSÖNCHEN, ER WIRD SIE UMBRINGEN!
REDEN WIR DOCH EINFACH MAL MIT IHM.
NEE... SPINNST DU? DER WIRFT UNS ACHTKANTIG RAUS!
WENN IHR MICH FRAGT, JEDER SOLLTE SICH UM SEINEN KRAM KÜMMERN!
SCHHHT, DA KOMMEN SIE.

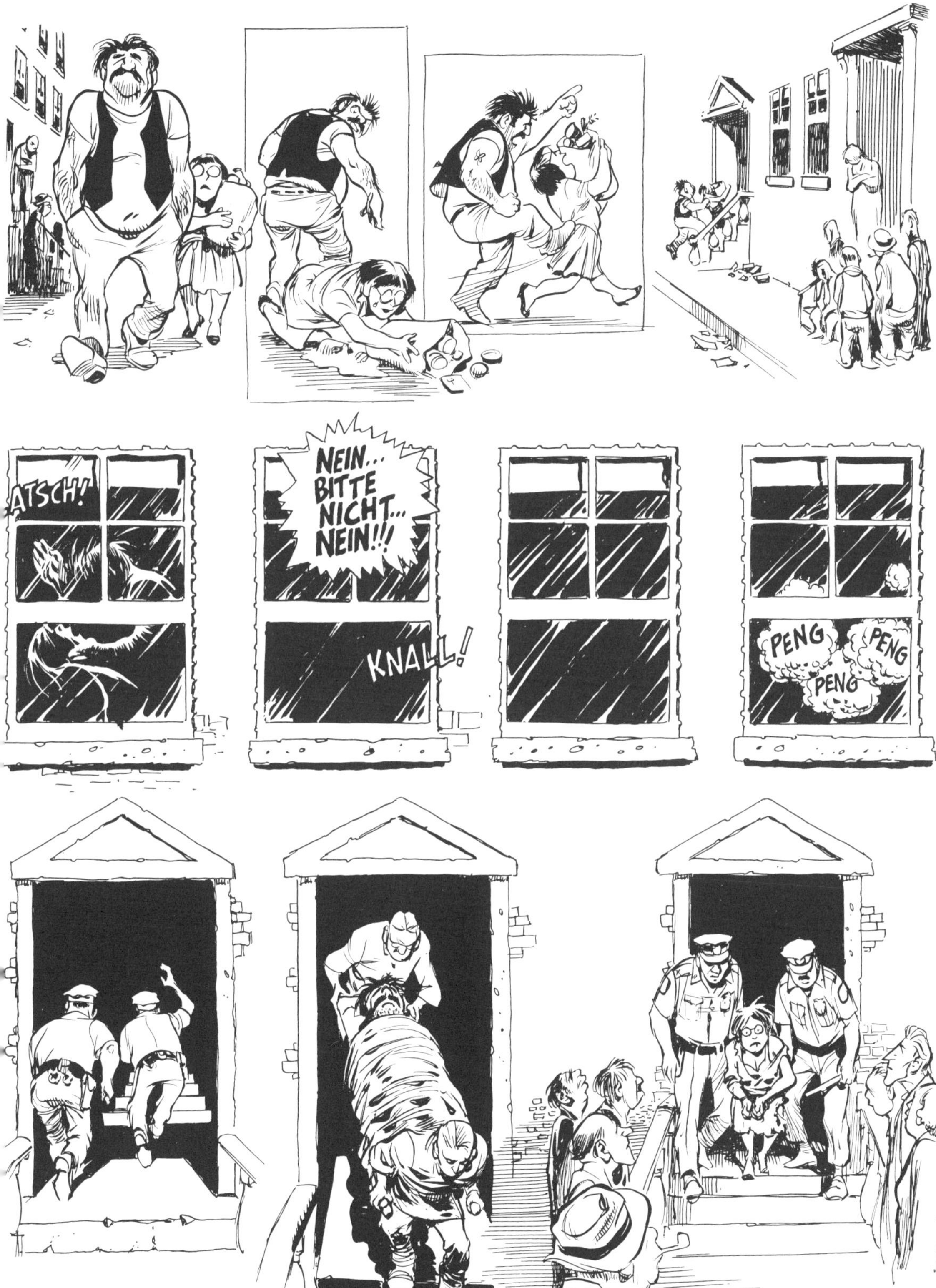

ATSCH!
NEIN... BITTE NICHT... NEIN!!!
KNALL!
PENG
PENG
PENG

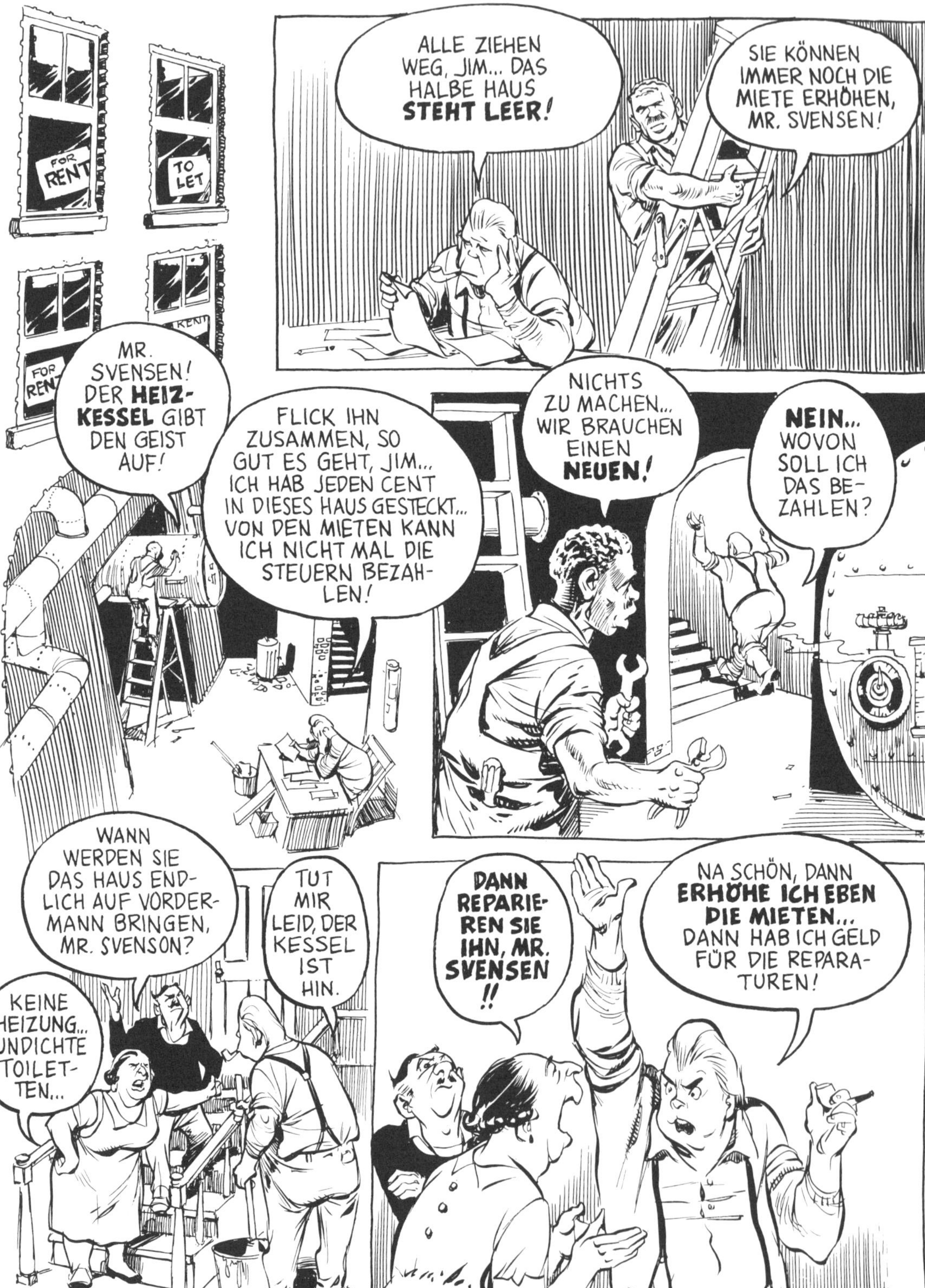
ALLE ZIEHEN WEG, JIM... DAS HALBE HAUS **STEHT LEER**!
SIE KÖNNEN IMMER NOCH DIE MIETE ERHÖHEN, MR. SVENSEN!
FOR RENT
TO LET
FOR RENT
MR. SVENSEN! DER **HEIZKESSEL** GIBT DEN GEIST AUF!
FLICK IHN ZUSAMMEN, SO GUT ES GEHT, JIM... ICH HAB JEDEN CENT IN DIESES HAUS GESTECKT... VON DEN MIETEN KANN ICH NICHT MAL DIE STEUERN BEZAHLEN!
NICHTS ZU MACHEN... WIR BRAUCHEN EINEN **NEUEN**!
NEIN... WOVON SOLL ICH DAS BEZAHLEN?
WANN WERDEN SIE DAS HAUS ENDLICH AUF VORDERMANN BRINGEN, MR. SVENSON?
TUT MIR LEID, DER KESSEL IST HIN.
KEINE HEIZUNG... UNDICHTE TOILETTEN...
DANN REPARIEREN SIE IHN, MR. SVENSEN!!
NA SCHÖN, DANN **ERHÖHE ICH EBEN DIE MIETEN...** DANN HAB ICH GELD FÜR DIE REPARATUREN!

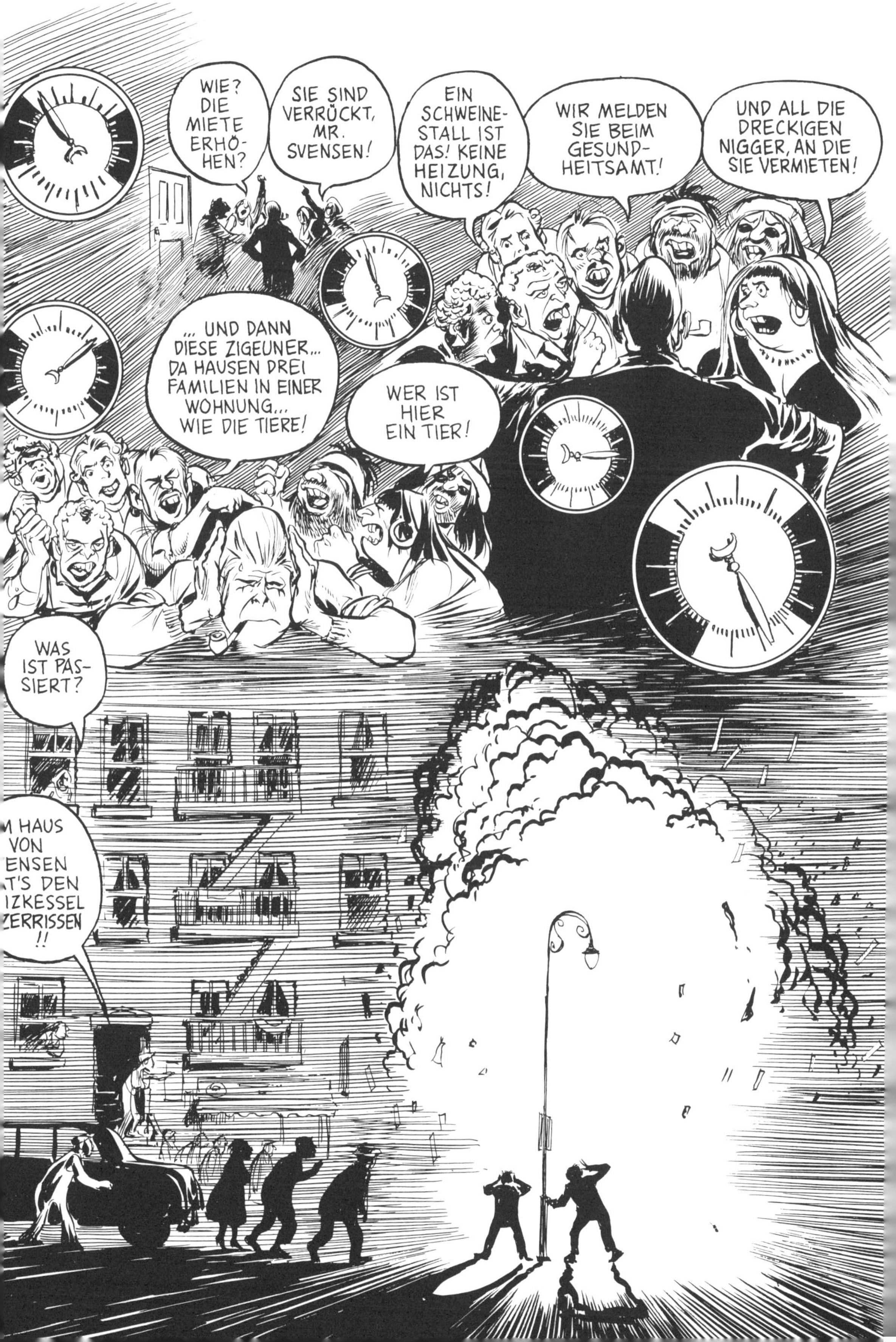
WIE? DIE MIETE ERHÖ-HEN?
SIE SIND VERRÜCKT, MR. SVENSEN!
EIN SCHWEINE-STALL IST DAS! KEINE HEIZUNG, NICHTS!
WIR MELDEN SIE BEIM GESUND-HEITSAMT!
UND ALL DIE DRECKIGEN NIGGER, AN DIE SIE VERMIETEN!
... UND DANN DIESE ZIGEUNER... DA HAUSEN DREI FAMILIEN IN EINER WOHNUNG... WIE DIE TIERE!
WER IST HIER EIN TIER!
WAS IST PAS-SIERT?
M HAUS VON ENSEN T'S DEN IZKESSEL ZERRISSEN !!

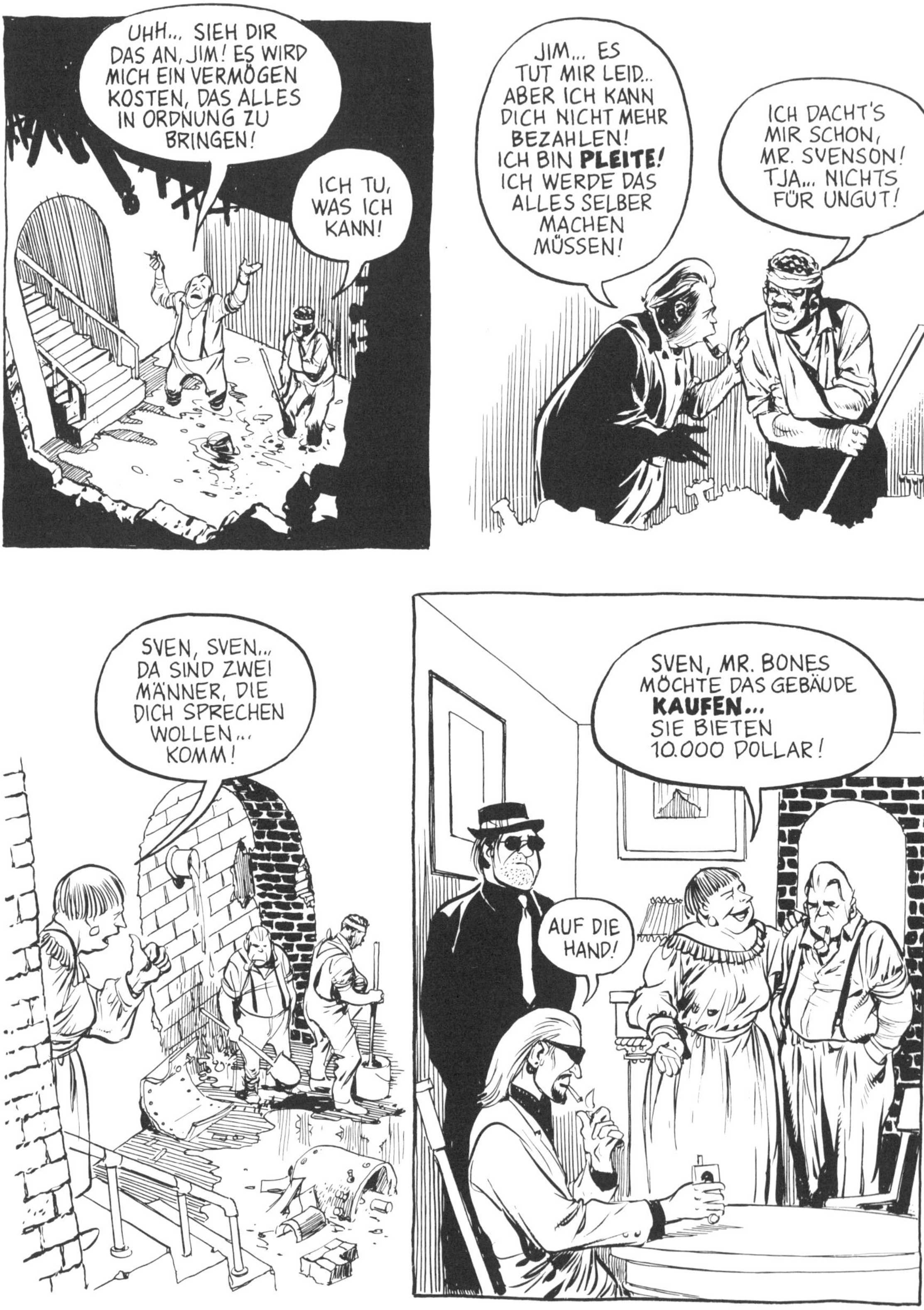
UHH... SIEH DIR DAS AN, JIM! ES WIRD MICH EIN VERMÖGEN KOSTEN, DAS ALLES IN ORDNUNG ZU BRINGEN!
ICH TU, WAS ICH KANN!
JIM... ES TUT MIR LEID... ABER ICH KANN DICH NICHT MEHR BEZAHLEN! ICH BIN **PLEITE**! ICH WERDE DAS ALLES SELBER MACHEN MÜSSEN!
ICH DACHT'S MIR SCHON, MR. SVENSON! TJA... NICHTS FÜR UNGUT!
SVEN, SVEN... DA SIND ZWEI MÄNNER, DIE DICH SPRECHEN WOLLEN... KOMM!
SVEN, MR. BONES MÖCHTE DAS GEBÄUDE **KAUFEN...** SIE BIETEN 10.000 DOLLAR!
AUF DIE HAND!

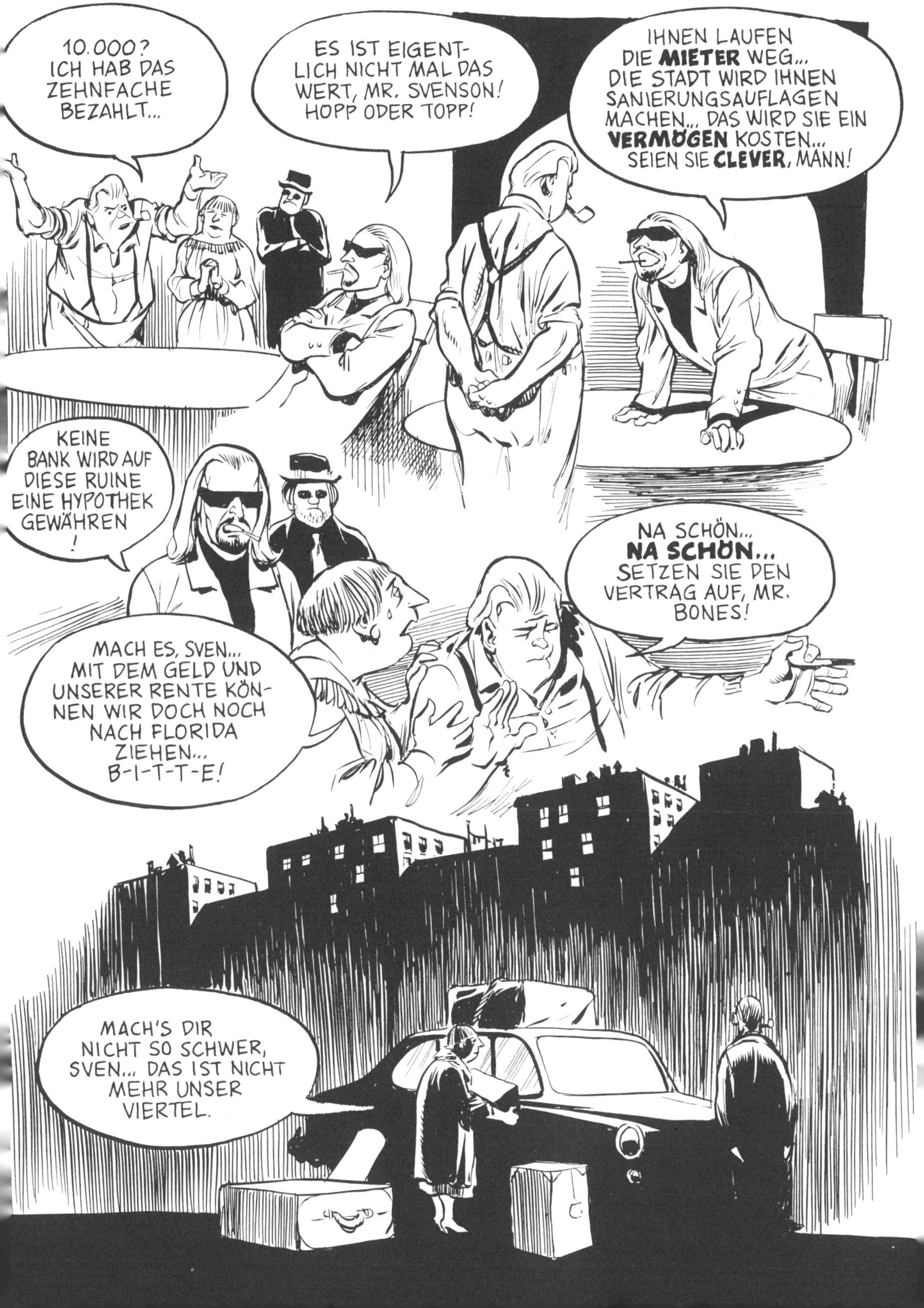
10.000? ICH HAB DAS ZEHNFACHE BEZAHLT...
ES IST EIGENTLICH NICHT MAL DAS WERT, MR. SVENSON! HOPP ODER TOPP!
IHNEN LAUFEN DIE MIETER WEG... DIE STADT WIRD IHNEN SANIERUNGSAUFLAGEN MACHEN... DAS WIRD SIE EIN VERMÖGEN KOSTEN... SEIEN SIE CLEVER, MANN!
KEINE BANK WIRD AUF DIESE RUINE EINE HYPOTHEK GEWÄHREN!
MACH ES, SVEN... MIT DEM GELD UND UNSERER RENTE KÖNNEN WIR DOCH NOCH NACH FLORIDA ZIEHEN... B-I-T-T-E!
NA SCHÖN... NA SCHÖN... SETZEN SIE DEN VERTRAG AUF, MR. BONES!
MACH'S DIR NICHT SO SCHWER, SVEN... DAS IST NICHT MEHR UNSER VIERTEL.

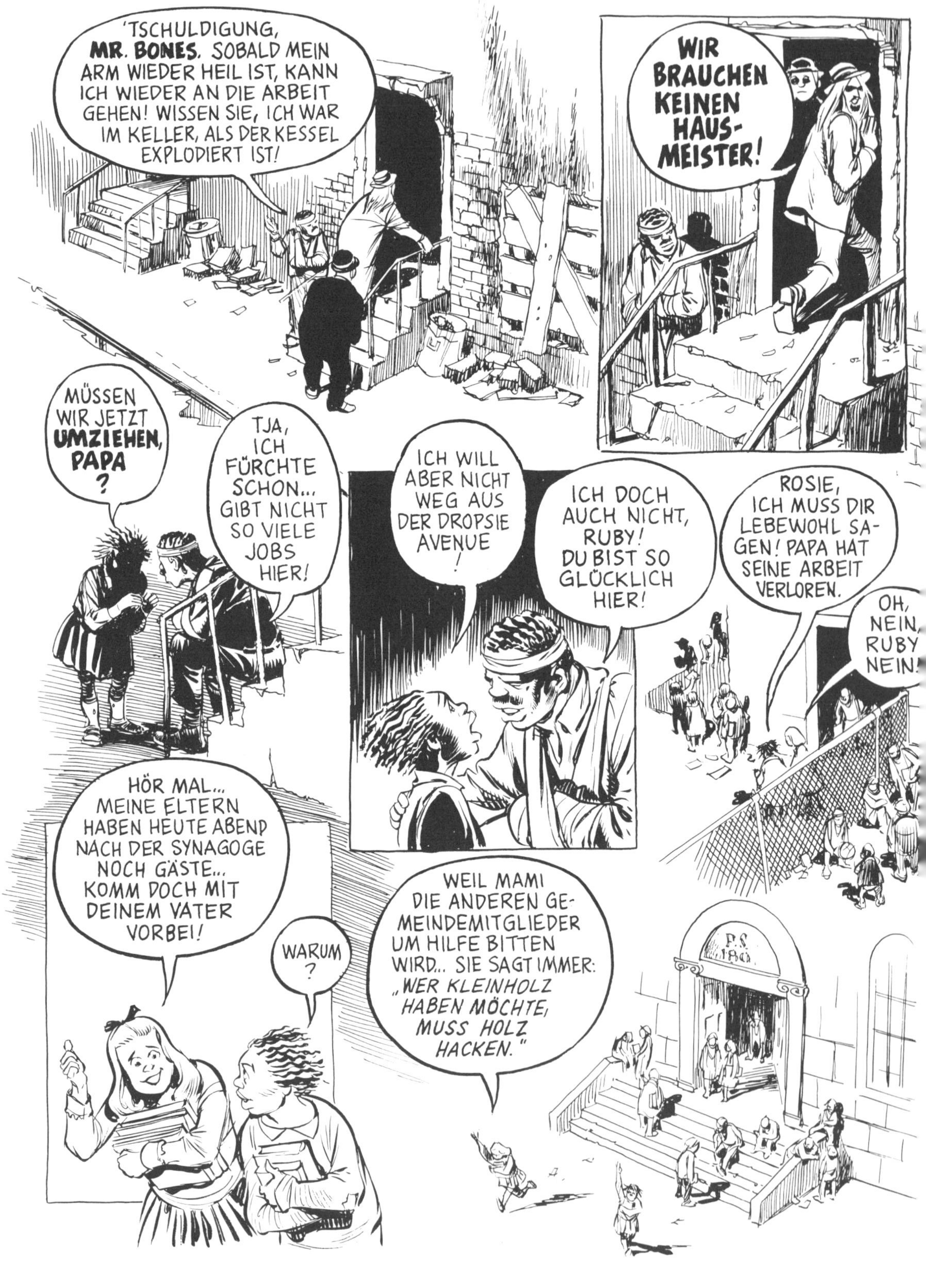
'TSCHULDIGUNG, **MR. BONES**. SOBALD MEIN ARM WIEDER HEIL IST, KANN ICH WIEDER AN DIE ARBEIT GEHEN! WISSEN SIE, ICH WAR IM KELLER, ALS DER KESSEL EXPLODIERT IST!
WIR BRAUCHEN KEINEN HAUS-MEISTER!
MÜSSEN WIR JETZT **UMZIEHEN, PAPA**?
TJA, ICH FÜRCHTE SCHON... GIBT NICHT SO VIELE JOBS HIER!
ICH WILL ABER NICHT WEG AUS DER DROPSIE AVENUE!
ICH DOCH AUCH NICHT, RUBY! DU BIST SO GLÜCKLICH HIER!
ROSIE, ICH MUSS DIR LEBEWOHL SA-GEN! PAPA HAT SEINE ARBEIT VERLOREN.
OH, NEIN, RUBY NEIN!
HÖR MAL... MEINE ELTERN HABEN HEUTE ABEND NACH DER SYNAGOGE NOCH GÄSTE... KOMM DOCH MIT DEINEM VATER VORBEI!
WARUM?
WEIL MAMI DIE ANDEREN GE-MEINDEMITGLIEDER UM HILFE BITTEN WIRD... SIE SAGT IMMER: *„WER KLEINHOLZ HABEN MÖCHTE, MUSS HOLZ HACKEN."*

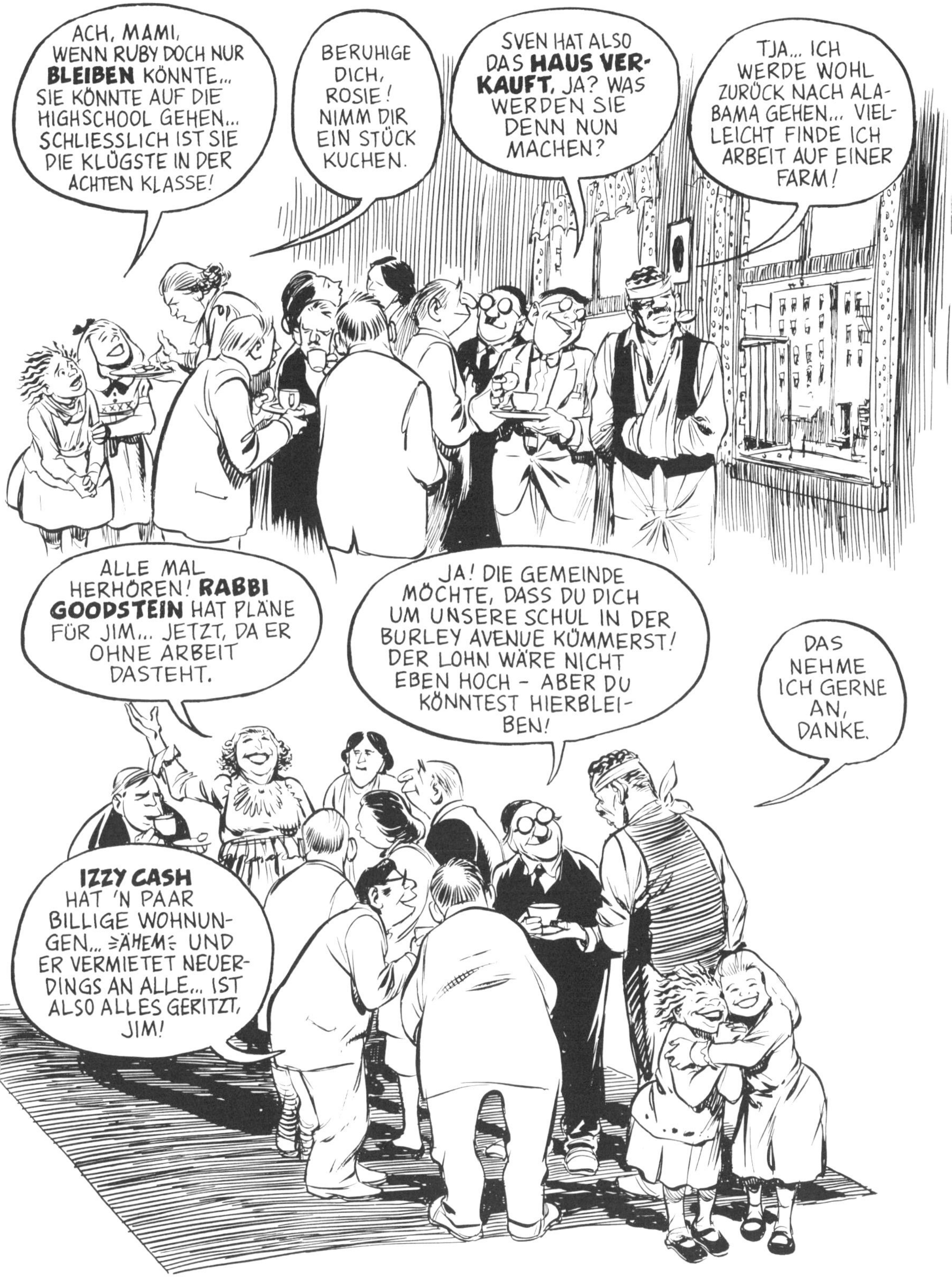
ACH, MAMI, WENN RUBY DOCH NUR BLEIBEN KÖNNTE... SIE KÖNNTE AUF DIE HIGHSCHOOL GEHEN... SCHLIESSLICH IST SIE DIE KLÜGSTE IN DER ACHTEN KLASSE!
BERUHIGE DICH, ROSIE! NIMM DIR EIN STÜCK KUCHEN.
SVEN HAT ALSO DAS HAUS VERKAUFT, JA? WAS WERDEN SIE DENN NUN MACHEN?
TJA... ICH WERDE WOHL ZURÜCK NACH ALABAMA GEHEN... VIELLEICHT FINDE ICH ARBEIT AUF EINER FARM!
ALLE MAL HERHÖREN! RABBI GOODSTEIN HAT PLÄNE FÜR JIM... JETZT, DA ER OHNE ARBEIT DASTEHT.
JA! DIE GEMEINDE MÖCHTE, DASS DU DICH UM UNSERE SCHUL IN DER BURLEY AVENUE KÜMMERST! DER LOHN WÄRE NICHT EBEN HOCH - ABER DU KÖNNTEST HIERBLEIBEN!
DAS NEHME ICH GERNE AN, DANKE.
IZZY CASH HAT 'N PAAR BILLIGE WOHNUNGEN... ÄHEM UND ER VERMIETET NEUERDINGS AN ALLE... IST ALSO ALLES GERITZT, JIM!

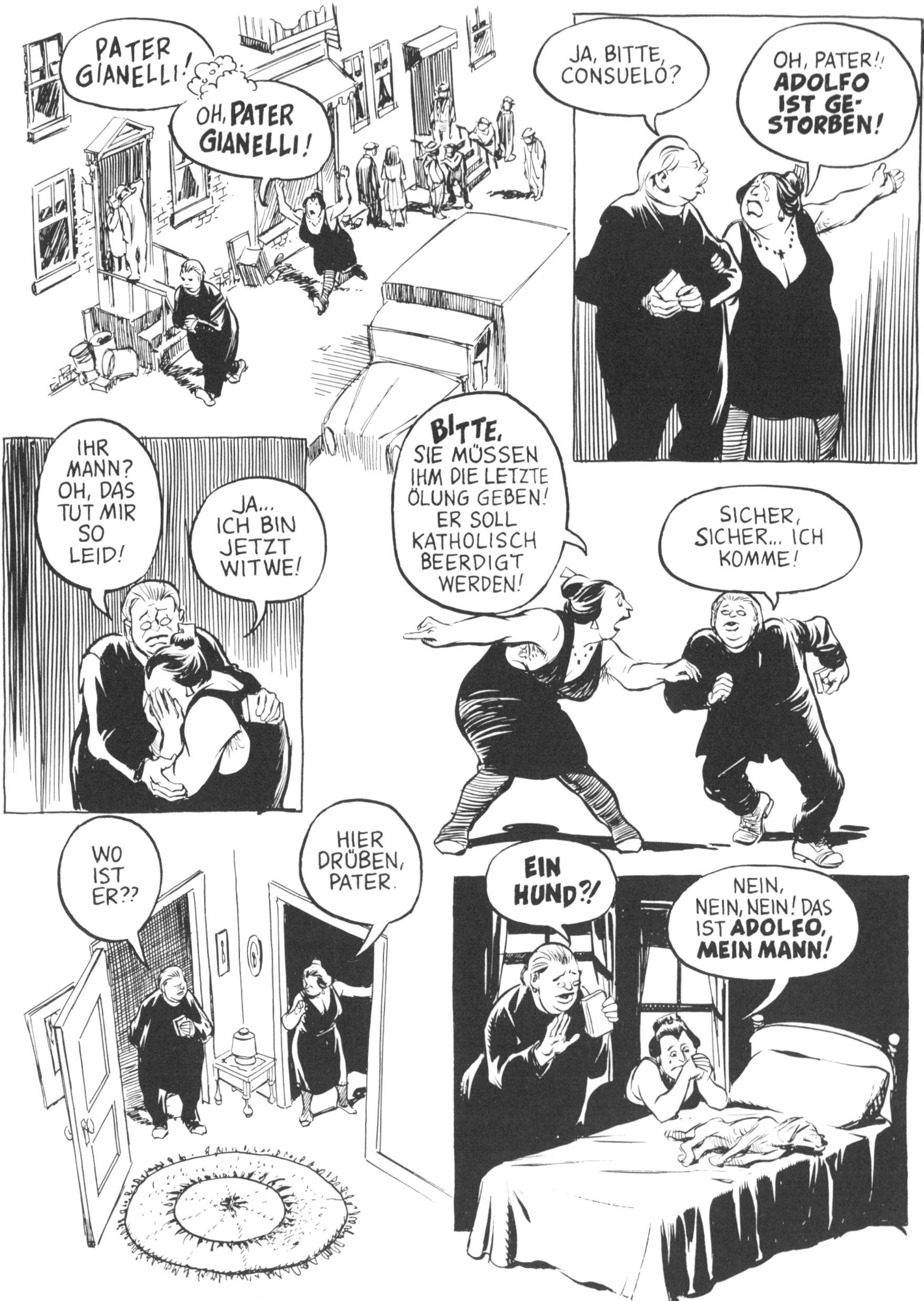
PATER GIANELLI!
OH, PATER GIANELLI!
JA, BITTE, CONSUELO?
OH, PATER!! ADOLFO IST GESTORBEN!
IHR MANN? OH, DAS TUT MIR SO LEID!
JA... ICH BIN JETZT WITWE!
BITTE, SIE MÜSSEN IHM DIE LETZTE ÖLUNG GEBEN! ER SOLL KATHOLISCH BEERDIGT WERDEN!
SICHER, SICHER... ICH KOMME!
WO IST ER??
HIER DRÜBEN, PATER.
EIN HUND?!
NEIN, NEIN, NEIN! DAS IST ADOLFO, MEIN MANN!

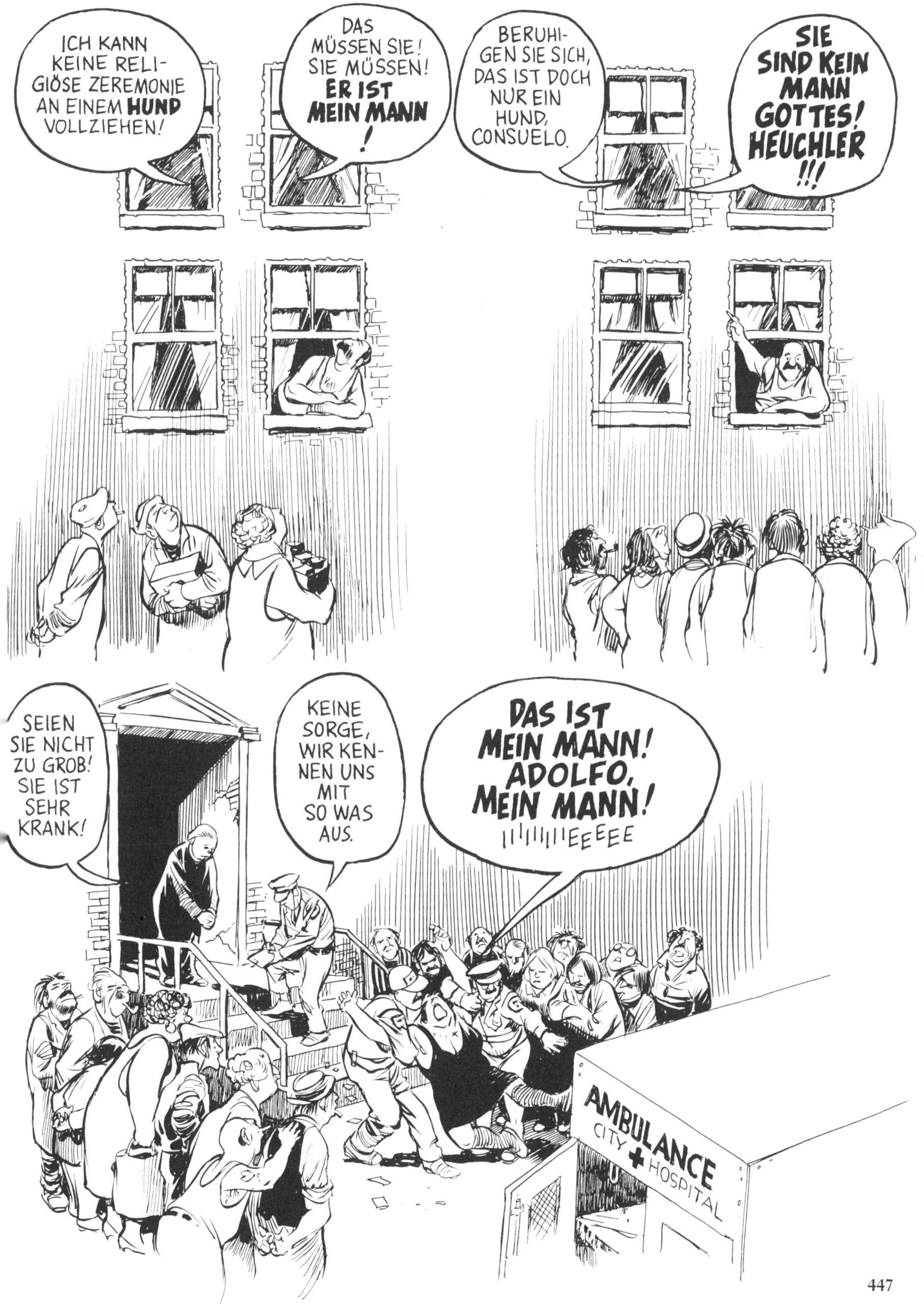

ICH KANN KEINE RELIGIÖSE ZEREMONIE AN EINEM HUND VOLLZIEHEN!
DAS MÜSSEN SIE! SIE MÜSSEN! ER IST MEIN MANN!
BERUHIGEN SIE SICH, DAS IST DOCH NUR EIN HUND, CONSUELO.
SIE SIND KEIN MANN GOTTES! HEUCHLER!!!
SEIEN SIE NICHT ZU GROB! SIE IST SEHR KRANK!
KEINE SORGE, WIR KENNEN UNS MIT SO WAS AUS.
DAS IST MEIN MANN! ADOLFO, MEIN MANN! IIIIIIIIEEEEE
AMBULANCE
CITY HOSPITAL

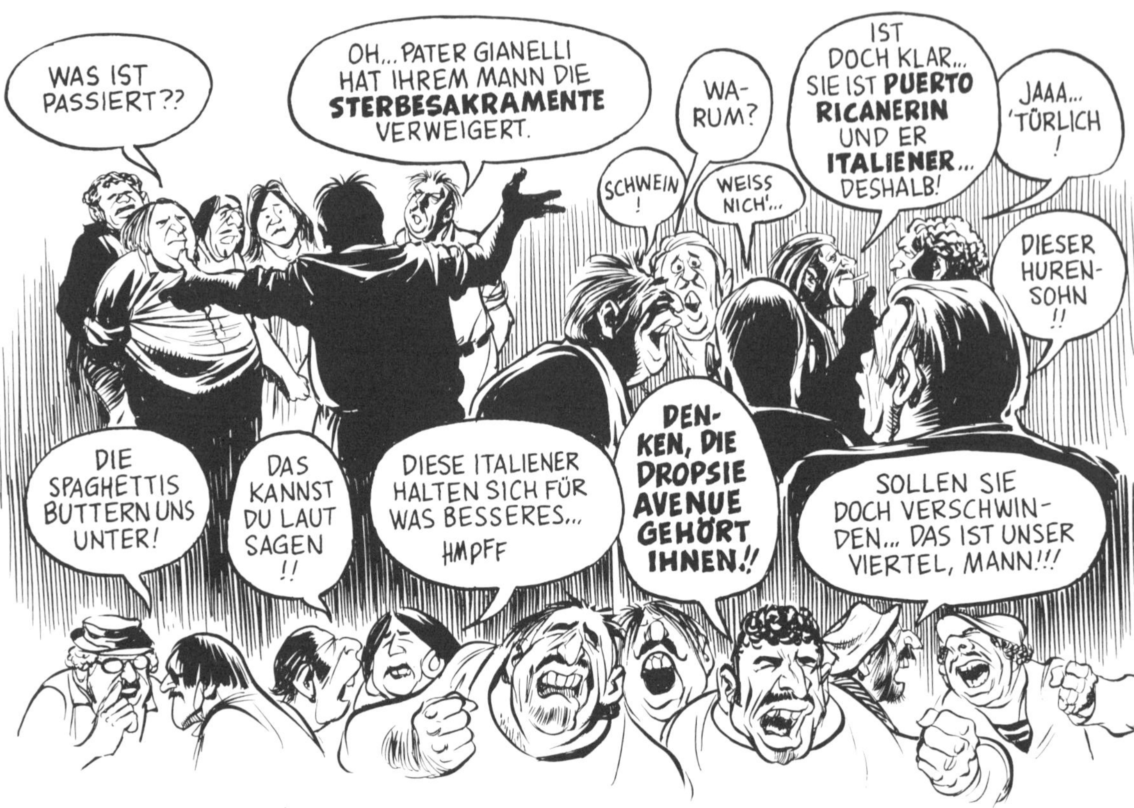
WAS IST PASSIERT??
OH... PATER GIANELLI HAT IHREM MANN DIE **STERBESAKRAMENTE** VERWEIGERT.
SCHWEIN!
WA-RUM?
WEISS NICH'...
IST DOCH KLAR... SIE IST **PUERTO RICANERIN** UND ER **ITALIENER**... DESHALB!
JAAA... 'TÜRLICH!
DIESER HUREN-SOHN!!
DIE SPAGHETTIS BUTTERN UNS UNTER!
DAS KANNST DU LAUT SAGEN!!
DIESE ITALIENER HALTEN SICH FÜR WAS BESSERES... HMPFF
DEN-KEN, DIE DROPSIE AVENUE GEHÖRT IHNEN!!
SOLLEN SIE DOCH VERSCHWIN-DEN... DAS IST UNSER VIERTEL, MANN!!!

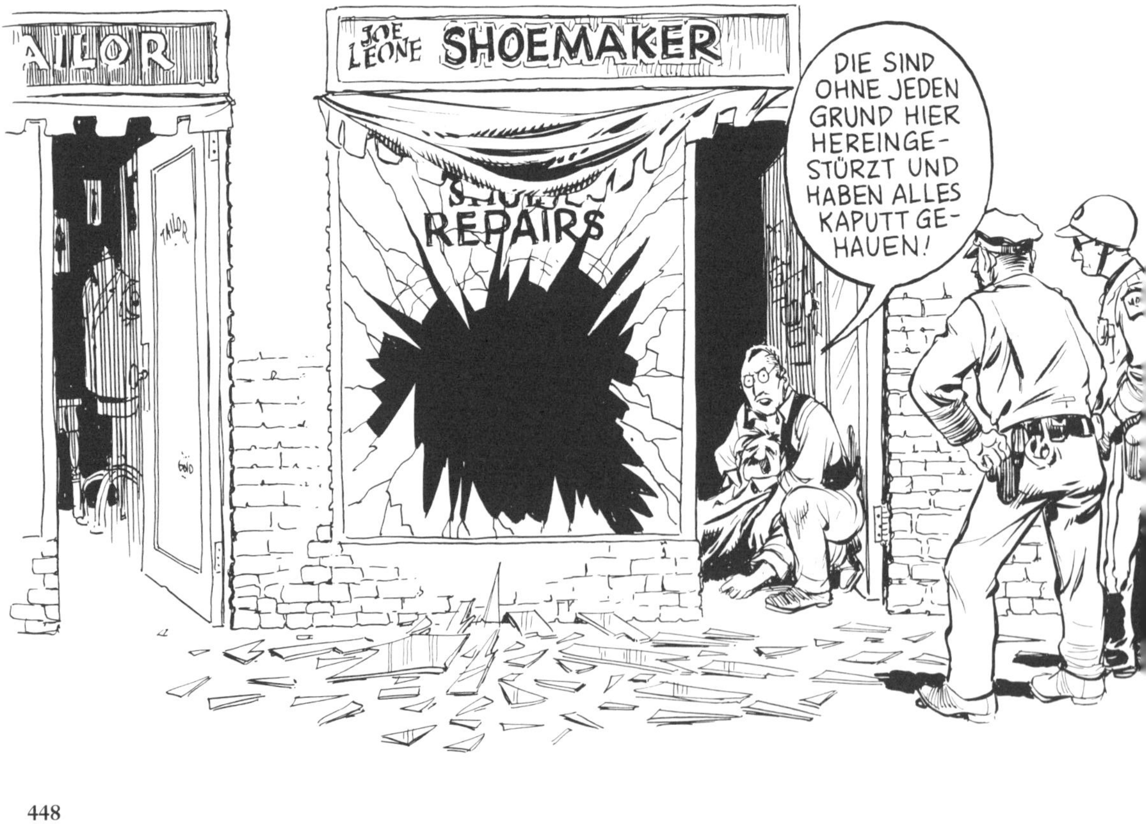
AILOR
JOE LEONE SHOEMAKER
REPAIRS
TAILOR
DIE SIND OHNE JEDEN GRUND HIER HEREINGE-STÜRZT UND HABEN ALLES KAPUTT GE-HAUEN!

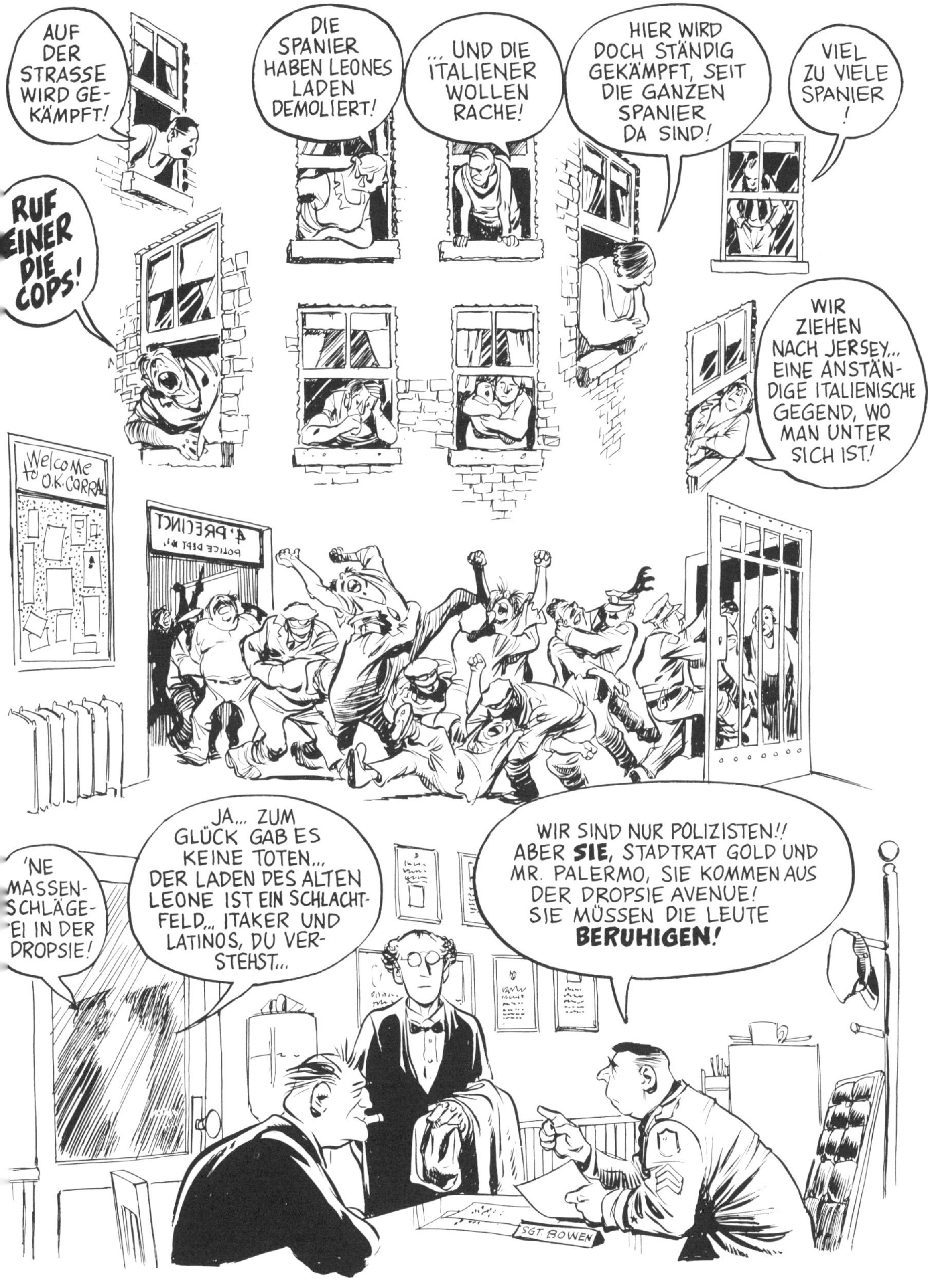
AUF DER STRASSE WIRD GEKÄMPFT!
DIE SPANIER HABEN LEONES LADEN DEMOLIERT!
... UND DIE ITALIENER WOLLEN RACHE!
HIER WIRD DOCH STÄNDIG GEKÄMPFT, SEIT DIE GANZEN SPANIER DA SIND!
VIEL ZU VIELE SPANIER!
RUF EINER DIE COPS!
WIR ZIEHEN NACH JERSEY... EINE ANSTÄNDIGE ITALIENISCHE GEGEND, WO MAN UNTER SICH IST!
Welcome to O.K. CORRAL
4. PRECINCT
POLICE DEPT
'NE MASSENSCHLÄGEREI IN DER DROPSIE!
JA... ZUM GLÜCK GAB ES KEINE TOTEN... DER LADEN DES ALTEN LEONE IST EIN SCHLACHTFELD... ITAKER UND LATINOS, DU VERSTEHST...
WIR SIND NUR POLIZISTEN!! ABER **SIE**, STADTRAT GOLD UND MR. PALERMO, SIE KOMMEN AUS DER DROPSIE AVENUE! SIE MÜSSEN DIE LEUTE **BERUHIGEN**!
SGT. BOWEN

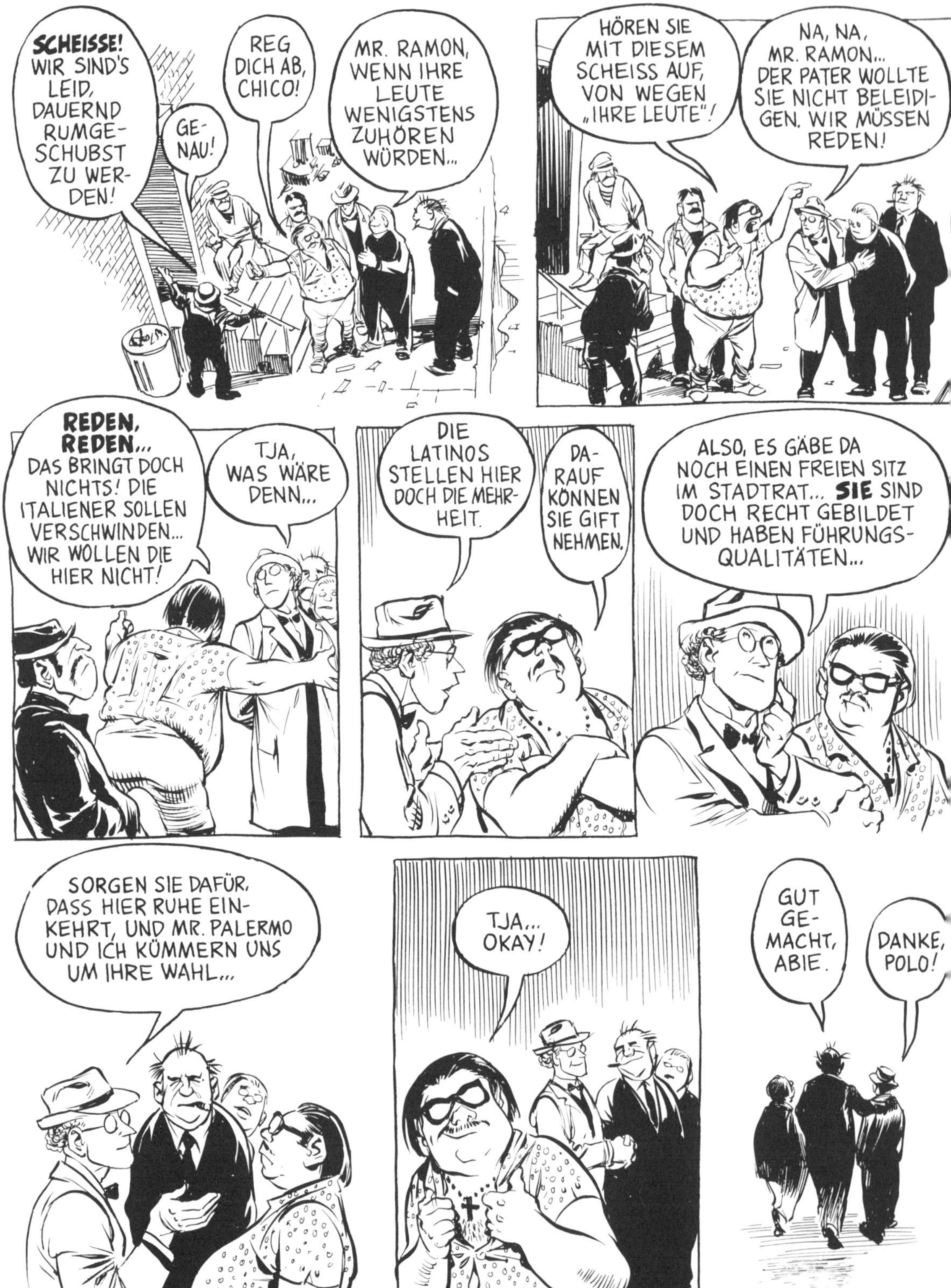
SCHEISSE! WIR SIND'S LEID, DAUERND RUMGESCHUBST ZU WERDEN!
GENAU!
REG DICH AB, CHICO!
MR. RAMON, WENN IHRE LEUTE WENIGSTENS ZUHÖREN WÜRDEN...
HÖREN SIE MIT DIESEM SCHEISS AUF, VON WEGEN „IHRE LEUTE"!
NA, NA, MR. RAMON... DER PATER WOLLTE SIE NICHT BELEIDIGEN. WIR MÜSSEN REDEN!
REDEN, REDEN... DAS BRINGT DOCH NICHTS! DIE ITALIENER SOLLEN VERSCHWINDEN... WIR WOLLEN DIE HIER NICHT!
TJA, WAS WÄRE DENN...
DIE LATINOS STELLEN HIER DOCH DIE MEHRHEIT.
DARAUF KÖNNEN SIE GIFT NEHMEN.
ALSO, ES GÄBE DA NOCH EINEN FREIEN SITZ IM STADTRAT... SIE SIND DOCH RECHT GEBILDET UND HABEN FÜHRUNGSQUALITÄTEN...
SORGEN SIE DAFÜR, DASS HIER RUHE EINKEHRT, UND MR. PALERMO UND ICH KÜMMERN UNS UM IHRE WAHL...
TJA... OKAY!
GUT GEMACHT, ABIE.
DANKE, POLO!

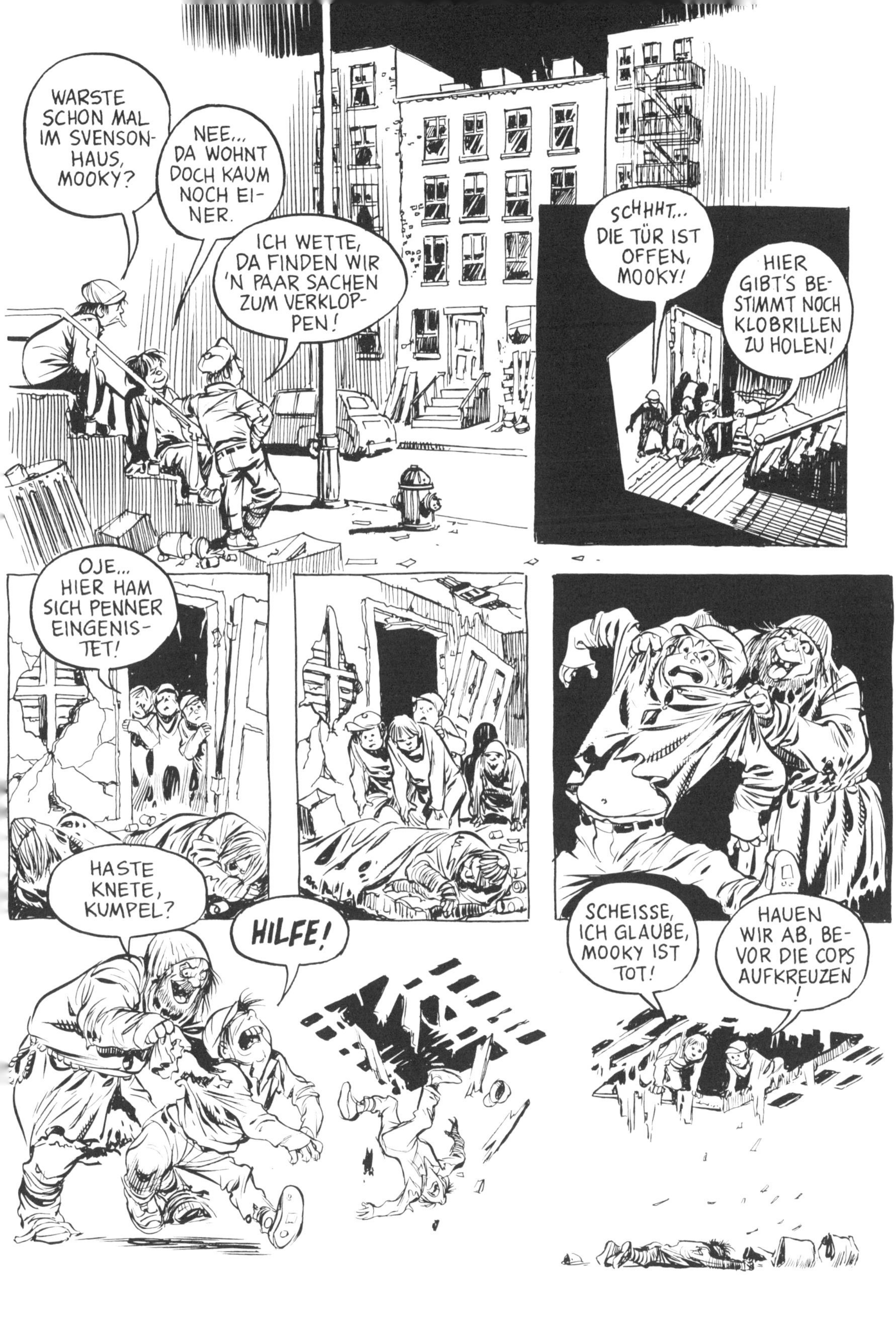
WARSTE SCHON MAL IM SVENSON-HAUS, MOOKY?
NEE... DA WOHNT DOCH KAUM NOCH EI-NER.
ICH WETTE, DA FINDEN WIR 'N PAAR SACHEN ZUM VERKLOP-PEN!
SCHHHT... DIE TÜR IST OFFEN, MOOKY!
HIER GIBT'S BE-STIMMT NOCH KLOBRILLEN ZU HOLEN!
OJE... HIER HAM SICH PENNER EINGENIS-TET!
HASTE KNETE, KUMPEL?
HILFE!
SCHEISSE, ICH GLAUBE, MOOKY IST TOT!
HAUEN WIR AB, BE-VOR DIE COPS AUFKREUZEN!

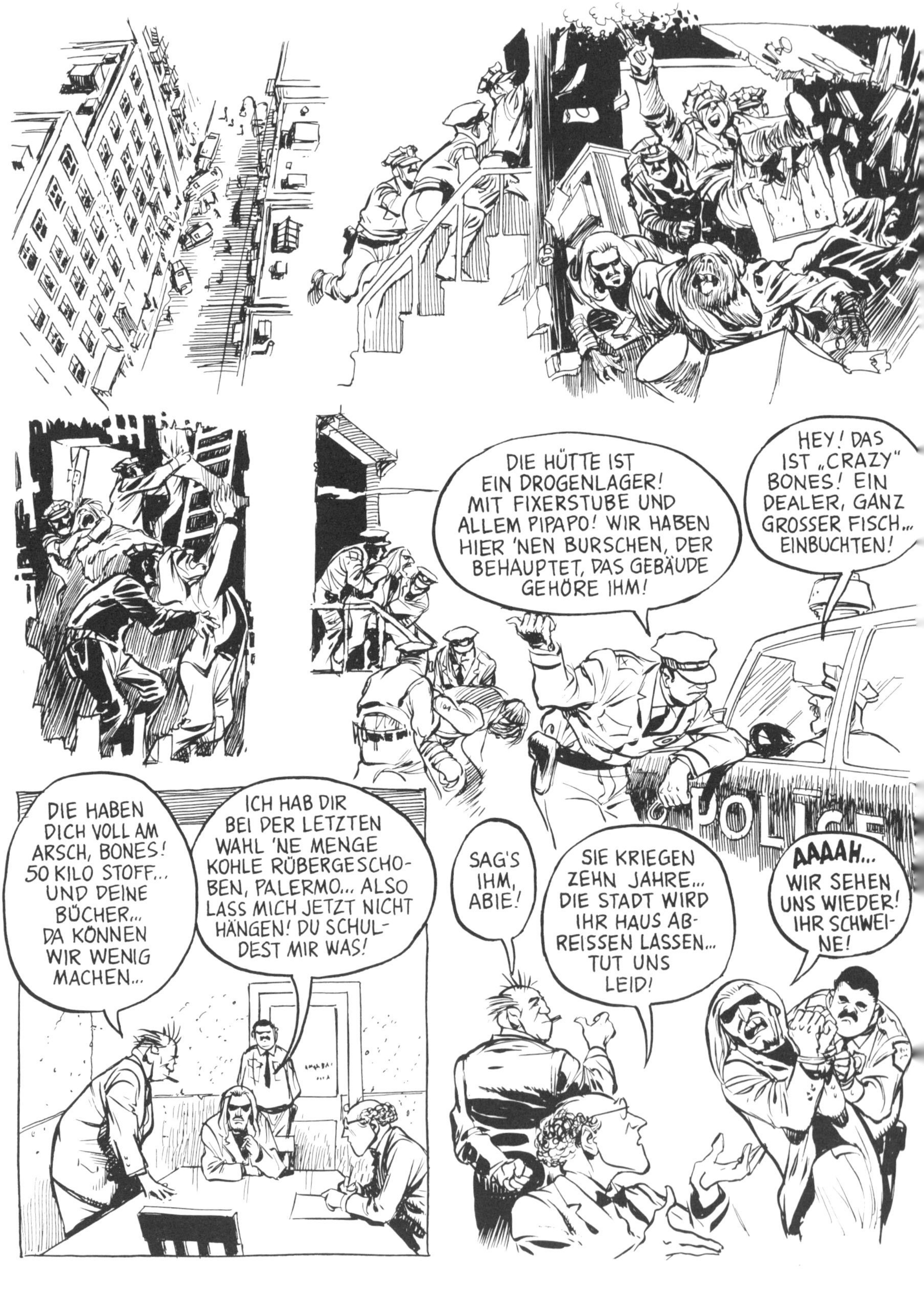
DIE HÜTTE IST EIN DROGENLAGER! MIT FIXERSTUBE UND ALLEM PIPAPO! WIR HABEN HIER 'NEN BURSCHEN, DER BEHAUPTET, DAS GEBÄUDE GEHÖRE IHM!
HEY! DAS IST „CRAZY" BONES! EIN DEALER, GANZ GROSSER FISCH... EINBUCHTEN!
POLICE
DIE HABEN DICH VOLL AM ARSCH, BONES! 50 KILO STOFF... UND DEINE BÜCHER... DA KÖNNEN WIR WENIG MACHEN...
ICH HAB DIR BEI DER LETZTEN WAHL 'NE MENGE KOHLE RÜBERGESCHOBEN, PALERMO... ALSO LASS MICH JETZT NICHT HÄNGEN! DU SCHULDEST MIR WAS!
SAG'S IHM, ABIE!
SIE KRIEGEN ZEHN JAHRE... DIE STADT WIRD IHR HAUS ABREISSEN LASSEN... TUT UNS LEID!
AAAAH... WIR SEHEN UNS WIEDER! IHR SCHWEINE!

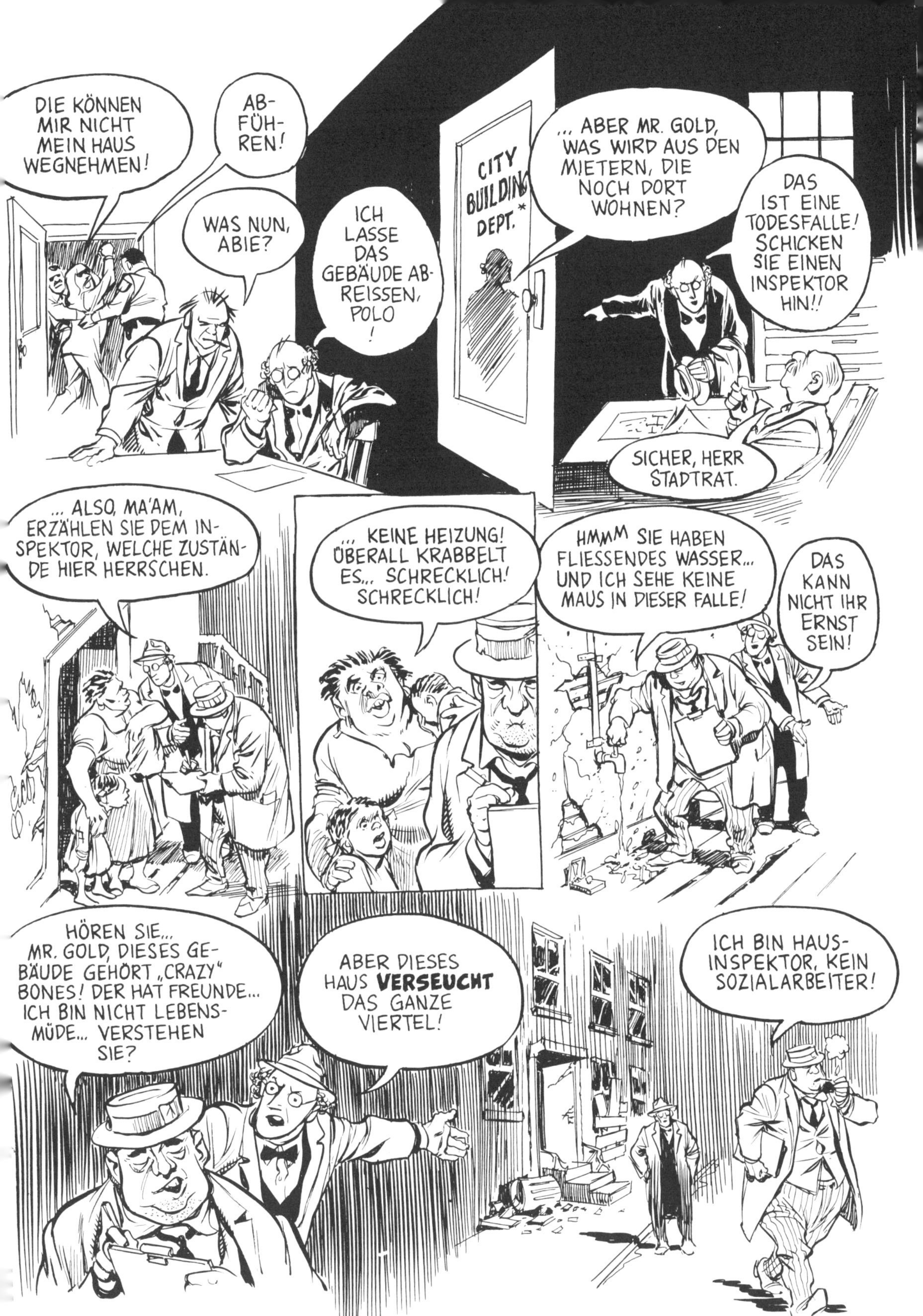

* STÄDTISCHE BAUBEHÖRDE

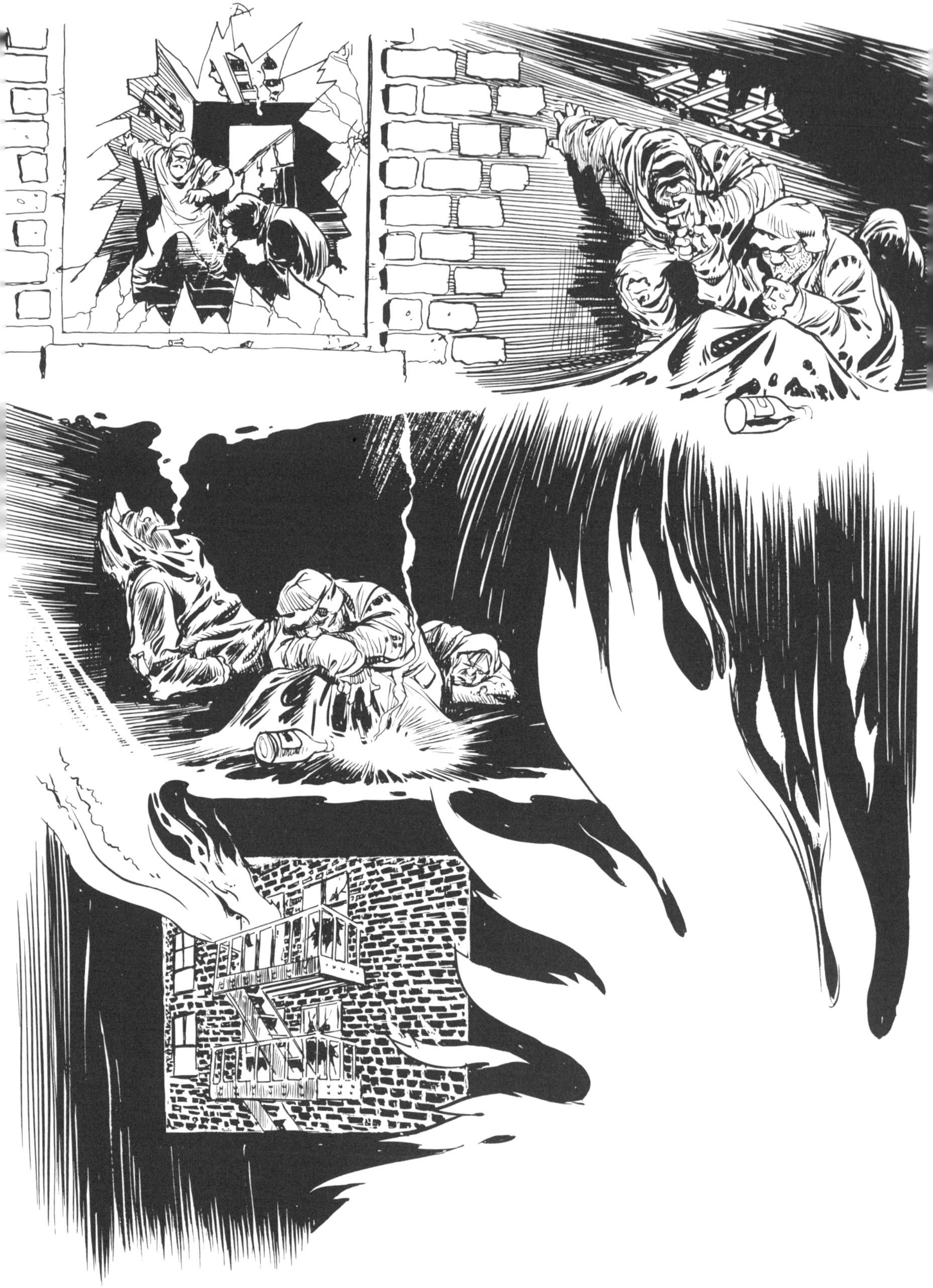

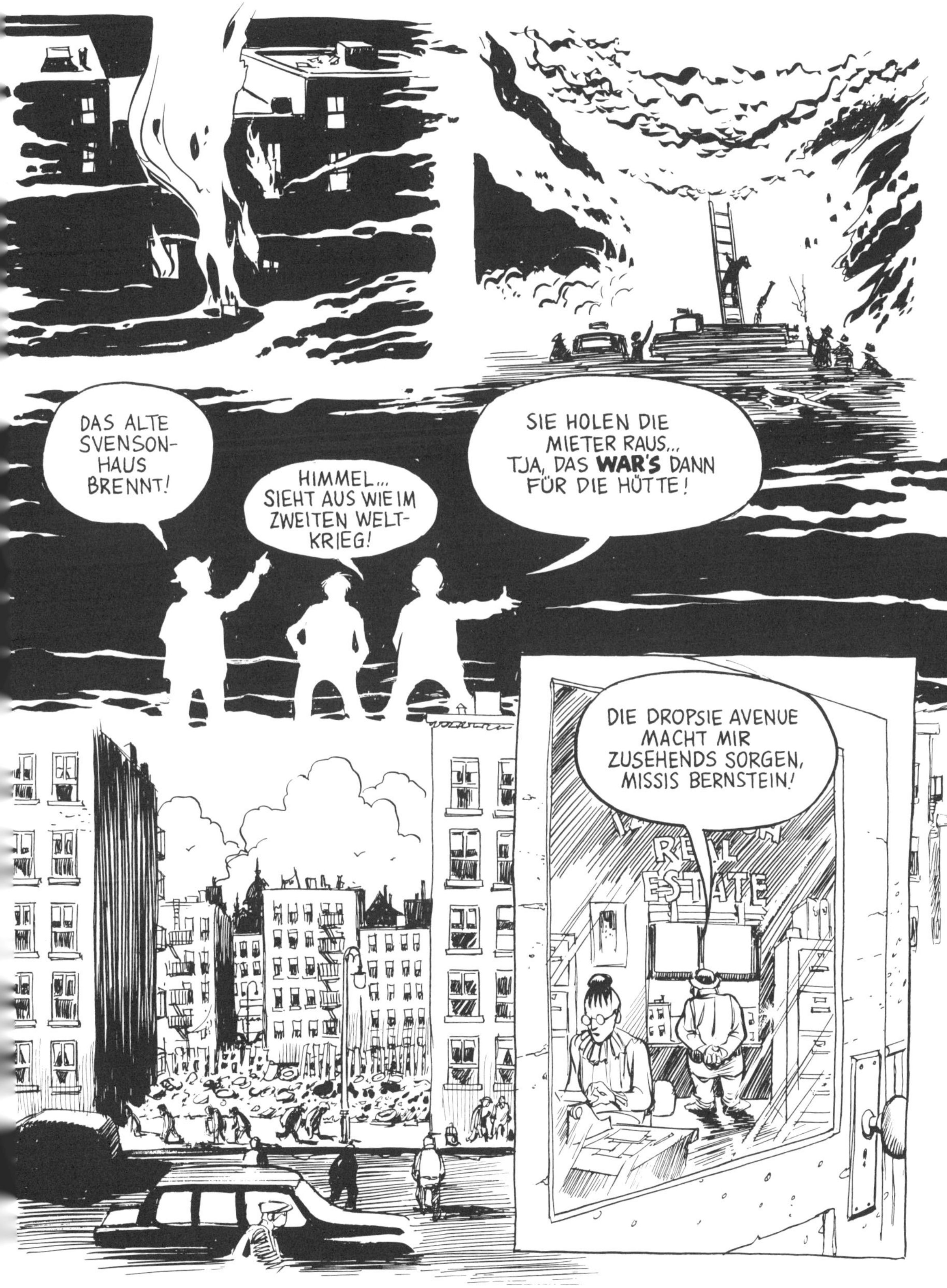
DAS ALTE SVENSON-HAUS BRENNT!
HIMMEL... SIEHT AUS WIE IM ZWEITEN WELT-KRIEG!
SIE HOLEN DIE MIETER RAUS... TJA, DAS WAR'S DANN FÜR DIE HÜTTE!
DIE DROPSIE AVENUE MACHT MIR ZUSEHENDS SORGEN, MISSIS BERNSTEIN!
REAL ESTATE

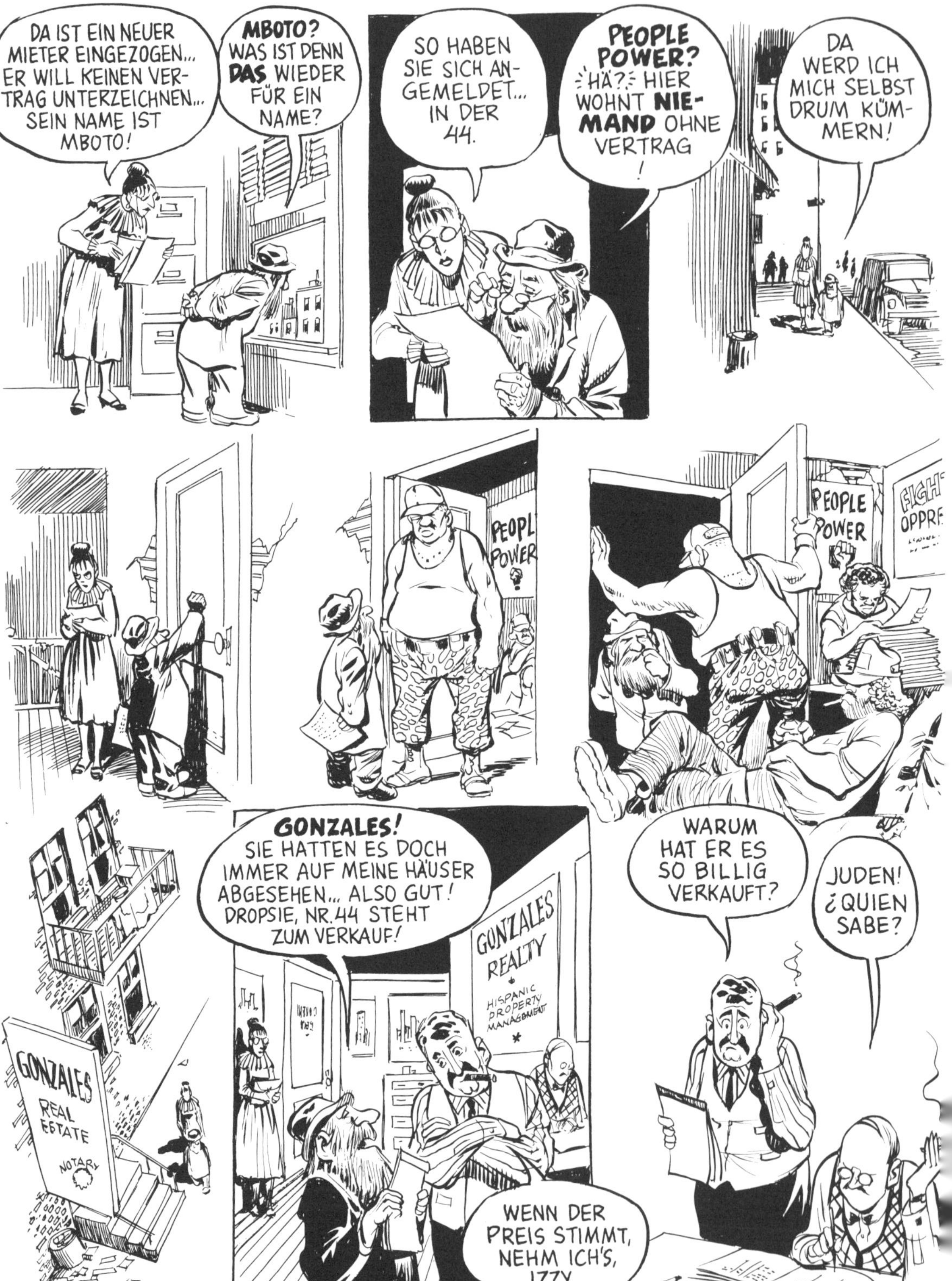

* GONZALES IMMOBILIEN – HISPANISCHE HAUSVERWALTUNG

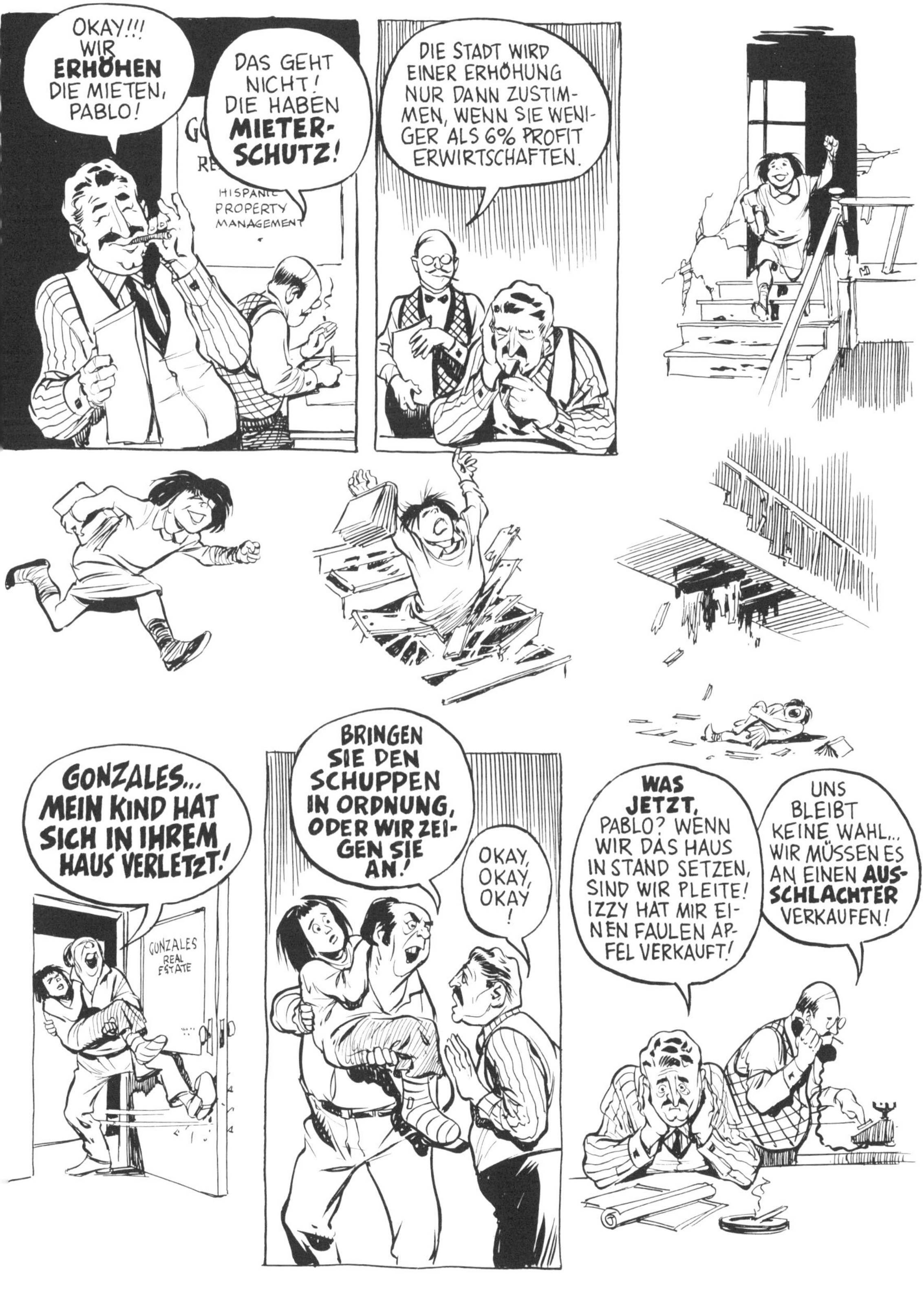
OKAY!!! WIR ERHÖHEN DIE MIETEN, PABLO!
DAS GEHT NICHT! DIE HABEN MIETER-SCHUTZ!
HISPANIC PROPERTY MANAGEMENT
DIE STADT WIRD EINER ERHÖHUNG NUR DANN ZUSTIMMEN, WENN SIE WENIGER ALS 6% PROFIT ERWIRTSCHAFTEN.
GONZALES... MEIN KIND HAT SICH IN IHREM HAUS VERLETZT!
GONZALES REAL ESTATE
BRINGEN SIE DEN SCHUPPEN IN ORDNUNG, ODER WIR ZEIGEN SIE AN!
OKAY, OKAY, OKAY!
WAS JETZT, PABLO? WENN WIR DAS HAUS IN STAND SETZEN, SIND WIR PLEITE! IZZY HAT MIR EINEN FAULEN APFEL VERKAUFT!
UNS BLEIBT KEINE WAHL... WIR MÜSSEN ES AN EINEN AUSSCHLACHTER VERKAUFEN!

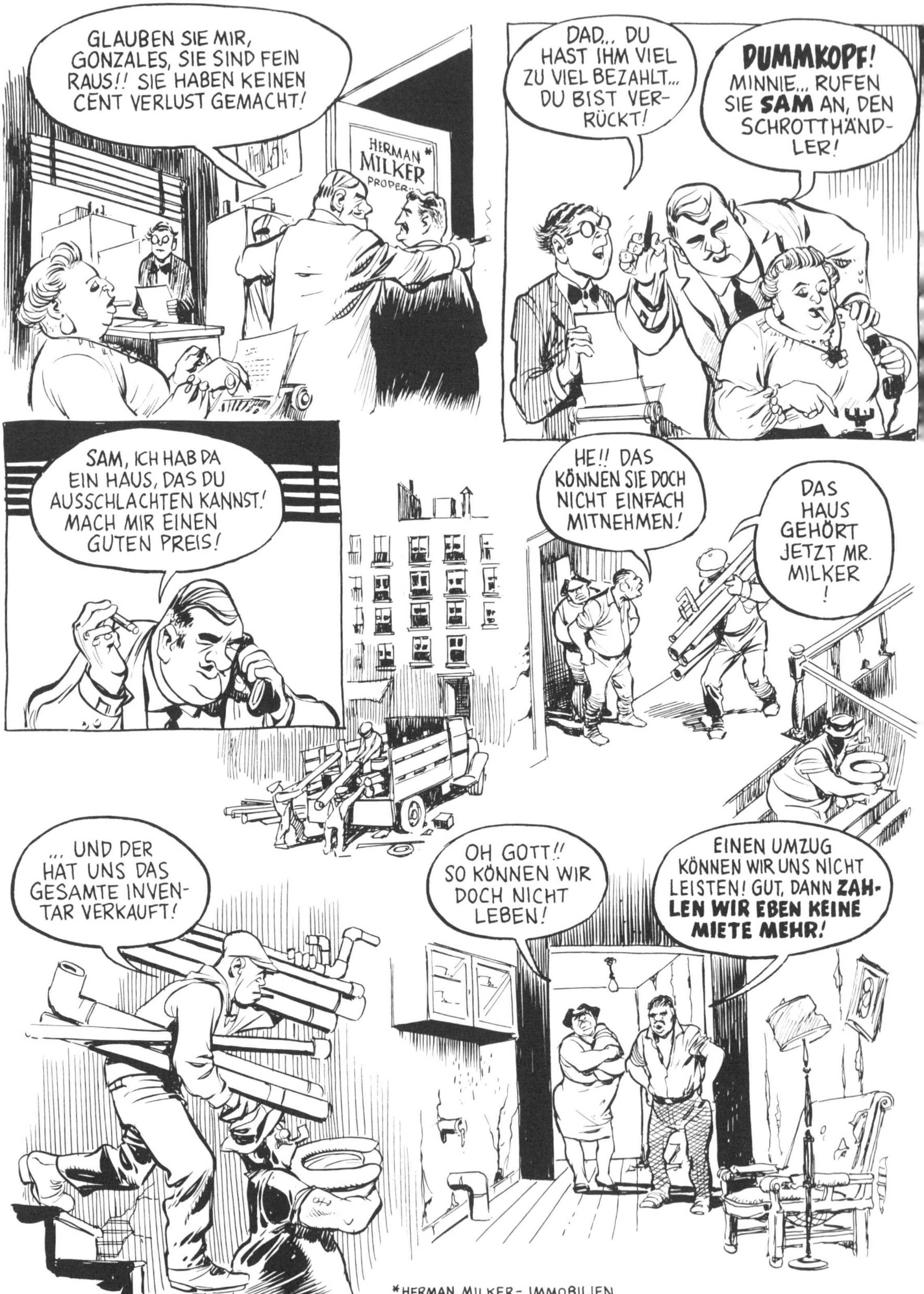
GLAUBEN SIE MIR, GONZALES, SIE SIND FEIN RAUS!! SIE HABEN KEINEN CENT VERLUST GEMACHT!
HERMAN* MILKER PROPER
DAD... DU HAST IHM VIEL ZU VIEL BEZAHLT... DU BIST VERRÜCKT!
DUMMKOPF! MINNIE... RUFEN SIE SAM AN, DEN SCHROTTHÄNDLER!
SAM, ICH HAB DA EIN HAUS, DAS DU AUSSCHLACHTEN KANNST! MACH MIR EINEN GUTEN PREIS!
HE!! DAS KÖNNEN SIE DOCH NICHT EINFACH MITNEHMEN!
DAS HAUS GEHÖRT JETZT MR. MILKER!
... UND DER HAT UNS DAS GESAMTE INVENTAR VERKAUFT!
OH GOTT!! SO KÖNNEN WIR DOCH NICHT LEBEN!
EINEN UMZUG KÖNNEN WIR UNS NICHT LEISTEN! GUT, DANN ZAHLEN WIR EBEN KEINE MIETE MEHR!
*HERMAN MILKER- IMMOBILIEN

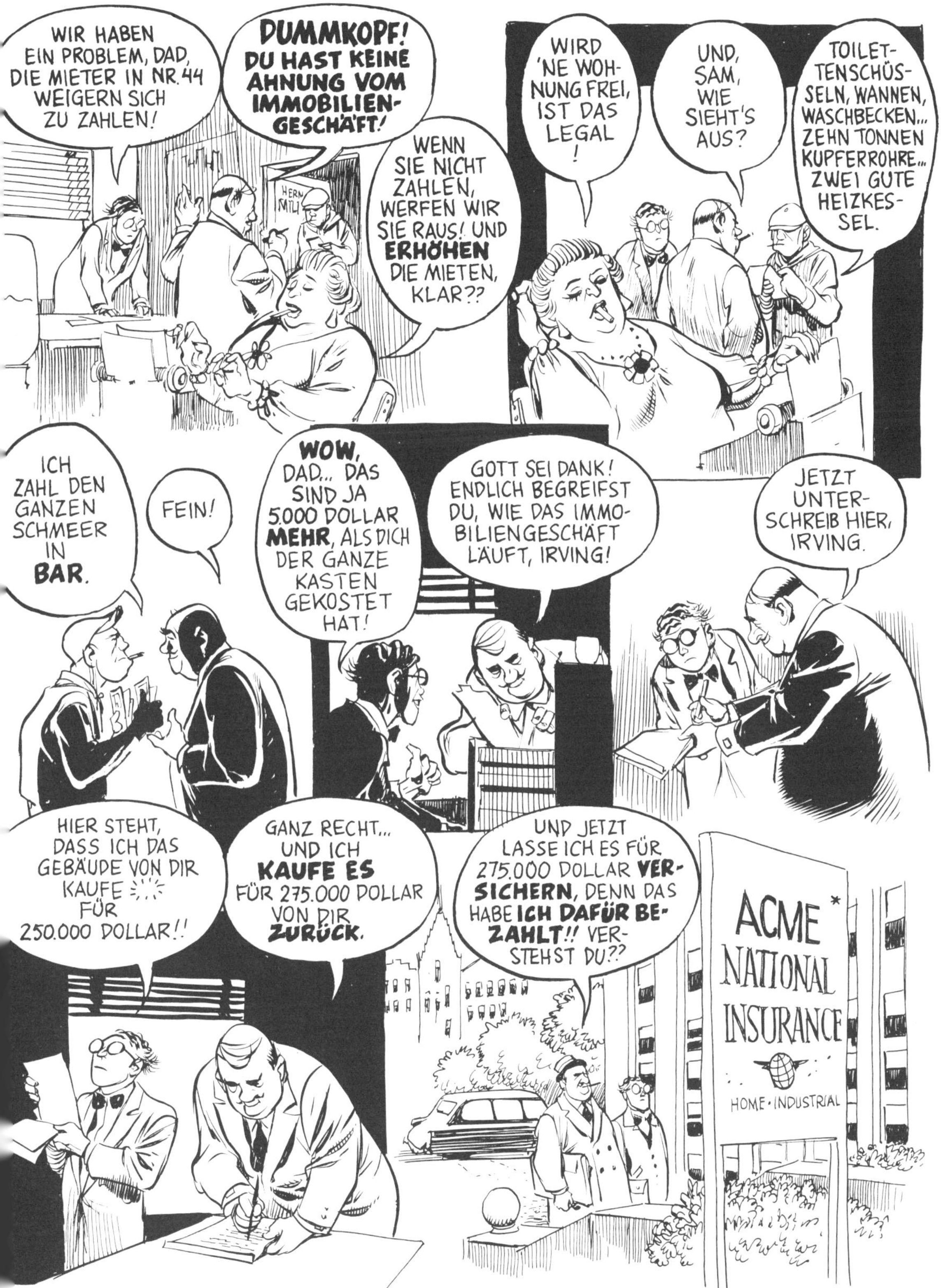

*ACME STAATLICHE VERSICHERUNG – PRIVAT • GEWERBE

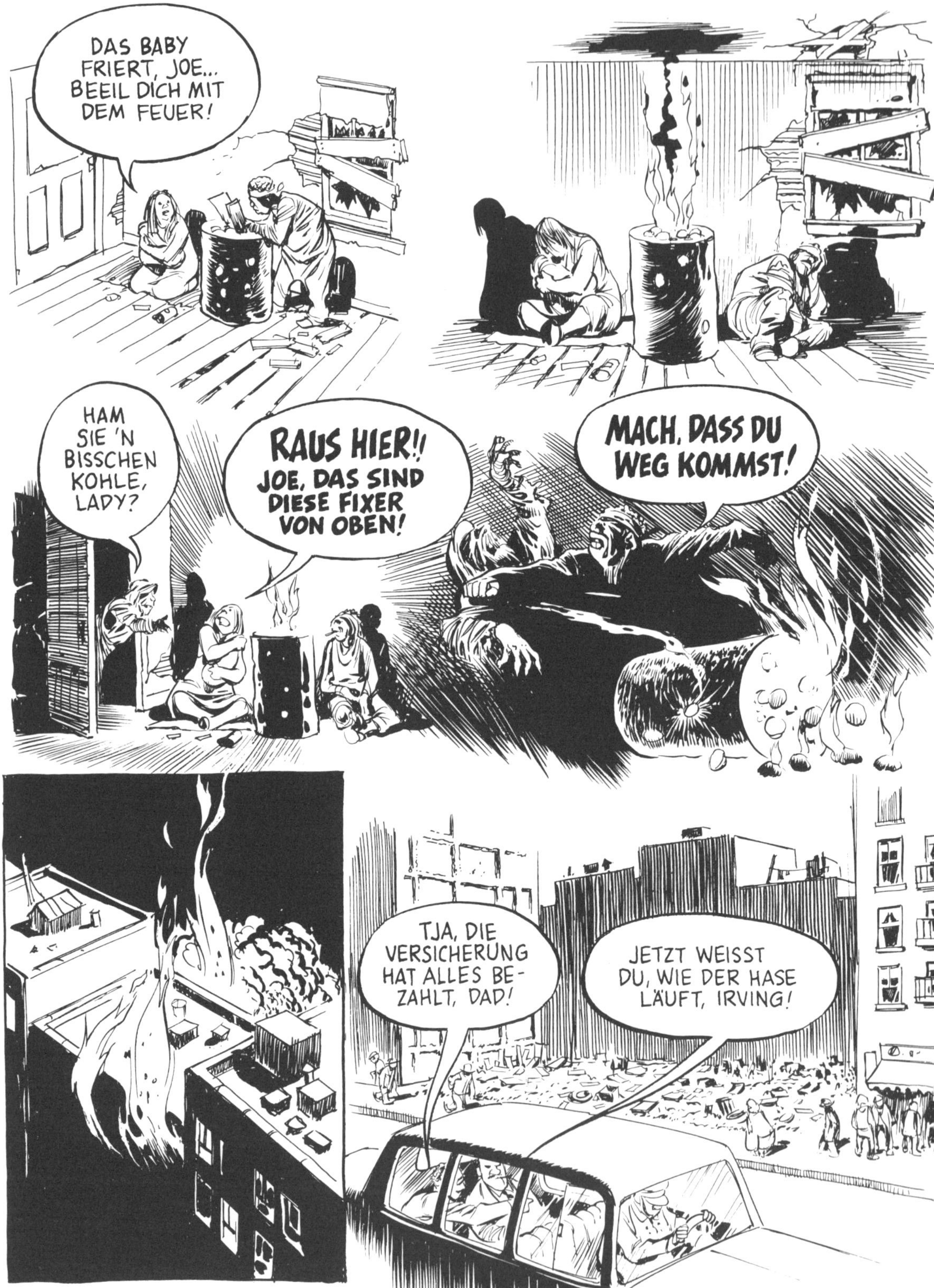
DAS BABY FRIERT, JOE... BEEIL DICH MIT DEM FEUER!
HAM SIE 'N BISSCHEN KOHLE, LADY?
RAUS HIER!! JOE, DAS SIND DIESE FIXER VON OBEN!
MACH, DASS DU WEG KOMMST!
TJA, DIE VERSICHERUNG HAT ALLES BEZAHLT, DAD!
JETZT WEISST DU, WIE DER HASE LÄUFT, IRVING!

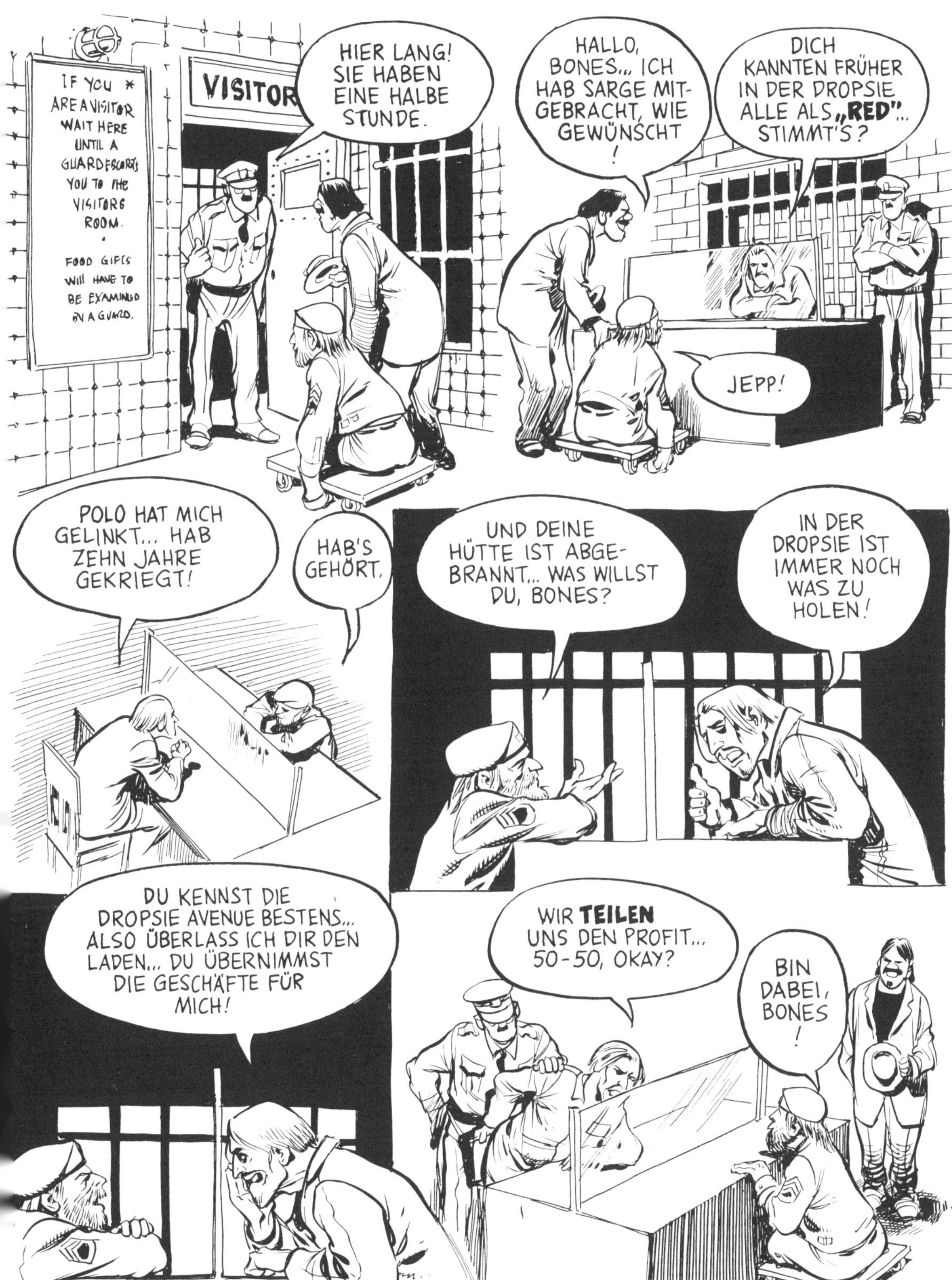

* BESUCHER WARTEN HIER, BIS SIE ZUM BESUCHERRAUM GEFÜHRT WERDEN – MITGEBRACHTE NAHRUNGSMITTEL MÜSSEN VOM WACHPERSONAL ÜBERPRÜFT WERDEN.

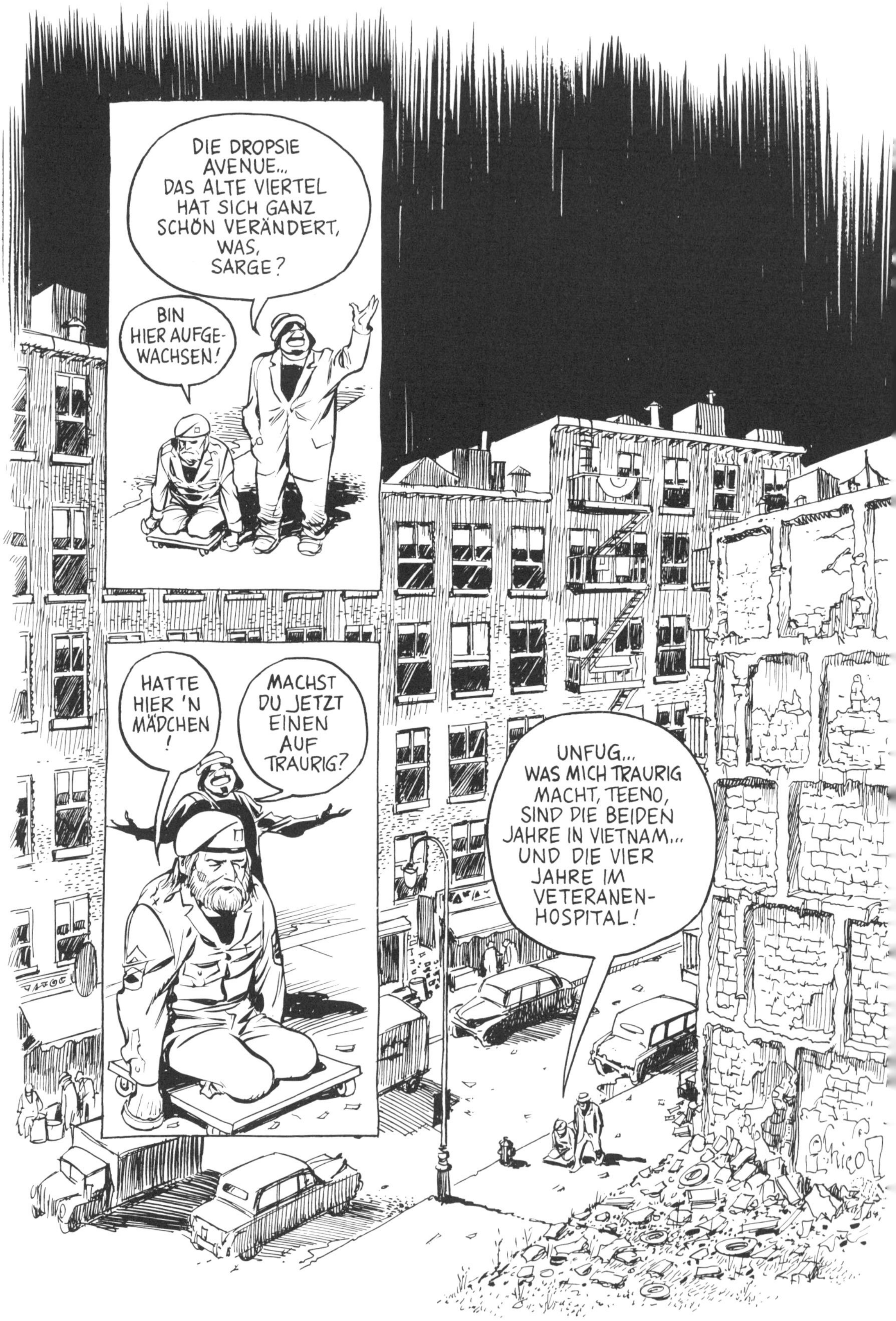
DIE DROPSIE AVENUE... DAS ALTE VIERTEL HAT SICH GANZ SCHÖN VERÄNDERT, WAS, SARGE?
BIN HIER AUFGEWACHSEN!
HATTE HIER 'N MÄDCHEN!
MACHST DU JETZT EINEN AUF TRAURIG?
UNFUG... WAS MICH TRAURIG MACHT, TEENO, SIND DIE BEIDEN JAHRE IN VIETNAM... UND DIE VIER JAHRE IM VETERANEN-HOSPITAL!

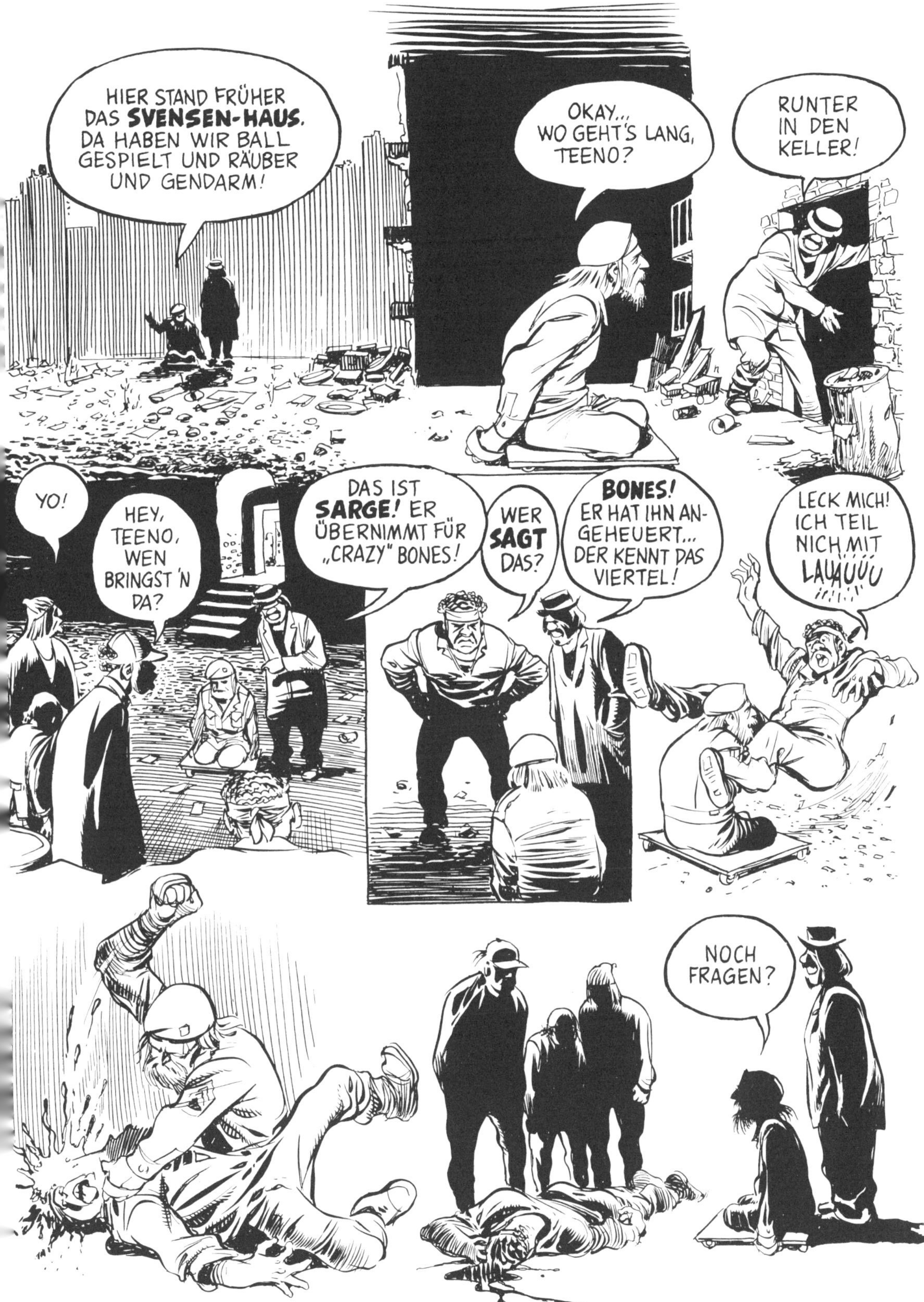
HIER STAND FRÜHER DAS SVENSEN-HAUS. DA HABEN WIR BALL GESPIELT UND RÄUBER UND GENDARM!
OKAY... WO GEHT'S LANG, TEENO?
RUNTER IN DEN KELLER!
YO!
HEY, TEENO, WEN BRINGST 'N DA?
DAS IST SARGE! ER ÜBERNIMMT FÜR „CRAZY" BONES!
WER SAGT DAS?
BONES! ER HAT IHN ANGEHEUERT... DER KENNT DAS VIERTEL!
LECK MICH! ICH TEIL NICH MIT LAUAUUU
NOCH FRAGEN?

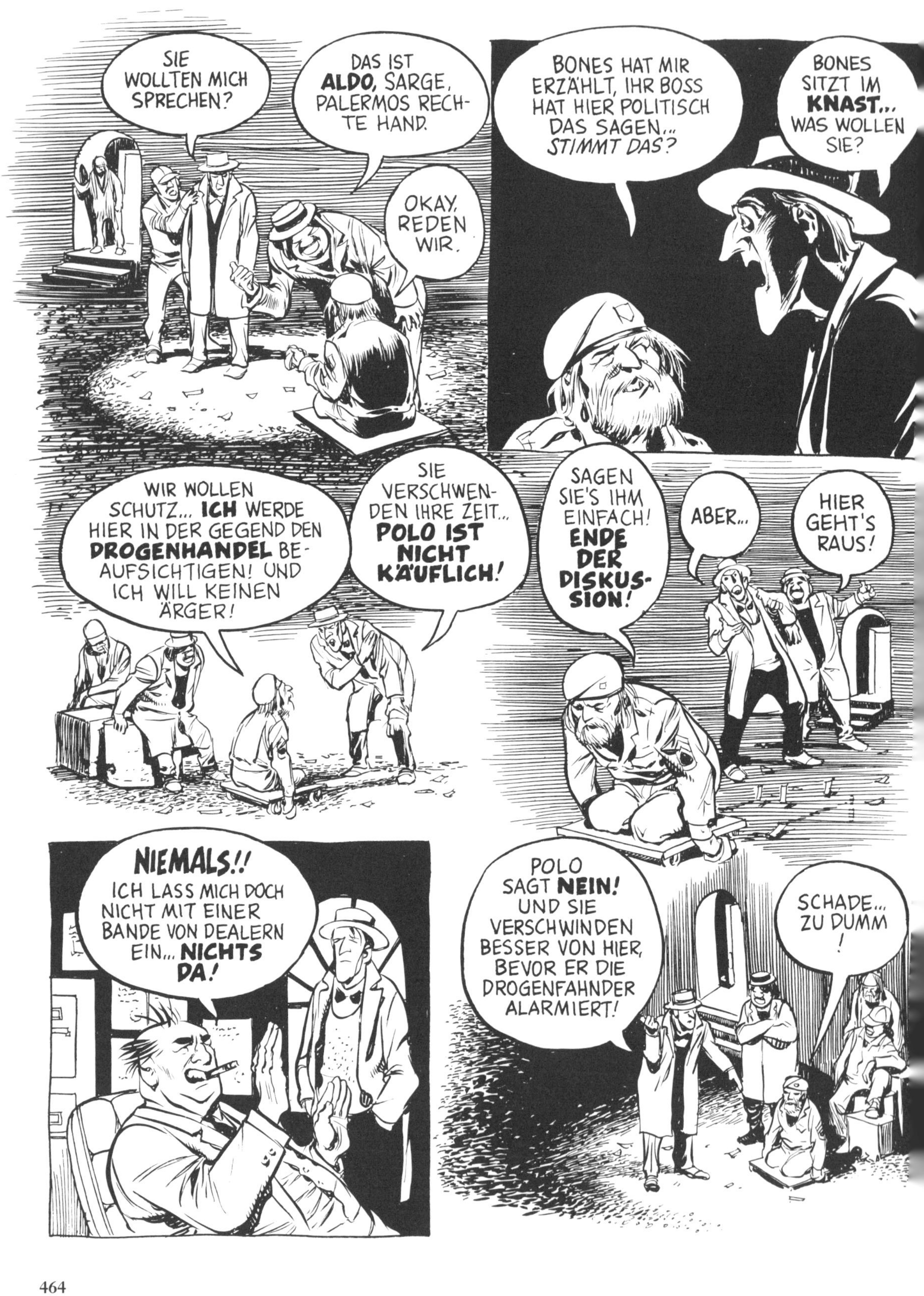
SIE WOLLTEN MICH SPRECHEN?
DAS IST ALDO, SARGE, PALERMOS RECHTE HAND.
OKAY, REDEN WIR.
BONES HAT MIR ERZÄHLT, IHR BOSS HAT HIER POLITISCH DAS SAGEN... STIMMT DAS?
BONES SITZT IM KNAST... WAS WOLLEN SIE?
WIR WOLLEN SCHUTZ... ICH WERDE HIER IN DER GEGEND DEN DROGENHANDEL BEAUFSICHTIGEN! UND ICH WILL KEINEN ÄRGER!
SIE VERSCHWENDEN IHRE ZEIT... POLO IST NICHT KÄUFLICH!
SAGEN SIE'S IHM EINFACH! ENDE DER DISKUSSION!
ABER...
HIER GEHT'S RAUS!
NIEMALS!! ICH LASS MICH DOCH NICHT MIT EINER BANDE VON DEALERN EIN... NICHTS DA!
POLO SAGT NEIN! UND SIE VERSCHWINDEN BESSER VON HIER, BEVOR ER DIE DROGENFAHNDER ALARMIERT!
SCHADE... ZU DUMM!

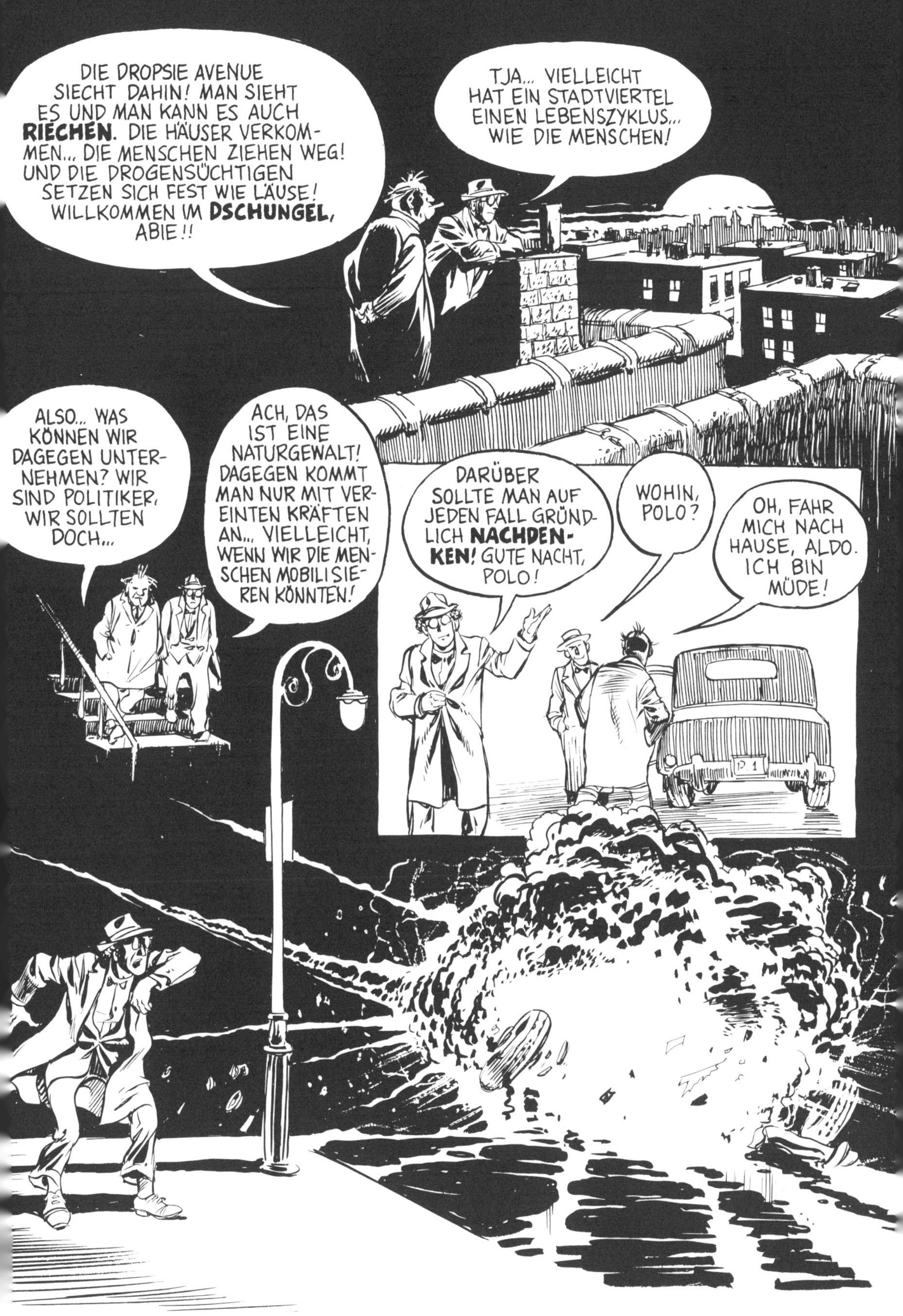
DIE DROPSIE AVENUE SIECHT DAHIN! MAN SIEHT ES UND MAN KANN ES AUCH **RIECHEN**. DIE HÄUSER VERKOM-MEN... DIE MENSCHEN ZIEHEN WEG! UND DIE DROGENSÜCHTIGEN SETZEN SICH FEST WIE LÄUSE! WILLKOMMEN IM **DSCHUNGEL**, ABIE!!
TJA... VIELLEICHT HAT EIN STADTVIERTEL EINEN LEBENSZYKLUS... WIE DIE MENSCHEN!
ALSO... WAS KÖNNEN WIR DAGEGEN UNTER-NEHMEN? WIR SIND POLITIKER, WIR SOLLTEN DOCH...
ACH, DAS IST EINE NATURGEWALT! DAGEGEN KOMMT MAN NUR MIT VER-EINTEN KRÄFTEN AN... VIELLEICHT, WENN WIR DIE MEN-SCHEN MOBILISIE-REN KÖNNTEN!
DARÜBER SOLLTE MAN AUF JEDEN FALL GRÜND-LICH **NACHDEN-KEN**! GUTE NACHT, POLO!
WOHIN, POLO?
OH, FAHR MICH NACH HAUSE, ALDO. ICH BIN MÜDE!
P. 1

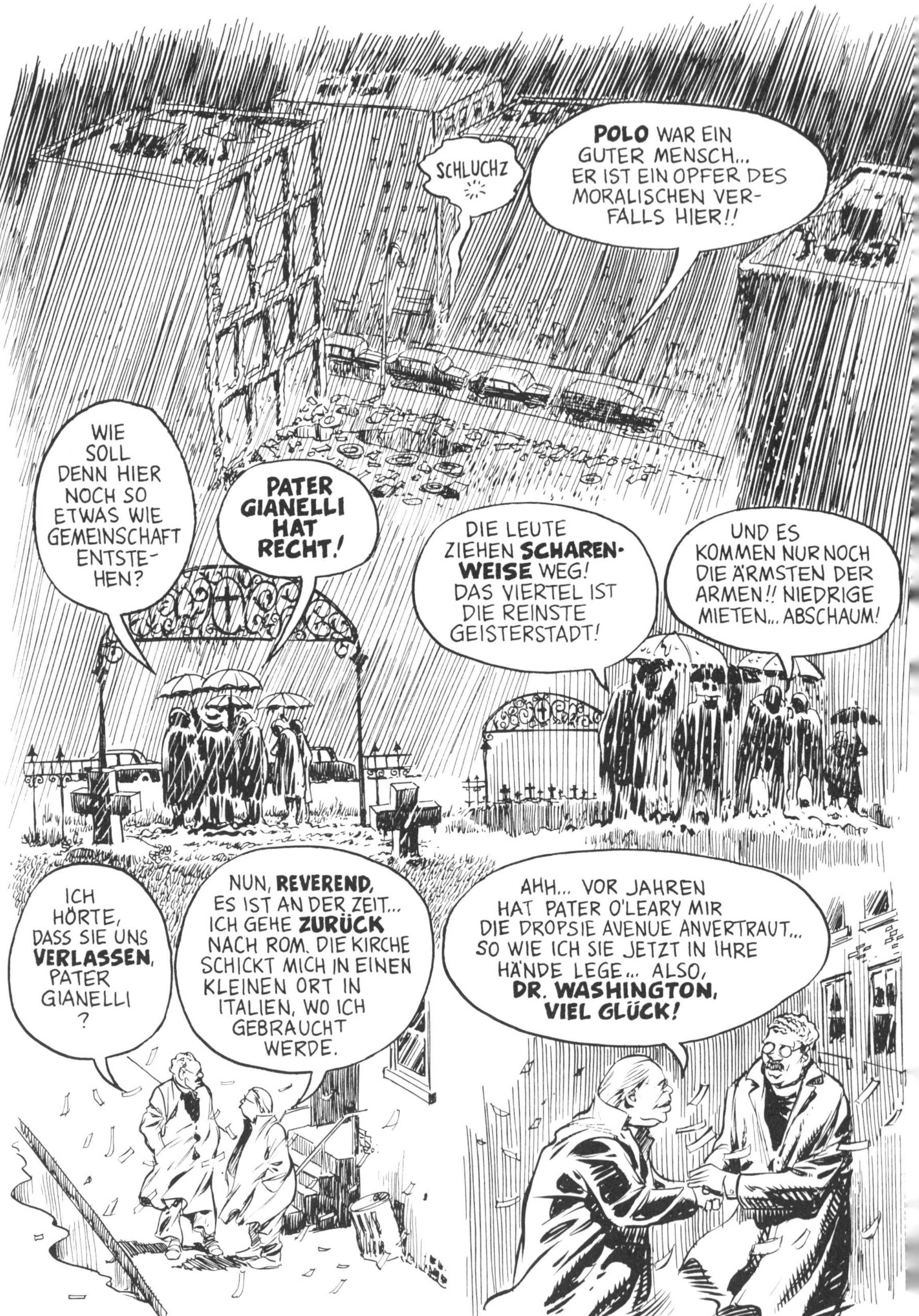
SCHLUCHZ
POLO WAR EIN GUTER MENSCH... ER IST EIN OPFER DES MORALISCHEN VERFALLS HIER!!
WIE SOLL DENN HIER NOCH SO ETWAS WIE GEMEINSCHAFT ENTSTEHEN?
PATER GIANELLI HAT RECHT!
DIE LEUTE ZIEHEN SCHARENWEISE WEG! DAS VIERTEL IST DIE REINSTE GEISTERSTADT!
UND ES KOMMEN NUR NOCH DIE ÄRMSTEN DER ARMEN!! NIEDRIGE MIETEN... ABSCHAUM!
ICH HÖRTE, DASS SIE UNS VERLASSEN, PATER GIANELLI?
NUN, REVEREND, ES IST AN DER ZEIT... ICH GEHE ZURÜCK NACH ROM. DIE KIRCHE SCHICKT MICH IN EINEN KLEINEN ORT IN ITALIEN, WO ICH GEBRAUCHT WERDE.
AHH... VOR JAHREN HAT PATER O'LEARY MIR DIE DROPSIE AVENUE ANVERTRAUT... SO WIE ICH SIE JETZT IN IHRE HÄNDE LEGE... ALSO, DR. WASHINGTON, VIEL GLÜCK!

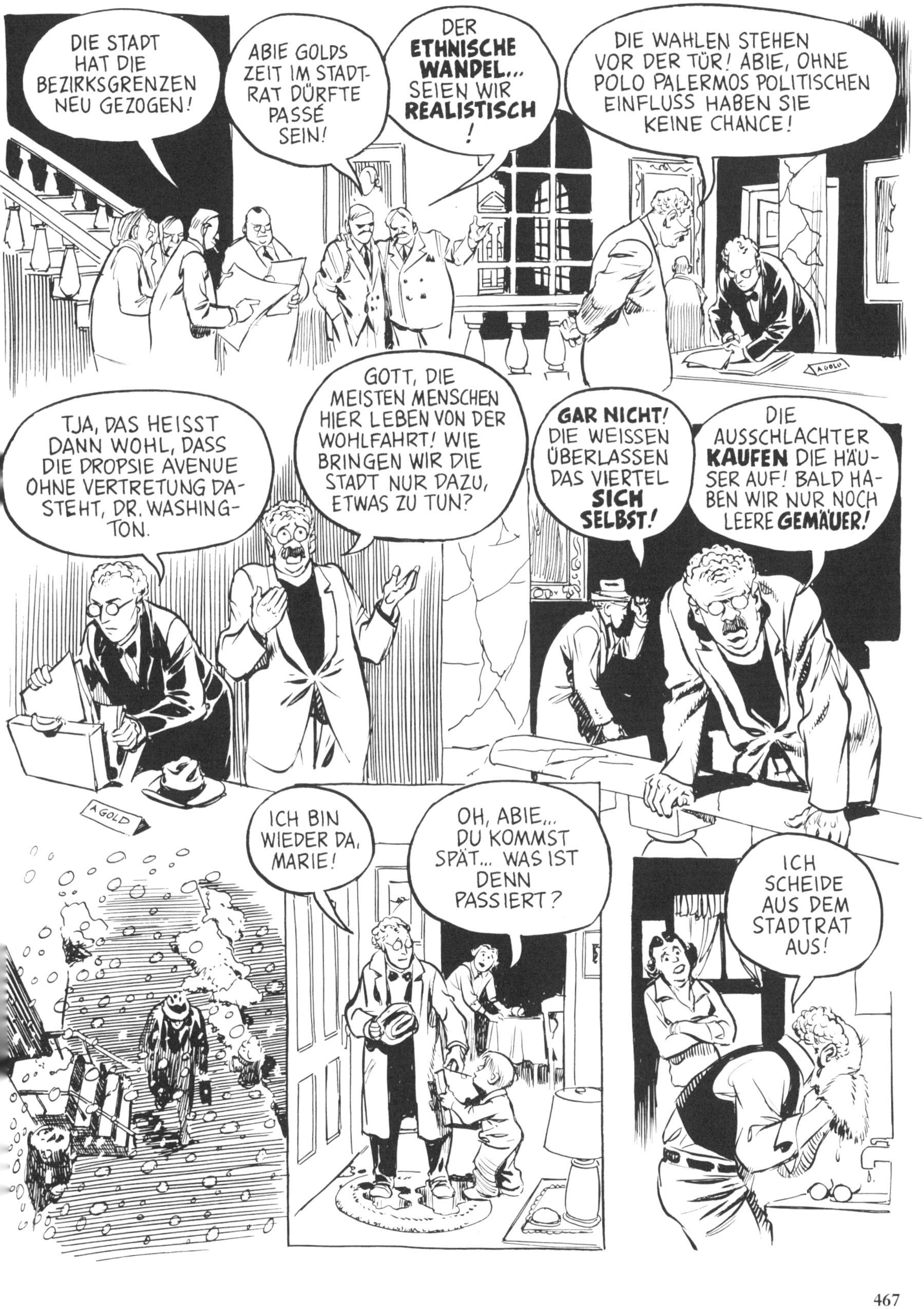
DIE STADT HAT DIE BEZIRKSGRENZEN NEU GEZOGEN!
ABIE GOLDS ZEIT IM STADTRAT DÜRFTE PASSÉ SEIN!
DER ETHNISCHE WANDEL... SEIEN WIR REALISTISCH!
DIE WAHLEN STEHEN VOR DER TÜR! ABIE, OHNE POLO PALERMOS POLITISCHEN EINFLUSS HABEN SIE KEINE CHANCE!
A. GOLD
TJA, DAS HEISST DANN WOHL, DASS DIE DROPSIE AVENUE OHNE VERTRETUNG DASTEHT, DR. WASHINGTON.
GOTT, DIE MEISTEN MENSCHEN HIER LEBEN VON DER WOHLFAHRT! WIE BRINGEN WIR DIE STADT NUR DAZU, ETWAS ZU TUN?
GAR NICHT! DIE WEISSEN ÜBERLASSEN DAS VIERTEL SICH SELBST!
DIE AUSSCHLACHTER KAUFEN DIE HÄUSER AUF! BALD HABEN WIR NUR NOCH LEERE GEMÄUER!
A GOLD
ICH BIN WIEDER DA, MARIE!
OH, ABIE... DU KOMMST SPÄT... WAS IST DENN PASSIERT?
ICH SCHEIDE AUS DEM STADTRAT AUS!

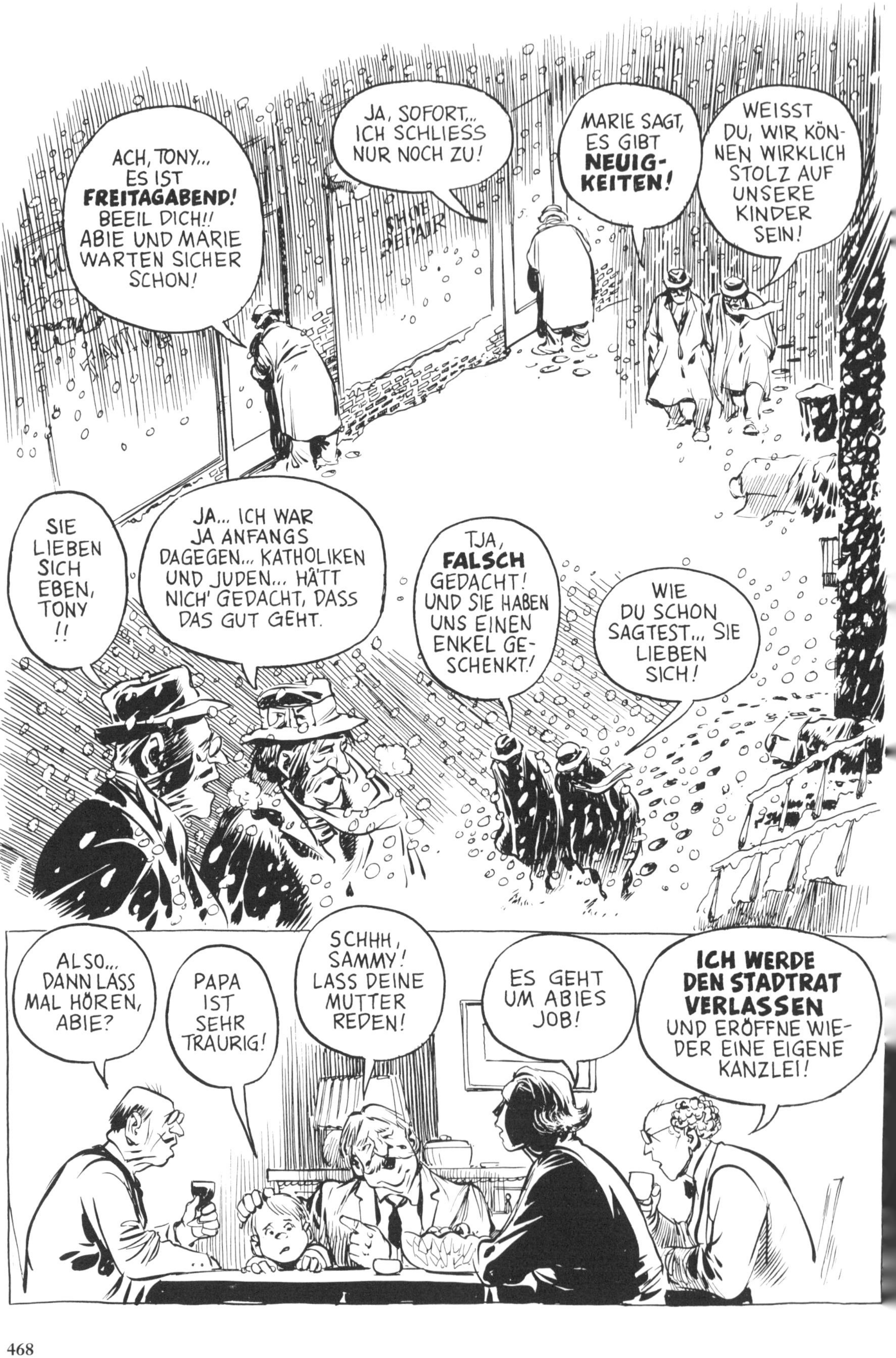
ACH, TONY... ES IST FREITAGABEND! BEEIL DICH!! ABIE UND MARIE WARTEN SICHER SCHON!
JA, SOFORT... ICH SCHLIESS NUR NOCH ZU!
SHOE REPAIR
MARIE SAGT, ES GIBT NEUIGKEITEN!
WEISST DU, WIR KÖNNEN WIRKLICH STOLZ AUF UNSERE KINDER SEIN!
SIE LIEBEN SICH EBEN, TONY!!
JA... ICH WAR JA ANFANGS DAGEGEN... KATHOLIKEN UND JUDEN... HÄTT NICH' GEDACHT, DASS DAS GUT GEHT.
TJA, FALSCH GEDACHT! UND SIE HABEN UNS EINEN ENKEL GESCHENKT!
WIE DU SCHON SAGTEST... SIE LIEBEN SICH!
ALSO... DANN LASS MAL HÖREN, ABIE?
PAPA IST SEHR TRAURIG!
SCHHH, SAMMY! LASS DEINE MUTTER REDEN!
ES GEHT UM ABIES JOB!
ICH WERDE DEN STADTRAT VERLASSEN UND ERÖFFNE WIEDER EINE EIGENE KANZLEI!

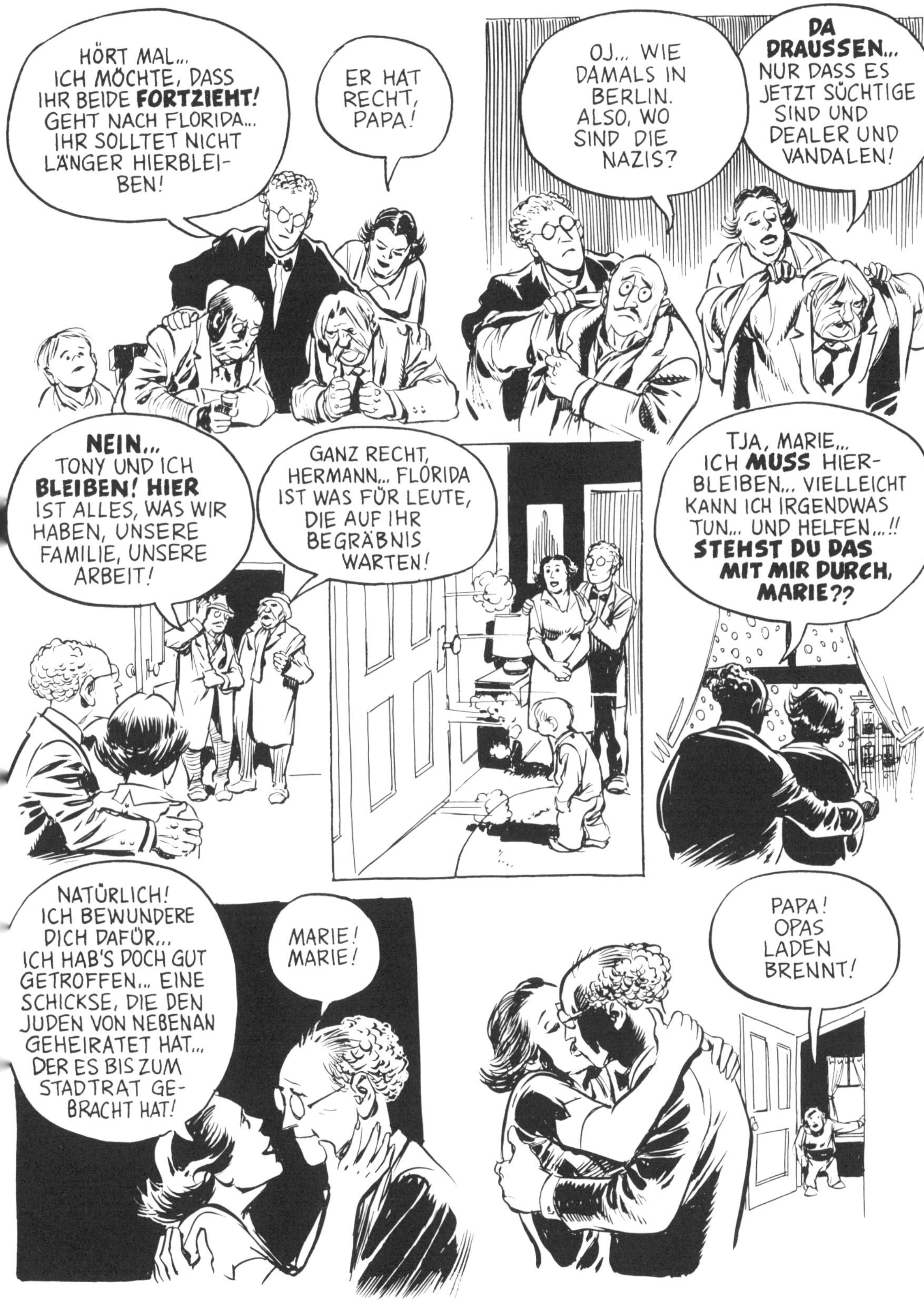
HÖRT MAL... ICH MÖCHTE, DASS IHR BEIDE FORTZIEHT! GEHT NACH FLORIDA... IHR SOLLTET NICHT LÄNGER HIERBLEIBEN!
ER HAT RECHT, PAPA!
OJ... WIE DAMALS IN BERLIN. ALSO, WO SIND DIE NAZIS?
DA DRAUSSEN... NUR DASS ES JETZT SÜCHTIGE SIND UND DEALER UND VANDALEN!
NEIN... TONY UND ICH BLEIBEN! HIER IST ALLES, WAS WIR HABEN, UNSERE FAMILIE, UNSERE ARBEIT!
GANZ RECHT, HERMANN... FLORIDA IST WAS FÜR LEUTE, DIE AUF IHR BEGRÄBNIS WARTEN!
TJA, MARIE... ICH MUSS HIERBLEIBEN... VIELLEICHT KANN ICH IRGENDWAS TUN... UND HELFEN...!! STEHST DU DAS MIT MIR DURCH, MARIE??
NATÜRLICH! ICH BEWUNDERE DICH DAFÜR... ICH HAB'S DOCH GUT GETROFFEN... EINE SCHICKSE, DIE DEN JUDEN VON NEBENAN GEHEIRATET HAT... DER ES BIS ZUM STADTRAT GEBRACHT HAT!
MARIE! MARIE!
PAPA! OPAS LADEN BRENNT!

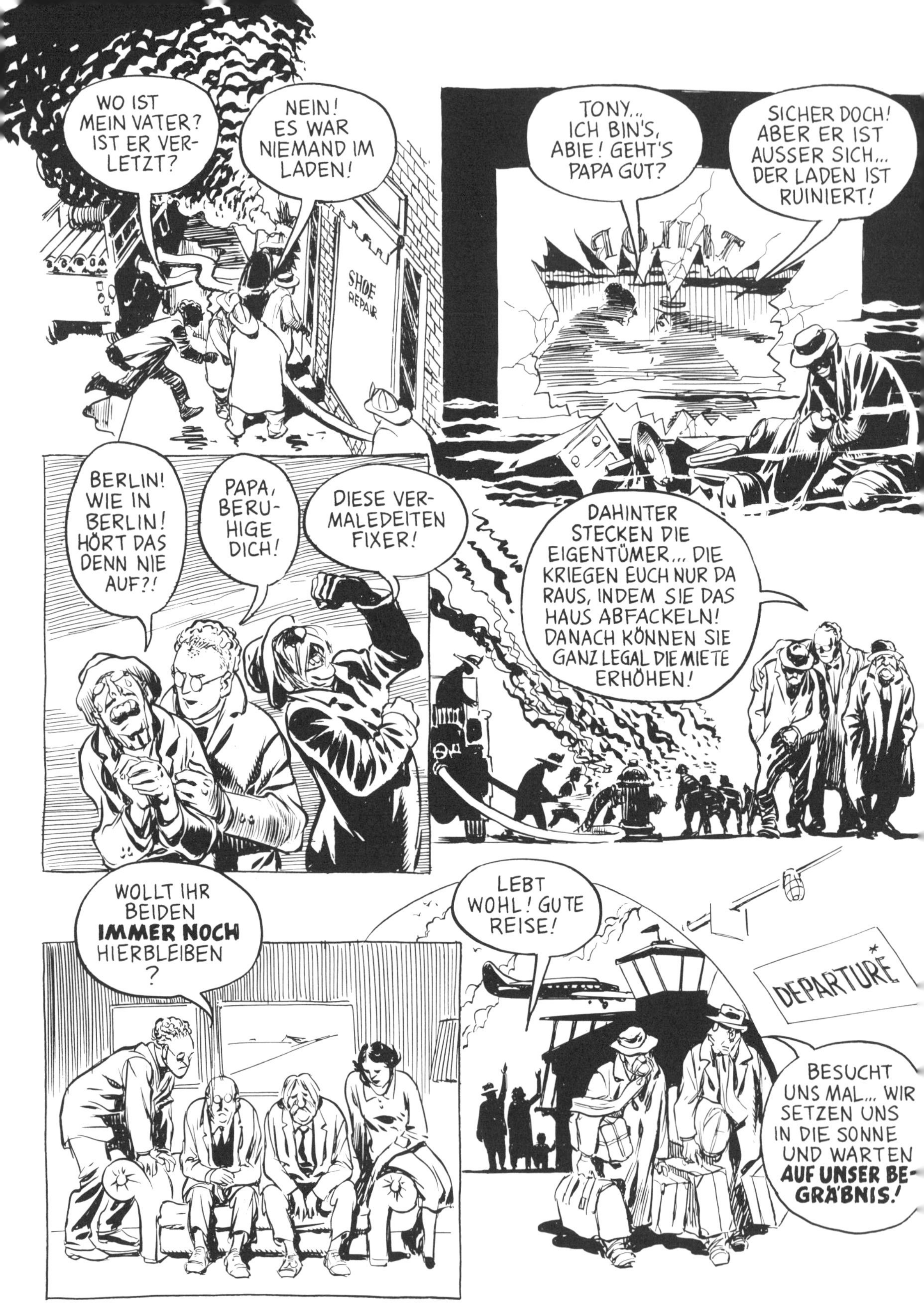
WO IST MEIN VATER? IST ER VERLETZT?
NEIN! ES WAR NIEMAND IM LADEN!
SHOE REPAIR
TONY... ICH BIN'S, ABIE! GEHT'S PAPA GUT?
SICHER DOCH! ABER ER IST AUSSER SICH... DER LADEN IST RUINIERT!
BERLIN! WIE IN BERLIN! HÖRT DAS DENN NIE AUF?!
PAPA, BERUHIGE DICH!
DIESE VERMALEDEITEN FIXER!
DAHINTER STECKEN DIE EIGENTÜMER... DIE KRIEGEN EUCH NUR DA RAUS, INDEM SIE DAS HAUS ABFACKELN! DANACH KÖNNEN SIE GANZ LEGAL DIE MIETE ERHÖHEN!
WOLLT IHR BEIDEN **IMMER NOCH** HIERBLEIBEN ?
LEBT WOHL! GUTE REISE!
DEPARTURE*
BESUCHT UNS MAL... WIR SETZEN UNS IN DIE SONNE UND WARTEN **AUF UNSER BEGRÄBNIS!**

*ABFLUG

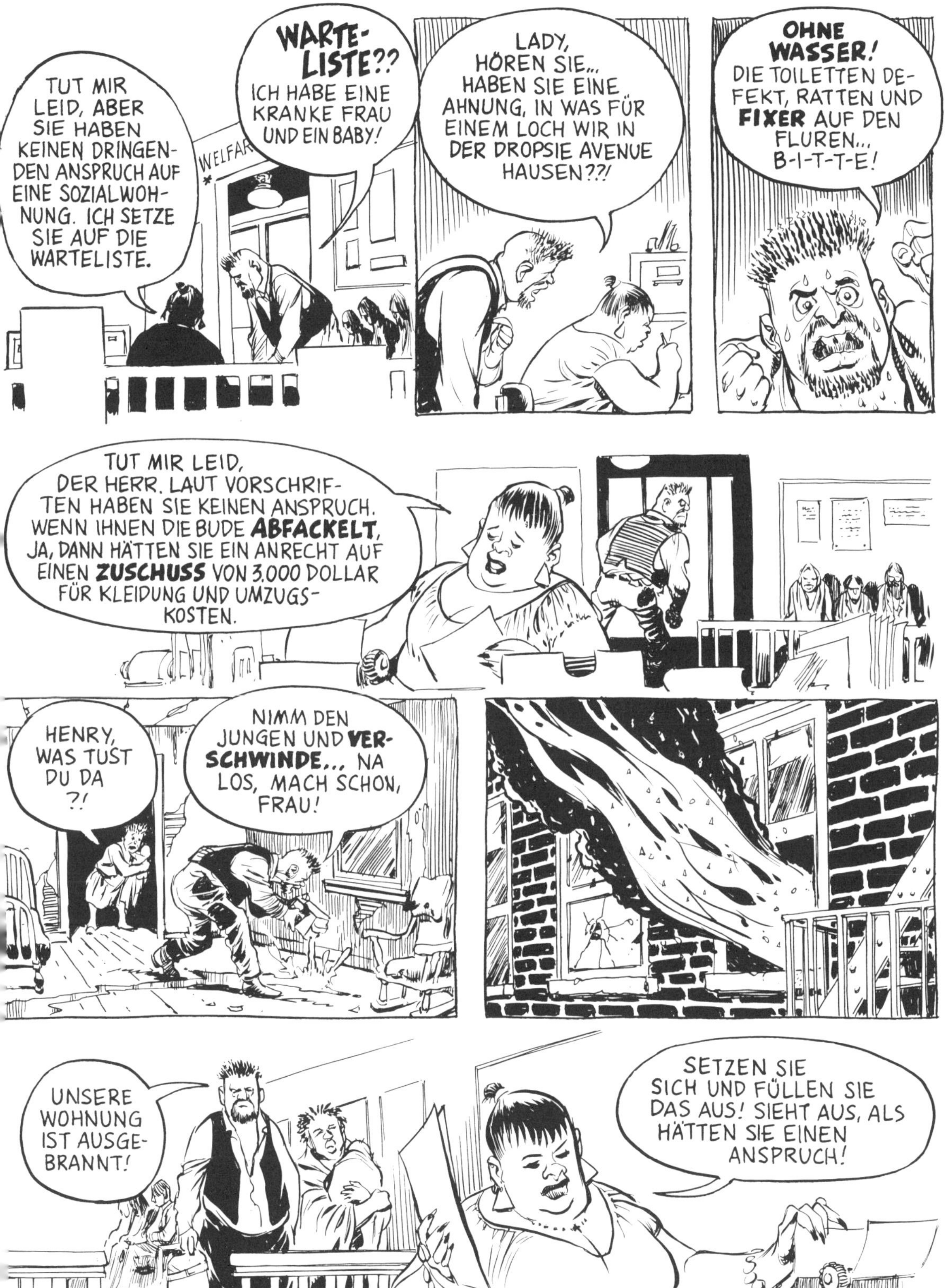
TUT MIR LEID, ABER SIE HABEN KEINEN DRINGENDEN ANSPRUCH AUF EINE SOZIALWOHNUNG. ICH SETZE SIE AUF DIE WARTELISTE.
WELFARE*
WARTE-LISTE?? ICH HABE EINE KRANKE FRAU UND EIN BABY!
LADY, HÖREN SIE... HABEN SIE EINE AHNUNG, IN WAS FÜR EINEM LOCH WIR IN DER DROPSIE AVENUE HAUSEN??!
OHNE WASSER! DIE TOILETTEN DEFEKT, RATTEN UND FIXER AUF DEN FLUREN... B-I-T-T-E!
TUT MIR LEID, DER HERR. LAUT VORSCHRIFTEN HABEN SIE KEINEN ANSPRUCH. WENN IHNEN DIE BUDE ABFACKELT, JA, DANN HÄTTEN SIE EIN ANRECHT AUF EINEN ZUSCHUSS VON 3.000 DOLLAR FÜR KLEIDUNG UND UMZUGSKOSTEN.
HENRY, WAS TUST DU DA ?!
NIMM DEN JUNGEN UND VERSCHWINDE... NA LOS, MACH SCHON, FRAU!
UNSERE WOHNUNG IST AUSGEBRANNT!
SETZEN SIE SICH UND FÜLLEN SIE DAS AUS! SIEHT AUS, ALS HÄTTEN SIE EINEN ANSPRUCH!
*WOHLFAHRT

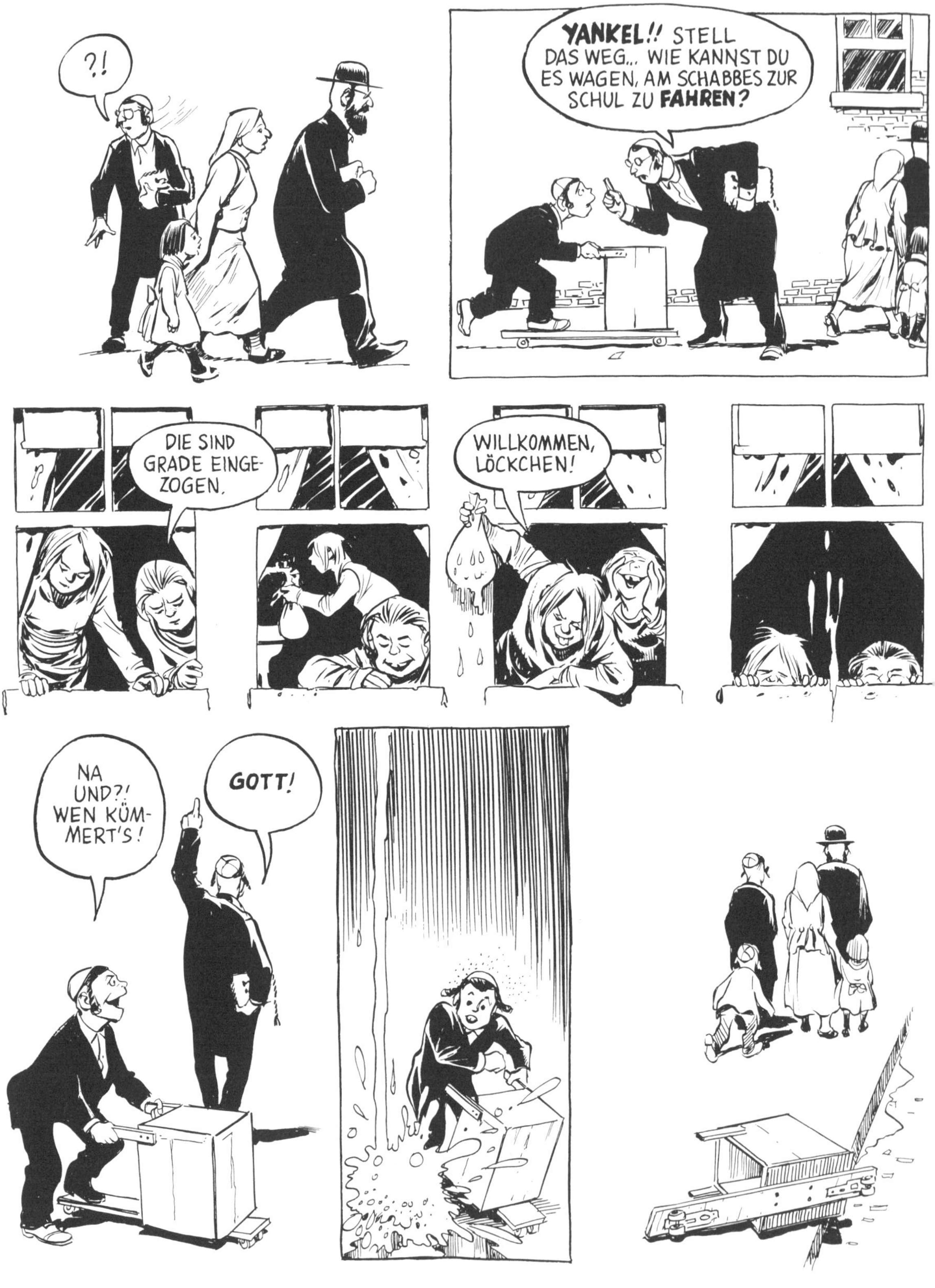
?!
YANKEL!! STELL DAS WEG... WIE KANNST DU ES WAGEN, AM SCHABBES ZUR SCHUL ZU FAHREN?
DIE SIND GRADE EINGE-ZOGEN.
WILLKOMMEN, LÖCKCHEN!
NA UND?! WEN KÜM-MERT'S!
GOTT!

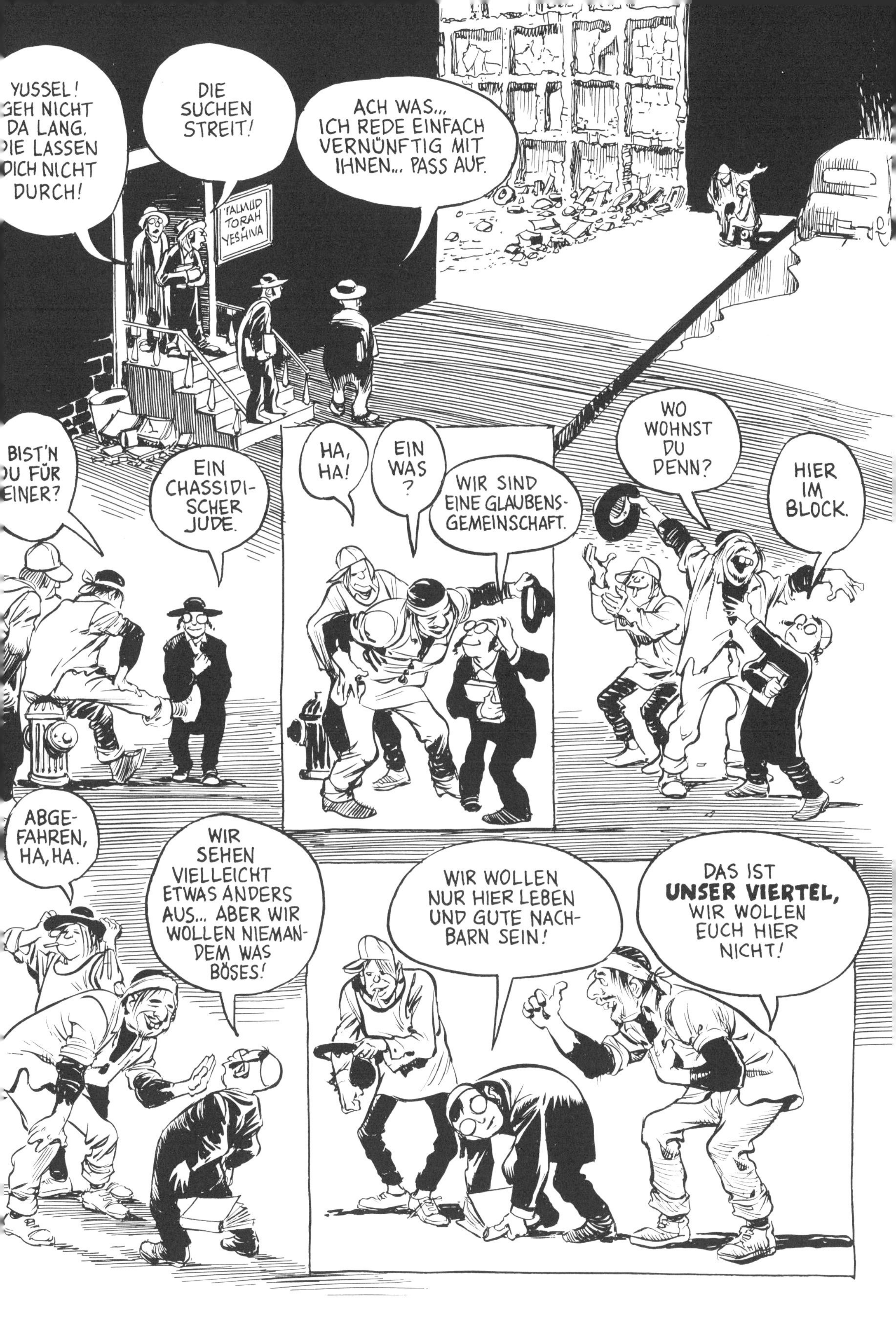
YUSSEL! GEH NICHT DA LANG. DIE LASSEN DICH NICHT DURCH!
DIE SUCHEN STREIT!
TALMUD TORAH YESHIVA
ACH WAS... ICH REDE EINFACH VERNÜNFTIG MIT IHNEN... PASS AUF.
BIST'N DU FÜR EINER?
EIN CHASSIDISCHER JUDE.
HA, HA!
EIN WAS?
WIR SIND EINE GLAUBENSGEMEINSCHAFT.
WO WOHNST DU DENN?
HIER IM BLOCK.
ABGEFAHREN, HA, HA.
WIR SEHEN VIELLEICHT ETWAS ANDERS AUS... ABER WIR WOLLEN NIEMANDEM WAS BÖSES!
WIR WOLLEN NUR HIER LEBEN UND GUTE NACHBARN SEIN!
DAS IST **UNSER VIERTEL,** WIR WOLLEN EUCH HIER NICHT!

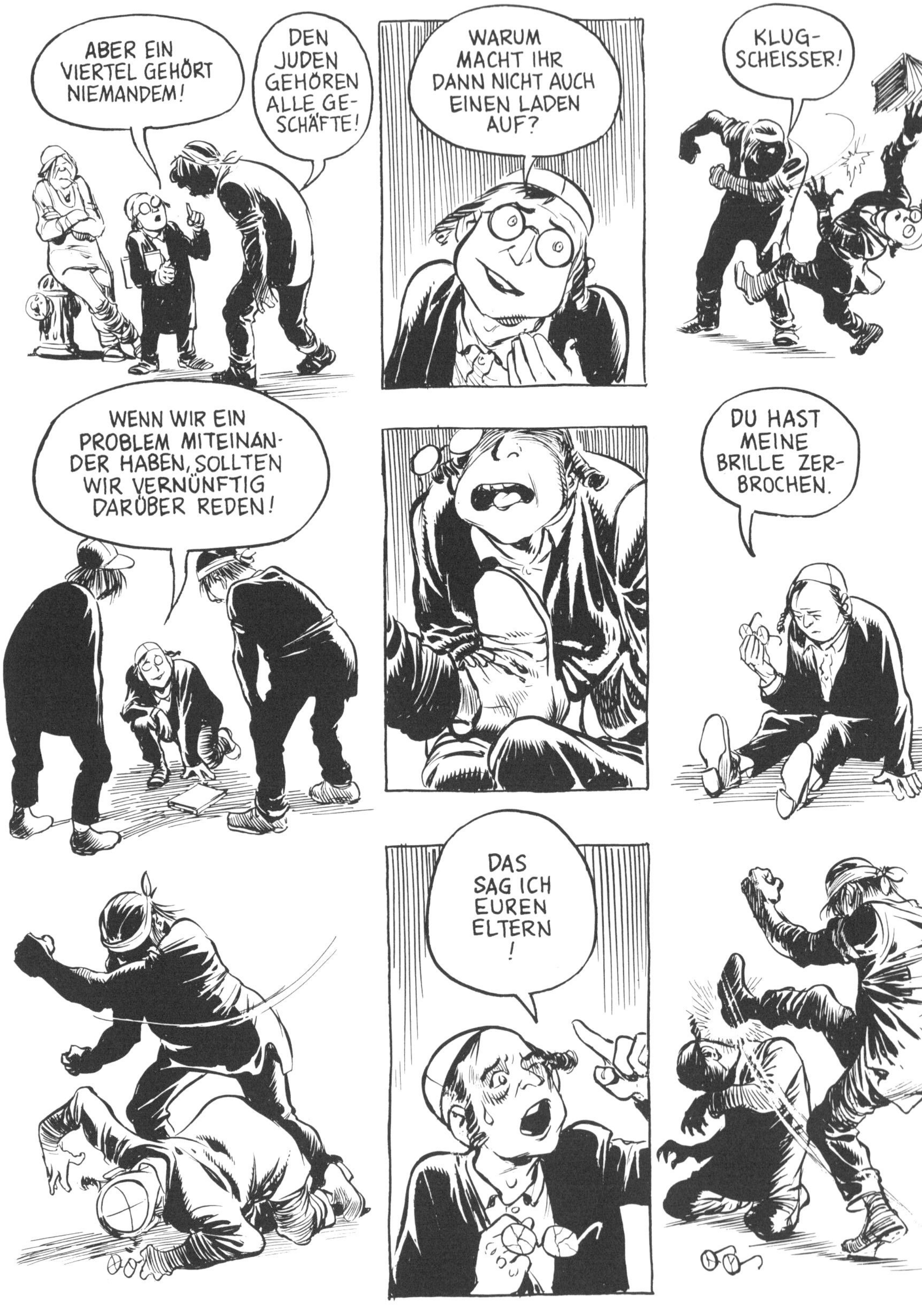
ABER EIN VIERTEL GEHÖRT NIEMANDEM!
DEN JUDEN GEHÖREN ALLE GESCHÄFTE!
WARUM MACHT IHR DANN NICHT AUCH EINEN LADEN AUF?
KLUGSCHEISSER!
WENN WIR EIN PROBLEM MITEINANDER HABEN, SOLLTEN WIR VERNÜNFTIG DARÜBER REDEN!
DU HAST MEINE BRILLE ZERBROCHEN.
DAS SAG ICH EUREN ELTERN!

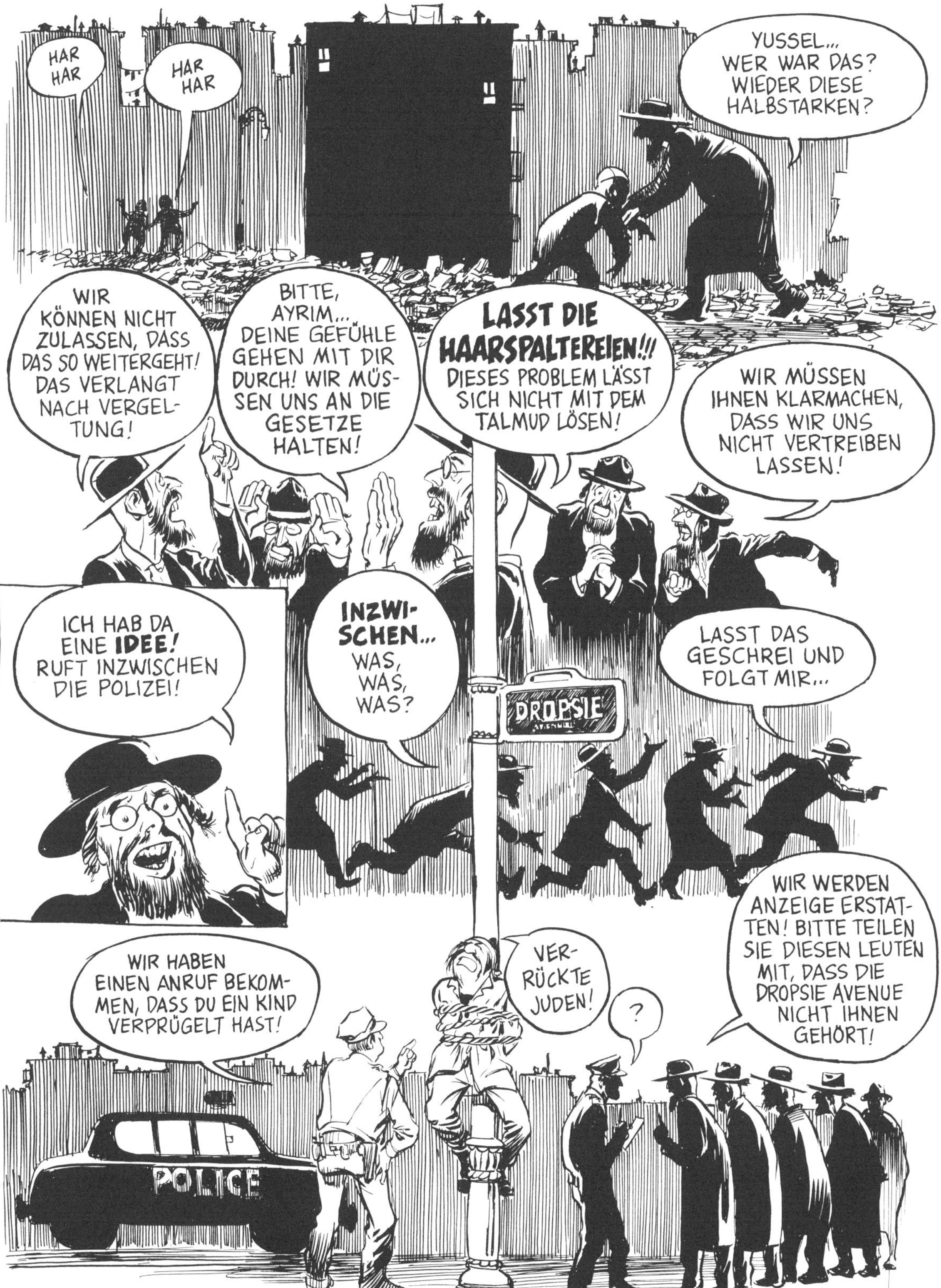
HAR HAR
HAR HAR
YUSSEL... WER WAR DAS? WIEDER DIESE HALBSTARKEN?
WIR KÖNNEN NICHT ZULASSEN, DASS DAS SO WEITERGEHT! DAS VERLANGT NACH VERGELTUNG!
BITTE, AYRIM... DEINE GEFÜHLE GEHEN MIT DIR DURCH! WIR MÜSSEN UNS AN DIE GESETZE HALTEN!
LASST DIE HAARSPALTEREIEN!!! DIESES PROBLEM LÄSST SICH NICHT MIT DEM TALMUD LÖSEN!
WIR MÜSSEN IHNEN KLARMACHEN, DASS WIR UNS NICHT VERTREIBEN LASSEN!
ICH HAB DA EINE IDEE! RUFT INZWISCHEN DIE POLIZEI!
INZWISCHEN... WAS, WAS, WAS?
DROPSIE AVENUE
LASST DAS GESCHREI UND FOLGT MIR...
WIR HABEN EINEN ANRUF BEKOMMEN, DASS DU EIN KIND VERPRÜGELT HAST!
VERRÜCKTE JUDEN!
?
WIR WERDEN ANZEIGE ERSTATTEN! BITTE TEILEN SIE DIESEN LEUTEN MIT, DASS DIE DROPSIE AVENUE NICHT IHNEN GEHÖRT!
POLICE

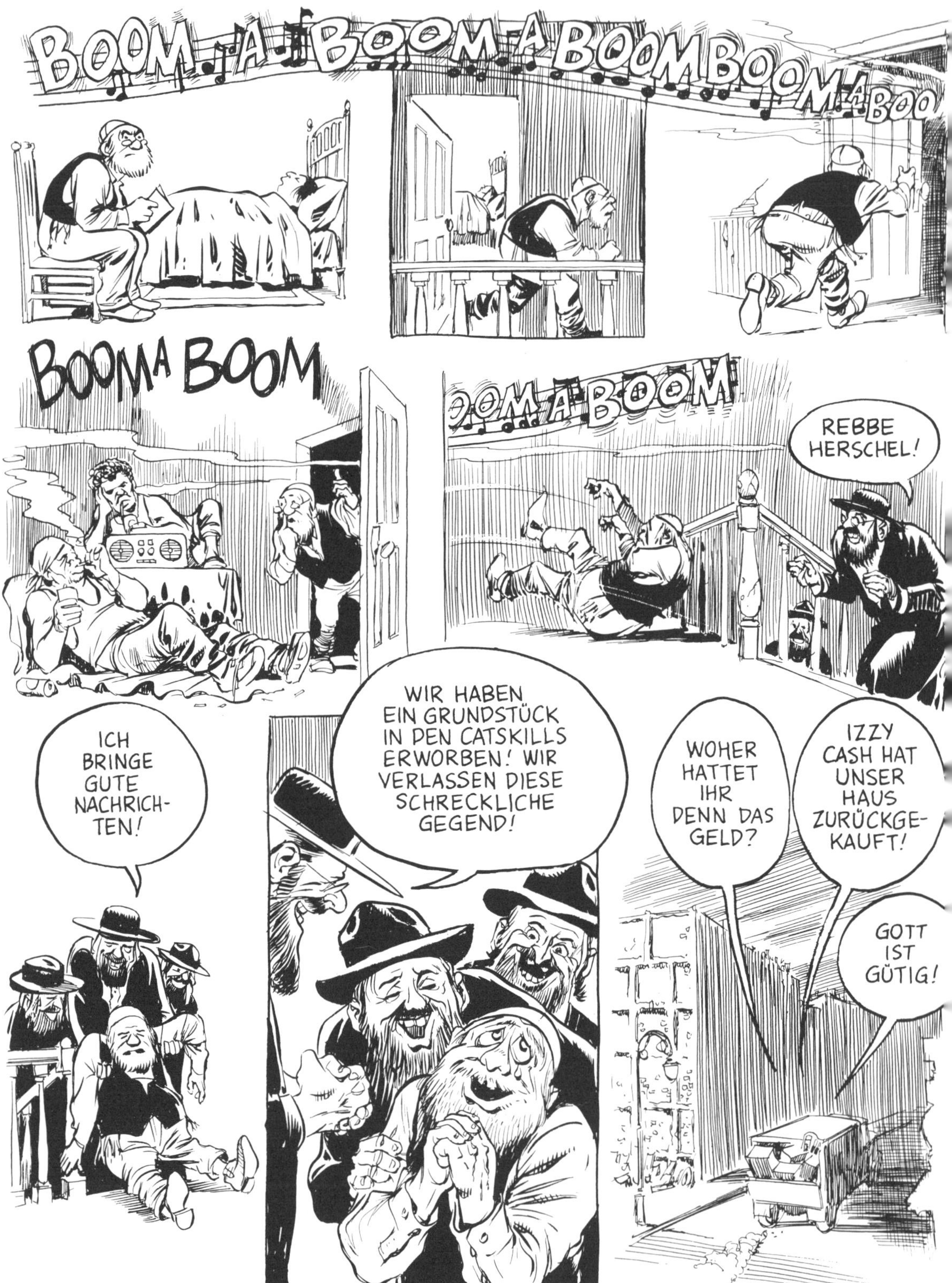

BOOM-A-BOOM-A-BOOMBOOM-A-BOO
BOOM A BOOM
OOM-A-BOOM
REBBE HERSCHEL!
ICH BRINGE GUTE NACHRICHTEN!
WIR HABEN EIN GRUNDSTÜCK IN DEN CATSKILLS ERWORBEN! WIR VERLASSEN DIESE SCHRECKLICHE GEGEND!
WOHER HATTET IHR DENN DAS GELD?
IZZY CASH HAT UNSER HAUS ZURÜCKGEKAUFT!
GOTT IST GÜTIG!

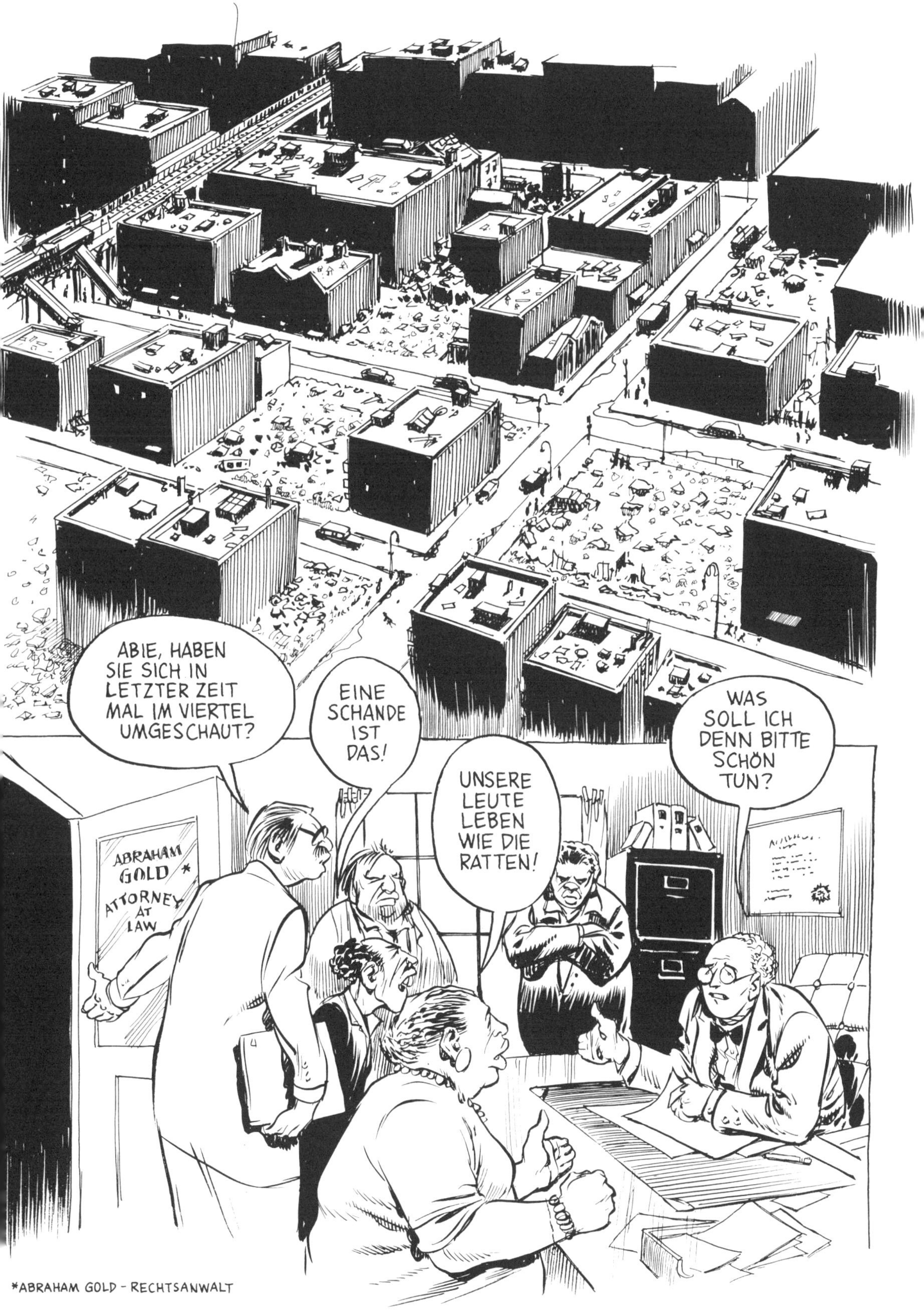

*ABRAHAM GOLD – RECHTSANWALT

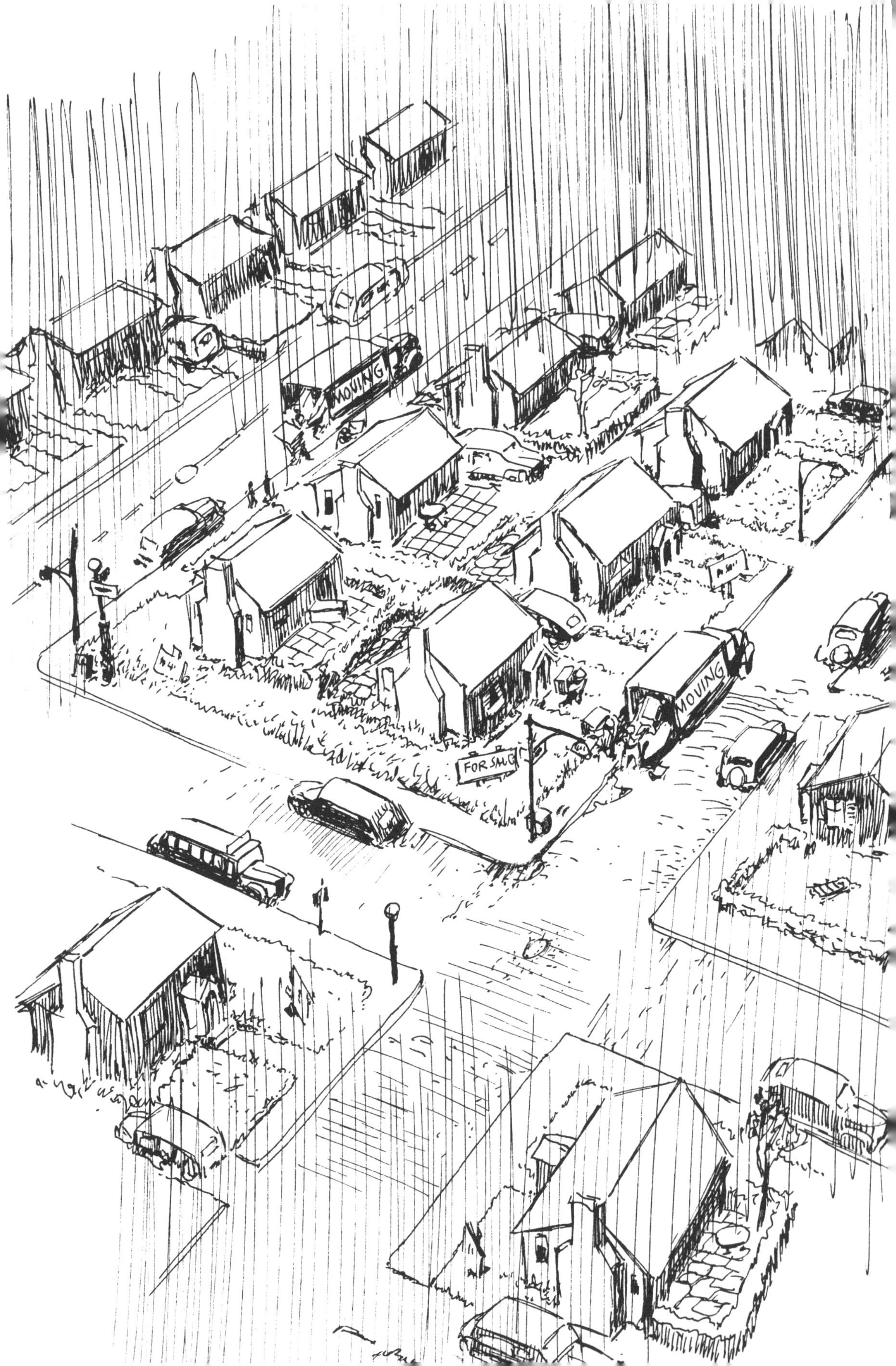
MOVING
MOVING
FOR SALE

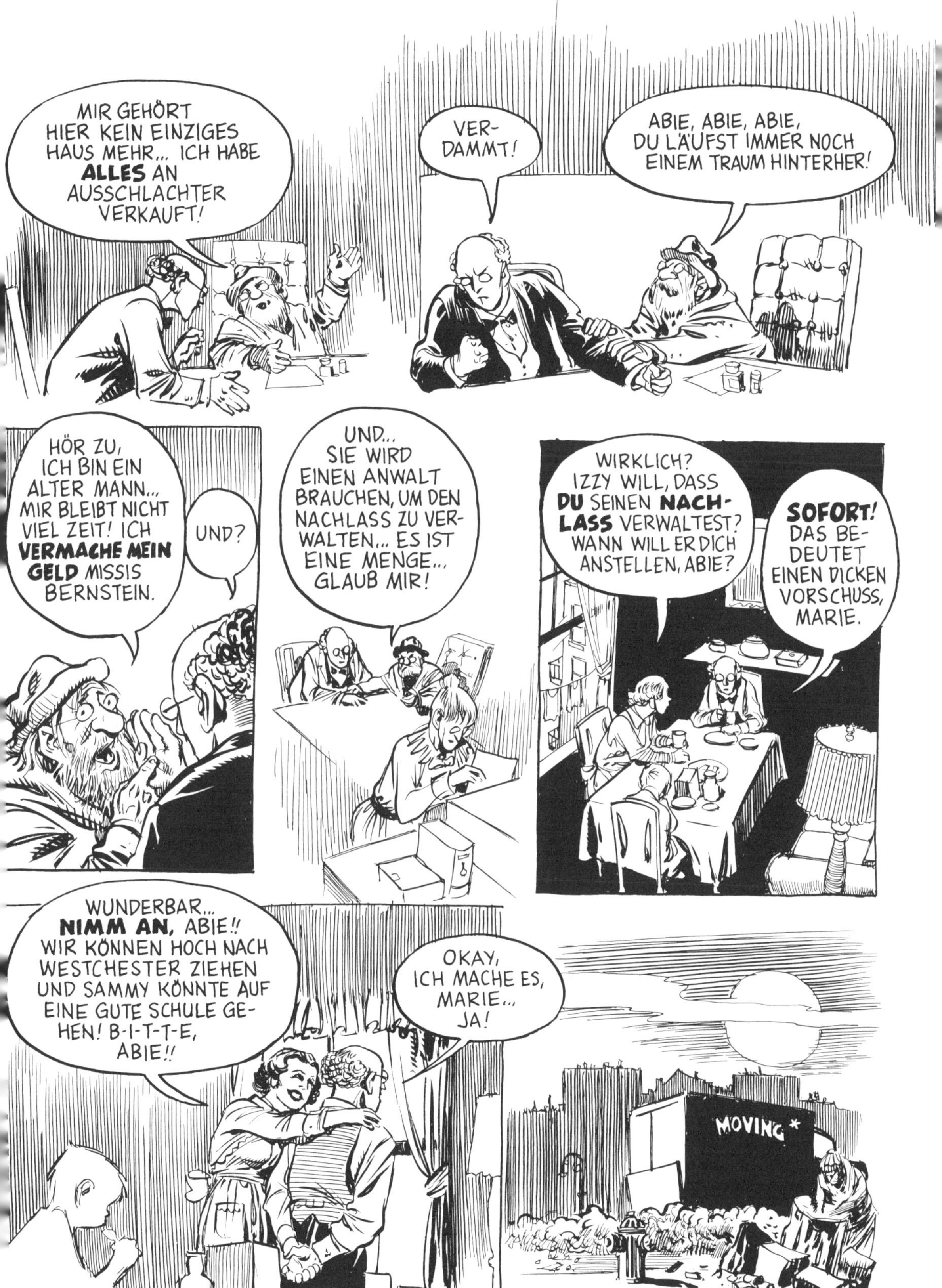
MIR GEHÖRT HIER KEIN EINZIGES HAUS MEHR... ICH HABE **ALLES** AN AUSSCHLACHTER VERKAUFT!
VER-DAMMT!
ABIE, ABIE, ABIE, DU LÄUFST IMMER NOCH EINEM TRAUM HINTERHER!
HÖR ZU, ICH BIN EIN ALTER MANN... MIR BLEIBT NICHT VIEL ZEIT! ICH **VERMACHE MEIN GELD** MISSIS BERNSTEIN.
UND?
UND... SIE WIRD EINEN ANWALT BRAUCHEN, UM DEN NACHLASS ZU VERWALTEN... ES IST EINE MENGE... GLAUB MIR!
WIRKLICH? IZZY WILL, DASS **DU** SEINEN **NACHLASS** VERWALTEST? WANN WILL ER DICH ANSTELLEN, ABIE?
SOFORT! DAS BEDEUTET EINEN DICKEN VORSCHUSS, MARIE.
WUNDERBAR... **NIMM AN,** ABIE!! WIR KÖNNEN HOCH NACH WESTCHESTER ZIEHEN UND SAMMY KÖNNTE AUF EINE GUTE SCHULE GEHEN! B-I-T-T-E, ABIE!!
OKAY, ICH MACHE ES, MARIE... JA!
MOVING *

*UMZÜGE

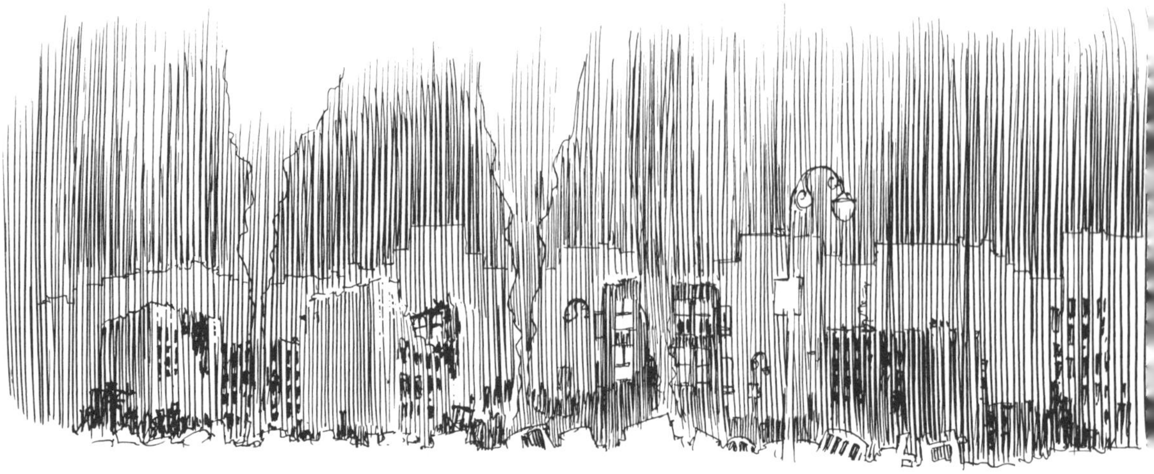

IM HUNDERTSTEN JAHR IHRES BESTEHENS BRANNTEN IN DER DROPSIE AVENUE ACHT GEBÄUDE BIS AUF DIE GRUNDMAUERN NIEDER. IN DIESEM TEIL DES STADTBEZIRKS WURDEN IM SELBEN JAHR MEHR ALS 10.000 BRÄNDE GEMELDET.

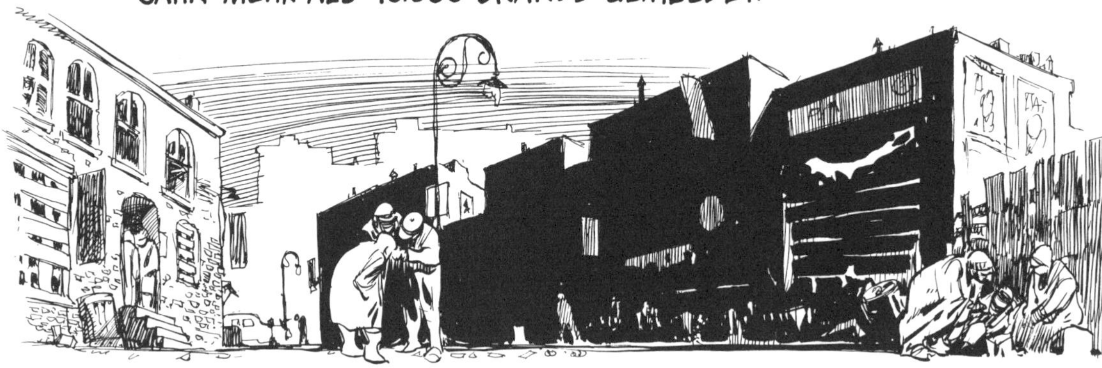

HUNDERTE VON KLEINEN FIRMEN UND GESCHÄFTEN VERLIESSEN DIE GEGEND UND ÜBER 17.000 MENSCHEN VERLOREN IHRE ARBEIT. DIE KRIMINALITÄT NAHM ZU.

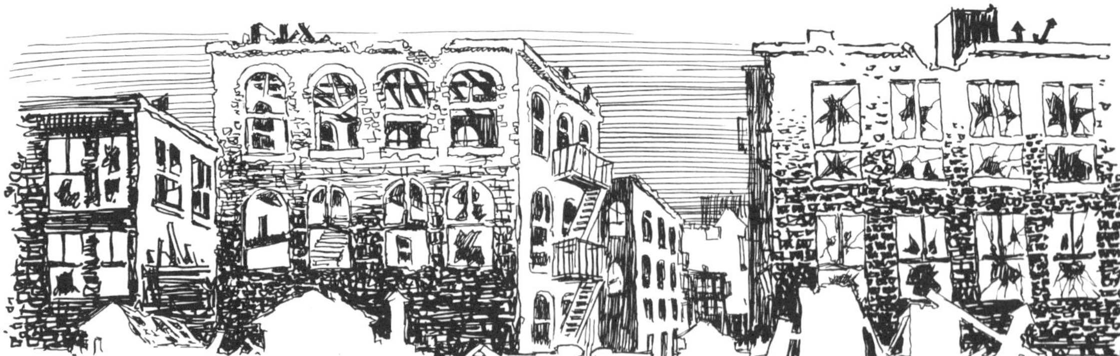

IN DER NÄHEREN UMGEBUNG STANDEN 15.000 GEBÄUDE LEER. MEHR ALS 60.000 MENSCHEN ZOGEN FORT.

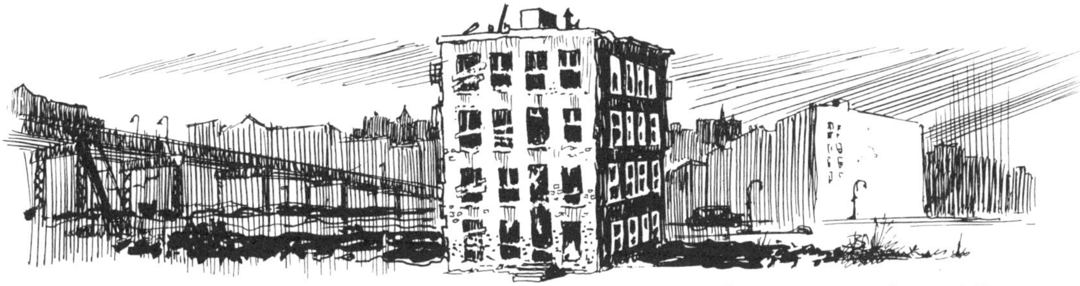

DIE DROPSIE AVENUE WAR „*WIE LEER GEFEGT*". NUR EIN EINZIGES GEBÄUDE STAND NOCH.

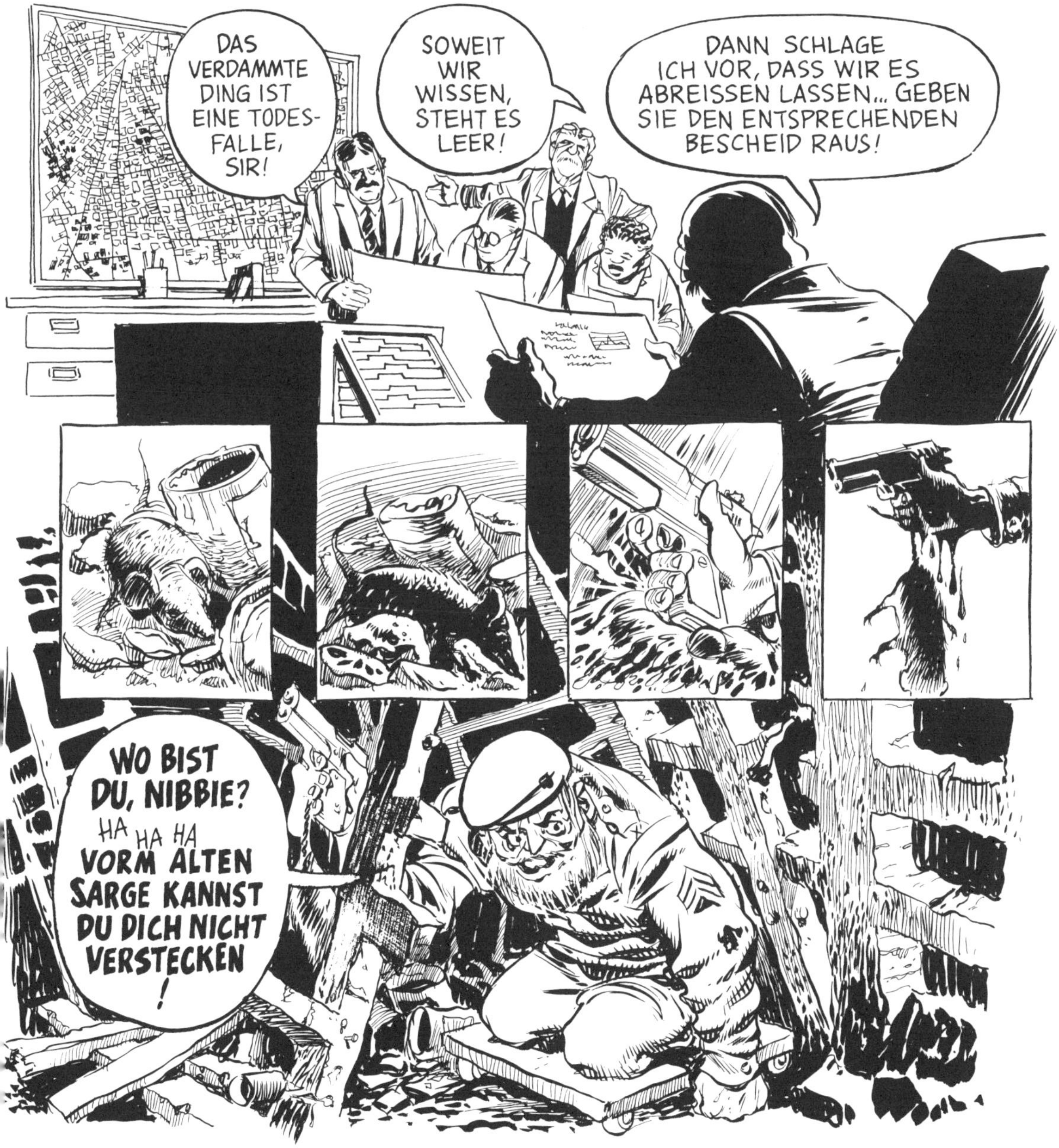

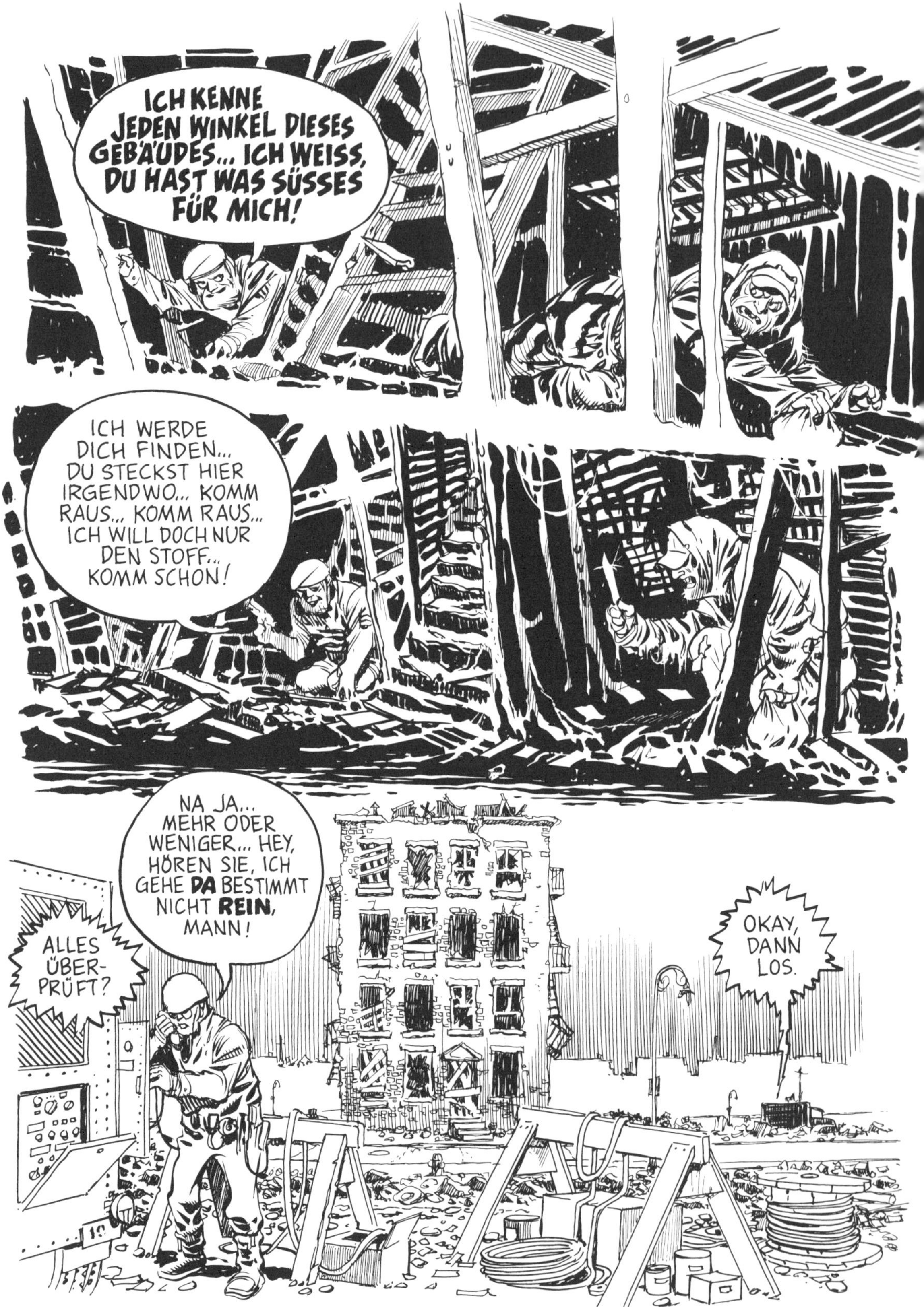

ICH KENNE JEDEN WINKEL DIESES GEBÄUDES... ICH WEISS, DU HAST WAS SÜSSES FÜR MICH!
ICH WERDE DICH FINDEN... DU STECKST HIER IRGENDWO... KOMM RAUS... KOMM RAUS... ICH WILL DOCH NUR DEN STOFF... KOMM SCHON!
ALLES ÜBERPRÜFT?
NA JA... MEHR ODER WENIGER... HEY, HÖREN SIE, ICH GEHE **DA** BESTIMMT NICHT **REIN**, MANN!
OKAY, DANN LOS.

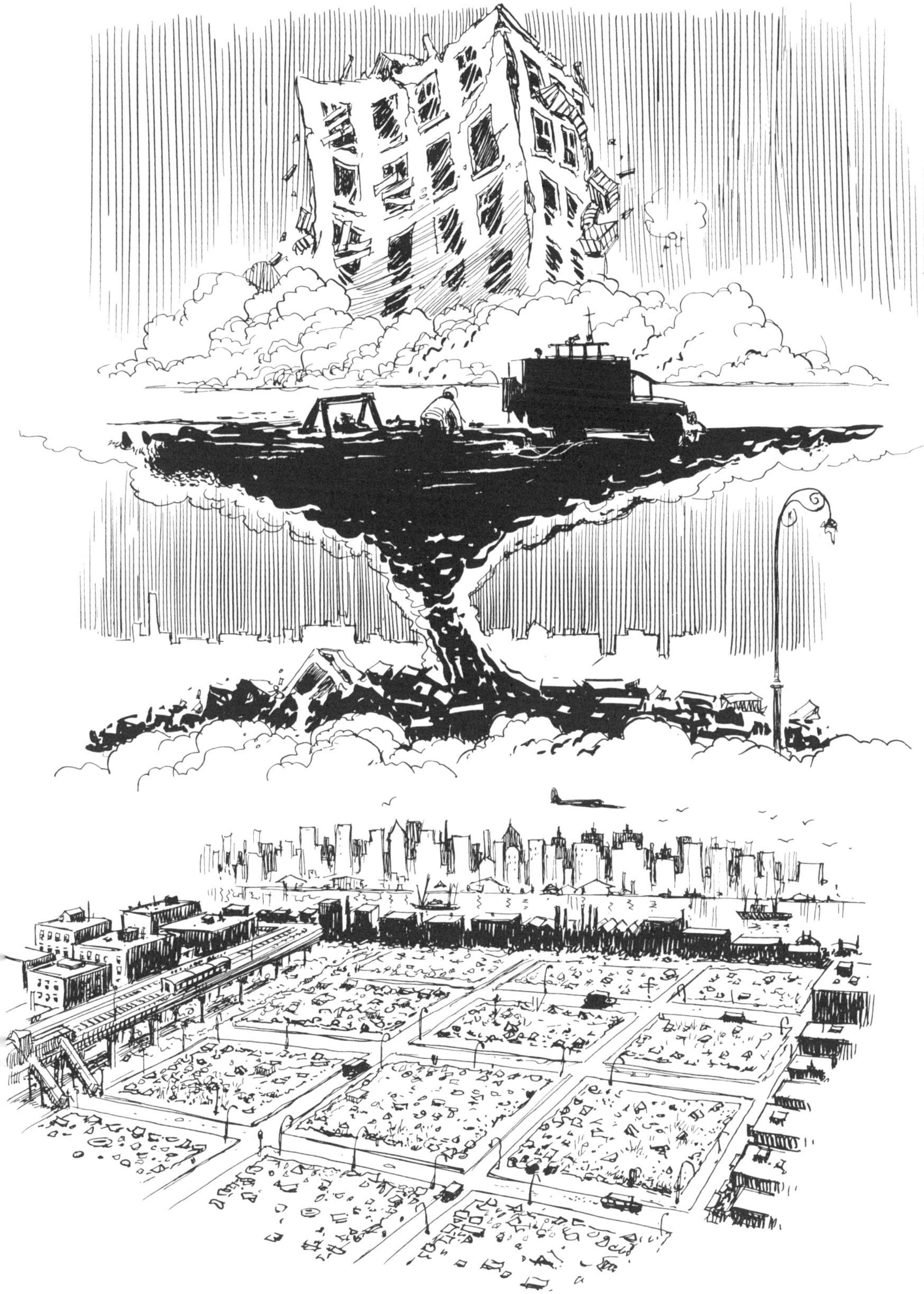

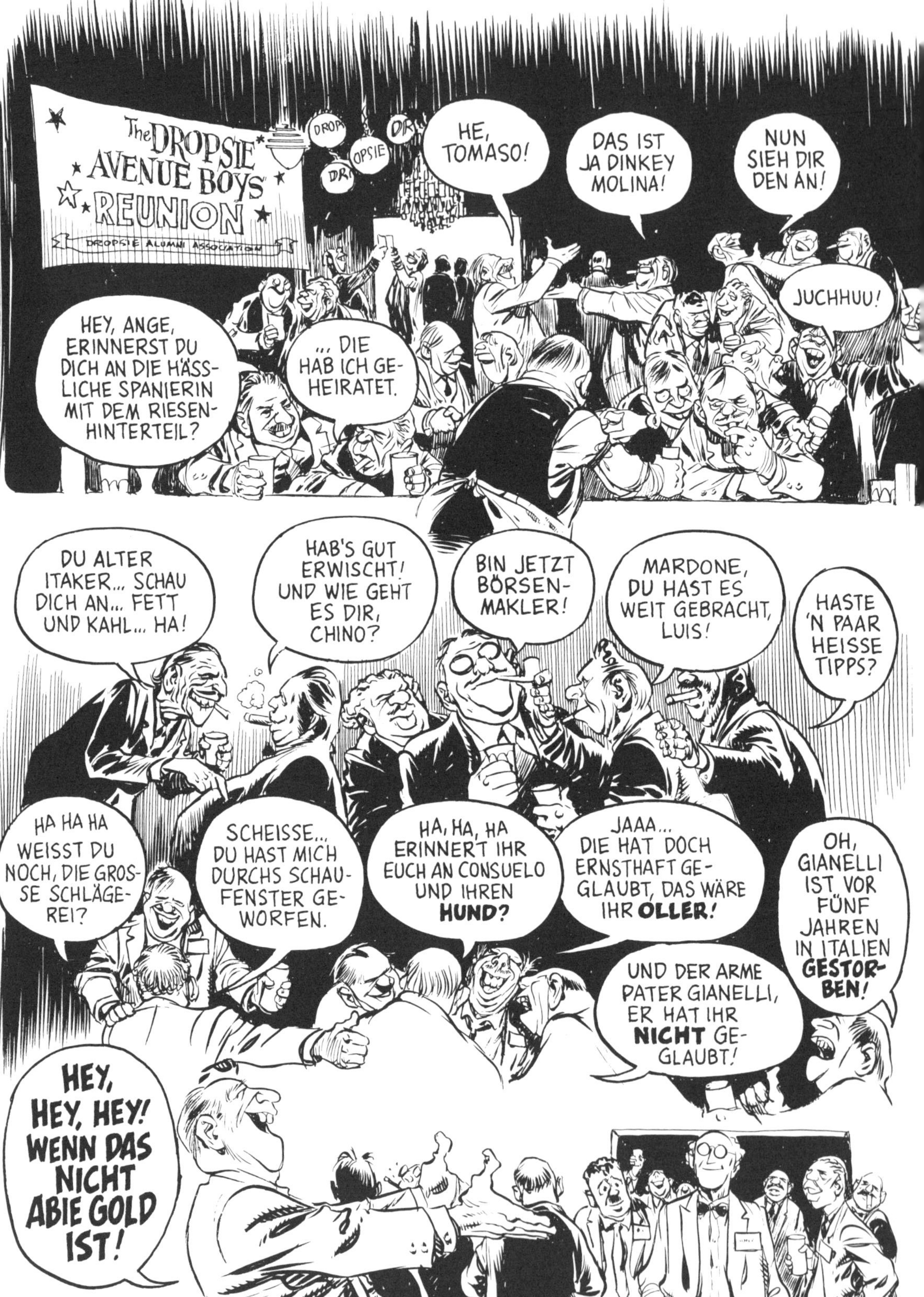

* TREFFEN DER DROPSIE-AVENUE-EHEMALIGEN

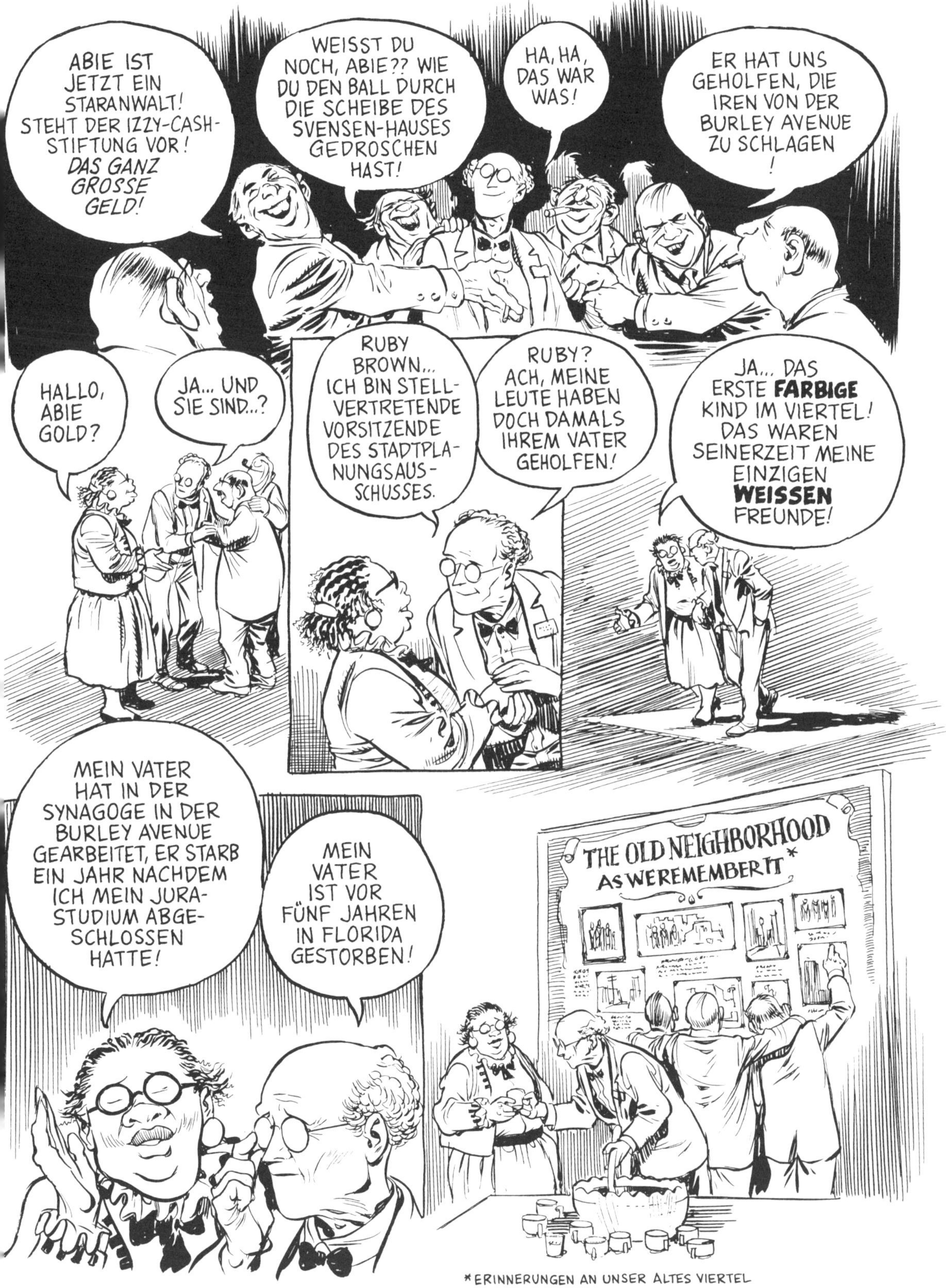

*ERINNERUNGEN AN UNSER ALTES VIERTEL

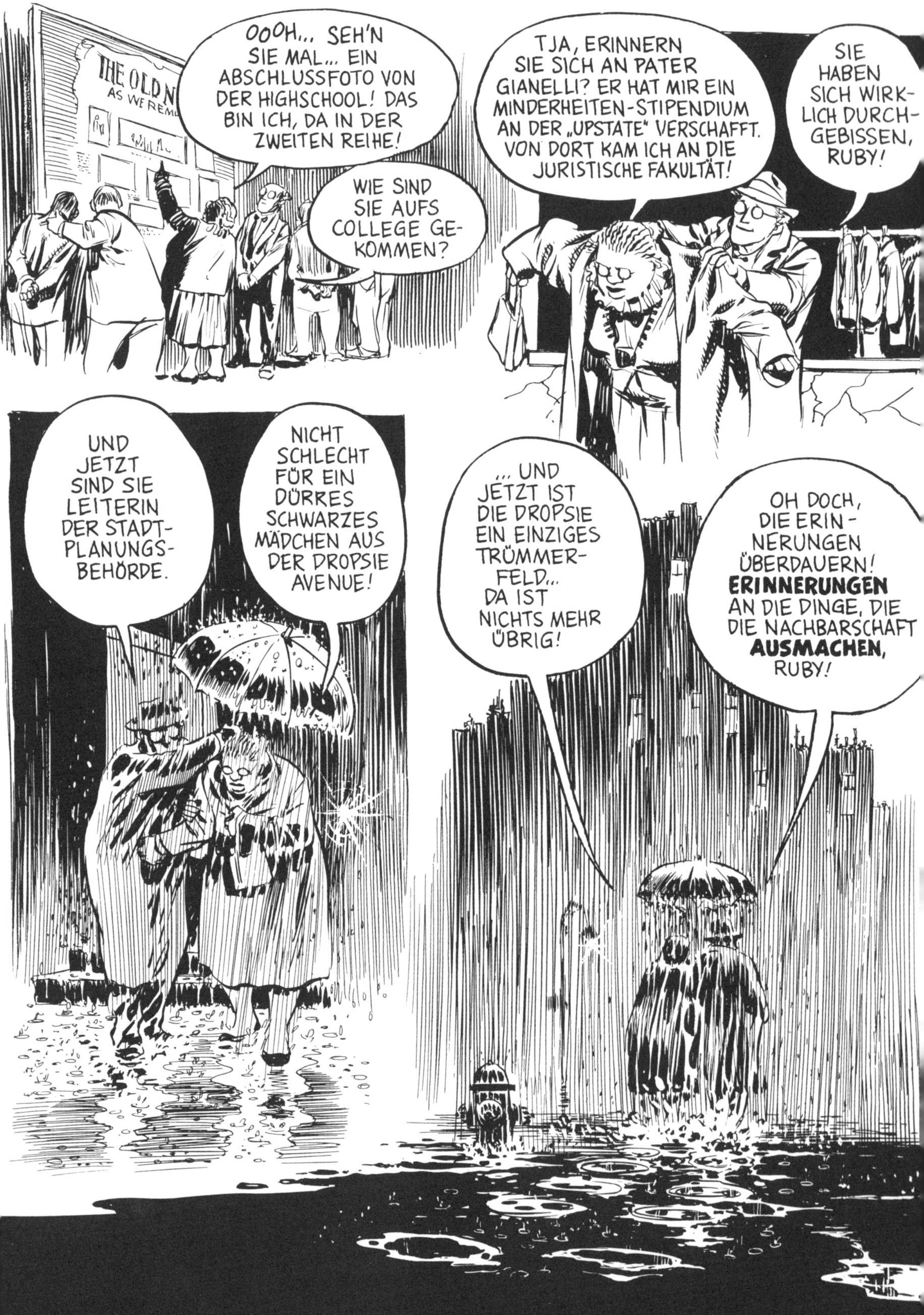
THE OLD N…
AS WE REME…
OOOH... SEH'N SIE MAL... EIN ABSCHLUSSFOTO VON DER HIGHSCHOOL! DAS BIN ICH, DA IN DER ZWEITEN REIHE!
WIE SIND SIE AUFS COLLEGE GEKOMMEN?
TJA, ERINNERN SIE SICH AN PATER GIANELLI? ER HAT MIR EIN MINDERHEITEN-STIPENDIUM AN DER „UPSTATE" VERSCHAFFT. VON DORT KAM ICH AN DIE JURISTISCHE FAKULTÄT!
SIE HABEN SICH WIRKLICH DURCHGEBISSEN, RUBY!
UND JETZT SIND SIE LEITERIN DER STADTPLANUNGSBEHÖRDE.
NICHT SCHLECHT FÜR EIN DÜRRES SCHWARZES MÄDCHEN AUS DER DROPSIE AVENUE!
... UND JETZT IST DIE DROPSIE EIN EINZIGES TRÜMMERFELD... DA IST NICHTS MEHR ÜBRIG!
OH DOCH, DIE ERINNERUNGEN ÜBERDAUERN! **ERINNERUNGEN** AN DIE DINGE, DIE DIE NACHBARSCHAFT **AUSMACHEN**, RUBY!

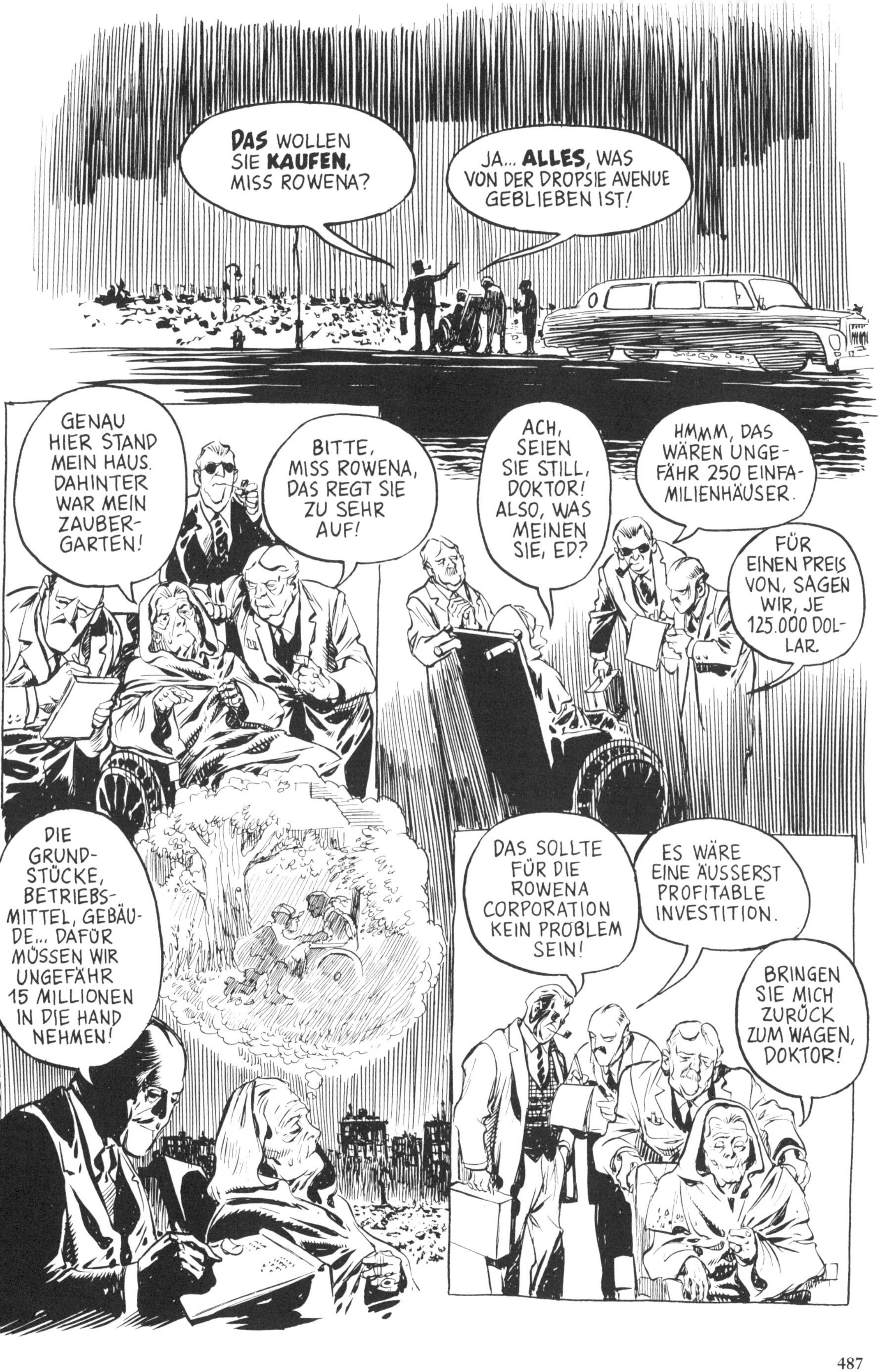

DAS WOLLEN SIE KAUFEN, MISS ROWENA?
JA... ALLES, WAS VON DER DROPSIE AVENUE GEBLIEBEN IST!
GENAU HIER STAND MEIN HAUS. DAHINTER WAR MEIN ZAUBER-GARTEN!
BITTE, MISS ROWENA, DAS REGT SIE ZU SEHR AUF!
ACH, SEIEN SIE STILL, DOKTOR! ALSO, WAS MEINEN SIE, ED?
HMMM, DAS WÄREN UNGE-FÄHR 250 EINFA-MILIENHÄUSER.
FÜR EINEN PREIS VON, SAGEN WIR, JE 125.000 DOL-LAR.
DIE GRUND-STÜCKE, BETRIEBS-MITTEL, GEBÄU-DE... DAFÜR MÜSSEN WIR UNGEFÄHR 15 MILLIONEN IN DIE HAND NEHMEN!
DAS SOLLTE FÜR DIE ROWENA CORPORATION KEIN PROBLEM SEIN!
ES WÄRE EINE ÄUSSERST PROFITABLE INVESTITION.
BRINGEN SIE MICH ZURÜCK ZUM WAGEN, DOKTOR!

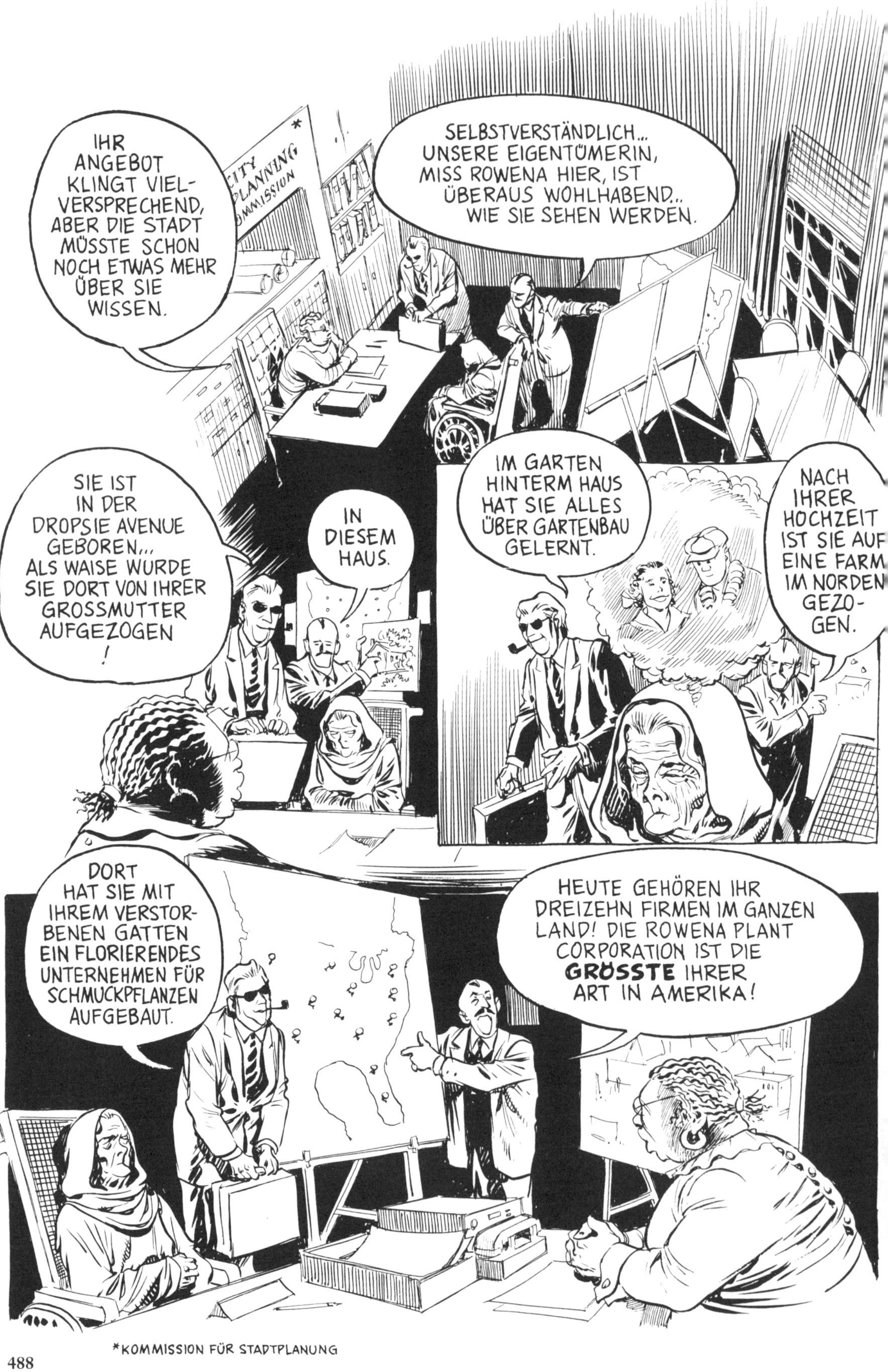

*KOMMISSION FÜR STADTPLANUNG

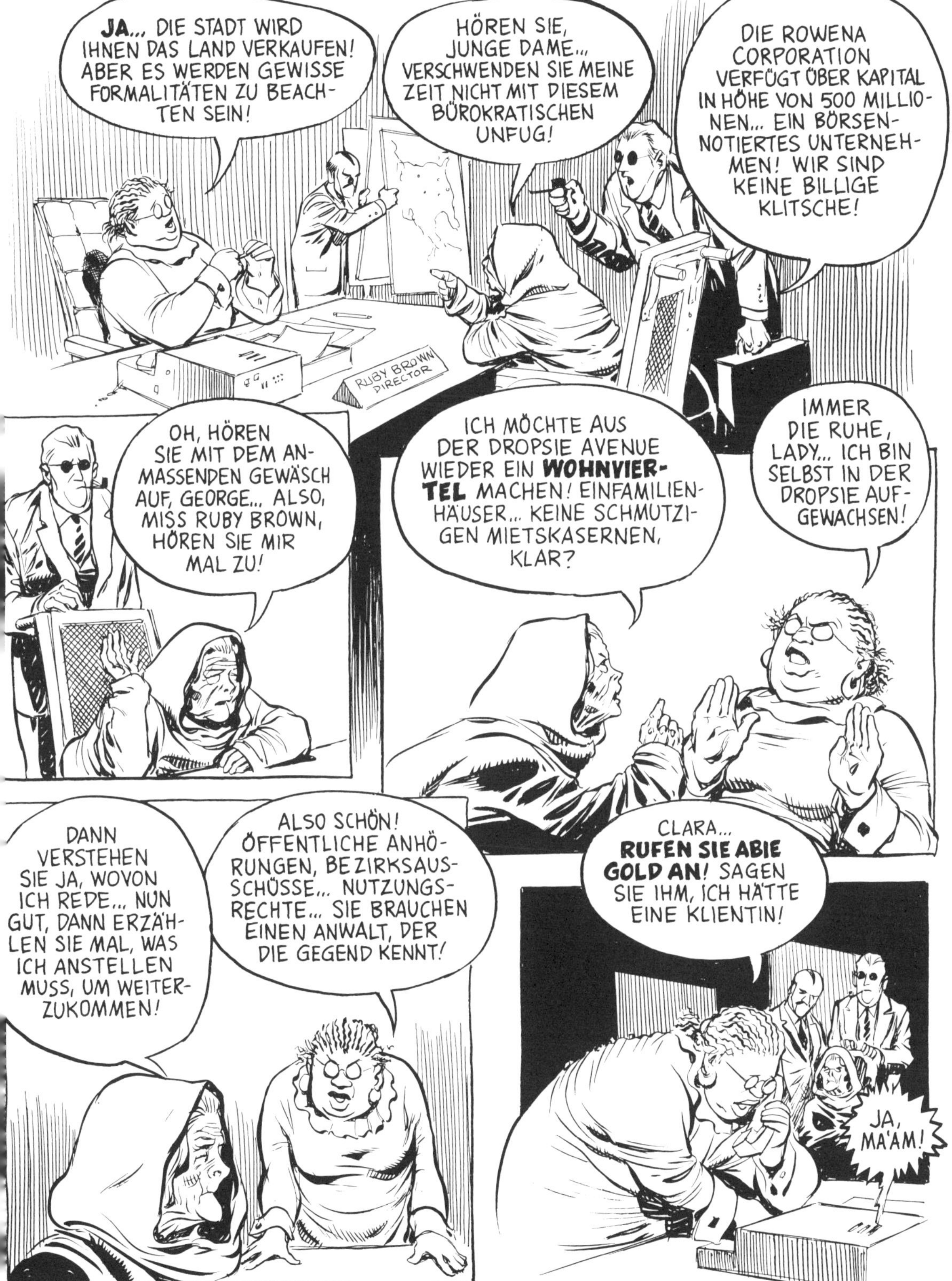
JA..., DIE STADT WIRD IHNEN DAS LAND VERKAUFEN! ABER ES WERDEN GEWISSE FORMALITÄTEN ZU BEACHTEN SEIN!
HÖREN SIE, JUNGE DAME... VERSCHWENDEN SIE MEINE ZEIT NICHT MIT DIESEM BÜROKRATISCHEN UNFUG!
DIE ROWENA CORPORATION VERFÜGT ÜBER KAPITAL IN HÖHE VON 500 MILLIONEN... EIN BÖRSENNOTIERTES UNTERNEHMEN! WIR SIND KEINE BILLIGE KLITSCHE!
RUBY BROWN DIRECTOR
OH, HÖREN SIE MIT DEM ANMASSENDEN GEWÄSCH AUF, GEORGE..., ALSO, MISS RUBY BROWN, HÖREN SIE MIR MAL ZU!
ICH MÖCHTE AUS DER DROPSIE AVENUE WIEDER EIN WOHNVIERTEL MACHEN! EINFAMILIENHÄUSER... KEINE SCHMUTZIGEN MIETSKASERNEN, KLAR?
IMMER DIE RUHE, LADY... ICH BIN SELBST IN DER DROPSIE AUFGEWACHSEN!
DANN VERSTEHEN SIE JA, WOVON ICH REDE... NUN GUT, DANN ERZÄHLEN SIE MAL, WAS ICH ANSTELLEN MUSS, UM WEITERZUKOMMEN!
ALSO SCHÖN! ÖFFENTLICHE ANHÖRUNGEN, BEZIRKSAUSSCHÜSSE... NUTZUNGSRECHTE... SIE BRAUCHEN EINEN ANWALT, DER DIE GEGEND KENNT!
CLARA... RUFEN SIE ABIE GOLD AN! SAGEN SIE IHM, ICH HÄTTE EINE KLIENTIN!
JA, MA'AM!

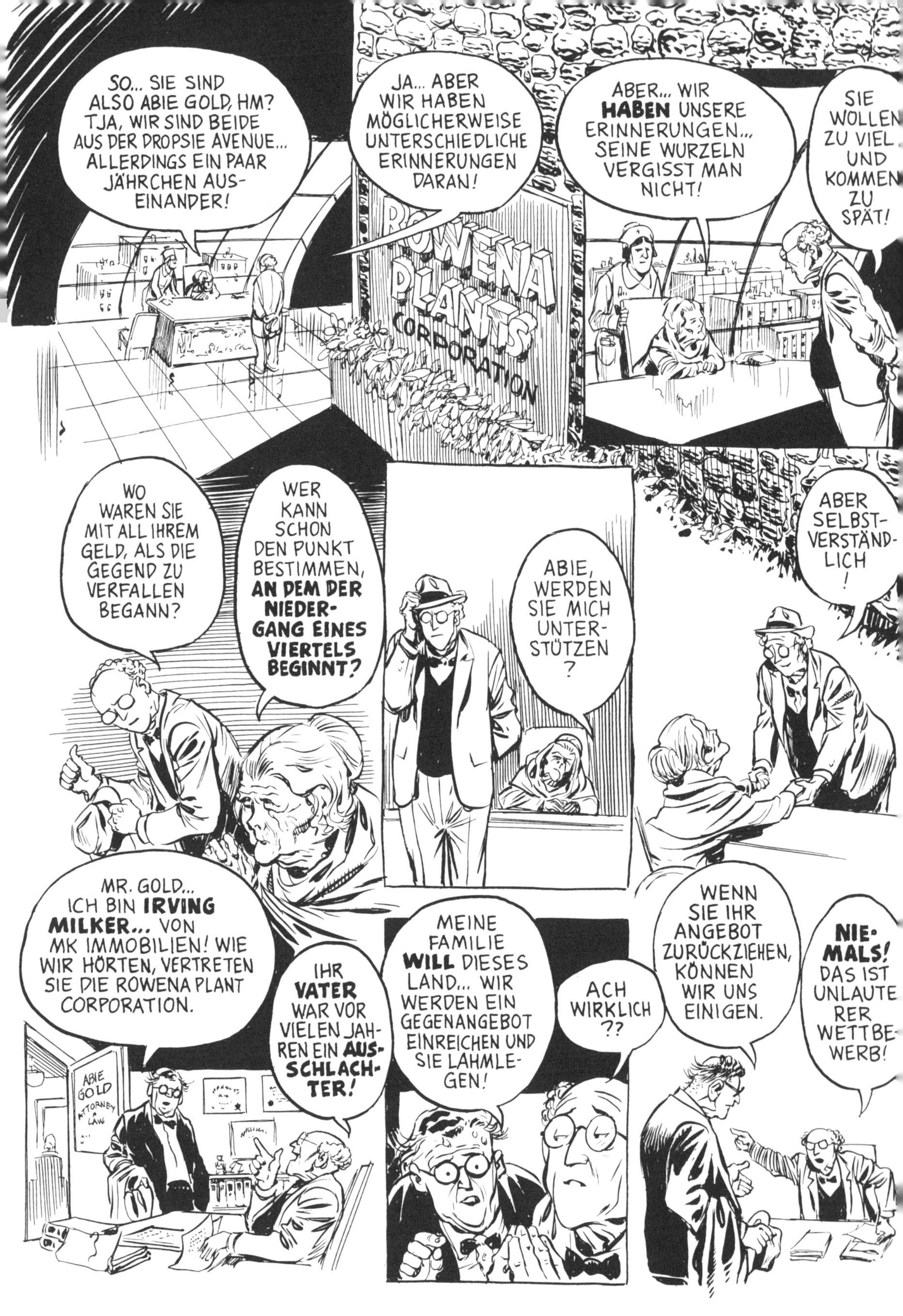

SO... SIE SIND ALSO ABIE GOLD, HM? TJA, WIR SIND BEIDE AUS DER DROPSIE AVENUE... ALLERDINGS EIN PAAR JÄHRCHEN AUS-EINANDER!
JA... ABER WIR HABEN MÖGLICHERWEISE UNTERSCHIEDLICHE ERINNERUNGEN DARAN!
ROWENA PLANTS CORPORATION
ABER... WIR **HABEN** UNSERE ERINNERUNGEN..., SEINE WURZELN VERGISST MAN NICHT!
SIE WOLLEN ZU VIEL UND KOMMEN ZU SPÄT!
WO WAREN SIE MIT ALL IHREM GELD, ALS DIE GEGEND ZU VERFALLEN BEGANN?
WER KANN SCHON DEN PUNKT BESTIMMEN, **AN DEM DER NIEDER-GANG EINES VIERTELS BEGINNT?**
ABIE, WERDEN SIE MICH UNTER-STÜTZEN?
ABER SELBST-VERSTÄND-LICH!
MR. GOLD... ICH BIN **IRVING MILKER...** VON MK IMMOBILIEN! WIE WIR HÖRTEN, VERTRETEN SIE DIE ROWENA PLANT CORPORATION.
ABIE GOLD ATTORNEY AT LAW
IHR **VATER** WAR VOR VIELEN JAH-REN EIN **AUS-SCHLACH-TER!**
MEINE FAMILIE **WILL** DIESES LAND... WIR WERDEN EIN GEGENANGEBOT EINREICHEN UND SIE LAHMLE-GEN!
ACH WIRKLICH ??
WENN SIE IHR ANGEBOT ZURÜCKZIEHEN, KÖNNEN WIR UNS EINIGEN.
NIE-MALS! DAS IST UNLAUTE RER WETTBE-WERB!

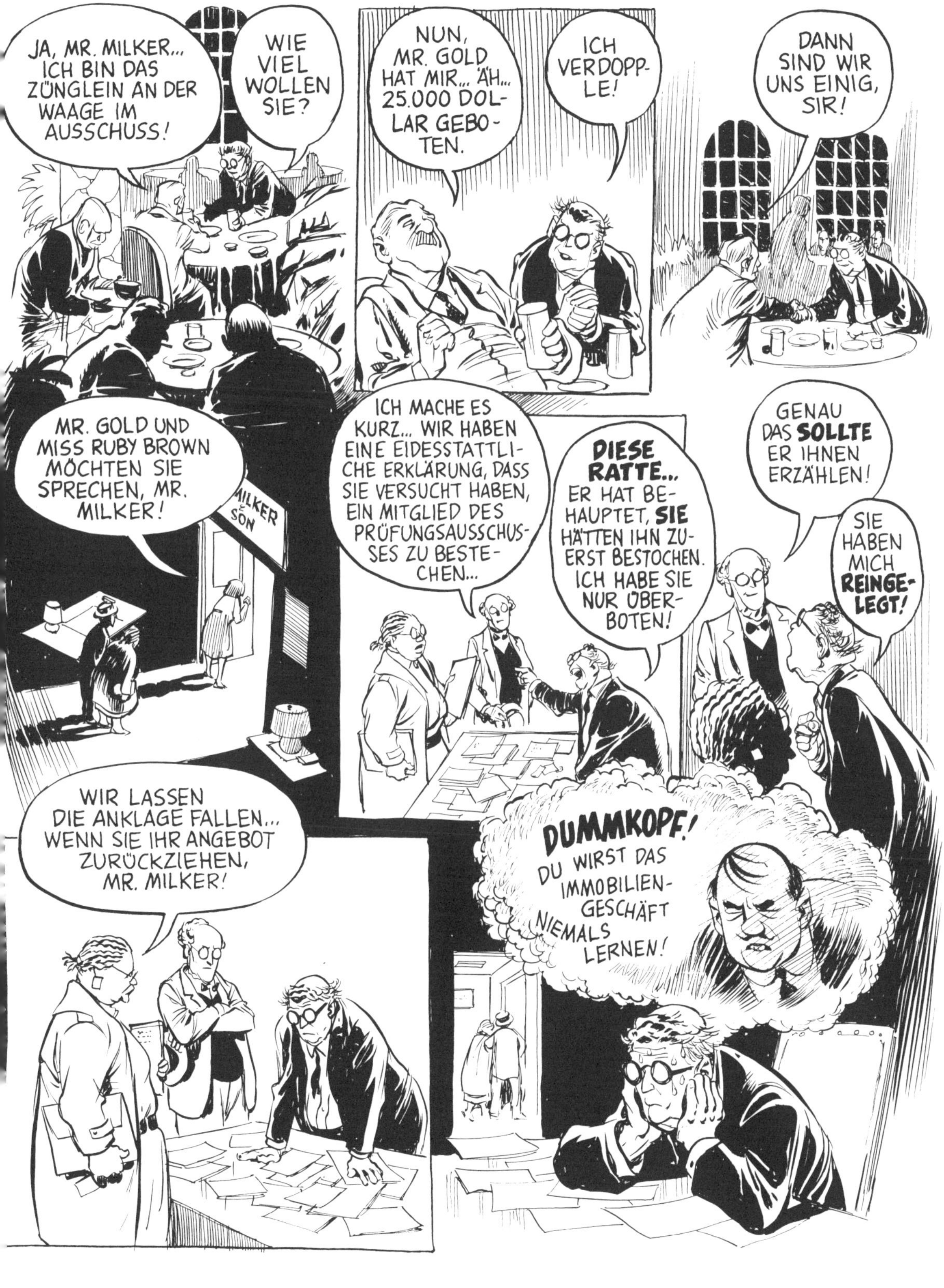
JA, MR. MILKER... ICH BIN DAS ZÜNGLEIN AN DER WAAGE IM AUSSCHUSS!
WIE VIEL WOLLEN SIE?
NUN, MR. GOLD HAT MIR... ÄH... 25.000 DOLLAR GEBOTEN.
ICH VERDOPPLE!
DANN SIND WIR UNS EINIG, SIR!
MR. GOLD UND MISS RUBY BROWN MÖCHTEN SIE SPRECHEN, MR. MILKER!
MILKER & SON
ICH MACHE ES KURZ... WIR HABEN EINE EIDESSTATTLICHE ERKLÄRUNG, DASS SIE VERSUCHT HABEN, EIN MITGLIED DES PRÜFUNGSAUSSCHUSSES ZU BESTECHEN...
DIESE RATTE... ER HAT BEHAUPTET, SIE HÄTTEN IHN ZUERST BESTOCHEN. ICH HABE SIE NUR ÜBERBOTEN!
GENAU DAS SOLLTE ER IHNEN ERZÄHLEN!
SIE HABEN MICH REINGELEGT!
WIR LASSEN DIE ANKLAGE FALLEN... WENN SIE IHR ANGEBOT ZURÜCKZIEHEN, MR. MILKER!
DUMMKOPF! DU WIRST DAS IMMOBILIENGESCHÄFT NIEMALS LERNEN!

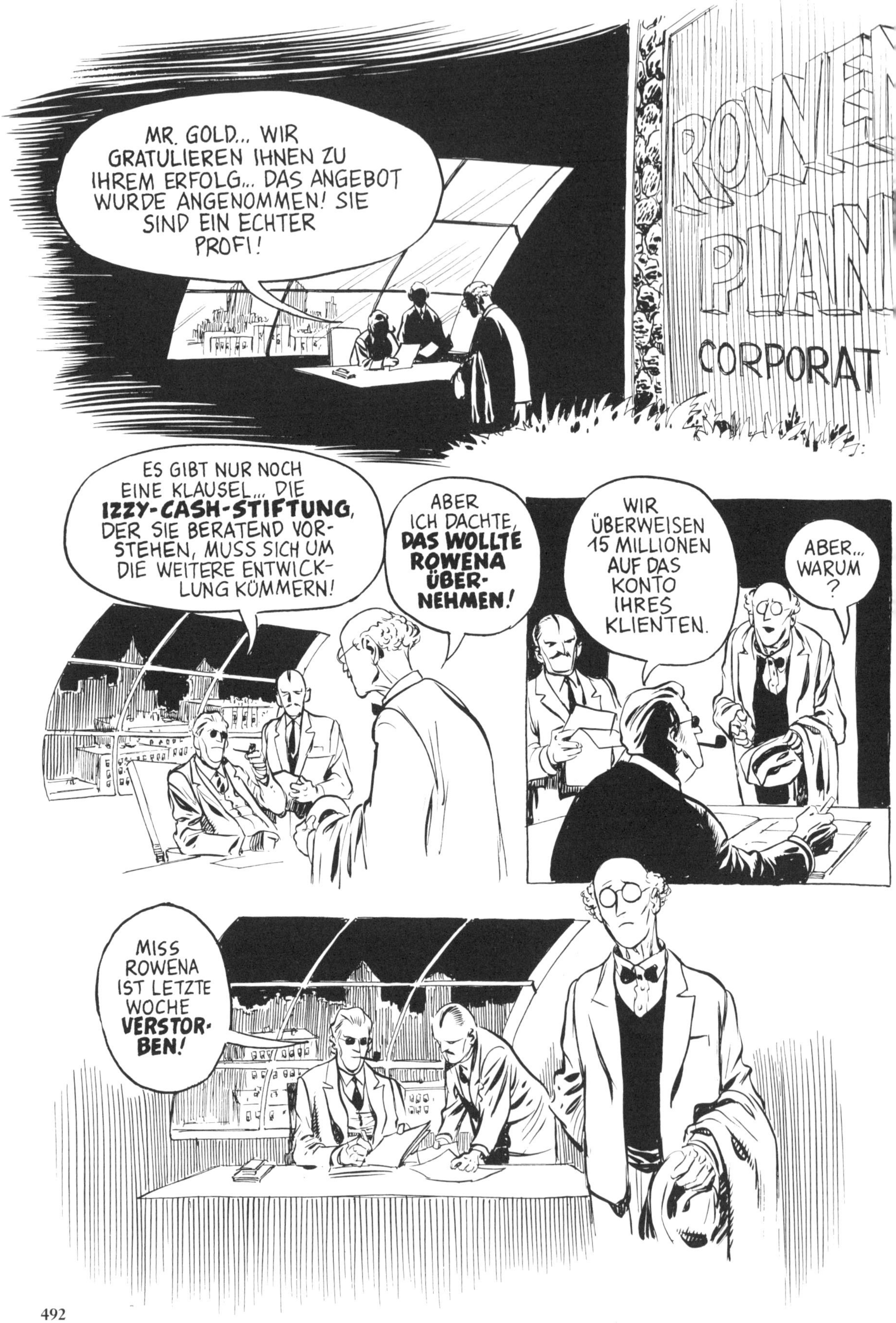
MR. GOLD... WIR GRATULIEREN IHNEN ZU IHREM ERFOLG... DAS ANGEBOT WURDE ANGENOMMEN! SIE SIND EIN ECHTER PROFI!
ROWE
PLAN
CORPORAT
ES GIBT NUR NOCH EINE KLAUSEL... DIE **IZZY-CASH-STIFTUNG**, DER SIE BERATEND VORSTEHEN, MUSS SICH UM DIE WEITERE ENTWICKLUNG KÜMMERN!
ABER ICH DACHTE, **DAS WOLLTE ROWENA ÜBERNEHMEN!**
WIR ÜBERWEISEN 15 MILLIONEN AUF DAS KONTO IHRES KLIENTEN.
ABER... WARUM?
MISS ROWENA IST LETZTE WOCHE **VERSTORBEN!**

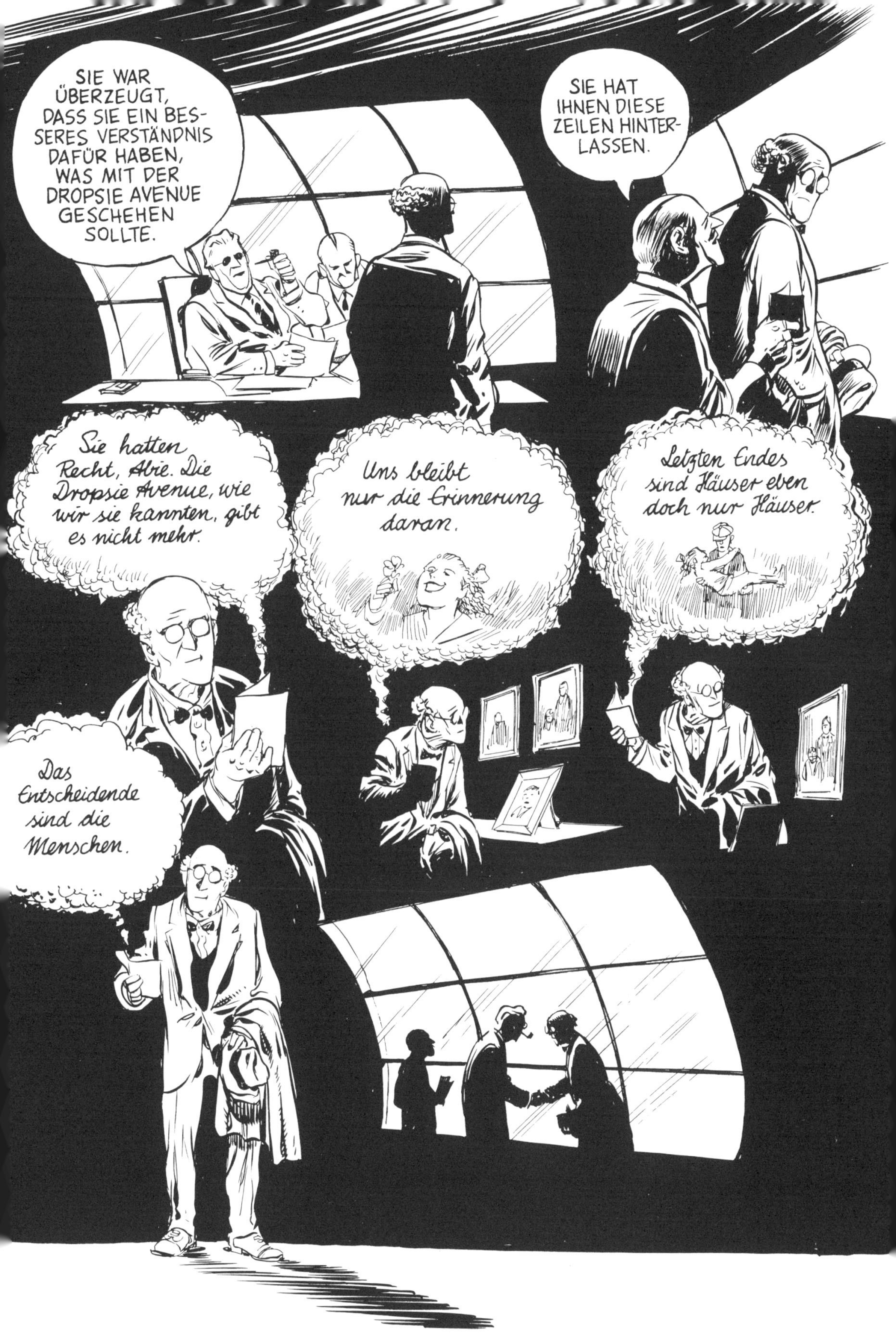

SIE WAR ÜBERZEUGT, DASS SIE EIN BESSERES VERSTÄNDNIS DAFÜR HABEN, WAS MIT DER DROPSIE AVENUE GESCHEHEN SOLLTE.
SIE HAT IHNEN DIESE ZEILEN HINTERLASSEN.
Sie hatten Recht, Abie. Die Dropsie Avenue, wie wir sie kannten, gibt es nicht mehr.
Uns bleibt nur die Erinnerung daran.
Letzten Endes sind Häuser eben doch nur Häuser.
Das Entscheidende sind die Menschen.

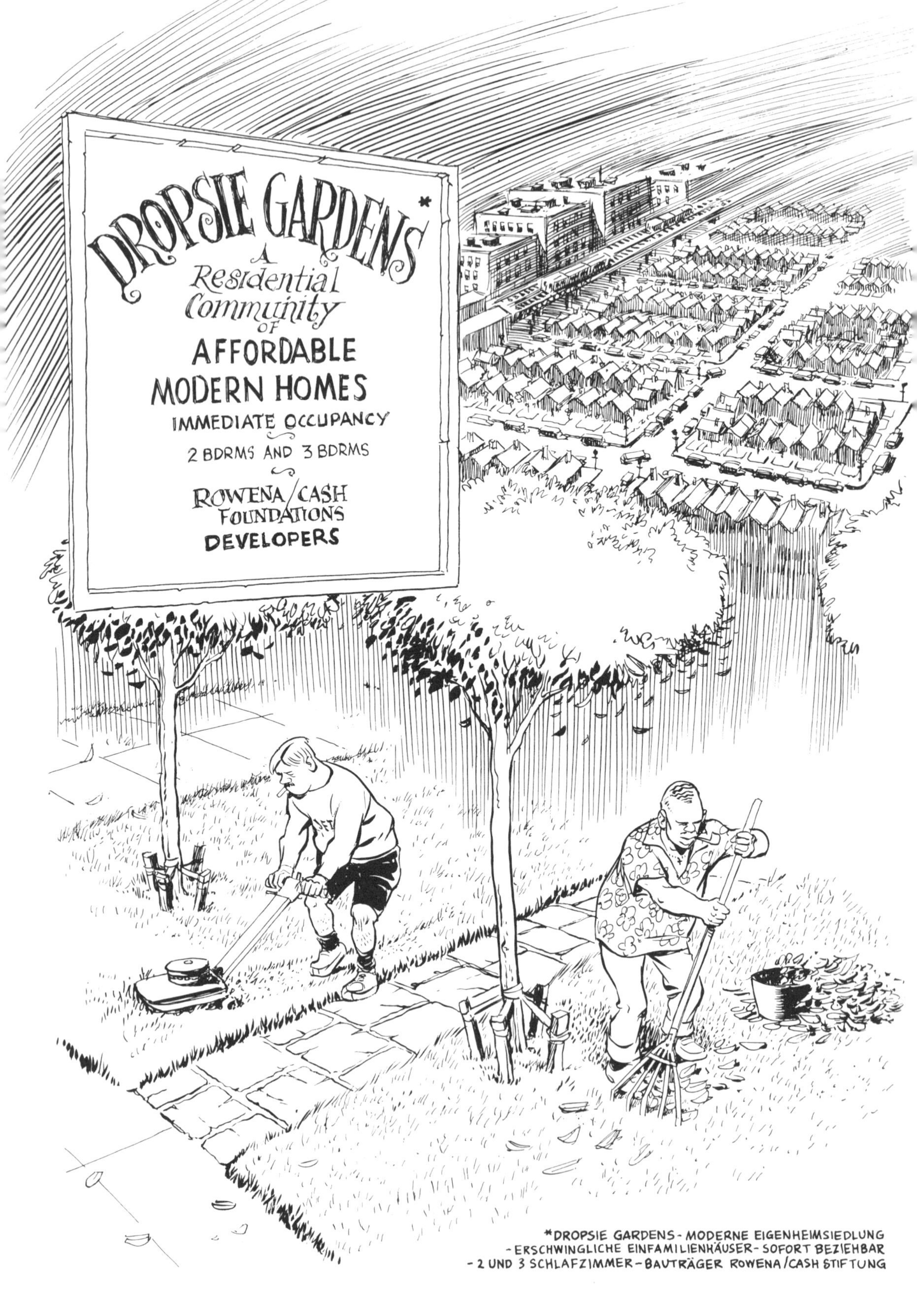
DROPSIE GARDENS*
A Residential Community of
AFFORDABLE MODERN HOMES
IMMEDIATE OCCUPANCY
2 BDRMS AND 3 BDRMS
ROWENA/CASH FOUNDATIONS
DEVELOPERS
*DROPSIE GARDENS - MODERNE EIGENHEIMSIEDLUNG - ERSCHWINGLICHE EINFAMILIENHÄUSER - SOFORT BEZIEHBAR - 2 UND 3 SCHLAFZIMMER - BAUTRÄGER ROWENA/CASH STIFTUNG

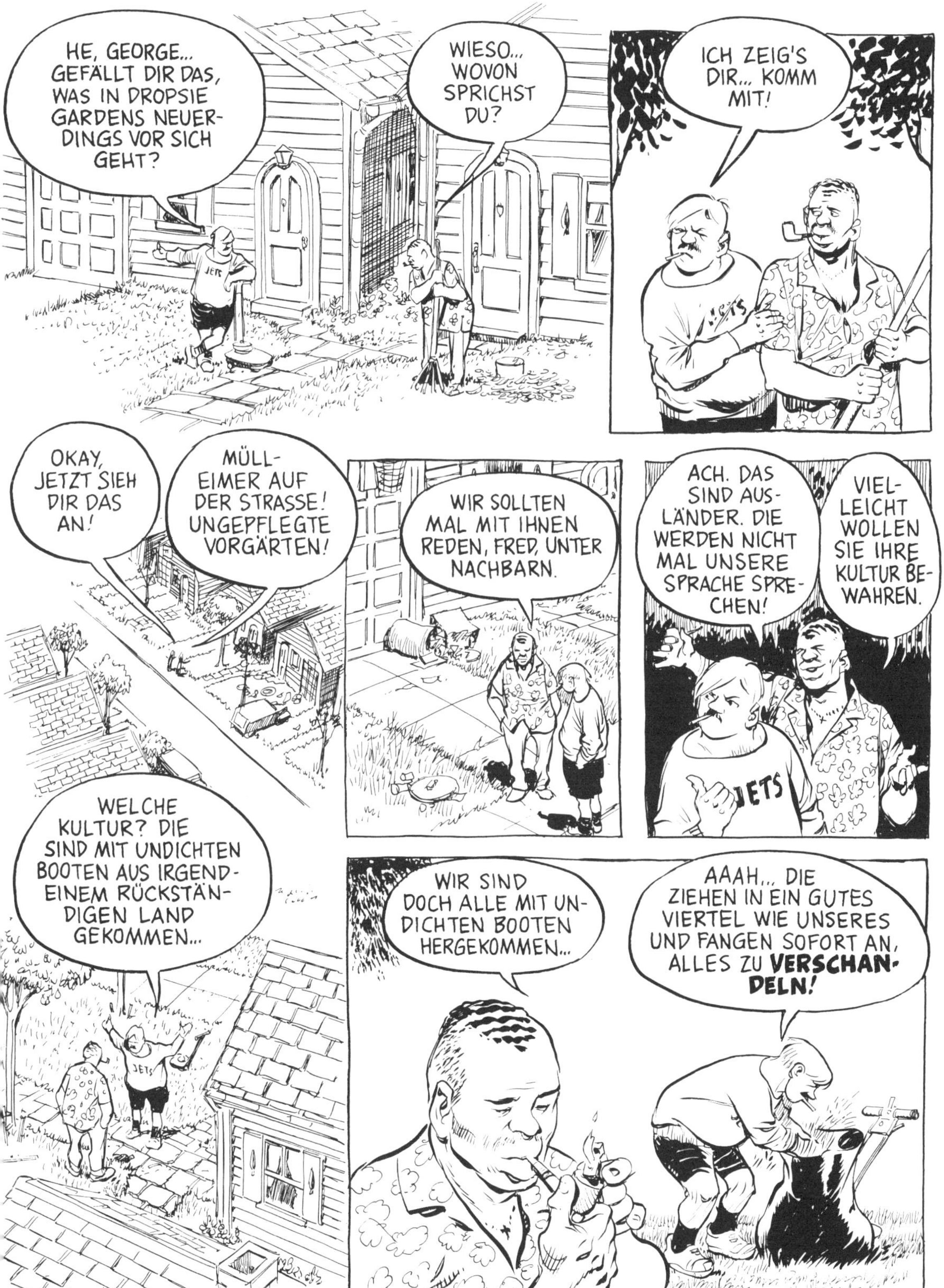
HE, GEORGE... GEFÄLLT DIR DAS, WAS IN DROPSIE GARDENS NEUERDINGS VOR SICH GEHT?
WIESO... WOVON SPRICHST DU?
ICH ZEIG'S DIR... KOMM MIT!
OKAY, JETZT SIEH DIR DAS AN!
MÜLLEIMER AUF DER STRASSE! UNGEPFLEGTE VORGÄRTEN!
WIR SOLLTEN MAL MIT IHNEN REDEN, FRED, UNTER NACHBARN.
ACH. DAS SIND AUSLÄNDER. DIE WERDEN NICHT MAL UNSERE SPRACHE SPRECHEN!
VIELLEICHT WOLLEN SIE IHRE KULTUR BEWAHREN.
WELCHE KULTUR? DIE SIND MIT UNDICHTEN BOOTEN AUS IRGENDEINEM RÜCKSTÄNDIGEN LAND GEKOMMEN...
WIR SIND DOCH ALLE MIT UNDICHTEN BOOTEN HERGEKOMMEN...
AAAH... DIE ZIEHEN IN EIN GUTES VIERTEL WIE UNSERES UND FANGEN SOFORT AN, ALLES ZU **VERSCHANDELN**!

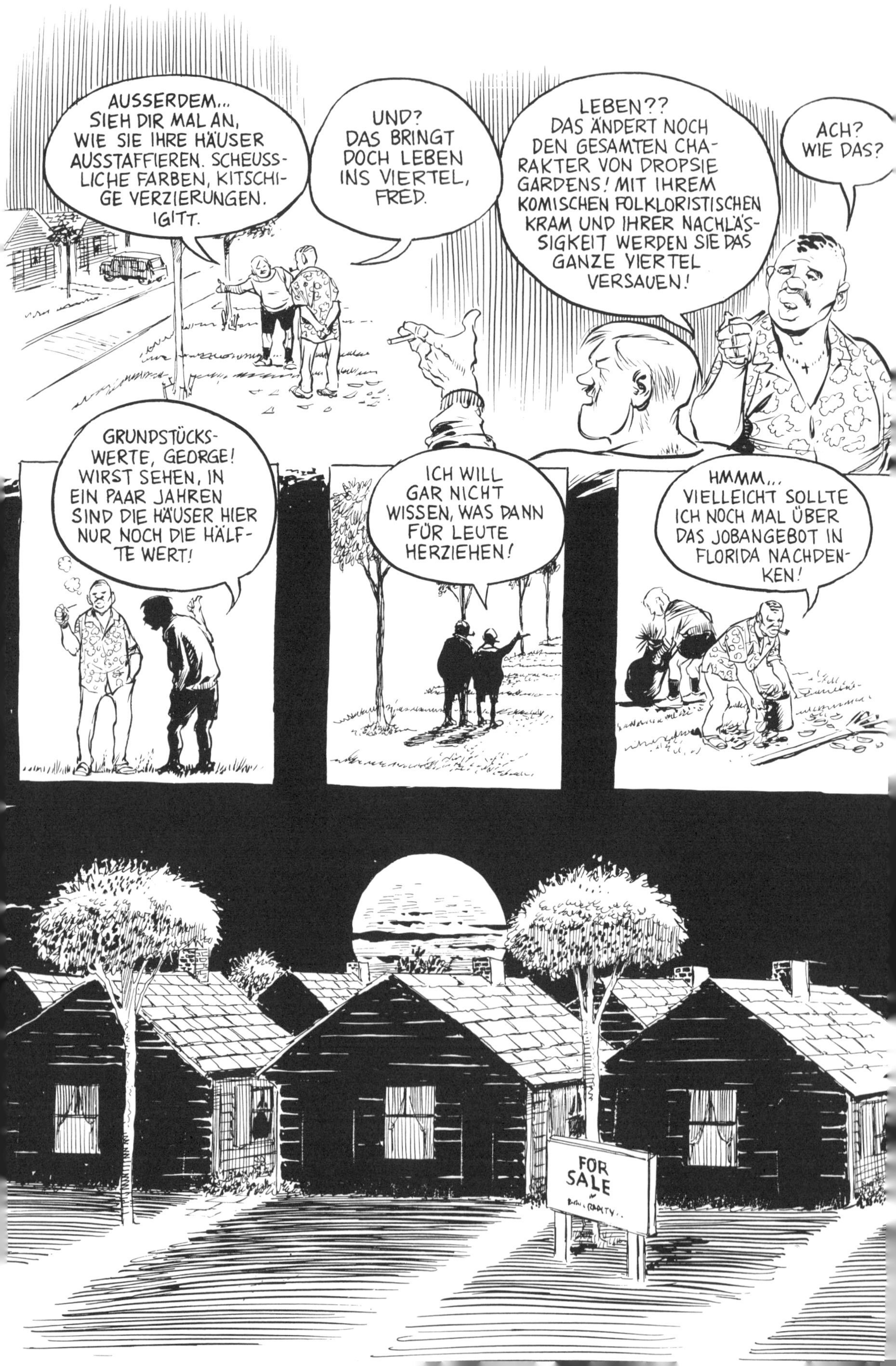
AUSSERDEM... SIEH DIR MAL AN, WIE SIE IHRE HÄUSER AUSSTAFFIEREN. SCHEUSS-LICHE FARBEN, KITSCHI-GE VERZIERUNGEN. IGITT.
UND? DAS BRINGT DOCH LEBEN INS VIERTEL, FRED.
LEBEN?? DAS ÄNDERT NOCH DEN GESAMTEN CHA-RAKTER VON DROPSIE GARDENS! MIT IHREM KOMISCHEN FOLKLORISTISCHEN KRAM UND IHRER NACHLÄS-SIGKEIT WERDEN SIE DAS GANZE VIERTEL VERSAUEN!
ACH? WIE DAS?
GRUNDSTÜCKS-WERTE, GEORGE! WIRST SEHEN, IN EIN PAAR JAHREN SIND DIE HÄUSER HIER NUR NOCH DIE HÄLF-TE WERT!
ICH WILL GAR NICHT WISSEN, WAS DANN FÜR LEUTE HERZIEHEN!
HMMM... VIELLEICHT SOLLTE ICH NOCH MAL ÜBER DAS JOBANGEBOT IN FLORIDA NACHDEN-KEN!
FOR SALE

WIE ES FÜR EIN WOHNVIERTEL NICHT UNÜBLICH IST, VERÄNDERTE SICH DIE ETHNISCHE ZUSAMMENSETZUNG DER DROPSIE AVENUE. DIE SCHLICHTEN, ERSCHWINGLICHEN HÄUSER ZOGEN ARME UND EINWANDERER AUS UNTERSCHIEDLICHEN KULTUREN AN, DIE EIN WENIGER STARK AUSGEPRÄGTES BEWUSSTSEIN FÜR EIGENTUM UND GEMEINSCHAFTSSINN HATTEN. BALD ERRICHTETEN SIE FÜR IHRE VIELKÖPFIGEN FAMILIEN BUNT GEFÄRBTE, IMPROVISIERTE BAUTEN. MIT DEM FORTZUG DER BISHERIGEN ANWOHNER ÄNDERTE SICH AUCH DER CHARAKTER DES VIERTELS... SICHTBARE SPUREN EINER UNERBITTLICHEN ENTWICKLUNG.

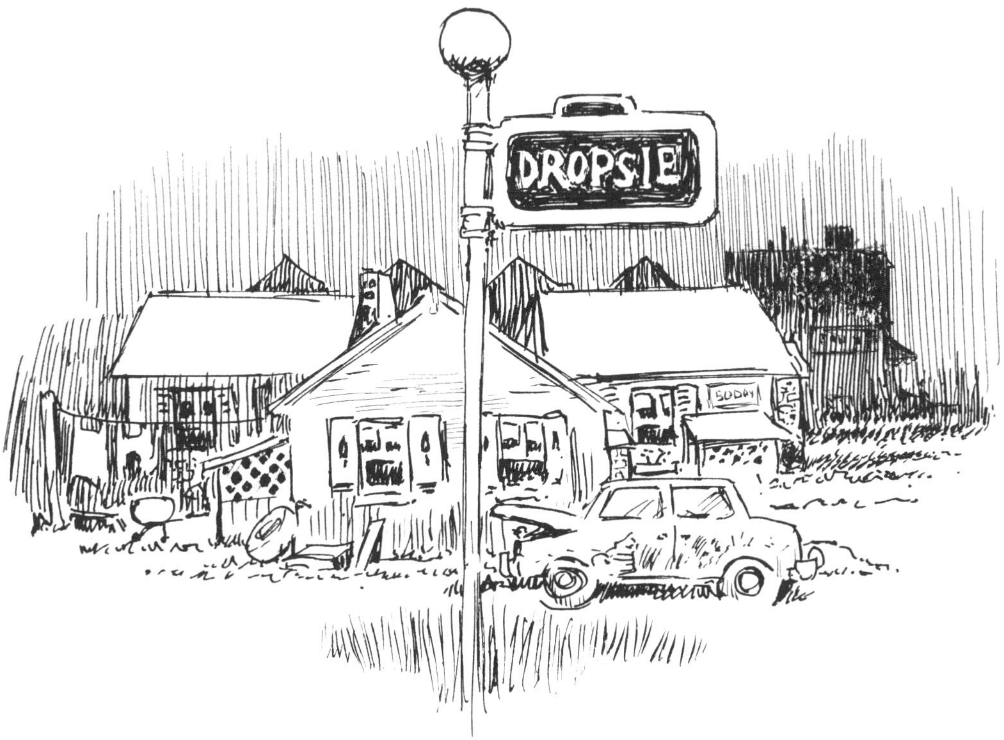

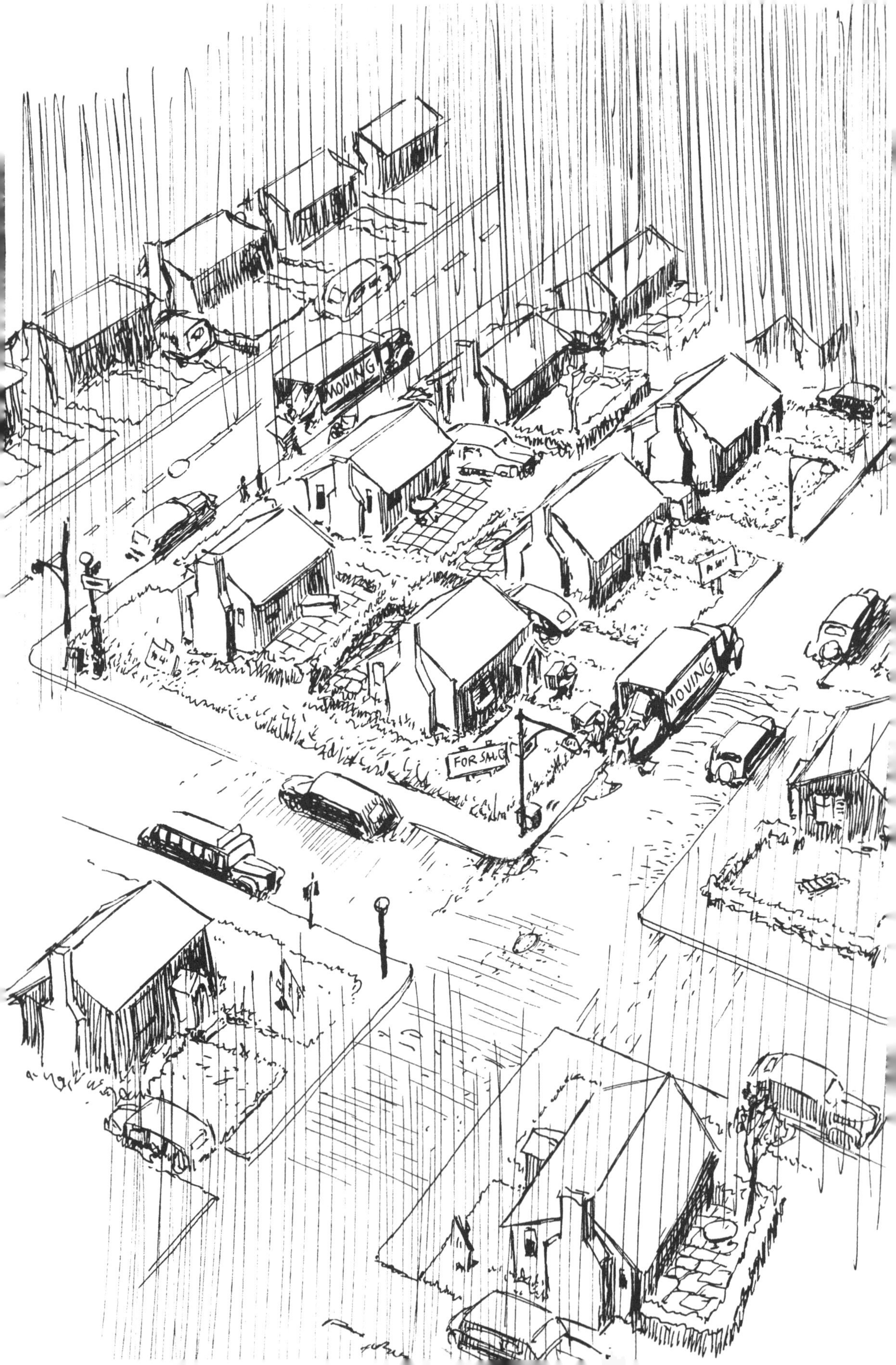
MOVING
FOR SALE
MOVING

Anmerkungen

- Seite 381: ***Vierter Bezirk*** – historisches Arbeiterviertel an der Südspitze Manhattans, in der South Bronx
- Seite 394: ***WPA-Programm*** – *Work Progress Administration*, eine Bundesbehörde der USA, die während der 1930er-Jahre durch Arbeitsbeschaffungsmaßnahmen die Opfer der Weltwirtschaftskrise unterstützen sollte.
- Seite 403: ***Simche*** – Jiddisch für *freudiges Ereignis, fröhlicher Anlass*
- Seite 406: ***Nebbich*** – Jiddisch für Verlierer, Pechvogel, hilfloser Mensch
- Seite 407: ***»PX-Zeugs«*** – PX steht für *Post Exchange*, Ladengeschäfte auf Stützpunkten der U.S. Army, die Militärangehörige mit steuerfreien Konsumgütern versehen.
- Seite 435: ***Fonfn*** – Jiddisch für Herumdrucksen, *um den heißen Brei herumreden*
- Seite 459: ***Schmeer*** – Jiddisch für *das ganze Paket*
- Seite 472: ***Schabbes*** – Jiddisch für Sabbat, im Judentum der siebente Wochentag, an dem keine Arbeit verrichtet werden soll.

LAST EXIT TO THE BRONX
Ein Nachwort

An mythischen Orten, die der Comic hervorgebracht hat, herrscht wahrlich kein Mangel. Ob das von Winsor McCay in *Little Nemo* erträumte Slumberland oder Alex Raymonds Planet Mongo aus *Flash Gordon*, das surreale Coconino County, in dem George Herriman über drei Jahrzehnte Krazy Kat Ziegelsteine an den Kopf warf, oder die Okefenokee-Sümpfe in *Pogo*, Walt Kellys allegorischem Amerika – diese wie ungezählte andere skurrile Welten haben sich unauslöschbar in das kollektive Gedächtnis eingebrannt und die Fantasie von Generationen stimuliert, selbst wenn die Comic-Serien, in denen sich ihr Urknall ereignete, schon lange verschwunden sind. Und häufig lieferte New York, fast ein Jahrhundert lang das Laboratorium der Moderne, die Blaupause für mythische Zeichenwelten, als Metropolis oder Gotham, wo Superman für Recht und Ordnung sorgt und Batman sich von Hochhausdächern in die Nacht hinausschwingt, oder als Central City in Will Eisners *The Spirit*. Und als Eisner sich 1978, fast dreißig Jahre nach *The Spirit*, erneut dem Comic zuwandte, verortete er auch die vier Short Storys in *Ein Vertrag mit Gott* im »Big Apple«, in einem Mietshaus, das längst ebenfalls zu einem Mythos der Comic-Literatur geworden ist. Das Gebäude mit der Hausnummer 55 befindet sich in der Dropsie Avenue, einer fiktiven Straße in der Bronx, die allerdings – ganz wie 1894 schon die Hogan's Alley in Richard Outcaults *The Yellow Kid* – »kein Hirngespinst« ist, »sondern das Abbild einer Straße, die in meinen Erinnerungen äußerst lebendig ist«.

New York City ist für Will Eisner das Synonym für »eine jede Stadt«, seine Graphic Novels über das »Überleben« seiner Bewohner im Großstadtdschungel sind eine Schilderung des urbanen Lebens schlechthin. Doch Erzählungen wie *The Building* und *Unsichtbare Menschen* oder seine Kurzgeschichten-Sammlungen *Big City Blues* und *City People Notebook* (die im zweiten Band der Will-Eisner-Edition im Carlsen Verlag zusammengefasst sind) sind dennoch auch eine Hommage ganz speziell an New York, an die Stadt, in der Eisner aufwuchs und in der er über sechzig Jahre gelebt hat. Und die, was sich in seinen Comics deutlich widerspiegelt, seinen Blick prägte: »Meine Art, die Dinge zu sehen, ist stark davon beeinflusst, wie ich aufgewachsen bin. In meinen Zeichnungen setze ich Licht entweder von oben oder von unten ein, denn in einer Stadt wie New York kommt das Licht immer von oben oder von unten, immer von einer konkreten Quelle. Und meine Perspektiven sind durch den Blick aus dem Fenster im fünften Stock geschult.«

Als William Erwin Eisner am 6. März 1917 als erster Sohn jüdischer Einwanderer in Brooklyn geboren wird, steht die Welt am Abgrund. Aufstände in Russland führen zur Abdankung des Zaren und bald darauf zur Oktoberrevolution, vor den Küsten Englands und Frankreichs tobt der uneingeschränkte U-Boot-Krieg, am 6. April erklären die USA dem Deutschen Reich den Krieg. Will wächst »in der Geborgenheit Amerikas« auf, in einer jener sechsgeschossigen Mietskasernen, in denen damals rund ein Sechstel der New Yorker Bevölkerung lebt, in engen, stickigen Wohnungen, in die kaum Tageslicht dringt, bis zu hunderttausend Menschen drängen sich auf einem Quadratkilometer. »Eine Welt, in der es keine Ruhe und nichts Privates gab«, wie er sich später erinnern wird. »Man lebte wie auf einer öffentlichen Bühne, jeder bekam von jedem alles mit.«

Nach dem Krieg geht es langsam bergauf. Wills Vater, einst Bühnenmaler in Wien und nach Amerika immigriert, um nicht an der Front zu enden, findet einen Job beim Jüdischen Theater in der Second Avenue. Doch das bescheidene Glück währt nicht lange, nach dem Börsencrash 1929 wird er arbeitslos. Die Eisners ziehen in die Bronx und Will muss mithelfen, das Auskommen der Familie zu sichern. Wie Tausende seiner Altersgenossen verkauft er auf der Straße Zeitungen. »So begann ich mich für Comics zu begeistern, in den Zeitungen lernte ich all die großen Zeichner wie George Herriman, Alex Raymond, Milton Caniff oder Elzie Segar kennen.« Die Mutter versucht, Wills Leidenschaft zu bremsen – ein Künstler, der seine Familie nicht ernähren kann, reicht ihr. Der Vater hingegen ermutigt seinen Sohn, 1933 erscheint seine erste Zeichnung in der Zeitung der De Witt Clinton High School. Will beginnt eine Ausbildung an der Art Students League, kommt bei einer Druckerei unter, gestaltet Werbeinserate, arbeitet als Layouter, und schließlich verkauft er seine erste Illustration, eine Zeichnung für die Anzeige einer Seifenfirma, die ihm fünfzehn Dollar einbringt.

Doch die Comics lassen Will nicht los, für ihn sind sie das perfekte Medium, um »eine Geschichte in visueller Form zu erzählen«. Er entwirft mehrere Strips und bietet sie den Zeitungssyndikaten an, ohne Erfolg. Im Juli 1936 schließlich überredet er den Redakteur Samuel »Jerry« Iger, eine seiner Arbeiten in dem neuen Comic-Heft *Wow* (Untertitel: »What a Magazine!«) zu drucken. Für die dritte Ausgabe liefert er bereits drei kurze Storys und das Cover, aber einen Monat später segnet der Verlag das Zeitliche. Will Eisner, gerade neunzehn Jahre alt, kratzt dreißig Dollar zusammen und gründet gemeinsam mit seinem jetzt ebenfalls arbeitslosen Redakteur den Eisner-Iger-Shop, eins der ersten Comic-Studios, die die Verlage mit druckfertigen Storys beliefern. (Den ersten derartigen »Shop« hat wenige Monate zuvor Harry Chesler gegründet.)

Das *comic book* steckt noch in den Kinderschuhen, die meisten Hefte enthalten Nachdrucke von Sonntagsseiten aus den Tageszeitungen. Doch um an den zehn Dollar Honorar zu sparen, die die Zeitungssyndikate pro Seite verlangen, gehen immer mehr Verlage dazu über, neue Storys zu produzieren. Halbwüchsige, die für weniger arbeiten, gibt es zur Genüge, denn mit Berichten über schwindelerregende Einkommen haben die Zeitungen die Zeichner ihrer Strips zu nationalen Stars gemacht. Bei Jugendlichen gilt das Comic-Handwerk als Traumberuf, Zeichenfernkurse haben Hochkonjunktur, und die Shops sind ein gutes Karrieresprungbrett. Will Eisner sieht den rasant wachsenden Bedarf an Comic-Seiten richtig voraus, bald beschäftigt das Studio zwanzig zeichenwütige Mitarbeiter, viele davon im Teenageralter, und produziert jeden Monat fünfzehn Hefte für mehrere Verlage. »Das Business funktionierte wie die Ford Motor Company«, so Eisner später. »Ich saß am Kopf einer Reihe schwitzender Zeichner. Wir verdienten einen Dollar fünfzig pro Seite, also mussten wir eine Menge produzieren.« Diese Zeit des Aufbruchs, in der das Comic-Heft, lange vor dem Rock 'n' Roll, zu einer ersten Jugendkultur heranreifte, hat Eisner später in seiner Graphic Novel *Der Träumer* geschildert (im dritten Band dieser Eisner-Edition).

Von Piraten- bis hin zu Superhelden-Storys liefert der Eisner-Iger-Shop alles, was verlangt wird, die größten Erfolge des Studios werden *Blackhawk*, *Uncle Sam* und *Sheena, Queen of the Jungle*. Will Eisner entwickelt das Konzept der Serien und entwirft die jeweils erste Geschichte, dann übernehmen andere Zeichner (darunter auch Bob Kane und Jack Kirby, die schon bald mit *Batman* und *Captain America* Furore machen werden). Unter den ersten Abnehmern ist auch das britische Magazin *Wags*, und das Recycling der dort Ende 1936 abgedruckten Piratenserie *Hawks of the Seas* für amerikanische Kunden soll die Ertragslage des Studios verbessern helfen. Allerdings müssen die Seiten dazu auf das Format der kleineren Comic-Hefte gebracht werden. Will Eisner zerschneidet die Originale und arrangiert die Einzelbilder zu neuen Layouts. Bislang hatten die Zeichner mehr oder minder gleichförmige Bilder verwendet, wie dies bei den Sonntagsseiten in den Zeitungen üblich war. Eisner hingegen entdeckt durch die Neumontage seiner Panels die Seite als Gesamtkomposition, deren dramatische Wirkung er durch runde, keilförmige oder extrem schmale Bildformate, sich überlappende Szenen, harte Schnitte und überraschende Einstellungen steigert. Damit verleiht er den *comic books* eine neue Dynamik und eigene Ästhetik und emanzipiert sie als eigenständige Ausdrucksform.

Im Gegensatz zu anderen Zeichnern wie etwa Burne Hogarth, der bei seinem *Tarzan* das *storytelling* zugunsten der Bildartistik vernachlässigt, ist der Comic für Will Eisner vor allem eine Erzählform: »Schon damals war ich davon überzeugt, dass der Comic über ein ›literarisches Potenzial‹ verfügt.« Doch als er diese Auffassung

1939 in einem Interview mit der *Baltimore Sun* äußert, erntet er nur Spott, selbst von seinen Kollegen. Es fällt ihm deshalb nicht schwer, sich von seinem Partner Jerry Iger zu trennen, als ihm das Register-Tribune Syndicate im Jahr darauf anbietet, eine sechzehnseitige Sonntagsbeilage im Format der Comic-Hefte für die Zeitungen zu entwickeln. (Iger führt das Studio bis 1955 unter alleiniger Regie weiter und produziert u.a. ab 1943 die Heftreihe *Classics Illustrated.*) »Für die damaligen Verleger war der typische Leser ein debiler Zehnjähriger aus Kansas City«, so Eisner. »Deshalb wollte ich Schluss machen mit den Heften. Ich nahm mich und meine Arbeit ernst, und ich wollte Geschichten für ein erwachsenes Publikum erzählen. Die Zeitungen boten mir die Chance, dieses Publikum zu erreichen.«

Will Eisner entwirft drei Serien. *Mr. Mystic* und *Lady Luck* lässt er von Bob Powell und Chuck Mazoujian umsetzen, die dritte, *The Spirit*, gestaltet er selbst. »Natürlich wusste ich, dass man einen kostümierten Superhelden von mir erwartete, denn das Syndikat wollte ja gegen die immer populärer werdenden Hefte antreten. Doch für die Art von Geschichten, wie ich sie erzählen wollte, brauchte ich eine Figur, die verletzlich war und glaubhaft wirkte. Schließlich fand ich einen Kompromiss und versah meinen Helden mit einer schlichten blauen Augenmaske.« Hinter dieser eher symbolischen Tarnung verbirgt sich der Privatdetektiv Denny Colt, der allerdings gleich bei seiner Premiere am 2. Juni 1940 ums Leben kommt – vermeintlich, denn als maskierter Spirit führt er seinen Kampf gegen das Verbrechen jetzt unerkannt von seinem Versteck unter dem Wildwood-Friedhof vor den Toren Central Citys aus weiter. Vor allem die Storys, die entstehen, als Will Eisner *The Spirit* nach dem Krieg fortsetzt – im Mai 1942 wird er eingezogen und überlässt die Serie nach exakt hundert Folgen seinem Assistenten Lou Fine –, werden durch ihre filmische Erzählweise zu grafischen Meisterwerken, die nicht allein andere Zeichner beeinflussen. »Eisners Schnitte, die dramatischen Einstellungen und sein Umgang mit Licht und Schatten haben mich stark geprägt«, bekannte etwa der Regisseur William Friedkin. »Meine Inszenierung der Verfolgungsjagd in *French Connection* hat hier ihren Ursprung.« Doch nicht nur die Grafik wandelt sich. »Die Geschichten, die ich vor dem Krieg zeichnete, entsprangen der Fantasie«, so Eisner. »Ich verbrachte die meiste Zeit im Studio am Zeichenbrett und hatte kaum etwas außerhalb von New York gesehen. Erst während meiner Armeezeit konnte ich eigene Lebenserfahrungen sammeln. Die ließ ich nun in meine Arbeit einfließen, was meine Storys realistischer machte. Ich fühlte mich jetzt frei und mutig genug, meine eigene Sicht des Lebens einzubringen, und somit sind diese Geschichten ein sehr persönliches Werk.«

Immer häufiger widmet sich Will Eisner nun den Schattenseiten der modernen Massengesellschaft, lässt tragische Charaktere auftreten, die das Schicksal aus der Bahn geworfen hat, spürt ihren Motiven nach und gewährt zuweilen sogar überraschend reflektierte Einblicke in die menschliche Psyche. Und in etlichen Geschichten greift er durch die Dekonstruktion seines Helden die Erzählhaltung der literarischen Moderne auf; der Spirit bleibt Beobachter am Rande oder fungiert lediglich als Katalysator der Ereignisse, die sich vor der Kulisse eines im düsteren Stil des Film Noir in Szene gesetzten Großstadtdschungels entfalten. Auf dem Höhepunkt des Erfolgs liegt die Comic-Beilage mit *The Spirit* als Titelserie zwanzig Tageszeitungen mit einer Gesamtauflage von fünf Millionen Exemplaren bei. Bis 1952 entstehen insgesamt sechshundertfünfundvierzig Episoden mit jeweils sieben Seiten, die heute zu den am häufigsten nachgedruckten Klassikern der Comic-Historie zählen.

Als seine liebste Geschichte hat Eisner später die um Gerhard Shnobble genannt, der an seinem achten Geburtstag vom Dach stürzt und, als er im freien Fall panisch mit den Armen rudert, plötzlich entdeckt, dass er fliegen kann. Sanft segelt er hinab und landet unversehrt auf der Straße. Doch Gerhards Eltern wollen kein Kind, auf das man mit dem Finger zeigt. Sie verbieten dem Jungen das Fliegen, und so ist die Sache bald vergessen. Gerhard Shnobble wird ein unauffälliger kleiner Bankangestellter, und erst, als er viele Jahre später auf die Straße gesetzt wird, erinnert er sich wieder seiner einzigartigen Gabe. Jetzt will er der Welt endlich zeigen, was in ihm steckt. Aber gerade, als er sich von Central Citys Electric Building hinabstürzt und die Arme ausbreitet, jagt der Spirit auf dem Dach des Hochhauses Gangstern nach. Gerhard wird von einem Querschläger getroffen und schlägt tot auf dem Pflaster auf. »Beklagen wir nicht Shnobble«, heißt es am Schluss der Geschichte. »Beklagen wir lieber unsere Gesellschaft. Denn nicht ein Einziger aus der Menge, die zusah, wie seine sterblichen Überreste fortgeschafft wurden, hat bemerkt oder wäre auch nur auf den Gedanken gekommen, dass Gerhard Shnobble an diesem Tag *geflogen* ist.«

The Story of Gerhard Shnobble, erschienen am 5. September 1948, markiert für Will Eisner eine Entdeckung: »Zum ersten Mal wurde mir hier bewusst, dass ich in meinen Geschichten persönliche Gefühle ausdrücken konnte. Manchmal, wenn einer meiner Freunde starb, habe ich Rückschau auf sein Leben gehalten und gedacht: ›Er hat eine Menge guter Dinge getan, aber niemand hat es bemerkt, obwohl er zwischen Tausenden von Menschen lebte.‹ Ich begriff, dass sich im Comic Inhalte erzählen lassen, die mehr in die Tiefe gehen, als das bislang der Fall gewesen war.« Aber nicht nur hinsichtlich seiner Geschichten und deren Gestaltung, sondern auch in Bezug auf sein Selbstverständnis als Autor und Künstler betritt Will Eisner mit *The Spirit* Neuland und zieht eine Lehre aus Fällen wie jenem um Jerry Siegel und Joe Shuster, die die Rechte an ihrem Superman für hundertdreißig Dollar, die sie für ihre erste Story bekamen, abgetreten hatten und anschließend ausgebootet worden waren. »Wenn man damals sein Kind zur Adoption freigab, verlor man es für immer, deshalb bestand ich stets darauf, das Copyright an meiner Arbeit zu behalten. Nicht weil ich glaubte, das würde mich reich machen, sondern weil mir diese Unabhängigkeit künstlerische Freiheit garantierte.«

Ende 1950 beschließt Will Eisner, *The Spirit* anderen Zeichnern zu überlassen (was nicht lange gut geht, nach knapp zwei Jahren ist Schluss) und zu neuen Ufern aufzubrechen. Während seiner Militärzeit hatte er Comics für Armeezeitungen gezeichnet, mittels derer die Soldaten für Sicherheitsbestimmungen und den sachgerechten Umgang mit militärischem Gerät sensibilisiert werden sollten, und war dabei auf das didaktische Potenzial des Comics gestoßen, das ihn nun zunehmend interessiert. Er gründet die American Visuals Corporation und produziert Comics für verschiedene Institutionen und Unternehmen. »Anfangs musste ich harte Überzeugungsarbeit leisten, denn die Leute steckten voller Vorurteile gegenüber Comics.« Während des Koreakriegs zeichnet er vor allem im Auftrag des Verteidigungsministeriums u.a. die Serie *Joe Dope*. In der zivilen Welt kollabiert derweil mit der Einführung des Comic Codes, einer Selbstzensur, mit der die Verlage auf den Vorwurf der »Jugendgefährdung« reagieren, der Heftmarkt; in den Tageszeitungen verdrängen neue Gagstrips wie *Peanuts* oder *Beetle Bailey* die episch erzählten Abenteuerserien. Will Eisner zieht sich aus der Comic-Szene zurück und verschwindet aus der öffentlichen Wahrnehmung.

Doch als Ende der 1960er-Jahre die Underground-Comics in Amerika die verkrusteten Strukturen der Gattung aufzubrechen beginnen und in Europa der Comic zur *neuvième art* erklärt wird, feiert *The Spirit* ein furioses Comeback. Eine neue Generation junger Künstler entdeckt, dass vieles, was sie sich auf die Fahnen geschrieben hat, bereits ein Vierteljahrhundert zuvor von Will Eisner vorweggenommen und brillant praktiziert worden war. Der Underground-Verlag Kitchen Sink Press druckt klassische Episoden in einem *The Spirit Magazine* nach, in Europa erscheinen erste Übersetzungen. Will Eisner wird als Pionier der Comic-Kunst gefeiert, ist Ehrengast auf Conventions und Festivals, und 1972 übernimmt er einen Lehrauftrag für Comics an der School of Visual Arts in New York. Aus seiner Lehrtätigkeit, die er bis Ende der 1980er-Jahre fortsetzt, resultieren schließlich die Bücher *Comics & Sequential Art* und *Graphic Storytelling*, die zu Standardwerken über das Erzählen in Bildern werden; Will Eisner definiert den Comic als »sequenzielle Kunst«, in der Bild und Text symbiotisch verschmelzen: »Ihre Bestandteile – Stil, Zeichnung, Karikatur, das Erzählen – sind jeder für sich Gegenstand akademischer Betrachtung, die einzigartige Verbindung dieser Elemente allerdings wurde von der Kunst- wie der Literaturwissenschaft bisher kaum (wenn überhaupt) beachtet. Die Gründe dafür sind ebenso bei den Künstlern wie bei der Kritik zu suchen: Warum soll sich der Kulturbetrieb mit Comics beschäftigen, solange die Zeichner keine ernsthaften Geschichten von Belang erzählen? Beeindruckende Zeichenkunst allein reicht nicht aus.«

Leidenschaftlich plädiert Will Eisner dafür, dass sich der Comic durch das Aufgreifen relevanter Themen und innovativer Formen der Gestaltung »wie die Literatur und hoffentlich auf einem bisher nicht gekannten Niveau mit dem menschlichen Dasein auseinandersetzt«. 1978 schließlich veröffentlicht er unter dem Titel *Ein Vertrag mit Gott* vier Kurzgeschichten über die Schicksale jüdischer Einwanderer in einer Mietskaserne in der Dropsie Avenue in der Bronx während der Depressionsjahre, und prägt für seine neuartige Erzählweise den Begriff *graphic novel*: »Jede der Storys wurde ohne Rücksicht darauf, wie viel Platz sie einnehmen würde, geschrieben, und jede konnte ihre Form aus sich selbst heraus entwickeln, aus dem Ablauf der Erzählung. Die Einzelbilder sind im Gegensatz zur gewohnten Form der Comics nicht mehr aneinandergereiht und haben die gleiche Größe; sie nehmen sich die Formate, die sie brauchen, und oft füllt ein einzelnes Bild eine ganze Seite.« Und zu *Signale aus einer anderen Welt*, eine Geschichte mit einem damals in den USA außergewöhnlichen Umfang von hundertdreißig Seiten, die Eisner im selben Jahr beginnt und in der er der Frage nachgeht, was die Entdeckung einer außerirdischen Zivilisation auslösen könnte, erklärte er: »Mit dieser Erzählung wollte ich den Beweis erbringen, dass sich die Struktur des Romans auf das Medium Comic übertragen lässt.«

Als Will Eisner am 6. Oktober 1946 in seiner Serie *The Spirit* erstmals die Figur P'Gell auftreten ließ, eine atemberaubende Femme fatale, für die Lauren Bacall Patin stand, hatte er die Episode mit den Worten »Dies ist keine Geschichte für kleine Jungs« eröffnet. Doch erst jetzt schickt sich der Comic an, tatsächlich erwachsen zu werden. Will Eisner veröffentlicht weitere Graphic Novels und zahlreiche Short Storys, in denen er sich immer wieder mit dem Leben in der Stadt und seinen sozialen Bedingungen beschäftigt. »Wenn man in der Großstadt lebte, dann war die Straße, in der man aufwuchs, die ›Heimat‹, und man verwies auf sie als ›Nachbarschaft‹. Der Wohnsitz definierte einen ebenso wie die nationale Abstammung und machte einen zu einem lebenslangen Mitglied einer Bruderschaft, die von Erinnerungen zusammengehalten wird ... Das meiste, von dem ich erzähle, beruht auf eigenen Erfahrungen oder auf Erlebnissen von Menschen, die ich kannte. Ich war immer der Überzeugung, dass man als Autor über das schreiben sollte, was man kennt.«

Ich habe Will Eisner zum ersten Mal im Herbst 1977 getroffen, als ein längst verschiedener Verlag den Versuch unternahm, *The Spirit* in Deutschland zu veröffentlichen (es blieb bei einer Ausgabe). Damit begann eine warmherzige und spannende Freundschaft, die mich daran teilhaben ließ, wie es ihn mit Zufriedenheit und

Stolz erfüllte, zu beobachten, wie der Traum, den er Ende der 1930er-Jahre zu träumen begonnen hatte – dass der Comic als eine Erzählkunst ernst genommen werden möge, von den Zeichnern wie bei der Kritik –, nun langsam Wirklichkeit wurde. In den 1980er-Jahren wird Will mit Preisen und Auszeichnungen überhäuft und zur Ikone der amerikanischen Popkultur. 1985 erscheint Catherine Yronwodes Monografie *The Art of Will Eisner*, drei Jahre später wird der Eisner Award ins Leben gerufen, mit dem die Branche seither jedes Jahr die besten Comic-Publikationen und -Künstler auszeichnet, 1989 tritt Will, inzwischen zweiundsiebzig, in Ron Manns Dokumentarfilm *The Comic Book Confidential* als Zeitzeuge für die Gründerjahre der *comic books* auf, deren Entwicklung er mit seinen Visionen maßgeblich geprägt hat. Wie als Krönung seines Lebenswerks beginnt DC Comics im Jahr 2000 mit der Herausgabe einer bibliophilen *The Spirit*-Werkedition, die inzwischen mit sechsundzwanzig Bänden vollständig vorliegt (eine deutsche Übersetzung erscheint bei Salleck Publications). Natürlich hat es Will gefreut, dass sein Klassiker, mit dem er die ersten Schritte unternommen hat, den Comic von seiner pubertierenden Leserschaft zu emanzipieren und zu einer neuen Literaturform zu entwickeln, auch heute noch, über ein halbes Jahrhundert, nachdem er die Serie beendet hat, auf ein derartiges Interesse stößt und noch immer vielen Zeichnern als Inspiration dient (2006 hob Darwyn Cooke eine neue Comic-Version aus der Taufe, und eine Verfilmung unter der Regie von Frank Miller kam Anfang 2009 in die Kinos). Doch er war weit entfernt davon, sich auf seinen Lorbeeren auszuruhen, sein Blick blieb, wie es bei ihm stets der Fall gewesen ist, nach vorn gerichtet. Und so machte er sich im Alter von siebenundachtzig Jahren daran, abermals eine neue Erzählform zu erproben – die Comic-Dokumentation.

Zu Wills schmerzhaftesten Lebenserfahrungen, die er in seinen Graphic Novels immer wieder hat aufscheinen lassen – am intimsten wohl in der Schilderung seiner Freundschaft zu dem gleichaltrigen Buck in *Zum Herzen des Sturms* –, gehörte die bittere Erfahrung des Antisemitismus mit seiner diskriminierenden Stigmatisierung. Dabei hat er das in seiner Jugend und als junger Erwachsener erfahrene Leiden unter klischeehaften Vorurteilen und Ausgrenzung nie als ein tragisches Schicksal in dem Sinne begriffen, dass allein seine Familie oder »die Juden« daran zu tragen hätten, er war sich des Umstands bewusst, dass »sich tief verankerte Voreingenommenheit in unterschiedlichen Formen äußert. Gegenüber denen, deren Hautfarbe nicht weiß ist, ist es Rassismus; anderen Ethnien gegenüber ist es der Nationalismus; Juden gegenüber der Antisemitismus.« Und er hat sich keineswegs gescheut – etwa in *So läuft das Spiel* (im dritten Band dieser Edition) – bestimmte Erscheinungen und in seinen Augen fragwürdige Wesenszüge des orthodoxen Judentums auch kritisch aufzuzeigen. Nachdem er 2003 in *Fagin the Jew* die antisemitischen Klischees bei Charles Dickens thematisiert und dessen *Oliver Twist* (1838) aus Moses Fagins Blickwinkel nacherzählt hatte, war der Anlass, im Jahr darauf mit *Das Komplott. Die wahre Geschichte der Protokolle der Weisen von Zion* (deutsch bei der DVA) zu beginnen, ein sehr aktueller.

Eisner zeichnet in seinem letzten Buch die Geschichte der 1903 vom Geheimdienst des Zaren Nikolaus II. in Auftrag gegebenen antisemitischen Hetzschrift nach. Das Pamphlet unterstellt ein Komplott jüdischer Intellektueller und Finanziers (mit dem Ziel, die Weltwirtschaft zu kontrollieren), um dadurch die Reformbewegung in Russland in Verruf zu bringen, die damals von vielen Juden unterstützt wurde – die folgenreichste literarische Erfindung des 20. Jahrhunderts: Unter dem Titel *Die Geheimnisse der Weisen von Zion* erschien die Mär von der »jüdischen Weltverschwörung« 1919 auch in Deutschland, ab 1929 im Parteiverlag der NSDAP, und Goebbels notierte in seinen Tagebüchern, der Führer sei von der »Echtheit des Dokuments« fest überzeugt. Obwohl bereits 1921 von der Londoner *Times* als Fälschung entlarvt, an deren Herkunft der russische Historiker Michail Lepechin 1999 auch die letzten Zweifel ausgeräumt hat, findet das Machwerk in jüngster Zeit über Websites vor allem in der arabischen Welt wieder eine zunehmende Verbreitung. Für Eisner der Anstoß, die Geschichte der »Protokolle« als Comic zu dokumentieren, in dem er am Schluss auch selbst auftritt und bei seinen Recherchen zu sehen ist: »Ich nutze die Kraft dieses Mediums, um mich einem Thema zu widmen, das mir ein Anliegen von größter persönlicher Wichtigkeit ist.«

Das Erscheinen von *Das Komplott* hat Will Eisner nicht mehr erlebt. Wenige Wochen vor der Veröffentlichung, am Abend des 3. Januar 2005, starb er im Alter von siebenundachtzig Jahren in Fort Lauderdale an den Folgen einer Herzoperation.

Er sei überzeugt, hatte er 1987 in *The Building* geschrieben, dass auch Häuser so etwas wie eine Seele besitzen. »Heute weiß ich, dass diese von Lachen erfüllten und mit Tränen befleckten Wahrzeichen städtischen Lebens weit mehr sind als leblose Gemäuer. An ihren Wänden und in ihren Nischen haftet immer auch die Erinnerung an die Menschen, die hier einmal lebten.« Ich habe keinen Zweifel, dass dieser Ort für Will in der New Yorker Bronx zu finden ist – in der Dropsie Avenue 55.

Andreas C. Knigge